# le Guide du **routard**

*Directeur de collection et auteur*
**Philippe GLOAGUEN**

*Cofondateurs*
**Philippe GLOAGUEN et Michel DUVAL**

*Rédacteur en chef*
**Pierre JOSSE**

*Rédacteurs en chef adjoints*
**Amanda KERAVEL et Benoît LUCCHINI**

*Directrice de la coordination*
**Florence CHARMETANT**

*Directrice administrative*
**Bénédicte GLOAGUEN**

*Direction éditoriale*
**Catherine JULHE**

*Rédaction*
**Olivier PAGE, Véronique de CHARDON,
Isabelle AL SUBAIHI, Anne-Caroline DUMAS,
Carole BORDES, André PONCELET,
Marie BURIN des ROZIERS, Thierry BROUARD,
Géraldine LEMAUF-BEAUVOIS,
Anne POINSOT, Mathilde de BOISGROLLIER,
Alain PALLIER, Gavin's CLEMENTE-RUÏZ
et Fiona DEBRABANDER**

# ÎLES GRECQUES ET ATHÈNES

# 2011

hache

## Avis aux hôteliers et aux restaurateurs

Les enquêteurs du *Guide du routard* travaillent dans le plus strict anonymat. Aucune réduction, aucun avantage quelconque, aucune rétribution n'est jamais demandé en contrepartie. Face aux aigrefins, la loi autorise les hôteliers et restaurateurs à porter plainte.

## Hors-d'œuvre

Le *Guide du routard*, ce n'est pas comme le bon vin, il vieillit mal. On ne veut pas pousser à la consommation, mais évitez de partir avec une édition ancienne. Les modifications sont souvent importantes.

## routard.com dépasse 2 millions de visiteurs uniques par mois !

● **routard.com** ● Sur notre site, tout pour préparer votre périple. Des fiches pratiques sur plus de 200 destinations, de nombreuses informations et des services : photos, cartes, météo, dossiers, agenda, itinéraires, billets d'avion, réservation d'hôtels, location de voitures, visas... Et aussi un vaste forum pour échanger ses bons plans, partager ses photos, définir son passeport routard ou trouver son compagnon de voyage. Sans oublier *routard mag*, ses reportages, ses carnets de route et ses infos pour bien voyager. La boîte à outils indispensable du routard.

## Petits restos des grands chefs

Ce qui est bon n'est pas forcément cher ! Partout en France, nous avons dégoté de bonnes petites tables de grands chefs aux prix aussi raisonnables que la cuisine est fameuse. Évidemment, tous les grands chefs n'ont pas été retenus : certains font payer cher leur nom pour une petite table qu'ils ne fréquentent guère. Au total, 580 adresses réactualisées, dont 120 nouveautés, retenues pour la qualité et la créativité de la cuisine, sans pour autant ruiner votre portefeuille.

## Nos meilleurs campings en France

Se réveiller au milieu des prés, dormir au bord de l'eau ou dans une hutte, voici nos 1 850 meilleures adresses en pleine nature. Du camping à la ferme aux équipements les plus sophistiqués, nous avons sélectionné les plus beaux emplacements : mer, montagne, campagne ou lac. Sans oublier les balades à proximité, les jeux pour enfants... Des centaines de réductions pour nos lecteurs.

## Avis aux lecteurs

Les réductions accordées à nos lecteurs ne sont jamais demandées par nos rédacteurs afin de préserver leur indépendance. Les hôteliers et restaurateurs sont sollicités par une société de mailing, totalement indépendante de la rédaction, qui reste donc libre de ses choix. De même pour les autocollants et plaques émaillées.

Pour que votre pub voyage autant que nos lecteurs,
contactez nos régies publicitaires :
● fbrunel@hachette-livre.fr ●
● veronique@routard.com ●

Le contenu des annonces publicitaires insérées dans ce guide n'engage en rien la responsabilité de l'éditeur.

Mille excuses, on ne peut plus répondre individuellement aux centaines de CV reçus chaque année.

# TABLE DES MATIÈRES

Attention, la Crète fait l'objet d'un guide à part et les îles Ioniennes sont traitées dans le guide *Grèce continentale*.

Nous avons divisé ce pays en plusieurs titres. En effet, la très grande majorité d'entre vous ne parcourt pas tout le pays. Et ces contrées sont tellement riches culturellement qu'elles nécessitent plusieurs guides à elles seules. En un seul volume, nos ouvrages atteindraient 1 500, voire 2 000 pages. Ils seraient alors intransportables et coûteraient... 3 fois plus cher ! Nous souhaitons conserver un format pratique à un prix économique, tout en vous fournissant le maximum d'informations sur des régions qui méritent d'être développées. Voilà !

La rédaction

## LES ÎLES DE L'EST ET DU NORD DE LA MER ÉGÉE

# LES GUIDES DU ROUTARD
## 2011-2012

(dates de parution sur **routard.com**)

## France

### Nationaux

- Nos meilleures chambres d'hôtes en France
- Nos meilleurs campings en France
- Nos meilleurs hôtels et restos en France
- Nos meilleurs produits du terroir en France
- Petits restos des grands chefs
- Tourisme responsable

- Lot, Aveyron, Tarn
- Martinique
- Nord-Pas-de-Calais
- Normandie
- La Normandie des impressionnistes
- Pays basque (France, Espagne), Béarn
- Pays de la Loire
- Picardie
- Poitou-Charentes
- Provence
- Pyrénées, Gascogne et Pays toulousain
- Réunion

### Régions françaises

- Alpes
- Alsace (Vosges)
- Ardèche, Drôme
- Auvergne
- Berry
- Bordelais, Landes, Lot-et-Garonne
- Bourgogne
- **La Bretagne et ses peintres (avril 2011)**
- Bretagne Nord
- Bretagne Sud
- Champagne-Ardenne
- Châteaux de la Loire
- Corse
- Côte d'Azur
- Dordogne-Périgord
- Franche-Comté
- Guadeloupe, Saint-Martin, Saint-Barth
- Languedoc-Roussillon
- Limousin
- Lorraine

### Villes françaises

- Lyon
- Marseille
- **Nantes (avril 2011)**
- Nice

### Paris

- Environs de Paris
- Junior à Paris et ses environs
- Paris
- Paris à vélo
- Paris balades
- Paris la nuit
- Paris, ouvert le dimanche
- Paris zen
- Restos et bistrots de Paris
- Le Routard des amoureux à Paris
- Week-ends autour de Paris

## Europe

### Pays européens

- Allemagne
- Andalousie
- Angleterre, Pays de Galles
- Autriche
- Baléares
- Belgique
- Catalogne (+ Valence et Andorre)
- Crète
- Croatie
- Danemark, Suède
- Écosse
- Espagne du Nord-Ouest (Galice, Asturies, Cantabrie)
- Finlande
- Grèce continentale
- Hongrie, République tchèque, Slovaquie

- Îles grecques et Athènes
- Irlande
- Islande
- Italie du Nord
- Italie du Sud
- Lacs italiens
- Madrid, Castille (Aragon et Estrémadure)
- Malte
- Norvège
- Pologne
- Portugal
- Roumanie, Bulgarie
- **Sardaigne (avril 2011)**
- Sicile
- Suisse
- Toscane, Ombrie

# LES GUIDES DU ROUTARD 2011-2012 *(suite)*

(dates de parution sur **routard.com**)

## Villes européennes

- Amsterdam et ses environs
- Barcelone
- Berlin
- Bruxelles
- Florence
- Lisbonne
- Londres
- Moscou, Saint-Pétersbourg
- Prague
- Rome
- Venise

## Amériques

- Argentine
- Brésil
- Californie
- Canada Ouest et Ontario
- Chili et île de Pâques
- Équateur et les îles Galápagos
- États-Unis Nord-Est
- Floride
- Guatemala, Yucatán et Chiapas
- Louisiane et les villes du Sud
- Mexique
- New York
- Parcs nationaux de l'Ouest américain et Las Vegas
- Pérou, Bolivie
- Québec et Provinces maritimes

## Asie

- Bali, Lombok
- Birmanie (Myanmar)
- Cambodge, Laos
- Chine (Sud, Pékin, Yunnan)
- Inde du Nord
- Inde du Sud
- Istanbul
- Jordanie, Syrie
- Malaisie, Singapour
- Népal, Tibet
- Sri Lanka (Ceylan)
- Thaïlande
- Tokyo, Kyoto et environs
- Turquie
- Vietnam

## Afrique

- Afrique de l'Ouest
- Afrique du Sud
- Égypte
- Kenya, Tanzanie et Zanzibar
- Maroc
- Marrakech
- Sénégal, Gambie
- Tunisie

## Îles Caraïbes et océan Indien

- Cuba
- Guadeloupe, Saint-Martin, Saint-Barth
- Île Maurice, Rodrigues
- Madagascar
- Martinique
- République dominicaine (Saint-Domingue)
- Réunion

## Guides de conversation

- Allemand
- Anglais
- Arabe du Maghreb
- Arabe du Proche-Orient
- Chinois
- Croate
- Espagnol
- Grec
- Italien
- Japonais
- Portugais
- Russe

## Et aussi...

- G'palémo

Nous tenons à remercier tout particulièrement Loup-Maëlle Besançon, Thierry Bessou, Gérard Bouchu, François Chauvin, Grégory Dalex, Fabrice Doumergue, Cédric Fischer, Carole Fouque, Michelle Georget, Claude Hervé-Bazin, Emmanuel Juste, Fabrice de Lestang, Romain Meynier, Éric Milet, Pierre Mitrano, Jean-Sébastien Petitdemange, Thomas Rivallain, Dominique Roland et Solange Vivier pour leur collaboration régulière.

*Et pour cette nouvelle collection, nous remercions aussi :*

David Alon
Gwladys Bonnassie
Jean-Jacques Bordier-Chêne
Michèle Boucher
Raymond Chabaud
Alain Chaplais
Stéphanie Condis
Agnès Debiage
Stéphanie Déro
Solenne Deschamps
Tovi et Ahmet Diler
Florence Douret
Céline Druon
Nicolas Dubois
Clélie Dudon
Sophie Duval
Alain Fisch
Éléonore Friess
David Giason
Adrien et Clément Gloaguen

Stéphane Gourmelen
Xavier Haudiquet
Bernard Hilaire
Sébastien Jauffret
François et Sylvie Jouffa
Dimitri Lefèvre
Jacques Lemoine
Sacha Lenormand
Valérie Loth
Catarina Mano
Jacques Muller
Caroline Ollion
Nicolas Pallier
Martine Partrat
Odile Paugam et Didier Jehanno
Xavier Ramon
Corinne Russo
Prakit Saiporn
Jean-Luc et Antigone Schilling
Claudio Tombari

**Direction :** Nathalie Pujo
**Contrôle de gestion :** Maria Dorriots, Héloïse Morel d'Arleux et Aurélie Knafo
**Secrétariat :** Catherine Maîtrepierre
**Direction éditoriale :** Catherine Julhe
**Édition :** Matthieu Devaux, Géraldine Péron, Olga Krokhina, Gia-Quy Tran, Julie Dupré, Christine de Geyer, Julien Hunter, Barbara Janssens et Aurélie Lorot
**Préparation-lecture :** Agnès Petit
**Cartographie :** Frédéric Clémençon et Aurélie Huot
**Fabrication :** Nathalie Lautout et Audrey Detournay
**Relations presse France :** COM'PROD, Fred Papet. ☎ 01-70-69-04-69.
● info@comprod.fr ●
**Direction marketing :** Dominique Nouvel, Lydie Firmin et Claire Bourdillon
**Responsable des partenariats :** André Magniez
**Édition des partenariats :** Juliette de Lavaur et Mélanie Radepont
**Informatique éditoriale :** Lionel Barth
**Couverture :** Clément Gloaguen et Seenk
**Relations presse :** Martine Levens (Belgique) et Maureen Browne (Suisse)
**Régie publicitaire :** Florence Brunel

# Remerciements

*Pour ce guide, nous remercions tout particulièrement, pour leurs bons conseils et leur disponibilité :*

– Isabelle Auriault et Caroline Fourgeaud-Laville ;

– Françoise Deschamps ;

– Lise Rapin et Peggy Balitsari ;

– Vassilis Vrohidis ;

– Stéfanie Giorno ;

– Françoise Kron ;

– Corinne Harcourt ;

– Jean-Pierre Albrespy ;

– Servanne et Yann Mauguière ;

– Dalila Vuong-Bordrez ;

– Olivier Delorme ;

– Jacques Lederlé ;

– Virginie Masson-Kontorouda ;

– Marguerite Hatzelenis ;

– Karin Wiechert ;

– Yannis Havakis ;

– ainsi qu'Alexia Gaucher-Botrel, Catherine Teuler, Jean-Pierre Cérino, Fabrice Delrot, Jacques Delorme et François Longeot.

# LES QUESTIONS QU'ON SE POSE LE PLUS SOUVENT

➤ **Quel est le décalage horaire ?**
Une heure de plus toute l'année.

➤ **Quelle est la meilleure période pour voyager en Grèce ?**
Incontestablement, les mois de mai et juin : il fait bon, mais la chaleur n'est pas écrasante et les paysages sont encore verts. Inconvénient : début mai, tout n'est pas encore ouvert. Septembre est une bonne période également.

➤ **Si l'on ne peut éviter les mois d'été pour partir, lequel choisir ?**
Le mois de juillet sans nul doute : les Grecs partent massivement dans les îles fin juillet-début août, et les prix des hôtels et des chambres augmentent très fortement après le 15 juillet.

➤ **Doit-on redouter les fortes chaleurs ?**
Si vous aimez la fraîcheur, l'Irlande vous tend les bras ! En Grèce, dès le printemps, l'été s'installe brutalement, plus ou moins vite selon les régions. À noter qu'il fait moins chaud dans les îles, plus ventées en été (les Cyclades, notamment, balayées en juillet et août par le *meltémi*).

➤ **Quel est le meilleur moyen pour aller en Grèce ?**
Tout dépend si vous voulez disposer de votre véhicule ou non. Les ferries au départ de l'Italie sont nombreux et proposent des tarifs compétitifs. Sinon, l'avion, mais les liaisons, à moins de partir en charter, restent relativement chères.

➤ **La Grèce est-elle un pays cher ?**
Petit à petit, et notamment pour les tarifs hôteliers, la Grèce a fini par se rapprocher des autres pays européens, et la crise que connaît le pays a renforcé une tendance inflationniste. Mais les variations de prix sont très importantes d'une île à une autre : Mykonos et Santorin sont très chères, Nissyros ou Icaria sont bon marché.

➤ **Comment dormir pour pas (trop) cher en Grèce ?**
Les chambres et appartements chez l'habitant, très nombreux, restent la solution la plus économique et sont parfois à peine plus chers que les campings, de toute façon assez rares.

➤ **Peut-on facilement se déplacer d'île en île ?**
Oui, sans grand problème, du moins en été, car les bateaux sont nombreux, même s'il faut toujours bien étudier les possibilités existantes pour ne pas se retrouver coincé sur une île. Longtemps très bon marché, les tarifs ont pas mal augmenté ces dernières années. Certaines îles restent mal desservies ; en contrepartie, elles sont plus tranquilles.

➤ **Peut-on aisément voyager dans les îles avec des enfants ?**
Oui, les bateaux sont de plus en plus confortables et de plus en plus rapides. Et c'est, le plus souvent, un plaisir pour eux d'être sur la Grande Bleue.

➤ **Dans quelle langue communique-t-on avec les Grecs ?**
Le plus souvent en anglais, bien que pas mal de Grecs travaillant dans le tourisme se débrouillent en français. Mais ne serait-ce que pour se repérer en ville ou sur les routes, savoir déchiffrer le grec est vraiment très utile.

# LES COUPS DE CŒUR DU ROUTARD

● Pour admirer le plus beau coucher de soleil sur Athènes, monter sur la colline du monument de Philoppapos : d'un côté, l'Acropole, pour une fois vue d'en haut, à l'opposé les rues rectilignes jusqu'à la mer, et tout autour les montagnes qui entourent la capitale grecque.

● Autre moment fort de la visite d'Athènes, le musée de l'Acropole, ouvert récemment, est indispensable pour comprendre le site. Spacieux, moderne, ce musée présente lui aussi une concentration remarquable de chefs-d'œuvre.

● Les halles d'Athènes, avec leurs incroyables étals de viande, sont l'occasion de découvrir la Grèce populaire, animée et commerçante.

● Une visite au Musée archéologique national d'Athènes permet de se représenter l'incroyable richesse artistique de plus de 2 000 années d'hellénisme.

● Joyau des îles, Hydra, avec son port majestueux, entourée de splendides maisons de pierre, respire une opulence (due aux pirates !) avec laquelle peu d'autres îles grecques peuvent rivaliser.

● Le monastère Saint-Georges, sur les hauteurs de Chora, à Skyros, domine toute l'île : c'est un plaisir de se perdre dans les ruelles éclatantes de blancheur qui y mènent.

● Les sentiers de Sifnos, île très riche en monastères et chapelles, invitent au plaisir de la marche, au milieu des oliviers, avec la mer comme horizon.

● Milos est une merveille géologique : seule une journée en bateau permet d'en apprécier la richesse et l'incroyable variété de roches qui compose ses paysages fantastiques.

● À Naxos, l'île des Cyclades où les marcheurs sont rois, on tombe presque sans le vouloir sur des chapelles byzantines perdues en pleine campagne : certaines possèdent des fresques remarquables.

● En allant de village en village, à Tinos, on peut admirer l'incroyable variété de pigeonniers, qui sont autant d'exemples d'art populaire.

● Autre monastère à visiter : à Amorgos, l'île du *Grand Bleu,* celui de la Panagia Hozoviotissa, comme suspendu à la falaise.

● Ne pas manquer, à Karpathos, le village perché d'Olymbos, tout au nord de l'île, véritable conservatoire des coutumes insulaires.

● La ville médiévale de Rhodes, magnifiquement préservée, est un grand livre d'histoire du temps des Croisades, qui séduit immanquablement.

● Le port de Symi est une merveille architecturale, avec son alignement de maisons néoclassiques, signes de la richesse de l'île au XIXe s.

● Curiosité naturelle, le volcan de Nissyros, petite île du Dodécanèse, impressionne par ses dimensions.

● Au printemps, la visite du quartier résidentiel de Kambos, à Chios, planté de milliers d'orangers et de citronniers, est un plaisir olfactif rare.

# COMMENT ALLER EN GRÈCE ?

## EN AVION

### De France

#### *Les compagnies régulières*

##### ▲ AIR FRANCE

*Rens et résas au ☎ 36-54 (0,34 €/mn – tlj 6h30-22h), sur • airfrance.fr •, dans les agences Air France (fermées dim) et dans ttes les agences de voyages.*
– Athènes : 7, odos Mégalou Alexandrou, 164 52 Argyroupoli. ☎ 21-09-97-07-00.
➤ Air France dessert l'aéroport international d'Athènes (Spata) avec 4 à 5 vols/j. directs en été et 3 vols/j. en hiver au départ de Roissy-Charles-de-Gaulle, aérogare 2, hall D.
Air France propose à tous des tarifs attractifs toute l'année. Vous avez la possibilité de consulter les meilleurs tarifs du moment sur Internet, dans l'onglet « Achats et enregistrement en ligne », rubrique « Promotions ».
Le programme de fidélisation Air France KLM permet d'accumuler des miles à son rythme et de profiter d'un large choix de primes. Avec votre carte *Flying Blue,* vous êtes immédiatement identifié comme client privilégié lorsque vous voyagez avec tous les partenaires.
Air France propose également des réductions Jeunes. La carte *Flying Blue Jeune* est réservée aux jeunes âgés de 2 à 24 ans résidant en France métropolitaine, dans les départements d'outre-mer, au Maroc ou en Tunisie. Avec plus 800 destinations, et plus de 100 partenaires, *Flying Blue Jeune* offre autant d'occasions d'accumuler des miles partout dans le monde.

##### ▲ OLYMPIC AIR

– *Rens et résas :* ☎ 01-74-37-14-60. • olympicair.com •
➤ Dessert Athènes, en principe 2 à 3 fois/j., au départ de Roissy-Charles-de-Gaulle, aérogare 1.

##### ▲ LUFTHANSA

– *Infos et résas :* ☎ 0826-10-33-34 (n° Indigo, 0,15 €/mn), tlj 8h-17h. • lufthansa.fr •
➤ Lufthansa dessert quotidiennement Athènes via Francfort ou Munich au départ de Roissy-Charles-de-Gaulle. Également des départs depuis Lyon, Nice, Marseille, Toulouse, Bordeaux et Strasbourg.

##### ▲ AEGEAN AIRLINES

– *Rens et résas :* ☎ 01-70-03-13-23. • aegeanairlines.com •
➤ Dessert Athènes 1 fois/j. au départ de Roissy-Charles-de-Gaulle, terminal 1.
➤ Dessert également Thessalonique en partage de codes avec la Lufthansa, via Francfort ou Munich.

#### *Les compagnies low-cost*

Ce sont des compagnies dites « à bas prix ». De nombreuses villes de province sont desservies, ainsi que les aéroports limitrophes des grandes villes. Ne pas trop espérer trouver facilement des billets à prix plancher lors des périodes les plus fréquentées (vacances scolaires, week-ends...). À bord, c'est service minimum.

**AIRFRANCE** /

**CLASSE VOYAGEUR :** *notre classe économique
avec boissons à volonté, menus au choix, glaces,
films, séries TV, musique, jeux vidéo, journaux et magazines,
1001 distractions tout au long du vol.*

Afin de réduire les files d'attente dans les aéroports, certaines font même payer l'enregistrement aux comptoirs d'aéroport. Pour éviter cette nouvelle taxe qui ne dit pas son nom, les voyageurs ont intérêt à s'enregistrer directement sur Internet où le service est gratuit. La résa se fait parfois par téléphone (pas d'agence, juste un numéro de réservation et un billet à imprimer soi-même) et aucune garantie de remboursement n'existe en cas de difficultés financières de la compagnie. En outre, les pénalités en cas de changement d'horaires sont assez importantes et les taxes d'aéroport rarement incluses. Il faut aussi rappeler que plusieurs compagnies facturent maintenant les bagages en soute. Ne pas oublier non plus d'ajouter le prix du bus pour se rendre à ces aéroports, souvent assez éloignés du centre-ville. Au final, même si les prix de base restent très attractifs, il convient de prendre en compte tous ces frais annexes pour calculer le plus justement son budget.

▲ **EASYJET**
● *easyjet.fr* ●
➢ Dessert Athènes avec 1 vol/j. depuis Paris-Orly.

## De Belgique

▲ **BRUSSELS AIRLINES**
– *Rens :* ☎ 0892-640-030 *(0,34 €/mn depuis la France)* ou ☎ 0902-51-600 *(en Belgique, 0,75 €/mn).* ● *brusselsairlines.com* ●
➢ Propose 2 vols directs/j. Bruxelles-Athènes.

▲ **AEGEAN AIRLINES**
– *Rens et résas :* ☎ *(02) 75-34-710.* ● *aegeanairlines.com* ●
Propose 1 vol direct/j. Bruxelles-Athènes.

▲ **OLYMPIC AIR**
– *Rens et résas :* ☎ *21-03-55-05-00 (en Grèce)* ● *olympicair.com* ●
➢ Assure 2 vols/j. Bruxelles-Athènes.

## De Suisse

▲ **SWISS**
– *Rens :* ☎ *0820-040-506 (depuis la France)* ou ☎ *0848-700-700 (en Suisse).* ● *swiss.com* ●
➢ Propose 1 vol/j. Genève-Athènes et 2-3 vols/j. Zurich-Athènes, ainsi que 1 vol/j. Zurich-Thessalonique.
Au départ de Paris, Lyon et Nice, SWISS propose en correspondance 1 vol/j. Genève-Athènes et 3 vols/j. Zurich-Athènes, ainsi que 1 vol/j. Zurich-Thessalonique. En partage de code avec son partenaire *Edelweiss Air,* SWISS dessert Patras, Corfou, Santorin, Samos, Rhodes et Héraklion.

▲ **FLY BABOO**
– *Rens et résas :* ☎ *0848-445-445 (en Suisse)* et *00-800-445-4445-45 (du reste de l'Europe).* ● *flybaboo.com* ●
➢ Propose 1 vol/j. Genève-Athènes.

# EN TRAIN

➢ Au départ de **Paris-Bercy,** 1 train de nuit relie Athènes via Bologne et Brindisi. Correspondance en bateau entre Brindisi et Patras, puis train direct de Patras à Athènes. Les compagnies maritimes assurant le transport des *InterRailers* entre l'Italie et la Grèce sont *Superfast Ferries* et *Blue Star Ferries*. On peut également envisager un Paris-Venise suivi d'une transversée Venise-Patras ou un Paris-Milan, Milan-Ancône, suivi de la traversée Ancône-Patras. Dans tous les cas, c'est long...

# COMPTOIR
## DES VOYAGES

### Renseignements SNCF

Commandez votre billet sur Internet ou par téléphone, la SNCF vous l'envoie gratuitement à domicile. Vous réglez par carte de paiement au moins 4 jours avant le départ (7 jours si vous résidez à l'étranger).
– *Par téléphone :* ☎ 36-35 *(0,34 €/mn).*
– *Sur Internet :* • *voyages-sncf.com* • *(infos, horaires, résas et tarifs).*
– *En gares, boutiques SNCF et agences de voyages agréées.*

### Les réductions SNCF

Avec les ***Pass InterRail,*** les résidents européens peuvent voyager dans 30 pays d'Europe, dont la Grèce. Plusieurs formules et autant de tarifs en fonction de la destination et de l'âge.
– Pour les grands voyageurs, l'***InterRail Global Pass,*** valable dans l'ensemble des 30 pays concernés, est intéressant si vous comptez parcourir plusieurs pays au cours du même périple. Il se présente sous quatre formes au choix. Deux formules flexibles : utilisable 5 jours sur une période de validité de 10 jours (249 € pour les plus de 25 ans, 159 € pour les 12-25 ans), ou 10 jours sur une période de validité de 22 jours (respectivement 359 € et 239 €). Deux formules « continues » : *pass* 22 jours (469 € pour les plus de 25 ans, 309 € pour les 12-25 ans), *pass* 1 mois (599 € et 399 €). Ces quatre formules existent aussi en version 1$^{re}$ classe !
– Si vous ne parcourez que la Grèce, le ***One Country Pass*** vous suffira. D'une période de validité de 1 mois et utilisable, selon les formules, 3, 4, 6 ou 8 jours en discontinu (à vous de calculer avant votre départ le nombre de jours que vous passerez sur les rails) : 3 jours (109 € pour les plus de 25 ans, 71 € pour les moins de 25 ans, 54,50 € pour les 4-11 ans), 4 jours (respectivement 139 €, 90 € et 69,50 €), 6 jours (189 €, 123 € et 94,50 €) ou 8 jours (229 €, 149 € et 114,50 €). Là encore, ces formules existent en version 1$^{re}$ classe (mais ce n'est pas le même prix, bien entendu). Ces prix comprennent la traversée en ferry entre l'Italie et la Grèce. Il existe une autre tarification sans la traversée.

## EN VOITURE

➢ ***Paris-Rome-Brindisi-Igouménitsa ou Patras :*** route intéressante mais longue. Total : 2 096 km (jusqu'à Brindisi). En outre, le Sud de l'Italie est assez dangereux en voiture. À croire que le code de la route n'y est pas le même que dans le Nord ! Variante possible par Milan, Bologne puis la côte Adriatique (1 805 km seulement). Partir de *Bari* ne fait gagner que 115 km par rapport au trajet Paris-Brindisi. On peut aussi s'arrêter prendre le ferry à *Ancône* (Paris-Ancône : 1 215 km), ce qui économise beaucoup de kilomètres et beaucoup de fatigue. Et si vraiment vous n'aimez que modérément la voiture, pourquoi ne pas gagner *Venise,* voire *Trieste* ? Il est également possible de passer par la Serbie, mais on ne le conseille pas : c'est très long et les autorités serbes sont plutôt tatillonnes.

## EN BATEAU

*Remarque :* si vous partez en voiture, n'oubliez pas de réserver, si possible 2 mois à l'avance.

### ▲ NAVIFRANCE ET VIAMARE CAP MER

➢ *Paris :* 4, rue de Clichy, 75009. ☎ 01-42-80-94-87. • *viamare.fr* • *navifrance. net* • Ⓜ *Trinité-d'Estienne-d'Orves ou Saint-Lazare.* Représentations générales de *Blue Star Ferries, Superfast Ferries, Minoan Lines, Ventouris Ferries* et *Anek Lines.* Proposent un éventail complet de ferries opérant entre l'Italie et la Grèce, ainsi que vers les Cyclades et la Crète.

Les meilleurs **BONS PLANS** sont chez...

Sélection **Athènes & Iles grecques** au départ de **toute la France**

# BON MARCHÉ

**- de 400€** TTC

## Hôtel Olympic Star 3★

7 nuits en formule "tout compris", vols inclus !

Dépaysement assuré sur l'île d'Eubée ! On aimera ce séjour pour son ambiance aussi chaleureuse que le soleil grec... et pour son prix aussi doux que la température de la mer !

# CHIC

**400€** TTC
**à 600€** TTC

## Club Marmara Rhodes Lindos

7 nuits en formule "tout compris", vols inclus !

Événement : le 1er Club Marmara à Rhodes nous ouvre ses portes ! Découvrons en exclusivité son beau panorama sur la mer, profitons de ses grandes piscines et de ses activités sportives. Tout cela, combiné à la formule "tout compris", va enthousiasmer les petits comme les grands.

# TRÈS CHIC

**+ de 600€** TTC

## Croisière Iles grecques & escale turque

7 nuits dont 4 à bord, vols inclus !

Lors de cette croisière magique, on butine les plus mythiques des îles grecques et la séduisante côte turque. Mykonos, Santorin, Héraklion, Rhodes, Kusadasi... Et vogue l'enchantement !

# VOLS SECS

**- de 100€** TTC

## Vol aller/retour

Selon votre envie, choisissez votre date de départ et partez... À vous la liberté !

## Information et réservation
☏ **0892 161 161** (0,34 €/min)

Référence prix : promos 1res minutes ou prix brochure TTC, à partir de, par personne, valable selon dates de départ, disponibilités et jusqu'à épuisement des stocks (réf. brochure printemps-été 2011). Voir également conditions de ventes Marmara pour autres dispositions. LIC. 075 95 0298 - RCS : Paris B 318 043 304.

▲ **EURO-MER**
– *Central de réservation France : la Grèce et ses îles* ☎ *04-67-65-95-14.* ● *euromer. net* ● *Réservations on-line pour les traversées (Grèce/Italie) et pour l'hébergement (hôtels toutes catégories).*
– *Contact direct pour les groupes :* ● *groupes@euromer.net* ● *Représentant d'Anek Lines, Blue Star Ferries, Minoan Lines, Superfast Ferries, Marlines, Ventouris Ferries, Endeavor Lines.*
– Conseil pour les îles comme pour la Grèce : pour la période estivale s'y prendre tôt à l'avance (dès janvier-février) pour être sûr d'avoir de la place et à tarifs attractifs. Destination très prisée et très chargée.
– Les plus : Remises pour les groupes, camping-caristes, familles et étudiants. Bénéficier du tarif « passage pont » pour les camping-cars et caravanes voyageant en camping à bord.

## Au départ d'Ancône

▲ **ANEK LINES**
Représenté en France par *Navifrance* (voir coordonnées plus haut). Assure des départs pour Igouménitsa, Corfou ou Patras (ces trois ports d'arrivée sont aux mêmes tarifs). Correspondances en autocar de Patras à Athènes. Nombreuses réductions proposées.

▲ **BLUE STAR FERRIES**
Représenté par *Viamare Cap Mer* et *Navifrance* (voir coordonnées plus haut). Ancône-Igouménitsa-Patras 6 fois/sem (traversée : 21h) sur 2 bateaux récents.

▲ **MINOAN LINES**
Représenté par *Navifrance* (voir coordonnées plus haut). Ancône-Patras, départ quotidien en luxueux ferries (traversée : 21h).

▲ **SUPERFAST FERRIES**
Représenté par *Viamare Cap Mer* et *Navifrance* (voir coordonnées plus haut). Assure quotidiennement la liaison la plus rapide entre Ancône et Patras (traversée : 21h).

## Au départ de Bari

▲ **MARLINES**
Représenté en France par *Euro-Mer (5, quai de Sauvages, 34 078 Cedex 3, Montpellier).* Plusieurs liaisons par semaine pour Igouménitsa.

▲ **SUPERFAST FERRIES**
Représenté par *Viamare Cap Mer* et *Navifrance* (voir coordonnées plus haut). Liaisons quotidiennes Bari-Igouménitsa-Patras (traversée : 15h30).

▲ **VENTOURIS FERRIES**
Représenté par *Navifrance* (voir coordonnées plus haut). Nombreuses liaisons Bari-Corfou-Igouménitsa.

## Au départ de Brindisi

▲ **AGOUDIMOS FERRIES**
Représenté en France par *Euro-Mer (5, quai de Sauvages, 34 078 Cedex 3, Montpellier).* Liaisons quotidiennes Brindisi-Corfou-Igouménitsa sur le *F/B Pénélope*. Camping à bord.

▲ **ENDEAVOR LINES**
Traversées Brindisi-Igouménitsa-Patras (certains jours, arrêt à Corfou ou à Céphalonie).

## Au départ de Venise

▲ **ANEK LINES**
Représenté en France par *Navifrance* (voir coordonnées plus haut). Liaisons Venise-Corfou-Igouménitsa-Patras, 4 fois/sem.

▲ **MINOAN LINES**
Représenté par *Navifrance* (voir coordonnées plus haut). Liaisons Venise-Igouménitsa-Corfou-Patras 4 fois/sem toute l'année.

# LES ORGANISMES DE VOYAGES

– Ne pas croire que les vols à tarif réduit sont tous au même prix pour une même destination à une même époque : loin de là. On a déjà vu, dans un même avion partagé par deux organismes, des passagers qui avaient payé 40 % plus cher que les autres. De plus, une agence bon marché ne l'est pas forcément toute l'année (elle peut n'être compétitive qu'à certaines dates bien précises). Donc, contactez tous les organismes et jugez vous-même.
– Les organismes cités sont classés par ordre alphabétique, pour éviter les jalousies et les grincements de dents.

## EN FRANCE

▲ **ALLIBERT**
– *Paris* : 37, bd Beaumarchais, 75003. ☎ 01-44-59-35-35. ● *allibert-trekking.com* ● Ⓜ *Chemin-Vert* ou *Bastille*. Lun-ven 9h-19h, sam 10h-18h.
Née en 1975 d'une passion commune entre trois guides de montagne, Allibert propose aujourd'hui 450 voyages aux quatre coins du monde tout en restant une entreprise familiale. Découvrir de nouveaux itinéraires en respectant la nature et les cultures des régions traversées reste leur priorité. Pour chaque pays, différents niveaux de difficulté.

▲ **BOURSE DES VOLS / BOURSE DES VOYAGES**
● *bdv.fr* ● ou par tél au ☎ 01-42-61-66-61, lun-sam 8h-20h.
Agence de voyages en ligne, BDV.fr propose une vaste sélection de vols secs, séjours et circuits à réserver en ligne ou par téléphone. Pour bénéficier des meilleurs tarifs aériens, même à la dernière minute, le service de Bourse des Vols référence en temps réel un large panel de vols réguliers, charters et dégriffés au départ de Paris et de nombreuses villes de province. Promotions toute l'année sur une large sélection de séjours.

▲ **CLUBAVENTURE**
☎ 0826-88-20-80 (0,15 €/mn). ● *clubaventure.fr* ●
– *Paris* : 18, rue Séguier, 75006. Ⓜ *Saint-Michel* ou *Odéon*. Mar-sam 10h-19h.
– *Lyon* : 2, rue Vaubecour, 69002. Ⓜ *Bellecour* ou *Ampère*. Lun-sam 10h30-13h, 14h-18h30.
Spécialiste du voyage d'aventure depuis près de 30 ans, Clubaventure privilégie la randonnée en petits groupes, en famille ou entre amis, pour parcourir le monde hors des sentiers battus. Leur site offre 1 000 voyages dans 90 pays différents, à pied, en pirogue ou à dos de chameau. Ces voyages sont encadrés par des guides locaux et professionnels.

▲ **COMPTOIR DE LA GRÈCE**
– *Paris* : 10, rue Saint-Victor, 75005. ☎ 0892-230-467 (0,34 €/mn). ● *comptoir.fr* ● Ⓜ *Cardinal-Lemoine*. Lun-ven 9h30-18h30, sam 10h-18h30.
– *Toulouse* : 43, rue Peyrolières, 31000. ☎ 0892-232-236 (0,34 €/mn). Ⓜ *Esquirol*. Lun-sam 9h30-18h30.

Loxe-en-Gelise

N 96

YSTE-EN-BOULE

HEUREUSEMENT
ON NE VOUS PROPOSE
PAS QUE LE TRAIN.

ISTAMBUL,
TOUT LE BASSIN
MÉDITERRANÉEN
ET LE RESTE DU MONDE

Voyages-sncf.com

Voyages-sncf.com, première agence de voyage sur Internet, avec plus de 600 destinations dans le monde, vous propose ses meilleurs prix sur les billets d'avion et de train, les chambres d'hôtel, les séjours et la location de voiture. Accessible 24h/24, 7j/7.

– *Lyon* : 10, quai Tilsitt, 69002. ☎ 0892-230-465. Ⓜ *Bellecour. Lun-sam 9h30-18h30.*

Une parfaite osmose entre mer et montagnes, criques et plaines fertiles, bleu des fenêtres et blanc des murs de chaux... Les reliefs tourmentés de la Grèce continentale, l'isthme de Corinthe, les fragiles Cyclades et le charme oriental de la Crète ne sont jamais bien loin lorsque leurs conseillers vous aident à bâtir un voyage. Comptoir de la Grèce propose un grand choix d'hébergements de charme, des idées de voyages originales, et bien d'autres suggestions à combiner selon son budget, ses envies et son humeur.

Chaque Comptoir est spécialiste d'une ou plusieurs destinations : Afrique, Amérique centrale et Caraïbes, Brésil, Canada, Chine, Égypte, États-Unis, Grèce, îles (Polynésie française et îles de l'océan Indien), Indonésie, Inde et Sri Lanka, Islande et terres polaires, Italie et Croatie, Japon, Maroc, Moyen Orient, pays andins, pays celtes, pays scandinaves, pays du Mékong.

### ▲ FRAM

– *Paris* : 4, rue Perrault, 75001. ☎ 0826-46-61-38 (0,15 €/mn). ● *fram.fr* ● Ⓜ *Châtelet ou Louvre-Rivoli. Lun-ven 9h-19h ; sam 9h30-13h, 14h-18h30.*

– *Toulouse* : 1, rue Lapeyrouse, 31008. ☎ 0826-46-37-27 (0,15 €/mn). *Mar-ven 9h-19h ; lun et sam 9h-18h30.*

FRAM programme 60 destinations, 14 formules de vacances et 29 villes de départ. Au choix : des *autotours* en Grèce, des vols secs, des circuits, des week-ends et courts séjours et des séjours en club *Framissima.*

### ▲ FUAJ

– *Paris* : antenne nationale, 27, rue Pajol, 75018. ☎ 01-44-89-87-27. Ⓜ *La Chapelle, Marx-Dormoy ou Gare-du-Nord. Mar-ven 13h-17h30. Rens dans ttes les auberges de jeunesse, les points d'info et de résa en France et sur le site ● fuaj.org ●*

La FUAJ (Fédération unie des auberges de jeunesse) accueille ses adhérents dans 160 auberges de jeunesse en France. Seule association française membre de l'IYHF *(International Youth Hostel Federation)*, elle est le maillon d'un réseau de 4 200 auberges de jeunesse réparties dans 81 pays. La FUAJ organise, pour ses adhérents, des activités sportives, culturelles et éducatives ainsi que des rencontres internationales. Vous pouvez obtenir gratuitement les brochures *Printemps-Été, Hiver, le dépliant des séjours pédagogiques, la carte pliable des AJ et le Guide des AJ en France.*

### ▲ HÉLIADES

*Rens et résas :* ☎ 0892-23-15-23 (0,34 €/mn). ● *heliades.fr* ● *Ou dans les agences de voyages.*

En spécialiste de la Grèce depuis plus de 30 ans, Héliades propose une large gamme de voyages : clubs, hôtels prestige ou charme, agrotourisme, locations et villas, week-ends... Pour la découverte, une palette complète de circuits, combinés, autotours, périples dans les îles et croisières.

### ▲ ILES-RESA.COM

– *Paris* : 80, rue de la Roquette, 75011. ☎ 01-44-88-01-50. ● *iles-resa.com* ● Ⓜ *Bastille. Lun-sam 9h-19h.*

Ce tour-opérateur en ligne, spécialiste des îles permet de réserver son voyage sur mesure dans toutes les îles de la Méditerranée, de l'océan Indien, de l'Asie, des Caraïbes ou de l'océan Pacifique. Iles-resa.com propose des formules de séjour dans toutes les catégories, de la maison d'hôtes à l'hôtellerie de grand luxe, selon son budget et parmi plus de 2 500 établissements insulaires référencés dans plus d'une centaine d'îles du monde. Chaque île ou archipel est décliné dans un sous-site qui présente la destination dans le moindre détail : séjours hôteliers, locations, croisières, itinéraires et promotions.

Consultation des offres, des disponibilités, des tarifs, réservation en ligne, avec paiement sécurisé, ou par téléphone auprès du bureau parisien.

### ▲ MARMARA

*Résas :* ☎ *0892-161-161 (0,34 €/mn).* ● *marmara.com* ●
– *Paris : 81, rue Saint-Lazare, 75009.* ☎ *01-44-63-64-00.* Ⓜ *Trinité-d'Estienne-d'Orves ou Saint-Lazare. Lun-ven 9h-18h30 ; sam 9h30-16h30.*
– *Marseille : 45, rue Montgrand, 13006.* ☎ *04-91-55-08-69. Lun-jeu 9h-12h30, 14h-18h ; ven 9h-17h30.*
Marmara, ce sont des prix ultra-compétitifs sur le Bassin méditerranéen : Majorque, Grèce, Crète, Rhodes, Tunisie, Maroc, Turquie, et Égypte. Tout au long de l'année, Marmara propose :
– une gamme complète de prestations : billets d'avion, circuits, week-ends, croisières, séjours prestige, voyages à la carte ;
– ses clubs Marmara 100 % francophones ;
– des vols régionaux au départ de toute la France.
Marmara c'est aussi une sélection de destinations lointaines : la République dominicaine, l'île Maurice, toujours à petits prix.
Avec plus de 1 million de voyageurs transportés par an, Marmara pense que le voyage est un droit.

### ▲ NOUVELLES FRONTIÈRES

– *Rens et résas dans tte la France :* ☎ *0825-000-825 (0,15 €/mn).* ● *nouvelles-frontieres.fr* ● *Les brochures Nouvelles Frontières sont disponibles gratuitement dans les 300 agences du réseau, par tél et sur Internet.*
Plus de 40 ans d'existence, 1 000 000 clients par an, 250 destinations, deux chaînes, des hôtels-clubs Nouvelles Frontières et une compagnie aérienne, *Corsairfly.* Pas étonnant que Nouvelles Frontières soit devenu une référence incontournable, notamment en matière de tarifs. Le fait de réduire au maximum les intermédiaires permet d'offrir des prix « super-serrés ». Un choix illimité de formules vous est proposé : des vols sur la compagnie aérienne de Nouvelles Frontières au départ de Paris et de province, en classe Horizon ou Grand Large, et sur toutes les compagnies aériennes régulières, avec une gamme de tarifs selon votre budget. Sont également proposés toutes sortes de circuits, aventure ou organisés ; des séjours en hôtels, en hôtels-clubs et en résidences ; des week-ends, des formules à la carte (vol, nuits d'hôtel, excursions, location de voitures...), des séjours neige, des croisières, des séjours thématiques, plongée, thalasso.
Avant le départ, des réunions d'information sont organisées. Intéressant : des brochures thématiques (plongée, aventure, rando, trek, sport, et Nouvelles Rencontres).

### ▲ PARTIRSEUL.COM

– *Le Perreux-sur-Marne : 71, quai de l'Artois, 94170.* ☎ *09-51-77-39-94.* ● *partirseul.com* ●
Partirseul.com est un concept de voyage original qui s'adresse à toute personne seule désirant voyager collectivement dans un cadre amical. Ces voyages, souvent thématiques, ne sont pas réservés qu'aux célibataires mais à tous ceux qui se retrouvent dans l'impossibilité d'être accompagné. Des voyages en petits groupes, avec un guide depuis la France, à la découverte d'un pays de façon ludique, sportive ou plus traditionnelle. À noter, pas de supplément chambre individuelle. Organisent également des week-ends et des sorties le dimanche (accrobranches, buggy, randonnées à cheval...). Catalogue sur Internet exclusivement.

### ▲ PROMOVACANCES.COM

*Les offres Promovacances sont accessibles sur* ● *promovacances.com* ● *ou au* ☎ *0899-654-850 (1,35 € l'appel puis 0,34 €/mn) et dans 10 agences situées à Paris et à Lyon.*
N° 1 français de la vente de séjours sur Internet, Promovacances a fait voyager plus de 2 millions de clients en 10 ans. Le site propose plus de 10 000 voyages actualisés chaque jour sur 300 destinations : séjours, circuits, week-ends, thalasso, plongée, golf, voyages de noces, locations, vols secs... L'ambition du voyagiste : prou-

## SARDAIGNE (avril 2011)

Une île qui recèle parmi les plus belles plages de la Méditerranée. 1 850 km de côtes quasiment vierges aux eaux cristallines. Une nature intacte. Avec ses 20 millions d'années, une terre aussi vieille que la Corse. Le cœur montagneux de la Sardaigne livre nombre de gorges, falaises calcaires et vallées. Mon tout surplombe majestueusement plaines et hauts plateaux – un must pour les randonneurs, et beaucoup de bergers pour vous remettre sur le droit chemin. Ici, le maquis, les énormes forêts de chênes verts séculaires et les champs d'oliviers semblent posés directement sur la mer. Parmi les magnifiques églises romanes, on découvre des fêtes religieuses et païennes... Une par jour, dit-on ! Quant à la gastronomie, elle en surprendra plus d'un... Cessons donc de croire que la Sardaigne est une destination confidentielle réservée à la jet-set. Emparez-vous enfin de ces terres parmi les moins peuplées d'Europe et pourtant si étonnantes. Un monde à part, si proche et déjà si exotique. Vite, vous ne serez pas seul, les phoques moines, qu'on croyait disparus, viennent de réapparaître...

ver chaque jour que le petit prix est compatible avec des vacances de qualité. Grâce aux avis clients publiés sur le site et aux visites virtuelles des hôtels, vous réservez vos vacances en toute tranquillité.

### ▲ TERRES D'AVENTURE

*N° Indigo :* ☎ *0825-700-825 (0,15 €/mn).* ● *terdav.com* ●
– *Paris : 30, rue Saint-Augustin, 75002.* Ⓜ *Opéra ou Quatre-Septembre. Lun-sam 10h-19h.*

*Agences également à Bordeaux, Caen, Chamonix, Grenoble, Lille, Lyon, Marseille, Montpellier, Nantes, Nice, Rennes, Rouen, Strasbourg et Toulouse.*

Depuis 1976, Terres d'Aventure, spécialiste du voyage à pied, propose aux voyageurs passionnés de marche et de rencontres des randonnées hors des sentiers battus à la découverte des grands espaces de notre planète. Voyages à pied, à cheval, à raquettes, en bateau... Sur tous les continents, des aventures en petits groupes ou en individuel encadrés par des professionnels expérimentés. Les hébergements dépendent des sites explorés : camps d'altitude, bivouac, refuges ou petits hôtels. Les voyages sont conçus par niveaux de difficulté : de la simple balade en plaine à l'expédition sportive en passant par la course en haute montagne. En province, certaines de leurs agences sont de véritables *Cités des Voyageurs*. Tout y rappelle le voyage : librairies spécialisées, boutiques d'accessoires de voyage, expositions-ventes d'artisanat et cocktails-conférences. Consultez le programme des manifestations sur leur site internet.

### ▲ VOYAGES-SNCF.COM

Voyages-sncf.com, acteur majeur du tourisme français qui recense 9 millions de visiteurs par mois, propose d'acheter en ligne des billets de train, d'avion, des chambres d'hôtel, des locations de voitures, de vacances et des séjours clés en main ou Alacarte®, ainsi que des spectacles, des excursions et des visites de musées. Un large choix et des prix avantageux sont offerts toute l'année, pour tout type de voyages dans le monde entier : SNCF, 180 compagnies aériennes, 84 000 hôtels référencés et les principaux loueurs de voitures.

Leur site ● *voyages-sncf.com* ● permet d'accéder tous les jours, 24h/24 à plusieurs services : envoi gratuit des billets à domicile, Alerte Résa pour être informé de l'ouverture des réservations et profiter du plus grand choix, calendrier des meilleurs prix (TTC), mais aussi des offres de dernière minute et des promotions... Pratique : ● *voyages-sncf.mobi* ●, le site mobile pour réserver, s'informer et profiter des bons plans n'importe où et à n'importe quel moment.

Et grâce à l'ÉcoComparateur, en exclusivité sur ● *voyages-sncf.com* ●, possibilité de comparer le prix, le temps de trajet et l'indice de pollution pour un même trajet en train, en avion et en voiture.

### ▲ VOYAGEURS EN GRÈCE

Le spécialiste du voyage en individuel sur mesure.
● *vdm.com* ●
– *Paris : La Cité des Voyageurs, 55, rue Sainte-Anne, 75002.* ☎ *01-42-86-16-00.* Ⓜ *Opéra ou Pyramides. Lun-sam 9h30-19h.*
– *Voyageurs en Grèce et en Croatie (Athènes, Crète, Croatie, îles grecques, Péloponnèse) :* ☎ *01-42-86-17-20. Également des agences à Bordeaux, Caen, Grenoble, Lille, Lyon, Marseille, Montpellier, Nantes, Nice, Rennes, Rouen, Strasbourg et Toulouse.*

Pour partir à la découverte de plus de 120 pays, des experts pays, de près de 30 nationalités et grands spécialistes de leurs destinations, guident à travers une collection de 30 brochures (dont 6 thématiques) comme autant de trames d'itinéraires destinées à être adaptés à vos besoins et vos envies pour élaborer étape après étape son propre voyage en individuel.

Dans chacune des *Cités des Voyageurs*, tout appelle au voyage : librairies spécialisées, boutiques d'accessoires de voyage, expositions-ventes d'artisanat ou encore cocktails-conférences. Toute l'actualité de Voyageurs du Monde et des devis en temps réel à consulter sur leur site internet.

Voyageurs du Monde est membre de l'association ATR (Agir pour un tourisme responsable) et a obtenu en 2008 sa certification Tourisme responsable AFAQ AFNOR.

# *Comment aller à Roissy et à Orly ?*

## À Roissy-Charles-de-Gaulle 1, 2 et 3

Attention : si vous partez de Roissy, pensez à vérifier de quelle aérogare votre avion décolle car la durée du trajet peut considérablement varier en fonction de cette donnée.
Bon à savoir :
– Le *pass Navigo* est valable pour Roissy-Rail (RER B, zones 1-5) et Orly-Rail (RER C, zones 1-4).
– Le *billet Orly-Rail* permet d'accéder sans supplément aux réseaux métro et RER.

### *Transports collectifs*

**Les cars Air France :** ☎ 0892-350-820 (0,34 €/mn). ● cars-airfrance.com ● *Paiement par CB possible à bord.*
➤ *Paris-Roissy :* départ pl. de l'Étoile (1, av. Carnot), avec un arrêt pl. de la Porte-Maillot (bd Gouvion-Saint-Cyr). Départs ttes les 30 mn 5h45-23h. Durée du trajet : 35-50 mn env. Tarifs : 15 € l'aller simple, 24 € l'aller-retour.
Autre départ depuis la gare Montparnasse (arrêt rue du Commandant-Mouchotte, face à l'hôtel *Méridien Montparnasse*), ttes les 30 mn 6h30-21h30, avec un arrêt gare de Lyon (20 bis, bd Diderot). Tarifs : 16,50 € l'aller simple, 27 € l'aller-retour.
➤ *Roissy-Paris :* les cars *Air France* desservent la pl. de la Porte-Maillot, avec un arrêt bd Gouvion-Saint-Cyr, et se rendent ensuite au terminus de l'av. Carnot. Départs ttes les 30 mn 5h45-23h des terminaux 2A et 2C (porte C2), 2E et 2F (niveau « Arrivées », porte 3 de la galerie), 2B et 2D (porte B1), et du terminal 1 (porte 34, niveau « Arrivées »).
À destination de la gare de Lyon et de la gare Montparnasse, départs ttes les 30 mn 7h-21h des mêmes terminaux. Durée du trajet : 45 mn env.

**Roissybus :** ☎ 32-46 (0,34 €/mn). ● ratp.fr ● Départs de la pl. de l'Opéra (angle rues Scribe et Auber) ttes les 15 mn (20 mn à partir de 19h) 5h45-23h. Durée du trajet : 45-60 mn. De Roissy, départs 6h-23h des terminaux 1, 2A, 2B, 2C, 2D et 2F, et à la sortie du hall d'arrivée du terminal 3. Tarif : 9,10 €.

**Bus RATP n° 351 :** de la pl. de la Nation, 5h30-20h20. Solution la moins chère mais la plus lente. Compter en effet 1h30 de trajet. Ou *bus n° 350,* de la gare de l'Est (1h15 de trajet). Arrivée Roissypôle-gare RER.

**RER ligne B + navette :** départ ttes les 15 mn. Compter 30 mn de la gare du Nord à l'aéroport (navette comprise). Un 1er départ à 4h56 de la gare du Nord et à 5h26 de Châtelet. À Roissy-Charles-de-Gaulle, descendre à la station (il y en a 2) qui dessert le bon terminal. De là, prendre la navette adéquate. Tarif : 8,50 €.

Si vous venez du nord, de l'ouest ou du sud de la France en train, vous pouvez rejoindre les aéroports de Roissy sans passer par Paris, la gare SNCF Paris-Charles-de-Gaulle étant reliée aux réseaux TGV.

### *Taxis collectifs*

Liaisons avec les aéroports depuis Paris-Île-de-France, l'Eure et l'Oise. Moins cher qu'un taxi puisque les tarifs sont forfaitaires. Véhicules adaptés aux familles et aux personnes handicapées. Possibilité de devis en ligne. *Résas :* ● atafrance.com ● *Avec le code « Routard », bénéficiez de 10 % de réduc.*

### *Taxis*

Compter au moins 50 € du centre de Paris, en tarif de jour.

### En voiture

Chaque terminal a son propre parking. Compter 30 € par tranche de 24h. Également des parkings longue durée (PR et PX), plus éloignés des terminaux, qui proposent des tarifs plus avantageux (forfait 24h 22 €, forfait 6 à 7 j. 130 €). Possibilité de réserver sa place de parking via le site ● *aeroportsdeparis.fr* ● Stationnement au parking Vacances (longue durée), situé à 200 m du P3 Est. Formules de stationnement 1-30 j. (120-190 €). Réservation sur Internet uniquement.

### Comment se déplacer entre Roissy-Charles-de-Gaulle 1, 2 et 3 ?

Les rames du CDG-VAL font le lien entre les 3 terminaux en 8 mn. Fonctionne tlj, 24h/24. Gratuit. Accessible aux personnes à mobilité réduite. Départ ttes les 5 mn, et ttes les 20 mn minuit-4h. Desserte gratuite vers certains hôtels, parkings, gares RER et gares TGV.

## À Orly-Sud et Orly-Ouest

### Transports collectifs

🚌 **Les cars Air France :** ☎ 0892-350-820 (0,34 €/mn). ● *cars-airfrance.com* ● *Tarifs :* 11,50 € l'aller simple, 18,50 € l'aller-retour. Paiement par CB possible dans le bus.

➢ *Paris-Orly :* départs de l'Étoile, 1, av. Carnot, ttes les 30 mn (6h-23h20). Arrêts au terminal des Invalides, Gare Montparnasse, rue du Commandant-Mouchotte, face à l'hôtel *Méridien Montparnasse* (Ⓜ Montparnasse-Bienvenüe, sortie Gare SNCF), et Porte d'Orléans.

➢ *Orly-Paris :* départs 6h15-23h15 d'Orly-Sud, porte L, et d'Orly-Ouest, porte B, niveau « Arrivées ».

🚆 **RER C + navette Orly-Rail :** ☎ 0891-362-020 (0,23 €/mn). ● *transilien.com* ● Prendre le RER C jusqu'à Pont-de-Rungis (un RER ttes les 15-30 mn). Compter 25 mn depuis la gare d'Austerlitz. Ensuite, navette Orly-Rail pdt 15 mn pour Orly-Sud et Orly-Ouest. Compter 6 €. Très recommandé les jours où l'on piétine sur l'autoroute du Sud (w-e et jours de grands départs) : on ne sera jamais en retard. Pour le retour, départs de la navette depuis la porte G des terminaux Sud et Ouest (4h46-23h30).

🚌 **Bus RATP Orlybus :** ☎ 32-46 (0,34 €/mn). ● *ratp.fr* ●

➢ *Paris-Orly :* départs ttes les 15-20 mn de la pl. Denfert-Rochereau. Compter 25 mn pour rejoindre Orly (Ouest ou Sud). La pl. Denfert-Rochereau est très accessible : RER B, 2 lignes de métro et 3 lignes de bus. Orlybus fonctionne lun-jeu et dim 5h35-23h, jusqu'à 0h05 ven, sam et veilles de fêtes dans le sens Paris-Orly ; et lun-jeu et dim 6h-23h30, jusqu'à 0h30 ven, sam et veilles de fêtes dans le sens Orly-Paris.

➢ *Orly-Paris :* départ d'Orly-Sud, porte H, quai 4, ou d'Orly-Ouest, porte J, niveau « Arrivées ». Compter 6,40 € l'aller simple.

🚆 **Orlyval :** ☎ 32-46 (0,34 €/mn). ● *ratp.fr* ● Ce métro automatique est facilement accessible à partir de n'importe quel point de la capitale ou de la région parisienne (RER, stations de métro, gare SNCF). La jonction se fait à Antony (ligne B du RER) sans aucune attente. Permet d'aller d'Orly à Châtelet et vice versa en 40 mn env, sans se soucier de la densité de la circulation automobile.

➢ *Paris-Orly :* départs pour Orly-Sud et Ouest ttes les 4-8 mn, 6h-23h.

➢ *Orly-Paris :* départs d'Orly-Sud, porte J, à proximité de la livraison des bagages, ou d'Orly-Ouest, porte W du hall 2, niveau « Départs ». Compter 9,85 € l'aller simple entre Orly et Paris. Billet Orlyval seul : 7,60 €.

### Taxis collectifs (voir plus haut)

### Taxis

Compter au moins 35 € en tarif de jour du centre de Paris, selon circulation et importance des bagages.

*En voiture*

À proximité d'Orly-Ouest, parkings P0 et P2. À proximité d'Orly-Sud, P1 et P3 (à 50 m du terminal, accessible par tapis roulant). Compter 23,30 € par tranche de 24h. Ces 4 parkings à proximité immédiate des terminaux proposent un forfait intéressant : « week-end » valable du ven 0h01 au lun 23h59 (40 €). Dans les P0, P2 et P5 (excentré), forfait « grand week-end » du jeu 15h au lun soir (55 €).
Les P4, P7 (en extérieur) et P5 (couvert) sont des parkings longue durée, plus excentrés, reliés par navettes gratuites aux terminaux. Compter 115 € pour 8 j. et 10h au P4, 115 € pour 6 j. et 8h au P7 (45 j. de stationnement max). En revanche, ne sont pas moins chers pour des séjours de courte durée, w-e inclus. *Rens :* ☎ 01-49-75-56-50. Comme à Roissy, possibilité de réserver en ligne sa place de parking (P0) sur • *aeroportsdeparis.fr* • Les frais de résa (en sus du parking) sont de 8 € pour 1 j., de 12 € pour 2-3 j. et de 20 € pour 4-10 j. de stationnement.

## Liaisons entre Orly et Roissy-Charles-de-Gaulle

🚌 *Les cars Air France :* ☎ 0892-350-820 (0,34 €/mn). • *cars-airfrance.com* • Départs de Roissy-Charles-de-Gaulle depuis les terminaux 1 (porte 34, niveau « Arrivées »), 2A et 2C (porte C2), 2B et 2D (porte B1), 2E et 2F (niveau « Arrivées », porte 3 de la galerie) vers Orly 5h55-22h30. Départs d'Orly-Sud (porte K) et d'Orly-Ouest (porte B-C, niveau « Arrivées ») vers Roissy-Charles-de-Gaulle 6h30 (7h le w-e)-22h30. Ttes les 30 mn (dans les 2 sens). Durée du trajet : 50 mn env. Tarif : 19 €.

🚆 *RER B + Orlyval :* ☎ 32-46 (0,34 €/mn). Depuis Roissy, navette puis RER B jusqu'à Antony et enfin Orlyval entre Antony et Orly, 6h-23h. Tarif : 17,60 €.

– *En taxis collectifs :* voir plus haut.
– *En taxi :* compter 50-55 € en journée.

## EN BELGIQUE

### ▲ CONNECTIONS
*Rens et résas :* ☎ 070-233-313. • *connections.be* • *Lun-ven 9h-19h, sam 10h-17h.*
Fort d'une expérience de plus de 20 ans dans le domaine du voyage, Connections dispose d'un réseau de 28 *Travel shops* dont un à Brussels Airport. Connections propose des vols dans le monde entier à des tarifs avantageux et des voyages destinés à des voyageurs désireux de découvrir la planète de façon autonome et de vivre des expériences uniques. Connections propose une gamme complète de produits : vols, hébergements, locations de voitures, autotours, vacances sportives, excursions, assurances « protections »...

### ▲ NOUVELLES FRONTIÈRES
• *nouvelles-frontieres.be* •
– *Bruxelles (siège) :* bd Lemonnier, 2, 1000. ☎ 02-547-44-44.
– Également d'autres agences à *Bruxelles, Charleroi, Liège, Mons, Namur, Waterloo, Wavre* et au *Luxembourg.*
Voir texte dans la partie « en France ».

### ▲ SERVICE VOYAGES ULB
• *servicevoyages.be* •
– *Bruxelles :* campus ULB, av. Paul-Héger, 22, CP 166, 1000. ☎ 02-650-40-20.
– *Bruxelles :* rue Abbé-de-l'Épée, 1, Woluwe, 1200. ☎ 02-742-28-80.
– *Bruxelles :* hôpital universitaire Érasme, route de Lennik, 808, 1070. ☎ 02-555-38-63.
– *Bruxelles :* chaussée d'Alsemberg, 815, 1180. ☎ 02-332-29-60.
– *Ciney :* rue du Centre, 46, 5590. ☎ 083-216-711.
– *Marche (Luxembourg) :* av. de la Toison-d'Or, 4, 6900. ☎ 084-31-40-33.
– *Wepion :* chaussée de Dinant, 1137, 5100. ☎ 081-46-14-37.

Service Voyages ULB, c'est le voyage à l'université. Billets d'avion sur vols charters et sur compagnies régulières à des prix compétitifs.

## ▲ TERRES D'AVENTURE
– *Bruxelles : chaussée de Charleroi, 23, 1060.* ☎ *02-54-95-60*
Voir texte dans la partie « En France ».

## ▲ VOYAGEURS DU MONDE
● *vdm.com* ●
– *Bruxelles : chaussée de Charleroi, 23, 1060.* ☎ *0-900-44-500 (0,45 €/mn).*
Le spécialiste du voyage en individuel sur mesure.
Voir texte dans la partie « En France ».

# EN SUISSE

## ▲ STA TRAVEL
● *statravel.ch* ● ☎ *058-450-49-49.*
– *Fribourg : rue de Lausanne, 24, 1701.* ☎ *058-450-49-80.*
– *Genève : rue de Rive, 10, 1204.* ☎ *058-450-48-00.*
– *Genève : rue Vignier, 3, 1205.* ☎ *058-450-48-30.*
– *Lausanne : bd de Grancy, 20, 1006.* ☎ *058-450-48-50.*
– *Lausanne : à l'université, Anthropole, 1015.* ☎ *058-450-49-20.*
Agences spécialisées notamment dans les voyages pour jeunes et étudiants. Gros avantage en cas de problème : 150 bureaux STA et plus de 700 agents du même groupe répartis dans le monde entier sont là pour donner un coup de main *(Travel Help).*
STA propose des voyages très avantageux : vols secs *(Blue Ticket),* hôtels, écoles de langues, *work & travel,* circuits d'aventure, voitures de location, etc. Délivre la carte internationale d'étudiant et la carte Jeune.
STA est membre du fonds de garantie de la branche suisse du voyage ; les montants versés par les clients pour les voyages forfaitaires sont assurés.

## ▲ TERRES D'AVENTURE
– *Genève : Neos Voyages, rue des Bains, 50, 1205.* ☎ *022-320-66-35.* ● *geneve@neos.ch* ●
– *Lausanne : Neos Voyages, rue Simplon, 11, 1006.* ☎ *021-612-66-00.* ● *lausanne@neos.ch* ●
Voir texte dans la partie « En France ».

## ▲ TUI - NOUVELLES FRONTIÈRES
– *Genève : rue Chantepoulet, 25, 1201.* ☎ *022-716-15-70.*
– *Lausanne : bd de Grancy, 19 1006.* ☎ *021-616-88-91.*
Voir texte dans la partie « En France ».

## ▲ VOYAGES APN
– *Carouge : rue Saint-Victor, 3, 1227.* ☎ *022-301-01-50.* ● *apnvoyages.ch* ●
Voyages APN propose des destinations hors des sentiers battus, particulièrement en Europe (Grèce, Italie et pays du Nord), avec un contact direct avec les prestataires, notamment dans le cadre de l'agritourisme. Certains programmes sont particulièrement adaptés aux familles. L'accent est mis sur le tourisme responsable et durable. Dans ce cadre, une sélection de destinations telles que la Bolivie ou le Bénin est proposée.

# AU QUÉBEC

## ▲ CLUB AVENTURE VOYAGES
– *Montréal (Québec) : 757, av. Mont-Royal, H2J 1W8.* ● *clubaventure.qc.ca* ●
Depuis 1975, le Club Aventure a développé une façon de voyager qui lui est propre : petits groupes, contact avec les populations visitées, utilisation des ressour-

ces humaines locales, visite des grands monuments mais aussi et surtout ouverture de routes parallèles. Ces circuits ont reçu la griffe du temps et de l'expérience ; ils sont devenus les « circuits griffés » du Club Aventure.

### ▲ EXOTIK TOURS

*Rens sur ● exotiktours.com ● ou auprès de votre agence de voyages.*
La Méditerranée, l'Europe, l'Asie et les Grands Voyages : Exotik Tours offre une importante programmation en été comme en hiver. Ses circuits estivaux se partagent notamment entre la France, l'Autriche, la Grèce, la Turquie, l'Italie, la Croatie, le Maroc, la Tunisie, la République tchèque, la Russie, la Thaïlande, le Vietnam, la Chine... L'hiver, des séjours sont proposés dans le Bassin méditerranéen et en Asie (Thaïlande et Bali). Durant cette saison, on peut également opter pour des combinés plage + circuit. Le voyagiste a par ailleurs créé une nouvelle division : Carte Postale Tours (circuits en autocar au Canada et aux États-Unis). Exotik Tours est membre du groupe *Intair* comme Intair Vacances.

### ▲ RÊVATOURS

*● revatours.com ●*
Ce voyagiste, membre du groupe Transat A.T. Inc., propose quelque 25 destinations à la carte ou en circuits organisés. De l'Inde à la Thaïlande en passant par le Vietnam, la Chine, Bali, l'Europe centrale, la Russie, des croisières sur les plus beaux fleuves d'Europe, la Grèce, la Turquie, l'Italie, la Croatie, le Maroc, l'Espagne, le Portugal, la Tunisie ou l'Égypte et l'Amérique du Sud, le client peut soumettre son itinéraire à Rêvatours qui se charge de lui concocter son voyage. Parmi ses points forts : la Grèce avec un bon choix d'hôtels, de croisières et d'excursions, les *Fugues Musicales* en Europe, la Tunisie et l'Asie. Nouveau : deux programmes en Scandinavie, l'Italie en circuit, Israël pouvant être combiné avec l'Égypte et la Grèce, et aussi la Dalmatie.

### ▲ TOURS CHANTECLERC

*● tourschanteclerc.com ●*
Tours Chanteclerc est un tour-opérateur qui publie différentes brochures de voyages : Europe, Amérique du Nord, Amérique du Sud, Asie et Pacifique sud, Afrique et le Bassin méditerranéen en circuits ou en séjours. Il se présente comme l'une des « références sur l'Europe » avec deux brochures : groupes (circuits guidés en français) et individuels. « Mosaïque Europe » s'adresse aux voyageurs indépendants qui réservent un billet d'avion, un hébergement (dans toute l'Europe), des excursions ou une location de voiture. Aussi spécialiste de Paris, le grossiste offre une vaste sélection d'hôtels et d'appartements dans la Ville Lumière.

### ▲ VACANCES AIR CANADA

*● vacancesaircanada.com ●*
Vacances Air Canada propose des forfaits loisirs (golf, croisières, voyages d'aventure, ski, et excursions diverses) flexibles vers les destinations les plus populaires des Antilles, de l'Amérique centrale et du Sud, de l'Asie, de l'Europe, et des États-Unis. Vaste sélection de forfaits incluant vol aller-retour et hébergement. Également des forfaits vol + hôtel/ vol + voiture.

### ▲ VOYAGES CAMPUS / TRAVEL CUTS

*● voyagescampus.com ●*
Voyages Campus / Travel Cuts est un réseau national d'agences de voyages spécialisées pour les étudiants et les voyageurs qui disposent de petits budgets. Le réseau existe depuis 40 ans et compte plus de 50 agences dont 6 au Québec. Voyages Campus propose des produits exclusifs comme l'assurance « Bon voyage » le programme de Vacances-Travail (SWAP), la carte d'étudiant internationale (ISIC) et plus. Ils peuvent vous aider à planifier votre séjour autant à l'étranger qu'au Canada et même au Québec.

# QUITTER LA GRÈCE

## EN AVION

➢ *Départ d'Athènes :* voir « Comment aller en Grèce ? », ainsi que « Arrivée à l'aéroport » dans le chapitre « Athènes et ses environs ». D'Athènes, correspondance pour de nombreuses îles (voir « Arriver – Quitter » au début des chapitres des îles concernées).

## EN TRAIN

➢ Pour ceux qui sont venus par l'Italie et ont ensuite pris un ferry, même itinéraire qu'à l'aller (voir « Comment aller en Grèce ? »).
➢ Pour ceux qui veulent continuer en direction de la *Turquie,* liaison internationale au départ de Thessalonique : 2 trains/j. jusqu'à *Istanbul* (passage de la frontière à Uzun Kiöprü, dont 1 train de nuit. Prévoir 14h de trajet. D'Athènes, nombreuses liaisons avec Thessalonique en train ou en bus.
➢ Possibilité également de gagner *Zagreb (Croatie)* au départ de Thessalonique, via Gevgéli (frontière avec la Macédoine), Skopje et Belgrade (Serbie). 2 trains/j. pour Belgrade (13h depuis Thessalonique), 1 train pour Zagreb (env 21h).
➢ Enfin, liaisons avec *Sofia (Bulgarie)* et *Bucarest (Roumanie)* via Koulata (frontière avec la Bulgarie). Compter 6h pour Sofia (3 trains/j.) et 18h30 pour Bucarest (1 train/j.).

## PAR VOIE MARITIME ET TERRESTRE

➢ *Liaison Grèce-Italie :* voir les rubriques « Arriver – Quitter » de Patras, Corfou et Igouménitsa. Puis fin du voyage par la route.

## PAR VOIE MARITIME

➢ Pour ceux qui souhaitent continuer le voyage vers *la Turquie* au départ de ports grecs, liaisons au départ de 5 îles : Rhodes, Kos, Samos, Chios et Lesbos (Mytilène) :
➢ *Rhodes-Marmaris :* tte l'année (tlj en saison). Également des liaisons saisonnières (plus chères) avec *Fetihye* et *Bodrum.* Rens à l'agence Inspiration Travel à Rhodes (☎ 22-41-02-42-94).
➢ *Kos-Bodrum :* liaisons en hydrofoil (25 mn) et en ferry (50 mn). Tlj en saison, rotations réduites en hiver. Rens à l'agence Exas (☎ 22-42-02-99-00) à Kos.
➢ *Samos-Kuşadasi :* tlj en saison, rotations réduites en hiver. *Rens (à Vathy) à l'agence By Ship Travel (☎ 22-73-02-21-16).*
➢ *Chios-Çesme :* tlj en saison. Rens à l'agence Hatzelenis (☎ 22-71-02-67-43) à Chios.
➢ *Lesbos-Ayvalik :* en saison, tlj sf dim. Rens à l'agence Picolo Travel (☎ 22-51-02-37-20) à Mytilène.
Attention, les taxes portuaires sont assez élevées (elles peuvent coûter jusqu'à 50 % du prix du billet dont le prix – aller simple – varie de 30 à 50 € selon la liaison).

# GRÈCE UTILE

« Assurément, un dieu se trouve là. »

Homère, *Odyssée.*

La Grèce n'est pas qu'un conservatoire de ruines antiques, si belles soient-elles, et ne se limite pas à son passé prestigieux. Elle a beaucoup à proposer à qui sait sortir des sentiers battus. Le dépaysement se trouve en fait là où il n'y a rien à voir. C'est dans les endroits perdus, ceux dont ne parlent pas trop les guides touristiques, même celui que vous tenez entre vos mains, que l'on a encore la chance d'être accueilli dans le respect de la tradition grecque, celle de la *philoxénia,* l'« hospitalité », qui a malheureusement tendance à disparaître dans les endroits surpeuplés. Alors, laissez-vous conduire au hasard des chemins, et fiez-vous à votre flair.

La Grèce des monuments et des îles (enfin, de certaines îles) est donc la Grèce la plus touristique. Chaque année, le pays compte plus de 14 millions de visiteurs. Pendant longtemps, les Grecs ne voyageaient pas dans leur propre pays : aujourd'hui, ils se rattrapent et partent goulûment profiter de leur pays, avec un regard sans doute différent de celui des visiteurs étrangers, mais avec un même désir de soleil et de mer, incontournables éléments du paysage grec. Bien entendu, les tragédies nationales vécues pendant l'été 2007, ainsi qu'en août 2009, dans une moindre mesure, avec les incendies meurtriers, sont encore dans toutes les mémoires, et les traces de ces drames ne s'effaceront pas de sitôt. La crise économique, mais aussi morale, que connaît la Grèce depuis 2009, si elle n'a pas changé la physionomie du pays, va entraîner, si ce n'est déjà fait, des remises en cause douloureuses, qui prendront du temps avant d'être effectives. Le temps d'une certaine insouciance est peut-être passé...

## ABC DE LA GRÈCE

- **Superficie :** 131 944 km² (et 14 854 km de côtes).
- **Population :** 11 295 000 d'habitants (estimation 2010).
- **Capitale :** Athènes.
- **Langue officielle :** le grec moderne.
- **Monnaie :** l'euro (prononcé en grec *evro*), qui a succédé à la drachme millénaire.
- **Régime politique :** république unitaire.
- **Chef de l'État :** Karolos Papoulias, depuis février 2005.
- **Chef du gouvernement :** Georgos Papandréou (PASOK, gauche) depuis octobre 2009.
- **Religion :** orthodoxe à 98 %.

# AVANT LE DÉPART
## Adresses utiles

### En France

▪ *Office du tourisme :* 3, av. de l'Opéra, 75001 Paris. ☎ 01-42-60-65-75. ● grece.infotourisme.com ● Ⓜ Palais-Royal-Musée-du-Louvre. Lun-jeu 10h-18h ; ven jusqu'à 17h.
■ *Ambassade de Grèce :* 17, rue Auguste-Vacquerie, 75016 Paris. ☎ 01-47-23-72-28. ● amb-grece.fr ● Ⓜ Kléber.
■ *Consulat général de Grèce :* 23, rue Galilée, 75116 Paris. ☎ 01-47-23-72-23. Ⓜ Boissière. Ouv 9h30-13h. Ainsi qu'à Marseille : 38, rue Grignan, 13001. ☎ 04-91-33-08-69. Lun-ven 9h-13h. Consulats honoraires à Ajaccio, Bordeaux, Calais, Cherbourg, Dunkerque, Grenoble, La Rochelle, Le Havre, Lille, Lyon, Nantes, Nice, Reims, Rouen, Saint-Étienne, Strasbourg et principauté de Monaco.
■ *Institut d'études néohelléniques :* 19 bis, rue Fontaine, 75009 Paris. ☎ 01-48-74-09-56. ● ienh.org ● Ⓜ Pigalle. Propose, entre autres, des cours d'initiation au grec moderne.
■ *Librairie hellénique Desmos :* 14, rue Vandamme, 75014 Paris. ☎ 01-43-20-84-04. ● desmos-grece.com ● Ⓜ Gaîté ou Edgar-Quinet. Lun-sam 12h-19h. Fermé juil-août. Toute la littérature grecque, antique et moderne, à votre portée. Des cours de grec moderne sont également proposés.

### En Belgique

▪ *Office du tourisme hellénique :* av. Louise-Louizalaan, 172, Bruxelles 1050. ☎ 02-647-57-70. ● gnto@skynet.be ● Lun-ven 9h-17h (16h30 mer et ven).
■ *Ambassade de Grèce :* rue des Petits-Carmes, 10, Bruxelles 1000. ☎ 02-545-55-00. ● greekembassy-press.be ●
■ *Consulat de Grèce :* rue des Petits-Carmes, 6, Bruxelles 1000. ☎ 02-545-55-10.

### En Suisse

▪ *Office national hellénique du tourisme :* Löewenstrasse 25, CH 8001 Zurich. ☎ 01-221-01-05. ● eot@bluewin.ch ● Lun-ven 9h-17h.
■ *Ambassade de Grèce :* Wellpoststrasse 4, 3015 Bern. ☎ 031-356-14-14. ● mfa.gr/bern ●
■ *Consulat général de Grèce :* rue Pedro-Meylan, 1, 1208 Genève. ☎ 022-735-73-90.

### Au Canada

▪ *Office du tourisme de Grèce :* 1500 Don Mills Rd, suite 102, Toronto (Ontario) M3B 3K4. ☎ (416) 968-2220. ● grnto.tor@on.aibn.com ● Lun-ven 10h-16h.
■ *Ambassade de Grèce :* 80 Mc Laren St, Ottawa (Ontario) K2P 0K6. ☎ (613) 238-6271. ● greekembassy.ca ●
■ *Consulat de Grèce :* 1002 Sherbrooke West, suite 2, 620 Montréal (Québec) H3A 3L6. ☎ (514) 875-2119. ● grconsulatemtl.net ● Lun-ven 9h-13h. Également 2 autres consulats à Toronto et Vancouver.

## Papiers nécessaires

– *Passeport* (en cours de validité) ou *carte nationale d'identité*.
– *Carte d'étudiant :* pour les ressortissants de l'Union européenne, elle donne droit à la gratuité dans de nombreux sites et musées.

– *Permis de conduire, carte verte.*
– *Chasse sous-marine :* les adeptes de ce sport doivent présenter un permis délivré par la police maritime locale.

## Vaccinations, santé

– Aucun vaccin n'est obligatoire.
– *La carte européenne d'assurance maladie :* pour un séjour temporaire en Grèce, pensez à vous procurer la carte européenne d'assurance maladie. Il vous suffit d'appeler votre centre de Sécurité sociale (ou de vous connecter au site internet de votre centre) qui vous l'enverra sous 15 jours. Cette carte fonctionne avec tous les pays membres de l'Union européenne (y compris les 12 petits derniers) ainsi qu'en Islande, au Liechtenstein, en Norvège et en Suisse. C'est une carte plastifiée bleue du même format que la carte Vitale. Elle est valable 1 an, est gratuite et personnelle (chaque membre de la famille doit avoir la sienne, y compris les enfants). Attention, la carte n'est pas valable pour les soins délivrés dans les établissements privés.
En cas de pépin, rendez-vous dans les centres médicaux prévus à cet effet, où les premiers soins vous seront dispensés gratuitement. Votre hôtel vous indiquera l'adresse de celui dont il dépend (ça marche par quartiers). Cela dit, vous devrez supporter une certaine participation pour les médicaments, les prothèses et les traitements supplémentaires. De plus, sur certaines îles, il n'y a pas de centre IKA (équivalent de notre Sécurité sociale). En cas de problèmes graves, il est souhaitable de ne pas se faire soigner dans les îles (du moins les petites, dépourvues de moyens) et de rentrer illico presto à Athènes. Dans ce cas, il est souvent préférable de se rendre dans les hôpitaux privés (où le matériel est plus performant et l'hygiène mieux surveillée), voire de se faire rapatrier.

## Assurances voyage

■ **Routard Assurance :** c/o AVI International, 28, rue de Mogador, 75009 Paris. ☎ 01-44-63-51-00. ● avi-international.france@wanadoo.fr ● avi-international.com ● Ⓜ Trinité-d'Estienne-d'Orves. Depuis 1995, *Routard Assurance,* en collaboration avec *AVI International,* spécialiste de l'assurance voyage, propose aux routards un tarif à la semaine qui inclut une assurance bagages de 2 000 € et appareils photo de 300 €. Pour les séjours longs (2 mois à 1 an), il existe le *Plan Marco Polo.* Depuis peu, également un nouveau contrat pour les seniors, en courts et longs séjours. *Routard Assurance* est aussi disponible en version « light » (durée adaptée aux week-ends et courts séjours en Europe). Vous trouverez un bulletin de souscription dans les dernières pages de chaque guide.
■ **AVA :** 25, rue de Maubeuge, 75009 Paris. ☎ 01-53-20-44-20. ● info@ava.fr ● ava.fr ● Ⓜ Cadet. Un autre courtier fiable pour ceux qui souhaitent s'assurer en cas de décès-invalidité-accident lors d'un voyage à l'étranger mais surtout pour bénéficier d'une assistance rapatriement, perte de bagages et annulation. Attention, franchises pour leurs contrats d'assurance voyage.
■ **Pixel Assur :** 18, rue des Plantes, 78600 Maisons-Laffitte. ☎ 01-39-62-28-63. ● pixel-assur.com ● RER A : Maisons-Laffitte. Assurance de matériel photo et vidéo tous risques dans le monde entier. Devis basé sur le prix d'achat de votre matériel. Avantage : garantie à l'année.

## Carte internationale d'étudiant (carte ISIC)

Elle atteste du statut d'étudiant dans le monde entier et permet de bénéficier de tous les avantages, services, réductions étudiants du monde concernant les transports, les hébergements, la culture, les loisirs, le shopping... C'est la clé de la mobilité étudiante !

La carte ISIC donne aussi accès à des offres exclusives sur le voyage (billets d'avion, hôtels et auberges de jeunesse, assurances, cartes SIM, location de voitures...).

Pour plus d'informations sur la carte ISIC et pour la commander en ligne, rendez-vous sur le site internet ● *isic.fr* ●

## Pour l'obtenir en France

Pour localiser le point de vente proche de vous : ☎ *01-40-49-01-01* ou ● *isic.fr* ●
Se présenter au point de vente avec :
– une preuve du statut d'étudiant (carte d'étudiant, certificat de scolarité...) ;
– une photo d'identité ;
– 12 €, ou 13 € par correspondance, incluant les frais d'envoi des documents d'information sur la carte.
Émission immédiate sur place ou envoi à votre domicile le jour même de votre commande en ligne.

## En Belgique

La carte coûte 9 € et s'obtient sur présentation de la carte d'identité, de la carte d'étudiant et d'une photo auprès de :

■ *Connections* : rens au ☎ *070-23-33-13.*

Il est également possible de la commander sur le site ● *isic.be* ●

## En Suisse

La carte s'obtient dans toutes les agences *STA Travel* (☎ *058-450-40-00)*, sur présentation de la carte d'étudiant, d'une photo et de 20 Fs. Commande possible de la carte sur ● *isic.ch* ● ou ● *statravel.ch* ●

## Au Canada

La carte coûte 20 $Ca ; elle est disponible dans les agences *Travel Cuts/Voyages Campus,* mais aussi dans les bureaux d'associations d'étudiants. Pour plus d'infos : ● *voyagescampus.com* ●

# Carte FUAJ internationale des auberges de jeunesse

Cette carte, valable dans plus de 90 pays, vous ouvre les portes des 4 000 auberges de jeunesse du réseau *Hostelling International,* réparties dans le monde entier. Les périodes d'ouverture varient selon les pays et les AJ. À noter, la carte est obligatoire pour séjourner en auberge de jeunesse, donc nous vous conseillons de vous la procurer avant votre départ.
– Il n'y a pas de limite d'âge pour séjourner en AJ. Il faut simplement être adhérent.
– La FUAJ offre à ses adhérents la possibilité de réserver en ligne grâce à son système de réservation international ● *hihostels.com* ● jusqu'à 12 mois à l'avance, dans plus de 1 600 auberges de jeunesse dans le monde. Et si vous prévoyez un séjour itinérant, vous pouvez réserver plusieurs auberges en une fois.
Ce système permet d'obtenir toutes les informations utiles sur les auberges reliées au système, de vérifier les disponibilités, de réserver et de payer en ligne.
– La carte donne également droit à des réductions sur les transports, les musées et les attractions touristiques dans plus de 90 pays. Ces avantages varient d'un pays

à l'autre, ce qui n'empêche pas de la présenter à chaque occasion. Liste de ces réductions disponible sur • *hihostels.com* • et celles des réductions en France sur • *fuaj.org* •

## Pour adhérer

– En ligne, avec un paiement sécurisé, sur le site • *fuaj.org* •
– Directement dans une auberge de jeunesse à votre arrivée.
– Auprès de l'antenne nationale : *27, rue Pajol, 75018 Paris.* ☎ *01-44-89-87-27.* • *fuaj.org* • Ⓜ *Marx-Dormoy ou La Chapelle.* Horaires d'ouverture disponibles sur le site internet rubrique « Nous contacter ».

### Les tarifs de l'adhésion 2010

– Carte internationale FUAJ moins de 26 ans : 11 €.
Pour les mineurs, une autorisation parentale et la carte d'identité du parent tuteur sont nécessaires pour l'inscription.
– Carte internationale FUAJ plus de 26 ans : 16 €.
– Carte internationale FUAJ Famille : 23 €.
Seules les familles ayant un ou plusieurs enfants de moins de 16 ans peuvent bénéficier de la carte « famille » sur présentation du livret de famille. Les enfants de plus de 16 ans devront acquérir une carte individuelle.
– Munissez-vous de votre pièce d'identité lors de l'inscription. Pour les mineurs, une autorisation des parents leur permettant de séjourner seul(e) en auberge de jeunesse est nécessaire (une photocopie de la carte d'identité du parent qui autorise le mineur est obligatoire).
– Adhésion possible également dans toutes les auberges de jeunesse, points d'information et de réservation FUAJ en France.

## En Belgique

La carte d'adhésion est obligatoire. Son prix varie selon l'âge : de 3 à 15 ans, 3 € ; de 16 à 25 ans, 9 € ; plus de 25 ans, 15 €.

■ **LAJ :** rue de la Sablonnière, 28, Bruxelles 1000. ☎ 02-219-56-76. • *in fo@laj.be* • *laj.be* •
■ *Vlaamse Jeugdherbergcentrale*

*(VJH) :* Van Stralenstraat 40, B 2060 Antwerpen. ☎ 03-232-72-18. • *info@ vjh.be* • *vjh.be* •

– Votre carte de membre vous permet d'obtenir de 3 à 20 € de réduction sur votre première nuit dans les réseaux LAJ, VJH et CAJL (Luxembourg), ainsi que des réductions auprès de nombreux partenaires en Belgique.

## En Suisse (SJH)

Le prix de la carte dépend de l'âge : 22 Fs pour les moins de 18 ans, 33 Fs pour les adultes et 44 Fs pour une famille avec des enfants de moins de 18 ans.

■ *Schweizer Jugendherbergen (SJH), service des membres des auberges de jeunesse suisses, Schaff-*

*hauserstr. 14, 8042 Zurich.* ☎ *01-360- 14-14.* • *bookingoffice@youthhostel.ch* • *youthhostel.ch* •

## Au Canada

Elle coûte 35 $Ca pour une durée de 16 à 28 mois et 175 $Ca pour une carte valable à vie. Gratuit pour les enfants de moins de 18 ans qui accompagnent leurs parents.

■ *Auberges de Jeunesse du Saint- Laurent / St Laurent Youth Hostels :*

*– À Montréal :* 3514, av. Lacombe, (Québec) H3T 1M1. ☎ (514) 731-10-15.

N° gratuit (au Canada) : ☎ 1-866-754-1015.
– À Québec : 94, bd René-Lévesque Ouest, (Québec) G1R 2A4. ☎ (418) 522-2552.

■ *Canadian Hostelling Association :* 205, Catherine St, bureau 400, Ottawa, (Ontario) K2P 1C3. ☎ (613) 237-78-84. ● info@hihostels.ca ● hihostels.ca ●

# ARGENT, BANQUES, CHANGE

## Monnaie

L'euro (en Grèce, prononcer *evro*), depuis janvier 2002.

## Banques

Pour les ressortissants hors zone euro, les commissions pratiquées pour les chèques de voyage sont très variables.
ATTENTION, dans toute la Grèce, les banques ne sont généralement ouvertes que de 8h à 13h30-14h (à l'exception de la *National Bank of Greece,* à Athènes, sur la place Syndagma, ouverte toute la journée). Elles sont fermées les week-ends et jours fériés.

## Change

Pour nos lecteurs hors zone euro, éviter de changer d'argent dans les *tourist offices.* Ils prennent une commission très élevée.
Bureaux de change dans les villes, ouverts pour la plupart tous les jours et assez tard le soir. Taux équivalent à celui des banques, mais commission plus élevée.

## Cartes de paiement

Quelle que soit la carte que vous possédez, chaque banque gère elle-même le processus d'opposition et le numéro de téléphone correspondant ! Avant de partir, notez donc bien le numéro d'opposition propre à votre banque (il figure souvent sur votre contrat, au dos des tickets de retrait ou à côté des distributeurs de billets), ainsi que le numéro à 16 chiffres de votre carte. Bien entendu, conservez ces informations en lieu sûr, et séparément de votre carte. Par ailleurs, l'assistance médicale se limite aux 90 premiers jours du voyage. ●
– *Carte Bleue Visa :* assistance médicale ; n° d'urgence (Europ Assistance) ☎ (00-33) 1-41-85-85-85. ● carte-bleue.fr ● Pour faire opposition, contactez le numéro communiqué par votre banque ou, à défaut, si vous êtes en France, faites le ☎ 0892-705-705 (0,34 €/mn).
– *Carte MasterCard :* n° d'urgence assistance médicale, ☎ (00-33-1) 45-16-65-65. ● mastercardfrance.com ● En cas de perte ou de vol, composez le numéro communiqué par votre banque ou, à défaut, si vous êtes en France, faites le 0892-705-705 (0,34 €/mn) pour faire opposition.
– Pour la **carte American Express,** téléphonez en cas de pépin au ☎ (00-33) 1-47-77-72-00 ou, en Grèce, au ☎ 21-03-24-49-75. N° accessible tlj 24h/24. PCV accepté en cas de perte ou de vol. ● americanexpress.fr ●
– Pour ttes les cartes émises par **La Banque postale,** composez le ☎ 0825-809-803 (0,15 €/mn) ; pour les DOM-TOM ou depuis l'étranger, le ☎ (00-33) 5-55-42-51-96.
– Également un numéro d'appel valable quelle que soit votre carte de paiement pour faire opposition : ☎ 0892-705-705 (0,34 €/mn). Ne fonctionne ni en PCV ni depuis l'étranger.
En Grèce, encore trop peu d'hôtels, et surtout de restos, acceptent les cartes *Visa* et *MasterCard,* particulièrement dans les villages. Dans les endroits les plus touristiques, pas trop de problèmes néanmoins. Et trop d'établissements annoncent

qu'ils l'acceptent pour prévenir au dernier moment que la machine est en panne. Alors, prévoyez d'avoir toujours sur vous de l'argent liquide et des chèques de voyage : c'est plus pratique et plus sûr, même si on fait assez souvent des difficultés pour changer les chèques de voyage. De plus, les commerçants ne vous accorderont aucune ristourne si vous payez par carte et, bien souvent, les banques grecques prélèvent 3-4 % de commission sur les transactions, cette commission vous sera facturée.

## Western Union Money Transfer

En cas de besoin urgent d'argent liquide (perte ou vol de billets, chèques de voyage, carte de paiement), vous pouvez être dépanné en quelques minutes grâce au système *Western Union Money Transfer.* Pour cela, demandez à quelqu'un de vous déposer de l'argent en euros dans l'un des bureaux Western Union ; les correspondants en France de Western Union sont *La Banque postale* (fermée le samedi après-midi, n'oubliez pas ! ☎ *0825-009-898 ; 0,15 €/mn*) et *Travelex* en collaboration avec la *Société financière de paiements (SFDP,* ☎ *0825-825-842 ; 0,15 €/mn).* L'argent vous est transféré en moins d'un quart d'heure. La commission, assez élevée, est payée par l'expéditeur. Possibilité d'effectuer un transfert en ligne 24h/24 par carte de paiement (*Visa* ou *MasterCard* émises en France). ● *westernunion.com* ●

# BUDGET

La Grèce peut coûter cher... ou s'avérer bon marché. Tout dépend comment vous la prenez ou de la période à laquelle vous vous y rendez. Sac au dos, en bus et en stop, en dormant sur les plages (attention, le camping sauvage est interdit), en se lavant dans les toilettes des tavernes, et en se contentant de *souvlaki* et de *gyros,* le voyage ne reviendra pas trop cher ! Vous pouvez aussi mixer votre mode de voyage : alterner les dodos sur les galets avec le confort de pensions, le stop (ou le bus pour les longs trajets) avec la location d'une mob' pour découvrir l'intérieur du pays. Cette solution d'alternance, entre le voyage routard pur et dur et un petit confort, nous semble être un bon compromis. En effet, dans certains coins, il est inutile de perdre 4h à attendre un bus pour aller voir un monastère ou une plage éloignés de 20 km ! La location d'un scooter ou d'une voiture pour 4 personnes pour une journée n'est pas si élevée. À vos calculettes !

Quoi qu'il en soit, on ne peut pas cacher que les prix en Grèce, Europe oblige, tendent petit à petit à rejoindre ceux pratiqués dans le reste de l'Europe, surtout depuis l'augmentation de la TVA en 2010. C'est le cas dans l'hôtellerie (seules les chambres chez l'habitant demeurent encore relativement bon marché). Pour l'alimentation, les prix au détail sont très variables ; les restos populaires restent encore abordables. L'essence est devenue, en 2010, une des plus chères d'Europe, et les transports en commun (bus, train, bateau) deviennent de plus en plus chers.

## Hébergement

### *Les hôtels*

Parfois décevants, par manque d'entretien. L'explication est que bon nombre de ces hôtels datent de l'époque où le tourisme en Grèce a subitement décollé, au début des années 1970, sous les colonels. Depuis, ils ont vieilli. Toutefois, il ne faut pas faire une de généralités, et vous trouverez aussi des hôtels très sympathiques. De plus, dans le cadre de la préparation des Jeux olympiques de 2004, pas mal d'hôtels d'Athènes ou situés dans un rayon de 100 km autour de la capitale ont eu droit à une rénovation en bonne et due forme.

Les prix ne sont pas, comme en France, indiqués à l'extérieur ; en revanche, on peut en principe les lire à la réception (parfois, il faut de bons yeux). Dans chaque chambre, il doit y avoir une pancarte indiquant le prix maximal que l'on peut vous faire payer pour une nuit passée dans l'établissement. C'est loin d'être le cas partout... Il est conseillé de négocier, car les hôteliers ont coutume de faire fluctuer les prix selon la saison et le degré de fréquentation de leur établissement. On peut donc même vous octroyer une remise sans que vous la demandiez. On peut aussi vous imposer une surtaxe de 10 % si vous ne passez qu'une seule nuit dans l'établissement !

Les mois de juillet et août sont les plus fréquentés, et donc les plus chers (de même que la semaine de Pâques). Il peut arriver que les prix doublent ou triplent en vertu de la sacro-sainte loi de l'offre et de la demande, et l'on voit ainsi des chambres bon marché (ce qui devient rare) à 20 € hors saison atteindre les 50-60 € au mois d'août ! À Athènes, la haute saison commence en général dès le 1er avril et s'achève le 31 octobre, et certains hôteliers ne s'embarrassent pas avec les saisons, pratiquant les mêmes tarifs toute l'année. Faut-il le rappeler, Athènes est une ville très chère par rapport au reste du pays. Nos indications tarifaires sont sur la base d'une chambre double. Attention, il faut les considérer avec souplesse et les apprécier en fonction du contexte. Une chambre dans un village d'une zone peu touristique et la même chambre dans une île hyper fréquentée auront un prix très différent, à qualité égale. De plus, nous vous indiquons ce qu'on appelle en Grèce le « prix de la porte », fixé par les autorités, mais les hôteliers ou propriétaires, pour peu que la saison soit mauvaise, proposeront souvent un prix plus attractif. Ce qui explique que vous puissiez avoir l'impression que les prix sont à la tête du client... Les tarifs sont également réduits, bien souvent, si vous restez plusieurs nuits.

*ATTENTION, cette échelle indicative de prix ne vaut pas pour Athènes ni pour certaines îles « chic » (comme Hydra).*

– *Bon marché :* de 20 à 40 € la chambre double. Catégorie qui correspond généralement à une chambre spartiate sans salle de bains privée (mais parfois avec) chez des particuliers ou dans une « pension » (en Grèce, on utilise facilement le terme de « pension » dans un sens différent de celui qu'il a en français).

– *Prix moyens :* de 40 à 65 € la chambre double. Catégorie qui correspond à une chambre avec douche, quelquefois très simple mais parfois confortable.

– *Plus chic :* de 65 à 100 € la chambre double. Dans cette catégorie, on dispose de plus de confort, souvent dans un joli décor (salle de bains, TV et AC).

– *Bien plus chic :* au-delà de 100 € la chambre double. Ce sont des hôtels (en principe) tout confort.

Ces dernières années se sont multipliés dans certaines régions (pas les plus touristiques) les hôtels traditionnels (*xénonès*, pluriel de *xénonas*, ce qui les différencie en principe des simples hôtels, appelés en grec *xénodochia*), correspondant à nos hôtels de charme : vieilles demeures rénovées, avec un ameublement traditionnel. On les trouve principalement dans les régions qui ont un riche passé et un patrimoine architectural remarquable comme l'Épire, le Pélion et le Magne. Malheureusement, plutôt cher. Toutefois, beaucoup de ces établissements ont leur haute saison en hiver, montagne oblige, et pratiquent des tarifs plus doux en été.

### Le logement chez l'habitant

Meilleur marché que l'hôtel. Toutes les chambres doivent être déclarées à l'EOT (office du tourisme hellénique), et les prix doivent être affichés comme dans les hôtels. Trois catégories : A, B et C. En principe, une chambre de catégorie A ne devrait pas coûter beaucoup plus cher qu'une chambre d'hôtel de catégorie C. Mais, là encore, les prix sont très variables, et il n'y a pas grand-chose de commun entre la petite chambre que la vieille grand-mère vous loue dans sa maison et l'immeuble flambant neuf loué en appartements. Autour de 25 €, hors saison, on doit pouvoir commencer à trouver une chambre basique mais correcte pour deux, à condition d'être dans un endroit pas ou peu touristique. Les tarifs doublent (au moins) en saison. La formule devient souvent plus intéressante avec les petits appartements pour 4 ou 5 personnes, moins chers que 2 chambres d'hôtel. L'intérêt est aussi de bénéficier d'une cuisine où l'on peut se faire à manger. En revanche, on ne vous accueillera pas à bras ouverts si vous annoncez à votre arrivée votre intention de ne rester qu'une seule nuit (il arrive même qu'on refuse de louer pour une si courte durée ; et il est à peu près certain que si on vous accepte, vous paierez le tarif maximal).

### Le camping

*Un rappel :* le camping sauvage est interdit.

Les campings sont devenus assez chers (et les tarifs sont rarement affichés à l'extérieur, il faut les demander à la réception). En 10 ans, le prix par personne a plus que triplé ! Résultat, une nuit dans un camping coûte de 15 à 26 € pour deux avec une voiture et une tente, la moyenne s'établissant désormais autour de 22 €. Ne pas hésiter à faire jouer les réductions que proposent les principales chaînes de camping *Sunshine* et *Harmonie,* sur présentation du dépliant de la chaîne. Leur programme de « fidélisation » inclut aussi des réductions sur certaines lignes de ferries entre l'Italie et la Grèce. Les campings sont généralement ouverts d'avril ou mai à octobre, à l'exception de quelques-uns ouverts toute l'année.

## Nourriture

Là encore, votre budget ne sera pas le même si vous dégustez du poisson grillé tous les soirs sur le port ou si vous recherchez les tavernes populaires où l'on mange les plats « à la casserole ». Mais de manière générale, si l'on s'en tient aux établissements du genre de ceux que nous sélectionnons, le restaurant reste vraiment abordable aujourd'hui encore.

– Attention, le poisson est vendu au kilo et il est cher. Compter de 30 à 60 € le kilo de poisson à griller. Celui à friture est moins cher : environ 15-20 € le kilo. En général, on va en cuisine choisir son poisson et le faire peser. Ainsi, pas de surprise. À noter que, en Grèce, on compose son repas à la carte le plus souvent, mais quelques menus bon marché (et peu copieux) sont proposés dans les villes et autour des sites les plus touristiques.

– Compter 5-8 € pour un plat préparé typique et populaire (genre moussaka) dans un resto, et de 6 à 9 € pour une grillade (grand *souvlaki,* par exemple).

– Compter de 12 à 15 € pour un repas complet « touristique », genre salade grecque, grillade et yaourt au miel, sur le port, alors qu'un repas avec une entrée et un plat préparé de viande doit tourner autour de 8 à 12 € par personne. La plupart des restos ne proposant pas de dessert (ou alors seulement du melon, ou encore de la pastèque), c'est sur cette dernière base que nous indiquons les prix pratiqués dans les établissements sélectionnés. Là encore, grosses variations selon les endroits.

– Les restaurateurs facturent le pain. Compter un supplément de 0,50 à 1 € par personne.

– Le service est compris, mais il est de coutume de laisser un petit quelque chose si vous êtes satisfait (du simple arrondi à 5 ou 10 %).

– À Athènes, tout est facilement plus cher.

## Le juste prix

En dehors des villes, il existe assez peu de supermarchés à l'occidentale. Dans les endroits touristiques, on trouve surtout des minimarkets qui n'écrasent pas particulièrement les prix.

Voici quelques exemples de prix moyens de produits courants, relevés en 2010 (compter avec 4-5 % d'inflation par an ; néanmoins, les prix peuvent fortement varier d'une région non touristique à une région touristique) :

– un *koulouri* (sorte de petite couronne au sésame) : 0,40-0,50 € ;

– une *tyropitta* (chausson à la feta) : env 1,50-1,80 € ;

– un petit *souvlaki* (à manger à la main) : 1,50 € ;

– un *gyros* avec *pita* : env 2-2,50 € ;

– un Coca-Cola (50 cl) dans une boutique : env 1 € ;
– un Coca-Cola (50 cl) dans un café : env 2,50 € ;
– une bière grecque Mythos (50 cl) dans un café standard : 2-3 € ;
– un café frappé dans un café standard en province : en moyenne 2,50 € ; il peut monter facilement jusqu'à 4 € (à Athènes par exemple), voire un peu plus ;
– une grande bouteille (1,5 l) d'eau minérale : 0,50-1,50 € selon l'endroit où vous l'achetez ;
– un litre de lait : à partir de 1,30 € ;
– un yaourt (200 g) vendu à l'unité : 1-1,50 € ; comme tous les laitages en Grèce, c'est cher ;
– un litre de super sans plomb : env 1,50 € ; plus cher dans les îles ;
– 100 km en bus *KTEL* (liaisons continentales) : env 8 € ;
– une heure de trajet en ferry (classe pont) : env 8 € ; compter le double, voire un peu plus en *Flying Dolphin* ou en *Catamaran*.

# DANGERS ET ENQUIQUINEMENTS

– **Location de scooters :** les accidents sont fréquents sur les îles, et les loueurs pas toujours honnêtes, si bien que parfois les paragraphes du formulaire d'assurance stipulant qu'en dehors des dommages occasionnés avec un tiers tous les autres frais de réparation seront à votre charge sont écrits uniquement en grec !
– **Taxis :** tous les chauffeurs de taxi à Athènes ne sont pas forcément honnêtes. Voir « Les taxis : ruses et arnaques » dans le chapitre consacré à Athènes. Et en dehors d'Athènes, ce n'est pas forcément mieux. Bien faire mettre le compteur à zéro.
– **Dragueurs :** ça s'appelle le *kamaki* et ça consiste à draguer les touristes seules. Les Grecs peuvent se révéler assez collants, le cas échéant.
– **Plaisanciers :** gare à la complicité des policiers et du pompiste ; ce dernier laisse parfois échapper quelques litres dans la marina, ce qui peut vous occasionner une amende pour pollution !
– **Toilettes :** même si cela peut paraître étrange dans une telle rubrique, il faut signaler que très souvent en Grèce, on ne jette pas le papier toilette dans la cuvette des w-c, car le risque est grand de boucher les canalisations : on le jette dans la poubelle disposée à cet effet.

# FÊTES ET JOURS FÉRIÉS

## Fêtes nationales

Les Grecs ont eu l'excellente idée de se programmer deux fêtes nationales :
– **le 25 mars :** en commémoration de la révolution de 1821, qui libéra la Grèce de l'occupant turc (en réalité, le début du soulèvement eut lieu un peu avant) ;
– **le 28 octobre :** pour célébrer le refus de l'ultimatum italien en 1940. Défilés religieux et militaires à peu près partout.
– À retenir également : le *1er mai,* fête du Travail.

## Fêtes religieuses

– Première au hit-parade, la **Semaine sainte,** traditionnellement plus importante que Noël en Grèce.
– **La Pâque grecque (to Paskha) :** en 2011, Pâques tombe le 24 avril dans le calendrier orthodoxe. Se renseigner si l'on veut visiter des musées ou autres sites touristiques, car soit ils sont fermés, soit ils fonctionnent au ralenti du jeudi de la Semaine sainte au lundi de Pâques inclus. Savoir aussi que les hôtels sont alors pris d'assaut et pratiquent bien souvent des tarifs dignes du plein été, voire pire. Les grands moments religieux de cette semaine sont le vendredi soir, la procession

de l'*épitafios* (symbolisant le linceul du Christ), la messe du samedi soir qui se termine aux cris de « *Christos Anesti* » (Christ est ressuscité) et qui est suivie d'un repas commençant par la *mayiritsa,* une soupe d'abats d'agneau et d'œufs battus, et enfin le repas dominical (agneau à la broche pour tout le monde).

– *Le lundi de Pentecôte orthodoxe* (50 jours après Pâques, donc le 12 juin en 2011). Attention encore, ce jour-là, tout est fermé. Le *jeudi de l'Ascension* (2 juin en 2011) est aussi l'occasion d'un pont.

– *Le 15 août* constitue l'autre grande célébration religieuse. En Grèce, on parle de la *Dormition (Kimissis)* de la Vierge, et non de l'Assomption.

– Certaines fêtes religieuses sont célébrées avec plus d'insistance dans divers endroits : la *Saint-Spyridon* en août à Corfou, le *carnaval de Patras* de mi-janvier jusqu'au carême, le *15 août* à Tinos, la *Saint-Dimitri* (26 octobre) à Thessalonique...

## Fêtes locales

En se baladant de village en village, l'été, on est à peu près sûr de tomber un soir ou l'autre sur un *panighyri* (fête locale, au singulier ; *panighyria* au pluriel), donné à date fixe en l'honneur du saint patron du patelin. Ceux qui sont friands de ces festivités, en général pas frelatées, peuvent s'amuser à repérer les noms des saints des églises et à chercher quand tombe la fête. On commence bien sagement par une cérémonie religieuse et on finit, en général, au petit matin de manière beaucoup moins pieuse. Quelques exemples (liste non exhaustive, loin de là) :

– *le 24 juin :* Agios Ioannis (la Saint-Jean) ;
– *le 1er juillet :* Agii Anarghyrii (les saints Indigents, littéralement les « sans-le-sou ») ;
– *le 7 juillet :* Agia Kyriaki (la Sainte-Dominique) ;
– *le 17 juillet :* Agia Marina ;
– *le 20 juillet :* Profitis Ilias (le prophète Élie) ;
– *le 26 juillet :* Agia Paraskevi ;
– *le 27 juillet :* Agios Pandéléimon ;
– *le 2 août :* Agios Stéfanos ;
– *le 12 août :* Agios Matthéos (la Saint-Matthieu) ;
– *le 2 septembre :* Agios Mamas ;
– *le 15 septembre :* Agios Nikitas.

L'étranger est toujours bien accueilli en pareille occasion. Couche-tôt s'abstenir (car vous ne pourriez apprécier l'extraordinaire endurance des Grecs) ! Les dates peuvent éventuellement être décalées d'un jour, pour profiter d'un week-end.

## Festivals

Qui a dit qu'on venait bronzer idiot en Grèce ? Pas mal de grandes villes grecques proposent un festival théâtral en été (Athènes, Ioannina, Héraklion...), sans compter ceux qui ont lieu dans des sites antiques (Épidaure, Dodone). Concerts, ballets, opéras sont aussi au programme (le Festival international de danse de Kalamata, en juillet, est particulièrement réputé). À noter que le Festival de Thessalonique (les *Dimitria*) se déroule de septembre à novembre, et que le Festival international du cinéma dans la même ville se tient durant la seconde quinzaine de novembre.

# HÉBERGEMENT

## Les auberges de jeunesse

La situation n'est pas aussi claire que dans d'autres pays d'Europe. On s'y retrouve néanmoins.

La Grèce ne compte que neuf auberges affiliées au réseau *Hostelling International,* dont cinq à Athènes (et encore, la carte de membre n'est pas forcément exigée dans chacune) et une à Corfou. En outre, quelques auberges de jeunesse non affiliées au réseau *Hostelling International* sont regroupées dans la Fédération nationale grecque d'auberges de jeunesse *(Greek Youth Hostel Organization)* : deux sont en Grèce continentale (Athènes et Patras) ; liste sur ● *athens-yhostel.com* ● Enfin, d'autres auberges officieuses se présentent comme des *youth hostels*.

## Les hôtels bon marché

Vous pouvez essayer de marchander, surtout si vous restez plusieurs jours. On trouve plus facilement une chambre pour trois personnes que pour une seule. Attention, en hiver, peu d'hôtels sont ouverts, hormis à Athènes, et le chauffage est pratiquement inexistant. Se méfier aussi à Athènes : un certain nombre d'hôtels bon marché accueillent d'autres populations que les touristes de passage, et la sécurité n'y est pas garantie.

## Le logement chez l'habitant

Souvent bon marché et assez souvent intéressant pour les contacts humains. Cependant, il faut avoir l'œil : dans certains coins, les *rooms to rent* sont devenues une véritable industrie (on se fait construire le « palace » de quatre étages et on rentabilise de manière forcenée pendant la saison). Préférez donc les maisons à l'allure plus modeste, au moins pour l'accueil. Les prix sont loin d'être toujours affichés dans les chambres, comme ce devrait être le cas. N'hésitez pas à marchander ou à faire jouer la concurrence. Attention, on vous fera parfois la tête si vous annoncez que vous passez une seule nuit. Il faut donc ruser...

## Les hébergements de charme

Une initiative intéressante a vu le jour en 2003 : le premier réseau d'hébergements de charme en Grèce, en milieu rural. Créé par une petite équipe franco-grecque, membre d'*Eurogites*, *Guest Inn* a pour but de faire connaître la Grèce profonde (les destinations considérées comme moins « touristiques » ont été privilégiées), avec un choix d'hébergements de petite capacité, sélectionnés pour leur caractère et la qualité de l'accueil. *Guest Inn* a établi un partenariat avec la compagnie maritime *Minoan Lines* : tous les clients *Guest Inn* bénéficient de 20 % de réduction sur les lignes Italie-Grèce (cumulables avec les réductions existantes). Pour avoir droit à ces avantages, réserver en ligne (● *minoan.gr* ●) ou appeler le *call center* (☎ 00-30-210-41-45-700). Fin 2010, le réseau était riche d'environ 70 adresses. *Guest Inn* propose les services d'un central de réservation, servant alors d'intermédiaire avec les propriétaires, qui ne parlent souvent que le grec.

■ *Guest Inn* : 34, *odos Kefallinias, 165 61 Glyfada (banlieue sud d'Athènes).* ☎ *21-09-60-71-00.* ● *guestinn.* com ● Le site est également de grande qualité et constitue une bonne source d'informations générales.

## Le camping

La Grèce compte environ 300 terrains de camping. Un petit nombre d'entre eux disposent d'une piscine (ceux situés à proximité des grands sites). Les campings grecs acceptent les gens sans tente, ce qui n'est pas le cas en France. Certains louent sacs de couchage et tentes (sinon, prévoir des piquets de tente solides : le sol grec est dur !). Les routards avec sac à dos peuvent peut-être ainsi éviter d'emporter leur tente, surtout en juillet et août : c'est lourd, et ce n'est utile que pour se protéger des moustiques (et là, on se dit qu'après tout il n'était peut-être pas si superflu que ça de se charger de quelques kilos de plus ; à vous de voir). Mais attention, le sac de couchage est nécessaire dans les îles, car les nuits y sont fraîches.

Deux chaînes se livrent une rude concurrence : *Sunshine* propose 10 % de réduction en juillet et août et 20 % hors saison, ainsi que 15 % sur la compagnie *Minoan Lines* (liaison Italie-Grèce). Une trentaine de campings grecs sont membres de cette chaîne. De son côté, *Harmonie* propose des réductions similaires et des réductions sur la ligne Patras-Ancône (compagnie *Superfast Ferries*). Pour en savoir plus, consultez les sites ● *sunshine-campings.gr* ● et ● *greekcamping.gr* ● ou encore ● *camping.gr* ● Prévoyez d'emporter deux pièces d'identité, car les campings en gardent généralement une jusqu'à votre départ. Attention, toutes les îles ne sont pas équipées de camping, donc renseignez-vous bien avant le départ (en lisant attentivement les passages consacrés aux îles dans votre *Guide du routard,* par exemple !) de façon à ne pas vous retrouver avec une tente qui ne vous servirait à rien. Il existe également des campings qui ne sont pas officiellement répertoriés, ils sont juste tolérés localement. Ils sont, en général, sommairement équipés et finalement assez chers pour ce qu'ils proposent. Pour consulter la liste officielle : ● *panhellenic-camping-union.gr* ●
– Pour les réservations de chambres d'hôtel, de bungalows ou de résidences hôtelières, on peut demander des renseignements par écrit, longtemps à l'avance, à :

■ **Hellenic Chamber of Hotels :** *24, odos Stadiou, 105 64 Athènes.* ☎ *21-03-31-00-22.* ● *grhotels.gr* ●

Voir également la rubrique « Budget », plus haut.

# HORAIRES

Il y a 1h de décalage horaire entre la France et la Grèce ; quand il est 12h à Paris, il est 13h à Athènes.
– **Les horaires des magasins** ne sont pas toujours faciles à suivre. Dans les îles, et les lieux fortement touristiques en général, on ferme peu, car il y a toujours de l'affluence. En ville, les commerces suivent une savante alternance : en gros, les lundi, mercredi et samedi de 9h à 17h et les mardi, jeudi et vendredi de 9h à 12h.
– **Les horaires des administrations ou des banques :** la Grèce pratique depuis longtemps la journée continue, qui s'achève en fait en début d'après-midi. Passé 14h, les guichets sont hermétiquement fermés, sauf à de rares exceptions (notamment les postes, dans les grandes villes, ouvertes jusqu'à 19h ou 20h). Sous la pression européenne, on parle, depuis plusieurs années, d'ouvrir les services publics en soirée, en commençant par Athènes et Thessalonique... Affaire à suivre...

# ITINÉRAIRES CONSEILLÉS

## Une semaine

### Athènes – 3 jours

L'Acropole, l'Agora, le Musée archéologique national, le musée byzantin, le musée Bénaki, le musée des Cyclades et de l'Art grec ancien, le musée des Instruments de musique populaire grecque. Visite des quartiers : Plaka, Psiri (voir les halles et les puces).

### Les îles Argo-Saroniques – 4 jours

Égine, Hydra et Spetsès.

## Deux semaines

### Athènes – 3 jours

Voir plus haut.

### Les Cyclades – 11 jours

Sifnos, Milos, Santorin, Amorgos ou Naxos.

## Trois semaines

### Athènes – 3 jours

Voir plus haut.

### Les Cyclades – 1 semaine

Sifnos, Milos et Santorin ; ou Sifnos, Santorin et Amorgos.

**Puis, soit :**

### – Les îles du Dodécanèse – 1 semaine

Rhodes, Symi, Nissyros.

### – Les îles de l'est de la mer Égée – 1 semaine

Chios et Lesbos.

# LANGUE

En arrivant en Grèce, vous aurez certainement le sentiment d'être doublement à l'étranger, tellement la langue est éloignée de la nôtre. Tout d'abord, il est difficile d'y reconnaître grand-chose à l'oreille (dans *L'Été grec,* Jacques Lacarrière, nourri de grec ancien, dit combien il s'est senti perdu à l'écoute des premiers mots de grec moderne), mais en plus, vous avez sous les yeux un alphabet retors, si différent de notre alphabet latin ! Inutile de râler, cette langue, vieille de 3 000 ans et même un peu plus, est plus ancienne que la nôtre, et les Grecs, qui en sont fiers, ne sont pas près d'en changer. Leur langue a franchi tous les obstacles, en particulier les dominations étrangères, des Romains aux Turcs, sans en souffrir apparemment. Bien entendu, cette langue a évolué au cours des siècles. C'est ce qu'on n'ont pas voulu comprendre les puristes qui ont entravé cette évolution, en imposant comme langue officielle, au moment de l'indépendance en 1830, la *katharévoussa* (du grec *katharos,* « pur »), autrement dit une langue « purifiée », en partie calquée sur le grec ancien et bien différente de la langue parlée par la population. Ce n'était sans doute pas sans arrière-pensées : les détenteurs du pouvoir économique et politique avaient tout intérêt à ce que cette langue de lettrés soit en vigueur, puisqu'elle excluait de la vie politique ceux qui ne la maîtrisaient pas, autrement dit le peuple. Le mouvement en faveur de la langue démotique (du grec *dimotiki,* « populaire »), à la grammaire beaucoup plus facile, s'est développé tout au long du XIXᵉ s. En 1903 et 1911, on s'est même battu entre partisans des deux langues, et la langue démotique a eu ses martyrs. Le débat s'est vite déplacé autour d'une ligne de partage gauche/droite, les partisans de la *dimotiki* étant évidement tous des communistes... Il a fallu attendre la chute de la dictature des colonels pour que la *katharévoussa* soit rangée au magasin des antiquités (quoique... les textes officiels, une certaine presse et de manière générale l'écrit peuvent encore plus ou moins l'employer) et que soit enfin reconnue une évidence : les langues, même vieilles de plus de 3 000 ans, évoluent.

Un exemple pour illustrer cette opposition *katharévoussa/dimotiki* : lorsque vous commandez du vin blanc en grec, vous demandez, en langue démotique, de l'*aspro krasi* (*aspros,* « blanc »), mais la bouteille portera la mention, en *katharévoussa* : *oinos leukos* (prononcer *inos lefkos ; oinos* a donné l'élément qui entre dans le mot « œnologie » et *leukos,* « blanc », se reconnaît dans « leucémie »).

## Vocabulaire

Les Grecs, Méditerranéens par excellence, peuvent se contenter de gestes pour dire « oui » et « non ». Dans le premier cas, ils inclinent légèrement la tête sur le côté ; dans le second, ils lèvent la tête en arrière en faisant une sorte de moue. Pour vous aider à communiquer, n'oubliez pas notre *Guide de conversation du routard en grec.*

### Mots et phrases de base

| | |
|---|---|
| oui | *né* |
| non | *ochi* |
| moi, je | *ego* |
| je suis | *imé* |
| tu, toi | *essi* |
| parlez-vous français ? | *milátè ghaliká ?* |
| je ne comprends pas le grec | *then katalavéno ta ellinika* |
| je suis français/française | *imé ghalos/ghalida* |

### Politesse

| | |
|---|---|
| bonjour | *kalimèra* |
| bonsoir | *kalispèra* |
| bonne nuit | *kalinikhta* |
| salut | *yássou, yássas* (si on s'adresse à plusieurs interlocuteurs) |
| au revoir | *athîo* |
| s'il vous plaît | *parakalo* |
| merci | *èfkaristo* |
| pardon | *signomi* |

### Le temps

| | |
|---|---|
| maintenant | *tora* |
| aujourd'hui | *siméra* |
| ce soir | *apopsé* |
| demain | *avrio* |
| hier | *rhtès* |
| lundi | *theftèra* |
| mardi | *triti* |
| mercredi | *tètarti* |
| jeudi | *pempti* |
| vendredi | *paraskévi* |
| samedi | *sávato* |
| dimanche | *kiriaki* |
| quelle heure est-il ? | *ti ora inè ?* |

### Questions de base

| | |
|---|---|
| où ? | *pou ?* |
| pourquoi ? | *yiati ?* |
| comment allez-vous ? | *ti kanété ?* |
| avez-vous... ? | *échété... ?* |
| combien ? | *pósso ?* |
| combien ça coûte ? | *posso kani ?* |

### En ville

| | |
|---|---|
| hôtel | *hotel* ou *ksènothokio* |
| chambre | *dhomatio* |

| | |
|---|---|
| bus | *léoforío* |
| bateau | *karavi, vapori, plio* |
| port | *limani* |
| plage | *paralía, amoudia,* ou même *plaz* |
| poste | *tachidromio* |

### À table

| | |
|---|---|
| eau | *néro* |
| bouteille | *boukali* |
| carafe | *kanata* |
| vin | *krassi* |
| café | *café* |
| lait | *ghála* |
| pain | *psomi* |
| bière | *bira* |
| poisson | *psari* |
| viande | *kreas* |

### Adjectifs utiles (et quelques adverbes)

Les adjectifs se déclinent, nous les indiquons ici au neutre. Pour dire « C'est... », ajouter devant l'adjectif : « Iné... ».

| | |
|---|---|
| bon | *kalo* |
| bien | *kala* |
| mauvais | *kako* |
| grand | *méghalo* |
| petit | *micro* |
| plus | *pío* |
| beaucoup/très | *poli* |

### Compter

Attention, certains nombres se déclinent.

| | | | |
|---|---|---|---|
| 1 | *éna* | 20 | *ikosi* |
| 2 | *thio* | 30 | *trianda* |
| 3 | *tria* | 40 | *saranda* |
| 4 | *téssèra* | 50 | *pèninda* |
| 5 | *pendè* | 60 | *èksinda* |
| 6 | *èksi* | 70 | *èvthominda* |
| 7 | *èfta* | 80 | *oghthonda* |
| 8 | *okhto* | 90 | *ènèninda* |
| 9 | *ènia* | 100 | *èkato* |
| 10 | *thèka* | 1 000 | *chilia* |

## Quelques phrases utiles

| | |
|---|---|
| Est-ce la route de Sparte ? | *Inè aftos o dhromos ya (ti) Sparti ?* |
| Quelle est la meilleure route pour... ? | *Pios inè o kalitéros dhromos ya... ?* |
| Où est la gare des bus interurbains ? | *Pou inè o stathmos ton iperastikon léoforion ?* |
| Quand part le bus pour Athènes ? | *Poté fevghi to léoforio ya tin Athina ?* |
| Je cherche un médecin. | *Psachno éna yiatro.* |
| J'ai mal à la tête (à l'estomac...). | *Me ponaï to kéfali (to stomachi...).* |
| J'ai (il/elle a) de la fièvre. | *Echo (échi) piréto.* |
| Avez-vous une chambre libre ? | *Mipos échété éna dhomatio éleftéro ?* |
| Nous avons réservé (nous voulons réserver) une chambre. | *Echoume klissi (théloume na klissoume) ena dhomatio.* |

## L'alphabet grec

Le grec actuel a conservé l'alphabet ancien, dont certains signes ou groupes de signes ont pris au cours des siècles des valeurs différentes :

| *Majuscules* | *Minuscules* | *Prononciation* |
|---|---|---|
| A | α | *a* (ouvert) |
| B | β | (initial) *v* |
| Γ | γ | *g* aspiré devant les sons *a, o, u* et les consonnes (voir allemand *g* ou arabe *gh*), *y* devant les sons *i, e* |
| Δ | δ | *th* anglais doux *(they)* |
| E | ε | *è* (ouvert) |
| Z | ζ | *z* |
| H | η | *i* |
| Θ | θ | *th* anglais dur *(think)* |
| I | ι | *i* |
| K | κ | *k* |
| Λ | λ | *l* |
| M | μ | *m* |
| N | ν | *n* |
| Ξ | ξ | *ks* (*gz* après *n*) |
| O | ο | *o* (ouvert) |
| Π | π | *p* |
| P | ϱ | *r* (roulé) |
| Σ | σ (ς) | *s* (*z* devant consonnes sonores) |
| T | τ | *t* |
| Y | υ | *i* |
| Φ | φ | *f* |
| X | χ | *ch* allemand dur devant les consonnes et les sons *a, o, u, ch* allemand doux devant les sons *i, e* |
| Ψ | ψ | *ps* (*bz* après *n* et *m*) |
| Ω | ω | *o* (fermé) |

De même que le Français a bien du mal à prononcer certains sons grecs (le *gamma*, γ, et le *ch*, en particulier), le Grec n'a pas la partie facile avec le son *j*, inexistant dans sa langue. Amusez-vous un jour à faire dire à un Grec le prénom Georges : ça donnera « Zorz ».

Le *d* dur n'ayant pas de lettre correspondante, on a recours au groupement de deux lettres : *NT* (ντ) ; exemple : *ΝΤΟΝΑΛΝΤ* (Donald en majuscules). Même procédé pour le *b*, rendu par *ΜΠ*, exemple : *ΜΠΑΡ* (bar en majuscules). ΓΚ correspond enfin au son *g* dur. Enfin, il y a pas mal d'autres subtilités de prononciation ou de transcription qui demanderaient de longues explications.

C'est bien plus simple pour les voyelles : trois d'entre elles (ι, η et υ) se prononcent *i*, de même que les groupes de voyelles ει et οι. Pas de son *u*.

Petite complication supplémentaire, le grec est une langue à déclinaisons. Tous les noms (y compris les noms propres) et adjectifs se déclinent. Ne vous étonnez donc pas si vous constatez ce qui apparaît comme un certain « flottement » au niveau des terminaisons des mots. Ainsi, on dira :

*I Delfi inè makria ?* (Delphes est loin ?)

*Pame stous Delfous* (Nous allons à Delphes.)

*To Moussio ton Delfon inè klisto* (Le musée de Delphes est fermé.)

La langue grecque dispose de quatre « cas » correspondant à différentes fonctions dans la phrase (cas nominatif, accusatif, génitif et, plus rare, le vocatif pour interpeller).

Tous les noms, même les noms propres, sont précédés d'un déterminant (article) : *O Nikolaos* (Nicolas), *I Katerina* (Catherine).

Enfin, même la ponctuation est en partie différente de la nôtre : le point d'interrogation se note par un point-virgule.

Malgré ces petites difficultés qui font du grec moderne une langue pas très facile, on recommande plus que vivement au touriste intelligent (ça va, vous vous reconnaissez ?) d'essayer de retenir un maximum du minimum de vocabulaire grec vital. Primo, parce que les Grecs sont toujours heureux de se trouver face à quelqu'un qui baragouine leur langue, ne serait-ce que quelques mots ; secundo, parce que c'est aussi une marque de respect pour une langue millénaire à laquelle on doit beaucoup. Et qu'est-ce que c'est, quelques minutes, voire quelques (petites) heures, à lire et relire le lexique ci-dessus, à côté de quelques millénaires ? Si vous n'êtes pas encore convaincu, un dernier argument : la double signalisation des panneaux routiers (caractères grecs et latins) n'est pas effective partout, et plus d'une fois, en pleine cambrousse ou au beau milieu d'une ville, il pourra vous être utile de savoir déchiffrer une indication et ainsi éviter de vous perdre.

# LIVRES DE ROUTE

## Littérature grecque

– **Odyssée,** d'Homère (LGF, coll. « Le Livre de Poche » n° 602, VIIIe s av. J.-C.). Ce texte, fondateur d'un imaginaire grec qui a survécu jusqu'à nous, dessine un espace maritime profondément méditerranéen. À ce titre, il accompagne merveilleusement toute croisière dans les îles grecques.

– **Le Banquet,** de Platon (Flammarion, coll. « GF » n° 987, 2001). Tout ce que vous voulez peut-être savoir sur l'amour grec antique. Discours entre hommes uniquement, sur l'amour entre hommes uniquement, considéré par ces messieurs comme supérieur à celui entre homme et femme. Certains ont changé d'avis depuis lors. Chacun appréciera selon ses goûts.

– **Lettre au Gréco,** de Nikos Kazantzakis (Presses-Pocket n° 2141, 1961). Autobiographie et testament spirituel du grand écrivain grec. L'âme grecque dans toutes ses profondeurs, ses passions et son rayonnement. Cela touche et réchauffe. Spiritualité dense et lumineuse. Tremplin vers l'universel. On en émerge avec un « supplément d'âme ». Splendide.

– **Z,** de Vassilis Vassilikos (Gallimard, coll. « Folio » n° 111, 1967). Z (pour *Zei*, « il vit ») est un roman-documentaire qui raconte l'assassinat, en mai 1963, de Grigorios Lambrakis, député de la gauche démocratique, et le travail obstiné d'un petit juge cherchant à trouver les commanditaires de l'assassinat. Le film de Costa-Gavras, avec Yves Montand, a fait de l'ombre au livre. Du même auteur, *K* (Le Seuil, 1994) qui plonge le lecteur dans le monde trouble de la finance et de la politique des années 1980 en Grèce, autour de la figure de K (comprendre Georges Koskotas, un escroc bien réel), employé de banque et devenu patron de celle-ci avant de connaître la chute.

– **Récit des temps perdus,** d'Aris Fakinos (Le Seuil, coll. « Points » n° 214, 1982). La vie extraordinaire d'un couple improbable, formé de Vanguélis, petit paysan, et de Sophia, fille de propriétaire terrien en Attique, de la fin du XIXe s jusqu'aux années 1960. Du même auteur, *L'Aïeul* (Le Seuil, coll. « Points » n° 496, 1985), « suite » du précédent, remontant dans le temps jusqu'au milieu du XIXe s.

– **La Langue maternelle,** de Vassilis Alexakis (Stock ; « Folio » n° 4580 ; prix Médicis 1995). Un dessinateur humoristique grec vivant à Paris depuis plusieurs années revient à Athènes après la mort de sa mère. Il redécouvre la vie quotidienne et les Grecs actuels en même temps qu'il se réapproprie son passé, son héritage culturel, sa langue. Un roman subtil, largement autobiographique. Du même auteur, *Le Cœur de Marguerite* (Stock, LGF, coll. « Le Livre de Poche » n° 15322, 1999), non moins subtil, ou encore **Paris-Athènes** (Le Seuil ; « Folio » n° 4581, 1989) et

*Ap. J.-C.* (Stock ; « Folio » n° 4921, 2007), consacré au mont Athos et récompensé fin 2007 par le Grand Prix du Roman de l'Académie française.

## Romans sur l'Antiquité écrits par des auteurs contemporains

– *L'Œil de Cybèle,* de Daniel Chavarria (1993 ; Rivages/Noir n° 378, 2001). Uruguayen installé à Cuba, Daniel Chavarria a imaginé, à partir d'une note trouvée dans un livre sur l'Antiquité, une intrigue se déroulant à Athènes, en plein siècle de Périclès. Parmi les personnages, Périclès, Alcibiade et Socrate, rien que ça ! Également Lysis, la courtisane « aux belles fesses », et tout cela autour d'une histoire d'améthyste volée sur une statue de déesse. Pas toujours facile à suivre, le récit a le mérite de vous plonger dans la vie quotidienne à Athènes il y a quelque 25 siècles.
– *Aristote détective,* de Margaret Doody (1978 ; 10/18 n° 2695, 1996 ; réédition 2003). À la suite de l'assassinat d'un notable athénien, le jeune Stéphanos se retrouve avec la lourde tâche de devoir défendre son cousin Philémon, accusé du meurtre. On est en 322 av. J.-C. Heureusement, Aristote est là pour lui donner un coup de main dans sa contre-enquête. Pas transcendant, mais une façon originale de plonger dans l'ambiance de l'Athènes hellénistique. Du même auteur : *Aristote et l'oracle de Delphes, Aristote et les secrets de la vie, Aristote et les belles d'Athènes* (tous publiés chez 10/18).
– *La Mort sans visage,* de Paul Doherty (2001 ; 10/18 n° 3738, 2004). Télamon, médecin et ami d'enfance d'Alexandre le Grand, est appelé auprès de ce dernier au moment où le stratège lance son expédition contre la Perse. On meurt beaucoup, en effet, dans l'entourage du monarque, il faut sans tarder démasquer le traître... Roman historique captivant qui parvient à restituer toute la complexité d'Alexandre. Du même auteur, sont également parus dans la même collection : *L'Homme sans dieux* (n° 3739) et *Le Manuscrit de Pythias* (n° 3860), qui, tous les deux, constituent une sorte de suite (chaque volume peut cependant se lire indépendamment).
– *La Caverne des idées,* de José Carlos Somoza (2000 ; Actes Sud, coll. « Babel », 2003). Des meurtres mystérieux se produisent à Athènes, impliquant élèves et professeurs de l'école platonicienne de l'Académie. C'est encore un philosophe, Héraclius Pontor, fictif celui-là, qui se coltine la quête de la vérité. À cette trame policière vient s'ajouter un autre mystère, celui qu'entretient le traducteur du manuscrit grec.

## Romans contemporains sur la Grèce contemporaine

– *Le Plongeon,* d'Olivier Delorme (H & O, 2002, réédition H & O poche, 2008). Sur l'île de K. (on reconnaît aisément à la lecture l'île de Nissyros, dans le Dodécanèse), l'histoire amoureuse de trois protagonistes gays et l'histoire contemporaine grecque se rencontrent et se mélangent. Un roman solidement ancré dans la réalité grecque, qui se révèle être également une apologie de l'art de vivre insulaire. Par un jeune auteur français, bon connaisseur de la Grèce et auteur du roman remarqué *La Quatrième Révélation* (H & O, 2004), dont une partie se déroule dans l'île imaginaire de Parigoros. En 2008, *L'Or d'Alexandre*, a confirmé tout le talent de son auteur qui sait vous entraîner dans des aventures débridées, à haute valeur culturelle ajoutée !

## Récits, essais, commentaires

– *L'Été grec,* de Jacques Lacarrière (Plon, coll. « Terre Humaine », 1975 ; l'édition Presses-Pocket n° 3018, 1984, inclut une postface : *Retours en Grèce,* 1976-1982). Du mont Athos à la Crète en passant par les plus reculées des Cyclades, c'est en vrai routard que Jacques Lacarrière, mort en septembre 2005, a arpenté la Grèce de 1947 à 1966. Nourri de culture classique, il était aussi un incomparable connaisseur de la Grèce contemporaine et de ses habitants. Une lecture indispensable.

– **Dictionnaire amoureux de la Grèce,** de Jacques Lacarrière (Plon, 2001). Qui connaissait mieux la Grèce que Jacques Lacarrière, qui l'a fréquentée pendant plus de 50 ans ? Les 500 pages de ce dictionnaire à la fois subjectif (c'est le regard d'un « amoureux » comme l'indique le titre) et quasi encyclopédique, englobant les principaux aspects de la Grèce, de l'Antiquité à la période contemporaine, sont un indépassable passeport pour partir à la connaissance du pays.

– **Le Colosse de Maroussi,** d'Henry Miller (LGF, coll. « Biblio-poche » n° 3029, 1941). Invité par le romancier Lawrence Durrell, Henry Miller débarque en Grèce en 1939 : c'est aussitôt le coup de foudre et quelques mois de bonheur au contact de la Grèce millénaire en compagnie d'un formidable conteur, Katsimbalis, alias le « colosse de Maroussi ».

– **Pages grecques,** de Michel Déon (Gallimard, coll. « Folio » n° 3080, 1993). Sous ce titre sont réunis Le Balcon de Spétsai (1960) et Le Rendez-vous de Patmos (1965). Séduit par l'île de Spétsai (Spetsès), Michel Déon y a jeté l'ancre à la fin des années 1950. Le Balcon est la chronique de ses années heureuses passées au contact de la population de l'île, alors que Le Rendez-vous emmène le lecteur à travers la mer Égée, dans les îles, ces perles de lumière que sont Corfou, Rhodes, Lesbos, les Cyclades, à la rencontre de personnages hauts en couleur, riches d'histoires du passé et du présent.

– **La Bouboulina,** de Michel de Grèce (Presses-Pocket n° 4187, 1993). Héroïne de la libération des Grecs contre l'oppresseur turc (fin XVIIIe-début XIXe s), la Bouboulina fut une aventurière, amoureuse de la mer, voyageuse, et aussi redoutable femme d'affaires collectionnant navires et amants. Et des armes, du sang et des larmes.

– **Onassis et la Callas,** de Nicholas Gage (Robert Laffont, J'ai Lu n° 6226, 2000). Une radiographie très fouillée et très éclairante d'une des grandes histoires d'amour du XXe s, réunissant deux monstres sacrés, dans tous les sens du terme...

– **Géopolitique de la Grèce,** de Georges Prévélakis (éd. Complexe, 1997). Un tour d'horizon complet, intelligent, pédagogique, peut-être un peu ardu mais pas indigeste, de la géopolitique du pays au fil des temps, qui débouche sur une analyse fine de la situation actuelle.

## Histoire, mythologie, art grec

– **La Grèce au siècle de Périclès,** de Robert Flacelière (Hachette Littératures, coll. « La Vie quotidienne », 1959 ; réédition 1996). Le siècle de Périclès, c'est celui de l'Acropole, de Sophocle ou de Socrate, celui du plus grand rayonnement grec, lorsque les cités-États, jusqu'alors indépendantes, s'unirent à l'instigation d'Athènes pour repousser victorieusement l'envahisseur perse.

– **L'Homme grec,** sous la direction de Jean-Pierre Vernant (Le Seuil, coll. « Points-histoire » n° 267, 1994). Un recueil de courts articles ou essais, écrits par divers spécialistes européens qui donnent une vision assez complète de ce qu'a pu être, dans l'Antiquité, l'« homme grec » (au sens le plus large). Et l'homme grec justement, paraît-il, était multiple et ne se réduisait pas à une simple étiquette...

– **L'Art grec,** de Jean-Jacques Maffre (PUF, coll. « Que sais-je ? » n° 2278, 1986). Un petit bouquin rapide sur l'évolution de l'art grec. Les grandes étapes sont précisément définies, et l'évolution d'ensemble bien analysée (de 3000 à 30 av. J.-C.). Quelques schémas et reproductions (trop peu, hélas !) illustrent utilement le tout.

– **Pourquoi la Grèce ?** de Jacqueline de Romilly (LGF, coll. « Le Livre de Poche » n° 13549, 1992). Cette grande helléniste de l'Académie française parle de notre héritage grec à partir de la mythologie, du théâtre, de la poésie, de l'histoire, etc. de la Grèce antique. Fouillé. Destiné de préférence à ceux qui sont déjà familiarisés à la littérature grecque de l'Antiquité. Du même auteur, **Alcibiade** (éd. De Fallois, 1995), une passionnante biographie très accessible du filleul de Périclès, prototype de l'homme politique dévoré par l'ambition.

### Beau livre

– *La Grèce des 4 Saisons,* photographies de Laurent Fabre, textes de Maud Vidal-Naquet (Aubanel, 2007). La Grèce, ce n'est pas qu'une maison blanche face à la mer sous un soleil de plomb. Ce livre de photos vient opportunément rappeler qu'on peut – et qu'on doit – voir la Grèce douze mois sur douze, et que le regard qu'on pose sur ce pays varie autant de fois qu'il y a de jours dans l'année.

# MUSÉES ET SITES ARCHÉOLOGIQUES

La plupart des sites et musées sont gratuits pour les étudiants de l'Union européenne, sur présentation de la carte internationale d'étudiant (souvent la carte nationale d'étudiant suffit, mais ce n'est pas garanti à 100 %), pour les jeunes de moins de 18 ans et pour les professeurs d'études classiques, d'archéologie et d'histoire de l'Union européenne, également sur justification de leur profession. Attention, les fonctionnaires du ministère de la Culture qui vendent les billets ne sont pas toujours d'excellente composition et ne sont pas forcément bien disposés à vous accorder les réductions auxquelles vous avez en principe droit, surtout si la file d'attente aux guichets est impressionnante. Il semblerait aussi que tous les sites n'appliquent pas de manière uniforme ces réductions. Insistez pour faire valoir vos droits, surtout que, côté augmentations, le ministère de la Culture grec n'y est pas allé avec le dos de la cuillère... Selon l'importance du site, le billet (tarif plein) coûte de 2 à 12 €.

Hors saison, on peut parfois bénéficier de la gratuité pour tous les musées et sites :
– le dimanche du 1er novembre au 31 mars, ainsi que le premier dimanche des mois d'avril, mai, juin et octobre ;
– les 25 mars et 28 octobre (fêtes nationales) ;
– le 6 mars (en mémoire de Mélina Mercouri) ;
– le 18 avril (Journée internationale des monuments) ;
– le 18 mai (Journée internationale des musées) ;
– le 5 juin (Journée de l'environnement) ;
– le dernier week-end de septembre (Journées européennes du patrimoine) et le 27 septembre (Journée internationale du tourisme).

Les horaires sont susceptibles de varier assez souvent et parfois sans raison. Tout dépend des crédits que le ministère de la Culture affecte à la direction des musées. En principe, beaucoup de sites et musées ouvrent jusqu'à 20h en saison, mais rien n'indique que ces horaires étendus seront maintenus. De 8h à 15h tous les jours est l'horaire harmonisé valable hors saison (donc de novembre à fin mars, voire avril parfois !), partout ou à peu près. En période intermédiaire, comme avril et octobre, il arrive souvent que la fermeture soit à 17h ou 18h, selon les endroits.

Si vous voulez filmer, renseignez-vous pour savoir si c'est autorisé. L'utilisation d'un trépied est généralement interdite ou revient très cher.

Les lève-tôt seront récompensés : l'Acropole à 8h, c'est super, Olympie aussi. Dès 10h, c'est l'enfer. Vous avez deviné pourquoi ?

Méfiez-vous de la Pâque orthodoxe (en 2011, la Pâque grecque tombe le 24 avril) : le dimanche, tous les sites sont fermés. Autres jours de fermeture : le 1er janvier, le 25 mars, le dimanche de Pâques, le 1er mai, les 25 et 26 décembre. Le Vendredi saint, les sites ne sont généralement ouverts que l'après-midi. Le 6 janvier (Épiphanie), le jour des Cendres, les samedi et lundi de Pâques, le lundi de Pentecôte, le 15 août et le 28 octobre, sites et musées devraient en principe être ouverts, mais moins longtemps qu'un jour ouvrable normal. Le 2 janvier, le dernier samedi du Carnaval, le jeudi saint, les veilles de Noël et du 1er janvier, sites et musées ne sont ouverts que le matin (8h30-12h30). Le plus prudent est de vérifier sur place, le ministère pouvant accorder à la dernière minute des journées ou des demi-journées de congé supplémentaires.

# PHOTO

Matériel en général moins cher qu'en France, surtout chez les photographes (évitez les magasins à touristes, où vous paierez le prix fort). De plus, pour les fans de l'argentique, le tirage est plutôt bon marché (mais attention à la qualité).

# PLAGES

À moins d'être un « archéomaniaque » qui dédaigne l'élément marin, on peut supposer que vous mettrez plus d'une fois les pieds sur les plages grecques. Normal, il n'y a pas si longtemps le slogan de l'office national du tourisme était : « La mer a un pays, la Grèce. » Difficile d'émettre un jugement général sur les plages tellement il en existe de genres différents, de la plage de sable noir (volcanique) à la plage de sable fin en passant par les galets. Question propreté, il y a des progrès, mais à côté des plages équipées en poubelles, combien en manquent encore cruellement ? Il n'est parfois pas inutile, sur des criques peu fréquentées, d'arriver avec son sac-poubelle et de faire le ménage...

Officiellement, en 2010, la quasi-totalité des eaux de baignade étaient propres. Au total, 421 plages grecques se sont ainsi vu décerner le fameux pavillon bleu (*galazio siméo* en grec), ce qui constitue presque un cinquième de l'ensemble des plages d'Europe récompensées, de la Finlande à la Turquie ! Étonnant, non ? Ces plages se répartissent de manière très inégale (il y en a assez peu dans les Cyclades, par exemple) et il semble que dans certains coins, on ne fasse pas les démarches (ou les efforts) nécessaires pour l'obtention de ce pavillon (voir la liste complète sur ● *eepf.gr* ●).

# PLONGÉE SOUS-MARINE

## Jetez-vous à l'eau...

Pourquoi ne pas profiter de ces régions où la mer est souvent calme, chaude, accueillante, et les fonds riches, pour vous initier à la plongée sous-marine ? Faites le saut, plongez ! C'est enfin considéré comme un loisir grand public, bien plus qu'un sport, et c'est une activité fantastique. Entrez dans un autre élément où vous pouvez voler au-dessus d'un nid de poissons-clowns, dialoguer longuement avec des mérous curieux et attentifs, jouer sur un nuage inquiet d'anthias vaporisés sur une « patate » de corail, planer et rêver sur une épave, vous balancer avec les gorgones en éventail, découvrir un poisson-picasso... Les poissons sont les animaux les plus chatoyants de notre planète ! Certes, un type de corail brûle, très peu de poissons piquent, on parle (trop) des requins... Mais la crainte des non-plongeurs est disproportionnée par rapport aux dangers de ce milieu. Des règles de sécurité, que l'on vous expliquera au fur et à mesure, sont bien sûr à respecter, comme pour tout sport ou loisir.

## Si, c'est facile !

Pour réussir vos premières bulles, pas besoin d'être sportif, ni bon nageur. Il suffit d'avoir plus de 6 ans et d'être en bonne santé. Sauf pour un baptême, un certificat médical vous sera demandé, et c'est dans votre intérêt. Les enfants peuvent être initiés à tout âge à condition d'avoir un encadrement qualifié dans un environnement adapté (eau chaude, sans courant, matériel adapté). Non, la plongée ne fait pas mal aux oreilles, il suffit de souffler en se bouchant le nez. Non, il ne faut pas forcer pour inspirer dans cet étrange « détendeur » qu'on met dans la bouche, au contraire. Et le fait d'avoir une expiration active est décontractant puisque c'est la base de toute relaxation. Être dans l'eau modifie l'état de conscience car les paramètres du temps et de l'espace sont changés, on se sent (à juste titre) « ailleurs ». En vacances, c'est le moment ou jamais de vous jeter à l'eau.

## Les centres de plongée

Tous les clubs sont affiliés selon leur zone d'influence à un organisme international, dont voici les trois plus importants : la CMAS, Confédération mondiale des activités subaquatiques (d'origine française), et/ou PADI, Professional Association of Diving Instructors (d'origine américaine), et/ou NAUI, National Association of Underwater Instructors (américaine). Chacun délivre ses formations et ses diplômes, valables dans le monde entier, mais n'accepte pas forcément des équivalences avec les autres organismes. Dans les régions influencées, des clubs plongent à l'américaine ; la durée et la profondeur des plongées sont alors très calibrées. La progression du plongeur amateur se fait en quatre échelons. Si le club ne reconnaît pas votre brevet, il vous demandera une « plongée-test » pour vérifier votre niveau. En cas de demande d'un certificat médical, le club pourra vous conseiller un médecin dans le coin. Tous les clubs délivrent un « carnet de plongée » qui, d'une part, retracera votre expérience et, d'autre part, réveillera vos bons souvenirs. Gardez-le et pensez toujours à emporter ce « passeport » en voyage.

Un bon centre de plongée respecte toutes les règles de sécurité, sans négliger le plaisir. Méfiez-vous d'un club qui vous embarque sans aucune question préalable sur votre niveau ; il n'est pas « sympa » mais dangereux. Regardez si le centre est apparemment bien entretenu (rouille, propreté, etc.), si le matériel de sécurité (oxygène, trousse de secours, radio, etc.) est à bord, si le bateau est équipé d'une protection contre le soleil, si vous n'avez pas trop à transporter l'équipement, s'il n'y a pas trop de plongeurs par palanquée (six maximum, est-ce un rêve ?)... N'hésitez pas à vous renseigner, car vous payez pour plonger : en échange, vous devez obtenir les meilleures prestations. Enfin, à vous de voir si vous préférez un club genre « usine bien huilée » ou une petite structure souple.

– Attention, pensez à respecter un intervalle de 12 à 24h avant de prendre l'avion ou d'aller en altitude, afin de ne pas modifier le déroulement de la désaturation.

## C'est la première fois ?

Alors l'histoire commence par un baptême (une petite demi-heure généralement). Le moniteur devrait être pour vous tout seul. Il s'occupe de tout, vous tient par la main. Laissez-vous aller au plaisir. Cela peut se faire même tranquillement en piscine. Même si vous vous sentez harnaché comme un sapin de Noël déraciné hors saison, tout cet équipement s'oublie complètement une fois dans l'eau. Vous ne devriez pas descendre au-delà de 5 m. Pour votre confort, sachez que la combinaison doit être le plus ajustée possible afin d'éviter les poches d'eau qui vous refroidissent. Puis l'expérience commence par un apprentissage progressif (de 3 à 5 jours) jusqu'au premier niveau, qui permet de descendre à 20 m. Cela peut finir par un ravissement ! Seriez-vous plutôt faune ou flore ? À chacun sa mer, et c'est à vous d'aller voir. Éblouissez-vous, plongez !

## Plonger en Grèce

Jusqu'à il y a peu de temps, la plongée avec bouteilles était officiellement interdite en Grèce, du moins pour ceux qui auraient voulu se passer de l'encadrement d'un club de plongée. On craignait que des plongeurs ne découvrent des trésors archéologiques sous-marins qui seraient passés sous le nez des autorités grecques. Une liste de sites autorisés, assez importante, était publiée par le ministère de la... Culture (eh oui, ce ministère gère tout ce qui est du domaine des antiquités !), correspondant aux sites déjà connus et bien fouillés. La loi a changé : c'est maintenant l'inverse, les sites antiques sont interdits et tous les autres sont autorisés. Il est de toute façon conseillé de passer par un centre de plongée, qui vous donnera les renseignements les plus précis sur la zone où vous vous trouvez. Sur Internet, un site à consulter : ● *chez.com/fani* ●

# POLICE TOURISTIQUE

Une autre invention grecque : la police touristique. En arrivant à l'endroit de vos rêves, s'il n'y a pas d'office de tourisme ni d'association des propriétaires de chambres à louer, vous pouvez vous adresser à la police touristique locale : c'est une solution pour ne pas vous embêter en cherchant une chambre vous-même, et surtout pour éviter les mauvaises surprises qu'on rencontre quelquefois chez les particuliers dans les lieux très touristiques.

La police touristique siège souvent dans les bureaux de la police, tout simplement... Qualité de l'accueil (et des renseignements donnés) très variable...

Un numéro utile : ☎ 171. Depuis l'été 2002, ce numéro fonctionne 24h/24 sur l'ensemble du pays, pendant la saison touristique, et donne des infos, en cinq langues dont le français, sur les transports en Grèce. Il est également possible de déposer des plaintes concernant hôtels, restos, taxis, etc.

# POSTE

La plupart des bureaux de poste ont un horaire facile à retenir, de 7h30 à 14h du lundi au vendredi. Il n'y a que dans les grandes villes qu'on peut espérer trouver des guichets ouverts après 14h (jusqu'à 19h30 ou 20h, en principe). Mêmes horaires pour les banques, sauf que le vendredi à 13h30 tout est dit. Le gouvernement grec a modifié, en septembre 2006, les horaires de travail des fonctionnaires, leur demandant de choisir entre les tranches 7h30-15h et 9h-16h30, mais il n'était pas clair sur la répercussion de ces changements d'horaires d'ouverture au public.

Prix d'un timbre pour un pays de la Communauté européenne : 0,70 € (tarif 2010). Quand les postes sont fermées, on peut facilement acheter les timbres en kiosque ou en boutique.

# ROUTES

Les cartes grecques sont en général assez peu fiables. Pour faire mentir cette réputation, un éditeur *(Road Editions)* a décidé de publier de bonnes cartes, établies avec le concours de l'armée grecque. L'ensemble du territoire grec est couvert en 6 cartes au 1/250 000 (Thrace, Macédoine, Thessalie/Épire, Grèce centrale, Péloponnèse et Crète). Les îles n'ont pas été oubliées puisqu'une trentaine de cartes sont d'ores et déjà publiées (toutes les Ioniennes, les principales des Cyclades, ainsi que les Sporades/Rhodes) sans oublier, pour les randonneurs, les massifs montagneux au 1/50 000 (le Pélion, le Parnasse, l'Olympe et le Taygète). On trouve ces cartes dans de nombreux points de vente en Grèce et bien entendu à la librairie de *Road Editions*, à Athènes *(71, odos Solonos ;* ● *road.gr* ●). Une autre série de cartes *(Anavassi)* couvre plus particulièrement les montagnes *(voir le catalogue sur* ● *mountains.gr* ●) et sont indispensables pour les randonneurs. Leur librairie se trouve également dans le centre d'Athènes, au 6A, stoa Arsakiou, une galerie située entre odos Stadiou et odos Panepistimiou (voir à Athènes, les « Adresses utiles » pour plus de détails). Une nouvelle collection de cartes, très bien faites, a enfin vu le jour en 2009 (cartes Skai, concernant surtout les îles ● *http://shop.skai. gr* ●). La carte offerte par l'office du tourisme grec est beaucoup moins précise mais donne tout de même plus de noms de localités que la carte *Michelin*. La carte *IGN* au 1/750 000 (collection « Marco Polo ») est juste correcte, mais la transcription des noms grecs a de quoi surprendre les francophones (elle est faite pour des utilisateurs allemands).

## La question de la sécurité

La Grèce est un pays caractérisé par l'insécurité routière. Une étude britannique a révélé, il y a quelques années, qu'on mourait cinq fois plus sur les routes grecques que sur les routes britanniques. Il y aurait pourtant une évolution dans le bon sens, mais il reste du chemin à parcourir... Le pourcentage de conducteurs de deux-roues portant un casque reste encore plutôt faible. Vous remarquerez aussi sur le bord des routes de très nombreuses chapelles miniatures ou petits oratoires avec la bougie allumée en mémoire des victimes des accidents. Les Grecs (enfin, surtout les Grecques) se signent en passant devant. Rassurez-vous, tous ces ex-voto n'ont pas forcément été construits à la suite d'un accident mortel : on peut même en faire édifier un pour remercier Dieu ou un saint d'avoir évité le pire.

## L'état des routes

La qualité du réseau routier s'est améliorée ces dernières années, surtout sur le réseau secondaire, souvent bien asphalté désormais.
Les panneaux sont en caractères grecs et latins, sur les grands axes du moins. Il peut être plus difficile de s'y retrouver au fin fond de la campagne (raison de plus pour apprendre l'alphabet grec !). La signalisation dans les villes est rarement satisfaisante. Pas mal de pistes encore, surtout pour atteindre certaines plages moins fréquentées ou certains villages en bout de route. Attention à la conduite de nuit, en particulier.

## En cas d'accident

Attention, le constat à l'amiable n'existe que depuis peu de temps, et un pourcentage important de véhicules n'étant pas assuré, nous vous conseillons de vous renseigner auprès de votre assurance. Théoriquement, il n'est pas nécessaire d'appeler la police (☎ 100) lorsqu'il n'y a pas de dommages corporels, mais c'est indispensable si votre adversaire n'est pas assuré ! Sachez qu'ils ne sont pas là pour décider de la responsabilité de chacun. Dans tous les cas, prenez le numéro d'immatriculation, le nom de l'assurance, de même que le numéro de contrat (en haut du pare-brise avant), et les coordonnées de l'automobiliste. En règle générale, en cas de litige, les témoins sont très coopératifs et offrent spontanément leurs coordonnées.
Pour les scooters (sachez d'ailleurs que le permis de conduire est nécessaire pour louer scooters et mobylettes), en cas d'accident sans tiers (on se prend un arbre, on se retrouve dans le fossé), le pilote paie la casse au loueur (conservez la facture des réparations pour vous faire rembourser en France).

# SANTÉ

Le système de santé publique grec pourrait être de meilleure qualité. On conseille assez généralement de consulter à Athènes si possible. En cas de problème sérieux, se diriger ou se faire conduire vers l'hôpital le plus proche. En dehors des villes, il existe dans les chefs-lieux de canton des centres de santé *(Kendro Hyghias/ Health Center)* qui sont de petits dispensaires. Dans les gros villages, vous trouverez un *Agrotiko Iatrio,* c'est-à-dire un cabinet médical de campagne.

## Numéros de téléphone utiles

■ *SOS-Médecins :* ☎ 1016.
■ *Médecins hospitaliers de garde :* ☎ 1434.
■ *Secours d'urgence (ambulances) :* ☎ 166 (numéro valable sur tout le territoire – informe aussi sur les pharmacies ouvertes la nuit). En grec, SAMU se dit EKAV.

# SITES INTERNET

● *routard.com* ● Tout pour préparer votre périple. Des fiches pratiques sur plus de 200 destinations, de nombreuses informations et des services : photos, cartes, météo, dossiers, agenda, itinéraires, billets d'avion, réservation d'hôtels, location de voitures, visas... Et aussi un espace communautaire pour échanger ses bons plans, partager ses photos ou trouver son compagnon de voyage. Sans oublier *Routard mag,* ses reportages, ses carnets de route et ses infos pour bien voyager. La boîte à outils indispensable du routard.

Et puis voici quelques sites web grecs, le plus souvent en anglais, pour préparer votre voyage :
● *gnto.gr* ● Le site international (en anglais) de l'office national du tourisme hellénique. Également ● *grece.infotourisme.com* ●, le site de l'office du tourisme, en français.
● *info-grece.com* ● En français. En plus des classiques infos et articles qui permettent de se tenir au courant de l'actu grecque, ce site propose une rubrique assez riche de petites annonces. Intéressant aussi, le site ● *diaspora-grecque. com* qui permet de se tenir informé, entre autres, des activités des associations franco-grecques.
● *dir.forthnet.gr* ● Puissante base de données sur la Grèce dans tous les domaines. En anglais.
● *gogreece.com* ● En anglais. Une vraie mine d'informations sur la Grèce. À noter, une petite revue de presse quotidienne pour se tenir au courant de l'actu et des liens avec plusieurs quotidiens grecs.
● *familyhotels.gr* ● Le site national des loueurs d'appartements et de villas.
● *culture.gr* ● Site du ministère de la Culture. Présentation très complète de chaque site et musée (en anglais).
● *elculture.gr* ● Programme des festivals culturels dans tout le pays.
● *oreivatein.com* ● Informations sur les montagnes grecques et toutes les activités qui y sont liées (alpinisme, escalade, randonnées...). En grec, en anglais et en allemand.
● *gtp.gr* ● Le site de *Greek Travel Pages,* utile pour toute personne qui voyage en Grèce. Donne toutes les liaisons maritimes intérieures. On peut aussi consulter ● *ferries.gr* ● et ● *openseas.gr* ●
● *hellada.free.fr* ● Vous n'avez qu'un lointain souvenir des cours d'histoire en 6ᵉ sur la Grèce antique ? Ce site est là pour vous rafraîchir la mémoire. Autre site traitant du même thème : ● *chez.com/peripatoi* ●
● *grecomania.net* ● Site d'un Belge passionné par la Grèce.
● *philalithia.net* ● Site consacré à l'actualité de l'archéologie. En français.

# TÉLÉPHONE, TÉLÉCOMMUNICATIONS

## Téléphone

Toutes les cabines téléphoniques fonctionnent avec des télécartes, que l'on peut acheter dans les bureaux de l'OTE, à la poste et dans les kiosques ou les minimarkets.
– Il est possible de téléphoner des nombreux kiosques à journaux à Athènes et dans tout le pays, ainsi que des nombreuses boutiques qui ont des téléphones à compteur *(tiléfono me métriti).*
– Chaque camping met un téléphone à compteur à votre disposition.
– Téléphoner des hôtels revient cher.
– Les téléphones portables : très bon réseau et avec l'abonnement Europe, les portables français fonctionnent très bien, même dans les toutes petites îles. Trois Grecs sur quatre ont un portable.

– **Grèce → France :** 00 + 33 + n° du correspondant, sans le 0 initial.
– **France → Grèce :** 00 + 30 + n° du correspondant, avec le 2 initial. On compose donc 14 chiffres au total.
– **Autres indicatifs :** 32 (Belgique), 352 (Luxembourg), 41 (Suisse), 1 (Canada).

## Cybercafés

On en trouve un peu partout dans les villes et les villages touristiques.

### Urgence : en cas de perte ou de vol de votre téléphone portable

Suspendre aussitôt sa ligne permet d'éviter de douloureuses surprises au retour du voyage ! Voici les numéros des trois opérateurs français, accessibles depuis la France et l'étranger :
– **SFR :** depuis la France : ☎ 1023 ; depuis l'étranger : ☎ 00-33-6-1000-1900.
– **Bouygues Télécom :** depuis la France comme depuis l'étranger : ☎ 0-800-29-1000 (remplacer le « 0 » initial par « + 33 » depuis l'étranger).
– **Orange :** depuis la France comme depuis l'étranger : ☎ 00-33-6-07-62-64-64.

# TRANSPORTS INTÉRIEURS

> **Pour la carte des liaisons routières et maritimes et celle des réseaux aérien et ferroviaire, se reporter au cahier couleur.**

## Le stop

La difficulté varie selon les endroits. Le stop est particulièrement difficile sur certaines routes, où les voitures sont rares.
Sur les sacs à dos, montrez la nationalité française, super cote d'amour en Grèce – on ne le répétera jamais assez, bien que la participation de l'armée française à la guerre en Serbie en 1999 ait quelque peu écorné cette excellente image des Français. Il n'est pas impossible que le signe international pour stopper (pouce levé) ait une signification péjorative dans certains coins. Aussi, si au bout de 3 jours vous êtes au même endroit la main levée, faites un léger signe en direction de l'automobiliste. Les auto-stoppeurs grecs font souvent ainsi. Mais surtout pas avec la main tendue et les doigts écartés, injure suprême qui ne peut vous attirer que des ennuis.

## L'autocar

Le moyen de transport en commun le plus utilisé par les Grecs. Les compagnies d'autocars interurbains *KTEL,* gérées au niveau départemental, couvrent l'ensemble du territoire (la plupart des îles ont leur *KTEL* également). Ce sont les bus verts : plus on s'enfonce au fin fond des provinces, plus leur état empire, mais cette différence tend à s'effacer, de nombreux bus flambant neufs ayant été mis en service ces dernières années. Sur les grands axes, genre Athènes-Thessalonique, on voit de plus en plus de bus à étage. En fait, un des meilleurs moyens pour établir le contact avec la Grèce profonde : on n'est jamais seul (les bus sont même souvent bondés). La fréquence des liaisons n'est pas liée à la fréquentation touristique. Attention, dans les villes, il existe parfois plusieurs gares routières pas toujours proches les unes des autres. Se faire préciser dans ce cas la bonne gare routière en fonction de la ville où l'on va. Les autocars sont généralement ponctuels et partent même parfois en avance.
Attention : les fréquences et horaires que nous signalons en début ou en fin des textes consacrés aux villes sont donnés à titre indicatif, sur la base de ce que nous avons relevé en 2010.

## La location de voitures

Assez cher, en particulier sur les îles (certaines compagnies affichent clairement deux grilles de tarifs, l'un pour le continent, l'autre pour les îles). On peut louer depuis la France, c'est meilleur marché. Dans tous les cas, bien se faire expliquer les différents tarifs avec ou sans assurance tous risques. On vous proposera le rachat de franchise en cas de collision (un supplément journalier appelé CDW), qu'il peut s'avérer utile d'avoir pris en cas de problème. À la journée, la fourchette de prix pour les plus petits modèles va de 30 à 50 € selon les loueurs, la période ou les endroits. Limite d'âge : 21 ans (parfois même 23). Le loueur doit avoir son permis depuis 1 an minimum. Carte de paiement exigée.

■ *Auto Escape :* ☎ 0820-150-300 (0,12 €/mn). ● autoescape.com ● *Vous trouverez également les services d'Auto Escape sur* ● routard.com ● L'agence Auto Escape réserve auprès des loueurs de véhicules de gros volumes d'affaire, ce qui garantit des tarifs très compétitifs. Il est recommandé de réserver à l'avance. Auto Escape offre 50 % de remise sur l'option d'assurance « zéro franchise » (soit 3 €/j. au lieu de 6 €) pour les lecteurs du *Guide du routard.*

■ *BSP Auto :* ☎ 01-43-46-20-74 (tlj). ● bsp-auto.com ● Les prix proposés sont attractifs et comprennent le kilométrage illimité et les assurances.

BSP Auto vous propose exclusivement les grandes compagnies de location sur place, vous assurant un très bon niveau de service. Les plus, vous ne payez votre location que 5 jours avant le départ et réduction spéciale aux lecteurs de ce guide avec le code « routard ».

■ *Hertz :* central de résas au ☎ 801-11-100-100 (appels passés depuis la Grèce) ou 21-06-26-44-44. ● hertz.gr ● Une centaine d'agences dans tout le pays.

■ *Avis :* central de résas au ☎ 21-06-87-96-00. ● avis.gr ●

■ *Budget :* central de résas au ☎ 21-03-49-88-00. ● budget.gr ●

Voir également les loueurs proposés dans les « Adresses utiles » à Athènes.

## La location de motos et de scooters

Idéal dans les îles, le scooter est lui aussi interdit aux moins de 21 ans, mais ça, c'est la théorie... Quoique certains lecteurs nous signalent, assez régulièrement, avoir essuyé un refus en raison de leur âge. Attention, toutefois, si vous avez moins de 21 ans, vous n'êtes pas assuré. Pensez à emporter votre permis de conduire, il vous sera demandé pour louer la moindre pétrolette ! Éviter les petites motos japonaises qui risquent de vous faire faux bond dans les montées, surtout si vous êtes deux dessus. Avant de partir, vérifier l'état des pneus (crever à 60 km/h sans casque risque de laisser des séquelles) et la jauge à essence : on vous loue souvent le véhicule avec un réservoir vide, juste de quoi rouler jusqu'à la prochaine station ; à vous de le rendre dans le même état. Pour les scooters, le port du casque est obligatoire même si les Grecs respectent peu la loi (ils ne sont pas des modèles à suivre). Rappelons également que la conduite d'un deux-roues est particulièrement dangereuse en Grèce.

## L'avion

Les liaisons aériennes à l'intérieur de la Grèce sont relativement abordables. *Olympic Air* dessert, au départ d'Athènes : Astypaléa, Chios, Ikaria, Kalymnos, Karpathos, Cythère, Léros, Mykonos, Milos, Naxos, Paros, Rhodes, Samos, Santorin, Skiathos, Syros. Également des vols au départ de Rhodes pour quelques îles du Dodécanèse. Attention, *Olympic Air* et *Aegean Airlines* sont engagées dans un processus de fusion.

■ *Olympic Air :* ☎ 01-74-37-14-60. ● olympicair.com ●
■ *Aegean Airlines :* 41, *odos Viltanioti, 14564 Kato Kifissia, Athènes.* ☎ 21-06-26-10-00. ● aegeanair.com ● *Aegean Airlines* dessert, au départ d'Athènes, Mykonos, Santorin, Rhodes, Kos, Samos, Chios et Lesbos.

■ *Sky Express :* ☎ 28-10-22-35-00. ● skyexpress.gr ● *Sky Express* dessert, au départ d'Athènes, Skyros. (Quant à la compagnie *Athens Airways,* elle a vu sa licence suspendue en 2010.)

## Le bateau

Nombreuses liaisons en ferry entre les îles. Pas trop cher pour les passagers sur le pont. Ça monte dès qu'on fait passer un véhicule. Il est possible de s'informer en consultant ● gtp.gr ● Ce site vous renseigne sur toutes les liaisons possibles, ainsi que sur les horaires. Indispensable si l'on veut planifier son périple à l'avance. Malheureusement, on ne peut s'y fier aveuglément quand on prépare son voyage, et chaque année, les horaires d'été ne sont disponibles en ligne qu'assez tardivement. Un autre site est également à consulter : ● openseas.gr ● Le site de la compagnie *Blue Star Ferries* est également bien fait : ● bluestarferries.com ● Pour les hydrofoils et catamarans, consulter ● hellenicseaways.gr ●
Les *Fly Cats* et autres *High Speed* (catamarans récents et confortables), ainsi que les *Flying Dolphins* (hydroptères qui datent un peu, moins confortables et déconseillés à ceux qui ont le mal de mer) sont en gros deux fois plus rapides que les ferries classiques, et deux fois plus chers également (de fortes augmentations des tarifs ont été enregistrées ces dernières années). Ils ne proposent pas non plus toutes les destinations, mais grignotent petit à petit le marché des ferries. Attention, sur les *Fly Cats,* plusieurs catégories de billets sont vendues, pensez bien à demander l'*economy class,* sinon c'est encore plus cher. Préférez les gros bateaux réguliers qui, eux, peuvent prendre la mer même avec un vent de force 7 ou 8.
Les horaires varient selon les saisons. Adressez-vous aux commissariats maritimes des ports pour obtenir les infos. Vérifiez toujours votre horaire de retour. Les changements et les pannes sont malheureusement toujours possibles. De même, beaucoup de changements interviennent d'une année à l'autre (des compagnies qui disparaissent ou qui sont rachetées, des lignes ouvertes ou supprimées). Pas toujours facile, donc, de préparer son itinéraire. En général, les horaires d'été sont annoncés tardivement, une fois que les guides sont publiés... ! Et même sur le Web, l'info n'est pas toujours au rendez-vous quand on en a besoin.
Bon à savoir : les horaires et fréquences de haute saison s'appliquent du 15 juin (la date peut varier de quelques jours d'une année sur l'autre ou selon les compagnies) au 10 septembre (même chose). En dehors de cette période, il y a moins de bateaux, sauf à Pâques, qui voit de nombreux Grecs retourner dans leur île d'origine (mais, là encore, attention : beaucoup de bateaux sont mobilisés pour acheminer et ramener les voyageurs ; en revanche, au moment des célébrations religieuses proprement dites, les bateaux peuvent se faire rares ; bien se renseigner). La Pâque grecque, en 2011, tombe le 24 avril.
Quelques exemples de prix passagers (billets les moins chers en 2010) :

### En ferry

➢ *Le Pirée-Sifnos :* 31 €.
➢ *Le Pirée-Mykonos :* 31 €.
➢ *Le Pirée-Ios :* 31,50 €.
➢ *Le Pirée-Paros ou Naxos :* 24-30,50 €.
➢ *Le Pirée-Santorin :* 30-34 €.
➢ *Le Pirée-Patmos :* 27-32,50 €.
➢ *Le Pirée-Rhodes :* 38-54 €.
➢ *Le Pirée-Samos :* 46,50-54,50 €.
➢ *Le Pirée-Chios :* 26-33 €.

➢ *Le Pirée-Lesbos :* 30-41,50 €.
➢ *Rafina-Andros :* 13-14 €.
➢ *Rafina-Tinos :* 20 €.
➢ *Rafina-Mykonos :* 22-23 €.
➢ *Volos-Skiathos :* 20 €.
➢ *Volos-Skopélos :* 27 €.

*En bateau rapide*

➢ *Le Pirée-Égine :* 10-15 € en *Flying Dolphin*.
➢ *Le Pirée-Hydra :* 26-28,40 € en *Flying Dolphin*.
➢ *Le Pirée-Spetsès :* 33-39 €.
➢ *Le Pirée-Sifnos :* 47 €.
➢ *Le Pirée-Mykonos :* 47-51,50 €
➢ *Le Pirée-Folégandros :* 43-53 €.
➢ *Le Pirée-Santorin :* 50-62,50 €.
➢ *Le Pirée-Samos :* 65 €.
➢ *Rafina-Mykonos :* 43-47,50 €
➢ *Paros-Santorin :* 36 €.
➢ *Rhodes-Symi :* 14-15 €.
➢ *Rhodes-Kos :* 30 €.
➢ *Rhodes-Patmos :* 46 €.
➢ *Santorin-Ios :* 14-18 €.
➢ *Volos-Skopélos :* 40 €.

Pour un véhicule (voiture de moins de 4,25 m), multiplier le prix par 3 environ.
*Attention :* les fréquences et horaires que nous signalons en début ou en fin des passages consacrés aux îles sont donnés à titre indicatif, sur la base de ce que nous avons relevé en 2010. Et chaque année, quand les nouveaux horaires sortent, il y a des surprises... Les prix peuvent également avoir (encore) évolué.

## Le taxi

Presque un sport national ! On en dénombrerait rien que 14 000 à Athènes. Ils restent assez bon marché. Il arrive qu'on le pratique collectivement (le chauffeur peut prendre un passager s'il reste de la place), c'est tout bénef pour le chauffeur. Le problème, c'est de réussir à ne pas se faire arnaquer... Des taxis de couleur grise, nommés *agoréon,* permettent d'accomplir des trajets de ville à ville ou de village à village, et on en voit pas mal dans les campagnes.

**GRÈCE UTILE**

# HOMMES, CULTURE ET ENVIRONNEMENT

## ACHATS

En règle générale, les souvenirs sont relativement chers, car ils sont fabriqués principalement pour les touristes. Il faut faire attention au prix des articles dans certains magasins.

– **Objets d'artisanat :** tapis, sacs tissés à la main, poteries et céramiques, étoffes, bijoux en argent (spécialité de Ioannina).

– **Komboloï :** peut-être le plus vieux gadget au monde. Sorte de chapelet que l'on égrène pour occuper les doigts. On peut l'acheter dans certains kiosques à journaux et de nombreux magasins pour touristes. Les *komboloï* classiques sont en ambre, en bois d'olivier ou de caroubier.

– **Huile d'olive :** en bidon de 1 l, 2 l ou 4 l. Il y aurait 140 millions d'oliviers en Grèce... Chaque coin de Grèce se dispute l'honneur d'avoir la meilleure huile.

– **Spécialités locales :** un peu partout, on trouve à acheter des « douceurs », des petits fruits dans une sorte de sirop (en grec *glyka koutaliou*) que les Grecs servent avec le café. Se vendent en petits pots comme de la confiture. Parmi les musts : *vyssino* (griotte), *nérantzi* (orange amère), *kydoni* (coing) et *milo* (pomme, souvent parfumée d'un clou de girofle).

– Et, bien entendu, l'**ouzo** et le **tsipouro**.

## ARCHÉOLOGIE

Même si vous n'allez en Grèce que pour la mer, le soleil et ce qui va avec, on peut penser que vous vous laisserez bien tenter par quelques vieilles pierres puisqu'il y a pratiquement toujours un site archéologique dans les environs. Les Grecs de l'Antiquité seraient sans doute bien surpris de voir les touristes d'aujourd'hui se presser aux grilles d'entrée des sites pour venir admirer des blocs de marbre blanchis sous le soleil... En fait, nous vivons toujours avec en tête cette fascination pour les ruines, née à l'époque du romantisme et véhiculée, par exemple, par un Chateaubriand exalté visitant Athènes. Si nous avions sous les yeux les temples tels qu'ils étaient à l'époque, nous serions peut-être déçus en raison de leurs couleurs flashy (rouge, jaune, bleu...).

Quand la Grèce est devenue indépendante, à la fin des années 1820, la France a été le premier pays à envoyer sur place une mission dite « scientifique », chargée de parcourir la Morée (c'était alors le nom donné au Péloponnèse) à la recherche des sites antiques qui étaient le plus souvent dans un triste état, les habitants du coin ayant pris l'habitude de venir se servir en matériaux de construction et finissant ainsi de dévaliser les sites qui avaient déjà été copieusement pillés dès la fin de l'Antiquité. Certains étaient même oubliés et recouverts par la végétation. Les Français sont ainsi arrivés à Olympie ou à Épidaure, mais ils n'ont pu, en 3 ans, mener à bien un grand programme de fouilles. Pendant une quarantaine d'années, ils vont néanmoins garder le monopole de la recherche archéologique en Grèce, avec l'École française d'Athènes, créée en 1846, jusqu'à ce que les Allemands jettent à leur tour leur dévolu sur ce pays. On est au début des années 1870, la guerre franco-prussienne est tout juste achevée et les Allemands créent l'Institut allemand d'Athènes pour s'implanter durablement.

On va donc se partager les sites : le gouvernement grec octroie des permis de fouiller et la France aura ainsi, parmi les principaux sites, Délos (Cyclades) et Delphes, puis Argos, mais abandonnera Olympie aux Allemands. Mycènes revient aussi d'une certaine manière à l'Allemagne avec le génial découvreur Heinrich Schliemann, même si celui-ci, marié à une Grecque, était devenu citoyen américain et jouait perso. Knossos revient à l'Angleterre (Arthur Evans), de même que Sparte, et les Américains, pour ne pas être en reste, reçoivent Corinthe et l'Agora d'Athènes. Les Grecs, d'une certaine manière, n'auront au début que

> ### LES BRITANNIQUES RESTENT DE MARBRE
>
> *L'archéologie peut parfois compliquer les relations entre États. Depuis que Mélina Mercouri, alors ministre grecque de la Culture, a officiellement demandé la restitution des marbres du Parthénon, « prélevés » par Lord Elgin au début du XX<sup>e</sup> s et exposés depuis au British Museum de Londres, les Britanniques font le gros dos et restent sourds aux demandes, appels et pétitions. Il est vrai que si un pays accédait à ce genre de demande, beaucoup de grands musées risqueraient de se vider... et sans doute « notre » Vénus de Milo déménagerait-elle à son tour !*

les miettes du partage, mais ils collaboreront avec de nombreuses équipes étrangères et se rattraperont au XX<sup>e</sup> s (fouilles de Santorin, de Vergina en Macédoine...). Au total, une quinzaine de pays ont aujourd'hui une ou plusieurs équipes travaillant en Grèce. Ces fouilles n'ont d'ailleurs pas toujours été une partie de plaisir : pour pouvoir travailler, les Français vont ainsi demander que le village construit sur le site même de Delphes soit déplacé – il faudra que le gouvernement français finance lui-même cette reconstruction –, mais les habitants, mécontents d'avoir été délogés, accueillirent les archéologues avec des jets de pierre lorsque ceux-ci commencèrent leurs fouilles en 1892. Plus de 100 ans après, leurs descendants se frottent les mains : l'archéologie, du moins son versant commercial, est une bonne affaire pour les locaux !

Aujourd'hui, l'archéologie scientifique règne et les laboratoires de recherche que sont devenues les missions archéologiques se sont dotés de moyens à la hauteur (l'École française d'Athènes a ainsi mis en place une bibliothèque numérique de premier plan, ouvrant au public, sur Internet, 150 ans de publications, consultables sur le site ● *cefael.efa.gr* ●).

# BOISSONS

Même si les Français – tous fins palais, c'est bien connu – font parfois les dégoûtés à leur première gorgée de résiné *(retsina)*, n'oubliez pas que cela a longtemps été le **vin** de table le plus typiquement grec et incontestablement le meilleur marché. Dans l'Antiquité, on enduisait de résine de pin les amphores afin d'en améliorer l'étanchéité. Le vin en prenait le goût. Et aujourd'hui, on a gardé cette habitude, en ajoutant au moût des morceaux de résine de pin d'Alep. Mais tout Grec bien né vous dira qu'il ne boit plus de *retsina,* bien sûr, car ce vin est généralement de piètre qualité et ne correspond plus aux goûts actuels...

On trouve donc de plus en plus de vins non résinés, et on aurait tort de les mépriser : la Grèce est un « jeune » pays en matière viticole, mais des progrès constants ont été accomplis ces vingt dernières années, qui ont permis d'obtenir des vins de qualité (vins du Péloponnèse, comme les vins du domaine Paraskévopoulos dans le coin de Némée, en Argolide, ceux du domaine Mercouri en Élide, les vins macédoniens de Naoussa des producteurs Boutaris et Tsantalis).

On trouve aussi, dans un tout autre registre, des vins cuits très renommés comme le *samos* (meilleur sur place que celui qu'on trouve en France, souvent coupé d'eau) ou le *mavrodaphni*. Selon les régions, enfin, des vins locaux typiques : le *robola* à Céphalonie, des vins secs et doux produits sur des terres volcaniques à Santorin, un vin de Lesbos, le *méthymnéos,* également produit sur des terres volcaniques, le *zitsa*, blanc sec et pétillant d'Épire. ATTENTION, le vin (même le blanc) est souvent servi à température ambiante !

Et l'*ouzo*, là-dedans ? C'est le pastis local, pour aller vite. On l'obtient à partir du marc, aromatisé à l'anis. On le sert au verre ou en petite bouteille *(karafaki),* accompagné de *mezze*. Ne pas confondre avec le *tsipouro,* qui s'apparente au *raki* crétois, c'est-à-dire une eau-de-vie non anisée. Le meilleur ouzo viendrait de Plomari, à Lesbos.

À Corfou, vous goûterez au *koum-kouat,* liqueur de petites oranges amères.

**LE BON USAGE**

*L'ouzo, sans lequel on n'imagine pas la Grèce, n'est pas une boisson bien ancienne, puisqu'on l'a « inventé » à la fin du XIXᵉ s seulement. Le mot qui le désigne n'est pas d'origine grecque, mais italienne : à l'époque, sur les caisses de produits destinés à l'exportation, on écrivait « Uso… » (à l'usage de…) suivi du nom de la ville d'expédition. Le nouveau breuvage aurait été ainsi baptisé et écrit à la grecque.*

## Remarques en vrac

– *Café* = café turc (avec le marc). Attention, si vous désirez du café bien de chez nous, le mot utilisé là-bas est *nescafé.* Mais ça ne vaudra jamais un café turc. Évitez surtout de dire café « turc », vous risqueriez d'être mal vu. Demandez plutôt un café « grec » *(ena helliniko, parakalo !)* ; ou si vous préférez un café-filtre, demandez *éna kafé filtrou* ou *éna kafé galliko.* Ça passe beaucoup mieux. Goûtez aussi au café glacé, bien rafraîchissant, que l'on appelle *frappé.* C'est excellent. Comme le café grec, on le commande très sucré *(glyko),* moyennement sucré *(métrio),* sec *(skéto)* ou avec du lait *(mé gala).* Le café devrait toujours être servi avec un verre d'eau (pratique qui disparaît malheureusement dans certains endroits). Le café instantané est plutôt cher, se rabattre sur les paquets de cacao grec.

– ATTENTION, lorsque vous commandez un *jus d'orange,* précisez un *chimo portokaliou* (oranges pressées) ; sinon, on vous apportera une boisson gazeuse à l'orange *(portokalada).* Si vous avez des doutes, précisez encore que vous le voulez *fresko.* On peut juste regretter que ce soit devenu une boisson très chère dans un pays qui produit autant d'oranges !

– Dans les cafés, on peut rester autant de temps qu'on le désire après avoir pris une consommation. C'est ce qui expliquerait que le café frappé soit aussi cher...

# CLIMAT

Climat méditerranéen, rafraîchi par le vent sur les côtes et quelquefois très chaud vers l'intérieur et à Athènes. L'été arrive brusquement et brûle tout ; pendant les mois torrides (juillet et août), certaines régions de la Grèce ont à supporter des températures de 36, 38, 40, voire 45 °C. Fréquemment, en juillet et août, il ne tombe pas une goutte de pluie, sauf en cas d'orage (et là, ça tombe !). Sur la terre surchauffée, l'air saupoudre les arbres de poussière, et le pâle feuillage de l'olivier se fait plus terne. En été, le vent des îles, le *meltémi,* peut souffler très fort et rendre la mer dangereuse ou, sur les îles, donner une impression de fraîcheur, notamment en soirée. Ces vents de nord-est ou nord/nord-est, appelés autrefois vents étésiens, sont à prendre en compte sérieusement. Ils soufflent en deux temps. D'abord sur une courte période fin mai-début juin, puis de fin juillet à début

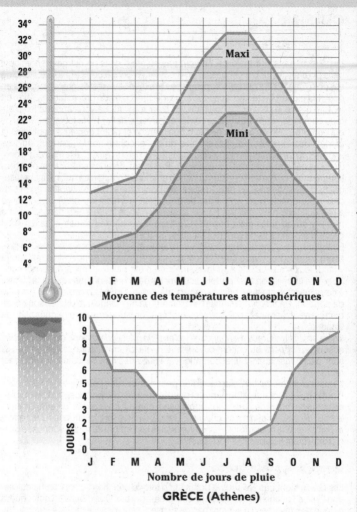

Moyenne des températures atmosphériques

Nombre de jours de pluie

**GRÈCE (Athènes)**

HOMMES, CULTURE ET ENVIRONNEMENT

octobre. Ils concernent surtout la mer Égée, donc les Cyclades, et ça décoiffe (jusqu'à 8-9 Beaufort sur Andros ou Tinos par exemple) ; en revanche, les îles Ioniennes sont épargnées.

Pour les amoureux de la Grèce antique, mieux vaut voyager en mai ou en septembre-octobre. Vous éviterez ainsi que la montée vers l'Acropole ne se transforme en véritable Golgotha. Les précipitations maximales se situent en décembre, janvier et février : il pleut beaucoup plus sur le versant ouest du pays, ce qui explique que les îles Ioniennes restent plus verdoyantes en été. En hiver, on peut pratiquer le ski de piste dans la région du mont Parnasse et le ski de randonnée dans celle du mont Olympe.

# CUISINE

## Les restaurants

Les Grecs, dans leur majorité, ne vont pas au resto dans un but gastronomique, mais pour s'y sentir bien et passer un moment en bonne compagnie. Le standing est donc une notion qui ne s'applique pas vraiment aux restos grecs : nappes en papier la plupart du temps, et aucun souci de service ou de présentation... Pire, on facture même le pain et les couverts ! Et bien souvent, on vous apporte les plats tous en même temps ou dans un ordre qui semble défier toute logique... Mais ce qui compte, c'est qu'on mange bien, bon marché et plutôt copieusement dans la plupart des tavernes les plus simples qu'on rencontre un peu partout. Fuir les endroits où se concentrent tous les touristes et rien qu'eux ; c'est mauvais signe. C'est en général le résultat du racolage... Fuir aussi, dans les endroits les plus touristiques, les restos où l'on vous annonce un menu complet, ce qui, malheureusement, devient de plus en plus fréquent (et bonjour les plats réchauffés au micro-ondes !). Normalement, il n'y a pas de menu tout fait, mais une carte, et, s'il n'y en a pas ou si elle n'est pas traduite en anglais, on vous invite à aller dans la cuisine montrer du doigt les plats désirés. C'est ça, la simplicité ! Toutefois, faites-vous préciser les prix s'ils ne sont pas affichés, pour éviter les arnaques.

En théorie, il y a une différence entre la taverne et le restaurant *(estiatorio).* La première est plus conviviale que le second. Dans la pratique, l'appellation restaurant « fait mieux » aux yeux de certains, mais ce n'est pas forcément aussi net. Une troisième appellation vient parfois recouvrir les deux précédentes : *psistaria* (= grill), à ne pas confondre avec *pitsaria,* la pizzeria locale. Enfin, la *psarotaverna* (taverne de poisson) est théoriquement un endroit où l'on ne mange que du poisson : mais bien souvent, comme le poisson est plutôt cher, on y trouve aussi quelques plats de viande.

Enfin, on voit les Grecs manger dans les *ouzeria* (pluriel de *ouzeri*), parfois appelés aussi *mezédopolia* ou encore *ouzadika.* Les *mezze* (ou encore *pikiliès,* lorsqu'ils sont plus consistants) qui accompagnent l'*ouzo* peuvent constituer un vrai petit repas.

Il existe aussi les *zakharoplastia* où l'on peut manger des pâtisseries.

À noter qu'une loi anti-tabagisme est passée en juillet 2009, concernant les établissements de moins de 70 m². Son application, dans un pays où les fumeurs tiennent le haut du pavé, s'annonçait difficile... Cette première loi n'ayant pas eu les effets escomptés, une nouvelle loi, en vigueur depuis septembre 2010, est supposée bannir totalement le tabac des lieux publics.

## Quelques plats grecs

Les Grecs n'ont pas été sous la domination turque pour rien : c'est dans la cuisine que l'influence orientale se fait peut-être le plus sentir... Que d'huile ! À noter que la plupart des tavernes ne servent pas de dessert, sauf, dans le meilleur des cas, du *karpouzi* (pastèque), du *peponi* (melon) ou du *yaourti mé méli* (yaourt au miel). Dans les endroits touristiques, comme on se plie au désir des clients, on peut avoir son petit fruit ou une pâtisserie.

Voici deux termes importants en ce qui concerne la viande et le poisson, que vous rencontrerez entre parenthèses sur les menus : ντοπιος *(dopios),* qui veut dire « de pays » ; et κατεψυγμενος *(katépsigménos),* qui veut dire « congelé », souvent abrégé κατ.

### Entrées

– *Salade grecque* (*khoriatiki,* littéralement « salade paysanne ») : tomates, concombre, poivron vert, olives et feta, sans oublier l'oignon, avec plus ou moins d'huile d'olive. L'entrée presque incontournable, qui reste bon marché et dans laquelle on pioche à plusieurs (inutile d'en commander une par personne). On trouve de plus en plus d'autres salades (crétoise, *mermizéli* – cette dernière originaire de Kalymnos –, etc.) avec d'autres fromages, ou avec de la roquette, des câpres...

– *Mélitzanosalata :* salade d'aubergines (un léger goût de brûlé indique qu'elle n'est pas industrielle).

– *Tzatziki :* yaourt, concombre et ail pilé avec de l'huile d'olive et de la menthe.

– Beaucoup d'autres petites entrées comme la *skordalia* (ail-pommes de terre), la *tyrokaftéri* (avec du fromage pimenté), la *khtypiti* (variante du *tzatziki,* avec du poivron grillé), ou encore la *fava* (purée de gesses).

– *Feta :* le célèbre fromage grec (le mot signifie « tranche »), qu'on fabrique un peu partout en Europe. Si vous en trouvez en barrique de bois, elle sera d'origine grecque, sinon... Mais ce risque de confusion appartiendra bientôt au passé : la Cour européenne de justice a, en effet, définitivement attribué, en octobre 2005, le terme de « feta » au seul fromage grec. Les autres pays producteurs avaient en principe deux ans pour trouver un nom différent... La feta ne se mange pas qu'en salade, mais peut aussi se déguster frite *(feta saganaki).* Il existe beaucoup d'autres fromages *(tyria),* comme la *mizithra,* le *kéfalotyri,* ou le *mastelo,* de Chios (qui se mange grillé comme le *haloumi* d'origine libanaise ou chypriote).

– *Poulpe (khtapodhi* en grec, *octopus* en anglais) : se mange sous diverses formes, par exemple en amuse-gueule *(mezze)* au début du repas, comme les moules *(mydhia).* Dans les ports, on voit souvent les poulpes en train de sécher au soleil (ou de décongeler !). Le poulpe est un délice dans l'assiette, soit froid et vinaigré *(xydato),* soit chaud, cuit sur le gril *(psito).* On trouve, mais assez rarement, des boulettes où le poulpe remplace la viande *(khtapodokeftédès).*

– *Calamars (kalamaria) :* ne constituent pas non plus un plat de résistance à part entière, mais les portions sont généralement plus copieuses que celles du poulpe et moins chères. Les calamars sont désormais le plus souvent congelés. Plus rarement, on trouve sur la carte le *thrapsalo,* gros calamar entier, parfois farci (appelé également *kalamari yémisto).*

### Plats cuisinés

– La célèbre *moussaka :* viande hachée disposée en couche avec des aubergines, le tout recouvert d'une béchamel ! Les pommes de terre ne sont pas nécessaires. Parfois, la moussaka est servie dans une terrine et c'est plutôt bon signe.

– *Pastitsio :* on remplace les aubergines par des macaronis, et le tour est joué. Assez bourratif quand même.

– *Mélitzanès papoutsakia :* aubergines farcies à la viande et gratinées.

– *Kolokithia tiganita :* courgettes coupées en petites tranches et frites.

– *Domatés* ou *pipériés (yémista) :* tomate et/ou poivron farcis au riz. Le plus souvent, on sert un poivron et une tomate.

– *Dolmadès :* feuilles de vigne farcies. On en trouve facilement en conserve, c'est alors une entrée froide. Beaucoup plus rarement, on tombe sur des feuilles de vigne plus grosses, chaudes, farcies à la viande hachée et recouvertes d'une sauce citronnée aux œufs *(avgholémono).*

– *Chorta* (prononcer « horta », presque « rhorta ») et autres *vlita :* herbes cuites de la montagne. On propose aussi dans certaines régions (Pélion, Sporades, Macédoine) le *tsitsiravla,* autre bonne verdure (herbes cuites relevées à l'ail et au vinaigre).

### Viande

Il peut être utile de savoir quels sont les termes indiquant comment la viande est préparée : *vrasto* (bouilli), *psito* (rôti), *sti skara* (sur le gril), *sti souvla* (à la broche), *sta karvouna* (barbecue au charbon de bois), *tiganito* (frit).

Voici les principales viandes qui vous seront proposées.

– Le *souvlaki,* dont la réputation n'est plus à faire : le plus souvent sous la forme d'une grande brochette de porc ou de bœuf (dans les restaurants, les petits *souvlakia,* bien meilleur marché, sont assez rarement proposés).

– *Brizola* : côtelette de porc ou de bœuf.

– *Païdakia* : côtelettes d'agneau (parfois au kilo).

– *Bifteki* (faux ami) : c'est bien de la viande, mais pas du bifteck, sauf que ça ressemble au steak haché, mais en bien meilleur, car le plus souvent parfumé avec des herbes.

– *Keftédès* : parfumées à la menthe et à l'origan, elles sont aussi à base de viande hachée, mais sous forme de boulettes. Le mode de cuisson est différent : les *keftédès* cuisent au four ou dans une casserole, le *bifteki* est un plat *tis oras* (à la minute) qui est préparé sur le gril.

– *Kokoretsi* : du foie et parfois des abats cuits à la broche, spécialité de la Grèce continentale. Hmm !

– *Spetsofaï* : saucisses de pays (donc épicées...) en morceaux et aux poivrons. Plat régional, spécialité du Pélion.

– *Stifado* : ragoût de viande (lapin ou veau) aux oignons.

– *Sofrito* : viande de bœuf ou de veau préparée dans une sauce à l'ail. Plat régional, spécialité de Corfou.

– *Bekri Mezze* : littéralement le *mezze* du buveur ! Des morceaux de viande de porc dans une sauce au vin.

### Poisson

Le poisson, à l'exception du *gavros,* des *gopès,* variante des sardines *(sardellès)* et autres *atherina,* mangés en friture, n'est pas du tout bon marché, contrairement à ce que l'on pourrait croire. Ou alors, il faut l'acheter sur le port au petit matin et le cuisiner soi-même.

Voici quelques poissons avec leur nom en anglais, qui figure souvent sur la carte.

– *Glossa* : sole.

– *Barbounia (red mullet)* : rouget ou mulet barbu.

– *Tsipourès (mullet/gilthead)* : sorte de daurade.

– *Xifias (sword fish)* : espadon, excellent en steak ou en brochettes.

– *Lavraki (bass)* : bar.

– *Garidès (shrimp)* : crevettes.

– *Kolios* : maquereau.

– *Lithrinia (mullet)* : mulet.

Malheureusement, le « vrai » poisson se fait rare : des poissons d'élevage, notamment les daurades grises *(tsipourès),* risquent de vous être proposés – et ce n'est qu'au goût que vous vous en rendrez compte ! Quant aux crevettes, calamars et poulpes, plus vous serez près d'un lieu touristique, moins vous aurez de chance qu'ils soient frais. Il doit d'ailleurs être spécifié sur le menu s'ils sont surgelés ou non.

### Plats végétariens

– *Briam* : sorte de ratatouille (pommes de terre, courgettes, poivrons et tomates).

– *Imam baïldi* : un plat d'origine turque, comme tant d'autres (aubergine farcie d'oignons, de tomates et d'herbes).

– *Yémista (orphana)* : lorsque la tomate et le poivron sont farcis mais sans viande, on les appelle avec humour *orphana* (les orphelins).

### Pâtisseries

Les pâtisseries qu'on appelle « orientales » par chez nous sont présentes en Grèce, héritage turc oblige. Le *baklava* et le *kadaïfi* sont les mêmes que ceux de la rue de la Huchette à Paris, mais en moins cher ! Goûter aussi au *rizogalo* (riz au lait saupoudré de cannelle) et au *galaktobouréko,* un feuilleté fourré d'une sorte de semoule, ou encore au *revani* (ou *ravani*), un gâteau de semoule bien spongieux, sans parler de la *bougatsa*, qu'on vous coupe en petits morceaux saupoudrés de cannelle. Pas mauvais non plus, l'*amigdaloto* (pâte d'amandes et de sucre), spécialité de plusieurs îles, notamment.

## On mange sur le pouce pour pas cher

On trouve partout le (petit) *souvlaki* que l'on mange avec un morceau de pain, ou, plus nourrissant, le *yiros (gyros) me pita* (viande de porc, parfois de poulet, cuite à la broche et découpée, avec de l'oignon et d'autres choses, dans une sorte de galette). Tout cela est bien meilleur que les hamburgers ou autres pizzas industriels. Le *kebab* se trouve également de plus en plus. Félicitations si vous réussissez à manger de la *patsas*, une sorte de ragoût de tripes, spécialité des gargotes du marché d'Athènes (où l'on peut en manger toute la nuit dans des restos ouverts 24h/24).

N'oubliez pas non plus la *tiropita*, feuilleté au fromage, ou encore la *spanakopita*, où des épinards remplacent la feta. On les trouve dans les boulangeries ou pâtisseries. Pour le reste, on trouve de plus en plus de produits européens dans les magasins, et particulièrement dans les *AB, Spar* ou *Marinopoulos* et bien évidemment dans les *Carrefour* (on en trouve un à Athènes, près de l'avenue Vassilissas Sofias et de la rue Kifissias, sur le chemin de l'aéroport et, aussi près de ce dernier, vers Pallini). Les laitages (yaourts, flans...) restent chers. Les yaourts tiennent bien au ventre, mais ils sont plutôt chers.

On trouve évidemment tous les fruits méditerranéens. Pas de figues pour les pauvres juilletistes... Enfin, le fruit du pauvre, qu'on vend par camions entiers dans les villes, le *karpouzi* (pastèque), pas toujours facile à trimbaler dans le sac à dos. Le *péponi*, le melon grec à l'intérieur vert, est déjà beaucoup plus facile à caser.

Une coutume sympa en Grèce : au resto, si vous sentez que le courant passe avec les gens d'une autre table, appelez le patron et faites-leur servir une bouteille. Rapprochement garanti, et vous perdrez un peu l'étiquette de touriste.

# ÉCONOMIE

Depuis quelques années, nous écrivions que l'économie grecque était une sorte de « mystère ». Aujourd'hui, ce mystère (si mystère il y avait vraiment...) est levé.

Officiellement, la Grèce avait réussi, sous la houlette de Kostas Simitis, Premier ministre socialiste de 1996 à 2004, à se transformer pour satisfaire au carcan des fameux critères de convergence du traité de Maastricht, avec comme résultat l'admission, in extremis, au club, et l'adoption de l'euro début 2002. Mais en septembre 2004, après un changement de majorité, les statisticiens d'*Eurostat* révélaient qu'en réalité la Grèce transgressait les règles du fameux pacte de stabilité... Déficit record (avec un sommet à 7,9 % du PIB l'année des J.O.), et dette au-delà des 100 % du PIB. De mauvais chiffres avaient été communiqués par le gouvernement précédent...

Le gouvernement Karamanlis (2004-2009) assura avoir réduit ce déficit, mais la crise internationale est arrivée... À la mi-2009, le FMI prévoyait, pour 2010, un déficit de 7,1 % et une dette publique de 103,4 % du PIB. On sait depuis ce qui est advenu... (voir plus loin).

La Grèce est le pays des paradoxes : longtemps dernière de la classe européenne pour le PIB (en 2007, l'indice de convergence – comprendre le niveau de vie en Grèce – atteignait près de 90 % du niveau de vie moyen européen, calculé sur la base de l'Europe des Quinze), elle est la première, devant l'Italie, pour la part qu'occupe l'économie souterraine (un rapport de la Banque mondiale a évalué, fin 2001, à 28,7 % le pourcentage de l'économie « parallèle » et ce chiffre sous-estimait la réalité)... Fin 2006, le gouvernement grec a révisé d'un seul coup de 25 % son PIB à la hausse, afin de prendre en compte cette économie parallèle. Mais, un an plus tard, l'office des statistiques de l'Union européenne *(Eurostat)* faisait savoir que cette révision était un peu trop généreuse : de 25 %, on en revien-drait à un modeste 9,6 %... Le déficit et la dette, devant être recalculés, repartaient à la hausse, mécaniquement... Quoi qu'il en soit, même avec un taux de chômage relativement élevé les Grecs ne semblaient pas vivre si mal après tout.... Au resto, ils dépensent bien davantage que les touristes, (les grosses 4x4 sont légion, et on pourrait citer d'autres indices ou signes, comme le secteur de la construction, qui montrent que tout n'allait pas si mal. La Grèce, il est vrai, se plaçait, avec l'Irlande, parmi les tout premiers pays bénéficiant des subsides de Bruxelles (45 milliards d'euros accordés pour la période 2000-2006). Sauf que, derrière cette façade, se cachait une tout autre réalité...

## Une économie poussive... et grise

Les fondamentaux de l'économie grecque ne sont pas brillants. Deux secteurs s'en sortent bien : le tourisme compte pour 18 % du PIB... Certains vivent plutôt bien de ce que leur rapporte la fréquentation touristique des trois mois d'été que dure la haute saison. Mais, manque de chance, il paraît que le touriste moyen dépense moins qu'avant... et surtout, l'année 2010, avec tout le battage médiatique fait autour de la crise grecque, n'aura pas été bonne, de nombreux touristes hésitant à se rendre dans un pays qui pouvait sembler déstabilisé par la crise.

La Grèce a aussi pour elle ses célèbres armateurs qui sont parmi les grosses for-tunes de la planète : dans le passé, les riches Grecs qui avaient fait fortune à l'étran-ger revenaient au pays jouer le rôle d'*évergète* (bienfaiteur) ; aujourd'hui, les arma-teurs placent plutôt leur argent à l'étranger, jugé plus sûr. Il n'empêche que la Grèce, avec la première flotte du monde (devant le Japon et la Norvège), même si les deux tiers sont immatriculés sous pavillon de complaisance, a également là une source de richesse importante. La marine marchande compte en effet pour 11 % des recet-tes de la balance des paiements courants, juste derrière le tourisme. Et, pour en finir avec les chiffres, sachez que la flotte grecque constitue 17 % de la flotte mon-diale (et on ne parle pas des pavillons de complaisance...). Une bonne partie des marchandises chinoises voguent sur des bateaux grecs.

Derrière ces deux « poids lourds », le reste de l'économie grecque n'est guère connu pour ses performances. Le pays doit en effet faire avec une fonction publi-que abondante (près de 800 000 fonctionnaires recensés en juillet 2010, résultat d'un clientélisme traditionnel), qui coûte cher à un État désargenté et avec des dépenses militaires très élevées (2,8 % de son PIB alors que la moyenne des pays européens membres de l'OTAN est de 1,7 %), mais surtout elle souffre encore plus d'un secteur public inefficace, notamment dans les domaines de la santé et de l'éducation (les Grecs ayant massivement recours au secteur privé).

La Grèce cumule deux handicaps : fort déficit budgétaire et fort endettement, ce qui n'est pas le cas de l'Irlande et de l'Espagne (fort déficit mais endettement faible) ni de l'Italie (fort endettement mais déficit encore raisonnable). Faute de levier pour agir sur sa politique économique (pas de dévaluation possible), le pays n'a cessé, ces dernières années, et surtout depuis le passage à l'euro, de perdre sa compé-titivité, qui n'avait jamais été extraordinaire. La faiblesse des exportations, un PIB tout aussi faible (il ne pèse que 3 % du PIB de la zone euro) ne lui permettent pas de jouer à armes égales avec les grands.

Un des principaux problèmes de l'économie grecque est sa difficulté à faire rentrer les recettes. L'impôt, plus encore qu'ailleurs, est impopulaire. On a beaucoup parlé de ces médecins de Kolonaki (quartier huppé d'Athènes) qui, dans une belle unité, déclaraient des revenus dérisoires par rapport à ce qu'ils gagnaient réellement. La fraude fiscale, présentée comme un « sport national », est pratiquée au plus haut niveau, tout comme l'évasion fiscale – la lutte contre cette dernière étant un élé-ment déterminant du projet gouvernemental (vaste programme : les chiffres de juillet 2010 révélaient une baisse des recettes fiscales de 10 %, ce qui n'avait rien de rassurant pour la suite...). On a beaucoup parlé également de la corruption au quotidien (on donne une « enveloppe » au médecin pour qu'il s'intéresse à votre cas prioritairement, au fonctionnaire du fisc pour qu'il vous laisse tranquille... et parfois même à quelqu'un placé devant vous dans une salle d'attente, pour passer devant lui !). L'argent, beaucoup d'argent circule en Grèce, mais pas en direction des services de l'État.

Des causes historiques expliquent cette défiance face à l'État. Lorsqu'il est devenu indépendant vers 1830, le pays a raté quelques étapes dans sa construction, qui auraient fait de lui un État « moderne » à l'instar des pays européens de l'Ouest : déjà sous tutelle, se voyant imposer des têtes couronnées de dynasties européennes étrangères qui ne se sont jamais vraiment acclimatées, puis des gouvernements sans grand pouvoir, qui ont toujours préféré le clientélisme à l'établissement d'un État-providence, la Grèce n'a guère connu, à l'exception de Vénizélos, de chefs de gouvernement ayant une vision du pays. On a gouverné à courte vue, sans poser de bases solides. Qu'on pense seulement que la constitution d'un cadastre n'a commencé qu'en 1995 et qu'elle n'est toujours pas achevée...

## Le feuilleton de la crise

Dans les semaines qui suivent l'arrivée au pouvoir du PASOK, sont donc annoncés les « vrais » chiffres qui traduisent la situation dans laquelle se trouve la Grèce : la dette publique atteint environ 120 % de la richesse nationale et le déficit du PIB est de 12,7 % (il sera, six mois plus tard, révisé à la hausse une nouvelle fois pour atteindre 13,6 %).

En janvier, Papandréou, faisant le bilan de ses 100 premiers jours au pouvoir, annonce un premier train de mesures, un classique plan de rigueur devant permettre de réduire le déficit à 3 % en 2012, que la Commission européenne va approuver, non sans trouver qu'il est insuffisant. Le problème est que la Grèce a rapidement besoin de se financer et les doutes apparaissent déjà sur sa capacité à y parvenir. Les premières émissions obligataires de janvier semblent bien se dérouler dans un premier temps, mais il apparaît rapidement que le *spread* (écart de taux entre la référence allemande et le taux des obligations grecques) augmente : des fonds spéculatifs parient sur une explosion du prix des contrats d'assurance censés prémunir les acheteurs d'emprunts d'État contre le défaut de paiement de ce dernier. La Grèce serait devenue, pour les investisseurs, plus risquée que la Roumanie, le Venezuela ou le Vietnam ! On a beau rappeler que tout cela est irrationnel, la machine infernale s'emballe. On parle alors d'attaques spéculatives, de risques de faillite de l'État grec : la rumeur veut que la Grèce s'adresse à la Chine, directement, sans passer par les sacro-saints marchés et aussitôt le prix de la dette grecque s'envole un peu plus : elle ne cessera de grimper jusqu'à la conclusion, en avril, et dans la douleur, d'un accord européen débloquant 110 milliards d'euros de prêts.

La crise grecque devient une sorte de feuilleton au printemps 2010, lorsque tout s'emballe. Les Européens sont désunis et l'absence de mécanisme européen d'entraide prêt à l'emploi complique la situation. La Grèce peut-elle se tourner vers le FMI, comme la Hongrie l'a fait en 2008 ? On dit alors qu'un premier temps que ce serait une « humiliation » pour l'UE... Mais peut-on seulement venir en aide à un pays de la zone d'Euro ? Beaucoup de questions se posent et la valse-hésitation va durer deux bons mois. Les agences de notation en rajoutent une couche en dégradant la note de la Grèce et de leurs banques, rendant encore plus difficile leur situation sur les marchés... Les taux deviennent carrément prohibitifs...

Car se rapproche inexorablement la date butoir du 19 mai, à laquelle la Grèce doit pouvoir honorer d'importantes créances, faute de quoi elle sera déclarée en défaut de paiement, avec des conséquences difficilement calculables au niveau de la Communauté européenne et surtout, pour les garants de l'orthodoxie monétaire, de l'euro.

L'Allemagne rechigne toujours à approuver un plan européen d'aide à la Grèce car l'opinion publique outre-Rhin est remontée contre ces « cigales » d'Européens du

Sud qui mettent en péril le travail industrieux des « fourmis »… Cela amènera quelques échanges d'amabilités entre Grecs et Allemands, mais aussi beaucoup de tension entre Berlin et Paris. La chancelière allemande sait que céder du lest revient à prendre le risque de perdre les élections de début mai – et c'est bien ce qui arrivera. Elle joue donc le rôle de « Madame Niet », mais la position plus conciliante de l'Allemagne à mesure que la crise se creuse donnera à son opinion publique l'impression qu'elle a fini par se ranger du côté des pays interventionnistes. Toutefois l'Allemagne a toujours refusé que soit abordé le fond du problème, à savoir les déséquilibres internes de la zone euro.

D'atermoiements en tergiversations, en mars et avril, la situation se dégradait donc rapidement pour la Grèce : le Premier ministre tentait toujours de faire croire que l'affichage de la solidarité européenne suffirait à envoyer aux marchés un signal positif et que son pays n'aurait pas besoin d'aide (on parla même à une époque du plan européen à venir comme de la « dissuasion nucléaire », prêt à être activé si besoin, mais ne devant pas être utilisé, sa seule existence étant supposée faire peur aux spéculateurs). Cela n'aura pas suffi : fin avril, dans une déclaration faite au pays, Papandréou est contraint de faire officiellement appel à l'aide de l'Europe. Le plan d'aide à la Grèce (ou de sauvetage) prendra finalement la forme d'un prêt de 110 milliards d'euros, sur 3 ans, le FMI y contribuant à hauteur de 30 milliards. En échange, on demande de nouveaux sacrifices à la Grèce, en lui fixant comme objectif de réduire ses dépenses de 30 milliards d'euros sur la période 2011-2013… après 4,8 milliards pour la seule année 2010. L'Allemagne, premier contributeur de l'UE, prêtera 24,4 milliards, n'en déplaise à son opinion publique. La France est le second pays contributeur. Avec un taux de 5 %, Christine Lagarde explique que c'est une bonne affaire pour la France…

En échange de quoi Athènes est quasiment mise sous tutelle : les statistiques grecques ont été truquées pendant des années, un bureau d'Eurostat va ouvrir à Athènes… Les membres de la « troïka » UE-FMI-BCE viendront régulièrement ausculter le malade et déterminer, avant d'ouvrir le porte-monnaie, si la potion amère est suffisante ou s'il faut encore alourdir le traitement. À ce prix, on pense avoir pu éviter la « contagion ».

Pour les Grecs, qui viennent de vivre six mois pendant lesquels ils sont passés par toutes les émotions, le choc est immense. Un double sentiment de colère et d'humiliation est partagé par une grande partie de la population qui se demande comment le pays a pu en arriver là, tout en sachant confusément pourquoi. Beaucoup parmi les Grecs qui ont manifesté et fait grève au printemps savent en même temps qu'il n'était pas possible de continuer ainsi. Ils éprouvent également un sentiment de culpabilité collective, pour s'être accommodés du système, pour en avoir, par certains côtés, bénéficié. La corruption au quotidien, tacitement acceptée et tolérée, ne pouvait plus continuer impunément, pensent beaucoup de Grecs. Ils ont donc la gueule de bois : pendant des années, ils ont profité, sans trop réfléchir, des taux très bas des banques qui leur prêtaient à tout va, l'endettement privé venant s'ajouter à l'endettement public. Le pays a vécu au-dessus de ses moyens, il faut « atterrir » et retrouver le sens des réalités.

Pour arriver à passer de 13,6 % de déficit à moins de 3 % à l'horizon 2014, on n'a pas trouvé autre chose que les mesures classiques que sont la réforme des retraites, la hausse de la fiscalité (TVA et autres taxes) ainsi que la suppression des treizième et quatorzièmes mois chez les fonctionnaires, qui étaient des compensations à la faiblesse des salaires. Le chômage atteignait déjà les 12 % à la mi-2010 et l'on s'attendait encore à une forte progression des destructions d'emplois.

Le coup social est énorme et injustement réparti : ceux qui voient leurs revenus amputés d'un pourcentage non négligeable ne sont pas les plus riches du pays, loin de là. La réduction, voire la suppression des fameuses « primes », combinée avec la hausse de la TVA, passée de 19 à 23 %, touche directement le pouvoir d'achat des classes populaires, mais aussi des classes moyennes, avec comme conséquence logique une contraction de la consommation et inévitablement la récession (on parle d'un recul du PIB de 4 % en 2010).

## Tire-t-on sur une ambulance ?

Un éditorialiste du *Monde*, Pierre-Antoine Delhommais, a pu titrer « Pitié pour la Grèce ». En effet, si certains des particularismes de l'économie grecque sont indéfendables, accabler la Grèce de tous les maux est injuste. L'économie grecque est aussi, dans une certaine mesure, une victime. Le psychodrame du printemps aurait pu être évité : la crise grecque a révélé, s'il en était besoin, une construction européenne défaillante et une politique monétaire faite par et pour l'Allemagne.

Ce pays a été le premier à condamner les Grecs, vus comme des fainéants corrompus. Faut-il rappeler qu'un des plus gros scandales politico-économiques de ces dernières années en Grèce a été l'affaire Siemens, révélée en 2007 : le groupe allemand versait d'énormes pots-de-vin à certains membres du personnel politique... (et la Grèce n'a pas été le seul pays où cela était une pratique courante). Quand il y a des corrompus, il y a aussi des corrupteurs, qui se soucient assez peu de l'éthique, tant que leurs affaires marchent...

Quant aux pays qui ont fait la morale à la Grèce au sujet de ses dépenses inconsidérées, notamment en matière militaire, il en est qui, en même temps, poussaient la Grèce à leur acheter des équipements lourds, genre frégates ou avions de combat, parce que ces ventes font tourner les économies des pays concernés...

## Et maintenant ?

Le « sauvetage » de la Grèce va-t-il réussir ? À court terme, la Grèce a évité la restructuration de sa dette, mais beaucoup estiment que c'est inévitable à moyen terme. Pourtant, pendant l'été 2010, les institutions financières, Dominique Strauss-Kahn en tête, ont exprimé leur « admiration » devant la rigueur « choisie » (comprendre « imposée ») et, dans les cercles officiels, l'optimisme, certes forcé, était de mise, tout le monde se félicitant de l'avancée rapide de la Grèce sur la bonne voie... Mais beaucoup de Grecs pensaient que ce ne serait qu'à l'automne 2010, et plus encore pendant l'hiver 2010-11, qu'ils prendraient réellement la mesure de ce qui les attendait, et ce, malgré les belles paroles venues de l'étranger. Et il y a de quoi s'inquiéter : le FMI, en août 2010, a chiffré à environ 315 milliards d'euros les besoins du pays en emprunts, pour la période 2011-2015. Le prêt UE-FMI, pour trois ans, n'était « que » de 110 milliards... Autant dire qu'à moyen terme, il risquait d'y avoir de nouveau du sport...

Le scepticisme prévalait également quant au changement des mentalités, nécessaire, mais qui ne se décrète pas d'un claquement de doigts. Si Papandréou a raison de dire que la fraude n'est pas inscrite « dans l'ADN des Grecs », il n'en demeure pas moins qu'il faudra du temps avant que l'État, vu comme « prédateur », et le citoyen deviennent des modèles de vertu.

La moralisation de la vie publique grecque suppose beaucoup de changements radicaux, de bas en haut de la société, ou plutôt de haut en bas, si l'exemple doit être donné d'en haut. L'appel au civisme formulé par Papandréou sera-t-il entendu et compris ? Après tout, si les Grecs souhaitent sincèrement une moralisation de la vie publique, cette dernière ne doit pas se limiter au personnel politique : elle doit s'imposer à tous et c'est là qu'on mesure le travail à accomplir. En Grèce, en 2010, on achetait des biens immobiliers en liquide et on déclarait au fisc, en toute « conformité » avec les usages, devant notaire, la moitié de la somme réellement payée... Une grande partie des achats se faisait de la main à la main, sans trace (un des combats du gouvernement étant de faire passer dans les habitudes la facturette... !) La Grèce, bien malgré elle, est aussi devenue une sorte de laboratoire à grandeur réelle de ce qui attend nombre de pays en Europe ou ailleurs. Que le FMI soit partie prenante du processus, lui qui, par le passé, a sévi en imposant de par le monde des « ajustements structurels » et autres contraintes, n'a pas forcément de quoi rassurer...

L'écrivain Takis Théodoropoulos a formulé le constat suivant, qui vaut également pour d'autres pays : « Nous sommes passés en un clin d'œil d'une société communautaire à une société dite ouverte, individualiste, dure et violente où s'enrichir rapidement et sans scrupule est devenu un objectif de vie. » À méditer...

# ENVIRONNEMENT

Les écologistes, en Grèce, n'ont jamais vraiment décollé aux élections (aux dernières législatives d'octobre 2009, ils n'ont pas dépassé les 2,5 % des suffrages). Dommage, car s'ils représentaient une véritable force politique, ce serait le signe d'une prise de conscience de la population vis-à-vis des problèmes d'environnement.

La Grèce compterait 3 000 décharges plus ou moins sauvages à la sortie des villages ou sur les bords des pistes ou des sentiers ; pendant l'été 2006, on a annoncé la fermeture prochaine de 2 700 d'entre elles, mais comme les solutions de remplacement n'étaient pas définies, les choses semblaient assez mal engagées. À plusieurs reprises, la Grèce a d'ailleurs été condamnée par l'Union européenne à payer de lourdes amendes pour manquement « à l'obligation d'éliminer les déchets sans mettre en danger la santé de l'homme »...

La politique grecque vis-à-vis des espèces animales protégées est également souvent montrée du doigt : les tortues *Caretta caretta* font les frais de cette situation. Elles sont censées être protégées depuis la création d'un parc national marin à Zante, mais elles ont la mauvaise idée de fréquenter les plages couvertes, comme par hasard, de transats et de parasols... Et les autorités ne font pas ce qu'il faudrait, c'est-à-dire libérer les plages en question de la pression touristique... Pourtant, elles s'y sont engagées... et ont été condamnées en 2002 par la Cour européenne de justice pour non-respect des conventions sur la protection des tortues. La situation s'est encore aggravée en 2004 : une grande part de l'argent public allant en direction des Jeux olympiques, les employés du parc se sont mis en grève. Ils n'étaient plus payés depuis huit mois ! De nouvelles procédures ont été engagées à l'encontre de la Grèce, et *Medasset (Mediterranean Association to Save the Sea Turtles)* n'a pas hésité à parler, en juillet 2005, de « barbarie environnementale »...

Depuis, le parc fonctionne de nouveau et le ministre de l'Environnement s'est même fendu d'une visite en juin 2006. Dans de telles conditions, on ne s'étonnera pas que les associations grecques qui luttent pour la défense de l'environnement ne se sentent pas vraiment soutenues dans leur propre pays... L'ironie de l'histoire est que le commissaire européen à l'Environnement n'est autre qu'un... Grec, Stavros Dimas, qui ne peut que constater la liste des infractions dont son pays se rend coupable...

Dans le domaine de l'écologie, de nombreuses associations œuvrent pour défendre les richesses naturelles et les animaux. Il y en a pour tous les goûts :

■ **Hellenic Society for the Protection of Nature** : 20, odos Nikis, 105 57 Athènes. ● eepf.gr ●

■ **WWF Hellas** : 26, odos Filellinon, 105 58 Athènes. ☎ 21-03-31-48-93. ● wwf.gr ● (en grec slt).

■ **Elliniki Ornithologiki Etairia** (l'équivalent de notre Ligue pour la protection des oiseaux) : 24, odos Vas. Irakliou, 106 82 Athènes. ☎ et fax : 21-08-22-79-37. Et, pour la Grèce du Nord : 8, odos Kastritsiou, 546 23 Thessalonique. ☎ 23-10-24-42-45. ● ornithologiki. gr ● Pour s'informer sur les nombreuses possibilités de *birdwatching* en Grèce.

■ **Archelon** : 57, odos Solomou, 104 32 Athènes. ☎ 21-05-23-13-42. ● archelon.gr ● Se consacre à la protection des tortues marines. Centre de soins pour tortues à Glyfada, et actions en de nombreux endroits, dont à Zante (Zakynthos), en Crète et dans le sud du Péloponnèse.

■ **MOm** (société pour l'étude et la protection du phoque méditerranéen) : 18, odos Solomou, 106 82 Athènes. ☎ 21-05-22-28-88. ● mom.gr ● La Grèce est le pays qui compte la plus grande colonie de phoques *Monachus monachus*, mais cette espèce est en danger, vu le petit nombre d'individus (environ 200-250, et encore, on n'en est pas totalement sûr, le phoque étant par nature très secret). L'activité du MOm est essentiellement centrée sur le parc national marin des Sporades du Nord, basé à Alonissos, mais il intervient aussi sur d'autres îles où ont été recensés des phoques (Kimolos, Fourni, Karpathos, ainsi que dans les îles Ioniennes).

# GÉOGRAPHIE

Le territoire grec est avant tout marqué par la montagne : elle occupe près de 70 % du pays (les savants géographes font ensuite la distinction entre reliefs montagneux – 45 % – et semi-montagneux – 23 %). Les massifs montagneux grecs appartiennent aux Alpes dinariques qui commencent en Slovénie et parcourent toute l'ex-Yougoslavie et l'Albanie, dans un axe nord-ouest/sud-est, pour s'achever en Crète, dans un axe ouest-est, via l'Épire et le Péloponnèse. L'autre chaîne, subdivision orientale de la précédente, couvre la Macédoine et s'incline vers le sud (massifs de l'Olympe et du Pélion). Pas de sommet dépassant les 3 000 m (l'Olympe ne fait « que » 2 917 m), mais 120 sommets dépassent tout de même les 2 000 m. Tout cela ne laisse pas beaucoup de place aux plaines : environ 30 % du territoire national, le plus souvent à l'intérieur du pays (Thessalie, Macédoine centrale, Messara en Crète), les plaines littorales étant plus rares (l'Achaïe et l'Élide dans le Péloponnèse). Mais la mer n'est jamais très loin : aucun point du pays n'est à plus de 100 km à vol d'oiseau des côtes de la mer Égée ou de celles de l'Adriatique.
Quiconque a voyagé en Grèce en été a remarqué à quoi étaient réduits les fleuves et rivières près de leur embouchure, au mieux un mince filet d'eau : pourtant, les ressources hydrographiques sont globalement suffisantes en Grèce, grâce aux nombreuses montagnes. Le problème est simplement celui de la répartition de ces ressources. Athènes, mégalopole concentrant avec sa banlieue autour de 35 % de la population grecque, souffre particulièrement, de même que de nombreuses îles qui manquent dramatiquement de ressources en eau et doivent être ravitaillées par bateaux-citernes.

# HABITAT

Partout en Grèce, les constructions poussent comme des champignons et restent en chantier, parce que, après avoir construit le rez-de-chaussée, on attend d'avoir un peu d'argent pour construire l'étage... Toutes ces maisons inachevées avec des fers à béton sur le toit défigurent l'environnement.
Le type de l'habitat rural est le bourg perché. Cet habitat groupé sur les hauteurs dans un site défensif se réfère sans doute aux longues périodes d'insécurité, mais il répond aussi à l'adaptation pour l'exploitation étagée des versants. Ces bourgs dressent leurs hautes maisons, tantôt de forme cubique avec terrasse, tantôt coiffées d'un toit aux tuiles rouges. La vie se concentre sur la place, près de l'église ; de là, grimpent les ruelles empierrées, étroites, assombries par les balcons et les auvents.
Dans les îles, l'habitat est souvent plus ramassé, enchevêtrement de formes blanches groupées autour du port, comme prises entre mer et ciel.

## L'architecture néoclassique

À la suite de l'Indépendance, la Grèce voulut effacer le témoignage de quatre siècles de domination ottomane. Dès son intronisation, Othon Ier entreprit de grands

HOMMES, CULTURE ET ENVIRONNEMENT

travaux de reconstruction. On détruisit alors les rues tortueuses, centrées sur la mosquée, le bazar et le hammam, pour adopter un urbanisme plus rigoureux (plan en damier), que l'on voulait rattacher à une tradition antique, celle d'Hippodamos de Milet. Ce qui est à la fois paradoxal et surprenant, c'est que ce style néoclassique a été importé en Grèce par des architectes étrangers. Il est vrai que, depuis un demi-siècle, les Européens cultivaient le goût de l'Antique, entre autres au travers des découvertes archéologiques grecques mises au jour en Italie du Sud. Plusieurs spécialistes furent chargés d'élever les édifices de prestige qui devaient représenter le nouvel État. Les éléments architecturaux caractéristiques de ce nouveau style se composaient de colonnes ou de pilastres surmontés du classique fronton triangulaire, coiffé d'acrotères, que l'on remarque encore sur le Parthénon. La nouvelle esthétique fut vite adoptée par les bâtiments privés de la capitale et de la province. Malheureusement, lors des spéculations immobilières des années 1960, cette belle harmonie architecturale fut détruite. À Athènes, seuls aujourd'hui le quartier de Plaka, le Palais royal sur Syndagma, l'université rue Panépistimiou, le Musée byzantin et quelques rares autres demeures témoignent encore de cette nouvelle mode. Toutefois, les autorités ont pris conscience de la nécessité de sauvegarder les derniers bâtiments, et leur réhabilitation a fait partie des projets d'aménagement urbain d'Athènes de 2004. Des milliers d'immeubles ont ainsi été ravalés pour les Jeux. En dehors d'Athènes, il ne subsiste guère, dans ce style, que le charmant village de Galaxidi, près de Delphes, et celui d'Hermoupolis, chef-lieu de Syros (Cyclades).

# HISTOIRE

## Une vocation universelle

L'homme moderne occidental (et pas seulement lui), quelles que soient ses origines, peut saluer la Grèce antique comme le berceau de la civilisation qu'il connaît. Pour mieux cerner l'histoire de l'Antiquité grecque, du moins jusqu'au règne de Philippe II de Macédoine, père d'Alexandre, il faut savoir avant tout que les Grecs ne furent jamais unis politiquement ou territorialement. Si « Hellas » désigne aujourd'hui un pays, les anciens Hellènes ne partageaient guère que le sentiment d'appartenir à une même communauté ethnique, linguistique et religieuse, distincte des Barbares (tous ceux qui ne parlaient pas le grec...). Ce sont les Romains qui nommèrent les Hellènes « Grecs » *(Graeci),* du nom d'une obscure tribu.

## Les âges reculés

Les premières traces de présence humaine sur le sol grec remontent à 40 000 ans. Le Néolithique (6000-3000 av. J.-C.) voit se développer les premiers villages agricoles, à l'origine des premiers foyers de civilisation, sous l'influence des Indo-Européens venus d'Asie Mineure. Dès le début de l'âge du bronze (3000-1200 av. J.-C.) brille dans les îles une civilisation dite « cycladique », tandis qu'en Crète une civilisation encore plus brillante se développe. Vers 2000 av. J.-C. arrivent des Barbares venus du Nord qu'on appellera les *Achéens.* Les nouveaux venus s'installent dans toute la péninsule et s'assimilent.

## La civilisation mycénienne

La mayonnaise prend tellement bien que la civilisation dite mycénienne (1700-1100 av. J.-C.) s'impose, atteignant son apogée au XIV$^e$ et XIII$^e$ s av. J.-C., à la suite de l'effondrement de l'Empire crétois. L'influence de la culture crétoise est d'ailleurs certaine : l'écriture syllabique, dite « linéaire B », qui succède à une écriture hiéroglyphique, le « linéaire A », non déchiffrée à ce jour, vient de Crète et se répand en Grèce continentale. Mais l'Empire crétois s'effondre et les cités comme Mycènes, Tirynthe et Pylos deviennent autant de puissances régionales qui se distinguent par leur richesse : dès le début, quelques tombes royales apparaissent, puis on y construit des palais somptueux. La guerre de Troie, en partie légendaire, montre en action les chefs de guerre qui sont à la tête de ces cités. Les Mycéniens ne font pas que se battre, ils nouent des rapports avec l'Orient, diffusent leur culture, poussant l'exploration jusqu'aux limites du monde connu.

## L'Iliade et l'Odyssée

Les Grecs, à quelques exceptions près, considèrent l'*Iliade* et l'*Odyssée* comme l'œuvre d'un seul poète, Homère. La première œuvre raconte le déroulement de la guerre de Troie, et la seconde le difficile retour d'Ulysse après la victoire des Grecs contre les Troyens. Nul ne sait à coup sûr où et quand Homère vécut (sans doute vers 750 av. J.-C.). La « biographie » établie par Hérodote fut écrite 300 ans après la mort d'Homère, tout comme l'œuvre de ce dernier fut composée un demi-millénaire après les événements qu'elle raconte. Les savants modernes sont divisés sur la question de déterminer si ces deux poèmes furent composés par le même auteur, ainsi que sur leur ancienneté. Mais derrière les poèmes homériques s'étendent des siècles de traditions orales transmises par des bardes professionnels, les aèdes. Dans les deux œuvres, la population, hormis les héros nobles, est une masse vague dont le statut exact est tout à fait obscur. Les poèmes homériques restent le seul regard « vivant » que nous ayons sur le somptueux âge du bronze mycénien qui s'écroula tout au long du XIIe s av. J.-C.

Les âges sombres qui suivirent sont des siècles de pauvreté et de désordre. C'est durant cette période que *Zeus* s'imposa davantage encore comme le dieu de la Souveraineté, conséquence bien naturelle dans un monde où le pouvoir est vacillant et contesté ! De nouvelles divinités originaires d'Asie s'introduisent dans le panthéon : *Aphrodite* – une Sémite que les Grecs ont empruntée à Chypre – ainsi qu'*Apollon*. Mais peu à peu, vers l'an 800 av. J.-C., se reconstituent des collectivités organisées, et le monde hellénique connaît alors un second apogée… qui commence avec la période dite archaïque.

Cette époque s'achève par un progrès déterminant : l'écriture syllabique est remplacée par un véritable alphabet, emprunté aux Phéniciens. Cette nouvelle langue écrite est accessible à tous et non plus réservée aux scribes. Elle favorise le développement des cités-États, dont Athènes et Sparte, qui évoluent dans deux directions différentes. Sparte se caractérise par son organisation militaire alors qu'Athènes, après une période marquée par la tyrannie, se dirige vers un type d'organisation qu'il fallait inventer, la démocratie.

## L'expansionnisme grec

De 775 à 550 av. J.-C., des colons quittent la Grèce continentale pour s'installer sur tout le pourtour méditerranéen, de l'Espagne à l'Asie Mineure et à la mer Noire, avec une forte concentration en Sicile et en Italie du Sud, qu'on va appeler Grande-Grèce. Il s'agit en fait d'émigrants pauvres que les cités ne pouvaient plus nourrir : ils vont faire rayonner l'hellénisme bien au-delà de la péninsule grecque. Ainsi Thalès, originaire d'Asie Mineure, une sorte d'ingénieur et de marchand bourlingueur (Afrique, Arabie, Babylone : pas mal pour l'époque), fit progresser les connaissances en astronomie et en géométrie. Il savait calculer la hauteur d'une pyramide d'après la longueur de son ombre : la science était en marche. Dans la foulée, Pythagore (569-506 av. J.-C.), originaire de Samos et émigré en Grande-Grèce, nous légua son fameux théorème : « Dans un triangle rectangle, le carré de l'hypoténuse est égal à la somme des carrés des deux autres côtés. » Interro écrite demain !

## La démocratie athénienne

C'est en Attique, la région d'Athènes, que naît la démocratie, littéralement pouvoir *(kratos)* du peuple *(démos)*. Les réformes de Solon (594-593 av. J.-C ) amènent la création de quatre classes censitaires, fondées sur les revenus et non sur les origines sociales. Les réformes de Clisthène, presque un siècle plus tard, mettent en place le cadre juridique de la future démocratie : l'Attique est découpée en dèmes et en 10 tribus, chaque tribu fournissant, par tirage au sort, 50 citoyens siégeant à la Boulé, assemblée dotée de larges pouvoirs législatifs, exécutifs et judiciaires. Mais c'est l'assemblée du peuple *(ecclésia),* où tous les citoyens du dème pouvaient siéger, qui discutait des projets qui lui étaient soumis par la *Boulè.* Autre institution importante, l'Héliée, tribunal populaire de 6 000 membres qui a supplanté, petit à petit, l'Aréopage, organe judiciaire remontant à la royauté. La magistrature la plus haute (la *Stratégie*), était élective (on votait à main levée) : chaque année, 10 stratèges étaient ainsi désignés (Périclès le fut 15 fois) pour diriger la démocratie. À la fin de leur charge, les élus devaient rendre des comptes. Mais cette démocratie directe avait ses limites : ni les femmes, ni les métèques, ni les esclaves n'étaient des citoyens et ne pouvaient prendre part aux décisions.

On estime donc qu'ils n'étaient, à l'époque classique, guère plus de 30 000 ou 40 000, soit moins de 10 % sans doute de la population athénienne, à posséder la citoyenneté, sans que les exclus du système politique se sentent pour autant rejetés de la vie athénienne (les esclaves, par exemple, n'étaient pas tous « esclaves » au sens que le mot a pris). Athènes n'était qu'une cité parmi 700 autres, sans aucun doute la plus brillante en raison de l'importance qu'y a pris la culture (qu'on songe seulement que le théâtre ne s'est guère développé qu'en Attique), et la démocratie n'a

**AVEC MA GUEULE DE MÉTÈQUE...**

*On appelait « métèques » tous les étrangers à la cité athénienne, même s'ils étaient originaires d'autres cités grecques. Aristote, né en Macédoine, même s'il avait passé une bonne partie de sa vie à enseigner à Athènes, y était un métèque ! De plus, il fallait être de père ET de mère athéniens pour être considéré comme citoyen. On sait que Périclès réussit à contourner la loi qu'il avait lui-même fait voter : c'était pour... son fils (la femme de Périclès n'était pas athénienne).*

concerné que quelques-unes de ces cités, les autres connaissant souvent la tyrannie. Et n'oublions pas non plus que la démocratie athénienne a été combattue par ses adversaires, partisans de l'oligarchie (littéralement : le commandement de quelques-uns), cette dernière s'imposant même, certes pour de courtes périodes, lors de révolutions antidémocratiques en 411-410 et 404-403 av. J.-C. Pour Aristote, la démocratie n'était pas respectueuse de la liberté de chacun ! C'était une sorte de dictature exercée par la masse...

Les citoyens athéniens se réunissaient donc en assemblée sur la colline de la Pnyx pour voter. Mais les abstentions devinrent de plus en plus nombreuses. Vint un temps où l'on dut user d'un procédé qui s'apparente à la « rafle » pour réunir 5 000 assistants, quorum légal pour certaines séances. C'est ainsi que les citoyens étaient littéralement poussés par les archers qui tendaient, en travers de l'agora et des rues voisines, des cordeaux teints en rouge ; ceux qui s'étaient laissé marquer de rouge ne touchaient pas l'indemnité accordée aux participants à l'assemblée.

Les Athéniens inventèrent aussi l'ostracisme, gardien de la démocratie. Pénalité unique en son genre, l'ostracisme était un véritable rempart contre la tyrannie. Un citoyen menaçant le pouvoir du peuple par ses ambitions et ses actes était banni pour 10 ans par l'assemblée, à condition tout de même que 6 000 votants se prononcent contre lui, en écrivant son nom sur un tesson *(ostrakon).* Cette mesure ne punissait pas obligatoirement un acte commis, mais visait à prévenir toute ambition dictatoriale. L'ostracisé n'était alors pas dépossédé de ses biens et avait 10 jours pour préparer son départ...

## Le siècle de Périclès (Vᵉ s av. J.-C.)

À cette époque, la Grèce connaît donc une première forme de démocratie. Mais cet élan progressiste va se heurter à une redoutable épreuve extérieure : les attaques des grands rois de Perse, facilitées par la rivalité chronique entre les cités grecques. Après ces guerres médiques, les cités grecques insulaires ou d'Asie Mineure créent la ligue de Délos, sous l'égide d'Athènes. Cette dernière touche une large partie du tribut versé par ces cités en échange de l'assurance d'être défendues si les Perses les attaquaient à nouveau. Mais Athènes, d'hégémonique, devient impérialiste : c'est du moins ce qu'on lui reproche. Les membres de la ligue qui tentent de s'affranchir de sa tutelle (par exemple Samos ou Milos) sont sévèrement réprimés, sans la moindre pitié.

L'argent pris aux cités finance directement la vie démocratique athénienne (indemnités versées aux citoyens qui participent à la vie politique) comme la vie culturelle (la construction de l'Acropole, on l'imagine, a demandé beaucoup d'argent). Le siècle de Périclès (Vᵉ s av. J.-C.), véritable apogée de la civilisation grecque, se termine pourtant mal. Athènes indispose jusqu'à ses alliés. La guerre du Péloponnèse (431-404 av. J.-C.), opposant Sparte et Athènes et toutes les autres cités qui ont pris parti pour l'une ou l'autre, affaiblit les deux cités (qui passeront sous domination macédonienne au siècle suivant). La déconfiture est terrible pour Athènes, qui doit toujours trouver plus d'argent pour faire face aux dépenses militaires et décide de conquérir la riche Sicile en 415 : l'expédition tourne au désastre et le régime démocratique athénien vacille.

## Le théâtre grec

Si l'on a un peu trop tendance à dire qu'on n'a rien inventé depuis les Grecs, c'est en tout cas certainement vrai pour le théâtre. Les tragédies reprenaient les récits de la mythologie. On les jouait dans d'immenses théâtres en plein air, capables d'accueillir jusqu'à 14 000 spectateurs. Parmi les grands auteurs, le premier, fondateur de la tragédie, est Eschyle, dont il ne reste que sept pièces. Ses héros se débattent dans un monde violent, aux prises avec la justice divine, implacable. Sophocle, qui écrit quand Athènes est à son apogée, replace l'homme au centre et montre des personnages en lutte avec leur destin, ainsi que les conséquences de leurs choix. Ici, la grandeur tragique trouve toute son expression. Euripide, dont 18 tragédies sont conservées, renouvela le genre et s'attacha à l'analyse psychologique des personnages, au rajeunissement des mythes grecs et à la contestation de la tradition, allant même jusqu'à l'irrespect envers les dieux !

Côté comédie, le grand Aristophane, inventeur de l'esprit gaulois avant la lettre, n'a pas vieilli non plus : dans sa comédie *Lysistrata,* les femmes votent une grève du sexe pour forcer les Athéniens à conclure la paix avec Sparte. Audacieux, non ?

## Les philosophes

– **Socrate** (469-399 av. J.-C.) *:* un sacré numéro. Fils de sage-femme, il inventa la maïeutique, l'art d'accoucher les esprits en pratiquant un questionnement serré de son interlocuteur, ainsi que la dialectique. Il s'attaquait aux préjugés, sapait les certitudes toutes faites, du moins est-ce ce qui lui a été reproché. Pas étonnant que, dans une Athènes en crise, on l'ait accusé d'être impie et de corrompre la jeunesse. Il fut condamné à mort et dut boire la ciguë.

– **Platon** (429-347 av. J.-C.) *:* élève de Socrate, il consacra une partie de son œuvre à transcrire pour la postérité ses conversations avec son maître, qui, lui, ne laissa rien (peut-être qu'il n'avait pas trouvé d'éditeur !). Obnubilé par la perfection que seule l'intelligence, selon lui, peut faire entrevoir, Platon décrivit sa conception de l'État idéal dans le plus connu de ses écrits : *La République.*

– **Aristote** (384-322 av. J.-C.) *:* disciple de Platon (mais pas le moins du monde idéaliste) et précepteur d'Alexandre le Grand, il est considéré comme le père de la logique. C'est l'encyclopédiste de l'Antiquité, avec à son actif la bagatelle de 400 ouvrages couvrant tous les domaines des connaissances de son époque. Il fonda à Athènes une école appelée... *Lycée* !

– **Épicure** *(341-270 av. J.-C.)* **:** il enseignait que chaque homme avait droit au bonheur ; mais associer la pensée d'Épicure à la satisfaction effrénée des plaisirs serait une erreur. Pour lui, le bonheur réside dans la maîtrise des désirs qui culmine dans l'absence de trouble et de passion. Jefferson a eu l'idée de citer ce grand homme dans la Déclaration d'indépendance des États-Unis.

## L'amour à la grecque

Pour mieux comprendre la société des Grecs, il faut se pencher un peu sur leurs mœurs. Malgré l'influence de Sapho et de son œuvre, les femmes, sauf à Sparte où elles étaient particulièrement libres et où une sorte d'adultère légal était toléré, restaient à l'écart de la vie publique masculine. En résumé, la femme était là pour la reproduction et les garçons pour le plaisir. L'homosexualité occupait une grande place dans la vie privée et sociale. L'amour entre un adulte *(éraste)* et un jeune garçon de 12 à 18 ans *(éromène)* était loin d'être anormal, et une telle relation était socialement reconnue et même valorisée, comme il y avait des lois qui protégeaient les jeunes gens de tout abus ou de viol.

L'*éraste* devait donner l'exemple moral, transmettre les valeurs humaines à l'*éromène,* et la forme la plus élevée de cet amour restait chaste (ou platonique : Platon, dans *Le Banquet,* fait longuement discourir Socrate, entre autres, à ce sujet, et l'on voit que Socrate entretenait de telles relations avec ses disciples). Les liens amoureux entre soldats étaient considérés comme une garantie de bravoure au combat. Éros patronnait plus particulièrement les relations entre un homme et un garçon, Aphrodite se réservant les relations hétérosexuelles. L'« amour-passion » était considéré comme une maladie, une chose terrible qu'on ne souhaiterait pas à son pire ennemi. Si l'on y regarde de plus près, ça mérite réflexion.

## Alexandre le Grand

Avec lui, non seulement la réunification des cités-États va se concrétiser, mais le monde hellénique va connaître une expansion sans précédent à la surface du globe. Fils de Philippe II de Macédoine et d'Olympias – une princesse d'Épire –, Alexandre naquit à Pella en 356 av. J.-C. Son père était déjà préoccupé par l'idée de dominer toute la Grèce, et il y réussit en donnant à la Macédoine le rôle moteur qu'avaient eu avant Sparte et Athènes. Le petit Alexandre grandit entre une mère étrange, aux pouvoirs visionnaires, et les idées de gloire qui animaient la cour, avec Aristote pour précepteur, s'il vous plaît ! C'était un personnage haut en couleur, qui eut une destinée exceptionnelle : il bouleversa le monde connu d'alors, poussant ses conquêtes des bords du Danube à l'Inde en passant par l'Égypte.

Beau, courageux, puissant, il donna au monde occidental une image idéale du monarque. Mais il fut aussi le premier des conquérants possédés par la folie des grandeurs. Sa volonté de faire la synthèse de la civilisation hellénique et des cultures de l'Orient en a fasciné plus d'un, mais n'oublions pas qu'avec son comportement de despote, il a aussi enterré la démocratie !

## Sous l'Empire romain

À la mort prématurée d'Alexandre, ses successeurs avaient de belles parts de gâteau à se partager. Mais un tel Empire, même morcelé, était difficile à maintenir, d'autant que les Romains commencèrent à s'intéresser à la Grèce. Ainsi, 150 ans après sa mort, la Grèce tomba définitivement entre les mains des Romains. Les anciens « colonisés » de la fin de l'époque archaïque devinrent alors colonisateurs de leurs propres colonisateurs tout en se refaisant coloniser, du moins culturellement parlant. État de fait qui n'aurait certainement pas déplu à Socrate ! En effet, l'Empire romain fut partiellement bâti sur les acquis du monde hellénique... De plus, les Romains diffusèrent cette culture à travers leurs propres conquêtes.

Mais l'incendie de la bibliothèque d'Alexandrie, en 48 av. J.-C., allait entraver la grande marche de l'humanité, modifier son évolution, et rejeter l'Europe dans le gouffre de l'ignorance.

## Byzance

Quand les difficultés se font de plus en plus pressantes autour des empereurs romains, on décide de déplacer le centre de gravité de l'Empire vers l'est : au IV$^e$ s de notre ère, le pouvoir s'installe à Byzance, où l'empereur Constantin crée une nouvelle Rome : Constantinople. Revanche de l'Orient sur l'Occident. Le nouvel Empire est fortement hellénisé, mais cet hellénisme est lui aussi fortement orientalisé. À la mort de Théodose (395), l'Empire est officiellement partagé en deux États distincts. Bonne pioche pour qui reçoit celui d'Orient, car celui d'Occident ne résiste pas longtemps sous les coups de boutoir des Barbares (Vandales et Ostrogoths). Et pendant plus de 1 000 ans va se maintenir un État immense, qui connaîtra des hauts et des bas. Des hauts, quand Justinien (527-565) réussit à reconquérir une partie de l'Occident ; des bas, quand l'Empire se réduit en raison de l'expansion arabe, perdant ses possessions africaines et proche-orientales. Mais, plus concentré territorialement, l'Empire peut alors se concentrer sur lui-même, développer les arts (l'art religieux en particulier). On date le début du son déclin au milieu du XI$^e$ s : Byzance perd l'Italie du Sud, qui passe aux mains des Normands, et la menace ottomane, remplaçant celle des Arabes, devient préoccupante, les Turcs lançant leurs cavaliers à l'assaut des frontières orientales de l'Empire.

Il y a aussi la crise religieuse avec l'Occident, qui se déclare de manière aiguë avec le schisme de 1054, séparant définitivement les Églises chrétiennes d'Orient et d'Occident (qui ne sont toujours pas vraiment raccommodées aujourd'hui !). Un premier coup très dur est porté en 1204 avec la prise (et le pillage) de Constantinople par les croisés : partis libérer les Lieux saints, les Occidentaux s'égarent, oublient leur objectif initial et commettent des actes barbares inexcusables. Cet épisode est vécu par les Byzantins comme une véritable trahison (et est toujours, 800 ans plus tard, considéré comme un souvenir douloureux chez les Grecs). La conséquence en est le démembrement de l'Empire : pour ne parler que de la Grèce, elle est découpée en petits morceaux (le royaume de Thessalonique, le duché d'Athènes, le despotat de Morée, c'est-à-dire le Péloponnèse, qui passent aux Francs, les îles qui reviennent aux Italiens, Vénitiens ou Génois...). Il ne reste aux Byzantins que le despotat d'Épire et, plus à l'est, les Empires byzantins de Trébizonde et de Nicée. Il y a bien un empereur valeureux, Michel VIII Paléologue, qui entreprend la reconquête sur les Francs et qui parvient à reprendre Constantinople (1261), mais la désagrégation interne de l'Empire se poursuit. Bientôt, l'Empire byzantin se réduit à sa capitale, assiégée par les Ottomans. L'Occident tergiverse : certes, le conflit religieux semble pratiquement aplani depuis le concile de Florence (1438-1439), mais les Byzantins sont rancuniers, et d'ailleurs, peut-on faire confiance à ces catholiques ? Parmi les Byzantins, un fort courant estimait qu'il était préférable de voir régner le turban turc plutôt que la tiare latine, et ce sont d'ailleurs des Génois venus au secours de Constantinople assiégée qui trahiront et hâteront la prise de la ville en 1453. Les Occidentaux, eux, répandront la légende que les Byzantins discutaient du sexe des anges plutôt que de mener la lutte contre les Turcs... Malentendu historique que regrettèrent ensuite les Occidentaux, eux-mêmes menacés à leur tour par la poussée ottomane.

Quoi qu'il en soit, la Grèce entre alors dans ce qu'on appelle la « Turcocratie », qui va durer près de quatre siècles. Le principe musulman qui faisait coïncider religion et nation va alors s'appliquer, et le patriarche de Constantinople reste à son poste, devenant ainsi chef religieux et chef national.

Pendant cette « Turcocratie », le destin des Grecs a été contrasté : les classes dominantes se sont plutôt bien accommodées de la domination turque puisque le clergé a gardé ses privilèges, certains gros propriétaires ont prospéré et une petite aristocratie grecque, à Constantinople, a pu accéder à de hauts postes de l'Empire ottoman. En revanche, le petit peuple, plutôt épargné au début par les taxes et impôts, a vu sa situation se détériorer au cours des décennies, jusqu'à faire naître l'exaspération contre les Turcs.

Plusieurs facteurs expliquent le soulèvement de 1821, qui conduisit à l'indépendance nationale : l'essor commercial dû à la diaspora grecque établie en Europe, l'intérêt naissant (et pas désintéressé) des puissances européennes pour la Grèce et une renaissance de la conscience nationale ou hellénisme, sentiment qui est resté chevillé au corps des Grecs.

À cette époque naît également le Philhellénisme, autrement dit l'engagement, soit à distance, soit sur le terrain, d'un certain nombre de figures de la communauté intellectuelle européenne. Delacroix, Hugo expriment dans leurs œuvres le courant de sympathie existant pour la cause grecque. Un grand nom du romantisme, l'Anglais Lord Byron (1788-1824) s'engage personnellement et y laisse même la vie : il meurt à Missolonghi, de la malaria.

> ## UN TAGUEUR NOMMÉ BYRON
>
> *Si vous visitez le cap Sounion, en vous rapprochant du temple, vous verrez que le pilastre d'angle (celui de droite) est couvert de graffitis, dont celui de Lord Byron, qui passa dans le coin en 1810 et voulut laisser sa trace. Comme quoi, on peut être poète et vandale à la fois ! On se consolera en remarquant qu'il n'était ni le premier ni le dernier...*

## La Grèce, de l'Indépendance à la Communauté européenne

Après le soulèvement contre les Turcs de 1821, la Grèce a peiné pour devenir un véritable État. Premier problème : c'est grâce au bon vouloir des grandes puissances européennes qu'elle s'est débarrassée des Turcs, sur une petite partie de son territoire seulement : il fallut donc trouver un terrain d'entente pour installer un nouveau pouvoir. C'est d'abord Capodistria, l'homme des Russes, qui est désigné gouverneur de 1827 à 1831, année de son assassinat ; puis, en 1833, une sorte de fantoche, Othon Ier de Bavière, qui ne comprend rien à ce pays où on l'a parachuté. Lui et sa cour (tous des Bavarois) se mettent vite à dos les anciens combattants de la révolution de 1821. Au bout de 11 ans, on lui impose une Constitution *(syndagma)* qui ne suffit pas à donner l'impression que le pays est véritablement indépendant. Alors on le renvoie en 1862 pour confier le sort du pays à un nouveau roi qui arrive tout droit du Danemark et qui est le candidat des Anglais : ce sera Georges Ier. Petit à petit, le pays se dote, sous la conduite de Premiers ministres énergiques, Trikoupis puis Vénizélos, des outils nécessaires pour devenir un État moderne. Ce dernier grossit, le pays s'agrandit, plusieurs provinces étant restituées à l'État hellénique : une nouvelle Constitution est promulguée en 1911. Mais le spectre de la guerre se profile à l'horizon. Guerres balkaniques (déjà !) de 1912-1913, Première Guerre mondiale avec un roi, Constantin Ier, germanophile et un Premier ministre, Vénizélos, favorable à l'Entente : le premier abdique en 1917 et la Grèce entre finalement en guerre du côté des futurs vainqueurs, ce qui lui permet de prétendre à une extension territoriale vers l'ouest.

Ensuite, la situation se gâte : des politiciens aux courtes vues croient réalisable « la Grande Idée » qui consiste à réunir les Grecs dans un seul et même État, même ceux (et ils sont nombreux) qui vivent en Asie Mineure. L'expédition militaire de 1921-1922 tourne à la catastrophe : l'armée grecque est mise en déroute par celle de Kemal Ataturk, 1,5 million de Grecs d'Asie Mineure sont brutalement chassés de ce qu'ils considéraient comme leur pays, et 2 500 ans de présence hellénique de l'autre côté de la mer Égée sont annulés. Après un tel traumatisme, rien d'étonnant à ce que la situation politique, devenue instable, le reste jusqu'à la Seconde Guerre mondiale. Métaxas, un dictateur inspiré par Mussolini, finit par prendre le pouvoir en 1936, mais il sauve l'honneur en refusant en 1940 le diktat de l'Italie fasciste. Voilà la Grèce dans la tourmente : les Italiens, vite chassés, sont remplacés par les Allemands, qui opèrent comme dans le reste de l'Europe jusqu'en octobre 1944. À l'heure de la libération, pourtant, tout recommence : une guerre civile particulièrement cruelle va opposer, jusqu'en 1949, résistants communistes et forces gouvernementales royalistes. Les communistes sont finalement défaits.

On ne sort pas de près de 10 ans de conflits sans conséquences : la Grèce est redevenue une sorte de protectorat (les États-Unis sont cette fois le grand frère qui fait la pluie et le beau temps), et quand un gouvernement de centre-gauche réussit à s'imposer aux élections, il est vite condamné : Georgios Papandréou, le père d'Andréas, doit démissionner en 1965. La dictature n'est jamais loin et les sinistres colonels, anticommunistes fanatiques et bornés, prennent le pouvoir en 1967 pour sept longues années où la torture, la déportation et les procès politiques sont monnaie courante. Et c'est un nouveau drame pour l'hellénisme qui cause leur chute : l'armée turque s'empare du nord de Chypre en 1974, et les colonels laissent la place à la démocratie, incarnée par le conservateur Constantin Caramanlís, par ailleurs plusieurs fois Premier ministre dans les années 1950. Le processus d'intégration de la Grèce dans la Communauté européenne commence alors (c'est Valéry Giscard d'Estaing qui force la main à ses partenaires européens pour ancrer définitivement la Grèce au navire européen). Une nouvelle page s'ouvre en 1981 avec l'arrivée au pouvoir d'Andréas Papandréou, figure charismatique de la gauche, fortement anti-américain, populiste : le PASOK (parti socialiste grec) va régner sans partage avant que l'alternance ne ramène, pour de courtes périodes, la droite au pouvoir. Les élections de 2004 semblent avoir marqué un net recul pour le PASOK, usé par des années de pouvoir. Mais sociologiquement parlant, la Grèce est un pays qui a le cœur à gauche.

## Les incendies de 2007

Trois vagues d'incendies se sont succédé en deux mois : fin juin, entamant la ronde infernale, une grande partie de la forêt du mont Parnès en Attique, à une trentaine de kilomètres au nord d'Athènes, partait en flammes : c'était un symbole pour les Athéniens, les zones vertes à proximité de la capitale n'étant plus très nombreuses ; le Pélion était également touché au même moment.

À la mi-juillet, c'était au tour du nord du Péloponnèse : la région à l'est de Corinthe, en direction de Mycènes, et, à l'est de Patras, les régions de Diakofto, avec les gorges du Vouraïkos et d'Eghion, avec les gorges de Selinoutas. Un autre incendie, moins médiatisé car beaucoup plus éloigné des caméras, ravageait pendant ce temps le Grammos, une montagne proche de l'Albanie. Le nombre des incendies à combattre au même moment aux quatre coins du pays était déjà impressionnant. Enfin, alors que les forces d'intervention étaient déjà extrêmement fatiguées par un été passé à combattre sur tous les fronts, est arrivée la troisième vague, fin août, celle que les médias du monde entier ont rapportée, qui s'est révélée la plus meurtrière (65 morts). De nouveau, le Péloponnèse était la proie des flammes, cette fois sous l'œil des médias internationaux.

L'heure du bilan arrivée, on dénombrait en plus des 65 morts et des nombreux blessés, 350 000 ha de surfaces brûlées, au moins 300 000 animaux d'élevage brûlés (et combien d'animaux sauvages ?), 4 millions d'oliviers réduits en cendres, ce qui va entraîner une réduction de 10 % de la production nationale d'huile d'olive, 15 000 ruches anéanties, plus de 800 maisons complètement détruites dans le seul Péloponnèse et autant de bâtiments agricoles. Ce même Péloponnèse concentre à lui seul la moitié des surfaces incendiées (dont 55 % de forêts et 41 % de terres cultivées), des lieux majeurs, prestigieux, étant touchés : Olympie, les monts Taygète et Parnonas, au nord de Sparte. Un certain nombre de zones Natura 2000 ont été touchées, comme l'a montré le rapport du WWF, et des essences rares ont, sinon disparu, du moins été significativement touchées.

À qui la faute ? La quasi-absence de pluies pendant l'hiver 2006-2007 et le passage rapide du printemps à l'été, dès le mois d'avril, avaient préparé le terrain pour un été difficile. Deux périodes inhabituelles de canicule, fin juin et à la mi-juillet, ont ensuite fait tomber très bas l'hygrométrie. Dans ces conditions, que la cause directe des incendies ait été l'intention criminelle, avérée dans certains cas, le débroussaillage insuffisant ou la « faute à pas de chance », les experts ont été unanimes pour dire que la catastrophe qui s'est produite était prévisible. Bon, d'accord, ça, on le dit généralement après...

Une fois le terrible choc encaissé, la solidarité (grecque et internationale) s'est immédiatement mise en mouvement et il semblait, à l'automne 2007, que la volonté de reconstruire et surtout d'éviter les erreurs antérieures était réelle. Il n'empêche que le nouveau gouvernement issu des élections de septembre ne comportait toujours pas de ministère de l'Environnement...

## Et après... ?

La politique justement... Ces élections législatives anticipées de septembre 2007 semblaient, vu les circonstances, devoir se transformer en désaveu pour le parti au pouvoir : il n'en a finalement rien été. Si la Nouvelle Démocratie (avec 41,84 % des suffrages et 152 sièges sur 300) a bien perdu des sièges, elle a néanmoins gardé la majorité absolue. Le PASOK (38,10 % des voix mais seulement 102 sièges) n'était pas très loin derrière.

Quelques nouveaux scandales, début 2008, ont toutefois révélé que le système du bipartisme semblait de moins en moins supporté par les Grecs et qu'il y avait un très net recul de la confiance envers le PASOK comme envers la Nouvelle Démocratie. Malgré cela, les élections européennes de juin 2009 ont montré que les deux grands partis conservaient la mainmise sur l'espace politique : le PASOK (36,64 %) a ainsi devancé la Nouvelle Démocratie (32,30 %).

Entre-temps, en décembre 2008, après la mort d'un jeune dans le quartier d'Exarchia, près de la place Omonia, tué par le tir d'un policier, les villes grecques s'étaient enflammées et avaient connu des émeutes urbaines touchant les centres-villes : attaques de banques, de magasins, incendies de voitures, autant de manifestations d'un dégoût et d'un rejet de la jeunesse grecque vis-à-vis des institutions. Le gouvernement, incapable d'apporter des réponses, a fait le gros dos, attendant que la lassitude des manifestants ramène le calme, et a laissé pourrir la situation... Cette crise a révélé un profond malaise dans la société grecque. Paupérisation des jeunes (on a appelé cette génération celle des « 600 euros »), perte des « valeurs » dans une société restée longtemps traditionnelle et attirée, depuis les années 1980, par l'appât du gain rapide et facile ; beaucoup d'explications ont été avancées. La population non étudiante a semblé approuver, au moins en partie, et dans un premier temps, l'expression du mal-être de la jeunesse.

Huit mois plus tard, de nouveaux incendies, fin août 2009, ont porté le coup de grâce au gouvernement Karamanlis : début septembre, il annonçant des législatives anticipées pour début octobre. Les résultats ont été sans ambiguïté, la Nouvelle Démocratie enregistrant son plus mauvais résultat à des législatives depuis de très nombreuses années : distancée de plus de 10 points par le PASOK (33,48 % des suffrages contre 43,92 %), elle a payé sa mauvaise gestion des crises à répétition qui ont secoué la Grèce depuis trois ans. Le PASOK gagnait la majorité absolue au Parlement (160 sièges sur 300). Il ne savait pas ce qui l'attendait...

## La crise de 2009-2010

Jamais, sans doute, il n'avait été autant question de la Grèce dans la presse internationale qu'en cette année 2010... et jamais homme politique grec n'avait été autant sollicité que Georgios Papandréou qui a donné une soixantaine d'interviews dans les médias internationaux lors des premiers mois de l'année. Nul doute que le pays et Papandréou se seraient bien passés d'une telle publicité...

En octobre 2009, Papandréou, malgré son manque de charisme et son image de *loser* (le PASOK, depuis qu'il le dirigeait, avait perdu toutes les législatives face à la Nouvelle Démocratie) devient Premier ministre. Élu sur un programme de relance « verte », il bénéficie de l'usure de la Nouvelle Démocratie, au pouvoir depuis 2004. Il forme un gouvernement composé pour l'essentiel de technocrates plutôt jeunes, sortis de grandes écoles internationales, quasi inconnus de la population, à l'exception d'un vieux routier du PASOK, Théodoros Pangalos, néanmoins nommé vice-Premier ministre. L'équipe gouvernementale compte également plus de femmes que la moyenne des gouvernements grecs.

Assez rapidement, il apparaît que la situation du pays est grave (voir la rubrique « Économie ») et qu'il faut agir sans tarder. Il n'est plus question de « relance verte »... l'austérité est à l'horizon. Si la crise grecque devient vite un sujet international à rebondissements, sur le plan politique intérieur, tout se déroule très classiquement, avec l'opposition frontale des deux partis de gouvernement : la Nouvelle Démocratie, accusée d'être à l'origine de la situation que Papandréou a reçue en héritage – mais elle n'est pas la seule. – fait profil bas et, contrainte et forcée, change de leader (Kostas Karamanlis ayant été prié de se faire discret, Antonis Samaras lui a succédé) avant de se camper dans un rôle classique d'opposant. Pour des raisons de tactique politique, la Nouvelle Démocratie a condamné les mesures gouvernementales d'austérité – seule une figure du parti, Dora Bakoyanni, ancienne ministre des Affaires étrangères, se distinguant, par son vote en faveur de ces mêmes mesures, ce qui lui a valu d'être exclue de la Nouvelle Démocratie en mai 2010. Car, ironie de l'histoire, c'est le PASOK qui s'est retrouvé à devoir appliquer un plan d'austérité sous la pression des milieux d'affaires et de Bruxelles, plan typique du libéralisme que l'on aurait davantage vu dans le programme d'un parti de droite...

Manifestations et grèves générales (d'un jour) ont eu beau se succéder à un rythme rapide, les réformes sont aisément passées à l'Assemblée nationale, les élus du PASOK faisant corps pour voter les projets de lois du gouvernement. Les élections locales de l'automne 2010 ont été le premier test pour le gouvernement : même si l'on voyait mal comment la Nouvelle Démocratie, très discréditée, pouvait rebondir si peu de temps après sa défaite de 2009, il était permis de se demander quel message exprimerait la population grecque à l'occasion de ce scrutin : la désaffection vis-à-vis de la classe politique, déjà sensible ces dernières années, voire son rejet en raison des scandales à répétition, allaient-ils s'exprimer par un désaveu des électeurs se tournant alors vers d'autres formations politiques ou par une forte abstention ? Un autre enjeu de ces élections était lié au plan *Kallikratis*, décidé dès l'arrivée au pouvoir de Papandréou, donc avant le déclenchement de la crise. Ce plan, présenté comme fondateur de la « décentralisation » grecque, destiné à économiser annuellement 1,8 milliard d'euros, prévoit de remodeler totalement l'organisation administrative de la Grèce en réduisant le nombre de municipalités d'environ 1 000 à environ 350, les préfectures passant dans le même temps de 57 à 13 et les régions de 13 à 7. L'abstention a été la réponse d'une majorité de Grecs : au second tour, 53 à 60 % des électeurs (selon le type de scrutin) ne se sont pas déplacés... Du jamais vu en Grèce !

## Principales dates historiques

### Avant Jésus-Christ

– **2200-1450 :** civilisation minoenne (Crète).
– **1700-1100 :** période mycénienne.
– **Début XIᵉ s :** arrivée des Doriens.

– *XI^e-VIII^e s :* colonisation des Cyclades et de l'Asie Mineure. Développement des cités-États (Athènes, Sparte, Corinthe...).

– *VIII^e-VI^e s :* colonisation du pourtour de la Méditerranée et de la mer Noire. En 776, les Jeux olympiques sont institués.

– *490-479 :* les guerres médiques. Les Perses envahissent la Grèce mais sont vaincus à Marathon (490), Salamine (480) et Platées (479).

– *495-429 :* « siècle de Périclès ». C'est l'époque de Phidias (l'Acropole), d'Hérodote et de Sophocle. Apogée économique d'Athènes.

– *431-404 :* guerre du Péloponnèse (victoire de Sparte sur Athènes).

– *338 :* Philippe II de Macédoine bat, à Chéronée, Athéniens et Thébains. La Grèce passe sous domination macédonienne.

– *336-323 :* Alexandre le Grand conquiert l'Orient. Il meurt à 33 ans.

– *III^e-I^er s :* conquête romaine (annexion de la Macédoine et de la Grèce continentale en 146, prise et sac d'Athènes en 86).

### Après Jésus-Christ

– *395 :* la Grèce est rattachée à l'Empire byzantin ; elle subira de nombreuses agressions : Huns, Slaves, Bulgares, Normands et croisés.

– *1204 :* prise de Constantinople par les croisés. Les Francs se partagent la Grèce.

– *1453 :* Constantinople tombe aux mains des Turcs, qui vont déferler sur la Grèce. Vénitiens et Génois résistent et défendent leurs possessions dans le Péloponnèse et dans les îles.

– *XV^e-XVIII^e s :* la Grèce passe sous domination turque.

– *XVIII^e-début XIX^e s :* renaissance de la conscience nationale, lorsque les Turcs achèvent la conquête de la Grèce, avec la prise du Péloponnèse (1715).

– *25 mars 1821 :* début de la « révolution ». Soulèvement contre les Turcs.

– *1821-1830 :* lutte pour l'indépendance. Fort sentiment philhellène en Europe.

– *1830 :* la Grèce (c'est-à-dire le Péloponnèse, l'Attique, la Béotie et c'est tout !) est indépendante. Elle devient une monarchie avec pour roi Othon de Bavière (1833).

– *1862 :* révoltes contre Othon. Monarchie démocratique. Le prince Georges de Danemark devient roi de Grèce sous le nom de Georges I^er (encore un parachuté !). Rattachement des îles Ioniennes.

– *1881 :* la Thessalie et une petite partie de l'Épire rejoignent l'État grec.

– *1912-1913 :* guerres balkaniques. Les Turcs sont délestés de la Macédoine et du reste de l'Épire. La Crète, autonome depuis 1898, est rattachée à la Grèce.

– *1922 :* guerre gréco-turque. C'est la « catastrophe de l'Asie Mineure ». La Grèce perd Smyrne et la Thrace orientale. 1 500 000 Grecs de Turquie émigrent.

– *1924 :* la république est proclamée, Georges II part en exil. En fait, ce sera une succession de coups d'État militaires (à l'exception du gouvernement Vénizélos : 1928-1932).

– *1935 :* rétablissement de la monarchie à la suite d'un plébiscite arrangé. Georges II rentre en Grèce.

– *1936 :* coup d'État de Metaxas, qui instaure une dictature.

– *28 octobre 1940 :* agression italienne. Les Italiens sont assez vite renvoyés d'où ils viennent (guerre d'Albanie, motif de fierté nationale, l'armée grecque, très inférieure en nombre, prenant le dessus sur les soldats de Mussolini), mais l'offensive allemande qui suit contraint les Grecs à capituler (avril 1941). De nombreux juifs, notamment ceux de Thessalonique, sont déportés dans les camps d'extermination en 1943. Occupation du pays jusqu'en octobre 1944.

– *1946-1949 :* guerre civile entre les forces de gauche (issues de la résistance communiste) et les forces royalistes gouvernementales soutenues par les Britanniques (à Yalta, la Grèce a été « donnée » à Churchill). Les « rebelles » sont écrasés et les survivants doivent s'enfuir dans les pays de l'Est.

– *1955-1963 :* gouvernements Caramanlís (droite).

– *1963-1965 :* victoire électorale de l'Union du centre. Gouvernement Papandréou (Georgios, le père d'Andréas). Pendant la campagne électorale, en mai 1963, mort de Grigorios Lambrakis à la fin d'un meeting (événement qui est à la base du film *Z*, de Costa-Gavras).

– *21 avril 1967 :* coup d'État militaire et dictature sous l'autorité de Papadopoulos (puis de Pattakos). C'est le gouvernement dit « des colonels », soutenus par la CIA, reconnu par la plupart des États, avec pratique constante de la torture, déportations, etc.

– *1969 :* le Conseil de l'Europe condamne le régime.

– *1972-1973 :* nombreuses manifestations durement réprimées, dont, en novembre 1973, l'occupation de l'École polytechnique par les étudiants.

– *1974 :* chute des colonels, à la suite de la crise de Chypre. Karamanlís est rappelé d'exil. La république sera restaurée.

– *1981 :* admission dans la Communauté économique européenne (CEE), victoire du parti socialiste et de son leader, Andréas Papandréou.

– *1985 :* succès électoral du Mouvement panhellénique socialiste (PASOK) du Premier ministre Andréas Papandréou sur la droite (Nouvelle Démocratie) aux élections législatives anticipées de juin.

– *1986 :* aux élections municipales, le PASOK perd les trois plus grandes villes du pays, Athènes, Thessalonique et Le Pirée, sans doute en raison de la politique d'austérité instaurée par le gouvernement.

– *1988 :* le plan d'austérité mis en place par le gouvernement Papandréou, dont l'objectif est de ramener, avant la fin 1988, l'inflation à moins de 10 %, provoque une vague de grèves dans tous les secteurs de l'économie. Visite historique du Premier ministre turc à Athènes.

– *1989 et 1990 :* élections ; la droite, menée par Constantinos Mitsotakis, l'emporte chaque fois, mais toujours sans la majorité absolue. La gauche est empêtrée dans un scandale politico-financier (affaire Koskotas).

– *1993 :* aux élections législatives, victoire du PASOK, la gauche revient au pouvoir. Andréas Papandréou est de nouveau Premier ministre.

– *1995 :* élection de Costis Stéphanopoulos à la présidence de la République.

– *1996 :* fin janvier, démission d'Andréas Papandréou. Le nouveau Premier ministre, également issu du PASOK mais d'un courant opposé tant sur le fond que sur la forme à Papandréou, est Kostas Simitis. Il conduit une politique résolument pro-européenne afin de rattraper le retard économique du pays.

– *Juin 1996 :* mort à 77 ans d'Andréas Papandréou, leader charismatique du socialisme grec.

– *Septembre 1996 :* victoire du PASOK aux législatives anticipées.

– *Août-septembre 1999 :* réchauffement des relations gréco-turques à la suite de l'aide apportée par la Grèce après le tremblement de terre à Izmit.

– *Décembre 1999 :* au sommet d'Helsinki, feu vert donné à la candidature de la Turquie à l'entrée dans l'Union européenne, suite à la levée du veto par les Grecs.

– *Avril 2000 :* courte victoire du PASOK aux élections législatives anticipées.

– *Mai 2001 :* visite du pape en Grèce.

– *Juillet-août 2002 :* démantèlement du groupe terroriste *17-Novembre,* actif depuis 1975.

– *Octobre 2002 :* net recul du PASOK aux élections municipales.

– *Janvier 2003 :* la Grèce à la tête de la présidence tournante de l'Union européenne, jusqu'à fin juin.

– *Printemps 2004 :* élections législatives, victoire de la Nouvelle Démocratie, Kostas Karamanlis est Premier ministre.

– *Août 2004 :* Jeux olympiques d'Athènes.

– *Été 2007 :* trois vagues d'incendies, la plus meurtrière étant la troisième, fin août, ravagent le pays.

– *Décembre 2008 :* violentes émeutes à Athènes suite à la mort d'un adolescent, abattu par les forces de police.

– *Juin 2009 :* élections européennes. Le PASOK devance la Nouvelle Démocratie, l'extrême droite (Laos) progresse.
– *Octobre 2009 :* élections législatives anticipées, victoire du PASOK. Georgios Papandréou est Premier ministre.
– *2010 :* une crise économique sans précédent rend nécessaire l'intervention de l'Union européenne et du FMI.

# UNE JOURNÉE À LA GRECQUE

Le rythme de la journée d'un Grec n'est pas vraiment le même que celui d'un Européen non méridional. Ça commence très tôt, à la fraîche, vers 7h, avec une longue matinée qui se termine par le *messiméri* (midi), notion assez vague (13h-15h) qui sert à prendre un repas assez léger ; puis c'est la sieste (facilement jusqu'à 17h-17h30 ; silence dans les rangs !), qui précède l'après-midi *(apoghevma),* période où l'activité reprend (en gros jusqu'à 20h). Le « petit soir » *(vradaki)* est consacré à la *volta*, la promenade sur le port ou sur la place ; c'est l'heure des civilités, et surtout pas l'heure de manger. Ensuite, la soirée peut commencer, le repas ne débutant pas avant 22h le plus souvent. C'est pratique, car dans les lieux touristiques, c'est souvent à cette heure que les vacanciers non grecs quittent les restos...

# *KARAGHIOZIS*

Si vous tombez, par chance, sur un spectacle de théâtre d'ombres, appelé ***Karaghiozis*** *(Yeux noirs)* du nom de son (anti-)héros, ne rebroussez pas chemin, même si l'obstacle de la langue est un problème. Ce spectacle populaire est né en Chine, dit-on, et a traversé toute l'Asie jusqu'en Turquie, où les Grecs se le sont approprié (la première mention de ce spectacle en Grèce remonte à 1841, à Nauplie), d'où un certain émoi lorsque la Turquie a demandé, en juillet 2010, que Karaghiozis soit classé au patrimoine mondial immatériel de l'humanité, pour la Turquie. Les figurines articulées (en peau de veau transparente) sont animées par un « montreur d'ombres » qui les fait bouger devant un écran blanc éclairé (les spectacles sont le plus souvent nocturnes).

Karaghiozis est un Grec toujours affamé, vivant misérablement dans sa cahute, avec une ribambelle de gamins turbulents, alors que le pacha (turc évidemment) a un sérail luxueux. Heureusement, il est ingénieux... D'autres personnages gravitent autour de Karaghiozis : Barba Yorghos, un solide montagnard, Nionios, un lettré caricaturé pour sa préciosité, Morfionos, le bellâtre, et même Alexandre le Grand... Un univers bien masculin.

## CACHEZ CE... QUE JE NE SAURAIS VOIR

*Karaghiozis a un grand bras, mais dans le théâtre d'ombres turc, où les représentations étaient réservées aux hommes, on dit que c'était un phallus... qu'il a fallu escamoter en Grèce où les femmes et les enfants étaient admis. Ainsi la morale est-elle sauve : son bras lui permet en plus de se défendre... et de flanquer des taloches à sa marmaille.*

À classer dans les chefs-d'œuvre en péril, malheureusement. Même si ce spectacle fait profondément partie de la culture grecque et réjouit les adultes tout autant que les enfants, les autorités culturelles n'ont rien fait pour le sauver. Peu de jeunes sont formés, les anciens disparaissent. Un beau film, *Le Montreur d'ombres*, de Xanthopoulos (1996), a d'ailleurs raconté la lutte, forcément inégale, entre un *karaghiozopaikhtis* (joueur de Karaghiozis) et le cinéma qui l'a définitivement supplanté dans les années 1960-1970. Il existe encore quelques professionnels ambulants ainsi que quelques lieux athéniens, sans parler du musée qui lui est consacré à Maroussi (voir « Dans les environs d'Athènes. Les musées »). En principe, un festival Karaghiozis a lieu tous les ans en juin à Athènes, dans le parc de Stréfi. Une jeune maison d'édition suisse a publié en 2005 une traduction de *Farces et Facéties de Karaghiozis* (Éd. Zoé, collection « Les Classiques du Monde »).

# MÉDIAS

## Votre TV en français : TV5MONDE

TV5MONDE est reçue partout dans le monde par câble, satellite et sur Internet. Voyage assuré au pays de la francophonie avec films, fictions, divertissements, sport, informations internationales et documentaires.

En voyage ou au retour, restez connecté ! Le site internet ● *tv5monde.com* ● et sa déclinaison mobile ● *m.tv5monde.com* ● offrent de nombreux services pratiques et permettent de prolonger ses vacances à travers des blogs et des visites multimédia.

Demandez à votre hôtel sur quel canal vous pouvez recevoir TV5MONDE et n'hésitez pas à faire vos remarques sur le site : ● *tv5monde.com/contact* ●

## FRANCE 24

La chaîne française d'information internationale en continu FRANCE 24 apporte 24h/24 et tlj un regard nouveau sur l'actualité mondiale.

Diffusée en trois langues (en français, en anglais et en arabe) dans plus de 160 pays, FRANCE 24 est également disponible en direct sur Internet (● *FRANCE24.com* ●) et sur les mobiles pour vous accompagner tout au long de vos voyages.

## Presse

*La presse écrite grecque* se fait facilement remarquer : les kiosquiers ont l'habitude de suspendre les journaux à un fil à linge, et chacun peut venir lire les gros titres de la une. Les quotidiens nationaux sont bien plus nombreux qu'en France, ce qui ne signifie pas qu'ils soient forcément beaucoup lus. Ils couvrent tout l'échiquier politique. *Ethnos* et *Elefthérotypia* sont des quotidiens de gauche, alors que *Kathimérini* (qui contient un supplément en anglais) représente les positions conservatrices. *To Vima* essaie de tenir la place du *Monde* en France. La plupart des journaux grecs accordent l'essentiel de leur attention à la politique intérieure, affichant le plus souvent des opinions très partisanes, qui s'expriment par des titres incendiaires. L'actualité internationale n'y occupe qu'une très petite place. Les quotidiens paraissent même le dimanche, avec un numéro spécial particulièrement épais.

On peut s'informer sur l'actualité locale en lisant *Athens News,* hebdo qui sort en kiosque le vendredi et couvre l'actualité du pays tout entier ainsi que l'actualité internationale, sports inclus. Quelques jours plus tard, le journal est mis en ligne gratuitement (● *athensnews.gr* ●). Même chose avec *Athens Plus*.

## Télévision

*Le paysage audiovisuel* grec n'a pas grand-chose d'original : depuis novembre 1989, les chaînes privées ont le droit d'émettre et ce n'est pas une grande surprise si ces chaînes sont celles qui font le plus d'audience, les quatre principales étant *Méga, Antenna, Star* et *Alpha*. En quelques années, les trois chaînes publiques, *ET 1, ET 3* et *NET,* ont perdu d'importantes parts de marché. Beaucoup de séries grecques ou étrangères (qui livrent une rude concurrence aux séries grecques) et des films le plus souvent sous-titrés (une chance si vous allumez la télévision et qu'on y diffuse un film français, car c'est beaucoup plus rare qu'en anglais). Quant aux chaînes privées régionales ou thématiques, elles sont nombreuses puisqu'il en existe près de 150.

Si vous voulez vous informer sur ce qui se passe dans le pays et ailleurs, sachez que les informations du soir sont diffusées assez tôt, pour la Grèce du moins (20h), et durent longtemps (1h), bien souvent pour pas grand-chose. En effet, on délaie beaucoup...

## Radio

Si vous voulez écouter des infos en français, rendez-vous sur Radio internationale (104.4 FM) de 17h à 17h40 (au total, des programmes en 12 langues).

# MUSIQUE, DANSE

En raison peut-être de leur expérience touristique, les principales villes grecques, et tout particulièrement Athènes, disposent d'une infrastructure importante et très complète pour ce qui est de la vie nocturne.

– Les *discothèques* connaissent les ambiances les plus cool qui soient. Les orchestres de danse traditionnelle font vivre intensément les tavernes jusqu'à l'aube, et les fêtes et festivals en tout genre prolifèrent. Dans les discothèques, les consommations sont servies à des tarifs un rien moins élevés que chez nous. Ne vous étonnez pas que, parfois, on interdise l'entrée des boîtes de nuit aux garçons « non accompagnés » : c'est la règle. Elle a été instaurée afin d'éviter un déséquilibre trop flagrant entre le nombre de filles et de garçons, à la suite de l'intérêt un peu trop vif montré par les *teenagers* grecs envers les midinettes suédoises ou françaises en goguette.

– Certaines *tavernes,* qu'on appelle *bouzoukia,* sont des lieux où l'on danse, chante, boit, et casse des assiettes (« coutume » grecque qui, malheureusement, coûte de plus en plus cher ; ah ! tout fout le camp...). Mais dites-vous bien que la plupart n'ont plus grand-chose d'authentique. Souvent, on vous imposera de commander une assiette de fruits (trois quartiers d'orange et une demi-banane) pour avoir droit à quelques gouttes d'ouzo dans un dé à coudre. L'idéal est, bien sûr, de vous faire accompagner par un ami grec qui vous mènera dans les vieilles tavernes fréquentées par les Grecs.

Quant à la musique enregistrée, elle ne se limite pas aux CD ou cassettes que l'on voit dans Plaka et dont la pochette est en anglais (« Greece is... » : à fuir !). Entrez plutôt chez un vrai disquaire à la recherche de disques de musique populaire.

– Le *rébétiko* est le blues grec (voir ci-dessous). Ces chansons de mauvais garçons des faubourgs, à la voix rauque, sont devenues à la mode dans les années 1950-1960. Théodorakis et Hadjidakis sont également devenus des classiques populaires. Pour le premier, préférez les disques de sa grande période militante, années 1960-1970, chantés par Pétros Pandis et Maria Farandouri, ou l'oratorio *Axion Esti* sur des poèmes d'Odysséas Elytis.

– La plus belle voix masculine aujourd'hui est sans aucun doute celle de Yorghos Dalaras, dont le répertoire va de la chanson sucrée (à la Iglésias) à la chanson d'auteur. Chez les chanteuses, Haris Alexiou, Alkistis Protopsalti, Elefteria Arvanitaki, Dimitra Galani, Rita Sakellariou, Glykéria, sans oublier « notre » Angélique Ionatos, originaire de Lesbos et installée en France. Quelques autres noms chez les hommes : Dionysios Savvopoulos, grand chanteur satirique (un peu institutionnalisé maintenant : il a été le directeur musical des J.O. de 2004) ; Vassilis Papakonstantinou, rockeur grec toujours vert...

## Le *rébétiko*

### L'historique

Le *rébétiko* est né en Asie Mineure et il est arrivé en Grèce avec les réfugiés de Smyrne, après 1922, même s'il en existait déjà aussi au Pirée. D'origine très populaire, il a parfois été chanté clandestinement.

Dans sa forme originale, c'est typiquement une musique pour raconter de courtes histoires et exprimer des sentiments. Les premières chansons étaient souvent une manière satirique de relater les histoires tirées de la vie des chanteurs exprimant leur détresse, d'où l'appellation de « blues grec ». De nombreuses chansons font référence à la drogue et à l'univers carcéral.

Le *rébétiko* populaire est assez différent de celui issu de Smyrne, qui prévalait au début des années 1900. Il introduit l'instrument et le chanteur solo, alors que celui de Smyrne était plus un travail de groupe. Le chanteur (le *rébétis*) est un homme à la voix rude, jamais douce ni lascive (à Smyrne, des femmes chantaient aussi le *rébétiko*). Le classique commence par un *taximi* (improvisation) joué par le *bouzouki* en guise de prélude.

Les années héroïques du *rébétiko* sont la période 1920-1940. Le genre évolue en se débarrassant progressivement de ses éléments les plus orientalisants. En 1936, pendant la dictature de Métaxas, certains *rébétès* sont pourchassés, et leurs chansons, jugées décadentes, interdites. Après-guerre, Vassilis Tsitsanis et Markos Vamvakaris réussirent à sortir le *rébétiko* de ses stigmates sociaux et de son association avec la prison et la drogue, le popularisant et créant un genre musical grec authentique et moderne. Une conférence de Manos Hadjidakis, en 1949, aide également ce genre à sortir de son ghetto. Cette popularisation signera également sa fin...

Son déclin commença en effet dans les années 1960, quand il est devenu à la mode dans les milieux bourgeois et quand a émergé une nouvelle musique grecque, créée par des compositeurs tels que Manos Hadjidakis, Mikis Theodorakis et Stavros Xarhakos. Pourtant, tous ont incorporé le *rébétiko* dans leurs œuvres et, de ce fait, ont contribué à le faire connaître plus largement.

Pour en savoir plus, on ne peut que conseiller le site d'Éléni Cohen ● rebetikobiblio. blogspot.com ● (Éléni Cohen est par ailleurs l'auteur de *Rébétiko, un chant grec*, paru en 2008 aux éditions Pirot Christian).

### Les instruments

Le *bouzouki* appartient à la famille des luths. Il a le plus souvent huit cordes métalliques montées par paires. Des instruments de forme similaire se retrouvent dans les civilisations antiques (hellénique, égyptienne, assyrienne, chinoise et indienne). En Grèce antique, existait depuis le IVe s av. J.-C. un instrument appelé *pandoura*, dont « descend » le bouzouki.

Le *baghlamas* est un petit bouzouki, pas plus grand que 35 ou 40 cm. Il était l'instrument préféré des prisonniers, qui pouvaient le cacher. Dans le *rébétiko* originel, on remarque d'autres instruments tels que le violon, l'*outi* (luth à manche court, correspondant à l'oud), le *sandouri* (instrument à cordes en forme de trapèze isocèle, instrument fétiche de Zorba le Grec !) et le *toumbeliki* (tambour).

### Les danses

Elles sont principalement au nombre de trois.

Le *zeibékiko*, considéré comme LA danse du *rébétiko*. Il est dansé par un homme seul, qui exécute des figures acrobatiques circulaires qui se compliquent au fur et à mesure.

Le *hassapikos*, dont le nom d'origine turque signifie « boucher ». Les bouchers de Constantinople étaient souvent grecs et exécutaient cette danse lors des festivités de leur corporation. Il est habituellement dansé par trois hommes, qui se tiennent par l'épaule.

Le *tsiftétéli* : dansé par une femme, il ressemble à ce qu'on appelle plus communément la danse du ventre.

HOMMES, CULTURE ET ENVIRONNEMENT

# MYTHOLOGIE

## La mythologie expliquée aux routards

La mythologie n'était pas pour les Grecs quelque chose de figée : elle expliquait le monde, à la fois ses origines (la *cosmogonie*) et son déroulement quotidien, les dieux intervenant quasi constamment dans la vie des humains, selon les Grecs. La place des dieux a pu aussi évoluer selon l'importance du culte qu'on leur vouait, certains d'entre eux ne prenant leur essor qu'assez tardivement, d'autres étant de moins en moins célébrés.

Au commencement était *Chaos,* une sorte de vide, opaque, inorganisé, suivi de près par son contraire *Gaïa,* la Terre (et mère) universelle. Gaïa, toute seule comme une grande, donna naissance au flot marin, *Pontos,* et à *Ouranos,* le Ciel. Mais ce dernier, fils ingrat, n'arrêtait pas d'embêter sa mère : d'abord, il vivait vautré sur elle (et, étant de même dimension, ça ne laissait aucun espace de liberté pour Gaïa) ; ensuite, il la couvrait dans le second sens du terme, son unique activité étant le coït... Petit problème : les enfants qu'il n'arrêtait pas de lui faire n'avaient pas la place de voir le jour ! Gaïa inspira donc à son petit dernier, *Cronos,* une idée décisive... et incisive : avec une serpe fabriquée par maman, il tranche les parties génitales de papa. Sous le coup de la douleur, Ouranos « décolle » et va se fixer tout là-haut, en lançant des imprécations sur sa descendance. Le membre tranché, lui, va finir sa course dans la mer où il donnera naissance à *Aphrodite.* Ce coup de force donne un coup d'accélérateur : le Temps, jusqu'alors bloqué par Cronos, est mis en marche et l'histoire peut commencer.

Mais Cronos n'est pas des plus sympathique. Il a mis au pas ses frères et sœurs, Titans et Titanes, et s'il s'accouple avec Rhéa (sa sœur, au passage), ce n'est pas pour le plaisir de fonder une famille : il dévore, en effet, chacun de leurs enfants par peur d'être détrôné un jour... Rhéa parvient à en sauver un en mettant une pierre dans les langes de l'enfant, que Cronos avale consciencieusement. Quand il se rend compte de la supercherie, le petit *Zeus* est bien à l'abri, en Crète.

Va alors commencer la lutte, forcément titanesque, entre Zeus et Cronos. D'un côté les Olympiens, de l'autre les Titans. Grâce à des ralliements (dont Prométhée, fils de Titan, et les Cyclopes), le camp emmené par Zeus s'imposera au terme d'une longue lutte. Les forces du passé sont réduites à l'immobilité, renvoyées au fond du Tartare. Avec le règne de Zeus et de sa petite famille, un nouveau monde, pacifié au moins pour un temps, voit le jour. Aux commandes, la première génération des Olympiens. Zeus et ses frères et sœurs : *Poséidon,* maître des Mers, *Hadès,* qui, depuis les Enfers, règne sur les morts ; *Héra,* sœur et épouse de Zeus, la jalousie incarnée (et elle en avait des raisons d'être jalouse !), *Hestia,* déesse (mineure) du Foyer, et *Déméter,* déesse de la Fertilité, dont *Perséphone,* la fille qu'elle avait eue de Zeus, son frère, a été enlevée par... tonton Hadès qui en a fait sa femme ! Vous suivez toujours ?

Pour compléter la tribu, d'autres dieux, nés d'unions illégitimes de Zeus, grand cavaleur devant l'Éternel ! *Apollon,* fils de Zeus et de Léto, qui naquit, selon la tradition, à Délos. Il tua le serpent Python et s'appropria l'oracle de Delphes. Bourreau des cœurs, mais aussi amateur de sang, il présidait à la fondation des villes. On cherchait à s'attirer ses bonnes grâces, sachant que ses flèches empoisonnées pouvaient aussi semer la désolation.

*Artémis,* sa sœur jumelle, elle aussi habile du carquois, était surtout vénérée comme déesse de la Chasse (mais pas de la Pêche ni des Traditions). Prompte à la colère, c'est elle qui demanda le sacrifice d'Iphigénie, la fille d'Agamemnon, afin d'obtenir des vents favorables pour la flotte grecque en partance vers Troie.

*Athéna,* fille de Zeus et de Métis (la ruse), naquit tout armée de la tête de son père. Elle était vénérée comme la déesse de la Pensée, des Arts et de l'Industrie. Son portefeuille contenait aussi la Guerre (pour la ruse) et la Sagesse, comme quoi...

*Dionysos,* fils de Zeus et de Sémélé, est carrément né de la cuisse de Zeus, lui ! Dieu du Vin et de l'Ivresse... Figure d'abord secondaire, il devint l'un des dieux les plus populaires. On lui rendait un culte volontiers orgiaque, les Bacchanales, qui étaient à l'origine une occasion de célébrer la nature au printemps. *Hermès,* fils de Zeus et de Maïa, possédait des attributions très diverses et était notamment le dieu du Commerce et des Voleurs (aucun rapport, bien entendu), de l'Éloquence, le messager des dieux, le protecteur des voyageurs, donc des routards... Un vrai représentant multicarte.

Ajoutons quelques autres figures, comme *Arès,* dieu de la Guerre, fils légitime, et *Héphaïstos,* le dieu boiteux, maître du feu, marié à Aphrodite qui le trompa avec Arès, justement !

Leur interaction avec les humains a donné naissance à de grands cycles, dont celui d'*Héraklès,* celui de la guerre de Troie, et celui d'*Œdipe,* pour ne citer que les plus connus. Les récits mythologiques, au-delà de leur apparent simplisme, sont d'une grande complexité et une source inépuisable de réflexion.

– Pour en savoir plus, on ne peut que conseiller de lire le livre de Jean-Pierre Vernant, *L'Univers, les dieux, les hommes* (Le Seuil, 1999, coll. « Points »), qui décrypte les significations cachées des mythes des origines, ou encore celui de Jacques Lacarrière, *Au cœur des mythologies, en suivant les dieux* (Gallimard, coll. « Folio », 2002).

## Pourquoi la mythologie grecque a-t-elle fait un tel tabac ?

Des mots issus des grands mythes grecs (labyrinthe, cyclope, titan, méduse, aphrodisiaque, herculéen) sont passés dans notre vocabulaire courant, de même que des expressions comme « le fil d'Ariane » ou « la cuisse de Jupiter » et jusqu'à des marques commerciales comme Ajax... La mythologie grecque est connue du monde entier.

À priori, rien d'étonnant, vu l'importance de la colonisation grecque. Les Grecs sont allés partout (jusqu'en Inde grâce à Alexandre le Grand), imposant à la fois leur puissance et... leurs dieux.

Il faut d'abord souligner le caractère merveilleux des dieux grecs... Ce sont des héros doués de pouvoirs extraordinaires. Ils font rêver. Hermès est capable de voler grâce à ses sandales ailées. Aphrodite avec son superbe corps n'a rien à envier aux divas de Hollywood. Zeus commande au tonnerre. La mer obéit à Poséidon.

Et pourtant, tous ces dieux sont particulièrement humains. Comme nous, ils sont capables de mensonges, de cruauté ou de tromperie. Ils s'affrontent puis se réconcilient. Tout ce beau monde est, comme celui d'ici-bas, agité par la passion et les intérêts. Leurs faiblesses et leurs défauts les rendent attachants et proches des hommes. Le peuple grec pouvait s'y reconnaître. À y regarder de près, ces dieux avaient un côté libertaire, donc subversif. Ils ne pensaient qu'aux choses de l'amour. Bref, ils ne connaissaient pas la morale, au sens judéo-chrétien (normal, elle n'avait pas encore été inventée !). Ils étaient complexes, multiples, paradoxaux.

De plus, ces dieux, pour les Grecs, intervenaient dans le monde profane : on essayait d'influer sur eux par une prière (une demande précise), un sacrifice ou en consultant un oracle. Pendant quelques siècles, ces cultes païens rendus aux dieux grecs ont tant bien que mal cohabité avec la religion chrétienne. Mais la concurrence était trop dure pour « la » religion. Les dieux étaient trop proches des hommes. Pour avoir une bonne récolte, du soleil ou de la pluie, il suffisait de le demander au dieu concerné. Pour cela, on donnait au dieu ce dont il avait envie : un animal en sacrifice. Il fallait donc interdire tous ces dieux pour le Dieu unique. C'est ce que fit un édit de l'empereur Justinien Ier, au VIe s. L'Empire était devenu chrétien.

Pourtant, lorsque quelqu'un est mourant, les Grecs disent toujours couramment : *charopalévi* (littéralement, « il lutte contre Charon », le passeur qui faisait traverser aux esprits le fleuve des morts). Une eau minérale se nomme *Ivi*, transcription d'Hébé, déesse de la Jeunesse. Et l'on pourrait multiplier les exemples...

# PERSONNAGES

– **Théo Angelopoulos** (né en 1936) : le plus représentatif des réalisateurs du nouveau cinéma grec. Il cherche dans la mémoire collective de son peuple un message politique et social. On lui doit, entre autres, *Paysage dans le brouillard* (1988), l'admirable voyage initiatique et poétique de deux enfants, et plus récemment *Le Pas suspendu de la cigogne* (1991), avec Jeanne Moreau et Marcello Mastroianni. *Le Regard d'Ulysse* (1995) retrace le voyage d'Harvey Keitel jusqu'à Sarajevo, à la recherche d'un film mythique du début du XXe s. La Palme d'or du Festival de Cannes lui a été décernée en mai 1998 pour *L'Éternité et un jour*.

– **Michael Cacoyannis** (né en 1922) : le cinéaste de la Grèce par excellence. Il permit à Mélina Mercouri de faire ses débuts à l'écran dans un rôle de femme libre avec *Stella* (1955). Mais on se souvient surtout d'Anthony Quinn, Irène Papas et Alan Bates dans *Zorba le Grec* (1964), transportés par la musique de Théodorakis.

– **Maria Callas** (1923-1977) : « Elle est comme l'Acropole, encore plus belle depuis qu'elle est en ruine. » En effet, grâce à une voix incomparable (et un régime qui aurait fait rougir de jalousie Demis Roussos), le vilain petit canard qui pesait 110 kilos à 25 ans s'est un jour métamorphosé en une exceptionnelle diva. Généreuse et enflammée, Maria Callas a immortalisé les rôles de *Norma* et de *Tosca* et révolutionné l'art lyrique. Sa vie même eut un parfum de scandale quand elle quitta son pygmalion et mari Carlo Meneghini pour le ténébreux (et sulfureux) Onassis. Évincée par la belle Jackie, la voix prématurément brisée, elle mourut à Paris en véritable héroïne tragique et devint un réel mythe. « Like a candle in the wind... »

– **Costa-Gavras** (né en 1933) : cinéaste d'origine grecque, naturalisé français. Assistant de René Clair et de Jacques Demy, il connaît un véritable triomphe avec *Z* (1969), qui dénonce la dictature militaire au pouvoir à l'époque. Un cinéma engagé également à l'image de son acteur, Yves Montand, qu'il dirigea aussi dans *L'Aveu* (1970), pour dénoncer les purges du régime communiste en Tchécoslovaquie. Avec *Missing* (1982), violente critique de la politique américaine en Amérique latine, il remporte la Palme d'or et fait scandale outre-Atlantique. Présente sur tous les fronts, son œuvre est le fidèle reflet de son combat politique, excepté quelques films isolés, comme *Conseil de famille* (1986) ou *Music Box* (1990).

– **Odysséas Elytis** (1911-1996) : Prix Nobel de littérature 1979. Né en Crète dans une famille originaire de Mytilène (Lesbos), il a introduit le surréalisme dans la littérature grecque. Ami d'Éluard, de Picasso, très influencé par la France où il a séjourné de 1948 à 1951 et de 1969 à 1971. Son œuvre majeure est *To Axion Esti* (1959), un recueil de poèmes conçu comme un tout, nourri de son expérience personnelle et de la culture hellénique millénaire, et popularisé par Théodorakis qui l'a mis en musique. Il en existe une traduction en français, parue chez Gallimard.

– **Nikos Kazantzakis** (1883-1957) : celui qui se disait « d'abord Crétois et ensuite Grec » est né dans une Crète qui faisait encore partie de l'Empire ottoman et a connu, tout enfant, les insurrections crétoises (infructueuses) de 1889 et de 1897-1899. Après avoir commencé ses études à Naxos, dans un établissement religieux tenu par des pères français, il fait son droit à Athènes et part ensuite à l'étranger, en Allemagne et à Paris. Cet intellectuel de grande envergure a connu, pendant toute son existence, un déchirement entre le corps et l'esprit (chez les Grecs, on parle de dualité entre l'esprit dionysiaque et l'esprit apollinien, bien sûr). Il a cru dans l'action, en s'enthousiasmant pour la révolution russe (il visitera d'ailleurs l'URSS avec son copain roumain, Panaït Istrati, grand routard devant l'Éternel, et en reviendra déçu), en se laissant également tenter par une éphémère carrière politique après la Seconde Guerre mondiale, et ce n'est qu'une fois revenu de pas mal d'illusions, installé à Antibes, qu'il se lancera dans l'écriture romanesque, à 70 ans passés. Une demi-douzaine de romans vont le rendre célèbre (*Alexis Zorba,* bien entendu, *Les Frères ennemis, Le Christ recrucifié, La Liberté ou la Mort,* mais aussi *La Dernière Tentation,* que Scorsese adaptera bien plus tard). Sa dernière œuvre sera une sorte d'autobiographie spirituelle, la *Lettre au Greco,* qui constitue un beau témoignage sur la vie intellectuelle d'un des grands esprits du XX$^e$ s.

– *Mélina Mercouri (1920-1994) :* une des figures majeures de la culture et de la démocratie grecque contemporaines. Issue d'une famille de politiciens, elle poursuit d'abord des études d'art dramatique et devient une actrice reconnue. Dirigée par son mari, Jules Dassin, elle réussit brillamment son passage au grand écran en recevant le Prix d'interprétation à Cannes pour son rôle dans *Jamais le dimanche* (1960). Parallèlement à sa carrière artistique, elle milite activement au sein de la gauche et subit de nombreuses pressions en s'opposant à la dictature qui s'installe en 1967. Elle raconte sa carrière artistique et son combat politique dans un livre à recommander : *Je suis née grecque* (malheureusement épuisé). En 1979, elle reçoit la médaille de la Paix aux côtés de Papandréou et devient ministre de la Culture après la victoire électorale du PASOK. Elle le restera jusqu'à sa mort, créant le titre de capitale culturelle de l'Europe (Athènes sera la pionnière en 1985) et ravivant la campagne pour le retour des marbres du Parthénon, exposés au British Museum à Londres. À Athènes, allez voir le *Café Mélina,* un lieu surprenant, entièrement dédié à sa mémoire (voir « Où boire un verre ? »).

– *Nana Mouskouri (née en 1937) :* plus facile de se remémorer ses lunettes carrées que l'air de ses vieux tubes. Pourtant, avec son coté d'intello pas très glamour, Nana est l'une des rares chanteuses grecques à connaître une carrière internationale... et à oser chanter en japonais. À son palmarès, un mandat de député européen et la reprise du combat de Mélina Mercouri pour la restitution des marbres du Parthénon. Elle a fait ses adieux à la scène en juillet 2008.

– *Aristotelis Onassis (1906-1975) :* le chouchou de la presse people des années 1960 et 1970. Cet armateur milliardaire, originaire de Smyrne (Izmir en Turquie), a fondé la compagnie aérienne *Olympic Airways* (nationalisée par la suite), mais a connu la notoriété par ses conquêtes féminines. Marié à une fille d'armateur, il connaît une liaison tumultueuse avec Maria Callas, qu'il abandonne cavalièrement pour épouser Jacqueline, la jeune et jolie

**LA FORTUNE D'ONASSIS**

*Comme beaucoup de Grecs de Smyrne, Onassis fut chassé par les Turcs en 1922, et très vite, il émigra en Argentine. Là, il se lança dans une manufacture de tabac. Il fut repéré par Carlos Gardel, l'inventeur du tango, qui appréciait particulièrement le tabac turc qu'Onassis faisait venir. Au bout de cinq années en Amérique du Sud, il gagnait un million de dollars par an...*

veuve de J.F.K. Son yacht était aussi célèbre que *La Laurada,* et sa résidence d'été, l'île privée de Skorpios, près de Leucade, a aussi fait couler beaucoup d'encre.

– *Andréas G. Papandréou (1919-1996) :* Premier ministre de 1981 à 1989 et de 1993 à 1996, élu vice-président de l'Internationale socialiste en 1992. Il a connu un parcours politique original : citoyen américain (il a enseigné l'économie dans une université américaine), il entre en politique quand son père devient... Premier ministre au milieu des années 1960. Exilé aux États-Unis dès le coup d'État des colonels en 1967, il lutte activement pour la restauration de la démocratie en Grèce. Après la chute de la dictature, il crée le PASOK (mouvement panhellénique socialiste), qui s'affirme comme l'un des principaux partis d'opposition. Il devient Premier ministre en 1981, après un confortable succès électoral. Fervent défenseur d'une politique tiers-mondiste, il donne à la Grèce une place singulière dans la

Communauté européenne. Militant du désarmement nucléaire, il a œuvré pour la paix et la coopération internationales. Populiste et nationaliste, et à ce titre héraut de l'hellénisme moderne, il a vu sa position s'affaiblir à la suite de scandales politico-financiers (affaire Koskotas qui l'a mené devant une cour spéciale qui n'a rien pu prouver contre lui, mais la suspicion s'est installée). Il a aussi défrayé la chronique en raison d'une vie sentimentale agitée (remariage, à 70 ans, avec une jeune ex-hôtesse de l'air dont la presse montrait régulièrement des photos dénudées). Son fils, Georgios, est devenu Premier ministre en octobre 2009.

– **Georges Séféris** (1900-1971) : Prix Nobel de littérature 1963. Diplomate de carrière, né à Smyrne (Izmir en Turquie) et resté attaché à son Asie Mineure, « perdue » après 1922. Ses poèmes, d'une grande richesse, mêlent l'héritage culturel de la Grèce et les préoccupations contemporaines, liées à l'évolution de son pays dont il était un acteur en tant que consul puis ambassadeur. Ses obsèques ont été l'occasion de défiler silencieusement contre la junte des colonels. Une grande partie de son œuvre a été traduite par Jacques Lacarrière.

– **Mikis Théodorakis** (né en 1925) : un autre grand artiste engagé. Né à Chios (comme Andréas Papandréou), il est entré dans la Résistance pendant la Seconde Guerre mondiale, à 17 ans ; il est plus tard poursuivi pour son engagement à gauche (il sera déporté sur l'île de Makronissos). Il s'installe ensuite à Paris et s'inscrit au Conservatoire national de musique, où il acquiert rapidement une réputation mondiale. De nouveau arrêté et déporté après le coup d'État des colonels, il est libéré en avril 1970 et devient le symbole vivant de la résistance à la dictature. Mais son retour triomphal en Grèce en 1974 sera de courte durée, puisqu'il s'oppose cette fois-ci à la gauche en prônant un retour en douceur à la démocratie. Élu au Parlement grec, il va s'éloigner progressivement du parti communiste et de la gauche pour finir par siéger sur les bancs de la droite, au sein de la Nouvelle Démocratie ! Il abandonne alors son mandat pour se consacrer à la musique. Aujourd'hui, il semble avoir retrouvé sa famille politique. Parallèlement à ses œuvres classiques, il écrit pour le cinéma, notamment pour *Zorba le Grec* (1964) et *Z* (1969), et contribue au renouveau de la musique populaire grecque.

# POLITIQUE

C'est entendu, les Grecs sont des bêtes politiques : normal pour les inventeurs de la démocratie. Pourtant, la politique ne leur a pas fait que du bien : la guerre civile de 1944-1949, opposant les combattants communistes issus de la résistance au nazisme au pouvoir, et soutenus par la Yougoslavie et l'URSS aux forces royalistes soutenues, elles, par les Britanniques, a créé d'importants traumatismes dans la société grecque. Un million de personnes ont été « déplacées » alors dans le Nord du pays, 46 000 morts ont été dénombrés dans les deux camps. Pendant des années, la gauche a été plus ou moins bannie de la vie politique, et il a fallu attendre son arrivée au pouvoir, en 1981, avec Andréas Papandréou, pour que soient autorisés à rentrer en Grèce ceux qui avaient combattu du « mauvais côté », c'est-à-dire les communistes (ils étaient environ 80 000 à s'être réfugiés dans les pays de l'Est). La sombre période des colonels, de 1967 à 1974, a été aussi officiellement justifiée par une « menace communiste » pesant sur le pays. On sait aujourd'hui que les Américains n'étaient pas étrangers au coup d'État qui a plongé la Grèce sous la chape de plomb de la dictature, ce qui explique sans doute la vague anti-américaine qu'a connue la Grèce dans les années Papandréou.

Aujourd'hui, la vie politique s'est plutôt pacifiée : les deux grands partis, le parti socialiste PASOK et la Nouvelle Démocratie, sont d'accord sur l'engagement européen de la Grèce. Il y a de cela quelques années, le PASOK, très nationaliste et pas vraiment pro-européen, a mis de l'eau dans son vin. Georgios Papandréou, fils d'Andréas, et nouveau Premier ministre depuis octobre 2009, a rajeuni les cadres de son parti. De son côté, la Nouvelle Démocratie, souffrant depuis longtemps d'une image trop conservatrice, s'était choisi un jeune dirigeant, Kostas Caramanlís, neveu du chef d'État Constantin Caramanlís qui avait restauré la démocratie en 1974 : Premier ministre de 2004 à 2009, il a démissionné de son poste de président du parti, dès sa défaite aux législatives d'octobre 2009.

Si l'homme grec est un animal politique, il faut souligner que, petit à petit, les femmes prennent place à l'Assemblée : avec 43 élues en 2007 et à peu près autant en 2009, ce qui peut sembler modeste, les femmes ont tout de même doublé le nombre de leurs représentantes par rapport à 2004. Certes, on est encore loin de la parité, mais certaines femmes occupent des places importantes, notamment dans le nouveau gouvernement formé en octobre 2009.

# POPULATION

Les Grecs sont très fiers de descendre en droite ligne des Grecs de l'Antiquité. En fait, « en droite ligne » est quelque peu exagéré. La Grèce a vu se succéder au cours des siècles une foule d'envahisseurs, mais aussi de nombreux groupes d'immigrants, pacifiques, qui se sont presque tous fondus dans le creuset grec. L'*hellénisme* reste la valeur sûre d'un pays qui ne doute guère dans ce domaine. Les Grecs sont attachés à l'orthodoxie, qui leur sert de rempart contre les influences extérieures : le catholicisme à l'ouest, incarné par le pape et perçu comme un ennemi ; l'islam à l'est, avec le puissant voisin turc qui cherche, pensent les Grecs, à les contourner par le flanc nord-ouest, à savoir par l'Albanie majoritairement musulmane. Viscéralement attachés à leur langue vieille de 3 000 ans, les Grecs se sentent un peu à part dans l'Union européenne. Avec 11 295 000 habitants (estimation 2010), il est difficile de peser lourd dans la communauté internationale, et l'indicateur de fécondité est particulièrement faible (1,31 enfant par femme). À ce rythme, en 2050, 41 % des Grecs auront plus de 60 ans ! Certes, ils peuvent toujours compter comme Grecs les 5 ou 6 millions des leurs qui vivent à l'étranger (dont 3,4 millions aux États-Unis, au Canada et en Amérique du Sud, 700 000 en Australie et 140 000 en Afrique), mais cela ne changera rien. Pourtant, ils sont très fiers des réussites des Grecs de l'étranger (on peut citer, entre autres, les tennismen Sampras et Philippoussis, respectivement américain et australien, et l'actrice américaine J. Aniston).

La *communauté juive* a joué un rôle très important pendant des siècles. À la fin du XIXe s, la ville de Thessalonique était majoritairement peuplée de juifs séfarades, installés là depuis le milieu du XVIe s, à la suite de l'expulsion de la communauté juive d'Espagne en 1492. Les juifs de Thessalonique parlaient le *djidio*, ou judéo-espagnol. Des îles comptaient également une communauté juive, comme Corfou, où naquit le grand écrivain de langue française Albert Cohen. Aujourd'hui, cette communauté ne dépasse pas les 6 000 membres. À la veille de la Seconde Guerre mondiale, elle en comptait environ 80 000.

À présent, la Grèce doit faire face à une situation difficile car relativement nouvelle pour elle. Pays d'émigration, elle se retrouve, sans y être préparée, pays d'immigration. On estime à 900 000 au minimum les immigrés venus chercher du travail, venant soit d'Asie (Philippines, Sri Lanka...), car la Grèce est la porte d'entrée en Europe, soit d'Europe de l'Est (beaucoup de Polonais en particulier) et bien entendu d'Albanie, à la suite de l'effondrement économique de ce pays. Début 1998, un plan de légalisation des clandestins a été mis en place, mais il n'a pas permis à la moitié des immigrants de se faire enregistrer. Les formalités pour obtenir la « carte verte » sont particulièrement décourageantes. De plus, le gouvernement a décidé, à la mi-1999, de durcir la législation pour lutter plus énergiquement contre l'immigration clandestine, accusée de nourrir la criminalité. 146 000 immigrants ont été arrêtés en 2008, soit un quart des arrestations dans la Communauté européenne. Traditionnellement hospitaliers, les Grecs se découvrent de plus en plus xénophobes, sauf, bien entendu, les gros exploitants agricoles qui voient d'un très bon œil cette main-d'œuvre non qualifiée qu'on peut payer à bas prix et exploiter. Et quand on sait que les prévisionnistes de l'ONU annoncent, pour 2015, 3,5 millions d'immigrés en Grèce (pour une estimation de 14,2 millions d'habitants)...

# RELATIONS GRÉCO-TURQUES

Ce n'est une découverte pour personne, Grecs et Turcs ne sont pas les meilleurs amis du monde. Un lourd contentieux historique existe entre les deux pays depuis la fin de l'Empire byzantin (1453) avec la prise de Constantinople, un souvenir douloureux comme si c'était hier – vous n'entendrez jamais un Grec parler d'Istanbul, c'est encore et toujours pour lui Konstantinoupolis ! Plus près de nous, la malheureuse « catastrophe d'Asie Mineure » en 1922 (voir plus haut la rubrique « Histoire »), qui voit des siècles de présence grecque en Asie Mineure balayés en quelques semaines. Et encore plus près, Chypre, en partie envahie en 1974 par les Turcs sans qu'aucune solution diplomatique n'ait été trouvée jusqu'à aujourd'hui. Pendant longtemps a prévalu une situation de guerre froide. La Grèce et la Turquie étant tous les deux membres de l'OTAN, les relations très tendues entre les deux pays avaient quelque chose d'encore plus curieux... Les États-Unis avaient besoin de la Turquie, frontalière de l'URSS, ainsi que de la Grèce, frontalière d'autres pays du bloc communiste. Mais rien à faire pour réussir à les faire s'entendre : Clinton dut, en 1996, décrocher son téléphone pour ramener les esprits au calme quand Grecs et Turcs étaient prêts à en découdre pour le contrôle d'un îlot désertique en mer Égée... Petit à petit, les choses ont évolué, certains intellectuels accomplissant au cours des années 1980 des gestes symboliques (Théodorakis est ainsi allé chanter en Turquie) et précédant la diplomatie. En 1999, un double événement imprévu a permis de briser la glace : peu après le terrible tremblement de terre qui a ravagé l'ouest de la Turquie, la Grèce a proposé son aide, et quelques semaines plus tard, quand un séisme, moins meurtrier, a frappé Athènes et sa région, la Turquie a réagi de même. Dans la foulée, la diplomatie des deux pays a fait des efforts pour trouver des terrains d'entente. On a alors parlé de dégel des relations.

Aujourd'hui, le rapprochement semble avoir montré ses limites. Certes, des associations gréco-turques se sont créées (on a même réalisé des jumelages pionniers entre villages grecs et villages turcs, sous la bénédiction conjointe de popes et d'imams, ce qui aurait été impensable il y a quelques années), certes le tourisme entre les deux pays se développe, certes le Premier ministre turc invite comme témoin au mariage de l'un de ses enfants son homologue grec, mais à part ces réalisations citoyennes ou ces symboles, le blocage persiste sur les sujets importants. Pourtant, la résolution de la question chypriote a fait de grands progrès début 2003, avant de marquer un nouveau temps d'arrêt. Mais il reste donc beaucoup à faire... et pendant ce temps, l'armée de l'air turque continue ses provocations en violant quotidiennement l'espace aérien grec (un pilote grec est mort au printemps 2006 à la suite d'un « incident » entre deux avions grec et turc). Et pourtant, en septembre 2006, le premier exercice militaire commun gréco-turc a eu lieu... Il existe aussi un gazoduc gréco-turc... Mais aux dernières nouvelles, le gouvernement grec semblait las de ce qu'il juge comme étant de la mauvaise volonté turque, et la politique des bras ouverts pourrait bien laisser la place à une attitude moins compréhensive. En attendant, le Premier ministre turc a été reçu par son homologue grec, pour la première fois, pendant l'été 2010.

# RELIGIONS ET CROYANCES

La Grèce est officiellement un pays quasi homogène sur le plan religieux : le pays est **orthodoxe** à 98 %. Les 50 000 **catholiques** sont disséminés dans les Cyclades, principalement à Tinos et à Syros, ainsi que dans les îles Ioniennes, et sont bien souvent des descendants d'Italiens (Venise a eu pendant longtemps la mainmise sur de nombreuses îles). Les **protestants** sont encore moins nombreux (20 000). Quant aux 100 000 à 150 000 **musulmans** habitant dans le Nord du pays, en Thrace, ils ont l'impression d'être considérés comme des citoyens de seconde zone, eux aussi en butte à l'hostilité de l'administration et de l'Église orthodoxe. Ce sont des Turcs qui n'ont pas participé aux échanges de population dans le premier quart du XX$^e$ s et qui sont aujourd'hui citoyens grecs (jusqu'en 1991, l'égalité à part entière avec le reste des Grecs n'était pas reconnue). On dénombre aussi 35 000 **Pomaks,** des Slaves islamisés, qui vivent à la frontière avec la Bulgarie.

Il est facile de s'en rendre compte dès que l'on a mis le pied en Grèce : la religion orthodoxe est partout. Vous croisez un pope *(pappas)* en train de faire ses courses ou attablé à la terrasse d'un café, vous tombez, dans un petit village, sur une église flambant neuve (alors qu'à quelques mètres l'école publique fait pitié...), vous voyez les passagers d'un car se signer au franchissement d'un virage. Autant de signes de l'omniprésence de l'Église, dans les faits comme dans les mentalités.

L'idée d'une séparation de l'Église et de l'État est proprement impensable en Grèce : la Constitution de 1975, révisée en 1986, a réaffirmé avec force la place de l'Église au sein de l'État. Les popes sont donc fonctionnaires de l'État, le mariage civil, tout de même institué par le PASOK en 1983, n'a pas grand succès et, quand le gouvernement, au printemps 2000, a enfin décidé, sous la pression de l'Union européenne, de supprimer la mention de la religion sur les cartes d'identité, la levée de boucliers a été immédiate. Le clergé a mobilisé ses troupes (manifestations, pétition), mais le gouvernement a tenu bon.

Pendant l'été 2008, le gouvernement a implicitement supprimé l'autorisation des cours de religion orthodoxe en accordant la possibilité, pour des parents qui en feraient la demande, d'obtenir une dispense sans avoir à fournir un motif. Là encore, la décision n'était pas sans rapport avec l'Union européenne, plus précisément avec une décision de la Cour européenne des Droits de l'homme...

Le sentiment d'appartenance à une communauté orthodoxe qui dépasse les frontières a évidemment joué un rôle particulièrement fort dans la prise de position de la Grèce et dans la réaction collective des Grecs face à la crise yougoslave. On a été ouvertement pro-serbe en Grèce, au nom d'une solidarité orthodoxe et d'un fort sentiment anti-musulman (les musulmans bosniaques étant assimilés aux Turcs, qui tenteraient ainsi une manœuvre d'encerclement de la Grèce par l'ouest).

L'orthodoxie est parfois très agressive car, comme ailleurs, elle nourrit des extrémistes. Les minorités religieuses – catholiques, protestants et musulmans – souffrent de cette agressivité. En tant que touriste, même si vous venez d'un pays catholique, vous ne vous attirerez tout de même pas de remarque à ce sujet. Mais au cas où le sujet viendrait dans une discussion, savez-vous seulement pourquoi, depuis 1054, l'Église d'Occident (catholique) et l'Église d'Orient (orthodoxe) sont en bisbille (ce qui s'appelle officiellement un schisme) ? Il y a, bien entendu, le rôle du pape (sa primauté et son infaillibilité ne sont pas reconnues par les orthodoxes), la notion de purgatoire (les orthodoxes n'en veulent pas) et la très épineuse question du *filioque.* Pour faire simple et sans parler latin, les catholiques ont besoin de la médiation du Fils de Dieu pour accéder à l'Esprit Divin, pas les orthodoxes, compris ? Les orthodoxes considèrent, évidemment, que ce sont les catholiques qui se sont écartés du dogme. Mais outre les questions de dogme, il existe aussi une kyrielle de sujets de discorde, exposés très solennellement à Jean-Paul II quand celui-ci est venu en Grèce en mai 2001. Le pillage de Constantinople (souvenez-vous, c'était en 1204...), l'insensibilité de Rome face aux tragédies grecques (1453, prise de Constantinople par les Ottomans ; 1974, agression turque contre Chypre) et bien d'autres faits encore ont été reprochés au pape, qui a demandé solennellement pardon pour les torts du catholicisme romain.

Cela dit, si vous avez l'occasion d'aller visiter la Mecque des orthodoxes, autrement dit le mont Athos, véritable musée vivant de l'orthodoxie, ne la manquez pas. Mais la visite est réservée aux seuls hommes.

# SAVOIR-VIVRE ET COUTUMES

Les codes culturels en Grèce, ceux du moins auxquels vous aurez affaire en tant que touriste, ne sont pas très nombreux. Pour toute visite de lieux religieux (monastères, églises), il est évidemment recommandé de se vêtir décemment. Cela semble aller de soi... mais combien de monastères sont situés à proximité de la plage ? Tentant d'y aller en petite tenue ! Eh bien non, un peu de respect, que diable ! Rassurez-vous tout de même, à l'entrée de la plupart des monastères se trouvent à disposition des vêtements permettant de couvrir les parties de votre corps dont l'exposition pourrait déplaire. Par ailleurs, on a vu déjà des touristes se faire chapitrer parce qu'ils étaient torse nu dans un bus. Ce n'est pas systématique, mais ça doit déranger la petite médaille du saint, accrochée quelque part vers le pare-brise, qui veille sur le bus et son chauffeur.

Enfin, n'oubliez pas que dans le sud de l'Europe, pour dire non de la tête, on lève légèrement celle-ci en faisant une sorte de moue alors que pour signifier oui, on l'incline tout aussi légèrement sur le côté.

> ## LA PAUME DE DISCORDE
>
> *Si l'on tend vers vous la paume de la main, agressivement, les cinq doigts bien écartés, c'est que vous avez dû commettre quelque chose de suffisamment grave pour qu'on maudisse jusqu'à la cinquième génération. En effet, ce geste, en grec* mountza, *est une des pires insultes qu'on puisse imaginer en Grèce. Alors, si vous faites du stop, tendez bien le pouce et refermez bien les autres doigts sur votre paume, on n'est jamais trop prudent...*

# SITES INSCRITS AU PATRIMOINE MONDIAL DE L'UNESCO

Organisation
des Nations Unies
pour l'éducation,
la science et la culture

En coopération avec
le centre du patrimoine mondial de l'UNESCO

Pour figurer sur la liste du Patrimoine mondial, les sites doivent avoir une valeur universelle exceptionnelle et satisfaire à au moins un des dix critères de sélection. La protection, la gestion, l'authenticité et l'intégrité des biens sont également des considérations importantes.

Le patrimoine est l'héritage du passé dont nous profitons aujourd'hui et que nous transmettons aux générations à venir. Nos patrimoines culturel et naturel sont deux sources irremplaçables de vie et d'inspiration. Ces sites appartiennent à tous les peuples du monde, sans tenir compte du territoire sur lequel ils sont situés. Pour plus d'informations : • *whc.unesco.org* •

À Athènes et dans les îles traitées dans ce guide, les sites inscrits sont les suivants : l'*Acropole d'Athènes,* la *ville médiévale de Rhodes,* les *sites de Pythagorion (tunnel d'Efpalinos) et l'Heraion à Samos,* le *centre historique de Chora à Patmos* et le *monastère de Néa Moni à Chios.*

# UNITAID

UNITAID a été créé pour lutter contre le VIH/Sida, le paludisme et la tuberculose, principales maladies tueuses dans les pays en développement. Le financement d'UNITAID provient principalement d'une contribution de solidarité sur les billets d'avion. UNITAID intervient en facilitant l'accès aux médicaments et aux diagnostics, en baissant les prix dans les pays en développement. En France, la taxe est de 1 € (2 enfants traités pour le paludisme) en classe économique. En moins de 3 ans,

UNITAID a perçu près de 900 millions de dollars, dont 70 % proviennent de la taxe sur les billets d'avion. Les financements d'UNITAID ont permis à près de 200 000 enfants atteints du VIH/Sida de bénéficier d'un traitement et de délivrer plus de 11 millions de traitements. Moins de 5 % des fonds sont utilisés pour le fonctionnement du programme, 95 % sont utilisés directement pour les médicaments et les tests. Consultez ● *unitaid.eu* ● pour en savoir plus.

# ATHÈNES
# ET L'ATTIQUE

## ATHÈNES (AΘHNA)

Pour les plans d'Athènes et de ses environs, se reporter au cahier couleur.

Malgré les célèbres monuments et les vieilles pierres qui y pullulent, Athènes est tout sauf une ville morte. C'est, bien au contraire, une capitale fort vivante... Mais la chaleur étouffante en été et ses immeubles tristounets peuvent décevoir le voyageur qui ne prend pas toujours le temps d'y rester. Vous nous avez compris, Athènes est une grosse ville qui n'a rien de dépaysant, mais qui ne ressemble en rien au reste de la Grèce.

### UN PEU D'HISTOIRE

Athènes est bien évidemment une ville à l'histoire tumultueuse. En fait, une grosse cinquantaine d'années particulièrement glorieuses lui auront suffi pour s'assurer une renommée éternelle. À l'origine, ce n'était qu'une cité comme les autres, ou presque, puisqu'elle bénéficiait tout de même de la protection d'Athéna, fille de Zeus. La mythologie raconte qu'Athéna et Poséidon s'étaient disputé la ville, la déesse l'emportant après avoir fait jaillir sur l'Acropole un olivier, resté sacré, ce qui fait d'elle la divinité poliade (protectrice) de la ville. Pendant la période mycénienne, (1500-1200 av. J.-C.), on se souvient surtout du légendaire Thésée, célébrissime pour avoir vaincu le Minotaure et parricide involontaire à son retour de Crète (il avait, le malheureux, oublié de hisser la voile blanche qui devait signifier son succès, et son paternel, Égée, croyant son fils mort, se jeta dans le vide). C'est même Thésée qui passait pour être le fondateur du *synoikismos,* communauté d'une vingtaine de villages attiques s'étendant d'Éleusis, à l'ouest, à Marathon, à l'est. Athènes en constituait le centre économique et administratif.

Comme dans la plupart des cités grecques, le régime évolua graduellement vers un pouvoir aristocratique avant que le peuple puisse se faire entendre. Des réformes, instituées par Dracon puis par Solon, un sage, et enfin par Clisthène, préparèrent en un siècle et demi (environ 650-500 av. J.-C.) l'avènement de la démocratie athénienne. Là, des facteurs extérieurs sont venus donner un

### SÉVÈRE, LE DRACON

*L'adjectif « draconien » vient de Dracon, ce législateur athénien du VIIe s av. J.-C. Ces lois étaient particulièrement rudes puisque la seule punition qu'il préconisait pour expier les délits comme le vol était... la mort. Avec une telle sévérité, le peuple athénien réussit à le chasser de la cité.*

coup de pouce. La victoire sur les Perses, repoussés en 490 à Marathon puis battus à Salamine en 480 à l'occasion d'une bataille navale mémorable, va auréoler Athènes d'un prestige considérable, l'exploitation de mines d'argent au Laurion (aujourd'hui Lavrio, au sud-est de l'Attique) fournissant le nerf de la guerre.

Débarrassés pour quelques années de toute menace extérieure, les Athéniens vont alors pouvoir se consacrer pleinement au rayonnement culturel de leur cité, sous la houlette de Périclès. C'est l'époque glorieuse que l'on connaît sous le nom de « siècle de Périclès », symbolisé par le Parthénon. Mais ce siècle ne dure en fait que de 480 à 430 environ. Les Athéniens pèchent alors par orgueil : organisateurs d'une confédération basée à Délos (Cyclades), ils sont accusés de s'accaparer le trésor de guerre constitué pour se défendre contre l'Empire perse, et les autres cités grincent des dents devant cet « impérialisme », même si des historiens contemporains relativisent cette notion, parlant plutôt, d'« alliance défensive ». Mais l'orgueil est bel et bien le talon d'Achille des Athéniens, qui se considèrent comme les meilleurs parmi les meilleurs dans le monde grec. Sparte déclenche les hostilités en 431 : la guerre civile va enflammer le Péloponnèse et l'Attique pendant près de 30 ans, jusqu'à la reddition d'Athènes en 404, après des épreuves terribles (peste, famine...). Jamais Athènes ne retrouvera son importance politique. Elle restera, en revanche, notamment sous l'Empire romain, une capitale culturelle. Les empereurs Hadrien et Marc Aurèle feront beaucoup pour lui redonner un peu de sa splendeur passée.

Après la mémorable période antique, on s'est acharné sur Athènes. Les Francs s'en emparent après 1204, puis c'est au tour des Catalans et des Florentins de se la disputer ensuite avant que les Ottomans, en 1456, trois ans après la prise de Constantinople, n'en prennent le contrôle. Transformé en église à l'époque byzantine, le Parthénon devient une mosquée. Les Vénitiens assiègent Athènes à la fin du XVIIe s et donnent le coup de grâce : la ville, ou plutôt ce qu'il en reste, ressemble à un champ de ruines. Dans les années 1820-1830, le jeune État grec acquiert son indépendance sur une infime part du territoire national, mais c'est la petite cité de Nauplie dans le Péloponnèse qui est tout d'abord choisie comme capitale, et non Athènes, trop délabrée. Celle-ci ne compte alors que 4 000 à 5 000 habitants... Pour accueillir Othon Ier, le nouveau roi arrivé de Bavière, il faut construire une nouvelle Athènes. Des architectes européens débarquent. Ils modèlent un centre néoclassique presque géométrique (Acropole-Syndagma-Omonia). Depuis, la ville a progressivement pris de l'embonpoint jusqu'à envahir presque toute la région environnante : l'Attique. Le développement a été anarchique, subissant les afflux de population, notamment après 1922 quand les réfugiés d'Asie Mineure sont arrivés en masse : la ville, qui comptait 450 000 habitants, en a reçu tout d'un coup 150 000 supplémentaires. Athènes est définitivement redevenue une mégalopole.

## UNE VILLE TRANSFORMÉE POUR LES JEUX OLYMPIQUES

Cette mégalopole tentaculaire, les Athéniens l'appellent *tsimendoupoli* (la ville de ciment) et dès qu'ils le peuvent, ils la fuient, créant un véritable exode notamment fin juillet-début août !

Près d'un tiers des Grecs vivent à Athènes et en Attique (alors que la moyenne des capitales européennes est de 11 % de la population du pays) ! 3 700 000 Grecs vivent en Attique (et seulement 760 000 dans les limites de la municipalité d'Athènes). La moitié de l'industrie grecque étant concentrée au Pirée et dans la région d'Éleusis, il s'ensuit une forte pollution. Athènes est en effet une cuvette, d'où une situation privilégiée (microclimat) à l'origine. Aujourd'hui, c'est une catastrophe : le *néfos*, nuage de pollution qui vient du Pirée, s'abat sur Athènes... et il y reste. Un rapport (2007) indique que les Athéniens sont, de tous les habitants d'une capitale européenne, ceux qui sont les plus mécontents de la qualité de vie dans leur ville. Et pourtant, c'est bien cette ville qui a été désignée pour accueillir les Jeux olympiques de 2004 ! De 1999 à 2004, Athènes s'est transformée en un vaste chantier et le résultat a stupéfié jusqu'aux plus sceptiques. Construction de nouvelles lignes de métro et de tramway, pour réduire la circulation automobile, création d'un vaste plateau piéton permettant d'aller d'un site archéologique à un autre, et d'un nouvel aéroport en Attique, à Spata, avec un vrai périphérique pour contourner Athènes et y accéder plus rapidement ; c'est fou ce qui a changé à Athènes en 6 ans ! Même si ces grands travaux ont causé bien des difficultés au quotidien, les Athéniens et les visiteurs de passage apprécient que la vie quotidienne soit facilitée par ce nouveau réseau de transports en commun performant.

# Arrivée à l'aéroport

✈ *L'aéroport Elefthérios Vénizélos* (hommage au grand homme politique grec de la 1ʳᵉ moitié du XXᵉ s), situé à *Spata*, à une vingtaine de kilomètres à l'est du centre d'Athènes, est en service depuis 2001. Ultramoderne, il a enfin donné à Athènes une porte d'entrée internationale conforme à un grand pays touristique. C'est d'ici que partent les vols intérieurs et vols internationaux. Comme on n'arrête pas le progrès, les chariots à bagages sont payants (1 €) et les cartes de paiement sont acceptées !

■ *Service information :* ☎ 21-03-53-00-00. ● aia.gr ●

🄸 *Greek National Tourism Organisation (EOT) :* hall des arrivées, entre les portes 2 et 3. ☎ 21-03-53-04-45. Lun-ven 9h-19h, w-e 10h-14h (plus tard s'il y a du personnel supplémentaire). Infos et documentation sur tout le pays. Donne aussi les horaires des ferries.

✉ *Bureau de poste :* hall des arrivées. Tlj 7h-21h.

@ *Internet :* des bornes, la plupart situées dans le hall des départs permettent d'accéder gratuitement au Web pendant 15 mn.

■ *Consigne à bagages (Baggage Storage Pacific) :* hall des arrivées, tout au fond (porte 1). ☎ 21-03-53-03-52. Tlj 24h/24. Compter, selon taille du bagage 3-7 € pour 6h et près du double pour 24h.

■ *Bureaux de change, banques et distributeurs :* hall des arrivées et hall des départs. Aucun problème pour se procurer de l'argent liquide.

■ *Location de voitures :* hall des arrivées. *Budget* (☎ 21-03-53-05-53) ; *Avis* (☎ 21-03-53-05-78/79) ; *Hertz* (☎ 21-03-53-33-58) ; *National/Alamo* (☎ 21-03-53-33-23) ; *Europcar* (☎ 21-03-53-33-21) ; *Sixt* (☎ 21-03-53-05-56).

### Compagnies aériennes

■ *Air France :* ☎ 21-03-53-03-80.

■ *Swiss International Airlines :* ☎ 21-03-53-03-82/84.

■ *Aegean Airlines :* ☎ 21-03-53-01-01.

■ *Olympic Air :* ☎ 21-03-53-05-00.

■ *Alitalia :* ☎ 21-03-53-42-84/85.

■ *Lufthansa :* ☎ 21-06-17-52-00.

■ *EasyJet :* ☎ 21-03-53-03-76/77.

■ *Brussels Airlines :* ☎ 21-03-53-04-18.

■ *Cyprus Airways :* ☎ 21-03-53-08-15.

■ *Baboo :* ☎ 21-03-53-01-52.

■ *Air Canada :* ☎ 21-03-53-04-18.

## Pour rejoindre le centre-ville

Depuis 2009, il existe un « ticket touristique » qui permet d'utiliser tous les transports urbains athéniens pendant 3 jours à compter de la 1ʳᵉ utilisation. Son prix : 15 €. Bonne nouvelle, ce ticket est également valable sur les lignes de bus, métro et train qui relient l'aéroport au centre-ville. Dès votre descente de l'avion, vous pouvez l'acheter au guichet des bus ou à la gare d'où partent le métro et les trains urbains.

➢ *Le métro :* le moyen le plus rapide de se rendre au centre-ville. Pour gagner la station, sortir porte 3 et monter les escaliers face au *Sofitel,* puis emprunter la passerelle. C'est la ligne 3, qui arrive directement pl. Syndagma ou à Monastiraki. Env 40 mn de trajet, départ ttes les 30 mn, 6h30-23h30 (6h15-23h45 de Monastiraki). Coût du billet (tarif 2010) : 6 €. Il existe aussi des billets collectifs (10 € pour 2) ou la possibilité d'acheter un billet aller-retour pour 10 € (mais attention, le retour doit se faire dans les 48h).

➤ *Le bus :* la ligne *X95* va de l'aéroport (sortie 5) au centre-ville (pl. Syndagma, tout près de la station de métro du même nom). Il fonctionne 24h/24, avec un départ ttes les 10-20 mn (selon la tranche horaire). Prix du billet (tarif 2010) : 3,20 €. Si, pour rejoindre votre hôtel, une fois descendu du bus, vous devez prendre le métro, il vous faudra acheter un ticket à 1 €. Compter env 1h de trajet (si le trafic est normal).

➤ Le nouveau *train urbain* (suburban rail, proastiakos en grec) relie l'aéroport à la gare de Larissa, près du centre d'Athènes *(plan couleur d'ensemble)*. Pour gagner la gare, sortir porte 3 et monter les escaliers face au *Sofitel*, puis emprunter la passerelle. Billet (tarif 2010) : 6 €. Comme pour le métro, il est possible de faire de petites économies en prenant un billet collectif (en grec : *omadiko issitirio*). Réduc également sur les billets aller-retour. Env 40-50 mn de trajet, départ ttes les 15 mn. Pas de train de 20h à 6h. Attention, ces trains ne sont pas directs : il faut changer à Ano Liossia. Une fois à Larissa, on rejoint le centre-ville en métro ou trolley. Autre option, descendre du train à la station Neratziotissa et prendre la ligne 1 de métro direction Piraeus (en choisissant cette option, on met env 50 mn pour rejoindre Omonia).

➤ *Le taxi* coûte 35-40 € pour le centre-ville (tarif de jour, 5h-minuit). Ajouter 50 % minuit-5h du mat. Les tarifs sont affichés à la sortie, porte 3, mais faites tout de même attention aux arnaques (voir plus loin « Les taxis : ruses et arnaques »).

## Pour rejoindre les gares routières

➤ *Le bus X93 :* départ entre les sorties 5 et 6. Ce bus conduit à la gare routière *(100, odos Kifissou)* via la 2ⁿᵈᵉ gare routière *(odos Liossion)* et évite de passer par le centre historique d'Athènes. Mêmes tarifs et conditions d'utilisation que pour la ligne X95. Prévoir 1h-1h30 selon la densité du trafic. Intéressant seulement si vous ne séjournez pas dans la capitale. Pour les destinations desservies, voir plus loin la rubrique « Quitter Athènes ». Compter 1 départ ttes les 25-40 mn (selon la tranche horaire), 24h/24.

## Pour rejoindre Le Pirée

➤ *Le bus X96* (ligne *Spata-Koropi-Vari-Voula-Glyfada-Le Pirée*) : sortie 5, fonctionne 24h/24. Mêmes tarifs et conditions d'utilisation que les précédents. 1 départ ttes les 20-40 mn. Compter 1h-1h30 de trajet.
On peut aussi faire ce trajet en train urbain, qui relie l'aéroport et Le Pirée via la gare de Larissa (voir plus haut) ; c'est confortable et assez rapide. Sinon, il reste le taxi (compter 40-45 €).

## Pour rejoindre Rafina

➤ Une ligne express *KTEL* (autobus orange) dessert le port de Rafina, via Loutsa. Billet à 3 €. Départs 5h45-20h45, au niveau de la porte 2 des arrivées.

## Pour rejoindre Lavrio

➤ Départs 6h30-22h30, ttes les heures, au niveau de la porte 5 des arrivées. Billet : 4 €. Changement de bus à Markopoulo.

## Quitter l'aéroport en voiture

➤ *Pour le centre-ville :* rejoindre la route à péage (Attiki Odos) et suivre la direction Elefsina. 16 km après l'aéroport, on conseille la sortie 16K qui conduit au périphérique de l'Hymette (Imittos Ring). C'est un peu plus long que le trajet direct, via l'av. Messogion, que l'on accomplit en prenant, juste après, la sortie 15, mais le périphérique est assez rapide et agréable. Le quitter direction Athina-center, descendre l'av. Katéchaki au bas de laquelle on retrouve l'av. Messogion et continuer à gauche. Le centre n'est plus très loin. Au total, 33 km entre l'aéroport et le centre-ville.

➤ *Pour Le Pirée :* prendre la 4-voies, mais ne pas se diriger vers la section à péage, continuer tout droit.

➤ *Pour le Péloponnèse :* une fois sur Attiki Odos (péage), toujours suivre la direction Elefsina.

➤ *Pour la Grèce du Nord :* sur Attiki Odos, continuer en direction d'Elefsina jusqu'au panneau pour Lamia-Thessalonique et suivre cette direction.

# Transports urbains à Athènes et en Attique

Les lignes de bus et de métro figurent sur le plan d'Athènes, très bien fait (index en 3 langues, dont le français) distribué à l'office de tourisme. On peut se procurer à l'aéroport la *Pocket Map* des transports publics qui couvre tout Athènes. Il existe une carte mensuelle, vendue 35 € (18 € en tarif réduit ; tarifs 2010), valable sur tous les transports en commun à Athènes SAUF sur les lignes pour (ou de) l'aéroport, dont la tarification est spéciale. Intéressant pour un long séjour. Pour un séjour plus court, une carte hebdo (10 €) est proposée. Là encore, cette carte ne peut être utilisée pour se rendre à l'aéroport. On peut enfin acheter un billet à la journée (3 €), utilisable dans tous les transports en commun (valable 24h à partir du moment où il est émis). Attention, ce billet ne peut pas non plus être utilisé pour se rendre à l'aéroport. En fait, 1 seul ticket permet de prendre tous les transports urbains, y compris ceux qui desservent l'aéroport : le ticket « touristique », qui est valable 3 jours. Il coûte 15 € et on peut l'acheter dans certaines stations de métro (Syndagma, Omonia et le Pirée), à la gare de Larissa ou encore à l'aéroport.

## Métro *(ilektrikos)*

Pendant des décennies, le métro athénien n'a eu qu'une seule ligne, longue de 25 km, entre Le Pirée et Kifissia, une banlieue résidentielle du nord-est : il était impossible de s'y perdre. Mais après des années de travaux, commencés en 1992 (et qui ont, par ailleurs, permis d'incroyables découvertes archéologiques), deux nouvelles lignes ont ouvert fin 1999. Elles ont changé la vie des Athéniens, qui ont découvert un moyen de transport rapide et sûr. Très pratique, en particulier quand on va, depuis le centre d'Athènes, prendre un ferry pour les îles (malheureusement, sur la ligne 1 qui va au Pirée, on emprunte encore l'ancienne ligne qui n'a rien à voir avec les nouvelles, même si certaines rames climatisées ont été mises en service). Acheter son ticket, à l'unité ou par 10, au guichet ou au distributeur. Les tarifs sur toutes les lignes (2010) : 1 € l'unité pour 1 ou 2 zones de la ligne 1, par exemple pour aller du centre-ville au Pirée. Tarif réduit : 0,50 €. Si on se rend à l'aéroport (ou pour tout trajet sur la ligne 3 au-delà de la station Ethniki Amyna), bien penser à acheter le ticket à 6 €. Les enfants de moins de 6 ans ne paient pas. Les tickets sont valables 90 mn. Les métros circulent de 5h (ligne 1) ou 5h30 (lignes 2 et 3) à 0h15 en semaine, et jusqu'à 2h les vendredi et samedi. *Rens :* ☎ 185 (service d'info de l'OASA, l'Agence des transports publics à Athènes). ● amel.gr ●

Le métro relie les points les plus importants pour les voyageurs :

### Ligne 1 (Le Pirée-Kifissia)

– Station *Pireas* : Le Pirée, à 200 m des bateaux qui desservent les îles.
– Station *Thissio* : à 10 mn de marche de l'Acropole, près de l'ancienne agora.
– Station *Monastiraki* : à 10 mn de marche de l'Acropole ; marché aux puces et Plaka. Désormais reliée à Syndagma, directement par la ligne 3 dont Monastiraki est pour l'instant le terminus.

– Station *Omonia* : place Omonia, l'une des plus animées du centre. La ligne 2 passe également par Omonia.
– Station *Victoria* : à 5 mn des 2 gares ferroviaires.
– Station *Kato Patissia* : à 10-15 mn de marche du terminal de bus B (gares routières liaisons interurbaines).

### Ligne 2 (Agios Antonios-Dafni-Agios Dimitrio – à partir du printemps 2011, cette ligne devient Anthoupoli-Elliniko)

– Station *Syndagma* : la plus centrale qui soit. La station en elle-même est une réussite, avec ses vitrines permettant de voir quelques-unes des trouvailles faites pendant les travaux.

*En allant vers le nord :*
– Station de *Métaxourgio* : proche de la gare ferroviaire du Péloponnèse.
– Station de *Larissa* (en grec, *Stathmos Larissis*) : dessert la gare ferroviaire de Larissa.
– Station d'*Attiki* : correspondance avec la ligne 1 (pratique si on a oublié de changer à Omonia ou si on veut éviter de le faire à cette station).

*En allant vers le sud :*
– Station *Akropoli* : proche de Plaka et de l'Acropole.
– Station *Agios Dimitrios*.
Fin 2010, la ligne devait être complétée vers le nord (stations de *Péristéri* et *Anthoupoli*) et, au printemps 2011, vers le sud jusqu'à Elliniko, à proximité de la côte.

### Ligne 3 (Haïdari-Egaléo-Monastiraki-Ethniki Amyna-Doukissis Plakentias-Aéroport)

– Stations *Evangélismos* et *Ambélokipi* : desservent les principaux hôpitaux d'Athènes.
– Station *Ethniki Amyna* : départ du bus express X94 pour l'aéroport.
– Station *Doukissis Plakentias* (à Stavros). Le train urbain arrivant de la gare de Larissa y passe également.
– Station *Keramikos,* pour se rendre dans le quartier branché de Gazi.
La ligne 3 est en cours de prolongation entre Égaleo et Le Pirée (la station de Haïdari devait ouvrir fin 2010). La connexion entre l'aéroport international et le port sera alors directe !
**AVERTISSEMENT :** attention aux bandes organisées de pickpockets qui sévissent dans le métro, en particulier à Omonia et Monastiraki ou sur le trajet vers Le Pirée. Ne pas tenter le diable en exposant sacs ou bananes à portée de main.

## Bus et trolleys

Les bus urbains gérés par l'*ETHEL* fonctionnent de 5h à 23h30. On les appelle les bus bleus (même si les bus les plus récents sont davantage blancs et ne comportent que quelques bandes bleues). Acheter les tickets dans les cabines jaunes, bleues ou blanches. Coût d'un ticket (en 2010) : 1 €. Attention, les contrôles sont fréquents ! Bon à savoir : le même ticket est valable 1h30 et peut être utilisé dans d'autres bus de la compagnie. Il existe aussi une vingtaine de lignes de trolleybus, gérées par l'*ILPAP*, fonctionnant de 5h à minuit (même prix). Les vieux trolleys soviétiques ont tous été remplacés par des véhicules beaucoup plus modernes.

## Tramway

Un tramway a été mis en service en juillet 2004, avec 2 lignes, l'une reliant le centre d'Athènes (départ léoforos Amalias, au sud du Jardin national) et Glyfada (sur la côte, au sud du Pirée) ou Néo Faliro (quartier sud du Pirée), l'autre partant de Néo Faliro et longeant la côte pour rejoindre Glyfada et Voula. Ce moyen de transport, qui fonctionne lun-jeu 5h-minuit et ven-dim 24h/24, aura connu bien des vicissitudes et n'a pas vraiment suscité l'adhésion populaire. Il faut dire qu'il est un peu lent. Acheter son billet aux stations (pas de vente possible dans le tram). Prix du billet : 1 €. Compter env 45 mn pour Néo Faliro au départ de la place Syndagma, env 1h de Syndagma à Voula, et env 40 mn entre Néo Faliro et Voula. Intéressant, si l'on séjourne quelques jours à Athènes, et si l'on n'est pas trop pressé, pour sortir de la fournaise athénienne et aller prendre l'air de la mer sans être bloqué dans les embouteillages. Les lignes doivent être prochainement étendues : celle de Néo Faliro rejoindra Le Pirée *(pour plus d'infos, consulter ● tramsa.gr ●)*.

## Voiture

Circuler dans Athènes, c'est un véritable sport (olympique ?). La plupart des rues sont à sens unique et, en dehors des grands axes, elles sont plutôt étroites, d'autant que les Grecs aiment se garer en double file. Attention aux taxis, qui s'approprient la file de droite et s'arrêtent sans prévenir. Les deux-roues casse-cou vous apporteront leur lot de sueurs froides. Gaffe aussi aux ronds-points, sur lesquels on laisse la priorité à droite ! Bref, on n'arrive pas forcément où l'on veut une fois que l'on est embarqué dans le mouvement perpétuel de la circulation athénienne...

Pour le stationnement en revanche, ce n'est pas trop difficile. Nombreux parkings, même dans d'étroites rues de Plaka (où l'on doit parfois laisser ses clés, car les véhicules étant serrés le plus possible, il faut pouvoir dégager l'accès à la sortie d'une voiture garée au fond...), dans des cours où l'on entasse les véhicules *(forfait à la ½ journée, tarifs 7-10 € selon « standing » du parking, voire davantage)* ou dans les parkings souterrains. Il en existe un, par exemple, place Klafthmonos *(plan couleur II, B2-3)* ou sous le marché, à côté des halles (entrée par lodos Sokratous ; *plan couleur II, A-B2)*. Cher. Également 2 parkings *Polis Park*, platia Kaningos *(plan couleur I, B2)* et platia Egyptou *(plan couleur I, B1 ; 5 € pour 1h, 16 € pour 24h)*. Attention au stationnement illégal, les contractuels sont nombreux ! Les plaques sont d'ailleurs enlevées pour être certain que les amendes *(plus de 60 €)* soient bien payées. Récupération au commissariat... le lendemain. Avoir, par précaution, une photocopie de la carte grise. Si le stationnement est particulièrement gênant (angle d'une rue), la fourrière intervient très rapidement ! À bon entendeur, salut !

On peut aussi se garer sur des places de parking payantes, il faut alors acheter au kiosque ou dans le petit magasin de quartier qu'on vous indiquera, les cartes où vous indiquez votre heure d'arrivée à placer bien en évidence. Compter 2 €/h. Ne rien laisser d'apparent dans la voiture quand vous la quittez.

## Les taxis : ruses et arnaques

On a rencontré des taxis honnêtes, même à Athènes. Cela dit, voici quelques tuyaux bien utiles à connaître.

Tout d'abord, la règle du jeu : doivent être affichés sur le tableau de bord les tarifs, en grec et en anglais. Ces tarifs sont également consultables à l'aéroport. Ils indiquent, dans l'ordre (tarifs en 2010) : le coût de la prise en charge (1,05 €), celui du kilomètre (env 0,50 €, presque le double hors des limites de la cité), les surtaxes (départs de l'aéroport ou d'une gare routière ou portuaire), le tarif de nuit (presque le double du tarif diurne, et normalement exigible de minuit à 5h du matin uniquement) et ce qu'on vous fait payer pour les bagages de plus de 10 kg (mais on n'a évidemment pas de balance à disposition...). Sans oublier le péage sur le trajet aéroport-centre-ville. Malgré tout, le taxi reste beaucoup moins cher qu'en France. Quelques exemples de prix : 32-35 € pour un trajet aéroport-Athènes centre, 10-12 € pour Le Pirée-Athènes centre. Pour une toute petite course en ville : 4-5 €. Le chauffeur a le droit de prendre d'autres passagers allant dans la même direction. Cela ne signifie pas que le prix de la course va être divisé par le nombre de passagers : le chauffeur, lui, encaisse simplement davantage. Bien entendu, cela complique un peu plus les choses puisqu'un taxi transportant un passager peut être pourtant « libre ». Les Grecs excellent dans ce sport national qu'est l'interception

de taxi : aux carrefours, au niveau des feux, ils crient le nom du quartier où ils souhaitent se rendre et le chauffeur s'arrête... ou pas.
Si le compteur n'est pas branché, demandez au chauffeur de le mettre en route (Put the meter, please). Évidemment, ne jamais écouter les propos de chauffeurs malhonnêtes qui vous baratineraient en racontant que votre hôtel est complet ou mal situé... et qu'il en connaît un meilleur !

# Adresses utiles

## Informations touristiques

**ℹ️ Office de tourisme** (siège ; hors plan couleur I par C3) : 7, odos Tsokha. ☎ 21-08-70-70-00. ● gnto.gr ● Ⓜ Ambélokipi (ligne 3). Lun-ven 9h-16h30. Grand espace d'accueil où l'on peut se ravitailler en documentation. Profitez plutôt de celui de l'aéroport si vous arrivez en avion, ou de l'antenne ouverte en centre-ville (voir ci-dessous).

**ℹ️ Office de tourisme** (bureau d'information ; plan couleur II, B3) : 26, léoforos Amalias. ☎ 21-03-31-03-92. Lun-ven 9h-19h, w-e et j. fériés 10h-16h. Pratique pour s'informer sur les départs de bateaux, les horaires des musées, etc.

## Agences de voyages et compagnies aériennes ou maritimes

**■ Robissa Travel Bureau** (plan couleur II, B3, **10**) : 43, odos Voulis. ☎ 21-03-21-11-88. ● robissa.gr ● Lun-ven 9h-17h, sam 10h-14h. Agence de voyages officielle pour les étudiants (STA Travel). Représentant d'InterRail en Grèce.

**■ Profil Voyages** (plan couleur II, B3, **23**) : 36, odos Mitropoléos. ☎ 21-03-23-94-82. ● profilvoyages.gr ● Agence de voyages dirigée par Françoise Deschamps, une Française installée depuis longtemps en Grèce, qui en connaît tous les recoins et organise des voyages sur mesure.

**■ Superfast** et **Blue Star Ferries** (plan couleur II, B3, **11**) : 30, léoforos Amalias. ☎ 21-08-91-91-30. ● infoathens@superfast.com ● Lun-ven 8h30-20h, sam 8h30-16h.

**■ Anek Lines** (plan couleur II, B4) : 48, léoforos Amalias. ☎ 21-03-23-34-81. ● pr-ath@anek.gr ● Lun-ven 8h30-20h, sam 9h-17h, dim 10h-16h.

**■ Minoan Lines** (plan couleur II, B2, **17**) : 59, E. Vénizelou (angle de E. Bénaki). ☎ 21-03-37-69-10. ● minoan.athens@minoan.gr ● Ⓜ Omonia. Lun-ven 8h30-20h30, sam 8h30-16h30.

## Poste et télécommunications

**✉️ Bureaux de poste** : en grec, la poste se prononce tachidhromio. Les bureaux dans le centre d'Athènes sont relativement nombreux.
– Pl. Syndagma (plan couleur II, B3) : lun-ven 7h30-20h, sam 7h30-14h, dim 9h-13h30. On peut s'y faire adresser du courrier en poste restante : 103 00 Syndagma, Athens, Greece.
– 60, odos Mitropoléos (plan couleur II, B3) : mêmes horaires que Syndagma.
– 100, odos Eolou (plan couleur II, B2),

près de la pl. Omonia. Lun-sam 7h30-14h.
– Petit bureau en face du guichet de vente des billets pour l'Acropole : lun-sam 7h30-14h et dim 9h-13h30.
Pour les autres postes : lun-ven 7h30-14h30.
– 33, odos Nikis, à l'angle d'odos Lamakou, assez près de Syndagma (plan couleur II, B3).
– 7, odos Dionissiou Aréopagitou (plan couleur II, B4).

– 84, odos 28 Oktovriou (plan couleur I, B1), pas loin de la pl. Victoria.
– Pl. Ethnikis Antistasséos, près de la mairie (plan couleur II, B2), à l'angle des rues Efpolidos et Apellou.
– 36, odos Zaïmi, à l'angle de la rue Deligianni, quartier du Musée archéologique (plan couleur I, B1).

## Représentations diplomatiques

■ **Ambassade de France** (plan couleur II, C3, **12**) : 7, odos Vassilissis Sofias. ☎ 21-03-39-10-00. Fax : 21-03-39-10-09. ● ambafrance-gr.org ●
■ **Section consulaire** (plan couleur II, C4, **13**) : 5-7, odos Vassiléos Konstandinou (en face du stade). ☎ 21-03-39-12-00. Fax : 21-03-39-12-09. ● ambafrance-gr.org ● Bus 209, 550 et 459. Ouv au public lun-ven 8h-13h. Permanence lun-ven 15h-18h et sam et j. fériés 9h-13h (pour les urgences slt, appeler le ▯ 693-240-13-43 en dehors des heures d'ouverture ou de permanence). Si vous avez perdu vos papiers, munissez-vous d'une déclaration de perte ou de vol établie dans le bureau de police le plus proche du lieu où les faits se sont produits, et 2 photos. Vous aurez un laissez-passer (en cas d'absence totale de papier d'identité), après vérification en France, qui vous permettra de quitter le territoire grec. Ces démarches ne sont possibles que de 8h à 13h. Prévoir 23 €.
■ **Consulat de Belgique** (plan couleur II, C3) : 3, odos Sekeri. ☎ 21-03-61-78-87. Fax : 21-03-60-42-89. ● diplomatie.be/athensfr ● Lun-ven 8h-14h.
■ **Consulat de Suisse** (plan couleur I, C3) : 2, odos Iassiou. ☎ 21-07-23-03-64. ● eda.admin.ch/athens ● À côté de l'hôpital Evangelismos. Lun-ven 10h-12h.
■ **Ambassade et consulat du Canada** (plan couleur I, C3) : 4, odos Ioanou Gennadiou. ☎ 21-07-27-34-00. ● athns@international.gc.ca ● À côté de l'hôpital Evangelismos. Lun-jeu 8h-16h30 ; ven 8h-13h30.

## Urgences, santé

■ **Secours d'urgence (EKAV)** : ☎ 166.
■ **Police** : ☎ 100.
■ **Pompiers** : ☎ 199.
■ **Police touristique** : ☎ 171.
■ **Assistance routière** : **ELPA** (☎ 10400) ; **Express Service** (☎ 1154) ; **Hellas Service** (☎ 1057).
■ **Pharmacies ouvertes 24h/24** : ☎ 107 (Athènes) et ☎ 102 (banlieue). Les horaires estivaux des pharmacies sont les suivants : lun et mer 8h-14h30, mar, jeu et ven 8h-14h et 17h30-20h30. Fermé sam-dim. En dehors de ces horaires, téléphoner au ☎ 14944 pour connaître les pharmacies de garde.
■ **Médecins hospitaliers de garde** : ☎ 1434.
■ **SOS Médecins** : ☎ 1016. Tlj, 24h/24.
■ **Centre antipoison** : ☎ 21-07-79-37-77.
■ **Soins médicaux** : pour consulter un médecin français ou francophone, s'adresser au consulat. Liste sur le site de l'ambassade de France.
■ **En cas d'urgence, pour avoir un hôpital** : ☎ 1434.
Liste complète des hôpitaux et cliniques sur le site de l'ambassade de France.
– **Hôpital public Evangelismos** (plan couleur I, C3, **3**) : 45-47, odos Ipsilantou. ☎ 21-07-20-10-00. À Kolonaki.
– **Hôpital public Ippocration** (hors plan couleur II par C3) : 114, léoforos Vassilissis Sofias. ☎ 21-07-48-37-70. Dans le quartier d'Ambélokipi, où sont regroupés de nombreux hôpitaux ou cliniques.
– **Croix-Rouge** (Erythros Stavros) : 1, odos Erythrou Stavrou et 1, odos Athanassaki. ☎ 21-06-41-40-00. Quartier d'Ambélokipi.
– **Hôpital privé Iatrico Kentro Athinon** : 57, odos Distomou, à Maroussi (banlieue chic du nord d'Athènes). ☎ 21-06-19-81-15. Établissement agréé Intermutuelle Assistance.

## Culture

■ **Institut français d'Athènes** (plan couleur II, C2, **14**) : 31, odos Sina. ☎ 21-03-39-86-00. ● ifa.gr ● L'institut a réorganisé ses activités, abandonnant la plus grande partie de sa mission d'enseignement, pour se recentrer sur son rôle de vitrine culturelle de la France (ce qui se voit dès l'arrivée : admirez la jolie fresque qui annonce le programme). Programmation très intéressante de spectacles et de conférences (relâche en août). Riche médiathèque *(lun 14h-19h, mar-ven 10h-19h ; en été, 10h-16h)* ; bistrot français, le *Paris-Athènes* ; accès Internet *(lun-ven 8h30-21h ; été 9h-16h)*.

■ *Librairie française Kaufmann (plan couleur II, B3, **15**)* : 28, odos Stadiou *(près de la pl. Klafthmonos)*. ☎ 21-03-22-21-60. *Mar, jeu, ven 9h-20h ; lun et mer 9h-17h ; sam 9h-15h. Annexe au 60, odos Sina, en face de l'Institut français.* ☎ 21-03-63-36-26. *Presque les mêmes horaires, mais ouvre à 10h.* Excellente librairie avec parfois des bouquins introuvables en France ! Vend aussi des journaux. Littérature, art, B.D., etc. On y trouve aussi des périodiques français.

■ *Road Café Bookstore (plan couleur II, B2, **24**)* : 71, odos Solonos. *Mar, jeu, ven 8h30-20h30 ; lun, mer, sam 8h30-15h.* C'est la librairie de l'éditeur de cartes *Road Editions*. Nombreux livres sur la Grèce, guides de voyage. Café à l'étage.

■ *Anavassi (plan couleur II, B2, **25**)* : 6A, stoa Arsakiou. *Lun et mer 10h-15h ; mar, jeu et ven 10h-20h ; sam 10h-16h.* La librairie de l'éditeur des cartes Anavassi. Également quelques livres sur la Grèce.

■ *Presse internationale :* dans ts les kiosques situés dans les quartiers touristiques.

■ *Journaux grecs en anglais :* l'hebdo *Athens News*, le plus complet sur l'actualité en Grèce, paraît le vendredi (● athensnews.gr ●). Un concurrent, *Athens Plus*, également en anglais : il paraît aussi le vendredi. Et le quotidien grec *Kathimerini*, qui contient un supplément de 8 pages traduit en anglais.

## Divers

■ *Consignes à bagages :* Pacific Ltd *(plan couleur II, B3, **22**)*, 26, odos Nikis. ☎ 21-03-24-10-07. *Dans le centre, à proximité de la pl. Syndagma, dans une agence de voyages. Lun-sam 8h-20h. Tarif : 2 €/j. et par bagage ; tarif dégressif pour la sem, voire plus.* Utile pour ceux qui veulent passer quelques jours dans les îles sans être trop chargés. Également présent à l'aéroport. La plupart des (petits) hôtels font aussi *left luggage*. On trouve également des consignes dans certaines stations de métro (Syndagma, Monastiraki, Omonia et au Pirée), et sous l'Acropole (les sacs à dos sont interdits pour la visite).

■ *Radio-taxis :* **Enotita** (☎ 21-06-45-90-00) ; **Ermis** (☎ 21-04-11-52-00) ; **Express** (☎ 21-09-94-30-00) ; **Piréas 1** ou **Le Pirée** (☎ 21-04-18-23-33).

## Location autos-motos

L'avenue Andrea Syngrou *(plan couleur I, B4)* regorge d'agences de location de voitures : au moins une vingtaine. Comme celles-ci sont proches les unes des autres, il est facile d'en faire plusieurs pour comparer les tarifs proposés.

■ *Capital Rent a Car (plan couleur I, B4, **4**)* : 14, av. Syngrou. ☎ 21-09-21-88-30. Fax : 21-09-24-63-45. ● capital rent.gr ● *Tlj 8h-21h. Sur présentation de ce guide au début de la loc, 5 % de réduc (10 % hors saison). Mise à disposition de la voiture à l'aéroport d'Athènes (avec un supplément), au port du Pirée, en ville à l'hôtel, à Thessalonique et en Crète. Cartes routières gratuites.* Excellent accueil (en français) de Vassi-lis Vrochidis et de son équipe. Tarifs intéressants et grande qualité des services.

■ *Avanti Rent a Car (plan couleur I, B4, **5**)* : 50, av. Syngrou. ☎ 21-09-23-39-19 et 21-09-24-70-06. 📠 69-32-67-44-76. ● avanti.com.gr ● *Tout près de Syndagma. Lun-sam 9h-18h, dim 9h-14h. Pour nos lecteurs, 20 % de réduc annoncés.* Possibilité de laisser le véhicule dans une autre ville en s'acquittant d'une charge supplémentaire.

■ *Motorent* (plan couleur I, B4, *6*) : 1, odos Robertou Galli. ☎ 21-09-23-49-39. ● motorent.gr ● À 200 m au sud de l'Acropole. Lun-ven 9h-18h, sam 10h-16h. Réduc de 10 % pour nos lecteurs. Compagnie de location de scooters et de motos.

## Banques, change

Attention, les banques n'ouvrent que de 8h à 14h (13h30 le vendredi) et sont fermées le week-end. Les bureaux de change indépendants, pour nos lecteurs hors zone euro, sont nombreux ; on en trouve un peu partout, autour des places Syndagma et Omonia, ou même dans Plaka, comme *Change Star* (ouv tlj 9h-21h30). À noter, sur la place Syndagma et dans tous les endroits où passent les touristes, un nombre incalculable de distributeurs.

■ *American Express* : 280, Léoforos Kifissias, Halandri (banlieue d'Athènes). ☎ 21-06-87-91-00. ● americanexpress. com/greece ● Plus d'agences dans le centre d'Athènes...

■ *Eurochange* (plan couleur II, B3, *16*) : 4, Karageorgi Servias. Tlj 8h-21h. Change et chèques de voyage. Également un bureau place Monastiraki, sous la mosquée.

## Commerces

Deux principales chaînes de petites supérettes (ouv lun-sam 8h-20h) se partagent le... marché ! Pratique pour l'alimentaire ou pour acheter les petites choses oubliées au pays et qui manquent parfois cruellement. Pour trouver des hypermarchés, il faut sortir du centre (on trouve un *Carrefour* sur la route de l'aéroport, odos Messogion, par exemple).

⊛ *Marinopoulos* : au début d'odos Athinas (plan couleur II, B2), presque sur la pl. Omonia ; odos Kanari (plan couleur II, B3), pas loin de la pl. Syndagma, en montant vers Kolonaki ; et odos Tritis Septemvriou (plan couleur I, B1 ; quartier Victoria).

⊛ *Véropoulos-Spar* : odos Iraklidon (plan couleur I, A3 ; quartier Thissio) ; odos Falirou et odos Parthénonos (plan couleur I, B4 ; quartier Makrigianni) ; odos Psaron et Paléologou (plan couleur I, A1-2 ; quartier des gares ferroviaires) ; odos Stournari (plan couleur I, B1) ; et odos Averoff (plan couleur I, B1 ; entre odos Acharnon et Aristotélous).

## Internet

En général, compter dans les 2-3 € pour 1h.

@ *Latef Moustafa Internet Café* (plan couleur II, A2, *18*) : 28, odos Kolonou, à côté de l'hôtel King Jason. Ouv 24h/24. Très bon marché et rapide.
@ *Cafe4U* (plan couleur II, B2, *19*) : 44, odos Ippokratous. ☎ 21-03-61-19-81. Tlj 24h/24. Cybercafé très moderne, avec écran TV et musique « in ». Fait également snack.
@ *Arcade Internet Café* (plan couleur II, B3, *20*) : 5, odos Stadiou. ☎ et fax : 21-03-21-07-01. À proximité de Syndagma. Lun-ven 9h-23h, sam 10h-22h, dim 12h-20h. Nombreux PC à disposition, fax, et même les informations boursières en temps réel (enfin, pour ceux que ça branche...).
@ *Bit @ Bytes* (plan couleur II, B3, *21*) : 19, odos Kapnikaréas, en plein Plaka. ● bnb.gr ● Ouv 24h/24. Nombreux ordis. Très central.
– Ne pas oublier non plus le sympathique café Internet de l'Institut français d'Athènes (voir plus haut dans la rubrique « Culture »).

# Où dormir ?

Les hôtels pour routards, ancien style, sont de moins en moins nombreux à Athènes. On les trouve principalement dans le quartier de la gare, autour de la place Omonia (mais on ne peut pas les conseiller, la plupart, dans ce quartier « chaud », servant à autre chose qu'à dormir).

À noter que, selon vos talents, vous pouvez essayer de négocier le prix de votre chambre : hors saison ou même en saison si l'hôtel n'est pas rempli, vous avez vos chances.

La situation hôtelière à Athènes n'est pas très réjouissante : les tarifs ont énormément augmenté et, même si la qualité des prestations proposées a, elle aussi, progressé, les prix s'alignent petit à petit sur ceux pratiqués dans les autres capitales européennes. D'autant plus que la haute saison dure en général de début avril, voire du 15 mars, à fin octobre... Il ne faut pas rêver : dormir pour pas (trop) cher à Athènes signifie dormir dans des conditions qui sont loin du luxe. Heureusement, il y a une poignée d'AJ correctes et pas trop chères. Mais de plus en plus, les *Youth Hostels* font le choix d'élever leur standing – donc leurs tarifs. Bien évidement, tous les guides les recommandent et il faut parfois se battre pour trouver de la place.

Vigilance enfin si vous avez réservé une chambre d'hôtel (et c'est plus que conseillé) : des lecteurs se plaignent chaque année d'avoir été « sacrifiés » parce que, entre le moment où ils avaient réservé et le jour où ils se sont présentés à l'hôtel, un groupe a effectué une réservation. Il manquait une chambre pour caser tout le monde ? Ce sont les touristes « individuels » qui trinquent... Téléphonez la veille ou le matin même de votre arrivée pour vous assurer que votre réservation tient toujours. Ça ne vous coûtera pas grand-chose et vous économisera peut-être pas mal de soucis... Et faites-vous envoyer un fax de confirmation de réservation avant votre départ, si vous avez réservé de France en versant des arrhes. Ça peut toujours être utile en cas de litige.

Nous vous rappelons que les prix indiqués s'entendent pour une chambre double. Autre rappel : les prix, dans un certain nombre de cas, sont à géométrie variable... Il arrive qu'ils varient selon la personne interrogée, dans une même journée. Un couple de lecteurs a même fait un test amusant : quand c'était la femme qui appelait pour avoir un prix, celui-ci était moins élevé que quand c'était l'homme ! Prix officiels (« prix de la porte »), prix réellement pratiqués, remises spontanées selon l'inspiration du moment (et le taux de remplissage de l'établissement), tout n'est pas d'une transparence absolue. Raison de plus pour essayer de négocier, habilement bien sûr. Un certain nombre d'hôtels font des remises sur présentation de ce guide ; merci de nous prévenir si ces remises ne sont pas respectées.

## Entre Omonia et les gares

C'est le quartier où l'on trouve les hôtels les moins chers d'Athènes. Certains sont très rudimentaires et mal entretenus. Une règle : toujours demander à voir les chambres pour éviter les mauvaises surprises. Voici quelques adresses fréquentables.

### Bon marché

🛏 *Youth Hostel Victor Hugo* (plan couleur I, A2, **30**) : 16, odos Victoros Ougo, 104 38. ☎ 21-05-23-25-40. ● athens-international.com ● Entre les stations de métro Omonia et Métaxourgio, un tout petit peu plus proche de cette dernière (ligne 2). Selon saison 12-14 € à 15-17 €/pers ; doubles 40-48 €, petit déj compris. Internet et wifi. Laverie. Consigne gratuite. Auberge de jeunesse affiliée à la Fédération internationale (carte non nécessaire). Dispose d'environ 150 lits, en doubles (une dizaine seulement) et en dortoirs pour

4 ou 6 personnes, plutôt calmes (double vitrage), avec salle de bains privée, AC et petit balcon. Les draps sont fournis, mais pas les serviettes. Propreté parfois relative. Armoires cadenassées et coffre gratuit à l'accueil. Pas de cuisine, mais service de petit déj. Accueil sympathique. On y parle le français. Très correct pour le prix, mais ne pas s'attendre au grand luxe non plus.

🛏 **Hostel Aphrodite** (plan couleur I, A1, **31**) : 12, odos Einardou, 104 40. ☎ 21-08-81-05-89. • hostelaphrodite.com • Ⓜ Victoria. Mars-oct. Dans une rue plu-tôt calme, entre la gare de Larissa et la pl. Victoria. Affiliée depuis 2004 à la Fédération internationale, mais la carte de membre n'est pas demandée. En dortoir de 4 ou 8 lits, selon saison, 11-14 €/pers ; doubles 38-44 €. Consigne gratuite, Internet et wifi. Calme et basique, une bonne petite AJ en sorte. Petits balcons. Service de blanchisserie. Pas de cuisine, mais on y sert le petit déj (payant). Bar climatisé en sous-sol. Petit bureau qui vend des excursions et les billets de ferry.

## Plus chic

🛏 **King Jason Hotel** (plan couleur II, A2, **71**) : 26, odos Kolonou, 104 37. ☎ 21-05-23-47-21. • douros-hotels.com • Ⓜ Métaxourgio. Selon saison, doubles 54-65 €, triples 72-84 € ; petit déj-buffet compris. Hôtel fonctionnel, aux chambres proprettes et confortables, sans originalité particulière mais plus que correctes pour les prix pratiqués à Athènes. Pour un standing un peu plus élevé, le même propriétaire propose le Jason Inn (quartier Kéramikos, voir plus loin) et le Jason Prime (Omonia). Voilà ce qui s'appelle avoir de la suite dans les idées...

# Dans le quartier de Victoria

## De prix moyens à plus chic

🛏 **Filo-Xénia Hotel** (plan couleur I, B1, **36**) : 50, odos Acharnon, 104 33. ☎ 21-08-82-86-11. • filoxeniahotel-athens. gr • Ⓜ Victoria. Près des gares ferroviaires. Double 48 €, petit déj compris. Cet hôtel a sans doute connu des jours meilleurs, mais les tarifs sont raisonnables. Chambres avec AC (supplément) et certaines avec terrasse. Mobilier et salles de bains ne sont pas de première jeunesse, mais au moins c'est propre. Choisir une chambre sur cour. Roof garden. Accueil agréable. Hôtel qui voit passer de nombreux groupes, et vendu par plusieurs tour-opérateurs.

## Plus chic

🛏 **City Plaza Hotel** (plan couleur I, B1, **37**) : 78, odos Acharnon, 104 34. ☎ 21-08-22-51-11. • athenscityplaza.com • Ⓜ Victoria. À l'angle d'odos Katrivanou. Doubles 75-95 €, petit déj-buffet inclus. Wifi. Remise de 25 % sur présentation de ce guide et de 10 % en plus pour une résa faite au moins 60 j. avt. Chambres impersonnelles mais d'un excellent confort et très bien tenues, avec AC, TV et petit balcon. Grande salle de resto. Roof garden. On y parle le français. Direction sympathique.

# Dans le quartier de Kypséli

🛏 **Nicola Hotel** (hors plan couleur I par C1, **52**) : 14, odos Olenou, 113 62. ☎ 210-883-79-11. • nicolahotel.gr • Tte l'année. Double 60 €, petit déj compris. *Parking*. Dans le quartier de Kypseli, à proximité immédiate du parc d'Arès (Pédion Aréos). Petit hôtel d'une trentaine de chambres simples (TV, AC), avec balcon. Bon petit déj. Le patron, Kostas Kallyvis, est sympathique et on ne peut plus serviable. Quartier très calme – et pour cause, le principal tribunal d'Athènes est en face et la police rôde dans les parages !

## Dans le quartier d'Exarchia

### De prix moyens à plus chic

🏠 **Orion** et **Dryadès Hotels** (plan couleur I, C2, **43**) : 105, odos Emmanuel Bénaki (et 4, odos Dryadon), 114 73. ☎ 21-03-30-23-87/88. ● *orion-dryades. com* ● Juste à la hauteur du parc de Stréfi, dans le quartier étudiant ; ne pas y aller à pied avec ses bagages, ça grimpe sec. Bus n° 230 depuis Syndagma (arrêt Kallidromiou) ou n° 813 depuis Omonia (même arrêt). 2 hôtels très proches appartenant au même proprio. Selon saison et vue, doubles 45-60 € à l'hôtel Dryadès (les plus chères avec balcon et vue) et 35-45 € à l'Orion (tarifs incluant une réduc sur présentation de ce guide). CB acceptées (mais 8 % de majoration). Internet et wifi. La clientèle y est plutôt lookée, l'hôtel *Dryadès* étant réputé pour recevoir des mannequins venant des quatre coins du monde. Ambiance jeune et agréable. L'autre intérêt essentiel réside dans la vue exceptionnelle sur l'Acropole. Beau *roof garden* où est installée la cuisine collective. Chambres de qualité supérieure dans l'hôtel *Dryadès* avec terrasse, TV et AC, boiseries au plafond et belle salle de bains. Choisir de préférence une chambre au 1er étage avec balcon et vue sur l'Acropole. À l'*Orion*, bon confort également.

### Chic

🏠 **Best Western Museum Hotel** (plan couleur I, B1, **45**) : 16, odos Bouboulinas, 106 82. ☎ 21-03-80-56-11 à 13. ● *hotelsofathens.com* ● Tte l'année. Doubles env 75-120 €, avec petit déj (ce qui correspond à un tarif réduit sur présentation de ce guide). Quadruples 110-160 €. Internet et wifi. Chambres familiales et suites à tarifs intéressants. Une soixantaine de chambres confortables (AC et TV) dans un immeuble récemment remis à neuf. Bien placé (pas trop loin d'Omonia et du métro sans en avoir les inconvénients, Musée national et Exarchia à deux pas). À ces prix-là, cet établissement vaut bien mieux que certains hôtels médiocres et chers de Plaka.

## Dans le quartier de Kéramikos

### Plus chic

🏠 **Jason Inn Hotel** (plan couleur II, A3, **54**) : 12, odos Assomaton, 105 53. ☎ 21-03-25-11-06 ou 21-05-20-24-91. ● *douros-hotels.com* ● Ⓜ Thissio. Tte l'année. Selon saison, doubles 60-84 € ; triples 78-104 € ; petit déj compris. Wifi. Chambres standard (AC, TV) qui ne se distinguent guère de celles d'autres hôtels de même catégorie, mais le plus est dans l'emplacement : quartier peu touristique, à deux pas de l'Agora, et à l'écart du passage (même si les voitures remontent odos Assomaton, peu de commerces dans la rue), avec des facilités pour se garer si on a une voiture. On prend le petit déj sur une terrasse avec vue sur l'Acropole.

# *Dans les quartiers de Monastiraki et des halles*

## De bon marché à prix moyens

🛏 **Zeus Hostel** (plan couleur II, B2, **60**) : 27, odos Sofokleous, 105 52. ☎ 21-03-21-15-51. • zeushostel.com • Dortoirs 14 €/pers et double 40 €. Internet. Une AJ privée tenue par un Londonien. Simple et assez calme. Chambres doubles basiques ou dortoirs de 4 lits avec lavabo (clim' en option). Salles de bains dans le couloir. Plutôt propre. Draps et serviettes fournis. Bar sur le toit, Un endroit très correct à prix riquiqui.

## De prix moyens à plus chic

🛏 **Tempi Hotel** (plan couleur II, B3, **67**) : 29, odos Eolou, 105 51. ☎ 21-03-21-31-75. • tempihotel.gr • Ⓜ Monastiraki. Doubles env 57-64 € sans ou avec sdb ; en hiver, 30 % moins cher. Situé dans une rue piétonne, un modeste hôtel à l'atmosphère chaleureuse. Chambres simples mais propres, avec AC et TV. Certaines disposent d'un balcon. Une petite cuisine a été aménagée au 1er étage pour la préparation du petit déj ou d'un repas. Consigne gratuite pour les clients.

🛏 **Hotel Carolina** (plan couleur II, B3, **62**) : 55, odos Kolokotroni, 105 60. ☎ 21-03-24-35-51/52. • hotelcarolina. gr • À proximité de Monastiraki. Double 90 €, petit déj compris. Wifi. Dans un vieil immeuble classique, où l'on a gardé un vieil ascenseur assez folklorique, hôtel complètement rénové en 2004.

Chambres agréables, joliment arrangées et bien équipées : AC, TV, frigo et double vitrage... Rue commerçante très active le jour, mais plus calme la nuit. Bonne ambiance, patron sympathique et jovial.

🛏 **Hotel Evripidès** (plan couleur II, A2, **63**) : 79, odos Evripidou, 105 53. ☎ 21-03-21-23-01. • hotelevripides@yahoo. com • De la pl. Monastiraki, suivre l'odos Miaouli, puis l'odos Aristophanous. Doubles 55-65 € (tarif incluant 15 % de réduc sur présentation de ce guide), petit déj compris ; triple 90 €. AC en option. Internet et wifi. Moderne, sans charme particulier, mais assez bien tenu. Une soixantaine de chambres agréables, récemment rénovées, avec frigo et petit coffre. La patronne parle le français. Petit déj servi sur la terrasse panoramique au 7e étage.

## Plus chic

🛏 **Attalos Hotel** (plan couleur II, B3, **64**) : 29, odos Athinas, 105 54. ☎ 21-03-21-28-01 à 03. • attalos.gr • Tout près de la pl. Monastiraki. Doubles 50-94 € selon saison, petit déj en sus. Internet et wifi. Réduc de 10 % sur présentation de ce guide. Un hôtel de 78 chambres (dont des triples et quadruples à prix intéressant), rénovées récemment, propres avec salle de bains, AC et TV. L'intérêt de l'établissement réside surtout dans son *roof garden* confortable qui offre une vue panoramique sur Athènes. Certaines chambres sur rue (double vitrage) donnent sur l'Acropole.

🛏 **Cecil Hotel** (plan couleur II, B3, **65**) : 39, odos Athinas, 105 54. ☎ 21-03-21-70-79. • cecil.gr • Ⓜ Monastiraki. En hte saison, double 85 €, petit déj en sus. Réduc de 10 % sur présentation de ce guide (à partir de 3 nuits en été), sf fêtes. Dans un bâtiment néoclassique (classé), une quarantaine de chambres plus ou moins spacieuses et confortables, hautes de plafond et claires. Salle de bains, AC et TV. Quelques grandes chambres pour 3 personnes. Quartier très animé à toute heure, essayez d'avoir une chambre qui donne sur l'arrière. Cet hôtel possède vraiment un charme en plus par rapport à ses concurrents.

## Encore plus chic

🛏 *Athens Center Square Hotel* (plan couleur II, B2, **61**) : 15, Aristogitonos, 105 52. ☎ 21-03-22-27-06. • athens centersquarehotel.gr • *Doubles 85-140 € en été, petit déj buffet compris. Internet et wifi.* À côté des halles, donnant sur un marché vivant et coloré, ce nouvel hôtel abrite une bonne cinquantaine de chambres design d'un excellent niveau de confort (TV sat', minibar, coffre, salle de bains rutilante...), réalisées dans des couleurs vives et estivales. Certaines, aux étages supérieurs, ont vue sur l'Acropole. Accueil courtois. Un bon choix dans cette catégorie, même si l'environnement laisse à désirer.

🛏 *Fresh Hotel* (plan couleur II, B2, **74**) : 26, odos Sofokleous (à l'angle d'odos Klisthénous), 105 52. ☎ 21-05-24-85-11. • freshhotel.gr • *Doubles standards 110-130 €, petit déj compris.* Voici un établissement des plus tendance, design des pieds à la tête. Dès la réception, le ton est donné : le rose vinyle vous invite à oublier une ville aux couleurs souvent ternes. Chambres hyper confortables et claires (blanc zen, avec quelques touches de couleur), tout ce qu'il y a de plus branché, dans un style évoquant autant les années 1970 que le début du nouveau millénaire. Piscine sur la terrasse, au 9e étage, flanquée d'un bar vraiment agréable (et d'un resto chic), le tout offrant une vue sensationnelle sur la ville. Excellent petit déj.

## Dans le quartier de Psiri

### De bon marché à prix moyens

🛏 *AthenStyle* (plan couleur II, A3, **55**) : 10, Agias Theklas, 105 54. ☎ 21-03-22-50-10. • athenstyle.com • *Juin-sept, dortoirs 21-24 €/pers (petit déj léger compris), doubles 90 €.* Hall d'entrée avec une balancelle et des tables et chaises dépareillées, un petit bar et quelques livres. Propose des dortoirs de 4 et 6 lits, avec casiers et sanitaires, ainsi qu'une dizaine de chambres privées, assez chères, certes, mais tout confort (écran plat, kitchenette, coffre, etc.) et avec balcon donnant sur... l'Acropole. Sinon, bar sur le toit (là encore avec vue !) très sympa et où règne une bonne ambiance. Billard, bornes Internet et projection de films en sous-sol, cuisine et machines à laver. La gérante, Sophie, se débrouille bien en français.

### Chic

🛏 *Arion Hotel* (plan couleur II, A3, **75**) : 18, odos Agiou Dimitriou, 105 54. ☎ 21-03-24-04-15 ou (résas) 21-03-21-67-77. • arionhotel.gr • *Double 135 €.* Fraîchement remis à neuf, chambres stylées à la déco moderne, genre *design hotel*. Rue plutôt calme dans ce quartier animé, très près de Monastiraki. Belle terrasse sur toit, sans ombre mais avec vue dégagée sur l'Acropole.

## Dans le quartier d'Omonia

**Avertissement :** Omonia est un peu le poumon malade d'Athènes. Graffitis plein les murs, rues transformées en dépotoir et une faune plutôt marginale en font un quartier peu indiqué pour les familles. Dans certaines rues vraiment sinistrées, junkies, prostituées et descentes de police sont le lot quotidien. Alors si vous êtes d'un naturel inquiet, évitez d'y séjourner, d'autant que la ville est grande et que l'on peut tout à fait loger ailleurs qu'à Omonia... Si vous choisissez tout de même d'y dormir, ne venez pas nous dire qu'on ne vous a pas prévenu !

# Dans les quartiers de Plaka et Syndagma

## De bon marché à prix moyens

🏠 **The Student's and Traveller's Inn** (plan couleur II, B3, **66**) : 16, odos Kidathineon, 105 58. ☎ 21-03-24-48-08 et 88-02. • studenttravellersinn.com • Ⓜ Akropolis. Tte l'année, tlj 24h/24. Même proprio qu'à l'Hostel Victor Hugo (AJ également affiliée à la Fédération internationale, mais carte de membre non exigée). Compter 14-16 €/pers selon saison en chambre de 4 lits sdb commune et 23 € avec sdb privée ; doubles avec ou sans sdb, 45-70 €. CB acceptées au-delà d'une nuit slt. Internet et wifi. Dans une vieille demeure en plein cœur de Plaka, ce qui se paie. Endroit connu, donc assez bondé mais plutôt bien tenu. Pièces très petites. Lavabo et AC dans chaque chambre. Également des chambres triples. Certaines possèdent un grand balcon agréable. Cuisine et salle de petit déj toutes neuves, ainsi qu'un bar dans une courette ventilée. Vente d'excursions ou de tickets de ferry. Bien à l'abri du boucan du quartier grâce au double vitrage.

🏠 **John's Place** (plan couleur II, B3, **69**) : 5, odos Patroou, 105 57, une toute petite rue qui donne sur Mitropoléos.

☎ 21-03-22-97-19. Doubles 40-55 € selon AC ou non. Pas de petit déj. Un minihôtel bas de gamme qui a le mérite d'offrir des chambres à prix tassé dans l'hypercentre d'Athènes. Une dizaine de chambres avec lavabo, dotées d'un mobilier essoufflé. Sanitaires collectifs. On a vu des cadres plus enthousiasmants, mais il s'agit de l'hôtel le moins cher du quartier (eh oui, on n'oublie pas les fauchés !) et l'accueil des vieux proprios est très chaleureux.

🏠 **Hotel Phaedra** (plan couleur II, B4, **68**) : 16, odos Cherefondos, à l'angle d'Adrianou et Lyssikratous, 105 58. ☎ 21-03-23-84-61. • hotelphaedra. com • Tte l'année. Doubles env 60-65 € avec sdb (privative) de l'autre côté du couloir (ou avec sdb dans la chambre, mais sans vue ni balcon) et env 80 € avec sdb dans la chambre. Internet et wifi. Une vingtaine de chambres sur 3 niveaux, récemment refaites. Literie correcte, déco très sobre. outre sa situation très pratique, le plus de cet hôtel est sa terrasse, face à l'Acropole, où l'on peut prendre le petit déj (mais il faut prendre son plateau en bas).

## Plus chic

🏠 **Hotel Adonis** (plan couleur II, B3, **70**) : 3, odos Kodrou, 105 58. ☎ 21-03-24-97-37. • hotel-adonis.gr • Tte l'année. Selon saison, doubles 65-95 €, petit déj compris. CB refusées. Internet et wifi. Réduc de 10 % sur présentation de ce guide. Très bien situé, dans une rue piétonne de Plaka. Chambres avec douche, balcon ou terrasse, et téléphone. Peinture récente et mobilier très correct, mais salles de bains moyennes. Petit déj servi dans une salle à moitié en terrasse avec vue superbe sur l'Acropole et le Lycabette.

🏠 **Amazon Hotel** (plan couleur II, B3, **73**) : 19, odos Mitropoléos et 7, odos Pentelis, 105 57. ☎ 21-03-23-40-02/05. • amazonhotel.gr • Doubles 100-112 € selon saison, petit déj inclus. Internet et wifi. Un hôtel tout beau, tout frais et idéalement placé (Syndagma est

à deux pas). Une cinquantaine de chambres confortables (AC, TV), refaites à neuf, aux couleurs pastel. Déco soignée. Double vitrage. Bon petit déj servi dans une salle claire.

🏠 **Byron Hotel** (plan couleur II, B4, **76**) : 19, odos Vyronos, 105 58. ☎ 21-03-25-35-34. • hotel-byron.gr • Ⓜ Akropolis. Doubles 70-126 € selon saison. Wifi. Réduc de 10 % sur présentation de ce guide. Dans une rue calme de Plaka, à deux pas du nouveau musée de l'Acropole, un hôtel classique, aux chambres doubles ou triples sans fantaisie mais très correctes (AC, TV, petit frigo). Quelques chambres plus chères avec grand balcon et vue sur l'Acropole.

🏠 **Plaka Hotel** (plan couleur II, B3, **72**) : 7, odos Kapnikaréas et Mitropoléos, 105 56. ☎ 21-03-22-20-96. Résas : ☎ 21-03-22-27-26. • plakahotel.gr •

Ⓜ *Monastiraki. Selon saison, doubles 85-140 € env, petit déj compris. Internet et wifi. Bien situé et d'un confort sans faille.* Dispose de 67 chambres agréables avec salle de bains, AC, téléphone, TV, frigo et sèche-cheveux. Seulement 8 chambres avec vue, à réserver bien à l'avance. Très propre. *Roof garden* avec superbe panorama sur Plaka et l'Acropole.

🛏 *Même direction à l'***Hermès Hotel**, *19, odos Apollonos (plan couleur II, B3).* ☎ *21-03-23-55-14. Mêmes tarifs.*

# Au sud de l'Acropole *(quartier de Koukaki/ Makrygianni)*

## Bon marché

🛏 **Athens Backpackers** *(plan couleur I, B4, **33**) : 12, odos Makri, 117 41.* ☎ *21-09-22-40-44* ● *backpackers.gr* ● Ⓜ *Akropolis. Tte l'année. Ouv 24h/24.* Compter 15-24 €/pers en dortoir 3-6 lits et 19-27 € en chambres de 3-4 lits *(petit déj inclus). Internet et wifi.* Une AJ privée sur 5 niveaux (ascenseur). Dortoirs climatisés. Il existe aussi de nouveaux dortoirs « de luxe » avec cuisine et salle de bains intérieure pour le même prix. Hyper propre. Très bien placé (Plaka à deux pas) et pourtant au calme. Bar et terrasse sur le toit. Organise des tours guidés. Adresse très courue chez les Anglo-Saxons (le manager vient d'Australie), conviviale et d'un rapport qualité-prix difficile à battre : selon nous, c'est la plus confortable des AJ de la ville.

🛏 *Cette AJ gère également une adresse voisine,* **Athens Studios,** *au 3A, odos Veikou (plan couleur I, B4).* ☎ *21-09-23-58-11.* ● *athensstudios.gr* ● *Tte l'année. Env 60-100 € pour 2 et à partir de 27 €/pers dans les apparts à partager à 4 et de 20 €/pers dans des apparts pour 6.* Rapport qualité-prix inouï pour ces appartements récents et climatisés pouvant loger jusqu'à 6 personnes. Salon avec TV, salle de bains et cuisine.

## Prix moyens

🛏 **Marble House Pension** *(plan couleur I, A4, **47**) : à hauteur du 35, odos Zinni, 117 41.* ☎ *21-09-22-82-94 et 21-09-23-40-58.* ● *marblehouse.gr* ● Ⓜ *Syngrou-Fix. Fermé janv-fév. En hte saison, doubles 44-49 € (tarifs incluant la remise faite sur présentation de ce guide). L'hiver, on peut louer au mois ; tarifs à négocier. Wifi.* Au fond d'une impasse calme et bordée de clémentiniers, dans une maison particulière qui a gardé un certain cachet, 16 chambres à prix très raisonnables. Quartier calme, à 10-15 mn seulement de l'Acropole. Hôtel offrant un rapport qualité-prix honnête sans plus. AC sur demande (supplément) dans 10 des 16 chambres, et ventilateur à pales dans les autres. Chambres triples ou quadruples à prix intéressants.

## Plus chic

🛏 **Art Gallery Hotel** *(plan couleur I, A4, **49**) : 5, odos Erechthiou, 117 42.* ☎ *21-09-23-83-76.* ● *artgalleryhotel.gr* ● Ⓜ *Akropolis ou Syngrou-Fix. Doubles 50-80 € ; certaines chambres sont un peu moins chères (sdb privative à l'extérieur). CB refusées. Wifi.* Dans une maison de famille bourgeoise (l'adorable propriétaire y est née), décorée de nombreux tableaux, ce petit hôtel d'une vingtaine de chambres possède une touche artistique indéniable et une ambiance qu'on n'a trouvée nulle part ailleurs à Athènes. Chambres plutôt spacieuses, avec AC et TV, certaines avec vue sur l'Acropole. Petit déj servi au 4ᵉ étage dans la *gallery*, ancien atelier où travaillait la tante de la proprio, peintre de son état.

🛏 *Parthenon Hotel (plan couleur I, B4,*

*48*) : 6, odos Makri, 117 42. ☎ 21-09-23-45-94. ● airotel.gr ● Env 87-128 € selon saison pour une double, petit déj compris. Internet et wifi. Un hôtel classique, idéalement placé à deux pas du nouveau musée de l'Acropole et de Plaka. Chambres pas forcément très

grandes mais confortables (AC, TV, frigo). Tarifs intéressants pour les chambres familiales. 2 autres hôtels (*Stratos Vassilikos* et *Alexandros*, tous deux pas loin du *Megaron Moussikis*), appartiennent à la même chaîne et sont un peu plus chers.

## Encore plus chic

🛏 **Philippos Hotel** (*plan couleur I, B4, 50*) : 3, odos Mitseon, 117 42. ☎ 21-09-22-36-11. ● philipposhotel.gr ● Ⓜ Akropolis. En hte saison, doubles 110-174 € petit déj compris. Internet et wifi. Réduc de 20 % sur présentation de ce guide. Dans un quartier plutôt agréable, un hôtel de 50 chambres à la décoration austère, sans charme aucun. AC, TV, frigo et sèche-cheveux. Très propre.

Certaines chambres ont vue sur l'Acropole. Petit patio où sont disposées quelques tables. Ceux qui trouveraient que l'hôtel n'est pas assez chic pourront aller à l'**Hotel Hérodion** (4, odos R. Galli, en remontant la rue Mitséon. ☎ 21-09-23-68-32). Même gestion, mais prestations et tarification supérieures (*doubles à partir de 130 €*).

# Dans le quartier de Pangrati

## Bon marché

🛏 **Youth Hostel Pangrati** (*plan couleur I, C4, 51*) : 75, odos Damareos, 116 33, entre les rues Pyrrou et Frinis. ☎ 21-07-51-95-30. ● athens-yhostel. com ● Au sud-est du stade olympique ; à 1,6 km de Syndagma (bus n°s 209 et 210, arrêt Filolaou ; trolleys n°s 2 et 11). Entrée indiquée par un discret autocollant de la Greek Youth Hostel Organization, *non affiliée à la Fédération internationale*. Tte l'année. Compter 10-15 €/pers selon saison ; draps

fournis, mais pas les serviettes. Lave-linge. Wifi. Accueil très sympa de Yannis Triandafillidou, qui parle 6 langues (mais pas le français). Capacité de 80 personnes environ. Dortoirs de 5 à 9 lits. L'ensemble est plutôt spartiate et on s'y entasse un peu les uns sur les autres, mais ça reste un bon port d'attache pour les fauchés. Sanitaires propres. Salle TV. Pas de petit déj, mais cuisine mise à disposition.

## Plus chic

🛏 **Chambres d'hôtes chez Françoise Roux** (*plan couleur I, C4, 53*) : 14, Stratigou Ioannou, 11 636. ☎ 21-07-01-02-12. 📱 69-37-11-92-95. ● francoiseroux. com/bed-and-breakfast.htm ● Bus depuis le centre : n°s 2, 4 et 11. Sinon, accessible à pied depuis la station de métro Akropolis. Tte l'année. Env 75 € pour 2, petit déj (servi dans le jardin) compris ; tarif familial 135 € pour 2 adultes et 2 enfants. Wifi. Les chambres chez l'habitant sont rarissimes en Grèce. Nous sommes donc heureux de pouvoir mettre un peu de diversité dans notre rubrique « Où dormir ? ». La mai-

son de M. et Mme Roux, installés depuis très longtemps à Athènes, offre une alternative aux hôtels et permet de vivre différemment votre passage dans la capitale. Il s'agit d'une vieille maison labyrinthique dotée d'un agréable jardin, le tout situé dans un quartier résidentiel calme et pas très éloigné du centre. Les 2 chambres du bas partagent la même salle de bains : elles sont louées à des familles ou amis. Il existe une 3e chambre sur le toit, plus intime, avec sanitaires. La maison est embellie par les œuvres de M. Roux, qui est artiste-peintre. Il y a la clim' dans les chambres, on peut utiliser la cuisine, la machine à laver, regarder la télé, écouter de la musique, piocher dans la bibliothèque... Bref, on se sent à la maison. Justement, on préfère vous prévenir : ne vous attendez pas à jouir du même anonymat que dans un hôtel. Ce

sont de vraies chambres d'hôtes, avec des hôtes dedans. Vous partagerez donc la maison avec eux. Françoise Roux en profitera pour vous donner de judicieux conseils pour visiter la ville et ses environs.

## Où camper dans les environs ?

Pas de camping central à Athènes. En plus des deux indiqués ci-dessous, il en existe un à Péristéri, sur la route de Corinthe (*Athens Camping, 198 léoforos Athinon*) quelques autres en Attique, plus éloignés : à Rafina (voir le passage consacré à cette ville), après Marathon (*Ramnous Camping,* sans aucun doute le plus agréable), et vers le cap Sounion, le *camping Bacchus* (voir « Dans les environs d'Athènes »).

⋏ *Camping Néa Kifissia :* 60, odos Aigiou Potamou et Dimitsanis, à Adamès, quartier de Néa Kifissia, 145 64. ☎ 21-08-07-55-79. • camping-neakifissia.gr • *Accès depuis le métro (ligne 1, terminus nord) ; ensuite, de la station, prendre le bus n° 522 (ou le 523) et demander l'arrêt au chauffeur. En voiture, compter 16 km du centre d'Athènes ; accès depuis la route nationale pour Lamia-Thessalonique. Sortir à Kifissia, faire demi-tour au rond-point pour repasser sous la nationale et c'est tout droit (fléché). Tte l'année. Env 26 € pour 2 avec tente et voiture. CB refusées. Réduc de 10 % sur présentation de ce guide.* Sans aucun doute le meilleur des campings dans les environs d'Athènes. Situé pas loin de Kifissia, le quartier résidentiel d'Athènes, dans un environnement verdoyant. Peu de monde (seulement 66 emplacements), propre et paisible. Bien équipé, avec piscine et Jacuzzi. Il arrive qu'il soit

fréquenté par des groupes (pas spécialement calmes quand il s'agit, par exemple, de jeunes dont c'est le dernier soir en Grèce), mais ces groupes sont alors installés dans un coin à part du camping. Accueil en français.

⋏ *Camping Dionissotis :* Néa Kifissia (145 64), aux environs de l'échangeur de Varibobi. ☎ 21-08-00-14-96. • camping dionissotis.gr • On peut s'y rendre en métro depuis le centre d'Athènes : à l'arrêt Kifissia, prendre le bus n° 560. En voiture, c'est à 18 km du centre : sur la route nationale (Ethniki Odos), sortir au pont ou échangeur de Varibobi (c'est indiqué). Tte l'année. Env 24 € pour 2 avec tente et voiture. Internet et wifi. Sur présentation de ce guide, réduc de 10 % à partir de 3 j. Bon équipement, sanitaires correctement entretenus. Ombre généreuse donnée par de grands pins. Taverne, piscine. Choisissez les emplacements les plus éloignés de la route.

## Où manger ?

On vous propose ici une sélection de *tavernès, psistariès* (restos spécialisés dans les grillades) ou *mezédopolia* (spécialisés, eux, dans les *mezze* dont on peut faire un repas complet) qui ont comme point commun d'offrir de la nourriture grecque. Certaines adresses de notre rubrique « Où boire un verre ? » proposent également à manger. Il est évidemment possible de manger sur le pouce un *gyros* ou un *kebab,* vous en trouverez à peu près partout. Si vous préférez acheter de quoi vous préparer un repas, il existe plusieurs supermarchés (voir les « Adresses utiles »), pas dans l'hypercentre touristique, mais à proximité. Quelques commerces de détail dans Plaka, mais plus chers. Les bonnes boulangeries existent aussi, par exemple, sous l'Acropole, *O Takis,* à l'angle des rues Zitrou et Missaraliotou *(plan couleur I, B4).* Grand choix, le matin, de gâteaux (goûtez le cake cappuccino), de *pittès,* de petits sandwichs (excellents !), de pains fantaisie, etc. Autre boulangerie : *Vénétis,* 13, odos Sarri, à l'angle avec Ag. Anargyron à l'extrémité de Psiri *(plan couleur II, A3).* On peut aussi composer son sandwich à la pâtisserie-boulangerie *Athinaïkon,* 30, odos Voulis *(plan couleur II, B3)* et trouver au même endroit un bon choix de *pittès* diverses.

Pour se composer son repas bio sur le pouce, rendez-vous chez *Léna's (plan couleur II, B3)* au 11, odos Nikis, à deux pas de Syndagma.

Attention, dans les restos, les cartes de paiement sont le plus souvent refusées.

## Dans Plaka

Ça va du pire au meilleur. De l'usine à touristes, capable d'enfourner cinq groupes, jusqu'à la petite gargote, servant le populaire *souvlaki.* Entre les deux, tout établissement distillant du *bouzouki,* avec danseurs una table une les dents, peut être considéré comme aussi typique que les restos de la place du Tertre à Montmartre. Votre choix s'effectuera donc selon vos propres critères et selon votre flair pour humer l'arnaque possible. Il reste cependant quelques tavernes qui conservent quelque chose de naturel, de sympa, et qui ne font pas systématiquement la guerre aux voisins pour se voler les clients. Comme on peut s'en douter, elles ne sont pas situées dans les rues les plus passantes ; elles auraient même tendance à chercher les coins à l'écart. Certains de ces restos sont fermés en août.

### De bon marché à prix moyens

|●| *Paradosiako Oinomageirio (plan couleur II, B3, 93)* : 44a, odos Voulis. ☎ 21-03-21-41-21. Repas 10-15 €. Le genre de petit resto tout simple qu'on adore. Une poignée de tables dans une mini-salle climatisée ou sur le trottoir, sous des arcades. Nourriture bonne et pas chère du tout. Service aimable et naturel. Les papys du coin en ont fait leur QG. Si seulement tous les restos de Plaka faisaient leur travail avec autant d'honnêteté et de modestie ! Les mêmes proprios possèdent une annexe joliment décorée et située un peu plus haut, au coin d'Apollonios et de Skoufou.

|●| *Taverna O Platanos (plan couleur II, B3, 110)* : 4, odos Diogenous. ☎ 21-03-22-06-66. Tlj midi et soir, sf dim soir. Repas complet 12-15 €. CB refusées.

Situé sur une place bien sympathique et très tranquille. Nourriture classique de taverne, plutôt correcte – encore que la qualité soit vraiment en baisse –, l'intérêt principal de l'adresse est l'emplacement central et agréable...

|●| *Scholarchio Ouzeri Kouklis (plan couleur II, B3, 111)* : 14, odos Tripodon. ☎ 21-03-24-76-05. Tlj 11h-2h. Repas env 10-12 €. Formules pour 1-6 pers. On vous apporte un grand plateau avec une quinzaine de plats (entrées froides et plats de résistance) et vous composez vous-même votre repas. Adresse très touristique, mais pas désagréable. Beaucoup d'animation, les plateaux passent et repassent... Préférable d'arriver tard, à l'heure où se pointent les Grecs.

### Prix moyens

|●| *Palia Taverna tou Psara (plan couleur II, B3, 114)* : 16, odos Eréchtheos et Erotokritou. ☎ 21-03-21-87-33. Tlj 12h-1h. À partir de 15-20 € le repas. Taverne fondée en 1898, une des plus anciennes de Plaka et une des valeurs sûres de la place. Très belle terrasse sur l'avant et sur l'arrière du resto, et plu-

sieurs salles (l'établissement a racheté le voisin !). Cuisine traditionnelle avec tous les grands classiques grecs et grillades. Beau choix de vins grecs de qualité. Service efficace (c'est indispensable : il y a vraiment beaucoup de monde !).

## Très très chic

|●| **Restaurant Daphné's** (plan couleur II, B4, **116**) : 4, odos Lyssikratous. ☎ 21-03-22-79-71. En face de l'église Agia Katérini. Slt le soir, 20h-minuit ; les ven et sam, des musiciens viennent agrémenter le repas. Env 45 € pour un repas complet, hors boisson. En exhibant à l'entrée les signatures d'Hillary Clinton et de Madeleine Albright (mais aussi de Lionel Jospin ! sic transit gloria mundi...), ce resto ne fait pas preuve

d'un grand sens de la modestie... Le cadre à lui seul vaut le coup d'œil : murs intérieurs recouverts de fresques à la manière de Pompéi, qui ont demandé à leur auteur deux années de travail. Très agréable cour intérieure ; une deuxième cour donne sur la rue Vironos. Nourriture relativement simple pour les tarifs pratiqués, mais c'est bon et copieux. Personnel attentionné.

# À Monastiraki et Psiri

Entre la place Monastiraki et la rue Mitropoléos (plan couleur II, A-B3), c'est le coin des souvlakia et des kebabs. Chez **Thanassis** (« Mac Thanassis » pour les Athéniens), contentez-vous d'un sis kebab. En fait, Monastiraki étant hyper touristique, difficile d'espérer y trouver une cantine agréable. En revanche, Psiri, un quartier d'artisans à 5 mn de Monastiraki, est devenu en quelques années un des endroits les plus fréquentés d'Athènes pour ses restos, presque tous des mezédopolia. On les compte par dizaines. Ces restos ne sont pas forcément plus chers que ceux de Plaka, et ils offrent souvent des plats plus originaux. De plus, leurs décors rivalisent d'imagination : on se croirait parfois dans un parc d'attractions. Pour manger sur le pouce le midi, bons souvlakia chez **Nikitas** (odos Agion Anargyron, juste après le resto To Zidoron).

## Prix moyens

|●| **Ivi** (plan couleur II, A3, **95**) : 19, odos Apostoli. ☎ 21-03-23-25-54. Slt le soir en sem, midi et soir le w-e. Repas env 10-15 €. On aime bien ce troquet aux petites tables carrées et chaises en bois débordant sur le trottoir ou installées dans une petite salle ornée de bric et de broc. Pas de carte, la serveuse délivre oralement le menu, qui se réduit à de fort bons mezze genre calamars grillés, purée de fèves, anchois, pommes de terre au yaourt ou encore la lebaneziki, une salade onctueuse de tomate et fromage mélangés, un petit délice ! Ambiance très relax.
|●| **Oréa Pendeli** (plan couleur II, A3, **94**) : sur la pl. Iroon, au coin de Aeschylou et Aristofanous. ☎ 21-03-21-86-27. Repas 12-20 €. Un vieil établissement qui officie depuis 1830, les artisans du coin venaient s'y restaurer. Le roi Othon Ier y aurait même eu ses habitudes (oui, il semble qu'il ait aimé la compagnie du peuple, même s'il préférait rester incognito !). Aujourd'hui, ça

pourrait être un piège à touristes dans les règles, mais force est de constater qu'on y mange bien et pour pas trop cher. Nombreux mezze et une liste de suggestions du jour, parmi lesquelles des mets rarement proposés ailleurs. Et, pour une fois, les plats de poisson sont plus qu'abordables. Belle petite carte des vins pour couronner le tout.
|●| **To Zidoron** (plan couleur II, A3, **118**) : odos Agion Anargyron et Taki. ☎ 21-03-21-53-68. Ouv ts les soirs et le dim midi. Repas env 15-20 €. Dans une maison ocre de style presque toscan. Mais en été, on mange plutôt dans la rue (piétonne le soir), face à l'église. Bon choix de mezze et de salades, ainsi que des plats plutôt originaux. Quelques desserts pas mauvais non plus. Service un peu routinier.
|●| **Kalipatira** (plan couleur II, A3, **115**) : 8, odos Astingos. ☎ 21-03-21-41-52. Tlj midi et soir (sf lun et jeu, slt le soir). Repas env 12-15 €. Grande variété de mezze et de plats typiques bien prépa-

rés. *Bifteki* servi avec une crème mélangeant plusieurs fromages, bon *bekri mezze*. Service très rapide. Parfois des musiciens live (discrets). Terrasse sur une rue pavée jouxtant des ruines malheureusement mal mises en valeur.

## Plus chic

**l0l *Inéas*** *(plan couleur II, A3, 119)* : 9, odos Esopou. ☎ 21-03-21-56-14. *Tte l'année. Lun-ven 18h-2h, sam-dim 13h-2h. Repas env 20-25 €*. On mange en terrasse (rue piétonne) ou en salle. La déco de la salle mérite un coup d'œil (plaques émaillées des années 1950 qui donnent un cachet rétro) jusqu'aux toilettes qui ne déparent pas avec leurs pubs *L'Oréal*. Côté assiette, des plats qui changent un peu de l'ordinaire des tavernes : les salades sont bonnes et très copieuses comme la *Inéas*. Les autres plats manifestent une certaine originalité par rapport à la norme et c'est bon, ce qui justifie le prix plus élevé que la moyenne. On vous recommande la tarte au fromage de chèvre et tomates confites ou les viandes comme l'agneau farci à la *graviera* (fromage grec) ou le porc farci aux dattes.

**l0l *Dia Tafta*** *(plan couleur II, A3, 113)* : 37, odos Adrianou. ☎ 21-03-21-23-47. *Face à l'Agora, dans la partie basse de l'odos Adrianou. Repas 15-20 €*. Dans ce coin hyper touristique où se succèdent les terrasses, un *mezédopolio* honnête proposant des plats comme la *tigania* (poêlée de porc), la *formaella* (fromage servi chaud) ou les classiques *biftékia* ainsi que quelques plats du jour. Grande salle pour se mettre à l'écart du passage.

# *Dans le quartier de Thissio*

**l0l *To Stéki tou Ilia*** *(plan couleur I, A3, 91)* : 5, odos Eptahalkou. ☎ 21-03-45-80-52. *Pas vraiment d'enseigne, mais c'est le seul resto de cette rue très tranquille qui surplombe la ligne de métro près de la station Thissio. Le soir slt, env 12-15 €*. On mange des deux côtés du trottoir, face à l'église. Clientèle de fidèles qui viennent les yeux fermés. C'est une taverne-*psistaria* spécialisée dans les côtelettes d'agneau (*païdakia*) au kilo. C'est d'ailleurs pour cela qu'on y va. Gigantesques tonneaux en salle. Si c'est fermé, continuez la rue sur 400 m jusqu'à ce qu'elle devienne odos Thessalonikis, et, au n° 7, vous tomberez sur l'établissement jumeau, portant le même nom (☎ 21-03-42-24-07 ; *fermé lun*).

**l0l *Philistron*** *(plan couleur I, A3, 92)* : 23, odos Apostolou Pavlou et odos Pnikos. ☎ 21-03-42-28-97. *Tte l'année, midi et soir (sf lun juin-fin août). Compter env 20 €*. Rafraîchissant et bien situé. Belle terrasse bien fleurie à l'étage (*roof garden*), avec vue imprenable sur l'Acropole. Cuisine de qualité (de nombreux *mezze*) et originale (on ne trouvera pas ici le sempiternel *souvlaki*). Bons desserts. Très bon service.

# *Dans le quartier de Gazi*

Gazi, quartier de l'ancienne usine à gaz transformée en lieu de culture et rebaptisée *Technopolis*, est en train de devenir un haut-lieu de la branchitude, faisant une concurrence effrénée à Psiri. Accès facile en métro depuis l'ouverture de la station Keramikos (ligne 3 ; sinon, bus n°s 811, 838, 914 et G18 au départ d'Omonia). Bars « tendance » et boîtes pullulent sur la grande place. Chacun s'efforce d'être le plus design, le plus à la mode possible : du coup ça finit par manquer cruellement d'originalité ! Beaucoup d'ambiance le soir (le midi, c'est quasi désert) mais les restos sont plutôt réservés à ceux qui en ont les moyens.

**l0l *Sardellès*** *(hors plan couleur I par A3, 101)* : 15, odos Perséphonis. ☎ 21-03-47-80-50. *Tlj midi et soir. Repas* 20-25 €. Déco blanc crème, sur le thème de la mer, omniprésent jusqu'aux toilettes. En guise de nappe, du papier à emballer le poisson ! *Sardellès*, en grec, ce sont les sardines et le resto en propose, comme de l'excellent calamar grillé *(thrapsalo)*.

## Autour des halles

Les halles d'Athènes vivent comme au temps de celles de Paris avant qu'elles n'émigrent à Rungis. Les artisans et commerçants du coin y travaillent, y habitent et... y mangent ! On y trouve quelques restos vraiment populaires, où les seuls étrangers qui s'y aventurent sont ceux qui ont les mêmes mauvaises lectures que vous. Certaines zones sont toutefois à éviter le soir, on est ici tout proche d'Omonia qui, comme on l'a dit plus haut (dans « Où dormir ? »), est un quartier franchement mal famé.

### De bon marché à prix moyens

|●| **I Ipiros** *(plan couleur II, B2-3, 121)* : 4, odos Filopiménos, à l'intérieur des halles. ☎ 21-03-24-07-73. Sur odos Eolou, entrer à gauche dans les halles à hauteur du n° 81. Lun-sam 24h/24, dim fermé 6h-18h, juil-oct fermé 20h-10h. Compter 12-15 €. CB refusées. Situé juste à côté des étals de nourriture, toujours bourré de commerçants du quartier (et autant de gens ne peuvent avoir tort !). Cela dit, cœurs sensibles, s'abstenir, car l'odeur de bidoche pourra donner la nausée à plus d'un... Carte seulement en grec, alors le plus simple est de montrer ce que l'on veut manger. Quelques plats vraiment goûteux, entre autres l'*arni* (agneau) en fricassée et, évidemment, la spécialité des halles, la *patsas* (soupe aux morceaux de viande).

|●| **Klimataria** *(plan couleur II, A2, 120)* : 2, odos Theatrou. ☎ 21-03-21-66-29. Ouv tlj, slt à midi. Parfois fermé en été (pour congés). Repas 10-15 €. Une taverne au *feeling* véritablement traditionnel, et qui date de 1927 ! Objet rare

à Athènes... Difficile, en tout cas, de trouver accueil plus souriant ni cadre plus chaleureux : plantes qui pendouillent au plafond, tonneaux rangés contre les murs de pierre, couleurs vives, voilà pour le décor. La cuisine, familiale, est peu chère et succulente : spécialité de gigot d'agneau cuit à l'étouffée avec des herbes, excellents calamars entiers farcis au fromage et d'autres plats bien savoureux de ce genre, le tout baignant dans une ambiance musicale de bon aloi. Vraiment un chouette endroit.

|●| **Ston Meïdani** *(plan couleur II, A2, 122)* : 3, odos Sokratous. ☎ 21-03-24-90-73. Tlj sf dim jusqu'à 19h. Compter env 10-12 €. CB refusées. Un petit resto de quartier, où viennent les commerçants des halles. Propre et accueillant (clim' de rigueur : on mange en salle). On y propose une carte classique avec, en plus, un bon choix de plats du jour où l'on pêche de très bonnes choses. Service rapide.

### Plus chic

|●| **Eis Athinas** *(plan couleur II, B2, 133)* : 1, odos Iktinou et Klisthénous. ☎ 21-05-22-10-44. Derrière la mairie. Lun-ven 13h-18h30, sam jusqu'à 22h. Congés : de mi-juil à début sept. Repas env 15 €. Ce resto en sous-sol, extrêmement discret, est une des cantines des employés de la mairie voisine, qui n'y arrivent pas avant 14h30. Petite carte qui propose de bonnes salades, rompant avec la sempiternelle *choriatiki*, et quelques plats de viande bien troussés. Sympathique patron.

## Près de Syndagma

|●| **Fasoli** *(plan couleur II, B3, 126)* : 32, odos Perikleous. ☎ 21-03-23-73-61. Tlj sf dim, 12h-23h30. Repas env 10-15 €. Espace ouvert et agréable, avec des

tables débordant sur la rue sous un grand auvent blanc. La cuisine est intégrée à la salle et les suggestions du jour sont exposées derrière un comptoir vitré, ce qui facilite d'autant le choix. Sinon, il y a la carte, avec des salades peu chères et des plats tels que les pâtes au fromage chypriote, le poulet au cognac, les *schnitzels* géants... Tout cela est bien bon et, en plus, l'accueil est jeune et sympa !

**I●I O Tzitzikas kai o Mermygas** (plan couleur II, B3, **112**) : 12-14, odos Mitropoléos. ☎ 21-03-24-76-07. À deux pas de la pl. Syndagma. Tlj. Compter 15-25 €. Un resto récemment implanté dans le centre (après avoir rodé la formule dans des quartiers périphériques d'Athènes). Plein de bonnes choses dans l'assiette : la carte, originale, change assez souvent, mais quelques constantes s'y retrouvent, comme les plats de viande (excellentes *keftédès*). Sortez des sentiers battus et goûtez par exemple la *pougakia* (pita au fromage, crevettes et aneth) ou le millefeuille de légumes. Excellents desserts.

**I●I Kentrikon** (plan couleur II, B3, **125**) : 3, odos Kolokotroni. ☎ 21-03-23-24-82. S'engager sous l'arcade, dans l'impasse qui part en face de la place. Slt jusqu'à 18h. Fermé dim. Repas env 20-25 €. Une grande salle élégante, avec une clientèle d'avocats, de journalistes... bref des gens bien installés dans la vie. Décor de grandes gravures. Terrasse au calme. Bonne cuisine grecque classique : agneau aux aubergines, poisson à l'athénienne, brochette de veau ou de porc *krassati*, etc. Service aux petits soins.

## Près d'Omonia

### Prix moyens

**I●I Athinaïkon** (plan couleur II, B2, **124**) : 2, odos Thémistokléous (et Panepistimiou). ☎ 21-03-83-84-85. Service 11h30-minuit. Fermé dim. Congés : août. Repas 15-20 €. CB refusées. Ancienne taverne populaire, qui n'a pas changé de cadre depuis 1932, sauf l'AC bien entendu qui n'est pas d'origine. Salle avec mezzanine. Excellente atmosphère. Réputé pour ses *mezze*, brochettes d'agneau, foie de veau, *souvlaki* d'espadon, calamars, cuisinés avec un savoir-faire indéniable.

## Autour d'Exarchia

### De bon marché à prix moyens

**I●I Ama Lachi** (plan couleur I, B2, **96**) : 66, odos Methonis ou 69, odos Kallidromiou (2 rues parallèles : on entre soit par le bas, soit par le haut du resto). ☎ 21-03-84-59-78. Tlj slt le soir ; également le midi ven-dim en hte saison. Fermé en août. Repas env 15 €. Situé dans une rue piétonne, sur les hauteurs du quartier branché d'Exarchia (ça grimpe). Cadre original dans une ancienne école communale. Vous entrerez soit par les salles de classe, soit par la cour, transformée en terrasse, à l'ombre des treilles. Cuisine traditionnelle avec des plats comme la *melitzanofolia* (aubergines, feta, poivron) ou la *tyrofloyéra* (« flûte » au fromage). Une bonne adresse.

**I●I Barba Yannis** (plan couleur I, B2, **99**) : 94, odos Bénaki. ☎ 21-03-82-41-38. Tlj midi et soir. Repas env 12 €. Un resto familial tout simple, servant une cuisine riche et savoureuse. Très bon marché. On choisit un plat du jour dans la vitrine, on s'installe à l'intérieur ou en terrasse, dans une rue peinarde. Excellentes boulettes à la chypriote, *pastitsio*, etc.

**I●I Psistaria Vergina** (plan couleur I, B2, **97**) : 62, odos Valtetsiou. ☎ 21-03-60-79-92. Tlj midi et soir. Repas 12-14 €. Une des rares adresses traditionnelles dans ce quartier submergé de bars tous plus branchés les uns que les autres. Terrasse dans la rue piétonne (peu de tables). Cuisine de taverne égale à elle-même. Très fréquenté le soir. Plats à emporter, *gyros*. Clientèle principalement grecque.

**l●l Taverna Rozalia** *(plan couleur I, B2, 97)* : 58, *odos Valtetsiou*. ☎ 21-03-30-11-36. *Tlj midi et soir. Repas env 12-15 €*. Dans une rue piétonne, grande

terrasse ombragée sous une tonnelle : très agréable. Grand choix d'entrées. Les plats sont copieux et le service efficace. On vous conseille les boulettes de viande et les grillades. Une bonne adresse, et un super rapport qualité-prix.

## De prix moyens à plus chic

**l●l Yiantès** *(plan couleur I, B2, 98)* : 44, *odos Valtetsiou*. ☎ 21-03-30-13-69. *Tlj à partir de 12h. Repas env 20-25 €*. Ce resto propose une cuisine un peu plus élaborée que la moyenne du quartier, avec d'intéressants mélanges de

saveurs. Choix appréciable de légumes (poêlés) et de salades. Cadre atypique : cour arborée accueillant une trentaine de tables, chaises en moleskine, murs peinturlurés de couleurs vives. Ambiance musicale genre *Buena Vista Social Club*.

## Plus chic

**l●l Kallisti Gefsis** *(plan couleur I, C2, 100)* : 137, *odos Asklipiou*. ☎ 21-06-45-31-79. *Oct-mai slt, le soir ainsi que dim midi. Fermé lun. Repas env 22-30 €. Parking gratuit*. Pour ceux qui ont la chance de séjourner hors saison, voici une adresse hors pair. Dans une maison néoclassique, *Kallisti* propose une cuisine créative parfaitement fine en s'ins-

pirant des différents types de cuisine des Grecs vivant à l'étranger et dans les îles. Produits biologiques. Vins de toute la Grèce, et en particulier ceux de petits producteurs. Préférer la salle du 1er étage. Accueil sympathique. Vraiment une très bonne adresse ! Propose aussi des soirées à thème et des séminaires de cuisine.

# Dans Kolonaki

Kolonaki, quartier très résidentiel, au pied du Lycabette, est l'endroit chicos d'Athènes. Beaucoup de galeries, style art brut ou happening vidéo, et de boutiques aux noms français. Mais très peu de restos abordables...

## Plus chic

**l●l To Kafénio** *(plan couleur II, C3, 130)* : 26, *odos Loukianou*. ☎ 21-07-22-90-56. *Tlj sf dim midi-minuit. Congés : août. Env 20-25 € pour un repas complet*. Excellente cuisine de taverne dans un décor style brasserie (ou « bistrot

parisien » pour les Athéniens), avec quelques spécialités typiques et de bons desserts. Quelques tables sur le trottoir. Le gérant, très sympathique, parle le français.

# Dans les quartiers sud

L'occasion de sortir des sentiers battus sans effort. Notamment, le quartier de Pangrati, au sud-est, où le touriste met rarement le pied, offre de nombreuses alternatives culinaires authentiques.

## De bon marché à prix moyens

**l●l Alégro** *(hors plan couleur I par C4, 103)* : 6, *odos Fanouriou*. ☎ 21-07-51-

86-08. En plein Pangrati, dans une rue perpendiculaire à *odos Imitou* (depuis l'auberge de jeunesse, descendre *odos Damareos* et prendre la 4e à gauche). Tlj midi et soir. Repas env 10-12 €. Déco moderne (et ratée) de bar PMU (long zinc, téléviseurs, fleurs en plastique sur les tables), mais véritable et surprenant restaurant. Cuisine essentiellement grecque : bonnes grillades, en particulier d'excellentes *païdakia* (côtelettes d'agneau). Salades copieuses et variées, plats de pâtes. Service sympa et attentif. Très bon marché.

|●| *Karavitis (plan couleur II, C3-4, 132) : 4, odos Pafsaniou* (et *Arktinou*). ☎ 21-07-21-51-55. Pas loin du stade, dans le quartier de *Pangrati*. Tlj à partir de 20h. Congés : env 15 j. en août. Repas env 12-15 €. Une des plus anciennes tavernes de la ville, très prisée des Athéniens. Elle a déménagé et

traversé la rue, pour s'installer dans un jardin, du moins quand il fait beau (sinon, l'établissement « historique » existe toujours, juste en face, avec les énormes tonneaux de *retsina*). Goûter aux réputées *keftédès* maison (parfumées au cumin), au *stamnaki* (veau à la tomate cuit en pot de terre) ou au *bekri mezze* (ragoût de viande au vin et à la cannelle).

|●| *Vyrinis (plan couleur I, C4, 102)* : 11, *odos Archimidous*. ☎ 21-07-01-21-53. Derrière le stade. Repas env 15 €. On mange dans une cour agréable. Plats traditionnels avec une touche d'inspiration contemporaine. *Fava* succulente, excellent *imam, arni ladorigani* (agneau) très goûteux et bien d'autres choses. Service diligent et sympathique.

## Où manger dans les environs ?

Tout au long de la côte d'Apollon, qui s'étend du sud du Pirée au cap Sounion, d'innombrables tavernes et restos, généralement spécialisés dans le poisson.

|●| *Mouragio* : au niveau de la 4e marina de *Glyfada* (en grec, marina △), à 15 km du centre d'*Athènes*. ☎ 21-08-94-24-37. Compter 15-20 €. Adresse sans prétention, mais bien connue pour la qualité du poisson qui y est cuisiné et, plus globalement, pour tous les produits de la mer.
|●| *O Ilias* : plage de Sounion, à près de 70 km d'Athènes. ☎ 22-92-03-91-14.

Au niveau du cap Sounion, prendre à droite la route qui descend à la plage. Repas env 15-20 €. Presque les pieds dans l'eau, une taverne de poisson avec vue imprenable sur le temple de Poséidon. Service efficace. Sa voisine, la taverne *Akrogiali*, est très correcte et on y est encore plus proche de l'eau. Prix comparables.

## Où manger une bonne pâtisserie ?
## Où déguster une glace ?

♥ *Dodoni (plan couleur I, A-B4, 181)* : 44-46, *odos Dimitrakopoulou* 76 (à l'angle d'*odos Drakou*). Au sud de l'*Acropole*, dans le quartier de *Koukaki*. Ouv 10h-2h30. Dans une rue piétonne très animée. Bonnes glaces à prix raisonnable, gâteaux et gaufres. Dans *Plaka (37, odos Kydathinéon)* on peut trouver d'autres établissements *Dodoni*, mais on ne peut pas toujours s'asseoir pour déguster sur place.
♥ *Pagoto Mania (plan couleur II, A3, 192)* : à *Psiri*, à l'angle d'*odos Taki* et d'*odos Ésopou*. Env 2 € la boule. Un

grand choix de glaces (plus de 30 parfums) présentées sous forme de pyramides appétissantes. On peut s'asseoir.
☛ ♥ *Krinos (plan couleur II, B2, 191)* : 87, *odos Eolou*. À deux pas du marché. Lun, mer et sam 8h-17h ; mar, jeu et ven 8h-21h. On peut s'asseoir (commander au fond de la salle). Belles *bougatsès* (chausson fourré à la crème pâtissière et saupoudré de cannelle) à prix raisonnables, glaces et divers snacks.
☛ ♥ *Ta Serbetia stou Psiri (plan couleur II, A3, 190)* : 3, *odos Eschylou* (face au resto Taverne de Psiri). Congés : août.

Un café-pâtisserie avec des gâteaux orientaux, des sorbets et des yaourts. Cher mais des parts généreuses.
🍽 *Amalthia (plan couleur II, B3, 111) :* 16, odos Tripodon. Dans Plaka, à côté du restaurant Scholarchio Yérani. *Fermé en août.* De bons yaourts et des pâtisseries tout aussi bonnes. Patron francophone.

🍽 *I Thessaloniki stou Psiri (plan couleur II, A3, 193) : platia Iroon, au centre de Psiri.* Spécialité de *bougatsa*, à la crème ou au fromage qui cale bien au petit déjeuner (enfin pas seulement, puisque ce *bougatsadiko* est ouvert 24h/24). Beau décor, mélange de pierre, bois et fer forgé.

## Où boire un verre ?

### Place Victoria *(plan couleur I, B1)*

Ⓜ *Victoria.* Parmi les cinq cafés autour de la bouche de métro, notre préférence irait plutôt, on ne sait vraiment pas pourquoi, à celui appelé *La Crêperie.* Ambiance assez chouette le soir.

### Place Exarchia *(plan couleur I, B2)*

Une place en triangle, derrière l'École polytechnique. C'est le quartier latin d'Athènes, dit-on. Nombreux bars et tavernes qui laissent juste un peu de place pour quelques bancs. Toujours très animé, avec souvent des concerts le week-end. On y trouve les meilleurs lieux musicaux, notamment des *rébétika.* Exarchia est le quartier favori des étudiants et des marginaux de tout poil. Historiquement, il s'agit d'un bastion anar ; d'ailleurs, c'est d'ici que sont parties les émeutes de décembre 2008, suite au meurtre d'un jeune par un policier. Ça a pas mal chauffé, les jeunes prenant la rue d'assaut et les vieux... jetant des pots de fleurs sur la police depuis leur balcon ! L'ambiance peut donc être électrique à l'occasion, mais d'ordinaire elle est plutôt bon enfant. Ce quartier a toutefois tendance à s'embourgeoiser : les bars *lounge* et bistrots *fashion* remplacent peu à peu les lieux interlopes.

### Dans le quartier de Thissio *(plan couleur I, A3)*

Un des quartiers branchés de la ville. Succession de bars au décor sophistiqué, clientèle jeune, exclusivement grecque, qui piaille en terrasse : on se croirait dans une volière. Concentration incroyable de cafés et bars entre les rues Amphiktyonos, Niléos et Iraklidon. Ambiance assurée en soirée : on est sûr de se tenir chaud ! On vous indique un café, mais en fonction de vos goûts, on compte sur vous pour faire votre choix !

🍸 *Stavlos (plan couleur I, A3, 150) :* 10, odos Herakleidon. On apprécie sa vaste cour intérieure. Belle déco rustique et raffinée des salles. Restauration à prix moyens. Également galerie d'art certaines semaines. Bonne musique. Seul problème : trouver une place en soirée, car c'est de la folie, comme dans toute la rue d'ailleurs.

### À Monastiraki et Plaka

🍸 *Kafenéion I Oraia Ellas (plan couleur II, B3, 161) :* 59, odos Mitropoléos ou 36, odos Pandrossou. En plein cœur de Monastiraki, au 1er étage d'un centre d'artisanat traditionnel hellénique et d'expo-vente. *Mar-dim jusqu'à 18h.* Déco de vieilles affiches et cartes postales d'Athènes. Pas trop touristique, étonnant vu le quartier.

**Café Mélina** (plan couleur II, B3, **162**) : 22, odos Lissiou. Tlj 10h-2h. Cadre original, à la déco plutôt baroque, et omniprésence de Mélina Mercouri (nombreuses photos sur les murs). Très cosy. Un peu cher. Plats d'ouzeri, yaourts, pâtisseries. On peut y manger (bonnes salades copieuses). Jolie terrasse en pente.

**Klepsydra** (plan couleur II, B3, **169**) : 9, odos Thrassyvoulou. Tlj 10h-2h. Petite terrasse dans une rue relativement peu fréquentée sur les hauteurs de Plaka. Propose également des gâteaux et une petite restauration.

**Café Yiasemi** (plan couleur II, B3, **172**) : 23, odos Mnisikléous, agréable ruelle en escalier qui croise odos Lissiou. ☎ 21-30-41-79-37. On boit soit dehors, autour des tables toutes simples disposées dans les marches, parmi un peu de verdure, soit dans cette charmante petite maison plakiote laissée quasi en l'état. Pâtisseries maison, petits plats, petit déj. Service sympa.

**Diogénis** (plan couleur II, B4, **164**) : pl. Lyssikratous. ☎ 21-03-22-48-45. Tout près de l'église Sainte-Catherine, au cœur de Plaka. Sur cette place fleurie et ombragée, où se dresse le monument de Lysicrate, Diogénis offre une terrasse idéale pour boire un verre en fin d'après-midi. Très fréquenté par les Grecs toute l'année, mais beaucoup de touristes en été. Excellents cappuccinos et cafés frappés. Restauration assez chère.

**O Glykys** (plan couleur II, B3, **171**) : 2, odos A. Géronda. Petit café très fréquenté par les Grecs dans une rue pas trop passante. Grand choix de mezze (possibilité de manger à toute heure ; prix moyens). Clientèle 20-30 ans, avec pas mal d'étudiants.

**Avyssinia** (plan couleur II, A3, **165**) : 7, odos Kynetou. ☎ 21-03-21-70-47. Au cœur du marché aux puces de Monastiraki (entrée de la pl. d'Avyssinia sur Ermou). Mar-sam 10h30-1h, dim 12h-19h. Fermé lun. Congés : août. Quelques tables et chaises dehors pour déguster un excellent espresso. La salle, décorée dans le style brocante chic, baigne dans une douce musique rétro. Parfois de l'accordéon et des chansons. Pour manger, c'est assez cher (min 20 €), mais c'est une adresse réputée, avec des plats qui apportent un peu de variété par rapport à l'ordinaire.

**Kali Zoï** (plan couleur II, A3, **163**) : odos Thissiou, derrière le petit square situé en fin d'Adrianou, à deux pas de la station de métro Thissio. Café « de village », en plein centre-ville, pas branché pour un sou. Chaises en bois peintes, musique traditionnelle en sourdine, et des consos légèrement moins chères qu'en plein Plaka. Reposant.

## Aux halles

**Mokka Cafe** (plan couleur II, B2, **170**) : 44, odos Athinas, à l'entrée des halles. Ouv jusqu'à 18h. Comme son nom l'indique, un endroit dédié au café, et pas seulement frappé. Grand choix de cappuccinos en particulier. Également de bonnes glaces.

## À Psiri

Un nombre incroyable de bars qui bougent jusque tard dans la nuit. Paradoxalement, l'été, c'est plus calme (beaucoup de Grecs sont partis ou vont s'amuser sur la côte, au sud du Pirée) mais, en mai ou octobre, l'ambiance est très chaude ! Dans la rue Miouli noire de monde, on peut assister au défilé permanent d'une jeunesse grecque victime de la mode.

**Minibar** (plan couleur II, A3, **153**) : 16, odos Apostoli. Tlj sf lun dès 19h30. Juste en face de Ivi (voir « Où manger ? »). Un tout petit bar où l'on peut à peine s'asseoir et qui ne sert que des liqueurs fortes (une bière allemande), dans des minibouteilles (près de 300 !) exposées derrière le comptoir. Vraiment mignon ! Certains des alcools sont assez rares, comme le *Pinky*, une vodka suédoise à la rose, le *Captain Morgan*, un rhum portoricain à la vanille ou encore le *Yamasaki*, un whisky nippon ! La patronne, Dimitra, nous a assuré qu'elle ne connaissait pas d'autres bars de ce type dans le monde et, à la vérité, nous non plus. Pas très bon marché, cela dit.

## Vers l'Acropole

🍸 *I Dioskouri (plan couleur II, A3, 166) :* dans les escaliers de l'odos Dioskouron, en bordure de l'Agora, juste sous l'Acropole. Tlj jusqu'à minuit. Belle situation. Selon les heures de la journée, le café est davantage fréquenté par les Grecs ou par les touristes.

## Entre Syndagma et Omonia

🍸 *Café Nikis (plan couleur II, B3, 167) :* 3, odos Nikis. Tlj sf dim mat, tte la journée et jusque tard dans la nuit. Petit café avec une miniterrasse. Bonne musique assurée, c'est le patron qui est à la sono. Il a toutes les compil' des endroits branchés parisiens (musique « ambiante »). Agréable à toute heure du jour ou de la nuit. Bon café frappé ; également quelques snacks.

## Dans le Jardin national

🍸 *Kafenio O Kipos (plan couleur II, C3, 168) :* dans le Jardin national même, tout près de l'entrée sur odos Irodou Attikou. Ouv aux heures d'ouverture du parc. Plutôt cher, mais pas de concurrence dans les proches environs, sauf le *café du Zappio*, au sud du jardin.

## À Kolonaki *(plan couleur II, C3)*

Nos lecteurs les plus snobs apprécieront les grandes terrasses de la **place Filikis Etérias.** C'est le point d'arrimage de toute la jeunesse dorée de Kolonaki. Pour voir et être vu. Festival de looks branchés et fringues mode. Le problème, c'est de réussir à trouver une place à « l'heure de pointe » : quasiment impossible et, à se retrouver à touche-touche comme des sardines, tout le plaisir est gâché. Dans un autre genre, bien plus calme et plus simple, la **place Déxaméni,** quelques mètres plus haut. Cette place tire son nom de la citerne qui était, au siècle dernier, le réservoir d'eau de la ville d'Athènes (on distribuait l'eau en voitures-citernes stationnées odos Dinokratous, près de la place Déxaméni).

## Où danser ?

En été, la plupart des boîtes athéniennes se déplacent en bord de mer, vers Glyfada, entre Alimos et Voula, ou carrément dans les îles comme Mykonos. Tout en sachant que les modes changent rapidement, vous pouvez vous risquer aux adresses qui suivent. Le week-end, compter environ 15 € l'entrée (donnant droit à une boisson). Moins cher en semaine, mais plus cher quand les *guest* DJs qui officient sont de grosses pointures. À noter que la plupart des discos font aussi resto. On peut se rendre du centre d'Athènes à Glyfada en tramway (et rentrer par le même moyen de transport puisque le tram fonctionne 24h/24). La ligne Athènes-Glyfada a été prolongée jusqu'à Voula. Dans le centre, signalons tout de même le **Lava Bore** *(plan couleur II, B3)*, 25, odos Filellinon (22h-5h), au sud de Syndagma.

## Sur la côte au sud du Pirée

♪ **Bebek Bar-club :** 3, av. Posidonos, Kalamaki (marina d'Alimos). ☎ 21-09-81-39-50. Lun-sam. Mainstream.

♪ **Akrotiri Lounge :** 5B, av. Vassiliou Georgiou, Agios Kosmas (face à l'ancien aéroport d'Elliniko). ☎ 21-09-85-91-47. Bar et disco avec piscine et vue panoramique. Chicos. Une valeur sûre de la nuit athénienne (DJs résidents). Bon resto également, catégorie chic (chef français).

♪ **Babae (ex-Balux) :** 88, av. Posido-nos, Glyfada, plage d'Asteria. ☎ 21-08-94-16-20. Mer-dim. Bar-café avec piscine en journée (10 €), club le soir (15 €). Une des adresses les plus branchées depuis ces dernières années. Mainstream, dance.

♪ **Destijl :** 14, odos K. Karamanli, Voula. ☎ 21-08-95-96-45. Dans un manoir en bord de mer, les pieds dans l'eau. Mainstream. Soirées à thème. En journée, on peut faire bronzette et manger correctement pour pas trop cher.

## Au sud de l'Acropole

Pour nos lecteurs homos, il existe pas mal de bars-clubs gays à Athènes (ouverts uniquement le soir) comme :

♟ ♪ **Lamda Club** (plan couleur I, B4, **151**) : 15, odos Lebessi et 7, Syngrou. ☎ 21-09-22-42-02. Quartier Makry-gianni, au sud de Plaka. Ouv tlj à partir de 23h. L'adresse la plus en vue à l'heure actuelle. Soirées à thème, live shows.

♟ ♪ **Tranazi-Granazi** (plan couleur I, B4, **152**) : 20, odos Lebesi. ☎ 21-09-24-41-85. Tout près du Lamda Club. Propose parfois des spectacles (se renseigner).

# Cinémas en plein air

Athènes et sa banlieue comptent au total une vingtaine de cinémas en plein air fonctionnant l'été (de manière plus générale, Athènes est la quatrième ville européenne pour le nombre de sièges de cinéma par habitant). Les films sont toujours en v.o. La place se vend environ 8 €. Voici quelques adresses :

■ **Cine Paris** (plan couleur II, B3) : 22, Kydathineon. ☎ 21-03-22-20-71. Le grand ciné de Plaka.

■ **Riviera** (plan couleur I, B2) : 46, odos Valtetsiou, à côté du resto Yiantès. ☎ 21-03-83-77-16. Programmation art et essai.

■ **Thission** (plan couleur I, A3) : 7, Apostolou Pavlou. Sur la promenade piétonne face à l'Acropole. ☎ 21-03-47-09-80. Joli cadre.

■ **Aigli** : à côté du Zappion (Jardin national). ☎ 21-03-36-93-69.

■ **Ciné-Psirri** : 40, odos Sarri, à hauteur du n° 35. ☎ 21-03-24-72-34.

# Spectacles

Pour connaître les programmes et les horaires, lire les journaux en vente dans les kiosques (voir plus haut la rubrique « Adresses utiles ») ou les gratuits comme Athens Voice (encore faut-il lire le grec).

### Où écouter du rébétiko ?

Voir la rubrique « Hommes, culture et environnement. Musique, danse ». Les établissements cités ci-dessous ferment pendant l'été, c'est-à-dire dès début juin.

∞ **Stoa Athanaton** *(plan couleur II, B2)* : 19, odos Sofokleous ; dans les halles. ☎ 21-03-21-43-62. Tlj. Résa obligatoire. Un des lieux les plus célèbres du *rébétiko*. Spectacle à 23h avec consommation ou dîner. Musiciens très réputés. Clientèle grecque.

∞ **Astrofengia** *(hors plan couleur I par B1)* : 294, odos Patission (et Kontou), Agios Loukas, quartier de Patissia (au nord du parc Aréos). ☎ 21-02-01-01-60. Jeu-sam. On y mange aussi.

∞ **Kavouras** *(plan couleur I, B2)* : 64, odos Themistokleous. ☎ 21-03-81-02-02. Tout près de la pl. d'Exarchia. Tlj.

∞ **Rébétiki Istoria** : 181, odos Ippokratous, quartier d'Exarchia. ☎ 21-06-42-49-37. Tlj.

– En hiver, jusqu'à Pâques, on peut aussi en entendre à la **taverne Di Porto,** à l'angle d'odos Theatrou et d'odos Sokratous, derrière les halles. Taverne en sous-sol, sans enseigne.

## Où écouter du *bouzouki* actuel ?

Spectacle en plusieurs parties autour d'un chanteur-vedette. De manière générale, il débute par des chansons populaires à la mode et connues de tous, interprétées par les choristes de la vedette et entonnées par toute la salle. Puis, en seconde partie, apparaît la vedette, qui propose un type de chansons situées entre la pop et la musique orientale, entre les effets spéciaux et les instruments anciens comme le *bouzouki*. C'est le moment pour les jeunes filles de monter se trémousser sur les tables en exécutant de savantes danses du ventre. Ensuite, la star s'éclipse, abandonnant la scène à ses choristes et au public. Ambiance assurée ! Le spectacle commence à 23h, avec différents prix d'entrée, selon que l'on dîne, que l'on consomme assis boissons, fruits et cacahuètes, ou que l'on reste debout !

Les boîtes sont généralement fermées en juillet et août, ou bien émigrent sur la côte, au sud du Pirée. Sinon, renseignez-vous dans les journaux ou en traînant vos guêtres derrière le cimetière du Céramique *(plan couleur I, A3, 201)*, à l'angle de Iera Odos et de l'avenue Piréos où se trouvent deux des établissements les plus branchés.

## Divers

∞ **Danses traditionnelles au théâtre Dora Stratou** *(plan couleur I, A4)* : sur la colline de Philopappou. ☎ 21-03-24-43-95 (bureaux, 8, odos Scholiou, Plaka, 9h-16h) ou ☎ 21-09-21-46-50 (au théâtre à partir de 19h30). ● grdance.org ● ⓜ Acropolis ou Thissio. Prendre le chemin du petit bois à l'angle de Dionissiou Aréopagitou et d'Apostolou Pavlou, puis tourner à gauche après l'église Agios Démétrios. 25 mai-19 sept, tlj sf lun, spectacle à 21h30 ; dim, spectacle à 20h15. Entrée : 15 € ; groupes, enfants et étudiants : 10 €. C'est un spectacle de qualité, où les danses grecques sont fidèlement exécutées par une troupe de 75 artistes. Il faut dire que cette association, qui a pour but depuis 1953 de préserver le patrimoine chorégraphique de la Grèce, a patiemment reconstitué les costumes que revêtent les 75 danseurs et musiciens, costumes que portaient il y a encore une cinquantaine d'années les insulaires, lors des cérémonies de mariage ou de fêtes. Les parures avaient alors une signification à la fois sociale et culturelle. En effet, chaque détail d'une broderie ou d'un corsage pouvait indiquer le lieu d'origine de la jeune femme, si elle était mariée, quel était le métier du mari, si elle avait des enfants... La compagnie possède ainsi 2 500 costumes et parures (visite guidée et gratuite du vestiaire le matin). C'est cet héritage du patrimoine culturel grec que met en scène le théâtre Dora Stratou. Une institution unique en Europe qui propose également des cours et ateliers de danse.

∞ ♪ **Théâtre du Lycabette** *(plan couleur I, C2)* : grimper sur la colline du même nom, c'est fléché. ☎ 21-07-22-72-33. Fin mai-début sept. Tickets auprès de la billetterie de l'Athens Festival, 39, odos Panepistimiou (☎ 21-03-22-14-59). Concerts de jazz, pop et de musique traditionnelle... Programmation très éclectique.

ATHÈNES ET SES ENVIRONS

## Festivals

∞) *Festival d'Athènes à l'odéon d'Hérode Atticus (plan couleur II, A4, 213)* : au pied de l'Acropole ; entrée sur Dionissiou Aréopagitou, à droite du chemin qui mène à l'Acropole. ☎ 21-03-27-20-00. • greekfestival.gr • Juin-sept. Vente sur place le jour même, 9h-14h et 17h-20h. Ou à la billetterie centrale de l'Athens Festival, *39, odos Panepistimiou, passage Pesmazoglou* (☎ 21-03-22-14-59 ; lun-ven 8h30-16h et sam 9h-14h30). Achat possible à l'avance par CB. Billets à tarifs variables selon spectacle : 15-60 €. Tragédies grecques, concerts classiques, jazz, ballets, opéras, avec des artistes internationaux. L'odéon n'accueille en fait qu'une partie des spectacles qui sont représentés en différents lieux à Athènes (et aussi à Épidaure). Programme à l'office de tourisme et sur le site web.

∞) *Festival de Vyronas :* en juil, au théâtre Vrahon, *Vyronas (quartier d'Athènes proche de Pangrati).* ☎ 21-07-62-64-38. Bus n^os 762, 054, 203 ou 204, trolley n° 11. Billets en vente au kiosque du festival, pl. Syndagma, au théâtre Vrahon, le jour des concerts 18h-22h, ou dans les magasins Metropolis. Concerts jazz, musique latino-américaine...

∞) *Festival de jazz :* organisé fin mai à Technopolis (hors plan couleur I par A3), *quartier de Gazi, 100, odos Piréos. Rens sur le site de la mairie d'Athènes (• cityo fathens.gr •)* ou à l'IFA. Ambassades européennes et instituts culturels s'associent à l'organisation. Concerts gratuits sur 5 jours. Le même lieu accueille aussi (la 1^re quinzaine de juillet) le *Festival international de danse.*

# À voir

Pour s'assurer sur place des *heures d'ouverture des sites et musées,* s'adresser à l'office de tourisme (qui publie une liste à jour des sites à Athènes et en Attique). Le problème est que les horaires ne sont pas toujours reconduits tels quels d'une année sur l'autre : les plaques qui indiquent ces horaires à l'extérieur des sites et des musées ne sont pas non plus forcément à jour et peuvent donc vous piéger. En 2010, la norme (nationale) était 8h30-15h et, pour les grands sites et musées, ouverture jusqu'à 19h-20h. Cela se complique encore plus quand on sait qu'il y a des horaires d'été et d'hiver : il arrive que les horaires d'été, applicables en principe dès avril, ne prennent parfois effet que vers la fin mai, voire début juin ! Ou pire, en raison de contraintes budgétaires, les horaires d'hiver s'appliquent l'été ! De plus, ces plaques ne mentionnent généralement pas que l'entrée est gratuite pour les étudiants de l'Union européenne (mais nos amis suisses paieront demi-tarif), ni que les moins de 18 ans ne paient pas. Quant à la gratuité des sites et musées le dimanche, elle n'est effective que hors saison, de novembre à mars (encore que la mesure ait été étendue au 1^er dimanche des mois de printemps). On peut essayer de se renseigner auprès du ministère de la Culture *(☎ 21-08-20-11-00 ; • culture.gr •).* Pour les jours de fermeture, en général des jours fériés, reportez-vous à la rubrique « Musées et sites archéologiques » de « La Grèce utile ».

Athènes est presque devenue une ville agréable à visiter à pied grâce à l'unification des sites archéologiques qui permet de relier les sites les plus importants par une large voie pédestre partant du cimetière du Céramique *(plan couleur I, A3, 201),* odos Ermou, jusqu'à l'Olympiéion *(plan couleur II, B4, 218),* et en suivant les rues Apostolou Pavlou et Dionysiou Aréopagitou, devenues très fréquentables (et très fréquentées, on y fait « volta » à la fraîche). Les quatre sites concernés au premier plan sont le Céramique, l'Agora, l'Acropole et l'Olympiéion. En plus de cette réalisation, les principales places d'Athènes ont été réhabilitées ainsi que de nombreux bâtiments néoclassiques le long des rues Athinas, Ermou, Eolou et Mitropoléos (entre autres).

Pour ceux qui ne souhaitent pas ou ne peuvent faire cette visite à pied, Athènes a plusieurs *petits trains* qui proposent le tour du centre historique ! Tlj mai-fin oct.

*Départ à l'angle d'Eolou et Adrianou, ou encore sur la pl. Syndagma, au début d'odos Ermou. Ttes les heures env en saison, jusqu'à minuit (en sem, pas de départ 14h30-17h). Tarif : 5 € (2010) ; réducs.* Circuit prévu (compter 30-40 mn) : Monastiraki-Thissio-Ancien théâtre d'Hérode Atticus-Stade olympique (1896)-Plaka. On peut, bien entendu, s'arrêter en cours de route et reprendre le train suivant. Un autre petit train part d'odos rue Ermou, au débouché de la place Syndagma.

Sinon, Athènes a également son bus à impériale (City Sightseeing) qui fait le tour de la ville à partir de la place Syndagma. Il coûte très cher : 18 € par adulte pour un tour de 1h30 ! Le bus de City Tours Athens coûte moins cher ; 15 € (et encore moins cher après 18h). Enfin, signalons une initiative intéressante : deux Françaises ont commercialisé des audioguides (en plusieurs langues, dont le français bien sûr) qui permettent de visiter le centre historique de la capitale grecque (un pour l'Acropole, un pour Plaka et un pour la Pnyx et ses environs). Deux heures minimum de commentaires sur chaque audio-guide. Location possible dans quelques grands hôtels et à l'agence *Profil Voyage* (voir « Adresses utiles »). ● pocket-tours.gr ● *Prix de la location : 25 €.*

– À tout seigneur tout honneur : commençons par le site le plus visité, celui de l'Acropole. Sis dans le centre, le rocher domine l'Agora, dont la visite peut être faite dans la foulée. On conseille de visiter avant le musée de l'Acropole (voir plus loin « Au sud de l'Acropole »).

# Le quartier de l'Acropole

🚶🚶🚶 Ⓓ *L'Acropole (plan couleur II, A-B3-4)* : si possible, allez-y à l'ouverture pour ne pas trop vous dessécher au soleil et éviter de vous payer 100 m de queue pour avoir le billet. En effet, après une certaine heure, tous les cars débarquent. Consigne à bagages un peu plus bas que le guichet où l'on achète son billet (attention, vérifiez les horaires, elle ferme un peu plus tôt que le site).

*Horaires et tarifs*
*En hte saison, tlj 8h30-20h ; le reste de l'année (oct-avr), tlj 8h-15h.* ☎ 21-03-21-02-19. Entrée : 12 € ; ½ tarif pour les étudiants hors UE et pour les plus de 65 ans ; en principe, gratuit pour les étudiants de l'UE ; gratuit pour tous dim nov-mars et 1er dim du mois avr-juin et oct. Pour les tarifs, il y a de quoi pousser un bon coup de gueule. Bon, d'accord, ce billet donne aussi accès à l'ancienne Agora, à l'Agora romaine, au cimetière du Céramique et à l'Olympiéion ainsi qu'au théâtre de Dionysos, mais qu'est-ce qui a été prévu pour le visiteur de passage pour une courte durée qui n'a le temps (ou l'envie) de visiter que l'Acropole ? Rien !

*Accès au site*
Le plus simple, si vous êtes logé loin du centre, est de prendre le métro (ligne 1) et de descendre à la station Thissio, à l'ouest de l'Acropole, un peu plus bas que l'entrée du site ; on y accède alors par un chemin dallé, à la rencontre des avenues Dionysiou Aréopagitou et Apostolou Pavlou *(plan couleur II, A-B4)*. Autre possibilité : la ligne 2 ; descendre alors à la station Akropolis (quelle surprise !), cette fois au sud-est du site ; de là, remonter Dionysiou Aréopagitou ou, pour les plus courageux, grimper l'odos Thrassylou (ça monte sec), contourner par l'est et en profiter pour traverser le joli quartier d'Anafiotika en haut de Plaka, avant de rejoindre l'entrée.

Pour ceux qui viennent de Plaka, le plus court pour se rendre à l'Acropole est l'accès nord par les petites ruelles (Dioskouron ou Mnissikléous, par exemple) et les escaliers du vieux Plaka.

*Un peu d'histoire*
Initialement, l'Acropole (la ville haute, culminant à 156 m) n'était que la forteresse d'un seigneur local. Ce site imprenable lui permit d'étendre son pouvoir sur toute la région. Plus tard, le roi d'Athènes fut à la fois chef politique et religieux. On décida de dédier l'Acropole, le Rocher sacré, à la célèbre déesse Athéna. Puis le pouvoir passa entre les mains de propriétaires terriens appelés *aristoi* (« les meilleurs »). Ensuite la démocratie athénienne prit la relève, mais fut durement battue par les

Perses en 480 av. J.-C. Ceux-ci détruiront tous les temples de l'Acropole, ceux de la première génération. Les statues et ex-voto restants seront cachés par les Grecs dans des cavités du rocher. Une chance pour les archéologues qui les ont découverts au XIXᵉ s.

Contre les Perses, les cités grecques s'unirent dans « l'Alliance ». Gardienne du trésor de guerre de cette Alliance, Athènes connut alors une puissance et un rayonnement sans précédent. Périclès profita de cette abondance financière pour reconstruire totalement les temples de l'Acropole. Le chantier dura plus de quarante ans (de 447 à 406 ou 405 av. J.-C.). Les travaux furent supervisés par Phidias, le plus grand sculpteur de l'Antiquité. Ce sont les vestiges de son architecture que l'on admire aujourd'hui. Ils ne donnent pas forcément une bonne idée de ce qu'était le site une fois terminé : si l'on avait sous les yeux cet ensemble de temples, polychrome (eh oui, les Grecs connaissaient la couleur), on le trouverait certainement surchargé, clinquant parce que l'image que nous avons de ces ruines nues (« un squelette de pierre et de marbre, blanchi par les sables du temps comme les ossements du désert », a écrit Jacques Lacarrière), nous a habitués à une certaine idée de dépouillement.

En 86 av. J.-C., Rome envahit la Grèce, pillant et dévastant les villes. En revanche, on ne touchera pas à l'Acropole. Au Vᵉ s, les chrétiens de Byzance emporteront la célèbre statue d'Athéna, dite « chryséléphantine » (recouverte de plaques d'ivoire et de feuilles d'or), qui, de ses 10 m de haut (12 m en comptant la base), siégeait au Parthénon. Elle disparaîtra à jamais, sans que l'on sache ce qu'elle est devenue. Il en reste juste une réplique de 95 cm au Musée national. Le temple fut transformé en église, orthodoxe tout d'abord, puis catholique !

Puis, en 1456, les Turcs transformèrent le sanctuaire en place forte. Ils installèrent une mosquée, un entrepôt de poudre et une résidence pour le gardien du harem.

Dernier préjudice subi, le pillage organisé à partir de 1801 par un Anglais, Lord Elgin, ambassadeur de Grande-Bretagne à Constantinople, qui déposa, avec l'accord écrit du sultan, les plus belles pièces du Parthénon au British Museum. Les Anglais ne veulent pas les rendre à la Grèce, malgré les appels répétés de Mélina Mercouri depuis 1983 : « Rendez-nous les marbres ! » Sur les

> **ET QUE ÇA SAUTE !**
>
> *Lors du siège d'Athènes mené par les Vénitiens, en 1687, le général Morosini n'hésita pas à bombarder l'Acropole : un obus fit exploser la poudrière et détruisit toit, murs et un certain nombre de colonnes du Parthénon. Tout cela pour rien, puisque les Turcs gardèrent la ville et que Morosini rentra chez lui !*

115 panneaux qui composaient la frise complète du Parthénon, il n'en reste que 94, dont 56 sont au British Museum. De toute façon, les Français sont mal placés pour critiquer, avec tout ce que Napoléon a rapporté d'Égypte ! Les Grecs continuent à mettre la pression sur le gouvernement anglais et espéraient que tout serait réglé pour l'ouverture du nouveau musée de l'Acropole dans le quartier de Makrigianni, au sud du site. Un des arguments des Britanniques était en effet que les Grecs ne disposaient pas d'un musée digne de ce nom pour accueillir tant de pièces... Depuis que le nouveau musée a ouvert, en 2009, cet argument est tombé... mais les frises ne sont pas près de revenir au bercail.

Quant aux échafaudages visibles sur l'Acropole, ils n'en finissent pas d'attendre d'être démontés, parfois pour être remontés ensuite. La restauration « intégrale » du site est annoncée pour... 2020 ! Le travail est immense, car il s'agit de défaire ce que les précédentes restaurations avaient fait, et donc de remettre à la bonne place les éléments mal disposés. On peut s'informer sur l'avancement des travaux en consultant le site ● *philalithia.net* ● qui consacre un dossier complet au chantier de rénovation de l'Acropole.

*Les monuments les plus importants du site*

– **La porte Beulé :** l'entrée actuelle du site porte le nom de l'archéologue français qui la restaura après l'avoir découverte sous des fortifications turques. Construite après la période romaine, elle n'existait pas sous cette forme à l'époque classique (les pèlerins abordaient le Rocher sacré par l'est).

– *Les Propylées :* escalier monumental composé d'un porche à colonnes, combinant les ordres dorique et ionique, qui donnaient accès au sanctuaire véritable. Précédée d'une rampe d'accès et flanquée de terrasses remplies de statues (divinités, héros, hommes politiques), dont celle d'Athéna Promachos, en armes, cette entrée, pourtant inachevée (seul le passage central est terminé), comportait plusieurs portes et impressionnait vivement les visiteurs. Ce n'est qu'après l'inauguration du Parthénon, en 438 av. J.-C., que les travaux des Propylées commencèrent, définitivement interrompus par la guerre du Péloponnèse.

– *Le temple d'Athéna Nikê :* gracieux petit temple d'ordre ionique, sur la droite au-dessus d'une muraille. Édifié de 424 à 418 av. J.-C. Démonté (pour être restauré) et intégralement remonté depuis l'été 2010. Chaque bloc a retrouvé sa place d'origine. C'est de cet endroit, avant que le temple soit construit, que le vieil Égée se précipita dans le vide quand il crut que son fils Thésée était mort en Crète, victime du Minotaure, donnant par là même son nom à la mer Égée. On peut voir de jolis reliefs provenant de ce temple au musée de l'Acropole (notamment *Nikê* déliant sa sandale).

– *Le Parthénon* (plan couleur II, A-B4, 210) : chronologiquement, la première des constructions lancées par Périclès, datant de 447 à 438 av. J.-C., sur la partie la plus élevée du rocher. Il est bâti sur un soubassement qui est plus grand que la longueur du temple. En effet, c'est le soubassement du temple précédent qui fut détruit par les Perses.

Que n'a-t-on pas écrit sur cette merveille des merveilles ! Il a fallu une dizaine d'années pour le construire : 20 000 blocs de marbre du mont Pentélique ont été apportés sur le Rocher sacré. Il est l'œuvre de l'architecte en chef Ictinos, sous la « surveillance » de Phidias. Il faut remarquer que l'assise du Parthénon n'est pas horizontale mais légèrement bombée, afin de rendre plus élancé l'ensemble des colonnades. En effet, les axes verticaux des colonnes ont été inclinés vers l'intérieur pour donner plus de robustesse à l'édifice, certes, mais aussi pour éviter que ces colonnes ne donnent l'illusion de « pousser au vide ». Apprenez encore qu'elles sont galbées afin de ne pas paraître étranglées en leur milieu et que les colonnes d'angle qui, autrement, sembleraient plus menues que les autres en raison de leur isolement, ont un diamètre légèrement renforcé.

Dans l'Antiquité, l'aspect de ce monument (qui a la forme d'un temple mais n'en n'est pas un) n'avait pas grand-chose de comparable à celui d'aujourd'hui : la partie intérieure, le *naos*, en était fermée par un mur et abritait la fameuse statue d'Athéna. Ce « trésor » (terme donné à un bâtiment abritant une précieuse offrande), malgré sa splendeur, n'était pas, pour les Grecs de l'époque classique, le monument le plus important du site, contrairement à l'Érechthéion (voir ci-dessous).

La renommée du Parthénon vient aussi de la grande richesse sculpturale du monument, et pourtant, on n'a conservé qu'une petite partie de la magnifique frise de style ionique qui était longue de 160 m (et, on le sait, il faut aller au British Museum de Londres pour voir la plus grande partie de ce qui a été conservé).

Là aussi, on se livre actuellement à de grands travaux pour tenter de redonner au temple l'allure qu'il avait avant l'explosion de 1687.

– *L'Érechthéion* (plan couleur II, A-B3, 211) : temple sur la gauche en se dirigeant vers le Parthénon, le plus complexe des monuments du Rocher sacré et le dernier à avoir été construit, de 420 à 405 av. J.-C. sans doute. On aperçoit tout d'abord un petit sanctuaire avec les célèbres caryatides (colonnes en forme de femmes), correspondant au temple de Cécrops, une des divinités liées à la fondation d'Athènes. À cause de la pollution, elles ont été remplacées en 1979 par des moulages. Cinq des six originales sont visibles au nouveau musée de l'Acropole (la sixième a été emportée par Elgin).

L'Érechthéion était, pour les Grecs, l'endroit le plus sacré de l'Acropole (car, selon la tradition, c'est là que Poséidon avait planté son trident lors de sa dispute avec Athéna et que cette dernière avait répliqué en faisant apparaître un olivier), et il avait à leurs yeux beaucoup plus d'importance que le Parthénon, qui, pour les Grecs de l'époque classique, était une réalisation beaucoup trop récente. Il était destiné à Athéna Polias, la protectrice d'Athènes, et à Poséidon, le dieu de la Mer, auquel on avait fini par identifier Érechthée, un héros mythique de la ville d'Athènes. Les Athéniens y vénéraient particulièrement la petite statue d'Athéna Polias, sculptée dans du bois d'olivier et, selon la tradition, tombée du ciel.

On peut compléter la visite en allant jusqu'à l'extrémité du site, là où flotte le drapeau grec. En 1941, deux jeunes résistants grecs, Manolis Glézos et Apostolos Sandas, enlevèrent le drapeau nazi que l'occupant avait installé.

– Sous l'Acropole, versant sud, on peut voir le **théâtre de Dionysos** *(plan couleur II, B4, 212)*, malheureusement très mal conservé, où l'on donna les chefs-d'œuvre d'Eschyle, de Sophocle, d'Euripide et d'Aristophane (plus exactement on les représenta sur un théâtre en bois qui s'effondra et fut remplacé par le théâtre en pierre que l'on connaît, construit au IV$^e$ s av. J.-C. et modifié plus tard par Néron). Il pouvait accueillir environ 17 000 spectateurs. Le billet à 12 € permet de le visiter.

Un peu plus à l'ouest, l'**odéon d'Hérode Atticus** *(Irodion, en grec ; plan couleur II, A4, 213)*, d'époque romaine, est en revanche toujours utilisé pour les spectacles du Festival d'Athènes.

➤ En sortant de l'Acropole, on se retrouve au-dessus de l'Agora, sur le *péripatos*. Site magnifique au printemps lorsque tout est en fleurs...

🎭 *L'Agora (plan couleur II, A3, 215)* : entrée principale, 24, odos Adrianou (une entrée également côté Acropole). ☎ 21-03-21-01-85. Hte saison, tlj 8h-20h (hors saison 15h). Entrée : 4 € ; réducs. Fait partie du billet groupé à 12 € (voir plus haut le texte sur l'Acropole). Situé au pied de l'Acropole, c'était le centre de la vie publique de la

> **ATTENTION, FAUX AMI**
>
> *Le chemin qui fait le tour de l'Acropole est le* péripatos, *ce qui signifie « promenade » en grec. On imagine bien quelle activité pratiquaient les péripatéticiennes qui attendaient le client sur le parcours de cette promenade. À ne pas confondre en revanche avec les* péripatétitiens, *au masculin, qui étaient les disciples d'Aristote, ainsi dénommés parce qu'ils parlaient philo en se promenant dans les jardins du Lycée, l'école d'Aristote.*

cité antique. On venait à l'Agora pour faire des affaires commerciales, mais aussi pour échanger les nouvelles, commenter l'actualité politique. On y trouvait tout ou presque : services publics, sièges de l'administration de la cité antique, sanctuaires publics. Il est difficile d'imaginer aujourd'hui quelle activité s'y concentrait.

À l'ouest de la voie des Parathénées qui traversait le *Bouleutérion* (salle de Conseil ou *Boulè*) dont les 500 membres préparaient le travail de l'Assemblée, l'*ecclesia*, qui, elle, se tenait sur la colline de la *Pnyx*.

Dans le bâtiment circulaire voisin appelé *tholos* siégeaient (et mangeaient) les 50 prytanes, en charge de l'administration : choisis parmi les membres de la *Boulè*, pour une période de 36 jours seulement (ils désignaient chaque jour, pour 24h, un des leurs comme chef de l'État athénien). C'est également là que brûlait le foyer d'Athènes. Ne pas manquer le *portique des Géants* ainsi que le *temple d'Héphaistos* (bien conservé et caisson visible), appelé aussi *Théséion (Thissio)* en raison des frises (métopes nord et sud) représentant les exploits de Thésée alors que d'autres (façade) illustrent les combats d'Héraklès (Hercule). Du temple, jolie vue sur le reste du site. Sur le chemin menant à ce temple, voir les bases des colossales statues du porche de l'odéon d'Agrippa.

Le grand bâtiment, tout neuf ou presque, est la reconstruction, datant des années 1950, du *Stoa d'Attalos* (ou portique d'Attale) qui abrite un important **musée** *(ouv aux mêmes heures que l'Agora, sf le lun où il n'ouvre qu'à 11h)*. Il présente des œuvres ou objets liés avec la démocratie athénienne, comme cette machine, le *klirotério*, qui servait à tirer au sort les citoyens pour les jurys, ou ces *ostraka*, sortes de jetons sur lesquels on inscrivait le nom de l'homme politique qu'on voulait bannir. Voir également la pièce de monnaie, un tétradrachme datant de l'époque classique, repris sur les pièces grecques d'un euro.

Enfin, l'Agora était traversée par le chemin des Panathénées, la grande fête de la cité qui se déroulait tous les 4 ans en l'honneur d'Athéna, et dont le moment fort était la grande procession qui se dirigeait vers l'Acropole par ce chemin.

Attention à ne pas confondre avec l'*Agora romaine* – ou Forum –, largement postérieure *(entrée au niveau de la tour des Vents, dans Plaka ; plan couleur II, B3, 216 ; tlj 8h30-20h – hors saison 15h ; entrée : 2 € ; fait partie du billet groupé à 12 € – voir plus haut le texte sur l'Acropole).* À l'époque romaine, cette sorte d'extension de l'Agora grecque remplaça progressivement cette dernière. Le principal intérêt aujourd'hui en est l'horloge de Kyrristos, connue sous le nom de *tour des Vents,* qu'on voit assez bien de l'extérieur. C'était à la fois un cadran solaire et une horloge hydraulique.

Voir aussi la *mosquée Fethiyé,* construite en l'honneur de Mehmet le Conquérant (le sultan qui prit Constantinople aux Byzantins).

## Le quartier de Thissio *(plan couleur I, A3)*

Dans une rue qui semble n'offrir qu'une enfilade de bars branchés, un petit musée original :

⚲ *Musée Herakleidon (plan couleur I, A3, 208) :* 16, odos Herakleidon. ☎ 210-346-19-81. • herakleidon-art.gr • Mar-sam 13h-21h, dim 11h-19h. Fermé lun. Ce musée consacré à l'artiste néerlandais M.C. Escher (fonds permanent) accueille chaque année une ou deux expositions temporaires (consulter le site). Magnifique demeure et belle muséographie.

## Le quartier du Céramique *(Kéramikos ; plan couleur I, A3)*

Ce petit quartier, pas loin de la station de métro Thissio, a gagné de l'intérêt depuis l'achèvement de l'unification des sites archéologiques.

⚲⚲ *Le cimetière du Céramique (plan couleur I, A3, 201) :* 148, odos Ermou. ☎ 21-03-46-35-52. Tlj 8h-20h (15h hors saison). Entrée : 2 € ; gratuit pour les étudiants de l'UE et les enfants. Fait partie du billet groupé à 12 € (voir plus haut le texte sur l'Acropole). Dans un site envahi par la végétation, on se balade parmi les pierres tombales de riches citoyens athéniens de l'Antiquité. Une manière pour les familles de continuer à rivaliser par l'intermédiaire de leurs morts. Consacrez votre visite essentiellement aux stèles, c'est-à-dire à gauche en entrant ; le reste du site est moins intéressant. Ne manquez toutefois pas le musée, enrichi par de nouvelles découvertes (sphinx, kouros) faites à l'occasion des travaux du métro. Belles pièces (de l'époque géométrique notamment), poteries, lécythes (vases à fond blanc).

⚲ *Le musée de la Poterie traditionnelle (plan couleur I, A3, 204) :* 4-6, odos Melidoni. ☎ 21-03-31-84-91. • potterymuseum.gr • Ⓜ Thissio. Tout près du cimetière du Céramique et face à la synagogue. Lun-sam 9h-15h (mer jusqu'à 21h), dim 10h-14h. Fermé mar (mais visite possible sur rdv). Entrée : 3 € ; réducs. Installé dans une belle demeure bourgeoise du XIXᵉ s, ce modeste musée présente le travail des potiers dans la Grèce des XIXᵉ et XXᵉ s. Matériel, techniques, coutumes et usages relatifs aux cruches, aux vases plutôt bien expliqués (grec et anglais). Petite caféteria, boutique.

⚲⚲ *Le musée Bénaki d'art islamique (plan couleur II, A3, 207) :* 22, odos Agion Assomaton et 12, odos Dipylou. ☎ 21-03-23-13-11. Mar-dim 9h-15h (21h mer). Entrée : 5 € ; réducs ; gratuit le jeu. Après avoir passé plusieurs années dans les réserves, les collections d'Antonis Bénaki ont été rendues au public en 2004, une fois achevée la réhabilitation d'une belle demeure néoclassique qui les accueille désormais. Sur quatre niveaux, dans un ordre chronologique vous amenant du VII$^e$ au XIX$^e$ s, un joli parcours permettant d'admirer de nombreuses pièces (remarquables céramiques d'Iran). À noter, au 2$^e$ étage, la reconstitution de la salle de réception d'une riche maison du Caire, faisant écho à celles présentées (Grèce du Nord) au musée Bénaki d'odos Koumbari (voir plus loin).

## Gazi *(hors plan couleur I par A2-3)*

Gazi est récemment devenu un quartier à la mode où paradent artistes et intellos branchés ainsi qu'une faune nocturne assez aisée. Depuis l'ouverture de la station de métro Keramikos, Gazi est facilement accessible. Autrement, bus n° 049 au départ d'Omonia. Si vous y allez à pied, descendre l'avenue Piréos depuis Omonia, ou, plus agréable, descendre de Plaka vers le quartier Thissio et de là passer devant le cimetière du Céramique par le bas d'odos Ermou, à cet endroit piétonne.
Le quartier tient son nom de l'usine à gaz réhabilitée et rebaptisée *Technopolis.* La radio de la ville (Athina 98.4 FM) émet de là, et chaque année fin mai s'y déroule le Festival de jazz d'Athènes, organisé par les ambassades européennes (intéressant) suivi par le Festival international de danse. L'animation du quartier est assurée par les nombreux cafés, restos et boîtes qui ont ouvert odos Perséphonis, odos Voutadon (à la sortie de métro) ou sur léra Odos, ainsi que de l'autre côté de Piréos, sur odos Ierofandon et Iraklidon. Souvent bien chers et éminemment branchouilles...

🔖 *Le musée Maria-Callas (hors plan couleur I par A3, **205**) : dans Technopolis, odos Piréos.* ☎ 21-03-46-73-22. *Lun-ven 10h-15h. S'il n'y a personne, rdv au bâtiment D4 pour demander qu'on vous ouvre. Entrée libre.* Il s'agit de la collection que la municipalité d'Athènes a pu acheter à la vente aux enchères organisée à Paris en 2000. Des lettres à ses parents, des photos perso d'avant 1959, quelques habits et guère plus. Pas très passionnant, mais les fans de la diva y trouveront certainement de l'intérêt.

🔖 *Le musée Bénaki (annexe) (centre culturel ; hors plan couleur I par A3, **206**) : 178, odos Piréos et Andronikou.* ☎ 21-03-45-31-11. ● benaki.gr ● *De Technopolis, continuer à descendre Piréos. Mer, jeu et dim 10h-18h ; ven et sam 10h-22h ; horaires variant selon expos (ainsi que le prix des billets). Entrée : 3-6 €.* Le musée Bénaki a ouvert en 2004 cette annexe (dans ce qui était une immense concession automobile) où sont organisées des expositions, très diverses, d'artistes contemporains. Belle cafétéria (avec des ordinateurs à disposition, Internet).

En remontant vers le centre par odos Ermou, on arrive à Psiri.

## Psiri *(plan couleur II, A3)*

Psiri était un vieux quartier populaire autour des rues Miaouli et Evripidou. Centre de tous les artisanats et petits commerces. Ce quartier est, lui aussi, devenu à la mode depuis quelques années : il s'y concentre un grand nombre de restos, souvent des *mezédopolia* ou *ouzeria* qui donnent un tout autre cachet au quartier le soir, quand les artisans ont fermé boutique. Plusieurs brocanteurs et antiquaires se sont également installés dans Psiri.

## Omonia *(plan couleur II, A-B2)*

Ce quartier, dénué de tout centre d'intérêt touristique, ne mérite pas de visite en particulier, sauf si l'on veut prendre la température des bas-fonds d'Athènes. Mais on peut être amené à y dormir, on y passe assez souvent à pied ou en métro, notamment si l'on souhaite visiter l'incontournable Musée archéologique.

🏃🎭🎭🎭 **Le Musée archéologique national** (plan couleur I, B1, **203**) : 44, odos Patission. ☎ 01-08-21-77-17. Mai-oct : tlj 8h (13h30 lun)-20h ; le reste de l'année : mar-ven de 8h (13h30 lun) à 17h ; sam, dim et j. fériés, 8h30-15h. Entrée : 7 € ; réducs ; gratuit pour les moins de 19 ans et les étudiants de l'UE munis de leur carte ; gratuit pour tous le 1er dim du mois avr-juin et oct et chaque dim nov-mars. Photographie avec flash interdite. Il faut une autorisation pour utiliser un pied. Le personnel, nombreux, veille et ne laisse rien passer.

🏵 Boutique où l'on peut acheter des moulages et des copies d'œuvres provenant de tous les musées de Grèce, ainsi que des copies de fresques et d'icônes.

🍽 🍸 Également une agréable cafétéria donnant sur un jardin intérieur.

Impossible (et de toute façon inutile) de donner une vision exhaustive des richesses de ce musée (près de 12 000 pièces exposées) : on vous conseille, si vous voulez le visiter dans une perspective chronologique, de commencer par les trois salles situées face à l'entrée, puis de revenir dans l'entrée et faire le tour du musée dans le sens des aiguilles d'une montre, quand on regarde le plan des salles.

*Rez-de-chaussée*

– **Salle 4** (trésors mycéniens) **:** face à l'entrée, les masques en or, dont le célèbre *masque d'Agamemnon* (le n° 624, en fait le masque mortuaire d'un roi mycénien), attirent immédiatement le regard. Cette découverte, faite à Mycènes par Schliemann, ne doit pas faire oublier la richesse des autres vitrines (bijoux, vases rituels, poteries, fresques – très abîmées –, etc.). Regardez par exemple cette tête de femme dont les couleurs ont été conservées, provenant elle aussi de Mycènes (n° 4575) : est-ce une déesse, un sphinx ? Voir aussi les tablettes recouvertes de linéaire B (écriture déchiffrée dans les années 1950), découvertes à Pylos (Péloponnèse). Au fond à gauche, petite *salle 3*, consacrée au développement de la poterie mycénienne et attique.

– **Salles 5 et 6 :** consacrées aux périodes néolithiques et à la civilisation cycladique, elles encadrent la salle 4. Œuvres moins spectaculaires, mais les explications sur les différents types de statuettes cycladiques (dont on voit un plus grand nombre au musée d'Art cycladique) sont très intéressantes. À noter, la plus grande statuette cycladique connue (1,52 m).

– **Salles 7 à 13 :** consacrées à la sculpture des VIIIe au VIe s av J.-C., elles permettent de voir l'évolution de la représentation des jeunes hommes nus (*kouros, kouroi* au pluriel) et jeunes femmes habillées (*korê, korai* au pluriel). Dans la *salle 8,* magnifique *kouros* trouvé à Sounion, à comparer avec le n° 3851 de la *salle 13*, réalisé 70 ans plus tard. Air volontaire, pied gauche un peu avancé (pour rompre la symétrie et entamer un début de mouvement), ce dernier a connu une existence mouvementée : volé, il a séjourné en France avant d'être rendu à la Grèce. D'autres *kouroi* sont frêles, presque féminins.

– **Salle 14 :** sculptures du temple d'Aphéa à Égine.

– **Salle 15 :** on aborde avec cette salle la période classique (style sévère). On ne voit que le *Poséidon* (?) de l'Artémision, magnifique statue de bronze (460 av. J.-C.) qui représente le dieu brandissant son trident. Certains pensent qu'il s'agit plutôt de Zeus. La majesté du corps montre toute sa puissance. Le visage serein évoque la confiance en soi et l'instinct de supériorité. Noter l'exactitude du mouvement : légèrement déséquilibrés par l'effort, les doigts du pied gauche se soulèvent tandis que les doigts du pied droit supportent le corps tout entier. À voir aussi, la stèle votive représentant une scène du rituel des mystères d'Éleusis (vers 440-430 av. J.-C.).

– **Salles 16 et 18 :** monuments funéraires (nombreux *lécythes,* dont le n° 4485 représentant Hermès qui conduit dans l'Hadès – les Enfers – une jeune morte. Entre les deux, la *salle 17* présente des pièces provenant de l'Heraion d'Argos, comme ce bel *amphiglyphon* (à vos souhaits !), stèle sculptée sur deux faces.

– *Salle 21 :* le cheval et le jockey de l'Artémision. Superbe œuvre en bronze. L'enfant semble petit sur le cheval gigantesque, impression renforcée dans cette immense salle. Sur son visage, on décèle la tension due à l'effort. La tête de l'animal est, elle aussi, particulièrement réaliste.

– *Salle 22 :* éléments en provenance de l'Asklépion d'Épidaure.

– *Salle 28 :* deux chefs-d'œuvre voisins. La statue en bronze, de petit format, d'un éphèbe, trouvée au large de Marathon et attribuée à Praxitèle (vers 340-330 av. J.-C.), et celle de Persée (ou Pâris), trouvée dans un bateau naufragé au large d'Anticythère. D'autres pièces provenant de ce même bateau sont visibles *salle 29* (voir en particulier la tête de philosophe, très expressive).

– *Salle 30 :* on arrive à la période hellénistique. Au fond, gigantesque tête de Zeus avec, à côté, un bras. Par la taille de ces fragments, on estime que la statue mesurait plus de 7 m.

– *Les salles 31 à 33* (période romaine) amènent tranquillement à la fin du monde antique.

– Accessibles par les salles 15 et 16, les *salles 36-39* présentent un très bel ensemble de bronzes, dont la *dame de Kalymnos* et le *mécanisme d'Anticythère* (qui laisse penser que les Grecs en savaient plus qu'on ne le pense en matière d'astronomie). Reconstitution d'un char romain, sandales, ustensiles de cuisine, articles de toilettes et parures d'une minutie remarquable pour l'époque.

– À côté, *les salles 40 et 41* recèlent une superbe collection égyptienne : papyrus, instruments de musique, statuettes, bijoux, jeux et, bien sûr, des sarcophages dont un, debout, avec un trou dans le bas laissant entrevoir la momie qu'il contient... À propos de momies, on apprend qu'il en existait trois types : la momie toute simple, la normale et celle de luxe, selon les moyens financiers de la famille du défunt.

– *Salle 42 :* la collection de Stathatos, une collectionneuse du XXᵉ s issue d'une riche famille de marchands. Très intéressante, là encore, avec toutes sortes d'objets délicats du 3ᵉ millénaire av. J.-C. au XIXᵉ s (œuf en terre cuite, colliers de perles tubulaires, icônes miniatures, etc.).

*1ᵉʳ étage*

– Ne surtout pas manquer la *salle 48,* consacrée aux découvertes faites à Akrotiri, à Santorin. On y voit, tout au fond de la salle, trois des fresques trouvées sur le site (les autres ont été rapatriées sur l'île de Santorin), les *Antilopes,* les *Boxeurs* et le *Printemps,* cette dernière, la plus belle, couvrant trois murs. Très incomplètes et abîmées, elles n'en sont pas moins un magnifique témoignage de la civilisation minoenne (Santorin était un comptoir crétois).

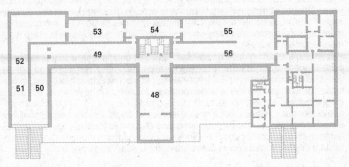

**1er étage**

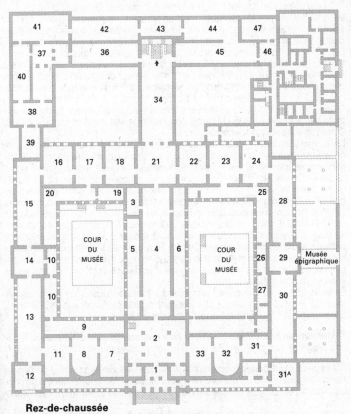

**Rez-de-chaussée**

# LE MUSÉE ARCHÉOLOGIQUE NATIONAL

– Au même étage, dans les *salles 49 à 56,* magnifiques poteries (la collection de vases attiques et surtout d'amphores de la période géométrique est impressionnante). Voir en particulier les deux squelettes entourés de poteries, remarquablement conservés, retrouvés dans une tombe du Céramique (près de la place Koumoundourou à Athènes).

– Enfin, dans le petit groupe de salles accessibles depuis la salle 56 (les *salles 57 à 64*), d'autres figurines en terre cuite, à fonction décorative, religieuses ou ludique (jouets d'enfants), comme celles représentant des acteurs, tous très typés ; la collection de *Vlastos-Serpieris* (d'autres poteries), la collection de verres et, surtout, la magnifique ensemble d'objets et de bijoux d'or et d'argent de l'époque géométrique à l'époque romaine (couronnes de lauriers en or, pendentifs, bagues, colliers, etc.). Pour terminer (salle 64), des antiquités chypriotes (depuis l'âge du bronze), notamment des poteries de style « libre » et des sculptures monumentales, représentant des humains au corps assez grossier mais au visage très fin.

➢ Retour sur Omonia, d'où une rue rectiligne (odos Athinas) conduit à Monastiraki en passant par les halles, un endroit haut en couleur.

🐾🐾 **Les halles** *(plan couleur II, B2)* : av. Athinas (entre la pl. Omonia et la rue Ermou). Vous ne pouvez pas les manquer, c'est un bâtiment récemment rénové, qui ressemble à une gare du début du XX$^e$ s. Sous une gigantesque construction s'étendent la halle au poisson et la halle à la viande ; un étalage fellinien très pittoresque. On se demande d'ailleurs comment la viande reste consommable après être restée toute la journée dehors, sous une chaleur accablante. Les centaines d'ampoules électriques accentuent le côté féerique. Y aller le matin pour l'ambiance, quand les clients crient et que les commerçants s'invectivent. Plus on avance dans la journée, plus les odeurs deviennent insistantes ! Le marché aux poissons, situé au milieu, ferme à 15h du lundi au jeudi et à 18h les vendredi et samedi. Le marché aux fruits qui se trouve juste là, de l'autre côté de la rue, est le moins cher d'Athènes. Ouvert tous les matins sauf le dimanche.

Le quartier autour des halles mérite aussi un peu d'attention. Pas tellement du côté odos Eolou, rue piétonne très animée où les magasins modernes gagnent du terrain (voir quand même ces incroyables kiosques religieux face à l'église Agiou Markou). Cependant, il faut descendre odos Evripidou *(plan couleur II, A-B2)* en milieu de matinée (la même rue n'a guère d'intérêt l'après-midi, on ne voit plus alors que les hôtels borgnes !) pour ses odeurs mélangées, ses populations de toutes origines (nombreuses enseignes en hindi et en chinois, à certaines heures on se croirait en Asie), son animation intense... Côté odos Sokratous, perpendiculaire, les magasins en gros d'huile d'olive ou de fruits secs valent le coup d'œil et laissent dans les narines d'impérissables senteurs. Plus bas sur Evripidou, de quoi casser la croûte pour pas bien cher dans le centre d'Athènes (*tyropittès, pittès* aux légumes) et, pour les narines encore, un magasin d'épices, *Elixirion,* au n° 41, et d'autres vendant plantes et herbes.

En remontant odos Athinas, vers le marché aux fruits, beaucoup de misère : alignement de femmes des pays de l'Est vendant cigarettes de contrebande et mouchoirs en papier, immigrés attendant des jours meilleurs...

🐾 **Monastiraki** *(plan couleur I, A-B3)* : autour de la station de métro, le bazar d'Athènes, prolongement de Plaka. Par définition, on y trouve tout et n'importe quoi.

🐾 **Les puces d'Athènes** *(plan couleur II, A3)* : pl. Avyssinias et autour de l'église Agios Philippos. Entre les stations de métro Thissio et Monastiraki, quand on descend odos Ermou sur la gauche. Le mat, de l'aube jusqu'à midi (grosse activité le dim).

Ici, les Grecs s'activent et gèrent leurs affaires, comme au temps de l'Agora, au même endroit où se tenaient, dans l'Antiquité, les petits commerces. Même si, depuis des lustres, les bidons d'huile d'olive ont remplacé les amphores, l'agitation collective, les odeurs, le langage de Socrate sont toujours aussi vivaces.

À deux pas de Monastiraki, c'était le rendez-vous des revendeurs, des Tsiganes, colporteurs, brocanteurs, avec les « rabatteurs », ceux qui quadrillent chaque jour la ville, la banlieue et les provinces, dans leurs *métaforas* (triporteurs à moteur). Aujourd'hui, il ne s'y passe plus grand-chose d'intéressant pour les vrais amateurs. Le dimanche matin (et dans une moindre mesure le samedi matin) les trottoirs des rues environnant Monastiraki (Adrianou, Ifestou) et les abords de la station de métro Thissio sont envahis par les revendeurs de petites bricoles.

¶ *La mosquée Tsizdaraki* (collection Kyriazopoulos ; plan couleur II, A-B3, **224**) : pl. Monastiraki. ☎ 21-03-24-20-66. Mer-lun 9h-14h30. Entrée : 2 € (en principe, on peut acheter un billet commun avec le musée d'Art populaire – voir plus loin – à condition de faire la visite le même jour). Dans une vieille mosquée (1759), joliment restaurée face à la station de métro de Monastiraki. Pour les amateurs de céramiques. Œuvres de grands artistes du XXᵉ s et poteries traditionnelles (Grèce continentale et îles) se côtoient sur deux niveaux.

➤ Monastiraki n'est guère plus grand que la place du même nom et les rues alentour : si l'on remonte vers la place Syndagma, on est tout de suite dans Plaka.

# Plaka *(plan couleur II, B3)*

Plaka est l'endroit le plus animé d'Athènes. Visite presque obligatoire, le soir de préférence ou alors le matin. Mais ne croyez surtout pas que c'est le petit coin ultra-typique « où l'on voit vraiment vivre les Grecs ». Il y a là certainement plus d'étrangers que de Grecs. Bien sûr, dans certaines tavernes, des danseurs appointés exécutent le *sirtaki*, cette danse qui n'a jamais appartenu au folklore traditionnel grec... Mais Plaka est encore, par endroits, ce petit village planté comme ci comme ça. Chaque époque a apporté ses fantaisies de pierre et de brique, sans trop se soucier de conformité. Chaque provincial ou émigré a apporté ses goûts, son architecture. C'est un merveilleux creuset de styles ! Se balader dans Plaka en pensant que la ville est tout autour, ça donne envie de siffloter. En l'air, c'est le ciel bleu, et, de temps en temps, au hasard d'une ruelle, le Parthénon.

On peut arbitrairement diviser Plaka en deux. Le *bas,* en gros autour des rues Kydathinéon et Adrianou qui traversent tout le quartier, qui serait le produit monstrueux des amours de Pigalle et du Quartier latin complètement défiguré par les « marchands du Temple » et le tourisme agressif. Le *haut,* autour des rues Tripodon, Épiménidou ou Bacchou, au-dessus des derniers restos installés sur la pente, qui prend le soir des teintes extraordinaires et qui a un charme... On n'en dit pas plus, ça prendrait trois pages ! Signalons tout de même l'existence d'un quartier dans le quartier, à savoir celui d'*Anafiotika* (plan couleur II, B3, **219**), construit au XIXᵉ s par des maçons de l'île d'Anafi : murs passés à la chaux, géraniums, ruelles étroites, on se croirait presque dans les îles ! Dans les escaliers de la rue Lissiou, vous pourrez rencontrer un maximum de jeunes (et de touristes !). En flânant, à l'extrémité de Plaka côté sud, vous tomberez immanquablement sur le *monument de Lysicrate,* appelé aussi par les Grecs la *lanterne de Diogène* (plan couleur II, B4 ; près de la rue du même nom), riche citoyen qui fêta ainsi sa victoire aux concours théâtraux de 335 av. J.-C. Le monument a appartenu à la France (acquisition faite en 1669). À côté, se trouvait un couvent de capucins où lord Byron vint mettre un peu d'animation en 1810-1811.

La visite de Plaka dans la fraîcheur du matin, vers 7h ou 8h, quand les lampions sont éteints, vous livrera un autre aspect enchanteur. Un certain nombre de maisons de style néoclassique sont en réfection ou ont déjà été rénovées : voir par exemple, au 18 de la rue Thrasyllou, la magnifique demeure à la façade ocre et à l'escalier en marbre appartenant au ministère de la Culture grec. Il y en a bien d'autres...

Plusieurs musées dans Plaka, qu'on aborde d'ouest en est, en remontant vers Syndagma.

🎵 **Les bains d'Aéridon** (plan couleur II, B3, **225**) : 8, odos Kyrristou, près de la tour des Vents. Mer-lun 9h-14h30. Entrée : 2 €. Billet commun avec le musée d'Art populaire – voir plus loin. Ces anciens bains publics turcs sont les seuls à Athènes à avoir été sauvés (joliment) restaurés. Rien de très extraordinaire, mais un lieu agréable (et frais) où est plutôt bien expliquée, en grec et en anglais, l'importance qu'avaient les bains autrefois, pendant la période d'occupation ottomane. Petite salle vidéo et audioguides en location.

🎵🎵 **Le musée des Instruments de musique populaire grecque** (plan couleur II, B3, **227**) : 1-3, odos Diogénous, pl. Aéridès. ☎ 21-03-25-01-98. ● instruments-museum.gr ● Près de la tour des Vents. Mar-dim 10h-14h (mer 12h-18h). Entrée libre. Boutique.
Cet intéressant petit musée présente, sur trois niveaux, les quatre grandes familles d'instruments de la musique traditionnelle grecque. Il s'agit de la collection du chercheur, Fivos Anoyanakis. On peut écouter le son des instruments grâce à des casques disposés près des vitrines d'exposition. Gaïdas et tsambounés vous feront immanquablement penser aux binious et cornemuses bretons, les zournadès sont d'intéressants représentants de la famille des hautbois, au son très aigu.
À l'étage, belle collection de « chordophones », du baglamas au bouzouki en passant par la lyra crétoise (est exposée celle de Nikos Xylouris, grand chanteur et instrumentiste crétois) et leurs nombreuses déclinaisons, sans oublier leurs cousins orientaux (oud, saz).
Le musée organise des concerts (en principe en juil ; rens au ☎ 21-02-02-97-37) et des cours d'instruments traditionnels.

🎵🎵 **Le musée d'Art populaire grec** (Greek Folk Art Museum ; plan couleur II, B3, **223**) : 17, odos Kydathineon. ☎ 21-03-21-30-18. ● melt.gr ● Mar-dim 8h15-14h15. Entrée : 2 € ; réducs. Un musée devant lequel on ne fait le plus souvent que passer, à tort. Il est plus intéressant que ne le laisse penser le rez-de-chaussée, qui n'a que de grandes pièces de broderie à présenter. Au 1er étage, intéressantes sections sur le théâtre d'ombres (Karaghiozis) et sur les déguisements de carnavals, héritiers de cultes dionysiaques. Également une expo permanente sur Olympos (village de Karpathos) une chambre peinte à Lesbos par Théophilos (peintre naïf), datant des années 1924-1930 et sauvée de la destruction par un « déménagement » opportun de toute la pièce ! Au 2e étage, le travail de l'argent est mis en valeur. Au 3e, riche collection de costumes traditionnels (mise en évidence des différences par régions, groupes d'îles, etc.).

🎵 **Le musée Frissiras** (plan couleur II, B3, **223**) : 3-7, odos Monis Asteriou. ☎ 21-03-23-46-78. ● frissirasmuseum.com ● Mer-ven 10h-17h, sam-dim 11h-17h. Entrée : 3 € ; réducs. Dans deux bâtiments joliment rénovés, ce musée présente des expositions tournantes sur son fonds riche de plus de 3 500 œuvres (la collection de son fondateur, Vlassis Frissiras, un avocat passionné d'art), montrant essentiellement – de manière figurative – la silhouette et le corps de l'être humain. C'est en fait le seul musée d'art contemporain européen de Grèce. Également des expos temporaires.

Également dans Plaka, mais sur les hauteurs, au pied de l'Acropole :

🎵 **Le musée Kanellopoulos** (plan couleur II, A3, **228**) : 12, odos Theorias et Panos. ☎ 21-03-21-23-13. Mar-dim 8h30-15h. Entrée : 2 € ; réducs. Beaucoup moins riche que le musée Bénaki, mais principe assez proche : sur trois niveaux sont présentées des œuvres témoins de l'hellénisme, de l'Antiquité (figurines cycladiques, vases, statuettes, etc.) à la période byzantine (école crétoise bien représentée, icônes et croix à la pelle). À l'entresol, une belle mise au tombeau de Tzanès et des lettres de patriarches avec des signatures incroyables. Voir aussi, au sous-sol, un tableau du peintre naïf Théophilos.

# La place Syndagma *(plan couleur II, B3)*

La place Syndagma est la grande place d'Athènes, située sous le Parlement. En grec, s'écrit Syntagma, mais se prononce plutôt « Sydagma ». Au passage, vous ne manquerez pas de voir le Vieux Palais, construit pour le premier roi de Grèce, Othon, dans les années 1830, et les *evzones* de la garde, ces populaires soldats « à la belle ceinture » (traduction littérale), portant fièrement leur fustanelle et régulièrement relevés. La nuit, en rentrant de Plaka, allez voir la relève de la garde à 2 ou 3h. Ambiance un peu irréelle (d'autres relèves ont lieu en journée, en principe toutes les heures).

🏛🏛 *Le Jardin national (plan couleur II, B-C3) : entrée principale léoforos Amalias, tout près de la pl. Syndagma.* Une oasis de fraîcheur, une débauche de plantes luxuriantes sur 158 000 m². Pour se reposer. Malheureusement, on ne peut pas rester longtemps allongé sur les gazons moquettes. Ne comptez pas y passer la nuit : le jardin est fermé du coucher au lever du soleil. Dans ce parc, un petit jardin botanique et un minizoo. On y trouve aussi un café, très discret, situé le long de la rue Irodou Attikou, où se trouve le bâtiment de la présidence grecque.

🏛 Notez, de l'autre côté de l'avenue Vassiléos Konstandinou, en vous éloignant du Jardin national, le **stade** en forme de U *(plan couleur I, C4, 202)*, construit pour les premiers Jeux olympiques organisés par Pierre de Coubertin en 1896.

Plusieurs musées importants sont situés sur léoforos Vassilissis Sofias qui constitue la limite sud du quartier de Kolonaki :

🏛🏛🏛 *Le musée Bénaki (plan couleur II, C3, 221) : 1, odos Koumbari, à l'angle de Vassilissis Sofias.* ☎ 21-03-67-10-00. ● benaki.gr ● *À deux pas de Syndagma. Lun, mer, ven et sam 9h-17h ; jeu 9h-minuit ; dim 9h-15h. Fermé mar. Entrée : 6 € ; réducs ; gratuit le jeu.*
Installé dans un ancien hôtel particulier ayant appartenu à Antonis Bénaki, un riche Cairote d'origine grecque qui passa une grande partie de sa vie à collectionner les œuvres d'art et fit don de sa collection à l'État grec. Il existe aujourd'hui trois musées Bénaki : le premier, historiquement parlant, est celui d'odos Koumbari, c'est aussi le plus important ; le deuxième est uniquement consacré à l'art islamique (voir plus haut « Le quartier du Céramique ») et le troisième accueille les expositions temporaires d'art moderne (voir plus haut « Gazi »). Le bâtiment est typique de l'architecture néoclassique à Athènes. Il propose un vaste panorama de l'hellénisme depuis ses origines (l'âge du bronze) jusqu'à la Grèce contemporaine.
– *Rez-de-chaussée :* armes en bronze, bijoux, poterie « géométrique », délicats petits bronzes, rares casques de la période archaïque (VIᵉ s av. J.-C.), figurines de terre cuite, remarquables bijoux en or (IIIᵉ s av. J.-C.), notamment les couronnes de laurier et ceintures, d'une grande finesse d'exécution. Admirables tissus coptes (du VIIᵉ s av. J.-C. au VIIIᵉ s apr. J.-C.) préservés grâce au climat sec de l'Égypte. Noter en particulier le geste gracieux de la femme se regardant dans un miroir. Peignes en ivoire, peintures funéraires du Fayoum, meubles sculptés, icônes, très belle porte sculptée de sanctuaire venant d'Épire et figurant l'Annonciation (prodigieux travail de ciselage).
– *La nouvelle aile* abrite les œuvres de la période chrétienne et byzantine, dont une mosaïque représentant la Vierge (seul fragment sauvé des décorations murales d'un monastère de Constantinople) datant du Xᵉ s et deux icônes du Greco, réalisées dans sa jeunesse.
– *1ᵉʳ étage :* essentiellement consacré à la Grèce sous l'occupation turque et vénitienne. L'art religieux est encore fortement présent, mais également l'art profane, avec de nombreux vêtements (habits de mariée, broderies...), représentant toutes les régions de Grèce. Ne pas manquer le *sperveri,* tissu brodé en provenance de Rhodes destiné à éviter que des regards indiscrets ne s'égarent vers le lit de la mariée... Deux somptueuses salles de réception provenant de maisons seigneu-

riales de Kozani (en Macédoine) et datant du XVIII<sup>e</sup> s ont été reconstituées. Nombreuses aquarelles représentent des vues d'Athènes par des artistes étrangers.
– *2<sup>e</sup> et 3<sup>e</sup> étages* : consacrés à la Grèce soulevée contre les Turcs, puis devenue indépendante. Nombreux objets ayant appartenu à des combattants (pour l'essentiel des armes, dont les pistolets de Byron !). Photo de Vénizélos avec un général français en 1918 et caricature du même Vénizélos, en fustanelle, terrassant le tigre bulgare ! Des documents concernant de grandes figures de la littérature grecque contemporaine (Séféris, Elytis) complètent le panorama en le prolongeant jusqu'au XX<sup>e</sup> s.

|●| ***Museum-Resto*** *ouv aux horaires du musée (à noter, un buffet copieux le jeu 20h30-minuit, pour 25 €/pers min).* | Clientèle pas vraiment routarde, mais la terrasse est sympa et les prix pas excessifs.

🐾🐾🐾 ***Le musée des Cyclades et de l'Art grec ancien*** (Fondation Goulandris ; plan couleur II, C3, **222**) : *4, odos Néofitou Douka ; autre entrée sur Vassilissis Sofias.* ☎ *21-07-22-83-21.* ● *cycladic-m.gr* ● *Lun, mer, jeu, ven et sam 10h-17h ; jeu 10h-20h ; dim 11h-17h. Entrée : 7 € ; 3,50 € lun ; réducs.*
Remarquable musée né de la passion d'un amoureux de l'art des Cyclades. Indispensable complément au musée Bénaki. Demander le petit fascicule en français (à côté des vitrines, certaines explications sont également traduites en français).
– *Rez-de-chaussée :* introduction à l'art cycladique au III<sup>e</sup> millénaire av. J.-C., période particulièrement riche et féconde sur le plan artistique. En effet, les Cyclades représentaient à l'époque, de par leur situation géographique, un pont naturel pour les courants d'influences évoluant d'est en ouest.
– *1<sup>er</sup> étage :* l'étage phare du musée avec la collection cycladique riche de 230 œuvres (on ne dénombre au total que 1 600 figurines connues). Dans une douce pénombre, objets superbement mis en valeur. Les sculptures des Cyclades (Syros, Amorgos et les Petites Cyclades), un peu abusivement appelées « idoles », présentent des formes modernes étonnantes. Ceux qui pensaient qu'il s'agissait toujours d'œuvres de dimensions réduites seront surpris de voir une pièce de 1,40 m de haut ! On pense à Brancusi... Les œuvres correspondent à trois périodes : les figures dites « schématiques » (corps humain au modelé très rudimentaire), les figurines féminines en forme de « violon », enfin celles dites « type de Plastiras ». Ces dernières restent pour beaucoup un mystère. Retrouvées en grande majorité dans des tombes (donc couchées), elles devaient avoir une fonction spécifiquement funéraire, selon les conclusions des archéologues. Cependant, certains fragments ont aussi été découverts dans des habitations. De même, pas de réponse à la symbolique des « bras croisés » : prudence technique, méthode d'exécution simplificatrice ou signification religieuse ? Et pourquoi n'a-t-on pas représenté les oreilles dans la majorité des statues ? Quant aux statuettes elles-mêmes, étaient-elles des représentations d'ancêtres vénérés, des concubines destinées à satisfaire le trépassé pendant son voyage, des substituts de sacrifices humains ? Les hypothèses sont variées. Nombreuses poteries et lames en bronze. Plats et vaisselle là aussi étonnamment design ! Voir en particulier cette étonnante pièce en marbre, d'un seul bloc, comportant une rangée de pigeons.
– *2<sup>e</sup> étage :* art grec ancien. Bas-reliefs figurant des banquets, verrerie phénicienne (III<sup>e</sup> s av. J.-C.), ravissants tanagras, vaisselle de table en bronze d'Askos (II<sup>e</sup> s av. J.-C.), amphores et cratères décorés, objets en bronze du Luristan (où c'est, ça ?), etc. On vous laisse chercher le satyre !
– *3<sup>e</sup> étage :* collection numismatique ou expos temporaires.
– *4<sup>e</sup> étage :* collection Politis de terres cuites, poteries, figures, *kylix* (calice) en bronze, armes et casques, cratères joliment décorés. Intéressant mais, après le 1<sup>er</sup> étage, difficile de soutenir la comparaison.
– Une nouvelle aile (*palais Stathatos,* un bel exemple d'architecture néoclassique datant de 1895), reliée au bâtiment principal par une galerie intérieure, accueille les expos temporaires.

🎭🎭🎭 *Le Musée byzantin et chrétien* (plan couleur II, C3, **220**) : 22, léoforos Vassilissis Sofias. ☎ 21-07-21-10-27. Mai-oct, tlj 8h30 (13h30 lun)-20h ; ferme à 15h (et lun) hors saison. Entrée : 4 € ; gratuit pour les étudiants.

Le musée, entièrement refait (et encore agrandi en 2009), a abandonné la villa réalisée dans les années 1840 pour Sophie de Marbois-Lebru (la duchesse de Plaisance) pour un nouveau bâtiment à la muséographie remarquable dans lequel on découvre le monde byzantin, de ses origines (il est issu de la culture gréco-romaine) à sa fin (chute de Constantinople en 1453) sans oublier ses marges (section sur les coptes d'Égypte). De magnifiques pièces comme ce chrysobulle (document garantissant des privilèges) de l'empereur Andronikos II, de nombreuses icônes anciennes (certaines doubles ou en relief), bijoux. Superbes fresques murales *(Dormition de la Vierge),* bols en terre cuite vernissés, mosaïques, éléments architecturaux, bronzes, icônes en argent repoussé ou en vermeil. Même les mécréants seront sensibles à cette splendeur...

Un théâtre de plein air (150 places) a été construit, ainsi qu'une boutique et un café-resto. Le projet sera complet quand le site archéologique du *Lycée* (odos Rigillis), là où enseignait Aristote, sera réhabilité (en principe en 2011).

➢ Il est possible de compléter la visite en montant dans le quartier chic de Kolonaki, au pied du Lycabette.

## Le mont Lycabette *(Likavitos ; plan couleur II, C2)*

☎ 21-07-22-70-65. Bus n° 60 d'odos Akadimias ou de la pl. Kolonaki (ttes les 30 mn), le quartier résidentiel du centre d'Athènes ; à l'arrêt Likavitos, rue Kléoménous, monter les quelques marches qui restent et prendre le funiculaire souterrain pour le sommet ; il fonctionne de 9h à 3h du mat en été, tlj (départ ttes les 30 mn) ; entrée odos Aristippou, en face du n° 18. Aller-retour : 7,50 €. Les sportifs monteront à pied.

Hyper touristique, mais belle vue jusqu'à la mer. Ne pas manquer d'y grimper, si possible en fin d'après-midi ou la nuit. Le jour, il fait trop chaud et les escaliers n'en finissent pas. On découvre tout Athènes illuminé : c'est magnifique. Le Lycabette en lui-même est en revanche décevant. Le restaurant du sommet est inabordable (même le café est hors de prix). On peut redescendre à pied dans le quartier chic de *Kolonaki (plan couleur II, C3),* et flâner devant ses boutiques de luxe et ses galeries d'art. On peut y voir aussi de belles maisons néoclassiques comme celle du 3 de l'odos Alopékis qui accueille une galerie *(Stavros Mihalarias Art).*

## Au sud de l'Acropole

🎭 Au sud-ouest de l'Acropole *(plan couleur I, A4),* vous pouvez toujours monter sur la *colline de Philopappou* (moins pour le monument funéraire de ce prince syrien que pour la vue). À 147 m d'altitude, cette colline offre en effet une vue panoramique et permet de découvrir une bonne partie de l'Attique, jusqu'au Pirée, sans parler de la vue qu'elle offre sur l'Acropole. En redescendant par le côté ouest, vous apercevrez des vestiges d'habitations. Enfin, de l'autre côté de la route, après la chouette chapelle *Agios Dimitrios Lombardiaris,* qui rappelle les églises de montagne, se trouve la *colline des Nymphes* avec l'observatoire de la **Pnyx** (lieu de réunion de l'Assemblée du peuple, l'*ekklisia,* du VIe au IVe s av. J.-C.). Vous pourrez finir votre balade par l'*Aréopage (plan couleur I, A3,* **217**), juste en face de l'Acropole, où se réunissait le tribunal qui jugea, entre autres, Oreste. Attention, ça glisse (l'accès est facilité par un escalier métallique mais une fois en haut, se méfier). Accès libre à tous ces sites.

🎭🎭🎭 *Musée de l'Acropole (plan couleur I, B4,* **209**) : 2-4, odos Makriyanni. ☎ 210-92-41-043. ● theacropolismuseum.gr ● Attention, l'entrée ne se fait pas sur odos

*Makriyanni (où l'on arrive en sortant de la station de métro Akropoli) mais par odos Dionysiou Aréopagitou (la rue piétonne qui contourne l'Acropole). Métro ligne 2, station Akropoli. Mar-dim 8h-20h (dernière entrée à 19h30). Entrée : 5 € ; réducs. Gratuit pour les étudiants. Flash interdit.*

On l'a tellement attendu qu'on est presque resté incrédule à l'annonce de son ouverture, en juin 2009. Dessiné par l'architecte franco-suisse Bernard Tschumi et son collègue grec Michel Photiadis, c'est un trapèze de verre de 25 000 m², dont une salle de 3 200 m² consacrée au seul Parthénon. Peut-être surdimensionné (en tout cas tant que les fameuses frises du Parthénon réclamées au British Museum ne quittent pas l'Angleterre pour rentrer au bercail – et rien n'indique que ce sera demain la veille), ce musée des superlatifs aura coûté 130 millions d'euros (si l'on inclut les sommes versées au titre de l'expropriation). Conçu pour résister à un tremblement de terre de 10 degrés sur l'échelle ouverte de Richter, il est en quelque sorte sur « pilotis » (94 colonnes hyper résistantes le relient au sol et permettent aux sites découverts pendant les travaux, de 1997 à 2004, de rester visibles sous la masse énorme de la construction).

La visite débute par la découverte des pentes de l'Acropole *(the slopes of Acropolis)* : une large galerie, constituée d'un large plan incliné avec des vitrines sur chaque côté, permet d'accéder au **1er niveau.** Sorte de mise en bouche avant les chefs-d'œuvre qui vous attendent plus haut, cet espace est consacré aux découvertes faites dans différents sanctuaires, longtemps restées ignorées dans les réserves de différents musées.

Ces sanctuaires, situés sur les pentes de la colline, constituaient une sorte de transition entre la ville et le Rocher sacré. Ils n'étaient évidemment pas inconnus des spécialistes, mais le grand public en ignorait la richesse : il suffit de penser que deux de ces sanctuaires, découverts, il y a 50 ans, au niveau du théâtre d'Hérode Atticus et de celui de Dionysos, ont fourni à eux seuls la bagatelle de 690 pièces qui sont exposées pour la première fois dans les vitrines. Belle section sur les mariages, dont on apprend qu'ils se déroulaient de fin janvier à mi-février, avec amphores et *loutrophoroi* (de grandes jarres utilisées pour le bain nuptial). Explication des rituels ; bas-reliefs issus du sanctuaire d'Asklépios ou ce « trésor »... du sanctuaire d'Aphrodite Ourania, (IVe s) un gros bloc de marbre avec une cavité creusée dans lequel on déposait un drachm pour que le mariage soit heureux...

*1er étage*

En haut des escaliers, à l'arrivée au **1er étage**, plongée dans la période archaïque : fragments de fronton monumentaux appartenant à un temple antérieur à l'Acropole classique *(l'Hékatompédon)*, témoignant d'une imagination plus débridée – parmi les êtres monstrueux et serpents, on voit notamment Héraklès combattant Triton. En se retournant, magnifique disque en bronze avec une gorgone. Après cette transition, on est prêt à affronter le nombre ahurissant de chefs-d'œuvre du VIe s av. J.-C. concentrés dans le grand espace parmi les énormes piliers de béton, à la droite des escaliers : une « forêt de statues » dit-on...

Impossible de mentionner toutes les pièces : citons juste le *Moschophoros* (570 av. J.-C.), jeune homme portant sur ses épaules un veau qu'il va sacrifier à Athéna, le sourire aux lèvres, les innombrables *korès* en marbre de Paros, toutes plus belles les unes que les autres, certaines gardant des traces de polychromie (*korè d'Anténor,* monumentale, grave, presque austère, *korè de Chios,* comme en tenue de soirée, avec ses mèches et ses boucles d'oreilles, ou la *Péplophore,* au visage rayonnant et au modelé d'une rare finesse), de magnifiques chevaux, un chien de chasse qui ne l'est pas moins... et tant d'autres belles œuvres.

En se rapprochant du fond de la salle, voici un magnifique relief : Athéna pensive, la tête posée contre sa lance et influencée par le style sévère. Est-elle accablée ? Prépare-t-elle un bon tour à jouer à son rival Poséidon ? La première hypothèse tient la corde (selon certains, elle lirait sur la stèle devant elle la liste des Athéniens morts au combat contre les Perses...)

Vers le fond de la salle, explications très complètes sur les temples d'*Athéna Niké* (Athéna victorieuse), l'Érechthéion et les Propylées. Si quatre parties de la frise du temple d'Athéna ne sont pas ici mais au British Museum, ne pas manquer la magnifique *Niké* à la sandale (qui fait partie d'une étonnante série appartenant au « parapet », sorte de protection du temple, orné de reliefs), avec le mouvement inimitable que fait la déesse pour dénouer sa sandale qui amène son chiton et son manteau à s'orner de plis donnant vie à la statue...

Enfin, si on n'est pas allé les voir avant, derrière l'escalier, mais accessibles en passant par les galeries, les cinq *Caryatides* (la 6e est au British Museum, *of course !*), vêtues du péplos dorique et d'un himation – sans doute des choéphores (porteuses de libations) qui honoraient le roi mythique Kékrops. La position de leurs bras n'est connue que par des copies romaines. Ici, contrairement à ce qu'il en était dans l'ancien musée, on peut tourner autour du groupe, les voir chacune de dos, ce qui permet de comparer leurs chevelures, toutes différentes.

*3e niveau*

Il est entièrement consacré au Parthénon et à ses ornements.

Ne pas manquer la vidéo (environ 15 mn, grec/anglais en alternance) qui apporte des compléments d'information utiles à la visite.

Ce 3e étage déconcerte : difficile de ne pas ressentir une étrange impression devant ces moulages parmi lesquels surnagent quelques originaux, un peu perdus. Bien entendu, c'est aussi le but : faire toucher de l'esprit l'immense perte pour la Grèce qu'est l'absence de ces marbres uniques, dont une grande partie se trouve à Londres, au British Museum.

Petit rappel : Lord Elgin, ambassadeur de Grande-Bretagne auprès de l'Empire ottoman, avait obtenu des autorités turques l'autorisation de prélever des pièces sur l'Acropole. Le sultan était au plus mal avec la France de Bonaparte (qui avait lancé quelque temps auparavant l'expédition d'Égypte) et n'avait rien à refuser à son allié, l'Empire britannique. Il semble qu'il y ait eu deux firmans, le second, dont il ne subsiste qu'une traduction en italien, lui permettant de faire effectuer le prélèvement de « quelques morceaux de pierre ». On connaît le résultat : 12 statues de frontons, 156 éléments de la frise du Parthénon, 15 métopes, une *Caryatide* et la frise du temple d'Athéna Niké

> ### BIEN MAL ACQUIS...
>
> *Lord Elgin, ne l'emporta pas au paradis : non seulement son forfait ne lui apporta pas la richesse, mais ennuis et désagréments se succédèrent même en cascade. Son bateau, chargé de 14 caisses de pièces pillées, fit naufrage ; sa femme le trompa, ce qui entraîna leur divorce et, de passage en France pour y faire une cure, il fut empêché de rentrer dans son pays, et libéré à condition de faire allégeance à Napoléon, un comble ! À son retour, sa carrière diplomatique était terminée... Quasi en faillite, il mit longtemps à vendre ses pièces, que le British Museum lui acheta en 1816, pour la modique somme de 35 000 livres.*

atterrirent dans 200 caisses qui prirent, non sans mal, la direction de l'Angleterre. Le Parthénon était déjà en partie ruiné, cet acte de vandalisme, dénoncé en son temps, fut le coup de grâce...

Pour bien comprendre ce qui a été perdu, il faut se souvenir que Périclès a voulu que le Parthénon soit sans égal dans le monde connu de l'époque : il met donc à la disposition de Phidias, de gros moyens qui vont lui permettre de décorer les 92 métopes de reliefs (aucun autre temple de l'époque n'avait l'ensemble des métopes ainsi décoré). Les sujets en sont divers, le plus souvent des thèmes mythologiques ou légendes attiques (par exemple une gigantomachie, ou combat des dieux contre les géants, ou la lutte de Thésée contre les Amazones). Mais il y a encore plus fort : plus haut que ces métopes, éléments classiques de style dorique, par définition limités (les métopes sont des panneaux rectangulaires entre lesquels s'intercalent des triglyphes), une frise continue de style ionique, longue de 160 m et haute d'un peu plus d'un mètre, va faire le tour du Parthénon. À travers cette œuvre à part entière, Phidias peut donner libre cours à la fois à son imagination et à son souci du réalisme. Cette frise est donc l'innovation du Parthénon : autre nouveauté, elle traite sans doute d'un un sujet contemporain (et non mythologique), les Grandes Panathénées, procession sacrée qui se déroulait tous les quatre ans avec ce cortège en mouvement rendant compte de l'atmosphère de fête.

Malheureusement cette frise est très abîmée, les éléments restés en possession de la Grèce sont peu nombreux, et il faut faire un certain effort d'imagination pour se représenter l'ensemble. Voir, en particulier, la plaque avec les jeunes gens menant les bœufs au sacrifice (côté nord de la frise), attribuée à Phidias, les porteurs d'amphores (trois jeunes gens tenant une amphore sur l'épaule suivis par un quatrième qui se penche pour soulever la sienne) ou les trois dieux, Poséidon, Apollon et Artemis, assis.

Abîmés également et très incomplets, les frontons est et ouest très endommagés.

|●| On a ensuite bien mérité de descendre au café-resto et sa grande terrasse, au 2e étage, flanqué de la boutique : les tarifs des consommations et des plats sont très démocratiques et on ne s'en plaindra pas.

🔱 *Le musée des Bijoux Ilias-Lalaounis (plan couleur II, B4, 230) :* 4A, odos Karyatidon. ☎ 21-09-22-10-44. ● lalaounis-jewelrymuseum.gr ● ♿ *Jeu, ven et sam 8h30-16h30 ; mer 9h-21h ; dim 11h-16h. Entrée : 5 € ; réducs ; gratuit mer 15h-21h.*

Musée original, ouvert en 1994, exposant des créations d'un orfèvre contemporain qui s'est inspiré de l'art grec ancien et de 12 autres civilisations, depuis la préhistoire. Il comprend, sur 3 niveaux, 3 000 bijoux et microsculptures regroupés en 45 collections.

Ne manquez pas, au 1er étage, le « trésor de Priam », inspiré par la découverte de Schliemann sur le site de Troie. Le vrai trésor avait disparu du musée de Berlin durant la Seconde Guerre mondiale. Dix ans avant qu'on ne le retrouve au musée Pouchkine de Moscou, Lalaounis s'inspira des croquis de Schliemann pour créer cette collection !

Mais les autres collections ne sont pas moins intéressantes (art pariétal, art cycladique, etc.). Lalaounis a puisé son inspiration un peu partout, en Grèce avant tout, mais aussi chez les Celtes ou les Amérindiens, et également dans la nature (collection Mikrokosmos et surprenante collection « ADN », la plus récente, qu'il a réalisée à l'âge de 80 ans).

Dans le hall, possibilité de voir travailler un orfèvre. Au 1er étage, salle de vidéo en français (à demander par interphone).

|●| ♿ Petite cafétéria dans un patio et boutique, évidemment !

🔱 *La porte d'Hadrien et l'Olympiéion (plan couleur II, B4, 218) :* situés en bas d'Amalias, à l'angle d'Olgas. ☎ 21-09-22-63-30. Tlj 8h30-20h (15h hors saison). Entrée : 2 €. Fait partie du billet groupé à 12 € (voir plus haut le texte sur l'Acropole). La porte date du IIe s ; elle séparait la ville grecque de la ville romaine. L'Olympiéion était un temple monumental (diamètre des colonnes : 2,38 m !), dédié à Zeus, dont il ne subsiste qu'un alignement impeccable de 15 colonnes sur les 104 que comptait le temple complet, chacune atteignant la hauteur respectable de 17,25 m. Commencés en 515 av. J.-C., les travaux s'achevèrent en 131 apr. J.-C. sous la direction d'Hadrien. On peut dire qu'ils prenaient leur temps : il aura fallu sept siècles, avec de nombreuses interruptions, pour en venir à bout. Comme beaucoup de monuments de ce type, l'Olympiéion servit de carrière au Moyen Âge.

## Achats

Nombreux marchands d'antiquités (plus ou moins récentes) et de souvenirs divers dans Plaka. Surtout, n'hésitez pas à marchander.

⊛ *Merveilles de gueule :* Matsouka, 3, odos K. Servias (plan couleur II, B3), *tout près de Syndagma.* Excellent pour les « sucreries » genre loukoums, *pas-*

telli (barre au sésame) et autres *koura-biédès* (gâteau aux amandes enrobé de sucre glace). Touristique, donc pas donné. Également deux boutiques spécialisées en produits insulaires, respectivement de Chios et Lesbos : *Mastichashop*, à l'angle de Vénizelou et Kriézotou (plan couleur II, B3), près de Syndagma, et *Lesvos Shop*, 33-35, odos Athinas (plan couleur II, B3), près de Monastiraki.

⚜ *Stavros Melissinos* (plan couleur II, A3) : 2, odos Agias Theklas (près de la station de métro Monastiraki, côté Psiri). ☎ 21-03-21-92-47. ● melissinos-art. com ● Tlj 10h-18h. Stavros est un monument (presque) national, et il écrit aussi des poèmes... Il a confectionné des sandales pour le veuve d'Onassis, G. Bush (père) et les Beatles ! Et, plus près de nous, celles des prêtresses d'Apollon pendant les J.O. de 2004, lors de la reconstitution des jeux antiques à Olympie. Pour vous dire que son attaché de relations publiques est assez efficace...

⚜ *Musique :* les passionnés d'instruments iront traîner vers chez *Samouélian*, 36, odos Ifestou, en plein Monastiraki (plan couleur II, A3). ☎ 22-03-21-24-33. Un bon fabricant également dans

Psiri : *Karellas,* 14, odos Louka Nika (plan couleur II, A3). ☎ 21-03-22-59-63. ● karellas.gr ● Pas mal de disquaires du côté d'odos Astingos et d'odos Léokariou, son prolongement de l'autre côté d'Ermou.

⚜ *Bijoux :* pour celles qui rêvent de porter les bijoux d'Antigone et de la Belle Hélène ! Les bijoutiers grecs se sont en effet spécialisés dans la reproduction de bijoux antiques ou byzantins, en or (14 et 18 carats) ou en argent, mais avec une facture plus moderne. Voici quelques adresses :
– Leondarakis : 6, odos Skoufou, près de Syndagma.
– Fanourakis : 23, odos Patriarchou Ioakim, à Kolonaki.
– Zolotas : 10, Panepistemiou, près de Syndagma. Très cher. Il a le privilège d'être habilité à copier les bijoux du Musée archéologique national.
– Lalaounis : 6, Panepistemiou, près de Syndagma. Très cher. Pour savoir qui est Lalaounis, voir dans la partie « Les musées » de la rubrique « À voir ».
– On nous a aussi recommandé Ruby's : 105, odos Adrianou. ☎ 21-03-22-33-12. L'atelier est au sous-sol et se visite.

➤ *DANS LES ENVIRONS D'ATHÈNES*

## Les monastères

🎭 **Le monastère de Dafni** (Μονή Δαφνής) : à 10 km à l'ouest d'Athènes, sur la route de Corinthe. ☎ 21-05-81-15-58. Le monastère a été assez fortement endommagé par le tremblement de terre de septembre 1999 ; il était toujours fermé en 2010. Impossible de savoir s'il rouvrira prochainement...

🎭 **Le monastère de Kaissariani** (Μονή Καισαριανης) : à 10 km à l'est d'Athènes, dans un vallon boisé du mont Hymette. ☎ 21-07-23-66-19. Bus n° 224 sur l'av. Vassilissis Sofias ou, à Athènes encore, sortir par la rue Filolaou (plan couleur I, C4). Après le terminus au rond-point, grimper à pied 2 km. Mar-dim 8h30-14h15. Entrée : 2 € ; réducs. Le parc autour du monastère est en accès libre (sentiers pour randos digestives). Les Athéniens viennent au monastère pour remplir leurs bidons à la fontaine qui est, paraît-il, curative ; autrefois, on croyait même qu'elle apportait la fécondité. On la trouve à l'extérieur du monastère, sur le mur d'enceinte à l'opposé de l'entrée. Le contraste entre le versant côté Athènes, urbanisé à l'infini, et le versant opposé, côté campagne, est étonnant. Le programme de reforestation de ce coin d'Attique est une réussite ; respectez bien cet espace vert, rare dans le secteur. Éviter d'y aller le dimanche, beaucoup d'Athéniens viennent pique-niquer dans le bois à côté, d'où embouteillages, etc. 800 m plus haut que le monastère, petit café de style montagnard.

# Les musées

🏃 *La fondation Yannis-Tsarouchis :* 28, odos Ploutarhou, à **Maroussi** (Μαρουσι), à 10 km au nord d'Athènes. ☎ 21-08-06-26-36. • tsarouchis.gr • Prendre l'av. Vassilissis Sofias, puis l'av. Kifissia jusqu'à Maroussi. Accès en métro : direction Kifissia, station Maroussi (marquée Amaroussio) ou la suivante (Kat). Du métro, prendre la rue Périkléous derrière la place ; c'est la 6ᵉ rue à droite. Mer-dim 9h-14h. Entrée : 3 € ; réducs. Entrée libre le jeu. C'est la maison (assez tristounette, car en mauvais état), l'atelier et les œuvres d'un des plus grands peintres grecs contemporains. Proche de Matisse à ses débuts, il affirme par la suite son homosexualité par le choix de ses sujets (nus masculins, marins et militaires). Huiles, gouaches, dessins pour des mises en scène (pièces, ballets).

🏃 *Le musée Spathario du théâtre d'ombres :* odos Vassilissis Sofias et Dimitriou Ralli, pl. Kastalias, en plein centre de **Maroussi**. ☎ 21-06-12-72-45. • karagiozis museum.gr • Lun-ven 9h-14h ; mer 9h-14h, 18h-20h. Préférable de téléphoner, les horaires peuvent varier. Entrée libre. Eugénios Spatharis (1924-2009) a été l'un des plus grands animateurs du théâtre d'ombres, le *Karaghiozis,* du nom de son principal héros, sorte de guignol grec qui, durant tout le XXᵉ s, a fait rire des générations d'enfants (et d'adultes). C'est sa fille qui s'occupe de ce musée où sont exposés les figurines (incroyable, le nombre de personnages créés – même Hitler et Mussolini ont été passés à la moulinette *Karaghiozis*) et tout le matériel utilisé par Spatharis durant sa longue carrière. Si vous passez en même temps que des scolaires, vous pourrez mesurer à quel point Karaghiozis et ses compères sont populaires auprès des jeunes enfants grecs.

# Les sites archéologiques

Attention : les horaires sont toujours susceptibles de modifications...

🏃🏃 *Elefsina* (Ελευσινα ; Éleusis en grec ancien) : 1, Iera Odos. ☎ 21-05-54-34_70. C'est à 23 km à l'ouest d'Athènes si l'on prend la route de Corinthe depuis le centre d'Athènes (on peut aussi s'y rendre par le nouveau périphérique contournant la capitale et rejoignant la côte à Éleusis). Bus n° A16 depuis la pl. Eleftherias (appelée aussi Koumoundourou ; plan couleur II, A3). Mar-dim 8h30-15h. Entrée site et musée : 3 € ; réducs.

Au cœur de la ville subsistent les vastes vestiges du *sanctuaire des mystères d'Éleusis.* Haut lieu religieux de l'Antiquité, depuis la période géométrique (VIIIᵉ s av. J.-C.) jusqu'au IIᵉ s apr. J.-C. L'origine de ce culte remonte à l'histoire de Déméter partie chercher sa fille Coré (Perséphone), enlevée par Hadès, le dieu des Enfers. À travers cette légende évoquant les cycles de la végétation, était symboliquement abordée la problématique de la mort et de la renaissance. L'initiation, ouverte à tous (esclaves et femmes compris), consistait à mettre en action cette légende, afin de provoquer un sentiment de terreur suivi par l'apaisement procuré par le salut et la renaissance. Ces mystères sont toutefois restés assez... mystérieux, les historiens manquant de textes suffisamment précis. On sait qu'ils se déroulaient sur neuf jours à l'automne, la procession partant du quartier du Céramique à Athènes et arrivant à Éleusis après 19 km de marche sur la Voie sacrée (Iéra Odos).

On conseille la visite du musée en premier, histoire de se familiariser avec la géographie des lieux, notamment grâce aux maquettes. À voir : les vestiges de la ville qui était entourée d'un mur d'enceinte, les grands et petits propylées, les ruines d'un arc de triomphe, du grand *télestérion* (salle d'initiation, en fait une sorte de temple au milieu duquel, dans l'*anaktoron,* trônait le *hiérophante,* prêtre des mystères : les initiés se tenaient autour et assistaient aux mystères).

🏃🏃 *Vravrona* (Βραυρωνα ; Brauron, en grec ancien) : à 35 km à l'est d'Athènes. ☎ 22-99-02-70-20. Prendre la route de Rafina et descendre au sud de Loutsa. Situé à l'ouest de Néo Vravrona, à 1 km des habitations. Bus n° A5 depuis l'av. Akadimias (correspondance à la sortie de la station de métro Ethniki Amynas avec le bus n° 304), mais il faudra marcher pour accéder à l'entrée. Mar-dim 8h30-15h. Entrée : 3 € ; réducs. Petit site sympathique, perdu au milieu des collines couvertes de vignes. Il faut dire qu'il est plutôt mal indiqué : on passe devant sans s'apercevoir de son existence ! C'est un des plus vénérables lieux de culte d'Artémis en Attique, datant de l'époque archaïque, et où, selon la légende, Iphigénie – au lieu d'être sacrifiée – aurait fini ses jours comme prêtresse ! Deux animaux sacrés étaient associés à Artémis : la biche et l'ours. C'est ce dernier animal qui était célébré dans le sanctuaire où les jeunes filles athéniennes, avant leur mariage, venaient subir une initiation. À voir : portique, fondations d'un temple et d'un sanctuaire, chapelle du XVe s. Petit musée intéressant à 1,5 km.

🏛 *Amphiaraio* (Αμφιαραιο) : à 42 km au nord d'Athènes. ☎ 22-95-06-21-44. Prendre la route nationale (Ethniki Odos) en direction de Lamia, puis sortir à Markopoulo. Pas vraiment bien indiqué. On peut aussi y aller depuis Marathon en remontant vers le nord via Grammatiko et Kalamos. Accès en bus depuis le parc Aréos (ligne d'Oropos). Mar-dim 8h30-15h. Entrée : 2 € ; réducs. Joli petit site au fond d'un vallon boisé, « comme un Épidaure en réduction » a écrit Jacques Lacarrière. C'est le sanctuaire d'Amphiaraios, un des sept chefs qui assiégèrent Thèbes. Au IVe s av. J.-C., le culte de ce héros aux pouvoirs divinatoires s'installa ici, auprès d'une source réputée pour ses vertus curatives, lui octroyant la fonction de dieu guérisseur. À voir : vestiges de temple dorique, autel, installations pour la cure (portique à incubation où les « consultants » passaient la nuit afin d'être visités pendant leur sommeil par les rêves qui leur apporteraient des révélations sur leurs maladies), théâtre avec fauteuils d'orchestre étonnamment bien conservés, thermes.

🏛 *Le tumulus de Marathon* (Μαραθωνας) : à 40 km au nord-est d'Athènes, un lieu historique présentant assez peu d'intérêt (on ne voit guère qu'un monticule). ☎ 22-94-05-51-55. Accès en bus depuis le parc Aréos (bus orange du KTEL de l'Attique). Mar-dim 8h30-15h. Entrée : 3 € ; réducs. En 490 av. J.-C., 10 000 Athéniens l'emportèrent sur 30 000 Perses, ne laissant sur le champ de bataille que 192 morts enterrés sous le tumulus. Pour annoncer la vic-

> ## UN PEU DE PRÉCISION
>
> Si le marathon se court précisément sur 42,195 km, c'est pour une raison qui n'a rien à voir avec la Grèce : en 1908, aux Jeux de Londres, cette distance correspondait au trajet parcouru entre le château de Windsor et la loge royale, au stade de White City. Elle fut par la suite officialisée au cours des années 1920. Le tout premier marathon, en 1896, ne faisait « que » 40 km !

toire, un soldat courut à Athènes si vite qu'il en mourut (ça, c'est du moins ce que rapporte la tradition). La ligne bleue visible sur l'asphalte représente le parcours de l'épreuve du marathon moderne. Bref, si vous êtes perdu et que vous regagnez Athènes, respirez et... courez ! Toutefois, le peu à voir est visible de l'extérieur !

🏛 *Rhamnous* (ou Rhamnonte ; Ραμνους) : à 50 km au nord-est d'Athènes. ☎ 22-94-06-34-77. Prendre la route de Marathon, c'est 10 km plus loin, direction Kato Souli (bien fléché à partir de ce village). Pas desservi par bus (se rendre en bus jusqu'à Marathon, puis prendre un taxi). Tlj 8h30-15h. Entrée : 2 €. Petit site hors des sentiers battus, sur un plateau dominant la mer. Très belle situation et balade sympa à faire sur le sentier reliant les temples à la ville antique. À voir : belle forteresse du Ve s av. J.-C., bien conservée, voie sacrée bordée de tombeaux, fondations des temples du sanctuaire de Némésis (avant la construction de la forteresse, le site était voué à la déesse de la Vengeance) et du temple de Thémis (représentant l'Ordre et la Justice).

🏛 *Le cap Sounion* (Σουνιο) : à 70 km au sud-est d'Athènes. Longez la côte, si vous n'êtes pas trop pressé, en stop à partir du Pirée : résultat non garanti. Les bus orange du KTEL de l'Attique *partent de la pl. Egyptou, parc Aréos (Pédios Aréos en grec), près du Musée national (plan couleur I, B1). Env 10-12 bus/j., 6h30-17h30. Retour 7h30-20h ttes les heures env, soit par la côte ouest, soit par l'intérieur (un peu plus long). Visites tlj 8h30-20h (hiver 17h).* ☎ 22-92-03-93-63. *Entrée : 4 € ; réducs.*

*Le **temple de Poséidon** se dresse majestueusement à l'extrême pointe du cap. Ne pas se faire d'illusions, le coin est très touristique. Le temple, du V<sup>e</sup> s av. J.-C., vaut surtout pour son emplacement exceptionnel, en surplomb de la mer. De là, merveilleux coucher de soleil.*

*On observe que les colonnes sont plus fines en haut qu'en bas (0,79 m de diamètre en haut pour 1 m en bas). Cette technique permet d'accentuer l'effet de perspective et de les voir plus hautes qu'elles ne le sont (en fait, elles ne mesurent que 6,10 m de haut).*

|●| Hors saison, la **cafétéria** *près du site est l'endroit le plus agréable pour admirer le temple : terrasse ombragée, vue imprenable. Nourriture correcte, mais prix élevés. Mieux vaut manger au bord de plage, en contrebas du site : il y a 2 restos abordables et bien situés (voir « Où manger dans les environs ? »).*

⚊ *Si l'on veut absolument rester dans le coin, possibilité d'aller planter la tente au **camping Bacchus** : à 5 km du site archéologique, dans la direction de Lavrio.* ☎ 22-92-03-95-72. ● *camping bacchus@hotmail.com* ● *Tte l'année. Compter 20-26 € pour 2 avec tente et voiture. Réduc 10-20 % selon saison sur présentation du dépliant de la chaîne* Sunshine *dont le camping fait partie. Ambiance conviviale. Plage à 250 m. Emplacements ombragés, confort correct. Snack-bar sur place.*

# Les plages

Est-ce bien utile de vouloir aller à la plage en Attique ? Les plages aménagées sont payantes pour la plupart *(prévoir 4-5 € min)*, bondées et, en prime, embouteillages à prévoir... Si vous êtes tenté, rendez-vous sur la côte au sud du Pirée, à *Voula, Vouliagméni* (bus au départ de Syndagma) ou *Varkiza* (quelques criques sympas, appelées Limaniakia).

Plus haut, à *Elliniko,* sachez tout de même que le maire a fait une grève de la faim au printemps 2007 pour obtenir que des plages de sa ville soient rendues au public. Il a obtenu gain de cause.

Sur la côte est de l'Attique, vous pouvez essayer du côté de *Loutsa,* près de Rafina, ou de *Schinias,* près de Marathon. La plage de Schinias, appelée aussi plage de Marathon, bordée de pins, vaut le coup si l'on aime la planche à voile ou si on plante la tente au **camping Ramnous** qui n'est pas mal et finalement pas si loin de l'aéroport (☎ 22-94-05-58-55 ; ● *ramnous.gr* ● ; *tte l'année ; env 23-26 € pour 2 avec tente et voiture ; réduc de 10-20 % sur présentation du dépliant de la chaîne* Sunshine, *dont le camping fait partie)*. Vaste camping en bord de mer, avec des emplacements ombragés. Cuisine avec réfrigérateur à disposition. Plage de sable fin. Mais la construction d'un site olympique, à 1 km seulement, a pas mal modifié l'allure du coin, même si la plage de Schinias reste la plus belle de toute l'Attique.

# QUITTER ATHÈNES

## En voiture

➢ **Vers le nord :** du centre (pl. Omonia), pour gagner la route nationale de Lamia-Thessalonique, remonter sur plusieurs kilomètres l'odos Acharnon. De l'aéroport, beaucoup plus simple puisqu'il suffit de suivre l'Attiki Odos, la quatre-voies qui contourne Athènes, et de prendre la direction Lamia-Thessalonique.

➢ **Vers le sud :** pour rejoindre la nationale vers Corinthe, prendre l'odos Athinon, également depuis Omonia. De l'aéroport, prendre Attiki Odos (à péage), c'est tout simple. Continuer vers le Péloponnèse, via Elefsina.

## Transports en commun pour l'aéroport

Pour les détails, voir le début du chapitre « Athènes et ses environs » (« Transports urbains à Athènes et en Attique »).

➢ **Bus X95 de la place Syndagma :** départ sur l'av. Amalias, à côté du Jardin national (plan couleur I, B3). Prix du billet : 3,20 €. Fonctionne jour et nuit ; départs ttes les 10 à 20 mn selon l'heure. Compter 50 mn de trajet s'il n'y a pas d'embouteillages (rare !), et jusqu'au double en cas de gros trafic.

➢ **Bus X94 de la station de métro Ethniki Amyna** (ligne 3, plan couleur d'ensemble). Prix du billet : 3,20 €. Départs ttes les 10 à 20 mn, 24h/24. Compter une grosse demi-heure de trajet si le trafic est fluide.

➢ **En train urbain :** de la gare des trains appelée gare de Larissa (plan couleur I, A1). Prix du billet : 6 € l'aller simple. En général, changement à faire à Ano Liossia.

➢ **En métro :** de n'importe quelle station. Il suffit de rejoindre la ligne 3 et prendre le métro jusqu'au terminus. Attention : 1 rame ttes les 30 mn slt pour l'aéroport (les autres s'arrêtent avant). Prix du billet : 6 €. Compter env 40 mn depuis la station Syndagma.

## En bus interurbain

– Rens (enregistrés) : ☎ 1440. On peut se procurer à l'office de tourisme d'Athènes les listes avec les horaires détaillés des bus pour ttes les destinations.
Entre les gares routières A et B, de nombreux taxis proposent le trajet pour un prix encore raisonnable.

🚌 **Terminal A** (plan couleur d'ensemble) : 100, odos Kifissou. ☎ 21-05-12-49-10/11. Pour atteindre cette gare routière, prendre le bus n° 051 à l'angle des rues Menandrou et Zinonos, près de la pl. Omonia (ttes les 15 mn 5h-minuit) ; descendre au terminus. La plus agréable des 2 gares routières (salle climatisée, cafétérias), bien que située dans un quartier peu engageant.

➢ Départs **pour le Péloponnèse** (Corinthe, Patras, Pyrgos, Olympie, Nauplie, Épidaure, Kalamata, Tripoli, Sparte), **les îles Ioniennes** (Céphalonie, Zakinthos, Corfou, Lefkada), **l'Épire** (Igouménitsa, Ioannina, Parga), **la Grèce du Nord** (Thessalonique, Kavala).

🚌 **Terminal B** (plan couleur d'ensemble) : 260, odos Liossion (en face ; la station est dans une rue qui prend à hauteur du 260, odos Liossion). ☎ 21-08-31-71-53. Pour rejoindre cette gare routière, prendre le bus n° 024 sur la rue Panepistimiou ou sur l'av. Amalias (ttes les 20 mn, 5h-23h40). Attention, le bus n° 24, qui passe aussi à ces arrêts, conduit tout à fait ailleurs !

➢ Départs **pour la Grèce centrale** (Delphes, Galaxidi, Trikala – les Météores –, Thèbes, Livadia, Agios Konstandinos, Larissa), **Eubée** (Halkida et Kimi), **Volos** et la région du **mont Olympe** (Katerini).

🚌 **Bus du KTEL de l'Attique** (bus orange) : 28, rue Mavromatéon ; près de Pédios Aréos (ou parc Aréos ; plan couleur I, B1). ☎ 21-08-80-80-80 (Sounion, Rafina). Du centre d'Athènes, ligne 1 du métro direction Kifissia, jusqu'à Victoria, ou trolleybus jaunes n°s 2, 4 ou 9.

➢ Nombreux bus **pour le cap Sounion** (soit par la côte, en 1h30, soit par les terres, en 2h), **Marathon, Rafina** (le port qui dessert Andros et Tinos ; compter plus de 1h de trajet), **Skala Oropou, Lavrio,** ainsi que pour **Thessalonique** (pour cette dernière destination, 6 bus/j. en sem et 9/j. le w-e, 8h-22h30).

### En bateau

Infos sur les départs du jour et du lendemain à l'office de tourisme.
➢ *Depuis Le Pirée :* voir plus loin le texte « Le Pirée ».
➢ *Depuis Rafina :* voir le texte consacré à Rafina.

---

# RAFINA (ΡΑΦΗΝΑ)  (190 90)  12 000 hab.

Petite ville à 28 km à l'est d'Athènes, très fréquentée l'été (résidences secondaires des Athéniens). Rafina est un petit port à taille humaine (rien à voir avec Le Pirée), le 2e port d'Athènes, mais avec l'ouverture du nouvel aéroport à Spata, Rafina est devenu stratégiquement intéressant, du moins pour atteindre certaines Cyclades ou pour passer en Eubée.

## Arriver – Quitter

➢ *En bus* depuis odos Mavromatéon *(plan couleur I, B1)*, en face du n° 29, près de la place Egyptou (bus orange du *KTEL* de l'Attique). De et vers l'aéroport également, bus réguliers jusqu'à env 21h.
➢ *En voiture* d'Athènes, compter au moins 1h à cause des embouteillages.
➢ *Bateaux* pour certaines îles des Cyclades ainsi que pour l'île d'Eubée (sur Marmari).

## Adresses utiles

Pas d'office de tourisme à Rafina, il est donc préférable de prendre tous les renseignements à l'office d'Athènes.

⚓ *Capitainerie du Port :* ☎ 22-94-02-23-00 et 22-94-28-88-88. Toutes les agences sont sur la marina, proches les unes des autres.
◼ *Blue Star Ferries :* agence *Togias,* ☎ 22-94-02-31-50 et 63-00. Ferries (*Aqua Jewel* et *Blue Star*) pour Andros, Tinos, Mykonos. Vend aussi les billets pour le *Seajet 2,* de juin à fin septembre (destinations : Tinos, Mykonos, Paros).
◼ *Hellenic Seaways :* central de résas, ☎ 21-04-19-90-00. À Rafina, agence

*Mamalis,* ☎ 22-94-02-62-39. ● *mama lis-tours@ath.forthnet.gr* ● Ferries pour Andros, Tinos et Mykonos. Également un *Flying Cat* (Syros, Mykonos, Naxos, Ios et Santorin).
◼ *Ydroussa :* ☎ 22-94-02-33-00. Un ferry, l'*Aqua Jewel,* dessert Andros, Tinos, Mykonos et Paros. Départ quotidien en saison.
@ *Café Internet :* dans odos Koupron, la ruelle qui longe l'hôtel Corali. Très moderne.

## Où dormir ?

Peu de possibilités à Rafina même. Si tout est plein, continuer vers Mati, un peu plus au nord.

⛺ *Camping Kokkino Limanaki :* à 1,5 km du centre-ville de Rafina, sur la route côtière entre Rafina et Mati, au-dessus d'une jolie plage aux falaises ocre. ☎ 22-94-03-16-04. À Athènes (résa) : ☎ 21-03-60-22-94. ● athenscam

pings.com ● Mai-fin sept. Prévoir 22-24 € pour 2 avec petite tente et voiture. Environ 65 emplacements. Ombragé et surplombant la mer. Propreté correcte. Un point noir : le camping est très fréquenté et bruyant (le resto, *Balkoni*, est ouvert aux clients venant de l'extérieur, et ce jusqu'à 2h du mat...). Location de bungalows (sommaires) également. Le patron, accueillant et disponible, parle le français. Plage agréable et ventée, ce qui rend les grosses chaleurs plus supportables. Minibus pour le port de Rafina 5 fois par jour.

🛏 *Corali :* sur la place principale, Platia Plastira. ☎ 22-94-02-24-77. ● hotel-corali.gr ● *Env 70 € la double en été ; pas de petit déj.* Belles chambres avec clim'

et terrasse. Bien si l'on a un bateau à prendre tôt le matin.

🛏 *Hotel Akti :* odos Vithinias et Arafinidon. ☎ 22-94-02-93-70. ● aktihotel-rafina.gr ● *À côté de l'hôtel Corali. Env 80 € la double.* Hôtel récemment rénové, avec un niveau de confort supérieur à celui du *Corali.* Seules 4 chambres donnent directement sur la mer. Un peu bruyant (bar-resto en dessous) mais, là encore, on ne peut pas être trop difficile (on ne dort sur le port de Rafina que si l'on doit prendre un bateau aux aurores...).

# LE PIRÉE (PIREAS ; ΠΕΙΡΑΙΑΣ) 190 000 hab.

Pour le plan du Pirée, se reporter au cahier couleur.

Port d'Athènes d'où part la majorité des bateaux qui desservent les îles. Le Pirée se divise en deux parties d'importance inégale : le premier port (proche du terminus de métro, accès facilité par une passerelle) se subdivise en plusieurs quais (*akti,* en grec). En sortant du métro, on a devant soi, légèrement sur la droite, l'akti Kondyli ; en prenant à gauche, c'est l'akti Possidonos ; et, en continuant, on arrive sur l'akti Miaouli. On peut avoir à marcher pas mal (ou pire, à courir si le bateau est sur le point de partir) pour rejoindre son ferry. Un autre quai, extension du port principal, a été aménagé en 2003 (akti Vassiliadi), tout au bout sur la droite, à un bon kilomètre du métro. Un bus gratuit fait la navette. Le second port – la marina – semble à l'opposé du premier : bordé de cafés et restos, très animés le soir, où la jeunesse grecque se retrouve. Dans la *marina Zéa* sont amarrés les yachts des fameux armateurs grecs. Citons également Microlimano, une minimarina située à l'est du Pirée et bordée de restos chic ; elle est fréquentée par la classe huppée.

➤ Pour aller à la marina Zéa, bus n° 904 (en face de la station de métro) ou trolleybus jaune n° 20 (près de la station de métro). À pied, compter 20-25 mn.

## Arriver – Quitter

➤ Métro (ligne 1) de la pl. Omonia, de Monastiraki, de Victoria ou de Thissio, ttes les 10 mn, 5h-minuit. C'est le plus simple. Prévoir 20 mn depuis Omonia.
➤ De Syndagma, bus n° 40, 5h-minuit également, et d'Omonia bus n° 49.
➤ De l'aéroport, bus X96. 45 mn-1h30 de trajet selon circulation. Arrêt Harbour. Retour par les mêmes chemins.

## Adresses utiles

✉ *Bureau de poste :* à l'angle des rues Filonos et Tsamadou. Lun-ven 7h30-20h, sam 7h30-14h.
■ Nombreuses **banques** avec distributeurs regroupées, pour la plupart, sur l'Akti Miaouli. Lun-ven 8h-14h

(13h30 ven).
■ *Presse internationale* (plan couleur Le Pirée, 1) : *Librairie Telstar,* 57, Akti Miaouli (sur le port). Journaux et magazines français. De nombreux kiosques également sur les quais.

# Où dormir ?

La plupart des ferries et catamarans partent de 7h à 8h, ou l'après-midi après 16h. Faute d'adresses bon marché ou à prix moyens correctes, il n'est pas absolument nécessaire de dormir au Pirée, puisque le métro fonctionne le matin dès 5h30 (sur le port, on est à 30 mn du centre). Et même quand le métro est fermé (après minuit), le taxi pour le centre d'Athènes ne coûte pas bien cher. Les bateaux pour les îles Saroniques partent, quant à eux, régulièrement tout au long de la journée.

## Plus chic

⌂ *Piraeus Dream City Hotel* (plan couleur Le Pirée, **11**) : 79-81, odos Filonos (près de l'angle avec Notara), 185 35. ☎ 21-04-11-05-55. ● piraeusdream. gr ● Doubles env 50-70 €. Internet et wifi. Rien à redire sur ce petit hôtel tout neuf, frais et impeccable. Chambres au design étudié, dotées de tout le confort et d'une terrasse en prime. Bien situé, et en plus on y est chaleureusement accueilli. Notre meilleure adresse au Pirée.

⌂ *Lilia Hotel* (plan couleur Le Pirée, **12**) : 131, odos Zeas, 185 34. ☎ 21-04-17-91-08. ● liliahotel.gr ● Doubles 58-68 € avec petit déj ; familiales 90-112 €. Internet et wifi. Réduc de 5 % sur présentation de ce guide (si paiement en espèces). Dans un quartier discret du Pirée, à 50 m de la marina Zéa (c'est la rue qui monte depuis la platia Kanari), mais à 1 km du quai d'embarquement des ferries. Petit et familial, l'hôtel comprend 20 chambres joliment décorées, avec TV et salle de bains ancienne mais tout à fait correcte et propre. Terrasse pour chacune. Belle vue depuis les derniers étages.

⌂ *Hotel Anemoni* (plan couleur Le Pirée, **13**) : 65-67, odos Evripidou, 185 32. ☎ 21-04-11-17-68. ● anemoni. gr ● Dans une rue perpendiculaire à Dimokratias. Tte l'année. Double env 65 € avec petit déj (prix incluant une réduc de 35 % sur présentation de ce guide). Wifi. Parking souterrain. Assez proche du port, mais sans les nuisances. Un hôtel pas tout récent, mais plutôt bien entretenu. Une cinquantaine de chambres confortables, avec AC et TV. Bon rapport qualité-prix et accueil agréable.

# Où manger ?

Quelques gargotes autour du port, ça va de soi. Sinon, les tavernes de la marina Zéa. Choisir suivant son intuition. Les restos de Microlimano, situés au bord de l'eau, sont assez snobs et vous facturent de nombreux suppléments : l'ambiance petit port de plaisance se paie comptant !

|●| *Café-restaurant + Ousia* (plan couleur Le Pirée, **22**) : 5, odos Paléologlou (pl. Terpsitheas). ☎ 21-04-22-20-05. Remonter la rue Merarchias qui part du port en face de la porte E. Fermé dim et lun soir. Repas env 15 €. Sous ce nom mystérieux se cache un petit restaurant crétois qui propose nombre de spécialités de la grande île. C'est la cantine de pas mal d'employés du coin. Terrasse sur estrade. Service rapide.

|●| Les restos de poisson de la *marina Microlimano* (hors plan couleur Le Pirée, **23**) : on peut s'y rendre par le bus n° 20. À pied, pas évident : il faut suivre Dimokratias jusqu'au bout (ça grimpe dur !), redescendre puis longer la marina vers la gauche. Toute une brochette de restos chic le long de la mer, sur des terrasses couvertes. Prévoir au moins 25-30 € le repas complet sans les boissons. Rien de génial à notre goût, et en plus les serveurs racolent sans vergogne dans la rue. Cela dit, le cadre est extrêmement apprécié, il faut bien l'avouer.

# À voir

🎬🎬 **Le Musée archéologique** *(plan couleur Le Pirée, 31) :* 31, Har. Trikoupi. ☎ 21-04-52-15-98. *Lun 13h30-20h, mar-dim 8h-20h. Entrée : 3 € ; réducs.* Quelques très belles pièces de statuaire. Le clou du musée, ces quatre grandes statues de bronze découvertes au beau milieu du Pirée en 1959. Deux d'entre elles, représentant Apollon et Artémis, frôlent les 2 m de hauteur et celle d'Athéna, la plus majestueuse de toutes, atteint les 2,35 m. Au rez-de-chaussée, colossal mausolée du IV$^e$ s av. J.-C. Au 1$^{er}$ étage, poteries d'une grande finesse artistique et jolis bas-reliefs. Dans la cour, un petit amphithéâtre entouré de nombreuses stèles funéraires, sarcophages et urnes.

## *QUITTER LE PIRÉE*

### En bateau

| Destinations et temps approximatifs de transport en bateau au départ du Pirée | | | |
|---|---|---|---|
| (cf = car ferry ; cm = catamaran ; hy = hydroptère) | | | |
| AGIOS KYRIKOS (Icaria) | 9-10 h (cf), 5 h (cm) | MILOS | 6 h 30 (cf), 4 h (cm) |
| AMORGOS | 8-11 h (cf) | MYKONOS | 5 h 30 (cf), 3 h 30 (cm) |
| ASTYPALÉA | 10-13 h (cf) | MYTILÈNE (Lesbos) | 8 h 30 (ferry rapide), 13 h (cf) |
| CHIOS (HIOS) | 6 h 30-9 h (cf) | NAXOS | 6-7 h (cf), 3 h 30 (cm) |
| ÉGINE | 40 mn (hy), 1 h 20 (cf) | PAROS | 5 h (cf), 2 h 45 (cm) |
| FOLÉGANDROS | 9 h (cf), 3 h 30 (cm) | PATMOS | 8-13 h |
| HYDRA | 1 h 40 (hy), 4 h (cf) | RHODES | 12 h 30-18 h (cf) |
| IOS | 8-10 h (cf), 4 h (cm) | SAMOS | 8 h-10 h (cf) |
| KALYMNOS | 9-12 h (cf) | SANTORIN (Théra) | 8-11 h (cf), 4 h 30 (cm) |
| KARLOVASSI (Samos) | 10 h (cf) | SIFNOS | 5 h (cf), 3 h (cm) |
| KOS | 11-14 h (cf), 9 h (cm) | SÉRIFOS | 4 h 15 (cf), 2 h 30 (cm) |
| KYTHNOS | 3 h (cf) | SYROS | 4 h (cf), 2 h 15 (cm) |
| LÉROS | 8-12 h (cf) | TINOS | 4 h 15 (cf), 3 h (cm) |

En principe, cela devrait être la seule raison ou presque de venir au Pirée... Si possible, en été, éviter les vendredi et samedi soir, et en particulier les week-ends de fin juillet ou début août : c'est de la pure folie, on a l'impression que tout Athènes embarque pour les îles. Quant aux fauchés, ils peuvent se renseigner sur les ferries de nuit : voilà un bon moyen d'économiser un nuit d'hôtel ! Pour les îles Argo-Saroniques, les départs se font tout au long de la journée depuis la Gate E8, proche de la place Karaïskaki.

⛴ Il existe **2 ports** *(plan couleur Le Pirée) :* le **port principal,** gigantesque, dont les différents quais se trouvent autour de la pl. Karaïskaki *(à 200 m à gauche en sortant de la station de métro),* et qui propose des départs en ferry et en *Flying Dolphin.* Attention : ce port est immense ; ne pas arriver à la dernière minute, en particulier si vous êtes à pied. Trouver le bon bateau et y accéder peut prendre un peu de temps. Et la **marina Zéa,** qui se trouve à l'opposé du port principal, de l'autre côté de la presqu'île que forme Le Pirée *(bus n° 904 depuis la pl. Karaïskaki, à la sortie du métro ; env 10 mn de trajet).* En principe, pas de départ pour les îles depuis ce port.
Munissez-vous du plan d'Athènes et du Pirée offert par l'office de tourisme ; il permet de mieux visualiser cette multitude de quais d'embarquement. Le port du Pirée a également édité un plan bien fichu (on le trouve sur place). Les agences qui vendent les billets sont toutes à proximité de la station de métro ; des guérites sont également disposées sur les quais d'embarquement.

ATHÈNES ET SES ENVIRONS

➤ *Pour se rendre en voiture au port principal :* depuis le centre d'Athènes, allez tout droit, direction « Central port, station » ; arrivé en bord de mer, tournez à gauche et repérez-vous en fonction de votre île de destination (les départs sont regroupés par portes d'embarquement). Il existe un parking couvert proche des quais, pour ceux qui souhaitent laisser leur voiture au Pirée : *Parking Acropole, ouv 24h/ 24, accessible par les rues Aristidou et Gounari (plan couleur Le Pirée)*. Attention, il est particulièrement difficile de circuler et de se garer en ville.

### Renseignements

– *Port du Pirée :* ☎ *21-04-59-39-11 et 21-04-22-60-00.*
– L'office de tourisme d'Athènes (dans le centre ou à l'aéroport) édite quotidiennement des feuilles avec les horaires de départ.
– Agences et compagnies maritimes : inutile de se fatiguer, toutes les agences pratiquent les mêmes prix pour les ferries. Mieux vaut tout de même passer par les agences centrales.

## En bus

➤ *Pour l'aéroport de Spata :* bus X96 qui part du port.
➤ Pour rejoindre les *gares routières à Athènes,* prendre le bus n° 420 en face de la station de métro.

# LES ÎLES GRECQUES

Pour le plan du Pirée, se reporter au cahier couleur.

## DES ÎLES ET DES CHIFFRES

Une question difficile pour commencer : combien la Grèce compte-t-elle d'îles ? Posez la question sur place, il n'est pas sûr qu'on sache vous répondre. Il y en aurait dans les 5 000 si l'on y inclut les *vrakhonissidès* (littéralement les « îles-rochers »), petits morceaux de terre émergée, tous inhabités ; plus que 1 300 ou 1 400 si l'on ne garde que ce qui couvre une surface minimum méritant l'appellation d'île et plus que 110 à 120 si l'on ne compte que les îles habitées. Et encore, parmi ces dernières, une vingtaine ne dépassent pas les 10 habitants permanents !
L'ensemble des îles grecques couvre un cinquième du territoire grec, mais est assez peu peuplé puisque les insulaires, au nombre de 1,5 million, ne constituent qu'à peine 15 % de la population du pays. Beaucoup de petites îles, en effet, se sont dépeuplées après la Seconde Guerre mondiale en raison de vagues d'émigration massives. Trois îles dépassent néanmoins les 100 000 habitants : la **Crète** *(Kriti)*, un chouïa plus petite que notre Corse mais deux fois plus peuplée, avec 604 000 habitants environ, **Eubée** *(Evia)*, 210 000 habitants, reliée au continent par deux ponts, et **Corfou** *(Kerkyra)*, dans les îles Ioniennes, 110 000 habitants. Ce tiercé de tête est talonné de près par **Lesbos** et **Rhodes** qui frôlent les 100 000 habitants. Deux petites îles se distinguent par leur position géographique, **Gavdos,** tout au sud de la Crète, qui était le territoire le plus au sud de l'Union européenne jusqu'à ce que Chypre y entre, et **Kastelorizo** (ou **Mégisti**), dans le Dodécanèse, le territoire le plus à l'est de cette même Union, à 72 milles nautiques au sud-est de Rhodes mais à quelques encablures seulement de la ville de Kas en Turquie.
Destination touristique phare, la mosaïque insulaire grecque a deux visages. D'octobre à début avril, tout est fermé ou presque, les liaisons maritimes se font rares, et soudain, à l'approche de l'été, hôtels et commerces ouvrent de nouveau, les touristes arrivent de plus en plus nombreux jusqu'à l'overdose de juillet et août.

## QUELLES ÎLES CHOISIR ?

Le choix est difficile, il y en a pour tous les goûts et tous les budgets.
L'image que la plupart des gens se font de l'île grecque type est celle d'une île cycladique : montagneuse, surmontée d'un village aux maisons éclatantes de blancheur, sauf les volets bleus, avec de petites criques agrémentées d'autres maisons cubiques, tout aussi blanches. Or, sur l'ensemble des îles grecques, cette image ne correspond qu'à une partie d'entre elles, même si ce sont les plus visitées (les plus petites des Cyclades et du Dodécanèse) : les îles Ioniennes (traitées dans le *Guide du routard Grèce continen-*

### HISTOIRES D'EAU

*De nombreuses îles manquent dramatiquement d'eau, tout particulièrement pendant la saison touristique. En plus des unités de dessalement d'eau de mer, peu nombreuses et chères, on achemine l'eau potable par tankers. En 2007, ce sont 1,8 million de mètres cubes qui ont ainsi été transportés dans la mer Égée, soit en provenance d'Athènes pour les Cyclades, soit de Rhodes pour les îles du Dodécanèse. À 8,30 $/m³, ça commence à faire chérot la douche !*

*tale*) présentent un aspect tout à fait différent. Elles sont boisées, plutôt vastes. Il en est de même avec les Sporades, plus petites mais très vertes également. Lesbos (Mytilène), c'est encore autre chose : des oliviers à perte de vue et, là où l'olivier cède la place, des pinèdes. On pourrait poursuivre la liste... En fait, chaque île possède sa spécificité, son « âme » et l'on vous recommande de bien vous renseigner pour éviter une déception (en plus de votre *Guide du routard,* il existe des sites internet sur chaque île permettant de se faire une idée). En effet, on n'aime pas forcément toutes les îles de la même façon et il est utile de savoir ce qui vous attend, avant d'y poser le pied.

Une des principales difficultés quand on souhaite visiter les îles est de composer au mieux son itinéraire. Il faut composer avec plusieurs paramètres :

– *Les liaisons en bateau :* leur fréquence est variable, en gros, la haute saison va de mi-juin à mi-septembre, mais cela peut changer d'une compagnie à l'autre. Avant et après, la fréquence est moindre, avec une exception autour de Pâques (en 2011, la Pâque orthodoxe est le 24 avril), période à laquelle les bateaux sont plus nombreux. Comme on peut s'y attendre, les îles les plus fréquentées sont également les mieux desservies. Cela signifie qu'on peut, si on ne se plaît pas sur l'île choisie, en repartir dès le lendemain dans le meilleur des cas mais, pour des îles desservies seulement 2 fois par semaine, il n'en est pas de même...

Attention : les liaisons se font plus facilement dans un même groupe d'îles et encore plus dans un même sous-groupe. Il est néanmoins possible de passer, par exemple, des Cyclades au Dodécanèse, mais c'est plus difficile (passer de Paros, de Naxos ou d'Amorgos à Astypaléa, par exemple, est possible).

– *La durée du séjour sur chaque île :* évidemment, si vous n'avez un bateau que 2 fois par semaine, inutile de penser à repartir le lendemain de votre arrivée. Mais il est bon de se renseigner, pour élaborer son itinéraire, sur le temps à passer dans chaque île. De très grandes îles comme Lesbos (Mytilène), Chios, Samos ou Rhodes méritent bien 5 à 6 jours, voire une semaine ou plus si affinités. Des îles de taille médiane comme Paros, Amorgos, Santorin ou Naxos par exemple peuvent vous retenir au minimum 3-4 jours et certaines autres îles bien plus petites (par exemple Anafi, Astypaléa, Nissyros) se visitent en 2-3 jours, si l'on est pressé du moins. Bien entendu, ces durées ne sont qu'indicatives et rien n'empêche de passer une semaine de farniente sur une petite île où il n'y a rien à faire, sinon bronzer... Mais si vous ne disposez que d'une semaine de vacances, il est évident qu'en moyenne deux îles suffiront à occuper votre séjour. Pensez aussi, si vous réservez, à bien vérifier (ou faire vérifier) qu'il est possible de vous rendre, le jour voulu, de telle île à telle autre (dans des conditions normales, évidemment : les pannes de bateaux ou les annulations en raison d'un coup de vent sont des choses qui arrivent... Si vous repartez en avion d'Athènes, prévoyez évidemment d'y dormir au minimum une nuit avant votre départ, voire deux pour éviter toute mauvaise surprise.

Il est aussi assez souvent possible, à partir d'une île très touristique, de faire des excursions, appelées « one-day cruises » dans une ou plusieurs îles voisines. L'avantage est de simplifier la tâche au niveau hébergement, mais évidemment on n'y passe que quelques heures (et le plus souvent en pleine chaleur).

## Comment y aller ?

### EN AVION

Une trentaine d'îles sont desservies par des vols intérieurs au départ d'Athènes (quelques liaisons également depuis Thessalonique et Rhodes). Ne pas s'attendre à voler sur de gros porteurs, à l'exception des grosses îles, c'est plutôt le genre *Dornier* (18 places) ou *ATR* (50 ou 70 places). Plutôt bon marché. Toutefois bien plus cher que le bateau, mais ô combien plus rapide ! En été, il est vivement conseillé de réserver au départ de Paris.

■ **Olympic Air :** *rens au* ☎ *21-03-55-05-00 (en Grèce).* ● *olympicair.gr* ●
■ **Aegean Airlines :** *en Grèce :* ☎ *801-11-20-000 ; de l'étranger :* ☎ *21-06-26-10-00.* ● *aegeanair.com* ● Assure des liaisons au départ d'Athènes pour Chios, Corfou, Kos, Mykonos, Mytilène (Lesbos), Samos, Rhodes et Santorin.
■ **Sky Express :** ☎ *28-10-22-35-00.* ● *skyexpress.gr* ● Vols pour Skyros, et liaisons Athènes-Mytilène-Chios, Samos et Rhodes.

## EN BATEAU

➤ **D'Athènes :** le meilleur moyen pour aller au Pirée depuis le centre d'Athènes est le métro. Le prendre à Omonia ou Syndagma jusqu'au terminus (port du Pirée). Autre solution : le bus vert n° 40 à la place Syndagma (l'arrêt se trouve en face du 4, odos Philhellinon). Mais par le métro, c'est plus rapide. Ne pas oublier que certaines liaisons pour les Cyclades (Andros, Tinos, Mykonos) se font aussi au départ de Rafina, sur la côte est de l'Attique, plus proche du nouvel aéroport que Le Pirée, ainsi que de Lavrio, au sud-est de l'Attique.

➤ **De l'aéroport :** un bus direct (X96) relie l'aéroport au port du Pirée. Départ ttes les 20 mn, 7h-21h, et ttes les 30 mn, 21h-7h. Compter 45 mn à 1h si la circulation est fluide, le double de temps en cas de bouchons. Mieux vaut prévoir 2h... Prendre le métro (ligne 3 jusqu'à Monastiraki puis ligne 1 jusqu'au Pirée) peut s'avérer plus rapide. Pour Rafina, un bus à l'aéroport également.

## Conseils pratiques

– Prendre un billet aller simple (on peut ainsi changer d'itinéraire pour le retour). Mais si l'on est sûr de son itinéraire, de nombreuses compagnies proposent une réduction de 20 % sur le billet retour à condition qu'il soit acheté en même temps que l'aller.

– **Les bateaux :** en quelques années, la flotte s'est modernisée. La plupart des **ferries** sont confortables, mais il en reste encore quelques-uns vieux d'une trentaine d'années, dont on espère chaque année qu'ils seront mis à la casse l'année suivante et remplacés par de meilleurs navires. Il existe aussi des ferries rapides (de la compagnie *Blue Star Ferries*), un peu plus chers que les ferries de conception ancienne. Mais pour les îles plus proches du continent, les **hydroglisseurs** (qu'il faudrait appeler hydroptères en fait, en anglais : *hydrofoils*) sont nombreux (îles Saroniques, Dodécanèse). Deux fois plus rapides et plus chers que les ferries classiques, ils conviennent aux voyageurs pressés et qui ne détestent pas faire la traversée enfermés (il faut aussi avoir le pied marin parfois, les plus sensibles du cœur éviteront les places avant, où l'on est beaucoup plus secoué). Les énormes **catamarans** (*Flying Cat, Speed Runner* ou *Sea Jet,* pour passagers ou *Highspeed 2, 3* et *4,* et même désormais *5,* pour passagers et véhicules, comme les ferries) sont de véritables TGV des mers et permettent de rejoindre certaines îles en un temps record, du moins quand le vent ne souffle pas trop fort.

– **Les horaires des bateaux :** difficile de les annoncer d'une année sur l'autre avec certitude (les horaires et fréquences que nous indiquons ont été relevés en 2010 et peuvent subir des modifications annoncées chaque année au printemps, après la parution des guides), ils varient selon les époques de l'année. De plus, avec la libéralisation du cabotage dans le cadre du grand marché européen, des changements importants se produisent. C'est pourquoi il est préférable de s'adresser aux capitaineries et compagnies maritimes, ou mieux, d'entrer dans une agence pour demander un horaire. Avantage : on a plus de chances d'y trouver des personnes anglophones que dans les capitaineries. N'oubliez pas non plus qu'à l'office de tourisme d'Athènes ou à celui de l'aéroport, on peut retirer les horaires, publiés chaque jour, avec les départs du Pirée et de Rafina.

*N.B. :* il est obligatoire de se procurer son billet à l'avance dans n'importe quelle agence, voire à la dernière minute au port de départ, mais pas sur le bateau même, comme cela se faisait autrefois. En effet, en raison de l'informatisation de la billet-

**LES ÎLES GRECQUES (GÉNÉRALITÉS)**

terie, la prévente se généralise ; fini l'époque romantique des bateaux surchargés en partance pour Mykonos. Il est très fortement conseillé de réserver l'été, surtout du 1er au 20 août.
– **Nourriture :** pensez à acheter de la nourriture et des boissons car, à bord, c'est souvent plus cher, même si des efforts ont été faits dans ce domaine...
– **Vos affaires encombrantes :** si vous êtes vraiment trop chargé, laissez le maximum d'affaires à Athènes, dans une consigne (left-luggage), vous les reprendrez au retour. Voir « Adresses utiles » à Athènes.

## Réductions pour les étudiants

Elles ne sont plus appliquées pour les étudiants non grecs. Mais rien n'empêche d'essayer... Pour les Grecs, la réduction est de 20 %.

## Où acheter son billet ?

Dans les agences, prix identiques partout (tout est informatisé).

## Faut-il réserver son billet ?

Il est très conseillé de réserver à l'avance ses billets de bateau, essentiellement si l'on voyage en juillet-août. Il est possible de le faire en ligne sur les sites de certaines compagnies maritimes grecques (éventuellement sur le site de leur représentant en France), ainsi que sur les sites d'un certain nombre d'agences de voyages grecques (et de faire garder ces billets, soit au port du Pirée où on les retire au guichet situé dans une petite guérite de la compagnie, sur les quais, avant d'embarquer, soit dans l'agence même si l'on a l'occasion d'y passer les retirer). Frais de dossier à prévoir. Pour ceux qui s'y prennent au dernier moment, il existe même un système, où l'on se fait attribuer un numéro de code, qui rend possible, une fois le billet payé par carte de paiement, la récupération du billet dans un distributeur sur le port du Pirée, à côté des guérites mentionnées plus haut. Des centraux de location peuvent aussi se charger de ces réservations.
Une liste des agences grecques proposant la réservation en ligne est disponible sur le site ● *openseas.gr* ● Voici, par exemple, quelques-unes de ces agences (pour leurs coordonnées précises, voir plus loin dans les chapitres concernés) :
– Sifnos : *Aegean Thesaurus* à Kamarès ;
– Paros : *Polos* à Parikia ;
– Milos : *Milos Travel (Pirounakis)* à Adamas.

## Où prendre le bateau ?

➢ **Au port principal du Pirée :** se repérer au Pirée n'est pas toujours évident (voir le *plan couleur Le Pirée*). La notion de porte (*pyli* – πνλη – ou *gate* en anglais) est assez floue : elle correspond aux points de passage des véhicules qui vont ensuite rejoindre la file d'attente pour leur ferry. Si l'on est à pied, après avoir franchi l'entrée de ladite porte, on peut avoir à marcher encore pas mal. Quand on arrive en métro d'Athènes, on se retrouve quai *(akti)* Kallimassioti. Il faut, par prudence, bien se faire préciser le lieu d'embarquement au moment de l'achat du billet. Voici quelques repères à titre indicatif :
– quai Kondyli (E3 et E4) – en grec *akti Kondili* –, face à la gare ferroviaire de Larissa : bateaux pour la Crète *(Anek Lines, Minoan Lines)*.
– akti Kallimassioti (E6) : bateaux pour les Cyclades, plus près du terminus de métro.
– akti Possidonos et Akti Tzélépi (E7) : Cyclades, îles Argo-Saroniques.
– akti Miaouli (E8, E9 et E10) : Cyclades, Samos-Ikaria et certaines îles du Dodécanèse.

– akti Vassiliadi (E1) : le plus éloigné. Départ pour la Crète (uniquement le bateau rapide pour La Canée) et certaines des Cyclades, ainsi que pour le Dodécanèse. Navette gratuite pour s'y rendre (elle se prend dans l'angle entre les quais Kallimassioti et Kondyli).

Attention : les emplacements de ces bateaux et compagnies peuvent évoluer. Éviter d'arriver au dernier moment.

➤ **À Rafina :** le port est petit, pas de difficulté pour se repérer.

➤ **À Lavrio** (sud-est de l'Attique) **:** idem. Plutôt éloigné d'Athènes, mais desservi par bus au départ de l'aéroport d'Athènes. Le port de Lavrio, agrandi pour accueillir de plus gros bateaux, pourrait devenir un port d'embarquement pour les Cyclades de l'Ouest et du Centre. En 2010, les bateaux pour Kéa en partaient (l'un deux continuait vers Syros, Tinos et Andros). Départs également de certains ferries de la compagnie *Nel,* desservant plusieurs des Cyclades ainsi que Psara et Chios (port de Mesta).

## Où se renseigner ?

### À Athènes

À l'office de tourisme et dans les agences de voyages ou, mieux encore, dans les agences centrales des compagnies maritimes (voir les « Adresses utiles » dans le chapitre « Athènes »). Au Pirée, évidemment (toutes les compagnies n'ont pas forcément d'agence centrale à Athènes mais toutes en ont une au Pirée).

### Dans les capitaineries

– *Le Pirée :* ☎ 21-04-14-78-00. ● olp.gr ●
– *Rafina :* ☎ 22-94-02-88-88.
– *Lavrio :* ☎ 22-92-02-52-49.

### Auprès des compagnies

On peut consulter leurs sites internet. Ils sont très inégaux et on ne garantit pas que tous répondront si vous les interrogez !
Voici les principales compagnies :

– **Blue Star Ferries :** ● bluestarferries.com ● Cyclades, Dodécanèse et Crète. Flotte de 8 ferries rapides et fiables.
– **Hellenic Seaways :** ● hsw.gr ● Cyclades, Sporades au départ de Volos et Agios Konstantinos, îles Saroniques. Hydrofoils et catamarans, ainsi que ferries classiques. La compagnie qui possède le plus grand nombre de bateaux.
– **Agoudimos Lines :** ● agoudimos-lines.com ● Ferries classiques pour quelques Cyclades (Andros, Tinos, Mykonos) au départ de Rafina.
– **Nel Lines :** ● nel.gr ● Principales lignes : Le Pirée-Chios-Lesbos (Mytilène), Le Pirée-Naxos-Paros et Lavrio-Syros-Paros-Naxos.
– **Aegean Speed Lines :** ● aegeanspeedlines.gr ● Trois catamarans, les *Speedrunners,* assurent les lignes Le Pirée-Sérifos-Sifnos-Milos ou Santorin et quelques autres des Cyclades.
– **Sea Jets :** ● seajets.gr ● Trois catamarans, l'un au départ de Rafina pour plusieurs Cyclades (Tinos, Mykonos, Paros), un deuxième au départ du Pirée (pour les Cyclades) et le troisième au départ d'Héraklion pour Santorin.
– **Dodekanissos Shipping Company :** ● 12ne.gr ● Ligne Rhodes-Patmos (via certaines autres îles du Dodécanèse). Catamarans.
– **Anes :** ● anes.gr ● Liaisons entre Rhodes, Symi, Tilos, Nissyros et Kastelorizo.
Pour les autres compagnies, consulter les sites ● ferries.gr ● openseas.gr ● gtp.gr ● ou encore ● aktinainternational.gr ●

## Une fois dans les îles

– Partout dans les îles, départs annulés en cas de mer agitée. Les ferries classiques tiennent mieux la mer. Au-delà de 8 Beaufort, les bateaux restent à quai. Possibilité

de se faire rembourser les billets à condition d'aller préalablement à la police maritime retirer une attestation officielle.
– En été, prendre le billet de retour sitôt arrivé sur l'île.

# Où dormir ?

Quand vous débarquerez sur une île, du moins sur une petite île ou une île très touristique, vous ferez fréquemment face à un tas de personnes qui vous proposeront des *chambres*, photos à l'appui bien souvent. On les appelle les *kamakia* et l'on ne peut pas recommander cette pratique : une fois que vous êtes harponné, difficile de refuser une chambre. S'il n'y en a pas et que vous n'avez pas de réservation, allez à l'association des propriétaires de chambres à louer ou, à défaut, à la police touristique pour trouver un lit. Quand celle-ci vous affirme que *Everything is full !* (avec l'accent grec...), allez vous-même frapper aux portes des maisons. Sur le port, on le répète, ne vous laissez pas embobiner, on vous véhiculera peut-être en minibus jusqu'à la chambre, mais si la chambre ne vous convient pas, difficile de repartir quand vous vous retrouvez à plusieurs kilomètres du port.

# Location de scooters

Il faut savoir que, le plus souvent, le permis de conduire est exigé pour la location d'un scooter. ATTENTION, le *meltémi* peut souffler très fort et rendre quasi impossible le maintien de l'équilibre sur la bête ! Les routes sont souvent défoncées et le goudron se révèle très glissant. Le nombre de bras cassés rencontrés est assez impressionnant. De plus, les engins sont souvent mal entretenus. Gare notamment aux pots d'échappement, qui peuvent occasionner de graves brûlures à l'intérieur du mollet. Beaucoup de lecteurs ont eu maille à partir avec les loueurs.

# LES SPORADES

**Les Sporades sont un groupe de trois îles habitées (Skiathos, Skopélos, Alonissos, cette dernière ayant comme voisines plusieurs îles satellites inhabitées), accessibles d'Agios Konstandinos ou de Volos, auxquelles on rattache Skyros, géographiquement distincte et accessible seulement du port de Kimi en Eubée (Skyros est traitée à part dans ce guide). Les trois premières ont un air de ressemblance : plages nombreuses, belles pinèdes. Elles constituent un complément intéressant à la visite du Pélion.**

## Arriver – Quitter

➢ *De/vers Athènes, via Agios Konstandinos :* possible en bus. À Athènes, prendre un des autobus directs, partant du 97, odos Akadimias (près de la place Omonia), devant l'agence *Alkyon* (☎ 21-03-84-32-20 ou 21). Il vous conduit en 2h30 au port d'Agios Konstandinos, à 175 km. On peut aussi partir de l'agence *Zorpidis* (25-29, odos Panepistimiou ; ☎ 21-03-23-90-56). Correspondance assurée avec les bateaux qui desservent les Sporades dans le sens Skiathos, Skopélos et Alonissos (pour Skyros, on ne part que de Kimi, en Eubée). Durant l'été, il est prudent de retenir sa place de bus au moins la veille. Possibilité de prendre également un bus *KTEL* : à peu près 1 départ/h, 6h-21h30, du terminal B des bus (260, odos Liossion ; ☎ 21-08-31-71-47 ; env 13 € le billet aller). En hte saison, départs pour Skiathos, Glossa (2ᵉ port de Skopélos) ou Skopélos (Chora) et Alonissos, avec la

**LES SPORADES DU NORD**

compagnie *Anek* (● *anek.gr* ●), qui a repris la ligne assurée jusqu'en 2009 par *Hellenic Seaways,* avec le catamaran *Highspeed 1.* Au retour, les bateaux desservent les mêmes ports. Correspondance en bus à Agios Konstandinos pour Athènes. Les tarifs sont sensiblement plus élevés au départ d'Agios Konstandinos qu'au départ de Volos. Les Athéniens allant dans les Sporades choisissant tous ce port plutôt que Volos, il est conseillé de réserver en été. *Rens et résas :* ☎ 22-35-03-19-20 *(agence* Alkyon*) ou* ☎ 22-35-03-16-14 *(agence* Bilalis*).*

➢ *De/vers Volos :* en saison, jusqu'à 2 ferries/j. d'*Hellenic Seaways* desservant Skiathos, Glossa (Skopélos) ou Skopélos (1 seul ferry/sem pour Alonissos). Au retour, les bateaux desservent les mêmes ports. Davantage de *Flying Cats* et *Flying Dolphins* (en principe 4 fois/j.). La compagnie *Nel* a aussi ouvert une ligne en 2009. *Rens : agence* Sporades Travel, ☎ 24-21-03-58-46, *ou* Falcon Tours, ☎ 24-21-02-16-26.

# SKIATHOS (ΣΚΙΑΘΟΣ)   (370 02)   5 100 hab.

**Skiathos est une île superbe avec ses 70 plages ou criques et ses collines boisées. On dit qu'elle possède la plus belle plage de Grèce (à Koukounariès)... et les touristes, tant grecs qu'étrangers, ces derniers arrivant directement par charters, le savent bien. En été, la capitale de l'île devient un petit Saint-Trop', et il est alors bien difficile de poser sa serviette sur le sable. Ama-**

teurs de criques désertes et de solitude, ne vous attardez pas trop à Skiathos ! L'île est également plus chère que ses consœurs des Sporades, et la mentalité y est vraiment mercantile.

## SKIATHOS *(LA CAPITALE)*

Petite ville aux ruelles pas forcément désagréables, que ce soit du côté ouest de la ville (du vieux port au quartier d'Agia Triada) ou aux abords de l'église Agios Nikolaos. Malheureusement, il suffit que les boutiques ouvrent et que les rabatteurs alpaguent à tout-va pour rendre le tout bien quelconque... Orientation aisée : la longue rue principale (odos Papadiamanti) et le front de mer, coupé en deux par l'îlot Bourtzi, mènent à peu près partout.

# Arriver – Quitter

## En ferry et en *Flying Dolphins*

➤ *De/vers Volos ou de/vers Agios Konstandinos :* trajet en moins de 3h en ferry et en 1h15-1h30 en catamaran. Voir plus haut « Les îles Sporades. Arriver – Quitter ».

## En avion

➤ *De/vers Athènes :* 1 vol/j. en principe. Trajet : 40 mn. Aéroport à 3 km de Skiathos. ☎ 24-27-02-20-49.

# Adresses utiles

🛈 *Office de tourisme :* petit bureau tout de suite à gauche en sortant du débarcadère. On a connu des informateurs plus loquaces, mais ça peut dépanner.

✉ *Poste :* en haut d'odos Papadiamanti, face au collège.

◼ *Banques :* sur le port et le long odos Papadiamanti.

◼ *Dispensaire :* tout au bout de la route périphérique (direction des plages), sur la gauche. Pour les piétons, prendre la rue à gauche avant la poste, odos Moraitou, puis suivre les indications. ☎ 24-24-02-22-22.

◼ *Police touristique :* sur la route périphérique. ☎ 24-27-02-31-72.

◼ *Station de taxis :* à droite du débarcadère quand on est dos à la mer. ☎ 24-27-02-44-61. Tarifs affichés.

🚌 *Station de bus :* à l'extrémité droite du débarcadère quand on est dos à la mer. Le bus dessert toutes les plages de Skiathos. Elles sont annoncées par des numéros d'arrêt. Départs ttes les 30 mn env 7h-23h (env 30 mn de trajet pour Koukounariès, le terminus). Pour les retours, à partir de 17h, le bus est bondé !

◼ *Presse internationale :* à côté de l'agence Rent a Car-Budget, *sur le port,* peu avant les taxis.

◼ *Agence Hellenic Seaways (Skiathos OE) :* au début d'odos Papadiamanti. ☎ 24-27-02-22-09.

◼ *Laundry Snow Whites :* dans la rue montant à droite depuis le port, au-dessus de l'Alpha Bank.

@ *Accès Internet :* au *I Cyber Café,* au-dessus du port, par la rue qui monte depuis l'Alpha Bank. Le moins cher. Également **The Sixth Element,** odos Panora (perpendiculaire à Papadiamanti, sur la droite), et plus haut **Enter,** odos Riga Féraiou (perpendiculaire à Papadiamanti, sur la gauche). Tous ferment – et ouvrent ! – tard,

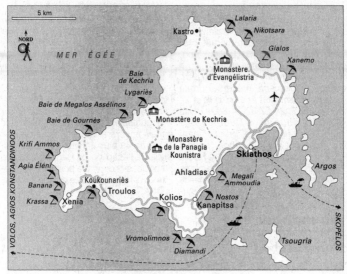

**L'ÎLE DE SKIATHOS**

# Où dormir ?

Comme toujours sur les îles, ne pas oublier que la plupart des hôtels ouvrent en avril, voire mai, pour fermer en octobre, voire fin septembre.

## De prix moyens à plus chic

🛏 *Chambres chez l'habitant :* explorez le côté gauche du village quand on est dos à la mer, dans le prolongement du vieux port (ah, le bonheur de ceux qui tomberont sur *Violetta* !). On peut aussi s'adresser à l'*Association des propriétaires de chambres à louer (au bureau situé à droite à la sortie du débarcadère ;* ☎ *24-27-02-29-90 ; fax : 24-27-02-38-52).* Ils mettent à disposition un livret-guide bien fait, contenant des informations précises sur les locations de leurs adhérents (une trentaine), et fournissent un plan détaillé de l'île et de la ville.

🛏 *Pension Nikolas (chez Matoula Karademitrou) : depuis odos Papadiamantis, à la* National Bank, *prendre à gauche en biais et continuer, c'est derrière l'hôtel* Pothos. ☎ *24-27-02-30-62.* 📱 *69-34-39-50-91.* ● nikolaspension. gr ● *De mi-mai à mi-oct. Doubles 50-80 € selon saison (négociable en cas de séjour).* Chambres assez basiques mais très correctes, avec AC et TV. Meubles en pin, salles de bains plus grandes que la moyenne. Dans un quartier calme à prix encore raisonnables.

🛏 *Studios Philippos : indiqués « Phillippas » sur la route périphérique de Skiathos, entre une station-service et le poste de police, vers l'arrêt de bus n° 3.* ☎ *24-27-02-27-10.* ● phss@otenet.gr ● *Studios 3-4 pers simples mais très propres env 70 €, à négocier avec Georgina et Maria.* Cadre verdoyant et « chatoyant » (eh oui, il y a beaucoup de chats !), mais au-dessus d'une route assez passante. Bien meilleur marché hors saison.

🛏 *Hotel Morfo : 23, odos Ananiou (prendre la rue Papadiamanti, puis la rue à droite en face de la National Bank).* ☎ *24-27-02-17-37. Fax : 24-27-02-17-38. Doubles env 40-60 € en hte saison, petit déj inclus.* Idéalement situé dans une ruelle calme en plein centre-ville. Chambres avec balcon, plutôt mignonnes et bien entretenues. Attention cependant aux 3 ou 4 chambres donnant sur un mur arrière pas vraiment joli joli. Français parlé. Les mêmes proprios ont une *ouzeri* sur le vieux port, *Kabourelias*. Une bonne adresse.

🏠 *Hotel Australia :* en venant du port, dans *Papadiamanti*, prendre à droite après le minimarket *Ariston,* puis la 1<sup>re</sup> à gauche. ☎ 24-27-02-24-88. ● costa s2007@yahoo.gr ● Doubles env 50-70 € en hte saison, prix fluctuant énormément selon période (double 30 € hors saison), sans petit déj. Ruelle très calme et bien placée. Chambres doubles et triples avec grande salle de bains, certaines avec frigo, et 3 stu-

dios. Sans prétention mais bien tenu.
🏠 *Orsa Hotel :* du vieux port, continuer après les tavernes jusqu'à trouver l'hôtel sur la gauche. ☎ 24-27-02-24-30. Fax : 24-27-02-19-52. ● heliotropio.gr ● S'adresser sur le port à l'agence Heliotropio, derrière l'Alpha Bank, qui gère cet hôtel de charme (ainsi que quelques autres). Doubles 70-120 €, petit déj inclus. CB refusées. Réduc de 15 % sur présentation de ce guide. Un hôtel chic mais encore abordable, situé dans le quartier le plus agréable de Skiathosville, à l'écart du passage. Chambres spacieuses donnant, pour les plus chères, sur la mer, avec de grands balcons. TV, AC.

## Où manger ?

### Bon marché

🍴 *Cuba Taverna :* du port, remonter la rue Papadiamanti et prendre à droite la rue Panora jusqu'à la pl. Pigadia. ☎ 24-27-02-26-38. Slt le soir. Bonne cuisine grecque et internationale à petits prix. Terrasse un peu kitsch mais au calme.
🍴 Pour rassasier d'éventuelles faims nocturnes, ou pour le petit déj, on trouve juste derrière la *Cuba Taverna* une très bonne **boulangerie,** tendance *pitès,*

bougatsès et autres copieux croissants. Attention, ouv minuit-15h !
🍴 *Grill House Avra (Chez George) :* au-dessus du vieux port, dans la rampe. Broches appétissantes, et il n'y a pas tromperie sur la marchandise : le *kondosouvli* est bon, l'agneau à la broche également, quant au *kokoretsi...* Si c'est complet, le voisin *Stamatis* est bien aussi.

### Prix moyens

🍴 *Taverne Amfiliki :* quartier d'Agia Triada, en face de l'hôpital. ☎ 24-27-02-28-39. Fév-oct, midi et soir. Résa conseillée. Compter 15 € le repas. Tenue par un ancien officier de marine et pas mal fréquentée par les Grecs, cette taverne ne paie vraiment pas de mine de l'extérieur. Pourtant, dès que vous passerez son seuil étroit, vous pourrez admirer la vue plongeante sur la mer (si vous parvenez à être bien placé), déguster les spécialités de Christos, et écouter ses multiples récits de voyage sur les côtes françaises. Belle carte des vins. Une excellente adresse. Loue également une dizaine

de chambres (40-70 € selon emplacement et saison ; ● amfiliki.gr ●).
🍴 *Ellados Gefsis :* là où odos Papadiamantis s'élargit, juste avant le collège. ☎ 24-27-02-32-55. Pâques-oct, tlj midi et soir. Env 14-16 € le repas. Un restaurant qui, pour ne pas faire mentir son nom (« les goûts de Grèce »), propose dans sa carte didactique (présentation des plats et de leurs origines) un grand nombre de spécialités culinaires nationales – plus ou moins revisitées. La part belle est faite aux plats de Grèce continentale et de Crète. Serveurs gentiment racoleurs, mais attentifs et sympas. Bonne table.

### Plus chic

🍴 *Restaurant Asprolithos :* prendre l'odos Papadiamanti, puis la rue à droite

juste avant le collège. ☎ 24-27-02-31-10. Mai-oct, slt le soir. Compter min 16 €. Excellent resto au service impeccable. Grand choix de plats à des prix certes un peu élevés, mais la quantité et la qualité y sont. La maison offre tellement de petits plus (*ouzo*, salade de fruits...) qu'il n'est pas nécessaire de s'aventurer dans un menu compliqué :

un plat (copieux) suffit. Un seul regret : le passage incessant des deux-roues dans la rue. Service rapide. Évidemment, l'établissement est orienté vers une clientèle touristique et on n'y voit guère de Grecs...

## Où manger dans les environs ?

|●| *Taverne Agnantio :* sur la route du monastère Évangélistria, à 2 km du port. ☎ 24-27-02-20-16. Mai-oct, slt le soir. Repas 15-20 €. Plats traditionnels et

délicieux plats du jour élaborés selon les arrivages et l'humeur de la cuisinière. Terrasse avec vue splendide sur la mer. Accueil sympa.

## Où boire un verre ?

Pour un café matinal, rien ne vaut le vieux port. Pour boire un verre en soirée, guère d'autre alternative que quelques pubs anglais, ici et là dans les ruelles, et l'enfilade de cafés branchés, tout du long des quais, ou sur Papadiamantis. Consos plutôt chères.

♪ *The Final Step :* à côté de l'église Agios-Nikolaos avec son campanile, qu'on atteint en grimpant à droite au début de Papadiamantis. ☎ 24-27-02-34-18. Ouv 10h-minuit. On est récompensé de ses efforts par la vue. Bons cocktails. On peut aussi manger (sandwichs, snacks, pizzas), ou y prendre le

petit déj (pas trop tôt).
♪ *Kentavros :* sur la place de la maison Papadiamantis. Ouv le soir slt, pas avt 21h30. Ambiance annoncée jazz/blues, mais ce n'est pas toujours le cas. Plutôt tranquille, dans une agréable maison. Cocktails chers, comme ailleurs.

## À voir

🏛 *La maison de l'écrivain grec Alexàndre Papadiamantis :* sur une place à droite au commencement de la rue principale. En principe, tlj 9h30-13h30, 17h-20h30. Entrée : 1,50 €. Typique et charmante, avec son confort tout simple. Mais où cuisinait donc ce pieux lettré ? Son plancher étant fragile, la *kouzina* est fermée au public l'été.

🏛 *L'îlot Bourtzi,* relié à l'île entre les deux ports, avec son théâtre de verdure et son café municipal. Spectacles à l'occasion.

## *L'OUEST DE L'ÎLE*

C'est là que se trouvent la majorité des plages accessibles par la route ou par piste. Beaucoup de monde, mais il reste encore quelques coins tranquilles. Un bus va jusqu'à Koukounariès et fait un certain nombre d'arrêts (on peut marcher dans la pinède ensuite pour rejoindre la plage de son choix). Départ toutes les 30 mn du débarcadère. Sinon, il reste le taxi (cher !) ou la location de scooters ou motos. Si vous partez pour la journée, prévoyez peut-être un pique-nique... nous n'avons pas trouvé où bien manger dans ce coin-là, et les snacks des plages valent bien ce qu'ils paraissent.

# À voir. À faire

△ Tout au bout de la péninsule très construite de **Kanapitsa**, à 6 km de Skiathos, on découvre avec un quasi étonnement, au bas de la piste (par un sentier très pentu), la très jolie plage de **Diamandi** (Διαμανδι) encore sauvage et peu fréquentée. À pied, 30 mn de marche depuis l'arrêt de bus le plus proche (n° 13).

△ **Troulos** (Τρουλλος) **:** plage populaire desservie par le bus de Koukounariès.

🛏 **Villa Angela (chez Giorgos Parisis) :** accès par une petite route sur la gauche juste avant la route principale allant à la plage. ☎ et fax : 24-70-04-95-23. ● skiathosinfo.com/accomm/angela.htm ● Mai-sept. Env 70 € pour 2 en hte saison. Dans une belle propriété au jardin soigneusement entretenu, studios et appartements très bien situés, en haut d'une colline. AC, TV et coin cuisine. Très belle vue.

△ **Koukounariès** (Κουκουναριες) **:** site protégé, dans un cadre splendide, et bordé d'une forêt de pins. Baie parfaite, c'est peut-être la plus belle plage de Grèce (enfin, c'est ce qu'on dit...), mais aussi la plus encombrée... Pas mal de retraités, descendus du *Skiathos Palace*, y pataugent et bronzent de concert avec la jeunesse, plus ou moins dorée. École de ski nautique et club de plongée tout au bout.

🍴 **Camping Koukounariès :** sur la droite de la route, juste avant le petit lac. ☎ et fax : 24-27-04-92-50. Hors saison, à Athènes : ☎ 21-08-81-79-83. Ouv 15 mai-15 sept. Compter tout de même 28 € pour 2 pers avec une tente, en hte saison. CB refusées. Ombragé, calme et propre. Minimarket. Resto avec de la bonne cuisine maison. Environnement agréable.

△ **La plage de Banana** (Μπανανα) **:** à l'extrémité ouest de Skiathos, à 12 km du chef-lieu. Descendre au terminus du bus, Koukounariès, puis marcher env 10 mn. Facile à trouver. Balade agréable parmi les oliviers et les figuiers. Deux petites plages très mignonnes. Pour les nudistes et la communauté gay, rendez-vous à *Small Banana*, derrière les rochers. Bondé. Deux tavernes les pieds dans l'eau, et possibilité de faire de la planche à voile, du ski nautique, du parachute... Assez cher.

△ **Agia Éléni** (Αγια Ελενη) **:** piste sur la droite avant la plage de Koukounariès, quand on vient de Skiathos-ville. Accès facile (on peut également s'y rendre depuis Banana par une piste). Petite plage de sable fin dans une jolie crique. Taverne à prix moyens qui sert du bon poisson frais *(ouv mai-oct)*.

△ **Krifi Ammos** (Κρυφη Αμμος) **:** la suivante en continuant la piste vers l'est. Moins belle qu'Agia Éléni mais plus sauvage. Demande quelques efforts (15 mn de marche).

△ **Les plages de Mandraki et Gournès-Elias** (Μανδρακι – Γουρνες-Ελιας) **:** on peut y aller à pied par un très beau sentier au milieu des pins, à mi-chemin entre le Skiathos Palace et l'hôtel Xénia, ou en voiture. Deux grandes plages de sable très préservées, toujours moins peuplées que les autres (même si on en vient aussi depuis Agia Éléni). Gournès, envahie par les dunes, est la plus sympa, bien qu'un peu sale sur la droite, du fait des courants (même constat malheureusement pour la petite crique suivante, *Agistros*, superbe vue d'en haut). Une petite taverne sur chaque plage.

△ **La plage d'Assélinos** (Ασελινος) **:** bifurcation sur la gauche avant d'arriver au monastère de Kounistra. Accès par route goudronnée. Pas renversante et beaucoup de monde. Pas très loin la petite sœur, *Mikros Assélinos*, un peu plus mignonne (accès par la piste qui continue après le monastère).

🏠 *Villa Angela :* sur la route de la plage d'Assélinos, à gauche. ☎ 24-27-04-96-20. ●skiathosinfo.com/accomm/villa-angela.htm ● *Studios 2-3 pers 35-75 € (petit déj compris),* ou chambres avec kitchenette dans une grande villa blan-che. Beaucoup de boiseries et de marbre. Très propre. À l'écart de toute agitation (pas une maison à proximité), ce qui commence à devenir rare à Skiathos. Piscine, bar.

🍴 *Le monastère de la Panagia Kounistra (Μονή Παναγίας Κουνίστρας) :* indiqué sur la droite avant Troulos lorsqu'on vient de Skiathos-ville. En saison, ouv 8h-21h. Entrée libre. Belle route goudronnée qui part vers le nord. Paysage vallonné et très boisé. Au bout de 4 km, on tombe sur le petit monastère, qu'une famille habite et entretient. Charmante chapelle (aux fresques noircies par les ans), le cadre est splendide et d'un calme !

🏖 *La plage de Lygariès (Λυγαριες) :* continuer après le monastère de Kounistra sur 6 km env ; la piste est bonne. Route en surplomb de criques magnifiques, au milieu des pins, dans un paysage vallonné. Tourner à gauche vers *Lygariès Beach.* On débouche après un tunnel de verdure et d'oliviers sur une plage tranquille avec son tronc de pin mort qui pointe vers le ciel. Snack-bar en retrait.

🏖 *Kechria (Κεχρια) :* en continuant la piste vers l'est, on arrive à la toute petite plage de Kechria (parking en hauteur). Sauvage mais exposée aux vents, donc pas toujours très propre. Pelouse, douche, et une petite taverne, *Small Paradise,* joliment arrangée.

➤ *Balade en bateau :* on peut louer un bateau sans permis pour la journée. Au port de Skiathos, se rendre au loueur *Aivaliotis* (☎ 24-27-02-12-46) situé à côté de l'*Alpha Bank.* Mieux vaut réserver quelques jours à l'avance. Devenu assez cher. Le bateau est disponible à la Marina Beach, le petit port de la plage de Koukounariès. Vous pourrez ainsi aller sur les îlots de Skiathos : nombreuses plages et criques désertes. Si vous n'en avez pas les moyens, il est tout de même possible d'aller de Skiathos sur ces îlots avec des caïques (horaires irréguliers, plutôt le matin et en début d'après-midi).

## L'EST DE L'ÎLE

Beaucoup moins de routes goudronnées, paysage plus accidenté. Mais attention, ça ne veut pas dire que vous ne rencontrerez aucun véhicule...

# À voir

🍴 *Le monastère d'Évangélistria (Μονή Ευαγγελιστριας) :* ouv 7h-21h. Desservi par le bus 5 fois/j. Le seul de l'île encore habité par des moines. Construit en 1806, il a longtemps servi de refuge aux Grecs qui fuyaient la présence turque. Lieu hautement symbolique : c'est ici qu'on a confectionné et hissé (en 1807) le premier drapeau grec à croix blanche sur fond bleu. L'église, au centre du monastère, est de style byzantin. Très beaux dômes en brique rose et toit d'ardoises. La plus grande aile abrite un formidable *musée ethnographique (ouv 10h30-14h et 17h-20h ; entrée : 2 €).* Sur trois larges étages, différentes thématiques très bien mises en valeur : nécessairement, une flopée d'icônes et reliques sacrées, des objets traditionnels populaires, une section documentaire foisonnante sur les guerres balkaniques (cartes postales, pages de journaux, affiches de propagande), et une improbable et non moins riche collection d'instruments de musique... du monde entier (prêt d'une habitante de l'île, grande voyageuse) !

🍴 *Kastro (Καστρο) :* ancien village fortifié sur un promontoire. On peut s'en approcher en voiture ou à scooter (route en pierre toute neuve). Construit au XIVe s, dans le but de protéger la population de l'île des invasions des pirates. Sur place, on comprend l'organisation grâce à des panneaux. La vue est splendide et la petite plage de galets gris en contrebas, sur la droite avant de monter les escaliers blancs, est exceptionnelle. Ne pas hésiter à y descendre.

|●| ***Kantina Kastro :*** *sur la plage. Ouv en journée.* Taverne en pierre et aux volets bleus, très pittoresque avec ses filets et cornes de bélier sur la porte.

|●| ***Taverne Platanos :*** *sur la route, un peu avant la bifurcation pour Kastro.* ☎ *69-32-41-35-39. Midi et soir. Prix moyens.* Belle terrasse qui domine la ville de Skiathos. Vue d'ensemble imprenable. Bons plats grecs, barbecue le soir. Accueil charmant, la cuisinière est aux petits soins avec ses clients.

⚓ ***Lalaria*** *(Λαλαρια) :* plage pavée de galets avec un rocher percé (on se croirait à Étretat), elle n'est accessible qu'en bateau. Nombreux départs de caïques le matin de Skiathos (horaires irréguliers). Il n'y a pas de tavernes.

# SKOPÉLOS (ΣΚΟΠΕΛΟΣ)

(370 03)          4 700 hab.

Cette île de 101 km$^2$ a au moins autant d'églises et de chapelles que l'année compte de jours. Il semble qu'elle ait été occupée par les Crétois, à l'apogée de la culture minoenne (1600 av. J.-C.). L'île est désormais très touristique en été, mais nettement moins que Skiathos. Le port principal a été agrandi, ce qui permet de recevoir des catamarans nouvelle génération. Skopélos est la plus fertile des Sporades : quelques vignes, oliviers, amandiers et pruniers. Très verte, elle est aussi couverte de bois de pins. Nombreuses sur la côte ouest, les plages sont mignonnettes, mais celles de sable sont rares et donc très fréquentées ; les autres sont couvertes de galets. La partie nord de l'île est plus sauvage et plus calme.

Le tournage (qui s'est en partie déroulé à Skopélos), puis la sortie en 2008 du film *Mamma Mia,* a apporté à l'île une certaine notoriété.

## Arriver – Quitter

Voir plus haut « Les Sporades. Arriver – Quitter ». Certains bateaux desservent et Loutraki, le port de Glossa (nord-ouest de l'île), et Skopélos (Chora), la capitale de l'île, au sud-est ; d'autres ne font qu'un arrêt. Compter 35 mn de ferry de Skiathos à Glossa et une bonne heure de Glossa à Skopélos (Chora). 2 fois plus rapide en *bateau rapide*. Il est financièrement avantageux, si l'on est motorisé, de descendre à Loutraki. Si on ne l'est pas, il est bon de savoir qu'il y a toujours un bus pour Skopélos-ville à l'arrivée du bateau à Loutraki.

### SKOPÉLOS ou CHORA (ΧΩΡΑ)

Bâtie sur une colline couverte de maisons blanches aux toits de brique rouge. Dans cet amas de constructions se cache une centaine d'églises et de chapelles. La plus étonnante, *Panagia Ston Pirgho,* est celle qui surplombe le port, au-dessus de la jetée. On y accède par un escalier d'ardoise. Une fois arrivé tout en haut, continuez jusqu'au *kastro* et redescendez ensuite sur le port en vous perdant dans le labyrinthe des ruelles étroites. Vous l'avez compris, pas très évident de se repérer dans un tel dédale... mais c'est un plaisir de s'y perdre et de passer ou repasser devant les vieilles femmes faisant la causette, tout en respirant l'odeur du jasmin. Du port, quand on est dos à la mer, sur la gauche, on se dirige vers la route qui quitte Chora,

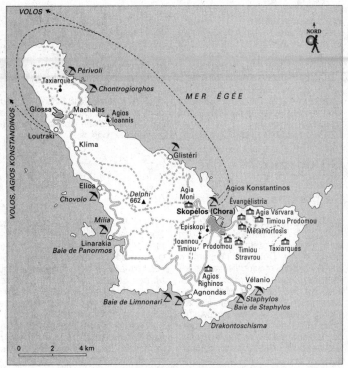

**L'ÎLE DE SKOPÉLOS**

ou l'on revient sur Chora en contournant le village par au-dessus (*odos périfériakos*, rue périphérique).

Pour les gourmands, des spécialités comme les *rozédès* (gâteaux aux amandes et aux noix), les *hamalia* (également aux amandes, avec en plus des prunes ou de l'orange) et les yaourts aux prunes.

– *Fin août, pdt 1 sem,* **festival musical.**

## Adresses utiles

■ **Association des propriétaires de chambres à louer :** en face du débarcadère. ☎ et fax : 24-24-02-45-67. Ouv en saison 9h30-14h30. Brochures avec les coordonnées des adhérents.

⊠ **Poste :** de la pl. Tria Platania (tout droit quand on sort des bateaux), prendre la rue des cafés et clubs lounge, qui part sur la gauche. Lun-ven 7h30-13h30.

■ **Banques et distributeurs automatiques de billets :** sur le port, côté station de bus ou côté jetée.

■ **Police :** dans le centre, derrière la National Bank, *dans une rue intérieure parallèle à la mer.* ☎ 24-24-02-22-35.

■ **Capitainerie du port :** ☎ 24-24-02-21-80.

■ **Agences de bateaux :**

– **Agence Hellenic Seaways** (Ticket Agency) **:** face au débarcadère. ☎ 24-24-02-27-67.

– **Lemonis Agency :** en allant vers le bout du port, sous l'église. ☎ 24-24-02-23-63.

■ *Faute d'office de tourisme, vous trou-*

verez quelques informations dans les **agences de voyage :**
– **Madro Travel :** au bout du port, côté jetée. ☎ 24-24-02-21-45. ● madrotravel.com ● Agence compétente. Bon intermédiaire pour louer un véhicule.
– **Thalpos Holidays :** à côté de Madro Travel. ☎ 24-24-02-29-47. ● holidayislands.com ● Une agence sérieuse qui propose des locations de villas et des randos commentées.

■ **Station de taxis :** à côté de la station de bus. ☎ 24-24-02-25-66. Courses assez chères (env 30 € pour Glossa).

■ **Presse internationale – librairie :** derrière le débarcadère, à gauche de la place triangulaire Tria Platania.

■ **Dispensaire** (Kendro Hygias) **:** sur la route périphérique, à droite. ☎ 24-24-02-22-22 et 25-92.

@ **Café Internet Blue Sea :** tout au bout de la jetée. Ouv 9h-1h. Y aller de préférence le matin, car on se dispute les quelques postes...

# Où dormir ?

## De bon marché à prix moyens

🏠 **Alexandros** (chez Agni Al. Kafantari) **:** sur la route périphérique, 200 m après le dispensaire sur la droite. ☎ 24-24-02-26-74. Double 35 € ; studio env 45 €. Belle maison fleurie proposant 3 studios et une chambre, tous avec balcon (préférer côté jardin). Récemment refaits, propreté irréprochable, fraîcheur assurée. Accueil très sympa de la timide propriétaire (demandez-la à côté si elle n'est pas sur place).
🏠 **Chambres chez Angéliki Kourtzidou :** un peu plus haut que le bar Vrahos, dans le dédale des ruelles. ☎ 24-24-02-24-52. Env 30-40 € pour 2 pers. Une poignée de chambres toutes simples, à l'ancienne, pour partager un peu de la vie des habitants de Skopélos. Si l'on souhaite ce genre d'hébergement un peu désuet, mais vraiment chez l'habitant, il existe aussi, dans la rue perpendiculaire au port qui remonte à partir de la pâtisserie *Ambrosia*, une maison sans autre enseigne que **Enoikiazomena Domatia (Rooms)** proposant des chambres aux mêmes prix (la loueuse s'appelle Machi Paschali ; ☎ 24-24-02-23-61).

## De prix moyens à plus chic

🏠 **Pension Kir Sotos :** sur le port, maison en pierre et en bois avant l'angle de la jetée, au-dessus du bar En Plo. ☎ 24-24-02-25-49. ● skopelos.net/sotos ● Tte l'année. Chambres 2-4 pers 30-55 €. CB refusées. Internet. On a craqué sur l'intérieur boisé, type chalet montagnard. La déco est simple et les chambres sont toutes différentes. Cuisine commune bien équipée, frigo. 2 terrasses, l'une au calme et l'autre donnant sur le port. Hautement recommandable, même si l'accueil est un peu mou.
🏠 **Rooms to let Lemonis :** sur le port, au-dessus de l'agence du même nom, la maison jaune aux volets verts. ☎ 24-24-02-23-63 ou 30-55. Doubles 40-70 € selon saison, sans petit déj. Chambres avec frigo, AC, TV et balcon, offrant tout le confort. Propreté irréprochable, et accueil très sympa par une Canadienne. Un peu bruyant, comme toutes les adresses sur le port.
🏠 **Thea Home Pension :** route périphérique, assez haut au-dessus de Chora, sur la droite. ☎ 24-24-02-28-59. ● skopelosweb.gr/theahome ● De mi-mai à fin sept. Selon saison et emplacement, doubles 45-70 €, avec un excellent petit déj. CB refusées. Très bien situé, belle vue sur le port de Chora depuis la grande terrasse. Mobilier récent, AC, frigo. Accueil agréable. Les mêmes propriétaires possèdent également une maison avec des appartements à louer, *Villa Thea*, un peu avant la plage de Panormos.
🏠 **Meltemi Studios :** tout au bout de la route périphérique, prendre à droite, c'est au niveau du parking du kastro. ☎ 24-24-02-26-70. ● skopelosweb.gr/

meltemi ● Juin-sept. Selon période, compter 40-70 € le studio pour 2 pers. Situation idéale pour cette construction toute récente : tous les balcons donnent sur le rocher du *kastro* et surtout plongent sur la mer. Studios impeccables, avec cuisine complète et tout le confort classique, Accueil charmant des propriétaires, aux petits soins.

## Plus chic

⌂ *Hotel Elli* : ☎ 24-24-02-29-43. 📱 69-36-84-98-94. Hors saison, à Volos : ☎ 24-21-03-07-59. ● elliskopelos. com ● Prendre la route périphérique, c'est à gauche peu après la pension Alexandros. À pied, en coupant par l'intérieur, compter 10 mn. Juin-sept. En hte saison, double 80 €, avec petit déj. C'est un charmant hôtel à colombages, avec piscine (malheureusement bien près de la route) et jolie terrasse où il est agréable de prendre l'excellent petit déj. Les chambres ont des poutres apparentes et sont très agréables. Bon rapport qualité-prix, et encore plus hors saison.

⌂ *Hotel Agnanti* : bâtisse en pierre dans le style du Pélion, tout près de la plage, sur la route qui mène aux monastères de l'Est. ☎ 24-24-02-27-22. ● sko pelos.net/agnanti ● Mai-oct. Chambres tt confort env 60-70 €, avec une pointe en août à 90 €, sans petit déj. CB refusées. Hôtel familial dans un environnement plus calme que ses concurrents, même si l'énorme hôtel *Aeolos* derrière l'écrase un peu. Jolie vue sur la baie. Accueil plein d'entrain.

## Encore plus chic

⌂ *Dionyssos Hotel* : au centre du village ; de la pl. Tria Platania, prendre la rue de la poste, puis à droite. ☎ 24-24-02-32-10 ; en hiver, ☎ 24-21-04-01-90. ● dionyssoshotel.com ● Mai-oct. En hte saison, selon confort, doubles 105-150 €, petit déj compris ; réducs intéressantes hors saison. Un hôtel tout confort de grand standing (chambres spacieuses, avec AC et TV satellite) et néanmoins sympa, peut-être parce d'un style assez simple, presque rustique. Grande piscine. Bon petit déj.

# Où manger ?

Pour manger sur le pouce, *Iliopitta,* dans la rue de la poste, qui part de la place Tria Platania : toute petite pâtisserie, au choix restreint mais inventif (des mini-*pitès* au *rizogalo,* tous les jours de « nouveaux trucs », selon l'excellent français du chef, très amical). ☎ 24-24-02-44-51. Ouv du lever à la sieste. Également une excellente boulangerie-pâtisserie, *Kyra Léni,* à gauche de la place Tria Platania (laquelle est autant incontournable que franchement déconseillée pour manger), avec un grand choix de tartes et gâteaux, sucrés et salés.

## De bon marché à prix moyens

|●| Pour des grillades ou des plats simples, les plus honnêtes *psistariès* sont à trouver du côté de la plage, peu après le bateau à sec du bar *Karavi* : *Akrotiri* et son voisin *Ilias* ont quelques tables sur la digue, et des broches qui tournent bien. Env 10-12 € le repas. Souvlakia à emporter chez le second.

|●| *Taverne O Molos :* sur le port, après la mairie. ☎ 24-24-02-25-51. Avr-oct. Env 12-15 € le repas. Excellente moussaka, calamars frais et poisson pour pas très cher. Spécialités de coq au vin et de lapin *stifado.* Joueur de *bouzouki* certains soirs.

|●| *Restaurant Klimataria :* sur le port, à côté d'O Molos. ☎ 24-24-02-22-79. Env 12-14 € le repas. Cuisine un peu

plus imaginative : feuilles de vigne à la béchamel, poulpes au vin rouge. Un bon signe, les Grecs y viennent. Bon accueil.

I●I *Taverne Ta Kymata :* à l'extrémité du port, côté jetée. ☎ 24-24-02-23-81. Tlj midi et soir. Repas env 15 €. Taverne un peu plus tranquille que les autres. Le service est efficace et on est aux petits soins pour vous satisfaire. Goûtez le fameux exochiko, sorte de feuilleté au porc avec de la feta et des légumes, un régal !

## Plus chic

I●I *To Perivoli :* de la pl. Tria Platania, continuer quelques mètres la rue qui s'éloigne en droite ligne de la mer. ☎ 24-24-02-37-58. Juin-sept, slt le soir. Prévoir min 20 €. Adresse discrète, cachée derrière des murs blancs : belle terrasse dans un jardin fleuri, sous la treille, avec des tables suffisamment espacées pour se sentir à l'aise. La cuisine grecque dans ses classiques, revisités avec une touche de contemporain. Adresse gentiment chic. Service entièrement féminin.

I●I *Restaurant tis Annas :* en hauteur ; depuis le port, prendre la rue qui monte au niveau de la pâtisserie Ambrosia, ensuite c'est fléché. ☎ 24-24-02-47-34. Mai-oct, tlj, le soir slt. Résa conseillée. Repas 18-20 €. Sans être « internationale », cuisine moderne qui ose plus de mariages de saveurs que les tavernes classiques (agneau servi avec des artichauts et une sauce citron, keftedakia au chou...). Bon vin bio. Jolie cour sous un grand palmier, clientèle essentiellement non grecque... bref, dépaysant !

## Où boire un verre ?

▼ Ne pas manquer le *Dimotiko Kafénio,* le bistrot municipal, à l'ancienne. On le repère aisément sur le port : petites tables rondes bleues, chaises en paille, et une clientèle grecque masculine et âgée qui boit l'*elliniko* dans de simples verres. Les prix y sont beaucoup moins élevés qu'ailleurs !

▼ *Thalassa :* en montant vers le kastro à partir de l'extrémité du port, côté jetée ; c'est 4 chapelles après le début de l'ascension Ouv du petit déj au soir. Le café est minuscule (éviter les heures de pointe...), mais la terrasse, donnant sur la mer, est très belle. Patron loquace et appréciant les Français (sa fille a étudié à la Sorbonne).

▼ ♪ *I Anatoli :* tout en haut, dans les ruines du kastro. ☎ 24-24-02-28-51. Slt le soir. C'est un *ouzadiko,* on n'y boit pas de café mais principalement de l'*ouzo* accompagné de *mezze.* Très joli cadre avec le bleu des tables, le blanc du muret... et la vue, quand on passe le nez par-dessus ce dernier. Ambiance musicale (du bon *rébétiko,* joué et chanté par Yorgos Xynaris). C'est également un bon resto.

▼ *Jazz-bar Platanos :* sur le port, en direction de la jetée. ☎ 24-24-02-36-61. Plus branché que les précédents. Terrasse ombragée où l'on peut écouter jazz et blues, le plus souvent par le biais de très criardes enceintes. Dommage. Déco intérieure sympa. Fait aussi les petits déj.

▼ *Vrahos :* surplombe le port (accès par les escaliers à côté de la mairie). Adossé à une chapelle, très tranquille car à l'écart du passage. Grande terrasse. Cocktails assez chers.

## À voir

🏛 *Le musée d'Art et Traditions populaires :* dans le centre du village. ☎ 24-24-02-34-94. En principe, ouv tlj sf dim 10h-14h et 19h-21h. Entrée : 3 €. Historique et coutumes de l'île ; au 1er étage, costumes traditionnels et icônes ; au 2e, outils, poteries et maquettes de bateaux.

# Visite de l'île

🚌 **Station de bus :** *à gauche du débarcadère, à env 50 m. Pas de bâtiments, horaires affichés sur un panneau.*

➤ Une route unique, longue de 30 km, qui relie Chora à Loutraki (environ 1h de trajet). Les plages tout au long de la côte sont desservies. Attention au retour, le bus se fait souvent attendre ! En été, une petite dizaine de bus quotidiens pour Staphylos/Agnondas, autant pour Panormos et Milia, et une bonne demi-douzaine pour Elios, Loutraki et Glossa. Retours sur Chora dans la foulée. Derniers trajets en gros vers 18h. Attention de ne pas rater le dernier bus, les tarifs des taxis augmentent subitement à partir d'une certaine heure ! Des agences organisent aussi des transports en bus vers les principales plages.

➤ Location possible de **scooters** – autour de 16 € la journée –, mais on le déconseille si vous n'êtes pas familier des deux-roues. Sinon, ne vous en privez pas car vous découvrirez de beaux paysages. Très nombreuses agences de location à Chora, dans le secteur de l'hôtel *Éléni*. Les criques se succèdent tout au long de la côte, au milieu d'une végétation luxuriante. Nombreuses locations aussi à proximité des plages.

⌂ **La plage de Glistéri** (Γλυστερι) **:** *à 6 km au nord de Skopélos-ville. Accès par une route étroite qui conduit à la plage, ou en taxi-boat depuis le port de Skopélos. Crique presque fermée mais exposée au vent du nord. Douche.*

🍴 Étonnante **taverne** avec un petit musée : ☎ 69-44-35-47-05 *(insister, le réseau est mauvais). Ouv mai-sept, midi et soir. Repas 12-15 €.* Spécialités un peu plus chères comme l'assiette du pêcheur *(piato tou psara)* et le *rofos stifado* (poisson). Objets, ustensiles, vêtements, etc., ayant appartenu aux ancêtres de la famille (*To Palaio Karnagio* : le vieux chantier naval).

⌂ Du bout de la rue périphérique, s'engager sur la petite route qui mène jusqu'à **Agios Konstantinos** et **Glyfonéri.** Plage moyenne, mais c'est la plus proche de Skopélos-ville si l'on ne veut pas baigner dans le jus de bateau.

🛏 🍴 **Taverne Romantica :** *caché dans les pins au-dessus de la crique d'Agios Konstantinos (prendre l'escalier tout au bout de la plage... ça monte !).* ☎ 24-24-02-32-63. ● tsingose@otenet.gr ● *En saison, tlj midi et soir.* Un couple gréco-néerlandais tient cette taverne dans l'esprit de la table d'hôtes. Cuisine maison à partir de produits de la mer pêchés le matin même par Vangélis. Pas de carte, choix limité, mais cuisine authentique. Quelques tables en terrasse sous les oliviers. Loue également des chambres modestes à prix... modiques.

⌂ **Staphylos** (Σταφυλος) **:** *à 5 km au sud du bourg de Skopélos, au sud-est de l'île.* Plage d'à peu près sable assez fréquentée, mais le site est superbe : magnifique crique dominée par les pins et les rochers. Plutôt que de descendre au milieu des transats, on peut aller se baigner par les rochers sur la droite.
Au bout de la plage, accès rapide à celle de *Vélanio,* plus ventée mais tout aussi belle et plus sauvage (fréquentation naturiste).

🛏 **Chambres à louer O Pefkos** (chez Rigina et Panagiotis Provia) **:** *juste avant la plage, à gauche.* ☎ 24-24-02-29-48 ou 27-73. ● skopelosweb.gr/pefkos ● *Mai-sept. Double env 45 € en hte saison.* Chambres sommaires avec frigo, TV... et grande salle de bains mal fichue ! Cuisine à partager avec les autres locataires. Environnement sympathique (vue plongeante sur la mer) et prix abordables.
🛏 **Mando Rooms :** *un peu avant le parking de la plage de Staphylos, sur la droite.* ☎ *et fax :* 24-24-02-39-17 ; *hors saison, à Athènes :* ☎ 21-09-83-61-60. ● skopelosweb.gr/mando ● *De*

*mi-avr à mi-oct. Réserver bien à l'avance. Doubles 50-80 €.* Une dizaine de belles chambres (pour 2, 3 ou 4 personnes) dans une grande villa dominant la baie de Staphylos et entourée d'un grand jardin. Très propre. Vue magnifique. Barbecue pour les hôtes. Accès privé à la mer.

|●| **Taverne New Pefkos** : ☎ 24-24-02-20-80. *Midi et soir, service jusqu'à 22h slt.* Taverne de poisson et de fruits de mer qui a perdu du charme en traversant la route (l'ancien *Pefkos* surplombait la crique). Grande terrasse toute blanche et service efficace.

➢ En continuant par la route principale après Staphylos, ne pas manquer la première piste sur la gauche : panorama de carte postale au-dessus d'une crique aux eaux turquoise.

**🍴 Agnondas** (*Αγνωντας*) : charmant petit port de pêche, à 8 km au sud de Chora, dans une jolie crique. Sert parfois de port de substitution quand ça souffle trop fort sur l'est de l'île. Petite plage de galets gris. Trois tavernes très agréables dont :

🏠 |●| **O Pavlos** : ☎ 24-24-02-24-09. *Mai-oct, midi et soir.* Une bonne taverne de poisson où l'on trouve également des plats traditionnels (excellente moussaka). Les poissons sont tout de

même assez chers, comme ailleurs. Emplacement privilégié, mais un peu bondé. Location de chambres également.

**🏖 Limnonari** (*Λιμνοναρι*) : dans un cul-de-sac, jolie plage de sable beaucoup plus grande qu'Agnondas et bien plus calme. Superbe cadre.

🏠 |●| **Chambres à louer Limnonari Beach** : ☎ 24-24-02-30-46. ● skopelos. net/limnonarirooms ● *Mai-oct. Env 65 € en hte saison.* Tout beau tout neuf et pas trop cher. Chambres classiques mais joliment peintes. Cuisine commune nickel et petites tables dans l'abondant jardin fruitier. Kostas Lemonis parle le français et est très sympa. Fait aussi resto.

|●| **Taverna O Thomas** : *derrière la plage.* ☎ 24-24-02-24-75. *Mai-oct, midi et soir.* Taverne de poisson proposant, comme de juste, poulpe, calamars, moules *saganaki* et poisson à prix encore assez raisonnable. Les mangeurs de viande ne sont pas oubliés pour autant (grillades). Terrasse bien ombragée.

**🏖 Panormos** (*Πανορμος*) : à l'ouest de Chora, une des plages les plus développées touristiquement. Baie très cinémascope. Si vous prenez le petit sentier tout à droite de la plage quand on regarde la mer, vous découvrirez de nombreuses minuscules criques plus agréables, très jolies et moins fréquentées. Continuez encore un peu par la route pour découvrir les petites *criques d'Adrinès,* face à l'îlot Dassia.

🏠 **Hotel Afrodite** : *à droite dans le village, en retrait du passage.* ☎ 24-24-02-36-22 ou 31-50. ● afroditehotel.gr ● *Double env 100 € en hte saison (mais possiblement beaucoup moins), avec petit déj.* Grand hôtel aux chambres confortables bien qu'un peu tristes,

avec AC et belle salle de bains. Petite piscine.

|●| **Linarakia** : ☎ 24-24-02-37-12. *Midi et soir. Env 12-15 €.* Taverne sur les galets tout au bout de la plage. Cadre splendide, mais assez touristique.

**🏖 Milia** (*Μηλια*) : à 3 km de Panormos. Étale son sable, ses galets et leurs transats dans un décor de poster. Beaucoup plus tranquille, 1 km plus au nord, plage de **Kastani.**

**🍴** Un peu avant Glossa, s'arrêter au village de **Palio Klima** (*Παλιο Κλημα*), à 23 km de Chora, qui a frôlé l'abandon après le séisme de 1965. Beaucoup de maisons rachetées par des touristes étrangers. Fête populaire le 1er juillet. Entre Palio Klima et le nouveau village (Néo Klima), plage assez discrète de *Kalyvès-Arménopétra* (1 km de piste pour y accéder).

⛵ Au sud de *Néo Klima,* superbe plage de **Chovolo** (Χοβολο), une des « cartes postales » de l'île. Accessible seulement à pied, en longeant la blanche falaise qui est pour beaucoup dans le charme du lieu. Sable et eaux limpides, et pas trop de monde.

🚶 *Agios Ioannis* (Αγιος Ιωαννης) : *bifurcation sur la droite avant d'arriver à Glossa ; route très « virageuse ».* C'est une petite chapelle perchée en haut d'un rocher posé dans la mer, celle qui figure sur de nombreuses cartes postales de Skopélos. On raconte que l'icône du saint n'arrêtait pas de s'enfuir de l'église de Loutraki et, comme on l'a retrouvée là, juste au-dessus de la mer, on a construit la chapelle pour l'icône. À côté, petite plage dissimulée derrière des rochers.

⛵ Par la route suivante, toujours sur la droite avant Glossa, on accède aux superbes criques du nord de l'île, à commencer par celle de *Perivoli.* Petits galets, eau très claire, et rapidement de l'ombre... parfaite pour la sieste, avant que le monde (relatif) n'arrive. Petit snack au-dessus. La route se prolonge en piste (correcte) vers la plage de **Chondrogiorgos,** qui est du même style, et remonte vers Glossa.

🚶 *Glossa* (Γλωσσα) : *à 30 km de Skopélos.* Superbe village qui se visite à pied au hasard de ses ruelles étroites. De nombreuses maisons ont gardé leur balcon en bois. Grande fête populaire le 15 août. Le port de Loutraki, où s'arrêtent la plupart des ferries et des *Flying Dolphins,* est 4 km plus bas (tavernes agréables sur le port).

🏠 *Pension Platana (chez Spirou Tassoula) : à gauche un peu avant l'entrée du village.* ☎ 24-24-03-36-02. 📱 69-73-64-67-02. Studios avec kitchenette assez bon marché.

🍴 *Kyra Léni : juste à l'entrée du village, sur la droite.* ☎ 24-24-03-31-15. Même boutique qu'à Chora, mais plus de choix encore (crèmes, *glykès* et bon pain).

🍴 *Restaurant Agnandi : dans la rue principale.* ☎ *24-24-03-36-06. Mai-oct. Réserver en été. Env 15-20 € le repas.* Tenu par la même famille depuis plusieurs générations. Le jeune patron, Nikos Stamatakis, 4e du nom, est adorable. Grand choix de vins (un peu chers), nourriture maison originale et excellente (beaucoup de produits de la mer, plats préparés également). Belle terrasse à l'étage (le soir uniquement).

## LES MONASTÈRES

Si vous aimez la marche, partez de Skopélos (Chora) à la découverte des monastères de l'île. Attention, le chemin est (presque) carrossable, donc vous risquez de rencontrer des véhicules polluants. Certains monastères, situés à l'est de Skopélos, ont rouvert leurs portes ces dernières années. C'est le cas notamment d'*Évangélismou* (ou *Évangélistria* ; c'est celui qu'on voit de Skopélos, avec les murs comme des remparts ouvert de 9h à 13h et de 15h à 17h, en principe), de *Sotirou,* un peu plus haut en reprenant la piste principale (magnifique iconostase) et, plus haut encore, après Agia Varvara (fermé à la visite), de *Timiou Prodomou* que l'on peut visiter de 8h à 13h et de 17h à 20h (tenue correcte exigée). Remarquer tout net en forme de croix, ce qui est assez rare en Grèce. Allez-y au moins pour le panorama sublime ! Il y a quelques autres établissements monastiques, sur l'autre versant : au-delà de Prodomou, à 3 km environ, prendre à gauche un sentier très visible. Au terme de 10 mn de descente, un embranchement : à droite, le sentier mène en 20 mn au *monastère* abandonné *des Taxiarques* (fontaine) ; à gauche, on atteint en 15 mn l'*église Agia Triada.*

# ALONISSOS (ΑΛΟΝΝΗΣΟΣ)  (370 05)  3 000 hab.

Montagneuse et boisée, avec quelques champs d'oliviers et d'amandiers, peu urbanisée, cette île des Sporades a tout d'un paradis pour marcheurs ; elle en est aussi un pour les amateurs de balades et de pêche... sous-marine. L'île abrite en effet plusieurs grottes marines ornées de stalactites. Au nord vivent des phoques *Monachus monachus,* et l'île possède un centre d'étude et de protection du phoque méditerranéen (elle est aussi une des six *Ecolslands* que compte l'Europe, grâce aux petites îles satellites qui concentrent une flore et une faune très riches : goélands d'Audouin, faucons d'Éléonore, aigles de Bonelli...). Alonissos bénéficie du fait d'être en bout de ligne maritime : cela lui assure une relative tranquillité par rapport à Skiathos et Skopélos. Pas mal de monde quand même du 15 juillet au 20 août, en particulier des Italiens et des Français. À noter que cette île est la seule des Sporades où les fonds sont encore suffisamment poissonneux pour faire travailler près de 80 pêcheurs professionnels (qui alimentent les autres îles et Volos en poisson).

## Arriver – Quitter

➢ Presque tous les bateaux au départ de *Volos* et *d'Agios Konstandinos* desservent Alonissos (voir « Les îles Sporades. Arriver – Quitter »).

## Circuler dans l'île

🚌 *Bus :* sur le port de Patitiri, près du débarcadère des bateaux rapides. 2 lignes : *Patitiri-Palia Alonissos* (le vieux village), 1 bus/h 9h-15h30 env (plus 17h-0h en été) ; et *Patitiri – Steni Vala*, 3 fois/j. (mat, début et fin d'ap-m).

## *PATITIRI* (ΠΑΤΗΤΗΡΙ)

Patitiri est le port principal de l'île et sa capitale. Si la baie est belle, avec les rochers blancs qui s'avancent loin dans la mer, le village, construit à la hâte pour reloger les habitants chassés du vieux village par le tremblement de terre de 1965, est assez quelconque. L'île n'a pas été très chanceuse, Patitiri (le « Pressoir ») s'est ensuite vidé de ses habitants, quand le phylloxéra a détruit toutes les vignes de l'île. Aujourd'hui, comme sur le reste de l'île, on y vit de la pêche et du tourisme.
Assez facile de se repérer ; deux rues partent du port, l'odos Pélasgon à gauche quand on a la mer derrière soi, et l'autre, qui monte à droite (ikion Dolopon, rue tout à fait désagréable, mais inévitable, concentration de commerces oblige). Éviter les hôtels et tavernes situés en bordure de ces deux rues en raison des nuisances sonores, vraiment pénibles. Il est plus agréable de loger à *Roussoum* (quartier à 10 mn à pied, vers l'est) ou à *Votsi* (20 mn à pied, aussi vers l'est), deux charmantes petites criques bien fermées, la plus jolie étant sans conteste Votsi, avec son bout de plage sous les falaises. Pour s'aérer, on peut aussi se rendre au vieux village de *Palia Alonissos (Chora),* situé à 4 km de Patitiri, vers l'ouest (à pied, remonter l'odos Pélasgon, et prendre le sentier à gauche, après le restaurant *Astakos*).

## Adresses et infos utiles

ℹ️ *Informations touristiques :* rens disponibles dans chacune des 4 agences situées sur le port.

– *Albedo Travel :* ☎ 24-24-06-58-04.
● albedotravel.com ●
– *Ikos Travel :* ☎ 24-24-06-53-20. ●ikos

**L'ÎLE D'ALONISSOS**

travel.com.gr ●
– *Alonissos Travel :* ☎ 24-24-06-60-00. ● alonnisostravel.gr ●
– *Alkyon (Vlaikos),* la dernière, est située le plus à droite sur le port quand on est dos à la mer (c'est l'agent de Hellenic Seaways). ☎ 24-24-06-52-20 et 56-02. ● alkyon-travel.gr ●
Ces agences louent également des chambres et organisent des excursions à la journée en bateau sur les îles du parc marin.
✉ *Poste :* dans la rue principale (à droite quand on est dos à la mer). Lun-ven 7h30-8h et 10h-13h.
■ *National Bank of Greece :* même rue que la poste mais bien avant sur la gauche. Lun-jeu 8h-14h30 (14h ven). Distributeur automatique de billets.
■ *Police :* tout en haut de la rue principale, après les minimarkets. ☎ 24-24-

06-52-05. Tlj 9h-14h, 18h-21h.
■ Possibilité de *louer un vélomoteur ou un scooter* dans les agences mentionnées plus haut, comme chez Albedo (loueur *Axon*), matériel neuf et super accueil. ☎ 24-24-06-58-04. Tarif dégressif pour plusieurs jours de loc. Bonnes machines aussi chez *I'M,* en face d'Ilias-Rooms, un peu plus haut dans la rue Pélasgon. ☎ 24-24-06-50-10.
■ *Location de voitures :* beaucoup de loueurs, assez chers, donc ne pas hésiter à faire jouer la concurrence. À la journée, à partir de 50 € au plus haut de la saison pour une petite voiture ; tarifs plus intéressants à la semaine.
■ *Taxis :* une poignée, basés au port. ☎ 24-24-06-54-25 (Taxi Spiros) ou ☎ 24-24-06-54-49 (George Athanassiou).

@ **Play Internet Café** : *rue principale, entre la banque et la poste, sur la droite. Tlj 9h30-23h. Bonne connexion, et suf-* fisamment de postes.

■ **Presse internationale** : *dans odos Pélasgon, sur la gauche.*

# Où dormir ?

■ **Rooms to let** : *en face du débarcadère, derrière le petit square.* ☎ 24-24-06-61-88. *Fax* : 24-24-06-55-77. ● *se da@alonissos.com* ● *Tlj 10h-14h, 18h-* 22h30. Bureau de l'association regroupant une centaine de propriétaires de chambres à louer. Très pratique. Bon accueil.

## À Patitiri

### De prix moyens à plus chic

▤ **Studios Voula Agallou** : *à la place de l'ancienne taverne Faros (suivre les panneaux indiquant toujours cette taverne sur la route de Marpounda) : c'est la maison que l'on voit tout en face de la jetée.* ☎ 24-24-06-61-10. ▤ 69-72-58-31-94. *À pied, compter 20 mn de marche depuis le port. En hte saison, studio env 50 € pour 2 pers et env 70 € pour 4-5 pers.* Dans sa grande maison surplombant la mer, Voula loue 3 studios pour 2 personnes et un studio pour 4-5 personnes. Ceux-ci sont vastes, neufs, et possèdent tous une cuisine très bien équipée. Pas de clim', mais les pièces sont fraîches. Comme la maison faisait office de taverne auparavant, elle possède une immense terrasse avec vue plongeante sur le port. Ambiance familiale. Accès à la mer. Notre meilleure adresse.

▤ **Hotel Kavos** : *domine le port de Patitiri sur la gauche quand on regarde la mer ; prendre le 1$^{er}$ escalier à droite de la rue principale.* ☎ 24-24-06-52-16. ● *kavoshotel.gr* ● *Compter 50-70 € selon que l'on choisit chambre ou studio.* Cet hôtel propose des chambres simples mais proprettes, toutes avec une vue splendide et un balcon. Le couple qui en est propriétaire est très sympa. Belle situation.

### Plus chic

▤ **Liadromia** : *accès par la même promenade que pour l'hôtel Kavos, c'est un peu avant.* ☎ 24-24-06-55-21. ● *liadromia.gr* ● *Tte l'année. Doubles 50-80 €.* Petit hôtel de charme idéalement situé. Chaque chambre a une décoration différente, réalisée avec goût. La proprio, Mairy Athanassiou, vous dévoilera avec plaisir les secrets de son île, que l'on a appelée un temps Liadromia. Bon petit déj-buffet. Une bonne adresse.

▤ **Paradise Hotel** : *prendre la promenade qui surplombe le port, et monter les escaliers avant l'hôtel* Liadromia ; *c'est ensuite à droite.* ☎ 24-24-06-51-60 et 52-13 ; *en hiver* : ☎ 21-08-06-28-26. ● *paradise-hotel.gr* ● *Mai-fin sept. Résa indispensable en été. Doubles env 60-100 €, petit déj compris. Réduc de 12 % sur présentation de ce guide, sf en août.* Une trentaine de jolies chambres avec AC. Piscine, bar, resto. Les terrasses du bar, qui mènent à une petite plage de rochers aménagée, offrent une bien belle vue sur la mer (côté Roussoum/Yialos) et les îlots. Excellent accueil, personnel serviable et attentionné.

## À Roussoum et Votsi (Ρουσουμ – Βοτσι)

Deux petites plages de galets aux eaux claires. Assez fréquentées, puisqu'il est possible d'y loger, et puisque y mouillent pas mal de voiliers. À respectivement 10 et 20 mn seulement du port en coupant à travers les collines. À Votsi, petit port de pêche avec une jolie plage (étroite) de galets, les pensions se trouvent dans le même périmètre, juste au-dessus du port. Attention, elles offrent des chambres de qualité inégale mais à des prix relativement similaires. La crique de Roussoum est un peu plus large, et un peu moins fréquentée.

## Prix moyens

⌂ **Chambres à louer :** à Roussoum, dans la dernière maison sur la gauche quand on arrive de Patitiri par la route principale ; signalé par un panneau « Rent a room » (arche d'entrée bleu ciel). ☎ 24-24-06-51-06. Allez au resto sur la plage To Votsalo, le 2ᵉ à côté de la petite terrasse bleue, et demandez Nikolaos (qui parle l'anglais). Double env 50 € en été. Chambres très propres et rénovées. Certaines ont vue sur la mer, qui est à 20 m environ. D'autres pensions dans la même rue.

⌂ **Pension Votsi** (chez Maria Drossaki) : à Votsi, dans le dernier virage avant le port, à droite par les escaliers. ☎ 24-24-06-52-73. ● pension-votsi.gr ● Doubles env 50-55 € en hte saison. Belles chambres avec AC, frigo et vue sur la plage de Votsi. Également quelques studios à louer. Préférer les chambres à l'étage. Excellent accueil. Notre meilleure adresse à Votsi. La même pro-

priétaire possède aussi Peristera View, des appartements à louer dans de petites maisons, à l'extérieur d'Alonissos, à Vamvakiès (mer à 50 m).

⌂ **Pension Alonissos** (chez Georgios Kalogiannis) : à Votsi, dans différents bâtiments. ☎ 24-24-06-52-73. Fax : 24-24-06-58-22. S'adresser au resto I Mouria, sur le port. Env 50 € la double avec petite cuisine en saison ; réduc significative hors saison. Propose également des studios, et des chambres plus simples. Assez spacieux et propre.

⌂ **Pension Dimitris** : à Votsi. ☎ et fax : 24-24-06-50-35. ● dimitrispension.gr ● Doubles 30-50 € selon période. Chambres assez petites, et tout aussi petits balcons. Vue magnifique (l'établissement surplombe le port). Attention cependant au bruit causé par le bar-pizzeria du même nom, au rez-de-chaussée.

## Où manger ?

Pour manger sur le pouce, on aime bien la crêperie **To Psichoulo** située en bas de la rue principale. Elle propose pizzas, tyropitès à emporter et de copieuses crêpes à composer soi-même pour environ 4 €. Un peu plus haut, **To Steki tou Nikolas** propose des petits souvlakia (slt le soir ; ☎ 24-24-06-52-38), à emporter ou à manger sur place. Encore plus haut, et plus originale : la **coopérative agricole des femmes d'Alonissos** prépare, en plus de confitures et de glykès traditionnelles, d'excellentes pâtisseries. La boutique (« Ikos ») se trouve un peu au-dessus de l'école, au départ de la route pour Votsi. ☎ 24-24-06-62-70. Tlj 8h-14h et 17h-22h. Sur le port, de nombreuses tavernes assez chères et sans grand intérêt. L'accueil est plus qu'indifférent et la cuisine, sans caractère, à l'exception d'une ou deux tavernes pour amateurs de poisson.

|●| **To Akrogiali :** sur le port, à gauche quand on est dos à la mer. ☎ 24-24-06-52-36. Env 12-15 € le repas. Honnête petite taverne qui vaut surtout pour sa situation. Tout de même de bonnes brochettes aux fruits de mer ou de poisson et un excellent kokkoras krassato (coq au vin). Bondé le soir. Bon accueil.

|●| **O Babis :** au début de la route de Palia Alonissos, juste après l'hôtel

Atrium. ☎ 24-24-06-61-84. Juin-sept, slt le soir. Repas env 15 €. Bonne cuisine traditionnelle, à base de produits de l'île, inspirée par les recettes de grand-mère. Bon boureki (comprendre ici un feuilleté à la viande de mouton). Vue sympa sur Patitiri depuis la terrasse.

|●| **Hôtel-restaurant Néréides :** prendre la route de Marpounda (1ʳᵉ à gauche

quand on s'engage dans odos Pélasgon) et tourner à droite au bout de 400 m, selon l'indication ; on peut aussi y grimper par des escaliers). ☎ 24-24-06-56-43. Mai-oct. Repas env 15 €. La montée vaut le coup, car on mange très bien dans ce restaurant d'hôtel. Commande en cuisine parmi les plats préparés qui varient d'un jour à l'autre : guetter par exemple les fleurs de courgettes farcies, les aubergines *papoutzakia* ou encore le veau *sti stamna*. Cadre quelconque en revanche, et accueil variable (le couple de cuisiniers est charmant).

## Où boire un verre ?

🍷 De nombreux bars sur le port, plus chers qu'au vieux village et beaucoup moins charmants. Le cadre de la **Spilia tou Kyklopa** est néanmoins agréable (à côté du jardin d'enfants). Si vous êtes motorisé, montez jusqu'au **Sunset** (*sur la route de Palia Alonissos, prendre à droite vers la chapelle Agios Onoufrios),* à l'heure du coucher de soleil, *of course.*

## À voir. À faire

🧍 *Le centre d'information du MOm :* sur le port de Patitiri, au-dessus du café Avra. Tlj en été 10h-22h. Entrée libre. Le MOm est la société grecque qui s'occupe de l'étude et de la protection des phoques méditerranéens, dont une colonie d'une cinquantaine de membres vit en permanence au nord-est d'Alonissos, ce qui en fait le groupe le plus important de Méditerranée. Vidéo et panneaux explicatifs bien faits. Également un centre de soins à Sténi Vala (il arrive qu'on y nourrisse les bébés phoques). Le MOm participe activement à la gestion du parc marin.

🧍 *Le musée Mavriki :* passer par les restos au-dessus de la plage et monter les escaliers. ☎ 24-24-06-62-50. ● alonissosmuseum.com ● *Ouv avr-oct, 11h-19h (10h-21h juin-août). Entrée : 4 €.* Annoncé comme un « musée de la Piraterie », ce nouveau musée a été créé de toutes pièces par un couple, Kostas et Angéla Mavriki. Au rez-de-chaussée, salle consacrée aux différentes guerres. Plus intéressante, au sol-sol, la présentation de « vieux métiers » à Alonissos. C'est au 1er étage qu'on parle piraterie, avec des objets évoquant les diverses activités maritimes des insulaires dans le passé.

🍷 Petit *café* où l'on vous offre une boisson, comprise dans le prix du billet.

## PALIA ALONISSOS (CHORA)

Le vieux village perché, autrefois capitale de l'île, a été détruit en 1965 par un tremblement de terre. De nombreux étrangers ont acheté des maisons qu'ils rénovent. Il faut y aller, car la vue est vraiment superbe. Le village, du moins la partie où se trouvent les commerces, n'est pas très grand : une rue centrale, sans voitures ni scooters, après un monument aux morts rappelant l'exécution de neuf habitants du village en 1944, et quelques petites ruelles autour. Il est devenu plutôt chicos. C'est là qu'on monte faire sa promenade le soir (il y fait plus frais et plus sec qu'à Patitiri).
Pour y aller, bus ou taxi. Parking à l'entrée et le long de la rue qui mène au cimetière. Possible aussi à pied par un agréable sentier. Bien entendu, plus facile au retour (pour les noctambules, le sentier est éclairé la nuit).

## Où dormir ?

🏠 *Fantasia House :* au vieux village, un peu plus haut que l'arrêt de bus, sur la gauche. ☎ 24-24-06-51-86. 📱 69-37-71-63-23. Doubles env 40-50 €. Réserver en hte saison. Non, cette petite pension n'est pas la résidence secondaire de *Mickey*, mais « Pluto » une pension à la grecque. Chambres simples et mignonnes ; salles de bains un peu sommaires mais très propres. Emplacement privilégié, magnifique vue sur la baie. Mirsini est adorable.

🏠 *Konstantina's Studios :* plus bas que le vieux village (de l'arrêt de bus, descendre par une ruelle passant à droite du minimarché, puis à droite,

c'est juste après une petite chapelle). ☎ 24-24-06-61-65 ou 59-00. ● konstan tinastudios.gr ● Avr-oct. Pour 2 pers, 45-80 € selon saison et 60-95 € pour 4. *CB refusées.* Magnifiques studios pour 2 personnes, vastes, avec balcon et kitchenette très bien équipée. Déco chaleureuse et propreté irréprochable. Très joli jardin. Également un appartement et une maison à louer. Konstantina vient vous accueillir au port.

## Où manger ?

🍽 *Astrofengia :* à l'entrée du village, sur la gauche (suivre la pancarte placée avant l'arrêt de bus). ☎ 24-24-06-51-82. Juin-sept. Compter 15-20 €. Dans ce resto, le plus ancien du village, à l'écart de l'activité touristique, on peut déguster sous la treille une cuisine traditionnelle (peu de choix, néanmoins) aussi bien que quelques plats plus « exotiques » comme le *chili con carne*

ou le poulet au curry. Service soigné. Belle terrasse et vue à couper le souffle.
🍽 *Restaurant Paraport :* tout en haut du village, avec une petite terrasse surplombant la mer. ☎ 24-24-06-56-08. Mai-oct. Compter 14-18 €. Sympathique taverne proposant des plats originaux ou locaux comme le délicieux steak d'espadon ou le calamar farci. Le jeune patron est vraiment sympa.

## Où boire un verre ?

🍷🎵 *Café Naval :* dans la rue principale. ☎ 24-24-06-59-13. Fermé 16h-19h. Une superbe terrasse avec une vue magnifique sur le sud d'Alonissos. Ambiance jazz. Sert plus qu'à boire (petit déj, très bonnes crêpes et de nombreux

plats basiques). Prix moyens.
🍷 *Kafiréas* (Καφηρεας) *:* en haut du village, juste après le Café Naval ; c'est indiqué en grec. ☎ 24-24-06-51-08. On peut y venir pour prendre un apéro ou un petit déj. Très belle vue sur l'île.

## À voir

🎨 *Gallery 5 :* tout en haut du vieux village, dans la ruelle parallèle à la rue principale. Expo-vente d'aquarelles et de bougies au miel originales réalisées par un couple gréco-danois. Ils proposent un guide très détaillé, lui aussi *home made*, des promenades et des lieux de baignade dans l'île. Ils possèdent également une maison à louer.

## Visite de l'île, les plages

On peut atteindre la plupart des plages d'Alonissos en *taxi-boat*. Départ toutes les 30 mn de Patitiri. Possibilité, sinon, de prendre le bus de Sténi Vala (qui ne s'écarte pas de la route principale) ou, mieux, de louer une voiture ou un scooter, ou encore de louer un bateau pour la journée. Cette formule permet d'accéder à toutes les plages de l'ouest d'Alonissos, plus éloignées de Patitiri.

## Vers le nord-est

🏖 *Milia Yalos* (Μηλια Γιαλος) *:* superbe crique et plage de galets gris. Une petite taverne.

➤ **Chrissi Milia** (Χρυση Μηλια) **:** plage de sable, la seule de l'île, et de galets. Joli site, et on a pied très loin. Idéal pour les enfants. Une petite taverne.

➤ **Kokkinokastro** (Κοκκινοκαστρο) **:** paysage de carte postale avec l'île de Vrachos en face et les falaises rouge ocre qui surplombent la plage. Quand l'asphalte s'arrête, encore 900 m de piste. Pas mal fréquentée par les jeunes (musique).

➤ **Leftos Gialos** (Λεφτος Γιαλος) **:** 2,6 km de piste à partir de la fin de l'asphalte. Jolie crique de galets, avec une belle vue. Deux tavernes sur place, au milieu des pins. Plus belle que *Tzortzi Gialos,* la plage juste avant.

🏃 **Sténi Vala** (Στενη Βαλα) **:** petit port de pêche dans un joli cadre (une crique très resserrée), assez animé puisqu'il a été choisi comme escale pour les voiliers de location *Sunsail.* Pas mal de *psarotavernès* sympas et de cafés. La plage, une grande baie derrière le village, n'a rien d'extraordinaire. La crique précédente côté sud, *Agios Petros,* est nettement plus sympa (sable). Le MOm a une antenne devant le camping.

🏕 **Camping Ikaro :** ☎ 24-24-06-53-90. Env 15 € pour 2 pers. Pour routards, mais la toute petite plage devant le camping n'est pas très propre (nombreuses navettes de bateau et des canards). Il faut s'éloigner de l'endroit où accostent les bateaux. Sanitaires limites. Cadre agréable, mais les oliviers ne donnent pas beaucoup d'ombre. Très proche du village et des tavernes.

🛏 |●| **Taverne I Sténi Vala** (pancarte « Tassia Cooking ») **:** au bord de l'eau, 1$^{re}$ taverne. ☎ 24-24-06-55-90. Mai-oct. Env 15 € le repas. Nourriture très classique, plats traditionnels, et poisson à prix abordable. Énormes *pitès,* fourrées à différents légumes et fromages. Grande terrasse ombragée, envahie par les plantes. Accueil très sympa. Mme Tassia loue également des chambres.

🏃 **Kalamakia** (Καλαμακια) **:** joli hameau de pêcheurs. Quatre tavernes (on aime bien *Margarita,* ☎ 24-24-06-57-38), chambres chez l'habitant.

➤ **Agios Dimitrios** (Αγιος Δημητριος) **:** très longue plage, dont on dit qu'elle serait la plus belle, ce qui est franchement douteux. En tout cas, c'est là que débarquent sur le coup de 10h-11h les touristes amenés en bateau, qui se répandent sur toute la longueur de la plage. À éviter, du moins à ce moment-là.

## Vers le sud

➤ **Mégalos Mourtias** (Μεγαλος Μουρτιας) **:** mignonne plage de galets au pied du vieux village d'Alonissos (2,5 km de route). On peut aussi accéder à cette plage depuis Patitiri en marchant vers Marpounda (plage sans intérêt puisque appropriée par un « Village Club ») puis en bifurquant à droite dans les pins (1 km de piste puis de sentier). Fonds poissonneux. Plusieurs tavernes le long de l'eau, et pas mal de monde.

🛏 |●| **La taverne Mégalos Mourtias** (c'est original !) est bien et pratique des tarifs honnêtes. ☎ 24-24-06-57-37. ● mourtias@otenet.gr ● Env 50 € la nuit, à négocier si l'on reste plusieurs jours. | *Résa* conseillée. Le couple qui tient cette taverne, Yiannis et Ria, propose en outre 4 chambres doubles dans une petite maison à part. Très simples mais propres et pas trop chères.

➤ **Mikros Mourtias** (Μικρος Μουρτιας) **:** un peu plus au nord, plus petite et beaucoup plus tranquille. Accès à pied depuis le vieux village (1,5 km), facile à l'aller, un peu moins au retour.

## Vers l'ouest

Peu de plages sur la côte ouest. La plus belle et la plus accessible est *Mégali Ammos,* une plage de galets. De la route principale, il faut suivre une piste, sur 4,5 km, qui part sur la gauche (indications au niveau d'un dépôt de matériaux de construction).

# Randonnées

➢ 14 sentiers ont été aménagés pour randonner sur l'île : de la promenade de santé de 30-45 mn à la petite rando de 2h30-3h (aller). La carte des éditions *Anavassi* indique clairement ces sentiers (sinon, en divers points de l'île, des panneaux aux couleurs malheureusement un peu passées permettent de les visualiser, ou du moins de les deviner). Vérifier sur place car certains ne sont pas bien entretenus. Quatre d'entre eux, les plus courts, partent de Palia Alonissos. Beaucoup partent des terres et aboutissent à une plage.

# Le parc national marin

Créé en 1992, le parc national marin couvre une superficie de 2 200 km$^2$ et englobe une petite trentaine d'îles et îlots. On y protège non seulement le phoque méditerranéen *Monachus monachus,* particulièrement menacé, mais aussi le faucon d'Éléonore et le goéland d'Audouin. Plusieurs zones ont été établies, dans lesquelles une réglementation est en vigueur (interdiction d'entrer dans le parc avec un bateau non autorisé). L'îlot de Pipéri constitue une sorte de sanctuaire et ne peut être approché. Toutes les agences proposent des sorties organisées à la journée, repas inclus (autour de 40-45 € par personne), qui permettent de visiter certains points des îles de Kyra Panagia, Gioura ou Skantzoura.

LES SPORADES

# SKYROS (ΣΚΥΡΟΣ)    (340 07)    2 600 hab.

On atteint cette île principalement à partir de Kimi (en Eubée). Elle est réputée pour le maintien de ses traditions et pour son artisanat, notamment le mobilier à panneaux sculptés de motifs d'inspiration byzantine, ses broderies et sa céramique, ainsi que pour ses petits chevaux, des poneys (1,10 m au garrot) introduits sur l'île pendant l'Antiquité. On voit aussi des cuivres de toutes sortes, exposés aux murs des cuisines des maisons. Également de la faïence. Vous noterez aussi les petites chaises, dont on fait commerce maintenant. On raconte que leur format réduit est lié à la petite taille des maisons, astuce architecturale pour ne pas être vu des pirates qui arrivaient par l'est. Les habitants de Skyros n'étaient pas des saints non plus puisque, raconte Michel Déon, ils pillaient les bateaux qui s'échouaient sur leurs côtes... Dommage qu'une partie de l'île soit occupée, au nord, par une base de l'armée.
Le grand moment festif de l'année est le carnaval *(Apokriès)* qui se déroule en février. Un des plus beaux de toute la Grèce (personnages avec des masques, des costumes en peau de chèvre, portant de grosses clochettes). La fête annonce la fin de l'hiver et le début du carême.
En ferry, on débarque au port de Linaria. Skyros (ou Chora), la capitale de l'île, est à 10 km vers le nord-est. Vous trouverez des bus en direction de Chora et des taxis. Le réseau routier s'est étendu et, à part quelques pistes, elles-mêmes plutôt en bon état, on roule très correctement sur l'île.

# Arriver – Quitter

➢ **De/vers Kimi** *(versant nord-est de l'Eubée) :* 1 à 2 ferries/j. selon saison ; 1h45 de trajet. Résa conseillée, surtout en été. Les bateaux partent, en hte saison, le mat et l'ap-m ou le soir. Le minuscule bureau de vente, à peine visible, car coincé entre 2 restos, n'est ouvert que 1h à peine avant le départ ; il est préférable d'aller directement sur la jetée du port. ☎ 22-22-02-26-06 (capitainerie) ou 20-20 (Elèna Moirou). Sinon, billets à acheter sur le port de Linaria (bureau ouvert aux heures d'arrivée et de départ du bateau slt) ou, plus prudemment, à la compagnie *SNE* (en anglais *Skyros Shipping Line),* l'agence centrale à Skyros (Chora), dans l'odos Agora. En été, 9h-13h, 18h30-21h. ☎ 22-22-09-17-90. Pour passer une voiture, résa nécessaire.

– Pour rejoindre Kimi en bus depuis Athènes, prendre le bus au terminal B (260, odos Liossion). 5 départs/j. De Kimi, taxi pour le port. Au terminal B, on peut aussi prendre un bus pour Paralia Kimis (port de Kimi), qui conduit au port. Compter 3h30 à 4h30 de trajet.

➢ **De/vers Alonissos-Skopélos :** la SNE a rouvert la ligne Skyros-Kimi-Alonissos-Skopélos-Alonissos-Kimi *(2-3 fois/sem, mar, jeu ou sam, fin juin-début sept),* permettant de poursuivre, au départ de Skyros, le voyage dans les autres Sporades (un peu plus compliqué dans l'autre sens, puisqu'il faut obligatoirement dormir à Kimi).

➢ **De/vers Athènes :** en principe, en avion, 2 vols/sem avec *Sky Express,* 45 mn de vol. ● skyexpress.gr ● Aéroport : ☎ 22-22-09-16-25. Quelques vols également de et vers Thessalonique.

# Circuler dans l'île

🚌 **Station des bus** *(plan village de Skyros, A2) : en bas de la rue principale.* Selon saison, 2 à 5 bus/j. de Linaria à Molos, via Skyros (Chora) et retour. En période scolaire, 1 bus/j. entre Skyros et Kalamitsa.

# Adresse utile

■ **Stations de taxis :** *sur la pl. de Chora.* ☎ 22-22-09-16-66. 8 taxis sur l'île.

# LINARIA (ΛΙΝΑΡΙΑ)

Le port de Skyros, niché au fond d'une sorte de fjord grec bien abrité.

# Info utile

■ **Excursions en bateau pour le sud de l'île** *(Sarakino)* **et les grottes** *(Spiliès) : s'adresser au magasin de céramiques* (Monika) *sur le port ou à la* Taverne Psariotis.

# Où dormir ? Où manger ?

🛏 |●| Quelques *bars,* 2 hôtels, des **chambres à louer** et quelques **tavernes.** Pour manger sur le pouce, *To Patriko,* sur le port.

|●| **Taverne Psariotis :** *sur le port.* ☎ 22-22-09-32-50 ou 34-35. *Tlj midi et soir.* Spécialiste des spaghettis à la langouste *(astalomakaronada)* et de la

**L'ÎLE DE SKYROS**

soupe de poisson (goûtez l'exquise *special fisherman*). Grand choix de poisson à prix abordables. Terrasse agréable à l'étage. Patron jeune et sympa.

|●| ***Taverna Philippaios :*** *sur le port, près de l'embarcadère.* ☎ 22-22-09-14-76. *Compter env 12 €. Rien de trans-* cendant, mais cuisine honnête.

|●| ***Restaurant Almyra :*** *à droite sur le port.* ☎ 22-22-09-32-53. *Bon repas pour env 15-20 €.* C'est le lieu branché du moment. Apéros assez chers. Là aussi, spaghettis à la langouste et macaronis aux moules. Déco sympa.

## AHÉROUNÈS (*ΑΧΕΡΟΥΝΕΣ*)

La première baie après Linaria, à 10 mn à pied. Très jolie plage abritée, avec une belle vue. Il y a deux tavernes : éviter la seconde qui s'étend vers la plage (nourriture calamiteuse).

🛏 ***Pension Agnandéma :*** *à 2 km d'Ahérounès, sur la route de Skyros.* 🖥 69-74-49-68-28. ● *agnadema.gr* ● Monter sur la droite un raidillon cimenté. *Ouv 20 mai-fin sept. Selon saison,* doubles 35-60 €, triples 45-80 € ; petit déj en sus. Internet et wifi. Chambres avec ou sans mezzanine, pour 2 ou 3 personnes, assez exiguës. AC, frigo. Grande cuisine commune, salle à manger typique avec cheminée et objets fabriqués sur l'île. Excellent accueil des propriétaires. Très tranquille.

🛏 ***Skyros Villas :*** *un peu en retrait de la côte.* ☎ 22-22-09-16-00 (*agence Skyros Travel à Chora*) *ou* 22-22-09-11-23. ● *skyrosvillas.com* ● *Tte l'année. Selon saison, env 40-70 € pour 2 et 60-100 €*

*pour 4-5 pers.* Un petit ensemble, tout récent, de studios et d'appartements, répartis en deux bâtiments proprets. AC, TV et coin cuisine dans chaque location. Terrasse avec vue sur mer ou sur jardin. Bon niveau de confort et beaucoup d'espace autour des bâtiments.

## PEFKO *(ΠΕΥΚΟ)*

Accès par une courte route goudronnée. À 200 m de la plage, on poursuit la descente à pied parmi les pins. Très joli site. Belle plage de sable et port minuscule.

|●| *Taverna Barba Mitsos :* **vers l'extrémité du petit port.** ▤ 69-72-55-82-32. *Juil-août slt, midi et soir. Compter 12 € le repas.* Terrasse très agréable car bien ombragée. Familial : Mme Stamatia est aux fourneaux. Bonnes brochettes et grillades, ainsi que de bons plats « à la casserole » réputés sur l'île.

## AGIOS FOKAS *(ΑΓΙΟΣ ΦΟΚΑΣ)*

Avant d'arriver à Pefko, au niveau d'un groupe de maisons, prendre la route qui monte sur la droite. Elle est magnifique. En arrivant en haut des falaises, à *Agios Pandéleimonas,* une superbe chapelle du même nom offre une vue splendide sur Pefko. Compter 20 bonnes minutes à moto ou en voiture avant d'accéder à la crique (6,5 km de piste). C'est une plage tranquille au milieu des chèvres, avec des fonds à admirer avec masque et tuba. Pour se nourrir après la baignade, une *taverne* est ouverte presque toute l'année, et propose une production locale de tomates et pastèques, ainsi que du bon poisson (le patron, Manolis, est pêcheur). Superbe terrasse ombragée donnant sur la plage (▤ 69-37-09-08-48). La piste continue en direction d'Atsitsa. Pour rejoindre cette plage, compter aussi vingt bonnes minutes (également 6,5 km).

## ATSITSA *(ΑΤΣΙΤΣΑ)*

On atteint Atsitsa par la route du nord (mais les marcheurs n'hésiteront pas à faire à pied Pefko – Agios Fokas – Atsitsa). Paysage superbe, très sauvage et plus aride que dans les autres Sporades. Un incendie a malheureusement laissé des traces... Atsitsa est au bout de la route goudronnée. Jolie crique, et quelques bateaux de pêche. Atsitsa est également le paradis où a choisi de s'implanter une communauté appelée *Skyros Center* (original !) qui propose de multiples activités (sports, relaxation, enseignement...), tendance New Age. *Taverne O Andonis* au bord de l'eau (fait également hôtel). Avant Atsitsa, trois belles plages de sable au nord de l'île. Un céramiste, Giannis Kombogiannis est installé dans le coin.

|●| *Taverne To Perasma :* **sur la route d'Atsitsa, près de l'aéroport.** ☎ 22-22-09-29-11. *Nourriture traditionnelle ; compter 12-15 €.* Sa situation en bord de route n'est pas géniale, mais le repas y est copieux et savoureux (viande essentiellement, de la ferme familiale).

## MAGAZIA et MOLOS *(ΜΑΓΑΖΙΑ – ΜΩΛΟΣ)*

Deux longues plages de sable au nord du village de Skyros. Assez touristiques mais jamais bondées. Entre Skyros et Molos, ne pas manquer en contrebas *Papa tou choma,* une superbe plage de sable, juste après la bifurcation pour le Musée archéologique (naturisme autorisé).

# Où dormir ? Où manger ?

On ne conseille pas le camping situé entre Skyros (Chora) et Molos. Poussiéreux, mal équipé. Les proprios le rentabilisent en le proposant comme parking pendant la journée.

🛏 **Pension Karina :** à Kambos Molos, 300 m après l'hôtel Mélikari (*en venant du village de Skyros, continuer tout droit*). ☎ 22-22-09-21-03. Fax : 22-22-09-31-03. *Mai-oct. Compter 40 €/pers en hte saison ; ½ tarif enfants 4-12 ans. CB refusées.* La pension dispose de 3 maisonnettes mitoyennes, avec 2 chambres chacune, et d'un salon commun où il fait bon se reposer en écoutant de la musique. Ameublement typique du style local. Très beau jardin d'arbres fruitiers. Excellent accueil de Karine Wiechert, suissesse du sud est, tombée amoureuse de Skyros au point de s'y installer. Ambiance très conviviale. Excellent petit déj (en supplément). Plage à moins de 10 mn à pied. Propose des cours chez un céramiste en mai-juin et septembre-octobre.

|●| **Taverna Stéfanos :** à côté de l'Hydroussa Hotel. *À partir de 12 €/pers.* Une des plus anciennes tavernes de l'île. Spécialités à prix moyens (moussaka, courgettes et aubergines farcies...). Le poisson est évidemment plus cher, comme partout.

|●| **Taverne Kokkàlenià :** sur la plage de Molos. ☎ 22-22-09-19-42 ou 03. *Repas à partir de 12 €, davantage avec du poisson.* Pas de carte. Très bon poisson. Atmosphère décontractée.

|●| **I Istoria tou Barba :** plage de Molos. *Repas à partir de 12 €.* Tenu par 2 frères. *Mezze* et plats classiques, avec une pointe d'originalité. Ambiance authentique.

# À voir

🎨 **Exposition de Giorgos Lambrou :** Magazia. ☎ 22-22-09-13-34. *Tlj 19h-21h.* Sculptures et peintures impressionnantes d'un artiste sourd-muet, inspiré par l'amour de son île. Sa sœur, Mme Aliki, accompagne la visite.

# CHORA (ΧΩΡΑ)

La capitale de l'île est un gros bourg bâti en amphithéâtre au pied d'une acropole (*kastro*). Une rue court sur l'arête de deux collines où s'agrippent les cubes blancs des petites maisons. Les ruelles étroites et fleuries dévalent. Le haut du village, plus traditionnel, vit au rythme des ânes et des flâneurs. La rue centrale (*odos Agoras*) est particulièrement animée. C'est ici que Thésée aurait trouvé la mort, jeté du haut du *kastro* par Lycomède, le roi de l'île, et là aussi qu'Achille aurait été caché et déguisé en fille par son père, pour échapper à la guerre de Troie.

# Adresses utiles

✉ **Poste** (plan A2) **:** en descendant la rue principale, 1ʳᵉ à droite juste après la National Bank of Greece. *Lun-ven 7h-14h.*

■ **National Bank of Greece** (plan A2, **1**) **:** à 50 m à gauche en montant la rue principale après la place du village. *Lun-ven 8h-14h.* Distributeur.

■ **Police** (hors plan par A2) **:** à côté du grand parking. ☎ 22-22-09-12-74.

■ **Dispensaire** (hors plan par A2) **:** derrière l'hôtel Néféli, à l'entrée de la ville. ☎ 22-22-09-22-22. Les médecins parlent l'anglais et l'italien.

■ **Parkings :** impossible de circuler dans Skyros. 3 parkings à disposition :

le parking du gymnase, avant la place du village ; le parking qui se situe sous la grande paroi rocheuse (accès rapide à pied à l'odos Agoras) ; le parking des musées, pour les visiter ou pour monter au *kastro*.

■ *Skyros Travel* (plan A2, **5**) : en plein centre de Skyros. ☎ 22-22-09-16-00

*ou 11-23.* ● *skyrostravel.com* ● La seule agence de voyages du village. Couplé avec *Pegasus Travel* qui loue des appartements et des voitures.

■ *Martina Rent a Car* (hors plan par A2) : à côté de la police. ☎ 22-22-09-20-22. Loue voitures, scooters et vélos.

## Où dormir ?

### Prix moyens

🛏 *Rooms Trachanas* (plan A2, **10**) : face au resto Liakos. ☎ 22-22-09-23-06 ou 11-15. *Double env 30 €.* Petite terrasse en haut, maison charmante. Chambres fraîches, bien tenues et très simples, avec ou sans salle de bains. Frigo.

🛏 *Pension Nikolaos* (hors plan par A2, **14**) : 2e rue à gauche après l'hôtel Néféli quand on vient de Linaria. ☎ 22-22-09-17-78. Fax : 22-22-09-34-00. *Doubles 55-85 €.* Au calme, en dehors de Skyros. Chambres plutôt chic et conforta-

bles. Cour intérieure agréable et fleurie. Également des chambres avec mezzanine pour 4 personnes.

🛏 *Hotel Éléna* (plan A2, **11**) : dans une ruelle à droite quand on remonte la rue principale. ☎ 22-22-09-17-38 ou 10-70. 📱 69-74-37-44-29. *Tte l'année. Selon saison, doubles avec sdb 40-60 €.* Chambres assez propres. Certaines avec salle de bains commune. Frigo à disposition. Assez bruyant. En dépannage.

### Très chic

🛏 *Hotel Néféli* (hors plan par A2, **12**) : à l'entrée de Skyros quand on va vers le parking du gymnase. *Tte l'année.* ☎ 22-22-09-19-64. ● *skyros-nefeli.gr* ● *Doubles 60-140 €. Internet.* L'établissement de standing de l'île, qui fait partie

du complexe de studios et maisons *Dimitrios*. Possibilité de louer des appartements pour 4 personnes, bien plus chers. Une grande piscine. Établissement chic, déco agréable.

## Où manger ?

|●| *Plaza* (plan A2, **22**) : rue principale, en face de Skyros Shipping Line. Excellent petit déj, très copieux. Également des glaces, des gâteaux... Prix raisonnables.

|●| *O Pappous Ki Ego* (plan A2, **23**) : vers le fond de l'odos Agoras, sur la droite. ☎ 22-22-09-32-00. *Slt le soir ; midi et soir en août. Repas 15-20 €.* On mange en salle, à moins d'être parmi les veinards qui ont droit à une des 3 ou 4 tables en terrasse. Jolie déco, mais on est serrés. Cuisine beaucoup plus originale que la moyenne (spécialités de Skyros). Goûter, par exemple, aux

courgettes au yaourt et au poulet du grand-père (*kotopoulo tou pappou*). Ambiance musicale et accueil très sympa. A également ouvert un second resto un peu avant Kalamitsa : jolie taverne dans un jardin verdoyant. Service très sympathique. Musique live le week-end en été.

|●| *Taverne Marietis* (plan A2, **25**) : en face de la quincaillerie. *Repas env 12-15 €.* La plus authentique des tavernes du village. Plats de viande, poisson grillé, légumes préparés. Agréable terrasse ombragée.

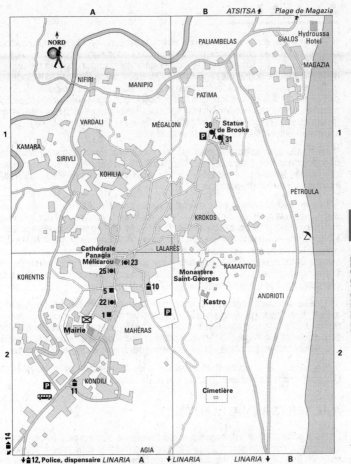

**LES SPORADES**

**SKYROS-VILLAGE**

■ **Adresses utiles**

    **1** National Bank of Greece
    **5** Skyros Travel

🛏 **Où dormir ?**

    **10** Rooms Trachanas
    **11** Hôtel Éléna
    **12** Hôtel Néféli
    **14** Pension Nikolaos

|●| **Où manger ?**

    **22** Plaza
    **23** O Pappous Ki Ego
    **25** Taverne Marietis

🗡 **À voir**

    **30** Musée Faltaïts
         (d'Art populaire)
    **31** Musée archéologique

# À voir. À faire

🏃🏃 Grimpez au sommet du *kastro,* d'où la vue est superbe. Ouvert jusqu'au coucher du soleil. Les plus courageux partiront de l'*odos Agoras* (parcours plus ou moins fléché). Les autres veulent monter en voiture au parking des musées ; il reste encore une bonne petite grimpette. On arrive au *monastère Saint-Georges,* un des plus anciens de Grèce, fondé en 962. Les maisons et les chapelles rivalisent de beauté dans la décoration. Une fois franchi le passage voûté, après quelques marches, on débouche au sommet du château. Deux chapelles, des ruines de fortifications et d'une citerne. Vue magnifique. Malheureusement endommagé par un séisme en juillet 2001 et interdit à la visite depuis.

🏃 **Le Musée archéologique** *(plan B1, 31)* : du parking, descendre les marches en direction de la mer, c'est tout près. Mar-dim 8h30-15h. Entrée : 2 €. Y sont exposées toutes les découvertes faites sur l'île, notamment celle de Palamari. Assez intéressant pour un musée local.

🏃🏃 **Le musée Faltaits** *(musée d'Art populaire ; plan B1, 30)* : rdv en haut du village, jusqu'à la pl. R. Brooke ; le musée est au fond de la place. En hte saison, tlj 10h-14h, 18h-21h ; hors saison, tlj 10h-14h. Entrée : 2 € ; gratuit pour les enfants. Visite guidée en anglais (5 €) un peu trop rapide. À visiter absolument. Riche collection, réunie par un ethnologue local, de toutes sortes d'objets (ustensiles de cuisine, outils agricoles, habits de fête, livres anciens...). Reconstitution de pièces à vivre typiques des maisons de Skyros, et la peinture de Mamos Faltaits, pleine de couleurs, inspirée par la mythologie.

➤ Une belle **balade** : après la plage de Bina, un chemin mène au bout du cap. Il y a deux chapelles troglodytiques taillées dans le rocher, un moulin intact transformé en resto, une longue plage (Girismata) et une petite île avec sa chapelle que l'on peut atteindre à la nage. Les roches tendres ont servi de carrière dans l'Antiquité. Les pierres taillées sur place, du tuf, ont laissé des traces en forme d'escaliers.

➤ En caïque, vous pourrez effectuer de jolies **balades en mer** : falaises de *Diatrypiti,* grotte de *Pentakali,* grottes bleues de *Limnionari.*

## KALAMITSA (ΚΑΛΑΜΙΤΣΑ)

La route pour y arriver est magnifique, elle traverse la partie la plus étroite de l'île. Les champs cultivés arrivent jusqu'à la plage, agréable et sous le vent. Quelques tavernes éparpillées, dont une sur la droite en arrivant sur la plage et la deuxième taverne *O Pappous Ki Ego* (voir « Skyros. Chora. Où manger ? »). Superbe point de vue.

🏠 **Studios Roula Fiolakis :** *grand panneau à gauche avant d'arriver sur la plage.* ☎ 22-22-09-30-71. ● *aegeanre lax.gr* ● **Tte l'année. Env 45 €, à négocier. 4 studios pour 2 ou 3 personnes, calmes, très propres. Belle vue sur la plage, jardin agréable.
🍴 **Restaurant Mouriès :** *env 2 km avant Kalamitsa.* ☎ *22-22-09-35-55 ou 36-00. Slt le w-e.* Non seulement il

s'agit d'un excellent rapport qualité-prix, mais l'accueil n'est pas en reste : la gent féminine se verra remettre un brin de basilic, comme le veut la tradition, et distribution gratuite de sourires pour tout le monde ! Les légumes viennent directement du potager, et on vous proposera d'excellents plats de viande du pays. Une bonne adresse.

➤ Après Kalamitsa, à 2 km, plage de galets de Kolimbada (se garer sur la route et descendre la piste). Sur la droite de la plage, une minuscule plage de sable et de curieux rochers troués ramenant sur d'autres criques après 15 mn de marche.

Continuer la route jusqu'à 1 km avant Tris Boukès (ne pas chercher la plage, zone militaire !). Sur la gauche, parmi les oliviers, la tombe du poète anglais Rupert Brooke, mort en 1915 sur un bateau-hôpital français et enterré à sa demande sur l'île.

# LES ÎLES SARONIQUES

Les îles Saroniques (Αργοσαρωνικος, Argosaronikos en grec) sont les plus proches d'Athènes. Toujours intéressante quand on dispose de peu de temps, cette proximité fait aussi qu'elles sont beaucoup moins dépaysantes.

## Arriver – Quitter

### En bateau

➢ Ces îles sont surtout desservies par des hydrofoils. Ts les bateaux pour les Saroniques partent du Pirée.

# ÉGINE (ΑΙΓΙΝΑ)  (180 10)  14 000 hab.

Égine est l'île la plus proche d'Athènes. L'unique attraction touristique est le temple d'Aphéa mais son charme lié à son insularité et à son histoire, dont il reste maintes traces, est indéniable. Néanmoins, c'est une des îles les plus fréquentées, principalement par les Athéniens... Et comme elle est déjà plus peuplée que la moyenne (presque 12 000 habitants pour 100 km$^2$), vous ne serez pas tout seul.
Sachez aussi qu'Égine est la capitale grecque de la pistache. Dommage qu'elle soit vendue à des tarifs prohibitifs (ça fait cher l'apéro !).

## UN PEU D'HISTOIRE

Dans l'Antiquité, Égine fut la grande rivale d'Athènes. On y frappa les premières monnaies grecques. Sa flotte était puissante. Égine s'allia aux Perses et vainquit Athènes. Plus tard, elle s'unit avec Sparte, mais Athènes sortit victorieuse. Les habitants de l'île furent alors déportés et remplacés par des colons athéniens.

## Arriver – Quitter

➢ **Du/vers Le Pirée :** les départs (fréquents) se font de la *Gate E8,* à côté du débarcadère des ferries pour les Cyclades et de l'arrêt du bus bleu qui relie Le Pirée à l'aéroport. Retour au même endroit.
– **En ferry :** le trajet dure env 1h30 (1h10 pour Souvala). Pour Souvala, une demi-douzaine de rotations/j. en été. Les bateaux continuent jusqu'à Agia Marina.
– **En bateau rapide** *(Flying Dolphins) :* plus rapides et un peu plus chers, les *Flying Dolphins.* Résas : ☎ 21-04-19-92-00. Ils naviguent tlj, tte l'année, sauf grosses intempéries. De début juin à début sept, env 1 départ/h, 7h-20h. Trajet : 35-40 mn.

## LE PORT D'ÉGINE

Le port d'Égine est l'un des endroits les plus agréables de l'île. Ne manquez pas l'adorable chapelle *(Agios Nikolaos)* construite au bout du quai.

Évitez de vous baigner sur la petite plage près du port. Coin plus sympa au nord du port, après le Musée archéologique, dans la jolie baie ombragée de pins qui se trouve 500 m plus loin en contrebas de la route qui longe la mer. Plage vraiment plus calme, à défaut d'être très propre.

## Adresses utiles

■ *Police touristique :* odos Leonardos Lada (rue du snack Tropics qui donne sur le port) ; au fond d'une cour, à gauche. ☎ 22-97-02-77-77.

✉ *Poste :* à gauche du débarcadère, sur la pl. Ethnegersias (arrêt des bus). Lun-ven 7h30-14h.

■ *Banques :* sur le port. Lun-ven 8h-14h. Change et distributeur automatique de billets dans chacune d'elles.

@ *Internet :* au *café Leousis,* sur le port. Un seul poste, et accès cher. Ceux qui ont leur propre ordi pourront se connecter gratuitement par wifi (demandez le code aux commerçants ou aux autorités portuaires).

■ *Presse étrangère : Kalezis Nikos,* sur le port, juste à côté de la National Bank of Greece.

■ *Dispensaire* (Kentro Ygias) : ☎ 22-97-02-22-22. Assez excentré. Prendre la direction du Musée archéologique, puis suivre les indications.

■ *Hôpital :* ☎ 22-97-02-22-09 ou 51. Remonter odos Sokratou (rue avant l'église sur le port), puis odos Mitropoléos ; l'hôpital est sur la droite.

■ *Location de voitures et de deux-roues :* prévoir env 15 €/j. pour un scooter. Nombreux loueurs sur le port et dans la ruelle parallèle au quai. Tous pratiquent les mêmes tarifs. Comparez plutôt la qualité du matériel, très variable, et faites jouer la concurrence.

🚌 *Départ des bus :* sur la pl. Ethnegersias (à gauche du débarcadère). Plusieurs lignes : liaisons 7-8 fois/j. avec Perdika, Souvala et Agia Marina (via le temple d'Aphéa).

## Où dormir ?

Évitez, si possible, les week-ends, ainsi que le mois d'août lorsque les rues sont bondées d'Athéniens qui souhaitent échapper à la fournaise de la capitale.

### Prix moyens

🛏 *Pension Electra :* 25, odos Leonardos Lada. ☎ 22-97-02-67-15. 📱 69-38-72-64-41. ● aegina-electra.gr ● Tte l'année. Compter 40-50 € selon saison. Chambres pimpantes avec balconnet, AC, frigo et TV. Propreté irréprochable. Bon accueil du propriétaire, qui parle un peu le français et aime donner de bons tuyaux sur son île. Petit déj servi sur le roof garden.

🛏 *Marmarinos Hotel :* 24, odos Leonardos Lada (la rue de la tourist police). ☎ 22-97-02-35-10. ● hotelmarmarinos.gr ● Tte l'année. En hte saison, double env 40 € avec AC. CB refusées. Tarif réduit de 5 € sur présentation de ce guide sf juil-août. Calme car à l'écart de l'agitation du port. Cela étant dit, on a connu des chambres beaucoup plus gaies : vieux mobilier, ambiance tristoune. On le conseille plutôt en dépannage, si la *Pension Electra* est complète.

### Plus chic

🛏 *Hotel Nafsika :* ☎ 22-97-02-23-33. ● hotelnafsika.com ● Du débarcadère, prendre à gauche, dépasser le Musée archéologique et suivre la route

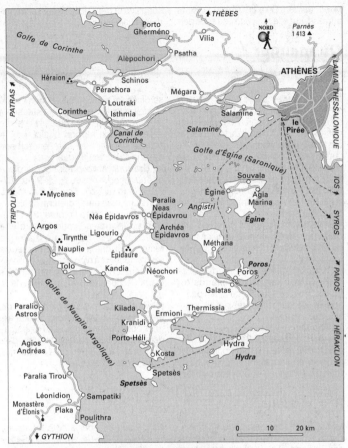

**LES ÎLES SARONIQUES**

sur env 500 m. Avr-oct. Doubles 70-80 €, petit déj compris. En juil-août, réserver bien à l'avance : c'est toujours complet ! CB refusées. Du charme et du style. Les chambres sont dispersées dans de petits bâtiments entourés de jardins. Chambres avec salle de bains, AC, frigo et une terrasse (la plupart avec vue sur la mer). Pour le petit déj, chacun prend son plateau et s'installe où il le souhaite (notamment sur la terrasse près de la piscine, avec vue imprenable sur la mer). Le personnel est aux petits soins (la patronne est française).

**Aeginitiko Archontiko :** 1, odos Thomaïdou et Agiou Nikolaou. ☎ 22-97-02-67-16 ou 49-68. ● aeginitikoar chontiko.gr ● En retrait du port, près de la tour de Marcellus (du quai, remonter l'odos Aiakou, qui part de la Port Authority). En hte saison, double env 70 € avec petit déj. Le bâtiment date du début du XIXe s et s'enorgueillit d'avoir eu dans ses murs quelques grands noms de l'histoire grecque. Les peintures dans le salon ont été réalisées par des artistes vénitiens. Une douzaine de chambres claires et propres, avec salle de bains. Terrasse pour profiter du soleil et courette intimiste pour prendre le petit déj, à moins que vous ne préfériez le *roof garden*. On a un faible pour cette adresse, car elle possède une vraie personnalité et que l'accueil y est extrêmement chaleureux.

## Où manger ?

### Bon marché

■ **Boulangerie** : *sur les quais, au sud du port, face à la mer. À 50 m au sud du marché aux poissons.* Pain excellent quand il sort tout chaud du four. Goûter à la *tiropita* (chausson au fromage). Également rue Aphaias : grand choix de biscuits maison.

■ **Épiceries** : plusieurs épiceries en ville, ainsi que le *supermarché Kritikos*, sur la route d'Agia Marina, après la chapelle et le stade.

– En revanche, éviter les **marchés aux fruits** présentés sur les bateaux à quai, où les produits sont plus chers que partout ailleurs.

|●| **Snack Tropics** : *face au débarcadère.* Super sandwichs chauds ou froids, pas chers. Également des pâtisseries, jus de fruits pressés et milkshakes.

|●| **Giladakis** : *juste derrière le marché aux poissons.* ☎ 22-97-02-73-08. *Tlj. Env 10 € le repas.* Gargote populaire et familiale où se mêlent autochtones et touristes. Poulpes et crevettes grillés,

sardines... Que du frais, accompagné de délicieux légumes à déguster sur la terrasse dans la ruelle ou dans la petite salle. Très bon rapport qualité-prix et service sympa, bien que l'endroit soit devenu assez touristique.

|●| **Gramma Mezopolia** : *sur la place des bus et de la poste.* ☎ 22-97-02-62-77. *Tlj midi et soir. Env 15 € le repas.* Dans une maison discrètement nichée derrière un muret, à l'ombre des pistachiers. On a plus l'impression d'être invité chez des hôtes que d'aller au resto. Petit choix de plats fins et de *mezze* goûteux à picorer entre deux verres d'ouzo. Tout est franchement délicieux. Accueil très attentionné de la patronne suédoise.

|●| **Restos de poisson en bord de mer** : il y en a une demi-douzaine alignés côte à côte au nord de l'embarcadère. Accueillent parfois des groupes. Tous pratiquent à peu près les mêmes tarifs *(repas 15-20 €)*.

### Prix moyens

|●| **Maridaki** : *sur le port, avant l'église. Repas env 15 € ; plus cher pour du poisson.* Bonne cuisine familiale et traditionnelle proposant, entre autres, un grand choix de poisson (rouget, mulet, petite friture).

|●| **Ippocampos** : *9, odos Phanéromenis (au sud du port, à côté du stade).* ☎ 22-97-02-65-04. *Slt le soir. Repas env 20 €.* Resto un peu plus chic proposant un large choix de délicieux *mezze* et de plats raffinés. Dommage qu'on soit loin de la mer.

## SOUVALA (ΣΟΥΒΑΛΑ)

Port à une dizaine de kilomètres au nord-est du port d'Égine. Suivre la route côtière.

## Où dormir ? Où manger ?

🛏 |●| **Ephi Hotel** : *pas loin du centre, en direction d'Égine.* ☎ 22-97-02-55-93. ● hotelephi.gr ● *Avr-oct. Doubles 50-60 €.* Chambres rénovées, assez spacieuses, avec AC, salle de bains et balcon. Calme. On apprécie le petit effort de déco. Resto sur place.

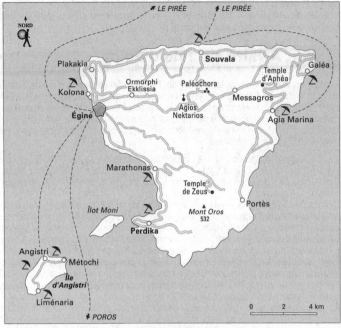

**L'ÎLE D'ÉGINE**

🎒 Avant d'arriver à Perdika, passer par le petit village de *Marathonas,* à 5 km d'Égine. Jolies plages de sable tout le long de la baie. Excellentes tavernes sous les tamaris, les pieds dans l'eau.

## PERDIKA (ΠΕΡΔΙΚΑ)

Au sud-ouest de l'île, à 11 km d'Égine. Dans un cul-de-sac, ce port avec ses tavernes au bord de l'eau est le deuxième site le plus sympa de l'île, loin des lieux à visiter mais beaucoup plus tranquille qu'Égine. Possibilité de faire ses courses dans les quelques supérettes du village (et supermarché un peu plus important face à l'hôtel *Venetia*). Face au village, une petite île avec paons et cerfs (on peut demander à s'y faire conduire par un pêcheur).

## Où dormir ? Où manger ?

🛏 **Studios Venetia :** *un peu avant d'arriver sur le port, sur la droite.* ☎ 22-97-06-12-19 ou 13-41. ● *venetia@aig. forthnet.gr* ● *Tte l'année. Pour tt rens, s'adresser à l'hôtel* Venetia, *un peu plus loin, ou auprès de la taverne* Antonis, *sur le port. Studios 2 pers 50-70 € selon saison.* Studios tout équipés (AC, kitchenette, salle de bains minuscule et terrasse) dans une imposante maison jaune aux volets verts, au bord de la route. Intérieur aux couleurs un peu vives, mais propre et récent. Dommage que l'environnement ne soit pas plus sympa. Les locataires des studios peuvent accéder gratuitement à la piscine de l'hôtel du même nom (qui est, lui, très cher et assez impersonnel).

|●| *To Proréon :* ☎ 22-97-06-15-77. *Tte l'année. Repas env 15 €.* Surplombant le port, resto avec une superbe devanture de fleurs et de cactus, qui propose de bons plats de poisson frais.

# À voir. À faire sur l'île d'Égine

– Louer un vélo ou un scooter pour visiter l'île. Location à l'heure ou, plus avantageux, à la journée. Il faut généralement rendre l'engin à 18h. Le plus simple est de partir du pont vers le nord, de longer la mer jusqu'à Souvala et de poursuivre jusqu'au temple d'Aphéa, puis de descendre jusqu'à Agia Marina. De là, emprunter la route qui s'enfonce dans les terres pour rejoindre le port d'Égine. En saison, bus fréquents pour les flemmards.

🍴 *Le temple d'Aphéa* (ΑΦΑΙΑ ; *prononcer « Afea »*) : ☎ 22-97-03-23-98. *Au nord-est de l'île, à 13 km d'Égine et 1,5 km avant d'arriver à Agia Marina. Le bus Égine-Agia Marina s'y arrête. Tlj 8h30-19h30 en été, 8h30-15h30 hors saison. Entrée : 4 € ; réducs.* Construit en 448 av. J.-C., il est de style dorique. Perché sur une colline et isolé, il offre un joli panorama sur la mer en contrebas. Ce temple faisait partie du « triangle sacré », avec le Parthénon et le cap Sounion. Ce triangle, composé de monuments proches de la perfection architecturale, était particulièrement vénéré dans l'Antiquité. Avec 24 colonnes sur 34 encore debout, le temple est plutôt bien conservé. Musée archéologique sur le site même mais ouvert un quart d'heure toutes les heures, et encore, seulement le matin... Possibilité de rejoindre la plage en traversant la pinède.

Sur la route, ne pas rater le *monastère Agios Nektarios* (Saint-Nectaire !), situé au bord de la route entre Égine et Aphéa. Construit au début du XXᵉ s, il a été restauré. En revanche, sur le flanc de la colline derrière (direction Souvala), beaucoup plus discrètes sont les ruines qu'on pourrait ne pas voir tant elles se confondent avec la roche : il s'agit d'un ancien village, *Paléochora,* capitale de l'île du IXᵉ au XIXᵉ s et dont ne subsiste qu'une vingtaine d'églises et de chapelles ruinées sur un total, paraît-il, de plus de 100... L'emplacement du village permettait d'échapper aux raids des pirates. De la route, un chemin mène aux ruines. À faire le matin, quand le versant de la colline est encore à l'ombre.

🍴 *Le Musée archéologique :* à la sortie d'Égine-ville, lieu-dit Kolona. ☎ 22-97-02-22-48. *Mar-dim 8h30-15h. Entrée : 3 €.* Les amateurs de vieilles pierres pourront y contempler le fruit des recherches archéologiques menées sur le site, ainsi que les vestiges des anciens murs de l'acropole et la colonne grecque qui domine la colline, unique survivante d'un temple dorique dédié à Apollon.

🍴 *Le musée Christos Kapralos :* à 3 km d'Égine, en suivant la route côtière en direction de Souvala. *Juin-oct, tlj sf lun 10h-14h et 18h-20h ; nov-mai, slt ven-dim 10h-14h.* Exposition de céramiques et de sculptures sur marbre et bois, réalisées par l'artiste Christos Kapralos durant ses étés à Égine de 1963 à 1993.

⚓ *Agia Marina :* sur la côte est. Des bateaux partent directement du Pirée (45 mn) ou du port d'Égine. Également un bus Égine – Agia Marina. Très construit, pas toujours avec bonheur. Lieu de prédilection des agences de voyages scandinaves. La rue principale regorge de bars et de restos chic. Usine à touristes et rente pluriannuelle des bétonneurs. Dommage, car la plage, sans son alignement de transats et de chair à rôtir, serait plutôt sympa...

# POROS (ΠΟΡΟΣ)    (180 20)    3 600 hab.

Poros se compose, en fait, de deux îles (une toute petite, *Sphèria,* presque entièrement occupée par Poros-ville, et *Kalavria,* plus grande, au nord) reliées entre elles par un minuscule pont traversant un chenal. Située à une centaine de mètres du Péloponnèse, d'où des navettes fréquentes en caïque depuis Galatas. La ville principale est étagée au-dessus du port, avec ses maisons blanches entre ciel et mer.

En définitive, l'île de Poros, très touristique, n'offre au visiteur que son charme insulaire et de jolies balades dans l'amalgame des architectures cycladique et néoclassique, et cela suffit pour y justifier un séjour. Par ailleurs, beaucoup plus authentique que ses voisines, elle est agréablement verte et boisée, et sa petite taille permettra aux plus courageux de ne s'y déplacer qu'à pied. Quant à ses plages, peu nombreuses, elles tendent à être prises d'assaut en été.

## Arriver – Quitter

### En bateau

➤ *Du/vers Le Pirée :* en été, plusieurs bateaux/j. aller-retour. Traversée : 2h30. Les *Flying Dolphins* effectuent également en été une bonne demi-douzaine de traversées dans la journée. Durée : 1h.

➤ *De/vers Hydra et Spetsès :* liaisons tlj et assez nombreuses en été.

➤ *De/vers Galatas :* le bac qui relie Galatas à Poros part ttes les 30 mn, 7h-22h env *(tarif passager : env 0,80 € l'aller ; compter env 5 € pour une petite voiture).* L'embarcadère de ce bac est situé sur le port, face à l'hôtel *Dionysos.*

– Des sortes de bateaux-taxis, situés sur le port juste à côté de l'embarcadère des *Flying Dolphins,* font également la navette ttes les 10 mn en été pour le même prix (min 4 pers).

### En bus

Départ des quais, sur le port, près du *Porto Café.* 2 lignes : l'une dessert les arrêts entre Poros et Néorio, et l'autre entre Poros, Askeli et le monastère. Départ ttes les heures, 8h-23h.

## *POROS-VILLE*

## Adresses utiles

■ *Police touristique :* odos Agiou Nikolaou. ☎ 22-98-02-22-56. À droite de l'embarcadère des bacs pour Galatas, prendre la ruelle à gauche derrière la *Taverna Poseidon.*

✉ *Poste :* derrière l'*Alpha Bank* et l'*Emporiki Bank, à côté de l*'*Hôtel 7 Brothers, sur une place où trône un petit monument cylindrique, avec tridents et serpents.* Lun-ven 7h30-14h.

■ *Agence de voyages et infos touristiques : Marinos Tours,* au Porto Café, sur le port. ☎ 22-98-02-34-23 ou 29-77. ● mfdpop@ath.forthnet.gr ● Très efficace. Représente les *Flying Dolphins,* entre autres. Infos en français ou en anglais.

■ *Banques :* plusieurs distributeurs sur le port (Alpha Bank et Emporiki Bank).

■ *Presse étrangère :* à droite de l'*OTE,* sur le port.

■ *Laverie : Suzi's Laundrette,* à côté du bureau de presse et de l'*OTE.*

@ *Internet :* les connexions ne manquent pas sur le port.

■ *Location de vélos et de scooters :* plusieurs loueurs le long du quai, dont *Chez Kostas* (☎ 22-98-02-35-65) en allant vers Neorio, après l'hôtel Theano. Pas trop cher, matériel en bon état et entretenu.

■ *Taxis :* sur le port, à côté des bus et de l'embarcadère des *Flying Dolphins.*

## Où dormir à Poros-ville ?

Pour ceux qui ne trouveraient aucun logement disponible, un petit guichet d'infos et de réservation (chambres et appartements) sur le port, face à l'hôtel *Saron*. Pas toujours grand monde dedans, cela dit, même quand sonne le téléphone...

🏠 *Chambres Georgia Mellou* : 10, odos Kolokotronis. ☎ 22-98-02-23-09. 📱 69-37-85-07-05. *Sur les hauteurs, remonter la ruelle qui passe devant la poste* ; *la maison se trouve près de la place de l'église Agios Géorgios. Selon saison, doubles env 35-45 €* ; *triples env 45-55 €* ; *tarif dégressif hors saison pour plusieurs nuits. CB refusées. Au cœur* du village. Toutes les chambres, avec douche-w-c, AC et TV, disposent d'un balcon donnant soit sur la ruelle, soit sur le port. La n° 2 possède une belle vue sur le port. Dans le couloir, frigo à disposition des locataires. Propriétaire très sympa qui se débrouille avec quelques mots d'anglais. Bon rapport qualité-prix.

## Où dormir sur l'île de Kalavria (vers Askeli, à droite du pont) ?

Si vous êtes chargé, la solution du taxi pour rejoindre votre hébergement peut s'avérer très pratique et pas chère.

🏠 *Villa Mimosa* : 7, odos Monastririou. ☎ 22-98-02-46-59. *Hors saison, à Athènes* : ☎ 21-06-71-36-37. ● *villapo ros@yahoo.com* ● *Peu après le pont, le cimetière et le grand virage, c'est la maison n° 7 sur la droite (dont on n'aperçoit que le toit un peu étrange* ; *attention, slt un panneau « Studios » sur le portail marron). Mai-fin sept. Env 50 € pour 2 pers et 80 € pour 4. CB refusées. Wifi. Sur présentation de ce guide, 10 % de réduc.* Notre adresse préférée : une très belle villa typique de l'architecture des Cyclades (forme carrée toute blanche), avec un beau jardin superbement fleuri et un accès direct à la plage de Kanali. Les propriétaires y résident en été et louent 3 spacieux studios et 3 appartements (2 chambres) avec AC. Simples mais très agréables. Priorité donnée aux séjours un peu prolongés. Pas de petit déj. Très bon accueil de la famille Lykiardopoulos. La proprio parle le français. Une adresse vraiment originale.

🏠 *Panorama Apartments* : à 2 km de Poros-ville. ☎ 22-98-02-34-11. 📱 69-42-93-78-88. ● *poros.biz* ● *Avant d'arriver à l'hôtel New Aegli et à la plage d'Askeli, monter les escaliers à gauche de la route, à flanc de colline. En voiture, prendre la petite route sur la gauche juste après les escaliers, passer devant* Maria Appartments, c'est au fond. *De mi-avr à fin oct. Réception ouv 9h-13h, 17h-21h. Sur présentation de ce guide, selon saison, 28-40 €/nuit en studio, et apparts 4 pers 48-55 €. CB refusées.* Imposant complexe en étage (jambes fragiles, s'abstenir), pas vraiment élégant au premier abord mais finalement assez sympa et offrant des studios et appartements agréables et spacieux, avec terrasse bénéficiant d'une vue plongeante. Kitchenette, salle de bains, AC, TV. Établissement très prisé des Suédois, et pour cause : le proprio, Christian Souliotis, dont la maman vient du Nord, est bilingue. Accueil jeune et très sympa.

🏠 *Helen Apartments* : à Askeli, en bord de mer. ☎ 22-98-02-25-01. *Pâques-oct. Apparts env 60-80 € (2 adultes + 2 enfants) selon saison et nombre de pers. CB refusées.* Une structure moderne en bord de mer qui conviendra bien aux familles (malgré la route qui passe devant). Helen propose une vingtaine d'appartements familiaux, très propres et bien décorés, façon marine. Tout confort : cuisine, AC, salle de bains, etc. Également un resto-pizzeria, des terrasses pour se détendre et une aire de jeux pour les enfants. Bon accueil.

# Où manger à Poros-ville ?

|●| **Taverna Apagio :** *au bout du front de mer, à 1,5 km du débarcadère à droite (après le Poros Museum).* ☎ 22-98-02-62-19. *Tte l'année. Repas 12-15 €. CB refusées.* La patronne Liz (une Franco-Anglaise à qui sa mère normande a appris la cuisine) concocte les poissons frais que lui pêche Spiros, son Grec de mari, guitariste et peintre à ses heures (ses œuvres sont exposées dans le resto). Du coup, les poissons et fruits de mer (daurade, poulpe, calamar, etc.) ne sont pas trop chers. Également de succulentes entrées à base de légumes, des plats délicieux comme l'agneau rôti au citron et à l'ail, et du vin local bon marché. Une excellente adresse, d'autant que l'accueil de Liz et

Spiros est vraiment chaleureux.

|●| **Taverna Karavolos :** *dans une charmante ruelle perpendiculaire au port (prendre au niveau du cinéma et monter).* ☎ 22-98-02-61-58. *Le soir slt. Repas env 10-15 €.* Petite terrasse tranquille dans la ruelle charmante. Spécialité de la maison : les escargots, d'où l'enseigne. Ils viennent de Crète mais constituent une entrée sympa et originale. Sinon, on retrouve les classiques (*tzatziki*, aubergines, moussaka et quelques grillades accompagnées de frites maison – corvée de patates dans la journée !). Patron gouailleur et grand supporter du club de foot de l'Olympiakos. D'ailleurs, le resto est fermé les soirs de match !

# À voir. À faire

🎭 **Le monastère de Zoodochos Pigis :** *sur l'île de Kalavria, à 30 mn à pied de la plage d'Askeli (suivre la route goudronnée, qui se termine au monastère). Accès en bus, à pied pour les plus courageux (à une petite heure de Poros-ville), à vélo ou à moto. Ouv du lever au coucher du soleil ; fermé 13h30-16h30 en été.* Dans un joli site au milieu des arbres, il domine la mer. Les shorts sont interdits pour les hommes, ainsi que les pantalons pour les femmes. Cela dit, les imprévoyantes emprunteront sur place un paréo qui leur conférera une allure plus « décente ».
⌒ Très belle plage au pied du monastère.

🏛 **Le temple de Poséidon :** *situé dans la montagne, à 5 bons km du port, il n'est plus que ruines.* Comme souvent, on est venu, de la ville ou même d'Hydra, se servir en marbre, et ce, pendant des siècles... Entrée libre. La vue sur le golfe mérite une halte. Un endroit historique toutefois : Démosthène, célèbre orateur athénien (auteur des *Philippiques*), fuyant les Macédoniens qu'il combattait depuis des années par ses discours véhéments, s'y réfugia. Rattrapé, il s'empoisonna. Les amateurs iront voir le résultat des fouilles au Musée archéologique de Poros *(sur le port ; ouv 8h30-15h, sf lun ; entrée libre).*

⌒ **Néorio et ses environs :** *à env 3 km du port, à gauche en sortant du débarcadère.* Après le hameau de Néorio et l'hôtel *Poros*, la jolie plage de Love Bay en contrebas de la route, très ombragée mais envahie par les transats et les parasols. Vient ensuite la plage de Mégalo Néorio, un peu moins sympa que la précédente. Le goudron s'arrête ensuite pour laisser la place à une piste. Là, plus trop de monde. Pas de village au bout, donc ni eau, ni provisions, ni plage malheureusement (les deux principales criques du secteur sont occupées par des élevages de poissons et sont sales). La piste fait le tour de l'île par le nord-ouest au milieu des pins et finit par rejoindre l'asphalte pour redescendre sur Poros-ville.

# HYDRA (ΥΔΡΑ)     (180 40)     2 700 hab.

Un des plus beaux ports de toutes les îles grecques, mais aussi un des plus fréquentés. Les hôtels sont souvent pleins, même en basse saison, et l'accueil est plutôt mercantile... Aucune voiture sur l'île, aucun scooter (à part le camion de poubelles, seules les charrettes à bras sont autorisées), ce qui n'empêche pas Hydra d'être inondée de touristes en été. Mélange de Saint-Trop' et de Portofino, mais un sacré charme quand même, surtout le soir, quand les touristes venus faire le tour des Saroniques en une journée sont repartis et que l'atmosphère devient romantique.

De cet ancien repaire de corsaires, l'essor touristique a fait une station balnéaire à la mode. Et s'il est vrai que son port revêt un charme typiquement méditerranéen, on remarquera que les maisons sont plus hautes et plus belles que sur les autres îles grecques, l'île ayant un riche passé dans tous les sens de l'adjectif. Évidemment, tout cela se paie et Hydra compte parmi les destinations les plus chères pour l'hébergement.

Pour les Grecs, cette île est, avec Spetsès, liée à leur histoire contemporaine : les Hydriotes, pendant l'occupation turque, avaient développé une flotte marchande importante qui avait enrichi quelques familles d'armateurs, d'origine albanaise (l'île s'était dépeuplée au Moyen Âge et ce sont des Albanais orthodoxes, fuyant la conquête ottomane, qui étaient venus s'y installer). Quand l'heure de la guerre d'indépendance sonna, ces mêmes armateurs se lancèrent dans la bataille, armant de nombreux vaisseaux sur leurs fonds propres. Leur but n'étaient pas uniquement désintéressés ou patriotiques, ils espéraient bien en retirer quelques miettes de pouvoir... Qu'importe, ils ont contribué à la libération de la Grèce et les noms de Miaoulis, Koundouriotis ou Tobazis sont encore très connus aujourd'hui en Grèce. Leurs demeures ont en général été restaurées et ne figurent pas parmi les plus modestes de l'île...

À cette époque glorieuse, Hydra a compté plus de 20 000 habitants et l'île avait de l'eau (d'où son nom). Aujourd'hui, les nombreux puits que l'on peut voir sont asséchés, et l'eau doit être apportée de l'extérieur en bateau-citerne. D'ailleurs, le ravitaillement du matin est l'occasion d'un étonnant spectacle : des tonnes de vivres sont déchargées des bateaux et réparties sur des mulets, avant d'être acheminées, entre autres, vers les hôtels et restaurants. C'est plutôt anachronique de voir ainsi les baudets chargés de caisses de bière, de papier toilette ou de téléviseurs...

## Arriver – Quitter

➤ *Du/vers Le Pirée :*
– *En bateau rapide :* une dizaine de départs/j., 8h-19h l'été. En moyenne 1h30 de trajet. Pas de ferry, slt des *Flying Dolphins* et *Flying Cats*.
➤ *De/vers Ermioni :* le plus proche (env 30 mn de trajet). Env 3 départs/j. en saison avec les *Flying Dolphins*.

## Adresses utiles et infos pratiques

■ *Police touristique :* juste en face de l'OTE ; sur le quai, prendre la ruelle à droite de l'église avec la grosse horloge et suivre la direction de la pharmacie. ☎ 22-98-05-22-05. Rien d'extraordinaire à en attendre.
✉ *Poste :* pl. du marché. Prendre la ruelle à gauche de la National Bank. Lun-ven 7h30-14h.
■ *Banques :* sur le quai, avec distributeurs automatiques.
■ *Billets de bateaux :* sur le quai, face

au débarcadère. À l'étage, une agence vend les tickets Hellenic Seaways. ☎ 22-98-05-38-12 ou 40-07. CB refusées.
■ *Laverie : Yachting Center,* sur le port, qui propose aussi des douches (payantes). Lun-sam 8h-12h, 17h-21h.
■ *Presse internationale :* au début de la rue à gauche de l'Alpha Bank. Prendre le petit escalier sur la droite, c'est à l'étage.
@ *Internet :* dans un tabac-souvenirs

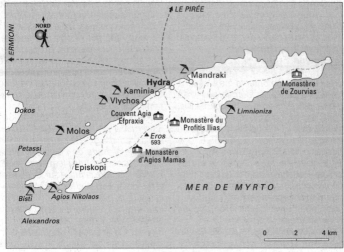

**L'ÎLE D'HYDRA**

*situé dans la rue à gauche de l'*Alpha Bank. *Ouv 8h-minuit*. Plusieurs ordinateurs dans un cadre aéré. Patron très sympa.

– *Se déplacer sur l'île :* si on loge assez loin du port, 2 solutions : l'âne ou les *taxi-boats*. Vous trouverez les ânes et mulets sur le quai, juste à côté des *taxi-boats,* face à l'*Alpha Bank*. Les tarifs des bateaux, élevés si vous êtes seul, deviennent plus abordables en se grou-

pant : course à env 10 € pour Kaminia, par exemple, et 15 € pour Vlychos, et ce, que l'on soit seul ou 8 (nombre de passagers maximum). Quant au mulet, il vous coûtera aussi cher que le *taxi-boat,* plaira peut-être beaucoup aux enfants et vous déchargera de vos sacs (c'est lui le baudet, plus vous !), mais il est beaucoup moins rapide que le bateau (et que vous sans vos sacs !).

## Où dormir ?

Le camping sauvage est strictement interdit et il n'y a pas de camping sur l'île. On ne vous le répétera pas deux fois. À vos risques et périls...
Les pensions abondent mais sont souvent complètes : en saison, mieux vaut réserver. Consulter le site ● hydradirect.com ● Attention, Hydra se paie cher, plus cher, en tout cas, que les autres îles Saroniques.

### De prix moyens à plus chic

Toutes les adresses ci-dessous se trouvent un peu à l'écart du port mais assez peu éloignées du débarcadère. Si ces dernières sont complètes, remontez la rue à gauche de la grosse horloge sur le port, et vous trouverez là encore quelques pensions très agréables.

🏠 *Alkionidès Pension :* ☎ 22-98-05-40-55. 📠 69-77-41-04-60. ● alkionides pension.com ● *Du port, remonter la* 1ʳᵉ *ruelle à droite de l'*Emboriki Bank,

*jusqu'à ce qu'une maison en pierre avec volets blancs vous « bloque » (la vilaine !) ; la pension est dans l'impasse juste à gauche. Tte l'année sf Noël. Dou-*

bles 50-65 € *selon saison.* Belles chambres sobres et propres avec salle de bains, AC et frigo. Également un studio avec cuisine, plus cher, et des triples. Délicieuse courette fleurie.

🛏 **PENSION EROFILI :** ☎ 22-98-05-40-49. 📠 69-77-68-84-87. ● *pensionerofili. gr* ● *Du port, remonter la rue à gauche de l'*Alpha Bank *; à la fourche, prendre à droite, puis à gauche à l'hôtel* Amarillis, *continuer tout droit jusqu'à la placette avec le buste ; c'est dans la ruelle juste en face. Tte l'année, double 55 €.* Une douzaine de chambres avec AC, frigo, TV et salle de bains. Agréable et très propre. Petit patio fleuri et ombragé par de la vigne, propice au farniente dans une ambiance calme et détendue. Quelques chambres triples. Bon accueil d'Irini et Yorgos.

🛏 **Pension Achilleas :** ☎ 22-98-05-20-50. ● *hydra.com.gr/achilleas-pension* ● *Du port, remonter la ruelle à gauche de l'*Alpha Bank *; prendre à droite à la fourche et encore à droite à l'hôtel* Amarillis, *puis continuer jusqu'à la place ombragée du resto* I Xéri Ilia *et prendre la rue à droite ; c'est un peu plus loin. Mars-oct.*

## Chic

🛏 **Angelica Hotel :** 43, odos Miaouli. ☎ 22-98-05-32-02. ● *angelica.gr* ● *Remonter tte la rue à gauche de la grosse horloge jusqu'au pied du piton rocheux (assez long et ça grimpe légèrement) ; pension sur la droite. Tte l'année. Doubles 150-180 €, petit déj inclus. Wifi. Réduc de 10 % sur présentation de ce guide (pour des résas faites à l'avance).* Un havre de paix, reclus tout au fond du village. Chambres claires et agréables, d'excellent confort et disposant d'une terrasse à partager avec les voisins. Jolie cour ombragée. De l'autre côté de la rue, dans une belle maison tout en pierre, les « VIP rooms ».

🛏 **Orloff :** 9, odos Rafalia. ☎ 22-98-05-25-64. *Hors saison :* ☎ 21-05-22-61-52. ● *orloff.gr* ● *En haut d'odos Votsi. Prendre la rue à droite de la grosse horloge, longer le jardin public sur la droite et continuer tout droit jusqu'à la pharmacie ; c'est sur la place, juste à droite. Mars-oct. Doubles standard 140-180 € selon saison, petit déj compris ; pour*

*Double env 75 € en été.* Une dizaine de chambres sobres, confortables (TV, AC, frigo) et bien tenues. De la terrasse tout en haut, vue sur le port. Là encore, agréable cour intérieure où paresser. Bon accueil d'Achilleas (qu'on trouve le plus souvent sur le port, à préparer des *souvlakia* dans sa gargote, au bout du quai sur la route de Kaminia) et de Konstantinada, sa femme.

🛏 **Pension Anna :** ☎ 22-98-05-30-66 ; *en hiver :* ☎ 21-04-29-64-29. ● *pensionannahydra.gr* ● *Du port, remonter la 1ʳᵉ ruelle à droite de l'*Emboriki Bank *jusqu'à une maison en pierre avec volets blancs ; prendre la ruelle sur la droite et la remonter jusque chez* M'dame Kavalierou *(à la placette fleurie, continuer tout droit). 15 mars-fin sept.* Prévoir 50-60 € pour 2 pers ; *réduc à partir de 5 nuits. CB refusées.* Chambres bien tenues, et surtout accueil sympa, mais en grec seulement. Douches en bas et quelques chambres à l'étage. En outre, Anna confectionne de très bons gâteaux qu'elle offre à l'arrivée et au départ.

*une chambre supérieure, 170-220 €.* Cette splendide demeure du XVIIIᵉ s propose une dizaine de chambres meublées à l'ancienne, tout confort évidemment. Chacune a son caractère. Patio intérieur. Adresse de charme, cela va sans dire.

🛏 **Leto Hotel :** ☎ 22-98-05-33-85. *L'hiver :* ☎ 21-07-25-85-46. ● *letohydra. gr* ● ♿ *Du port, remonter la rue à droite de l'*Emboriki Bank *jusqu'à la maison en pierre avec volets blancs, prendre la ruelle à droite jusqu'à la placette ombragée, puis tourner à droite. 1ᵉʳ avr-31 oct. Doubles 165-185 € ; petit déj compris. Wifi. Sur présentation de ce guide, réduc de 10 %, sf Pâques.* Boutique-hôtel caché dans une ruelle. Un bel intérieur d'une élégante sobriété avec ses murs blancs et ses parquets lustrés. Chambres très confortables, récemment rénovées. L'une d'elles est équipée pour accueillir les personnes en fauteuil. Petit patio et beau salon cossu. Sauna, hydromassage.

# Où dormir dans les environs ?

Quittez le port en le longeant sur la gauche et allez jusqu'au village de *Kaminia* (15 mn à pied), où vous trouverez pensions et chambres à louer. Calme et peu de touristes. Ça change. Du port d'Hydra, on peut aussi s'y rendre en bateau (5 mn). Si l'on continue le chemin, on arrive à *Vlychos* où, là encore, on peut trouver à louer.

# Où manger ?

## Bon marché

– *Marché aux fruits :* chaque mat. Du port, prendre la ruelle à gauche de la National Bank of Greece. Pêches, raisins et brugnons (entre autres, car il s'agit du marché général d'Hydra).

■ *Boulangerie o Fournos :* sur le port, à côté du bar The Pirate. *Tyropitès, spanakopitès* (feuilleté aux épinards) et autres *bougatsès* (gâteaux à la crème) à des prix compétitifs.

## Prix moyens

Les restos ne sont guère abordables sur le port même, mieux vaut s'en éloigner, les prix deviennent alors raisonnables. Évitez les menus tout compris où, tout compte fait, on paie cher pour pas grand-chose.

|●| *Léonidas' Taverna :* à Kala Pigadia, sur les hauteurs. ☎ 22-98-05-30-97. Slt le soir. Repas env 12-15 €. Bon, bien sûr, il y a des contraintes : il faut appeler la veille, au pire le matin, pour vous mettre d'accord, en anglais, sur ce que vous souhaitez manger, puis il faudra demander 10 fois le chemin avant d'y arriver... Mais après ! On trouve ici à la fois l'hospitalité et la cuisine grecques comme on se l'imagine. Sophia et Léonidas sont extraordinairement gentils : vous n'avez pas l'impression de manger au resto, mais plutôt en famille. Léonidas connaît 120 façons de cuisiner le poulet. Nombreux *mezze* et parts copieuses. Une adresse rare.

|●| *Taverne Gitoniko* (chez Christina) : presque en face de la pension Achilleus. ☎ 22-98-05-36-15. Du port, remonter la ruelle à gauche de l'Alpha Bank, prendre à droite à la fourche, puis encore à droite à l'hôtel Amarillis et continuer jusqu'au resto I Xéri Ilia ; prendre la rue à droite de la place, resto sur la gauche. Mars-nov, midi et soir. Repas env 15 €, davantage si vous optez pour du poisson. Bonne cuisine familiale et parts copieuses. On mange dans la rue, dans la cour intérieure ou sur la terrasse ombragée. Pas de mauvaise surprise : vous choisissez votre plat avant de vous installer (ou dans un menu, mais c'est moins sympa !). Christina propose aussi des desserts de sa composition, comme le *halva* aux raisins et pignons de pin.

|●| *Taverne Stéki :* remonter la rue à gauche de l'horloge ; les tables sont sur une terrasse surplombant la rue. Fermé nov-déc. Compter 12-18 €. Cuisine grecque relativement abordable. Représentations naïves de bateaux peintes directement sur les murs.

|●| *I Xéri Ilia* (L'Olive Sèche) : prendre la rue à gauche de l'Alpha Bank qui fait l'angle sur le port et c'est (presque) tout droit. ☎ 22-98-05-28-86. Mars-oct, tlj ; le reste de l'année slt w-e. Repas env 15 €. La cuisine de cet établissement mondialement connu (oui, c'est ce qu'il annonce modestement en anglais) n'a absolument rien de renversant, mais la place, isolée et très ombragée, est extrêmement agréable. Choix assez large de plats classiques.

## Où sortir ? Où boire un verre ?

**The Pirate :** *sur les quais, après l'horloge.* Une orgie de cocktails explosifs (tequila, liqueur de café et soda). Rien de grec évidemment, mais pas mauvais. Nombreux cocktails de fruits également.

## Où manger ? Où boire un verre dans les environs ?

**Kodylenia's Taverna :** *à Kaminia.* ☎ 22-98-05-35-20. *Pâques-oct, midi et soir. Compter 20-25 €.* Taverne au cadre plutôt romantique avec vue sur la mer et le port de Kaminia à ses pieds. Sympa pour boire un verre en fin d'après-midi ou en soirée, assis aux petites tables rondes qui bordent le chemin (lesdites tables étant en plein cagnard, on évitera les heures où le soleil darde ses rayons). Possibilité éventuellement d'enchaîner sur un repas puisque l'endroit est avant tout un bon resto.

## À voir

**Le musée d'Hydra :** *sur la partie gauche du port, du côté de l'embarcadère des ferries.* ☎ 22-98-05-23-55. ● *iamy.gr* ● *Tlj 9h-16h. Entrée : 5 €.* Ce musée fait revivre le glorieux passé militaire d'Hydra au moment de la révolution d'indépendance. Peintures et maquettes de bateaux, beaucoup de cartes maritimes, des armes et uniformes... Pas très vivant.

## Les plages

Les plages près d'Hydra sont le plus souvent des plages de galets ou des endroits peu pratiques pour les enfants en bas âge.

À gauche du port en regardant la mer, on peut se baigner après le *Yachting Club House.* À droite, **Mandraki Beach** est loin mais agréable. Resto sur place. On peut nager à côté de **Lagoudéra** (rochers, mais eau bien claire).

Possibilité aussi d'aller à **Kaminia** à partir d'Hydra, en caïque ou à pied. Longer le port sur la gauche (donc à l'opposé de l'embarcadère). Une fois sorti d'Hydra, une première petite crique extra en contrebas, mais mieux vaut continuer jusqu'à Kaminia (15 mn à pied). Vraiment bien (avec des enfants notamment) et assez calme. Plus loin, **Vlychos** offre aussi une plage (et une ou deux tavernes), également desservie par caïque. Pour les plages plus éloignées, reste le bateau-taxi si l'on est en fonds.

## Randonnées pédestres

➤ **Le monastère du Profitis Elias** (Μονη Προφητη Ιλια) : *théoriquement ouvert du lever au coucher du soleil, mais fermé 12h-16h.* La route que nous indiquons n'est peut-être pas la plus courte, mais elle est plus simple à suivre. Du port, remontez la rue à gauche de la grosse horloge jusqu'en haut du village ; suivez toujours cette large route cimentée : vous êtes sur la grande route empruntée par les ânes (sans vouloir vous manquer de respect !) et qui va grimper jusqu'au monastère ; une fois hors du village, la route se sépare : prenez à gauche et poursuivez l'ascension. Au retour, les Indiana Jones du pavé pourront prendre la route qui, à cette même bifurcation, part tout droit. Ils découvriront une route qui se faufile entre

*les arbres et débouche sur une église dominant la ville. De là, aventurez-vous dans
ce labyrinthe de ruelles et d'escaliers qui vous ramènera, quoi qu'il en soit, au port.*
Partez très tôt le matin à cause de la chaleur et pensez à emporter suffisamment
d'eau. Compter 1h30 de montée plutôt difficile (au début, de l'ombre, mais sur la fin
la grimpette se fait en plein soleil). Comme d'habitude, que les filles prévoient une
robe, pas trop décolletée, et que les garçons mettent un pantalon et non un short...
À 500 m d'altitude, ce monastère, situé dans une pinède, fut fondé au début
du XIX⁰ s ; la vue y est fort belle.

➢ **Une excursion dans la partie occidentale** de l'île vous amènera, en sortant
d'Hydra par le faubourg de Kaminia, dans les parages du hameau d'*Episkopi.* Attention, l'aller-retour prend au moins 4h, ce n'est pas un circuit en boucle, donc demi-
tour obligé (chic alors !), il y a très peu d'ombre, souvent pas un poil de vent au
centre de l'île (partie la plus longue et qui grimpe le plus)... Bref, partez tôt, avec
collation, chapeau et crème solaire. La première étape, après 15 mn, est le
pittoresque et charmant port de *Kaminia* (pour y arriver, toujours longer la côte). Un
autre quart d'heure de marche et vous atteindrez *Vlychos* et son étrange pont de
pierre en dos d'âne, très étroit, sous lequel rien ne coule. De Vlychos, vous traverserez un hameau (à 10 mn) puis, 20 mn après, l'anse de *Palamidas,* où sont réparés
les bateaux. À cet endroit, le chemin ne vous laisse pas le choix : comme lui, passez le pont et pénétrez dans les terres. Compter ensuite une bonne grosse demi-
heure de montée vers l'intérieur de l'île pour atteindre enfin le hameau d'*Episkopi.*
Ce dernier ne présente en soi rien d'extraordinaire, mais la rando permet d'avoir un
aperçu varié de l'île et de ses différents paysages. On vous déconseille, en revanche, de continuer jusque de l'autre côté de l'île : vue décevante, et le chemin de
grosses pierres devient mortel pour les chevilles. De toute façon, les randos sur
l'île, faute de bonne carte, sont difficiles et vite fatigantes en raison du manque
d'ombre.

# SPETSÈS (ΣΠΕΤΣΕΣ) $\quad$ (180 50) $\quad$ 3 900 hab.

**Celle que l'on surnomme l'île aux Jasmins embaume tout particulièrement le
soir, quand les femmes arrosent leur jardin.**
**Le port a moins de charme que celui d'Hydra (un ou deux hôtels en béton, un
peu trop visibles), mais il est moins oppressant. On y trouve de belles maisons
d'armateurs, et les rues étonnent par leurs galets noir et blanc formant des
motifs marins (poissons, algues, ancres, etc.). Michel Déon, écrivain, a longtemps partagé son temps entre Spetsès et l'Irlande, mais il a fui devant l'invasion touristique. Pourtant, l'île se tient à l'écart de la majorité des circuits faisant découvrir les Saroniques en une journée au départ d'Athènes.**
**Deux incendies ont ravagé cette île en 2000 et 2001 mais ne l'ont heureuse-
ment pas trop défigurée : elle reste superbe mais assez chère. Elle recèle, en
plus, de merveilleuses petites criques sans jamais grand monde et bon
nombre d'endroits où se jeter à l'eau, y compris à proximité de la ville même. Il n'y
a pas d'eau sur Spetsès : elle est quotidiennement apportée par bateau.
Résultat, les maisons s'agglutinent autour du port. Voilà pourquoi vous serez
surpris, lors de votre balade autour de l'île, de constater que tout le reste est
quasiment désert.**
**Grande fête le premier dimanche qui suit le 8 septembre, pour commémorer
le combat naval qui s'est déroulé devant Spetsès le 8 septembre 1822.**
**– Pas de location de voitures sur place. Il est, en revanche, possible de louer des
vélos** *(env 6-8 €/j.)* **ou des scooters** *(15-20 €/j.),* **mais on prévient les mollets peu
habitués à pédaler : l'île n'est pas plate du tout et les VTT loués sont lourds à hisser
en haut des côtes, surtout en plein cagnard et avec le vent dans le nez. À scooter, le
tour de l'île se fait en 2h (28 km). Ne louez donc votre pétaradant deux-roues pour**

la journée que si vous souhaitez multiplier les « pauses-criques » au cours de votre escapade. Et faites attention à l'état du véhicule. Il existe aussi quelques bus qui relient le port à Ligoneri et à la plage d'Anarghiri, de l'autre côté de l'île.

## Arriver – Quitter

➤ *Du/vers Le Pirée :* compter 2h à 2h30 en bateau rapide (*Flying Dolphins* ou *Euroseas-Eurofast*) selon nombre d'escales. En tout, une bonne demi-douzaine de départs/j. Correspondance facile depuis/vers Hydra. Pas de ferry sur cette ligne. *Renseignements :*
– *Au Pirée :* **Hellenic Seaways,** ☎ 21-04-19-90-00.
– *À Spetsès :* **Hellenic Seaways,** ☎ 22-98-07-31-41. Attention, on doit payer ses billets en liquide (CB refusées).
➤ *De/vers Kosta* (à côté de Porto-Héli) : ☎ 22-98-07-22-45. La traversée la plus courte. Attention, il y a bien un petit ferry, mais on ne passe pas sa voiture (les véhicules ne sont autorisés que pour les résidents et les livraisons). Parking payant et surveillé à Kosta. En été, 6 rotations/j. en sem, 6h45-17h, 3 le w-e, 10h-17h. Très bon marché. Également des bateaux pour piétons (env 2 €/pers), départs fréquents.

## Adresses utiles

■ *Police touristique :* à droite sur la grande place du port. ☎ 22-98-07-37-44.
✉ *Poste :* dans une rue parallèle à la mer, à gauche du débarcadère quand on arrive. Lun-ven 7h30-14h.
■ *Banques :* sur le port, à gauche et à droite de l'église. Distributeurs automatiques de billets.
■ *Presse internationale :* à gauche dans la rue qui longe l'Alpha Bank.
@ *Internet :* au Café 1 800, *un peu excentré, à droite en débarquant du ferry* (entre l'imposant hôtel Posidonion et la plage suivante). Plusieurs postes dans ce bar-resto installé dans une grande salle de pierre voûtée. Wifi gratuit pour les clients.

■ *Location de scooters :* innombrables loueurs. Une adresse fiable : chez **Kostas Delaportas,** en plein centre, dans odos Botassi, située dans le prolongement de la rue à gauche de l'Alpha Bank. ☎ 22-98-07-20-88.
■ *Location de vélos :* chez **Anargyros Skarmoutsos,** dans la ruelle de la poste. ☎ 22-98-07-41-43 (magasin) ou 22-09 (domicile). Matériel en excellent état.
– *Taxi-boat :* départ du port. Tarifs des courses affichés sur un panneau. Comme d'habitude, la course revient cher pour un individuel mais devient raisonnable si le bateau est rempli (maximum 8 personnes).

## Où dormir ?

Pas de pensions vraiment bon marché. De plus, les pancartes « *Rooms to let* » sont bien rares. En fait, les trois *tourist offices* situés sur le port ont le quasi-monopole des chambres chez l'habitant. Ne vous faites pas d'illusions, ce sont des agences de voyages déguisées, qui empêchent les Grecs d'apposer lesdites pancartes. Évidemment, ils prennent leur commission au passage. On en trouve quand même, en allant se promener en direction du musée, sur les hauteurs. Avant le voyage, consulter ● *spetsesdirect.com* ●

### De prix moyens à plus chic

⌂ *Chambres chez Kochila Matoula :* pas loin du centre. ☎ 22-98-07-45-71

et 27-40. Du débarcadère, prendre la 1ʳᵉ rue commerçante parallèle à la mer

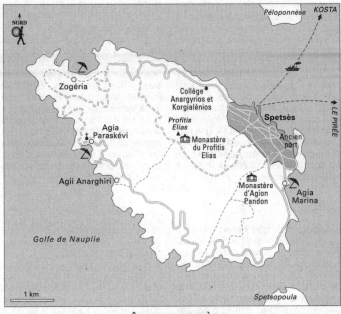

**L'ÎLE DE SPETSÈS**

*et qui débouche sur une placette ; remonter la rue à gauche de la pharmacie ; prendre ensuite à gauche en direction du Spetsès Museum ; juste après la clinique, tourner à gauche ; il s'agit de la grande bâtisse jaune aux volets verts. Doubles 40-55 € selon période.* CB refusées. Chambres équipées (frigo, AC, salle de douche) et à la déco personnalisée (on aime ou on n'aime pas... disons que certains trouveront ça très kitsch !). Une cuisine toute petiote est mise à la disposition des hôtes, ainsi que la terrasse sur le toit. Endroit et accueil sympas.

🏠 **Villa Moriati :** *dans le centre.* ☎ 22-98-07-38-21. ● vmoriati@gmail.com ● *Du débarcadère, prendre la 1re rue commerçante parallèle à la mer et qui débouche sur une placette ; remonter la rue à gauche de la pharmacie ; la villa, une grande bâtisse aux volets vert pomme, se trouve dans la ruelle ombragée face à vous. Doubles 35-65 € selon période.* CB refusées. Des chambres impeccablement tenues par Mimika avec, dans chacune d'entre elles, un agréable mobilier de pin, une salle de bains très bien pour le pays, l'AC et un petit frigo. La plupart des chambres disposent d'un balcon. Pas de petit déjeuner.

🏠 **Villa Marina :** *dans le centre, près de la mer.* ☎ 22-98-07-26-46. 📱 69-45-95-57-75. ● villamarinaspetses.com ● *Env 300 m à gauche en débarquant du ferry, dans une ruelle presque en face de l'entrée sur la plage de Spetsès. Doubles 45-75 € selon saison.* CB refusées. *Réduc de 10 % sur présentation de ce guide, sf 15 juin-15 sept.* Chambres très propres et agréables, même s'il reste peu de place pour bouger une fois les valises posées. Frigo, AC et salle de bains dans toutes les chambres, et certaines d'entre elles ont vue sur la mer avec une belle terrasse (mais plus de bruit). Petite cuisine à disposition des hôtes (pas de petit déjeuner) et agréable cour pour se prélasser. Accueil vraiment très gentil et professionnel.

🏠 **Villa Orizontes :** *en haut de la ville.* ☎ 22-98-07-25-09. 📱 69-74-46-98-93. ● villaorizontes.gr ● *Du débarcadère, prendre la 1re rue commerçante parallèle à la mer et qui débouche sur une* placette ; remonter la rue à gauche de la pharmacie et la ruelle ombragée face à vous (odos Ilia Thermisiotou) ; en haut de celle-ci, monter les marches et continuez votre ascension dans la rue en prolongement ; au bout de celle-ci (face à une sorte de jardin entouré d'un mur), prendre l'impasse à droite ; la villa est une grande maison blanche. Doubles 45-70 € selon saison. Chambres simples mais propres et bien équipées : salle de bains, AC, frigo et TV. Une partie des chambres dispose d'un petit balcon avec vue sur la mer. Le patron et son fils sont le plus souvent sur le port à l'arrivée des ferries.

🛏 *Villa Christina Hotel :* odos Botassi. ☎ 22-98-07-22-18. 📱 69-44-86-82-20. ● villachristinahotel.com ● À 5 mn du port. Prendre la rue à gauche de l'Alpha Bank, puis celle dans son prolongement (odos Botassi) ; la villa est dans une rue sur la gauche. Mars-oct. Doubles 50-70 € selon saison. CB refusées. Internet. Maison traditionnelle construite autour d'un jardin ombragé. Propose une dizaine de chambres pleines de charme. Également des studios. Très propre. La patronne, très disponible et qui s'exprime dans un bon anglais, saura vous guider pour toutes vos activités sur l'île.

## Chic

🛏 *Armata Boutique Hotel :* très central. ☎ 22-98-07-26-83. ● armatahotel. gr ● À droite en débarquant du bateau, bien fléché. Pâques-oct. Doubles à partir de 90-120 € selon sem ou w-e ; petit déj compris. Bel hôtel à taille humaine, lové dans son petit coin et autour de sa piscine. Chambres petites mais élégamment décorées. Salles de bains elles aussi de taille réduite mais jolies (même le rideau de douche est coquet !). Toutes les chambres disposent d'un balcon (et aussi d'un frigo et de l'AC, évidemment). Ensemble bien conçu et bien entretenu.

🛏 Pour ceux qui disposent d'un budget confortable et souhaitent se rapprocher de la plage, il y a le *Spetses Hotel* (☎ 22-98-07-26-02 ; ● spetses-hotel. gr ●), à environ 1 km sur la droite en débarquant du bateau (navettes à disposition). Chambres de grand confort et plage privée.

# Où manger ?

Sur le port, bien rares sont les adresses qui se détachent du lot. Rien à dire, si ce n'est que tout est moyen pour un prix à peine honnête. Dommage, car l'île est réputée pour sa spécialité, le *poisson à la spetsiote,* préparé avec de l'oignon et de l'ail (un atout fraîcheur pour jouer le joli cœur en fin de soirée !).

## Bon marché

|●| *Pour grignoter à tte heure, pas mal de choix à la* **cafétéria Phillinos,** *très légèrement en retrait de la place principale.* Agréable terrasse ombragée idéalement située pour « surveiller son ferry » ou observer l'activité des

bateaux-taxis sans pour autant être happé par l'agitation du port.
|●| *Kokatou :* à côté du bar Socratès. Spécialité de *gyros* à manger sur la miniterrasse dans la rue ou dans la petite salle intérieure.

## Prix moyens

|●| *Taverne Patralis :* Kounoupitsa, à 1 km du port, en retrait de la place principale en direction de Ligonéri (à droite du port, donc, quand on regarde la ville de face). ☎ 22-98-07-21-34.

Fermé nov-déc. Repas 20-25 €. Resto de poisson réputé, dont la salle ouvre sur l'eau. Très large choix de plats de la mer avec, entre autres, le poisson à la *spetsiote*. Service performant.

|●| *Taverne Exedra* : *sur l'ancien port, vers la droite quand on regarde la mer.* ☎ 22-98-07-34-97. *Mars-oct, midi et soir. Repas env 20-25 €.* Poisson frais et, là aussi, la spécialité locale (poisson à la *spetsiota*). Terrasse couverte juste au bord de l'eau, dont le clapotis berce votre repas. Dommage que la maison se plie aussi à la règle des spaghettis bolognaises et autres spécialités touristiques. Cette taverne possède une annexe de l'autre côté de la ville, sur la route de Ligoneri et du *Spetses Hotel*. Agréable terrasse sur pilotis.

|●| *Orloff* : *1ᵉʳ resto en arrivant sur l'ancien port.* ☎ 22-98-07-52-55. *Dans un genre de fortin blanchi à la chaux, avec une terrasse surplombant la route. Juin-sept, slt le soir ; avr-mai, le w-e midi et soir. Compter min 30 € le repas.* Menu en grande partie en grec. Spécialité de poisson grillé (goûter aussi le poulpe) et plats d'influence crétoise (la mère du proprio est d'origine crétoise).

## Où boire un verre ?

🍷 *Socratès Bar :* *dans une ruelle parallèle au port.* Happy hours *après 20h.* L'Union Jack y flotte et les sujets de Sa Majesté viennent y siroter des cocktails à prix très raisonnables en regardant du sport à la télé.

## À voir. À faire

🎥 *Le musée Bouboulina :* *odos Kiriakou, en plein centre de Spetsès-ville, derrière le port, dans un manoir vieux de 3 siècles.* ☎ 22-98-07-24-16. *Visite guidée (de 30 mn env) ttes les 45 mn 11h-19h – horaires des visites affichés à l'extérieur. Entrée : 6 € ; réducs.* Musée à la gloire de l'héroïne locale, Laskarina Bouboulina (1771-1825). Fille d'un capitaine qui prit part à la révolution d'Orloff, née en prison à Constantinople, deux fois veuve de marin, à la tête d'une belle petite fortune personnelle (due à son second mari), elle

**CHAPEAU !**

*Septembre 1822 : en pleine guerre d'Indépendance, les Turcs menacent d'envahir l'île. Les hommes, presque tous marins, étaient partis combattre sur des bateaux, loin de leur base. Une femme (inspirée par la Sainte Vierge, nous dit-on) a l'idée de rassembler tous les fez rouges que portaient traditionnellement les hommes grecs à l'époque et de les disposer en haut des rochers, face aux bateaux ennemis. Les Turcs crurent que les défenseurs étaient revenus sur l'île et passèrent leur chemin...*

se lança dans la guerre contre les Turcs, au commandement de son navire, l'*Agamemnon*. Victime de la vendetta, elle ne connut pas la Grèce devenue indépendante.

🎥🎥 On vous conseille de vous rendre à l'*ancien port* (palio limani), situé à droite de Spetsès quand on regarde la mer. Compter 15-20 mn de marche minimum. Le quartier est encore actif et beaucoup plus populaire que le centre de Spetsès-ville. Pas mal de restos ou de bars sympas mais pas donnés, un petit chantier de construction navale très artisanal, une baie pittoresque... Un joli coin plein d'âme qui donne envie de s'y attarder.
Du vieux port, un chemin mène vers le phare et un autre vers l'église de la *Panagia tis Armatas*, liée à un épisode de l'histoire de l'île.

➢ *Balade :* il suffit de marcher une demi-heure en allant sur la droite quand on arrive au port pour sortir du trafic de touristes. Dépasser les énormes bâtiments du collège Anargyrios-Korgialénios. On parvient alors à la solitude au milieu des collines et des rochers, même en août.

# Les plages

⌐ On trouve, à Spetsès même, une *plage* familiale à gauche du débarcadère. En poursuivant un peu vers le vieux port, vous en découvrirez une autre, plus calme.

⌐ *Agia Marina* (Αγια Μαρινα) *:* à l'extérieur de la ville de Spetsès, après le vieux port. Jolie plage un peu plus sauvage et nature que ses copines du centre-ville.

⌐ *Zogéria* (Ζωγεϱια) *:* à 8 km au nord-ouest de Spetsès-ville. *Accès par route, puis par une piste.* Taverne sur place fréquentée naguère par Melina Mercouri et son Jules (Dassin). Sur le chemin, d'autres plages, desservies par le bus qui part devant l'hôtel *Posidonion (*env 15 bus/j. en été, 9h-minuit).

⌐ *Agii Anarghiri* (Αγιοι Αναϱγυϱοι) *:* sur la côte ouest, à 13 km de Spetsès-ville. Située de l'autre côté de l'île, sur une face beaucoup plus sauvage, cette belle plage de galets s'étend longuement. Les transats et parasols ont largement envahi le lieu. Essayez donc de vous réfugier dans les criques aux alentours ou sur les rochers. Desservie par 3 bus/j. en été *(départs de la plage de Spetsès 10h45-13h, dernier retour vers 17h30 ; billet env 3 €).* Le bus pousse jusqu'à Paraskiri. En *taxi-boat,* c'est hors de prix (plus de 60 €), mais il existe des bateaux collectifs qui partent du port à la mi-journée et reviennent au bercail 3h30 plus tard ; compter 10 €/pers.
– *Une fois là, allez donc visiter la* **grotte marine** *à droite de la plage. Il faut prendre un petit escalier, puis se faufiler par un petit trou (cependant, une personne un peu charpentée ou claustrophobe risque d'avoir du mal à s'y glisser).* Possibilité de revenir à la nage. Pendant la guerre contre les Turcs, femmes et enfants spetsiotes venaient se réfugier ici pour échapper aux pillages.

|●| *Taverna Tassos :* à proximité de la plage. ☎ 22-98-07-30-18. Cuisine copieuse et goûteuse. Essayez le poulet grillé arrosé de citron vert. Le patron vous accueillera avec bonne humeur et quelques blagues dont il a le secret. Ambiance familiale qui tranche avec l'environnement bien touristique.

# LES CYCLADES

# PRÉSENTATION ET CARTE D'IDENTITÉ

Avec leurs maisons blanches écrasées de soleil, leurs monastères, leurs moulins à vent, leurs plages, les Cyclades, surnommées Perles de l'Égée, comptent parmi les destinations vedettes des étés méditerranéens. Chacune d'entre elles a un caractère et un charme particuliers, et le seul énoncé de leur nom fait rêver.
Les Cyclades constituent un archipel de 56 îles et îlots, dont un peu plus de 20 habitées. Elles comptent une population d'environ 120 000 habitants. Leur capitale administrative est Ermoupoulis à Syros.
Certains disent qu'on les appelle Cyclades car elles dessinent un cercle *(kuklos)* autour de l'île sacrée de Délos. D'autres attribuent leur nom à la force des vents qui soufflaient si fort qu'ils obligeaient les bateaux à tourner « en rond » !
Selon les géologues, les Cyclades font partie des restes d'un continent immergé à la suite de nombreux séismes, et les différentes roches qui les composent sont à l'origine de la diversité de leurs paysages.
Les fouilles archéologiques prouvent que les Cyclades furent habitées dès l'époque mésolithique (7000 ans av. J.-C.). De 4000 à 3000 ans av. J.-C., les îles furent petit à petit colonisées, et à l'âge du bronze (IIIe millénaire) se développa une brillante civilisation, réputée surtout pour ses fameuses idoles en marbre, visibles au musée des Cyclades et de l'Art grec ancien d'Athènes (fondation Goulandris)

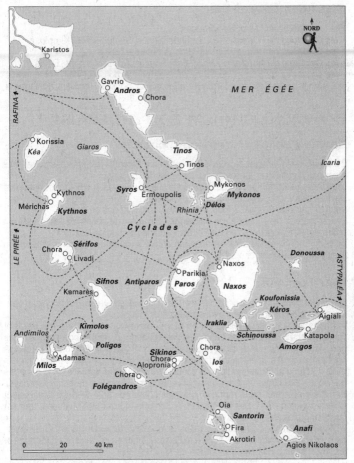

NORD

MER ÉGÉE

RAFINA

Karistos

Gavrio
**Andros**
Chora

Korissia
**Kéa**
Giaros

**Tinos**
Tinos

Icaria

Kythnos
Mérichas
**Kythnos**

**Syros**
Ermoupolis

Mykonos
**Mykonos**

Rhinia
**Délos**

*C y c l a d e s*

LE PIRÉE

Chora **Sérifos**
Livadi

Parikia
**Paros**

Naxos

**Donoussa**

ASTYPALÉA

**Sifnos** **Antiparos**

Kamarès

**Naxos**

**Koufonissia**
**Kéros**

Aigiali

**Kimolos**
Andimilos

**Poligos**

**Iraklia**

**Schinoussa**

Katapola
**Amorgos**

Adamas
**Milos**

**Sikinos**
Chora
Alopronia

Chora
**Ios**

Chora
**Folégandros**

Oia
**Santorin**
Fira
Akrotiri

**Anafi**

Agios Nikolaos

0    20    40 km

## LES ÎLES CYCLADES

LES CYCLADES (GÉNÉRALITÉS)

ainsi qu'au musée de Naxos. Vers 1500 av. J.-C., les îles passèrent aux mains des Mycéniens, puis des Ioniens. Elles prirent part aux conflits entre Grecs et Perses, et entrèrent dans la confédération athénienne, constituée en 478 av. J.-C. et dont le centre était Délos. À l'époque byzantine, elles connurent de multiples incursions des pirates, puis elles tombèrent aux mains des Vénitiens (1204) qui constituèrent un duché qui regroupait 17 îles. Elles subirent la domination turque à partir du XVIe s et elles jouèrent un grand rôle dans la lutte pour la libération pendant la révolution de 1821.

Les Cyclades sont des îles très ventées : le vent y souffle de 120 à 180 jours par an, et en été, les vents du nord *(meltémi)*, surtout présents en juillet et encore plus en août, sont parfois très violents et peuvent atteindre force 9 (75 à 88 km/h). Ils durent généralement plusieurs jours. Les îles les plus concernées sont Andros, Tinos, Mykonos, Paros, Naxos et Milos ainsi qu'Amorgos.

### Classification des îles

Elles se répartissent en quatre groupes :
– *les Cyclades de l'Ouest :* Kéa, Kythnos, Sifnos, Sérifos, Milos, Kimolos ;
– *les Cyclades centrales :* Syros, Paros, Antiparos, Naxos ;
– *les Cyclades du Nord et du Nord-Est :* Andros, Tinos, Mykonos, Délos ;
– *les Cyclades du Sud et du Sud-Est :* Santorin, Amorgos, Anafi, Folégandros, Ios, Sikinos, et les Petites Cyclades, Koufonissia, Donoussa, Hérakleia, Schinoussa.

## COMMENT CHOISIR SON ITINÉRAIRE ?

### Savoir d'abord ce que l'on recherche

L'archipel des Cyclades regroupe des îles très différentes les unes des autres, et il n'est pas certain que vous adhériez à l'esprit de chacune.
Mykonos, Santorin, Ios, Paros, Naxos sont les îles les plus visitées, et cela peut devenir assommant en saison. Si vous recherchez la Grèce typique, il vaut mieux vous diriger vers Sérifos, Sifnos, Anafi, Amorgos, Kythnos ou Tinos.
Les amoureux de la nature, de paysages sauvages, de belles plages, choisiront Milos, Anafi, Folégandros ou les Petites Cyclades au sud de Naxos.
Le budget dont on dispose est aussi un critère important : Mykonos et Santorin sont particulièrement chères.

### Notre conseil

Organisez bien votre séjour à l'avance pour que votre rêve ne tourne pas au cauchemar, en gardant en mémoire les points suivants :
– L'infrastructure touristique est surdéveloppée à Mykonos, Santorin, Ios, Paros et Naxos. De ce fait, le prix des chambres varie beaucoup, de très bon marché à très cher. Attention ! Surdéveloppée ne signifie pas qu'il y ait trop d'hôtels ou de chambres ; au contraire, la demande dépasse l'offre et est telle qu'il est difficile, en plein mois d'août, d'absorber les flots de vacanciers débarqués dans les îles (il n'y a pas que vous... Les Grecs sont de plus en plus nombreux à profiter de leur propre pays). Et il n'est pas rare, on le rappelle, que des chambres à 25 € hors saison soient louées à plus de 60 € dès la fin juillet. À Santorin et surtout à Mykonos, tout est beaucoup plus (et trop) cher.
– Dans les autres îles, l'infrastructure touristique reste relativement limitée. L'hébergement est bon marché hors saison mais assez cher en été (ainsi qu'à Pâques) et les liaisons par bateau moins fréquentes.
– Il faut aussi tenir compte du fait que toutes les îles ne sont pas directement reliées entre elles et que, en été, les retards de bateaux, voire les annulations en raison du *meltémi* qui souffle fort dans les Cyclades, sont chose courante... Alors, attention aux surprises !
– Paros, de par sa situation, sera peut-être une étape incontournable dans votre périple car elle est reliée à toutes les Cyclades, la Crète, certaines îles du Dodécanèse et Thessalonique. Donc très pratique pour organiser le déroulement de votre séjour. Avec Naxos, c'est également l'île qui a le plus de campings.

## MEILLEURES PÉRIODES POUR VISITER LES CYCLADES

Préférer le printemps, de mi-avril à fin juin. La nature est riante et fleurie, les champs sont tapissés de fleurs sauvages et multicolores, et c'est un véritable paradis pour les chercheurs en botanique. Ce n'est pas tant le nombre d'espèces que leur rareté qui leur donnent tant de valeur.

LES CYCLADES (GÉNÉRALITÉS)

De début septembre à mi-octobre, c'est une autre période très agréable ; le temps y est clément, propice à la baignade, et il y a peu de vent.
– Les avantages : la foule n'est pas encore là ou bien elle est partie, et les prix sont très intéressants. Il fait moins chaud.
– Les inconvénients : en début et en fin de saison, tous les établissements ne sont pas ouverts, et les liaisons en bateau sont moins nombreuses. Pour les hôtels, le démarrage de la saison est généralement en avril, au moment de la Pâque orthodoxe (où, pendant quelques jours, les tarifs sont aussi élevés qu'en été, voire plus, encore que cela dépende des îles). Fin octobre constitue la limite extrême de la saison. Les liaisons en bateau sont donc plus nombreuses de mi-juin à début septembre, en gros.

## Pour ceux qui ne peuvent pas partir hors saison

Planifiez bien votre séjour à l'avance pour éviter les surprises. Il peut être assez difficile de trouver des chambres au dernier moment au mois d'août, surtout dans la première quinzaine d'août. Et les billets de bateaux doivent être achetés à l'avance, du moins sur les lignes les plus fréquentées.

# HÉBERGEMENT

Dans certaines îles, le *logement chez l'habitant* est devenu une véritable institution. Le prix des chambres peut varier du simple au triple selon l'offre et la demande, et surtout selon la saison ! En règle générale, une chambre double de base (le plus souvent avec salle de bains, TV et clim') coûte de 25 à 35 € en basse saison, de 35 à 45 € en moyenne saison et de 50 à 60-70 € en haute saison. Les chambres avec salle de bains commune sont moins chères, mais de plus en plus rares.
En dehors des chambres chez l'habitant, de nombreuses pensions, hôtels, studios, appartements et quelques villas (rares) sont disponibles. La location de studios et d'appartements avec cuisine est plus intéressante financièrement pour les familles. En Grèce, la location de villas n'est pas encore très répandue.
– À Paros, *Îles Cyclades Travel* est un central de résas qui propose des locations sur une dizaine d'îles des Cyclades (Paros, Antiparos, Sifnos, Sérifos, Santorin, Milos, Folégandros, Naxos, Amorgos, Kimolos, Koufonissia et Mykonos). Très fiable : la résa est garantie. Et tout se fait en français. Prix étudiés. Avr-oct : ☎ 22-84-02-84-51. Fax : 22-84-04-19-42. En hiver, en France : ☎ et fax : 01-39-50-60-51. ● holidays-cyclades.com ●

## Camping

Au total, les campings ne sont pas si nombreux : une grosse vingtaine sur l'ensemble des Cyclades. Certains appartiennent à des chaînes nationales de campings qui offrent 10 à 20 % de réduction sur présentation du prospectus de l'un des campings (voir « Grèce utile. Hébergement »). D'autres campings indépendants existent également. Seules les îles les plus touristiques ont plusieurs campings. Attention, pas de camping à Kythnos, à Anafi ni dans les Petites Cyclades.
Les campings annoncent souvent leur ouverture pour fin avril ou début mai ; dans la pratique, certains n'ouvrent pas avant le 1er juin ou bien font leurs travaux en même temps qu'ils accueillent les premiers campeurs. À noter également qu'en fin de saison, parfois dès la mi-septembre, les propriétaires de campings semblent plus pressés de faire vider les lieux aux derniers campeurs que de les bichonner...

# BATEAUX

Les Cyclades sont de mieux en mieux desservies, année après année, mais toutes les îles ne sont pas logées à la même enseigne : les moins touristiques sont les moins desservies. Certaines, au contraire, reçoivent en haute saison un ferry ou un bateau rapide (type catamaran) par heure en journée... Voir plus haut les conseils pratiques dans le chapitre « Les îles grecques ».

# LES CYCLADES DE L'OUEST

## KYTHNOS (ΚΥΘΝΟΣ)  (840 06)  1 600 hab.

Située entre les îles de Kéa, Syros et Sérifos, Kythnos (99 km$^2$) est une île qui plaira assurément à ceux qui recherchent des vacances tranquilles.

Si l'île ne frappe pas dès l'abord, elle distille peu à peu son charme au hasard de ses belles routes étroites et sinueuses offrant de superbes vues, et de ses villages à l'intérieur des terres qui se caractérisent par une architecture insulaire typique : maisons aux portes et volets bleus, petites ruelles en escalier dallées et peintes de motifs divers à la chaux (poissons, fleurs, bateaux). Le sol en est rocheux et très aride, avec quelques vallons fertiles, plantés d'oliviers et d'amandiers, et surtout de nombreux golfes et criques où se nichent de belles plages de sable fin, accessibles (en faisant tout de même un peu attention) avec un scooter. Les habitants sont fort accueillants et beaucoup ne parlent que le grec.

L'infrastructure touristique est finalement assez limitée, et réserver s'avère prudent. Hors saison, Kythnos devient très bon marché et vous serez pratiquement tout seul (mais pas mal d'établissements ferment).

## Arriver – Quitter

L'île souffre depuis quelque temps d'un relatif manque de liaisons maritimes, à tel point que les habitants ont manifesté... sans que cela ait beaucoup d'effets. Il y a en fait désormais un peu plus de départs de Lavrio que du Pirée.

### En ferry

➤ **De/vers Le Pirée :** 1-2 liaisons/j. en été. Trajet : env 3h.
➤ **De/vers Lavrio** (sud de l'Attique) **:** 1-2 liaisons/j. en été. Compter env 1h40.
➤ **De/vers Kéa :** 4 liaisons/sem. tte l'année. Env 1h15 de trajet.
➤ **De/vers Milos, Sifnos, Sérifos :** 1-2 liaisons/j. en été.
➤ **De/vers Syros :** 4 liaisons/sem. tte l'année.
➤ **De/vers Andros :** 1 liaison/sem. tte l'année.

## Circuler dans l'île

🚌 **Arrêt de bus :** à Mérichas, en principe entre le port et la plage, sur la rue principale, mais vérifiez tout de même que le bus ne se trouve pas sur le débarcadère (ça arrive). Direction affichée sur le pare-brise. Deux lignes à peine : Mérichas-Chora-Loutra (nord) et Mérichas-Dryopida-Kanala (sud). Service assez fréquent en été (6-8 départs/j. pour chaque ligne). Hors saison, pas pratique du tout.

– Pour s'orienter dans l'île, il peut être utile de se procurer la carte de Kythnos au 1/25 000 *(Skai Maps)*. On la trouve par exemple à la librairie *Lihnari,* au cœur du village de Mérichas.

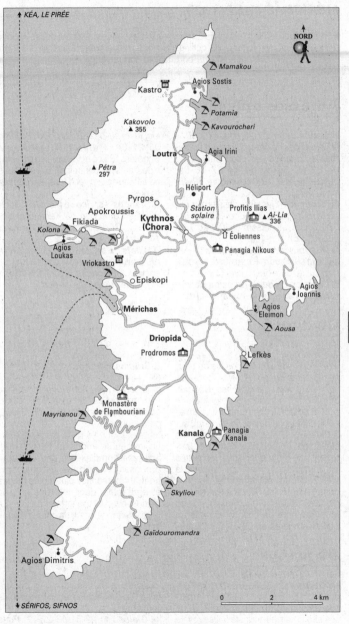

KÉA, LE PIRÉE

NORD

Mamakou

Agios Sostis

Kastro

Potamia

Kavourocheri

Kakovolo
▲ 355

Loutra          Agia Irini

▲ Pétra
   297

Pyrgos          Héliport

Apokroussis     Station          Profitis Ilias
                solaire                        ▲ Ai-Lia
Fikiada         Kythnos                         336
                (Chora)
Kolona                          Éoliennes
Agios                           Panagia Nikous
Loukas
          Vriokastro
                                        Agios
          Episkopi                      Ioannis

                                   Agios
          Mérichas                 Eleimon

                                        Aousa
          Driopida
          Prodromos              Lefkès

                Monastère
                de Flambouriani

Mayrianou                       Panagia
                        Kanala   Kanala

                Skyliou

                Gaïdouromandra

Agios Dimitris

0        2        4 km

**L'ÎLE DE KYTHNOS**

SÉRIFOS, SIFNOS

KYTHNOS (CYCLADES DE L'OUEST)

## *MÉRICHAS* (ΜΕΡΙΧΑΣ)

Port principal de l'île (c'est ici qu'arrivent les ferries), situé sur la côte ouest. Au fond d'un golfe naturel, entouré de collines et bordé d'une plage de sable, il s'avère plutôt agréable avec son activité portuaire et son mélange de vacanciers et de locaux.

## Adresses utiles

■ *Capitainerie :* ☎ 22-81-03-22-90.
■ *Taxis :* pas de central, mais les numéros de portables des chauffeurs. 🖥 69-44-27-66-56 ou 69-44-27-16-09, ou 69-44-74-37-91, ou encore 69-45-89-53-47.
■ *Pharmacie :* juste au-dessus du port, sur la route qui va vers Chora. ☎ 22-81-03-22-40. Ouv en sem 8h30-14h, 18h-20h30 ; sam 10h-13h.
■ *Distributeurs automatiques :* il y en a 2, l'un sur le port, l'autre juste au-dessus, sur la route qui va vers Chora.
■ *Location de deux-roues ou de voitures :* à l'agence *Antonis Larentza-*

*kis,* juste au-dessus du port. ☎ 22-81-03-21-04. ● anlarent@otenet.gr ● Scooters 125 cc et voitures en bon état, à des tarifs raisonnables. Possède aussi un bateau-taxi et vend tous les billets de ferries.
■ *Stations-service :* à Mérichas (sur la route en direction de Kanala) et une autre à Chora. Attention, fermées 14h30-17h. CB refusées.
■ *Billets de bateau :* à l'agence *Antonis Larentzakis* (voir ci-dessus) ou encore *Anéroussa* (☎ 22-81-03-23-72), toutes deux face au port.

## Où dormir ?

🛏 *Paradise :* ☎ 22-81-03-22-06. 🖥 69-76-76-52-62. Au-dessus du port, accès par la rue qui va vers Chora et... une haute volée de marches. Doubles 30-50 € selon saison. Surplombant le port et la baie, 8 chambres très convenables (salle de bains, TV et clim') sur 3 niveaux. Celles de l'étage le plus élevé sont un peu plus petites et partagent une grande terrasse, les autres ont leur balcon. Mais qu'importe, la vue, superbe, est la même de chacune ! À côté, les *Studios Panorama* (☎ 22-81-03-21-84) proposent un peu le même type de chambres mais un poil plus chères et, de plus, à l'entre-

tien un peu aléatoire.
🛏 *Studios Martinos :* ☎ 22-81-03-24-69. 🖥 69-77-31-83-90. ● martinos-studios.com ● De l'autre côté du village (par rapport au débarcadère). Mars-nov. Selon saison, 40-70 € pour 2 pers, petit déj compris. Wifi. Sur les hauteurs et tout près de la plage, derrière un immeuble imposant (et délabré). Joli petit complexe un peu en retrait proposant une dizaine de chambres pour 3-4 personnes plutôt bien tenues et agréables, dans les tons un peu marins, avec kitchenette et balcon. La plupart ont vue sur la mer. Accueil familial.

## Où manger ?

|●| *Ostria :* ☎ 22-81-03-22-63. Fév-nov. Plats 6-15 €. Le 1er resto sur la gauche en venant du débarcadère. Sous ses airs d'attrape-touristes, il se révèle agréable, fort bon et avec un vaste choix de plats, qu'il s'agisse de poisson (très frais), de viande ou de légumes.

Essayez la moussaka ou le poulpe grillé ! Accueil enjoué, et en français, de Tomas.
|●| *Gialos :* ☎ 22-81-03-22-77. Plats 8-14 €. Au milieu du village, face à la mer. Taverne classique, à la cuisine soignée. Service sympa. Goûtez l'agneau.

Agréable terrasse ombragée juste sur la plage. Loue aussi des studios (pas mal, de 30 à 60 € la nuit) en hauteur, avec vue sur la baie.

|●| *Byzantio :* ☎ 22-81-03-22-59. À deux pas du Gialos, aussi sur la plage. Même style de resto, un tout petit peu moins cher. Honnête cuisine et bon accueil. Au menu : chevreau au citron, chou farci à la viande hachée ou encore le fameux *sfougato,* des croquettes au fromage dont l'île s'est fait une spécialité.

## Où prendre un café ? Où boire un verre le soir ?

🍷 *Melirito :* juste au-dessus du port, sur la route qui va vers Chora. ☎ 22-81-03-22-33. Très sympathique pour boire un verre (de plus, wifi gratuit si vous avez un ordinateur portable), en terrasse ou dans une salle chargée de vieilles pubs et affiches françaises (la proprio adore la France !). Onctueux cappuccino et cafés frappés bien rafraîchissants, ainsi qu'un grand choix d'alcools.

🍷 *Rock Castle :* ☎ 22-81-03-24-66. Tlj dès 19h. Grosse maison en pierre sur les hauteurs, à droite des *Studios Panorama,* facile à repérer. Le « château de roc », à moins que ce ne soit *du rock,* vu que le patron aime bien ça et en passe beaucoup ! Excellente ambiance certains soirs, en salle ou en terrasse, avec vaste vue sur la baie. Spécialité de cocktails.

## À voir. À faire

⌂ Il y a bien sûr la plage de Mérichas, mais on en trouve de plus attrayantes au nord, notamment à *Épiskopi* (à moins de 2 km par la route), et surtout celles d'*Apokroussis* (où se trouvent deux tavernes), de *Fikiada* et *Kolona* (une taverne), ces deux plages (qui en fait n'en forment qu'une) étant sans conteste les plus belles de l'île, rien de moins qu'une superbe langue de sable blond bordée, de part et d'autre, d'eau turquoise ! On peut aller à Apokroussis par la route (ou à pied d'Épiskopis, voir plus bas), une route de terre (déconseillée aux véhicules de location), d'un peu moins de 3 km, relie Apokroussis à Fikiada et *Kolona*. Sinon, il est toujours possible de se rendre à Fikiada en bateau-taxi (avec *Antonis Larentzakis,* voir « Adresses Utiles »), mais c'est assez cher.

➢ Jolie balade au départ d'Épiskopis, en direction de *Vriokastro,* où se trouvent quelques vestiges d'une ville antique (X[e] s av. J.-C.), et d'Apokroussis. Si vous commencez la balade de la plage d'Épiskopis elle-même, il faut remonter sur les hauteurs, près du groupe d'habitations, rejoindre la piste de terre puis la remonter en direction de la route goudronnée. Juste avant d'atteindre cette dernière, tourner à gauche et descendre l'étroit chemin qui court entre les murets de pierre, jusqu'à Apokroussis. Balade assez facile. Compter environ 1h pour l'aller.

## CHORA *(ΧΩΡΑ)*

À 7 km au nord-est du port, à l'intérieur des terres, chef-lieu de l'île bâti en amphithéâtre sur les versants d'une colline. Plein de charme avec ses ruelles étroites ornées, à terre, de motifs insulaires, ses passages couverts, ses maisons d'un blanc éclatant (sur lequel tranchent portes et fenêtres bleues fraîchement peintes !), ses ravissantes églises, ses moulins à vent et ses sympathiques cafés dans la rue piétonne qui traverse le petit centre. Vraiment un endroit qui donne envie de s'attarder, d'autant qu'il propose quelques bons restos.

– *Panigiria* début juillet (fête d'Agia Triada), le 20 juillet (Profitis Ilias) et le 15 août.

## Adresses utiles

✉ ■ **Poste et police :** *juste à l'entrée du bourg.*
■ Plusieurs *épiceries* et *minimarkets* dans le village.

## Où dormir ? Où manger ?

🏠 **Filoxenia Studios :** ☎ 22-81-03-16-44. 🖥 69-37-85-23-51. ● *filoxenia-kythnos.gr* ● *Sur la place, juste avant la rue piétonne. Sur présentation de ce guide, compter 35-60 € pour 2 pers et 55-100 € pour 3 ou 4. Internet et wifi.* Le seul endroit où loger de Chora (n'hésitez donc pas à réserver), sis dans une charmante maison. Chambres pour 2 ou 3 personnes, très bien tenues, agréables et respirant le neuf, avec balcon et kitchenette (et bien sûr salle de bains, TV et AC). Également un appartement plus grand. Bon accueil de la patronne. Une adresse bien sympathique.

|●| **To Stéki tou Detzi :** *en plein centre du village. Ouv slt le soir. Repas 12-15 €.* Notre taverne préférée à Chora. On y mange, depuis 3 générations, des plats traditionnels comme l'agneau de lait à la broche, le *frygadéli* (du foie cuit au charbon de bois) ou encore une goûteuse feta locale, tout ça sur 2 exquises terrasses ou dans une très jolie salle intérieure qui fait presque penser à un musée d'art populaire. Accueil simple et chaleureux, en grec.

|●| **Kafénio To Kendro :** *dans le centre du village, un peu en contrebas de la rue piétonne. Ouv midi et soir. Repas 10-12 €.* Typique, avec quelques tables sur une placette, à côté d'une des petites églises du village. Cuisine simple (spécialité de lapin) mais pas chère. Ils font aussi leur propre vin, de couleur brune, au goût de vin cuit.

## À voir

🏃 Outre le village et son ambiance typiquement cycladique, il y a quelques très belles **églises,** malheureusement souvent fermées. Parmi elles, *Agia Triada* (XVIe s), *Agios Savvas* (1613) avec des icônes superbes, *Agios Métamorphossis* et *Sotiros* (XVIIe s), avec une très belle iconostase en bois sculpté. Les églises possèdent dans l'ensemble de très belles icônes de facture créto-vénitienne de la famille d'artistes Skordilis.

## *LOUTRA* (ΛΟΥΤΡΑ)

À 11,5 km au nord-est de Mérichas. Un bien agréable petit port de pêche et de plaisance, connu aussi pour ses sources thermales dont les eaux chaudes et sulfureuses proviennent d'un ancien volcan éteint. Il est construit autour d'un golfe bien abrité des vents et bordé d'une plage. Animé en été, il dispose d'une assez bonne infrastructure touristique. Pour ceux qui disposent d'une voiture, c'est une excellente base, plus pittoresque que Mérichas, pour se poser quelques jours.

## Où dormir ?

🏠 **Porto Klaras :** ☎ 22-81-03-12-76. ● *porto-klaras.gr* ● *Avr-oct. Doubles 55-80 €. Pas de petit déj. CB refusées. Internet et wifi.* Dans une ruelle en pente, à 50 m de la plage, architecture traditionnelle pour cet agréable complexe sur plusieurs niveaux comprenant chambres, studios et appartements pour 4 personnes. Tous ont vue sur la jolie baie de Loutra. Bonne tenue et bon confort aussi (TV, AC, frigo et même des cheminées dans certains apparts) mais les salles de bains sont parfois un peu petites. L'une des adresses les plus agréables de l'île.

🏠 *Kalypso Studios :* ☎ 22-81-03-14-18. ● kalypso_studios@yahoo.gr ● *Réception à la taverne* Katerina *(voir ci-dessous)* : c'est le petit ensemble de maisons aux murs de pierre blancs et situé juste au-dessus. Compter env 70 €.

pour 2 pers en pleine saison. Agréables studios tout équipés, au calme et perchés sur la colline avec des terrasses offrant une belle vue sur Loutra et la mer. Situation isolée assez sympa, même si les petites maisons sont en plein soleil et manquent un peu d'ombre.

## Où manger ? Où boire un verre ?

🍴 *Taverna Katerina :* après la plage de Schinari, *à moins de 1 km au nord du village* (tout le monde connaît). ☎ 22-81-03-14-18. Repas 12-15 €. Très bonne cuisine traditionnelle, faite maison, que l'on peut aller choisir près des fourneaux (on n'a d'ailleurs pas trop le choix : le menu n'est qu'en grec) et servie sur une terrasse ombragée et fleurie, merveilleusement située sur les hauteurs, au calme et avec vue sur la baie. Accueil parfois un peu rugueux au départ, mais si vous revenez, ce sera différent !

🍴 *Araxoboli :* face au port, à 50 m de Porto Klaras. ☎ 22-81-03-10-82. Ouv dès 8h30. Plats 8-16 €. Taverne sympa sur la plage, avec carte en français. Bons poissons grillés ou plats mijotés accompagnés de salades et de *mezze* variés. Excellent petit déj aussi, si vous cherchez un endroit pour ça. Deux autres restos du même type à deux pas.

🍴 *Arias :* dans le hameau d'Agia Irini, à 1,5 km au sud-est de Loutra, en longeant la côte (c'est indiqué). ☎ 22-81-03-13-71. Tte l'année. Compter facilement 30-35 € pour un repas complet avec les boissons. La situation est très romantique, au bord d'une petite crique. On dîne au bruit du clapotis de l'eau, assis à des tables noires garnies de lanternes. Cuisine chère mais succulente, à base de produits de la mer bien frais. Et si vous vous demandez qui est la fille portraiturée sur les serviettes et le menu, c'est tout simplement Aria, la fille du couple de patrons. Mieux vaut réserver en saison car le lieu est assez prisé.

🍷 *Karnagio :* dans la rue principale face au port. ☎ 22-81-03-15-41. Ouv dès 8h. Le seul café-bar de Loutra, élégant et assez animé certains soirs. Prix des consos assez élevés. On peut aussi venir y prendre son café du matin.

## À voir. À faire

⛱ La plage de *Schinari*, à 2-3 mn à pied au nord du port de Loutra, est agréable et ombragée. Sinon, plus au nord, il y a les plages de *Kavourocheri* et, surtout, de *Potamia* et *Agios Sostis,* accessibles en voiture jusqu'à un certain point (routes de terre sur la fin, délicates pour les véhicules de location).

➤ *Le site de Kastro :* au nord de Loutra, compter 1h de marche, mais on peut se rendre en voiture ou scooter jusqu'au chemin de terre qui y mène, d'où il reste env 20 mn à faire à pied. C'est l'ancienne capitale médiévale de l'île, dont ne subsistent que les ruines de la forteresse vénitienne au sommet de la colline. À voir aussi, les deux petites églises du XIIIe et du XIVe s (en assez mauvais état).

➤ L'île de Kythnos est aussi l'un des meilleurs spots de *plongée sous-marine* de la mer Égée. Si cela vous tente, Aqua Team (☎ 22-81-03-13-33 ; ● aquakythnos. gr ●), à l'entrée de Loutra, organise tout type de sorties en mer pour les plongeurs, y compris débutants.

## DRIOPIDA *(ΔΡΥΟΠΙΔΑ)*

À 5 km à l'est de Mérichas. Ce village paisible en retrait des côtes, bâti sur les deux rives d'un torrent asséché, a beaucoup de cachet avec ses maisons coiffées chacune d'une toiture différente ! Quelques belles églises aussi, en particulier *Agios Anna,* dans le centre, et celle d'*Agios Minas* (sur l'autre versant du village), qui possède une remarquable iconostase en bois sculpté. À voir également : le petit *musée d'Art populaire (ouv slt en juil-août).*

## À voir dans les environs

🍴🍴 *Agios Eleimon :* à 4 km à l'est de Driopida. Une petite église blanche dressée sur un îlot relié à la terre par un petit pont en béton. L'église en elle-même n'a rien de spécial, mais la scène, dans son ensemble, avec le bleu profond de la mer Égée en toile de fond, est emplie d'une grande poésie ! On y accède en 10 mn par un petit sentier qui court sur les rochers au départ de la jolie plage d'*Aoussa,* elle-même accessible par une bonne route asphaltée depuis la route qui relie Driopida et Chora.

🏊 Très belle plage aussi à *Lefkès* (avec une taverne) à 3 km à l'est de Driopida, là encore accessible par une route asphaltée.

## KANALA (ΚΑΝΑΛΑ)

À 11 km au sud-est de Mérichas, on rejoint cet endroit par une très belle route qui monte et descend en serpentant. Si le village lui-même est assez dispersé et anarchique, le site naturel est l'un des plus beaux de l'île, réputé pour ses calanques et ses plages, à l'abri du vent du nord. C'est aussi le seul endroit de Kythnos à avoir un petit bois de pins maritimes ! À voir : le *monastère de la Panagia Kanala,* patronne de l'île (fêtes patronales : le 15 août et le 8 septembre). Dans l'église se trouve la superbe icône de la Vierge (XVIIᵉ s), protectrice de l'île qui, selon la tradition, aurait été trouvée dans un canal. Hors saison, encore moins bien desservi par les bus que Chora et Loutra.

## Où dormir ? Où manger ?

🛏 *Studios Akroyialia (chez Dimitris Gonidis) :* au bout de la plage. ☎ 22-81-03-23-66. *Doubles 30-60 € selon saison.* Petite résidence face à la plage comprenant une dizaine de beaux petits studios équipés, avec terrasse et, pour certains, vue sur la mer. Endroit tranquille. Excellent accueil de Marietta Gonidis.

🛏 |●| *Ofiousa :* en arrivant dans le village, sur la droite. ☎ 22-81-03-26-01. ● alkollarou@yahoo.gr ● *Doubles 30-60 € selon saison. Au resto, plats à ts les prix, 5-18 €, voire plus (mais 20 % de réduc accordés aux clients de la pension).* Surplombant la baie, 3 chambres superbes, décorées de peintures égéennes, avec balcon privé et vue sublime sur la mer ! Elles se situent un peu à l'écart du resto qui, lui, dispose d'une terrasse sympa avec tables peintes et, de nouveau, une très belle vue. De plus, on y mange très bien, et la carte est pleine de surprises : ananas farci à la viande hachée, croquettes de poulpe, chevreau aux poivrons, pâtes aux oursins, salade au fromage de Kythnos (en forme de cœur !) et on en passe. Le proprio, très accueillant, pêche tous les fruits de mer et petits poissons lui-même. Une adresse qu'on vous recommande chaudement !

## SÉRIFOS (ΣΕΡΙΦΟΣ)    (840 05)    900 hab.

Située entre Kythnos et Sifnos, Sérifos (superficie 78 km²) est une montagne rocailleuse qui surgit de la mer avec un point culminant à 585 m. Pour rompre cette aridité, quelques vallons fertiles, plantés de vignobles et d'arbres fruitiers (figuiers, amandiers, lauriers), notamment dans la région de Kendarchos. Son sous-sol est riche en métaux, ce qui a permis à l'île de connaître un certain essor au XIXe s.

Sa côte, très échancrée et dentelée, abrite de nombreuses plages et criques et de très beaux golfes (Livadi et Koutalas) au sud de l'île. C'est l'un des points forts de Sérifos, mais pas le seul : l'île offre aussi de très belles balades aux amateurs de randonnées et est encore relativement préservée du tourisme de masse. De ce fait, l'infrastructure touristique y est encore assez limitée, en tout cas surtout concentrée autour de Livadi et la plage de Livadakia.

**VOILÀ POURQUOI VOS GRENOUILLES SONT MUETTES !**

*En 1700, le voyageur français Pitton de Tournefort, de passage dans l'île, note que son plus grand plaisir fut « d'entendre crier les grenouilles dans les marais »... Or les auteurs antiques mentionnaient tous cette curieuse caractéristique à propos des grenouilles de Sérifos : elles restaient muettes... ! L'explication de cette curiosité était mythologique : le héros Persée, fatigué après avoir tué Méduse, était rentré à Sérifos, son île, et s'était plaint de ne pouvoir dormir à cause des coassements. Zeus, l'entendant, avait réglé le problème en condamnant les grenouilles au silence... Et tout le monde semblait s'en être persuadé !*

Mais Sérifos ne fait pas exception : août sonne l'heure de l'invasion touristique (constituée en majorité de Grecs) et de la flambée des prix. Tout est donc vite complet durant cette période. Réservez à l'avance.

## Arriver – Quitter

### En ferry

➢ *De/vers Le Pirée :* env 2 liaisons/j. en saison. Trajet : 4h30.
➢ *De/vers Sifnos et Milos :* env 2 départs/j. en saison. Liaisons un peu moins nombreuses avec *Kythnos.*
➢ *De/vers Paros et Syros :* env 3 liaisons/sem, tte l'année.
➢ *De/vers Folégandros :* 2 liaisons/sem, tte l'année.
➢ *De/vers Sikinos, Ios et Santorin :* 1 liaison/sem, tte l'année.

### En bateau rapide *(High Speed Boat)*

➢ *De/vers Le Pirée, de/vers Sifnos et Milos :* 1 liaison/j. en saison. Du Pirée, compter env 2h30 de trajet.
➢ *De/vers Folégandros :* 3 liaisons/sem en saison.

## Circuler dans l'île

🚌 *Arrêt de bus :* dans la rue principale de Livadi. En juil-août, 1 bus/h, 8h-minuit, entre Livadi et Chora. En saison toujours, 1 bus relie 3 fois/j. Livadi et Aghios Ioanis (via Psili Ammos), 1 fois/j. Livadi et le monastère des Taxiarques, et 1 fois/j. Livadi et la plage de Koutalas.

## LIVADI *(ΛIBAΔI)*

C'est le port de l'île, situé au sud-est de celle-ci et niché au fond d'un golfe bien protégé des vents. L'endroit est agréable mais, en arrivant, on est surtout frappé par la vision de Chora, le chef-lieu de Sérifos, haut perché sur la montagne qui domine toute la baie. La route desservant le port et la plage qui n'était, il y a peu, qu'une piste cahoteuse qu'il fallait arroser plusieurs fois par jour pour éviter que la poussière n'envahisse tout, a enfin été asphaltée. C'est ici, avec le quartier de *Livadakia* et sa belle plage (à 500 m du port, sur la gauche en débarquant), que se concentre le gros de l'infrastructure touristique de l'île.

# Adresses et infos utiles

■ *Capitainerie :* ☎ 22-81-05-14-70.
✉ *Poste :* *dans la rue commerçante parallèle à la rue principale (celle qu'il faut prendre pour aller vers Chora). Lun-ven 7h30-14h.*
■ *Banque et distributeur de billets :* à *l'Alpha Bank, sur le port.*
■ *Clinique (Medical Unit of Serifos) :* à *Chora, sur la gauche de la route un peu avant d'arriver au village.* ☎ 22-81-05-12-02. 📠 69-83-35-16-86.
■ *Pharmacie :* sur le port. ☎ 22-81-05-12-05.
■ *Police :* ☎ 22-81-05-13-00.

@ *Internet :* chez *Krinas* sur le port. 2 ordinateurs. Pratique mais assez cher.
■ *Billets de bateau : Kondilis,* sur le port. ☎ 22-81-05-23-40. Vend les billets de tous les bateaux.
■ *Location de voitures et de deux-roues : Krinas,* sur le port, pas très loin du débarcadère. ☎ 22-81-05-14-88. ● serifos-travel.com ● CB acceptées. Sérieux et compétent. Vend aussi les billets de bateau (sauf ceux pour Syros).
■ *Station-service :* à la sortie de Livadi en allant vers Chora. Ouv 7h-21h. CB acceptées. La seule de l'île.

# Où dormir ?

## Camping

🏕 🛏 *Coralli Camping Bungalows :* à *Livadakia, plage à 500 m au sud Livadi.* ☎ 22-81-05-15-00. Hors saison, ☎ 21-06-91-10-62 (à Athènes). ● coralli.gr ● *En bord de plage. Mai-oct. En saison, compter 20 € pour 2 campeurs et 60 € pour 2 pers en bungalow. Internet et wifi.* Propose 150 emplacements, une trentaine de bungalows (pour 2 à 4 personnes) et des apparts (pour 2 à 6 personnes) vraiment nickel, plaisants et confortables. Côté camping, c'est bien ombragé (tamaris et eucalyptus), fleuri, très bien tenu, bien aménagé et super équipé : minimarket, espace TV, service postal, piscine (avec bar, vraiment agréables), resto, cuisine et machines à laver. Un des meilleurs campings des Cyclades mais, revers de la médaille, il est très bruyant en haute saison (un conseil : s'installer, si possible, au fond du camping près de la plage). Accès direct à la plage. Transfert gratuit de et vers le port.

## Prix moyens

🛏 *Helios :* à *Livadakia ; bien indiqué.* ☎ 22-81-05-10-66. Doubles 25-60 € *selon saison.* Enfin de vraies chambres chez l'habitant, puisque la famille y réside, impeccables et joliment arrangées, avec sol en pierre et dessus-de-lit colorés. Bon confort aussi : salle de bains, frigo, AC et même de quoi se faire du thé ou du café (pas de petit déj). L'entrée se fait par un jardin tout fleuri, aussi avenant que les hôtes. Un excellent choix !
🛏 *Anna Rooms :* à *Livadi, au-delà du* port, face à la plage. ☎ 22-81-05-12-63. Doubles 30-55 € *selon saison.* 8 chambres dans une maison blanc et bleu, plutôt cosy et agréables, avec TV, clim', salle de bains et même une petite kitchenette. Celles à l'étage ont vue sur la mer ou, à l'arrière, sur le village de Chora perché sur la montagne. Pas de petit déj mais thé ou café offert et petite cuisine à dispo.
🛏 *Albatross Hotel :* à *Livadi, juste avant les* Anna Rooms *en venant du port.* ☎ 22-81-05-11-48. ● hotelalbatross.

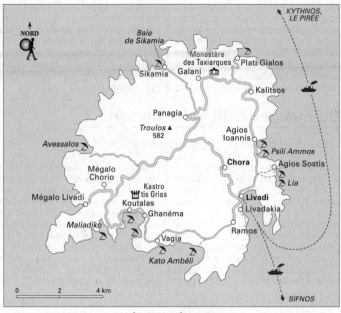

**L'ÎLE DE SÉRIFOS**

gr ● *Compter 25-60 € selon chambre et saison. Petit déj 5 €. Internet et wifi.* Hôtel sympa en face de la plage, proposant 22 chambres, pas très grandes mais suffisamment confortables et bien décorées, avec du mobilier choisi et des gravures ou dessins des Cyclades sur les murs. Salles de bains toutefois petites. Petit déjeuner pris dans le jardin.

🏠 *Dorkas Inn :* à Livadakia, pas très loin du camping. ☎ 22-81-05-14-22. *Hors saison :* ☎ 22-99-02-35-18. ● *dorkas-ai gaion.com* ● *Résa possible chez les Îles Cyclades Travel à Marpissa (île de Paros, voir le chapitre « Paros »). Avr-fin oct. Doubles 56-84 € selon saison, petit déj compris, et studios ou apparts pour 2-5 pers 50-160 € (sans petit déj), selon saison et nombre d'occupants.* Bâtisse sur 3 niveaux comprenant des chambres et des studios nickel et fort plaisants, certains avec vue sur la mer. Grand jardin et

aire de jeux pour les enfants, à deux pas de la plage (accès par un chemin privé). Les apparts, eux, se situent un peu plus loin, de l'autre côté de la route, sur une hauteur, mais sont tout aussi soignés et pimpants que les studios.

🏠 *Alexandros-Vassilia :* à Livadakia, non loin du camping, face à la plage. ☎ 22-81-05-11-19. ● *alexandros-vassi lia.gr* ● *Doubles 30-70 €.* Belle situation, au bord de l'agréable plage de Livadakia. C'est l'un des atouts de cette adresse familiale mais les chambres, au nombre de 24, pour 2 à 5 personnes, sont de bon aloi et dotées de tout le confort qu'on peut attendre dans cette catégorie. Bar et restaurant. Bon accueil.

– Ne pas négliger non plus les *bungalows du camping Coralli* (voir plus haut), d'un excellent rapport qualité-prix !

## Chic

🏠 *Studios Amfitriti :* sur la colline face au port de Livadi, de l'autre côté de la baie. ☎ 22-81-05-25-63. ● *studiosamfi triti.gr* ● *Avr-oct. Studios 55-130 € selon saison, avec petit déj.* À l'écart du village, posé sur la colline face au port, un joli bâtiment avec balcons et poutres en saillie. On le recommande autant pour sa situation, très au calme et offrant une vue grandiose sur la baie que pour le charme de ses studios, clairs et vraiment agréables, réalisés chacun dans une couleur différente et décorés sur un thème particulier. De plus, excellent petit déj, pris dans un bel espace ouvert. Juste à côté, *Studios Niovi* (☎ 22-81-05-25-64 ; ● studiosniovi.gr ●) propose à peu près le même hébergement (sans salle de petit déj) à des prix un poil moins élevés.

## Où manger ? Où boire un verre ?

La plupart des tavernes se trouvent le long du port. Choix assez large.

|●| *Taverna Stamatis :* à 500 m du port, sur la plage de Livadi. ☎ 22-81-05-13-09. *Repas env 10-12 €.* L'une des moins chères et des plus appréciées de Livadi. Bons plats mijotés, servis généreusement. Accueil sympa.

|●| *Taverna Margarita :* de l'autre côté de la baie, face au port. Midi et soir en juil-août, slt le soir le reste de l'année. *Plats 3,50-5 €.* Plats typiques, genre tomates farcies, œufs-courgettes, poulet, agneau, etc. que l'on va choisir en cuisine. Lieu vraiment sans prétention (assiettes en plastique), comme il n'en existe plus beaucoup, avec le poulailler juste derrière le resto... et la patronne qui se déplace encore à dos d'âne ! Ne pas y venir pour faire une étape gastronomique (encore que les plats soient bien réalisés), mais plutôt pour retrouver un peu de cette Grèce d'avant, presque totalement disparue.

|●| *Ouzeri Kalis :* sur le port. ☎ 69-42-46-79-87. *Plats 7-15 €.* Tables en terrasse de part et d'autre de la route qui longe le port, sous des abris à armature en bois vert pâle. Cuisine soignée et copieuse dans les assiettes, faisant la part belle aux poissons et fruits de mer. Beaucoup de monde, ambiance chaleureuse. Un des meilleurs choix parmi les restos du port.

▼ *Anemos Cafe :* sur le port, au-dessus de l'agence Krinas, *pas très loin du débarcadère.* ☎ 22-81-05-17-83. Pour prendre un pot en attendant le ferry, ou à n'importe quel autre moment, très agréable terrasse donnant sur le port et la baie. Bonne musique, plutôt rock. Le lieu est wifi et, en plus, les consos ne sont pas très chères.

▼ *Yacht Club Serifos :* un peu au-delà du port, face à la plage de Livadi. ☎ 22-81-05-18-88. Café-bar-club, ouvert quasi tout le temps, avec un DJ à partir de 22h. Bonne ambiance l'été, mais prix des boissons élevés.

## Où se baigner ?

⌁ La *plage de Livadi* (qui s'appelle *Avlomona*), se situe à droite du port (quand on regarde Chora) et s'étend sur 1 km, avec en alternance du sable et des petits cailloux. Les eaux y sont peu profondes. Elle est agréable et suffisamment ombragée, mais on lui préfère un peu celle de *Livadakia,* avec sa rangée de pins maritimes, à 500 m au sud, là où se trouve le camping.

⌁ Sinon, de Livadi, les courageux peuvent gagner à pied, en allant vers le nord, la très belle *plage d'Agios Sostis* (sable blond et petite église sur un promontoire rocheux) et, un peu plus loin, celle de *Psili Ammos* (deux tavernes en saison), à 3,5 km de Livadi. On peut aussi y aller en voiture, compter alors à peine quelques minutes de Livadi.

|●| *Taverne O Manolis :* sur la plage de Psili Ammos, la 1re sur laquelle on tombe en arrivant. *De juin à mi-sept slt.* Bon accueil et petits plats bien préparés, à prix normaux. L'autre taverne, *Stephanakos,* un peu cachée dans son bouquet d'arbres, propose aussi une bonne cuisine, notamment du poisson frais.

# À faire

➢ Possibilité de faire de la plongée, *Serifos Scuba Divers* (à Livadi, au-delà du port ; ☏ 69-32-57-05-52 ; ● *serifosscubadivers.gr* ●) propose des initiations ou des sorties pour plongeurs confirmés, notamment au large de l'ancienne mine d'extraction de minerais, à Mégalo Livadi (suivie d'une traversée de l'ancien tunnel !), ou même autour d'une épave de bateau.

## CHORA *(ΧΩPA)*

À 4,5 km (par la route) au nord du port, le chef-lieu de l'île est surmonté d'une ancienne forteresse vénitienne et de ses deux chapelles, d'où la vue sur l'île est époustouflante. Chora est une bourgade typiquement cycladique, accrochée aux flancs d'une colline abrupte et aride, qui domine de loin Livadi. Petites maisons de poupée, construites en terrasse à même la roche, labyrinthe de venelles étroites serpentant à travers le village, ruelles en escalier toutes dallées et blanchies à la chaux. Petites placettes sympas aussi, dont celle de la mairie (bâtiment néoclassique), animées par une poignée d'ouzeries et de *kafénia*. Le bus, si vous le prenez, vous dépose à deux pas du centre du village, mais on peut aussi s'y rendre à pied de Livadi, par les escaliers qui tracent une ligne blanche à travers la montagne.

## Où manger ? Où boire un verre ?

|●| ♈ *Stou Stratou* : pl. de la mairie, tout en haut du village. ☎ 22-81-05-25-66. Pâques-sept. Petit café très agréable et dans un cadre on ne peut plus charmant, pour prendre un verre accompagné de quelques *mezze* (ou, pourquoi pas, de « l'assiette mixte », bonne, pas chère et suffisante pour 2 personnes !). Une douzaine de cocktails à l'*ouzo*. On peut aussi y prendre le petit déj. Vraiment très sympa, en plus le patron (Stratos) parle couramment le français. Bonne musique. Quelques tables pour jouer aux échecs.

|●| *Karavomylos* : dans le centre, sur la place du bas. ☎ 22-81-05-12-61. Mai-début sept. Ouv midi et soir en juil-août, slt le soir le reste de la saison. Plats max 12 €. L'enseigne indique que c'est un *rakadiko* (qui est au raki ce que l'*ouzeri* est à l'*ouzo*), mais on y sert surtout une excellente cuisine, avec des plats originaux comme la panse de porc (cuite au four pendant 12h) aux petites pommes de terre, le kebab de Smyrne ou le risotto aux poires et au bacon. Et tant qu'à faire, goûtez aussi au *rakomelo*, un raki au miel pouvant être servi chaud ou froid, très bon !

|●| *Aloni* : pile entre Livadi et Chora, fléché sur la droite quand on monte vers Chora. ☎ 22-81-05-26-03. Ouv à partir de 18h (et slt le w-e en hiver). Compter 7-8 € le plat (certains un peu plus chers). Le resto le plus « panoramique » de l'île : on y embrasse, de la terrasse, toute la baie de Livadi ! Mais il y a aussi une belle salle, avec petites niches éclairées où reposent des poteries. À la carte, succulent agneau (élevé sur l'île) à la tomate, saucisse de campagne, lapin citronné, et bien sûr, toute la panoplie de *mezze*. Pas de poisson. Service agréable.

# À voir

❀❀❀ Tout en haut du village, du *kastro* (l'ancienne forteresse vénitienne), on jouit du plus beau *point de vue* de l'île... sur l'île et la mer Égée. Y aller de préférence en fin de journée, lorsque la lumière illumine la baie de Livadi. Par temps clair, on aperçoit, de gauche à droite, Andros, Syros, Paros, Sifnos et Milos !

❀ Église d'*Agios Athanassios,* à côté de la mairie, pour sa très belle iconostase en bois sculpté du XVIIIᵉ s.

🍴 Petit *Musée archéologique (mar-dim 8h30-15h),* situé à côté du resto *Karavomylos,* et, plus intéressant, le *musée d'Art populaire (ouv slt en juil-août, tlj 17h30-21h),* installé dans le bas du village.

## Randonnées pédestres

L'île offre de nombreuses possibilités de balades. À ce propos, il existe une carte de l'île au 1/20 000 avec tous les sentiers (éditions *Anavassi*), en vente dans les boutiques du port. Sur l'île, les randonnées sont numérotées et plus ou moins fléchées. Pour en avoir un aperçu, allez jeter un œil à la carte qui est affichée près de l'arrêt de bus à Chora, au pied de l'escalier qui monte vers le Kastro.

➤ *De Chora au monastère des Taxiarques :* c'est le sentier 1, mais attention, le fléchage est peu visible à certains points clés, notamment au départ ! À Chora, sur la place centrale (la place des Moulins) où se trouvent les deux supérettes, prendre l'escalier qui descend face au resto *Karavomylos* puis, à droite, le chemin pavé. 40 m plus loin, tourner à gauche sur un autre chemin pavé et le suivre pendant environ 5 mn, jusqu'à la sortie du village ou, plus précisément, jusqu'à un virage où il faut prendre un petit chemin de terre face à vous et non pas continuer à descendre le sentier (qui mène à un cimetière). Une fois sur le chemin de terre (duquel on aperçoit une église sur la colline au loin), il suffit de continuer jusqu'au village de Kalítsos (ou Kendarchos) et, de là, prendre la route goudronnée qui mène au monastère. Si vous logez à Livadi, la rando peut aussi se faire dans le sens inverse, en prenant le bus jusqu'au monastère et en rentrant à pied jusqu'à Chora... où vous devrez descendre la volée de marches jusque chez vous. Prévoir 3h de marche de Chora au monastère.

## À voir dans les environs

🍴🍴 *Le monastère des Taxiarques* (Μονη Ταξιαρχων) : à env 10 km au nord de Chora (par la route). 1 bus/j. s'y arrête en été. Sinon, on peut y aller à pied, voir ci-dessus la description de la balade au départ de Chora.
Pour le visiter, demandez à votre logeur ; il prendra rendez-vous avec le moine Makarios (qui est souvent présent avant 13h mais, étant le prêtre de 4 villages, il est parfois absent).
C'est l'édifice le plus significatif de l'île. De loin, il ressemble à une forteresse, et lorsqu'on se rapproche, on aperçoit le dôme de l'église. Il fut construit à partir du début du XVe s et subit de nombreux pillages de la part des pirates. Pour le protéger des ennemis, une enceinte de 8 m de haut fut construite tout autour. Le monastère, tout blanc, comporte 60 cellules, dont quelques-unes réservées à l'usage des pèlerins, et renferme des objets sacrés de grande valeur et des manuscrits importants. À l'intérieur de l'église, de très belles icônes, un trône épiscopal en bois sculpté et une magnifique iconostase en marbre et en bois. Pensez à avoir une tenue vestimentaire correcte (pantalon pour les hommes, jupe pour les femmes et bras couverts) !
Peu après le monastère, en direction de Kalítsos, suivez la route de 2 km étroite et très pentue, mais goudronnée, qui vous mènera à la jolie petite plage isolée de *Platis Gialos,* avec ses quelques arbres et ses bateaux. On y trouve aussi une excellente taverne (la taverne *Nikoulias*), parfaite pour le déjeuner.

🍴 *Panagia* (Παναγια) : *env 4 km avant le monastère en venant de Chora.* Petit village construit sur les flancs d'une colline. Au centre se trouve la plus vieille église de l'île, construite de 950 à 1000 apr. J.-C. Basilique cruciforme, dans laquelle on peut voir (quand elle est ouverte) des vestiges de peintures murales datant de la fin du XIIIe s.

🍴 Après Panagia, prenez à gauche, vous arriverez au petit port de **Sikamia** (Σνκαμια), avec sa grande plage de sable, peu protégée du vent. La route d'accès est assez étroite, tortueuse mais goudronnée (sauf à l'arrivée). Attention aux nids-de-poule. Si votre estomac crie famine et que la soif vous taraude, vous trouverez le *Café Akrogiali*, presque en bout de plage et bien caché sous les eucalyptus.

🍴🍴 **Kalitsos** (Καλλιτσος) : étrange petit village, peu actif aujourd'hui et non « touristisé ». Maisons creusées à même la falaise.
– Les 14 et 15 août, les habitants de l'île se réunissent non loin de là, à Panagia Skopiani, pour la *fête de Marie*.

## LE SUD-OUEST DE L'ÎLE

C'est une région qui connut un grand essor grâce à l'extraction du fer. On y trouve les plages de Mégalo Livadi et Koutalas. Accès par la piste (en passe d'être asphaltée) qui longe la côte sud de l'île vers l'ouest ou par la route goudronnée qui, de Chora, part vers le nord et oblique vers l'ouest après de 3 km.

🍴 **Mégalo Livadi** (Μεγαλο Λιβαδι) : ancien port de chargement du minerai de fer exploité dans les environs, de 1866 à 1951. Reste une pile de l'ancien pont de chargement des métaux et les bureaux de l'usine, partiellement ruinés. Cela n'empêche pas cet endroit pittoresque, situé au fond d'un golfe bien abrité des vents du nord, d'offrir un joli cadre pour un séjour reposant (quelques chambres à louer, et deux tavernes authentiques, notamment *Kyklopas*, tenue par le sympathique Spyros et où l'on mange très bien, sous les tamaris, face à la plage).

> **VOX POPULI**
>
> *En 1916, les mineurs, qui constituaient près de la moitié de la population de l'île, se mirent en grève pour revendiquer la journée de 8 h, des mesures de sécurité et un meilleur salaire. Gromann, propriétaire allemand de la mine, fit donner la troupe : plusieurs mineurs furent tués, ainsi que deux policiers, lapidés par la population en colère. Après la Seconde Guerre mondiale, les Gromann furent expulsés : ils avaient collaboré à l'effort de guerre allemand...*

🍴 **Koutalas** (Κονταλας) : sur les hauteurs, le site de *Kastro tis Grias* révèle la présence d'un ancien habitat médiéval fortifié : quelques ruines de maisons et de rempart. Le golfe de Koutalas est très agréable avec sa plage de sable et de galets ombragée. Très jolies *plages* aussi (quoique manquant un peu d'ombre) de **Ghanéma** (toujours sur le golfe de Koutalas, on y trouve une taverne) et de **Vagia**. À **Maliadiko** (entre Koutalas et Mégalo Livadi), superbe petite crique bien abritée des vents.

# SIFNOS (ΣΙΦΝΟΣ)                    (840 03)                    2 000 hab.

Sifnos, l'île d'Apollon, est plus touristique que Sérifos mais encore relativement préservée. Elle a une superficie de 74 km² et possède à peu près 70 km de côtes.
Elle fut connue dès l'Antiquité, grâce à ses mines d'or et d'argent, célèbres dans toute la Méditerranée. Le Trésor de Sifnos à Delphes, un des plus beaux monuments du site, témoigne de la richesse de l'île où l'on a battu monnaie avant Athènes.
Riche en beautés naturelles, grâce à la diversité de ses sols (schiste, marbre, granit, calcaire), Sifnos offre au voyageur de beaux paysages, moins arides que ceux de ses voisines Sérifos et Kythnos : vallées fertiles entre massifs

montagneux, campagne couverte d'oliviers millénaires (quelque 60 000 sur l'île), plages de sable fin. Elle est aussi réputée pour la beauté de ses monastères, nombreux, pour ses poteries et, surtout, sa gastronomie – c'est en effet une des îles grecques où vous mangerez le mieux – ainsi que pour ses possibilités de randonnées.

Ses touristes sont en majorité grecs, même si l'on rencontre de plus en plus de Français et francophones. Il faut saluer également l'excellence du réseau de bus qui relie toutes les destinations très régulièrement. De fin juillet à fin août, il est quasiment impossible de trouver des chambres ou des appartements sans avoir réservé à l'avance : prenez donc vos précautions. Sachant qu'en juillet et août les prix sont élevés, de même qu'à Pâques, quand ils ne sont pas loin d'approcher ceux de l'été.

## Arriver – Quitter

### En ferry

➤ *De/vers Le Pirée, de/vers Sérifos et Milos :* 2-3 liaisons/j. en saison. Prévoir 5h30 de traversée depuis Le Pirée.
➤ *De/vers Kythnos :* au moins 1 liaison/j. en été.
➤ *De/vers Folégandros :* env 3 liaisons/sem en saison.
➤ *De/vers Sikinos :* 2-3 liaisons/sem en saison.
➤ *De/vers Paros et Syros :* 2-3 liaisons/sem en saison.
➤ *De/vers Santorin :* 2 liaisons/sem en saison.

### En bateau rapide *(High Speed)*

➤ *De/vers Sérifos et Le Pirée :* 1 liaison/j. en saison (6/sem en juin et sept). Prévoir env 3h de traversée depuis Le Pirée.
➤ *De/vers Milos :* au moins 1 liaison/j. en été ; env 4/sem en juin.
➤ *De/vers Folégandros :* env 3 liaisons/sem en été.
➤ *De/vers Santorin :* 1 liaison/sem en été.

## Circuler dans l'île

🚌 L'*arrêt de bus principal* se trouve à **Artémonas** (au-dessus d'Apollonia, par où passent aussi tous les bus), à côté de la place principale. De là, plusieurs lignes desservent l'île. La fréquence est donnée pour juillet-août.
➤ *De/vers Kamarès :* env 10 bus/j. (7h-minuit).
➤ *De/vers Plati Gialos :* env 10 bus/j.
➤ *De/vers Faros :* 6-7 bus/j.
➤ *De/vers Kastro :* 6-7 bus/j. Attention, ces bus ne partent pas d'Artémonas mais d'Apollonia, face à l'hôtel *Anthoussa*.
➤ *De/vers Vathy :* 7 bus/j.
➤ *De/vers Chéronissos :* env 4 bus/j. Ces bus ne passent pas par Apollonia.

## KAMARÈS *(ΚΑΜΑΡΕΣ)*

Port principal de l'île, c'est là qu'accostent les bateaux de ligne. Comme souvent, il se trouve au fond d'une baie entourée de montagnes et bordée par une grande plage de sable. C'est un lieu de villégiature bien agréable, réputé aussi pour ses ateliers de poterie. Ne manquez pas d'aller admirer le coucher du soleil de la petite église *Agia Marina,* à gauche du port.

**L'ÎLE DE SIFNOS**

# Adresses et infos utiles

🛈 **Office de tourisme :** *sur le port, à deux pas du débarcadère.* ☎ *22-84-03-19-77.* ● *sifnos.gr* ● *D'avr à mi-oct, tlj 10h-minuit.* Le personnel efficace pourra vous fournir des renseignements en tout genre et vous réserver une chambre de pension ou d'hôtel sans commission. Distribue également une brochure gratuite sur l'île avec ses hébergements (localisés sur une carte) et une petite présentation des différents sites à visiter, et vend une carte détaillée de Sifnos au 1/25 000. Possibilité de laisser ses bagages (1 € par pièce pour la journée).

■ **Distributeur de billets :** *à côté de*

l'office de tourisme.
■ **Capitainerie :** ☎ 22-84-03-36-17.
■ **Presse internationale :** à la librairie The Bookshop, à env 500 m du port sur la route qui va vers Apollonia, près de l'hôtel Myrto.

■ **Billets de bateau :** à l'agence **Podotasgroup,** sur le port. 🖥 69-44-55-13-74. • sifnos-podotasgroup.com • Le patron, Giorgos Podotas, est très accueillant et vous donnera volontiers aussi des infos sur l'île.

## Réservations de chambres, locations et hôtels

■ **Îles Cyclades Travel** peut vous aider à réserver une location à Sifnos : voir le chapitre consacré à Paros (Marpissa).
■ **Aegean Thesaurus Travel :** à Kamarès, à 250 m du port, dans la rue principale, et à Apollonia, juste avant la place principale, côté gauche en arrivant.

☎ 22-84-03-31-51. • thesaurus.gr • Agence qui recherchera, moyennant finance, un hébergement selon vos moyens et vos désirs. Location de voitures aussi, vente de billets de bateau, et change.

# Où dormir ?

Certaines de nos adresses se trouvent du côté d'Agia Marina, qui est la partie de Kamarès située du côté nord de la plage, à 600-700 m du port (prendre à gauche après avoir dépassé la plage en venant du débarcadère).

## Camping

⚠ 🏠 **Camping Makis :** du côté d'Agia Marina, à deux pas de la plage, et env 600 m du débarcadère (c'est indiqué de la route qui va vers Apollonia). ☎ 22-84-03-23-66. • makiscamping.gr • Avr-nov. Compter 18 € pour 2 pers avec tente. CB refusées. Wifi. Assez petit – évidemment, on est serré en pleine saison – mais pas bien cher et surtout propre et très convivial. Sanitaires (w-c à la turque) bien tenus. De l'ombre grâce aux pergolas et aux tamaris. Accueil formidable de Makis Korakis, le patron (qui en plus est une mine d'infos sur l'île !) et

de son amie, Stéphanie (française). Très arrangeants, ils louent aussi des tentes et tout ce qui va avec pour 25 € la nuit pour 2, ainsi que des chambres bien sympas avec salle de bains, TV, AC, frigo et balcon à 25-55 € (toujours pour 2), et même des bungalows pour 4 (60-100 €). Petit déj disponible à la réception, que l'on peut prendre sur une petite terrasse. Barbecue, petite cuisine pour faire sa tambouille, service de laverie et épicerie. Une bonne adresse où l'on se sent comme chez soi.

## De bon marché à prix moyens

🏠 **Panorama :** sur les hauteurs du port (accès par l'une des ruelles qui partent sur la droite – en venant du débarcadère – et grimpent sur le flanc de la colline). ☎ 22-84-03-35-67. Hors saison, ☎ 21-04-81-60-37. • panorama-sifnos. gr • Si vous n'avez pas réservé, téléphonez en arrivant ou rendez-vous au resto Captain Andreas – dans la rue qui longe le port –, où travaille Tassos, le proprio. Selon saison, doubles env 35-60 €. 9 chambres rutilantes et bien équipées

(AC, TV, frigo et salle de bains) avec terrasse et vue sur Kamarès. Adresse au calme (qui, il est vrai, se mérite au prix d'une montée un peu rude) et proprios adorables.
🏠 **Pension Simeon :** sur les hauteurs du port, pas très loin de la pension Panorama. ☎ 22-84-03-16-52. • simeon-sifnos.gr • Avr-oct. Selon saison, compter 30-70 € pour une double et 50-110 € l'appart pour 4 pers. Wifi. Dans une maison aux volets rouges,

chambres bien tenues et confortables (AC, TV, frigo) avec balcon privatif et une très belle vue sur la baie. Seuls les apparts ont un coin cuisine.

■ *Moscha Pension :* à *Agia Marina*, à *150 m de la plage.* ☎ 22-84-03-12-69. *Résa possible auprès d'*Îles Cyclades Travel à *Marpissa (île de Paros). Avr-fin oct. Doubles 58-88 € selon saison, petit déj compris et vue (sur la mer ou pas) ; quadruples 91-124 €.* Avec salle de bains, w-c, frigo et AC. Toutes n'ont pas la vue sur mer. Également des chambres pour 3 et 4 personnes. Ensemble propre et accueil très gentil. Le petit déjeuner en terrasse se prend à l'hôtel *Nymfès* mitoyen (même famille).

■ *Pension Morphéas :* devant la plage, à côté du camping. ☎ 22-84-03-36-15. ● morpheas.gr ● *Avr-oct. Résa possible auprès d'*Îles Cyclades Travel à *Marpissa (voir chapitre sur Paros). Doubles 40-78 € selon saison, apparts 4 pers 60-108 €. Internet et wifi.* Petit ensemble de bâtiments cubiques aux volets verts, ainsi nommé en l'honneur de la divinité des rêves prophétiques (Morphée). Dans chaque chambre, TV, AC, frigo et, pour celles à l'étage, une terrasse avec vue partielle sur la mer. Machine à laver à disposition.

■ *Froudi :* à *400 m du port.* ☎ 22-84-03-23-47. *Remonter la dernière rue à droite en quittant Kamarès (juste après le carrefour vers Agia Marina), prendre la 1re rue à gauche, puis à droite la petite rue qui monte, puis de nouveau à gauche. C'est la grande maison blanche aux volets marron. Selon saison, 45-70 € pour 2 pers et 10 €/pers supplémentaire.* Belles chambres spacieuses, claires et nettes, avec carrelage et mobilier en bois, pour 2 ou 3 personnes. Toutes disposent d'une jolie terrasse avec vue sur Kamarès et la mer. Bonne adresse, au calme, et accueil sympa de la maîtresse des lieux, Katerina, qui parle un peu le français.

■ On vous rappelle aussi que le *camping Makis* propose des chambres et bungalows d'un bon rapport qualité-prix.

## D'un peu plus chic à plus chic

■ *Afroditi Hotel :* vers *Agia Marina*, face à la plage qui se trouve à slt 80 m. ☎ 22-84-03-17-04. ● hotel-afroditi.gr ● *Mars-fin oct. Doubles 45-80 € selon saison, avec petit déj-buffet. Wifi.* Petit bâtiment de 2 étages, entouré d'un beau jardin, comportant une vingtaine de chambres, toutes avec frigo, douche et w-c privés, balcon ou terrasse et, pour certaines, vue sur mer. La fille de la maison se débrouille en français et les parents sont adorables. Une adresse bien sympathique à deux pas de la plage.

■ *Myrto Hotel :* à *500 m du débarcadère, sur la route d'Apollonia.* ☎ 22-84-03-20-55. *Hors saison :* ☎ 21-06-71-52-02 (à Athènes). ● hotel-myrto.gr ● *Résa possible auprès d'*Îles Cyclades Travel à *Marpissa (l'île de Paros). Ouv 15 mars-31 oct. Selon période et type de chambre, compter 50-85 € pour 2 pers ; petit déj en sus 9 €.* Chambres confortables avec sol en pierre et une belle salle de bains moderne et design. Hôtel très bien tenu avec une superbe vue sur toute la baie. Le petit déj se prend à côté de la réception, dans un agréable espace.

■ *Hotel Nymfès :* à *Agia Marina*, à *150 m de la plage.* ☎ 22-84-03-12-69. ● nymfes.gr ● *Résa possible auprès d'*Îles Cyclades Travel à *Marpissa (île de Paros). Avr-fin oct. Doubles 77-113 € selon saison, avec le petit déj. Internet et wifi.* Hôtel récent, d'une dizaine de chambres de charme seulement, arrangées un peu à l'ancienne et très soignées ! Buffet au petit déj. Très agréable cour intérieure en pierre. La réception elle-même ne manque pas de style, avec sa collection de poupées et ses fauteuils à fleurs.

## Où manger ?

|●| *O Simos :* sur le port. ☎ 22-84-03-23-53. *Midi et soir. Env 10-12 € le repas.* Adresse à l'ancienne, avec ses plats « à la casserole » qu'on va choisir en cuisine (*papoutsakia* – aubergines à la viande hachée et sauce béchamel –,

moussaka, mastelo – chèvre cuite au four), et le dimanche, la revithia (soupe de pois chiches, à goûter au moins une fois !). Terrasse.

|●| **Camaron :** sur le port, en face du bar Old Captain. ☎ 22-84-03-23-78. Plats 6-12 €. Pour les fatigués des mezze et autres souvlakis, bons plats de pâtes et pizzas, à déguster en terrasse sous une pergola. Accueil gentil du patron, non pas italien mais grec.

|●| **O Argyris :** à l'opposé du débarcadère, à Agia Marina, après le café Folie World. ☎ 22-84-03-23-52. Avr-oct, midi et soir. Repas 10-15 €. Bonne cuisine traditionnelle, copieuse et pleine de saveurs : cassolette d'agneau mijotée au vin et aux épices qui mérite vraiment le déplacement, ainsi que d'autres spécialités régionales, le tout servi dans un joli cadre, face aux flots. Resto très apprécié des vacanciers et des locaux.

|●| **Delphini :** à Agia Marina. ☎ 22-84-03-37-40. Tout au bout de l'anse, après le resto O Argyris. Pâques-oct, midi et soir. Plats 7-15 €. Un très bon resto avec un accueil vraiment sympathique du couple de proprios. Spécialités de poulet à la bière et au jus d'orange, tourtes différentes chaque jour, salade maison, assiette de fromages frits, soupe de poisson... De plus, cadre ravissant, à côté d'une piscine et face au port. Fait aussi hôtel.

## Où boire un verre ?

🍷 **Old Captain Bar :** sur le port, au bord de la plage. Ouvert depuis presque 30 ans, ce fut le premier bar de l'île. Ambiance vacances.

🍷 **Café Folie World :** à Agia Marina, un peu avant le resto O Argyris. Beach Bar très tendance, donnant directement sur la mer. Très agréable mais prix un peu gonflés.

## Où manger une glace, une bonne pâtisserie ?

♦ **Iodios :** sur le port. Bonnes glaces, gaufres et petits déjeuners.

|●| **Pâtisserie Venios :** dans une ruelle perpendiculaire à la rue du port. Très bonnes pâtisseries traditionnelles. Également la boulangerie-pâtisserie **O Pipis**, à 50 m de Venios, sur le port, qui fait de bonnes pitès à base de fromage et de miel.

## À voir dans les environs

🚶🚶 **Agios Simeon :** c'est l'église perchée sur la montagne qui domine Kamarès, à plus de 400 m de hauteur. On peut s'y rendre par la route, désormais entièrement asphaltée, qui serpente dans la montagne sur 6,5 km jusqu'à l'église (attention, la montée finale est raide !), et jouir de là-haut d'un panorama assez extraordinaire sur le port et la mer !

## APOLLONIA (ΑΠΟΛΛΩΝΙΑ)

Capitale de l'île, située à 5,5 km du port, un peu embouteillée quand, en août, débarquent les Athéniens en 4x4... C'est un joli village perché, entouré d'oliveraies et construit en amphithéâtre sur les versants de trois collines. Remarquable pour son architecture populaire qui allie modernité et traditions insulaires. Maisons cubiques blanches, cours très fleuries, dédale d'étroites ruelles dallées, le tout ponctué de vieilles églises byzantines aux dômes bleus. Parmi les plus belles, l'**église de la Panagia Ouranofora,** avec de remarquables icônes et une iconostase superbe (si c'est fermé, admirez le très beau linteau en marbre représentant saint Georges terrassant le dragon). Ne pas manquer non plus celles d'**Agios Sozon** (iconostase en bois sculpté) et d'*Agios Spiridonas* (pour les trouver continuer la rue piétonne au-delà des bars et restos).

Également un *Musée folklorique* (sur la place principale ; ouvert seulement l'été, de 10h à 14h) où est présentée la vie traditionnelle des habitants de l'île.

Apollonia est aussi le point de départ de nombreuses randonnées pédestres.

## Adresses utiles

🛈 *Office de tourisme :* avant la place principale, sur la droite. ☎ 22-84-03-13-33. Juil-août, 9h-15h, 17h-minuit. Ne fait que la réservation de chambres. Pour des infos sur l'île, s'adresser à celui de Kamarès.

■ *Distributeurs de billets, poste* et *pharmacie :* sur la place principale.

🚌 *Arrêt de bus :* devant l'agence Aegean Thesaurus *pour Kamarès, à hauteur de l'hôtel* Anthousa *pour les autres localités.*

■ *Stations-service :* 3 stations sur l'île :

2 à Apollonia et la 3e sur la route de Vathy.

■ *Centre médical :* en direction d'Artémonas, sur la gauche après l'embranchement pour Kastro. ☎ 22-84-03-15-44.

■ *Commissariat de police :* en face du centre médical. ☎ 22-84-03-12-10.

@ *Internet Café 08 :* pas loin de la place principale, sur la route de Platis Gialos. Ouv 10h-1h30. Une dizaine d'ordinateurs dans un café-bar, qui est aussi wifi.

## Où dormir ?

### Dans le centre d'Apollonia

#### Prix moyens

🛏 *Pension Géronti :* à 3-4 mn à pied de la place principale (pas d'accès en voiture). ☎ 22-84-03-14-73 (Nicoletta) ou 34-33 (Flora). De la place, prendre la ruelle avec la pancarte pour l'hôtel Pétali : à la hauteur de ce dernier, c'est en face, sur la droite. Avr-oct. Compter 57-73 € pour une chambre double selon saison (petit déj inclus, sf en hte saison où il n'est pas fourni ; studios pour 2 51-73 €). 3 maisons alignées appartenant aux membres d'une même famille (Irini et ses 2 filles, Nicoletta et Flora). On ne va pas vous conseiller l'une plutôt que les deux autres, toutes trois proposent un hébergement de qualité : des chambres ou studios coquets, rutilants et confortables, avec une terrasse commune ombragée et luxuriante (chez Irini) ou des petites terrasses individuelles (chez Nicoletta et Flora), offrant une vue plongeante sur Apollonia et la mer ! Vraiment une adresse charmante et très accueillante, notre préférée, en fait, à Apollonia.

🛏 *Pension Evangélia Kouki :* ☎ 22-

84-03-12-63. Juste en face des chambres Géronti. Avr-oct. Doubles 47-68 €. Grande maison aux volets bleus, avec vue plongeante sur Apollonia et la mer. Chambres confortables et très propres avec salle de bains, frigo et AC, donnant sur une terrasse commune. Bon accueil. Un petit bout de cuisine est mis à la disposition des hôtes.

🛏 *Sifnos View (chez Manolis Koukis) :* Agios Antypas, à 5-6 mn à pied de la place centrale. ☎ 22-84-03-34-34. ● sifnos-view.gr ● Avant l'hôtel Pétali, prendre à gauche et monter vers l'église d'Agios Antypas, c'est 200-300 m plus loin, sur la gauche (maison avec une petite barrière turquoise surmontée d'un panneau jaune). Avr-oct. Pour 2 pers, env 40-65 €. Une poignée de chambres simples mais bien nettes et carrelées, avec mobilier en bois (et matelas assez fermes). Elles possèdent chacune une miniterrasse en pierre sur le devant, d'où l'on jouit d'une vue magnifique. Quartier très tranquille.

## Prix moyens

⌖ **Giamaki Rooms :** *pas loin de la place, mais mieux vaut contacter avant le proprio, qui travaille à l'agence* Podotas *à* Kamarès *– voir ce chapitre –, car il n'y a pas toujours quelqu'un.* ☎ 22-84-03-39-73. ●podotasgroup@syr.forthnet.gr ● *Remonter la rue piétonne principale d'Apollonia (celle avec ttes les boutiques et restos), la maison se trouve dans une ruelle sur la gauche, après* Katsoulakis Travel. *Doubles 38-60 € selon saison.* Chambres agréables et nickel, avec carrelage et sommiers en bois, dans un petit complexe entouré de barrières bleues qui lui donnent des airs de maison de poupée. Sympathique terrasse commune aussi (mais sans vue sur la mer).

# Où manger ?

Vous n'aurez que l'embarras du choix à Apollonia : la rue piétonne principale (à fréquenter le soir car le midi elle tourne au ralenti) est bordée de comptoirs où l'on peut manger sur le pouce et de restos en tout genre (la plupart un peu chic, mais il y en a à prix plus raisonnables).

## De prix moyens à plus chic

|●| **Tou Apostoli to Koutouki :** ☎ 22-84-03-31-86. *Dans la rue piétonne principale, à mi-hauteur. Avr-sept, slt le soir. Plats 9-15 €.* Petite taverne typique qui sert une bonne cuisine de terroir (pas mal de viandes cuites en terrine). Sympathique terrasse et service rapide.

|●| **Café Drakakis :** *dans la rue piétonne, après* Tou Apostoli to Koutouki. *Ouv slt le soir. Repas 10-15 €.* Une charmante petite terrasse souvent bondée, sur la rue, à l'ambiance et à la déco un peu bohème. Les plats sont inscrits au marqueur dans des livres d'images pour enfants, amusant ! Au menu : salade de betterave au yaourt, escargots, foie au romarin, pois aux oignons et fenouil, moules, pommes de terre à l'ail et origan, crevettes en terrine aux tomates et à la feta, porc fumé... C'est bon, varié et ça change de l'ordinaire ! Service aimable mais vite débordé.

|●| **Okylaos :** *rue piétonne, à côté de* Tou Apostoli to Koutouki. ☎ 22-84-03-20-60. *Midi et soir. Repas min 20 €.* L'un des rares de la rue à être ouverts à midi. Très bon resto proposant une cuisine grecque et méditerranéenne créative. Des plats traditionnels également, comme le *mastelo* (agneau cuit au four pendant 6h), une spécialité de Sifnos. Beau choix de vins du pays. Serveurs sympas. Installez-vous sur le toit-terrasse, très agréable. Fait aussi bar à bières.

# Où savourer des douceurs ?

|●| **Cafétéria-pâtisserie Gérondopoulos :** *à deux pas de la place principale.* Bienvenu dans ce palais des délices, ouvert depuis 1950 : fruits confits, gâteaux au miel, *amygdalota*, bouchées au chocolat les plus diverses... On a essayé de goûter à tout (voyez un peu jusqu'où va notre conscience professionnelle !), mais on a calé. Cadre agréable orné de vieux miroirs ou terrasse (donnant sur la route qui va vers Platis Gialos). On peut aussi y manger des plats à midi et le soir, pour pas trop cher.

# Où boire un verre le soir ?

En saison, Apollonia est très animée en soirée, essentiellement le long de la rue piétonne principale, où pullulent les bars branchés et chers.

🍸 *Café Botzi : dans la rue piétonne principale.* Intérieur plein de cachet, avec des miroirs et une fresque de bateau, lumière tamisée et musique d'ambiance. Très fréquenté certains soirs. Un de nos préférés.

🍸 *Argo : en face du resto Okylaos.* Bientôt 3 décennies d'existence, le plus vieux bar d'Apollonia. Agréable terrasse en pierre, avec chaises couvertes de tissu. Bons cocktails, musique du monde ou *dance*. Un classique.

🍸 *Cosi : dans la rue piétonne principale.* L'une des terrasses les plus élé-gantes, surtout à la tombée du jour, lorsqu'on pose des bougies sur les tables et que les couleurs se confondent avec celles du crépuscule... Musique *mainstream* et clientèle huppée.

🍸 *Rampagos : entre la rue piétonne principale et la route qui va vers Platis Gialos.* Pour une ambiance plus tranquille, on vous conseille chaudement ce bar à cocktails flanqué d'une terrasse sous un énorme et superbe tamaris. Fait partie d'un complexe avec resto, galerie d'art et boutiques de fringues, bijoux et bibelots du monde entier.

## À voir dans les environs

🏛 *L'ancienne acropole d'Agios Andreas : sur la route de Vathy, au sud d'Apollonia, prendre à droite (c'est indiqué) une petite route nouvellement asphaltée qui conduit jusqu'au site. Tlj sf lun 8h30-15h. Entrée gratuite.* Perché au sommet d'une colline, c'est le site archéologique d'une ville fortifiée datant de l'époque mycénienne (XIIIe-XIIe s av. J.-C.). Récemment ouvert au public, il possède une salle exposant sous vitrines les objets retrouvés lors des fouilles. Beau point de vue sur l'île mais le site en lui-même est assez peu parlant. Pour ceux qui ont le temps.

## Randonnées pédestres et balades

Si vous comptez explorer un peu l'île à pied, procurez-vous la carte de Sifnos au 1/25 000 (Éd. Anavassi), en vente (6 €) à l'office de tourisme de Kamarès, à la librairie *The Bookshop* (à Kamarès et à Apollonia) ou encore au camping *Makis* de Kamarès. Il existe également une brochure en français (en vente à la librairie *The Bookshop*) intitulée « Promenades dans l'île », qui décrit 30 petites randos (texte écrit par deux Français amoureux de l'île). Enfin, l'agence *Thesaurus* (voir le chapitre sur Kamarès) propose des balades accompagnées et payantes (15 € par personne en petit groupe).

➤ *Apollonia-Katavati-Profitis Ilias* (Απολλωνια - Καταβατη - Προφητης Ηλιας) : *env 2h ; assez difficile.* Cette promenade, qui relie Apollonia au monastère de *Profitis Ilias,* est un must. Après avoir atteint *Katavati,* en remontant toute la rue piétonne centrale d'Apollonia, continuez jusqu'à la très vieille église de la *Panagia I Anghéloktisti* dont l'architecture est intéressante (église à trois nefs en forme de croix avec un dôme conique, unique sur l'île ; très belles fresques à l'intérieur). Prendre ensuite la première ruelle sur la droite (petit panneau). Vous allez sortir du village par un sentier cheminant entre des murets de pierre. En retrouvant la route goudronnée, prendre à droite dans direction de Kamarès et, 100 m plus loin, sur la gauche, le sentier menant au monastère (indiqué par un panneau... lisible uniquement en venant de Kamarès)... De là, bon courage pour la grimpette ! Au sommet, vue époustouflante sur huit îles des Cyclades, et intéressante visite du ***monastère*** (1650). Impressionnant avec ses murs constitués d'énormes blocs de pierre, ses nombreuses cellules, ses galeries souterraines et ses anciennes colonnes de marbre. Fête patronale : le 20 juillet. Nombreuses festivités.

➤ *Apollonia-Artémonas : env 20 mn.* De la place principale, prendre la ruelle en escalier qui monte vers l'hôtel *Pétali.* Vous traverserez *Pano Pétali* et *Agios Loukas.* Au passage, des églises intéressantes.

## *ARTÉMONAS* (ΑΡΤΕΜΩΝΑΣ)

Ravissant village perché, constituant en fait la partie haute d'Apollonia, entouré de moulins à vent. Labyrinthe d'étroites ruelles pavées, bordées de très belles demeures néoclassiques se mêlant intimement à l'architecture populaire. Cours fleuries de géraniums, de jasmins et de bougainvillées qui reflètent la douceur de vivre. Belles églises, en particulier, sur la place principale, celle d'*Agios Konstantinos* (XVᵉ s) dont l'architecture est assez particulière. Et, recouverte d'un dôme avec une grande nef centrale et deux nefs latérales, celle de la *Panagia tis Ammou,* avec de superbes icônes et une très belle iconostase en marbre. Ici encore, départ de nombreuses randonnées pédestres.

## Où dormir ?

▲ *Windmill Villas :* ☎ 22-84-03-20-98. ● windmill-villas.gr ● *À Artémonas, prendre la route en direction de Chéronissos. Le moulin est indiqué sur la gauche. Avr-oct. Studios 35-75 € pour 2 pers selon saison ; apparts 60-150 € pour 4.* Perché sur sa colline, ce petit complexe hôtelier abrite quelques studios avec une vue large et plongeante sur la mer. Mais le plus original, c'est l'appartement niché dans un authentique moulin, avec l'un des 2 grands lits posé à côté du moyeu et de la roue qui moulait le grain ! Accueil sympa aussi, en grec.

## Où manger ?

I●I *To Chrysso :* à 500 m de la place (prendre à droite au bout de celle-ci et suivre le fléchage). ☎ 22-84-03-13-22. Midi et soir. Repas env 12 €. Terrasse agréable avec vue sur les dômes de l'église. Bonne cuisine familiale. L'un des restos les plus constants et recommandables du village.

## Où acheter de super douceurs ?

I●I *Confiserie Nikos Théodorou :* à deux pas de la place, prendre à droite au bout de celle-ci. Tlj sf dim 8h-14h, 17h30-22h. Une maison blanche aux volets gris, en activité depuis 1933 et toujours considérée comme la meilleure confiserie de l'île, voire des Cyclades ! Il faut dire que tout y est encore fait à la main et cuit au charbon de bois, dans des casseroles en cuivre... Goûtez aux *bourékia* farcis au miel artisanal, aux *loukoums,* aux gâteaux aux amandes ou encore à l'*halvadopitta,* un nougat grec, tendre et exquis... Pas bon marché, certes, mais produits de toute première qualité !

## Randonnées pédestres

➤ Si vous vous en sentez l'énergie, n'hésitez pas à faire la très intéressante promenade d'Artémonas jusqu'aux anciennes mines d'or d'*Agios Sostis* (env 1h45 pour s'y rendre). Provision d'eau nécessaire, comme d'hab'. Prendre la route de Chéronissos puis, au bout de 3 km environ, un petit sentier sur la droite, qui chemine au milieu des oliviers et des figuiers. La descente vers les mines est grandiose, avec la chapelle d'Agios Sostis qui se détache, dans un paysage rocailleux, sur le fond bleu du ciel et de la mer.

➤ À partir d'Artémonas, en prenant un chemin parmi figuiers et oliviers, très belle balade aussi jusqu'au village fortifié de *Kastro,* en passant par le monastère *Pana-*

*gia tis Poulatis.* D'Artémonas, prendre la route vers Chéronissos, puis suivre la direction de Poulati et des studios *Bella Vista*. Vous tomberez alors sur un cimetière, d'où l'on a une vue imprenable sur la mer, puis, plus loin, sur le monastère (1871), posé dans un site superbe aux falaises majestueuses. Plus bas, accessible par un escalier de 160 marches, merveilleuse petite crique aux eaux cristallines vert émeraude, pour

> ## MAUVAISE MINE
>
> *Dès le V$^e$ s, les mines, dont celles d'Agios Sostis, donnèrent des signes d'épuisement rapide. La légende raconte que par cupidité les riches Sifniotes oublièrent, juste une fois, d'envoyer à Delphes le dixième du produit de leurs extractions, comme Apollon leur demandait de faire chaque année... Mal leur en prit : les mines furent submergées par la mer !*

vous baigner et vous rafraîchir. Là encore, la rando est assez éprouvante, n'oubliez donc pas vos provisions d'eau. Accessible de Kastro également.

## KASTRO *(ΚΑΣΤΡΟ)*

Capitale de l'île jusqu'en 1836. Habité depuis les temps préhistoriques, Kastro compte parmi les beaux villages de ce coin des Cyclades. On a l'impression de vivre à une autre époque. Le rempart est formé par des maisons à deux ou trois étages, de forme allongée, étroitement serrées les unes contre les autres, ne laissant que quelques petites ouvertures. À l'intérieur du village, grandes demeures seigneuriales, aux blasons gravés au-dessus des portes. Ruelles très étroites, galeries voûtées, cours minuscules. Il est agréable également d'en faire le tour par le chemin périphérique qui a été aménagé.

## Où dormir ? Où manger ? Où boire un verre ?

🏠 **Aris Houses (Aris et Maria Rafalétou) :** dans le village. ☎ 22-84-03-11-61. 📱 69-32-47-40-01. Remonter la ruelle principale vers le nord, dépasser le bar Remezzo, jusqu'à une pancarte indiquant « Traditional houses ». Fin avr-fin sept. Résa possible auprès d'Îles Cyclades Travel à *Marpissa* (voir chapitre « Paros »). Pour 2 pers selon saison, doubles 39-54 € et studios standard 43-69 €. De configuration et de taille différentes, 6 unités réparties en différents endroits de Kastro, de la chambre double à la petite maison pouvant accueillir 5 personnes (101-161 € selon saison). Le point commun en est l'architecture traditionnelle (sol dallé, poutres apparentes) et un indéniable cachet.

🍴 **Taverna Léonidas :** au pied du village, sur la gauche en arrivant. ☎ 22-84-03-11-53. Repas 12-15 €. Très bonne cuisine locale dans une agréable véranda aux boiseries vertes et plancher, avec vue plongeante sur la mer.

Quelques tables en terrasse aussi.

🍴 **Astro :** au cœur du village. ☎ 22-84-03-14-76. Pâques-oct. Repas 12-15 €. La plus ancienne taverne de Kastro. La terrasse ne donne pas côté mer, mais on se console avec les collines à contempler. Cuisine familiale, parts copieuses et accueil très prévenant.

🍸 **Remezzo Bar :** dans le village, tout près du resto Astro. Ouv 11h-2h. Un petit bar ouvert sur la vallée, à l'ambiance très relax. Excellent cocktail de fruits frais.

🍴🍸 **Dolci :** dans le 1$^{er}$ virage en entrant dans le village. ☎ 22-84-03-23-11. Ouv dès 9h. Ici encore, la terrasse est très sympa, sous des paillotes, face aux collines. Musique et ambiance très cool. On peut y boire un verre (jus de fruits, cafés chauds ou froids, alcools...) ou grignoter un en-cas genre gaufre, glace ou crêpe (sucrée ou salée). Également des salades. Le tout un peu cher mais bon, c'est justifié par le cadre.

## Achats

⊛ *Maximos : le long des remparts, face à la mer.* ☎ 22-84-03-36-92. L'été, Maximos quitte Athènes pour venir travailler dans son petit atelier de Kastro, d'où la vue sur la petite église d'Epta Martyrès, en contrebas, et la mer, est grandiose. Il y réalise des bagues, anneaux, boucles d'oreilles et pendentifs en argent et en or, qu'il vend à prix très compétitifs (et encore plus si vous payez cash...). Accueil très chaleureux.

# À voir

🍴 *Le Musée archéologique : dans le centre du village. Mar-dim 8h30-15h.* De nombreux objets qui retracent tout le riche passé historique de Sifnos : sculptures, vases, pièces de monnaie.

🍴👣 *Les églises :* en particulier, tout en haut du village, celle de la *Panagia I Eléoussa* (cathédrale de l'île rénovée en 1635 ; à remarquer, la belle iconostase et ses icônes des XVe et XVIe s), les églises de *Théosképasti,* d'*Agia Katerina,* de *Taxiarchis.* La chapelle d'*Epta Martyrès* (des Sept-Martyrs), sur sa presqu'île rocheuse, n'a rien d'extraordinaire en elle-même, mais sa situation est magnifique. Pour les courageux, belle descente (et remontée) et possibilité de baignade très sympa depuis les rochers.

🍴 *La baie de Séralia :* ancien port de Kastro, niché au fond d'une crique. Là aussi belle descente.

## LES PLAGES DE SIFNOS

On les trouve principalement au sud, mais ne pas oublier *celle de Kamarès,* qui est l'une de nos préférées.

## Platis Gialos (Πλατυς Γιαλος)

⌒ L'une des plus grandes plages de sable fin des Cyclades. Entourée d'oliviers et de jardins potagers, c'est la plus fréquentée de l'île. Hébergement cher et bruyant aux mois de juillet et août. Peu de charme.

🛏 Nombreux *studios* et *chambres* à louer.

🍴 *To Kati Allo : au bout de la route qui longe la plage, face au terminus des bus. Plats 6-16 €.* Taverne familiale à l'ancienne : madame aux fourneaux, monsieur au service. Carte offrant un large choix. Plats frais et portions très généreuses.

🍴 *Lazarou Beach Bar : crique Lazarou.* ☎ 22-84-07-12-10. *Au bout de la route qui longe la plage, prendre le chemin de terre (carrossable) sur env 400 m. En saison slt. Plats 8-15 €.* Resto isolé dans une petite crique, disposant d'une belle terrasse au-dessus d'un café d'où il est possible de se baigner. Bonne cuisine traditionnelle de taverne (soupe de pois chiches, chèvre au four). Le proprio, très sympa, a une petite ferme avec des animaux derrière (genre autruches et daims).

## Faros (Φαρος)

⌒ Agréable petit port de pêche, resté authentique, bien abrité des vents. Il dispose d'une petite plage avec deux ou trois restos, bref, de quoi faire un séjour plaisant et surtout très relaxant, à l'écart de toute agitation. Non loin de là, à 1,5 km par la route, se trouve aussi la plage de *Fassolou.*

▲ *Studios Thalatta :* sur le « rocher » de Faros, entre les 2 plages. ☎ 22-84-07-12-95 ou 15-13. Avr-oct. Résa possible auprès d'Îles Cyclades Travel à Marpissa (voir chapitre « Paros »). Compter 62-100 € le studio pour 2 pers. Une poignée de studios bien agencés, avec mobilier en bois, carrelage, petite cuisine équipée et une terrasse avec vue. Récent, très propre et bien situé.

Également un appartement pour 4 personnes (92-130 €).

|●| *Zabelis :* plage de Fassolou. Slt en saison. Prévoir 10-12 €. La taverne de plage typique (en fait un peu en retrait de la plage), où l'on mange en terrasse sous les grands tamaris. Large choix de *mezze.* Sans prétention gastronomique, mais sans mauvaises surprises non plus.

## Apokofto *(Αποκοφτο)*

⌂ Entre Faros et Platis Gialos, cette sympathique plage, aux eaux limpides, abrite, dans un très joli site, le *monastère de Chryssopighi* (1650), qu'on voit représenté sur de nombreuses plaquettes de l'île. Baignade évidemment possible, y compris du monastère, sur des rochers plats sculptés. On peut aussi faire la belle balade qui relie Apokofto à Faros, par un joli sentier dallé surplombant la mer (compter 20 mn).

|●| *Chryssopigi :* près du monastère. ☎ 22-84-07-12-95. Avr-oct. Repas 12-15 €. Vaste et agréable terrasse au bord de l'eau, avec vue sur le monastère. Cuisine de bon aloi, réunissant tous les classiques du coin (veau au citron, *mastelo,* ragoût de lapin, tourte à la feta, spaghettis aux crevettes...). Très populaire. D'ailleurs, s'il y a trop de monde, n'hésitez pas à aller à l'autre taverne de la plage, *To Apokofto,* très bien aussi.

## Vathy *(Βαθυ)*

⌂ Longue plage de sable, aux eaux cristallines peu profondes, bien abritée des vents et tranquille en dehors de l'été. Un *resort* (Eliès) s'est installé un peu en retrait de la plage et apporte un peu d'animation, même si beaucoup de ses clients ne s'éloignent pas trop de l'immense piscine... À voir, le *monastère de Taxiarchis* (XVIe s).

▲ *Kalypso Rooms :* à deux pas de la plage, avant le monastère. ☎ 22-84-07-11-27. ● kalypso-sifnos.gr ● Mai-oct. Doubles 45-70 € selon saison. Dans une petite maison blanche aux volets bleus bordée de yuccas, à l'arrière de celle des proprios, 5 chambres claires et impeccables avec balcon et tout le confort usuel. Certaines ont vue sur la mer. Également un appartement pour 4/5 pers. Bon accueil en grec.

|●| *Taverna Tsikali :* bien située au bord de la plage, après le petit port et le monastère. ☎ 22-84-07-11-77. Avr-oct, midi et soir. Repas env 12 €. Très bonne cuisine régionale. Parmi les spécialités : *spanakopita* (tourte aux épinards et fromage), chevreau au vin, lapin à l'origan, excellents fromages de ferme, poisson grillé, le tout arrosé de retsina au fût ! Accueil sympa.

## Chéronissos *(Χερρονησσος)*

⌂ Dans le nord de l'île, adorable petit port de pêche encerclé par la roche où deux tavernes, pépères au bord de l'eau, sont prêtes à accueillir les estomacs affamés. On y accède par la route goudronnée à la sortie d'Artémonas. L'avantage, c'est que le coin est beaucoup plus sauvage que le reste de l'île et moins fréquenté. Paysages ruraux intéressants : aires de battage, gerbiers (petits abris en pierre servant à abriter les gerbes), colombiers disséminés çà et là... Joli coucher de soleil (aller jusqu'à la pointe, derrière l'église Aghios Georgios). Fête locale *(panigyri)* le 16 juillet.

# MILOS (ΜΗΛΟΣ)

env 5 000 hab.

Située au sud de Sifnos, l'île de la *Vénus* du musée du Louvre, surnommée aussi l'île aux Couleurs, offre au visiteur des villes et des villages peut-être un peu décevants (on a beaucoup construit), mais en revanche des paysages insolites et parfois envoûtants grâce à sa nature volcanique et à la diversité de ses roches. À elle seule, c'est une véritable merveille géologique. Un voyageur du XIXe s voyait en Milos une « grande étape pétrifiée et imbibée d'eau de mer ». On ne se lasse pas de ses rochers « sculptés » aux formes étranges, taraudés à longueur d'année par la mer et les vagues, ses falaises aux couleurs somptueuses – rouge, orange, blanc, vert, noir, gris... – entre lesquelles se nichent des plages parfois magnifiques. Plus de soixante-dix, paraît-il, aux eaux limpides et cristallines, déclinant tous les tons de vert et de bleu. Bon nombre d'entre elles sont bordées de tamaris, dont l'ombre aide à supporter la canicule estivale.

L'île a une superficie de 151 km², et culmine, dans sa partie ouest, à 751 m. Elle doit sa forme et son originalité au golfe d'Adamas, créé par le cratère du volcan. C'est l'un des plus grands ports naturels de la Méditerranée. Connue dès l'Antiquité pour sa richesse en minerais – l'obsidienne surtout, dont on faisait le commerce dès le Mésolithique –, Milos a été intensément exploitée (et l'est toujours), ce qui explique la multitude de carrières et de mines qui trouent l'île par endroits et gâchent les paysages, même si – rassurez-vous – ceux-ci sont dans l'ensemble bien préservés. Ce n'est que récemment que Milos s'est tournée vers le tourisme. L'infrastructure hôtelière se développe et se concentre surtout à Adamas, port principal, et à Apollonia, deuxième station balnéaire de l'île, bien plus agréable. En été, tout est vite complet, et l'hébergement reste cher tout de même. Alors, prenez vos précautions et réservez à l'avance.

## Arriver – Quitter

### En avion

➤ *De/vers Athènes :* 2 vols/j. en été. Trajet : 45 mn. *Olympic Air* à l'aéroport. ☎ 22-87-02-23-81.

### En ferry

➤ *De/vers Le Pirée :* 1-3 liaisons/j. selon la saison. 5-8h de trajet selon les escales.
➤ *De/vers Sifnos et Sérifos :* même fréquence que pour Le Pirée.
➤ *De/vers Syros et Paros :* 3 fois/sem. tte l'année.
➤ *De/vers Santorin :* 2-4 fois/sem, selon la saison. Trajet : env 5h.
➤ *De/vers la Crète :* 2-3 fois/sem, tte l'année.
➤ *De/vers Karpathos et Rhodes :* 1-2 fois/sem, tte l'année.

### En bateau rapide *(High Speed)*

➤ *De/vers Le Pirée, de/vers Sifnos et Sérifos :* 1-2 fois/j. en saison. Compter 2h45-4h30 de trajet depuis Le Pirée.
➤ *De/vers Santorin :* 1 fois/j. de mi-juin à mi-sept. Trajet : 2h30.

## Circuler dans l'île

🚌 *Arrêt de bus :* à Adamas, près de l'hôtel Portiani. Seules 2 lignes fonctionnent toute l'année (celles pour Plaka et Pollonia), les autres ne fonctionnent qu'en été.

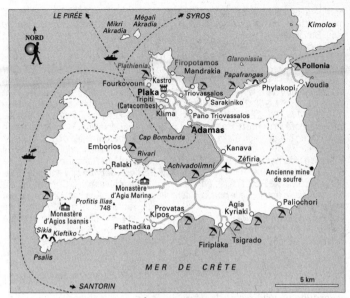

**L'ÎLE DE MILOS**

➤ **De/vers Plaka et Tripiti :** ttes les heures en saison, 7h30-minuit.
➤ **De/vers Pollonia :** env 10 bus/j. en saison, 7h-22h.
➤ **De/vers Paleochori :** 7 bus/j., 10h30-19h.
➤ **De/vers Provatas :** 8 bus/j., 10h-18h.
➤ **De/vers le camping :** env 10 bus/j., 8h-23h.
➤ **De/vers Sarakiniko :** 3 bus/j. (plus un 4ᵉ en fin de journée dans le sens Sarakiniko-Adamas).

## ADAMAS *(ΑΔΑΜΑΣ)* OU **ADAMANTAS**
*(ΑΔΑΜΑΝΤΑΣ ; 84801)*

Port principal et « cœur battant » de l'île, un peu décevant au premier abord, à cause des constructions pas toujours très belles qui s'étalent du côté est, le long de la baie. Mais on l'apprivoise finalement assez vite, à mesure qu'on découvre le vieil Adamas, celui qui s'étage sur la colline au-dessus du port, avec ses ruelles étroite en pente et sa grande église. C'est ici aussi que l'on trouve le plus d'animation (notamment le soir en saison), et la plupart des services, sans oublier un assez grand nombre de restaurants et de pensions...

## Adresses utiles

Attention : la **poste**, la **police** (☎ 22-87-02-13-78), et le **centre médical** (☎ 22-87-02-27-00 ou 01) se trouvent à Plaka.

🖽 **Office de tourisme municipal :** sur le port. ☎ 22-87-02-24-45. ● milos.gr ● En été, ouv en principe tlj 9h-22h30.

Distribue diverses brochures assez complètes sur l'île avec toutes les infos dont vous pourrez avoir besoin (transports – avec les horaires – , héberge-ment, restos, choses à voir ou à faire, etc.). Bon accueil.

■ **Capitainerie :** ☎ 22-87-02-33-60.

■ **Banques et distributeurs de billets :** sur le port, à deux pas du débar-cadère.

■ **Pharmacie :** dans la rue en direction de Plaka. ☎ 22-87-02-21-78. Ouv 8h30 (11h dim)-14h, 18h-22h.

@ **Cybercafé : Internet Info,** au début de la rue en direction de Plaka. Tlj 10h-minuit.

■ **Presse internationale :** sur le port, à côté du resto Kynigos.

■ **Taxis :** ☎ 22-87-02-22-19. La sta-tion de taxis se trouve sur le port, à côté de l'arrêt de bus.

■ **Billets de bateaux :** plusieurs agen-ces sur le port, notamment **Brau Kat Travel** (au-dessus de Tomaso Rent-a-Car ; ☎ 22-87-02-30-00, ● milosisland. gr ● ; demander Stéphanie, française) ; ou **Milos Travel** (☎ 22-87-02-20-00 ; ● milostravel.gr ●).

■ **Location de voitures et de deux-roues :** là encore, plusieurs agences le long du port, le mieux vraiment est de comparer les conditions de chacune. En août, compter env 20 €/j. pour la loc d'un scooter et 50-60 € pour une petite voiture. Tarifs jusqu'à 50 % moins cher en dehors de cette période. Quel que soit le loueur, faites particulièrement attention au contrat proposé. En géné-ral, les dégâts occasionnés au véhicule ne sont pas couverts, il faut acquitter un supplément journalier pour bénéficier de cette assurance... qui comporte de toute façon une franchise.

■ **Stations-service :** il y en a 5 sur l'île. La 1re se trouve à Néo Chori (à 1 km à l'est du port d'Adamas), 2 autres sont sur la route principale d'Adamas à Plaka, et les 2 dernières sur la route entre Adamas et Pollonia.

■ **Laverie : Smart & Fast Clean,** sur la route de Plaka, à env 500 m du port. ☎ 22-87-02-32-71. Tlj 8h-minuit. Compter 10 € pour une machine (lavage et séchage).

# Où dormir ?

La plupart de nos adresses se trouvent à l'est du centre, à 5-10 mn à pied en lon-geant le front de mer (prendre à droite en venant du débarcadère). Comme d'habi-tude, les prix varient énormément selon l'époque et la demande (et donc certaines de nos adresses « Prix moyens » et « Plus chic » deviennent « Bon marché »).

## De bon marché à prix moyens

â **Rooms and studios Giorgos Mal-lis :** derrière l'église. ☎ 22-87-02-26-12. ● mallisstudio@yahoo.gr ● Doubles 25-65 € selon saison. Pas loin du port, agréable complexe sur 2 niveaux abri-tant des chambres spacieuses et très propres, avec AC, frigo, salle de bains et kitchenette. Bon accueil.

â **Tilemachos :** ☎ 22-87-02-21-60. ● ti lemachos-rooms.gr ● À 150 m de la mer. Longer le front de mer vers l'est et pren-dre la rue à gauche, juste après le pont sous lequel rien ne coule. Mai-oct. Dou-bles 47-75 € selon saison et emplace-ment. Studios 65-86 € pour 2 pers. Pos-sibilité de petit déj. Internet et wifi. Réduc de 20 % sur présentation de ce guide sf juil-août. Maison proposant de petites chambres doubles, des studios

pour 2-3 personnes et même des apparts pour 4, le tout bien tenu et entourant une jolie terrasse ombragée et un jardin tout fleuri. Atmosphère fami-liale et détendue. Barbecue à dispo et resto (réduc pour les hôtes) ouvert de fin juin à début septembre. Au calme.

â **Semiramis Hotel :** ☎ 22-87-02-21-17. ● semiramishotel-milos.com ● Pren-dre la route en direction de Plaka ; l'hôtel se trouve dans une ruelle à sens unique sur la gauche. Avr-oct. Selon sai-son, 30-65 € pour 2 pers. Wifi. Réduc de 15 % sur présentation de ce guide hors juil-août. Un petit hôtel familial à l'allure un peu vieillotte, mais aux chambres rénovées (sauf les salles de bains) et agréables. Sympathique terrasse ombragée par une tonnelle couverte de plantes grimpantes, où l'on peut prendre un petit déj bon marché. Accueil souriant. Également une annexe, **Dionysis,** un poil plus chère que l'hôtel mais avec des studios tout équipés (préférez ceux du bas, plus neufs).

▪ *Rooms Anna Makrinou :* à l'est du port. ☎ 22-87-02-20-58. • makrinos. com • Longer le front de mer sur 500-600 m et remonter la ruelle à sens unique après le supermarché Sifis. En arrivant à la taverne Zygos, prendre la rue sur la droite. Avr-fin oct. Doubles 25-60 €. Tenue par une dame qui ne parle que le grec, pension offrant 6 chambres petites mais convenables, aux murs blanc et bleu, avec le confort usuel. L'une d'elles donne sur la baie. Environnement vraiment pas extraordinaire cependant. Si c'est complet, la fille d'Anna (qui, elle, parle anglais) possède aussi une pension (*chez Christos et Giorgos ;* ☎ 22-87-02-37-52), à deux pas de là.

▪ *Pension Soulis :* à côté de la maison Anna Makrinou *(voir plus haut).* Résa auprès d'Athena Travel : ☎ 22-87-02-16-27. • athenatravel.gr • Avr-oct. Doubles 30-70 €. Hors juil-août, formule *chambre + voiture 40 € !* Chambres plaisantes, bien tenues et lumineuses, toutes arrangées un peu différemment, avec des gravures du vieux Milos. Accueil plutôt sympa, en grec.

▪ *Antonis Rooms :* à env 2 km du port. ☎ 22-87-02-38-65. • gaitanis33milos@ hotmail.com • D'Adamas, longer la mer vers l'est et, après la station-service Jet Oil, *tourner à gauche en suivant les indications pour* Antonis Rooms. *Compter 30-60 € pour 2 pers selon saison.* Dans une grande maison blanche aux volets bleus, entourée d'un jardin bien entretenu, 5 chambres agréables, bien arrangées et confortables (AC, TV, frigo et balcon), la plupart donnant sur Adamas et la mer (l'une d'elles, un peu plus chère, a même une vue spectaculaire !). Un peu isolé certes, mais on y gagne en tranquillité. On peut venir vous chercher au port.

## Plus chic

▪ *Studios Helios :* juste au-dessus du débarcadère. ☎ 22-87-02-22-58. • hea ton.theologitis@utanet.at • Ouv de mai à mi-oct. Compter 50-100 € pour 2 pers, petit déj compris. Beaux studios pour 2 ou 4 personnes, avec carrelage mat, coin canapés, mobilier choisi en bois, cuisinette et balcon donnant sur la mer. Petit déj laissé dans le frigo. Également une superbe terrasse commune. Une très belle adresse. La propriétaire est autrichienne et parle couramment le français.

▪ *Terry's :* près du débarcadère, sur la gauche, un peu en hauteur. ☎ 22-87-02-26-40. • terrysmilostravel.com • Compter 50-100 € pour 2 pers selon saison. Tenue par la dynamique Theresa, qui parle l'anglais comme le grec, cette adresse propose 3 appartements très bien tenus et super-équipés, avec d'excellents matelas et même une machine à laver ! Également une agréable petite chambre double à prix moyens. Vue sur la baie de partout. Fait aussi agence de voyages.

## Où manger ?

L'embarras du choix, surtout le long du port, où les terrasses se suivent à la queue leu leu.

|●| *O Flisvos :* sur le port. ☎ 22-87-02-22-75. Repas 12-15 €. L'une des terrasses les plus fréquentées du cœur touristique de la ville. Il faut dire qu'on y mange bien et que la carte est variée : de la simple assiette *gyros* au risotto aux fruits de mer en passant par la moussaka, les calamars entiers grillés (goû-tez-nous ça !) ou la brochette d'espadon, on peut avoir du mal à faire son choix. Minidessert offert à la fin du repas, comme dans beaucoup de restos de l'île. Dommage que l'accueil soit un peu routinier.

|●| *Kynigos :* sur le port. ☎ 22-87-02-23-49. Compter 12-13 €. À côté du

*O Flisvos,* une adresse à la cuisine, là encore, tout à fait respectable et servie généreusement. En plus, les tarifs sont fort sages. La carte fait la part belle au poisson et au calamar sous leurs différentes formes, mais il y a aussi de la viande. Terrasse pervenche très agréable. Service sympa mais parfois débordé en cas de grosse affluence.

**🍴 *O ! Hamos :*** *face à la plage de Papikinou, à 1,5 km du centre en direction du sud-est.* ☎ 22-87-02-16-72. Mai-oct. Repas env 13-15 €. Tenu par un couple de restaurateurs dynamiques, voici une adresse originale, du menu à la manière de servir le pain, en passant bien sûr par les plats, très bien réalisés. Honneur à la viande (de ferme !), comme cet agneau *sourtoukiko* aux légumes, le coq au vin, les boulettes de viande paysannes. Excellent choix de fromages. Le tout dans un cadre bien agréable, face à la plage. Possibilité d'emporter des recettes.

## Où prendre le petit déj ? Où manger une glace ?

**🍴🍦 *Aggeliki :*** *sur le port. Ouv à partir de 8h30.* Difficile de résister (et d'ailleurs, à quoi bon ?) aux glaces et sorbets qui reposent derrière le comptoir : mangue, chocolat noir, amande, pistache... demandez à goûter avant mais, de toute façon, ils sont tous succulents ! Très bien aussi pour le petit déj ou une pause dans l'après-midi (très appétissants *baklavas* !), d'autant que la terrasse, dans les tons rose poupée, invite à s'attarder.

## Où boire un verre le soir ? Où sortir ?

C'est à Adamas surtout que se concentre la vie nocturne de Milos, notamment sur les hauteurs du port, où quelques bars bien branchés (et chers !) se partagent le lot de vacanciers.

**🍸 *Café-bar Akri :*** *au-dessus du port. Ouv à partir de 20h.* Belle terrasse assez classe, donnant pile sur les ferries mouillant à Milos. Jus de fruits frais et bons cocktails. Très animé en saison après minuit.

**🍸 *Vipera Lebetina :*** *au-dessus du port. Ouv à partir de 21h.* À deux pas du bar *Akri,* et même style d'endroit : espace élégant, à ciel ouvert, face aux bateaux s'il y en a. Consos chères comme ailleurs.

## À voir. À faire

**🎏 *Le musée de la Mine :*** *à un peu plus de 1 km du port, en longeant la mer vers l'est* (bâtiment avec des wagonnets devant). ● milosminingmuseum.gr ● *Juin-sept, tlj 9h-14h, 17h30-22h ; avr-mai et oct, 9h30-14h, 17h30-20h30 ; le reste de l'année, slt sam 9h-14h. Entrée : 3 € ; réducs.* Très beau musée sur trois niveaux présentant les différents minéraux et minerais de Milos (la carte très détaillée en montre l'incroyable variété), et la dure vie dans les mines autrefois. Au début du XXᵉ s, 25 % de la population locale y travaillait. Film au sous-sol avec interview des hommes et des femmes ayant travaillé à la mine. À savoir : le musée est financé par la société minière (SB) qui fait la pluie et le beau temps sur l'île...

**🎏 *Musée ecclésiastique :*** *dans l'église d'Agia Triada (XVIIᵉ s), dans le centre, à gauche de la route qui part vers Plaka. Ouv en été 9h-13h15, 18h15-22h15. Entrée libre.* Église remarquable pour ses icônes rares (dont une du XVᵉ s), ses objets liturgiques anciens et son architecture particulière : église à trois absides dominée par un toit voûté qui s'élève au-dessus du toit principal. Très jolie mosaïque dans la cour.

🍴 *Musée naval :* près de l'église principale ; du port, prendre l'escalier qui monte à la droite de l'agence Milos Travel, c'est en haut, à 30 m sur la gauche. Tlj 19h-22h. Un nouveau musée... réduit à une salle, un peu fourre-tout, consacrée à l'histoire de la pêche et de la navigation à Milos. Intéressant : l'ancre en pierre utilisée dans l'Antiquité pour les petits bateaux, et les photos et gravures représentant l'île au XIXe s.

🍴 *Spa :* 150 m à gauche de l'office de tourisme, au pied de la falaise. Ouv 15 juil-15 oct. Entrée : 4 €. Possibilité de faire trempette dans des baignoires individuelles remplies d'eau thermale chaude. Soigne les rhumatismes.

🍴 *Le cimetière français :* en se baladant vers le nord-ouest, tout en suivant la mer, on arrive, 500 m après un petit chantier naval, sur un grand carré avec les tombes de soldats morts pendant la guerre de Crimée (1853-1856) et pendant la Première Guerre mondiale. Milos fut, en effet, une petite base navale pour les troupes alliées.

⌦ Pour se dorer la pilule, il y a la petite bande de sable de *Langada*, à gauche du débarcadère (au-delà d'un parking) ou la longue et populaire plage de *Papikinou,* à 1 km au sud-est du port, mais aucune des deux n'est bien attrayante... Le mieux, vraiment, est de se rendre aux plages de la côte sud de l'île.

➤ *Le tour de Milos en bateau :* plusieurs bateaux le proposent, et on l'achète dans les agences de voyages du port. Départ vers 9h, retour vers 18h. Compter 30 €/pers. Réserver si possible la veille. Une excursion qui mérite vraiment d'être faite, car elle permet de voir ce qu'il est impossible de voir de l'intérieur de l'île. Quelques arrêts-baignade prévus, pause-déjeuner (non incluse dans le prix) sur l'île de Kimolos, vues superbes sur les roches volcaniques noires juxtaposées à des strates de kaolin blanc et de basalte, falaises colorées et accès à de petites criques où se cachaient autrefois les bateaux de pirates, telle Kleftiko. Très intéressant donc, mais on précise quand même que le tour se fait sur des bateaux pouvant accueillir plus de 150 personnes. Un peu plus chères, et limitées à certaines parties de l'île (ouest et sud surtout), les sorties en voilier (comme le *Kirki*) ou en catamaran, qui incluent le déjeuner et se font avec un nombre nettement plus réduit de participants. Infos, là encore, dans les agences du port ou, pour le *Kirki*, directement auprès du patron, Pétros Papageorgiou (🕿 69-44-65-99-14 ; ● milos-yachting.gr ●)

➤ *Sorties en kayak :* Sea Kayak Milos. ☎ 22-87-02-35-97 (appeler le soir). ● seakayakgreece.com ● Tte l'année. Sorties accompagnées à la journée (65 €), tour de l'île en 6 jours (nuits en chambres d'hôtes). Milos, avec son périmètre côtier exceptionnel, se prête particulièrement bien à une exploration par la mer. Extra.

## LE NORD DE L'ÎLE DE MILOS

## *PLAKA* (ΠΛΑΚΑ ;84800)

Chef-lieu de l'île. C'est un village perché, dominé par un *kastro* d'où part un labyrinthe de petites ruelles tortueuses et dallées. La vue sur la mer Égée et les villages de Tripiti et Triovassalos est superbe. Seul regret, Plaka est devenu très touristique : l'affluence pour le coucher de soleil (qu'on peut tout à fait admirer d'ailleurs) est étonnante !
– Si vous venez en voiture, garez-vous au bas du village, sur le grand parking en terre (gratuit) situé sur la gauche en arrivant.

## Où manger ?

🍴 *Archondoula :* dans le centre. ☎ 22-87-02-13-84. Pâques-nov. Env 10-20 € | le repas. Un ancien café, comme en témoigne la déco intérieure (vieux jukebox dans un coin), mais on peut aussi s'installer aux tables qui débordent allègrement sur le trottoir ! Atmosphère très conviviale et chaleureuse (difficile de trouver une place en saison !), et bonne cuisine. À la carte, les grands classiques grecs et insulaires, comme le *loukoumi* (qui, ici, est de la chèvre sauvage au four). Archondoula, la patronne, préside avec le sourire au ballet des serveurs. Propose aussi chambres et studios (● *ar chondoula-studios.gr* ●).

## Où manger dans les environs ?

|●| **Taverne Ergyna :** *à Tripiti, village au bas de Plaka (se garer à côté de l'arrêt de bus, à 100 m du resto).* ☎ 22-87-02-25-24. *De mi-juin à sept, à partir de 14h. Repas 12-18 €.* Cuisine délicieuse, proposant un large choix de lasagnes (leur spécialité) : lasagnes au chevreau, aux crevettes, aux légumes grillés, etc. Également des plats traditionnels de Milos, comme la *pitarakia* (tourte aux oignons et fromage). Superbe vue sur le golfe depuis la terrasse. Accueil charmant et bon rapport qualité-prix.

## Où manger une pâtisserie ou une glace ?
## Où boire un verre au coucher du soleil ?

≈ ♦ **Pâtisserie Paléos :** *au début de la partie piétonne de Plaka, juste avant* Archondoula. Salon de thé disposant d'une belle terrasse. Très bons gâteaux au miel et autres gros *baklava*, on en redemande ! Également des glaces (à l'orange, à l'*amaretto*...).

♛ **Café Utopia :** *dans le centre. Ouv 18h-2h.* C'est le point de ralliement des touristes à Plaka pour le coucher de soleil. Et c'est vrai que le point de vue sur la mer, depuis la terrasse, est assez extraordinaire !

## À voir

♛ **Musée archéologique :** *un peu au-dessus du grand parking situé au bas du village. Mar-dim 8h30-15h. Entrée : 3 €.* On y voit quelques trouvailles intéressantes, notamment celles faites sur le site de *Phylakopi* (des statuettes et une... baignoire !). Section sur la Milos classique également. Et, dans le hall d'entrée, pour ceux qui ne la connaissent pas, une reproduction de la Vénus de Milo !

♛ **Musée d'Arts populaires :** *dans le centre du village, juste à côté de l'église de Korfiatissa, construite au bord d'une falaise abrupte. Juin-sept : mar-sam 10h-13h, 19h-22h. Entrée : 3 € ; réducs.* Le musée (une maison typique, avec la salle de réception, la chambre, la cuisine, la salle du pressoir) évoque la vie des habitants de l'île au début du siècle passé ; meubles anciens, broderies, vêtements, outils, métier à tisser. Explications en français fournies par la personne qui s'occupe du musée.

♛ En sortant du musée, allez voir si l'**église de Korfiatissa** (située juste en face) est ouverte, elle renferme une iconostase de 1600 provenant de Zéfiria, l'ancienne capitale de l'île.

## À voir dans les environs

♛♛ **Klima :** *en contrebas de Plaka, accessible en voiture (attention, la route est étroite !). À pied, c'est à 30 mn de l'arrêt de bus de Tripiti.* Tapi derrière ses jardins et vergers, on découvre ce ravissant petit port de pêche aux couleurs vives, composé de minuscules maisons à deux ou trois niveaux et dont le rez-de-chaussée est occupé par des garages à bateaux, creusés dans la roche (on les appelle des *syrmata*), quand le garage lui-même ne sert pas de logement ! Après la dernière maison au nord, à 3 m de profondeur, vestige de l'ancien port de Klima. Coucher de soleil extra.

🎯 *Les catacombes :* entre Tripiti et Klima (c'est fléché sur la gauche avant d'arriver à Plaka). Tlj sf lun 8h30-18h30 (15h dim). Entrée : 2 € ; réducs. On ne le dirait pas, mais ce sont les plus importantes connues après celles de Rome, avec 185 m de longueur. Elles datent des IIIᵉ et IVᵉ s. Les chrétiens s'y réfugiaient et y enterraient leurs morts. Une petite partie se visite, le reste est fermé. Un peu plus haut, prendre le sentier qui vous mènera aux ruines d'un **théâtre romain** (IIᵉ s av. J.-C.) dans un site superbe. Et c'est tout près qu'on a découvert en 1820 « notre » fameuse *Vénus* (ou plutôt Aphrodite pour les Grecs).

> **MERCI D'ÊTRE VENUS**
>
> *Avril 1820 : un paysan découvre dans son champ une statue. Un officier français assiste à la scène et prévient le vice-consul français de Milos qui prend une option sur la statue, en attendant les ordres de l'ambassade. Entre-temps, un dignitaire turc acquiert la statue. Retour des Français : tractations, menaces, échauffourées avec les Grecs... la statue revient finalement à la France. Ses bras n'ont pas été cassés pendant la dispute, les croquis réalisés au moment de la découverte montrent qu'elle les avait déjà perdus !*

Toujours dans les environs de Plaka, il faut voir, pour leur cadre naturel et leurs garages à bateaux, les hameaux de **Mandrakia** et surtout de **Firopotamos** (à l'est et au nord de Plaka). Quant à la plage de **Plathiena** (au nord-ouest), le site et les eaux sont magnifiques. En continuant la piste qui remonte, on va vers deux ports de poche, **Fourkovouni** à droite et à gauche, une fois passé de curieux rochers en forme de cheminées, **Aréti**.

## À voir encore dans le nord de l'île

🎯🎯🎯 *Sarakiniko* (Σαρακηνικο) : prendre la route de Triovassalos à Pollonia, d'où Sarakiniko est indiqué. Paysage d'une très grande beauté, à notre avis le plus spectaculaire de l'île, à ne manquer sous aucun prétexte : curieux rochers « sculptés » par l'érosion éolienne, tout blancs (gare à la réverbération !), qui émergent de l'eau turquoise, où l'on peut parfaitement s'installer pour faire bronzette et se baigner (il y a même une miniplage), comme le font de nombreux estivants. Cela dit, pas de taverne et peu d'ombre, emmenez de quoi boire et vous protéger du soleil.

## POLLONIA (ΠΟΛΛΩΝΙΑ) OU APOLLONIA
### (ΑΠΟΛΛΩΝΙΑ ; 84800)

À 12 km d'Adamas, au nord-est de l'île. Station de villégiature très prisée des Grecs, construite autour d'une baie bordée d'une longue plage de sable abritée de tamaris. Sur la droite, le petit port de pêche, avec ses tavernes et cafés, est très sympathique. Mais c'est le quartier de Pélékouda, sur la gauche, qui concentre la majorité des pensions et petits hôtels. Si l'endroit en lui-même manque un peu de charme (à cause justement des chambres et appartements à louer plantés ici et là), les criques rocheuses qui le bordent offrent une vue enchanteresse et une atmosphère reposante.

## Adresse utile

■ **Axios Rent a Car :** *en arrivant au port (au carrefour en T), prendre à droite, c'est un peu plus loin, sur la droite.* ☎ *et fax : 22-87-04-12-34. Ouv 9h30-13h30, 18h30-20h30. Bons prix : compter env 55 € la loc d'une voiture pour une* journée en plein mois d'août (possibilité de réserver), tarif dégressif pour plusieurs jours et beaucoup moins cher aux intersaisons. *Véhicules neufs et impeccables, et patron (un Anglais) arrangeant et honnête.*

## Où dormir ?

Toutes nos adresses sont à proximité les unes des autres, dans la zone de Pélékouda, située à gauche du port, à environ 500 m de ce dernier.

🛏 **Soultana :** ☎ *22-87-04-13-46/47.* ● *soultana-milos.com* ● *Compter 30-65 € pour 2 pers selon saison. Wifi.* Ensemble de 25 chambres et appartements agréables et bien tenus, géré par une patronne accueillante. Elle ne parle que le grec mais sa belle-fille, qui s'occupe de l'hôtel *Apollon* juste à côté (et dont les hôtes du *Soultana* peuvent profiter de la piscine !), parle l'anglais.

🛏 **Nefeli Sunset Studios :** *après le* Soultana, *au bord de la plage.* ☎ *22-87-04-14-66.* ● *milos-nefelistudios.gr* ● *Doubles 42-80 € et studios (pour 2) 50-120 €, selon saison. Internet et wifi.* Notre adresse préférée dans le coin. Une quinzaine de chambres et studios cosy, très soignés et bien décorés dans des couleurs vives, la plupart avec vue. Mais c'est surtout la situation, idyllique, face à la mer hérissée de rochers et dans laquelle plonge le soleil en fin de journée, qui nous a séduits... De quoi faire un séjour de rêve, d'autant que Roula et Makis, les proprios, sont charmants !

🛏 **Studios Andréas :** *un peu isolé, au bord de l'eau.* ☎ *22-87-04-12-62.* 📱 *69-49-41-51-98.* ● *andreas-rooms.gr* ● *Résa possible chez* Îles Cyclades Travel, *à* Marpissa *(île de Paros, voir le chapitre « Paros »). Avr-fin oct. Compter 40-80 € pour 2 pers et 45-90 € pour 3. Wifi.* Beaux studios (non climatisés) dans les tons bleu ciel, avec kitchenette et balcon offrant une vue saisissante sur la mer ! Accueil sympa. Andréas offre des légumes frais à ses hôtes et organise, avec son bateau, des excursions vers les îles voisines.

🛏 **Rooms and studios Efi's :** ☎ *22-87-04-13-96. Résa possible chez* Îles Cyclades Travel, *à* Marpissa *(île de Paros, voir le chapitre « Paros »). Avr-fin oct. Doubles 40-80 € selon saison et studios 45-110 €. Internet et wifi.* Une adresse qu'on aime bien pour la qualité de l'hébergement proposé : des chambres et studios nickel et très bien décorés, avec voiles délicats aux fenêtres, petit mobilier choisi, belle salle de bains et joli balcon. Certains ont une vue panoramique sur la mer. Excellent service.

🛏 **Villa Sosanna :** *près des* Studios Andreas, *un peu avant sur la droite.* ☎ *22-87-04-13-82. Résa possible chez* Îles Cyclades Travel, *à* Marpissa *(île de Paros, voir le chapitre « Paros »). Avr-sept. Doubles 40-72 €, studios pour 2 pers 55-95 € et 105-160 € en appart pour 4 pers. Internet et wifi.* Dans une résidence bâtie sur 2 niveaux et à quelques pas de la mer. Grandes chambres impeccables et très agréables, aux tons estivaux et disposant d'un équipement neuf (TV sat', coin cuisine). Les studios et appartements sont du même tonneau. Très bonne adresse là encore.

## Où manger ?

🍴 **Gialos :** *sur le port.* ☎ *22-87-04-12-08. Avr-oct. Plats jusqu'à 21 € mais la* plupart à moins de 10 €. Tenu par un jeune patron affable et dynamique, c'est l'un des restos les plus appréciés de l'île. Carte originale qui propose des variations sur des classiques : pâtes aux pattes de crabe, porc à la moutarde, coquillages à la vapeur, tarte aux légumes grillés, *peskandritsa* (lotte au citron), salades légères et rafraîchissantes... le tout servi sur une agréable terrasse face au port. À essayer sans retenue.

|●| *Armenaki :* *sur le carrefour en T en arrivant au port, côté gauche.* ☎ 22-87-04-10-61. *Avr-oct. Compter 20 €.* L'autre bonne taverne du village. Elle se consacre exclusivement aux produits de la mer, d'une fraîcheur garantie : moules au vin, spaghettis aux fruits de mer, sardines, anchois, coquillages, poissons et crevettes... on en redemande ! De plus, excellent accueil.

## Où boire un verre ?

🍸 *Rifaki :* *sur le port, entre Armenaki et Gialos.* L'un des quelques cafés de Pollonia, tout mignon avec sa terrasse au bord de l'eau et un intérieur tout coloré, aux murs couverts d'inscriptions. Jeux à dispo.

🍸 *8 Beaufort :* *à l'autre bout de la plage.* Bien situé, face au port, ce fut le premier bar de Pollonia. Terrasse surplombant les flots. Nombreux cocktails.

## À faire

– *Diving Center Milos :* *en arrivant au port (au carrefour en T), prendre à droite, c'est un peu plus loin sur la gauche, après* Axios Rent-a-Car. ☎ 22-87-04-12-96 *et* 22-87-02-80-77. 🖳 69-76-11-48-46. • *milosdiving.gr* • ⚓ *Avr-oct.* Un centre de plongée (CMAS, PADI) très sérieux, dirigé par Yannis Havakis, parfaitement francophone, et qui en plus est une mine d'informations sur son île natale. Ses sorties en mer se font avec un ou deux autres moniteurs français, tandis que son épouse prépare de succulents cakes pour le retour des excursions. Prix comme ailleurs. Hébergement possible pour les plongeurs.

➤ *Excursions en mer :* *avec le* Perséas, *un bateau de pêche traditionnel pouvant embarquer jusqu'à 11 personnes.* 🖳 69-49-41-51-58. Sorties à la journée, avec repas inclus, vers des coins inaccessibles par voie terrestre. Très bonnes prestations.

## À voir dans les environs

🚶 *Le site archéologique de Phylakopi* (Φυλακωπη) : *à 3 km au sud-ouest de Pollonia, juste avant le site de Papafrangas. Mar-dim 8h30-15h. Entrée gratuite.* Ruines de trois villes successives du cycladique ancien, moyen et de l'époque mycénienne. À l'origine, c'était une colonie crétoise (minoenne). Le site n'est pas très facile à déchiffrer. Fouilles toujours en cours.

🚶🚶 *Papafrangas* (Παπαφραγκας) : *juste après Phylakopi en venant de Pollonia, signalé par un panneau discret en grec (se garer sur l'aire de parking délimitée par un grillage).* Superbes calanques formées par un bassin naturel encaissé entre des parois rocheuses, qui comporte trois grottes sous-marines créées par la mer. On peut, soit les admirer d'en haut (très sympa au moment du coucher du soleil), soit – pour les plus aventureux – les atteindre par un sentier raide (prudence !) le long de la paroi. Très beau site complété par les blocs fantasmagoriques de *Glaronissia,* des orgues basaltiques qui surgissent de la mer en face des grottes.

## LE CENTRE DE L'ÎLE DE MILOS

🏖 **Achivadolimni** (Αχιβαδολιμνη) : à 7-8 km d'Adamas par la route qui longe le golfe vers le sud. La plus longue plage de l'île. Du sable, mais pas toujours très propre selon les endroits. Elle tire son nom de gros coquillages qui se trouvaient dans le lac salé juste derrière la plage. La couleur des eaux, peu profondes, y est absolument étonnante, passant par toute la gamme des bleus.

🏕 **Camping Milos Achivadolimni :** au-dessus de la plage d'Achivadolimni, juste avant celle-ci en venant d'Adamas. ☎ 22-87-03-14-10/11. ● miloscamping.gr ● À 300 m de la plage (accès par un sentier). Mai-sept. En saison, compter 22 € pour 2 pers avec tente. CB acceptées si séjour de plus d'une nuit. Internet. L'unique camping de l'île. Tentes sur des emplacements en terre ombragés et belle situation, dominant la mer. Camping bien tenu et bien équipé (laverie, cuisine, bar, resto et belle piscine), mais genre usine à touristes en pleine saison. En été, on s'y entasse vraiment, et encore le mot est faible. Loue aussi des bungalows (pour 2 ou 4 personnes), mais bien chers. Desservi par les bus et navette depuis le port.

## LE SUD DE L'ÎLE DE MILOS

C'est là que se trouvent **les plus belles plages**.

🏖 **Paliochori** (Παλιοχωρι) : à 10 km au sud-est d'Adamas, prendre la route de Zéfiria puis tourner à droite en direction de Paliochori. Belle et longue plage couverte de transats et entourée de falaises jaune, vert et rouge. Les eaux y sont plus chaudes qu'ailleurs en raison de sources marines. Attention aux courants, on perd vite pied ! Quelques chambres à louer et plusieurs tavernes, dont la **taverne Sirocco**, qui sert des plats cuits dans le sable (enfin, quand il est assez chaud, celui-ci étant tributaire des variations géothermiques du lieu).

🏖 **Agia Kyriaki** (Αγια Κυριακη) : de Zéfiria, prendre la direction de Paliochori, puis la piste (avec des portions goudronnées) à droite. Longue plage sans grand charme alternant sable fin et petits galets tout blancs, mais très belles eaux.

🏖 **Firiplaka** (Φυριπλακα) : aller jusqu'à Achivadolimni, puis prendre la direction de Provatas et prendre encore à gauche à la bifurcation plus loin (la route devient alors piste). L'une de nos préférées à Milos : plage de sable fin argent dominée par des falaises aux couleurs étonnantes. Les eaux de couleur turquoise vif y sont sublimes et peu profondes ! Pas un poil d'ombre, mais des transats avec parasols à louer (3 € la journée). Il y a même une buvette, ce qui est bien agréable dans un tel environnement.

🏖 À deux pas de Firiplaka se trouve **Tsigrado** (prendre une piste à gauche avant d'arriver à Firiplaka), une petite crique superbe dominée par une énorme dune mais, aux dernières nouvelles, son accès était franchement ardu (uniquement au moyen d'une corde le long d'un étroit passage entre les rochers !).

🏖 **Provatas** (Προβατας) : au sud d'Achivadolimni. Belles petites criques de sable fin et doré, entourées de falaises colorées. Quelques chambres et studios à louer, ainsi que des tavernes. On peut continuer la route jusqu'à Kipos, petit port d'où part, en juillet-août, un bateau (visite de *Kleftiko*).

🍴 **Tarantela :** bien indiqué de la route. ☎ 22-87-03-13-46. Plats 6-16 €. La terrasse, qui domine la mer et les criques (accès à celles-ci à 5 mn), donne vraiment envie de s'attabler. Ça tombe bien, la cuisine est fort bonne et il y a de tout à la carte : calamars sauce tomate en terrine, *pitarakia* (tourte au fromage), moules à l'ail, coq au vin, spaghettis au homard, paella aux fruits de mer et même du porc au chocolat ! L'endroit est tenu par Elias, très accueillant, et son frère.

## L'OUEST DE L'ÎLE DE MILOS

Cette région, connue sous le nom d'*Halakas* (du nom du sommet qui culmine à 751 m), n'est desservie que par des routes non asphaltées (certaines en piteux état), ce qui la rend en principe inaccessible aux voitures de location (en tout cas celles-ci ne sont pas couvertes par l'assurance en cas de dégâts matériels). Elle est montagneuse et boisée par endroits, et concentre les 4/5$^e$ de la population d'une gentille bestiole endémique à l'île, la vipère *lebetina*.

> Prendre la route, qui se transforme en piste, d'Achivadolimni à Emborios : belles *plages de Rivari, Emborios* et *lagune* très sympathique. En passant, jetez un œil à la chapelle Agia Marina (linteau de l'époque franque).

|●| *Taverne Manolis Koliarakis :* à Emborios. ☎ 22-87-02-13-89. *Suivre la direction d'Emboryse, puis les indications. Midi et soir.* Compter 10-12 €. Le repas se mérite puisque seule une piste cahoteuse de 4 km mène à cette adresse. Jusqu'au bout on se demande si le chemin mène vraiment quelque part. Eh bien, oui ! On arrive à cette fort sympathique taverne du bout du monde, avec sa petite terrasse les pieds dans l'eau, et toute une famille qui s'active pour vous servir. Bonne cuisine, simple, fraîche, traditionnelle et généreuse. Évitez tout de même de vous y rendre de nuit : on le répète, la route n'est pas toujours très bonne et, elle longe la mer...

🎋 *Le monastère Agios Ioannis Sithérianos :* tout à l'ouest de l'île, par la route qui mène à Psathadika (et qui, au-delà, devient piste). Il date de 1582. Grande fête patronale le 25 septembre. En continuant vers la mer, jolie plage.

🎋🎋 *Sikia* (Συκια) : à l'ouest, inaccessible par la route. Immense grotte sous-marine (110 x 70 x 30 m), dont la voûte s'est effondrée, créant ainsi des effets de lumière superbes.

🎋🎋🎋 *Kleftiko* (Κλεφτικο) : à l'ouest. Comme Sikia, on n'y accède que par la mer. Il s'agit d'un ancien repaire de pirates avec des rochers blancs, composés de cendres volcaniques (beaucoup de pierre ponce). Notez leurs formes étranges, érodées par les vents et les vagues, surgissant des eaux de couleur vert émeraude. Magnifique.

## ➤ DANS LES ENVIRONS DE MILOS

### KIMOLOS (ΚΙΜΩΛΟΣ ; 84004)

Petite île satellite de Milos, habitée par 800 habitants et dont les falaises crayeuses sont exploitées pour leur terre calcaire et savonneuse. Au XVII$^e$ s, cette petite île était appelée l'Argentière par les Français et nombre de corsaires du roi y venaient... prendre du bon temps, entre autres.

Quand on séjourne à Milos, ça vaut le coût d'y aller pour une journée, par exemple, histoire de se dépayser, même si les paysages ne sont pas très différents, l'histoire géologique de Kimolos étant commune avec celle de Milos (d'ailleurs, on y extrait aussi de la perlite, de la bétonite et autres minerais). Curieux paysages constitués de roches dures creusées d'anfractuosités, en alternance avec des falaises aux parois tendres, bordées par des eaux d'une couleur bleu turquoise.

## Comment y aller ?

➤ Un service de *bac* est assuré depuis Pollonia : juil-août, 7 allers-retours/j. (7h-19h). Un peu moins hors saison. Compter 25 mn de traversée et 2 €/pers (9 € pour la voiture), dans chaque sens. Il est également possible de s'y rendre directement du Pirée par certains ferries de ligne (passant par Adamas). Par ailleurs, les tours de l'île en bateau font souvent escale à Kimolos pour le déjeuner.

## Où dormir ? Où manger ?

🛏 |●| *To Meltémi :* *à Chorio, un peu à l'écart du centre du village.* ☎ *22-87-05-13-86. Tte l'année. Doubles 30-60 €, selon saison.* Un bâtiment blanc aux volets violets abritant une poignée de chambres pimpantes, la plupart avec balcon et vue sur le village. Cuisine familiale on ne peut plus traditionnelle (poivrons farcis au fromage, porc rôti, coq au vin), à partir de la production locale.

|●| *Tou Sablou :* *sur la place principale de Chorio.* ☎ *22-87-05-16-66. Slt le soir.* Tables sur la place en été. Venez-y pour les excellentes *ladenia* (sorte de pizza à la tomate), *tirenia* (tourte au fromage de chèvre) et *kolokithenia* (tourte au potiron). Mais il y a aussi des viandes de ferme. Bon accueil du jeune proprio.

## À voir. À faire

🚶‍♀️ *Chorio,* la capitale, à 2 km du port de *Psathi,* avec son quartier ancien, autour du *kastro* aux trois quarts abandonné (toutefois on s'active à la réfection de certaines maisons), ses rues étroites et ses vieilles églises. Ambiance très cycladique, plus tranquille qu'à Milos, même si les soirs d'été y sont de plus en plus animés (il y a désormais plusieurs cafés-bars dans le village). Ne manquez pas le *Musée archéologique* *(mar-dim 8h30-15h),* récent et très bien fait, à côté de la grande église.

➤ *Randonnées :* plusieurs sentiers ont été balisés. On en trouve un descriptif sur le site ● *gym-kimol.kyk.sch.gr* ● réalisé par les lycéens de l'île.

– *Plongée :* le centre de plongée de Milos (voir « À faire » à Pollonia) vient fréquemment à proximité de Kimolos pour l'intérêt de son relief sous-marin et la faune marine qui peuple les grottes. La tranquillité de l'île permet en effet à une petite colonie de phoques moines *(Monachus monachus),* espèce en danger, de couler des jours heureux, même si les pêcheurs leur mènent parfois la vie dure...

🚶‍♀️ *Poliégos :* l'une des plus grandes îles inhabitées de Grèce (4 km sur 6), au sud-est de Kimolos. Paysages magnifiques. On peut se renseigner auprès du club de plongée de Pollonia pour connaître les possibilités de visite. Certaines excursions en mer, comme celle du *Perséas,* au départ de Pollonia, permettent aussi d'y accoster.

# LES CYCLADES CENTRALES

# SYROS (ΣΥΡΟΣ)          (84100)          24 000 hab.

Syros, entre Kythnos et Mykonos, est le chef-lieu des Cyclades. Elle a une superficie de 96 km$^2$ et c'est la plus peuplée de l'archipel. Bien qu'assez peu touristique (tourisme grec essentiellement), c'est la plaque tournante des Cyclades, car beaucoup de bateaux qui les desservent y font escale.
Île au riche passé, comme en témoignent les monuments, île aux paysages verdoyants et aux belles plages, elle offre aux visiteurs plusieurs facettes qui font qu'elle mérite vraiment qu'on s'y arrête.

LE PIRÉE

MER ÉGÉE

NORD

Grammata
Marmari
*Baie de*
*Megas Lakos*
Lia
Kampos
Agios
Michalis
Kastri
Pighi
Siringa
Chalandriani
Platy Vouni
Aétos
Mavri
Rachi
*Grotte de*
*Phérécyde*
Kypéroussa
Mytikas
*Mont Pyrgos*
440
Finikia
Delphini
Agios Dimitrios
*Baie*
*de Kini*
**Kini**
Agia
Paraskévi
Ano
Syros
Anastassi
Loto
Agia
Varvara
Episkopio
**Ermoupolis**
Agia
Thirésia
Danakos
Malia
Talanda
Pétra
Lazaretta
*Baie*
*de Galissas*
**Galissas**
Arméos
Messaria
Portara
Ano
Manna
*Didimi*
Agios
Stéfanos
Pagos
Agros
Manna
Parakopi
Fanéroméni
Azolimnos
Chroussa
Finikas
Adiata
Vari
Fabrika
*Baie*
*de Finikas*
Possidonia
*Schinonissi*
*Baie*
*de Vari*
Komito
Ambéla
Mégas Gialos
*Strongylo*
*Cap de Viglostasi*
2 km

NAXOS, PAROS

## L'ÎLE DE SYROS

## UN PEU D'HISTOIRE

L'île fut habitée dès le Néolithique, puis plus tard tour à tour par les Phéniciens et les Ioniens. Sous la domination romaine, elle connut une grande prospérité. En 1207, elle fut comprise dans le duché de Naxos administré par les Vénitiens, puis tomba aux mains des Turcs en 1537. Pendant longtemps, Syros servit de refuge à de nombreux catholiques des îles voisines et devint le bastion du catholicisme dans la mer Égée, grâce à la protection des rois de France qui, implantés sur place par l'intermédiaire des capucins et des jésuites, avaient négocié des privilèges pour la population. De nos jours, elle concentre 45 % des catholiques grecs. Le XIXᵉ s marqua sa grande période, en tant que

> **DEUX ÉGLISES, UN SEUL DIEU**
>
> *Les deux collines qui s'élèvent au-dessus du port d'Ermoupolis représentent les deux communautés chrétiennes rivales qui, pendant des siècles, ne se sont pas mélangées : d'un côté, à gauche, la cathédrale Agios Georgios, lieu de rassemblement des catholiques romains, de l'autre Agios Nikolaos, son équivalent orthodoxe.*

plus grand centre naval et commercial de la Grèce, jusqu'à l'ouverture du canal de Corinthe qui favorisa l'essor du Pirée. Après 1821, la population de l'île a brusquement augmenté, de nombreux réfugiés en provenance de Chios, Kassos ou Psara venant s'installer dans cette île qui, vu son statut particulier, resta dans un premier temps étrangère à la guerre gréco-turque. Une tradition déjà ancienne d'échanges avec l'Occident a aidé au développement très rapide d'Ermoupolis, faisant de ce port le plus important de l'ensemble de la Méditerranée orientale. En 1889, au sommet de sa puissance économique, l'île totalisait 31 500 habitants.

# Arriver – Quitter

## En avion

✈ **L'aéroport** est au sud-est d'Ermoupolis, à 2 km. ☎ 22-81-08-70-25.
➤ **De/vers Athènes :** 6 liaisons/sem. Trajet : env 30 mn.

## En ferry ou en bateau rapide

➤ **De/vers Le Pirée :** plusieurs liaisons tlj (plus nombreuses en été). Trajet : 4h en ferry ; 2h30 en *High Speed* (en saison slt).
➤ **De/vers Rafina :** 1 liaison/j. en saison *(Flying Cat)*.
➤ **De/vers de nombreuses Cyclades :** Syros est une plaque tournante pour le trafic maritime. Il est également possible de s'y rendre depuis certaines **îles du Dodécanèse** (comme Rhodes ou Kos), ainsi que depuis certaines **îles de l'est de la mer Égée** (comme Samos). Mais, comme toujours, changements possibles d'une année sur l'autre.

# Circuler dans l'île

🚌 **Gare routière :** *les bus partent du port (Ermoupolis).* ☎ 22-81-08-25-75. Nombreux départs (en saison, 1 départ | ttes les 30 mn vers les villages du Sud, sf dim).

# ERMOUPOLIS *(ΕΡΜΟΥΠΟΛΗ ; 19 000 hab.)*

Capitale administrative des Cyclades, elle en est aussi la ville la plus importante, réputée pour ses spécialités gastronomiques : entre autres, excellents fromages locaux, *loukoums, pasteli* et nougat. Une vraie ville : elle concentre les deux tiers de la population de l'île.
Ne vous laissez pas dérouter, à votre arrivée au port, par la vue du chantier naval ou celle des entrepôts, la ville vous réserve de belles surprises et vous replongera dans une autre époque. Ermoupolis est composée de plusieurs unités totalement

différentes : la ville basse, le port, avec de nombreux témoignages de l'architecture néoclassique, et deux collines jumelles, **Anastassi** (Résurrection), aussi appelée **Vrondado,** qui est le quartier orthodoxe, et **Ano Syros** (quartier catholique), sur la colline Saint-Georges, typique de l'architecture cycladique.

# Adresses utiles

■ **Capitainerie :** ☎ 22-81-08-88-88 et 26-90.
■ **Taxis :** sur le port. ☎ 22-81-08-62-22.
■ **Agence consulaire de France :** M. Georges Evripiotis, 84, odos Iroon Polytechniou. ☎ et fax : 22-81-08-09-14.
■ **Billets pour les bateaux rapides et les ferries :** sur le port, plusieurs agences côte à côte, dont **Gaviotis Travel.** ☎ 22-81-08-66-44 ou 11.
■ **Agence Teamwork Holidays :** 18, akti Papagou (sur le port). ☎ 22-81-08-34-00. • teamwork.gr • Tlj 9h-21h.

Agence compétente. Accueil francophone le matin. Location de voitures et de chambres ou d'appartements. Billetterie. Change.
✉ **Poste :** odos Protopadaki, la 2e rue à droite en remontant odos Venizelou, qui mène à Platia Miaoulis. Lun-ven 7h30-14h.
■ **Presse internationale :** sur le port, en allant vers l'hôtel Hermès.
@ **In Spot :** 4, akti Papagou (sur le port). De nombreux ordinateurs à disposition.
■ **Hôpital :** au sud d'Ermoupolis, au début de la route pour Kini. ☎ 22-81-08-66-66 ou 166.

# Où dormir ?

Il est très difficile de trouver des chambres le week-end, car c'est une destination très prisée des Athéniens. La conséquence de cette fréquentation est que les chambres ne sont pas vraiment bon marché. En dehors du mois d'août, on peut négocier.

## De prix moyens à plus chic

🛏 **Rooms Kastro :** 12, odos Kaloménopoulou. ☎ 22-81-08-80-64. 📱69-32-73-67-40. • kastrorooms.com • Entre le port et le quartier Vaporia. Doubles env 45-50 € en juil-août (à partir de 30 € hors saison). Pas de petit déj. 6 chambres dans un ancien petit palais (jolies fresques au plafond), et un appartement pour 5 à 6 personnes. Frigo dans les chambres, petite cour agréable, et patron particulièrement sympa, qui donne parfois des petits concerts de bouzouki.
🛏 **Pension Paradise :** 3, odos Omirou. ☎ 22-81-08-32-04. • paradiserooms.gr • Du port, prendre la rue Chiou, puis la 3e à gauche. Tte l'année. Doubles 40-70 €. Selon saison. CB refusées. 20-30 % de remise sur présentation de ce guide. En plein centre, une pension calme, avec des chambres simples et plutôt agréables. AC, TV et grand frigo. Petite cour intérieure avec terrasse et tables sur le toit.

🛏 **Pefkakia Park :** 1, odos Gymnastiriou, donnant sur la pl. Pertezi et son parc ombragé. ☎ 22-81-08-80-95 ou 10-62. 📱69-32-84-32-22. • pefkakia-park.gr • Du port, prendre la ruelle à l'angle de la Geniki Bank et grimper la rue I. Kosma. Tte l'année. Doubles 35-75 € selon saison. Réduc de 20-30 %, à partir de plusieurs nuits, sf 21 juil-31 août, sur présentation de ce guide. Des chambres simples mais agréables. De certaines, jolie vue sur la baie. Tout en haut, une petite double dispose du toit comme terrasse. AC, TV, réfrigérateur.
🛏 **Asteria Rooms :** odos Syngrou et odos Abela. ☎ et fax : 22-81-08-52-55. • asteria.h@gmail.com • À deux pas du marché et de la pl. Miaoulis. Tte l'année. Doubles 40-55 € selon saison. Belles chambres dans différents tons de bleu, avec AC et TV. Patron sympathique et dynamique.

## Où manger ?

Syros est considérée par les Grecs comme une étape gastronomique.

### Bon marché

**|●| To Maroulaki :** *odos Protopadaki. Presque à l'angle d'odos Vénizélou, qui relie le port à la pl. Miaoulis. Le soir slt.* Pour un repas sur le pouce, *gyros, souvlakia* en broches, poulet à emporter. Pour des feuilletés au fromage, aux épinards ou à la viande ou une bonne part de *bougatsa*, faire une descente à **Thessalonikia** (26, odos Chiou ; rue perpendiculaire au port, dans le marché).

### Prix moyens

### En retrait du port

**|●| Taverna Nissiotopoula :** *dos à la statue de Miaoulis, prendre la rue perpendiculaire qui lui fait face (Vénizélou), puis la 3ᵉ à gauche (odos Antiparou).* ☎ 22-81-08-12-14. *Compter 12-15 € le repas.* Carte variée. Bonne saucisse de pays, et *keftédès* goûteuses. Une bonne adresse populaire.

**|●| Stin Ithaki Tou Aï :** *1, odos K. Stéfanou.* ☎ 22-81-08-20-60. *De la pl. Miaoulis, descendre Vénizélou, prendre la 1ʳᵉ à gauche et continuer jusqu'à une sorte de place. Env 12-14 € le repas.* Bon, ils auraient pu choisir un nom un peu plus simple pour cette taverne... Dans l'assiette, originalité moindre : c'est du classique, sans surprise mais très honorable.

**|●| ☖ To Petrino :** *9, odos K. Stéfanou.* ☎ 22-81-08-74-27. *À côté du précédent. Tte l'année ; midi et soir.* Cuisine classique, avec un large choix de spécialités, comme les aubergines au fromage ou les *soutzoukakia syriana* (variantes des *keftédès*). Service efficace.

### À Ano Syros

**|●| Taverna Lilis :** *odos I. Stefanou.* ☎ 22-81-08-80-87. *Au cœur d'Ano Syros, dans une des seules rues commerçantes. Midi et soir. Résa conseillée. Compter env 15 €.* Excellente cuisine de taverne servie dans un cadre très agréable. Très belle vue sur la baie. Les galettes de pommes de terre (*patato keftédès*), la saucisse régionale (*louza*) et les viandes grillées y sont délicieuses. Bon petit vin de pays.

## Où déguster une pâtisserie ? Où boire un verre ?

La place Miaoulis et le port sont les deux grands lieux d'animation nocturne.

**|●| La boulangerie** située au croisement d'odos Chiou et d'odos Parou fait d'excellents petits chaussons au fromage blanc et miel (*tsoureki me myzithra kai meli*), entre autres sortes de pains, *bougatsa* et *galaktobouréko*.

**☖ Boheme del Mar :** *sur le front de mer, vers l'hôtel Hermès.* Bar plein de jeunes, mais ouvert à tous. Sympa dedans (pour les mélomanes indulgents) comme dehors, où l'on squatte jusque tard les petites tables sur le trottoir, et à défaut, ce dernier.

**☖ Bar Agora :** *à gauche de l'hôtel de ville.* Musique rock et ethnique. Jardin agréable. On y sert des plats légers.

# À voir

## Le port et la ville basse

🏃 L'impressionnante *place Miaoulis* (1876-1881), toute dallée et bordée de magnifiques palmiers. Elle fut conçue par l'architecte autrichien Ziller. Parmi les édifices, on y remarquera la *statue de l'amiral Miaoulis*, le très imposant *hôtel de ville*. Très animée avec ses cafés, c'est le grand lieu de rendez-vous. Le centre culturel, à gauche de la mairie, abrite le *Musée archéologique* (☎ 22-81-08-84-87 ; *mar-dim 8h30-15h ; entrée libre*). Quelques pièces de la période cycladique (mais les plus intéressantes parmi les œuvres trouvées à Syros sont parties à Athènes dès 1898...). Sur la place Vardaka, en allant vers Vaporia, voir le *théâtre municipal Apollon,* réplique en miniature de la Scala de Milan.

🏃 *Le quartier Vaporia :* surnommé aussi la Venise de Syros, à cause de ses fondations sous-marines. Dans le secteur nord, après le port. Remarquable pour ses belles demeures néoclassiques. C'était autrefois le quartier des armateurs. *L'église Agios Nikolaos,* construite au XIX$^e$ s grâce aux dons des marins, est impressionnante avec ses immenses campaniles.

🏃 *La rue de Chios* (*odos Chiou*) et son marché quotidien pittoresque. On peut acheter des produits de Syros (huile d'olive, vins, pâtes, fromages) au magasin de l'association des producteurs de Syros (*fermé lun, mer et sam ap-m, ainsi que dim*), à l'angle d'odos Abela.

🏃 *Musée industriel :* 11, odos G. Papandréou (en face de l'hôpital, au sud du port). ☎ 22-81-08-12-43. *Juin-sept, lun-mer 10h-14h et jeu-dim 10h-14h et 18h-21h ; hors saison, lun, jeu, ven 10h-14h et mer, sam, dim 10h-14h et 18h-21h. Entrée : 2,50 € ; gratuit mer.* Musée qui fait revivre le passé industriel de la « ville des réfugiés » (qui marque toujours Ermoupolis, si l'on en juge par le nombre d'usines en ruines qui occupent le sud de la ville), en particulier les chantiers navals : on a construit des bateaux à vapeur dès 1857. Également un aperçu des autres activités industrielles à Syros dans la seconde moitié du XIX$^e$ s.

## Ano Syros (Ανω Συρος)

À voir absolument. Séparé de la ville basse par 400 marches ! (On peut aussi y monter en voiture ou en bus : 5 bus/j. depuis le port). Précisons que ce ne sont pas de petites marches d'escaliers... C'est le quartier le plus ancien de la ville. Construit en 1207 sous les Vénitiens, il se développe en amphithéâtre sur les versants de la colline Saint-Georges, au sommet de laquelle est perchée l'imposante *église catholique de Saint-Georges* et, non loin de là, le *monastère des Capucines (Clarisses).* Il s'en dégage une ambiance très romantique, créée par son enchevêtrement de passages voûtés secrets, ses escaliers, ses placettes ombragées, ses petites maisons cubiques éclatantes de blancheur. Sur une petite place, une statue rappelle que Markos Vamvakaris (1905-1972), un des plus grands chanteurs de *rébétiko,* est né à Ano Syros. Dans le coin des boutiques, un petit *musée* lui est consacré (*tlj en principe en juil-août 11h-14h, 19h-22h ; entrée : 2 €*). En vrac, photos, coupures de presse, instruments, affaires personnelles (son « fabrique-disques »), et un ventilateur (pratique, car on sue beaucoup pour arriver jusque-là !).

# Visite de l'île

## Au nord d'Ermoupolis

Connue sous le nom d'*Ano Méria* (Ανω Μερια), c'est une région montagneuse et sèche. Les paysages y sont superbes et sauvages. Pas de bus. Le mont Pyrgos (440 m) est le point culminant de l'île.

🏃🏔 *Chalandriani* (Χαλανδριανη) : *à 6 km d'Ermoupolis.* Les fouilles de l'archéologue grec Tsountas permirent de mettre au jour un important complexe de plus de 500 tombes datant du bronze ancien (environ 3000 av. J.-C.). Les découvertes qui ont été faites sont exposées au Musée archéologique d'Ermoupolis.

🏔 Sur la *colline de Kastri* (Καστρι), au nord-ouest de Chalandriani (environ 45 mn à pied), les archéologues ont retrouvé un habitat fortifié considéré comme l'un des plus anciens des Cyclades.

⌒ Les *plages* au nord de l'île : *Marmari, Grammata* sont très belles. Pour y accéder, prendre un caïque à Kini ou marcher : au départ de Kampos, plusieurs sentiers balisés permettent d'accéder à ces plages (compter de 30 mn à 1h l'aller). Pour prendre des forces avant les balades ou en reprendre après, bonne taverne à Agios Michalis (juste avant Kampas) : To Plakostroto où la spécialité est le chevreau cuit au four en papillotes.

## Au sud et à l'ouest d'Ermoupolis

Région essentiellement constituée de vallons fertiles, c'est là aussi que se trouvent les plus belles plages : *Mégas Gialos, Kini, Galissas, Agathopès, Possidonia...*

Une des plus jolies promenades à faire sur l'île :
➤ *D'Ermoupolis à Finikas (15 km).*

🏔 *Possidonia* (Ποσειδωνια) : station estivale élégante, remarquable là aussi pour ses très belles demeures néoclassiques, croulant sous une végétation luxuriante. Quelques hôtels, locations et chambres à louer.

🏠 *Apartments Carmela :* à Possidonia. ☎ 22-81-04-37-24. 📱 69-47-21-34-90. ● carmela.gr ● *Compter env 40-47 € pour une chambre en hte saison et 50-70 € pour un appart. Réduc de 10 % sur présentation de ce guide.* Petit ensemble de 3 chambres et 4 appartements, récent et confortable. Vue panoramique depuis chaque chambre et mer à 200 m. Excellent accueil de Carmela et Yannis (prof de français par ailleurs).

⌒ *Finikas* (Φοινικας) : jolie petite plage de sable. Idéal pour des vacances tranquilles, très fréquenté l'été tout de même. Pensions, hôtels et locations diverses à des prix très raisonnables. Club de plongée *(Syros Diving Center).*

⌒ *Mégas Gialos* (Μεγας Γιαλος) : jolie plage (mais minuscule) bordée d'arbres, sur la route d'Ermoupolis. Rideaux de canisses jusqu'à la mer. Champs potagers ici et là.

🏠 *Alkyon Hotel :* en peu en dehors du village, sur la droite de la route quand on descend vers Mégas Gialos. ☎ 22-81-06-17-61. ● alkyonsyros.gr ● *Ouv 20 avr-15 oct. Doubles 65-89 €, petit déj inclus. Wifi.* Bel hôtel, de taille raisonnable, dont la direction est franco-grecque. Chambres toutes blanches, dans le style cycladique. Piscine, tennis. Bon accueil.

## KINI *(KINI)*

Charmante petite station estivale, très verdoyante, belles vignes et nombreux figuiers. Très belle plage de sable. Chambres à louer à des prix très abordables. Du port, on peut atteindre, par un chemin à flanc de colline et en 30 mn, la plage de *Delphini* (naturisme toléré). Le sentier est assez facile. Taverne en retrait de la plage. Accès également par une route qui se transforme en piste (2,5 km).

## Où dormir ? Où manger ?

🛏 **The Harbor Inn** : *face à la plage.* ☎ 22-81-07-13-77. 📱 69-34-76-89-45. ● harbor-inn.eu ● *Avr-oct. Doubles 40-60 € selon saison.* Tenue par une Autrichienne dynamique, une pension proposant 6 chambres (dont certaines familiales) avec coin cuisine et AC. Déco inspirée, notamment dans les chambres du rez-de-chaussée. Hôtesse très prévenante.

🛏 **Ligariès** : *dans une grande maison blanche, à 100 m de la plage sur la route d'Ermoupolis.* ☎ 22-81-07-14-19. ● ligaries.gr ● *Avr-sept. Compter 60-70 € pour 2 pers selon saison. CB refusées. Réduc de 10 € sur présentation de ce guide sf 11 juil-25 août.* 12 studios récents, pour 2 à 4 personnes, bien équipés, avec cuisine, AC et grande terrasse. Jardin avec pelouse autour de la maison. Bon accueil de Kyriaki et Dimitri.

🛏 |●| **Aénsitris** : *chez Antonis et Roula.* ☎ 22-81-07-12-07. 📱 69-74-73-25-02. *À 400 m en retrait de la plage, vers le début de la route de Delphini (tourner à gauche quand c'est indiqué). Env 60 € pour 2 pers en été.* Des chambres récentes, avec frigo. Tonnelle très sympa pour manger, soirées grillades. Le patron parle le français. Très tranquille.

🛏 **Golden Sun Apartments** : *chez Ilias Tselebis.* ☎ 22-81-07-11-29. 📱 69-44-87-32-76. ● syrosgoldensun.gr ● *Sur la route de Delphini, à 300 m du village. Env 65-70 € en été pour 4 pers.* Reconnaissable à sa petite chapelle et au drapeau grec qui flotte. Appartements pour 4 personnes, bien équipés (cuisine, TV, AC, terrasse avec vue sur la baie).

|●| **Dyo tzitzikia st Armyrikia** : *sur la plage. Avr-oct, tlj (en hiver, slt le w-e).* ☎ 22-81-07-11-51. *Repas env 12 €.* Petite terrasse abritée ou tables sous les tamaris, face à la plage. Les *tzitzikia*, ce sont les cigales qui vous accompagnent. Petite carte sympathique qui change fréquemment, avec quelques spécialités comme le cochon de lait au four (*gourounopoulo fournou*).

|●| **Allou Yialou** : *sur la plage, en face d'Harbor Inn.* ☎ 22-81-07-11-96. *Repas env 12 €.* Taverne sympathique. Choisir par exemple un des plats du jour. Service attentionné.

## À voir

🏛 **Le monastère d'Agia Varvara** (Μονη Αγιας Βαρβαρας) : *sur la route d'Ermoupolis à Kini. Avr-sept : 9h-13h et 15h30-20h ; oct-mars : 9h-17h.* Habité par des nonnes. Très belle vue sur la baie. On peut y acheter de beaux tissages fabriqués sur place.

## GALISSAS (ΓΑΛΗΣΑΣ)

C'est la station estivale la plus prisée de l'île. On peut y aller en bus (15 mn). Les plages y sont belles, notamment, à 15 mn de marche, Arméos Beach (naturisme possible), sur le chemin de la chapelle d'Agia Pakou. Ne manquez pas d'aller voir la petite chapelle d'Agios Stéfanos, construite dans une grotte.

## Où dormir ? Où manger ?

⛺ |●| **Camping The Two Hearts** (I Dyo Kardiès) : *à 500 m du centre, vers le sud.* ☎ 22-81-04-20-52. ● twohearts-camping.com ● *Mai-fin sept. Compter env 18-20 € pour 2 pers avec tente.* Transfert gratuit du port au camping (arrivée seulement). Camping plutôt agréable ; les sanitaires sont peu nombreux mais corrects. Bon accueil. Bonne cafétéria. Location de tentes et de scooters (cher pour ces derniers). Locations de bungalows et *cabins*.

⌂ *Thalassia Thea (Sea View) :* ☎ 22-81-04-29-77. 🖥 69-37-14-72-55. ● tha lassiathea.gr ● *À 200 m du centre, direction sud. Avr-oct. Selon saison, doubles 30-55 € et studios pour 3 pers 40-60 €. CB refusées. Wifi.* Sur une petite hauteur, un complexe de chambres, studios et appartements à taille humaine (une quinzaine d'unités). Chambres claires et agréables avec terrasse. Accueil chaleureux (et francophone). La plage est tout près.

|●| *Manoussos :* pas loin de l'arrêt de bus. *Souvlakia* et *gyros* qu'on peut manger assis. Sans façon mais correct.

# PAROS (ΠΑΡΟΣ)

9 600 hab.

C'est la troisième île des Cyclades en superficie (195 km²) après Naxos et Andros. Elle est située approximativement au centre des Cyclades, à l'ouest de Naxos. Elle doit sa réputation tout d'abord à son marbre blanc qui servit à la sculpture des plus célèbres chefs-d'œuvre, comme la *Vénus de Milo,* mais également à la douceur et à la beauté de ses paysages. On vient à Paros pour ses paysages variés composés tantôt de douces collines, tantôt de vallons parfois plantés de vignobles, parfois couverts d'oliveraies. Mais aussi, pour ses ravissants villages aux ruelles tortueuses et fleuries (géraniums, bougain-villées, jasmins...), ses petits ports de pêche charmants. Et encore pour ses plages au sable doré (Golden Beach, Logaras, Molos, Alyki...), ses nombreuses petites criques aux eaux cristallines et sa multitude de chapelles et monastères disséminés ici et là. À Paros, tout le monde trouve son compte : randonneurs, véliplanchistes, amateurs de farniente... De plus, sa situation centrale permet de se déplacer facilement vers les autres Cyclades.

## Arriver – Quitter

### En avion

✈ *L'aéroport* se trouve dans la partie sud de l'île. ☎ 22-84-09-12-57.
➢ *De/vers Athènes :* 2-3 vols/j. avec *Olympic Air.* Réserver bien à l'avance, car il y a peu de places. Trajet : 35 mn.

### En ferry

➢ *De/vers Le Pirée :* env 4 liaisons/j. (beaucoup moins en hiver). Trajet : 4-5h. Ligne surchargée en été, ne pas prendre son billet au dernier moment.
➢ *De/vers Naxos et Santorin :* env 4 liaisons/j.
➢ *De/vers la Crète, Ios, Andros et Syros :* plusieurs liaisons/sem.
➢ *De/vers Folégandros, Sikinos et Anafi (via Santorin) :* plusieurs liaisons/sem.
➢ *De/vers Milos, Sifnos et Sérifos :* plusieurs liaisons/sem.
➢ *De/vers Mykonos et Tinos :* liaisons tlj.

### En bateau rapide

➢ *De/vers Le Pirée :* liaisons tlj en saison. Prévoir 3h15 de trajet.
➢ *De/vers Rafina, Syros, Mykonos, Tinos et Naxos :* liaisons tlj en saison. Liaisons également d'*Ios* et de *Santorin.*
➢ *De/vers Amorgos, de/vers les Petites Cyclades, de/vers Sifnos, Milos, Sérifos et Folégandros :* liaisons irrégulières selon les années (en hte saison slt).
➢ *De/vers Héraklion (Crète) :* liaison en principe tlj en saison, via Santorin et Ios.

**LES ÎLES DE PAROS ET D'ANTIPAROS**

# Circuler dans l'île

🚌 *Station de bus* (plan Parikia A1) *:* à droite en sortant du débarcadère. ☎ 22-84-02-13-95. En été, plus de 35 bus/j. pour Naoussa, une quinzaine pour Pisso Livadi et Drios (via Lefkès). Env 10 bus pour Alyki. Circulent env 7h-3h du mat, en été (mais bien sûr ça dépend des lignes). Tickets à acheter hors du bus (guichets, bornes automatiques, commerces).

## PARIKIA (ΠΑΡΟΙΚΙΑ ; 84400)

La capitale de l'île est une bourgade dont les maisons blanches et pimpantes, souvent ornées de fleurs, bordent – selon la plus grande fantaisie – de tortueuses ruelles. En saison, beaucoup de touristes, la langue dominante est l'anglais. Donnez-vous la peine de plonger dans les petites ruelles en arrière du port. Très bruyant en juillet et août, et si vous avez une voiture, ce n'est pas forcément évident de stationner : dans les emplacements prévus (parkings ou places indiquées dans les rues), c'est gratuit. Mais attention aux amendes si vous vous garez n'importe où ailleurs, la police passe souvent...

La plupart des hôtels, pensions et chambres à louer se trouvent dans le quartier récent et sans trop de charme de Livadia, 500 m à gauche en sortant du port (dos à la mer).

## Adresses et infos utiles

**Ⅱ** *Office de tourisme* (plan A1) : sur l'embarcadère, face au moulin. ☎ 22-84-02-28-61. De mi-mai à fin sept, tlj 9h-1h. Fermé en hiver. Bien peu à se mettre sous la dent. Carte de l'île disponible, indiquant les hébergements avec les numéros de téléphone (seules sont indiquées les adresses qui font partie de l'Association des hôteliers).

■ *Police* (plan A1, **1**) : pl. Mavroghénis, au 1er étage. ☎ 22-84-02-33-33 ou 22-84-02-16-73 (police touristique, ouv tlj 8h-14h, l'été slt).

✉ *Poste* (plan B1) : à gauche en sortant du port, un peu après la marina. Lun-ven 7h30-14h.

■ *Banques :* au moins 6 banques à Parikia, avec distributeurs de billets. 4 d'entre elles sont autour de la place centrale Mavroghénis (plan A1).

■ *Consigne* (plan A1) : à l'embarcadère, dans le même bâtiment que l'office de tourisme. Payant.

■ *Taxis* (plan A1, **2**) : la station se trouve juste à la sortie du port, face à l'OTE. ☎ 22-84-02-15-00.

■ *Agence Polos Tours* (plan A1, **3**) : en face de la station de bus. ☎ 22-84-02-23-33 et 20-93. Sérieux (l'après-midi, présence d'une employée francophone).

@ *Cafés Internet :* ils ne manquent pas. Dans les rues commerçantes, bonnes connexions chez *Cookies Internet* (plan A2, **4**) et *Wired Cafe* (plan A2, **5**). Vers Livadia, à côté d'Iria Rent a Car, *Marina Internet Café.* Enfin, à Livadia même, quelques ordis dans l'hôtel Argo (bâtiment immanquable, sur le front de mer).

■ *Location de voitures :* réclamez impérativement un contrat et lisez-le attentivement avant de payer. Attention au prix ! Négociez hors saison. On conseille *Sixt* (agence Polos, plan A1, **3**) : ☎ 22-84-02-13-09. Bon rapport qualité-prix. Sérieux également chez

*Iria Rent a Car* (plan B1, **6**) : en sortant du port, à gauche, face à la marina (☎ 22-84-02-12-32 ; ● iriacars-paros. com ●) Loue aussi des scooters. Sinon, longer la mer en direction du sud pour trouver *Vassilios Parais-Car Rental* (plan A2, **7**), à gauche sur une grande place avec une église (☎ 22-84-02-17-71). Accueillant et prix sages ; loue aussi des motos et scooters.

■ *Location de scooters :* vous en trouverez partout. N'hésitez pas à comparer les tarifs et à discuter. Certains loueurs font des prix à la semaine. Mais préférez les agences dont les motos sont neuves. Sinon, vous allez payer le même prix pour un engin qui tombe en panne. Vérifiez son état avant de partir. En ville, les vélomoteurs ne sont autorisés que de 7h à 15h.

■ *Pharmacies :* l'une sur la pl. principale Mavroghénis et l'autre près du centre public de soins (sq. Agios Nikolaos).

■ *Journaux et livres en français* (plan A1) : bonne librairie le long du sq. Agios Nikolaos, à gauche en sortant du port.

■ *Medical Center* (plan B1, **8**) : dans une petite rue derrière le centre de soins public. ☎ 22-84-02-44-10 ou 24-77. Un centre médical ultramoderne dispensant quasiment tous les soins. Réputation de sérieux confirmée localement. Mais très cher. Les fauchés iront au centre de soins public (*Kendro Hygias,* plan B1, **9** ; ☎ 22-84-02-25-00 et 43-83).

■ *Cinémas de plein air :* le *Ciné Rex* (hors plan par A2), situé en contrebas de la route périphérique (en direction du sud). Juin-début sept, le soir à 21h et 23h. Bien, même si le son n'est pas excellent. À Livadia, le *Ciné Paros* (hors plan par B1), que l'on trouve en remontant la rue de l'hôtel Stella. Tlj juin-sept. Mêmes horaires. Sympa et bon son. Films en v.o. dans les deux cas.

– *Le 15 août :* fête patronale.

## Où dormir ?

*Avertissement :* en saison, il arrive que tout soit complet, y compris les chambres chez l'habitant. Pensez donc à réserver. En revanche, hors saison, évitez de choisir une chambre à la descente du bateau, là où des dizaines de proprios vous atten-

KRIOS, LIVADIA

NORD

D. Vasiliou

PLACE AGIOS NIKOLAOS

PLACE MAVROGHENIS

KASTRO

Odos Kopiano (Market Street)

Cimetière antique

NAOUSSA

**PARIKIA**

dent : il est impossible de marchander. Traversez la foule et partez immédiatement dans les rues de la ville. Non seulement vous choisirez mieux votre chambre, mais vous pourrez aussi la marchander gentiment. Attention, comme dans beaucoup d'îles, la plupart des hôtels ouvrent en avril ou mai et ferment fin septembre, voire en octobre. Et, comme ailleurs, la plupart des adresses sont « Bon marché » jusqu'en juin, « Prix moyens » en juillet et « Plus chic » en août !

## Campings

⚐ *Camping Koula* : à l'extrémité de Livadia, à env 1 km du débarcadère. ☎ 22-84-02-20-81/82. ● campingkoula. gr ● Mai-oct. Compter 20 € pour 2 pers avec tente en hte saison. Internet. Loue aussi des tentes « en dur ». Fort bien situé, en face de la plage. Peu étendu, mais correctement ombragé par des oliviers et des tonnelles. Bungalows sommaires à louer. Quand on s'entasse en haute saison, la propreté s'en ressent. Bonne ambiance. Resto avec une immense terrasse qui donne sur la mer. Navette de (et pour) le port.

⚐ *Camping Krios* : à 2,5 km de Parikia, en direction du nord, pas loin du cap d'Agios Fokas. ☎ 22-84-02-17-05. ● krios-camping.gr ● De mi-mai à fin sept. Compter 20 € en hte saison pour 2 pers avec tente. CB refusées. Internet. Un bateau (payant) relie ttes les 30 mn l'endroit à la plage de Livadia. Minibus gratuit pour Parikia plusieurs fois/j. (jusqu'à 3h du mat). Près d'une plage propre, plus belle que celle du *Koula*. Plus d'espace aussi, avec 75 emplacements bien ombragés. Location de tentes avec lits et de bungalows sommaires, mais bon marché. Sanitaires propres. Cafétéria. Piscine avec bar.

## Bon marché

⌂ *Pension Rena* (plan B1, **11**) : du port, direction Livadia, tourner à droite avt le cimetière antique et c'est 200 m plus haut. ☎ 22-84-02-14-27 ou 22-84-02-22-20. ● cycladesnet.gr/rena ● Tte l'année. Doubles 25-45 €. CB refusées. Wifi. Chambres triples et quadruples également, à tarifs tout aussi intéressants. Chambres très simples, avec douche, frigo. Certaines ont AC et TV. Excellent accueil de Renate, d'origine néerlandaise, mariée à un Grec.

⌂ *Denis Apartments* : excentré, à un peu plus de 1 km du débarcadère côté Livadia, en direction de Krios. ☎ 22-84-02-24-66. ● paros-island.com/denis ● Avr-oct. Selon saison, 25-50 € pour 2 pers ; chambres 3-4 pers 35-65 €. CB refusées. Wifi. Dans une grande maison aux volets bleus entourée d'un beau jardin fleuri, une douzaine de chambres et studios climatisés avec petite cuisine et balcons. Adresse fraîche et très tranquille. Excellent accueil. Une bonne adresse appréciée de nos lecteurs.

## De prix moyens à plus chic

La plupart des adresses ci-dessous sont bon marché hors juillet-août.

⌂ *Rooms Vassiliki* : en direction de la plage de Livadia ; au niveau de la taverne Apostolis, monter par une rue sur la droite, puis tourner à droite au parking et les 2 maisons sont plus loin sur le côté gauche. ☎ 22-84-02-15-56. ▯ 69-38-32-41-99. ● roomsvassiliki.gr ● Mai-oct. Selon saison, doubles 25-40 €. Pension un peu kitsch mais correcte, avec de petites chambres très propres (terrasse ou balcon) avec AC et réfrigérateur. Ambiance conviviale.

⌂ *Eleftheria Hotel* : à Livadia, à 400 m du débarcadère et à 100 m de la plage. Marcher sur le quai jusqu'à la taverne Katerina, puis tourner à droite dans une petite rue perpendiculaire à la mer. ☎ 22-84-02-20-47. Hors saison : ☎ 21-06-13-88-87 (à Athènes). ● htleft@otenet.gr ● D'avr à mi-oct. Résa impérative.

Doubles 30-50 € selon saison (tarif incluant la réduc sur présentation de ce guide). Wifi. Bien tenu. Le propriétaire, accueillant et serviable, parle le français. Chambres climatisées équipées de frigo. Bougainvillées abondantes. Atmosphère assez familiale. Bon petit déjeuner servi sur la terrasse commune. À l'écart du brouhaha touristique (ouf !). Une très bonne adresse dont nos lecteurs nous disent toujours grand bien.

▲ **Rooms Eleni :** à Livadia, longer le rivage jusqu'à l'hôtel Argo, puis tourner à droite ; c'est au bout de la rue. ☎ 22-84-02-27-14. 📱 69-45-01-21-11. • eleni-rooms.gr • Avr-nov. Selon saison, doubles 30-65 €. Ravissante bâtisse très fleurie, toute neuve, construite avec goût, s'ouvrant sur un joli jardin, à l'écart du bruit. 11 chambres spacieuses et bien tenues, avec réfrigérateur, AC, TV et 2 terrasses chacune. Accueil charmant. Une excellente adresse.

▲ **Irene Hotel :** en bord de mer (et de route), un peu avant le camping Koula, à Livadia. ☎ 22-84-02-14-76. • hotelirene.gr • Avr-oct. Doubles env 40-70 €. Un hôtel familial aux chambres propres et spacieuses, avec AC, TV et frigo. Bon petit déj (non compris). Également de petits studios avec kitchenette, à peine plus chers.

▲ **Pension Sofia :** à Livadia, s'engager dans la rue au niveau de l'hôtel Stella, la pension est tout au bout, en face du cinéma Paros. ☎ 22-84-02-20-85. • sofiapension-paros.com • Avr-fin oct. Doubles 35-75 € selon saison. Internet et wifi. 2 jolies maisons blanches avec un agréable jardin fleuri, agrémenté de palmiers et plantes grasses. Situé dans un endroit plutôt tranquille. Chambres très propres, plaisantes et confortables, avec TV, frigo et balcon. Succulent petit déj, en supplément. Excellent accueil de la proprio qui parle le français et

l'anglais. Il n'empêche que l'adresse commence à être un peu chère...

▲ **Moschoula Apartments :** du sq. Agios Nikolaos, prendre la rue principale direction Naoussa sur 300 m et tourner à gauche après la station Eko : c'est juste après l'hôtel Vaya. ☎ 22-84-02-65-29. • moschoula.com • Tte l'année. Pour 2 pers, 35-65 € ; pour 4 pers, 45-85 €. Jolis studios, avec AC, TV, cuisine. Belle terrasse sur le toit. Pas de petit déj.

▲ **Hotel Argonauta** (plan A1, **12**) : tout près de la pl. Mavroghénis. ☎ 22-84-02-22-78. 📱 69-44-62-52-19. • argonauta.gr • Avr-oct. Selon saison, doubles 60-85 € et triples 72-102 €. Petit déj en sus. Wifi. Un petit hôtel familial charmant en plein centre de la vieille ville. Refaites récemment, toutes les chambres ont un balcon et sont décorées avec goût. Toit-terrasse accessible à tous avec vue superbe sur la mer. Également un bon restaurant dans l'hôtel avec des jeux pour les enfants. Excellent accueil de la famille Ghikas. Une très bonne adresse.

▲ **Anna Platanou Hotel** (hors plan par A2, **13**) : en sortant du débarcadère, longer la mer par la droite sur 250 m, jusqu'à une grande place avec une église et le loueur Vassilios Parais ; là, prendre la rue sur la droite et c'est à 150 m, derrière un grand parking. ☎ 22-84-02-17-51. 📱 69-44-74-83-68. • annaplatanou.gr • Avr-oct. Doubles 32-65 € selon saison. Wifi. CB refusées. Propre, calme, accueillant, assez confortable (AC, TV, balcon, sans vue sur la mer) et d'un bon rapport qualité-prix dans cette catégorie. Possibilité de préparer son petit déj. À noter : l'hôtel dispose aussi, plus près de la plage, de bâtiments annexes (pension Anna) avec quelques studios équipés de kitchenette, plus économiques. Navette gratuite pour le port.

## Où manger ?

On a le choix entre deux grands secteurs de restauration. À Livadia, les restos s'étirent jusqu'au camping Koula. Qualité variable : ça va du banal au pire avec une ou deux exceptions. Pour les restos situés entre le port et la vieille ville, qui surplombe la mer, mêmes remarques, le charme du lieu en plus. Mais quelques adresses émergent quand même et d'autres nous ont fatalement échappé. Y aller à l'intuition (comme toujours). Rappelons aussi que presque toutes les adresses proposées sont saisonnières (ouvert de Pâques à octobre).

PAROS ET ANTIPAROS (CYCLADES CENTRALES)

|●| **Boulangerie Ragoussis** (plan A1, **21**) : sur la pl. Mavroghénis, tout de suite après la National Bank of Greece. Ouv tlj. Grand choix de gâteaux (bougatsa, tiropita, galaktouréko, etc.). Également des snacks salés.

|●| **Boulangerie** (plan B1, **22**) : en direction de Livadia, juste après les vestiges du cimetière antique. Tlj 7h-22h. Cette échoppe moderne propose des en-cas salés et sucrés, que l'on peut grignoter sur la terrasse ombragée.

## Bon marché

|●| **Nick's Hamburgers** (plan A2, **23**) : au fond d'une petite place du front de mer, en direction du sud. Tlj midi et soir (jusqu'à 3h du mat). Compter 3-5 € le sandwich. Spécialisé dans les hamburgers, particulièrement consistants. Nick prépare lui-même sa viande de bœuf. Propre. On y retrouve beaucoup de jeunes routards désargentés et... affamés.

|●| **Café Symposio** (plan A1, **24**) : longer l'ancienne rivière asséchée qui part de la station de taxis ; c'est à l'intersection avec l'une des deux principales rues commerçantes. ☎ 22-84-02-41-47.

Compter env 10 €. Toute petite terrasse surélevée bien agréable pour grignoter des snacks divers, crêpes (salées et sucrées), gaufres, glaces... Idéal pour le petit déj ou pour manger léger.

|●| **Distrato Café** (plan A1-2, **25**) : à proximité du précédent, sur une petite place très bien ombragée. ☎ 22-84-02-47-89 ou 51-75. On s'en sort pour env 10 €. Tenu par un couple franco-grec, ce jazz and new age café propose des petits déjeuners, sandwichs, salades, crêpes...

## Prix moyens

|●| **Aligaria** (plan A1, **26**) : au bord du ruisseau (asséché), à hauteur du 3ᵉ petit pont. ☎ 22-84-02-20-26. Tlj midi et soir presque tte l'année. Compter 10-13 €. Plats traditionnels (« à la casserole », on est vite servi) et quelques spécialités, comme les seiches aux épinards. Accueil souriant.

|●| **Ouzeri Apostolis** : Livadia Beach (hors plan par B1, **27**). ☎ 22-84-02-42-65. Ouv tte l'année, midi et soir. Compter env 15 €. Une taverne traditionnelle, fréquentée par les touristes comme par les locaux, qui sert une bonne cuisine grecque (mezze, poissons grillés...), copieuse et à prix honnêtes. Pas de chichi et assez authentique.

|●| **O Hyppocratis** (plan B1, **28**) : en allant vers Livadia, peu après la poste. ☎ 22-84-02-43-51. Tlj midi et soir. Compter 11-13 €. Pas une once de frime dans cette taverne tenue en famille, et une excellente cuisine classique. Assiettes copieuses (pour les pâtes notamment), salades consistantes et variées. Service discret. Quelques tables sur le quai du petit port de pêche.

|●| **Aromas** (hors plan par A2, **29**) : à l'écart du centre, entre les 2 stations-service, sur la route périphérique, direc-

tion Pounda. ☎ 22-84-02-19-85. Mars-nov, tlj 13h30-23h env. Compter 12-15 €. C'est une Française qui est en salle et son mari aux fourneaux. Carte proposant un large choix de plats de toute la Grèce, voire d'Anatolie. Une excellente adresse, qui ne bénéficie certes pas d'un joli environnement, en bord de route, mais dont la cuisine mérite le détour.

|●| **Taverna I Paros** (plan B2, **30**) : dos à l'église Ékatonpiliani, prendre la 1ʳᵉ ruelle sur la gauche et c'est après le parking, sur la gauche. ☎ 22-84-02-43-97. Repas env 15 €. Taverne familiale où il fait bon se restaurer à l'ombre d'une très agréable tonnelle. Cuisine grecque classique.

|●| **Ouzeri Boudaraki** (hors plan par A2, **31**) : dos à la mer, tt à droite, au bout de la plage, face au petit port de pêche. ☎ 22-84-02-22-97. Compter 16-20 €. Pâques-sept, tlj midi et soir. Ancienne maison de pêcheurs transformée en resto ! 2 petites terrasses fleuries (places limitées). Bon poisson grillé, délicieux mezze. Goûter aux kalamaria yémista (petits calamars farcis) et aux soupiès (seiches). Accueil jovial. Nos lecteurs en redemandent.

## Plus chic

|●| **Happy Green Cows** (plan A2, **34**) : *dans la minuscule ruelle qui part de la place principale, derrière la* National Bank of Greece. ☎ 22-84-02-46-91. *Pâques-oct, tlj à partir de 19h. Compter env 25 €.* Créé par 2 peintres. Dans des petites salles colorées et joliment décorées (avec des vaches sous toutes les formes), on déguste des plats plutôt sophistiqués (notamment végétariens), inspirés de la « cuisine fusion ». Adresse gentiment branchée.

|●| **Tamarisko** (plan A2, **32**) : ☎ 22-84-02-46-89. *Depuis la pl. Mavroghénis, au niveau de la* National Bank of Greece, *rejoindre* Market Street *et l'emprunter sur la gauche ; puis tourner à droite sous le passage voûté : le resto est un peu* plus loin sur la droite. *Avr-oct, slt le soir ; hors saison, ven-sam slt. Fermé janv-fév. Compter env 20-25 €.* Dans un jardin fleuri. Cuisine soignée, croisant les inspirations méditerranéennes. Très apprécié.

|●| **Levantis** (plan A2, **33**) : *un peu en retrait de* Market Street, *principale rue commerçante.* ☎ 22-84-02-36-13. *Mai-oct, tlj à partir de 18h30. Compter env 30 €.* Une belle adresse, intimiste et reposante, avec musique *lounge,* bougies et service prévenant. La cuisine est recherchée et originale, dans sa composition comme dans la présentation. À savourer sur la terrasse de la petite cour protégée par une vigne ancestrale, dans un décor raffiné et coloré.

## Où boire un verre ? Où écouter de la musique ? Où danser ?

♪ **Spiti** (ou House ; plan A2, **41**) : *dans la rue commerçante qui part de* Distrato Café *et rejoint* Market Street. *À partir de 22h. Fermé les lun et jeu.* Accolée à une chapelle, cette maison traditionnelle transformée en bar à la déco orientale ne manque pas de charme. Lieu *in* s'il en est. Un peu petit quand même.

♪ La plupart des **discothèques** sont regroupées au même endroit. *Du débarcadère, partir à droite (dos à la mer), longer le rivage jusqu'à l'ouzeri* Boudaraki ; *là, s'engager dans la rue en contrebas, qui suit le cours de la rivière asséchée.* Les clubs de Parikia ne sont pas forcément des boîtes de nuit. La plupart sont plutôt des bars où l'on discute et l'on danse, avec des ambiances musicales différentes : salsa, house, etc. Une curiosité, au beau milieu des discothèques, une petite église (où le recueillement nocturne doit être assez difficile).

En venant du port, sur le chemin des boîtes, on rencontre pas mal de bars en bord de mer.

♪ **Pebbles Bar** (plan A2, **42**) : *à l'étage, super petite terrasse donnant sur la mer. Tte la journée.* Cocktails de fruits frais et, en saison, concerts jazz live de bonne tenue. Évidemment, les consos sont chères. Mais on peut aussi prendre un petit déj ou grignoter à des prix très raisonnables.

♪ **Pirate Bar** (plan A2, **43**) : *au bout de* Market Street. ☎ 22-84-02-11-14. Quand on suit la principale rue commerçante, on passe devant une charmante église et une fontaine à droite, et l'on parvient à ce bar de nuit, véritable temple du jazz. Bons cocktails, musique jazz, évidemment, et blues. Ambiance jeune et sympa.

## À voir

※※※ **L'église de la Panagia Ékatondapiliani** (ou Katapoliani ; plan B1, **51**) : *en haut du grand jardin public. En saison 7h-23h. Entrée libre.* À ne pas rater. C'est l'une des plus anciennes églises de Grèce et, en tout cas, la mieux conservée. Elle traversa les siècles malgré bien des vicissitudes, notamment lors de l'invasion de Barberousse et les occupations franque et turque. Beaucoup de dégâts aussi lors

PAROS ET ANTIPAROS (CYCLADES CENTRALES)

du séisme de 1773. Mais une habile restauration dans les années 1960 restitua l'essentiel du sanctuaire, qui apparaît aujourd'hui dans toute son ampleur (ne pas manquer de jeter un coup d'œil sur le chevet). Jouxtant un cloître tout blanc avec cellules, l'église possède une façade à triples arcades s'ouvrant sur un élégant narthex, lui-même donnant accès à une nef entièrement en marbre sculpté et d'une remarquable harmonie architecturale. Notez le fabuleux camaïeu (utilisation d'une myriade de tonalités de gris, blanc, vert, beige...) des blocs utilisés pour ce magnifique édifice byzantin. Impressionnante iconostase avec icônes en argent du XVIIIe s. Chaire du XVIIe s sur deux colonnes. À gauche, les icônes expriment encore le style byzantin, notamment le *Christ Pantocrator* (traits affirmés de noir). L'autel est coiffé d'un ciborium de marbre sur colonnes (beau travail de ciselage sur les chapiteaux corinthiens de cette sorte de baldaquin). Dans un coin, le synthronon, petit amphithéâtre de huit rangées de bancs réservés au clergé. Vestiges de fresques.

### HÉLÈNE ET SON GARÇON

*La tradition attribue cette église à l'impératrice Hélène, mère de Constantin le Grand, le premier empereur romain chrétien (306-337). D'après la légende, au IVe s, Hélène fit escale à Paros sur la route de la Palestine. Elle émit un vœu : si elle découvrait les reliques de la Vraie Croix, elle s'engageait à construire un grand sanctuaire sur l'île. C'est finalement Constantin qui, en bon fils, fit construire l'église. Une autre légende dit que cette église « aux cent portes » (c'est ce que signifie Ékatondapiliani) n'a en fait que 99 portes visibles. La 100e le deviendra quand Constantinople sera libérée...*

– Intéressantes *chapelles,* notamment celle de Saint-Nicolas qui présente également un synthronon. C'est la partie la plus ancienne de l'église. Dans la chapelle d'*Ossia Théoktisti,* belle icône de la sainte.
– *Fonts baptismaux* en forme de croix datant du IVe s apr. J.-C. Ce sont les plus anciens de tout le Proche-Orient orthodoxe.
– *Musée byzantin* (entrée payante) à droite sous le porche en entrant. Très belles icônes des XVIe et XVIIe s.

🎥🎥 **Le Musée archéologique** *(plan B1-2, 52)* : dans la rue qui longe l'église Katapoliani à droite, un peu plus haut que le lycée. ☎ 22-84-02-12-31. Mar-dim 8h30-14h45. Entrée : 2 € ; réducs. Devant le musée, de beaux tombeaux. Riches collections comprenant de nombreuses sculptures funéraires, notamment un bas-relief de banquet (VIe s av. J.-C.) et des stèles. Intéressant lion attaquant un taureau et statue archaïque de Gorgone. Délicats petits verres provenant de tombes romaines. Noter, sur la statuette d'Artémis, le beau mouvement du drapé. Petits objets égyptiens, poterie, quelques figures cycladiques (quand même !). Dans la cour, mosaïque de la *Chasse au cerf.*

🎥🎥 **La vieille ville** : à voir de bonne heure, avant que les cartes postales et les étalages des nombreux magasins n'envahissent tout. Vous y rencontrerez un nombre incroyable d'églises et de chapelles, notamment aux alentours de l'odos Koptiano (ou Market Street, l'une des deux principales rues commerçantes).

➤ Sur la droite, un escalier mène au *kastro.* En fait, ce sont les vestiges de l'ancienne enceinte du château, dont l'intérêt réside dans le remploi massif d'éléments antiques, notamment de fûts de colonnes et d'entablements. Impression nocturne assez étrange. À côté, deux chapelles accolées. Prendre la ruelle qui monte derrière le *kastro* pour dénicher, en haut d'un escalier, l'*église Saint-Constantin,* la plus secrète, la plus séduisante aussi de la ville. Elle surplombe les toits et la mer. Très jolie et inspirant la sérénité avec son fronton en espalier, le petit campanile, le dôme hexagonal et, sur le côté, une galerie à colonnes de facture très archaïque.

# À voir. À faire dans les environs

🎥 *Le cap Agios Phokas* (Αγιος Φωκας) : en partant du port, prenez à gauche la route qui longe la mer et allez jusqu'au cap Agios Phokas, d'où vous aurez une très jolie vue sur Parikia. C'est là aussi que se trouve la *grotte d'Archiloque* (grand poète antique), qui selon la tradition était son lieu d'inspiration. Dans le même coin, site archéologique de Dilion, consacré aux trois divinités de Délos : Léto, Artémis et Apollon. En venant de Livadia, juste après *Denis Apartments,* prendre la route qui monte sur la droite et les ruines (il ne reste pas grand-chose) se trouvent 2 km plus loin, tout en haut.

🎥 *Le monastère Christos tou Dassous* (Μονη Χριστου Δασους) : à 6 km de Parikia. Suivre la route qui va à Alyki, puis celle qui monte sur la gauche au panneau indiquant la vallée des Papillons. En principe, tlj 9h-12h, 18h-20h. Situé sur le col d'une colline, c'est un monastère de femmes, consacré à la Transfiguration du Christ. Il est aussi appelé *Agios Arsénios* en souvenir du patron de Paros, mort dans le monastère en 1877. Vue magnifique sur Antiparos. Tenue correcte obligatoire car les religieuses supportent difficilement la vue d'un bras nu ou d'un genou découvert.

🎥 *La vallée des Papillons* (Pétaloudès ; Πεταλουδες) : pour rejoindre ce vallon, prendre la route côtière vers Pounda. À 4 km de Parikia, on atteint une côte. À cet endroit, prendre la route sur la gauche, puis continuer sur 4,5 km. De juin à mi-sept, tlj 9h-20h. Entrée : 2 €. Éviter d'y aller via une agence. Le terme « vallée » est franchement exagéré, mettons « grand jardin ». Un peu décevant et beaucoup de monde. Papillons de la famille des *Panaxia quadripunctaria,* fixés ici par une essence rare d'arbres. À propos, les papillons ont bien compris les exigences du tourisme et n'y vivent que de juin à septembre et encore il arrive qu'en septembre ils soient déjà passés de vie à trépas. De plus, ils dorment pendant le jour et se réveillent le soir. Or le soir, le site est fermé !

🎥🎥 *Le monastère de Longovarda* (Μονη Λογγοβαρδας) : prendre la route qui mène de Parikia à Naoussa ; un peu après la descente sur Naoussa, emprunter un chemin de terre sur la droite. ☎ 22-84-02-24-76. Visite (le mat slt) réservée aux hommes (pantalon de rigueur). Très bel exemple d'architecture monastique insulaire (1638) : église cruciforme, cour plantée de cyprès, ensemble de cellules harmonieux. Il possède des ateliers de peinture et de reliure et une bibliothèque renfermant des livres rares.

🎥 *Marathi* (Μαραθι) : entre Parikia et Lefkès. Prendre la route en terre à droite, après le village. Petit village traditionnel. On découvrira les ruines des bâtiments de la *Société des marbres* de Paros, fondée en 1878 pour l'exploitation des carrières. Mais le site a été exploité dès l'Antiquité, bien entendu, pour la qualité incomparable de son marbre (très fin, d'un blanc particulièrement pur et d'une grande transparence). La *Vénus de Milo,* la *Victoire de Samothrace* ou encore l'*Hermès de Praxitèle* (à Olympie) sont en marbre de Paros. Pas grand-chose à voir, continuer la route en terre. Au bout de 3 km environ, un embranchement : prendre à droite pour se rendre au *monastère d'Agios Minas* (XVIIe s). Belle architecture. Un vieil homme est présent dans la journée. Il vous raconte plein d'histoires. Attention, son fromage en a fait fuir plus d'un et ses mélanges de vins aussi !

# NAOUSSA (ΝΑΟΥΣΑ ; 84401)

Au nord de l'île, à 10 km de Parikia (nombreuses liaisons en bus). Beaucoup de touristes, d'où les nombreuses échoppes de souvenirs et autres magasins qui prolifèrent dans les ruelles. Cependant, le port est resté typique avec ses pêcheurs et les clichés traditionnels de la Grèce : petite église toute blanche, minuscule port vraiment adorable, genre décor de film, avec les bateaux de pêcheurs qui se tiennent chaud et les terrasses animées. Le matin, les pêcheurs écaillent le poisson, font sécher les poulpes et réparent leurs filets. Allez-y tôt, dès qu'ils rentrent de la pêche. Lumière rasante, douce et chaude... Vestiges d'un château vénitien sur le port et belles plages à proximité.

Rançon du succès, le village est devenu une sorte de Saint-Tropez grec : les collines se couvrent de pensions et studios à louer (vides huit mois sur douze) et la capacité d'hébergement devient ici complètement surdimensionnée. Naoussa se paie également : à qualité égale, tout y est plus cher qu'ailleurs sur l'île, sauf les scooters. Le stationnement, gratuit, n'est autorisé que sur les places de parking (bien indiquées), sinon, gare aux amendes !

– Le 1er week-end de juillet, *fête du Vin et du Poisson,* avec dégustations.

– Le 23 août, grande fête où les jeunes font revivre l'attaque de Naoussa par le corsaire Barberousse, au XVIe s.

## Adresses utiles

■ **Banques :** *sur la place principale, à* côté du pont près du port. Avec distributeurs de billets.

🚌 **Gare routière :** *attention, très peu de bus passent par l'arrêt du port (à côté du petit pont). La station principale est à 150 m du port, par la rue qui longe le petit canal.* ☎ 22-84-05-28-65. En plus de la liaison avec Parikia, liaison locale pour Ambélas *(de mi-juin à début sept),* ainsi que pour la plage de Santa Maria *(env 6 allers-retours/j. en été).* Liaisons plus fréquentes avec Prodromos, Marpissa, Pisso Livadi, Logaras, Pounda Beach, Golden Beach et Drios.

■ **Location de scooters :** *chez* **Nick Golfis,** *à l'entrée de la ville quand on vient de Parikia, prendre à droite après la station-service, peu après l'hôtel Le Mersina.* ☎ 22-84-05-18-24. *Ouv tôt le mat et tard le soir.* Loueur sympa et serviable. Matériel propre et bien entretenu. On recommande également **Ride Moto Rent** *(*☎ *22-84-02-88-50 ;* 📱 *69-47-30-72-60), sur la droite en venant de Parikia, avant d'arriver au centre-ville.* Ou encore **ML Moto,** *au port, face au*

petit pont. Matériel neuf.

■ **Location de voitures : Sixt Rent a Car,** *sur la place principale.* ☎ 22-84-05-10-73. 📱 69-36-89-82-94. *Tlj tte l'année.* Agence très sérieuse. Personnel serviable et parc de véhicules bien entretenu. Donne aussi de bonnes infos. Excellent rapport qualité-prix. Également un distributeur de billets à l'extérieur.

■ **Billets de bateaux** *(compagnie Blue Star Ferries) :* agence **Erkyna Travel,** *sur la place principale.* ☎ 22-84-05-31-80. *Tlj 9h-14h, 18h-21h.*

✉ **Poste :** *un peu excentré. De la place principale, remonter, dos à la mer, jusqu'à une petite église, et continuer par la rue à gauche : c'est plus haut, au carrefour sur la droite. Lun-ven 7h30-14h.*

■ **Presse internationale :** *dans la librairie située dans le prolongement de la place principale.*

@ **Netcafe.gr :** *près du port et de l'arrêt de bus, sur la gauche quand on est face à la mer. Tte l'année de 9h jusqu'à tard.* Un cybercafé bien équipé et pas cher, très fréquenté par les jeunes.

## Où dormir ?

### Campings

⛺ **Camping Naoussa :** *à 3 km au sud-ouest de la ville, sur la route de Kolymbithrès. Attention, pas de navette, et les bus de/vers Parikia s'arrêtent à un bon km.* ☎ 22-84-05-15-95. ● *campin gnaoussa.gr* ● *Mai-fin sept.* Compter 14 € pour 2 pers avec tente et voiture. À 100 m de la grande plage de sable de

Limnès. Abrité du vent par des bambous. Épicerie et taverne. Tranquille, mais malheureusement, pas toujours entretenu.

⛺ **Camping Surfing Beach :** *plage de Santa Maria.* ☎ 22-84-05-24-91. ● *sur fbeach.gr* ● *À env 5 km au nord-est de Naoussa. De mi-mai à fin sept.* Env 23 €

en août pour 2 pers avec tente et voiture. Bon système de navettes (pour Naoussa et Parikia) et passage des bus publics. Intéressera particulièrement les routards véliplanchistes. Vaste camping bien situé, ombragé et confortable. Sanitaires propres. Self-service et bar. Minimarket. Grande piscine, belle plage (très fréquentée) et activités en grand nombre. Également une quarantaine de *beach huts* bungalows, plutôt chers.

## Bon marché

🛏 *Young Inn :* un peu excentré, après l'église principale située en hauteur. 📱 69-76-41-52-32. L'hiver : ☎ 00-49-17-91-35-67-66 (en Allemagne). ● young-inn.com ● Prendre la route qui descend vers la plage d'Agii Anargyri, tourner à gauche dans la rue où se trouvent les chambres Antonia et c'est juste après dans une impasse à gauche. Mai-oct. Réception au 1er étage, ouv 10h-13h et 19h-21h. Compter par pers 8-22 € en dortoir et 12-33 € en chambre double. Internet. 5 % de remise sur présentation de ce guide. Petite auberge de jeunesse récente (capacité : une vingtaine de personnes) dans une grande maison fleurie, tenue par des Allemands. Chambres et dortoirs (sanitaires, AC, frigo et parfois kitchenette). Cuisine, terrasse sur le toit et salon communs. Activités sportives diverses. Laverie.

🛏 *Villa Galini :* depuis le petit pont, s'éloigner du port par le canal, puis, au panneau, tourner dans la rue à droite et gravir la montée, assez raide, sur 100 m (c'est la maison au portail bleu). ☎ 22-84-05-33-35. 📱 69-45-88-58-49. ● villagalini.gr ● Mai-oct. Réception fermée 14h30-17h. Pour 2 pers, compter 35-75 € selon saison. Réduc de 20-25 % selon saison sur présentation de ce guide. Sur demande, on peut venir vous chercher au port (gratuit à partir d'une résa de 4 nuits). C'est une sorte d'auberge de jeunesse qu'abrite cette grande maison blanche aux boiseries bleues et aux terrasses fleuries : même ambiance décontractée et même confort un peu spartiate... Les chambres sont propres et simples, avec un frigo mais sans AC ni TV ni vue sur la mer. En compensation, on a droit à l'accueil jovial et familier du patron.

## De prix moyens à plus chic

🛏 *Villa Sophie :* ☎ 22-84-05-16-59. 📱 69-48-96-03-90. ● parosvillasophie.gr ● De la poste, prendre la route pour la plage d'Agia Anargyri ; peu avant la grande église, prendre à droite, c'est à 50 m. Avr-oct. Selon saison, doubles 40-65 €, triples 60-80 €. CB refusées. Wifi. Tenu avec attention par une famille française. Chambres tout ce qu'il y a de plus classiques et confortables (effort particulier sur les salles de bain, bien conçues), dans un petit bâtiment de construction récente. Quartier calme. Petit déj en supplément.

🛏 *Rooms and Apartments Antonia :* ☎ et fax : 22-84-05-11-37. En allant de l'église principale à la plage d'Agii Anargyri, juste avant Léonardos, prendre la rue à gauche. À 5 mn à pied de la mer. Jusqu'à 55 € pour 2 pers en août, ou 110 € pour un appart de 4 pers. Bon accueil, mais en grec uniquement...

Petit ensemble fort bien tenu avec tout le confort (AC, TV, kitchenette).

🛏 *Léonardos Apartments :* ☎ 22-84-05-15-59. ● leonardosparos.com ● Prendre la route entre l'église principale et la plage ; c'est sur la gauche à côté du minimarket éponyme. Avr-oct. Pour 2 pers, 50-80 € et pour 4, 100-185 €. Confortable (AC, TV et cuisines complètes) et bien tenu. Clair et spacieux. Bon accueil.

🛏 *Aspasia-Maria Apartments :* un peu plus bas que Léonardos. ☎ 22-84-05-25-91. ● aspasia-maria.gr ● À 50 m de la plage d'Agii Anargyri, sur la droite, face à l'hôtel Kalypso. Fin avr-fin oct. Pour une chambre double, selon saison, compter 35-75 € (ajouter 5 € pour un studio) ; appart pour 4 pers, 55-140 €. Internet et wifi. 3 types de logements : chambres doubles (avec AC, TV, réfrigérateur et balcon), studios et appartements (avec, en plus, une cuisine) pour 2 à 5 personnes. Chambres claires et agréables. Une minirésidence hôtelière, bien décorée et fleurie. Bonne ambiance familiale.

▣ *Zanetta's House :* *à proximité des 2 adresses précédentes ; dans une rue à gauche en descendant vers la plage, avant l'hôtel* Contaratos. ☎ 22-84-05-15-55. • zanettashouse.com • *Membre du réseau d'hébergement de charme* Guest Inn *(voir « Grèce utile », rubrique « Hébergement »), possibilité de résa en ligne sur leur site. Tte l'année. Selon saison, 45-80 € pour 2 pers et apparts 4-5 pers 70-135 €. Wifi. Situés dans une grande maison avec un petit jardin planté de pieds de vigne, les studios et appartements sont très propres, bien*

équipés (AC, TV, kitchenette et terrasse) et décorés avec soin. Excellent accueil de la propriétaire, en anglais ou en français.

▣ *Alpha Studios :* *quartier de Paliomilos (ouest de Naoussa). Prendre la rue à gauche au niveau de la* Villa Mersina *en arrivant à* Naoussa *(quand on vient de Parikia) ; c'est ensuite la 2e rue à gauche.* ☎ 22-84-05-27-40. • alpha-studios. gr • *Tte l'année. Selon confort et saison, pour 2 pers, 40-95 €, pour 4 pers, 55-150 €. Sur les hauteurs, loin du centre, petit complexe de studios et d'appartements, dans le style cycladique, caché sous la végétation. Bon standing : AC, TV, cuisine et balcon. Grande terrasse sur le toit, avec barbecue et belle vue sur la baie. Excellent accueil.*

## Chic

▣ *Christina Hotel :* ☎ 22-84-05-10-17 *ou* 17-55. *Hors saison :* ☎ 21-08-97-20-36. • christinaparos.gr • *Au niveau de la petite église un peu en retrait de la place principale, monter les escaliers sur la gauche et c'est 100 m plus haut, sur la droite. Résa conseillée. Doubles 35-120 €, petit déj maison en supplément. Possibilité de négocier une réduc de 5 à 15 %, sur présentation de ce guide, à condition de rester plusieurs nuits. Une petite résidence hôtelière de 12 chambres, tenue par un couple fort sympathique. Cadre calme et très joli jardin bien fleuri. Belles chambres avec AC, TV, frigo, terrasse ou balcon.*

▣ *Pétrès Hotel :* *à 1,5 km de Naoussa, direction Parikia, prendre une petite route sur la gauche (panneau).* ☎ 22-84-05-24-67. • petres.gr • *Pâques-fin sept. Résa conseillée. Doubles 78-132 €, petit déj-buffet compris. Internet et wifi. Construit en harmonie avec le paysage, dans le style authentique des Cyclades, l'hôtel possède 16 chambres, un très joli salon et une salle pour les petits déj, décorés avec*

raffinement. Chambres spacieuses et élégantes, avec poutres apparentes. Confort dans les moindres détails : AC, téléphone, minibar, balcon avec une vue splendide sur la baie de Kolymbithrès. Il dispose aussi d'une ravissante piscine, d'un court de tennis (éclairé pour jouer en nocturne), d'une salle de gym, d'un sauna, d'un Jacuzzi et d'un coin barbecue. Accueil chaleureux. Très reposant. Excellent rapport qualité-prix. Transfert gratuit depuis le port (ou l'aéroport) ainsi que pour Naoussa. Une de nos meilleures adresses sur l'île.

▣ *Kosmitis Hotel :* *à 15 mn à pied du centre, sur la plage d'Agii Anargyri.* ☎ 22-84-05-24-66. *En hiver à Athènes :* ☎ 21-04-96-45-48. • paroshotel. com • ♿ *Longer la plage en venant du centre-ville et prendre le chemin à gauche au bord de l'eau. Mai-fin sept. Doubles env 80-140 €, petit déj-buffet compris. Bel hôtel 4 étoiles d'une trentaine de chambres, spacieuses et très confortables (AC, TV, frigo), avec balcon. Piscine, tennis, plage privée. Bon accueil.*

## Où manger ?

Une série de petites tavernes sur le port, très touristiques. Produits de la mer frais dans un cadre traditionnel : bateaux de pêcheurs, filets qui sèchent, poulpes et petite chapelle. À quelques exceptions gastronomiques près, menu identique dans toutes les tavernes.

## Prix moyens

🍴 *Ouzeri Mitsis :* ☎ 22-84-05-30-42. *Du port, emprunter les ruelles du centre en direction de l'église principale ; au niveau du bar* Buena Vista, *prendre la ruelle à droite et le resto est sur le côté gauche. Tlj midi et soir. Repas env 12-14 €.* Ce petit resto sans prétention est spécialisé dans le poisson (pas trop cher pour Naoussa). On le déguste quasiment les pieds dans l'eau, sur la terrasse installée au bord de la miniplage de la vieille ville. Accueil convivial et familial.

🍴 *Vitsadakis :* sur le port. ☎ 22-84-05-12-05. *Mai-oct, midi et soir. Repas 15-20 €.* Mezze, fruits de mer, poisson, mais aussi plats à la casserole pour les plus petits budgets, et, de l'avis général, la meilleure taramosalata de l'île (du moins, celle où vont les Grecs).

🍴 *Manzourana :* sur le périphérique de Naoussa, sous l'église Agios Georgios. ☎ 22-84-77-11-71. *Plats 10-19 €.* Une nouvelle adresse qui propose une cuisine grecque revisitée. Belle terrasse qui surplombe Naoussa. Très bon accueil.

🍴 *Open Garden :* ☎ 22-84-05-14-33. *Du port, longer le canal qui mène à la gare routière ; le resto est sur la gauche, après les bars branchés. Pâques-début oct, slt le soir. Repas env 20 €.* Cet agréable resto propose une cuisine inventive, à base de produits locaux frais : les classiques grecs sont revisités... et allégés ! La déco, elle aussi, est soignée et épurée, se déclinant en terrasse sur plusieurs niveaux, parmi les quelques oliviers, palmiers et citronniers.

🍴 *Ouzeri ton Naftikon* (en v.f. « ouzeri des marins ») : *sur le petit port, c'est l'établissement avec les chaises bleues.* ☎ 22-84-05-16-62. *Tlj, slt le soir. Repas 20-25 €.* Adresse assez chic, pas mal courue, où Grecs et touristes viennent manger calamars et poissons frits, ou beignets de courgettes.

## Plus chic

🍴 *Barbarossas :* à l'angle du petit port. ☎ 22-84-05-13-91. *Mai-oct, midi et soir. Compter min 20-30 €.* Restaurant d'abord très classe, avec service et clientèle chic. Pas si cher si l'on commande intelligemment, car les plats sont très copieux. Cuisine de psarotaverna raffinée et inventive (goûter l'assiette de poissons marinés, par exemple). Terrasse pleine le soir, mieux vaut réserver...

🍴 *Le Sud :* ☎ 22-84-05-15-47. *Depuis la place principale, remonter jusqu'à la petite église, puis prendre les escaliers sur la gauche et c'est plus loin dans une ruelle, sur la gauche. Mai-oct, slt le soir. Repas 35-40 €.* Cuisine d'origine méditerranéenne, préparée avec soin par un chef français. Idéal pour ceux qui veulent changer de régime. Déco chic et tendance, terrasse dans une cour intérieure, sous la treille. Endroit gay friendly. Clientèle classe, qui compte parmi ses habitués quelques stars du petit écran français.

# Où manger dans les environs ?

🍴 *Spyros :* sur la plage de Limnès, à 3 km à l'ouest de Naoussa en direction de Kolymbithrès, juste après le camping Naoussa. ☎ 22-84-05-23-27. *Mai-sept. Compter env 12-16 €.* Cuisine grecque sans prétention servie à la diable, mais pas mauvaise du tout (aubergines, keftédès...). Loue aussi des chambres (Studios Akti) avec vue sur mer et belle piscine.

🍴 *I Kolymbithrès :* un peu au-dessus de la route de la plage du même nom. ☎ 22-84-05-30-35. *Midi et soir. Compter 15 € pour un repas complet.* Restaurant élégant mais finalement assez abordable. Salades généreuses, bons mezzedès (goûter la saganaki au rakomelo et au sésame), mais rarement du poisson (demander). Grande terrasse, joli cadre. Service simple et discret.

PAROS ET ANTIPAROS (CYCLADES CENTRALES)

## Où boire un verre ?

🍷 De nombreux **bars** branchés se succèdent le long du minicanal.

🍷 Autour du port, d'autres bars, dont l'**Agosta** : très bien aménagé, dans une vieille demeure. *Mai-sept, tlj 21h30-4h30.* Cadre magnifique avec vue sur les 2 petits ports.

🍷 **Konstantza Café :** *dans la rue centrale qui remonte le long du square, sur la gauche (dos au port).* ☎ 22-84-05-29-99. Sympa pour boire un petit verre à l'écart du bruit et de la foule ou prendre un petit déj. Grande terrasse ombragée.

## À voir. À faire

Des petits bateaux font la navette depuis le nouveau port pour emmener les baigneurs aux différentes plages. Les billets s'achètent au kiosque blanc et bleu installé sur le port, vers le petit pont.

⌇ Ne pas manquer (d'essayer) de se baigner à la **plage de Kolymbithrès**, à 4 km. Petites criques entre des chaos rocheux aux formes souvent originales. Surfréquentée en été. En continuant la route, au-delà du parc nautique, on arrive à la **plage de Monastiri**, abritée du *meltémi*. Possibilité de se rendre sur ces plages en caïque depuis le port de Naoussa.
Plus de tranquillité sur la plus grande plage de la baie, **Limnès** (limitée tout de même par les marécages). Eau particulièrement chaude, la mer étant peu profonde.

⌇ Également les deux **plages de Santa Maria,** au nord-est : la plus grande est à côté du camping *Surfing Beach*. L'autre, plus petite, est 1 km plus loin environ, en continuant à longer la route côtière. Sur les deux plages, locations de planches à voile, tavernes et bars. Dans les terres, des sentiers de randonnées bien balisés.

– **Plongée : X-Ta-Sea Divers,** ☎ 22-84-05-15-84. ● *paros-diving.gr* ● Centre de plongée sous-marine sérieux. Excellent matériel. S'adresser soit au centre sur la petite plage de Santa Maria (à 1 km du camping), soit sur le port de Naoussa (bateau *Santa Maria*).

➤ **Balades à cheval :** *avec* **Kokou Riding Center**, *à 2 km au sud de Naoussa ; prendre la route de Drios, et suivre les panneaux verts (à ne pas confondre avec ceux du centre équestre voisin).* ☎ 22-84-05-18-18. 📱 69-44-17-49-98. ● *kokou. gr* ● Tte l'année. 35-50 € selon balade. Réserver. Accueil excellent et jovial d'un sympathique couple québécois. Pour débutants et confirmés. Balades de 1h30 à 2h30, dans les terres ou sur les plages (avec baignade, le matin seulement). Également un tour de 1h pour les enfants.

– **Sorties en mer, cours de voile : Naoussa Paros Sailing Center.** ☎ 22-84-02-85-88. 📱 69-44-99-73-98. ● *paros-sailing.com* ● En venant de Parikia, sur la droite en entrant dans Naoussa, avant d'arriver au centre-ville. Tte l'année. Sortie en mer tous les jours, sur un 9,70 m (ou plus grand), vers Naxos, Iraklia ou Délos, par exemple.

## À voir dans les environs

🏝🚶 **Santa Maria, Filitzi et Ambélas** *(Σαντα Μαρια-Φιλιτζι-Αμπελας) : en sortant de Naoussa, suivre la direction de Drios et prendre la 1ʳᵉ route à gauche.*
Quelques jolies plages. Malheureusement la centrale électrique qui se trouve à la sortie de Naoussa gâche le paysage, et les nouvelles constructions de villas poussent de-ci de-là. Pour une jolie promenade, prendre la route de Filitzi à Ambélas. Jolis paysages. Petites falaises et belles criques.

*Ambélas* est un petit port de pêche tranquille. Lieu de villégiature des habitants de Naoussa et des Grecs en vacances. Trois tavernes de poisson tenues par des patrons pêcheurs, où le poisson est moins cher qu'à Naoussa. On recommande la *kakavia* (soupe avec morceaux de poisson, pommes de terre, huile), à commander avant d'aller à la plage.

🏠 |●| *Christiana :* un peu au nord du port, par une route sur la gauche quand on est face à la mer. ☎ 22-84-05-15-73. Fax : 22-84-05-25-03. Moins cher que Damianos. Grande et jolie terrasse. Plats de poisson mais pas uniquement. Parts généreuses. Loue aussi des chambres (avec AC, TV et frigo) et des appartements (avec kitchenette). Très

bon accueil.

|●| *Damianos :* bien situé sur la plage, à droite du petit port d'Ambélas. ☎ 22-84-05-10-57 ou 11-00. Juin-sept, tlj ; hors saison, slt le w-e. La taverne de poisson la plus réputée, avec une vaste terrasse presque sur la mer. Assez cher, mais excellent poisson et savoureuse *kakavia*.

## KOSTOS (ΚΩΣΤΟΣ ; 84400)

Entre Marathi et Lefkès, un petit village très paisible, où les habitants prennent le temps de vivre. Quelques ruelles intéressantes. La grande place, avec sa taverne ombragée par de grands arbres, est très sympathique. Cette taverne (*Kostos,* toute l'année midi et soir) mérite d'ailleurs qu'on s'y arrête, de même que le petit café en face. Vous y verrez aussi de belles églises.

## LEFKÈS (ΛΕΥΚΕΣ ; 84400)

À 14 km de Parikia (nombreux bus, notamment en été). Perché sur un promontoire pour éviter jadis les razzias des pirates. Longtemps capitale de l'île, Lefkès en est le village le plus authentique, entouré de collines découpées en terrasses. Interdiction de rouler en scooter dans le village. Tant mieux ! Dédale de rues, multiples placettes, balcons fleuris. Le village le plus visité à l'intérieur de l'île, à raison. Un *musée de la Culture égéenne* abrite quelques beaux objets : il est situé dans l'hôtel *Lefkès Village,* vers le bas du village (demander à la réception de vous l'ouvrir).

## Où dormir ? Où manger ?

🏠 Quelques *chambres à louer* et 2 *hôtels,* dont un haut de gamme, **Lefkès Village,** où l'on mange bien pour environ 15-20 €, sur la terrasse à la vue panoramique (☎ et fax : 22-84-04-18-27).
|●| *Clarinos :* dans le haut du village, la terrasse surplombe la place principale. ☎ 22-84-04-16-08. Juin-sept, tlj midi et soir. Compter env 12 €. Quelques spécialités régionales (*kondosouvli, kokoretsi*) et bons plats de viande, toujours à

base de produits frais. Servis en terrasse, dans un cadre agréable.
|●| *Agnantio :* sur la gauche, dans la rue qui monte de la route vers la place principale. ☎ 22-84-04-30-89. Avr-oct, midi et soir. Compter 12-15 € le repas. On vient pour les bonnes viandes (grillades, *kokoretsi* à la broche) et pour quelques spécialités maison comme la *tiropita* au sésame et la *yaourtopita*. De l'agréable terrasse, belle vue sur le village et la mer au loin.

## À voir. À faire

🕯 *L'église* est un magnifique bijou de marbre ; malheureusement, elle est souvent fermée. L'iconostase et la chaire sont du même matériau. Très belles icônes. Juste en face, sous une treille, un petit *kafenion* (son nom complet : to kafénio tis Mari-gos) où l'on vous sert des fruits frais avec le frappé. Quelques plats, prix modiques. Très mignon.

➤ De Lefkès à Prodromos, très jolie balade par la *route byzantine,* encore pavée par endroits de marbre. Environ 1h30 de balade romantique et bucolique. Point de départ depuis le village (bien indiqué). Un must ! À Prodromos, bus pour le retour, ou poursuite jusqu'à Marpissa.

➤ *Randonnée* facile et agréable. Départ de Lefkès, du grand parking ombragé près de l'école (haut du village). Prendre en direction d'Agii Pandès (755 m), le plus haut sommet de l'île indiqué par un panneau en grec. Remonter le large chemin carrossable pendant 2 petites heures jusqu'au col. On suit une jolie gorge et l'on peut voir la grande ceinture montagneuse qui isole Lefkès au sud-ouest. Possibi-lité, à condition d'avoir une bonne carte, de continuer vers le sud (encore 2h de marche) pour arriver au clou de la randonnée : le *monastère d'Agion Théodoron.* Magnifique bâtisse aux allures fortifiées. Très bien entretenue. Patio fleuri très frais. Attention les visites s'effectuent de 10h à 12h et de 18h à 20h ! La randonnée peut se poursuivre par différents chemins : soit prendre le sentier (1h) qui descend à *Angéria* (bus pour Parikia) ; de là, on peut continuer pour piquer une tête à *Alyki* (bus). Soit descendre la vallée vers l'est en direction de la mer. On arrive après 45 mn à *Aspro Chorio.* De là, rejoindre la route jusqu'à *Drios* (bus).

## MARPISSA (ΜΑΡΠΗΣΣΑ ; 84400)

Charmant petit village. Nombreuses demeures anciennes. Un resto, une taverne, deux petits supermarchés et quelques magasins de souvenirs : on respire un peu ! La plage est à une dizaine de minutes à pied par la route, à Logaras (attention, les gens roulent vite).

## Adresses utiles

■ *Îles Cyclades Travel :* à la sortie de Marpissa, juste après le supermarché Marinopoulos, *en contrebas de la route principale.* ☎ 22-84-02-84-51. *Fax :* 22-84-04-19-42. *L'hiver, rens et résa en France :* ☎ *et fax :* 01-39-50-60-51. ● *holidays-cyclades.com* ● *À pied, prendre le chemin de terre sur la droite après le supermarché ; en voiture, direction Logaras et prendre tout de suite à droite le chemin de terre. Début avr-fin oct, tlj sf dim 9h-14h, 17h-20h.* Une bonne solution pour réserver de l'étranger ou de Paros. Résas garanties et prix étudiés selon la demande ; paie-ment à l'avance. Bonnes infos, rensei-gnements précis (le tout en français) et résas sur beaucoup d'autres îles des

Cyclades. Distribution d'une carte de l'île commentée avec les promenades à faire. Location de voitures. Vente de minicroisières dans les îles environnan-tes (5 % de réduction), ainsi que de croi-sières en voilier. Promotions intéressan-tes hors saison. L'agence a également un département immobilier : ● *immobi-lier-cyclades.com* ●

■ *Médecin :* dans le haut du village, près de l'église. ☎ 22-84-04-12-05. *Consultations sur place tte l'année, les lun, mer et ven.*

■ *Pharmacie :* sur la route principale, à côté du supermarché.

■ 2 *distributeurs automatiques* de billets, sur la route principale, à côté du supermarché.

## À voir. À faire

➤ Pour une balade dans le *vieux village* piéton, emprunter la ruelle qui part dans l'axe de la place des Trois-Moulins, en haut dans le centre du bourg. Pratiquement chaque rue possède son église et sa chapelle. La première d'entre elles présente un fronton triangulaire et un clocher ouvragé en pierre. Placette paisible et passage voûté. *Kafénio* traditionnel pour faire une pause, si vous avez la chance qu'il soit ouvert... Beaucoup de charme, tout ça ! Ruelle de droite : d'autres églises et passages voûtés. Ravissants campaniles. Bon, on vous laisse vous perdre...

➢ Autre petite balade à partir de la place des Trois-Moulins. Prendre la rue à droite pour le **monastère Saint-Antoine,** qui domine sur sa butte tous les environs. Au bout de 1 km de route, on laisse son véhicule et l'on entame une montée à pied d'une vingtaine de minutes. Beau panorama. *Monastère ouv tlj de l'année et fermé 12h-17h.*

– *Festivités de la Pâque orthodoxe :* plutôt uniques dans leur genre, elles valent le voyage ! Chœurs byzantins, processions aux flambeaux, représentation vivante de la Passion, grand repas pascal, danses et folklore (organisés par la mairie).

## À voir. À faire dans les environs

🗽 *Marmara (Μαρμαρα) :* ce village doit son nom aux auges en marbre (que l'on peut voir en sortant de Marmara en direction de Molos sur la gauche), où les femmes du village venaient autrefois laver leur linge. Quelques ruelles intéressantes et surtout deux très belles églises : *Agios Savas* (1608) et son magnifique clocher de pierre sculptée. Sur la gauche dans la direction de Molos, *Péra Panagia* (XVIIe s) : église à double abside, avec un joli clocher. Admirable exemple de l'architecture égéenne.

⌂ Aller jusqu'à **Molos** *(Μωλος,* à 30 mn à pied de Pisso Livadi par la côte, en contournant la colline), très belle et vaste plage de sable bordée de tamaris et encadrée, de chaque côté de l'anse, par deux adorables chapelles blanches. L'une des plages les plus tranquilles de l'île sauf lorsqu'il y a du vent (à éviter alors). Juste en face de Naxos, c'est un coin très agréable et calme, dans une baie qui n'a pas été touchée par la fièvre immobilière. Seulement une poignée de chambres à louer et quelques sympathiques tavernes près du minuscule port de pêche. N'hésitez surtout pas à continuer la piste sur la gauche de Molos, jusqu'à la fin : très belles criques avec une eau limpide et *plages de Tsoukalia* et *Glyfadès,* idéales pour les amateurs de planche.

🗽 *Prodromos (Προδρομος) :* là aussi, ravissant village fort peu touristique. Anciennement fortifié. Arrivé sur la grand-place, accès au centre piéton par une porte en arcade. Abside de l'église englobée dans le système défensif. Joli campanile à colonnettes. Remonter la ruelle sur 50 m, puis tourner à droite. Commence alors un petit treillis de ruelles pour atteindre la deuxième église fortifiée qui sert aussi de porte d'entrée du village. Le matin, c'est désert. Beaux jeux d'ombre et de lumière. Superbe clocher ouvragé en marbre. Petit escalier sur le côté.
◗◎ *Taverne* sur la place principale avant de passer la porte du village. On y mange bien (légumes du jardin).

## PISSO LIVADI *(ΠΙΣΩ ΛΙΒΑΔΙ)* ET **LOGARAS** *(ΛΟΓΑΡΑΣ ; 84400)*

Deux villages jumeaux : **Pisso Livadi,** petit port de pêche tranquille au fond d'une baie abritée des vents du nord, et, dans son prolongement, **Logaras,** belle plage de 400 m de long, bordée de tamaris. Endroit de villégiature idéal, car à proximité des plus belles plages de l'île et des villages les plus intéressants. Développement maîtrisé, les collines ne sont pas encore trop méchamment bétonnées. Probablement ce à quoi pouvait ressembler Naoussa il y a une quinzaine d'années ! Bien sûr, beaucoup moins de touristes et plus authentique, même si ce n'est pas aussi joli au premier abord. L'ambiance est plus conviviale, plus familiale, avec des Grecs qui ont l'habitude de venir passer leurs vacances là. Excellent hébergement, qui fait de l'endroit une alternative très intéressante à Parikia et Naoussa. Quelques tavernes et bars, suffisants pour créer de l'animation...

## Adresses et infos utiles

✉ **Poste :** un peu en retrait de la mer, dans la rue principale qui descend vers le port.

■ **Banque :** sur le port. Distributeur automatique de billets.

🚌 **Arrêts de bus :** un à l'entrée du village, un sur le parking face au port de Pisso Livadi, un devant la plage de Logaras et un autre sur la route principale de Drios, au niveau de la 2$^e$ route pour Logaras.

## Où dormir ?

### À Pisso Livadi

#### Camping

⛺ **Camping Captain Kafkis :** à 500 m de Pisso Livadi, sur la route qui vient de Marpissa. ☎ 22-84-04-24-52. 📱 69-56-16-28-70. En France : 📱 06-75-23-29-57. ● camping-kafkis.com ● Ouv 15 juin-14 sept. Compter 19 € pour 2 pers avec tente. Internet et wifi. Camping ombragé, sur les hauteurs, avec petite piscine et snack, tenu par 2 gérants français, Patricia et Pierre. Correctement équipé : coin cuisine à disposition. Location de tentes et matelas. Bon accueil.

#### Bon marché

🏠 **Maria's Rooms** (chez Maria Trivizas) : tout en haut du village. Difficile pour les résas (la mamie ne parle pas l'anglais), tentez le fax : 22-84-04-22-52 (avr-oct). Suivre les panneaux des studios Vrohaki (voir plus loin), au bout de la rue qui y mène, tourner à gauche, puis encore à gauche. Bâtiment blanc et bleu sur 2 niveaux. Doubles 35-50 € et studios 40-60 €, petit déj compris. 5 chambres simples avec salle de bains, AC, TV et terrasse. Au rez-de-chaussée, 3 studios avec petite cuisine. Propreté relative et douche spartiate, mais reste le charme (en voie de disparition) des rooms à l'ancienne. Jolie vue sur mer. Les petits déj, servis sous la tonnelle, sont mitonnés par Maria, la mamie, qui bichonne ses hôtes.

#### Prix moyens

🏠 **Anna's Studios :** sur le port. ☎ 22-84-04-13-20. ● annasinn.com ● Difficile à joindre par tél, mais résa possible à Îles Cyclades Travel à Marpissa (voir plus haut). D'avr à mi-oct. Doubles 34-57 € et studios pour 2 pers 40-65 € selon saison. Quelques chambres dans un bâtiment qui domine le port, et des studios et appartements confortables (TV, AC) à l'écart, dans une petite rue tranquille et fleurie (près de Villa Giorgio). Excellent rapport qualité-prix des appartements pour 4. Très bien tenu, accueil chaleureux. Possibilité de préparer son petit déj (kitchenette) dans les chambres.

🏠 **Rooms and studios Vrohaki :** face à la mer, au-dessus de l'église de Pisso Livadi, à l'écart de l'agitation. ☎ 22-84-04-14-23 et 22-84-05-19-95. Résa possible à Îles Cyclades Travel à *Marpissa* (voir plus haut). D'avr à mi-oct. Chambres standard 40-65 € selon saison ; ajouter 5-6 € pour le standing supérieur. Studios 49-76 € pour 2 pers. Petite résidence sur 3 niveaux comprenant 7 studios (2 à 4 personnes) et 7 chambres (2 ou 3 personnes), tous climatisés, avec balcon ou terrasse privés offrant une belle vue. Joliment fleuri. Très propre. Accueil charmant. Prix raisonnables pour la qualité. Possibilité de préparer son petit déj.

≜ *Villa Giorgio :* en venant de *Marpissa*, monter sur la gauche juste après l'hôtel Aloni, c'est sur la droite, à 40 m. ☎ 22-84-04-17-13. ● villagiorgio.com ● Fin avr-fin sept. Studio 35-55 € (petit déj inclus) pour 2 pers, avec vue sur la mer. CB refusées. Réduc de 5-10 % sur présentation de ce guide. Propreté irréprochable. Chaque chambre porte le nom d'une île des Cyclades et possède AC, TV, frigo et balcon. Il existe aussi un appartement de 2 à 4 personnes, avec, en plus, une kitchenette et une terrasse. Les propriétaires, très gentils, sont aux petits soins pour leurs clients.

## À Logaras

### De bon marché à prix moyens

≜ *Oasis Rooms et Studios :* sur la route entre *Logaras* et *Marpissa*, à 400 m de la plage, dans un joli jardin. ☎ 22-84-04-14-56. ● oassis10@yahoo.gr ● De début avr à mi-oct. Selon saison, doubles standard 22-40 €, studios 28-46 €. Ajouter quelques euros pour une chambre ou un studio de standing supérieur (AC). Sur 2 niveaux. Chaque chambre et studio a sa terrasse privative. Bien tenu. Possibilité de louer tout l'étage, pour 2 familles. Coin cuisine pour préparer son petit déj. Assez bruyant, du fait de la route.

≜ *Afroditi Rooms and studios :* en bord de plage, c'est la dernière construction de l'anse (en voiture, y aller par la 2ᵉ entrée de *Logaras*). ☎ 22-84-04-14-30. ● afroditi-studios.gr ● Résa possible à Îles Cyclades Travel à *Marpissa* (voir plus haut). Avr-fin oct. Chambres standard 34-58 € et studios standard 41-64 €. Wifi. Petit établissement familial. Chambres avec AC, frigo, TV et terrasse donnant sur la plage. Également 2 appartements pour 3 ou 4 personnes : l'un, très spacieux, au rez-de-chaussée du bâtiment principal, et l'autre, récent, aménagé dans un ancien pigeonnier, à côté de la réception. Kitchenette dans les studios, et possibilité de préparer son petit déj pour les chambres. Accueil très attentionné de Tassos.

≜ *Studios Stavros :* 30 m avt d'arriver à la plage de Logaras, un peu avant Afroditi. ☎ 22-84-04-11-07. ● studios-stavros.gr ● Résa possible à Îles Cyclades Travel à *Marpissa* (voir plus haut). Avr-fin sept. Studios 30-56 € pour 2 pers selon saison (ajouter 6-7 € pour un studio supérieur avec vue sur mer). Wifi. 2 grands bâtiments, dans un grand jardin planté d'oliviers, abritent des chambres spacieuses et bien équipées (TV, kitchenette), avec pour certaines terrasse et vue sur la mer. Tous les studios sont climatisés. Le couple de propriétaires vous accueillera avec le sourire.

≜ *Carmel Apartments :* juste au-dessus de la plage, au début de la montée pour *Pisso Livadi*. ☎ 22-84-04-19-00. 📱 69-72-20-45-67. ● paroscarmel.gr ● De mi-avr au 31 oct. Studios pour 2 pers 43-77 € ; apparts pour 4 pers 63-112 €. Wifi. Sur présentation de ce guide, 10 % de réduc au-delà de 5 nuits en basse et moyenne saisons. Grande bâtisse toute blanche avec terrasse surplombant la mer. 8 studios pour 2 à 4 personnes. 2 appartements de 2 pièces, d'un bon rapport qualité-prix, et un autre avec 3 chambres. Tous les logements, très propres, sont équipés d'AC, TV et frigo. En revanche, bruyant : l'arrêt des bus est à deux pas, et ils passent souvent. Accueil en français.

### Plus chic

≜ *Albatross Bungalows :* sur une hauteur, à 200 m de la plage de Logaras (2ᵉ entrée). ☎ 22-84-04-11-57. En hiver : ☎ 21-02-51-30-23. ● albatross.

gr • Accès par la 2e route à gauche, en venant de Piso Livadi et en allant vers Logaras : c'est ensuite sur la droite, avant la plage. Ouv 12 mai-25 sept. Compter 50-100 € pour 2 pers, petit déj en sus. Wifi. Parking et arrêt du bus à proximité. Pour un séjour de 1 sem, la 7e nuit est gratuite sur présentation de ce guide, sf en juil-août. Hôtel construit dans le style des Cyclades, composé de petits bâtiments. Une quarantaine de belles chambres, pas très grandes mais bien agréables, toutes

avec petite terrasse. Excellent confort, aux couleurs fraîches, fort plaisantes (AC, TV satellite, frigo, téléphone, balcon, etc.). Bien isolé, loin du bruit, on a une vue superbe sur toute la baie et les collines environnantes. Copieux petit déj-buffet. Bien jolie piscine avec snack-bar, grande pelouse et aire de jeux pour les enfants. Magnifique jardin arboré, bien entretenu. Accueil absolument adorable de Stella qui se met en quatre (le tout en français) pour rendre votre séjour agréable.

## Où manger ?

I●I Pour manger sur le pouce, goûter aux pizzas très copieuses du **Vrohas Café** (à côté de Remezzo Bar, le soir slt) ou aux gyros et kalamakia de la petite **échoppe** à **souvlakia** (tout de suite à gauche quand on s'engage sur le front de mer). Très bonne **boulangerie**, enfin, ouverte à quasi toute heure et toujours bien fournie.

🛏 I●I **Taverna Markakis** : plage de Logaras, les pieds dans l'eau. ☎ 22-84-04-23-46. Compter 12 € le repas. Parmi les plats proposés, du poisson et une assiette de mezze de la mer, copieuse et bon marché. Cuisine fiable de taverna. Au-dessus du resto, studios et chambres à louer, avec douche, w-c, AC, frigo et TV. Mais attention au bruit... car des concerts ont lieu certains soirs !

I●I **Ouzeri Halaris** : à Pisso Livadi, sur le port. ☎ 22-84-04-32-57. Avr-fin oct, tlj midi et soir. Env 15 € le repas. Pas de doute sur la fraîcheur des produits dans ce resto familial spécialisé dans le poisson : le patron lui-même est pêcheur. Sur la jolie petite terrasse face au port, on déguste une succulente et copieuse cuisine maison, qui varie selon l'arrivage. On adore, les Grecs aussi, donc mieux vaut réserver en été...

I●I **Anna & Giorgos** : sur la route qui descend de Marpissa vers Logaras, sur la gauche un peu avant Oasis Studios. ☎ 22-84-04-21-27. Tte l'année (sf janv), tlj midi et soir. Repas env 12-15 €. Restaurant qui excelle dans les viandes (à la broche ou au grill). Beaucoup de monde le soir sur les petites terrasses. Service sympa.

## Où boire un verre ?

🍸 🎵 **Remezzo Bar** : très bien situé sur la plage de Pisso Livadi. Tlj, tte la journée. Accueil chaleureux. Musique agréable et pas trop forte. Petite terrasse sympathique, juste au-dessus du sable. Prix raisonnables.

🍸 **Captain Yannis** : au bout du port de Pisso Livadi. Tlj, tte la journée. Très sympa. L'apéro au moment du coucher du soleil, c'est un moment magique !

Pas mal aussi pour le petit déj, confortablement installé sur les banquettes de la petite terrasse.

🍸 🎵 @ **Anchorage Bar :** sur le port. Tlj, tte la journée. Internet. Petit déj copieux, omelettes, excellents yaourts aux fruits frais à déguster en terrasse ou dans la salle à la jolie déco marine. Bonne musique (pop rock internationale). Accueil convivial du patron francophone.

## À voir dans les environs

⊿ **Pounda Beach** (Πουντα) : superbe plage, quelques centaines de mètres après celle de Logaras. Mais l'été, c'est surtout un complexe hallucinant (bars, resto, piscine, boutiques et solarium), fréquenté essentiellement par de jeunes Grecs. Techno plein les enceintes. Et si l'on vient pour la plage ? Transats, parasols et *beach boys*. Quelques planches à louer, mais attention, le fameux spot de kitesurf est à l'autre *Pounda,* côté ouest de l'île.

⊿ *Messada* (Μεσαδα) *:* à 5 ou 10 mn de marche de Pounda à droite en regardant la mer, toute petite plage par endroits ombragée par des tamaris et abritée du vent par des murets de pierre. Quelques naturistes. En continuant encore, on tombe sur **Tserdakia** (alias *New Golden Beach*), puis **Golden Beach.**

⊿ **Golden Beach** (en grec *Chryssi Akti*) *:* à 4,5 km au sud de *Marpissa.* La plus grande plage de l'île, avec du sable blond. Propre (sauf à l'entrée). Il y a du monde en saison, mais ça reste à peu près vivable car l'endroit est vaste. Location de planches à voile (très cher) : c'est le rendez-vous des amateurs de funboard grâce aux conditions météo géniales. Attention à eux pendant la baignade ! Si vraiment il y a trop de monde, sachez qu'on trouve au prix de quelques efforts des criques tranquilles à proximité (environ 20 mn de marche).

■ **Aegean Diving College** (*Centre de sensibilisation à l'univers marin*) *:* Golden Beach, par le 2$^d$ accès quand on vient du Nord. ☎ 22-84-04-33-47. ▯ 69-32-28-96-49. ● aegeandiving.gr ● Cette école de plongée n'est pas ordinaire. La qualité de la formation, de l'équipement et des spots proposés sont le fruit de 30 années d'expérience dans toutes les mers de la planète par une équipe dirigée par Peter Nicolaïdès. C'est une approche environnementaliste des fonds marins vus par un biologiste grec amoureux de son pays qui est proposée à des prix très compétitifs. Peter est de plus un excellent conteur qui connaît bien son île et sait la faire découvrir à ses élèves.

I●I **Taverna Hilaras** *:* entre Golden Beach et Drios, sur la droite de la route (c'est une grande bâtisse blanche cachée par des palmiers). ☎ 22-84-04-12-49. Fin juin-début sept, tlj midi et soir. Env 10-15 € le repas. Manolis et sa famille d'agriculteurs servent viandes, légumes et même poissons de leur cru. On peut choisir son morceau en cuisine, ou se laisser tenter par une carte très variée. Grande et élégante terrasse, assez bien isolée de la route. Curieuse exposition de tire-bouchons en salle. Une table de qualité, étonnement très bon marché.

# DRIOS (ΔΡΥΟΣ ; 84400)

Joli village assez étendu et récent. Très vert (on l'appelle le Jardin de Paros). Résidentiel et tranquille. Plage de sable et galets, bordée de tamaris. Accès en bus.

## Où dormir ? Où manger ?

🏠 I●I **Anezina Hotel and Village :** dans la rue principale qui traverse le village, sur la gauche en venant du nord. ☎ 22-84-02-80-10. ▯ 69-84-60-58-47. ● anezina.com ● Selon saison, doubles 58-90 €, apparts 2-4 pers 115-205 € ; réduc de 20 % sur Internet. Plats env 6-12 €. Internet et wifi. Un charmant hôtel-restaurant au cœur du village, dans une jolie maison décorée avec goût. Dispose de 13 chambres simples avec frigo, balcon et vue sur la mer pour la plupart. Une quinzaine d'apparte-

ments avec 2 chambres, cuisine et tout le confort, donnant sur un très beau jardin. Piscine et plage à 150 m. Au restaurant, une cuisine d'un très bon rapport qualité-prix. Plats copieux et agréable tonnelle. Très bon accueil.

🏠 **Nissiotiko House :** dans un quartier résidentiel, tout près de la plage. ☎ 22-84-04-15-00. ● nissiotiko-paros.gr ● Résa possible à Îles Cyclades Travel, à Marpissa. De la route principale qui traverse le centre, tourner vers la mer au niveau du supermarché et c'est tout au *bout, après le resto* I Ankira. *Avr-fin oct. Doubles 50-75 € avec le petit déj. Un peu plus cher en studio pour 2 pers. Apparts (2-4 pers) 70-120 €.* Une quinzaine de chambres très agréables pour 2 ou 3 personnes dans le bâtiment principal, et, dans l'annexe, 8 studios ou appartements. Bon niveau de confort. Jardin qui croule sous la végétation. Situé au calme, juste au-dessus d'une crique de rochers.

I●I **Taverna To Kima :** *au-dessus de la petite plage avant d'arriver au port (en été, accès piéton slt).* ☎ 22-84-04-33-06. *Pâques-oct, tlj midi et soir. Compter env 10-12 €.* Cuisine classique de taverne et *mezze,* avec d'excellents plats à base de poisson ou viande.

Tables très agréables sous les tamaris et juste au-dessus de la mer cristalline. Service attentionné, parfois un peu débordé en cas d'affluence.

I●I **Taverna** I **Ankira** (ou « Anchor ») : *en retrait du port.* ☎ 22-84-04-11-78. *De la route principale qui traverse le centre, tourner vers la mer au niveau du supermarché et c'est juste après sur la droite. Slt le soir (en juil-août, ouv aussi le midi). Compter env 10-12 €.* Dans une maison avec une ancre dessinée sur la façade (c'est logique). Les nombreux habitués locaux installés sur la grande terrasse, apprécient les classiques grecs à base de poisson frais ou de viande.

## À voir

🏃 Pour accéder à la petite plage, prendre une rue étroite qui descend de la route principale vers la mer, coincée entre de hauts murs. Le port est tout au bout à gauche (si on est face à la mer) et, juste avant d'y arriver, on peut observer les longues entailles creusées dans les rochers, au bord de l'eau : elles permettaient pendant l'Antiquité de dissimuler les bateaux (étroits à l'époque !) aux yeux des pirates et autres envahisseurs.

➤ **Entre Drios et Alyki :** très jolis paysages de côtes découpées. Ici et là, quelques vieilles habitations rurales. Très belles *plages de Lolandonis, Glyfa* et *Trypiti.*

## ALYKI *(ΑΛΥΚΙ ; 84400)*

Petit port de pêche dans le sud de l'île, à 20 mn en bus de Parikia. Situé dans une jolie baie, il a quand même été pas mal construit ces dernières années... Plage de sable fin, fréquentation familiale.

## À voir

🏃 **Petit Musée traditionnel et historique** (Scorpios Museum) **:** *près de l'aéroport.* ☎ 22-84-09-11-29. *Mai-fin sept, tlj 10h-14h (et 18h-20h juin-fin août). Entrée : 2 €.* Nombreuses maquettes (bateaux, moulins, monastères et églises célèbres). Certaines fonctionnent. Très beau travail !

🏃 **À Angéria :** sympathique centre d'exposition installé dans un vieux moulin à vent du XIXᵉ s, joliment restauré. ☎ 22-84-09-10-89. *Ouv slt de mi-juin à mi-sept.* Expos de photos, artisanat, peintures, etc. Petit café-resto à l'intérieur, appelé *Anemomilos.*

## ANTIPAROS *(ΑΝΤΙΠΑΡΟΣ)*          (84007)          700 hab.

Ceux qui recherchent la tranquillité pour passer des vacances relativement calmes, peuvent prendre le bac ou un caïque à moteur pour cette petite île à l'ouest de Paros. Il faut vite s'éloigner du village. Beaucoup de criques à découvrir.

On trouve tous les services utiles dans le centre du village, notamment sur la rue principale : banque avec distributeur de billets, minimarket, lavomatique, poste, location de scooters, etc.

# Arriver – Quitter

## En bateau

➤ **De/vers Pounda :** la solution la plus intéressante consiste à louer un vélomoteur puis à descendre jusqu'à ce village, situé à 7 km au sud-ouest de Paros. Là, un bac assure la navette ttes les 30 mn en été (6h50-1h30) ; en hiver, ttes les heures 7h15-12h, puis moins fréquent, jusqu'au dernier, 23h30. On achète les billets directement sur le bac et on peut embarquer avec son véhicule (scooter ou voiture). Traversée : 10 mn.

➤ **De/vers Parikia :** bateaux effectuant l'aller-retour dans la journée, amarrés sur le port, juste à droite quand on est face au débarcadère. Trajet : 25 mn. N'embarquent pas de véhicules. Certaines compagnies incluent la visite de la grotte dans le prix du ticket. Bien vérifier. Mieux vaut, pour être libre de ses horaires, prendre un aller-retour sans visite.

# Où dormir ?

## Camping

⛺ **Camping :** à 1 km du port, en allant vers le nord, puis à droite à travers les collines. ☎ 22-84-06-12-21. • camping-antiparos.gr • Mai-sept. Compter env 16 € en hte saison pour 2 pers avec tente. Sanitaires bien tenus. Des bambous sont plantés sur le site : efficace contre le vent, un peu moins contre le soleil (quelques bons arbres pour ça, quand même). Ambiance routard (ou zen pour certains), mais assez bondé en été. Location de tentes. Resto en self-service et minimarket. Plage tout à côté, protégée par une petite île. Naturisme autorisé. Discothèque à proximité.

## De prix moyens à chic

🏠 Nombreuses **chambres chez l'habitant.**

🏠 **Hôtel Artemis :** au bout du port, avec une jolie vue. ☎ 22-84-06-14-60. • artemisantiparos.com • Avr-oct. Doubles 45-90 €, petit déj en sus. Chambres confortables, avec AC, TV et frigo. Également des studios et appartements pour 2 à 6 personnes (avec kitchenette). Très agréable. Bon accueil.

# Où manger ?

Les rares restos à être ouverts le midi sont ceux du port. Parmi ceux-ci, la taverne *Anargyros*, au départ de la rue principale, est tout à fait correcte, et bon marché *(repas 10-12 €)*. Sinon, compter sur la forte concentration d'échoppes à *gyros* vers le bout de cette même rue.

🍴 **Café K. Paroussos :** suivre la rue principale. Plus loin que la poste, sur la place au fond du village, peu avant le kastro. Le coin le plus animé et le plus sympa. Tables occupant toute la place autour d'un gros arbre. Les Grecs s'y retrouvent volontiers le soir. Snacks et pâtisseries.

🍴 **Taverne Yorgis :** dans la rue principale. ☎ 22-84-06-13-62. Slt le soir. Cuisine familiale délicieuse. Bon rapport qualité-prix.

*NAXOS (CYCLADES CENTRALES)*

lOl *Taverne Klimataria : prendre la rue principale puis une ruelle à gauche, où elle est indiquée.* ☎ 22-84-06-12-98. *Slt le soir. Repas 10-12 €.* Sous les grenadiers et les bougainvillées, on dîne d'une cuisine maison, mais le service est bien lent.
– La *boulangerie* située dans la rue principale, un peu avant la taverne *Yorgis,* fait un pain excellent.

## À voir. À faire

🕯 *Le quartier du kastro :* au bout de la rue principale, à droite, à côté de la chapelle *Agios Nikolaos.* Ce sont les murs des maisons qui forment l'enceinte du *kastro.* Très pittoresque.

🕯 *La grotte :* à 9 km du village. *Entrée : 3,50 €. Possibilité d'y aller en bateau. Départs à 10h, 11h et 12h. Attention, la grotte ferme à 15h30.* Une fois arrivé, inutile de louer un âne, car c'est vraiment l'arnaque. C'est une immense salle souterraine à plus de 100 m de profondeur, à laquelle on accède par la descente de 411 marches. Un bus (en saison) relie assez souvent la grotte au village.

### NOËL DANS LA GROTTE

*C'est dans la grotte d'Antiparos que le marquis de Nointel, ambassadeur de France auprès de l'Empire ottoman, célébra avec sa suite de 500 personnes la messe de minuit de Noël 1673 (une inscription en latin le rappelle). On lui avait dit qu'il y trouverait quelque chose comme une statue : c'est en fait une énorme stalagmite de 8 m qu'il découvrit, de quoi faire un autel de première classe !*

## AGIOS GIORGIOS *(ΑΓΙΟΣ ΓΕΩΡΓΙΟΣ)*

À une dizaine de kilomètres au sud-ouest de la « capitale ». La route est maintenant goudronnée, le bus la prend, donc pas de problème pour s'y rendre ! La partie sud de l'île vit ses dernières années de tranquillité. Projets immobiliers en cours, certains très luxueux (avec faux moulins et tout et tout !). Mais que cela ne vous décourage pas, Agios Giorgios garde encore de l'intérêt.

⌓ Au km 8 : jolie et tranquille plage d'*Akrotiri.* Juste après, plage d'*Apandima* avec un *Beach Café* où grignoter.
– Au km 10 : *studios à louer* à *Soros. Taverne.* Coin pas trop urbanisé.
– Au km 12 : arrivée sur la pointe d'*Agios Giorgios.* D'en haut, on est d'emblée frappé par le quadrillage des routes (parfois trois ou quatre en parallèle sur une même pente, cimentées pour certaines). Une fois en bas, c'est moins choquant, et on finit par l'oublier, soit en louchant vers les criques (vraiment sympa), soit en continuant vers l'ouest, pour atteindre le village initial. Quelques maisons et villas blanches, trois *tavernes* et une côte assez sauvage. Tout au bout, une église minuscule à la blancheur immaculée qui se mire dans l'eau, quelques barques colorées et une mer de rêve, chaude et limpide.
En face s'élève *Despotiko,* une île complètement déserte. Mais des fouilles archéologiques y sont menées et il est possible d'y aller en excursion (navettes depuis Agios Giorgios).

## NAXOS *(ΝΑΞΟΣ)*                                    19 000 hab.

Située entre Amorgos, Mykonos et Paros, Naxos, île montagneuse, est dominée par le mont Zas (comprenez Zeus). Avec une superficie d'environ 450 km²,

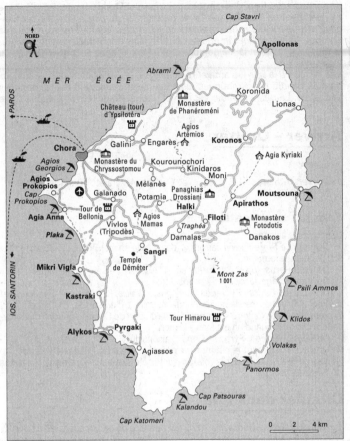

**L'ÎLE DE NAXOS**

elle est non seulement la plus grande, mais aussi la plus fertile des Cyclades, grâce à des ressources en eau que n'ont pas ses voisines.

Ses vallons plantés d'oliviers, de vignobles, de citronniers ou d'orangers, ses champs potagers réputés, ses vergers, ses pâturages et son bétail, ainsi que ses carrières de marbre, de granit et d'émeri, font d'elle une île riche en ressources, qui avait pendant longtemps négligé le tourisme. Cependant, on assiste depuis quelques années à une expansion touristique galopante, concentrée autour du port et des plages de la façade ouest de l'île (très fréquentées par les Allemands et les Scandinaves).

C'est une île au riche passé mythologique et historique. Selon la tradition, Zeus y aurait passé son enfance et Dionysos, le dieu du Vin y serait né ; c'est là aussi qu'Ariane aurait été abandonnée par Thésée. Plus prosaïquement, en se promenant on découvre les merveilles architecturales de l'île qui demeura longtemps sous domination vénitienne et fut la capitale du duché des Cyclades : monastères, belles demeures seigneuriales, tours de défense, *kastro*...

Le port est enlaidi par des constructions qui n'ont tenu compte ni de l'échelle de l'architecture traditionnelle ni de l'esthétique du paysage, mais l'arrière-pays offre au visiteur de nombreuses facettes : montagnes aux pics très abrupts, maquis, vallées intérieures où la lumière dorée met en valeur la végétation, ainsi qu'ici et là, de nombreux et beaux villages encore préservés du tourisme.

Elle séduira à la fois les amateurs de plages, les véliplanchistes, grâce aux bonnes conditions climatiques ainsi que ceux qui aiment les randonnées pédestres. Le réseau routier est bon et permet de découvrir presque toute l'île.

## Arriver – Quitter

### En avion

➤ *De/vers Athènes :* 1-2 vols/j. avec *Olympic Air.* Trajet : 30 mn. À l'aéroport : ☎ 22-85-02-32-92.

### En ferry ou en catamaran

Nombreuses liaisons.

➤ *De/vers Le Pirée :* env 4 liaisons/j. (davantage en été). Trajet : 6h30 en ferry et env 3h30 en catamaran.

➤ *De/vers Paros, Ios et Santorin :* env 4 liaisons/j. ; en été, davantage.

➤ *De/vers Folégandros :* 4-5 liaisons/sem.

➤ *De/vers les Petites Cyclades* (Schinoussa, Iraklia, Koufonissi et Donoussa) *et de/vers Amorgos :* plusieurs liaisons/sem, voire 1/j. en saison. Par le petit ferry *Express Skopélitis* (amarré sur la petite jetée du port de Chora, à gauche du débarcadère principal quand on est face à la mer).

➤ *De/vers Mykonos, Syros et Tinos :* liaisons tlj.

➤ On peut également rejoindre **Koufonissi** et d'autres **Petites Cyclades,** tte l'année en bateau-taxi depuis *Volakas* (sur la côte sud-est). Appelez M. Prassinos (☎ 22-85-07-14-38).

## Circuler dans l'île

🚌 **Gare routière à Chora** *(plan A1) : juste en face du débarcadère.* ☎ 22-85-02-22-91. *Pour vérifier les horaires :* ● naxosdestinations.com ● Plusieurs lignes desservent plages et villages de l'île. Attention, les tickets ne s'achètent pas dans le bus. Achat au bureau de vente, juste en face, ou, dans l'île, dans les commerces à proximité des arrêts. Ci-dessous les horaires estivaux (ils sont plus restreints hors saison).

– Agios Prokopios-Agia Anna-Plaka : ttes les 30 mn, 7h30-2h.
– Mikri Vigla-Kastraki-Pyrgaki : 3 départs/j., 7h30-15h.
– Koronos-Apollonas : 2 départs/j., 9h30-13h30.
– Sangri-Filoti-Halki-Damarionas : 6 départs/j., 7h15-15h.
– Apirathos : 5 départs/j., 7h15-15h.
– Moutsouna : 1 départ/j. (en principe à 11h). Retour à 15h45.
– Mélanès : 3 départs/j., 9h-15h.
Quelques autres départs pour Engarès, Galini, Kinidaros et Potamia.

## *CHORA* (XΩPA ; 84300)

Chef-lieu, port principal de l'île et grand centre commercial des Cyclades, Chora (également orthographié Hora sur les panneaux), avec environ 7 000 habitants, est en constante mutation depuis le développement du tourisme.

En arrivant au port, la petite *île de Palatia*, qui est reliée par une chaussée à la ville, vous accueille avec son immense portique en marbre appelé *Portara*. Il s'agit de l'entrée du *temple d'Apollon-Palatia (plan A1, 50)*, dont la construction, commencée au VIᵉ s av. J.-C., n'a jamais été achevée. Tout le monde s'y rend au coucher du soleil.

Quant au port, il est dominé par une colline surmontée par les ruines d'un impressionnant *kastro* vénitien, autour duquel sont massées une multitude de constructions cubiques dans l'ensemble assez élevées et disparates, qui s'échelonnent jusqu'au port animé d'une intense activité touristique. Succession de cafés, restos, agences de voyages... Que cela ne vous décourage pas, Chora, qui se compose de quatre quartiers (le port, le quartier du *kastro*, celui de Grotta et la plage d'Agios Giorgios, avec la majorité des hôtels et locations), a beaucoup à offrir.

Le quartier du *kastro*, qui abrite la petite communauté catholique de l'île, est indéniablement le plus pittoresque. Du *kastro* – âme de la ville –, construit au XIIIᵉ s sous la domination vénitienne, la vue sur la mer Égée et les collines de Paros, surtout au coucher du soleil, est extraordinaire. Sous ses murs, un entrelacs de petites ruelles tortueuses, souvent en escalier, serpente selon la plus grande fantaisie sur les flancs de la colline : passages voûtés surmontés en général d'une chambre, portes en ogives, belles demeures en pierre du pays, embellies de superbes bougainvillées et de jasmin, placettes ombragées, *kafénia*, tavernes, petites chapelles et églises contribuent à embellir ce quartier plein de mystère.

– Grande fête le 14 juillet pour la *Saint-Nicodimos* : procession le soir avec tous les popes locaux. Également en juin, le soir de la *Saint-Jean*.

## Adresses utiles

■ *Quelques infos touristiques peuvent être collectées à l'agence* **Auto Tour Rent a Car** *(plan A1, 2)* : au départ de la route pour le quartier de Grotta, sur la droite. ☎ 22-85-02-54-80 ou 59-68.

✉ **Poste** *(plan A3)* : au bout du port, en direction du quartier Agios Giorgios, à gauche, tout de suite après le parking. Au 1ᵉʳ étage d'un immeuble moderne. Lun-ven 7h30-14h.

■ **Banques** *(plan B2)* : sur le port. Distributeurs de billets.

■ *Capitainerie (plan A1, 1)* : ☎ 22-85-02-23-00. Dans le même immeuble que Grotta Tours, au 2ᵉ étage (l'entrée est dans la rue derrière le front de mer). Tlj 24h/24.

■ **Billets de bateaux :** *Zas Travel, juste en face du débarcadère (plan A1, 4).* ☎ 22-85-02-33-30. ● zas-travel-naxos. gr ● *Également chez* **Grotta Tours,** *plus à droite sur le port (quand on est dos à la mer).* ☎ 22-85-02-57-82 et 90-29. *Ou* **Naxos Tours,** *un peu plus loin encore sur le port.* ☎ 22-85-02-30-43. ● *naxos tours.net* ● *Dans les agences en général, il faut s'accrocher pour obtenir des infos... Quand des départs de ferries sont imminents, c'est la panique et le*

personnel, déjà peu souriant, devient carrément expéditif !

■ **Taxis :** *en face du terminus des autobus (plan A1).* ☎ 22-85-02-24-44.

■ *Location de scooters : nombreux loueurs (qui ont aussi des vélos). Tous pratiquent les mêmes prix, c'est-à-dire env 15 €/j. On recommande* **Falcon** *(plan A2, 7),* ☎ 22-85-02-53-23 ; *Pâques-fin oct, tlj 8h30-20h30. Sérieux et bon matériel. Également* **Ciao** *(plan A1, 8),* tenu par un couple franco-grec, ☎ 22-85-02-66-12 ; *avr-fin oct, tlj 8h-21h. Scooters et motos, matériel bien entretenu. Ou encore,* **Nikos Bikes,** *dans odos Paparrigopoulou, la longue rue qui descend depuis la pl. Protodikiou ;* ☎ 22-85-02-49-78. *Vraiment pas cher. Vérifier l'état de l'engin, les freins surtout. Les routes sont dangereuses...*

■ *Location de voitures : nombreuses agences. Compter env 25-40 €/j. pour le 1ᵉʳ modèle. Les véhicules sont en général récents. Il peut être plus sage de louer une voiture qu'un scooter, vu les distances à parcourir. Les prix sont à peu près identiques d'une agence à l'autre. On conseille* **Rental Center**

NAXOS (CYCLADES CENTRALES)

(plan A-B2, **9**) : à côté d'une librairie, pl. Protodikiou, ☎ 22-85-02-33-95, ● rentalcenter.gr ● ; tte l'année (8h30-23h avr-fin nov, et le mat slt en hiver). De mai à mi-oct, présence d'employés francophones : bons conseils et pas slt pour la loc de voitures. Très bon rapport qualité-prix. On conseille aussi **Sixt,** ☎ 22-85-02-62-16, près de la pl. Protodikiou (plan A-B2). On peut également recommander **Apollon,** encore un peu plus bas dans la même rue que Sixt, ☎ 22-85-02-31-75, ▯ 69-44-87-87-51.

■ **Hôpital local** (Kendro Hygias ; plan B2, **3**) : ☎ 22-85-02-33-33.

■ **Médecins :** centre médical privé, Yannis Protonotarios, ☎ 22-85-02-32-34 ou 35-76. Non loin de l'hôpital public.

■ **Pharmacies** (plan A1 et A2) : sur le port. Une à côté de Zas Travel et une autre pl. Protodikiou (plan A-B2).

■ **Presse française :** librairie **Zoom** (plan A2, **5**), sur le port. Journaux français et livres divers, dont un bon guide en anglais sur des randonnées dans l'île (Graf Éditions).

■ **Douches et w-c publics :** dans Old Market Street (plan A1), quasiment face à l'entrée de la capitainerie.

■ **Police** (plan B3, **6**) : ☎ 22-85-02-21-00.

■ **Stations-service :** faire le plein dès les sorties de Chora, les stations-service étant peu nombreuses au centre de l'île, voire carrément inexistantes au nord.

@ **Points Internet :** pas de cybercafé à proprement parler. Dans une ruelle qui part de Naxos Tours, à côté de Waffle House, on trouve **Web@naxos,** (plan A2, **40**) un lieu bien équipé, mais sans café. Pas mal de postes aussi à l'agence **Rental Center** (plan A-B2, **9**). Point Internet à l'agence de voyages **Zas Travel** (plan A1, **4**), sur le port face au débarcadère ; ☎ 22-85-02-33-30 ; en saison, tlj 8h30-23h30. Connexions également à l'hôtel **Glaros** (plan A3, **18**).

■ **Ciné Astra** (plan B3, **10**) : sur la route de l'aéroport, à l'écart du centre ; descendre la rue Paparrigopoulou qui part de la pl. Protodikiou c'est tout au bout, sur la gauche. Fin mai-début oct, séances tlj à 21h et 23h. Films en plein air et en anglais.

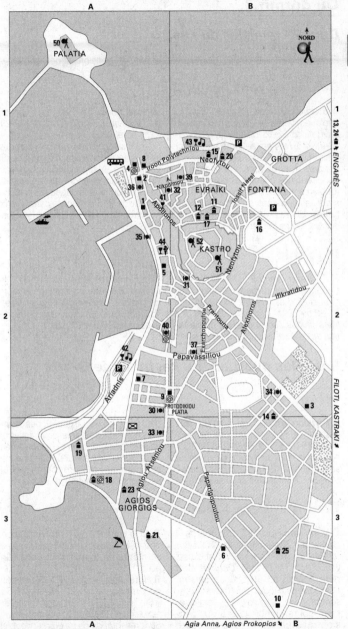

PALATIA

Iroon Polytechniou

Neofytou

GROTTA

Nikolmou

EVRAIKI

FONTANA

Josef Naesi

KASTRO

Neofytou

Apollonos

Ifikratidou

Frantouna

Exarchopoulou

Alexinoros

Papavassiliou

Papadopoulou

Ariadnis

Protodikiou Platia

Agiou Arsaniou

AGIOS GIORGIOS

13, 24 ENGARÈS

FILOTI, KASTRAKI

NORD

Agia Anna, Agios Prokopios

**CHORA**

# Où dormir ?

## *Dans le quartier du kastro*

En flânant dans les ruelles, vous trouverez chambres, pensions et petits hôtels.

### De prix moyens à plus chic

🛏 *Studios Burgos* (plan B1-2, *17*) : quelques ruelles au-dessus du Château Zevgoli. ☎ 22-85-02-59-79. 📱 69-78-18-28-47. Tte l'année (hors saison sur résa). Doubles 25-50 € selon saison. Propres et coquettes, les chambres, dont certaines ont un balcon, sont plutôt bien équipées (AC, TV, kitchenette), mais assez petites et sombres (éviter celles du rez-de-chaussée). Bon accueil. Petite terrasse sur le toit.

🛏 *Hotel Anixis* (plan B1, *11*) : non loin du Château Zevgoli. ☎ 22-85-02-29-32. • hotel-anixis.gr • Avr-oct. Doubles 56-79 € selon saison, petit déj compris. Wifi. Hôtel récemment rénové. Chaque chambre a sa terrasse privative (sauf une, dotée en revanche d'un lit double). Jardin fleuri. Vue dégagée sur la mer et la butte de Grotta. Annexe dans un bâtiment récent à Agios Giorgios (studios : 52-69 €).

### Plus chic

🛏 *Château Zevgoli* (plan B1-2, *12*) : s'engager dans les ruelles du vieux marché, puis c'est fléché. ☎ 22-85-02-61-23 ou 29-93. • chateau-zevgoli.gr • Mars-fin nov. Tarif spécial sur présentation de ce guide : doubles 55-85 € selon saison. Tout en haut de la vieille ville, maison ancienne transformée en hôtel de charme, avec jardin intérieur fleuri. Tout est confortable et joliment décoré avec des meubles patinés.

## *Entre les quartiers du kastro et de Grotta*

### Prix moyens

🛏 *Pension Anna-Maria* (plan B2, *16*) : quartier de Fontana, face au parking. ☎ 22-85-02-53-10. 📱 69-48-53-82-30. • annamariapansion.com • Juin-début sept. Doubles 40-60 € selon saison avec petit déj. 7 chambres avec salle d'eau, petit frigo, AC, TV. Le confort des chambres ne cesse de s'améliorer : salles de bains refaites, mobilier neuf. Également un appartement à louer. Patronne très sympathique qui propose aussi un excellent petit déjeuner maison.

### De prix moyens à plus chic

🛏 *Hotel Anna* (plan B1, *15*) : près de la cathédrale Zoodochos Pigi. ☎ 22-85-02-24-75 ou 52-13. • hotelannanaxos@yahoo.gr • Tte l'année. Doubles avec petit balcon 40-60 € selon saison. CB refusées. Réduc de 10 % sur présentation de ce guide. Un établissement qui ressemble plus à une pension qu'à un hôtel, avec un cadre simple mais agréable. Chambres avec réfrigérateur, certaines aussi avec AC, TV et kitchenette. La patronne, francophone, est d'une grande gentillesse et se mettra en quatre pour vous faire plaisir.

🛏 *Hotel Apollon* (plan B1, *20*) : à côté du précédent. ☎ 22-85-02-24-68. 📱 69-76-61-83-84. • apollonhotel-naxos.gr • Tte l'année. Internet et wifi. Sur présentation de ce guide : doubles 55-85 € selon saison, petit déj compris. Une douzaine de belles chambres spacieuses, classiques et confortables. AC, TV, minibar, sèche-cheveux, balcon. Un petit goût de luxe à prix encore abordable.

## Dans le quartier de Grotta

À 10 mn à pied du centre. Pas vraiment de plage, mais une jolie grotte à aller voir... à la nage.

🛏 **Hotel Adriani** *(hors plan par B1, 24)* : *sur la rue principale qui part du port vers Apollonas.* ☎ 22-85-02-30-79 *ou 45-28.* ● *hoteladriani.com* ● *Résa possible chez Îles Cyclades Travel à Marpissa (voir le chapitre « Paros »). Tte l'année pour l'hôtel et mars-oct pour les studios. Compter 75-100 € pour 2 pers, petit déj inclus. Loue aussi des studios (avec kitchenette) à côté, pour 2-3 pers, 65-100 € selon saison, ainsi que des apparts 2-4 pers.* Entièrement refait à neuf, cet hôtel, à la déco sobre et moderne très réussie, propose des chambres agréables et confortables : AC, TV, frigo et double vitrage (bien utile pour isoler du bruit de la rue). Bon accueil, familial. Préférer les studios,

impeccables et mieux isolés de la route.

🛏 **Hotel Grotta** *(hors plan par B1, 13)* : *sur la colline, suivre les panneaux depuis la grande rue qui va vers Apollonas.* ☎ 22-85-02-22-15. ● *hotelgrotta.gr* ● *Tte l'année. Compter 50-95 € pour 2 pers, copieux petit déj-buffet inclus. Wifi et prêt d'ordinateurs. Parking.* Dans un grand bâtiment jaune, surplombant la ville, avec une vue superbe, notamment sur le temple d'Apollon. Patron serviable et accueillant, tout comme sa fille, qui parle l'anglais. L'hôtel a été rénové avec goût et présente tout le confort souhaité : chambres spacieuses avec TV satellite, AC, frigo, terrasse, mais seules quelques-unes disposent d'une belle vue. Jacuzzi.

## En ville

### Prix moyens

🛏 **Pension Irene I** *(plan B2-3, 14)* : *dans les petites rues d'un quartier non touristique, près de l'hôpital et d'un arrêt de bus important.* ☎ 22-85-02-31-69. ● *ire nepension-naxos.com* ● *Tte l'année. Doubles selon saison 25-50 €. Internet et wifi.* 7 chambres simples mais avec frigo, TV, AC et kitchenette. Un petit appartement pour 4 également, pas cher. Pension populaire pour petits budgets. Les propriétaires ont une 2de adresse, plus chic (voir ci-dessous).

🛏 **Pension Irene II** *(plan B3, 25)* : *à la périphérie de Chora, mais à 400 m slt de la plage d'Agios Georgios.* ☎ 22-85-02-31-69 *ou 28-59.* ● *irenepension-naxos.com* ● *Tte l'année. Pour 2 pers, compter 30-60 €. Internet et wifi.* Standing supérieur à celui de la première pension du même nom. Les studios et appartements, accueillant de 2 à 6 personnes, sont répartis autour d'une piscine. Bon accueil.

## Près de la plage d'Agios Giorgios

C'est un quartier en pleine expansion touristique. C'est là que se trouvent la plupart des hôtels. Archibondé en été et plage sans trop de charme.

## Camping

⛺ **Naxos Camping** : *à env 2,5 km au sud de la ville, après le croisement pour Agios Prokopios.* ☎ 22-85-02-35-00.

● *naxos-camping.gr* ● *Desservi par le bus pour Agia Anna. Mai-sept. Compter env 20 € en juil-août pour 2 pers avec*

*NAXOS (CYCLADES CENTRALES)*

*tente*. Une centaine de places, et pas mal d'espace. Location de tentes et de sacs de couchage. Bien protégé du vent, grâce aux bambous. Aire de jeux. Minimarket. Grande piscine et Jacuzzi. Sanitaires moyens. Cafétéria et resto. Un peu loin des plages, à pied.

## De prix moyens à plus chic

🛏 *Hotel et studios Glaros* (plan A3, **18**) : très bien situé, à 20 m de la plage. ☎ 22-85-02-31-01. ● hotelglaros. com ● Avr-oct. Résa conseillée. Doubles standard 38-65 €, petit déj compris (et réduc sur présentation de ce guide incluse) et chambres supérieures 55-95 €. Également des studios pour 2 ou 4 pers. Internet (ouvert aux non-résidents). Bon rapport qualité-prix tout de même. Jolie terrasse fleurie sur le toit. Accueil charmant. Propreté impeccable et déco soignée (parfois un peu kitsch !). Petit déj copieux. Dispose aussi de studios et d'appartements sur 2 niveaux pour 4 ou 5 personnes, qui se trouvent à proximité de l'hôtel, dans une ruelle calme. Très bonne adresse.

🛏 *Hotel Galini & Sofia Latina* (plan A3, **19**) : à côté de la chapelle d'Agios Giorgios, à quelques mètres de la plage. ☎ 22-85-02-21-14. ● hotelgalini.com ● Ouv 15 avr-20 oct. Doubles 40-80 €

selon saison, petit déj compris avec réduc consentie sur présentation de ce guide. Chambres encore plus économiques pour 4 pers. Internet et wifi. Petit hôtel sympathique avec des chambres bien équipées (AC, TV, frigo, sèche-cheveux), quelques-unes avec coin cuisine. Un peu petites, mais belle vue sur Chora depuis les plus hautes. Accueil très gentil, en français. Attention aux réservations.

🛏 *Studios Thomais* (plan A3, **23**) : tout près de la plage, derrière une rangée d'apparts. ☎ 22-85-02-40-14. 📱 69-46-61-36-08. ● naxoshotels.gr ● Mai-oct. Résa conseillée. Doubles 45-80 € selon vue et saison. Également des studios pour 4 pers 60-105 €. CB refusées. Wifi. Chambres un peu les unes sur les autres, mais déco colorée et soignée, et bon équipement (AC, TV, kitchenette et sèche-cheveux). La plupart ont une vue.

# Où manger ?

## Bon marché

🍴 Pour manger sur le pouce, pas tant de solutions valables.
– Pour un petit déj ou pour emporter, compter sur les excellents *bougatsès* de *Thrakiotiki Bougatsa* (plan A1) : sur la route de Grotta, à 40 m sur la droite. Tlj 8h-13h. À la coupe, avec ou sans sucre. *Tiropitès* et *spanakopitès* également.
– Pour des *souvlakia* et *gyros*, éviter le port : aller plutôt rue Papavassiliou, chez *To Ariston* (plan B2, **37**). Familial

et sympa. Plus bas, au croisement avec le port, *Jackpots* (tlj 11h-6h), pas plus cher, propose aussi des *kebabs*. Pratique pour caler les noctambules affamés. Terrasse pour manger sur place. Autre adresse, chez *Thanassis* (plan B3), place Protodikiou, pour son poulet à emporter (tlj dès 14h).
– À noter enfin, la ville regorge de crêperies-gaufreries-glaciers, tous également chers et calqués sur le modèle de l'institution *Waffle House* (plan A2, **40**).

## De bon marché à prix moyens

🍴 *Scirocco* (plan A2, **30**) : pl. Protodikiou. ☎ 22-85-02-59-31. Avr-oct, tlj midi et soir. Repas env 12-15 €. Cuisine très classique et goûteuse, servie en terrasse. *Mezze* variés et *biftekia* far-

cis copieux. Accueil sympa, mais vraiment beaucoup de monde sur la terrasse.
🍴 *Restaurant Picasso* (plan A3, **33**) : un peu plus bas que la pl. Protodikiou.

☎ 22-85-02-54-08. Tlj slt le soir. Repas env 15 €. Spécialités mexicaines, pour changer de la cuisine grecque ! Ambiance et accueil agréables. Annexe sur la plage de Plaka.

|●| **Stis Irinis** (plan A1, 36) : près du débarcadère, à droite de la pharmacie quand on est dos à la mer. ☎ 22-85-02-67-80. Mars-oct. Tlj midi et soir. Repas 10-12 €. Ouzeri réputée qui reste égale à elle-même au fil des années. Mezze, plats traditionnels très goûteux (patates farcies au fromage, floyérès aux poivrons et au fromage) et des grillades de viande ou de poisson (un peu moins fameuses, par contre). Service efficace. Une des meilleures adresses sur le port.

|●| **Mezé Mezé** (plan A2, 35) : sur le port, petite terrasse coincée entre une boutique et une taverne. ☎ 22-85-02-64-01.Tlj midi et soir. Repas env 11-13 €. Excellente cuisine, copieuse et bon marché. Les Grecs y viennent pour les mezze (bonnes keftedès, dakos réussi) comme pour les plats tis oras (sardines grillées, biftekia). Très vite plein, mais service rapide. Annexe tout aussi fiable sur la plage de Plaka.

|●| **Metaxi Mas** (plan A-B1, 32) : dans les ruelles du kastro, à l'angle de la ruelle menant à la taverne O Apostolis. ☎ 22-85-02-64-25. Tte l'année, tlj midi et soir. Compter 12 €. L'enseigne n'est écrite qu'en grec et la clientèle est surtout locale, même si les ruelles sont dévo-

lues au tourisme. Ce petit resto porte donc bien son nom, qui se traduit par « entre nous ». Dans la petite salle aux pierres apparentes et à la déco rustique, ou autour des quelques tables installées dans la rue, on déguste une succulente et copieuse cuisine traditionnelle.

|●| **Taverna O Apostolis** (plan B1, 39) : à deux pas du vieux marché, en allant vers la plage de Grotta. ☎ 22-85-02-67-77. Tlj midi et soir. Compter 12-14 €. Une petite taverne familiale qui s'étend dans une ruelle calme, près d'un petit puits, et propose une cuisine honnête. Pas mal fréquenté par les touristes, notamment français. Venir tôt (ou bien tard) pour trouver de la place.

|●| **Taverna Kastro** (plan B2, 31) : dans la vieille ville en direction du kastro (entrée sud), sur la pl. Prandouna, en haut d'un escalier. ☎ 22-85-02-20-05. Tlj dès 18h. Repas env 14 €. Cadre agréable, sur une grande terrasse, avec jolie vue sur le port. Attention, c'est vite complet en pleine saison !

|●| **Ouzeri Galini** (plan B2, 34) : à l'extrémité sud du port, remonter l'av. Papavassiliou à gauche ; c'est ensuite à droite, à env 700 m, face à l'hôpital. ☎ 22-85-02-52-06. Tlj midi et soir. Compter env 12 €. Excellent choix de mezze et copieux plats de poisson pour un prix très raisonnable. Accueil sympa et familial. Attention, places limitées. Un peu bruyant, car en bord de route.

## Où boire un verre ? Où sortir ?

🍸 **Bar à vins To Ambeli** (La Vigne ; plan A1, 41) : Old Market. ☎ 22-85-02-71-99. ● lavignenaxos.com ● Tlj à partir de 19h. Deux Françaises, Eli et Fred, ont choisi Naxos, où Dionysos, le dieu de la vigne, fit des siennes, pour ouvrir un bar à vins. Heureuse idée ! Elles proposent, dans un lieu convivial, un bon choix de crus, dont des vins biologiques. Également des assiettes pour ceux à qui une petite dégustation ouvre l'appétit.

🍸 **Pâtisserie Rendez-Vous** (plan A2, 44) : sur le port, grande terrasse au mobilier rose. ☎ 22-85-02-38-58. Tlj jusque tard le soir. Grande diversité de

glaces et cocktails, très bons jus de fruits. En revanche, pâtisseries pas terribles et chères. Accueil aimable.

🍸 **Bar Citron** (plan A2, 44) : en venant du débarcadère, avant la pâtisserie Rendez-Vous. Tlj jusque tard dans la nuit. Ambiance branchée et terrasse design pour ce petit établissement (c'est le bar de la distillerie Vallindras, à Halki) Goûter au kitron ou au kitrorako. Autre bar du port où se retrouve la jeunesse grecque : le **Prime**, un peu plus loin, après la pâtisserie Rendez-Vous. Tlj du mat à tard dans la nuit.

🍸 **Bar Trata** (hors plan par B3) : à Agios Giorgios, un peu plus au sud que l'hôtel

NAXOS (CYCLADES CENTRALES)

Galaxy. *Tlj jusque tard le soir.* Ce bar de plage un peu à l'écart a aménagé une belle et grande terrasse en bois, couverte, et quelques transats sur le sable. Ambiance jeune et branchée, avec musique à la mode et cocktails pas excessivement chers.

🍸 🎵 ***Discothèque Ocean*** *(plan A2, 42) : à l'extrémité sud du port, les pieds* dans l'eau, en contrebas du parking *(sous le Med Bar).* En été, tlj dès 23h30. Décor, musique et clientèle qui suivent la mode internationale.

🍸 🎵 ***Ghetto*** *(plan B1, 43) : sur la route de Grotta.* Club au bord de la mer (toute petite terrasse au-dessus des flots), avec bonne musique et jolie vue.

# À voir

🗡 ***Le temple d'Apollon-Palatia*** *(plan A1, 50) :* sur un îlot relié à la terre ferme, c'est là que, selon la tradition, Thésée abandonna la malheureuse Ariane.

🗡 ***Le kastro*** *(plan B2) :* il en subsiste assez peu aujourd'hui : quelques pans de muraille, les ruines du palais surmonté d'un blason, deux des trois entrées et sept tours. L'entrée située au nord-ouest est intacte. On peut encore y voir une gigantesque porte en bois (la *Trani Porta*) et, un peu plus loin, une tour circulaire bien conservée, plus connue sous le nom de *tour de Glézio.* À l'intérieur du *kastro* se trouvent de belles demeures patriciennes des XIV$^e$ et XV$^e$ s à cour intérieure, de deux ou trois étages pour la plupart et dont les façades sont ornées de blasons des familles qui y habitaient. Il abrite également le couvent des Ursulines (reconverti en centre culturel), le couvent des Capucins et, au centre, la cathédrale catholique.

🗡🗡 ***Le Musée archéologique*** *(plan B2, 51) :* dans l'ancienne école de commerce des Jésuites. ☎ 22-85-02-27-25. *Mar-dim 8h30-15h. Entrée : 3 €.* Il renferme des objets de grande valeur, qui s'échelonnent de la période cycladique au début de l'époque romaine, soit du IV$^e$ millénaire av. J.-C. au IV$^e$ s apr. J.-C. Statuettes, poteries, bijoux... Les pièces les plus intéressantes sont celles de la civilisation cycladique, découvertes à Naxos ou dans les Petites Cyclades voisines : statuettes dépouillées, intrigantes et fascinantes. Belle collection de vases également (périodes géométrique et mycénienne en particulier). Dans la cour intérieure, belle mosaïque de l'époque hellénistique, présentant Zeus enlevant Europe.

🗡🗡 ***La maison-musée Della Rocca-Barozzi*** *(plan B2, 52) : à droite dans l'entrée principale, située au nord du kastro.* ☎ 22-85-02-23-87. ● naxosfestival.com ● *Avr-oct, tlj 10h-14h30, 18h-21h. Des visites guidées (dont certaines en français) sont organisées tlj. Entrée : 5 € (tarif incluant une dégustation de produits locaux – alcoolisés !).* Cette demeure fait partie intégrante de la muraille du château. Son propriétaire, Nikolas Karavias, est le descendant d'une ancienne famille originaire de Bourgogne au nom italianisé (« de la Roche » est devenu « Della Rocca »), et alliée à une grande famille vénitienne, les Barozzi. Il met un point d'honneur à faire revivre cette bâtisse chargée d'histoire. Un des ancêtres Della Rocca fut gouverneur de Naxos. À l'intérieur, on peut voir une collection d'objets remontant au XV$^e$ s. De l'un des balcons, vue splendide sur le port et l'île Palatia. D'avril à octobre (au coucher du soleil), pendant le *Domus Festival,* sont programmés dans une petite cour attenante danses folkloriques, concerts de musique baroque ou classique mais aussi de jazz.

🗡 ***Visite de la cathédrale catholique :*** non loin du Musée archéologique. *Tlj 10h-13h30. En saison rdv à 18h à la cathédrale pour une visite guidée d'env 1h30 (guide francophone) ; 4 €/pers.* En fait, on voit aussi l'église des Jésuites, le palais archiépiscopal et l'église du couvent des Capucins. Très intéressant. Avec Syros, Naxos fut un bastion catholique au milieu des Cyclades. L'institution catholique a même compté parmi ses élèves le grand écrivain crétois Kazantzakis.

🕉 **L'église de la Panagia Vlacherniotissa :** *dans la vieille ville, au pied du kastro, face au resto* Nikos. C'est l'église la plus ancienne de Chora, avec une superbe iconostase en bois sculpté et des icônes de grande valeur. Malheureusement, l'édifice est souvent fermé.

🕉 **La cathédrale Zoodochos Pigi** *(plan B2) : entre le port et le quartier de Grotta.* Iconostase en marbre sculpté, belles icônes. Les colonnes en granit qui se trouvent dans l'église proviendraient du temple d'Apollon à Délos. Juste en face, un petit musée archéologique *(musée Metropolis, mar-dim 8h30-15h, entrée libre)* est consacré aux trouvailles d'un cimetière antique des environs.

## À voir dans les environs

🕉 **Mélanès** (Μελανες) : *à 8 km à l'est de Chora.* Situé dans l'une des vallées les plus verdoyantes de l'île. Mélanès regroupe plusieurs hameaux et se caractérise par ses nombreuses tours que l'on pourra découvrir au détour d'un sentier.
– *Fête patronale :* les 29 et 30 juin *(Agion Apostolon).* Dure en fait 3 jours.

🍴 **Restaurant O Giorgis :** *à Mélanès ; ce n'est pas le 1er resto à l'entrée du village, mais il est un peu plus loin vers le centre, sur la gauche.* ☎ 22-85-06-21-80. *Tte l'année, tlj midi et soir. Compter* 12-14 €. Patron très accueillant qui vous préparera sa spécialité (le coq au vin) ainsi que du lapin. Terrasse avec vue sur les montagnes environnantes.

🕉🕉 **À Flério** (Φλεριο), à 4 km de Mélanès, près d'un sanctuaire de Déméter, voir le *kouros* inachevé (VIe s av. J.-C.), allongé dans un jardin très agréable, où les propriétaires ont ouvert une buvette sous les arbres fruitiers. L'université d'Athènes a bien mis en valeur le coin (pancartes). Cette grande statue d'un jeune homme (5,50 m) attend tranquillement, en position couchée, que le temps passe... Si vous venez en autobus de Chora, demander l'arrêt « Kouros » ; le bus s'arrête juste au bout du chemin. Également un second *kouros* pas très loin (sortir du jardin, suivre le che-

> ## LA VIE AU GRAND AIR
> *Les carrières de marbre de Naxos étaient particulièrement réputées dans l'Antiquité. Sur place, on façonnait plus ou moins grossièrement les statues, puis on les transportait, comme on le pouvait, dans un atelier pour la finition. Les deux statues de Flério ont sans doute été victimes d'un accident (jambe cassée) pendant le transport et ont été abandonnées sur place. C'était ça ou passer leur vie dans un musée !*

min sur la droite puis, à la borne en marbre blanc, traverser le petit ruisseau et monter par le sentier pendant 10 mn jusqu'à une carrière abandonnée). Point de départ d'autres balades, courtes et agréables, vers Mélanès ou Potamia.

## LES PLAGES DE L'ÎLE DE NAXOS

Les plus belles se trouvent à l'ouest et au sud-ouest de l'île, même si beaucoup se contentent de celle d'Agios Georgios à Chora, qui propose des activités (*windsurf, kitesurf,* au club *Flisvos*). Elles sont très prisées des Scandinaves. Il s'agit d'une enfilade de plages (avec pas mal de spots pour véliplanchistes) qui s'étendent sur plus d'une vingtaine de kilomètres, d'Agios Prokopios jusqu'à Agiassos. Les plages sont très agréables : en général, sable blanc et fin ; quelques avancées rocheuses, peu de végétation dans l'ensemble, à part, de temps à autre, des tamaris et quelques buissons ; et surtout beaucoup de dunes avec, de-ci de-là, un petit conifère ou des haies de roseaux. Si vous finissez par vous en lasser, d'agréables criques sauvages vous attendent du côté d'Alykos.

NAXOS (CYCLADES CENTRALES)

## *AGIOS PROKOPIOS* (ΑΓΙΟΣ ΠΡΟΚΟΠΙΟΣ) – *AGIA ANNA* (ΑΓΙΑ ΑΝΝΑ) – *PLAKA* (ΠΛΑΚΑ)

### Agios Prokopios (84300)

À 5 km au sud de Chora, Agios Prokopios (plus de 1 km de long) compte parmi les plus belles plages de sable de Grèce. Bien abritée des vents, c'est une plage de sable blanc très fin. Depuis la construction de la route, le site a fait l'objet d'une intense urbanisation. Nombreux hôtels et tavernes. En été, c'est bondé.

## Où dormir ? Où manger ?

**Hotel Protéas :** *sur les collines de Stelida (quand on vient de Chora, prendre à droite juste avant la taverne Perama). À 10 mn à pied de la plage.* ☎ 22-85-02-61-34 et 35. ● *hotelpro teas.com* ● *Ouv 10 mai-10 oct. Compter 50-89 € pour 2 pers selon saison (en principe, 2 nuits min demandées) ; pour 4 pers, 60-115 €. Petit déj en sus. Internet.* Petite résidence hôtelière comprenant 28 studios assez quelconques, pour 2 à 4 personnes, avec cuisine, clim', grande et agréable terrasse, et vue sur la mer pour certains. Joliment fleuri. Petite piscine. Éviter les studios au rez-de-chaussée, car ils sont bruyants et sombres.

**Askella :** *en face de l'hôtel* Protéas. ☎ 22-85-02-37-28. 📱 69-78-46-64-04. ● *dr.juergenhecht@web.de* ● *Mars-oct. Compter 12-20 € et 25-45 € selon catégorie et période (AC en supplément dans les chambres récentes). CB refusées. Wifi.* Une adresse pour routard comme il en reste peu, surtout ici. Une vingtaine de studios dispersés sur un des gros blocs rocheux qui surplombent la plage. Les plus standard et confortables sont dans le bâtiment principal ; les plus charmants, parce que rustiques et (bien) bricolés, sont cachés ici et là, dans l'abondant jardin fleuri. Coin cuisine, salle de bains, mousti-

quaire, ventilo... le nécessaire pour un prix dérisoire. Très bon accueil du proprio, un allemand manifestement peu capitaliste.

**Birikos :** *à 5 mn à pied de la plage d'Agios Prokopios presque en face de la station-service.* ☎ 22-85-02-54-74. ● *birikos-studios-naxos.gr* ● *Mai-oct. Selon saison, doubles 25-60 €, studios 35-90 €. Également des apparts pour 4 pers, 45-100 €. Parking.* Architecture traditionnelle pour cette résidence de 3 petits bâtiments en retrait de la route principale. Elle comprend 11 chambres, 8 studios et 9 appartements (2 à 4 personnes). Tous les logements ont une kitchenette, la clim' et une terrasse, certains avec vue sur la mer et d'autres avec vue (limitée) sur la route et la station-service... Joli jardin fleuri et piscine récente. Excellent accueil.

**Taverne Perama :** *sur le bord de la route en arrivant à Agios Prokopios, sur la gauche, avant Birikos.* ☎ 22-85-04-19-70. *Tlj à partir de 19h. Compter 10 € le repas.* Taverne classique avec une spécialité, la viande de chèvre. Cadre pas extraordinaire : terrasse en bord de route. Studios très confortables à louer, juste derrière, pour 2 à 6 personnes (● *taverna-perama.net* ; *compter 30-50 € pour 2 pers selon saison).*

### Agia Anna

Dans le prolongement d'Agios Prokopios se trouvent le petit port de pêche d'Agia Anna et ses deux petites plages de sable, dont l'une se termine par un promontoire rocheux dominé par une chapelle. Ces plages aménagées (cafés, petits restos) sont très fréquentées.

# Où dormir ? Où manger ? Où boire un verre ?

🛏 Nombreuses *chambres* et *locations* à tous les prix.

🛏 *Stella Apartments :* au bord de la mer, en direction de Plaka, après la taverne Paradiso. ☎ 22-85-04-25-26 et 22-85-02-31-66 (hors saison). ● stella-apartments-naxos.gr ● Avr-oct. Réserver à l'avance, même hors saison ! Pour 2 pers, 40-75 € selon standing et saison. Apparts 55-105 €. Internet. Emplacement privilégié, au bord de la plage, pour cette ravissante résidence entourée d'un joli jardin. Elle comporte 12 appartements (pour 4 à 6 personnes), plus des studios et des chambres. Chaque logement dispose d'une terrasse couverte.

🛏 *Kalia Studios :* à la fin de l'anse, à la gauche du port quand on regarde la mer. ☎ 22-85-04-19-30. ● naxoshotels-agiaana.com ● Résa possible par Îles Cyclades Travel à Marpissa (voir le chapitre « Paros »). De mi-avr à mi-oct. Compter 50-110 € selon saison (l'été, un séjour de 1 sem min est demandé). Internet. Grande maison située dans un jardin récent, un peu nu, mais à 40 m de la partie la plus tranquille de la plage. Studios bien aménagés et confortables pour 2 ou 3 personnes, avec mobilier en bois et jolie décoration. Également 2 appartements pour 4 (65-150 €). Bon accueil.

🍴 Nombreuses *tavernes* le long de la plage. Parmi les plus correctes, *Faros* ou encore *Paradiso,* au tournant vers Plaka.

🍸 *Island :* face au port, au début de la plage, non loin de la taverne Gorgona. Tlj dès 22h. Ce bar branché à la grande terrasse ouverte vers la mer est le grand rendez-vous des jeunes. On y vient même en caïque depuis Piso Livadi (côte-est de Paros) !

🍸 *Banana :* juste à côté de Island. Tlj 12h-1h. Très belle déco d'inspiration tropicale pour ce bar construit autour de palmiers qui traversent la charpente de bois. Nombreuses tables sur l'immense terrasse et autant sur le sable.

## Plaka

🏖 Tout de suite après Agia Anna. C'est la plus grande des trois plages, elle s'étend sur environ 4 km ! C'est aussi l'ancien paradis des babas. Pas mal de naturistes à mesure qu'on s'éloigne vers le sud. Par rapport à Agios Prokopios et à Agia Anna, ce n'est pas encore trop construit, ouf !

# Où dormir ? Où manger ?

⛺ *Camping Maragas :* en face de la plage, à 700 m d'Agia Anna, juste au début de Plaka. ☎ 22-85-02-45-52 ou 22-85-04-25-52. ● maragascamping.gr ● D'avr à mi-oct. Selon saison, compter 14-22 € pour 2 pers avec tente. Internet et wifi. Remise de 10 % en hte saison sur présentation de ce guide. Camping propre et bien situé. Location de tentes et de sacs de couchage. Également des chambres, studios et appartements à louer aux alentours à prix très corrects. Un camping bien ombragé et bien équipé. Taverne avec vue sur la mer, minimarket, bar, change, location de voitures et deux-roues, excursion et minibus pour les clients.

⛺ *Camping Plaka :* un peu en retrait de la plage, à 1,5 km après le camping Maragas. ☎ 22-85-04-27-00. ● plakacamping.gr ● À 20 mn en bus de Chora (arrêt devant le camping). Avr-oct. Env 20 € pour 2 pers avec tente, en hte saison. Piscine. Camping récent et très propre. Bien ombragé, mais moins agréable que le précédent car plus petit (60 places) et l'été on s'y entasse. Sanitaires petits. Cafétéria pas chère. Change, minimarket. Coffres de sécurité. Location de tentes et de sacs de couchage. Chambres à louer dans l'hôtel voisin. Minibus pour les résidents.

🛏 *Studios et appartements Athina :* 200 m après le camping Maragas. ☎ 22-85-04-11-53/54. ● studiosathina.gr ● Mai-oct. Résa conseillée. Studios 40-116 € pour 2 pers selon saison et emplacement. Apparts pour 3-4 pers

75-140 €. Architecture traditionnelle très raffinée pour cette petite résidence assez luxueuse, avec piscine, jardin et fontaine, comprenant 16 studios et 4 appartements, tous avec terrasse, donnant sur la mer ou le jardin et la piscine. Très bien tenu.

▲ **Ta Tria Adelphia (Three Brothers) :** à 800 m après le camping Maragas, *là où commencent les dunes.* ☎ 22-85-04-27-77 ou 15-71. ● 3brothershotel.gr/naxos-island-greece.htm ● De mai à mi-oct. Compter 40-75 € pour 2 pers selon saison. Résidence récente, en retrait du restaurant du même nom, proposant studios (avec frigo et parfois kitchenette) et appartements (avec cuisine), plutôt chers. Beau jardin fleuri, à 50 m de la plage.

|●| Plusieurs bonnes adresses de Chora ouvrent en été des annexes sur la plage de Plaka. C'est le cas du resto tex-mex *Picasso* et du *Mezé Mezé.* Tous ces établissements se trouvent un peu après le camping *Maragas.*

## MIKRI VIGLA *(ΜΙΚΡΗ ΒΙΓΛΑ ; 84300)*

⌖ À 17 km au sud de Chora, coin sympa, pas encore trop construit. On y parvient, soit depuis Plaka par une piste tortueuse, soit par la route intérieure (route pour Alykos, via Vivlos). Attention, le bus prend cette dernière et s'y tient : l'arrêt est donc à 3 km de la plage. Deux plages de sable blanc très fin, séparées par un cap rocheux. Les eaux sont cristallines et déclinent tous les tons de bleu, du plus foncé au plus clair.

La plage de *Parthéna*, très ventée, s'étend sur 400 m. Déconseillée aux enfants. C'est le rendez-vous des véliplanchistes qui colonisent le secteur (nombreux campings-cars tolérés) et qui offrent parfois un superbe spectacle. Un club, le *Mikri Vigla Watersports,* installé sur la plage et ouvert de mai à septembre, est géré par une équipe francophone. *Kitesurf* et *windsurf.* ● naxos-windsurf.com ●

La plage de *Sachara* s'étend sur 2 km au sud, jusqu'à celles de Kastraki. Idéale pour les familles avec des enfants en bas âge.

## Où dormir ?

▲ **Oasis Studios :** à 100 m de la plage. ☎ 22-85-07-54-94. En hiver : ☎ 22-85-03-17-40. ● oasisnaxos.gr ● Avr-oct. Compter env 53-90 € pour 2 pers. Wifi. Réduc de 10-20 % selon saison sur présentation de ce guide. Jolie résidence avec piscine, comprenant 8 studios et appartements bien équipés pour 2 à 4 personnes, tous avec AC, TV, terrasse et vue sur la mer. Meilleur rapport qualité-prix si l'on est 3 ou 4.

▲ **Victoria :** peu après Oasis Studios, de l'autre côté de l'hôtel Mikri Vigla. ☎ 22-85-07-52-32 (été) ou 22-85-07-54-98 (hiver). ● victoria-studios.com ● De mi-saison à mi-oct. Selon saison, compter pour 2 pers 41-78 € ; pour un appart avec 2 chambres, 51-100 €. Pas de petit déj. Réduc de 15 % sur présentation de ce guide, sf en juil-août. 3 belles maisons, avec balcons et terrasses fleuris, abritent des appartements propres offrant une belle vue.

▲ **Ydréos :** 200 m après Victoria, *au bout de la pointe.* ☎ 22-85-07-52-66. En hiver : ☎ 21-06-10-69-16. ● ydreos. gr ● Mai-oct. Réserver bien à l'avance. Compter 35-70 € pour 2 pers selon saison. Wifi. Au milieu des rochers de la pointe, au calme. 12 studios impeccables, très bien équipés (cuisine complète, TV avec satellite, AC). Belle vue sur la mer. Également d'autres locations (appartements, villas) dans d'autres bâtiments aux alentours. Bon accueil.

## Où manger dans les environs ?

|●| **Taverne Axiotissa :** ☎ 22-85-07-51-07. Dans un bâtiment récent au milieu de la campagne, connu sous le nom de « Maison jaune », sur la gauche

*au bord de la route venant de Chora, en direction d'Alykos, juste après le carrefour pour Kastraki. Pâques-sept, tlj midi et soir ; en oct, ven-dim. Résa impérative le soir. Compter env 15-20 €.* De l'extérieur, ce resto ne paie pas de mine, mais de nombreux Grecs le considèrent comme le meilleur de l'île. D'ailleurs la clientèle est surtout constituée d'habitués et de connaisseurs (et l'enseigne n'est écrite qu'en grec : Αξυωτισσα). Sur une grande terrasse couverte, entourée d'oliviers et de vigne, on déguste une cuisine fine et copieuse, d'inspiration grecque et orientale, avec de succulentes spécialités de viande (*kondosouvli* le samedi soir). Excellent accueil.

## ALYKOS *(ΑΛΥΚΟΣ)* – PYRGAKI *(ΠΥΡΓΑΚΙ ; 84302)*

⌂ La route part de Chora et s'achève 20 km plus loin, à Pyrgaki après être passée par *Alykos,* petite presqu'île verdoyante couverte de buissons et de cèdres, entourée de grandes dunes de sable. Le spectacle un peu sinistre de quelques constructions inachevées, à la pointe, n'altère pas la beauté du site, et les adeptes des criques sauvages seront ravis (très calme, les naturistes y côtoient les « textiles »).
➤ Pour rejoindre la plage de *Pyrgaki,* prendre le chemin à gauche, juste avant d'arriver à Alykos. Quelques tavernes. Un complexe hôtelier et des locations. Continuer la piste jusqu'à *Agiassos,* 3,5 km plus loin : jolie plage de sable dans un beau site encore bien préservé et plus à l'abri du vent que les plages de l'ouest quand le *meltémi* souffle fort.

## L'ARRIÈRE-PAYS ET LES VILLAGES DE L'ÎLE DE NAXOS

L'arrière-pays de Naxos est splendide et offre au visiteur des paysages d'une grande variété. Les villages reflètent l'âme de Naxos. Encore préservés du tourisme, ils sont restés authentiques et vous permettront de voir et de comprendre la façon de vivre des Naxiotes. Chaque village, qu'il soit de montagne ou de plaine, a son identité propre. Véritable paradis pour les randonneurs qui, au détour d'un chemin, découvriront une église byzantine, une tour vénitienne, un monastère fortifié, de vieilles maisons, ou même des sources.

## SANGRI *(ΣΑΓΚΡΙ ; 84300)*

À 11 km au sud-est de Chora, dans une région fertile. Le village est formé de 3 hameaux : *Ano Sangri, Kato Sangri* et *Kanakari,* ponctués de pittoresques moulins à vent, de tours défensives vénitiennes et de charmantes petites églises byzantines. Celle d'*Agios Nikolaos* (Xe-XIIIe s) située un peu à l'écart, au bout d'un chemin de terre (bien indiquée), renferme quelques belles fresques murales. Celle de *Kaloritissa* (IXe-XIIIe s) est construite à l'intérieur d'une petite grotte à flanc de la montagne du Prophète Ilias. On y accède par un chemin qui monte sur la gauche après la tour Bazéos.

➤ Au sud d'Ano Sangri, une petite route mène aux ruines du temple de Déméter (voir « Randonnées pédestres sur l'île de Naxos » plus loin).

– **Tour Bazéos :** *au sud-est de Sangri, à 300 m de l'intersection de la route pour Agiassos.* ☎ 22-85-03-14-02. ● bazeostower.gr ● *Tlj 10h-17h. Entrée : 4 € ; réducs.* Château vénitien (à l'origine un monastère, transformé en château par la famille vénitienne Baseggio) où, pendant le *Naxos Festival,* organisé par l'association *Aeon* de mi-juillet à septembre, sont donnés concerts et pièces de théâtre (en grec, parfois sous-titrées). Pendant cette même période, expos organisées dans le château.

## HALKI *(ΧΑΛΚΙ ; 84302)*

Ancien centre économique de l'île, aujourd'hui peuplé de 410 habitants, le village de Halki et ses hameaux se trouvent dans la vallée de Traghéa, recouverte d'oliviers et d'arbres fruitiers qui s'étendent à l'infini. Vous y verrez la belle *tour vénitienne de Gratzia-Barotsi* ; et aussi d'intéressantes églises byzantines comme celle d'*Agios Giorgios Diassoritis* (XIᵉ-XIIIᵉ s), à 10 mn de marche du centre, qui possède de magnifiques fresques murales *(lun-ven 10h-14h30)*. En se promenant au cœur du village, qui dégage une certaine nostalgie et un charme très « méridional », on tombe sur la *distillerie Vallindras,* installée dans une belle maison ancienne au style italien *(☎ 22-85-03-12-22 ou 22-85-02-22-27 ; en été, tlj 10h-19h ; en hiver, mieux vaut appeler avant)*. L'établissement produit, depuis la fin du XIXᵉ s, une liqueur à base de feuilles de *kitron,* une sorte de cédrat. Dégustation et vente sur place, au *Citron Café* d'à côté, ou à celui de Chora. En face, une poterie artisanale, *L'Olivier* (☎ 22-85-03-28-29 ; ● fish-olive-creations.com ● ; *tlj de début avr à mi-nov)*. Belles céramiques sur grès. Accueil francophone Katarina Bolesch et Alexander Reichardt, qui ont également ouvert, à proximité, une galerie. Et si vous passez à l'heure du repas, vous pouvez aller manger à la taverne *Giannis,* un peu en dessous de *L'Olivier,* sur la place principale (☎ 22-85-03-12-14 ; *tlj midi et soir ; compter 12 €)*.

➤ Ne pas hésiter à prendre les sentiers qui serpentent à travers les oliveraies et les vergers. Sur la route de Moni, arrêt possible à l'église de *Damiotissa (ouv lun-ven 10h-14h30).* Plus près de Moni se trouve l'*église de la Panagia Drossiani* (VIᵉ s), la plus ancienne de l'île, et dont l'architecture est très particulière (voir « Randonnées pédestres sur l'île de Naxos » plus loin).

## FILOTI *(ΦΙΛΟΤΙ ; 84302)*

Construit sur les flancs de la montagne Zas, Filoti le plus gros bourg de la plaine de la Tragéa (1 700 habitants), bénéficie d'un site privilégié. La vue sur les alentours est époustouflante. C'est le plus grand village de l'île, sorte de capitale agricole, et aussi l'un des plus beaux, avec ses quartiers partant à l'assaut des collines. Bien mis en valeur par le contraste entre les maisons blanchies à la chaux avec leurs ruelles dallées, les flancs gris de la montagne et le vert émeraude de la vallée. Nombreuses tavernes. Allez au centre du village où se trouve l'*église de la Panagia tis Filotissas* (iconostase en marbre tout blanc et belles icônes). Grande fête patronale de la Vierge du 14 au 16 août ; danses folkloriques et agapes.

➤ À la sortie sud de Filoti, on peut prendre, sur la droite, une route asphaltée qui mène, au bout de 13 km, à la surprenante **tour hellénistique de Himarou.** De forme circulaire et à quatre étages, c'est un bel exemple d'architecture de défense. Elle est en travaux pour une période indéterminée. 9 km plus loin, on arrive, par une très bonne route (piste sur le dernier kilomètre), à la *plage de Kalandou,* bien abritée des vents et complètement au sud de l'île (voir plus loin « Randonnées pédestres sur l'île de Naxos »). Grande plage avec un port, surprenant ici. Des criques très sympas en s'éloignant sur la droite, après la chapelle.

## APIRATHOS *(ΑΠΕΙΡΑΘΟΣ ; 84302)*

À 26 km à l'est de Chora. Au pied du mont Fanari (883 m), c'est l'un des plus beaux villages de l'île et le plus ancien aussi. Il existe deux variantes de son nom : Apiranthos et Apirathou. Il a conservé son aspect traditionnel : ruelles très étroites dallées de marbre, belles demeures en pierre, généralement à deux étages, tours vénitiennes, voûtes en ogive, belles églises et placettes charmantes bordées de *kaféni a* et de petites tavernes ombragées. Les habitants, dont les ancêtres sont venus de Chora Sfakion en Crète, restent très attachés à leurs traditions – entre autres, le tissage – et conservent leur propre dialecte. Carnaval haut en couleur, « dionysiaque », comme il se doit à Naxos. Manolis Glézos, grande figure politique et héros de la résistance, est originaire du village.

## Où manger ?

|●| *Taverna O Platanos* : dans le centre, sur la ruelle principale. ☎ 22-85-06-14-60. Repas env 12-15 €. Sous un grand platane, quelques tables le long de la rue piétonne traversant le village ou sur une terrasse en bois. Cuisine classique sans surprise mais très honnête.

|●| *Stou Leftéri* : dans le centre, en contrebas de la ruelle principale, juste avant la petite place. ☎ 22-85-06-13-33. Avr-oct, midi (à partir de 14h) et soir. Résa conseillée. Repas env 20 €. Terrasse calme et ombragée, avec vue sur la vallée. La carte est courte, la cuisine est excellente, mais quand même chère... L'adresse est très réputée, jusqu'à Athènes. Accueil assez froid.

## À voir

🕯 *L'église de la Panagia tis Apirathitissas* : à l'entrée du village, à côté de l'arrêt de bus. Tlj 10h-14h, 16h-20h. Parmi les plus grandes de l'île, en voie d'être débarrassée de son revêtement de plâtre. Très belles icônes et une superbe iconostase en marbre finement travaillée.

🕯 *Le Musée archéologique* : dans la ruelle principale, juste avant la taverne Stou Leftéri, *sur la droite. En principe, ouv 8h30-14h. Fermé lun.* Il renferme une collection de différents objets découverts sur l'île (statuettes cycladiques, poteries...).

🕯 *Le Musée géologique* : au bord de la route principale, après l'arrêt de bus/ parking, sur la gauche. Avr-oct, tlj 10h30-17h (18h en juil-août). Entrée : 2 €. Dans une grande pièce, belle collection de pierres, fossiles, minéraux trouvés sur l'île ou ailleurs et une collection de marbres. Section sur les mines d'émeri. Tout près, avec le même billet, le *musée d'Histoire naturelle.* Mêmes horaires. On peut y voir, entre autres, des squelettes de tortue ou de phoque moine... Également un petit *musée d'Histoire folklorique* au centre du village, sur une place après le resto *Leftéris.* Billet combiné avec les précédents. Si l'on n'est pas rassasié, il reste encore les toiles du musée des « Beaux-Arts », en bas du village (intérêt limité)

🕯 *La chapelle de la Panagia tis Fanariotissas* : creusée dans la montagne Fanari, elle offre une vue époustouflante sur l'île. Plus de 2h de marche pour l'atteindre. Pour randonneurs avertis.

## MOUTSOUNA (*ΜΟΥΤΣΟΥΝΑ* ; 84302)

À 37 km à l'est de Chora. Attention, la descente depuis Apirathos est dangereuse (incessante succession de lacets sur 11 km), mais la vue est époustouflante. Pittoresque petit port de pêche qui servait autrefois de port de chargement pour l'émeri, dont l'extraction se faisait à Apirathos et Koronos (il n'en reste aujourd'hui que l'ancien téléphérique et quelques bennes suspendues, que l'on aperçoit depuis la route). Petite plage de sable sur le port.

## Où dormir ? Où manger ?

🛏 Quelques *chambres* à louer. Rien d'ouvert de novembre à avril ; mais en août, mieux vaut réserver !

🛏|●| *Studios Ostria* : en arrivant au village, prendre la route sur la droite, en direction de Panormos, sur 700 m. ☎ 22-85-06-82-35. ● ostria.com ● Mai-oct. Compter 30-100 € la nuit pour

2 pers ; prix dégressifs selon durée. Studios répartis dans plusieurs petites résidences, entourées d'un agréable jardin. Appartements spacieux, impeccables (AC, TV, kitchenette et terrasse), avec vue sur la mer. Belle piscine. Fait aussi taverne. Petite plage de galets à côté.

●I●I **Taverne Mihaloukos :** sympathique petite taverne de poisson sur le port. ☎ 22-85-06-82-40. Tlj midi et soir. Compter 13-15 €. Salades, bonnes viandes et poisson. Agréable terrasse

ombragée par des tamaris. Accueil sympa.

●I●I **To Dichty (The Net) :** sur le port, juste avant Mihaloukos. ☎ 22-85-06-82-55. En saison, tlj midi et soir. Compter env 15 €. Quelques tables sous les arbres, une tranquillité totale et de belles assiettes comme cette copieuse salade de poulpe. Ne pas manquer non plus le calamar frais grillé et la horto-pitta (tourte aux herbes) de la mamma. Bons desserts (assez rare pour être signalé). Service sympa.

# À voir. À faire

➤ Les amateurs de terres (quasi) inviolées pourront prendre la route (goudronnée) de Moutsouna à Panormos, 16 km plus au sud. Magnifiques paysages sauvages et quelques belles plages : **Psili Ammos, Klidos** et **Panormos.**

## KORONOS (ΚΟΡΩΝΟΣ ; 84301)

À plus de 30 km au nord-est de Chora. La superbe route venant d'Apirathos conduit à ce magnifique village traditionnel et authentique, construit au pied de la montagne Koronos, dans un cadre verdoyant. C'est dans les environs qu'autrefois on extrayait l'émeri. Le petit *musée d'Arts populaires* abrite une collection intéressante d'outils et d'ustensiles divers. Il existe aussi un centre de broderie traditionnelle géré par l'association des femmes du village.

●I●I **I Platsa :** ☎ 22-85-05-12-43. Tlj midi et soir. Compter env 12 €. On se perd dans les ruelles avant de tomber sur cette charmante taverne traditionnelle. Agréables terrasses fleurie, à côté d'une fontaine. Pas de carte, mais des plats

du jour savoureux, à base de légumes, de mouton ou d'agneau. La souriante patronne, Matina, accueille les clients avec chaleur et bienveillance, à l'instar des habitants du village.

## APOLLONAS (ΑΠΟΛΛΩΝΑΣ ; 84301)

À 48 km au nord-est de Chora. Desservi par le bus, mais c'est long (2h, car il prend la route de l'intérieur). Petite station estivale touristique (en revanche, carrément morte hors saison). Néanmoins, jolie plage (avec douche). La réputation de son *kouros* (VIe s av. J.-C.), une ébauche de statue de 10,50 m (en fait sans doute Dionysos), est un peu surfaite (il est situé un peu au-dessus du village). Attention, pour monter le voir, ça glisse ! La route de Chora à Apollonas, en revanche, est très belle, que l'on passe par le bord de mer ou l'intérieur des terres. Les paysages sont contrastés : villages blancs, montagnes verdoyantes et à-pics.

▲ Pas mal de **pensions,** de **chambres à louer** et de **tavernes** en bord de mer.

## RANDONNÉES PÉDESTRES SUR L'ÎLE DE NAXOS

Se munir d'une carte de l'île (*Road Editions* ou *Anavasi*, collection « Topo Islands », au 1/40 000). Ne pas partir sans s'être au préalable renseigné sur place sur l'état des sentiers. Le site internet ● cycladen.be ● est une bonne source d'information (descriptif détaillé des randos, en français). Vous pouvez également acheter à la librairie *Zoom,* sur le port, un bon guide en anglais *(Graf Éditions)* sur des randonnées dans l'île.

Pas vraiment de balisage fiable ou, quand il y en a, il est irrégulier, l'entretien est très approximatif (au point de rendre parfois difficiles certaines balades) et les durées indiquées ne prennent pas en compte le temps perdu pour retrouver son chemin... Les bus ne sont pas très nombreux non plus pour le retour l'après-midi. Donc partir tôt, et toujours avec suffisamment d'eau.

🎋🎋 **Le monastère Fotodotis** (Μονη Φωτοδοτη) *: se faire déposer par le bus Naxos-Apollonas, après Filoti, au croisement de la route menant à Danakos.* Monter les lacets sur 1 km avant d'atteindre une chapelle. Sur la gauche, prendre une piste menant en 20 mn à cet étrange monastère fortifié où, dit-on, Byron aurait laissé sa trace. Dans l'église, remarquer l'iconostase et les quatre piliers de marbre. De là part un excellent sentier qui remonte légèrement, passe un col et descend jusqu'à Apirathos. Au passage, vous verrez une église byzantine en pierres sèches, Agios Pachomios, l'une des plus anciennes de l'île. Compter 3h pour l'ensemble.

🎋🎋 **Le temple de Déméter** (Ναος της Δημητρας) *: balade Ano Sangri-temple de Déméter et retour, compter au grand max 2h.* D'Ano Sangri, prendre à côté du buste de Xénakis, près du monastère désaffecté d'Agios Eleftérios, le chemin qui passe sous la chapelle d'Agia Paraskévi, sur une colline. Ne pas hésiter à emprunter sur 400 m un sentier à gauche qui mène à l'église byzantine Agios Nikolaos *(en principe, ouv le mat en sem).*

De retour sur la route, continuer en faible descente. On voit déjà le site du temple de Déméter « protégé » par une chapelle : *Agios Ioannis Giroulas.* Presque en face, on prend un sentier qui traverse la vallée, on monte parmi les oliviers on atteint les restes du temple. Tout ce parcours, aisé, est balisé de points et de flèches rouges. Petit musée sur le site.

Au retour, suivre la colline à travers champs, passer à côté de la chapelle byzantine (hélas cimentée) *Métamorfossis.* On trouve, après un passage dans le lit d'une rivière à sec, un sentier qui monte vers Ano Sangri. Avant le village, un autre détour s'impose vers l'église byzantine *Agios Ioannis.*

🎋 **Koronida-Apollonas** (Κορωνιδα-Απολλωνας) *: balade de 2h.* Pour ceux qui veulent visiter Apollonas, il est conseillé de descendre du bus à Koronida. Après le cimetière (chapelle byzantine), on découvre au premier tournant de la route (marques rouges), un superbe *kaldérimi* (sentier dallé qui plonge et rejoint la route à 2 km d'Apollonas).

🎋🎋 **Agios Artémios** (Αγιος Αρτεμιος) *: balade de 3h aller et retour ; retour par Engarès, compter 4h.* À Kinidaros, aller jusqu'au sommet du village et prendre une route de terre qui, après un col, descend en lacet à ce site luxuriant. Une rivière coule là et, après l'avoir traversée, on atteint la basilique à trois nefs, *Agios Artémios,* un peu incongrue et, tout proche, l'ancien monastère *Agios Dimitrios.* On peut, en suivant la vallée par un sentier à gauche avant le pont, rejoindre Engarès, en passant par la tour Prandouna.

🎋 **La tour Himarou** (Πυργος Χειμαρρου) *: balade Filoti-Himarou, compter 3h.* De Filoti, une route goudronnée mène à cette tour hellénistique, constituée de blocs de marbre. Malheureusement, on ne la visite pas, car elle est en travaux depuis un moment... Dans le prolongement, la route descend vers la belle plage de Kalados (attention, c'est loin : à plus de 3h et là-bas, pas de bus pour rentrer). On peut aussi gagner cette tour à partir de l'église d'Agia Marina, à la sortie de Filoti, en contournant le mont Zas et en visant plein sud.

🎋🎋🎋 **Halki-Potamia-Agios Mamas** (Χαλκι-Ποταμια-Αγιος Μαμας) *: balade de 3h.* À l'entrée de Halki, prendre à gauche une petite route de terre qui mène à Tsikalario. À un tournant, près d'une chapelle, se trouve l'ancien chemin qui, passant près de l'église byzantine *Agios Stéfanos* (fontaine), traverse le village. Monter dans la même direction. Le sentier, passant au milieu d'un chaos rocheux, amène près d'*Apano Kastro,* nid d'aigle vénitien d'où l'on surveillait aussi bien la côte que la Tragéa. On peut grimper au sommet (restes d'églises et de tours).

Le chemin s'élargit, passe près d'une chapelle et rejoint Pano Potamia *(taverna Pighi).* On glisse doucement par le flanc gauche de la vallée d'abord, jusqu'à Messi Potamia. On aboutit à Kato Potamia (caché sous l'église, un *kafénio* à l'ancienne, sympathique). Juste avant l'église, prendre le sentier qui traverse la vallée (on descend puis on remonte) et se poursuit au sud. Bientôt on aperçoit *Agios Mamas* (IXe s) dans les champs. Grande église totalement à l'abandon. Pour monter à la route, il faut passer derrière l'ancien palais épiscopal, lui aussi en ruine, prendre un sentier à droite. À un croisement, le sentier de gauche mène à la route. Retour possible sur Halki pour récupérer un bus. On peut aussi finir à Ano Sangri (restaurant). Ajouter 30 mn dans les deux cas. Attention, le bus, quand il rentre sur Chora, ne repasse pas par Sangri (remonter à Halki).

🏃🎥 *Agia Kyriaki* (Αγια Κυριακη) : *balade de 2h aller et retour.* Bus jusqu'à Apirathos. Sous la route, près de l'arrêt de bus, est indiqué un sentier de marbre. Après 45 mn, le sentier, parfois dallé, traverse le ravin sur un pont. Belle montée de 20 mn pour atteindre l'église byzantine en pierre sèche d'*Agia Kyriaki.* Restes de fresques aniconiques (oiseaux, fleurs). Késaco, aniconiques ? À l'époque de l'iconoclasme, il était interdit de représenter des visages. On s'est donc tourné vers des motifs floraux ou animaux qui ne déclenchaient pas les foudres... Merci le routard !

🏃 *Koronida-Abrami-Galini* (Κορωνιδα-Αμπραμι-Γαληνη) : *balade Koronida-Abrami, compter 2h30 ; Abrami-Galini, compter 2h.* Bus pour Koronida. Au sommet du village, on trouve une piste (un sentier à gauche permet de l'éviter un moment). À un petit col, prendre un sentier à gauche d'une bergerie. Descente superbe sur le hameau de Mirissis par ce sentier raide mais facile. À l'église d'*Agia Anastassia* on doit reprendre la piste qui, traversant la route, rejoint à droite la plage d'Abrami (taverne sympa et réputée, *Efthimios* ; ☎ 22-85-06-32-44).

Au retour, suivre (hélas) la route principale sur 4 km et, peu après le monastère *Fanéromeni,* obliquer vers la mer. De crique en crique, atteindre la plage d'Amiti. Route jusqu'à Galini où l'on peut, du *kafénio* agréable, appeler un taxi.

🏃🎥 *Les églises byzantines à partir de Halki :* compter 2h. Malheureusement, toutes ne sont pas ouvertes et les sentiers ne sont pas tous bien entretenus, voire difficiles à trouver.
– À 3 km de Halki, route de Moni, à droite : *Panagia Drossiani* (VIe s), la plus connue. Son nom (Notre-Dame-de-la-Rosée en v.f.) est lié à une légende qui veut que l'icône de la Vierge « sue » quand un danger menace la région. Fresques très anciennes.
– À Halki, route de Moni. À 300 m, après la station-service *EKO,* petit sentier à gauche. Prendre à droite (source) et continuer dans la même direction. Lorsqu'on aperçoit des ruches, on se tourne vers la droite : *Panagia Damiotissa* (XIe s) apparaît dans les oliviers.

# LES CYCLADES DU NORD
# ET DU NORD-EST

## ANDROS (ΑΝΔΡΟΣ)

10 000 hab.

Située à l'extrême nord des Cyclades, entre l'île d'Eubée et Tinos, Andros, patrie de nombreux armateurs et capitaines, est la deuxième grande île en taille de l'archipel après Naxos, avec une superficie de 380 km². C'est aussi la plus boisée des Cyclades (ce qui est tout de même relatif), ce qui en fait une île propice à la randonnée.

Son relief très accidenté, avec un point culminant à 994 m, offre au visiteur des paysages contrastés, formés de falaises abruptes et d'à-pics, de belles plages, de ravins et de gorges où coulent de ravissantes sources et cascades, ainsi que de vallons fertiles plantés de blé, d'oliviers, de vignobles ou d'arbres fruitiers. De nombreuses cultures en terrasses sont délimitées par des murets de pierre qui serpentent entre les collines, et partout on trouve des cyprès, le tout ponctué de beaux villages aux coquettes maisons coiffées de tuiles rouges. Monastères et églises, tours vénitiennes à l'architecture curieuse, fontaines et pigeonniers viennent compléter le tableau de cette île assez peu « cycladique ». Le peuplement de cette île est aussi particulier : en 1880, un voyageur anglais s'étonnait de ne pouvoir communiquer en grec avec les habitants : une grande partie de ces derniers, dans le nord de l'île, d'origine albanaise, n'étaient toujours pas hellénisés, 400 ans après l'arrivée de leurs ancêtres dans l'île ! Aujourd'hui, ils le sont, mais un œil attentif parvient à distinguer, paraît-il, l'organisation des villages « albanais », différente de celle des villages grecs.

L'île reste assez mal connue des Français et le tourisme y est essentiellement concentré dans la station estivale de Batsi. Les locations sont assez chères.

## Arriver – Quitter

### En ferry

➢ *De/vers Rafina :* départs tlj en ferry (en général, un vers 7h30 ou 8h, les autres en fin d'ap-m). Trajet : 2h.
➢ *De/vers Tinos et Mykonos :* ce sont les mêmes bateaux, lorsqu'ils rentrent sur Rafina ; respectivement 1h30 et 2h15. Liaisons plus rares de/vers Paros, Santorin, Syros et Amorgos, par exemple.

## Circuler dans l'île

🚌 *Bus :* les bus (une seule ligne qui dessert Batsi et Chora) attendent sur le port de Gavrio l'arrivée des ferries. Horaires sur un tableau. De 3 à 6 bus/j. en saison. Pas forcément ponctuels.

## GAVRIO (ΓΑΥΡΙΟ ; 84501 ; 750 hab.)

Port principal, situé au nord-ouest de l'île, avec une très grande activité touristique en été. Garde un semblant d'animation hors saison, du fait du trafic régulier des ferries. À 31 km de Chora, la ville principale. Ne présente pas beaucoup d'intérêt et, surtout, est assez excentré. Vous y trouverez de nombreuses chambres à louer.

## Adresses utiles

■ *Capitainerie :* ☎ 22-82-07-12-13.
■ *Agence Porto Andros* (Anna Stylianou) : sur le port. ☎ 22-82-07-12-22.
■ *Agence Kyklades Travel :* sur le port, en face du débarcadère. ☎ 22-82-07-17-50.
■ *Agence G. Batis* (Blue Star Ferries et Alpha Ferries) : sur le port, toujours. ☎ 22-82-07-14-89. 🖥 69-45-25-33-54.

■ *Location de voitures :* quelques agences sur le port. *Euro Rent a Car :* juste en face du débarcadère. ☎ 22-82-07-24-40. Anna Vrettou parle très bien le français. *Tassos :* ☎ 22-82-07-10-40. Et aussi, derrière la station-service, *Colour's Rent a Car :* ☎ 22-82-02-91-85.
■ *Taxis :* au débarcadère. ☎ 22-82-

07-15-61.
**@ Apomero Café :** du port, direction Batsi, puis à droite en haut de la butte.

☎ 22-82-07-16-81. Ouv à partir de 17h. 10 postes, connexion rapide.
■ **Centre médical :** ☎ 22-82-07-12-10.

## Où dormir ? Où manger ?

⚓ **Camping Andros :** à 600 m du port. ☎ 22-82-07-14-44. ● campingandros. gr ● Hors saison, ☎ 21-08-22-85-49 (à Athènes). Du port, monter par les marches à l'église, la longer à droite, puis c'est fléché (et visible à gauche en contrebas). Mai-fin sept. Résa conseillée. Env 17,50 € pour 2 pers avec tente et 3 € pour 1 voiture (parking à l'entrée). Wifi. Remise de 10 % de réduc sur présentation de ce guide. Le seul camping de l'île. Une soixantaine de places sous les oliviers. Minimarket, cuisine commune pour faire sa tambouille, petit resto. Piscine agréable. Location de tentes également. Bon accueil.

🏠 **Studios Aktio :** à la sortie de Gavrio, direction Agios Pétros. ☎ 22-82-07-16-07. ● aktiostudios.gr ● Doubles 40-70 €

selon saison. Beaux studios pour 2 à 4 personnes avec cuisine à proximité de la plage. Aménagement récent. Les chambres sont calmes, car sur l'arrière. Petit déj éventuellement. Bon accueil.

|●| **Grill Three Stars :** en retrait du port, au départ de la route de Batsi. ☎ 22-82-07-23-27. Tte l'année. Repas env 10 €. Ambiance d'un resto typique et sommaire : quelques habitués regardent la télé à la lumière des néons. Aucun risque d'excès gastronomique, mais des bases solides et consistantes.

|●| ⏺ **Ouzeri En Gavrio :** juste à côté de l'agence Blue Star Ferries. ☎ 22-82-07-11-03. Tte l'année. Repas env 12-15 € Petite carte : on y va pour les excellents mezze servis dans un joli cadre, qui fait la différence avec les autres établissements du port.

## Où dormir ? Où manger dans les environs de la plage d'Agios Pétros ?

🏠 **Villa Sofia :** ☎ 22-82-07-12-49. ⧠ 69-72-44-21-68. ● villasofia.gr ● Prendre une route qui s'enfonce dans les terres à hauteur de la plage d'Agios Pétros. Prévoir 50-100 € selon saison pour 4 pers. Réduc de 10 % sur présentation de ce guide. Dans un grand terrain arboré de 6 000 m², une douzaine de « maisonnettes » de 50 m² avec 2 chambres, chacune avec terrasse ombragée. Salle commune pour les hôtes. Jeux pour les enfants.

🏠 **Villa Giannakis :** juste après la Villa Sofia. ☎ 22-82-07-15-94 et 22-82-02-42-93. ● villagiannakis.com ● Compter pour 2 pers 50-70 € selon saison.

7 grands appartements avec cuisine et AC, pour 2 à 5 personnes, à 200 m de la plage, dans un grand jardin. Quelques autres appartements en demi-sous-sol, moins chers. L'ensemble n'est pas de première jeunesse. Tenu par un couple de personnes âgées. Très tranquille.

|●| **Yannoulis :** de l'autre côté de la route qui longe la plage. ☎ 22-82-07-13-85. Juin-sept, midi et soir ; le reste de l'année, à midi slt en sem, midi et soir le w-e. Compter 12-15 €. La taverne classique peinte aux couleurs grecques. Déco basique. Côté cuisine, pas de chichis, choix assez limité (surtout pour les plats préparés). Service rapide.

## À voir. À faire dans les environs

🗼 **La tour d'Agios Pétros :** à 5 km au nord-est de Gavrio. Impressionnant édifice circulaire de cinq étages en pierre de taille, d'une hauteur de 20 m à peu près. On pense que sa construction remonte au IVe s av. J.-C.

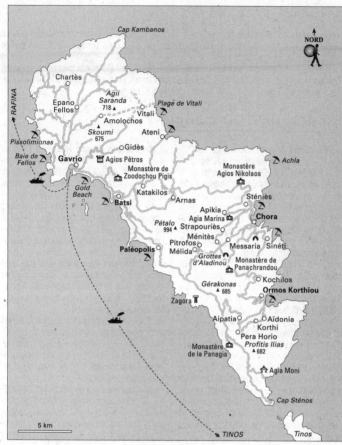

**L'ÎLE D'ANDROS**

# Les plages

⌂ **Kato Fellos** (Κατω Φελλος) **:** à 5 km au nord-ouest de Gavrio. Jolie plage. Encore peu de constructions. Une taverne correcte (Andreas n° 2). Un peu avant d'arriver à Kato Fellos, une piste part sur la droite et mène en 4 km à la plage de Pissolimionas. Tranquille.

⌂ **Agios Pétros** (Αγιος Πετρος) **:** à 2,5 km au sud-est de Gavrio. Belle grande plage de sable. Nombreuses locations. Idéal pour des vacances en famille. Un peu plus loin, plage de **Gold Beach** (Chryssi Ammos), très propre, et aux eaux peu profondes. Malheureusement, le Beach bar et sa soupe servie à toute heure sont indigestes.

⌂ **Vitali** (Βιταλι) **:** à 16 km au nord-est de Gavrio. C'est une grande plage (tranquille) de galets, accessible par une piste caillouteuse. Propreté cyclique.

## BATSI (ΜΠΑΤΣΙ ; 84503)

Station estivale, à 24 km à l'ouest de Chora, construite en amphithéâtre autour d'une grande baie bordée d'une plage de sable qui se termine par une petite presqu'île abritant un petit port.
Il y règne une intense activité touristique en saison, car Batsi est très prisée par les Grecs et les tour-opérateurs anglais et scandinaves. Beaucoup d'hôtels et de locations diverses. Petit bureau de poste, derrière la plage.

# Où dormir ? Où manger ?

🛏 **Villa Arni :** à l'ouest de la baie. ☎ 22-82-04-13-60. Hors saison, à Athènes : ☎ 21-06-82-76-59. ● villa-arni.gr ● C'est (assez mal) fléché ; depuis la rue qui borde la plage, emprunter la 2e à droite après Dinos Bike, prendre à gauche après le cinéma de plein air et monter 100 m. Doubles 55-80 € pour 2 pers et 65-90 € pour 4. Wifi. 10 studios et appartements, avec 1 ou 2 chambres, coquets avec TV et AC, autour d'un beau jardin. Terrasse commune pour le petit déjeuner. Accueil adorable de Nana. Bon confort et jolie vue.

🛏 **Likio Studios :** en longeant la plage prendre la rue perpendiculaire au niveau de Dinos Bike. ☎ 22-82-04-10-50 et 18-11. ● likiostudios.gr ● Tte l'année. Selon saison, pour 2 pers compter 50-80 € et pour 3-5 pers 80-130 €. Au cœur d'un quartier résidentiel, dans un grand jardin, à 150 m de la plage, un joli complexe comprenant 16 studios (cuisine, petit frigo, AC, TV et balcon) et 2 appartements plus grands. Accueil agréable.

🛏 **Aneroussa Beach Hotel :** à 1 km au sud de Batsi. ☎ 22-82-04-10-44. Hors saison : ☎ 21-06-52-56-59 (à Athènes). ● aneroussabeach.gr ● Prendre la petite route qui part tout droit dans le virage serré de la petite corniche qui mène vers Chora. Ouv mai-oct. Doubles 90-140 € selon saison et type de chambre, (bon) petit déj inclus. Petit ensemble idéalement placé (plage semi-privée en dessous), joliment inséré dans le paysage avec ses couleurs pastel. Très agréable et avec tout le confort moderne. Excellent petit déj que l'on prend sur de petites terrasses étagées.

🍴 **Stamatis :** dans une rue parallèle au petit port, un peu en hauteur. ☎ 22-82-04-12-83. Tte l'année. Résa conseillée. Env 12-18 €. Taverne familiale très honnête. Le mercredi soir, agneau servi en papillotes (kleftiko).

🍴 **Yakoumis :** sur le port. ☎ 69-44-68-43-32. En saison, midi et soir. Compter 12-15 €. Une adresse classique, proposant viandes et poisson ainsi que de bons petits mezze. Excellent accueil.

# À voir. À faire

🏛 **Le monastère Zoodochou Pigis** (Μονή Ζοοδοχου Πηγης) : à 7,5 km de Batsi, à 320 m de hauteur, avec une vue superbe (bonne route pour y monter). Fermé 12h-17h. Sa fondation remonte peut-être au IXe s. Il n'est plus habité que par deux ou trois nonnes. Dans le monastère sont conservés manuscrits et objets religieux. Grande fête patronale le 27 juillet.

🏛 Les villages **Katakilos** (6 km à l'est de Batsi) et **Arnas** (13 km à l'est de Batsi) sont tous les deux entourés d'une végétation luxuriante.

## PALÉOPOLIS (ΠΑΛΑΙΟΠΟΛΙΣ)

🏛🏛 Construite au bord d'une falaise qui descend à pic dans la mer, Paléopolis fut l'ancienne capitale d'Andros depuis les temps historiques jusqu'à l'époque byzantine : le site a été occupé durant 12 siècles. Aujourd'hui, on ne peut voir que des ruines, en bord de mer (pas grand-chose) et, au village moderne, un petit Musée archéologique pas inintéressant qu'on conseille de visiter avant de descendre au site *(tlj sf lun 8h30-15h ; entrée gratuite)*. Jolie plage de sable, si vous avez le courage de descendre (puis de remonter) les 1 039 marches ! De l'axe Gavrio-Chora, dans le village moderne de Paléopolis, une petite route descend et se prolonge par un sentier menant aux marches (possibilité également de tout faire à pied depuis le centre du village).

🏃 Au sud de Paléopolis, le *site archéologique de Zagora,* très significatif pour l'histoire de l'île, car les fouilles ont permis de révéler l'existence d'une agglomération des époques géométrique et archaïque, qui atteste de la prospérité de la région aux VIII$^e$ et VII$^e$ s av. J.-C. Compter 45 mn de marche par un sentier qui commence au croisement des routes pour Gavrio et Chora.

## CHORA *(XΩPA ; 84500 ; 1 600 hab.)*

Construite à l'emplacement d'une ville médiévale sur une petite péninsule rocheuse entre deux plages de sable (à gauche, quand on est face à la mer, *Nimborio,* et, à droite, *Paraporti,* avec une mare aux canards derrière), Chora, située à 31 km à l'est du port, est le chef-lieu de l'île.
C'est une agréable bourgade aux allures aristocratiques, où fusionnent architectures néoclassique et cycladique. Créée en grande partie par des familles d'armateurs, Chora étonnera le visiteur, parce qu'elle est différente, mystérieuse et impressionnante. Presque entièrement piétonne, elle se caractérise par un labyrinthe d'étroites ruelles dallées, tantôt voûtées, tantôt en escalier, de belles demeures patriciennes des XVIII$^e$ et XIX$^e$ s, d'imposants édifices publics, des musées, de belles églises, de grandes places animées bordées d'arbres, de commerces et de cafés. C'est une étape très agréable pour y séjourner et pour rayonner dans les villages avoisinants.

## Adresses utiles

■ *Station des bus :* pl. Goulandri, sur la gauche en haut de la rue principale, appelée par les habitants agora, ce qui comprend la pl. de la mairie et la pl. Kairi. Trajet Gavrio-Chora : env 50 mn.
✉ *Poste :* en haut de cette même rue principale piétonne. Lun-ven 7h30-14h.

@ *E-waves :* un peu plus bas. ☎ 22-82-02-91-31.
■ *Centre de soins :* juste derrière la poste. ☎ 22-82-02-22-22.
■ *Banques :* dans la rue principale. Distributeurs de billets.

## Où dormir ?

Attention, le week-end, c'est vite complet, car c'est une destination proche d'Athènes.

🛏 *Myrto :* à 600 m de Nimborio. ☎ 22-82-02-36-73. 📱 69-44-47-61-27. ● stu dios-myrto.gr ● En haut de la colline (prendre la route en lacet de Sténiès, ou monter tout droit par l'escalier derrière la base nautique), dans un grand jardin en espalier. Tte l'année. Compter 30-70 € pour 2 pers selon saison. CB refusées. Internet. Dans une grande villa, 12 appartements décorés avec goût, pour 2 à 6 personnes. Peinture

récente et meubles neufs. Cuisine équipée, TV, AC. Vue sur la mer ou sur Chora. Petite aire de jeux pour les enfants. Accueil familial très sympathique. Une bonne adresse.
🛏 *Pension Stella :* à Nimborio, en bord de plage, vers le bout de la baie. ☎ 22-82-02-24-71. ● pension-stella.gr ● Tte l'année. Compter env 60 € pour 2 pers dans un appart avec cuisine. Chambres et appartements pour 2 à 4 personnes,

avec une jolie vue sur la presqu'île, dans un cadre verdoyant.

🛏 **Chambres et appartements chez M. et Mme Karaoulanis :** s'adresser à la boutique Riva, à Nimborio, et demander Yannis ou Caroline. ☎ 22-82-02-20-78 ou 44-12 (magasin). 📠 69-74-46-03-30. ● androsrooms.gr ● Doubles 25-50 €, apparts pour 2 pers 75 € et pour 5 pers 120 € (en hte saison). Chambres doubles standard avec salle d'eau, toilettes et frigo à disposition. Également de grands appartements, le tout situé dans Plakoura, le vieux port de Nimborio, au pied de la ville ainsi que 4 nouveaux appartements ultramodernes et impeccables à l'arrière du village (quartier d'Anémomilos), dans la maison des propriétaires. Yannis est très serviable et c'est une mine d'infos sur l'île. Sa femme, Caroline (française), la connaît presque aussi bien. Louent également des scooters ainsi que de bateaux sans permis à Batsi (téléphoner au magasin).

🛏 **Irene's Villas :** ☎ 22-82-02-33-44. 📠 69-74-38-32-35. ● irenes-villas.gr ● Au milieu de la baie de Nimborio, sur les hauteurs. Tte l'année. Compter 30-115 € pour 2 pers et 50-135 € pour 4 pers selon saison (évitez les w-e où les prix montent abusivement). Petit déj en sus. Wifi. Appartements pour 2 à 4 personnes, de bon confort, dans un grand jardin fleuri qui est le havre d'une ribambelle de chats. Au-dessus de la plage, prévoir une bonne grimpette.

## Où manger ?

🍽 **Ouzeri Nostalgia :** sur la pl. T. Kairi, dans un petit recoin, en bas de l'agora. ☎ 22-82-02-44-96. On vous sert ouzo ou raki, accompagnés de mezze appropriés (ou pikilia de 3 tailles différentes, assez cher néanmoins). Très bon café grec. Décor sympathique et terrasse ombragée.

🍽 **Ta Skalakia :** à deux pas de la rue piétonne principale, dans de petits escaliers (d'où son nom), sous la grosse église. ☎ 22-82-02-28-22. Compter env 12 €. Dans un décor des années 1950, on vous sert une cuisine familiale (keftédès parfumées à la menthe, froutalia, rouleaux de jambon au fromage).

🍽 **O Nonas :** dans le quartier (en ruine) du vieux port, à Plakoura. ☎ 22-82-02-35-77. Pâques-sept (midi et soir). Compter 14 € et plus, psarotaverna oblige. Plats mijotés, mezze sympathiques à base de poisson (les calamars farcis sont délicieux, les seiches au vin tout autant), poisson grillé et langoustes, le tout servi avec du bon vin local.

🍽 **Restaurant Cabo del Mar :** à Nimborio, tout au bout de la baie. ☎ 22-82-02-50-01. Pâques-sept tlj et le w-e hors saison. Résa conseillée en saison ou le w-e. Assez smart et pas donné : compter env 20-25 € le repas. Vous y trouverez une cuisine à base de spécialités locales (tourte aux oignons, omelette aux épinards) mais aussi des plats relevant d'une philosophie plus moderne. Joli cadre et belle vue. En fin de soirée, le resto laisse la place à un agréable bar-club.

🍽 **Confiserie Laskari :** dans la rue centrale, sur la gauche quand on descend. ☎ 22-82-02-23-05. Délicieux glyka koutaliou (fruits confits au sirop) et douceurs aux amandes (kalsouni, amygdamota). Pour en déguster assis, aller au café-pâtisserie Ermis, en bas de l'agora.

## Où manger dans les environs ?

🍽 **Taverna Ta Yialia :** à Yialia, sur la route de Sténiès, en arrivant sur la plage, juste avant le pont. ☎ 22-82-02-46-50. Pâques-sept, tlj. Compter min 15 €. Bonne taverne de poisson (aux prix habituels, donc cher). Quelques plats mijotés également. Le fils tient un peu plus loin, à Pisso Yialia, le **Barbarola** (☎ 22-82-02-31-11), grand resto qui surplombe la plage et les côtes alentour, et propose une cuisine un peu plus raffinée qu'en bas, pour des prix similaires. Midi et soir.

🍽 **Paraporti :** à Paraporti, en face du

*terrain de foot. On peut y aller en voiture en suivant la rivière ou plutôt à pied depuis la place du platane (15 mn de marche).* ☎ 22-82-02-35-15. Tte

*l'année. Compter env 12-14 €. Spécialités de grillades et de viande à base de produits locaux et d'animaux élevés par les patrons.*

## À voir. À faire

🎣 *Le kastro :* bâti sur la petite presqu'île située à la pointe de Chora, et dont il ne subsiste aujourd'hui que des pans de murailles, des parties de la tour et un ravissant pont de pierre (XIIIᵉ s), franchissant le fossé qui l'isolait. C'est un bombardement en 1943 qui l'a mis dans cet état.

🎣 *Le musée de la Marine : juste avant d'arriver au kastro. Ouv l'été slt, de manière irrégulière.* Il renferme une belle collection de maquettes de bateaux, d'instruments de marine et de photos. Sur la place, une statue de bronze de Michalis Toumbros célèbre le marin inconnu.

🎣🎣 *Le Musée archéologique : dans le centre de Chora, pl. Kairi, en bas de la rue piétonne centrale.* ☎ 22-82-02-36-64. *Mar-dim 8h30-15h. Entrée : 3 € ; réducs.* Il présente de nombreuses trouvailles découvertes dans les fouilles de l'île, dans un souci pédagogique de définition des époques et de leurs spécificités, par le biais de nombreuses maquettes, frises, analyses de motifs... À l'étage, c'est la période géométrique qui est disséquée, grâce aux découvertes de Zagora (site à l'ouest de l'île) : assiettes, jarres, poteries diverses, ossements d'animaux domestiques... Moins d'explications au rez-de-chaussée pour l'exposition des plus volumineux vestiges des périodes classique (voir en particulier un *Hermès*, peut-être de Praxitèle), hellénistique (provenant surtout de Paléopolis) et byzantine (avec pas mal de fragments de marbre venant de l'église de Messaria). Très instructif.

🎣🎣🎣 *Le musée d'Art moderne : descendre les escaliers derrière le Musée archéologique.* ☎ 22-82-02-24-44. ● moca-andros.gr ● *Juin-sept, tlj (sf mar et dim soir) 10h-14h, 18h-20h ; avr-mai et oct : tlj sf mar 10h-14h ; nov-mars, slt sam-lun 10h-14h. Entrée : 3 € pour la collection permanente et 6 € avec les expos (juin-sept) ; réducs.* Ouvert depuis 1986, il est plus connu sous le nom de fondation *Goulandris* (le donateur : grand armateur de l'île et, avec sa femme Eliza, insatiable amateur d'art). La collection permanente fait la part belle aux sculptures de bronze de Michalis Toumbros, ainsi qu'à trois dispositifs de Takis, subtils jeux sonores et magnétiques. De l'autre côté de la rue, le lieu des (réputées) expositions internationales, organisées tous les étés et consacrées à des artistes incontournables : Matisse, Rodin, Chagall, Henri Moore, Miró, Braque, Picasso, Moralis, Delvaux.

🏖 *Plage de Nimborio :* avec douches. Toujours bondée. C'est la plage principale de Chora.

🏖 *Plage de Paraporti :* l'autre plage de Chora. En longeant la rivière qui s'y déverse on peut atteindre le monastère de Panachrandou (compter quand même 2 à 3h de balade).

## Balades dans les environs

Elles sont nombreuses, car il y a plus de 40 hameaux ou villages à découvrir autour de Chora, chacun avec son caractère propre. Les distances sont assez courtes entre chaque localité. Une carte au 1/50 000 (éd. Anavassi) mentionne 12 randonnées, de 45 mn à 4h de durée, dont un bon nombre aux alentours de Chora.

🎣 *Apikia (Απoικια) : à 4 km au nord-ouest de Chora.* Village verdoyant réputé pour ses sources d'eau minérale Sariza (la mise en bouteilles se fait sur place).

**ANDROS ET TINOS (CYCLADES DU NORD ET DU NORD-EST)**

|●| *O Tassos :* dans le centre, à côté de l'hôtel Pighi Sariza. ☎ 22-82-02-25-82. Midi et soir. Repas env 10-12 €. Taverne familiale à l'ancienne, bien connue sur toute l'île. Grande terrasse en surplomb, où l'on consomme des plats traditionnels locaux. Service rapide.

🎭🎭 *Le monastère Agios Nikolaos* (Μονη Αγιου Νικολαου) *:* à 5 km à l'est du village d'Apikia. ☎ 22-82-02-21-90. Ouv 8h-13h, 17h-19h. Il fut fondé au XVIIIᵉ s. Il renferme des livres précieux, de belles étoffes brodées et des objets d'art religieux. À l'intérieur de l'église, très beau trône et iconostase en bois sculpté, ainsi qu'une icône miraculeuse. Une dizaine de moines y vivent (le supérieur est francophone). Du monastère, un sentier mène à la plage d'Achla.

◿ *Plage d'Achla :* dans un site féerique, au-delà du monastère d'Agios Nikolaos.

🎭🎭 *Sténiès* (Στενιες) *:* au-dessus de la plage de Yialia, au milieu d'une oasis aux mille parfums. C'est l'un des plus pittoresques et des plus riches villages d'Andros, avec ses belles demeures. Patrie de nombreux armateurs et de capitaines. Quel régal de se balader dans ses ruelles presque entièrement piétonnes ! La végétation y est si belle et si variée que c'est un vrai rêve pour les botanistes. Et même en plein été, l'eau coule dans les caniveaux.

◿ *Plages de Yialia et Pisso Yialia :* au nord de Nimborio, sur la route de Sténiès. Pisso Yialia souffre pas mal de la construction de villas.

⌂ *Chez Soula et Dimitri Tsoumézi :* entre Yialia et Sténiès, à 700 m de la plage. ☎ 22-82-02-31-30. ▯ 69-47-59-17-77. ● ptsumezi@hotmail.com ● Tte l'année. Compter en été, env 45 € le studio pour 2 pers et env 60 € l'appart pour 4 pers. CB refusées. Réduc de 10 % sur présentation de ce guide. Dimitri, un ancien capitaine de la marine marchande, et sa femme sont très serviables et louent 2 studios et 2 appartements, tous équipés d'une cuisine. Terrasse privative. Bon accueil.

🎭 À côté de Sténiès, la *tour Bisti-Mouvéla,* édifice de 3 étages construit au XVIIᵉ s, est un bel exemple d'architecture de défense.

🎭 Les villages de *Strapouriès* (Στραπουριες) et *Ipsilou* (Υψηλου) : noyers, platanes, fleurs à profusion et surtout grande sérénité. On y entend seulement le bruit de l'eau qui coule.

|●| À Ipsilou, un excellent resto, réputé dans toute l'île : *Bozakis,* ☎ 22-82-02-41-50.

🎭 *Ménitès* (Μενητες) *:* compte parmi les plus beaux villages de l'île avec ses sources qui jaillissent de la gueule de quatre lions en marbre. Voir l'*église de la Panagia Vergi* avec une belle iconostase en bois sculpté.

🎭🎭 *Les grottes d'Aladinou* (Σπηλαια Αλαδινου) *:* à 5 km de Chora. Prendre la direction Batsi et tourner à gauche direction Falika, Aladinou. Visite en été slt, 11h-17h. Rens auprès de M. Yannis Piperias : ☎ 22-82-05-15-54 et ▯ 69-74-48-52-11. Entrée : 5 €. Fermées pendant plusieurs années, ces grottes, de 12 m de profondeur, longues de 150 m, se visitent désormais.

🎭🎭 *Le monastère de Panachrandou* (Μονη Παναχραντου) *:* à *Fallika*. Peut être atteint par les bons marcheurs depuis Paraporti, à Chora, en remontant le lit de la rivière. Construit au Xᵉ s apr. J.-C., sur les flancs de la montagne Kataphygio, il a l'apparence d'une forteresse. La vue sur la vallée et sur Chora y est époustouflante. À l'intérieur de l'église, on peut voir une icône de la Vierge de grande valeur ainsi que le crâne de saint Pantaléon, médecin chrétien décapité par les Romains.

🎭🎭 *Sinéti* (Συνετι) *:* à 7 km au nord-est du monastère de Panachrandou. Ravissant avec ses maisons en pierre du pays disposées en amphithéâtre et embellies de pigeonniers. Autrefois, il y avait là, dans les gorges en contrebas de la route, une multitude de moulins à eau. Aujourd'hui, il en reste encore pas mal, et la promenade à travers cette région est des plus reposante et des plus rafraîchissante. La végétation luxuriante et l'écosystème qui s'y est développé ont attiré une profusion de papillons de type *Panaxia* (similaires à ceux de Rhodes). Plage facilement accessible par la route, malheureusement parfois sale.

## ORMOS KORTHIOU (ΟΡΜΟΣ ΚΟΡΘΙΟΥ)

À 19 km au sud de Chora, petite station estivale sympathique avec une grande plage (sable et galets), bordée de belles maisons. Chambres et locations diverses.

## À voir

△ **La plage de Pidima tis Grias** (en v.f. : du Saut de la Vieille) **:** au nord de Korthi. *Indiquée depuis le village. 1 km de route, puis un autre de piste puis un petit sentier qui s'accroche à la falaise et tout à coup la plage.* Magnifique avec son rocher phallique du haut duquel, pour expier une trahison, une vieille dame se serait jetée, d'où son nom. Sable fin. Site extra.

🍴 Le village d'**Aïdonia** (*Αηδονια*), avec la *tour Sarelli* (1690), restaurée et transformée en hôtel. À l'arrière de la tour, deux jolies chapelles, et quelques mètres plus bas, une source avec trois fontaines en marbre sculpté provenant d'une église byzantine, finissent de mettre en valeur ce paysage si reposant.

# TINOS (ΤΗΝΟΣ)    (84200)    10 000 hab.

Le Lourdes de l'orthodoxie grecque est relativement délaissé par les étrangers ; pourtant, la beauté paisible de ses campagnes et de ses côtes mérite davantage qu'un rapide coup d'œil depuis le pont des bateaux qui desservent Mykonos, sa voisine et heureuse rivale.
Le chef-lieu, Tinos, est une bourgade aux maisons blanches, dominées par l'église de la *Panagia Evanghélistria*, lieu de pèlerinage le 15 août. À moins que vous ne vouliez vous immerger dans le dolorisme orthodoxe, ne venez pas à cette période à Tinos. Évitez aussi, de manière plus générale, les weekends, du moins si vous ne comptez passer que 2 jours sur l'île : il y a toujours plus de monde qu'en semaine, Panagia oblige. Il n'est pas rare que l'on y prolonge son séjour, succombant aux charmes de la population et des petites ruelles bordées d'excellentes tavernes. L'arrière-pays est beaucoup plus intéressant que la capitale de l'île, dont la rue principale ressemble plutôt à un souk pour touristes : si on se débrouille bien, pour pas cher, on peut s'offrir une balade d'une journée en alternant marche à pied et bus. Ceux qui ne sont pas fauchés loueront un scooter ou une voiture et verront encore davantage de pays. Attention : en été, comme à Andros, le vent peut être très violent. En conséquence, en période de *meltémi* (de mi-juillet à fin août), ne pas louer de scooter pour plusieurs jours, car si le *meltémi* se lève, il est quasiment impossible de circuler sur un deux-roues par vent de force 8 ou 9 !

## UN PEU D'HISTOIRE

Il semble que Tinos ait été un lieu de pèlerinage dès l'Antiquité : on venait y sacrifier à Poséidon. Au Moyen Âge, l'île est devenue vénitienne et a été la seule des Cyclades où la Sérénissime a réussi à se maintenir au nez et à la barbe des Ottomans, et ce, jusqu'en 1715, soit 150 ans de plus que dans les îles voisines. La forteresse,

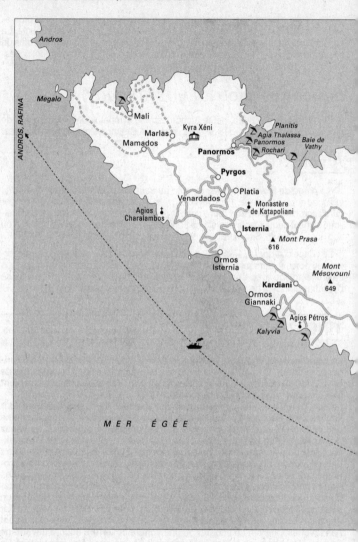

jusqu'alors inexpugnable, sur la colline de l'Exobourgo, finit par tomber, mais l'île a longtemps gardé des traces de l'influence latine. En 1781, on dénombrait 7 000 catholiques dans 32 villages. Paradoxe : les orthodoxes viennent en masse en pèlerinage dans une île historiquement marquée par le catholicisme.

# Arriver – Quitter

Les bateaux arrivent au nouveau port, à quelques centaines de mètres du (désormais) vieux port, où se concentre tout le reste de l'activité de Tinos-ville.

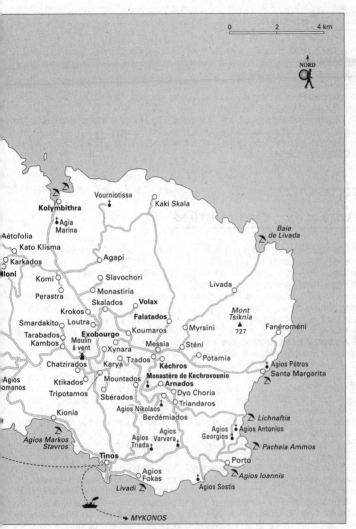

## L'ÎLE DE TINOS

### En ferry

➤ **De/vers Le Pirée (via Syros) :** plusieurs ferries/j. Prévoir 5h de traversée. Des départs de Lavrio également.
➤ **De/vers Rafina (direct ou via Andros) :** tlj. Env 3h30 de traversée.
➤ **De/vers Paros, Naxos et Mykonos :** plusieurs liaisons/sem.

### En catamaran

➤ **De/vers Rafina, Mykonos et Syros :** tlj en été, un peu moins en moyenne saison. Rafina-Tinos : 1h45.

## Circuler dans l'île

**Station de bus :** *sur le port (l'ancien), près de l'hôtel* Delfina *à Tinos-ville.* ☎ 22-83-02-24-40. La plupart des villages sont desservis mais, attention, liaisons beaucoup plus rares hors saison.

Liaisons de Tinos-ville :

➤ *De/vers Pyrgos :* 4 bus/j. via Tripotamos, Kambos, Tarabados, Kardiani, Isternia, Pyrgos, Marlas et Panormos.

➤ *De/vers Sténi :* 6 bus/j. via Triandaros, Dio Horia, Arnados, monastère de Kechrovounio, Messi, Falatados, Sténi, Myrsini et Potamia.

➤ *De/vers Kalloni :* 3 bus/j. via Tripotamos, Xynara, Loutra, Krokos, Komi, Agapi, Kalloni, Kolymbithra.

## TINOS-VILLE

## Adresses et infos utiles

✉ **Poste :** *quand on est dos à la mer, elle est située à droite, juste avant l'hôtel* Tinion.

■ *Presse internationale :* odos Taxiarchon, ruelle qui part à gauche au commencement de Mégalorachis. *Également sur le front de mer, avant l'hôtel Avra.*

■ *Agence Athina Markouïzou :* tout en bas d'Evanghélistrias. ☎ 22-83-02-25-17. Vente de billets pour la plupart des bateaux.

■ *Agence Fosklolos :* proche de la précédente. ☎ 22-83-02-46-56. Agence Hellenic Seaways.

■ *Location de voitures, scooters :*
– *The Little Green* (Takis Wheel) : 13, odos Trion Ierarhon, une rue perpendiculaire au port. ☎ 22-83-02-28-34. Takis Malliaris, patron aimable, loue des scooters en très bon état, et reçoit bien les Français.
– *Vidalis :* odos Trion Ierarhon et 16, odos Alavanou. ☎ 22-83-02-34-00. ● vidalis-rentacar.gr ● Location de motos, scooters et voitures. Bon matériel. Prix raisonnables, bon accueil et l'on y parle le français. Tarif dégressif selon durée.

– *Koulis :* odos Trion Ierarhon. ☎ 22-83-02-39-55. ● koulis.tinos@gmail.com ● Loueur honnête, bons véhicules.
– *Jason Rent a Car :* sur le port, sous l'hôtel Avra et 43, odos Z. Alavanou. ☎ 22-83-02-42-83 et 25-83. ● jason-rentacar.gr ● Prix corrects. Fait l'échange de véhicule en cas de problème (autos et scooters).
– *Dimitris :* 8, odos Z. Alavanou. ☎ 22-83-02-35-85. ● dimitrisrentacar.com ● Location de scooters aussi. Prix très abordables hors saison. On y parle le français.

■ *Taxis :* ils traînent le long du port. ☎ 22-83-02-24-70.

■ @ *Fotogonia :* 15, odos Evanghélistrias. ☎ et fax : 22-83-02-43-65. Au début de la « rue des bondieuseries », à gauche, en haut d'escaliers. Internet. Un photographe sympa et très pro, et le meilleur choix de films de la ville.

@ *Café-bar de l'hôtel Avra :* sur le port. Quelques ordinateurs pour se connecter.

■ *Centre de soins :* ☎ 22-83-02-37-81.

## Où dormir ?

Pour se loger dans l'île, pas trop de problèmes, sauf en août. D'abord, vous trouverez à votre arrivée les habituels « démarcheurs ». Ensuite, contrairement à Parikia (Paros) et Fira (Santorin), les bonnes petites adresses ne manquent pas (mais ne vous attendent pas toutes au ferry).

## Bon marché

🛏 **Yannis :** à côté de l'hôtel Okéanis, tout à droite du port. ☎ 22-83-02-25-15. À partir de 30 € la double. Chambres (avec ou sans salle de bains) et studios dans une belle maison donnant sur la mer ou sur le jardin fleuri et ombragé où l'on peut prendre ses repas. Cuisine commune. Pas immense, mais propre, et les propriétaires sont gentils et serviables.

🛏 **Chambres Lucas :** 3, odos Agias Paraskévis. ☎ 22-83-02-39-64. 📱 69-74-80-62-12. Depuis la rue Alavanou, aller jusqu'à la placette, c'est dans la rue derrière l'hôtel Favie Suzanne. Tte l'année. Doubles env 25-40 €. 7 chambres dans le style traditionnel. Salle de bains, AC, TV et frigo. Loukas Aperghis, le proprio discret et sympathique, est par ailleurs apiculteur de son état (pour les achats de miel, c'est tout trouvé).

## Prix moyens

🛏 **Chez Anastasia Plyta :** 20, odos Ilia Gafou. ☎ 22-83-02-23-11. 📱 69-76-22-29-56/57. ● tinos.gr ● Presque en face de Vasiliki Koulis (ci-dessus). Tte l'année. Compter env 40-50 € en hte saison pour une double. Une excellente adresse. Anastasia est charmante, elle adore les Français ; elle ne parle quasiment pas l'anglais, mais avec du cœur, on se comprend toujours. Surtout, elle tient remarquablement sa pension qui s'est agrandie de nouveaux studios. Un coup de cœur pour la chambre du fond à gauche, qui a une super terrasse et le nouvel appartement, tout en haut. Jardin exubérant où l'on flâne agréablement. Prix toujours modérés et dégressifs.

🛏 **Chez Maria Delatola :** quartier Palada. ☎ 22-83-02-46-19. Face au jardin d'enfants, on voit cette maison, collée (sur la gauche) à l'église San Antonio (entrée par derrière, odos Filipoussis). Double env 50 € en août. 6 chambres rénovées pour 2 ou 3 personnes. Confort tout à fait correct, très bon accueil et ambiance familiale. La patronne parle l'anglais et donne des tuyaux sur le coin.

## Plus chic

🛏 **Studios Athos :** pl. Ag. Charalabous, à l'ouest du port, dans le quartier au-dessus du commissariat. ☎ 22-83-02-47-02. 📱 69-45-99-22-00. ● athostudio. gr ● Env 60-70 € pour 2 pers en août, bien moins cher le reste du temps. 12 studios récents et impeccables, pour 2, 3, 4 ou 5 personnes, tenus par un couple gentil et discret. Coin cuisine, frigo, AC. Horizon dégagé.

🛏 **Tinion Hotel :** 1, odos K. Alavanou. ☎ 22-83-02-22-61. ● tinionhotel.gr ● À droite en arrivant par la mer. Ouv tte l'année. Doubles 55-60 € (tarif incluant une réduc sur présentation de ce guide). Petit déj cher mais non obligatoire. Hôtel très agréable. On peut aimer l'atmosphère surannée de cette bâtisse du début du XX$^e$ s. Grandes chambres hautes de plafond. Certaines donnent sur une gigantesque terrasse surplombant le port. AC et TV.

# Où dormir dans les proches environs ?

## À Kionia

🛏 🍴 **Studios Vidalis :** à 2 km à l'ouest de Tinos, près de l'hôtel Tinos Beach. ☎ 22-83-02-26-86. ● vidalishotel.gr ● Ouv d'avr à mi-oct. Doubles 55-70 €, studios 60-75 € (tarifs incluant une réduc sur présentation de ce guide). Internet et wifi gratuit sur présentation de ce guide, ainsi que le transfert au port (arrivée et départ). Des chambres et des appartements (2 à 6 personnes), dans un joli jardin, avec coin cuisine très bien tenu, à 300 m de la plage d'une grande beauté et dotée du drapeau bleu. Très bon rapport qualité-prix. Les studios ont un peu vieilli, mais les propriétaires en ont fait construire de nouveaux juste à côté. TV et frigo dans toutes les chambres, cuisine dans les appartements. Accueil charmant. Katerina, la patronne, parle le français. Vous trouverez aussi une taverne sur les lieux où sont mitonnés d'excellents petits plats. Possibilité de randonnées accompagnées. Navette en minibus de Kionia à Tinos et vice versa.

## À Agios Fokas

🛏️ |❍| **Blue Bay Teresa :** à 1,5 km du port, sur la longue plage de sable d'Agios Fokas. ☎ 22-83-02-53-43. ● bluebaytinos.gr ● Avr-oct. Pour 2 pers, env 40-60 € selon saison. Réduc de 10 % en basse saison sur présentation de ce guide. CB refusées. Internet et wifi. Un petit ensemble hôtelier très fleuri, tout en couleurs, au milieu d'un agréable jardin. Coin très peu urbanisé. Calme garanti. Bon accueil. Studios fort confortables, avec AC, TV et cuisine équipée. Location de 3 appartements pour 4 personnes et de 2 appartements pour 3, à prix intéressant. Sa taverne, Marathia (☎ 22-83-02-23-43), est excellente.

🛏️ **Golden Beach :** à côté du précédent. ☎ 22-83-02-25-79 et 41-39. Hors saison : ☎ 21-04-22-43-50. ● golden beachtinos.gr ● Avr-oct. Env 70-110 € pour 2 pers. Wifi. Transfert gratuit en navette. Hôtel de construction récente, plutôt soigné. Une vingtaine d'appartements pour 2 à 4 personnes avec cuisine, un petit peu chers tout de même. Cafétéria et taverne sur place. Plage tranquille.

## À Agios Ioannis

🛏️ **Porto Raphael Bungalows :** à 6 km de Tinos et juste au-dessus de la plage. ☎ 22-83-02-39-13. ● portoraphael.gr ● Avr-oct. Chambres standard 40-80 € ; apparts pour 2 pers 65-120 €. Wifi. Réduc de 15 % sur présentation de ce guide, slt en saison et pour 4 nuits min. Ensemble d'une trentaine de locations construit dans le style des Cyclades. Chambres confortables, des studios pour 2 personnes et des appartements (ainsi que des suites, plus chères) pour 2 à 4 personnes. Beau jardin. Chic et calme.

🛏️ **Bungalows Carlo :** 600 m plus haut que Porto Raphael Bungalows. ☎ 22-83-02-41-59. ● carlo.gr ● De mi-avr à mi-oct. Selon saison, doubles 50-80 €, studios 60-140 € pour 2-4 pers. Wifi. Emplacement très agréable. 15 chambres avec douche et terrasse ou balcon avec vue sur mer, ainsi que quelques appartements plus récents, avec cuisine (plus chers). Cafétéria, resto et piscine avec vue splendide sur la mer. Calme. La patronne parle bien le français. Navette pour aller à Tinos.

## Où manger ?

Attention, beaucoup de restos sont fermés hors saison.

### De bon marché à prix moyens

– Dans odos Evanghélistrias, quelques **boulangeries** proposent tiropitès (feuilletés au fromage), loukoums, nougats. Dans la première ruelle à gauche de léoforos Mégalocharis (l'avenue montant à l'église), les souvlakia de Vlakhos sont recommandables. Quelques tables dans la ruelle.

|❍| **Malaménia :** odos Gafou et pl. Malamatenias. ☎ 22-83-02-42-40. Repas env 12-14 €. Taverne familiale qui propose une bonne cuisine à base

de produits très frais... Bon accueil de Pavlos et de sa femme finlandaise qui a fait la déco.

**|●| Epineio :** *pl. Taxiarchon (fontaine avec des dauphins), à l'ouest du port près de l'hôtel* Leto. ☎ 22-83-02-42-94. *Tte l'année. Repas env 12-14 €.* Taverne proposant des plats traditionnels (lapin, porc). Les 2 patrons, Grigoris et Zacharias, ont travaillé dans différents restos de Tinos avant de monter leur propre affaire. Bonne cuisine. Ne pas hésiter à demander conseil pour choisir les plats.

**|●| Taverna Pallada :** *prendre la petite ruelle couverte de vigne qui quitte la pl. Taxiarchon ; au bout, vous y trouverez la taverne.* ☎ 22-83-02-35-16. *Repas env 12-15 €.* Joli emplacement, mais la cuisine est plutôt moyenne (principalement des plats « à la casserole ») et l'accueil peut sembler assez froid en apparence. Service rapide. Pas trop cher.

**|●| To Koutouki tis Elenis :** *5, odos Gafou.* ☎ 22-83-02-48-57. *Prendre la rue commerçante (et non la grande rue) qui monte à l'église, puis la 1re ruelle à droite. Repas env 13-15 €.* Coin éminemment touristique. Quelques tables disposées dans la ruelle. Une petite taverne sans chichis. Tomates farcies, beignets et *retsina* pour l'ambiance.

**|●| ♟ To Symposion :** *13, odos Evanghélistrias.* ☎ 22-83-02-43-65. *Au début de la rue des bondieuseries, à l'étage. Tte l'année. Repas env 10-15 €.* Bistrot récent où l'on peut manger, boire du vin (grec et de qualité) et, en été, certains soirs, écouter des chanteurs. Ambiance jazzy.

**|●| Taverna Ta Tsabia :** *dans le dernier virage sur la route de la corniche avant d'arriver à Kionia ; attention, la taverne est en retrait de la route.* ☎ 22-83-02-31-42. *Repas env 15 €.* Adresse bien connue des Tiniotes qui propose des spécialités à prix moyens.

## Où manger une pâtisserie ?

**|●| Mesklies :** *sur le port.* Large choix de gâteaux pour les amateurs, dont les spécialités locales *(lychnarakia, amygdalota).*

## À voir

**🐾🐾 L'église Panagia Evanghélistria :** *en haut de léoforos Mégalocharis.* Elle fut édifiée sur le site même où l'on retrouva l'icône de la Vierge Marie (sur des indications de sœur Pélagie, la Bernadette Soubirous locale, à la suite d'une vision, en 1822). Considérée comme la première grande œuvre architecturale du pays après que la Grèce eut conquis son indépendance. Ce lieu de dévotion, quasi unique en Grèce, mérite le coup d'œil, ne serait que pour voir les manifestations de la profonde foi

### L'AI-JE BIEN MONTÉ ?

*Peut-être verrez-vous ce curieux spectacle dans la grande avenue qui monte vers l'église de Mégalocharis : une personne, le plus souvent une femme, montant à genoux, sur un long tapis déroulé, la pente qui va du port à l'église. Pour expier leurs fautes (?), nombre de femmes accomplissent ainsi ce qui apparaît comme un petit chemin de croix. Et il n'est pas rare de voir le mari faire le même parcours, mais debout à côté de sa femme...*

qui anime les orthodoxes. Architecture néoclassique triomphante. À l'intérieur, cadre comme toujours particulièrement chargé. Immense iconostase de marbre décorée de superbes icônes. Devant, deux énormes chandeliers de cuivre. Noter tous les ex-voto *(tamata)* qui pendent du plafond : bateaux en argent, voitures, cœurs, enfants, maisons, vignes, moutons, avions militaires, etc. Large éventail des préoccupations des Grecs qui viennent pieusement, en files serrées, embrasser l'icône et repartent avec leur flacon d'eau bénite.

– Tout autour de l'église, nombreux édifices appartenant au complexe religieux. Possibilité de visiter des genres de petits musées ou salles d'expo (aux horaires extrêmement indécis). Ainsi, en sortant du sanctuaire, au même niveau, à droite (lorsqu'on est face à l'autel), découvre-t-on dans l'ancienne sacristie, après l'infirmerie, un petit *musée des Pèlerinages* : orfèvrerie religieuse, ostensoirs, évangiles, chasubles brodées or et argent. Plus de nombreuses offrandes de pèlerins allant jusqu'aux défenses d'éléphant.

– Dans la même galerie, un musée abrite les œuvres d'artistes tiniotes soutenus par le mécénat de l'Église. Si c'est ouvert, vous verrez une intéressante collection d'art moderne constituée de peintures et de sculptures datant de la fin du XIX$^e$ et de la première moitié du XX$^e$ s. Remarquez, en particulier, les tableaux presque « magrittiens » de Yannis Gaitis.

– Sous le sanctuaire, petit *mausolée* dédié aux victimes du bateau de guerre *Elli*, torpillé le 15 août 1940, par un sous-marin mussolinien, alors qu'il était chargé de pèlerins.

– À côté, une *crypte,* site original où l'on découvrit l'icône de la Vierge. Jolie fontaine de marbre de 1823 représentant la Vierge. Nombreuses icônes de toutes époques.

– Dans la cour de gauche, une pinacothèque (de la Renaissance au XIX$^e$ s) sans grand intérêt, et une section d'arts décoratifs.

🎗 *Le Musée archéologique :* léoforos Mégalocharis, sur la gauche, aux 2/3 de la montée. ☎ 22-83-02-26-70. *Mar-dim 8h30-15h.* Entrée : 2 € ; *réducs.* Expo des produits des fouilles sur l'île. Immenses jarres de la période géométrique (VIII$^e$ s av. J.-C.). L'une d'entre elles, fort belle avec son décor d'inspiration égyptienne (animaux, chasseurs, chars), figure manifestement Athéna sortant du crâne de Zeus. Poteries de diverses périodes. Figure de femme en terre cuite de Xobourgo (V$^e$ s av. J.-C.). Cadran solaire du I$^{er}$ s av. J.-C. Dans la cour, stèles gravées, vestiges du temple de Poséidon (I$^{er}$ s av. J.-C.), fragments de mosaïque ainsi que d'intéressants torses, pagnes et robes d'empereurs romains de Kionia.

🎗 *Les ruines du sanctuaire de Poséidon et d'Amphitrite :* à Kionia, à 3 km, vers l'ouest. Pas spectaculaire en soi. On a mis au jour, en bordure de mer, les vestiges de ce temple (III$^e$ s av. J.-C.). Ce sanctuaire était très important et on venait de toute la Grèce pour honorer Poséidon et son épouse, Amphitrite, protectrice des marins. Le site est fouillé par les archéologues de l'École française d'Athènes.

# Les plages dans les environs de Tinos-ville

🏖 *La plage d'Angali :* la plus proche, mais sans intérêt ; étroite, caillouteuse, souvent sale. Celle d'**Agios Fokas,** à 1 km, longue et tranquille, est un peu mieux *(4 bus/j., 11h-17h30).*

🏖 *La plage d'Agios Ioannis :* à 6 km à l'est de Tinos (en été, bus ttes les 2h, 8h-20h). À ne pas confondre avec la précédente. Une jolie plage fréquentée par les Grecs, bien exposée. Vue dégagée sur Mykonos. Celle de **Pacheia Ammos,** est encore plus belle. Il faut monter sur plus de 1 km à partir de Porto jusqu'à un col et prendre à droite. Descendre (la route est bonne) et suivre la direction de ce *country club* pas indispensable qui s'est approprié le site. Heureusement peu visible depuis cette superbe plage herbue au sable presque vert.

🏖 *La plage de Stavros :* à 1 km à l'ouest de Tinos.

🏖 Celle de **Kionia** (1 bus/h 9h15-19h30 en saison) peu après Stavros, à 3 km de Tinos-ville, est jolie et assez tranquille à condition de s'éloigner de l'hôtel *Tinos Beach* en remontant le long de la côte, à 300 m au nord. L'ouverture de la route côtière (qui continue vers l'ouest de l'île) a rendu les criques moins tranquilles.

# À voir au nord et au nord-ouest de Tinos-ville

## Les villages et les plages

Tinos compte plus de 60 villages, certains tenant plus du hameau, presque tous situés à l'intérieur de l'île. La plupart sont superbes. Rares sont ceux qui n'ont pas au minimum une taverne ou un café. L'île est parsemée de pigeonniers (environ 650) et de chapelles blanchies à la chaux (environ 1 200), qui se remplissent de pèlerins les jours de fête, comme l'Annonciation (le 25 mars) et la Dormition de la Vierge (le 15 août). Quant aux plages nombreuses, elles ne sont pas toujours propres.

### AU NORD DE TINOS-VILLE

Prendre en direction de Triandaros. La route s'élève superbement, livrant un somptueux panorama sur Tinos-ville. Au passage, *Berdémiados,* avec ses pittoresques demeures-pigeonniers en plein centre du village. Plus loin, *Triandaros,* où beaucoup de maisons ont été rénovées. Tout au long de cet itinéraire, on est veillé par l'omniprésent *mont Exobourgo.*

## *LA COLLINE DE L'EXOBOURGO* (ΕΞΩΜΠΟΥΡΓΟ)

C'est sur les flancs de cette montagnette (520 m) que l'on a découvert les vestiges de la capitale antique de l'île (enceinte et sanctuaire du VIIe s av. J.-C.). La forteresse, édifiée par les Vénitiens, a longtemps été réputée imprenable avant d'être détruite par les Turcs. Il n'en reste pratiquement rien.

## *LE MONASTÈRE DE KECHROVOUNIO* (MONH KEXPOBOYNIOY)

*En été, le monastère est desservi par bus au départ de Tinos-ville.* ☎ *22-83-04-12-18. En saison, tlj 7h-13h, 16h30-19h. Présentation correcte exigée (pantalon ou jupe en dessous du genou et chaussures fermées), et pas de prêt de vêtements.* Dans un site magnifique, au nord-est de Tinos-ville. Il est occupé par une trentaine de religieuses. Fondé au XIIe s, il abrite la cellule de sainte Pélagie, encore honorée dans l'île (celle qui découvrit l'icône vénérée de Tinos). Ce couvent haut perché fut surtout l'une des retraites favorites de la princesse Alice de Grèce, mère du prince Philippe, duc d'Édimbourg. Dédale d'étroites ruelles, volées de marches menant aux cellules, dont certaines ont un aspect extérieur très coquet. Une véritable petite ville. Balade fleurie et charmante. Boutique de souvenirs tenue par les nonnes.

## *ARNADOS* (APNAΔOΣ)

Petit village, le plus haut de Tinos, non loin du monastère. Très agréable avec ses fontaines et ses passages voûtés *(kamarès).* Petit *Musée religieux* local.

## *KÉCHROS* (KEXPOΣ)

À l'écart de la route de Falatados. Minuscule village à la pittoresque architecture. Jolie *église Panagia Xesklavotra,* en particulier vue du chevet (avec pigeonnier accolé). Dôme et clocher ouvragés. Si elle est ouverte, belle décoration intérieure.

ANDROS ET TINOS (CYCLADES DU NORD ET DU NORD-EST)

## FALATADOS *(ΦΑΛΑΤΑΔΟΣ)*

Gros village agricole. Quelques chambres à louer et une taverne avec terrasse. Beaucoup de blanches églises ponctuent la région. Sur les trois paroisses du coin, pas moins de 125 églises et chapelles de campagne ! Jolie route vers *Koumaros* et *Volax.* Quelques intéressants exemples d'architecture rurale en chemin. Au passage, on frôle le *monastère du Cœur-Sacré-de-Jésus.*

🛏 |●| *Lefkès :* à l'entrée du village. ☎ 22-83-04-13-35. *Une dizaine de chambres correctes, env 50 € en été ; tarifs dégressifs. Plats env 6-8 €.* Salle de bains, petit frigo et terrasse. On peut aussi y aller simplement pour manger (bien) et pas cher à la taverne. Jolie terrasse ombragée.

## VOLAX *(ΒΟΛΑΞ)*

Un de nos villages préférés. Après avoir passé Koumaros, on l'aperçoit sur la droite, en contrebas, au milieu d'un chaos rocheux étonnant. En peu de temps, on est passé d'un paysage essentiellement herbu à ce paysage minéral composé de monolithes de toutes formes. Village piéton, ça va de soi. Beaucoup de maisons s'insérant dans la roche. On retrouve souvent ici l'architecture villageoise classique. Au rez-de-chaussée, l'entrée en arche avec les petites portes de l'étable à chèvres et du grenier à foin. Au-dessus, la maison elle-même (une pièce ou deux, rarement plus). Spécialité du coin : la vannerie (fabrication de paniers).
➢ De Tinos, bus à 7h30 et 13h15.

## Où manger ?

|●| Pour se restaurer ou humer l'air du temps, 2 *tavernes,* l'une à l'entrée du village *(I Volax,* ☎ 22-83-04-10-21), l'autre près du petit théâtre de plein air *(O Rokos,* ☎ 22-83-04-19-89). On aime bien cette dernière, avec sa grande terrasse et sa carte impressionnante.

## À voir

👫|●| Le petit *musée* local, créé et tenu avec beaucoup d'enthousiasme par les villageois. S'il est fermé, demander la clé *(to klidhi tou moussiou)* à quelqu'un du village. Ils ont rassemblé là, pêle-mêle, leur patrimoine d'objets domestiques : vieux distillateur d'*ouzo,* vaisselle, poids anciens, outils, vêtements de paysans, chemises faites main, etc. Entrée libre. Voir aussi, dans le centre du village, le vieux *kafenès* (un café qui a opéré jusqu'en... 1955).

🐾 En bas du village, ne pas rater la charmante *fontaine-lavoir* datant de 1882. En septembre, les figues de Barbarie sont bien mûres et tombent en chemin. Eau limpide et bien fraîche.

## À voir dans les environs

🐾 L'itinéraire se poursuit avec *Skalados,* charmant village, puis le minuscule *Krokos,* avec trois tavernes quand même. Petite escapade à droite pour *Agapi,* village traditionnel et très fleuri (bonne taverne familiale dans la rue piétonne principale, sous le long passage voûté, *Kamara t'Agapiou,* connue également sous le nom de *Markos).* Tout le long de la vallée, quelques pigeonniers vénérables. Après Agapi, route menant au *sanctuaire de Vourniotissa.* En chemin, la croquignolette *église Agia Ioulani,* dans un bel environnement, ainsi qu'un village fantôme. Peu de touristes dans le coin. Impression de totale sérénité. Du monastère, par une piste, possibilité de rejoindre de jolies criques du côté de Kolymbithra.

## LA PLAINE DE KALO LIVADI

Vous l'aurez sûrement constaté depuis la route : la vallée qui annonce Kolymbithra est drôlement verte. Oasis de l'île, cette plaine alluviale particulièrement fertile peut être le cadre de balades alternatives au train-train « goudron/soleil ». Descendre le lit de la rivière depuis Komi (en été seulement), puis de fureter en transversale vers les différents potagers (délimités par des bosquets de joncs). Dans la fraîcheur et l'humidité de ces chemins, vous croiserez nombre de vendeurs du marché de Tinos... À peu près 3 km jusqu'à l'étendue d'eau de Kolymbithra, moins appétissante.

## LA PLAGE DE KOLYMBITHRA *(ΚΟΛΥΜΒΗΘΡΑ)*

⌂ Des eaux superbes et deux plages. La première, que l'on découvre de la route, est un peu sale (mare aux canards juste derrière). Continuer sur la droite, la seconde crique est le rendez-vous des familles le dimanche. Situation exceptionnelle. La moitié de la plage est aménagée. Restaurant *(Viktoria)* au-dessus de la plage. Ne pas hésiter à prendre des chemins de traverse (concrètement, des pistes) pour suivre le bord de mer jusqu'à d'autres criques bien abritées et souvent désertées. Ne pas oublier son masque. Attention, coin très venté.

## KALLONI *(ΚΑΛΛΟΝΗ)*

Gros village agricole. Voir l'*église Agios Zacharias,* de rite catholique, avec sa cour charmante. Un peu avant le village part une route qui rejoint la route de Pyrgos, via le *monastère de Katapoliani* (compter 12,5 km). Vues magnifiques sur le nord de Tinos.

## AU NORD-OUEST DE TINOS-VILLE

En route vers Pyrgos par un très pittoresque itinéraire.

🏃 Petit crochet pour **Ktikados** *(Κτικαδος)*. Le clocher de son église catholique *(Timios Stravros)* est le plus ancien de l'île. Village attachant. Vieille fontaine publique avec lavoir. À Pâques se déroule un rituel assez inhabituel : « La Table d'Amour » ! Tout le village festoie à la même table, catholiques et orthodoxes réunis, pour marquer l'unité de l'île.

🍽 **Taverne Drossia (chez Vassilis) :** *dans la ruelle principale.* ☎ 22-83-04-12-15. *Midi et soir.* Cuisine familiale, belle terrasse ombragée. Excellent pigeon en saison. Adresse bien connue des habitants de l'île.

🏃 Puis **Xynara** *(Ξυναρα)*, à 13 km au nord de Tinos-ville. Un petit village bâti à côté des vestiges de *forteresse* édifiée par les Vénitiens. Siège de l'archevêché catholique (pour Naxos, Andros et Mykonos) commun avec la mairie.

🏃 On peut pousser un peu plus loin jusqu'à **Loutra** *(Λουτρα)*. Minuscule village qui abrite tout de même un monastère d'ursulines *(l'école francophone, jadis très importante, fermée depuis 1988, se visite l'été 10h30-14h30)* et un autre de jésuites. Visite possible du musée *(en saison slt, en principe 10h30-15h30)* créé à l'initiative du dernier moine encore sur place. On y voit un peu de tout, des outils agricoles d'autrefois aux vieilles chasubles.

🏃🏃 Puis on revient vers la route de Kardiani. Voir la **vallée de Tarabados** (Ταραμπαδος) avec un ensemble de pigeonniers assez remarquable : s'arrêter au parking du village de Tarabados, descendre en suivant les indications jusqu'à se trouver face à une dizaine de pigeonniers dans leur jus, attendant qu'on leur tire le portrait.

# KARDIANI *(ΚΑΡΔΙΑΝΗ)*

Encore un village traditionnel tout blanc, dont les deux quartiers sont séparés par un ravin, avec un panorama exceptionnel sur la mer. Jolies églises, notamment la *Généthliou Théotokou* et sa charmante fontaine. Voir la Vierge qui fait manger fiston à la cuillère ! On peut descendre à **Ormos Giannaki,** prendre la route un peu avant Kardiani. Descente assez raide vers la fin. Pour la plage, préférer celle de *Kalyvia*, avec de gros tamaris (descente raide sur la gauche avant Ormos Giannaki).

🍴 **Taverne O Anémos :** *Ormos Giannaki, au bord de l'eau.* ☎ 22-83-03-17-60. *Repas env 12-15 €.* Même les chaises genre *Grosfillex* ne gâchent pas le plaisir d'y déguster une bonne friture de petits poissons et la cuisine familiale traditionnelle.

# ISTERNIA *(ΙΣΤΕΡΝΙΑ)*

Village bâti en amphithéâtre. L'église est surmontée de dômes revêtus de faïence.

🏃 **Ormos Isternia :** *prendre la route qui descend sur la gauche avant l'embranchement vers Pyrgos.* 5 km de descente.

🍴 Trois **tavernes** sur le port, qui se tiennent en 20 m. La plage est à 200 m.

# PYRGOS *(ΠΥΡΓΟΣ)*

Un de nos villages préférés. Il joue à cache-cache avec les collines lors de la descente et se fait désirer avant d'apparaître (à moins de 30 km de Tinos). Ravissant spectacle que la bourgade toute blanche, les cultures en terrasses, avec chapelles, pigeonniers et rangée de moulins sur une crête ! C'est le village du marbre : on en trouve dans toutes les constructions (carrières à proximité). La balade à pied dans les ruelles pour admirer l'architecture de ses demeures se révèle un vrai délice. Patrie de *Yannoulis Halépas* (1851-1938), l'un des plus grands sculpteurs modernes grecs.
– Laisser la voiture au parking à l'extérieur du village (piétonnier). Plusieurs bus quotidiens de Tinos.

## Où manger ?

La meilleure option est la place centrale avec ses cafés, ses restos, sa belle fontaine et son platane, millésimé 1859.

🍴 **Ta Myronia :** *au centre du village.* ☎ 22-83-03-12-29. *Midi et soir en saison. Repas env 14 €.* Carte variée (et variable d'un jour à l'autre) offrant des plats qu'on ne voit pas partout, comme les pigeonneaux (évidemment !) ou le *bekri mezze* (morceaux de saucisse dans une sauce au vin). Accueil sympathique et francophone.
🍴 **Café-pâtisserie To Kentrikon :** dans l'ombre dorée du jour déclinant, tous les villageois s'y retrouvent. Demandez le *galaktobouréko*.

# À voir

🏛🏛 *Le musée Yannoulis-Halépas :* depuis le parking, dans la rue aux lauriers-roses. ☎ 22-83-03-12-62. Tlj sf mar 11h-14h, 18h-20h30. Entrée : env 3 € ; billet combiné avec le musée des Artistes locaux 5 €. Le musée présente deux aspects de l'artiste : son œuvre (plâtres, esquisses de projets, bustes, etc.) et sa vie domestique, émouvante de simplicité. Ameublement rustique traditionnel, objets d'art et personnels. Tout en bas, la cuisine. Photos de ses œuvres, notamment la célèbre *Jeune Fille endormie* au grand cimetière d'Athènes.

🏛 *Le musée des Artistes de Tinos :* à côté du précédent. Mêmes horaires et billet combiné (voir ci-dessus). Expo des œuvres d'artistes de la région dans toute leur diversité.
Pyrgos abrite également une école de sculpture. Les deux premiers étudiants sont d'ailleurs admis aux Beaux-Arts d'Athènes sans concours. Les autres diplômés de l'école s'installent dans le village et dans les environs pour travailler, d'où les nombreux ateliers où les routards ayant les moyens pourront effectuer leurs emplettes.

🏛🏛🏛 *Museum of Marble Crafts* e *(musée des Métiers du marbre) : un peu à l'extérieur du village.* ☎ 22-83-03-12-90. Suivre les indications et quitter la route principale sur la droite avant l'entrée dans Pyrgos. Tlj sf mar 10h-18h (17h, 15 oct-fin fév). Entrée : 3 € ; réducs. Musée tout neuf, très bien conçu, qui présente les techniques du travail du marbre (il en existe 120 variétés en Grèce !), de la carrière à l'atelier de l'artiste. Techniques d'extraction de la matière première à travers les âges, transport, travail, réalisations, rien n'est oublié. L'importance de la pierre dans l'organisation de la vie sociale à Tinos et au-delà est également abordée. Plusieurs vidéos pour compléter. Intéressant.

🏛 *Le cimetière :* monter l'escalier derrière la fontaine ; c'est à gauche. Superbes tombes en marbre blanc sculpté (on ne pouvait guère faire moins !) et ostéothèques. Sur le parvis de l'église, anciennes pierres tombales, remontant à 1804.

## *PANORMOS* (ΠΑΝΟΡΜΟΣ)

À 35 km au nord-ouest de Tinos. Un des rares villages (avec la « capitale ») qui soit en bord de mer. De Pyrgos, on peut descendre à pied, en 45 mn, jusqu'à la plage de Panormos. On suit le lit d'une rivière asséchée. On y arrive par une belle route bordée de vieux pigeonniers. C'était un petit bout du monde jusqu'à ce qu'on goudronne le chemin menant à la petite crique qui faisait le charme de Panormos. *Attention :* seulement 4 bus par jour.

🏖 Au fait, on déconseille la plage de gauche en arrivant : elle est trop sale et venteuse. Mais si l'on a des forces à revendre, on peut suivre la piste sur 1 km, puis traverser une plage très moyenne et continuer pendant 10 mn par un sentier le long de la mer pour trouver une eau limpide et profonde. On peut aussi prendre un caïque ou marcher, vers l'est, jusqu'à la *plage de Rochari*. Quelques maisons, une douche et une belle plage, mais l'eau n'est pas toujours propre.

## Où dormir ? Où manger ?

🛏 *Rooms Faidra :* à l'entrée du village. ☎ 22-83-03-12-29. 📱 69-45-34-15-23. Pas cher, compter env 30-40 € pour une chambre avec ou sans sdb. À ce prix, du basique, on s'en doute.

🛏 Pas mal d'autres possibilités de location à un bien meilleur standing en poursuivant dans le village ou en grimpant sur la colline : compter env 40-50 € pour les chambres de *To Panorama* (☎ 22-83-03-16-96) et un peu plus pour les appartements *Panormos* (☎ 22-83-03-13-63 ; ● panormos-apartments. gr ●) qui dominent le port et offrent une vue splendide.

🏠 ▯●▯ *Taverne Markos :* ☎ 22-83-03-13-36. Bonne taverne. Le poisson y est moins cher qu'ailleurs sur l'île. Petite friture, calamars... Service assez indolent.

Loue aussi des chambres sur le port. On peut aussi manger à la *psarotaverna Paleta,* au fond du port (☎ 22-83-03-19-30). Produits locaux (*louza,* fromages, artichauts) et, bien sûr, poisson.

## À voir dans les environs

🥾 Ceux qui ont du temps peuvent aller se balader vers les villages de montagne de *Mamados* et *Marlas.* Remarquables points de vue sur les vallées (surtout en fin d'après-midi, la lumière y est superbe). Au-delà de Marlas, une piste mène au *monastère de Kyra Xéni.* Paysages d'une grande sérénité.

# MYKONOS (ΜΥΚΟΝΟΣ) 9 600 hab.

En 1937, le duc de Kent ne fut pas loin de provoquer un scandale parce qu'il avait osé se promener en short sur le port... Aujourd'hui quand l'île semble se livrer à des concours d'extravagances, l'anecdote fait sourire. Mykonos a peut-être été la plus typique des îles grecques, avec ses moulins à vent étincelants de blancheur ; elle est certainement devenue aujourd'hui, avec Santorin, l'île la plus commerciale. Bien sûr beaucoup d'homos, pour qui Mykonos est un rendez-vous estival branché : La Mecque des mecs en quelque sorte... Mais la *branchitude* de l'île attire les publics. Tout cela se paie, et l'île est devenue infréquentable pour les fauchés, en été du moins. Le prix des chambres est presque deux fois supérieur à celui pratiqué sur les îles environnantes, à qualité égale !

La saison commence vers Pâques, sensiblement plus tôt que dans la plupart des autres Cyclades, sauf Santorin : en mai, on a déjà l'impression qu'il y a plein de monde. On va à Mykonos pour voir ou se faire voir, c'est selon... Étape pas vraiment indispensable si l'on s'accroche à une idée de la Grèce d'autrefois ; en revanche, l'île vaut le détour si l'on aime s'éclater. L'île est un des hauts lieux de rendez-vous de la jet-set (gay, mais pas uniquement). C'est aussi l'endroit où, pour beaucoup de Grecs, il faut être vu. Le Tout-Athènes s'y précipite donc et, par ricochet, ceux qui veulent voir le Tout-Athènes...

On aura beau faire, on n'arrivera pas à supprimer la totalité du charme de Mykonos. On se perdra toujours aussi bien dans les merveilleuses petites ruelles bordées de petites maisons aux murs chaulés et aux volets bleu délavé et qui contiennent autant d'églises... qu'il y a de bistrots en France.

L'idéal pour visiter la ville est de profiter du petit matin, quand les fêtards dorment et que les commerçants comptent leurs sous, ou du milieu d'après-midi, alors que beaucoup préfèrent griller sur les plages. À partir de 22h, les ruelles se transforment en une sorte d'immense boîte de nuit ; difficile de circuler ou d'être au calme. Même le pélican-mascotte de l'île, Pétros (ce n'est plus le Pétros historique

### DES NOMS D'OISEAUX

*On raconte que Pétros Ier se retrouva un jour embarqué malgré lui sur un bateau qui voguait vers Tinos. Une fois arrivé sur cette île, le pélican se fit séquestrer par un habitant de Tinos, jaloux du succès de l'île d'à côté. Les Mykoniotes ne restèrent pas les bras croisés : intervention auprès des élus, démonstration de force ; mais rien n'y fit, jusqu'à l'envoi d'une délégation. Sur place, on s'expliqua vertement et le « propriétaire » du pélican fut alors reconnu par ce dernier. Les Tiniotes durent s'incliner devant l'évidence... Pétros appartenait bien à Mykonos.*

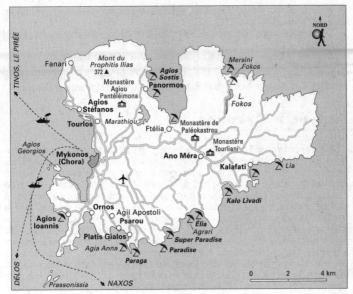

**L'ÎLE DE MYKONOS**

des années 1950, mais on continue à nommer ainsi chacun des successeurs) investirait dans les boules *Quies* s'il le pouvait !

Vous serez peut-être surpris par le nombre de chapelles dans l'île : en fait, jadis, les habitants de Mykonos pratiquaient ardemment la piraterie et, en cas de pépin en mer, faisaient le vœu d'édifier une chapelle s'ils s'en sortaient. Nombreux pirates, nombreuses tempêtes, nombreux vœux... d'où de nombreuses chapelles.

## Arriver – Quitter

### En avion

➢ *De/vers Athènes :* vol de 40 mn, avec *Olympic Air* (☎ 22-89-02-24-90) et *Aegean Airlines* (☎ 22-89-02-85-00). Plusieurs vols/j. en saison. Réserver tôt.

Les voyagistes vendent aussi des vols directs en saison, au départ de grandes villes européennes.
À l'aéroport de Mykonos (☎ 22-89-02-23-27), service de résa de chambres d'hôtel.

### En bateau

Beaucoup de bateaux arrivent et partent du port en eaux profondes de Tourlos, à 1,5 km de Mykonos. Avant de quitter l'île, faites vérifier dans une agence le port de départ pour éviter une situation embarrassante...
➢ *De/vers Le Pirée :* env 4h30 en ferry, moins de 3h30 en catamaran (via Syros et Tinos). Tlj en été (3 à 6 compagnies).
➢ *De/vers Rafina :* 2h-2h30 en catamaran (via Andros et Tinos), 3-4h en ferry. Tlj en été. Liaisons en ferry classique également.

➤ *De/vers Syros, Paros, Naxos, Ios et Santorin :* plusieurs liaisons/sem, soit en ferry, soit en bateau rapide.

➤ *De/vers Amorgos :* en principe, 3-4 fois/sem en été, avec changements à Paros ou Naxos.

➤ *De/vers la Crète (Héraklion) :* quasi tlj en saison, en catamaran.

– Liaisons estivales également entre Mykonos et certaines îles du Dodécanèse (Rhodes, Kos, Kalymnos, Léros et Patmos) ainsi qu'entre Mykonos et Samos.

## Arrivée à Mykonos

– *Conseils pratiques :* pour supporter les augmentations de fréquentation touristique, un port en eaux profondes a émergé face à Tourlos, à 1,5 km au nord de Mykonos. Si vous arrivez en ferry ou en gros catamaran, vous avez donc plus de chances de débarquer ici qu'au port de Mykonos-Chora. Une fois arrivé à l'un de ces ports, deux cas de figure. Vous avez réservé et dans ce cas, il y a pas mal de chances pour que quelqu'un de votre hôtel ou votre loueur soit au port, avec le minibus. Ils font presque tous cela, ce qui entraîne une sacrée cohue et une circulation encore plus infernale aux heures d'arrivée des bateaux. Deuxième cas, vous n'avez pas réservé et vous êtes (logiquement) assailli par les loueurs de chambres brandissant leurs pancartes ou leur book présentant leurs jolies chambres (ce qui est, soit dit en passant, illégal mais toléré). Là encore, deux options : vous passez dédaigneusement au milieu de la foule en délire (bien joué ; de Tourlos, bus pour Chora toutes les 30 mn de 11h à 23h et quelques autres bus avant et après) ou vous vous laissez tenter, et là, difficile d'échapper ensuite à un loueur qui a commencé à mettre le grappin sur vous. Si vous souhaitez chercher une chambre par vous-même, faites un arrêt à la sortie du débarcadère du « vieux » port *(hors plan par C1)* : côte à côte, vous trouverez l'*Association hôtelière de Mykonos* (☎ 22-89-02-45-40 ; ● mha.gr ●), qui ne propose que des hôtels chicos ; l'*Association des propriétaires de chambres* (ou d'appartements) à louer (☎ 22-89-02-48-60 ou 68-60), là, beaucoup plus de choix ; et pour finir le bureau d'infos sur les campings de l'île (il y en a deux, assez loin de Chora). Enfin, on peut également se rendre au *Mykonos Accommodation Center (plan B2)*, à l'étage au-dessus du Musée maritime égéen (10, ados Énoplon Dinaméon) : ☎ 22-89-02-31-60 et 34-08. ● mykonos-accommo dation.com ●

## Circuler dans l'île

Le réseau de bus est bon (☎ 22-89-02-33-60). Trois « gares routières » à Mykonos-Chora : l'une est au sud, platia Fabrika *(plan A-B3)*, pas loin de la poste. Elle dessert les plages du sud et du sud-ouest. L'autre se trouve au nord *(plan D1)*, tout près du débarcadère des ferries (vieux port), et dessert le port (Tourlos), Agios Stéfanos, les plages de l'est, du nord, ainsi que Ano Méra au centre. Enfin, les bus pour Kalafatis et Elia se prennent un peu plus haut *(plan C1)*, en plein carrefour. Les retours se font juste après l'arrivée à destination. Attention, nous donnons ci-dessous les horaires d'été, applicables de mi-juin à début sept ; hors saison, départs plus espacés. Les billets s'achètent dans les commerces et se valident dans le bus. Vous pouvez demander au chauffeur de vous arrêter à votre hôtel s'il est situé sur la route.

🚌 *De la station sud à Mykonos-Chora (Fabrika ; plan A-B3) :*

➤ *Pour Ornos et Agios Ioannis :* 8h-1h30, ttes les heures (ttes les 30 mn en soirée). Trajet : 10-15 mn.

➤ *Pour Platis Gialos et Psarou :* 7h50-2h, ttes les heures. Env 15 mn de trajet.

➤ *Pour Paraga et Paradise :* 7h30-3h, 1 bus/h (ttes les 30 mn, 10h-22h). Trajet : 15 mn.

🚌 *De la station nord à Mykonos-Chora* (plan C1) :
➤ *Pour Ano Méra et Kalafatis :* 10h-22h, env 6 trajets.
➤ *Pour Élia :* 11h-19h, env 5 trajets. Compter 30 mn.
➤ *Pour Kalo Livadi :* peu de bus, horaires assez variables.
➤ *Pour Tourlos et Agios Stéfanos :* de 8h20 à minuit, ttes les heures (ou ttes les 30 mn).

➤ *Accès aux plages en bateau :* les plages de *Paradise, Super Paradise, Platis Gialos* et *Paraga* sont desservies par de très beaux caïques multicolores. Leurs horaires sont indiqués sur chacune de ces plages.

Avec un véhicule de location : le réseau routier est médiocre et évidemment pas adapté au trafic démentiel de l'été. Faire vraiment attention, surtout en deux-roues. Les murets de pierre sont traîtres, le revêtement piégeur, et c'est sans parler de la signalisation déficiente qui fait qu'on passe son temps à chercher où l'on va...

# MYKONOS-CHORA *(4 000 hab.)*

## Adresses et infos utiles

■ *Police touristique :* à l'aéroport. ☎ 22-89-02-24-82.
– On peut retirer un *plan de la ville* à la mairie (presque au bout du vieux port ; ☎ 22-89-02-39-90).
■ *Agence consulaire de France* (plan B2, **5**) : permanence 9h-13h en sem dans l'agence Délia Travel. ☎ 22-89-02-23-22. 📱 69-44-34-13-69. ● yzouganelis@delia.gr ● Vice-consul : M. Yannis Zouganélis.
■ *Hôpital* (Kendro Hygias) : sur le périphérique, au croisement des routes pour Tourlos et Ano Méra. ☎ 22-89-02-39-94. Ouv 9h-13h, 17h-22h (en dehors de ces horaires, téléphoner). La consultation y est gratuite (avec la carte européenne de santé).
■ *Pharmacies :* elles sont au nombre de 4 en ville. ☎ 22-89-02-41-88, 22-89-02-32-50, 22-89-02-31-51 et 22-89-02-37-70. Tlj 9h-14h, 17h-22h.
■ *Consigne à bagages* (hors plan par C1) : chez Pier 1 (agence de voyages), en débarquant du bateau, face à l'ancien port. ☎ 22-89-02-40-04 et 41-11. Compter 2,50 €/bagage (max : 4h) et 4 € au-delà.
✉ *Poste* (plan B3) : dans le quartier des restos italiens, peu avant l'amphithéâtre de plein air. Lun-ven 7h30-14h.
@ *Internet :* plusieurs points Internet, évidemment. En voici 3 faciles à trouver, aux tarifs sensiblement similaires (env 4 €/h).
– *Blu Blu* (plan C1, **1**) : odos Ag. Stefanos, entre l'agence Pier 1 et le Musée archéologique. De nombreux postes.
– *Sunset Café* (plan A2, **2**) : dans la Petite Venise. À l'étage. Tlj 10h-1h. Fonctionne avec des pièces.
– *Angelo's Internet Café* (plan A3, **3**) : odos Xénias, entre les moulins et la station de bus sud. Tlj 10h-minuit.
■ *Location de motos et de scooters :* à l'entrée de la ville, en venant du débarcadère (plan C1) et surtout dans le secteur de la gare des bus sud (plan A-B3). Plusieurs agences les unes à côté des autres. Attention aux engins défectueux, mais le parc est renouvelé régulièrement. Plus cher que sur les autres îles : n'hésitez pas à les mettre en concurrence. Il peut être judicieux de louer hors de Chora (moins cher), à Ornos par exemple. À partir de 3 personnes, il n'est pas plus cher de louer une voiture - louées ici à partir de 21 ans : à vos dépens en cas de problème, car la loi grecque a fixé à 23 ans l'âge nécessaire –, et c'est moins dangereux, surtout si vous n'êtes pas familiarisé avec ces engins. Méfiez-vous également du mauvais état des routes, on le redit. On tient à nos lecteurs, demandez un casque. Prudence redoublée, donc...
■ *Taxis* (plan C2, **4**) : pl. Mado (ou place des taxis), en arrivant en ville. ☎ 22-89-02-24-00 (en journée) et 37-00 (la nuit).
■ *Billets de bateau :*
– *Délia Travel* (plan B2, **5**) : sur le port. ☎ 22-89-02-23-32.
– *Island Mykonos Travel* (plan B2, **6**) :

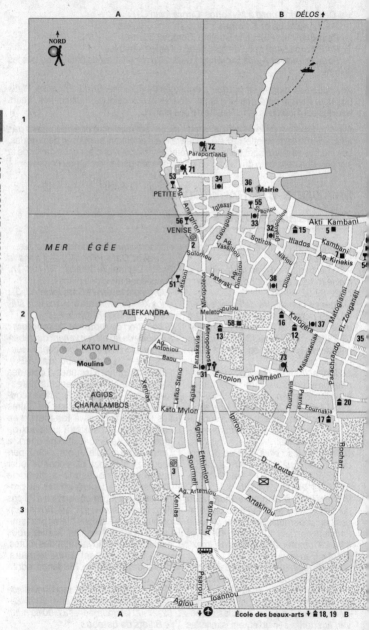

C **ℹ Port ↑**  *TOURLOS ↑ AGIOS STÉFANOS*

**■ Adresses utiles**

- 🚌 Gares routières
- @ 1 Blu Blu
- @ 2 Sunset Café
- @ 3 Angelo's Internet Café
- 4 Taxis
- 5 Délia Travel (agence consulaire de France)
- 6 Island Mykonos Travel
- 7 News Stand (presse internationale)

**🛏 Où dormir ?**

- 11 Pension Kalogeras
- 12 Philippi Hotel
- 13 Christina Studios
- 14 Lefteris Hotel
- 15 Apollon Hotel
- 16 Fresh Hotel
- 17 Matina Garden Hotel
- 18 Pelican Art Hotel
- 19 Nazos Hotel
- 20 Carbonaki Hotel

**🍴 Où manger ?**

- 31 The Donut's Factory
- 32 Piccolo
- 33 O Kounélas
- 34 Ta Kioupia
- 35 Eva's Garden
- 36 Taverna Niko's
- 37 Maério
- 38 Boulangerie Syrianos

**🍦 Où déguster une pâtisserie ou une glace ?**

- 31 The Donut's Factory

**🍸 Où sortir ? Où boire un verre ?**

- 51 Diva
- 53 Kastro Bar
- 54 Piero's et Icaros
- 55 Scandinavian Bar et Porta Bar
- 56 Montparnasse
- 57 Oniro Bar
- 58 Ciné Mado

**📷 À voir**

- 71 Église de Paraportiani
- 72 Musée d'Arts populaires
- 73 Musée maritime égéen et maison de Léna
- 74 Musée archéologique

**MYKONOS-CHORA**

au début d'odos Matogianni. ☎ 22-89-02-22-32.

■ *Presse internationale* (plan B2, *7*) : **News Stand,** dans la 1<sup>re</sup> ruelle parallèle au port, derrière les cafés, entre 2 bijouteries. Pas mal de journaux en français et librairie richement fournie.

■ *Distributeurs de billets :* en arrivant à l'entrée de Mykonos-ville (plan C1), dans la ruelle parallèle au port, entre 2 bijouteries. 2 banques avec distributeur sur le port (plan B1). Et dans odos Matogianni (plan B2), la ruelle avec tous les bijoutiers (Alpha Bank), *etc.*

## Où dormir ?

En saison les hôtels sont souvent complets et il n'est pas facile de trouver une chambre chez l'habitant. On connaît peu d'endroits au monde comme Mykonos, où les prix peuvent être parfois trois fois moins élevés le 15 septembre que le 15 août (vous nous avez compris, encore une raison de venir hors saison). On peut toujours marchander si l'on reste plusieurs jours. Pour la marche à suivre à l'arrivée, voir plus haut « Arrivée à Mykonos ».

Au centre-ville, beaucoup d'hôtels sont localisés dans odos Kalogéra (prononcer « Kaloyéra ») ou à proximité. Ils appartiennent tous à la même catégorie et sont très chers en haute saison : les catégories « Prix moyens » et « Chic » n'ont plus cours en été, surtout en août ; nous les avons donc classés par ordre de prix croissant. Et le prix ne garantit pas forcément la qualité de l'hébergement ni du service...

## Dans la ville

🏠 *Apollon Hotel* (plan B2, *15*) : sur le port. ☎ 22-89-02-22-23. Fax : 22-89-02-44-56. Doubles env 70-95 € selon confort, en pleine saison. Une adresse tenue depuis 1930 par la famille de Maria, une dame âgée qui a la pêche ! La réception, à l'étage au-dessus du resto, est aménagée avec goût et donne aux hôtes l'impression d'avoir remonté le temps. Les chambres, quant à elles, ne sont pas toutes agencées avec la même réussite. La plupart sont très simples et certaines seulement disposent d'une salle de bains privative. Si vous recherchez le calme, préférez celles donnant sur l'arrière. Les autres offrent une belle vue sur le port et son remue-ménage. Réservations éventuellement un peu aléatoires.

🏠 *Pension Kalogeras* (plan C2, *11*) : 17, odos Mavrogenous (à l'étage). ☎ 22-89-02-47-09. 📱 69-72-48-32-63. ● pensionkalogeramykonos.webs. com ● Double 40 € hors saison et... 110 € au plus fort d'août. Les 6 chambres, rénovées, ont conservé un charme rustique très grec. Clim', TV, grande salle de bains. Patron un peu rude et peu patient avec l'anglais : sa fille est plus à l'aise.

🏠 *Philippi Hotel* (plan B2, *12*) : 25, odos Kalogéra. ☎ 22-89-02-22-94. ● chriko@

otenet.gr ● Avr-oct. Doubles 75-130 €. Pas de petit déj. Réduc de 10 % sur présentation de ce guide, sf 21 juil-12 sept. Charmant petit hôtel, idéal pour les familles. Les chambres ont été rénovées récemment (frigo, TV, AC). Toutes donnent sur un jardin intérieur magnifiquement fleuri. Bon accueil de la famille Kontizas.

🏠 *Christina Studios* (plan B2, *13*) : 7, odos Meletopoulou. ☎ 22-89-02-27-31. ● christinamykonos.com ● Pour 2 pers, compter 75-110 € selon saison. Chambres simples et claires, bien tenues. AC, petit frigo, coin cuisine. Petite courette. Dans un quartier plutôt tranquille (même si le cinéma en plein air est juste à côté) et pourtant tout proche de l'animation.

🏠 *Lefteris Hotel* (plan C2, *14*) : 9, odos Apollon Apollonos. ☎ 22-89-02-31-28. ● lefterishotel.gr ● De la pl. Mado, prendre la ruelle qui monte résolument vers les hauteurs. Avr-oct. Compter 95-130 € avec le petit déj. Wifi. Réduc de 5 % sur présentation de ce guide. Un peu à l'écart de l'agitation mykoniote, une quinzaine de chambres, dans un bâtiment tout en coins et recoins. AC, TV. Cuisine commune à disposition. Terrasse sur le toit, d'où la vue sur le port est sympa.

🛏 *Fresh Hotel (plan B2, 16) :* 31, odos Kalogéra. ☎ 22-89-02-46-70. • hotel freshmykonos.com • Avr-déc. Doubles standard 60-130 € selon saison. Internet. Sur présentation de ce guide, transfert gratuit de l'aéroport. Petit hôtel très propre, entièrement rénové en 2010-2011. TV LCD dans les chambres, ainsi que l'AC et un petit frigo. Il est préférable de prendre les chambres qui donnent sur le jardin. Restaurant. Jacuzzi.

🛏 *Carbonaki Hotel (plan B2, 20) :* 23, odos Panachrandou. ☎ 22-89-02-41-24. • carbonaki.gr • Tte l'année. Chambres 66-168 € selon saison. Internet et wifi. À deux pas du centre, une vingtaine de chambres (doubles, triples, quadru-

ples), réparties dans plusieurs bâtiments, belles, tout confort (AC, TV LCD, balcon ou terrasse), spacieuses et où domine le blanc. Toute petite piscine. Bon accueil.

🛏 *Matina Garden Hotel (plan B3, 17) :* 3, odos Fournakia. ☎ 22-89-02-23-87. • hotelmatina-mykonos.com • Vers le « quartier italien », un peu avant le théâtre en plein air. De début mars à fin-nov. Doubles standard 60-160 € selon saison. Internet. Petit hôtel de charme avec un agréable jardin. Chambres dotées du confort attendu (TV sat', AC, frigo). Le patron parle assez bien le français et le quartier est plus tranquille que l'odos Kalogéra.

## Sur les hauteurs de la ville

Conviendra à celles et ceux souhaitant une franche rupture avec le centre-ville (mais ce n'est guère moins cher !). Bien entendu, superbe vue sur le port et la baie. Les deux adresses ci-dessous sont dans la même rue *(hors plan par C3),* très très pentue, qui prend sur la rue Agiou Ioannou (l'ancien périphérique) et mène au nouveau périphérique, plus haut.

🛏 *Pelican Art Hotel (hors plan par B3, 18) :* dans la rue des Beaux-Arts (Fine Arts). ☎ 22-89-02-34-54. En hiver : ☎ 22-89-02-36-26. • pelican-mykonos. com • De mai à mi-oct. Doubles 55-140 € selon saison, petit déj-buffet compris. Internet et wifi. Fort bel ensemble hôtelier dominant la baie. Propose 27 chambres impeccables avec AC, petit frigo, balcon et très belle vue. Espaces communs très agréables. On vous reconduit au port ou à l'aéroport le jour de votre départ. Les mêmes propriétaires possèdent également le Péli-

can Bay Art Hotel, à Platis Gialos.

🛏 *Nazos Hotel (hors plan par B3, 19) :* à 100 m en dessous du Pelican Art Hotel. ☎ 22-89-02-26-26. • hotelnazos. com • Avr-oct. Doubles 60-140 € selon catégorie et saison, sans le petit déj. Les chambres avec vue sur la mer et les villages sont plus chères, mais elles sont grandes et agréables. Attention, les chambres ne sont pas toutes de qualité égale, certaines petites, moyennement entretenues et avec des salles de bains vétustes malgré le prix !

## Où manger ?

On indique peu de restos. Ils ne manquent pas, bien sûr, mais sont pour la plupart très chers (facilement 40-50 € par personne). Les fauchés peuvent toujours se rassasier de *souvlakia,* que l'on trouve partout.

### Bon marché

🍴 Près de la Petite Venise, à l'intersection de Mitropoléos, Ipirou et Énoplon Dinaméon (point de repère : *The Donut's Factory, plan A-B2, 31).* Ici, vous pouvez choisir parmi une demi-douzaine de *snacks* et *faiseurs de*

*souvlakia,* en broche et en pita. Très populaire parmi les jeunes, si l'on en juge par leur concentration sur 50 m ! Quartier particulièrement animé... Pour les *souvlakia* et *gyros,* également, sur Énoplon Dinaméon, on peut aller chez

*Spilia*. Sandwichs à composer soi-même (ou déjà préparés) chez *Piccolo* (plan B2, *32*), 18, odos Drakopoulou ruelle qui se prend juste à l'opposé du marché aux poissons. On peut aussi aller s'approvisionner dans un *magasin d'alimentation bio,* odos Kalogéra, presque en face de l'hôtel *Philippi (plan C2)*. On peut également opter pour la formule boulangerie :

|●| *Boulangerie Syrianos (plan B2, 38)* : odos Gerasimou, petite ruelle dans le prolongement de Kalogéra. ☎ 22-89-02-73-25. « Grotte » à l'ancienne, odeur de fourneaux et toutes sortes de biscuits. Et en revenant vers Kalogéra, devant l'entrée de l'hôtel *Terra Maria*, une autre petite boulangerie vend de nombreux pains traditionnels.

## Prix moyens

|●| **O Kounélas** *(plan B1-2, 33)* : dans la ruelle qui part du port et qui commence entre 2 bijouteries. ☎ 22-89-02-82-20. Env 15-20 €. Cour très agréable. Du style gargote familiale, avec une déco intérieure fouillée. Les vieux pêcheurs viennent encore y manger du poisson, ce qui est bon signe. En saison, on fait la queue dans la ruelle en attente d'une table. Attention, si vous n'y prenez garde, l'addition est parfois un peu salée, poisson oblige.

|●| **Taverna Niko's** *(plan B1, 36)* : odos Mavrou, derrière la mairie, sous la pl. Mounis. ☎ 22-89-02-43-20. Repas env 15 €. Cuisine grecque classique et copieuse, subtilités réussies *(patatès yemistès)*. Resto très fréquenté, et beaucoup d'espace en conséquence. À l'occasion, irruption d'un des fameux pélicans de Mykonos au milieu des tables (leur squat, le port, est tout près).

|●| **Ta Kioupia** *(plan B1, 34)* : pl. Agias Monis Kastro. ☎ 22-89-02-28-66. Compter facilement 15-20 €. Sur une grande place (en pente), pas loin de la Paraportiani. Cuisine traditionnelle honnête, avec pas mal de choix, mais qui n'atteint tout de même pas des sommets.

## De prix moyens à plus chic

|●| **Eva's Garden** *(plan B2, 35)* : odos Kalogéra (autre entrée pl. Goumenio). ☎ 22-89-02-21-60. Repas env 35-40 €. Une foultitude de plats, principalement de viande, grecs, français, ou d'horizons divers, préparés avec soin et un poil de sophistication. Jolie et fraîche petite cour à l'ombre d'une pergola. Service volubile, malin et parfois polyglotte. Gastronomie sans frime, donc.

|●| **Maério** *(plan B2, 37)* : 16, odos Kalo-géra. ☎ 22-89-02-88-25. Compter 25-30 €. Tte l'année, le soir. Toute petite salle, terrasse tout aussi microscopique. À mi-chemin entre la table familiale (maman aux fourneaux) et une cuisine s'ouvrant sur des horizons plus vastes. Carte plutôt courte, elle aussi, qui varie assez souvent : on a bien aimé les *keftédes*, très parfumées, et le *spetsofaï* (avec saucisse mykoniote très relevée).

## Où manger dans les proches environs ?

|●| **Niko's Place (chez Ioanna)** : plage de Mégali Ammos, au sud de Chora, à 15 mn à pied. ☎ 22-89-02-42-51. Résa impérative en saison. Compter env 20 €. Une adresse qui a su rester simple pour Mykonos. Terrasse posée sur le sable. Cuisine traditionnelle, pas sans surprise mais très honnête. Cuisson au feu de bois.

## Où déguster une pâtisserie ou une glace ?

|●| ♟ ♗ **The Donut's Factory** *(plan A-B2, 31)* : à l'intersection des rues Mitropoléos, Ipirou et Énoplon Dinaméon. Ouv 24h/24. Snacks, salades,

sandwichs, gâteaux, glaces, *rizogalo*, etc. Surtout fameux pour ses jus et cocktails de fruits frais pressés devant vous. 2 ou 3 tables sur une minuscule terrasse.

¶ Plusieurs glaciers à l'autre bout d'Énoplon Dinaméon *(plan B2)* : *Häagen-Dasz, Mövenpick,* tout le gratin est là. Et *Kayak,* une autre excellente enseigne, tout aussi chère sinon plus encore.

## Où sortir ? Où boire un verre ?

Les terrasses des cafés du port sont complètes le soir. Il y règne l'ambiance de Saint-Tropez à la mi-août. De beaux messieurs, de belles mesdames, et comme une odeur de fric. La moindre conso tourne autour des 6-7 €. Des coins sympathiques quand même, mais pas (à notre connaissance) de véritable alternative à la tendance touristico-consumériste.

¶ *Diva (plan A2, 51)* : odos L. Katsoni, qui rejoint le resto La Cathédrale, *dans la Petite Venise.* Café très agréable et très cher. Terrasse et bar à l'intérieur. Tenu par Evangelina, une vraie Mykoniote. Beau coucher de soleil en prime. Avec vue sur les moulins.

¶ *Kastro Bar (plan A1, 53)* : à deux pas de l'église Paraportiani. ☎ 22-89-02-30-72. Le plus connu. Clientèle gay de trentenaires épanouis et habitués. Musique classique et le plus séduisant coucher de soleil du village. Meilleure heure : autour de 19h. Goûtez le champagne à la framboise et le spécial *Kastro café.*

¶ *Pierro's (plan B2, 54)* : tout au début de Matogianni. ● pierrosbar.gr ● À deux pas de la place des taxis. L'adresse qui, la première, en 1968, a lancé Mykonos comme haut lieu gay. Vers minuit-1h, ambiance indescriptible. Presque l'émeute. La petite place qui lui fait face est bien pleine. Clientèle gay, *straight* ainsi que quelques *drag-queens* égarés. Le voisin de l'étage, l'*Icaros,* est un autre bar sympa (☎ 22-89-02-27-18).

¶ Plus branchés et aussi un peu plus jeunes : le *Skandinavian Bar (plan B1, 55)* et le *Porta Bar* (☎ 22-89-02-70-87), situés un peu en retrait du port en allant vers l'église Paraportiani, accueillent une clientèle mixte. Au *Porta,* excellent accueil de Jérôme.

¶ *Montparnasse (plan A2, 56)* : 24, odos Agion Anargiron. ☎ 22-89-02-37-19. ● thepianobar.com ● Dans la ruelle qui part de l'église Paraportiani jusqu'à la Petite Venise. Clientèle mixte. Cadre plaisant. Surtout la salle juste au-dessus de l'eau. Plus calme que *Pierro's.* On n'y va pas vraiment pour s'enivrer de bruit, de fureur et de sueur...

¶ *Oniro Bar (plan C1, 57)* : dans la rue qui monte derrière le Musée archéologique, un peu à l'écart de la ville. ☎ 22-89-02-66-26. Bar-terrasse accroché à la colline et livrant la plus belle vue sur Mykonos-ville. Cadre élégant et recherché, fauteuils et canapés de pachas, musique douce et d'excellents cocktails. Adapté pour se reposer des trépidations de la ville.

■ *Ciné Mado (plan B2, 58)* : ... de plein air, bien sûr. L'été, projections vers 21h et 23h. Entrée : 8 €. Sans surprise, programmation riche en films (en v.o., quand même).

– Et pour soulager les vessies souffrantes sans avoir à reconsommer dans un bar, des *toilettes publiques* se trouvent à côté du cinéma.

## À voir

Eh oui ! la culture est bien présente à Mykonos. Outre la découverte des églises et chapelles, vous aurez droit à trois intéressants petits musées.

¶¶ *L'église de Paraportiani (plan A1, 71)* : au fond du port, après l'embarcadère pour Délos. La plus ancienne église de Mykonos (XVIᵉ s). Son nom indique qu'elle se trouvait devant une entrée secondaire du *kastro.* Ici, c'est l'architecture extérieure qui est intéressante. L'édifice est composé de pas moins de cinq églises sur

*MYKONOS ET DÉLOS (CYCLADES NORD ET NORD-EST)*

deux niveaux (à chaque campanile, son église). Festival de courbes presque voluptueuses dont la douceur est encore renforcée par le badigeon de chaux qui, année après année, arrondit les angles. À voir à différents moments de la journée, pour la surprendre dans tous ses habillages de lumière !

**⭑⭑ Le musée des Arts populaires** (Mykonos Folk Art Museum ; plan A-B1, **72**) : à deux pas de la Paraportiani, dans le long bâtiment parallèle à la mer. ☎ 22-89-02-25-91. Avr-oct, tlj 17h30 (18h30 dim)-20h30. Entrée : 2 €.
Ancienne demeure de capitaine, construite sur la base des anciens remparts. Intéressante présentation ethnographique : belles collections d'assiettes, meubles anciens, estampes, gravures, objets d'art, vêtements traditionnels. Noter le bel encadrement de porte sculpté (1701) entre les deux premières salles. Vieux poids (disques), balances antiques, broderies, ex-voto (demander à les voir, ils sont dans une armoire). Chambre à coucher et cuisine traditionnelle, avec tous les objets domestiques.
– Au sous-sol, Mykonos et la mer : maquettes, vieux canons, photos jaunies, cartes, marines, nombreux souvenirs. Tranche d'un navire qui participa à la guerre d'indépendance (1821).

**⭑ Le quartier d'Alefkandra** (plan A-B2) : le quartier qui se trouve entre la Petite Venise et les moulins pour cartes postales. Point de repère : la cathédrale (Mitropolis). Pas moins de 10 églises sur 100 m. Sur odos Mitropoléos, à l'entrée de la rue, trois petites, côte à côte. Celle dont le linteau porte l'indication « 1616 » est souvent ouverte. Iconostase en bois brut richement sculpté. Devant la Mitropolis, on trouve la seule église catholique de Mykonos : la Panagia Rodariou.

**⭑⭑ Le Musée maritime égéen** (plan B2, **73**) : odos Énoplon Dinaméon. ☎ 22-89-02-27-00. 1er avr-1er nov (sf fêtes), 10h30-13h, 18h30-21h. Entrée : 4 € ; réducs. Intéressante collection de maquettes. Certaines ont été réalisées à partir des fresques d'Akrotiri (1500 av. J.-C.), à Santorin. Le musée retrace toute l'histoire de la navigation en mer Égée, depuis les dingys assyriens, en passant les holkadès, navires de guerre du IVe s av. J.-C. Impressionnante trirème grecque (170 rameurs sur trois niveaux). Amphores, instruments de bord et de navigation, galerie des portraits des héros de l'indépendance. Petite bibliothèque avec cartes et gravures. Dans le jardin, dernier étage d'un phare qui fonctionnait encore il y a peu au nord de l'île.

**⭑ La maison de Léna** (Lena's House ; plan B2, **73**) : à côté du Musée maritime. ☎ 22-89-02-25-91. 1er avr-31 oct, lun-sam 18h30-21h, dim 19h-21h. Entrée : 2 €. Demeure d'un riche commerçant du XIXe s, dont la fille, Léna, (1886-1973) fit don à la ville. C'est l'occasion rêvée d'admirer l'élégance d'une typique maison bourgeoise d'époque. Bel ameublement, souvenirs et objets personnels. On y parle le français. Atmosphère chaleureuse.

**⭑ Le Musée archéologique** (plan C1, **74**) : odos Agiou Stéfanou. ☎ 22-89-02-23-25. Tlj sf lun 8h30-15h. Entrée : 2 € ; réducs. Il abrite essentiellement des collections de poteries découvertes dans toutes les Cyclades : vases, amphores, cratères en terre cuite de qualité exceptionnelle avec « figures noires » (mais aussi des « rouges »), stèles et urnes funéraires de Rhinia (Ier s av. J.-C.). Poteries de styles géométrique et cycladique. Tout au fond : bijoux, statuettes en terre cuite, outils de paysans (serpes), bijoux en or, beaux verres.

## LE NORD-OUEST DE L'ÎLE

## TOURLOS (ΤΟΥΡΛΟΣ)

À 1,5 km au nord de Mykonos-ville (sur la gauche quand on sort du débarcadère. C'est là qu'on a aménagé le seul port en eaux profondes de l'île et, en saison, on y voit fréquemment débarquer des paquebots de croisière des flots de touristes qui partent en chœur faire la visite de Mykonos. Spectacle garanti donc, mais devient assez vite rengaine.

## Où dormir ? Où manger ?

### De prix moyens (sauf en août !) à plus chic

🛏 *Pension Kavaki :* *près de la pension Tourlos.* ☎ 22-89-02-25-79. 📱 69-73-02-60-25. ● mariettaapostolou@hotmail.com ● *Mai-oct. Selon saison, compter 60-95 € pour 2 pers (tarifs en principe négociables, le patron est sympa). CB refusées. Wifi.* Certaines chambres ont vue sur la mer, d'autres ont une salle de bains. Belle chambre pour 3 avec arcades. Également à louer à des prix très abordables, des studios ou des appartements situés à Pétinaros, à 1 km de Mykonos-ville : *Vasso's & Michael's Villa,* ☎ 22-89-02-51-04.

🛏 *Pension Alexandra :* *juste derrière* Kavaki *en empruntant la même entrée.* ☎ 22-89-02-34-71. 📱 69-76-49-48-33. ● pensionalexandra.com ● *Avr-oct. Env 40-90 € selon saison. CB refusées. Internet et wifi.* Accueillant. La plupart des chambres ont une salle de bains et un frigo. Propre. La patronne et son fils, Michalis, parlent l'anglais. Une seconde pension dans le quartier de Làgàdà, à 1 km du centre-ville (Alexandra III) : *apparts pour 2 à 5 pers.* ☎ 22-89-02-29-33. *Compter 30 à 80 € selon saison (ce qui correspond à un tarif réduit sur présentation de ce guide).* Tenue par Alexandra, la fille, qui parle français.

### Chic

🛏 🍴 *Makis Place :* *au fond de la baie qui accueille le nouveau port, en face de l'arrêt de bus.* ☎ 22-89-02-51-18/81. ● makisplace.com ● *D'avr à mi-oct. Doubles 60-130 €. Remise de 10-30 % sur présentation de ce guide sf 22 juil-21 août.* Charmant complexe d'une trentaine de chambres s'étageant sur la colline et bien en retrait de la route. Patron très sympa parlant le français, l'anglais, l'italien, et qui a le sens de l'accueil. Chambres confortables, certaines avec terrasse. Possibilité de s'y restaurer. Bonne cuisine et excellent café grec ! Superbe piscine. Une navette vous conduit à Mykonos.

## AGIOS STÉFANOS *(ΑΓΙΟΣ ΣΤΕΦΑΝΟΣ ; STÉFANOS BEACH)*

⌗ Petite plage agréable, un peu plus loin que Tourlos, et quelques hébergements bon marché. Bondée en été. Quand le *meltémi* souffle, la plage est très exposée au vent... cela dit, elles le sont toutes, quand ça souffle, ça souffle !

➤ Prenez le bus : vous ne pouvez pas vous tromper, c'est le dernier arrêt.

## Où dormir ? Où manger ?

Les adresses qui suivent sont situées dans le même quartier : avant d'arriver à Agios Stéfanos, prendre impérativement la route qui monte sur la droite ou monter depuis la plage par l'escalier blanc qui part derrière l'hotel *Artemis*. Les proprios des trois premières adresses appartiennent à la même famille et proposent une piscine en commun (dans le snack-bar *Flaskos*).

### Prix moyens

🛏 *Chez Flaskos :* ☎ 22-89-02-30-27. ● flaskostudios.gr ● *Ouv mars-nov. Doubles 60-70 € en hte saison.* Très bon marché pour l'endroit, très propre, dou-che commune, balcon donnant sur la mer. Quelques chambres avec AC. La dame fait la chambre tous les jours. Elle est charmante et vous offre le café dans de jolies tasses servies sur un plateau d'argent.

🛏 *Chez Maria Kouka :* ☎ et fax : 22-89-02-30-34. ● nkoukas@hol.gr ● *Juste derrière la caserne (pardon, l'hôtel) Alkistis, c'est la maison au niveau du saule pleureur. Doubles 35-70 € selon saison ; réduc pour un séjour de plusieurs jours.* Chambres propres, avec salle de bains et petit frigo, certaines avec un grand balcon. À 5 mn de la plage. Accueil très gentil de Maria.

🛏 *Fraskoula :* à *300 m de la mer, audessus de Fraskos.* ☎ 22-89-02-76-01. 📱 69-44-33-76-74. ● *fraskoulasrooms.gr* ● *En principe, la patronne est au débarcadère. Doubles 40-60 € selon saison ; tarifs dégressifs pour plusieurs nuits. Wifi.* Chambres avec frigo. Entretien moyen. Minibus qui fait la navette. Également des chambres à Chora, au même tarif.

🛏 ❙●❙ *Artemis Hotel :* ☎ 22-89-02-23-45. ● *artemishotel.net* ● *Juste en face de l'arrêt de bus. Fin avr-fin oct. Selon saison, doubles 57-105 €, petit déj compris. Internet et wifi. Réduc de 10 % à partir de 5 j.* L'hôtel de plage classique de style cycladique. Pas de faute de goût. La plage est de l'autre côté de la route. Chambres confortables avec AC, douche, w-c et TV satellite. Il est préférable de prendre celles avec terrasse privée et vue sur mer. Possibilité de s'y restaurer.

## PANORMOS (ΠΑΝΟΡΜΟΣ) – AGIOS SOSTIS (ΑΓΙΟΣ ΣΩΣΤΗΣ)

⌔ Deux plages situées dans la partie nord de l'île. Non desservies par le bus. Pour y aller, la route, assez étroite mais en excellent état et finissant en piste, passe le long du lac de Marathi (la réserve d'eau de toute l'île). À *Panormos,* à 8 km de Mykonos-ville, immense plage propre, avec parasols et transats devant le *beach bar,* et où l'on peut encore trouver des coins sans personne ou presque en s'éloignant. Plus loin (1,5 km), *Agios Sostis,* avec assez peu de constructions. Un resto bien caché, et pourtant culte, dans une courette : *Chez Vassilis (repas env 15-20 €)* ouvert le midi et souvent plein. La grande plage est en contrebas, magnifique, propre et pas remplie... oui, oui, oui ! Ni transats ni parasols, du moins pour l'instant. Sur la route pour rejoindre *Ano Méra,* prendre à gauche en contrebas vers la plage de *Ftélia.* Là aussi, immense et belle plage plutôt peu fréquentée, sans parasols ni transats. Moins propre que les deux précédentes.

## ANO MÉRA (ΑΝΩ ΜΕΡΑ)

C'est un petit village à 8 km de Mykonos. Peu touristique comparé au reste de l'île, mais intéressant de s'y arrêter pour visiter le monastère.

## Où manger ?

Il n'y a que l'embarras du choix : six ou sept tavernes sur la place centrale. Celle nommée *To Stéki tou Proédrou* est tout à fait correcte *(repas env 15 €).*

## À voir

🍴🍴 *Le monastère :* tlj 10h-13h (11h-13h dim), 14h-19h. Pourvu d'une cour intérieure fraîche, il est très richement décoré. Jolis ouvrages d'art. Un beau clocher recouvert de marbre ciselé. À l'intérieur, coupole peinte *(Christ Pantocrator).* Iconostase particulièrement ouvragée. Noter, dans la *Dormition de la Vierge,* le Turc qui se fait trancher les mains et dans la *Crucifixion,* le mauvais larron crucifié à l'envers. Bon, on est à Mykonos, certes, mais ça n'empêche pas de se vêtir correctement pour pénétrer dans le monastère (le pope y veille).

🕺 Un kilomètre plus au nord, le robuste **monastère de Paléokastrou** (ouv 9h-14h, 16h-19h), et le château vénitien de **Gizis.** Joli panorama sur à peu près toute l'île.

🔼 Et puis, pour les « pas satisfaits par les techno-plages », Ano Méra est le point de départ de plusieurs routes, qui se terminent en pistes, vers la côte du nord-est. Ainsi, à 5 km, dont 2,5 de bonne piste, la belle plage de **Fokos,** dotée d'un resto (ouv 13h-19h en saison) et sa voisine **Mersini,** tout au nord ou la petite crique de **Merchia,** qu'on atteint en allant vers la chapelle Agios Nikolaos.

## LES PLAGES DU SUD DE L'ÎLE

### KALAFATI BEACH (ΚΑΛΑΦΑΤΗΣ)

🔼 Accès par Ano Méra. Une fois en bas, la route qui mène au cap Kalafati se divise et conduit à deux plages. Sur la gauche, c'est *Aphroditi Beach,* grande plage où l'on trouve un *Windsurfing Center.* Abritée de la route par une épaisse végétation. Bondée en plein été et envahie de chaises longues. À droite, dans une petite anse, plage semi-privée au-dessous de l'*Anastassia Village.* Et au milieu, une sorte de presqu'île avec un hameau de pêcheurs, *Divounia.*

🍴 **La Bandanna :** resto-pizzeria situé au carrefour. ☎ 22-89-07-18-00. Le soir mai-sept, voire oct. Prix raisonnables pour l'île : prévoir 15-20 €/pers. Resto 100 % italien, dans un coin où, justement, il y a beaucoup d'Italiens... Ambiance assurée et excellent rapport qualité-prix.
🍴 **Taverne Markos :** au petit port de Divounia, face à Aphroditi. ☎ 22-89-07- 17-71. Assez cher puisque c'est une taverne de poisson et qu'on est à Mykonos, mais pas encore trop touristique. Poisson et langoustes arrivent directement de l'eau dans l'assiette. Spécialités de *kakavia* (sorte de soupe de poisson, avec de beaux morceaux de poisson, à environ 65 € le kilo) et d'*astakomakarounada* (pâtes au homard, pour 85-90 € le kilo).

### KALO LIVADI (ΚΑΛΟ ΛΙΒΑΔΙ ; LIVADI BEACH)

🔼 Comme la précédente, on y accède depuis Ano Méra. Paysage un peu austère, une chapelle, quelques chambres à louer, deux tavernes, une plage de sable et quelques maisons en construction. Le hic : des chaises et parasols sur *toute* l'étendue de l'anse ! La rumeur : sous les transats, y'a la plage. Chic ! À l'ouest de la plage, un coin plus tranquille libre de transats et parasols, enfin, pour l'instant.

➤ Prenez le bus pour *Kalafati Beach* (6 bus/j.) et descendez à l'intersection qui conduit à Livadi Beach. Puis descendre un bon kilomètre à pied ou en stop. De Livadi Beach, possibilité de continuer vers Kalafati sans remonter à Ano Méra.

### ÉLIA BEACH (ΕΛΙΑ)

🔼 Accessible également depuis Ano Méra. Suivre la direction de *Watermania* et descendre jusqu'à la mer. Parasols tout le long ! Plage mixte à haute densité gay. Deux *beach bars* dimensionnés restos. En longeant la côte vers la droite en regardant la mer (300 m), on tombe sur la bien plus charmante **Agrari Beach,** transats également, mais dans des proportions bien plus acceptables. Tout au bout, c'est le coin des naturistes et entre les deux plages un haut lieu de la drague homo.

## SUPER PARADISE

⚲ Assez loin de Paradise Beach par la route. Descente impressionnante. On peut s'y rendre via Platis Gialos Beach : de petits bateaux font la navette en saison (avec arrêt à Paradise). Sanctuaire homo, mais également beaucoup d'hétéros qui viennent goûter l'ambiance mythique du lieu. La plage est organisée : entrée, *beach bar*, parasols, parasols, chaises ainsi qu'une partie résolument naturiste. Atmosphère d'hôtel-club avec les *beach shops*. Vers 17h-18h, la migration des bronzés vers le bar laisse (enfin !) de la place sur la plage. Fonds marins pas inintéressants, bien que (puisque ?) personne ne s'y intéresse. Côté ouest de la plage, pas de transats et légèrement plus au calme.

|●| ♟ Sur la plage, un *self*, pour manger vite, et vite retourner bronzer. À l'autre extrémité de la baie, un *bar* avec piscine surplombant la mer. Sympa !

## PARADISE BEACH (ΠΑΡΑΝΤΑΙΣ)

À 4,5 km de Mykonos-ville. *Paradise* est agréable, mais hyper peuplée (en gens, pas trop en bâtiments). Animation tous les soirs.

⚲ La plage en elle-même mérite le détour, juste pour voir ou pour faire la fête ! Beaucoup de jeunes (homos et hétéros mélangés) et une animation techno assurée par les deux *beach bars*. Ne pas y aller avec l'espoir de poser sa serviette pour écouter les mouettes, car c'est impossible ! Il faut y venir pour profiter de l'ambiance qui monte en puissance en fin d'après-midi lorsque tout ce petit monde danse joyeusement autour des piscines. L'autre intérêt de ce genre de plage, c'est que manifestement on préfère y bronzer que s'y baigner : you-hou, la mer est à vous ! Également un complexe où il est possible de faire du ski nautique et de louer des scooters de mer. Petit coin plus au calme côté est, si on tient vraiment à venir ici.

## Adresses utiles

■ *Location de scooters :* à l'entrée du camping. Quads également. Les assurances ne sont pas comprises.
■ *Plongée :* de mai à octobre, un club de plongée sur place, le **Mykonos Dive Center** (☎ 22-89-02-65-39 ; ● dive. gr), CMAS et PADI (tous niveaux). Contacter Kostas Sgourakis. Plongées nocturnes sur la droite de l'anse, par ailleurs tout à fait explorable avec masque et tuba.

## Où dormir ? Où manger ?

⚐ |●| **Camping Paradise :** sur la plage. ☎ 22-89-02-28-52. ● paradise-greece. com ● Une camionnette vous attend à la descente du bateau ou de l'aéroport, et vous reconduit pour votre départ. Avr-oct. Compter, selon saison, 13,50-25 € pour 2 pers avec tente. Sur présentation du dépliant de la chaîne Harmo-nie, dont le camping fait partie, réduc de 10 % en été et de 20 % hors saison sur les prix du camping. Un vrai village. 10 m² par personne ! Impressionnant par l'étendue des services qu'il propose. Selfs, restos, bars, coffres-forts. Bruyant néanmoins, puisque la fête est de rigueur... Pour plus de calme, s'installer dans la partie la plus récente, sur les hauteurs. Palissades de bambou pour se protéger de la chaleur. Les plus fortunés peuvent louer des chambres (40-120 €) ou des *beach cabins*, très chauds, bien chers (34-86 €) pour ce que c'est. Des chambres pour groupes ainsi que des tentes à louer. Tarifs inté-

ressants hors saison. Le resto n'est pas donné et pas exceptionnel, mais assez agréable, surtout pour le petit déj. Les DJs et leur préférence monomusicale déteignent sur l'ambiance, plus très baba cool. Vraiment un lieu pour routard fatigué acceptant sans révolte de faire la queue au self !

## PARAGA BEACH (ΠΑΡΑΓΚΑ)

⌖ Entre celles de Paradise et de Platis Gialos. Elle est sympa, car un peu plus calme, mais ne pas s'attendre à une plage déserte en été ! Plage de sable abritée. Rochers et fonds super. En longeant les barbelés du camping, on peut trouver dans les rochers des accès à l'eau et loucher dans son masque sur le joli paysage sous-marin : juste derrière la pointe, le spot de plongée de Paradise (gare aux courants).
De l'autre côté de l'anse, une presqu'île cache de jolies petites criques sauvages... et quelques personnes ne cachant pas, elles, leurs sauvages parties. Derrière, la plage d'*Agia Anna,* petite crique vraiment charmante et quasi déserte, car plus difficile d'accès. Plus loin, Platis Gialos. Tout à fait faisable à pied.

## Où dormir ? Où manger ?

⚖ **Mykonos Camping :** au-dessus de la plage. ☎ 22-89-02-45-78. ● mycamp. gr ● Mai-fin sept. Selon saison, compter 13-25 € pour 2 pers avec tente. Internet. Différent du *Paradise*. Atmosphère moins rugissante, plus familiale. Une centaine d'emplacements. Quelques bungalows à louer et des studios climatisés ainsi que des lits en dortoir. Location de tentes également. Camping propret, pas mal de travaux ont été réalisés pour le rendre plus agréable. Minimarket, téléphone international et fax, buanderie, petits coffres, etc. La pis-

cine n'est pas mal, mais n'appartient pas au camping et il faut consommer au bar pour en profiter ; du reste, la mer est gratuite.
▤ |●| **Nikolas :** à Agia Anna, à 200 m de Paraga, vers Platis Gialos. ☎ 22-89-02-35-66. Repas env 15 €. 4 tables sur la plage et une petite terrasse. Patron sympa. Rien de très original (sauf que la taverne ressemble à une taverne traditionnelle, ce qui est normal en Grèce, mais cela devient rare à Mykonos !). Loue également des chambres, presque les pieds dans l'eau.

## PLATIS GIALOS BEACH (ΠΛΑΤΥΣ ΓΙΑΛΟΣ)

⌖ Bien desservie par les bus. C'est une petite plage totalement privatisée (comprendre que les transats occupent tout l'espace), bordée d'hôtels et de tavernes plutôt chic. Évidemment bondée en saison.

## Où dormir ?

Une vingtaine d'hôtels à Platis Gialos. Allez plutôt dans ceux qui se trouvent sur la route peu après l'embranchement vers Psarou Beach.

▤ **Studios Mina :** au bord de la route, sur la gauche avant d'arriver à Platis Gialos. ☎ 22-89-02-56-25. ● mina-studios.

com ● Tte l'année. Compter 50-120 € pour 2 pers. En théorie, transfert gratuit au port et réduc à partir de 3 nuits. Studios pour 2, 3 et 4 personnes et appartements pour 4 ou 5 personnes, avec 2 chambres. Cuisine, salle de bains, TV et AC. Très propre. Bon accueil d'Assimina Mantzavidou.

■ **Kamari Hotel :** au bord de la route, sur la gauche dans un vallon. ☎ 22-89- 02-34-24. ● kamari-hotel.gr ● Avr-oct. Chambres standard 75-170 €, petit déj inclus ; chambres supérieures 90-205 € selon saison. L'architecture est plaisante, les chambres agréables et lumineuses. Neuf et impeccable. Superbe piscine.

## Où dormir dans les environs ?

■ **Stavroulas Studios :** Agii Apostoli, un peu avant d'arriver à Platis Gialos quand on vient de Chora. ☎ 22-89-02- 38-01. ● stavroulastudios.gr ● Avr-oct. Compter 40-120 € selon saison pour 2. Wifi. Petit ensemble de chambres et studios, avec AC, TV et frigo (coin cuisine dans les studios). Terrasse indépendante. Tranquille. Stavroula et Irini, sa fille, sont très serviables. Accès facile aux plages (arrêt de bus à proximité). Également 2 studios à proximité de la station des bus de Fabrika à Chora.

## PSAROU BEACH (ΨΑΡΟΥ)

⌒ Plage restée (un peu) plus familiale que sa voisine, Platis Gialos. Le parking (obligatoire) est tenu par de drôles de zigs qui vous confisquent vos clés pour jouer à moduler les places...

– Adossé au Psarou Beach Hotel, un club de plongée (Mykonos Diving Center, ☎ 22-89-02-48-08. ● dive.gr ●). Dirigé par le même Kostas Sgourakis qu'à Paradise. CMAS et PADI.

■ **Soula Rooms :** accès par une ruelle à droite, quand on vient du parking (c'est fléché). ☎ 22-89-02-51-34. ● soularooms.gr ● Avr-fin oct. Doubles 60-130 €. CB refusées. Dans un jardin méditerranéen, un ensemble de bâtiments éclatants de blancheur. Un large choix de chambres avec AC, frigo et TV. Elles donnent sur la plage. Quelques appartements également. Plutôt calme.

## ORNOS BEACH (ΟΡΝΟΣ)

⌒ Une plage protégée du vent propre, mais envahie l'après-midi. Il est très agréable d'y aller en fin de journée, pour la jolie vue et ça devient calme.

## AGIOS IOANNIS BEACH (ΑΓΙΟΣ ΙΩΑΝΝΗΣ)

⌒ Au sud-ouest de l'île, c'est une petite baie abritée et sympa, avec vue sur Délos. Désormais très construite et sans charme, mais moins fréquentée que les autres plages.

# DÉLOS (ΔΗΛΟΣ)

Délos est l'une des plus petites îles des Cyclades (à peine moins de 7 km²), mais, pour les anciens, elle était comme le centre de l'archipel, autour duquel les autres îles gravitaient. Il faut dire que Délos était considérée comme le lieu de naissance d'Apollon (dieu solaire) et de sa sœur Artémis. Le lieu sacré fut érigé en sanctuaire et la cité prospéra avec l'arrivée des Ioniens, qui y inaugurèrent des festivités panhelléniques tous les 4 ans, dès l'avènement du

Ier millénaire av. J.-C. Thésée lui-même aurait été à l'origine de ces réjouissances, ce qui arrangeait bien les Athéniens qui voulaient s'approprier Délos. Anecdote moins drôle, le caractère sacré de l'île interdisait toute naissance et tout décès sur son sol. Du moins c'est ce qu'on décida à l'époque classique, sur la foi d'un oracle. Les mourants et les femmes enceintes proches de leur terme étaient conduits dare-dare sur l'île voisine de Rhénée (Rhinia), pour y

> ### LES POSSIBILITÉS D'UNE ÎLE
>
> *Délos, petite île invisible et errante, fut le seul lieu à accueillir Léto, pour qu'elle y accouche d'Apollon et d'Artémis. En effet, Héra, l'épouse de Zeus (mari infidèle et père des jumeaux de Léto) avait interdit à toute terre d'accepter sa « rivale ». Délos devint ainsi le berceau des deux dieux. Du même coup, elle fut « visible » (en grec, Délos signifie d'ailleurs la visible) et on lui accorda l'immobilité en même temps que le statut d'île sacrée.*

rendre leur dernier soupir ou pour accoucher. Même les tombes furent déplacées afin d'écarter toute souillure ! Actuellement, seuls quelques archéologues peuvent y passer la nuit. L'avantage de tout cela, c'est que l'île est un véritable conservatoire du passé, figée dans l'état où elle était dans l'Antiquité, sans avoir été remodelée par la suite.

## UN PEU D'HISTOIRE

Centre religieux aussi important que Delphes, Délos fut une puissance commerciale merveilleusement située au carrefour des routes maritimes, mais aussi une puissance politique de premier plan après les guerres médiques, quand tous les membres de la Ligue attico-ionienne déposaient dans le temple d'Apollon les sommes destinées à leur défense commune. Préservés du pillage par le caractère sacré du site, les marchands y développaient leurs affaires, et la petite cité se dota d'un port de commerce, de comptoirs et magasins florissants. Seul manque de manque d'eau, qui obligeait les habitants à construire des citernes pour conserver les eaux de pluie et parfois même à la faire acheminer de l'extérieur.

Délos fut privée par Athènes des revenus de la coalition en 454 av. J.-C., mais, après l'avènement d'Alexandre le Grand, elle retrouva son indépendance et atteignit son apogée en servant de plaque tournante au négoce de l'est de la Méditerranée. Centre cosmopolite où se pratiquait le change, Délos accueillait toutes les nationalités qui s'empressaient d'ajouter leurs propres divinités à la panoplie déjà vénérée sur place. Les Romains confirmèrent le statut de l'île en la déclarant port franc. Malgré la chute de Corinthe, qui renforça Délos, le coup d'arrêt à cette belle histoire fut porté par le roi du Pont, Mithridate, en 88 av. J.-C. Il pilla l'île, devenue colonie latine, et en massacra les habitants, puisque 20 000 des 35 000 Déliens furent exterminés. Puis, rebelote, un pirate égorgea ou déporta en esclavage les survivants et l'île sombra dans l'oubli. On raconte qu'Athènes tenta de vendre l'île aux enchères et que personne ne se montra intéressé, même au prix d'une malheureuse pièce d'or ! Depuis le VIIe s, l'île est totalement abandonnée.

Les fouilles furent menées dès 1873 par l'École française d'archéologie, les équipes françaises étant associées à des équipes grecques.

# Comment y aller ?

### En bateau

➤ **De Mykonos :** départs tlj sf lun (le site est fermé) depuis le « vieux » port *(plan C1)*. S'il n'y a pas de vent, une bonne demi-heure de bateau. Différentes compagnies proposent leurs services. Départs 9h-11h ; 3 retours 12h15-15h (en moyenne saison, retour à 13h30). Dès 8h pour ce qui est des tours organisés. Sans guide,

MYKONOS ET DELOS (CYCLADES NORD ET NORD-EST)

env 15 € l'aller-retour (avec guide env 40 €). Prenez votre billet sur le port, et surtout pas dans les agences de voyages. On peut aussi y aller de Paros (avec l'*Alexander*) ou de Naxos *(Pantéléos Cruises)*.

# À voir

🍴🍴🍴 *Le site :* tlj (sf lun, on le rappelle) en été, 8h30-15h. *Entrée : 5 € ; réducs ; gratuit avec la carte d'étudiant.* Sur place, on fait la queue à l'entrée. Pas d'ombre en dehors des bâtiments, et le soleil tape dur. Prévoyez donc un chapeau et une bouteille d'eau. Prendre le dépliant, bien fait, rédigé par l'*Association des amis de Délos.* Pour de la documentation plus complète, mieux vaut s'en préoccuper avant, ici c'est hors de prix. Ne pas trop compter sur les panneaux d'information, ils sont peu nombreux et assez peu explicatifs.

On dispose d'environ 5h maximum pour visiter Délos avant le dernier départ, à condition d'avoir pris un des premiers bateaux à Mykonos ; vous avez donc largement le temps de faire le tour de l'île.

– À partir du *port Sacré,* aujourd'hui ensablé, où débarquaient autrefois les délégations conviées aux cérémonies religieuses, le mieux à faire est de filer devant vous, mais légèrement sur la droite vers le site de l'ancien *théâtre.* En chemin, plusieurs ruines de villas hellénistiques : la *maison de Dionysos,* avec la mosaïque au tigre, celle *de Cléopâtre* et celle *du Trident,* elle aussi dotée d'une mosaïque intéressante.

– Après le théâtre, se diriger dans le dédale des ruines vers la *maison des Masques,* belle demeure du IIe s av. J.-C., dotée d'une cour avec *impluvium,* cernée d'un péristyle. Quatre pièces ont conservé des mosaïques, dont l'une, à droite de l'entrée, représente Dionysos chevauchant une panthère.

– Côté mosaïques toujours, ne pas rater la très renommée *maison des Dauphins* et son magnifique pavement, miraculeusement conservé, où les mammifères marins sont chevauchés par des personnages divins.

– De là, la tentation est grande d'entamer la grimpette des 113 m du *mont Cynthe* (Kynthos) pour profiter de l'exceptionnel panorama sur les îles voisines : Naxos et ses montagnes, Syros au nord, Tinos au sud et bien sûr les chapelles de Mykonos, la proche voisine. Si cette perspective vous intéresse, faites-le très vite pour ne pas entamer le temps qu'il vous reste pour la suite.

– En contrebas, la *terrasse des Divinités étrangères* accueillait les temples dédiés aux dieux syriens et égyptiens (plus il y en avait, plus ça rapportait ; futé !). On a reconstitué la façade de celui consacré à Isis. Au fonds, une statue de la déesse.

– *La maison de l'Hermès,* un peu plus bas, a conservé des colonnades et des portiques en étage. Les eaux de pluie recueillies par l'*impluvium* étaient stockées dans une citerne aménagée sous la cour. La statue qui lui donne son nom est au musée.

– De retour à proximité du débarcadère, à partir de l'agora des Compétaliastes (répondaient à ce nom barbare des Romains qui honoraient des dieux appelés Compétales), on entame l'exploration de la longue série des ruines du quartier des sanctuaires, articulés autour de celui d'Apollon. L'*avenue* dite *des Processions* est bordée à gauche par le portique de Philippe, colonnade dorique dont on lit la dédicace à Philippe V de Macédoine sur l'architrave. À droite, l'*agora des Déliens,* une place de marché de forme carrée, et plus loin, l'amorce du site apollonien proprement dit, marqué par les *propylées* de l'entrée monumentale. On traverse une esplanade dallée de marbre bleuâtre, parsemée d'autels, de statues et de pas mal de ruines. À gauche s'élèvent le portique et la *maison (oikos) des Naxiens,* et tout près, la base colossale d'une statue d'Apollon. Suivent alors une ribambelle de vestiges dont un autre temple dédié à Apollon, le *kératon,* autel garni de cornes de bélier (Apollon était aussi le dieu gardien des troupeaux), passait pour l'une des merveilles du monde antique. Si le soleil ne vous taraude pas trop le cerveau, vous aurez encore assez de lucidité pour identifier l'Artémision, le Thesmophorion, l'Ekklésiastérion, le portique d'Antigone et à droite, en face du musée, à l'emplacement du *sanctuaire de Dionysos,* deux fiers phallus sur socle dont les dimensions – même un peu tronquées – ne manqueront pas de faire rêver les jeunes routard(e)s en quête d'un complément de formation !

– À côté, à droite, le *sanctuaire des Taureaux,* plus long que large, est l'un des vestiges les mieux conservés de Délos. On pense qu'il abritait un navire offert en ex-voto à Apollon. Ses chapiteaux sont ornés de poitrails de taureaux.

– Une vaste esplanade, nommée *agora des Italiens,* précède l'emplacement du *lac Sacré* (asséché) où trône un palmier solitaire. À gauche, ce qui était l'attraction majeure de Délos, la *terrasse des Lions,* dont il ne reste plus d'original que les bases depuis que les lions en question (des lionnes en fait) sont entrés au musée. Ils ont été sculptés dans le marbre de Naxos au VII^e s av. J.-C. et placés là, sans doute à l'imitation des rangées de sphinx des temples égyptiens antiques. Selon les spécialistes, il devait y en avoir de 9 à 16, il en reste 5 copies.

– À gauche, des îlots d'habitation sans grand intérêt, et au bout du champ de fouilles, la *maison du Lac,* entourée de deux palestres. Beaucoup plus loin, si le cœur vous en dit, en franchissant un espace dénudé où se situent un hippodrome et des jardins, se profile le site du *stade,* bordé d'une rangée de maisons et d'un gymnase. À flanc de colline, l'exhumation d'une synagogue atteste de la présence d'une colonie juive sur Délos. Elle serait la plus ancienne synagogue de la diaspora.

– Avec le laps de temps qui vous reste, vous ferez un crochet par le *musée* pour voir les fragments de sculptures et de mosaïques qui n'ont pas été transférés au musée d'Athènes, et les lions, les cinq survivants de la terrasse en portant le nom, qui ont quand même fière allure.

🍴 ✎ À côté, la *cafétéria-boutique* profite de son monopole pour facturer boissons et victuailles à prix d'or !

# LES CYCLADES DU SUD
# ET DU SUD-EST

# SANTORIN (ΣΑΝΤΟΡΙΝΗ)                    9 500 hab.

Santorin est sans aucun doute l'un des spectacles naturels les plus saisissants de la Méditerranée. Seule île des Cyclades d'origine volcanique (outre Milos, moins spectaculaire), elle ne ressemble à aucune autre. Sa géologie témoigne d'une des plus violentes éruptions volcaniques de ces 10 000 dernières années, qui serait à l'origine du mythe de l'Atlantide. On a retrouvé des fragments de roche volcanique jusqu'en Égypte ou en Palestine, à 900 km de là, et la colonne de fumée se serait élevée à 65 km au-dessus du niveau de la mer. Le raz-de-marée engendré aurait aussi décimé les flottes marchande et de guerre de l'Empire minoen. Mais de l'histoire à la légende... Revenons à la réalité de Santorin, surtout que des découvertes récentes ont permis de faire avancer la connaissance du cataclysme.

L'île présente donc l'image inoubliable d'une longue falaise en à-pic de 60 à 120 m de haut, véritable coupe géologique où se superposent les couches de scories, cendres noires, grises ou rouges. Simone de Beauvoir, racontant, dans *La Force de l'âge,* son voyage à Santorin (1937), a ainsi décrit la falaise : « Elle n'était pas vraiment rouge, elle ressemblait à certains gâteaux feuilletés où se superposent des strates rouges, chocolat, ocre, cerise, orange, citron. » La dernière en date est une strate de béton, constituée d'un chapelet d'hôtels et de boutiques ; certains théoriciens parlent d'une invasion entamée vers la fin du XXᵉ s de notre ère... La silhouette même de l'île évoque bien la forme d'une caldeira de volcan, avec les falaises à l'ouest, surplombant la partie remplie d'eau, et la pente douce qui conduit jusqu'au littoral de l'est de l'île. Il se dégage de cette curiosité géologique gigantesque une atmosphère tout à la fois bizarre et menaçante. Vous serez sans doute abasourdi par la démesure et la singularité du site (la caldeira

**UN OLIVIER BAVARD**

*En 2006, des scientifiques ont pu, grâce à la découverte d'une branche d'olivier carbonisée lors de l'éruption volcanique et aux conclusions savantes de la dendrochronologie (datation à partir des anneaux de croissance des arbres), donner une date relativement précise pour le grand cataclysme : de 1600 à 1625 av. J.-C. On a donc coupé la poire en deux, en choisissant la date médiane de 1613...*

sous-marine est considérée, avec ses 83 km², comme la plus grande du monde, avec une profondeur de 300 à 400 m !). Santorin connaît aussi périodiquement des secousses, plus ou moins graves (le 9 juillet 1956, il y a tout de même eu 48 morts et 200 blessés, sans parler des conséquences à moyen et long terme puisque l'île a connu dans les années qui ont suivi une très forte émigration, jusqu'à ce que le développement du tourisme stoppe l'hémorragie).

Vous viendrez donc pour le spectacle du lieu, les quelques plages de sable noir et, éventuellement, l'animation nocturne du chef-lieu de l'île, Fira. Attention au surpeuplement en été et aux prix des chambres, bien trop élevés. Et certains, ne le cachons pas, repartent déçus de Santorin !

– Il a été choisi d'orthographier Fira plutôt que Thira ou Théra, suivant ainsi l'usage du grec moderne. Mais sur place, il arrive de rencontrer les deux autres graphies. Quant au magnifique village tout au nord de l'île, toujours orthographié Oia il se prononce « Ia », les voyelles associées, omicron et iota, se prononçant « i ».

## Arriver – Quitter

### En avion

✈ *L'aéroport* (☎ 22-86-03-15-25 ou 16-66) est situé à Monolithos, à env 8 km de Fira. 2 bureaux de change (tlj 9h-23h) dans le nouveau terminal. Retrait avec la MasterCard slt.

– Pour rejoindre Fira, des bus (mais ils ne coïncident pas toujours avec l'arrivée des vols...) et des taxis. Vous pouvez demander au point info d'en appeler un.

➤ *De/vers Athènes :* 5-6 vols/j. en été. Fonctionne aussi en hiver, mais avec 1-2 vols/j. Trajet : 40 mn. Pas vraiment cher, comparé au temps et à la fatigue épargnés.

– *Olympic Air :* ☎ 21-03-55-05-00 et 801-801-01-01 (appel depuis la Grèce slt)

– *Aegean Airlines :* ☎ 22-86-02-85-00 à l'aéroport.

➤ *De Paris et la province :* vols charters en saison.

### En ferry

L'île, on s'en doute, est très bien desservie.

➤ *De/vers Le Pirée :* plusieurs liaisons/j. ; en été, elles sont beaucoup plus nombreuses. Trajet : 8h-12h selon nombre d'escales.

➤ *De/vers Syros, Mykonos :* plusieurs liaisons/sem.

➤ *De/vers Paros, Naxos et Ios :* plusieurs liaisons/j.

➤ *De/vers la Crète, Folégandros, Sikinos et Anafi :* plusieurs liaisons/sem.

➤ *De/vers Milos, Sifnos, Sérifos :* plusieurs liaisons/sem.

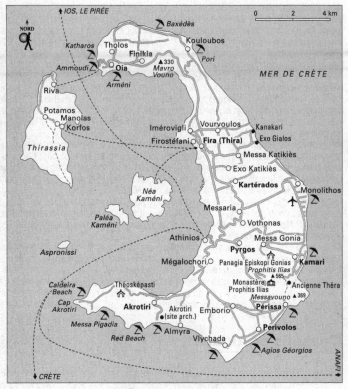

**L'ÎLE DE SANTORIN**

SANTORIN (CYCLADES SUD ET SUD-EST)

## En catamaran (quand le temps le permet)

➤ **De/vers Le Pirée :** départs tlj de début juin à début sept. De 4 à 5h de traversée en *High Speed*. Moins nombreux au printemps.
➤ **De/vers Milos, Paros, Naxos, Ios, Syros et Mykonos :** nombreuses liaisons en été.
➤ **De Rafina :** en saison, liaison tlj avec le *Flying Cat 3,* via Syros et Mykonos.

## Circuler dans l'île

🚌 **Gare routière** (plan B4) : le service de bus est efficace (départs pour ts les villages de l'île) et pas cher, mais totalement centralisé sur Fira. ☎ 22-86-02-38-12. ● ktel-santorini.gr ● L'horaire complet est affiché à la gare routière ; sinon, dans les agences-offices du tourisme. Attention, il change fréquemment. Les billets s'achètent dans le bus même. Garder son ticket, il peut y avoir des contrôles. En juil-août, les bus sont souvent bondés bien qu'ils soient plus nombreux. Ils circulent jusque tard dans la nuit. Les prendre d'assaut dès leur arrivée, quelque 10 mn plus tôt. Attention, en dehors de ces mois, beaucoup moins de bus, ce qui fait qu'ils sont tout autant bondés dès mai... Une location, dans ces conditions, n'est peut-être pas une si mauvaise idée...

■ *Location de scooters :* les loueurs ne manquent pas. *Compter 10-15 €/j., pas plus, hors fin juil et les 3 premières sem d'août. Tarifs dégressifs à partir du 4e j.* On peut trouver moins cher, mais attention aux contrats. Éviter de louer dans les hôtels. On conseille **Lignos Markos** *(plan B3, 7),* en retrait de la rue Danezi ; ☎ 22-86-02-32-26. Scooters et motos plutôt bien entretenus. Beaucoup d'autres loueurs dans les gros villages de l'île. Vérifiez bien l'état de marche des engins (freins, pneus...). Prenez leur numéro de téléphone, car les crevaisons sont fréquentes à Santorin. Vérifiez si votre réservoir est plein. Arrivez tôt le matin, sinon plus rien. On rappelle qu'il est extrêmement dangereux de circuler en scooter sur les routes étroites et très fréquentées de l'île et obligatoire de porter le casque, sans quoi aucune assurance ne marche en cas de pépin. Danger augmenté si l'on n'est pas familier de ces machines.

■ *Location de voitures :* une multitude d'agences, dont de nombreuses regroupées sur la route qui monte vers le nord de l'île, juste après la place centrale. Souvent des petits modèles, ce qui est préférable vu l'encombrement des routes et les difficultés de circulation dès que l'on croise un car de tourisme. Pas forcément indispensable si l'on se débrouille avec les bus. Mais il est vrai qu'en pleine saison, les bus sont d'une part pris d'assaut et d'autre part, à moins de loger à Fira, ils font perdre beaucoup de temps puisqu'ils repassent toujours par la gare routière. **Sixt, Santo Car Rental, Lion** et **Budget** semblent recommandables *(à partir de 30 €/j. pour les plus petits modèles).*

■ *Taxis :* à Fira, sur la place, en descendant vers les bus. ☎ 22-86-02-25-55. Tarifs fixes *(par exemple, Fira-Oia : min 15 € en journée et 25 € de nuit).* Difficile de négocier, mais peut être intéressant si on le prend à plusieurs.

– *Téléphérique :* pratique pour remonter du port de Fira. Ttes les 20 mn à partir de 7h env jusqu'à 22h20, voire un peu tard en août. Compter env 4 €/trajet. Pour les bagages, ajouter 2 €. Sinon, il reste des ânes...

## Conseils pratiques

– *Propositions de chambres :* des personnes parfois très insistantes au port vous proposeront des chambres. Faites comme vous voulez, mais vous courez le risque de vous retrouver loin de Fira ou d'Oia et à l'écart des lignes de bus.

– *Athinios* (le port) *:* les départs et les arrivées de ferries se font d'Athinios seulement, à une dizaine de kilomètres de Fira. En 2010 il n'y avait plus de bus pour Fira, étape obligatoire. Pour les départs, en raison des embouteillages fréquents sur la sinueuse route du port, prévoir large pour ne pas rater votre ferry, qui partira, lui, rarement en retard. Reste le taxi, mais gare à l'arnaque ! Compter normalement, en journée, 10 à 15 € selon votre destination.

## FIRA *(ΦHPA  ; 84700)*

La capitale de l'île est une bourgade aux ruelles très pittoresques coupées d'arcades et d'escaliers ménageant parfois des percées sur la mer. Vue exceptionnelle. Mais l'incroyable attraction de Santorin sur les touristes a fait surgir un nombre étonnant de boutiques en quelques années. Il y aura bientôt plus de bijouteries dans la ruelle principale que place Vendôme à Paris. Évitez la place centrale et les ruelles alentour, trop bruyantes.

Pour s'orienter à Fira, c'est assez simple. Vous avez une place principale, Théotokopoulou Square, traversée par une route qui monte jusqu'en haut du village, la rue du 25-Mars (ou 25 Martiou). De la place, vous rejoignez la corniche au dessus de la mer par une petite rue pavée qui remonte au coin de l'agence *Pelikan Travel.* Dans ce secteur, une demi-douzaine de ruelles concentrent l'essentiel de l'activité diurne et nocturne.

Nos lecteurs les plus romantiques ne supporteront pas, bien sûr, l'atmosphère de cette partie de la ville. Ils apprécieront plutôt Firostéfani, un petit quartier tranquille dans la partie nord de la ville, en bordure de corniche.

## Adresses utiles

■ **Capitainerie** (Port authority ; plan B3, **1**) : odos 25 Martiou. ☎ 22-86-02-22-39. Près de la place, dans une boîte d'allumettes blanc et bleu. Renseignements sur les départs des bateaux.

⊠ **Poste** (plan B4) : odos 25 Martiou. Un peu avant la gare routière, dans un renfoncement. Lun-ven 7h30-14h.

■ **Police** : voir le chapitre sur Kartérados.

■ **Consul honoraire de France** : M. Dimitis Tsitouras, à Firostéfani (Tsitouras Collection Hotel). ☎ 22-86-02-37-47. Fax : 22-86-02-39-18.

■ **Change** : entre autres, **National Bank of Greece** (plan B3, **3**), odos Joseph Desigala. Près de la place. Lun-ven 8h-14h (13h30 ven).

■ **Distributeurs automatiques** : un peu partout dans la ville. Celui de la **Commercial Bank** (plan B3, **5**) affiche les instructions en français.

■ **American Express** : X-Ray Kilo, odos Marinatou. ☎ 22-86-02-36-01.

■ **Pharmacie** (plan B3-4, **4**) : 50 m après la gare routière, en montant vers la place.

■ **Centre médical** (plan B3, **8**) : en plein centre. ☎ 22-86-02-31-23. Petit hôpital local. Pour les urgences, appeler le ☎ 22-86-02-22-37.

■ **Laverie** (plan B3, **6**) : le linge est séché et repassé, c'est donc cher. On en trouve une jouxtant l'hôtel Pelican, dans la rue pavée qui descend sous la place. Tlj 9h-17h. Une autre sous l'hôtel Villa Maria, odos 25-Martiou, 200 m après la place. Tlj 8h-23h.

■ **Consigne à bagages** : sur la place et dans la rue principale, une multitude d'agences vous proposent ce service.

■ **Presse internationale** : à la maison de la presse de la place centrale ou chez plusieurs marchands de journaux du centre-ville, du port et de Firostéfani.

@ **Lava Internet Café** (plan B3, **39**) : voir « Où boire un verre ? Où sortir ? ». Également à **Travel Fate** (plan B3, **9**).

## Où dormir ?

En haute saison, les chambres chez l'habitant et les hôtels sont vite complets, surtout si vous arrivez en fin d'après-midi ou par les ferries de nuit. Par prudence, pensez à réserver à l'avance, car trouver une chambre à Santorin est une véritable galère !

– Problème à Fira : le manque d'adresses dans les « Prix moyens ». On passe très vite à la catégorie « Plus chic ». Et ce qui est « chic » pour le prix reste le plus souvent moyen pour le confort. Essayer de profiter des prix en basse saison, Santorin offrant l'avantage de connaître une période touristique un peu plus longue qu'ailleurs (fin octobre, beaucoup d'adresses sont fermées dans les autres îles, mais encore ouvertes à Santorin).

### Camping

⚠ **Camping Santorini** (hors plan par B3, **10**) : à 5 mn à pied du centre-ville. ☎ 22-86-02-29-44. ● santorinicamping.gr ● De mai à mi-oct. En hte saison, compter 25 € pour 2 pers. Loc de la tente possible. Spacieux et très bien équipé (épicerie, restaurant, téléphone, accès Internet, consignes, change, poste, lingerie, service de bus jusqu'au port...), assez correctement entretenu. Eau chaude toute la journée. Sol sec et peu agréable, mais ombre assurée grâce à des abris de branchages. Emplacements près du bar parfois un peu bruyants. Piscine. Des locations également (chambres et petits dortoirs).

SANTORIN (CYCLADES SUD ET SUD-EST)

## Bon marché

🛏 ***Couvent des dominicaines*** *(plan A2, 40)* : s'engager jusqu'au fond de la ruelle qui se prend en face de l'église catholique.* ☎ 22-86-02-24-20 et 42-17 *(accueil en grec slt). Ouv. 15 mars-15 oct. Résa indispensable. En double avec sdb, compter env 22 €/pers. Un peu moins cher en dortoir de 4 pers. Accueil par une dominicaine franco-* grecque non cloîtrée (malheureusement, ce n'est pas elle qui répond au téléphone). Un bon plan pour les routards au budget serré. Bien sûr, quand on dort chez les religieuses, il faut en assumer les conséquences : impossible de rentrer après 23h, et les couples non mariés doivent faire chambre à part.

## Prix moyens

🛏 ***Hotel Antonia*** *(plan B3, 11)* : dans une rue perpendiculaire à la grandrue.* ☎ 22-86-02-28-79. ● hotelantonia. gr ● *Mai-sept. Doubles 35-70 €. Wifi.* Une adresse abordable (pour Fira), sans sacrifier un peu de confort. Chambres simples et bien tenues, la plupart avec terrasse, AC et TV. Quelques triples. Patron accommodant et extrêmement serviable (transfert gra-tuit depuis et pour le port).

🛏 ***Rooms Sofi*** *(plan A4, 19)* : Agiou Mina.* ☎ 22-86-02-40-64. *Env 70-80 € en hte saison.* Une poignée de chambres, discrètes, dans un quartier calme, en contrebas de la cathédrale orthodoxe. Rien de superflu, c'est même plutôt riquiqui, mais c'est joli et l'essentiel y est. En plus c'est bien placé et du toitterrasse on a une magnifique vue.

## À *Firostéfani* (Φηροστεφανι)

En continuant le chemin de la corniche, vers le nord, on parvient à ce sympathique petit quartier. Environ 15 mn de marche à partir du téléphérique. C'est le toit de Fira, le plus haut point de vue du coin sur la caldeira. Tranquille, moins touristique, mais quand même cher pour se loger. On peut aussi y monter par la route, en bus ou à deux-roues.

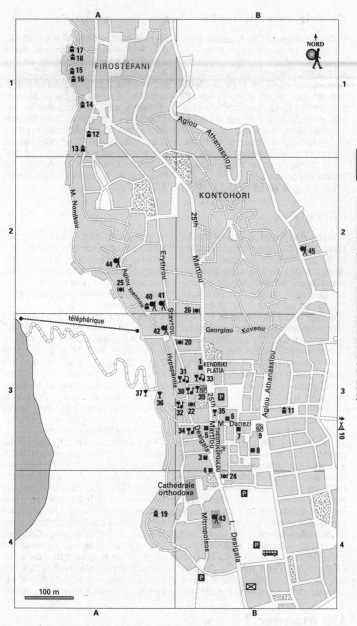

NORD

FIROSTÉFANI

Agiou Athanassiou

KONTOHORI

25th Martiou

M. Nomikou

Erythrou

Agiou Ioannou

téléphérique

Stavrou

Georgiou Koveou

Hypapantis

KENDRIKI PLATIA

25th Martiou

Agiou Athanassiou

Theotokopoulou

M. Danezi

PL. Desigala

Desigala

Cathédrale orthodoxe

Mitropoleos

I. Desigala

100 m

FIRA

SANTORIN (CYCLADES SUD ET SUD-EST)

## De prix moyens à plus chic

🛏 **Rooms Ioannis Ch. Roussos** (plan A1, **15**) : pour trouver les proprios, aller au resto Romantico, à 5 mn de l'hôtel, sur la rue principale menant au centre de Fira. ☎ et fax : 22-86-02-26-11 ou 30-28-62. Avr-sept. Doubles env 35-60 € selon saison. Une poignée de chambres, basiques mais propres, avec vue sur le volcan pour l'une d'entre elles, bien que la fenêtre soit large comme une meurtrière. Courette pour se détendre au coucher du soleil. Le resto tenu par la famille Roussos est très correct.

🛏 **Sofia Sigala Hotel** (plan A1, **16**) : à l'entrée de Firostéfani. ☎ et fax : 22-86-02-28-02. • sofiahotelsantorini.com • Réception au magasin de vin, en bas. Avr-nov. Doubles standard 60-85 € selon saison. Également des chambres supérieures pour 2 ou 3. Maison moderne sans charme particulier. Chambres classiques bien tenues. Accueil discret. Les plus chères offrent une vue sur la baie et un moulin rénové. Les mêmes dames peuvent vous proposer des chambres luxueuses (bien plus chères) à l'intérieur dudit moulin (Mill Houses).

## Plus chic

🛏 **Gaby Apartments** (plan A1, **13**) : accès facile par la corniche. ☎ et fax : 22-86-02-20-57. Pâques-nov. Compter 75-95 € pour 2 pers dans une chambre avec vue. CB refusées. Remise sur présentation de ce guide à partir de 4 nuits. Chambres tout confort (AC et frigo) et agréables pour 2 à 4 personnes, souvent avec petite terrasse et vue imprenable sur le coucher de soleil. Conseillé de réserver – c'est souvent complet dès le mois de mai – et de bien se faire préciser le tarif en arrivant. Quelques chambres moins chères dans une annexe à 200 m. Gaby parle le français. Une bonne adresse.

🛏 **Galini Hotel** (plan A1, **14**) : sur la corniche (Catholica). ☎ 22-86-02-20-95 et 30-97. • hotelgalini.gr • Ouv 15 mars-10 nov. Doubles standard 95-120 € selon saison ; supérieures 110-135 €. Hôtel accroché à la falaise avec balcon et terrasse surplombant directement la baie. Belles chambres dans le style local. Possibilité de louer des maisonnettes troglodytiques ravissantes pour 2 à 5 personnes (un peu cher tout de même).

🛏 **Vallas Apartments** (plan A1, **12**) : sur la corniche, peu avant d'arriver à l'église Saint-Gérasimos. ☎ 22-86-02-20-50 et 35-20. • vallas.gr • Avr-nov. Doubles env 95-120 €, petit déj compris. Triples et quadruples 140-170 €. Petites mai-

sonnettes à un étage dans le style bleu et blanc du pays, composant un ensemble de charme autour de la cour fleurie. Chaque chambre est fraîche et colorée, avec kitchenette. Vue superbe sur la baie depuis la terrasse et grande sérénité des soirées.

🛏 **Villa Maria Damigou** (plan A1, **17**) : dans la ruelle principale. ☎ 22-86-02-37-25. • villamariadamigou.gr • Mars-nov. Doubles 60-110 € et studios pour 2 pers 70-140 €. Grande demeure aux tons beiges, un peu cossue et raffinée, offrant de très agréables et confortables chambres (dont au moins 6 avec une superbe vue sur la baie), toutes avec kitchenette équipée. Patronne charmante et très attentionnée.

🛏 **Villa Ilias** (plan A1, **18**) : dans la rue piétonne, à côté de l'église bleue (Saint-Érasme). ☎ 22-86-02-25-19. • villailias.gr • Avr-fin oct. Doubles standard (sans balcon) 105-120 €, petit déj compris ; supérieures 145-165 €. Internet, wifi et parking pour les clients. Une quinzaine de chambres avec réfrigérateur, douche, w-c, AC et TV satellite. Certaines d'entre elles ont une vue extraordinaire sur le volcan et toute la baie de la caldeira. Quelques-unes sont petites. Des studios également. Accueil détendu et atmosphère relax autour de la piscine.

## Où manger ?

Fira compte des restos de qualité, mais il faut y mettre le prix. Aux tarifs normaux pour la Grèce (prix moyens), il est difficile d'éviter les restos très touristiques...

Également quelques *restos* populaires grecs dispensant une cuisine simple. Éviter les boutiques à *gyros* des ruelles touristiques. On vous recommande le *Lucky Souvlaki,* peu après la station de bus, pour les gyros ou les *souvlakia* sur la placette séparée de la place centrale par la rue en pente très passante.

## Prix moyens

Toutes les adresses dans cette catégorie de prix sont éminemment touristiques. Ne pas s'attendre à un miracle : vu l'affluence en haute saison – et même en moyenne saison, elles font le plein et ça ne traîne pas... Pour vraiment bien manger, il faut piocher dans la catégorie supérieure.

|●| *Nikolas* (plan B3, **22**) : *odos Erythrou Stavrou.* ☎ 22-86-02-45-50. *Tlj midi et soir sf dim midi. Repas env 15 €.* Carte sur une grande ardoise au fond de la salle ; il faut s'arracher les yeux pour la lire depuis l'entrée. C'est presque toujours plein, petite banquette à l'entrée pour s'asseoir et attendre. Plats traditionnels (agneau au citron et à l'origan, par exemple). On vous dira que le Nikolas d'aujourd'hui n'est plus le Nikolas d'antan : sans doute. Il reste quand même d'un rapport qualité-prix honnête... pour Santorin !

|●| *Naoussa* (plan B3, **20**) : *à l'intersection de la principale rue commerçante et de la rue menant à l'église.* ☎ 22-86-02-48-69. *Compter env 15 € pour une entrée et un plat.* Au 1er étage, décor blanc et bleu (bon, d'accord, pas très original, ici !). Bon accueil. Salle vitrée fraîche donnant sur les ruelles touristiques. Plats classiques. Bonnes pâtisseries. Très fréquenté.

|●| *Mama's House* (plan B4, **24**) : *entre la gare routière et la place principale.* ☎ 22-86-02-15-77. *Tte la journée. Plats principaux 7-12 €.* On commence par d'excellents petits déj, vraiment très copieux. Pour les repas, une liste de spécialités chaudes ou froides bien alléchante. Salle intérieure pas géniale ou terrasse.

|●| *Kapari* (plan B2, **26**) : *sur la rue principale de Fira.* ☎ 22-86-02-70-86. *Ouv à 16h en hte saison (et 14h en basse saison). Repas 20-30 €.* Dora et Kostas avaient une taverne très sympathique à Mégalochori. Ils sont venus s'installer dans la capitale et ont apporté avec eux leurs idées (salade Kapari, feta grillée au miel et au sésame, poulet à l'ancienne...). L'endroit n'est pas très bien situé mais à Fira, où il y a tant de mauvais restaurants à la vue sublime, on ne se plaindra pas que la priorité soit donnée aux plaisirs de la table.

## Chic

|●| *The Flame of the Volcano* (plan A2, **25**) : *chemin de la corniche, peu après l'arrivée du téléphérique.* ☎ 22-86-02-52-45. *Compter à partir de 25-30 € le repas.* Nombreux choix parmi les spécialités grecques, poissons, crustacés et viandes, préparés avec soin. Le patron, italien, parle bien l'anglais et l'allemand, un peu le français. Regardez-le attirer le client, devant son resto ! Il a un vrai don. Et un grand respect de sa clientèle. La situation, surplombant la caldeira, est un atout supplémentaire, surtout si l'on obtient une table directement sur la corniche, face au fascinant cratère englouti.

## Où boire un verre ? Où sortir ?

Pour nous y retrouver, nous distinguerons trois secteurs stratégiques. La ligne de séparation (un peu artificielle, il est vrai) entre la ville haute et la ville basse est la rue 25 Martiou (la rue principale).

SANTORIN (CYCLADES SUD ET SUD-EST)

## Dans la ruelle qui descend vers l'ancien port

**Tropical Bar** (plan A3, **36**) : *au début des marches pour descendre au port.* Le patron californien s'est spécialisé dans les cocktails et les cafés glacés d'une saveur indicible : essayez l'excellent Marvin Gaye au Bailey's, les margaritas Santa Barbara ou encore le Bob Marley au rhum (entre autres). Bonne musique et vue d'enfer sur la baie. Les prix restent raisonnables, vu la situation.

**Tango Bar** (plan A3, **37**) : *sur 2 niveaux.* Cocktails délicieux et musique latino ou années 1980. Attention, assez cher !

## Dans la ville haute

Prenez la rue remontant au coin de l'agence *Pelikan Travel,* puis la première sur la droite ; vous déboucherez sur le quartier branché des nuits de Fira... Un petit air d'Ibiza, idéal pour les rencontres !

**♪ Murphy's** (plan B3, **30**) : commence à s'emplir pendant les *happy hours* et tourne à plein régime à partir de 22h et encore plus à minuit. Musique et clientèle qui invitent volontiers à la fête. Il est difficile de ne pas s'y arrêter. En haute saison, l'entrée est parfois payante (surtout pour les garçons !).

**♫ Koo Club** (plan B3, **31**) : invite à la fête également. Cette boîte comprend un espace extérieur avec un petit kiosque au centre, entre fleurs et palmiers.

**♪ Kira Thira Jazz Club** (plan B3, **32**) : jazz-bar relativement tranquille par rapport aux autres. Pourtant, il s'y passe plus de choses qu'ailleurs : concerts (malgré une salle carrément riquiqui !) et diverses manifestations culturelles. Ambiance détendue et accueil génial, idéal pour nouer la conversation. Le prix des consos reste bas. Le patron a lui-même peint une fresque qui peut rappeler la Cène, mais qui représente en fait le dernier symposium de la Théra antique. Les démons ont l'air de s'en payer une bonne tranche... On apprécie diablement ce petit endroit.

**♪ Two Brothers' Bar** (plan B3, **34**) : *prendre la rue qui remonte devant l'agence* Pelikan Travel, *puis la 1ʳᵉ à gauche.* À fréquenter seulement si vous aimez les chaudes ambiances de mâles anglo-saxons qui boivent de la bière. Plutôt rock. Sympa pour ceux qui aiment !

**♫ Enigma** (plan B3, **33**) : plus boîte que bar (l'entrée est payante). Les adeptes de soirées dans les grandes boîtes méditerranéennes seront comblés.

**@ Lava Internet Café** (plan B3, **39**) : *même bâtiment que le* Murphy's, *mais côté rue. Ouv 9h-minuit.* Musique branchée. Du matin au soir, ambiance décontractée pour siroter un café frappé ou consulter ses e-mails.

## Dans la ville basse

**Tithora Club** (plan B3, **35**) : *dans la rue principale, pas loin de la place centrale.* Happy hours, *notamment sur les bières, 23h-0h30.* On aime beaucoup. Décor délirant qui mélange fontaines orientales, psyché, un décor *seventies* bon ton et une ambiance taverne de pêcheur, le tout sous une tonnelle chargée de grappes de raisin. Ça décoiffe !

# À voir

**Le couvent des dominicaines** (plan A2, **40**) : *situé à côté de l'église catholique, dans le quartier Katholica. Se présenter aux heures de messe.* Ambiance sereine et mystique. Malheureusement, la visite se limite au parloir et au patio, voire à l'église abbatiale. Comme en boîte de nuit, tenue correcte exigée : pantalon pour les hommes et robe longue et ample pour les femmes. En revanche, accès libre à l'église Saint-Jean-Baptiste en face.

🍴 *Le musée Megaro Ghizi* (plan A2, **41**) : à côté du couvent. ☎ 22-86-02-22-44. • megarogyzi.gr • Mai-oct, lun-sam 10h-16h. Entrée : 3 € ; réducs. L'entrée de la maison (sans l'expo) est gratuite. Le centre culturel de Fira est installé dans une vieille demeure patricienne du quartier catholique ayant appartenu à la famille vénitienne Ghizi (ou Gyzi). Une collection de photos et d'objets relatant

l'histoire de l'île. Un peu limité, mais les amateurs de vieilles estampes, gravures et manuscrits seront comblés. Quantité de gravures du comte de Choiseul-Gouffier, fin du XVIIIe s. Documents des archives épiscopales du XVe au XIXe s et photos impressionnantes du tremblement de terre de 1956.
Également quelques roches fossiles et objets traditionnels. Au 1er étage, expo d'artistes locaux. Dans l'arrière-cour, expo-vente d'icônes byzantines hors de prix. En août, concerts gratuits de musique classique et grecque.

🍴 *Le Musée archéologique* (plan A3, **42**) : pas loin de la station du téléphérique et de l'église catholique, sur une petite place. ☎ 22-86-02-22-17. Tlj sf lun et j. fériés 8h30-14h30. Entrée : 3 € ; réducs ; gratuit pour les étudiants de l'UE. Plus petit que le Musée préhistorique (voir ci-dessous) et d'intérêt plus limité. Il intéressera les amateurs de poteries (nombreux vases et amphores allant de la période géométrique à la période hellénistique). La plupart des pièces exposées viennent de l'ancienne Théra.

🍴🍴 *Le Musée préhistorique* (plan B4, **43**) : en face de la station de bus, en plein centre. ☎ 22-86-02-32-17. Tlj sf lun et j. fériés 8h30-20h (15h hors saison). Entrée : 3 € ; réducs ; gratuit pour les étudiants de l'UE. Présentation du produit des fouilles dans l'île, dont les trouvailles les plus intéressantes sont les fresques d'Akrotiri, partiellement rapatriées du Musée archéologique d'Athènes. Il n'en reste que quelques fragments. Ce qui manque a été reproduit sur le mur pour qu'on ait quand même une idée plus parlante de l'ensemble. Observez ce qu'il reste de la fameuse fresque des *Singes bleus*, de 1700 av. J.-C., où nos cousins jouant dans les branches sont présentés avec une morphologie presque humaine. Celle de la maison des Femmes laisse les chercheurs dubitatifs quant à son interprétation. Sinon, des objets de la vie courante datant des IIe ou IIIe millénaires avant notre ère, meubles, poteries (grandes *pithoi* décorées d'animaux), figurines (comme cet ibex en or) et diverses gamelles de bronze ou de terre cuite aux formes parfois originales et plaisantes. Ne pas manquer, en entrant, la coupe stratigraphique de la caldeira.

🍴🍴 *Thera Foundation – Petros Nomikos* (plan A2, **44**) : au centre de Conférences. ☎ 22-86-02-30-16. • therafoundation.org • Tlj 10h-20h. Fermé en déc. Entrée : 4 € ; réducs ; gratuit pour les moins de 18 ans. Audioguide (payant) en français. L'œuvre d'un mécène amoureux de Santorin qui souhaitait reconstituer intégralement les fresques d'Akrotiri, plus anciennes de 500 ans que celles de Pompéi. À partir de clichés des fragments retrouvés, et grâce à une technique française (cocorico !), la scène des *Singes bleus* en particulier, les étonnantes couleurs et la modernité de certaines fresques sont magnifiquement valorisées. Quelques originaux sont exposés au Musée préhistorique (voir plus haut).

🍴 *Folklore Museum* (plan B2, **45**) : Kontochori, un peu à l'écart du centre-ville. En saison 10h-14h, 18h-20h. Entrée : 3 €. L'habitat traditionnel de l'île tel qu'il n'en existe plus depuis des calendes (grecques, fallait-il le préciser), avec ses ateliers d'artisans et ses lits en coin, nichés dans des caves troglodytiques creusées dans la cendre. Expo sur le passé volcanique de Santorin pour comprendre comment s'est formée la caldeira. Musée modeste.

# À voir. À faire dans les environs

🏃🏃 Superbe balade vers Firostéfani (le quartier nord), par le chemin à flanc de falaise. À 2 km environ, avant le *cap Skaros,* la charmante petite *église,* dédiée à la Vierge d'Agii Théodori, repérable à sa façade jaune et à son clocher à trois cloches. On peut, de Fira, y accéder par bus en s'arrêtant à Firostéfani. Là, il faut remonter 50 m environ vers l'hôtel *Santorini Palace.* L'église est là, dominant la caldeira. Magnifique au coucher du soleil.

🏃🏃 *Excursions en caïque aux Kaménès :* toutes les agences vendent des excursions pour découvrir les îlots de la caldeira, avec des durées variables (de 3h à une journée). Bien se faire préciser le programme : arrêts prévus, durées, etc. Les excursions courtes ne sont pas forcément les moins intéressantes. Dans tous les cas, s'assurer que la visite des volcans est guidée. De Fira à l'embarcadère, compter 20 bonnes minutes à pied ou prendre le téléphérique (épargnez le dos des ânes, ils ne voient le vétérinaire qu'une fois par an !). Attention, on fait payer 2 € l'accès à l'îlot de Néa Kaméni, ce qui vient s'ajouter au prix de l'excursion.
Sur le grand îlot *Néa Kaméni* qui n'est sorti des flots qu'en 1573, paysage de désolation, anciennes coulées de lave noire, fumerolles : c'est très spectaculaire. Prévoir absolument de bonnes chaussures, de l'eau en quantité et un chapeau. N'empruntez que les sentiers : vous êtes sur un espace naturel protégé (interdiction de ramasser les cailloux !) et vous risqueriez de détruire certains cristaux superficiels très fragiles. Au petit îlot *Paléa Kaméni* (littéralement l'« ancienne brûlée »), apparu en 196 av. J.-C., on peut se baigner dans une petite baie où l'eau sulfureuse est naturellement chaude. Le bateau n'accoste pas, il faut plonger du pont ! Certaines excursions vous mènent également à Thirassia, l'îlot habité qui fait face à Santorin (voir Oia, « À voir. À faire »).

## LES VILLAGES DU CENTRE DE L'ÎLE

### KARTÉRADOS *(ΚΑΡΤΕΡΑΔΟΣ ; 84700)*

Village calme, à 20 mn à pied au sud-est de Fira (2 km). Sympa de résider dans l'un des petits hôtels-pensions (moins coûteux qu'à Fira) car la position centrale du village permet de rayonner partout dans l'île. Plusieurs restos *(Jerry's, Kartérados, Agapi)* dans le centre. La plage, à environ 3 km sur la côte est, n'est en revanche guère engageante.

## Adresse utile

■ *Police :* à l'entrée du village en venant de Fira. ☎ 22-86-02-26-49.

## Où dormir ?

### De prix moyens à plus chic

🏠 *Pension Roussos Vassilios :* du côté de Fira, à slt 1 km de cette dernière. Suivre le panneau « Kartérados Vathis ». ☎ et fax : 22-86-02-35-28. ● penrous@ otenet.gr ● Tte l'année. Selon saison, doubles env 30-70 € avec petit déj (ce qui correspond à un tarif réduit sur présentation de ce guide). Coin tranquille.

Petite pension à caractère familial, fort bien tenue avec chambres doubles et triples agréables (AC, frigo). Également 1 appartement avec 2 chambres. La patronne adore les *Frenchies*. Minibus qui peut vous emmener au port. Piscine à débordement et Jacuzzi.

■ *Pension George :* après la place principale, dans le grand virage, prendre le chemin à droite du minimarket. ☎ 22-86-02-23-51. • pensiongeorge. com • santorini-apartments.com • Avr-oct. Doubles 30-60 € selon saison et vue. Également des studios avec coin cuisine (pour 2 pers 50-80 €). CB refusées. Wifi. Ravissante pension toute blanche, croulant sous les cactées et les bougainvillées, qui s'est récemment agrandie en achetant une maison voisine et la jolie piscine qui va avec. Le couple Georgios-Helena *(from Liverpool)* est charmant. Au calme. Très propre. On peut venir vous chercher au port.

■ *Pension Livadaros :* à la sortie de Kartérados, en allant vers la mer. ☎ 22-86-02-46-17 et 37-95. • villalivadaros-santorini.com • Tte l'année. Pour 2 pers env 30-65 € selon saison. Petit déj en plus. Wifi. Petit ensemble à l'écart de la circulation, côté est de Kartérados. Chambres classiques dans le style cycladique (très répandu par ici...) avec balcon, coin cuisine et petit frigo. Cuisine commune dont peuvent profiter les hôtes. Piscine. Bon accueil de Barbara et Georges (on peut venir vous prendre au port ou à l'aéroport).

## Où dormir ? Où manger dans les environs ?

■ *Artemis Village :* en arrivant sur la plage de Kartérados. ☎ 22-86-02-48-84. • artemisvillage.com • À 3 km du centre du village, dans le virage avant la plage. Avr-fin oct. 2 bâtisses blanches abritant des doubles ou triples neuves de 28 et 33 € (en basse saison) à 63 € (en été), tarifs réduits sur présentation de ce guide. Internet et wifi. Toutes possèdent TV, salle de bains nickel, balcon. Du bâtiment principal, d'où les chambres ont la plus belle vue, un escalier mène directement à la plage. Piscine. Le patron est accueillant et serviable, il vous déposera où vous voulez avec son minibus. Il parle l'anglais et l'italien, et sa femme le français. Une excellente adresse qui a toutefois l'inconvénient d'être excentrée (prévoir un moyen de locomotion) et d'être proche de l'aéroport. Attention à ne pas confondre avec un autre établissement, beaucoup plus cher, *Artemis Studios Caldera* (certains se sont fait avoir sur le port...).

|●| *Taverna Exo Yalos O Panos :* sur la plage de Kartérados, à 3 km du centre du village. ☎ 22-86-02-49-05. Mai-sept, 12h-minuit. Carte peu variée, mais prix attrayants : compter env 12 € pour 3 plats. Baie vitrée face à la Grande Bleue. Murs ornés de quelques fresques naïves. Une affaire de famille gérée par une Allemande, installée là depuis plus de 15 ans. Accueil chaleureux et position extra.

## À voir dans les environs

🏛 *Messaria :* village-carrefour, à 2 km au sud de Kartérados. Un peu à l'écart du flot touristique, le vieux village abrite trois belles demeures datant de la fin du XIXe s. Elles appartenaient à des exportateurs de vins qui ont fait fortune dans le commerce avec la Russie : le vin de Santorin titrait dans les 17° et, allez savoir pourquoi, il plaisait bien plus aux Russes que du vin à 11°... L'une d'elles, l'*Archondiko Argyrou*, a été restaurée par le petit-fils d'un de ces négociants en vins et se visite d'avril à octobre, en principe le matin (☎ 22-86-03-16-69 ; entrée : 4 € ; la visite guidée, intéressante, peut se faire en français).

## PYRGOS (ΠΥΡΓΟΣ ; 84700)

À 6 km au sud de Fira. Bus fréquents en journée. Village perché sur une colline (c'est le plus élevé de l'île), pendant un temps capitale de l'île. Endroit superbe à voir à toutes les heures de la journée à cause des couleurs. Un repaire d'artistes encore épargné par le tourisme de masse, calme et pittoresque. Il suffit de se perdre dans le dédale de ruelles pour monter jusqu'au *kastro,* mais inutile de dérouler son fil, les papis sur leurs ânes ou les mamies assises à l'ombre vous remettront sur le droit chemin. De là-haut, la vue embrasse presque les trois quarts de l'île. On peut aussi profiter d'un petit musée des icônes des XVᵉ et XVIᵉ s et d'un adorable café providentiel, *Franco's* (chic et cher), pour les gorges asséchées par la montée.

## Où manger ?

### Prix moyens

**|●|** **Taverne Kallisti** : *juste au-dessus de la place centrale, où s'arrêtent les bus.* ☎ 22-86-03-41-08. *Compter 12-15 € pour un repas.* Tonnelle. Bonne cuisine : goûter au *kontosouvli* (porc à la broche farci aux herbes, le soir seulement), à l'agneau au four *(arni sto fourno),* à la *moussaka* et au yaourt au miel. Le patron parle le français et il est très sympa.

### Chic

**|●|** **Restaurant Séleni** : *indiqué depuis la place principale.* ☎ 22-86-02-22-49. *Avr-oct, slt le soir. Compter, sans la boisson, min 45-50 €.* Cuisine excellente et originale, relevant de la cuisine grecque contemporaine. On part de la tradition et on la réinvente. Goûter, par exemple, au lapin confit aux oignons et aux champignons. Très joli cadre pour se détendre à l'écart de la foule. Une des adresses les plus chères de l'île, mais les romantiques (et les gourmets) ne seront pas déçus – le chef, Giorgos Hatziyiannakis, a justement été récompensé par plusieurs prix depuis 2006.

## Où manger dans les environs ?

**|●|** **Metaxi Mas** : *Exo Gonia.* ☎ 22-86-03-13-23. *Tte l'année, midi et soir (fermé le lun oct-Pâques). Se garer sur la route près de l'église et descendre la volée de marches. Réserver pour le soir. Env 15-20 €.* Belle terrasse avec vue, à l'atmosphère intimiste le soir, où l'on déguste une cuisine inventive, solidement adossée à la tradition grecque, et souvent renouvelée. Excellent *saganaki* aux 4 fromages, par exemple.

## À voir dans les environs

🚶 **Le monastère du Prophitis Ilias** (Μονη Προφητη Ιλια) : *une route y monte (sinon, 45 mn de grimpette). Le monastère se trouve au pied des relais de télévision.* Joli point de vue.
Le 20 juillet, jour de la fête du prophète, a lieu une célébration fort courue des habitants de l'île, où l'on offre aux visiteurs pain, fromage, tomates et vin. Mais c'est pendant la Semaine sainte que la ferveur religieuse est à son comble, le samedi de Pâques, lors de la procession de l'Epitaphios, quand le village est illuminé par des milliers de bougies.

🚶 **L'église de la Panagia Episkopis** : *après la route pour Exo Gonia, sur la droite, puis sur la gauche. Petit droit d'entrée* : les Grecs viennent voir – et embrasser – l'icône de la Panagia Glikofiloussa (la Vierge au-Doux-Baiser). Ce fut le siège de l'évêché de Santorin, fondé au XIᵉ s. Grande fête religieuse le 15 août.

%⚐ *Mégalochori* (Μεγαλοχωρι) : *à 3 km sur la route d'Akrotiri*. Un autre petit bourg pittoresque avec son église sur la place centrale ombragée. En raison de l'étroitesse des rues, le village est presque impossible à traverser autrement qu'à pied. Les maisons, pas trop retapées, sont restées dans leur jus, mais un hôtel de luxe a tout de même élu domicile dans le village.

– *Winery Boutari :* entre Mégalochori et Akrotiri. ☎ 22-86-08-10-11. Tlj en été. Grand bâtiment moderne. Show multimédia sur l'histoire de l'île dans cette cave fondée en 1879 et dégustation payante.

## AKROTIRI (ΑΚΡΩΤΗΡΙ ; 84700)

À 9 km au sud-ouest de Fira. On aime bien ce village au rythme paisible. La vue sur la caldeira y est saisissante. Assez sympa d'y résider. Dans le bourg, ravissante *église* aux absides à dômes et petit campanile. Le site archéologique se trouve après le village juste avant d'arriver sur la côte sud.

➤ En juil-août, nombreux bus jour et nuit de Fira à Akrotiri (ttes les 30 mn ou 1h). En mi-saison, bus ttes les heures env 9h-20h30. Liaisons également avec Périssa.

## Où louer une voiture ou une mob ?

■ *Axion Rent a Car :* en plein centre. ☎ 22-86-08-16-83. ● axion.gr ● Location de voitures ainsi que de motos de 50 cc et 90 cc. Bon matériel.

## Où dormir ? Où manger ?

🛏 |●| *Carlos Pansion :* au centre d'Akrotiri. ☎ 22-86-08-13-70 ou 18-58. 🖳 69-74-77-30-13. ● carlospansion.gr ● Bien indiqué. Mars-début nov. Doubles 35-55 € selon saison, petit déj inclus. Éva propose une vingtaine de chambres plaisantes avec salle de bains, frigo et balcon. Atmosphère familiale. Salle à manger où aiment bien se retrouver les hôtes. Maria, la fille, peut véhiculer les clients et parle le français. Une bonne adresse.

🛏 *Villa Maria :* prendre la route qui va vers le phare, puis emprunter le chemin raide et sinueux qui descend depuis la taverne Mama Thira. ☎ 22-86-08-17-18. 🖳 69-38-19-91-32. ● villamaria-santoroni.gr ● Tte l'année. Doubles 35-70 € selon saison ; pour 4 pers, compter 55-100 €. Il s'agit d'une maison complètement isolée, nichée dans un écrin de fleurs face à la caldeira. Merveilleusement calme. Chambres impeccables et confortables (AC, TV), certaines offrant une vue magnifique sur la caldeira. Grande piscine.

|●| *Zafora :* au centre d'Akrotiri. ☎ 22-86-08-30-25. Repas 12-15 €. Voilà une bonne occasion de goûter la vraie cuisine de l'île. Le zafora est un safran spécial qui ne pousse que dans ce coin après les premières pluies. Il est immédiatement récolté lors de la floraison parce qu'il ne résiste pas aux vents parfois rudes qui balayent l'île. Georges, le patron, sait mieux que quiconque l'introduire dans ses recettes, notamment dans son fameux risotto et dans certains bons vieux plats familiaux (comme le faisaient déjà les gens d'Akrotiri durant l'Antiquité). Accueil à la hauteur de la qualité de la cuisine et prix fort abordables.

|●| *Taverne Théofanis :* à l'entrée du village. ☎ 22-86-08-11-41. Repas env 12 €. Taverne de village à l'ancienne, proposant une cuisine simple et bon marché fréquentée par des habitués. Bonnes viandes grillées et salades copieuses. Bon accueil de la discrète patronne.

|●| *Tavernes Melinas, I Spilia tou Stolida, I Spilia tou Nikola :* arrivé au site archéologique, descendre jusqu'à la mer. On trouve là une brochette de tavernes troglodytiques, collées les unes aux

autres, proposant des spécialités de la mer pour env 10-12 €, plus cher pour du poisson frais (comme d'habitude). Des affaires de famille soigneusement tenues, avec fresques naïves et déco marine en terrasse. On recommande particulièrement I Spilia tou Nikola (☎ 22-86-08-23-03). Spécialités de *tomatokeftédès* (avec les petites tomates de Santorin) et vin de la vigne du patron. On peut aussi visiter la grotte.

|●| **Taverne Giorgaros :** à env 3 km du centre d'Akrotiri, sur la route qui mène au phare. ☎ 22-86-08-30-35. Tte l'année. Compter à partir de 10 € pour une petite entrée et un plat. Taverne excentrée, avec une superbe vue. Tenue par 4 frères pêcheurs, elle sert des plats traditionnels : poisson, lapin... Copieux et très frais. Une adresse qu'on aime pour sa simplicité et son efficacité.

# À voir. À faire

**Le site archéologique :** à 3 km d'Akrotiri. ☎ 22-86-08-13-66. Attention : un dramatique accident, fin sept 2005, a causé la mort d'un touriste britannique et a gravement blessé plusieurs autres visiteurs. Le toit qui avait été installé s'est effondré... Le site a été fermé immédiatement après l'accident. Fin 2010, il semblait que le site n'était pas près de rouvrir. Dans les conditions de visite normales, l'entrée est à 3 € ; réducs.

La découverte d'Akrotiri est due à l'obstination d'un archéologue grec, Spyridon Marinatos. Après avoir fouillé un peu partout en Grèce et surtout après avoir développé une théorie sur Santorin, il arrive vers 1960 sur le terrain. Quand il obtient enfin l'autorisation d'entreprendre les fouilles, Marinatos, qui ne veut pas entendre parler du mythe de l'Atlantide, se fixe tout de suite sur Akrotiri, port idéal pour les marins de l'Antiquité. Pendant huit saisons de fouilles consécutives, de 1967 à 1974, il fait d'extraordinaires découvertes. Pendant ce temps, c'est la dictature des colonels en Grèce, mais Marinatos, tout à son « œuvre » s'en accommode parfaitement. Le 1er octobre 1974, quelques mois après la chute des colonels, Marinatos, victime d'une attaque, tombe à son tour. Il est enterré sur place.

Comme pour Pompéi, la masse de cendres volcaniques (40 à 50 m d'épaisseur) qui ensevelit cette ville a permis de conserver les **ruines** à l'abri du temps, sur une superficie de 12 000 m². Certaines maisons ont encore 2 ou 3 étages, après avoir été en partie détruites par un tremblement de terre. Des magasins ont été découverts avec de grands récipients contenant des denrées alimentaires. On y a retrouvé aussi de superbes fresques, d'abord expédiées au Musée national à Athènes, puis rapatriées récemment sur l'île : on peut admirer ce qu'il en reste (car il manque pas

> ## CANAL (PRÉ-)HISTORIQUE
>
> *Ce sont les Français partis travailler au percement du canal de Suez qui ont les premiers eu l'intuition que le sous-sol de Santorin pouvait receler des trésors archéologiques. Venus pour y prendre de grandes quantités de pouzzolane destinées à recouvrir les parois du canal, ils éveillèrent l'attention d'archéologues, dont un, Émile Burnouf, qui fouilla à Akrotiri. Mais ses découvertes, pourtant intéressantes, n'eurent aucun écho et il fallut attendre le XXe s pour exhumer la cité préhistorique enfouie.*

mal de pièces au puzzle) au Musée préhistorique de Fira et à Athènes. La plus célèbre, Le Pêcheur, est représentée sur la plupart des bouteilles de vin de Santorin. Pour protéger les travaux et les vestiges mis au jour, l'ensemble du site a été longtemps recouvert d'une simple toiture en tôle ondulée, jusqu'à ce qu'on la remplace par un toit plus lourd..., qui s'est effondré finalement. À vrai dire, ce n'est pas ce qu'on y voit qui est intéressant. En revanche, la visite, assez chère, permet de saisir ce qu'est un champ de fouilles... On y pratique un vrai travail de chirurgien. Le tout est quand même assez décevant pour le profane. Mais il ne faut pas perdre de vue qu'on est loin d'avoir tout fouillé (il y a 25 ans déjà, le professeur Doumas, successeur de Marinatos, disait que 100 ans de fouilles seraient nécessaires pour tout exhumer !). Un conseil : visitez Akrotiri, si c'est de nouveau possible, après avoir fait un tour au Musée préhistorique de Fira.

⌂ Ne pas oublier un maillot de bain, car on trouve de superbes criques dans le coin. En particulier *Red Beach,* une plage de sable volcanique noir entourée de falaises rouges, pas loin du site archéologique et de tavernes sympas les pieds dans l'eau. Compter 10 mn depuis le parking de la plage (être bien chaussé). Attention, elle est souvent noire (ou rouge, c'est selon) de monde et donc parfois pas très propre. Et transats ou parasols sont bien chers... À moins d'attendre 19h ou de poser sa serviette sur la plage suivante, vers la gauche (encore plus de marche donc !).

🍴 D'Akrotiri, une route conduit au *phare* de l'île. Prenez à droite avant l'entrée du village. Panorama splendide. Calme royal et, curieusement, pas trop de vent comparé à d'autres endroits.

⌂ *Messa Pigadia* (Μεσα Πηγαδια) : sur le chemin du phare, on accède à la plage de Messa Pigadia par une piste de 1 km qui prend sur la gauche. Un peu ingrat en scooter, mais on découvre une plage abritée, jolie et avec de nombreux *sunbeds*. Marcher vers la gauche vers les roches quasi blanches, c'est superbe ! *Kambia Beach* ne mérite pas le détour, sauf pour les inconditionnels de chemins cahoteux (2,3 km, ça commence à faire beaucoup de poussière à avaler).

## LES STATIONS BALNÉAIRES DE LA CÔTE SUD-EST DE L'ÎLE

### *PÉRISSA* (ΠΕΡΙΣΣΑ ; 84703)

Ce n'est pas notre coin préféré à Santorin, c'est peu dire. Plage de sable noir longue de 9 km. La plage et les restos qui s'y alignent sont pleinement exposés au vent.
Très fréquenté en été mais moins d'hôtels qu'à Kamari, plus de pensions, donc plus abordable. On peut rejoindre le site de l'ancienne Théra et Kamari à pied par un sentier dans la montagne (environ 1h ou 1h30 de marche). Vue splendide en cours de route, mais prévoir de l'eau et un chapeau.
➤ Liaison en bus Fira-Périssa, dans les 2 sens, 7h-23h, ttes les 30 mn-1h suivant la saison et le moment de la journée. Vérifier au préalable les horaires des derniers départs. Liaisons avec le port d'Athinios également.

## Adresses utiles

■ *Location de motos et scooters :* **Mike's Bike,** *au début de la rue principale, sur la droite.* ☎ 22-86-08-21-06. Compter 10-24 € *pour 24h selon modèles et saison.* Excellent accueil, bon sens du service et matériel bien entretenu.
■ *Location de voitures :* bon matériel chez **Santosun Travel,** ☎ 22-86-08-14-56.

■ *Distributeur automatique de billets :* à côté de la poste.
@ *Accès Internet :* au **Corner,** au pied de la falaise.
■ *Club de plongée :* **Mediterreanean Dive Club,** *sur la plage, à 300 m du camping.* ☎ 22-86-08-30-80. Sérieux. Bons fonds marins, une quinzaine de sites. Cours en anglais, en allemand ou en français.

# Où dormir ?

## Camping

⚐ **Périssa Beach Camping :** sur la plage, à l'arrêt de bus, près de la belle église au dôme bleu. ☎ 22-86-08-13-43. • camp@otenet.gr • Mai-sept. Compter, selon saison, 10 à 20 € la nuit pour 2 pers. Internet. Très bien ombragé. Propreté désormais accepta-ble (encore que... selon certains lecteurs) et il y a tout ce qu'on peut attendre d'un camping civilisé : minimarket pas cher, bar... Bungalows sommaires à louer. À éviter toutefois si vous cherchez le calme : souvent de la musique toute la nuit et bondé en été.

## Bon marché

🛏 **Youth Hostel Anna :** en arrivant, sur la gauche, au bord de la route. ☎ 22-86-08-21-82. Arrivé au port, allez directement au meeting point, le transfert est gratuit. Mars-oct. AJ non affiliée à la fédération internationale. En dortoir (max 14 lits), jusqu'à 13-15 €/pers, petit déj inclus. AJ totalement rénovée en 2006, avec des dortoirs de différentes capacités. Pour des « youth » noctambules, fauchés et fêtards, ça reste le toit le moins cher de Périssa, et c'est convivial au sens un peu étroit du terme. Consignes gratuites. Fait agence de voyages, laverie, accès Internet. Resto-bar également (en face).

## De prix moyens à plus chic

🛏 Nombreuses **chambres chez l'habitant.** Cela va du cagibi où tient tout juste un lit à la belle chambre toute fraîche face à la mer. Éviter, bien sûr, les chambres au-dessus des discothèques.
🛏 **Rena Hotel :** en arrivant, tourner à droite à hauteur du Dorian's Pub (face au Florida) et continuer sur 250 m ; c'est 100 m avant la plage, à gauche. ☎ 22-86-08-13-16. • hotelrena.gr • Mai-oct. Doubles assez petites et propres, 43-76 € selon saison, petit déj compris (tarifs négociables). L'endroit a su garder une touche personnelle, avec ses murs jaune et bleu, ses bibelots de grand-mère et ses photos de famille. Déco intérieure entre le kitsch et l'avant-gardisme involontaire. À l'extérieur, coin détente, bar et piscine, crépis multicolores. Accueil adorable.
🛏 **Tony's Villa** (the Legend) : dans le centre, au niveau d'une place en friche, direction la corniche, tourner vers la gauche dans une petite ruelle. ☎ 22-86-08-19-95. 📱 69-45-21-77-73. • tonysvilla.com • Avr-oct. Doubles 30-60 €. CB refusées. Wifi. Un sacré bricoleur, qui a fait lui-même ses chambres, la minipiscine et les fresques murales originales. Frigo et kitchenette dans chaque chambre. Chambres familiales avec une mezzanine, studios juste un peu plus chers. Transport gratuit jusqu'au port ou à l'aéroport, plus divers autres services que Tony sera ravi de vous rendre. Tony est également un artiste (voir • tonyartgallery.gr •).
🛏 **Vassilis Rooms The Best :** à droite de la rue principale en allant vers la falaise. ☎ 22-86-08-17-39. • hotelthebest-santorini.gr • Tte l'année. Chambres doubles 60-100 € et familiales 100-140 €. Wifi. Réduc pour les résas faites sur Internet bien à l'avance ou pour les résas de dernière minute. Chambres doubles classiques, avec frigo, TV satellite et AC, et jolies. Également des studios, plus chers, certains avec mezzanine. Piscine et Jacuzzi.

# Où manger ? Où boire un verre ?

🍴 **Aquarius :** sur la plage, côté falaise. ☎ 22-86-08-20-19 ou 30-30. Compter env 15 €. Quelques menus. Grande terrasse soutenue par de fins piliers de bois pour une cuisine italienne sérieuse quoiqu'un peu grasse. Goûter aux pizzas : la *pirada*, la *mamma mia* (4 fromages) et celle à l'ananas sont pas mal. Service sympa mais un peu trop commercial (comme souvent).

|●| *Taverna Afrodite : tout près du club de plongée.* ☎ 22-86-08-14-27. *Repas env 15 €. Réduc de 10 % sur présentation de ce guide.* Décoration traditionnelle bleu et blanc avec pas mal de plantes et de verdure. On y mange de tout à un prix plus que raisonnable (chose rare sur la plage), mais le point fort est un grand choix de plats végétariens copieux et réussis (moussaka végéta-

rienne à tomber par terre !) Le service est très sympathique, même s'il faut parfois attendre un peu (tous les plats sont préparés à la demande),

▼ *The Magic Bus : au bout de la plage, à l'arrêt de bus.* À l'arrivée ou au départ de votre bus, venez vous allonger sur de grands canapés confortables dans une ambiance jazzy ou latino. On a adoré la déco tout en bois faite de bric et de broc (même un arbre qui traverse le plafond au milieu du bar !). Une pause bien relax en sirotant un chocolat glacé ou un cocktail. Fait aussi des salades, des omelettes pour caler un petit creux.

## *PERIVOLOS* (*ΠΕΡΙΒΟΛΟΣ* ; 84703)

C'est le prolongement naturel de Périssa, à 10 mn à pied et à une station de bus avant Périssa sur la grande route (demander au chauffeur de s'arrêter à *Perivolos Beach*). Plage plus « aérée », où pas mal de sports nautiques peuvent être pratiqués (dont la plongée, voir ci-dessous *Le Chat Cool*), nombreux bars de jour (et de nuit aussi) où les fêtes battent leur plein. C'est même l'endroit où la plupart des bars branchés se concentrent.

## Où dormir ? Où manger ? Où boire un verre ?

🏠 *Le Chat Cool : à 50 m de la plage* (indiqué). ☎ 22-86-02-87-25. 📱 69-46-72-20-17. ● lechatcool.com ● *Ouv mars-oct. Penser à réserver longtemps à l'avance. Loc min 1 sem : selon saison, studios 245-483 € pour 2 pers, apparts 350-623 €. Remise de 10 % pour 2 sem, sur présentation de ce guide.* Chambres avec cuisine équipée, AC et TV. Un joli petit hôtel, absolument pas standardisé, avec une architecture de style cycladique, très accueillant avec son jardin où se bousculent les chaises et les tables, pour que les hôtes soient amenés à se rencontrer. Françoise et Vincent, les propriétaires belges, ont eu un coup de cœur en voyant l'endroit, et on les comprend. Ils en ont fait un hôtel chaleureux, où l'on a envie de rester et pas simplement de passer en coup de vent. Les clients viennent de toute l'Europe : à eux deux, Vincent et Françoise maîtrisent 5 langues, du fran-

çais au néerlandais en passant par l'anglais et l'allemand, plus le grec ! Un vrai bon plan comme on les aime. Vincent gère également un centre de plongée à Périvolos, renseignements sur ● di vesantorini.com ●

|●| *Corali : sur la plage.* ☎ 22-86-08-26-54. *Repas env 12-14 €.* L'établissement est connu pour les grillades au charbon de bois (poisson ou viande). Accueil sympa et décontracté.

|●| *Taverne Kavourakia : sur la plage de Saint-Georges (Agios Georgios).* ☎ 22-86-08-26-41. *Tte la journée mars-nov. Bon repas pour 10-15 €.* Sympathique taverne, avec la grande terrasse typique. Bonne cuisine traditionnelle. Vin du patron au tonneau.

|●| *Charlina : sur la plage.* ☎ 22-86-08-28-13. *À partir de 12 € pour 2 plats, plus cher pour un repas de poisson.* Large terrasse ombragée. Au fond du resto coule une fontaine. Accueil en français.

## À voir dans les environs

🦌 *Vlychada :* un curieux décor où cohabitent deux cheminées d'usine et un hôtel de luxe à la blancheur immaculée, le tout à proximité d'un grand port où voisinent yachts et bateaux de pêcheurs. Grande plage de sable noir de plus en plus sauvage à mesure qu'on s'éloigne en direction de l'ouest. Belles falaises. Naturisme possible.

## KAMARI (KAMAPI ; 84703)

Kamari, c'est Périssa en plus chic. Plus d'hôtels, plus de restos et une plage de gravillons noirs (avec, de temps à autre, quelques poches de sable) de 2 km, sympa le soir, protégée par une rue piétonne bordée de tamaris mais terriblement ventée. Le soleil disparaît aussi une heure plus tôt (plage située à l'est). Bon, ce n'est pas pour les rebelles ni les babas cool. Mais les routards avisés ne jetteront pas un regard dédaigneux sur ce coin touristique, car, malgré les apparences, tout est moins cher qu'à Fira et à Oia. Tout le confort moderne se concentre dans la zone piétonne ou dans ses ruelles adjacentes (change, agences de voyages, etc.). Kamari est aussi le point de départ pour la visite de l'ancienne Théra, juchée tout en haut du Messavouno.

– *Attention :* en été, difficile de trouver une chambre sans réserver, car la ville est prise d'assaut par les groupes.

– *Un conseil :* c'est un village plutôt étendu, il n'est pas inutile de demander un plan dans n'importe quelle agence de voyages. Et évitez de vous trouver trop près de l'aéroport, car en saison pas mal de décollages et d'atterrissages.

➤ *Bus de/vers Fira :* liaisons dans les 2 sens, 7h30-minuit, ttes les 30 mn-1h. Retour 7h-minuit. Hors saison, beaucoup moins de bus, se renseigner.

## Adresses utiles

■ **Distributeur de billets :** à l'entrée de la ville. Également à l'agence Kamari Tours sur le front de mer.
■ **Centre médical :** après être entré dans Kamari, bifurquer sur la droite. ☎ 22-86-03-11-75.
■ **Location de scooters, vélos et voitures :** presque à tous les coins de rue. Bon choix de mobs à **Motor Inn,** dans la dernière rue perpendiculaire à la mer, côté montagne. ☎ 22-86-03-11-65. Compter 11-20 € selon saison (assurance tt risque comprise).
🚌 **2 arrêts de bus :** un à l'entrée de Kamari, à côté du distributeur, et l'autre dans la rue perpendiculaire à la promenade de la plage, en allant vers le mont Vouno.

## Où dormir ? Où manger ?

### De bon marché à prix moyens

|●| **Almira Restaurant :** tout au bout de la plage, à l'opposé du mont Vouno. ☎ 22-86-03-37-18. Compter à partir de 12 € pour 1 entrée + 1 plat. Il ne tient qu'à vous de faire grimper la note, si vous essayez les plats les plus raffinés. Dans une salle sobre, l'*Almira* sert l'une des cuisines les plus savoureuses qu'on ait goûtées à Santorin, à des prix qui savent rester sages. Plats de viande inventifs. Service rapide et efficace. Un excellent rapport qualité-prix.

|●| **Restaurant Alexander :** à l'angle de la rue centrale qui remonte de la plage, côté montagne. ☎ 22-86-03-21-31. Midi et soir. Menu env 11 €, plus cher à la carte. Cadre assez plaisant avec des tables à nappes rouges et des ceps entortillés aux murs. Dans l'assiette, un menu différent chaque jour et présentation soignée des plats. Service discret, pas racoleur du tout.

## De plus chic à bien plus chic

▲ *Andreas Hotel : dans une rue parallèle à la plage, côté montagne.* ☎ 22-86-03-16-92. Fax : 22-86-03-13-14. *Avr-oct. En hte saison, double env 85 €, petit déj inclus ; évidemment bien plus avantageux hors saison. Hôtel dans le style cycladique, très bien tenu et orné d'une allée de bougainvillées. Gentil jardin avec piscine. Mobilier de qualité, chambres triples spacieuses avec terrasse. Point de chute de pas mal de groupes allemands et autrichiens. Bon accueil.*

▲ *Artemis Hotel : en plein centre, sur* la route principale, côté montagne. ☎ 22-86-03-11-98. ● *artemis-santorini. com* ● *Mai-sept. Chambres 34-95 € pour 2 pers en moyenne saison (jusqu'à fin juil). Petit hôtel à la belle architecture, tout en arcades. Tenu par 4 sœurs, de vraies fées du logis. Chambres avec AC et terrasse (demander celles avec vue sur la mer). Agréable piscine, complètement isolée de la route. Bonne ambiance de calme et gentil accueil. Un bémol cependant : les petits déj ne sont pas très consistants.*

# À faire

– **Dégustation (payante) de vins :** *J. S. Roussos Co, sur la route, 500 m avant d'entrer dans Kamari.* ☎ 22-86-03-13-49. ● *ca navaroussos.gr* ● *Une canava (cave traditionnelle) fondée en 1836 qui se targue d'être la plus ancienne de l'île et qui est exploitée depuis de père en fils. On vous attend à bras ouverts pour goûter vins secs (niktéri, rivari...) ou vins doux locaux (visanto, athiri...). Un petit musée du Vin a été aménagé avec explications sur toutes les étapes de la vinification. C'est sympa, on y parle le français.*

> ### 2 600 ANS D'ÂGE !
>
> *Le vignoble de Santorin est probablement le plus ancien au monde puisqu'on estime que l'on a commencé la production de vin sur l'île vers 600 av. J.-C. Grâce à la terre volcanique, sableuse et pauvre en argile, c'est un des très rares vignobles à n'avoir jamais été touché par le phylloxéra. Les ceps n'ont donc pas eu besoin d'être greffés et poussent à même le sol. Dionysos, dieu du Vin, a été protégé par Héphaïstos, dieu du Feu et des Volcans.*

– **Cinéma de plein air :** *en arrivant à Kamari, sur la droite.* ☎ 22-86-03-34-52. *En saison, films ts les soirs à 21h30. Sympa de (re)voir ses stars préférées à la belle étoile. Films de l'année.*

## L'ANCIENNE THÉRA (ΑΡΧΑΙΑ ΘΗΡΑ)

🕈🕈 *Site ouv mar-dim 8h30-14h30. Entrée : 2 € ; réducs.*
– **Conseils :** prévoir des bouteilles d'eau, car il y a un vendeur sur place, mais il pratique des prix élevés. S'équiper de bonnes chaussures et faire attention, car la roche est friable par endroits.
Cette grande ville morte est un champ de ruines de 800 m sur 150 m, perché au sommet du *Messavouno* (369 m), au-dessus de Périssa. Les Doriens, conduits par leur chef Théras (qui laissa son nom à l'île) s'y installèrent au IXe s av. J.-C. et, 600 ans plus tard, les Ptolémée égyptiens placèrent une garnison sur ce piton rocheux et dénudé, chargée de surveiller les abords de la mer Égée. À part les reliefs rupestres ptolémaïques (après la basilique), les vestiges datent surtout des époques hellénistique et romaine. La partie la plus intéressante est la terrasse des Fêtes (ou gymnase des Éphèbes, à l'extrémité sud du site), où des garçons nus dansaient et chantaient en l'honneur d'Apollon. Malheureusement, elle ne se visite plus. Voir aussi l'agora, avec les cavités creusées dans le roc, portant les noms de dieux.

# Comment y aller ?

➤ **De Kamari :** on peut y accéder par la route (attention, c'est raide !), en voiture (certains hôtels organisent des excursions), en minibus (ttes les 30 mn, la station se trouve au carrefour, devant *Castello*), en mob ou à pied (1h). Il y a aussi la solution qui possède quatre pattes et de grandes oreilles. Mais épargnez donc les reins de ces pauvres bêtes. La marche (avec bonnes chaussures et eau fraîche !) reste le meilleur moyen de profiter de la balade. Un chemin y monte en évitant les lacets de la route. Après la sortie de Kamari (par la route), dans un virage après un hôtel, le chemin commence sur la droite. Il passe par une grotte abritant une chapelle (au fond, de l'eau coule). Continuer en passant à gauche de la grotte (escalier avec une rampe). On rejoint ensuite les derniers lacets de la route. Y aller tôt le matin pour éviter les grosses chaleurs.

➤ **De Périssa :** on y monte à pied et c'est encore plus beau. Compter une bonne heure de marche et ça grimpe sec. La vue est superbe. Itinéraire : partir de la place des bus sur la route goudronnée qui monte aux hôtels *Artemis* et *Marianna*. Moins de 30 m après l'hôtel *Artemis,* prendre le chemin à droite qui serpente dans les terrasses. Surtout, ne pas s'engager vers les cavernes taillées dans le roc, mais suivre les pancartes.

## LE NORD DE L'ÎLE

### FINIKIA (*ΦOINIKIA* ; 84702)

Village typique mignon tout plein, peu touristique, bâti en amphithéâtre, juste avant Oia, face à la mer mais sur le côté qui s'incline en pente (plus ou moins) douce jusqu'aux plages de la côte nord-est de l'île. Se garer au parking et gagner à pied le labyrinthe des ruelles toutes plus mignonnes les unes que les autres. Le village n'a pas été tout refait (comprenez qu'il reste de la ruine à revendre et que ce qui a été retapé n'a pas l'aspect un peu trop léché d'Oia) et le logement y est un peu moins cher qu'à Oia.

# Où dormir ? Où manger ?

🛏 |●| **Finikia Place :** en contrebas de la route, peu avant l'intersection pour Finikia. ☎ 22-86-07-13-73. ● finikiaplace. com ● 1er avr-30 oct. Chambres avec AC 78-105 €, petit déj compris, et studios 90-113 €. Internet et wifi. Petit ensemble de 24 chambres et studios. Jolie vue de la terrasse du restaurant et de la piscine. L'ensemble est bien tenu. Accueil francophone. Restaurant.

🛏 **Villa Anemoessa :** avant Oia, tourner à droite pour Finikia au carrefour du resto Santorini Mou, c'est 200 m plus bas à gauche, derrière le magasin. ☎ 22-96-07-14-76. Avr-oct. Résa possible chez Îles Cyclades Travel à Marpissa (voir chapitre « Paros »). Pour 2 pers, compter 80-120 € en studios, 100-160 € en maisonnettes et 110-170 € en apparts. Internet. Studios et appartements offrant un très bon niveau de confort (AC, TV sat', et en prime une jolie décoration), à des prix encore raisonnables pour le secteur. Balcon ou terrasse. Excellent accueil (francophone) de la maîtresse de maison, Irini. Bon petit déjeuner (en supplément) préparé par la tante d'Irini. Piscine, Jacuzzi.

🛏 **Lotza Studios :** dans le village (parcours fléché). ☎ 22-86-07-10-51. ● san torinilotza.gr ● Ouv tte l'année. Une adresse discrète, au calme, mais impossible à trouver sans demander son chemin. Téléphoner impérativement, car les proprios sont rarement là. Compter 65-95 € pour 2 pers et 75-105 € pour 3. Internet. Bon marché pour le coin. Chambres doubles avec salle de bains, frigo, TV, terrasse et petite cuisine. Coin cuisine avec spa. Excellent accueil. Taverne dans le village.

🛏 **Studios Georgi Karras :** à l'extrémité est du village (accès pédestre slt, en suivant les flèches bleues jusqu'au bout de Finikia). Le propriétaire vient vous chercher au port pour un séjour de 2 nuits min. ☎ 22-86-07-11-83. 📱 69-74-47-81-08. ● georgistudio.gr ● Avr-oct. Selon saison, pour 2 pers env 50-90 €, pour 4 pers, 90-130 € ; petit

déj inclus. Dans une petite résidence adossée à la colline, des studios stan-dard avec TV, AC et petite cuisine. Très belle vue sur les vignes et emplacement imprenable pour le soleil couchant. Calme et reposant. Bon accueil de Georgi et Tania. Piscine.

## OIA *(OIA ; prononcer « i-a » ; 84702)*

Ses demeures troglodytiques et ses églises aux dômes lumineux symbolisent la Grèce et font désormais partie de l'imagerie universelle.

Durant la seconde moitié du XIXᵉ s, Oia était un village très riche et prospère, avec pas moins de 130 navires, qui commerçaient surtout avec la Russie, le Levant et Alexandrie. En bas de la falaise, il y avait un chantier naval. Les marins habitaient les maisons troglodytiques, et les officiers et capitaines de navires les belles demeu-res à deux étages en haut de la falaise, bâties sur la partie plane.

Il était commun de dire, contrairement à Fira, que Oia avait su conserver son charme et échappait au tourisme de masse. Ce n'est plus tout à fait vrai. La rue principale aligne nombre de boutiques de luxe et joailliers. Dommage que les autorités ne comprennent pas la nécessité d'un équilibre culturel de leur ville (garder de vieilles boutiques traditionnelles par exemple) ! Le « tout tourisme » tue tout... (et surtout l'émotion !). Reste le charme réel de ce village qui offre la vue la plus saisissante qui soit sur la baie et son volcan. Et ça se paie plutôt cher...

## Comment y aller ?

➢ *En bus (de/vers Fira) :* de 7h (6h dans l'autre sens, pour prendre un bateau) à minuit en été, quasiment ttes les 30 mn. Plus quelques bus de nuit. Hors saison, 1 bus/h, le dernier partant à 20h30.

➢ *En scooter et en voiture :* plus qu'agréable pour profiter pleinement du pay-sage sans la fatigue de la marche ! Mais faites gaffe à la route des crêtes entre Fira et Oia : très sinueuse et, quand le *meltémi* souffle fort, exposée aux rafales, en un mot, dangereuse. Les noms peints sur les rochers, dans certains virages, sont là pour vous le rappeler. La route basse est plus sûre, mais plus longue.

➢ *À pied :* un chemin longe la côte de Fira à Oia ; belle balade à pied de 3h env, le long de la falaise. Au total 10 km. Effectuer l'excursion tôt le mat ou en fin de jour-née pour éviter les chaleurs. Emporter de l'eau et un chapeau. Pour l'anecdote, sachez qu'en 1937 Sartre et Beauvoir ont fait, contraints et forcés, l'excursion parce que leur bateau les avaient débarqués ici alors qu'ils avaient prévu d'aller dans un hôtel de Fira !

## Adresses utiles

■ *Location de motos et de voitures :* **Auto-Europe** *(plan B1 et D1, 1),* juste à l'entrée d'Oia, près du 1ᵉʳ arrêt de bus et dans le centre. ☎ 22-86-07-12-00. ● vazeos.gr ● Compter 10-15 €/j. pour un scooter selon saison, à partir de 30 € pour une voiture. Matériel en très bon état. Attention : pas de station-service à Oia, la plus proche se trouve à 7 km en

direction de Fira.
■ @ *Agences de voyages et point Internet :* **Ecorama Holidays** *(plan C1, 2),* au début de la rue piétonne. Une autre agence (plus documentée) à l'arrêt de bus *(plan B1, 2).* ☎ 22-86-07-15-07. Hors saison : ☎ 22-21-06-00-56. ● santorinitours.com ● Tte la jour-née. Quelques membres du personnel

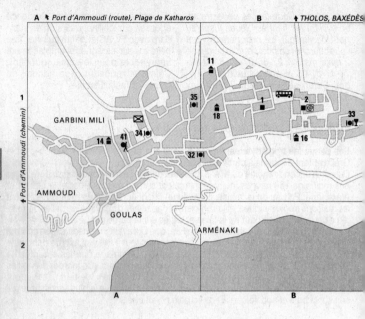

■ **Adresses utiles**

    **1** Auto-Europe
  @ **2** Ecorama Holidays

▲ **Où dormir ?**

    **11** Youth Hostel

**12** Filotera Villas
**13** Anémomilos Hotel
**14** Rooms Christos
**15** Olympic Villas
**16** Lauda Rooms
**17** Strogili
**18** Aethrio Hotel
**19** Pension Flower

sont francophones. Excursions, hébergement, billets d'avions, etc. Accès Internet.
■ **Distributeurs automatiques de billets :** plusieurs dans le village.

■ **Toilettes** publiques et gratuites à l'arrêt de bus.
■ **Presse internationale :** dans ts les minimarkets.

## Où dormir ?

Une chance, le parc d'hôtels et de pensions se révèle nettement plus développé qu'à Fira. Excellent choix dans toutes les gammes de prix, mais en haute saison les adresses les moins chères sont toutes réservées. Attention, la plupart exigent au moins en saison une durée de séjour minimum.

### De bon marché à prix moyens

▲ **Youth Hostel** (plan B1, **11**) : ☎ et fax : 22-86-07-14-65. ● santorinihostel. gr ● ⴟ En contrebas du village, facile à trouver si l'on suit la route (du bus) qui contourne le village par le bas ; fléché à partir de l'arrêt de bus. Mai-oct. Compter 15-17 €/pers, petit déj compris. CB refusées. Ce n'est pas vraiment une

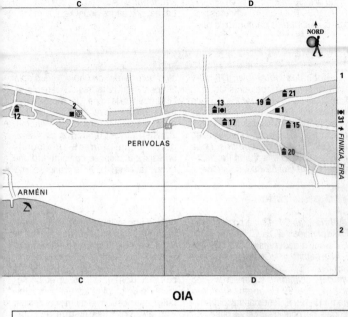

**OIA**

SANTORIN (CYCLADES SUD ET SUD-EST)

auberge de jeunesse, mais un compromis entre une AJ et une pension. Chambres collectives et dortoirs de 4 à 18 personnes, s'organisant autour d'un agréable patio. Bien entretenu et très propre. Bar (avec *happy hour*) mais pas de cuisine. Laverie. Direction dynamique.

▲ *Pension Flower* (plan D1, *19*) : à l'entrée du village, à droite, en contrebas de la route (arrêt de bus). ☎ 22-86-07-11-30. ● pflower@otenet.gr ● Résa possible chez Îles Cyclades Travel à Marpissa (voir le chapitre « Paros »). Avr-fin oct. Doubles 50-70 € selon saison, quadruples 70-105 € ; petit déj en sus. CB refusées. Impossible de rater cette bâtisse toute rose, croulant sous les bougainvillées et surplombant la plaine. Belle piscine devant. L'ensem-

ble possède un charme fou ; le jardinier est un as. Chambres pour 3 et 4 personnes également. Super accueil de Flora ou de sa mère, venue du Mexique. Une très bonne adresse au rapport qualité-prix exceptionnel pour Oia.

▲ *Pension Galini* (plan D1, *21*) : à l'entrée du village sur une petite route à droite, après la Pension Flower. ☎ 22-86-07-13-96. ● galini-ia.gr ● Avr-oct. Doubles env 30-50 €, triples 40-70 € (incluant une réduc sur présentation de ce guide). CB refusées. Wifi. Parking. Pension récemment rénovée qui propose des chambres simples, sans charme particulier, mais à un tarif encore raisonnable pour Oia. TV, petit frigo. Également 2 appartements. Vue sur les vignes, piscine.

▲ *Rooms Christos* (plan A1, *14*) : pas

*loin du Musée maritime.* ☎ 22-86-07-14-87. 🖥 69-74-41-36-41. *Christos propose 6 jolis studios confortables avec kitchenette, AC et TV : 50-70 €. Au calme, prix sages pour Oia.*

## Plus chic

🛏 **Anémomilos Hotel** *(plan D1,* **13***) : continuer vers le village après Olympic Villas.* ☎ 22-86-07-14-10 et 15-17. ● ane momilos.gr ● *Résa possible chez* Îles Cyclades Travel *à Marpissa (voir le chapitre sur Paros). Avr-oct. Doubles avec sdb 70-82 €, petit déj compris. Loue aussi des studios et apparts (respectivement 68-79 € et 69-89 € pour 2 pers) ainsi qu'une maison troglodytique pour 2-5 pers. Petit hôtel très convenable, en contrebas de la route. Chambres (refaites en 2006) avec AC et TV satellite, très agréables (jolis tons ocre). Piscine. Transfert payant du port et de l'aéroport. Accueil correct. Une bonne adresse qui dispose également d'une bonne taverne (voir « Où manger ? »).*

## Bien plus chic

🛏 **Aithrio** *(plan B1,* **18***) : à proximité de l'église principale d'Oia.* ☎ 22-86-07-10-40. *De nov à début mars,* ☎ 21-09-13-35-14. ● aethrio.gr ● *Compter, selon saison, 60-155 € pour un studio 2 pers avec petit déj ; chambres supérieures avec petit déj 95-199 € ; appart standard 4 pers 115-199 €. Tenu par un couple de Français, cet hôtel n'est certes pas placé sur la falaise comme d'autres, mais il y gagne incontestablement en tranquillité. Ses bâtiments ont une histoire (c'étaient ceux d'une usine à tisser qui produisait des chaussettes) et ont fait place à petite vingtaine de studios, chambres et appartements, chacun agencé différemment mais avec une belle unité d'ensemble. TV satellite, AC, frigo et kitchenette (sauf dans les chambres), balcon ou terrasse. Piscine. Pour Oia, une adresse d'un bon rapport qualité-prix.*

🛏 **Olympic Villas** *(plan D1,* **15***) : à l'entrée du village.* ☎ 22-86-07-14-95 et 22-86-07-17-97. *Résa possible chez* Îles Cyclades Travel *à Marpissa (voir le chapitre « Paros ») :* ☎ 22-84-02-84-51. ● olympicvillas.com ● *Avr-fin oct. Ce complexe hôtelier propose des studios (sans vue sur la caldeira) 54-81 € des apparts avec vue (70-103 € pour 2 pers) et des maisons troglodytiques, assez rustiques (87-135 € pour 2 pers) ; également 3 apparts pour 3-4 pers, avec vue. L'établissement s'étend entre la route menant au village et la corniche. Plus on se rapproche du magnifique panorama, mieux c'est, bien entendu ! Chacun dispose d'une kitchenette avec frigo, d'une salle de bains et d'une terrasse. AC dans toutes les chambres. Service hôtelier. 2 petites piscines (dont une avec vue sur le volcan), un échiquier géant. Salon convivial avec TV, bar, jeux. Bon esprit (pour un établissement de ce rang) et accueil sympathique. Résa possible et même conseillée. Bon à savoir : les clients de touropérateurs sont privilégiés. Attention tout de même : l'inclusion de cette adresse dans la rubrique « Bien plus chic » est fondée sur des critères de prix (on est à Oia tout de même), ce qui ne signifie pas pour autant que l'adresse soit « chic » au sens fort du terme.*

🛏 **Strogili** *(plan D1,* **17***) : presque en face d'Anémomilos.* ☎ 22-86-07-11-25. ● oia-strogili-houses.gr ● *Résa possible chez* Îles Cyclades Travel, *à Marpissa (voir le chapitre « Paros »). Avr-oct. Résa impérative en hte saison. Pour 2 pers, studios standard 100-145 €, apparts 135-185 €. Petit ensemble construit sur 3 niveaux, comportant studios, appartements (dont 2 qui peuvent accueillir jusqu'à 6 personnes) et 2 maisons troglodytiques qui peuvent accueillir 4 et 5 personnes. Climatisation dans toutes les unités. Ensemble soigné, vue magnifique, excellent niveau de confort. Belle piscine à disposition, à 150 m. Une bonne adresse, pour les routards aisés, bénéficiant d'un emplacement exceptionnel.*

🛏 **Filotera Villas** *(plan C1,* **12***) : sous la rue piétonne près de l'école.* ☎ 22-86-07-11-10 et 22-86-03-15-59 *(hors sai-*

son). ● *filoteravillas.gr* ● *Avr-fin oct. Pour 2 pers, studios 140-180 € et apparts 180-220 €. Wifi. Nikos et sa femme Maria vous réservent un bon accueil, avec un panorama sur la caldeira remarquable (cela va de soi !). Chambres et appartements troglodytiques avec TV, AC et même des lits à baldaquin. Possibilité de louer des studios tout confort de l'autre coté de la rue, moins chers (mais adieu la vue...). Piscine et Jacuzzi.*

⚑ *Lauda Rooms (plan B1, 16) : sur la corniche.* ☎ 22-86-07-12-04 et 11-57. ● *lauda-santorini.com* ● *Pour 2 pers en hte saison, chambre 100 € et studio env 120 €. C'est un ensemble de chambres et studios troglodytiques répartis sur la* falaise (tout en bas, bonjour les escaliers à remonter !). Bon accueil. Bien situé : vue imprenable sur la caldeira. Piscine avec Jacuzzi.

⚑ *Rimida Villas (plan D1, 20) : à l'entrée du village.* ☎ 22-86-07-11-92. ● *rimida. gr* ● *Résa possible chez* Îles Cyclades Travel, *à Marpissa (voir le chapitre « Paros »). Avr-fin oct. Pour 2 pers, studios 115-160 € et maisons traditionnelles 140-185 €. Petit complexe de logements troglodytiques (seulement 8 unités, accueillant 2 à 5 personnes), chacun avec terrasse et vue imprenable sur la caldeira. Excellent niveau de confort. Service hôtelier. Piscine (à 150 m).*

## Où manger ? Où boire un verre ?

### De bon marché à prix moyens

|●| *Pâtisserie Melenio (plan A-B1, 32) : dans la rue piétonne. Desserts à partir de 5 € env et petit déj 10 €. Quelques plats de snacks, des salades et surtout une carte des desserts plutôt sympa. Vous pourrez les choisir au sous-sol et même les emporter. Terrasse (avec la vue que l'on sait) où l'on écoute de la bonne musique.*

|●| ♟ *Café Flora (plan B1, 33) : dans la rue piétonne.* ☎ 22-86-07-14-24. *Compter à partir de 12 € pour un repas et de 7 € pour un petit déj. Petits plats simples, excellents desserts et bons jus de fruits, tout cela attablé à l'une des 2 terrasses, comme suspendues au-dessus de la caldeira. Fauteuils moelleux.*

|●| *Taverna Anémomilos (plan D1, 13) : à côté de l'hôtel du même nom.* ☎ 22-86-07-14-10. *Entrée env 4 €, plat principal 9-10 €. Cuisine familiale et plats* régionaux, faits à partir de produits locaux (légumes du jardin). Le meilleur rapport qualité-prix d'Oia. Grande terrasse agréable.

|●| *Taverna Santorini Mou (hors plan par D1, 31) : avant d'arriver à Oia, sur la droite au niveau de l'intersection pour Finikia.* ☎ 22-86-07-17-30. *Ouvre vers 18h. Compter min 13-15 €. Un peu cher pour ce que c'est, cela dit. Fort bonne atmosphère et accueil sympa. Jardin agréable. Grillades au feu de bois. Parfois, guitare et chants traditionnels.*

|●| *Les tavernes de la plage d'Ammoudi : accès du bout du village, par le chemin en zigzag ou par la route. Compter min 12-14 € et plus pour du poisson. 4 ou 5 tavernes traditionnelles devenues touristiques, et de qualité inégale. Kyra Katina propose de bonnes spécialités à base de poulpe. Bons poissons à Iliovassilema.*

### De prix moyens à plus chic

|●| *Roka (plan A1, 35) : dans une ruelle entre la poste et l'AJ.* ☎ 22-86-07-18-96. *Mars-nov, midi et soir. Compter env 20-25 €. Adresse discrète à l'écart du passage, avec une petite terrasse où il fait bon se trouver quand le soleil se couche. Plats traditionnels avec une touche de contemporain : keftedakia au* cumin et à l'ouzo, champignons au vin santo (le vin doux local) et au coriandre et classiques... Les prix restent raisonnables pour Oia.

|●| *Kyprida (plan A1, 34) : dans une ruelle entre le bureau de poste et le Musée maritime.* ☎ 22-86-07-19-79. *Avr-oct, midi et soir (slt le soir en basse saison).*

Prévoir env 25 €. Belle terrasse au 1er étage. Le patron franco-chypriote prépare une cuisine moyen-orientale, cousine de la cuisine grecque, mais avec davantage d'influences libanaises, voire un peu plus orientales encore. Parmi les spécialités, les *seftaliès* (crépinettes à base de viande de porc), le *halloumi* (fromage grillé) et la *pikilia*, assortiment de *mezze* (copieux : on vous en propose pas moins de 14, pour 2 personnes). Bons desserts, comme le *kounéfé*.

## Où dormir ? Où manger dans les environs ?

🛏 *Studios Ecoxenia* (hors plan par B1) : sur la route de Baxédès, à 1 km du centre de Oia. ☎ 22-86-02-83-40. ● ecoxenia.gr ● Avr-fin oct. Pour 2 pers, 60-90 € selon saison. Prix intéressants pour 3 et 4 pers. Wifi. Réduc de 5 % sur présentation de ce guide. 8 studios pour 2 à 5 personnes dans une maison de style cycladique, sur 3 niveaux. Les studios sont spacieux, dont 2 avec mezzanine. Petite cuisine bien équipée, AC, TV satellite. Jacuzzi. Autour, un grand jardin avec des arbres fruitiers, des oliviers et de la vigne ainsi que des tomates (gratuites !) pour faire sa salade. Très calme car excentré (être motorisé de préférence car le coin n'est desservi en bus que de juin à septembre. Prêt de vélos. Excellent accueil de Christoforos, francophone, et de sa femme.

🍽 *Captain John* (Giannis) : Pori. ☎ 22-86-02-34-09. Dans un minuscule port, à env 5 km au sud-est de Baxédès. Suivre la route côtière et ne pas manquer le petit panneau indiquant « Captain Giannis » (dans un virage très serré). Repas 12-15 €. Giannis tient cette taverne nichée dans la roche et fréquentée surtout par des locaux (et aussi par les Français depuis qu'il est dans le *Guide du routard* !). Une cuisine à base de produits de la mer tout fraîchement pêchés. Un petit coin authentique comme on les aime. Dommage que l'accueil dépende de l'humeur du *Captain*.

## À voir. À faire

🎭🎭🎭 ***La balade dans le village :*** la vue sur la caldeira est plus belle qu'à Fira, car la baie est pratiquement fermée par la falaise. On se perd avec plaisir dans ce labyrinthe de ruelles accrochées au rocher, pour découvrir toutes ces maisons aux formes étonnantes, des chapelles superbes ou de magnifiques demeures abandonnées après le tremblement de terre de 1956 (elles commencent à se faire rares... presque tout a été retapé). Et si vous vous baladez le soir au coucher du soleil, vous verrez qu'on vient de loin (façon de parler) pour l'admirer...

🎭 ***Le Musée maritime*** (plan A1, 41) : avr-oct, mer-lun 10h-14h, 17h-20h ; l'hiver, mer-lun 17h-20h slt. Entrée : 3 € ; réducs. Souvenirs, témoignages, objets divers de l'histoire maritime de Santorin, en particulier au XIXe s. Superbe collection de figures de proue, dont une de 1650. Maquettes, plein d'objets de navigation, sextants, compas et pièces mécaniques. On aurait aimé trouver un spécialiste pour nous expliquer leur usage ! Bref, un joli petit musée pour ceux qui rêvaient d'être marin quand ils étaient petits.

⛵ Ne pas manquer également le petit port d'***Ammoudi*** (hors plan par A2). Accès à pied par le chemin, en scooter ou en voiture par la route qui contourne le village. Belle balade, descente vertigineuse et montée musclée. Maisons en pierre volcanique rouge qui flamboie au couchant. Accès à la mer par les rochers (difficile de parler de « plage »). Plus que pour s'y baigner, on y vient le soir pour voir le coucher de soleil (eh oui, là aussi !) et manger dans une des tavernes du port.

⛵ ***La plage d'Arméni*** (plan C2) : descente à pied depuis le centre. On y trouve des rochers plus qu'une vraie plage. Ponton où il n'est pas désagréable de s'allonger, du moins avant l'arrivée des bateaux d'excursion. Eau particulièrement claire et chaude.

△ **La plage de Katharos** (hors plan par A1) **:** accès par la route (laisser la route d'Ammoudi sur la gauche), puis sentier. Plage de sable noir et *sunset-bar* au-dessus.

🎬 **Thirassia :** un bout de Santorin, qui en a été « détaché » lors de la fameuse éruption. D'Ammoudi, en saison, 3 liaisons (aller-retour) par jour. On arrive à Riva, le port du nord de l'île (alors que les bateaux d'excursions accostent à Korfos, à l'est, sous la capitale, Manolas, qui se trouve 270 marches plus haut, sur la falaise). Du port, petit bus pour Manolas ; plusieurs restos et quelques commerces également, l'île comptant environ 250 habitants. C'est le Santorin d'avant l'industrie touristique, qui ne s'anime qu'à l'heure du déjeuner, quand débarquent les touristes après leur visite des Kaménès, et qui retombe dans une douce quiétude une fois qu'ils sont repartis. Mêmes caractéristiques géologiques que sur l'île principale. Quelques jolies églises et chapelles, des maisons qui sont restées dans leur jus, c'est tout et c'est déjà pas mal !

# AMORGOS (ΑΜΟΡΓΟΣ)   (84008)   2 000 hab.

Île tout en longueur, traversée par une chaîne montagneuse, Amorgos est la plus orientale des Cyclades. Trait d'union entre les Cyclades et le Dodécanèse, elle a une superficie de 153 km$^2$ et un littoral de 112 km. Elle possède deux ports : *Katapola* et *Aigiali*, reliés par la route. Mais attention, tous les bateaux ne s'arrêtent pas aux deux. Le service d'autobus est régulier, bien qu'insuffisant en certains points de l'île. Quand on approche de ses côtes, l'île en impose aussitôt, par la brutalité de sa silhouette et par sa virginité préservée. En effet, entre le nord et le sud, la route est quasiment la seule empreinte laissée par l'homme. Amorgos est une très belle île, généreuse pour les marcheurs (sentiers balisés). La majesté de ses flancs abrupts, le mystère de ses crêtes parfois habillées de nuages, ses timides villages juchés de-ci de-là sur les saillies de son corps, la diversité de ses paysages... On y apprécie aussi la spécialité qu'est le *rakomélo,* réunissant raki, cannelle et miel, consommé chaud en hiver et comme digestif le reste de l'année. Vous l'avez compris, nous avons aimé et nous aimerions que vous l'aimiez aussi ! Sachez enfin que l'île est pas mal visitée par nos compatriotes : effet *Grand Bleu.*

## Arriver – Quitter

L'île possédant deux ports, bien vérifier avant de débarquer lequel est le plus proche de votre hôtel. Katapola est mieux desservi qu'Aigiali. Attention, les bateaux partent assez souvent tôt le matin. En principe, en été, un bus très matinal permet, au départ de Katapola, Chora ou Egiali, de rejoindre le port d'où part votre bateau.

### En ferry ou en catamaran

➤ **De/vers Le Pirée, via Paros et Naxos :** 5-7 liaisons/sem en été. De Naxos à Amorgos : compter au moins 3h de voyage (la durée dépend du nombre d'escales). Du Pirée à Amorgos : 8-10h. Certains bateaux rápides (type catamaran embarquant des véhicules) font en principe la liaison, slt en saison plusieurs fois/sem, via Milos, Folégandros, Santorin ou Ios, en 6h min.

➤ **De/vers Syros :** env 2-3 liaisons/sem en été.

➤ **De/vers les Petites Cyclades, Astypaléa :** 2-3 liaisons/sem en saison. Un ferry assure également, 1 fois/sem, la desserte d'autres îles du **Dodécanèse** (Patmos, Léros, Kos et Rhodes).

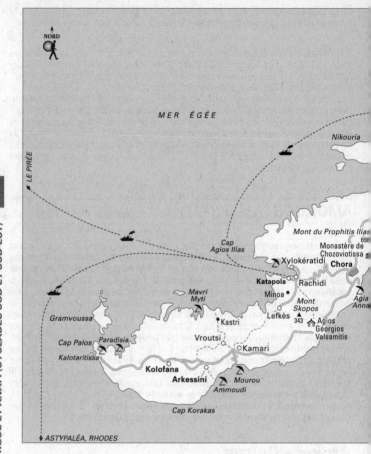

## En petit ferry (l'*Express Skopelitis*)

➤ *De/vers Naxos et les Petites Cyclades :* plusieurs trajets/sem en saison. Compter à peu près 5-6h de voyage depuis Naxos. Dessert Katapola, son terminus et parfois Aigiali. Plus lent que les gros ferries mais plus sympa, même si ça peut tanguer méchamment à partir de Koufonissia.

# Circuler dans l'île

🚌 *Autobus :* arrêt principal un peu après le quai de Katapola, au milieu des parkings. La fréquence dépend de la saison et de celle des ferries : en été, compter environ 12 allers-retours entre Katapola et Aigiali, via Chora, jusqu'à environ minuit. Certains continuent vers le monastère. Seulement 2 bus/j. pour Arkessini (terminus sur la plage de Kaloritissa). Au printemps ou en automne, ça pose problème, les bus se font rares.

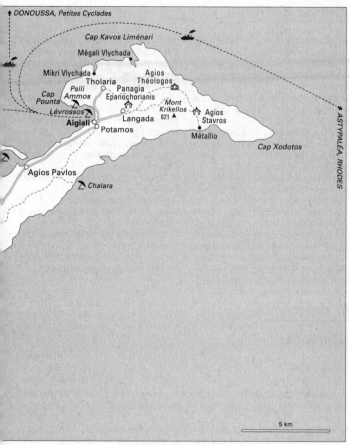

**L'ÎLE D'AMORGOS**

➢ **En voiture ou en scooter :** attention, 2 stations-service slt, une à 1 km de Katapola, sur la route de Chora, et une à Aigiali, derrière le camping.

## KATAPOLA *(ΚΑΤΑΠΟΛΑ)*

Port principal de l'île, situé à l'ouest, à 5 km de la capitale. Il est constitué de trois agglomérations : *Katapola* (là où on débarque), *Rachidi* (au centre) et *Xylokératidi* (à l'opposé de la baie : il y fait meilleur quand le vent du nord souffle fort et de toute façon, le quartier est très agréable). Sa rade est bien protégée des vents et ses maisons éclatantes de blancheur s'étagent sur ses collines tout autour. Quelques jolis jardins pour agrémenter le tout. Restaurants, cafés et autres commerces sur le front de mer contribuent à la grande animation qui règne sur le port. Départs en caïques pour les plages. Il peut être judicieux de louer un véhicule à Katapola si l'on veut bouger un peu sans être otage des bus.

## Adresses utiles

■ *Capitainerie :* en face de l'arrivée des ferries. ☎ 22-85-07-12-59.

✉ *Poste :* dans la ruelle à droite du Minoa Hotel, dans une boutique de souvenirs.

■ *Banque agricole de Grèce :* sur le quai en descendant du ferry. Distributeur automatique.

■ *Centre médical :* vers la grande église, au centre de la baie. ☎ 22-85-07-18-05 (10h-12h et 18h-20h). 📱 69-77-29-96-74 (en cas d'urgence).

■ *Agences de voyages : Naftilia,* sur le port, dans les murs d'un petit kafenio, à côté d'El Greco. ☎ et fax : 22-85-07-12-56. Vend billets de bateau, affiche tous les horaires (aussi ceux des bus). Vend aussi des cartes de rando et de la doc sur Amorgos. Aussi *Synodinos Travel Agency,* juste en face du débarcadère, après la banque. ☎ 22-85-07-12-01. Vend les billets de bateau et pro-

pose des randos accompagnées (un thème différent chaque jour).

■ *Location de scooters et voitures : Thomas Rental,* au bout du quai, vers les parkings. ☎ 22-85-07-17-77. ● thomas-rental.gr ● Pour un bon scooter, compter à partir de 12 €/24h ; les prix grimpent en très hte saison. Entretien sérieux, mais bien faire vérifier ses freins et se méfier du vent : les routes d'Amorgos sont très exposées. Loue aussi voitures et minibus.

■ *Taxis :* 📱 69-44-74-30-90 ou 69-32-00-04-55.

■ *Presse internationale :* au *Music Book Store,* dans la ruelle à droite du Minoa Hotel.

@ *Internet Café :* sur le port, au-dessus de la taverne Gorgona. Cadre sympa et de nombreux postes. *Accès Internet également au* Minoa Hotel.

## Où dormir ?

### À Katapola

#### Campings

Attention, il y a deux campings à Katapola, le municipal et *Kastanis.* On préfère le premier, mais celui d'Aigiali reste tout de même plus sympa.

⛺ *Camping municipal :* vers le centre de la baie, prendre le chemin qui s'enfonce sur 150 m. ☎ 22-85-07-18-02. Juin-sept. Compter à peu près 12 € pour 2 pers avec tente. Wifi. Assez bien ombragé, propre et sanitaires corrects. La terrasse centrale est conviviale ; en revanche, le camping est surpeuplé en été, donc bruyant. Petit resto. Accueil tout gentil.

⛺ *Camping Kastanis :* sur la route de Chora, à 1 bon km de la mer, avant les premiers lacets. ☎ 22-85-07-12-77. ● kastanis.com.gr ● Prix sensiblement similaires au précédent. Internet. Emplacements en terrasses. Propose des studios également (tout confort mais pas donnés). Sanitaires propres. Resto, minimarket. Même propriétaire que la *Pension Ilias* à Chora.

#### De bon marché à prix moyens

⛺ *Voula Beach :* au fond de la ruelle qui longe le Minoa Hotel. ☎ 22-85-07-40-52 et 21-04-32-72-78 (à Athènes, hors saison). ● voulabeach@hotmail.com ● Avr-oct. Grandes chambres pour 2 pers env 25 € (basse saison) à 60 € (août) ; supplément pour la 3e pers. Stu-

dio plus cher. CB refusées. Wifi. Salle de bains, kitchenette. Maison tranquille, entourée d'un jardin soigneusement entretenu. Ménage fait tous les jours. Dimitris est extrêmement hospitalier. Une de nos bonnes adresses, reposante et conviviale.

🛏 *Villa Kat'Akrotiri :* à droite, continuer la piste après la fin du quai sur 200 m. ☎ 22-85-07-12-58. ● http://katakrotiri.aegeanweb.com ● Tte l'année. Ne dépasse guère les 50 € pour 2 pers en été, mais le prix dépend de votre entente avec le maître des lieux, qui est un sacré numéro. On vous laisse découvrir. Sachez juste que Tassos, un Américain, comme son surnom ne l'indique pas (il s'appelle Soule Bitting, en fait), habite depuis 1987 cette vieille maison (gig house) isolée dans la garrigue, construite par ses ancêtres pour leurs vacances. Une vraie adresse de routard avec 5 chambres simplissimes, décorées avec des œuvres d'art moderne. Cuisine et salle de bains collectives.

Également une maisonnette (little house) avec 2 autres petites chambres. Confort relatif, convivialité maximale. Un espace très libre, hors du temps.

🛏 *Minoa Hotel :* très central, face au débarcadère. ☎ 22-85-07-14-80. ● hotelminoa.gr ● Tte l'année. Selon saison, doubles 35-70 € (tarif incluant la réduc sur présentation de ce guide). Grandes chambres avec frigo et literie confortable, petite terrasse. Propreté pas toujours optimale et accueil en baisse, paraît-il. Bruyant côté rue, les chambres à l'arrière sont plus calmes. À tout prendre, on préfère l'annexe, le *Landeris,* dans la rue d'à côté (mais ce dernier ferme l'hiver).

# À *Xylokératidi* (Ξυλοκερατιδι)

🛏 *Villa « Le Grand Bleu » :* ☎ 22-85-07-15-85 ; POR 69-77-23-18-08. ● le grandbleu-amorgos.gr ● En sortant du débarcadère, remonter le port de Katapola en direction de Xylokératidi, c'est au centre de la baie. Avr-début nov. Selon saison, 38-83 € pour 2. Internet et wifi. Réduc de 5 % sur présentation de ce guide et 10 % au café-bar pour les clients de la villa. Accueil au bar Le Grand Bleu, demandez Stergios (il parle le français). Villa récente, construite avec goût sur un terrain de 4 000 m², à 150 m de la plage, face à la baie de Katapola. Très fleurie. Déco moderne, chaque chambre dispose de la vue sur mer et surtout fait face au coucher du soleil. Terrasse indépendante pour les 9 chambres, spacieuses, et 1 appartement, très bien tenus, d'une propreté irréprochable (Angéliki, la femme de Stergios y met un point d'honneur) avec AC, TV, réfrigérateur. Barbecue à disposition. Calme. Une excellente adresse.

🛏 *Titika Rooms :* à l'entrée, en venant de Katapola. ☎ 22-85-07-16-60. Hors saison : ☎ 21-06-02-53-12 (à Athènes). ● titika-pension.gr ● Avr-oct. Doubles 20-55 € selon saison. Ajouter 10 € pour une triple. CB refusées. Maison bien conviviale, sympa pour ceux qui cherchent le contact ; la clientèle vient de tous les horizons. Chambres simples mais avec frigo, bouilloire, salle de bains correcte. Vue pas toujours géniale. Souvent complet et un peu bruyant. Ravissant jardin fleuri à l'entrée. Accueil chaleureux. Une bonne adresse. Si vous lui demandez, la patronne se déplace au port pour venir chercher vos sacs à dos.

🛏 *Maria Spanos Rooms :* au fond d'une impasse, à l'entrée de Xylokératidi (si personne ne répond, appuyer sur la sonnette du bas). ☎ et fax : 22-85-07-12-53. Doubles 25-50 €. CB refusées. Une dizaine de chambres avec AC, TV et balcon. Sinon, pour le moins dépouillé, mais propre.

🛏 *Panos Rooms :* en face de Maria Spanos Rooms. ☎ 22-85-07-18-90. ● pensionpanos-amorgos.gr ● Compter 25-50 € pour 2 pers. CB refusées. Panayotis, botaniste amateur et grand arpenteur des sentiers de l'île (il est incollable à leur sujet), propose chambres et studios, certains avec balcon. Simple (les salles de bains sont minuscules), mais très correct, avec AC et petit frigo.

🛏 *Diosmarini :* du port, prendre à droite après le bar Kasbah, et monter l'escalier à droite sur 50 m. ☎ et fax : 22-85-07-16-36. ● diosmarini.com ● Mai-oct. Doubles 35-60 €. Également un appart 65-115 €. CB refusées. Internet et wifi. Chambres (doubles, triples et quadruples) vraiment sympas avec bonne literie et frigo (pas de clim') et un appartement avec 2 chambres et cuisine. Dans cette pension de famille, renseignez-vous auprès de la fille, Ourania, qui parle parfaitement le français. La cerise sur le gâteau : la vue sur la baie depuis votre terrasse privée.

## Où manger ? Où boire un verre ?

### À Katapola

|●| **Captain Dimos :** *une des premières terrasses à l'entrée du port. Env 15 €.* On est un peu à l'étroit mais la cuisine mérite de s'y arrêter. Plats en sauce savoureux et recherchés, avec des épices par ci, des herbes par là. Et pour ceux qui voudraient changer, un large choix de pâtes. Bon accueil.

|●| **Taverne Minos :** *à droite quand on débarque.* ☎ 22-85-07-12-91. *Bon repas pour env 10-12 €.* Tenue par une même famille de père en fils, fréquentée par des habitués, cette taverne un peu à l'écart offre un bon rapport qualité-prix.

|●| **Taverne Mourayo :** *face au débarcadère.* ☎ 22-85-07-10-11. *Prévoir 9-13 € pour une entrée et un plat.* Cuisine familiale avec des hauts et des bas. Aussi bien fréquenté par des Grecs que des touristes. Plutôt bon, mais ça n'atteint pas des sommets en matière de propreté.

|●| **Pizzeria Erato :** *l'avant-dernière à droite, au bout du quai.* ☎ 22-86-07-41-02. *Pizzas env 7 €.* Tenu par un couple gréco-italien très sympa. Vraiment pas cher. Seule pizzeria digne de ce nom à Katapola : les autres font appel à la mauvaise magie du surgelé.

|●| Autrement, feuilletés et pâtisseries particulièrement bons chez **Mavros,** près de *Thomas Rental.*

♈ Plusieurs **bars** où règne une bonne ambiance, autour de l'hôtel *Minoa.* Aussi bien pour l'après-midi que le soir.

### À Xylokératidi

|●| **Taverne Psaropoula :** *à Xylokératidi, la 1re taverne.* ☎ 22-86-07-13-43. *Repas 10-12 €.* Cuisine pas spécialement inventive mais bonne et copieuse. Service diligent et décontracté. Bonne viande ; poisson un peu cher, comme partout.

|●| ♈ **Kasbah :** *un peu après* Le Grand Bleu. Café qui propose des pâtisseries et de bonnes glaces. La propriétaire, suisse, est l'épouse du patron de la taverne *Vitzenizos,* juste à côté, où l'on mange bien.

♈ ♪ **Bar Le Grand Bleu :** *sur le port.* ☎ 22-85-07-16-33. Reconnaissable la nuit à ses néons... de quelle couleur à votre avis ? Ouvre à l'heure du petit déj et jusque tard le soir. Pâtisseries, cocktails. Musique variée. Très accueillants, les patrons parlent le français et seront ravis de vous donner infos et bons plans. Tous les soirs, sur la terrasse (faut-il plaindre les voisins ?), projection du film éponyme de Luc Besson, sous-titré au choix. Se transforme parfois en miniboîte à partir de 23h30.

## À voir. À faire

🏛 **Le site antique de Minoa :** *à 4 km, en prenant derrière la grande église. Entrée libre.* Restes de murailles, quelques ruines du stade, du gymnase et du temple de Dionysos. En fait, pas grand-chose à voir, si ce n'est le paysage époustouflant. Les intrépides peuvent s'y rendre en scooter (le chemin est mortellement cabossé) et les très courageux à pied (c'est vraiment long et ça grimpe) ! C'est le sentier n° 6 (« Valsamitis ») qui propose de faire une boucle Katapola-Agios Georgios Valsamitis-Agia Marina-Minoa.

⛰ **Pour se baigner :** *prendre le chemin après Xylokératidi, face au port. Env 15 min de marche.* Plages de *Krotiri,* d'*Agios Pandeleïmona,* de *Martézi* (la plage avec du sable la plus sympa) et de *Plakès*. On peut aussi prendre le caïque au port *(3 € le trajet)* et débarquer tout au bout sur les rochers plats. Attention aux oursins.

➤ De Katapola, *balade* agréable en prenant à gauche, quand on fait face à la mer, un petit chemin à flanc de colline longe la côte.

## CHORA (*XΩPA*)

Chef-lieu de l'île, à 5 km de Katapola et 20 km d'Aigiali, impressionnant avec son immense rocher au sommet duquel se trouvent les ruines d'un *kastro* vénitien construit en 1260, et dont il ne subsiste, aujourd'hui, que les murailles crénelées. Bourg construit tout autour du rocher : labyrinthe de ruelles en escaliers, moulins à vent, passages voûtés, églises byzantines, belles demeures portant encore de nombreux bas-reliefs sur leurs façades. Jolie place (appelée *Loza*). Beaucoup de caractère mais assez peu d'activité, même si tous les bus y passent.

## Adresses utiles

✉ **Poste :** *sur une placette en haut du village. Lun-ven 7h30-14h.*
🚌 **Arrêt de bus :** *à l'entrée du village.*
■ **Police :** ☎ 22-85-07-12-10.
■ **Distributeur automatique de billets :** *en contrebas de la place où*

*s'arrêtent les bus.*
■ **Centre médical :** *à l'extérieur du village, sur la droite en allant vers Katapola.* ☎ 22-85-07-12-07.
■ **Pharmacie :** *à l'entrée du village.* ☎ 22-85-07-33-91.

## Où dormir ? Où manger ? Où déguster des pâtisseries ? Où boire un verre ?

Nettement moins d'opportunités qu'à Katapola ou Aigiali ! Ambiance finalement assez bobo dans les cafés et commerces de la rue principale.

### De bon marché à prix moyens

🛏 Peu de **chambres chez l'habitant :** attention, séjour minimum de 2 ou 3 nuits demandé.

🛏 **Pension Ilias :** *dans le bas du village, près de la route pour Agia Anna et le sud.* ☎ 22-85-07-12-77. ● kastanis.com. gr ● *Tte l'année. Bâtiment sans charme offrant des chambres à prix très intéressants : 20-30 € à 60-70 €, selon saison et vue. Chambres de toutes les tailles (2 à 4 personnes), avec frigo, douche et w-c ; quelques-unes possèdent une terrasse privée. Sinon, grande terrasse collective. Simple mais super bien entretenu. Très bon accueil.*

🛏 **Pension Panorama :** *maison blanche en contrebas de la place où s'arrêtent les bus.* ☎ 22-85-07-40-16. 📱 69-32-08-50-58. ● panorama-studios.amorgos.net ● *Doubles env 30-50 €, studios 50-80 €. CB refusées.* Une petite

dizaine de chambres simples mais impec et, dans une autre partie du village, très calme, des studios tout neufs. On vient vous chercher au port.

🛏 **Pension Chora :** *à l'écart, caché derrière le centre médical. Prendre la route qui mène à celui-ci et le dépasser.* ☎ 22-85-07-18-82. 📱 69-48-01-74-10. ● pensionchora.com ● *Compter 30-60 € selon saison pour 2 pers. CB refusées.* C'est une petite bâtisse récente et agréable et son petit jardin arboré. Studios bien conçus, certains avec balcon, et une belle vue sur Chora et la mer. Très bien tenu. Mais il y a rarement quelqu'un pour vous accueillir : téléphonez donc, en sachant qu'on n'y parle que le grec !

🍴 **Taverne Liotrivi :** *en contrebas à droite de l'entrée du village.* ☎ 22-85-07-17-00. *Midi et soir. On s'offre un bon repas à partir de 10-12 €.* Une cuisine de taverne inventive, large choix de plats traditionnels dont le *kaloyéros* (veau et aubergines farcies). Discret et calme. La taverne jouit d'une excellente réputation, justifiée.

**I●I** *I Théa : un peu en dessous de la poste.* ☎ 22-85-07-40-34. *Midi et soir. Plats traditionnels 6-8 €.* Plats tels que le ragoût de pommes de terre, fait avec de la viande locale et servi dans une assiette de terre cuite. *I Théa,* ça va dire « la vue », et en effet, la vue qu'on a de la terrasse n'est pas mal. Dommage que les pylônes électriques la gâchent un peu. Service souriant. La taverne de Vangelis a de grandes qualités.

**I●I** *Pâtisserie Kallisto : de la place des bus,* remonter vers le centre en quittant la ruelle principale à gauche, on tombe vite dessus, à hauteur d'un passage voûté. Excellentes crèmes brûlées et gâteaux au chocolat pas mal non plus.

**Y** *Bar Zygos : dans la ruelle qui monte à la poste.* Bar charmant, avec sa terrasse semi-couverte sur la ruelle, sous une treille où s'accrochent fleurs et vignes. Une autre terrasse sur le toit. La salle, quant à elle, est intimiste et la musique peut être bonne. Sert sandwichs et salades, éventuellement. Autre bonne adresse, un peu en dessous de la ruelle principale, le bar *Jazzmin (ou Yiasemi),* avec sa terrasse sur le toit (vue plus dégagée qu'à *I Théa).* Jeux de société, livres de voyages à consulter.

**Y** *Café-Bar Bayoko : à l'entrée du village, devant l'arrêt de bus.* Un endroit reposant, où déguster un verre de raki *psimeni* le soir (avec miel et cannelle macérés, une spécialité de l'île) et philosopher en regardant les étoiles, sur fond de musique zen (Kostas, le proprio, en est fan). Concerts 3 soirs par semaine en été.

# À voir

**♰** *Le musée de Gavra : dans la ruelle principale, peu avant la poste. Mar-dim 8h30-15h. Entrée libre.* Exemple caractéristique d'une demeure patricienne du XVIIIe s. Abrite une petite collection archéologique de différentes trouvailles faites dans l'île. Intéressant.

# À voir. À faire dans les environs

**♰♰♰** *Le monastère de la Panagia Chozoviotissa* (Μονή Παναγιας Χοζοβιωτισσας*) : c'est celui du* Grand Bleu. De la poste de Chora, monter le petit escalier qui mène à une place, puis encore quelques marches et suivre la rue qui conduit au parking sous les antennes OTE. Du parking, le chemin est sur la droite (ouvrir la petite barrière si elle est fermée). Descente vertigineuse, surtout par grand vent. Après avoir rejoint la route, c'est vers la gauche. Env 20 mn plus tard, le monastère apparaît, niché contre une falaise qui domine la mer de 300 m ! Du portail (où vous dépose le bus de

**PROCESSION DE FOI**

*Le dimanche de Pâques, on sort les icônes du monastère pour les emmener, en grande procession, jusqu'à Chora. Puis le trajet s'effectue de Chora à la chapelle de Profitis Ilias (le sommet le plus haut de l'île) et ainsi de suite durant toute la semaine. Les icônes rentrent à la maison une semaine après leur sortie, complètement crevées d'avoir été trimbalées sans cesse. Les habitants manifestent ainsi leur foi en suivant cette tradition qui remonterait à l'Empire byzantin. Quant aux icônes, elles se reposent en attendant sagement la prochaine sortie.*

Katapola ou Chora si vous avez voulu vous économiser), compter encore 15 mn, cette fois pour monter. Pour la visite (en principe 8h-13h, 17h-19h), pantalons pour les messieurs, robes amples et longues pour les dames. Attention : une femme ne peut, en principe, entrer en pantalon ! Les épaules doivent aussi être couvertes (le monastère prête des vêtements). *Entrée libre.* Le monastère date du XIe s, et la légende raconte qu'il fut fondé par des moines venus de Palestine. Il renferme des manuscrits très précieux, ainsi que de très belles icônes. Il est consacré à la Vierge (grande fête patronale le 21 novembre et la semaine qui suit la Pâque grecque, processions avec l'icône de la Vierge autour de l'île). Deux moines y vivent encore mais ne s'occupent plus guère que de leur vie spirituelle. L'afflux de visiteurs et la « professionnalisation » du personnel (des laïcs) enlèvent pas mal de charme à la visite. Parfois, un verre d'eau et un *loukoum* offerts en fin de visite. Pour revenir au village, prendre le bus (ça monte !).

△ *La plage d'Agia Anna (Παραλια Αγιας Αννας) : à partir du monastère, descente à pied en 30 mn. Possibilité d'y aller à 2-roues ou en bus, à partir de Chora ou de Katapola.* Il s'agit en fait de criques sublimes où l'eau est tellement belle et d'un bleu si particulier qu'on a tout de suite envie de s'y baigner. Le tout dans un décor de falaises qui tombent à pic sur une mer lisse, et même pas encore surpeuplé (mais beaucoup de ceux qui visitent le monastère viennent faire trempette à la plage ensuite, coin beaucoup plus calme après le départ du dernier bus). Pour plus de tranquillité, continuer à droite vers la plage de Kambi (galets). On peut rentrer à pied (chaussures de marche obligatoires) à Chora en 1h30 ou 2h.

## AIGIALI *(ΑΙΓΙΑΛΗ)*

Au nord-est de Chora, à 15 km. C'est le 2e port de l'île. Superbe baie en forme d'anse, avec une plage de sable bien ombragée, entourée par trois remarquables villages *(Langada, Tholaria, Potamos)*, construits en amphithéâtre et la surplombant. Absolument extraordinaire ! Bord de mer animé, et de réputation plus fêtarde que celui de Katapola. Aigiali est aussi le point de départ de nombreuses randonnées pédestres.

## Adresses utiles

🚌 *Arrêt de bus : sur le quai.* L'été, une douzaine de bus par jour pour Chora et Katapola ; beaucoup moins le reste de l'année. En principe des bus supplémentaires en fonction des ferries de nuit.
■ *Médecin :* ☎ 22-85-07-32-22. *Dans une rue pentue perpendiculaire à la baie. Lun, mer, ven 10h-14h (en cas d'urgence :* 📱 *69-32-12-70-97).*
■ *Pharmacie : au début de la rue qui monte au cabinet médical.* ☎ 22-85-07-31-73.
■ *Poste : en face de la pharmacie.*
■ *Police (à Langada) :* ☎ 22-85-07-33-20.

■ *Distributeur automatique : sur le quai.*
■ *Agence Naftilos (Lefteris Vekris) : sur le port.* ☎ 22-85-07-30-32. *Tte l'année, tlj 10h-21h30. Personnel très serviable.* Bonnes infos. Billets pour tous les bateaux, autres excursions. Possibilité d'y consigner ses bagages.
■ *Presse internationale : à la librairie* Naftilos, *au bout du port, peu avant la plage. En été seulement.*
■ *Location de scooters et de voitures : sous l'agence* Naftilos, *Thomas Rent a Bike.* ☎ 22-85-07-34-44. ● *thomas-rental.gr* ●

## Où dormir ?

### Camping

🏕 *Camping Aigiali :* ☎ 22-85-07-35-00. ● *aegialicamping.gr* ● *Un petit peu en retrait de la plage, dans un vaste terrain situé derrière le* Lakki Village. *Avr-* oct. *Pour 2 pers, compter 15 € avec sa tente et 17 € en en louant une.* Camping qui ne manque ni d'ombre ni de végétation mais beaucoup trop entassé en août. Sanitaires corrects. Café, resto-bar ouvert toute la journée, minimarket.

Club de plongée. Géré conjointement avec la pension *Askas*.

## De bon marché à prix moyens

☗ Une multitude de *chambres à louer*, pensions et locations diverses à *Aigiali, Tholaria, Langada*. Attention, vite complet en été.

☗ *Mike Hotel :* face à la jetée. ☎ 22-85-07-32-08. ● mikehotel.gr ● De début avr à mi-oct. Chambres avec AC et mini-frigo 45-72 €. Wifi. Réduc si résa par Internet. Vue imprenable, on est aux premières loges pour scruter l'animation (relative) du port. Salon-bar convivial. Patron jeune et dynamique. Très propre, accueil souriant.

☗ *Chambres et studios Poséidon :* dans la rue où se trouve le médecin. ☎ 22-85-07-34-53 ou 30-06. ● amorgos poseidon.gr ● et ● amorgosfiloxenia. gr ● Tte l'année. Compter 32-60 € pour 2 pers selon saison. Impeccables stu-

dios entièrement équipés (frigo, four...). Très vaste, lumineux. Un excellent rapport qualité-prix. Également des chambres à l'hôtel *Filoxenia*, en bord de mer direction Katapola, mais un peu plus chères, car le tarif inclus le petit déj (45-95 €).

☗ *Pension Christina :* au-dessus du port. ☎ 22-85-07-32-36. ▯ 69-37-99-27-60. ● christina-pension.amorgos. net ● Avr-sept. Pour 2-3 pers, compter de 25-35 € à 65-70 € selon saison. Wifi. Un ensemble de 25 chambres et studios (ces derniers avec cuisine), sagement alignés, la plupart avec vue sur la mer. Pas de petit déj. Bon accueil de Christina et Maria qui proposent également de nouveaux studios *(Muses Pension)* à 100 m de la plage.

## Plus chic

☗ |●| *Aegialis Hotel :* surplombant la baie, à 1 km du centre, sur la route menant à Tholaria. ☎ 22-85-07-33-93. ● amorgos-aegialis.com ● Tte l'année. Résa impérative pour l'été, c'est complet plusieurs mois à l'avance. Doubles standard 86-165 € donnant ttes sur la baie, petit déj-buffet inclus. Également des chambres superior et exclusive,

plus chères. Un établissement spa de grande classe, qui jouit de la meilleure situation à Amorgos. Bon resto, l'*Ambrosia*, où l'on peut aller manger même si l'on n'est pas à l'hôtel, et très belle piscine adossée à la pente. Grand salon avec TV, billard. Isolé, avec le *Corte Club* juste en dessous (mais totalement insonorisé).

# Où manger ? Où boire un verre ? Où sortir ?

|●| *Taverne Limani :* à côté de l'agence Naftilos, en plein centre. ☎ 22-85-07-32-69. Tlj midi et soir. Prévoir 10-12 € pour une entrée et un plat. Resto d'excellente réputation, qui sert un grand nombre de couverts. Ce qui pourrait être préjudiciable n'est en fait qu'une conséquence de la bonne nourriture qu'on y mange, sur la toit-terrasse, dans la salle ou dans la ruelle ombragée. Le choix est large, même en basse saison. Spécialités préparées avec de la viande de la région et du poisson frais. Service efficace, mais pas spécialement sympa.

|●| *Koralli :* la dernière adresse en haut des escaliers, au dessus de la jetée. ☎ 22-85-07-32-17. Comptez env 12 €. Ouv de Pâques à fin sept. Cette taverne spécialisée dans les produits de la mer est idéale pour déguster soupe, plats de poisson et crustacés face à la grande bleue. La carte ne s'arrête pas là ; grand choix de *mezze*, viandes et plats traditionnels. Chacun y trouvera son bonheur.

|●| *Pâtisserie Frou-Frou :* dans la ruelle au-dessus de la jetée. ☎ 22-85-07-33-56. Sympathique. Cadre agréable. Superbe coucher de soleil sur la baie à

admirer. Excellent yaourt au miel et aux fruits, mais glaces un peu chères.

⛄ Tout près du débarcadère, un monde fou jusqu'à pas d'heure sur la terrasse de l'*Amorgialos* : sympa pour rester éveillé en l'attente d'un bateau nocturne... à coup de *rakomélo*.

⛄ ♫ *The Que :* sur la plage, à côté de Lakki. Un endroit déjanté comme on aimerait en trouver plus souvent. Bar-disco à la déco indescriptible, hétéroclite et qui met à l'aise. Le jardin est une véritable œuvre d'art moderne.

♫ *Corte Club :* sous l'Aegialis Hotel (voir « Où dormir ? »). Disco en plein air pour ceux qui aiment la *dance*... Navettes toutes les 30 mn avec le port.

## Où dormir ? Où manger dans les environs ?

Les trois villages entourant Aigiali sont proches et faciles d'accès : sentiers et routes y conduisent (liaison par bus d'Aigiali à Langada et Tholaria).

🏠 ⦿ *Restaurant Kamara :* à Ano Potamos. ☎ 22-85-07-32-60. ● kamara cafe.com ● *À pied, compter bien 15 mn depuis le port d'Aigiali, en passant par Pano Potamos (joli mais ça grimpe fort). En voiture, accès par la route en lacet pour Ano Potamos (se garer au parking). Mai-oct. Compter env 15 €/pers. CB refusées. Internet et wifi. Resto tenu par une Lyonnaise, Sophie, et son mari, Christophoros. Bon signe : la belle-mère est aux fourneaux ! Très belles terrasses d'où l'on domine toute la baie. Cuisine classique avec des tendances vers la modernité. Propose aussi des locations impeccables de mars à octobre : environ 40-60 € pour 2 personnes (2 studios avec cuisine). Également des appartements.*

🏠 *Uranos Pension :* à Ano Potamos, juste au-dessus du parking. ☎ 22-85-07-35-44. ▯ 69-39-69-68-93. ● uranos. gr ● *Chambres 45-75 € selon saison et standing ; apparts 55-100 €. Possibilité de prendre son petit déj. Wifi. Adresse originale : une ancienne boulangerie à louer comme chambre (avec le minimum de commodités, mais le charme que l'on imagine), et 2 maisons de village traditionnelles en guise d'appartements (l'une d'elles est immense, avec lits doubles surélevés, salon, cuisine indépendante et terrasse sur le toit). Également 4 studios flambant neufs, confortables et bien aménagés (50-115 € selon taille). Vue évidemment grandiose, et accueil sympa.*

🏠 ⦿ *O Nikos-Pagali Hotel :* à Langada. En arrivant au village, descendre vers la gauche, se garer au parking du rocher, puis monter, c'est fléché. ☎ 22-85-07-33-10. ● pagalihotel-amorgos. com ● *Tte l'année. Pour 2 pers, selon saison, chambres 45-65 €, studios 65-95 €. CB acceptées sf au resto. Wifi. Vue sur le village en contrebas, la mer et l'île de Nikouria. Ultra-calme et fleuri, très belle terrasse pour le resto (par ailleurs excellent), accueil sympa. Également une maison à louer à la semaine.*

🏠 *Quelques autres pensions après l'entrée du village de Langada, en bord de route.*

🏠 ⦿ *Hôtel-restaurant Vigla :* à 3 km, à l'entrée de Tholaria. ☎ 22-85-07-32-88. ● viglamorgos.gr ● *Avr-oct. Doubles 68-106 € selon saison (excellent petit déj en supplément). Remise de 10 % au resto sur présentation de ce guide. Au calme, chambres spacieuses avec toutes les commodités, réparties dans 3 bâtiments. Resto très bon marché réputé pour ses produits bio locaux, avec une vue surplombant la baie. Piscine. Accueil familial assez décontracté. Le patron a été le valet de chambre d'Onassis et fut maire du village. Un vrai personnage.*

⦿ *To Panorama :* dans le village de Tholaria. Midi et soir en saison. Repas env 10-12 €. *Taverne à l'ancienne qui propose des plats aux portions généreuses (viandes à la broche, dont le kokoretsi) et le traditionnel patatato (ragoût de chèvre aux pommes de terre). À 22h, en juillet-août, concert (violon, bouzouki) présenté par le patron qui chauffe l'assistance !*

⦿ *Barba-Yannis :* plage d'Agios Pavlos, quelques km avant Aigiali (c'est l'endroit d'où l'on embarque pour Nikouria). ☎ 22-85-07-30-11. *Mai-*

*sept, midi et soir. À partir de 16 € le repas.* La vue depuis la terrasse est quelque peu gâchée par l'extension du restaurant en hôtel. Cuisine grecque avec quelques spécialités de poisson. Accueil familial gentil.

## Randonnées pédestres

Pour les fervents de balades et les amoureux de nature, Amorgos est la plus belle des Cyclades. Mais on a récemment goudronné, et certaines randonnées peuvent être raccourcies (bus). Les chemins ne sont pas toujours faciles à trouver ; on vous conseille d'acheter une bonne carte. Il existe un livre traduit en français, *Randonnées à Amorgos,* que l'on trouve sur place, décrivant sept randonnées.

➢ **Aigiali-Potamos-Chora** (Αιγιαλη-Ποταμος-Χωρα) : *env 15 km. Durée : env 5h.* Ce parcours est appelé « Palia Strata », un must qui passe par le monastère de la Panagia Chozoviotissa. Paysages sublimes. Penser à emporter de l'eau et des provisions. La promenade n'est pas de tout repos mais très bien balisée (chiffre 1 sur fond rouge). Avec une bonne carte (éd. *Anavassi*), pas de risque de se perdre. En cours de route, ravissante petite église blanche et bleue au milieu de nulle part. Une fois sur la crête, descente intéressante sur la gauche pour la plage de galets de Chalara. On peut aussi, une fois arrivé à Asphondolitis (bergeries et puits), descendre par la route sur Agios Pavlos (bus pour rentrer sur Aigiali). Compter alors 2h30 de marche.

➢ **Aigiali-Langada-Agios Théologos-Agios Stavros-Métallio** (Αιγιαλη-Λαγκαδα-Αγιος Θεολογος-Σταυρος-Μεταλλιο) : *12 km. Env 5h.* Même en été, il y a beaucoup de vent sur les hauteurs. Prévoir une bonne laine, des chaussures de marche et du ravitaillement (pique-nique). Prendre le chemin caillouteux à l'est d'Aigiali jusqu'à *Langada.* À voir : les *églises d'Agia Triada* et *de la Panagia Épano-choriani.* De là, prendre un sentier de terre au nord-est du village qui monte jusqu'à un plateau, puis continuer jusqu'à la *chapelle Agios Ioannis Théologos* (VIe s). Belle vue. Là, le chemin pour Stavros n'est pas facile à trouver ; suivre le balisage rouge et bleu (chiffre 5), partir sur la gauche puis suivre le sentier longeant la falaise, jusqu'à la *chapelle d'Agios Stavros,* construite, sur le sommet d'un rocher et d'où vous avez une vue magnifique. Puis emprunter le sentier de berger jusqu'aux anciennes *mines de bauxite de Métallio.* Attention : sentier dangereux.

## À voir. À faire dans les environs

⌐ Se baigner sur les très belles (et petites) *plages* de **Lévrossos** et de **Psili Ammos,** près d'Aigiali. On peut accéder à ces plages en empruntant un petit bateau de pêche. On les prend au même endroit que le bus *(ttes les heures 11h-19h).* Assez cher. On peut aussi faire le chemin à pied en prenant une piste de terre qui débute au bout de la plage principale. Puis elle grimpe sur la colline et longe la mer. Compter 15 mn environ entre chaque plage. Plus loin, une troisième plage, Chochlakas, encore plus tranquille.

➢ Aller sur l'*îlot de Nikouria* (Νικουρια) en caïque depuis le petit port d'Agios Pavlos, sur la route en allant vers Chora. Le bus s'y arrête. Bateaux en été seulement, presque toutes les heures *(11h-19h).*

🏃🏃 On vous recommande vivement le détour par **Langada** (Λαγκαδα). Village perché à 3 km au-dessus d'Aigiali et noyé dans une végétation luxuriante, presque incroyable. On en est tout ému, tiens ! Ruelles en escaliers, treilles fleuries, passages voûtés où s'attardent quelquefois des ânes indolents, paysages dont on ne se lasse pas. Quelques possibilités pour se loger (voir plus haut).

🍴🍴 Si vous en redemandez, le petit village de *Tholaria* (Θολαρια) ressemble un peu à Langada, mais est moins fréquenté par les touristes, sauf le soir en saison. À 3 km d'Aigiali. Des bus assurent des navettes depuis Aigiali. Pittoresque *église d'Agios Anargyros*. Ça vaut le coup de faire un tour au fourre-tout de Mme Nomikos : un café-épicerie bric-à-brac où l'on sert de la vraie cuisine familiale pour pas cher. Deux très bonnes tables, également (voir plus haut). Attention, en cas de *meltémi*, ça souffle sacrément et il peut faire froid en soirée.

De Tholaria (le sentier part derrière l'hôtel *Vigla*), petite ballade agréable (30 mn) au milieu des chèvres et des roches austères vers la petite plage de *Mikri Vlichada,* où le bain peut être très impressionnant quand la mer est agitée.

## ARKESSINI (ΑΡΚΕΣΙΝΗ) ET KOLOFANA (ΚΟΛΟΦΑΝΑ)

Le sud d'Amorgos, plus connu sous le nom de *Kato Méria,* est encore très peu exploité « touristiquement ». Les paysages et les plages y sont très beaux, et les habitants très accueillants. En revanche, cette partie de l'île est insuffisamment desservie par les bus.

🍴🍴 *Arkessini :* ravissant village aux ruelles très étroites, bordées de maisons pittoresques. Le tout entouré de vergers et d'oliviers. À proximité, ruines du site antique *(kastro),* occupé du Néolithique tardif à la période hellénistique : les murailles sont les mieux conservées de l'île. Magnifique rando pour s'y rendre ; 1h l'aller depuis Arkessini et 30 mn depuis Vroutsi, via une belle église perdue. À Arkessini, près de l'*église Agia Triada,* ruines d'une tour hellénistique.

Sur la côte sud, belle plage desservie par la route (et le bus, une fois par jour depuis Katapola/Chora) à *Mourou* : galets, eaux cristallines et grottes accessibles à la nage ; petite taverne à proximité de la plage. Y aller de préférence le matin. Non loin, mais seulement accessible par un sentier qui part dans les environs d'Arkessini, celle d'*Ammoudi* (galets). Env 30 mn de marche, naturisme possible.

🍴 *Kolofana :* petit village où est célébrée le 26 juillet la Sainte-Paraskévi, qui donne lieu à de très grandes festivités auxquelles participent beaucoup d'habitants de l'île et des îles voisines. Ruines de trois tours hellénistiques.
Pour les fervents de la marche à pied, il faut noter que la *balade de Kolofana à Chora* (environ 6h) est absolument superbe.
– À quelques kilomètres, plusieurs plages accessibles : *Paradisia* (qui ne porte que moyennement bien son nom, accès par la piste), *Kalotaritissa* sur une petite péninsule. Sur la route, ne manquez pas l'émouvante *épave de bateau* sur la droite, coincée dans une anse. Vous la reconnaîtrez tout de suite : Enzo y plonge au début du *Grand Bleu.*

# ANAFI (ΑΝΑΦΗ)    (84009)    350 hab.

Située au sud-est des Cyclades, assez proche de Santorin, Anafi est une petite île de 38 km$^2$ de superficie, aride et montagneuse avec un point culminant à 584 m. Idéal pour ceux qui apprécient le silence et la solitude, ainsi que pour les randonneurs (à signaler une bonne carte de l'île pour crapahuter : collection Terrain, au 1 : 15 000). Anafi vous donne une impression de bout du monde. D'après la mythologie, cette île aurait surgi de la mer sur ordre d'Apollon, pour sauver les Argonautes en danger. Les plages au sable doré (un gros contraste si vous venez de Santorin) et aux eaux cristallines, les falaises abruptes et les côtes rocheuses dans la partie nord de l'île, les

chapelles disséminées ici et là et le village perché de Chora vous enchante-
ront. L'infrastructure touristique y est, en revanche, très limitée : c'est vite
complet dès mi-juillet.

## Arriver – Quitter

### En ferry

➢ Il faut passer par Santorin pour y accéder, mais on doit pouvoir prendre, au
départ du Pirée, un ferry qui dessert avant Kythnos, Sérifos, Sifnos, Milos, Folégandros, Ios ou un autre, local, au départ de Santorin qui dessert également Ios,
Sikinos, Folégandros. En juil-août env 5 ferries/sem, dont certains de nuit. Le reste
de l'année, liaisons moins nombreuses. Compter un peu plus de 1h45 de traversée
entre Santorin et Anafi.

## Circuler dans l'île

Depuis peu, locations de deux ou quatre-roues à Chora. Sinon, le bus, en plus de la
liaison Agios Nikolaos-Chora, dessert la partie sud-est de l'île (plages de Roukounas et monastère de Zoodochos Pigi). Plusieurs allers-retours par jour.

## Adresses utiles

✉ **Poste :** à Chora. ☎ 22-86-06-12-
03. À côté des chambres *Panorama*
(voir ci-dessous « Où dormir ? » à
Chora).
■ **Capitainerie-police :** à Chora. ☎ 22-
86-06-12-16. De la taverne *Alexandra*,
descendre dans la ruelle de droite
(quand on fait face à la mer).
■ **Billets de bateaux :** agence **Nekta-
ria Roussou** (Chora). ☎ 22-86-06-14-
08 ; 📱 69-74-45-48-83. Ouv 10h-13h,
18h30-21h30.
■ **Distributeur automatique de**

**billets :** sur le port. C'est le seul, ne pas
avoir une confiance illimitée en lui.
■ **Locations de scooters ou de voitures : Manos,** pas loin de l'arrêt de bus.
☎ 22-86-06-12-80 ; 📱 69-74-64-84-
47. Également chez **Panorama** : voir
« Où dormir ? » à Chora. ☎ 22-86-06-
12-92.
■ **Point sanitaire :** à Chora. ☎ 22-86-
06-12-15. Conseillé de se rendre à Santorin en cas de problème sérieux. Même
pas de pharmacie sur l'île !

## AGIOS NIKOLAOS (ΑΓΙΟΣ ΝΙΚΟΛΑΟΣ)

Le port d'arrivée des ferries. Petits bateaux de pêche typiques et colorés. Quelques tavernes, une agence de voyages (rarement ouverte – c'est l'annexe de celle
de Chora), où l'on peut se renseigner sur les départs de ferries. Pour faire du change
il faut monter au siège de l'agence, à Chora. Départ du bus pour Chora assez régulièrement (4 liaisons hors saison, le double en été). Il fait la navette à chaque arrivée/
départ de ferry (même en pleine nuit). Quelques loueurs font aussi la navette entre
Chora et le port pour l'arrivée des ferries.

## CHORA (ΧΩΡΑ)

À 3 km du port, Chora est un village attachant construit en amphithéâtre, à 300 m
de hauteur, au pied de la montagne du prophète Élias. Vous pouvez y monter en
bus mais aussi à pied, en empruntant un chemin à flanc de colline : moins d'une
demi-heure de marche. De là-haut, la vue est superbe. Quant à l'architecture, elle

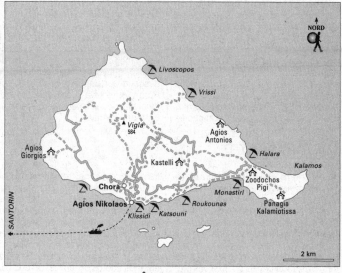

**L'ÎLE D'ANAFI**

est on ne peut plus cycladique : maisons toutes blanches aux formes voûtées, pour la plupart à deux étages, cours fleuries blanchies à la chaux et dédale de ruelles en escaliers, quelques moulins à vent. Au sommet du village, quelques ruines d'une ancienne forteresse vénitienne noyée dans les figuiers de Barbarie. Charmant, tout ça, mais en pleine journée, autant le savoir, village assez mort et presque pas d'ombre ! À la tombée de la nuit, le village s'anime, quelques tavernes, deux épiceries, une boulangerie. Attention, à Anafi la saison morte est vraiment... morte !

## Où dormir ?

Les hébergements se concentrent à Chora. Pour la plupart, ces pensions ouvrent en mai et ferment en septembre, voire début octobre. Une constante : elles offrent une très belle vue sur la baie.

▄ **Rooms Ta Plagia :** à l'entrée de Chora, à proximité de l'arrêt du bus. ☎ 22-86-06-13-08 et 21-07-71-50-33 (hors saison à Athènes). ● taplagia.gr ● Mai-sept. Résa impérative en été. Compter 30-65 € pour 2 pers selon type d'hébergement et saison, petit déj non compris. Wifi. La réception se trouve dans le café de Giorgio et les chambres (ou les studios) dans des bungalows cernés de fleurs, un peu plus bas. Tout le confort, une vue idéale et un isolement qui garantit le calme absolu. Bon petit déj à prendre au café. Vous trouverez en Giorgio un personnage pétillant et bienveillant. Une très bonne adresse.

▄ **Panorama :** à côté des Rooms Ta Plagia. ☎ et fax : 22-86-06-12-92. ● panorama.rooms@yahoo.gr ● Avr-oct. 16 chambres doubles spacieuses et agréables, avec balcon, salle de bains très propre et une belle terrasse commune. Structure familiale sympa, avec une vue magnifique sur la vallée qui creuse son chemin vers le port. Loue aussi des scooters et des voitures.

▄ **Iliovasilema (The Sunset) :** un peu plus loin que le poste de police. ☎ 22-86-06-12-80. ● iliovasilema-anafi. com ● Avr-oct. Compter env 35-50 € pour 2 pers. Chambres doubles avec frigo, avec ou sans cuisine pour une petite différence de prix. Très bon accueil et vue sur la baie. Dans le même quartier, plusieurs autres loueurs de chambres.

🏠 **Villa Apollon :** *à mi-chemin entre le port et Chora, au-dessus de la plage de Klissidi.* ☎ *22-86-06-13-48. Hors saison :* ☎ *21-09-93-61-50 (à Athènes).* ● *apollonvilla.gr* ● *Ouv 5 mai-fin sept. Doubles 50-70 € (chambres à 1 lit moins chères) et studios 60-80 €.* Chambres indépendantes, avec salle de bains et frigo ou studios. Les mêmes proprios ont ouvert l'*Apollon Village Hotel (12 grands apparts très chic, 70-95 € pour 2 pers selon saison).* Très belle vue sur la mer de Crète et sur la plage de Klissidi, qui est accessible à pied (ça descend dur depuis l'*Apollon Village Hotel* : le retour à la chambre est vraiment très raide). L'hébergement le plus « classe » d'Anafi.

## Où manger ?

**l●l Taverne I Anafi (Alexandra Rinaki) :** *depuis l'arrêt de bus de Chora, longer la corniche. On mange bien pour env 10-12 €.* Petit resto familial avec quelques tables dans la ruelle et une terrasse abritée au-dessus ainsi qu'une autre petite terrasse un peu plus bas. Excellent accueil. Alexandra propose des plats traditionnels qu'elle vous présente avant le service. Très belle vue pour un repas copieux et bon marché. Si vous n'avez pas trouvé de chambre, demandez à Alexandra.

**l●l Taverne To Stéki :** *à Chora, depuis l'arrêt de bus, remonter vers le village, c'est en contrebas à gauche. Compter 12 € le repas.* C'est délicieux : friture bon marché, beignets d'aubergine, *bif-* *tekia* avec poivrons, fromage, sauce au yaourt, produits du cru. Charmante terrasse abritée du vent, avec des cucurbitacées qui pendent aux poutres. Accueil sympa de la part de Panagiotis, joueur de *bouzouki* à ses heures. Il a d'ailleurs une petite collection d'instruments de musique accrochés aux murs, entre les photos de famille. Un point de rencontre des locaux.

**l●l Margarita :** *au-dessus de la plage de Klissidi.* ☎ *22-86-06-12-37. Maisept, midi et soir. Repas 10-12 €.* Resto-café sympa, idéal pour le repas du midi, quand on a bien doré sur la plage. Salades, grillades, pizzas et desserts maison. Loue aussi des chambres.

## Randonnées pédestres

➤ **Chora-Agios Nikolaos** *(Χωρα-Αγιος Νικολαος)* **:** moins de 30 mn par un sentier facile.

➤ **Chora-Kastelli** *(Χωρα -Καστελι)* **:** environ 2h de marche. Quelques ruines de la ville antique et *chapelle de la Panagia tou Dokari*. À l'extérieur de la chapelle, un beau sarcophage en marbre (époque romaine) et un fragment de statue en marbre et, non loin de là, quelques statues de marbre sans tête : étrange spectacle. D'Agios Nikolaos, rejoindre Roukounas d'où part un sentier pour Kastelli.

➤ **Monastère de Zoodochos Pigi-monastère de la Panagia Kalamiotissa** *(Μονη Ζοοδοχου Πηγης - Μονη Παναγιας Καλαμιωτισσσας)* **:** environ 1h de marche vers l'extrême est de l'île. Au sommet d'un énorme rocher genre monolithe (le plus imposant de Méditerranée après Gibraltar) à 463 m au-dessus de la mer, avec une vue époustouflante sur la mer Égée, un monastère aussi appelé le **Pano Monastiri** (le « monastère d'en haut », construit aux alentours de 1600 et aujourd'hui abandonné).
Penser à se munir d'eau, de provisions et d'un sac de couchage pour assister au lever du soleil : absolument magique !

➤ À 1h de marche à peu près de l'ancien emplacement, le **Kato Monastiri, Zoodochos Pigi** avec sa chapelle (plus récent). Grande fête patronale le 8 septembre,

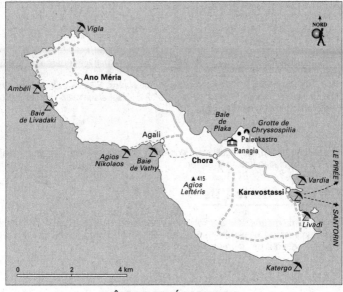

**L'ÎLE DE FOLÉGANDROS**

avec la participation de tous les habitants. Du monastère, pour rentrer, compter environ 3h de marche jusqu'au port. Suivre le sentier qui longe le bord de mer. Magnifique. Plusieurs petites plages de sable fin.

## Où se baigner ?

À côté du port, quelques belles plages de sable : ***Agios Nikolaos*** *(à côté du port),* ***Klissidi*** *(plage familiale) et* ***Katsouni.*** Tout cela est archibondé en été.

À 15 mn en caïque (départ du port d'Agios Nikolaos), les superbes plages ***Mikros*** et ***Megalos Roukounas*** où le camping sauvage est toléré (petites dunes plantées de tamaris, taverne), et à 30 mn en caïque, la plage de ***Monastiri,*** la plus tranquille. Accès possible en suivant le sentier côtier au départ de Roukounas.

# FOLÉGANDROS (ΦΟΛΕΓΑΝΔΡΟΣ)   (84011)   700 hab.

Située entre Sikinos et Milos, Folégandros est une île aride et montagneuse avec des à-pics de plus de 200 m au nord, et un paysage plus nivelé au sud. Sa superficie est de 32 km². Pour beaucoup, c'est une île « coup de cœur », harmonieuse et tranquille, mais pour certains l'accueil des habitants pourrait être meilleur... C'est une île ravissante, reposante, avec des criques bien cachées, une nature de plus en plus sauvage vers le nord, des habitants charmants (enfin...) et suffisamment de recoins à explorer pour faire des randos variées. Folégandros figure aujourd'hui parmi les îles à la mode, en plein développement en ce qui concerne l'hébergement, de plus en plus cher chaque année. On trouve désormais pas mal d'hôtels ou de chambres à Chora et sur le port, la plupart ouverts en saison seulement.

## Arriver – Quitter

### En ferry

Assez peu de bateaux, mais la situation va en s'améliorant.
➤ *De/vers Le Pirée :* en été, 3-4 fois/sem via certaines des îles ci-dessous. 10-11h de trajet.
➤ *De Santorin, Milos, Sifnos, Sérifos, Paros, Naxos, Sikinos et Ios :* plusieurs liaisons/sem en saison. Fréquence variable : 2-5 liaisons/sem selon les îles (Ios et Santorin étant les mieux placées).

### En catamaran

➤ Liaisons désormais régulières. Pendant la saison 2010, un catamaran reliait Le Pirée et Folégandros, tlj en saison.

## Circuler dans l'île

🚌 *Terminal de bus :* sur la 1$^{re}$ place (Karavostassi). Une douzaine de départs tlj pour Karavostassi, un peu moins pour Agali et Ano Méria. Hors saison, slt 3-4 bus/j. Horaires changeants ; ceux du moment sont affichés.

## KARAVOSTASSI (ΚΑΡΑΒΟΣΤΑΣΗ)

C'est le port de l'île, situé à 3,5 km de Chora. Assez animé. La plage de galets et le port se partagent la même eau, claire comme du cristal (pour une fois !). Quelques hôtels et locations, ainsi que des tavernes et des bars sympathiques ; une alternative lorsque c'est complet à Chora, mais le charme n'est pas le même... On vous conseille deux plages. Tout d'abord *Katergo,* la plus belle de l'île, grande et sauvage, accessible à pied depuis le camping *Livadi* (compter pratiquement 1h de marche : avant le camping, tourner à droite et monter le chemin qui tourne avant le hameau, vers la gauche) ; remarquer en

### LES FORÇATS DE LA SCÈNE

*De 1936 aux années 1970, l'île de Folégandros a été, comme beaucoup d'île des Cyclades, non pas un lieu de villégiature, mais un lieu de relégation pour opposants politiques. Les petites maisons en pierre de Katergo (ce qui veut dire « bagne » en grec) en sont un témoignage. Les anciens de l'île se souviennent avoir découvert le théâtre grâce à ces exilés forcés qui venaient souvent d'Athènes ou de Thessalonique : les prisonniers avaient recréé sur place une petite communauté qui donnait des représentations, occupation plus épanouissante que de casser des pierres...*

chemin le hameau abandonné des déportés politiques. Quand il n'y a pas de vent, bateau de Karavostassi à Katergo *(compter env 8 € l'aller-retour)*. Sinon, sans aller bien loin, la superbe plage de *Vardia* (monter en haut du village).

## Adresses utiles

🚌 *Arrêt de bus :* au débarcadère. Correspondances efficaces. De plus, il n'y a guère qu'une route et ainsi presque toute l'île est desservie. Départs vers Chora et Ano Méria ttes les heures 9h30-23h10 (retours 9h15-23h). 2 fois moins en basse saison, dernier départ à 21h30.
■ *Location de scooters : Moto Spyros,* au début de la route qui monte vers Chora. ☎ 22-86-04-14-48. À côté,

*Kozmozz* (scooters et voitures). ☎ 22-86-04-16-60. Attention à bien faire coïncider les horaires : station-service, remise du scooter, départ du bateau.

■ *Caïques :* face à l'arrêt d'autobus. Excursions autour de l'île, (desserte de toutes les plages, avec des haltes pour se baigner).

## Où dormir ? Où manger ?

### Camping

⚠ |●| *Camping Livadi :* un peu isolé (à 1 km au sud-est du port) et à 100 m d'une grande plage. ☎ et fax : 22-86-04-12-04. De juin à mi-sept au plus tard. Pas de résa. Compter env 14 € pour 2 pers. Ter-

rain aménagé en terrasses avec, en haute saison, les tentes à touche-touche. Sanitaires acceptables. Malgré la promiscuité, camping plutôt calme. Petit resto sympa, navette pour le port.

### Prix moyens

🛏 *Rooms Ostria :* à 50 m derrière la plage en allant vers l'hôtel Éolos. ☎ 22-86-04-13-47. Juin-sept. Env 60 € en août, nettement moins en dehors de cette période. Ensemble de petits studios tout confort et propres, avec salle de bains et cuisine équipée. AC, TV et frigo dans chacun. Tenus par une dame charmante d'un certain âge, ils offrent une agréable vue sur le port pour un prix très intéressant.

🛏 *Aéolos Beach Hotel :* à 20 m de la plage. ☎ 22-86-04-12-05. Hors saison : ☎ 21-09-22-38-19 (à Athènes). ● aeolos-folegandros.gr ● De mi-juin à fin sept. Doubles standard 55-85 € selon période et vue éventuelle sur la plage. Hôtel confortable et pas prétentieux, dans un jardin au bord de l'eau. |●| 2 *paillotes* sympas sur la plage (*Syrma* et *Evangélos*) ; emplacement privilégié et rencontre de gens bavards.

## CHORA *(ΧΩΡΑ)*

Chef-lieu de l'île, à 3,5 km de Karavostassi. Un village délicieux construit au ras d'une falaise abrupte, à 200 m au-dessus du niveau de la mer. Très romantique, grâce à son aspect médiéval. Le quartier ancien se trouve autour du *kastro*, construit en 1212. Ce sont les maisons qui forment son enceinte extérieure (Kastro à Sifnos ou Chora à Sikinos). Les quartiers d'habitations se sont développés depuis, à l'extérieur des murs du *kastro*, sans pour autant perdre de leur charme. Petites maisons d'une blancheur éclatante, avec leurs balcons en bois qui semblent ne tenir au mur que par un fil. Beaucoup d'églises et quatre places très méditerranéennes pour ce village où l'on trouve nombre de restos tous aussi charmants les uns que les autres...

## Adresses utiles

🅸 *Agence de tourisme Diaplous :* à l'entrée du village, à côté de la station de bus. ☎ 22-86-04-11-58. ● diaplous travel.gr ● En saison 9h30-14h, 18h-22h. Infos touristiques, carte de l'île, consigne à bagages. Personnel sympa.
■ *Agence de voyages Maraki Travel & Tours :* sur la 2ᵉ place. ☎ 22-86-04-12-73. ● maraki@syr.forthnet.gr ● Tte l'année. Vente des billets de bateau

et ceux pour les bus correspondants. Internet. Les horaires des ferries quittant Folégandros sont affichés dehors. Location de véhicules.
✉ *Poste :* à l'entrée du village.
■ *Médecin, pharmacie :* à la station de bus. En cas d'urgence : 📱 69-38-73-80-13. Ouv 9h-14h, 18h-20h.
■ *Taxi Marinakis :* ☎ 22-86-04-10-48. 📱 69-44-69-39-57.

■ *Location de scooters : Venetia,* route d'Ano Méria. ☎ 22-86-04-13-16. ● scooterlandvenetia.com ● *Ouv 10h-14h, 18h-21h. Engins assez chers : jusqu'à 20 € en hte saison...* Puisqu'on vous dit que les bus sont bien ! Un détail toutefois pour ceux qui loueront un scooter : il est strictement *interdit de conduire en ville !* Forte amende pour les contrevenants. La route goudronnée contourne le centre.

■ *Station-service : sur la route d'Ano Méria.*

■ *Distributeur automatique de billets : sur la 2e place.*

## Où dormir ?

### De prix moyens à plus chic

■ *Rooms Embati et Rooms Evgenia :* à l'entrée du village. ☎ 22-86-04-10-01/06. *30-65 € selon saison.* Chambres bien tenues, avec kitchenette pour certaines et grande terrasse.

■ Au bout du village, après la 4e place, une kyrielle de *Rooms to let* à des prix équivalents. Certaines offrent une vue épatante.

■ *Odysseus Hotel : au bout du village, après la 4e place.* ☎ 22-86-04-12-76. *Hors saison :* ☎ 21-09-63-58-21 (à Athènes). ● hotelodysseus.com ● *Résa possible chez* Îles Cyclades Travel *à* Marpissa (voir plus haut le chapitre « Paros »). *Mai-fin sept. Chambres standard 50-90 € selon période et vue (ajouter 5-10 € pour une chambre « supérieure »).* Bel hôtel aménagé dans le style local. Certaines chambres sont équipées d'un balcon avec vue sur la mer. La même famille gère également les *Folégandros Apartments* (voir ci-dessous).

### Chic

■ *Polikandia Hotel : à l'entrée du village, sur la gauche.* ☎ 22-86-04-13-22. *À Athènes en hiver :* ☎ 21-06-82-54-84. ● polikandia-folegandros.gr ● *Juin-sept. Doubles standard 65-125 € selon saison (les plus chères sont à l'étage). Internet et wifi.* Hôtel dans le style local. Les chambres sont confortables (petit balcon, TV, frigo). Joli jardin avec piscine. Très bon accueil.

■ *Folégrandos Apartments : pas très loin de la place des bus, juste au-dessus.* ☎ 22-86-04-12-39. ● folegandros-apartments.com ● *Résa possible auprès d'*Îles Cyclades Travel *à* Marpissa (voir plus haut le chapitre « Paros »). *Mai-sept. Pour 2 pers, selon saison, studios standard 70-120 € et apparts standard 90-160 €.* Très joli complexe avec principalement des studios pour 2 ou 3 personnes et des appartements, plus grands. Bien équipés, avec un niveau de confort élevé (3 niveaux de confort : standard, supérieur et *executive*). Piscine. Service de petit déj (très copieux).

■ *Anemomilos Apartments :* ☎ 22-86-04-13-09 ; *hors saison :* ☎ 21-06-82-77-77. ● anemomilosapartments.com ● *Au début du chemin qui monte à l'église Panagia. Mai-sept. Apparts, sur la base de 2 pers, 110-180 € et 140-230 € selon surface, vue sur la mer et période. Suites plus chères : 180-280 €. Internet et wifi.* Construit en bord de falaise, avec une vue extraordinaire, ravissant complexe d'appartements tout équipés, certains avec 2 terrasses. Les dalles dans les allées et dans les chambres sont en pierre verte typique de l'île. Terrasses fleuries. Réception-salon joliment décorée. Petit déj copieux pour ceux qui le désirent. Piscine taillée dans le roc. Accueil chaleureux.

## Où manger ?

IOI Pour manger sur le pouce, une *boulangerie,* au bout de Chora, au début du sentier qui part vers le nord de l'île (ouv 7h-14h, 18h30-20h30 ;

*dim 7h-13h).* Entre autres, *tyropitta* avec 2 fromages locaux. *Souvlakia à* emporter chez *Pikantiko,* à côté du café *Aquarius.*

Toutes les adresses ci-dessous sont ouvertes en saison (d'avril à début octobre), midi et soir :

|●| **Tavernes Mélissa et Piatsa :** *petit resto animé sur la 3e place (Kondarini), avec une terrasse partagée sous les arbres. Repas env 12-14 €.* Cuisine locale savoureuse et copieuse. Service rapide.

|●| **To Sik :** *sur la 3e place. Repas env 15 €. CB refusées.* Petit resto blanc et vert pastel, qui propose différents plats traditionnels, aux tendances orientalisantes. Quelques plats végétariens également. Quant au patron, Dimitris, on lui décerne la palme du service souriant.

|●| **Taverne O Kritikos :** *sur la 3e place.* ☎ 22-86-04-12-19. *Midi et soir. Pour une entrée et un plat de viande, compter 12-15 €.* Réputée pour sa viande (grillades, *kondousouvli*). Choix très large, du poulet au lapin en passant par l'agneau fondant et parfumé. Service excellent. Particulièrement pris d'assaut par les chats, qui sont connaisseurs.

|●| **Psarokokalo :** *un peu à l'écart de l'activité, près de la 4e place.* ☎ 22-86-04-11-79. *Compter 12-15 €.* Resto qui fait la part belle au poisson, ce qui n'est pas si fréquent à Chora. Terrasse totalement abritée du vent (et ça aussi, ça compte à Chora en période de meltémi !).

|●| **I Pounta :** *sur la 1re place, en face de l'arrêt de bus. Repas env 12-14 €.* Resto (avec agréable jardin intérieur, sous les arbres, relativement à l'abri du vent : ça change des places !) servant de bons plats locaux (*fava,* aubergines au four, chevreau). Bons desserts comme la *pouzénia.*

## Où boire un verre ?

Υ |●| **Kastro Cafe :** *sur la 2e place, à l'écart des autres.* Bar-resto calme, à l'éclairage tamisé. Bonnes pâtisseries. Agréable pour prendre un verre en terrasse après dîner.

Υ **Café Aquarius :** *sur la 4e place.* Petit bar qui étale ses chaises dans la ruelle. Sympa pour prendre un cocktail ou un milk-shake dans un quartier animé de Chora. Quelques sandwichs vraiment pas chers.

## À voir. À faire

🗡 Pour pénétrer dans le **kastro,** fureter dans les venelles vers la 2e place : c'est indiqué. À l'intérieur, ne manquez pas de voir les *églises d'Eléoussa* (1530), *Agia Sofia* et *Agia Pantanassa,* d'où la vue est sublime (surtout au coucher du soleil).

🗡🗡🗡 **L'église de la Panagia :** un must, c'est la plus belle église de l'île. Le chemin part de la 1re place et grimpe en zigzag pendant à peu près 15 mn. De là-haut, on voit parfaitement comment Chora épouse les contours de la falaise et on a une vue de l'île du nord au sud. En été, l'église ouvre gratuitement ses portes aux visiteurs en fin d'après-midi, pendant 2h (se renseigner à l'agence *Diaplous* pour les horaires précis). En continuant 10 mn sur le chemin, on parvient au **Paléokastro,** une acropole antique en ruine. Rien que pour la vue, cela vaut le coup (mais, l'accès peut en être interdit pour raisons de sécurité).

🗡 **La grotte de Chryssospilia :** au pied du *Paléokastro.* Accessible seulement en bateau, mais entrée interdite. Sachez quand même qu'elle recèle des graffitis très anciens laissés par des routards d'il y a 2 000 ans, qui voyageaient sans *Guide du routard,* les inconscients. C'était un lieu de culte et on y a trouvé des squelettes. Photos de la grotte à l'agence *Diaplous.*

## *ANO MÉRIA* (ANΩ MEPIA)

Village du nord de l'île, très étendu, à 6 km de Chora. Paysage sauvage et très rural. Rien pour dormir.

## Où manger ?

|●| *Taverne Kyra-Maria (I Synandisi) :* ☎ 22-86-04-12-08. *Env 200 m avant l'arrêt de bus. Repas env 12 €.* On y sert la spécialité locale, le *matsata* (lapin ou coq en sauce, préparé avec des pâtes maison). Le resto le plus cher d'Ano Méria, mais parts copieuses et service souriant.

|●| *The Sunset (Iliovassilema) :* au terminal du bus. ☎ 22-86-04-10-32. *Tte la journée. Repas 8 €.* La plus belle vue du village, en terrasse abritée du vent. Familial et on ne peut plus typique : lapin, chèvre et pâtes maison (*matsata*).

## À voir. À faire

🚶🚶 *Musée populaire (Folklore Museum) :* à l'entrée d'Ano Méria, sur la gauche, un chemin monte jusqu'à cette ferme du début du XIX<sup>e</sup> s. *En été 17h-20h ; le reste de l'année, on peut s'adresser à Katherina, à côté, et les portes s'ouvrent. Prix de la visite : on donne ce qu'on veut.* La vie des paysans de Folégandros y est retracée. Le bâtiment principal servait d'habitation, on trouve un mobilier authentique, des ustensiles de cuisine, broderies locales, un métier à tisser. Dans une annexe, le four à pain, les cruches à *retsina*, du matériel de pêche, d'apiculture... Le bac au centre de la cour servait à écraser le raisin, le divin liquide s'écoulant par une ouverture jusqu'à un trou creusé dans la roche. Les explications sont données en *direct live* par des jeunes sympas et parfois par un couple âgé qui ne parle que le grec mais, par la magie des gestes, on comprend tout. Un endroit émouvant.

🚶 Entre les deux parties d'Ano Méria, l'*église d'Agios Giorgios.* Essayez d'y jeter un œil, l'intérieur est doré, fastueux... mais un cerbère féminin veille et l'accès aux *Xéno-visiteurs* (non orthodoxes et souvent court vêtus) dépend de son humeur.

⌇ D'Ano Méria, vous pourrez aller à la belle *plage d'Agios Giorgios* (ou *Vigla*), accessible en scooter. Compter 1h à pied pour rejoindre *Livadaki* et *Ambéli* ; plusieurs sentiers y mènent (c'est indiqué sur la piste juste après le terminal de bus) ainsi qu'une grande piste récente. Ne pas oublier sa gourde.

## À voir dans les environs

🚶🚶 *Agali* (Αγχαλη) : village entre Chora et Ano Méria. On peut s'y rendre en bus (8 allers-retours en été). À pied aussi mais gare à la remontée ! (prévoir 35 mn à l'aller, 1h au retour). La plage elle-même est assez peuplée. Il faut aller au-delà d'Agali, dans de petites criques – celle d'*Agios Nikolaos*, par exemple, à 20 mn de marche – si l'on veut vraiment apprécier la beauté du site. Quand même beaucoup de baigneurs venus de toute l'île (accès en bateau depuis Agali), mais l'endroit vaut le coup.

🛏 *Rooms Irène Veniou (Pano sto Kyma) :* côté gauche, face à la mer, entre le parking et la plage. ☎ 22-86-04-11-90. 📱 69-32-29-78-96. ● kymanemi. com ● *Ouv juin-sept. Env 35-55 € pour 2 pers. CB refusées. Wifi.* Chambres avec ventilo. Vue sur la mer depuis la terrasse, commune à 5 des 6 cham-

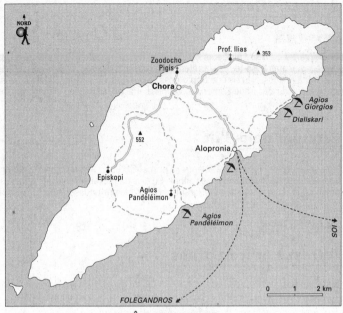

**L'ÎLE DE SIKINOS**

bres. Sympa et modeste.

🏠 ***Rooms Evangélos Lidis (Vangué-
lis) :*** *côté gauche, face à la mer, entre le
parking et la plage.* ☎ 22-86-04-11-05
*ou 13-18. Le lascar sait bien recevoir
ses clients. Il les dépanne parfois en les
faisant dormir sur le toit.*

🏠 🍴 ***Psaromilingas :*** *petite taverne
simple et très bonne en surplomb de la
plage, avec ses terrasses ombragées.*
☎ *22-86-04-11-16 ou 13-01. Repas
env 10 €. Panagiotis et Dina proposent*
des chambres situées tout là-haut, au-
dessus de la baie. Très simple mais tout
neuf et propre, avec salle de bains.

🏠 ***Chambres à louer :*** *entre Agali et
Agios Nikolaos, à Galifos exactement (à
10 mn à pied par le sentier côtier).* ☎ *22-
86-04-10-72/69. Sans électricité, mais
c'est totalement isolé et très poétique.
Avec ou sans douche, lampe à gaz fournie. Très bon marché. Téléphoner avant
impérativement, sinon il n'y aura personne pour vous accueillir.*

# SIKINOS (ΣΙΚΙΝΟΣ)

(84010)                 260 hab.

Située entre deux îles très prisées, Folégandros à l'ouest et Ios à l'est, Sikinos
reste une île méconnue, relativement mal desservie par les ferries et offrant
peu de possibilités d'hébergement. En contrepartie, c'est, avec Anafi, avec
laquelle elle a quelques points communs, une des îles les plus tranquilles des
Cyclades. Un port, Alopronia (où sont la plupart des hébergements), un très
joli village sur les hauteurs, Chora, des sentiers de randonnées un peu partout, et peu de plages : de quoi rebuter ceux pour qui île rime avec fête... Les
autres peuvent se laisser tenter.

## Arriver – Quitter

### En ferry

➤ *De/vers Le Pirée :* plusieurs liaisons/sem, via de nombreuses autres îles des Cyclades. Comme les ferrys s'arrêtent dans pas mal d'îles, il n'est pas si difficile d'arriver à Sikinos. Ne pas être trop pressé cependant. En saison, un bateau dessert Sikinos au départ de Santorin, son port d'attache, ainsi que Folégandros, Ios et Anafi.

## Circuler dans l'île

Un bus municipal fait la navette entre le port et Chora : 1 liaison/h en hte saison, liaisons plus espacées le reste de l'année. En plus des horaires réguliers, le bus est présent à chaque arrivée de ferry. Le soir, de Chora, le bus pousse jusqu'à Episkopi.

### *ALOPRONIA*

## Adresse et info utiles

■ *Capitainerie :* ☎ 22-86-05-11-21.
■ *Agence maritime :* au port, le bureau n'ouvre guère qu'avant le passage des ferries. Mieux vaut monter à Chora.

## Où dormir ?

🛏 *Studios Lucas :* ☎ 22-86-05-10-76. 📱 69-73-27-36-13. ● *sikinoslucas.gr* ● À 600 m du port par la route de Chora, puis, dans le raidillon, à droite (indiqué). Pour s'épargner une marche inutile, se renseigner au resto du même nom, au port. Avr-oct. Env 50 € la double en hte saison. Petit complexe de chambres bien tenues, avec AC, TV, et, pour certaines, une jolie petite touche traditionnelle. Également des studios, plus chers, les pieds dans l'eau. Et si c'est plein, la patronne, Popi, vous redirigera sur l'hôtel *Kamarès,* tenu par sa sœur et un peu plus cher.

## Où manger ?

|●| *Meltemi :* sur le port. Midi et soir. Repas env 12 €. Les plats classiques et guère plus, mais c'est déjà bien ! Bons *biftekia* et *keftédès,* par exemple. Service rapide.
|●| *Lucas :* face à l'épicerie Flora. Avr-oct, midi et soir. Compter env 12-15 €. Jolie terrasse en bois sur la plage. Les *domatokeftédès* sont excellentes, comme la *fava.* Même proprio que les *Studios Lucas.*

## Où boire un verre ?

🍸 *Vrahos :* sur le port, en hauteur. Une terrasse accrochée au rocher, à laquelle on accède par une volée de marches. Fait aussi des pizzas le soir. Le rendez-vous des jeunes sur l'île.

# CHORA (XΩPA)

Le village se subdivise en deux parties, chacune, sur sa colline, faisant face à l'autre. *Kastro* concentre les commerces (cafés, restos, épicerie et l'unique boulangerie de l'île ainsi que la poste) et *Chorio*, avec pas mal de maisons retapées ou encore dans leur jus. Le centre de *Kastro* recèle une surprise : une large (du moins pour le village) place carrée, noyée de lumière, entourée de maisons plus ou moins identiques, contrastant avec les étroites ruelles du village. Magnifique. À proximité, les rues commerçantes : c'est tout petit et très pratique, comme ça, on a tout sous la main.

## Adresses utiles

■ **Agence maritime :** à Chora (Kastro). ☎ 22-86-05-11-68. Ouv 9h30-13h30, 18h30-22h30.
■ **Poste :** à Chora (Kastro). Lun-ven 7h30-14h.
■ **Médecin :** à Chora (Kastro). Sur la petite place au niveau de l'entrée de l'église. 🖥 69-73-76-94-03.
■ **Distributeur de billets :** à côté du cabinet médical. Le seul et unique de l'île. Prendre ses précautions avant, car en cas de défaillance...

## Où manger ?

|●| **Klimataria :** dans la ruelle des restos (il y en a 3 en enfilade). Avr-oct, midi et soir. Prévoir env 12 €. On y va surtout pour les différentes variétés de keftédès et les plats classiques. Bon rapport qualité-prix.

## Où boire un verre ?

🍸 **Anémélo :** à côté de l'agence maritime. Tte l'année. Café sympathique qui propose également quelques plats et de très bonnes pâtisseries.

## Où se baigner ?

⌂ **Agios Giorgios :** la plus grande plage de l'île, à l'est d'Alopronia. Accès en caïque (rotations à partir de la fin de matinée) ou, pour les courageux, à pied : compter alors plus de 1h par le sentier pour la plage de Dialiskari puis continuer dans les rochers en faisant bien attention (sentier balisé par des cairns). Depuis 2009, une route goudronnée relie Chora à Agios Giorgios. Quelques bus en saison.
Sinon, à Alopronia, beaucoup s'installent tout simplement sur les rochers, à l'opposé de la plage, à deux encablures du port. Pour les marcheurs, il y a aussi la plage d'*Agios Pandéléimon*, à 1h30 d'Alopronia.

## À voir

🏃 **Le monastère de Zoodochos Pigis :** à 10 mn de marche de Kastro (mais ça grimpe sec). Ouv slt le soir en saison (17h-20h), mais le site, en bord de falaise, est accessible tte la journée.

🏃🏃 **Episkopi :** à 3 km à l'ouest de Chora. En pleine nature, au bout de la route, une église du XVIIe s à laquelle sont incorporés des éléments d'un temple antique. Un curieux mélange, très photogénique.

## Randonnées

L'île se prête merveilleusement aux randonnées. Se munir de la carte des éditions *Anavassi*. Les dénivelées ne sont pas importantes, sauf quand on part du port pour monter à Chora. Mieux vaut donc partir de Chora : la plus belle randonnée mène à Episkopi, fait descendre vers la côte sud-ouest par le puits de Manali, via un magnifique *kaldérimi* (sentier pavé), et rentre sur Alopronia en passant par la chapelle d'Agios Pandéléimon. Compter 5h. Emporter suffisamment à boire (pas de point d'eau sur le parcours). Pour ceux qui trouveraient ça long, possibilité de faire directement Chora-Agios Pandéléimon (le détour par la plage du même nom toujours possible). En revanche, on ne conseille pas la pointe sud-ouest (sentiers mal tracés).

# IOS (ΙΟΣ)
(84001)      1 700 hab.

Située au sud de Naxos et au nord de Santorin, l'île d'Ios (108 km²) culmine à 717 m (mont Pyrgos). Depuis les années 1960, elle a attiré tous les étés des jeunes gens du monde entier, séduits par les belles plages et par l'intensité de la vie nocturne (nombreux bars et clubs). Cette réputation d'« île en fête » s'applique surtout à Chora, le village principal, au point qu'on a pu déconseiller le secteur aux plus de 25 ans ! Mais les choses changent, pas mal de bars périclitent et l'île d'Ios séduit de plus en plus un autre type de voyageurs, une clientèle plus adulte et plus aisée. Car Ios offre aussi la tranquillité pour ceux qui la recherchent, grâce à ses nombreuses petites criques et ses baies où se nichent des plages. Dans l'arrière-pays, des paysages d'une certaine douceur et des sentiers pour les amoureux de randonnées pédestres. Selon la tradition, c'est ici, sur les pentes du mont Pyrgos, que serait mort Homère... Ios reste encore une des plus belles îles des Cyclades.

– Les excursions d'une journée à Santorin sont tout à fait possibles. Départ vers 6h et retour au choix. Environ 1h de traversée. Excursions faciles vers Sikinos et Folégandros également. Se renseigner au port.

## Arriver – Quitter

### En ferry

➢ *De/vers Le Pirée :* plusieurs liaisons/j. en été. Trajet : 8h, davantage en cas d'escales plus nombreuses.
➢ *De/vers Paros, Naxos et Santorin :* plusieurs liaisons/j.
➢ *De/vers Sifnos, Milos et Sérifos :* 2 liaisons/sem.
➢ *De/vers Sikinos, Folégandros et Anafi :* plusieurs liaisons/sem.

### En catamaran

➢ *De/vers Le Pirée :* en hte saison, en principe, 2 liaisons/j.
➢ *De/vers Mykonos, Paros, Naxos et Santorin :* 1-2 liaisons/j.
➢ *De/vers Héraklion :* en saison, normalement plusieurs liaisons/sem.

## YALOS (ΓΙΑΛΟΣ) OU ORMOS (ΟΡΜΟΣ)

Le port d'Ios est un port naturel, excellent mouillage au fond d'une profonde rade bien protégée des vents, à tel point qu'on a l'impression que c'est un lac ! Bonne alternative si c'est complet ailleurs.

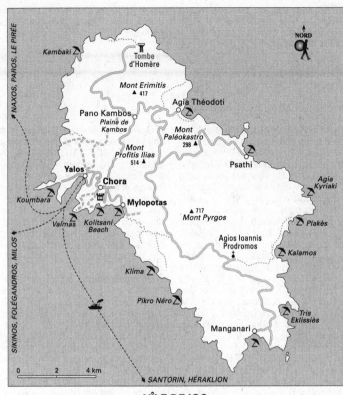

**L'ÎLE DE IOS**

# Adresses et infos utiles

■ **Capitainerie :** ☎ 22-86-09-12-64.
■ **Police :** ☎ 22-86-09-12-22.
■ **Centre médical :** *derrière le grand parking.* ☎ 22-86-09-86-11. Ouv lunven 8h30-14h30, 18h-20h (pour les urgences slt). Le médecin (privé) est à Chora.
🚌 **Arrêt de bus :** *près du buste d'Homère.* Liaisons fréquentes pour Chora et Mylopotas (ttes les 15 mn en plein été).
■ **Excursions en bateau :** départ du port à 11h pour la plage de Manganari, avec le *Delfini Express II.* ☎ 22-86-09-13-40. Cela vaut vraiment la peine. Pour les amateurs, Nikos organise des excursions sur son bateau « corsaire », le

*Leigh Browne,* vers une des plus belles plages de l'île (Pikri Nero) pour env 15 €.
■ **Agence Actéon Travel :** *sur la place, à 100 m du débarcadère.* ☎ 22-86-09-13-43. ● acteontravel.gr ● Billets de bateau et d'avion. Retrait avec les cartes *Visa* ou *MasterCard.* Consigne à bagages. Service Internet. Excursion d'une journée sur l'île en bus climatisé. On y parle le français. Également présent à Chora.
■ **Location de voitures et scooters :** 3 loueurs principaux sur l'île, avec plusieurs bureaux. *Ios Rent a Car* (☎ 22-86-09-23-00 ; ● iosrentacar.gr ●), *Jacob's* (☎ 22-86-09-10-47 ; ● jacobsios.gr ●), *Road Runner* (☎ 22-86-09-

*22-70).* Large gamme de véhicules.

■ **Taxis :** ☎ 22-86-09-16-05/06. 🗒 69-77-03-17-08.

■ **Ios Marine :** *au port.* 🗒 69-72-85-57-08. • *iosmarine.gr* • *Résa conseillée.* Location de bateaux (très sûrs) sans permis.

## Où dormir ?

### De prix moyens à plus chic

■ **Actéon Hotel :** *sur la place du port, au-dessus de l'agence du même nom.* ☎ 22-86-09-13-43 et 10-02. • *acteon.gr* • *Avr-oct. Doubles env 40-70 € selon saison.* Balcons donnant sur le port. Très propre mais très bruyant, comme beaucoup d'endroits sur le port. La responsable parle le français.

■ **Irene (Irini) Rooms :** *à 150 m du port.* ☎ 22-86-09-10-23. • *iosirene@otenet.gr* • *S'engager dans la ruelle qui, du port, prend juste après Café Cyclades. Avr-sept. Selon saison, doubles 25-75 €. CB refusées. Wifi.* Chambres tout confort (TV, AC et frigo) avec balcon. Petit déj possible. Cher de la fin juillet à août (les prix doublent d'un seul coup !), mais raisonnable le reste du temps. Piscine.

■ **Pension Avra :** *à 100 m du port.* ☎ 22-86-09-19-85. 🗒 69-46-95-48-44. • *avrapension.gr* • *Avr-oct. Doubles 25-60 € selon saison. Réduc de 10 % sur présentation de ce guide, sf 1er-19 août. Wifi.* Pension proprette et sympathique, disposant d'une quinzaine de chambres avec salle de bains, frigo, AC, TV et balcon. Accueil familial et francophone. Katherina est très serviable.

### Plus chic

■ **Petra Hotel :** *au bout de la plage.* ☎ 22-86-09-14-09. • *iospetra.gr* • *Juin-sept. Selon période, compter env 60-120 € pour 2 pers et 80-160 € pour 4.* Studios et appartements (pour 4 à 6 personnes) spacieux, fonctionnels, joliment décorés. Grande terrasse et cuisine dans chacun. Également des « studios-suites » plus grands et meublés avec beaucoup de goût. L'hôtel a été conçu par des architectes qui connaissent leur métier et ont fait de l'ensemble de l'hôtel un espace très agréable à vivre.

■ **Galini :** *du milieu de la plage, prendre une petite route dans les terres, c'est à 100 m.* ☎ 22-86-09-11-15. 🗒 69-79-10-60-63. • *galini-ios.com* • *De mi-avr à oct. Doubles 25-70 € selon saison. Internet et wifi.* Un petit ensemble, entre chambres à louer et hôtel, qui propose des chambres doubles et triples. 3 studios avec kitchenette. Mobilier récent, petit frigo, AC, salle de bains. Terrasse ombragée pour le petit déj et petit jardin. Bon accueil d'Ilias Zamanou et de sa mère.

■ **Olga's Pension :** *sur la route montant vers Chora, à 300 m env du port, sur la gauche.* ☎ 22-86-09-12-19. • *iosgr.gr* • *Ouv 20 mai-30 sept. Selon saison, doubles 30-80 €. Grande piscine. Réduc de 10 % sur présentation de ce guide en basse saison.* Une adresse de qualité, comprenant 18 chambres (dont quelques triples et quadruples), la plupart avec balcon. Les enfants d'Olga ont construit une nouvelle pension, plus au goût du jour (la vieille pension est toujours là, presque en face sur la droite de la route) et vous réservent un accueil chaleureux.

## Où manger ?

|●| **Boulangerie :** *sur le port, à la hauteur du départ des bus.* On y trouve un peu de tout pour manger sur le pouce (*tyropita, spanakopita*, pain au fromage, aux olives). Spécialité de *biscotto kanel-la-méli* (hmm !).

|●| *Taverne Akroyiali :* sur la place du port. ☎ 22-86-09-10-96. Compter env 10-15 € (davantage pour un repas de poisson). Le patron, Kostas, est pêcheur, le poisson est donc d'une fraîcheur garantie. Excellent accueil de Vangélio. Sans doute le meilleur rapport qualité-prix sur le port.

|●| *Taverne Souzana :* sur la place du port. ☎ 22-86-09-11-08. Compter env 12 € pour une entrée et un plat de viande. Pizzas également. Le *mix kebab*

empale avec brio des crevettes, des calamars et des moules. Un régal. La terrasse est quelconque mais située dans un coin central et animé. Service chaleureux, polyglotte et efficace.

|●| *Enigma :* sur le port. ☎ 22-86-09-18-47. À partir de 10 € le repas. Une terrasse bien située pour observer les bateaux. Carte variée et bon choix de vins. Quand il n'est pas surmené, le patron taille volontiers la bavette avec ses clients.

## Où boire un verre ? Où manger une glace ?

🍸 À Yalos, pas beaucoup de bars à proprement parler. Ambiance particulière à l'*Octopus Tree*, au milieu des pêcheurs qui terminent leur journée de travail autour d'un verre d'*ouzo*. 🍸 *Welcome :* le 1er café en débarquant du bateau.

Stélios, le patron, parle bien français et peut être de bon conseil à votre arrivée.
🍦 *Dodoni :* à gauche de la boulangerie. Bonnes glaces. Un des endroits les plus fréquentés sur le port le soir.

## À faire dans les environs

⛰ *Koumbara* (Κουμπαρα) : prendre la route qui part du port vers la plage. Après 1,5 km de route (en bus ou à pied), on arrive sur une petite plage de sable. Bus pour s'y rendre. Idéal pour les enfants, car les eaux sont peu profondes. Derrière les rochers, succession de petites criques. Bien plus calme que Mylopotas.

|●| *Polydoros :* ☎ 22-86-09-11-32. Mai-oct. Repas pour 10-15 €. Carte très complète, plats soignés (classiques mais aussi spécialités locales prépa-

rées par la mère du propriétaire). Accueil sympa et belle grande terrasse ombragée. Service rapide. Un des meilleurs restaurants de l'île.

## CHORA (ΧΩΡΑ)

C'est le chef-lieu de l'île, au-dessus du port. Bâti à l'emplacement de la ville antique, c'est un village perché, caractéristique des Cyclades avec ses maisons éclatantes de blancheur aux volets de couleurs vives, ses petites ruelles tortueuses, ses moulins à vent et nombre incalculable de chapelles aux dômes tout bleus... Tout au sommet de la colline se trouvent l'*église de la Panagia Grémniotissa* (l'église aux palmiers) et les *ruines du kastro* (XIVe s). Au-dessus du quartier des Moulins, le maire d'Ios a fait construire un théâtre en plein air de 1 200 places avec vue sur la mer, où sont organisées tous les étés des manifestations culturelles. Idéal pour les couchers de soleil.
Plus d'une maison contient une discothèque au rez-de-chaussée et des chambres à louer aux étages supérieurs. Pour profiter de ce village, vous l'avez sans doute deviné, il est conseillé de faire la sieste, car il vit beaucoup la nuit même si, ces derniers temps, on s'est beaucoup assagi.

## Adresses utiles

✉ *Poste :* dans une petite ruelle qui part sur la droite de la rue principale, en

arrivant de Yialos. Lun-ven 7h30-14h.
■ *Banques et distributeurs :* National

Bank of Greece, *derrière l'église (au début de la rue principale)*. Sinon, plusieurs distributeurs répartis dans tout le village, dont un facile d'accès, sur la route, au supermarché *Rollan*.

■ *Pharmacie :* à l'entrée du village, après le parking. ☎ 22-86-09-15-62.

■ *Médecin :* Dr Iannis Kalathas, 100 m après l'arrêt de bus. ☎ 22-86-09-11-37 ; 📱 69-32-42-02-00. On y parle l'anglais.

■ *Location de scooters et de voitures :* le long de la route goudronnée, notamment *Vangelis*, 100 m après l'arrêt de bus. ☎ 22-86-09-19-19. ● vag bikes@otenet.gr ● Également *Trochokinissi*, sur la place : ☎ 22-86-09-11-66. ● info@trokhokinisi.com ●

@ Connexion à l'agence *Aktaion*, près de la pharmacie, ou chez *Francesco's.*

## Où dormir ?

C'est sur la colline, face au village, qu'il y a le plus de chambres à louer. En été, tout est vite complet.

🛏 *Francesco's :* au pied du kastro, côté port, en allant vers l'église aux palmiers. ☎ 22-86-09-12-23. ● francescos.net ● Avr-sept. Doubles avec sdb 25-60 € et lits en dortoirs 2-8 pers env 16 €. Internet et wifi. Un bon compromis entre AJ et chambres à louer, réparti en 3 bâtiments. La seule adresse de ce type sur l'île, donc très fréquentée par les jeunes routards du monde entier. Musique à tue-tête au bar et vue sympa. Simple, propre, super bruyant et tout proche des boîtes. Le pied, quoi !

🛏 *Margarita's Rooms :* derrière l'église principale, dans une ruelle qui monte (maison aux volets marron). ☎ 22-86-09-11-65. Chambres très correctes 25-50 €. Adresse à l'ancienne. Accueil sympa. Ventilateur et frigo. Les mêmes proprios possèdent aussi l'*Avanti Hotel*, sur la colline en face, mais dans un autre standing, avec piscine. Tarifs très compétitifs hors saison.

🛏 *Kolitsani View :* dans le quartier Kolitsani. ☎ 22-86-09-10-61. ● home. swipnet.se/gitarr/kolitsani ● 25 avr-15 oct. Compter 35-80 € pour 2 pers selon saison. Wifi. Hôtel très discret : tourner à gauche après l'*OTE*. L'empla-cement est extraordinaire. Chambres spacieuses, tout confort. Superbe piscine avec vue panoramique. Accueil charmant de Zabeti et Michalis. Transfert gratuit en minibus du port et vice versa pour les clients, même la nuit.

🛏 *Pension Four Seasons :* dans la rue de l'*OTE*, sur la gauche. ☎ 22-86-09-13-08. ● 4season.org ● Avr-oct. Doubles 30-60 € selon saison. CB refusées. Wifi. Petite pension discrète (c'est la maison blanche aux volets verts à gauche un peu après la poste) dont toutes les chambres, avec AC, sont équipées d'un frigo d'une cuisine. Bon accueil de Kathleen, une Écossaise « cycladisée » depuis plus de 30 ans.

🛏 *Pavezzo Guesthouse :* à la sortie de Ios, direction Mylopotas, prendre à droite (la plage de Kolitsani est indiquée), c'est à droite. 📱 69-77-04-60-91. ● iospavezzo.com ● Ouv de mi-avr à fin oct. Selon saison, 35-70 € pour 2 pers. Pour 3 ou 4 pers, 45-110 €. CB refusées. Wifi. Petit ensemble de constructions récentes, aux couleurs pimpantes. Studios, joliment décorés, pour 2, 3 ou 4 personnes. Quartier calme. Bon accueil francophone.

## Où manger ?

|●| *Kalypso :* au centre du village. ☎ 22-86-09-22-77. Repas env 15 €. Avec sa terrasse coupée par la rue passante (un bon poste d'observation donc), l'endroit peut laisser penser à un attrape-touriste. On y annonce même une impayable « greek cousine »... Détrompez-vous ! L'accueil est charmant et les plats de viande, en particulier, sont de qualité.

|●| *The Mills :* en haut du village, sur la jolie et tranquille pl. des Moulins. ☎ 22-86-09-12-84. Repas à partir de 12 €. Une cuisine simple et traditionnelle, loin

de l'agitation du centre. Carte très complète, produits frais.

|●| *Katogi :* 100 m après la place principale, dans une petite impasse. ☎ 22-86-09-11-79. Avr-oct, le soir slt. Repas env 15 €. Réserver, c'est tout petit. Plats originaux, préparés sur une base classique, cuisinés par un jeune couple qui y croit. Adresse très appréciée. Jolie terrasse fleurie.

|●| *Pithari :* sur la pl. de la Métropole. ☎ 22-86-09-24-40. Pâques-nov, slt le soir. Résa obligatoire, l'adresse est prisée. Bon repas à partir de 20 €. Terrasse sur une place très agréable. Carte fréquemment renouvelée, qui s'essaie dans la cuisine contemporaine, sans excès ni outrances.

## Où boire un verre ? Où danser ?

Il y a plus de 40 bars dans ce petit village ! De saison en saison, les goûts et les modes alternent. Un endroit délaissé devient surpeuplé, puis de nouveau se vide ou ferme carrément. Donc, se tenir au courant.

Compter à peu près de 5 à 10 € pour une entrée en discothèque, ce qui vous donne droit à des consommations gratuites. Dans les bars, selon la tête du client, on peut se faire offrir un *free shot,* c'est-à-dire un verre de schnaps gratuit.

Un tuyau : *happy hours* (50 % de réduc) dans la plupart des bars en début de nuit.

🍸🎵 *Red Bull Bar :* sur la place principale. Du nom de la boisson énergisante bien connue, ce bar dansant mettra du peps à votre soirée.

🍸🎵 *Slammer :* à proximité du précédent, dans une ruelle. Très sympa. Disco rétro (des *sixties* aux *eighties*) pour danser ou prendre un verre. Concours de tee-shirts mouillés...

🎵 *Disco 69 :* à côté de la place principale, un peu plus bas. Incontournable de la nuit à Ios. La petite TV à l'entrée permet de constater que la boîte prend souvent feu.

🍸 *Barmacy :* un peu plus bas encore. Plutôt bar « adulte » qui ne passe pas que des tubes standardisés. Déco psychédélique aux couleurs criardes pour déguster de curieux cocktails. « Liquid cocaïn » et « Orgasm » ne vous décevront pas !

🍸 *Satisfaction Bar :* juste après le Barmacy, *en continuant à descendre.* Un bar tout en longueur. Ambiance *funcky* branchée *house.* Décor approprié. On s'y sent bien.

🍸🎵 *Blue Note :* sur le chemin des moulins, dans une rue parallèle à Main Street. Un des pubs les plus sympas et les mieux fréquentés d'Ios. C'est le rendez-vous des jeunes du Nord de l'Europe. C'est sur leur musique (et plein d'autres) que l'on danse ! Ça change de la techno !

🍸 Dans un tout autre genre, sur la place de la Métropole, *I Nios,* où, après minuit, des musiciens viennent gratter le *bouzouki.*

## Où se baigner ?

🏊 La plupart des personnes résidant à Chora font la navette entre Mylopotas et Chora. On peut aussi profiter de plages sympas plus proches de Chora, bien plus intimistes : **Kolitsani Beach** (naturisme toléré). Plage de *Valmas* également, plus petite (à environ 1 km de Chora). Dans les deux cas, au retour, ça grimpe...

## À voir. À faire

### Balade dans le village

🚶🚶 Le *vieux village* mérite, tôt le matin ou le soir avant le coucher du soleil, une petite balade. C'est un véritable plaisir d'arpenter les ruelles (vides et très calmes le matin). S'échapper de la ruelle centrale et surtout ne pas manquer d'aller vers l'église aux palmiers.

🎭🎭 **Le Musée archéologique :** à l'arrêt de bus de Chora. Mar-dim 9h30-15h. Entrée : 2 € (gratuit pour les enfants et les étudiants de l'UE). Petit musée très bien fait avec des explications en anglais. On peut y voir les résultats des fouilles entreprises en 1986 sur le site de Skarkos, situé à 1 km du port, autour d'une petite colline (malin, car les habitants pouvaient surveiller l'arrivée des pirates sans être vus !). Il révèle des vestiges importants de la civilisation précycladique. Ios étant une étape cruciale entre la Crète et l'Asie Mineure, de par sa position et son port fermé, l'île a bénéficié d'échanges culturels et marchands importants. L'ensemble des pièces exposées témoigne ainsi des contacts avec les autres îles (les très belles poteries notamment), de l'organisation sociale de la cité, ainsi que de la vie quotidienne et artistique.

## Vers le nord-est

🎭🎭🎭 **La tombe d'Homère** (Ταφος Ομηρου) : à 15 km au nord de Chora. Emprunter la route des moulins sur 4,5 km puis bifurquer à gauche, vers Agios Ioannis (indiqué). La tombe supposée du père littéraire d'Ulysse ne présente en soi guère d'intérêt. Mais rien que pour la route et le site (face à la mer et aux îles), ça vaut le coup. La région regorge de ruches et une douce odeur de miel flotte dans l'air. À moins que ce ne soit notre imagination, l'endroit prête tellement à l'inspiration ! Amis littéraires, émotion garantie !

🏖 **Agia Théodoti** (Αγια Θεοδοτη) : à 12 km env au nord-est de Chora. La route est goudronnée et les paysages valent le déplacement : vallons fertiles (vignobles, oliveraies), falaises abruptes, montagnes arides, chapelle ici et là... Quant à la plage, elle est superbe mais très exposée au vent du nord. Bonne taverne (Koukos).
– Dominant la baie, la petite chapelle d'Agia Théodoti (XVIᵉ s) est l'une des plus anciennes de l'île.
– Fête : le 8 septembre. Réunit les habitants de l'île : repas offert à tous. Les festivités commencent dès le 7 au soir.

🏖 **Psathi** (Ψαθη) : à 18 km sur la côte est. Plage remarquable aux eaux d'un bleu profond, bordée par les collines qui surgissent de l'eau. Petites criques isolées et naturistes à gauche. Là aussi, grand site de ponte des tortues Caretta caretta. Paysages arides, ponctués de petites chapelles, absolument superbes...
– Grande fête à l'église d'Agios Ioannis le 28 août (repas offert à tous).

|🍴| Une excellente taverne : **Alonistra.** Cuisine délicieuse et raffinée à prix classiques. Une des meilleures tables de l'île, les Grecs ne s'y trompent pas.

# Randonnée pédestre

➤ **À partir du village de Chora :** plutôt géniale, mais assez difficile. Partir tôt le matin et s'équiper de bonnes chaussures montantes, prendre un chapeau, lunettes de soleil et eau.
– Suivre le chemin muletier qui passe auprès des vieux moulins. Après 90 mn de marche, on arrive à Profitis Ilias, où se trouvent une vieille station de télécommunications et une petite chapelle. Très beau panorama sur le port et la plage de Mylopotas.
– En suivant les crêtes, on peut rejoindre, en 2h environ, le mont Pyrgos et sa jolie chapelle byzantine. Derrière la chapelle, à 100 m environ, une source d'eau potable dans le rocher. Superbe vue, là encore, sur les montagnes du centre de l'île.
– En allant vers le nord, on peut apercevoir une première montagne assez dénudée, puis une seconde plus verte, sur laquelle se situe Paléokastro (ruines d'un château vénitien dont il ne reste que des pans de murs).

– Toujours en suivant les crêtes, compter 2h entre *Pyrgos* et *Paléokastro,* en passant par un point d'orientation sur un sommet. L'arrivée au château est assez raide, mais quand on pense à ceux qui ont construit cette forteresse ici, on relativise... Comme d'habitude, on découvre une chapelle parmi des tas de cailloux. Vue géniale sur *Psathi* et sur la côte qu'on domine.

– De Paléokastro, redescendre vers une toute petite grève de 15 m de large (30 mn) et rejoindre, en longeant la côte, *Agia Théodoti* et sa superbe plage.

– Si l'on est encore courageux, le retour au village d'Ios par la route prendra 2h45. On peut faire du stop, mais pas beaucoup de voitures.

Après une belle balade, on est peut-être fatigué... mais content !

## MYLOPOTAS *(ΜΥΛΟΠΟΤΑΣ)*

À 3 km au sud-est de Chora. En bus ou 20 mn à pied. Plage de sable interminable et qui a fait la réputation de l'île. Station estivale très prisée des jeunes. Location de planches à voile, canoës, ski nautique et centre de plongée sous-marine. Vous y trouverez campings « technoïsés », hôtels, pensions et locations diverses. Pas de doute, que ce soit de crème solaire ou de bière, c'est un vrai paradis de beurrés heureux.

## Où dormir ? Où manger ?

⏅ |●| *Camping Far Out :* ☎ 22-86-09-14-68 et 22-86-09-23-01/02. ● *farout club.com* ● *C'est le dernier camping, face à la mer, au bout de la route.* Transfert gratuit en minibus du port et vice versa. Compter 5-10 €/pers selon saison. Possibilité de louer des bungalows (2, 3 et 4 pers) et des bed tents. *Réduc de 10 % sur présentation du dépliant de la chaîne* Harmonie *(c'est presque ironique !), dont le camping fait partie.* Très propre et ombragé, avec un alignement un peu militaire des tentes à louer. Le camping dispose aussi (hélas ?) d'une piscine somptueuse avec transats et parasols, envahie par des touristes bruyants dès le matin. La bière se retrouve parfois dans le petit bassin... avec en bruit de fond de la musique à tue-tête nuit et jour (parfois des concerts). Pas vraiment pour les familles, vous l'aurez compris. Pour les autres, en revanche, tout ce qu'il faut pour rendre le séjour confortable : cinéma en plein air, self-service, mini-market, coffres de sécurité, mini-agence de voyages, terrains de sport et activités nautiques. Accueil sympa.

⏃ *Aegeon :* au milieu de la baie. ☎ 22-86-09-10-07 et 13-92. ● *ios-aegeon. com* ● Mai-début oct. Doubles 40-80 €. Internet et wifi. Réparties dans 2 bâtiments, autour d'un beau jardin fleuri,

une vingtaine de chambres, la plupart avec vue sur mer. AC, TV, frigo. Bon niveau de confort. Accès direct à la plage. Une bonne adresse.

⏃ *Drakos Twins Rooms to Let :* à droite, en arrivant sur la plage. ☎ 22-86-09-12-43. ● *panayiotisdr@yahoo.com* ● Doubles 40-60 €. Simples, mais avec salle de bains et dominant la mer. Accueil charmant. Ambiance calme, sympathique et familiale. Les studios se trouvent à 500 m de la plage.

⏃ |●| *Far Out Hotel :* à 500 m en côte avant la plage. ☎ 22-86-09-14-46. ● *fa routclub.com* ● Avr.-sept. Doubles 55-118 € selon saison. Wifi. Un complexe à flanc de colline qui ne manque pas de charme, avec chambres climatisées. Toutes ont un balcon et une vue superbe. Piscine et bar. En saison, l'hôtel n'est cependant pas des plus calme, car il est fréquenté par des grappes de jeunes débridés (mais à l'aise financièrement) sans leurs parents. Tout fout le camp !

|●| *Taverne Elpis :* au bout de la plage, côté Chora. ☎ 22-86-09-16-26. Mai-oct. Repas env 15 €. Très sympa. Terrasse agréable en hauteur. Petit déj, cuisine traditionnelle et bonnes viandes. Plus cher si l'on opte pour du poisson (la *kakavia* – soupe de poisson – est réputée). Les 2 frères qui gèrent la

taverne, Yorghos et Yannis, sont de parfaits jumeaux ! Adresse très prisée à Ios, et ce, depuis le début des *seventies*.

|●| *Drakos Taverna* : *à l'extrémité sud de la plage.* ☎ 22-86-09-12-81. Mai-sept. Compter 15-20 €. Bonnes grillades et savoureux poissons, salades

crétoises. Petite terrasse littéralement les pieds dans l'eau, vite prise d'assaut par les Grecs, qui ne s'y trompent pas. Comme la précédente, l'adresse ne date pas d'hier, elle est même encore un peu plus ancienne.

## À faire dans les environs

△ *Manganari* (Μαγγαναρι) : *au sud-est de l'île. Route au départ des moulins (Chora).* Le plus bel endroit de l'île d'Ios, absolument paradisiaque, avec ses plages de sable blanc et ses petites criques aux eaux cristallines et turquoise. En revanche, il n'y a pas d'ombre ! Pour la petite histoire, c'est ici que fut tournée une partie du film *Le Grand Bleu*. C'est aussi un grand lieu de rendez-vous pour les yachts et voiliers du monde entier. On peut s'y rendre en bateau depuis Yalos (par le *Delfini Express II*) ou en bus depuis le port ou Chora. La route est magnifique : très beaux paysages hérissés de rochers aux formes parfois étranges.

Quelques chambres, tavernes et installations sportives. Idéal pour des vacances tranquilles.

Ne pas manquer non plus, au nord-est de Manganari, les superbes criques de *Tris Eklissiès, Louka, Kalamos* et *Plakès*.

🛏 *Rooms Dimitris* : *à 150 m de la plage.* ☎ 22-86-09-14-83. Juin-sept. Chambres env 25-60 €. Tout confort avec terrasse et vue sur mer.

|●| *Andoni's Restaurant* : *sur la plage, près de la pension* Dimitris (*même pro-*

*prio*). Compter env 12-14 € pour un repas. Petit resto avec terrasse ombragée. La patronne est charmante et cuisine bien. Aux murs, drôles de tableaux faits avec des matériaux de récupération.

## LES PETITES CYCLADES
### (ΜΙΚΡΕΣ ΚΥΚΛΑΔΕΣ)

Il s'agit d'une série de petites îles situées au sud-est de Naxos, entre cette dernière et Amorgos. Administrativement, elles dépendent de Naxos.

Les îles habitées sont Iraklia (ou Héraklia), Schinoussa, Koufonissia et, un peu à l'écart, Donoussa. Habitées, elles l'étaient depuis belle lurette comme en témoignent les fouilles dont les découvertes (les célèbres statuettes cycladiques) sont exposées aux musées archéologiques de Naxos et d'Athènes. Réputées pour leurs eaux limpides, leurs belles plages de sable doré, leur tranquillité, elles sont devenues à la mode (surtout Koufonissia) depuis quelques années. Attirés par la manne touristique, de nombreux jeunes, natifs de ces îles, sont revenus au pays après un séjour plus ou moins long dans la capitale, et ont ouvert un hôtel ou un resto, puisque ça marche fort en ce moment... Cela explique la population assez jeune (en été) des Petites Cyclades et leur dynamisme immobilier.

Plusieurs choses à prévoir :
– Il n'y a souvent pas d'autre alternative pour se déplacer sur ces îles que la marche (parfois éprouvante, étant donné la chaleur en été !). Heureusement, les distances sont courtes.
– Si vous n'avez pas réservé, évitez la période du 1er au 20 août ; sinon, c'est la galère assurée !
– Pas de banques, sauf à Koufonissia : prévoir du liquide. Par ailleurs, si votre budget est limité, emportez quelques provisions car les épiceries sont hors de prix.

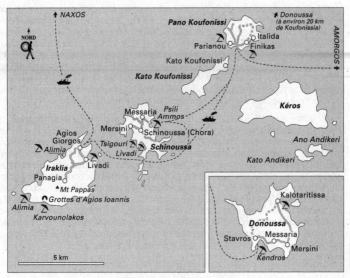

**LES PETITES CYCLADES**

# Arriver – Quitter

## En ferry

➤ **De/vers Le Pirée :** 3 liaisons/sem avr-oct (compagnie *Blue Star Ferries*) pour Iraklia, Schinoussa, Koufonissia (desservies dans cet ordre). Donoussa n'est desservie par ce ferry que 2 fois/sem. Tous les ferries poursuivent vers **Amorgos** : ceux desservant Iraklia, Schinoussa et Koufonissia passent, à l'aller comme au retour, par **Paros** et **Naxos**. Ceux pour *Donoussa,* font escale à **Syros, Paros** et **Naxos** et poursuivent, après Amorgos, sur **Astypaléa,** d'où ils repartent vers Le Pirée, via les mêmes îles, sauf Syros.

## En petit ferry

Le dénommé *Express Skopelitis,* « domicilié » à Katapola (Amorgos), dessert **Naxos, les Petites Cyclades** et **Amorgos,** tlj fin juin-début sept, et plusieurs fois/sem hors saison. Très pratique et agréable. Attention, il ne transporte guère plus de 8 véhicules.

## IRAKLIA *(ΗΡΑΚΛΕΙΑ ; 84300 ; 100 hab.)*

La plus à l'ouest des Petites Cyclades est une petite île (19 km²), tranquille, aux collines couvertes de figuiers de Barbarie. Le sommet le plus haut s'élève à 419 m : c'est le mont Pappas, où se trouvent des sources naturelles.
Le port *(Agios Giorgos),* qui concentre l'activité (la plupart des habitants sont des pêcheurs) et tous les hébergements, est relié à l'unique village, **Panagia,** par une route asphaltée (5 km). À pied, il faut compter environ 50 mn de marche. Il est possible de louer un scooter sur place *(☎ 22-85-07-19-91 ; ▯ 69-72-43-01-63).*

△ Quelques jolies plages de sable fin : la plus accessible, *Livadi,* se trouve à 1 km du port. On s'y rend à pied, par la colline, puis en redescendant vers la petite baie. Elle est dominée par les ruines d'un *kastro* vénitien, d'où il y a une superbe vue sur les îles avoisinantes. C'est souvent la plus fréquentée, car elle est facile à atteindre, mais ça reste très vivable ! On peut aller en bateau (le *sea bus*) sur deux plages du sud de l'île, *Karvounolakos* (galets) et *Alimia* (sable). En saison, départ quotidien du port, en milieu de matinée (retour en fin d'après-midi). Les autres plages sont également inaccessibles à pied, sauf celle de *Spilia,* une sorte de calanque, à 30 mn de marche à l'ouest d'Agios Giorgos, malheureusement souvent sale.

➤ *Randonnée :* d'Agios Giorgos, on atteint, en 2h, la *grotte d'Agios Ioannis,* à 250 m d'altitude. Balade bien balisée qui passe par Agios Anastassios et un petit col. La grotte comprend une grande salle de stalactites et de stalagmites, mais rien n'est prévu pour la visite. Autant dire que si vous ne vous baladez pas avec une bonne lampe torche, vous ne verrez rien. Selon certaines croyances, elle se prolongerait jusqu'à Ios. On n'a pas vérifié... Le 28 août, les habitants des Petites Cyclades se retrouvent dans cet antre pour célébrer un office dans la chapelle, construite à l'entrée. De la grotte, en 20 mn en direction du nord-est, on atteint le sommet du Pappas, et, de là, la petite capitale de l'île, *Panagia,* est à moins d'une demi-heure de marche en redescendant. Retour au port par la route goudronnée. Les gens du coin sont en général gentils et accueillants et ils n'hésitent pas à vous prendre sur leur tracteur pour vous mener d'un point à un autre de l'île.

– *Grande fête :* le 15 août. Repas (en général, ragoût de viande au riz et vin) offert à tous par un habitant de l'île, tiré au sort selon la coutume ancestrale, suivi d'un bal.

– Pour se renseigner sur les ferries et acheter les billets, aller à l'épicerie *Melissa,* dans la rue qui part du port tout à droite. Elle fait aussi office de poste et elle est ouverte tous les jours. Utile à savoir également : distributeur de billets au port.

## Où dormir ? Où manger ?

Pas d'hôtel, mais on trouve de nombreuses chambres au port et en remontant sur la colline qui lui fait face. C'est sympa et assez pratique, vu la proximité des commerces. De toute façon, les propriétaires viennent tous vous accueillir au débarcadère pour proposer leurs locations.

🏠 *Anna's Place :* un peu excentré sur les hauteurs. ☎ et fax : 22-85-07-11-45. Grimper par la rue qui part du port sur la gauche et, au panneau, prendre le chemin à droite. Sur place, s'adresser au petit supermarché Périgiali. Mai-oct. *Selon confort et saison, doubles 30-50 € et 50-70 €.* La petite résidence hôtelière, gérée par l'aimable Anna, offre une belle vue sur le port et d'excellentes prestations pour pas bien cher. 2 catégories de chambres : des doubles propres et confortables, avec douche et w-c (mais sans AC) ; d'autres plus grandes avec cuisine, AC, TV, coin salon. Cuisine commune à disposition et chambres de 3 ou 4 lits pour les familles et groupes d'amis.

🏠 *Rooms Alexandra :* tout en haut du village, à mi-chemin entre le port et la plage, non loin d'Anna's Place. ☎ 22-85-07-14-82. 📱 69-79-03-83-16. ● alexandrarooms@yahoo.com ● Tte l'année. Résa conseillée. Doubles 30-50 € selon saison. La terrasse devant la maison est plaisante, avec un beau panorama. Les chambres très simples (TV, frigo mais pas d'AC) sont bien tenues. Accueil très gentil de la propriétaire qui vient vous chercher au port. Elle tient aussi la taverne Pefkos.

🏠 *Rooms Marietta :* juste au bord de la plage de Livadi. ☎ 22-85-07-12-52 ou l'hiver à Athènes : ☎ 21-09-70-15-20. Mai-fin sept. Pour août, réserver. Compter 30-50 € selon saison. Une jolie petite maison au début de la plage abrite quelques chambres, assez petites et correctes, avec ventilo et frigo. Elles bénéficient d'une cuisine commune et d'une agréable terrasse ombragée par une treille. Bon accueil.

🛏 *Villa Zographos :* loin du village et à 700 m après la plage de Livadi, en hauteur. ☎ 22-85-07-19-46. 🖂 69-77-63-20-66. ● villazographos@gmail.com ● Avr-fin sept. Doubles 45-80 € selon saison (réduc sur présentation de ce guide). Des family rooms (65-105 €) également. Chambres confortables, à la déco soignée : AC, TV, frigo et terrasse privée avec jolie vue sur la mer et les autres Petites Cyclades. Le tout dans un grand jardin très tranquille, avec barbecue à disposition. Navette gratuite depuis (et pour) le port. Bon accueil familial.

🛏 |●| *Maistrali, chez Nikos :* à mi-chemin en grimpant la colline. ☎ 22-85-07-18-07 ou 16-48. ● nickmaistrali@in.gr ● Tte l'année. Doubles 30-40 € et apparts 40-60 €. Réduc de 10 % sur présentation de ce guide. Au resto, compter env 10 € pour une entrée et un plat. La cuisine, à base de viande ou poisson, est simple et pas chère. Depuis l'agréable terrasse, vue panoramique sur l'anse du port. Le jeune patron de cette taverne loue quelques chambres correctes, avec salle de bains, juste à côté du resto (donc parfois assez bruyant). Des appartements également, situés un peu plus haut dans le village, avec TV, kitchenette et terrasse. Propose aussi un accès Internet et vend quelques journaux internationaux.

|●| *Taverne Syrma :* en arrivant, à droite du port, à côté de la mairie. Avr-fin sept, tlj du mat au soir. Repas env 12 €. Ici, point de carte, le jovial et chaleureux patron énumère les plats du jour, on ne peut plus frais. On déguste une cuisine simple et savoureuse sur la terrasse joliment décorée, ombragée de bambous et offrant une vue imprenable sur le port.

|●| *Taverne Pefkos :* en montant un peu, après Chez Nikos, sur la droite. Tlj mat et soir. Repas env 12 €. Cette taverne familiale dispose d'une grande terrasse ombragée par un gros pin et propose une cuisine classique mais correcte.

# SCHINOUSSA (ΣΧΟΙΝΟΥΣΑ ; 84300 ; 200 hab.)

Située entre Iraklia et Koufonissia, Schinoussa, avec une superficie d'environ 9 km², est sèche et vallonnée.

Le port, *Mersini*, est situé au fond d'un profond golfe bien abrité des vents : les propriétaires de chambres à louer attendent les clients au débarcadère et la navette jusqu'au bourg principal, *Chora (Panagia)*, relié par une route asphaltée d'1,5 km. À pied, on peut couper quelques virages et ça prend au moins 15 mn, un peu difficile en plein cagnard avec les sacs, mais il y a toujours une bonne âme pour vous proposer de vous emmener en voiture. Une île à découvrir en marchant.

⌇ De Chora, plusieurs sentiers pour aller aux jolies plages dont Schinoussa est truffée. Tout se fait à pied car il n'y a pas de caïque qui mène à ces plages par la mer. Aller par exemple à *Messaria* (25 mn à pied, sans ombre), et tourner à droite vers la paisible petite crique de *Psili Ammos,* à 600 m. Autre possibilité, *Livadi,* à la sortie de Chora par la droite, anse ravissante avec des tamaris et plus proche (15 mn, toujours sans ombre), mais moins calme. De même, la plage de *Tsigouri* est un peu plus fréquentée car c'est la plus proche du village (500 m), mais bien agréable, surtout quand il y a du vent : quand on vient du port, à l'entrée du village, descendre par un chemin sur la droite et passer devant la *Villa Grispos.* Les plages de *Lioliou* et *Almiros*, à la sortie du village à gauche, ont quel charme également (20 mn à pied sans ombre). Sinon, pour les courageux, la plage de *Gerolimiona* est adorable : pour s'y rendre, aller jusqu'à *Messaria* et prendre à gauche à l'entrée du village, puis un chemin sur la gauche et ensuite il faut descendre dans les rochers jusqu'à la crique. Pas très facile d'accès, mais les courageux seront récompensés (compter une petite demi-heure de marche depuis Chora).

L'horizon est constellé d'îles et d'îlots ; donc, où que vous logiez, il semble impossible de ne pas bénéficier d'une vue sympa. L'hébergement même s'il est sommaire se développe de plus en plus. Et en juillet-août il est impératif de réserver. La plupart se trouve principalement à Chora et Mersini, mais commence à s'étendre près de la plage de Livadi et aussi à Messaria.

## Adresses et infos utiles

■ *Paralos Travel Blue Star Ferry :* dans la rue principale de Chora. ☎ 22-85-07-11-60. Ouv en principe tlj 10h-14h, 18h30-22h. Petit bureau qui fait office de poste, mais également la vente de billets pour les ferries, boutique de souvenirs et journaux (grecs uniquement).

■ *Distributeur de billets :* un seul sur l'île dans la rue principale de Chora, au niveau du croisement vers Messaria. Attention en août aux grandes affluences, il est parfois vide un jour ou deux !

■ Au bout de la rue principale quand on va vers Livadi, le *Tourist Market & Central Travel Agency* vend aussi des billets de bateau et sert de relais Western Union.

@ *Bar Le Louros :* avant d'arriver au village de Chora, sur la gauche dans la montée en venant du port. Propose un accès à Internet (tlj 19h-2h ou plus !). C'est également le meilleur endroit du village pour boire un verre et assister au coucher du soleil. De plus l'endroit est sympa et le patron organise des fêtes à thème où se retrouve la jeunesse grecque (ou non) de l'île.

■ *Médecin :* ☎ 22-85-07-13-85. Également un petit dispensaire médical, sur la droite dans la rue qui va vers Messaria.

■ *Aeolia :* dans la rue principale, au début sur la gauche en arrivant de Mersini. ☎ 69-79-61-82-33. • aeolia.gr • Ouv tlj 20h-23h. Excursions dans les îles voisines avec le bateau de *Manolis Koveos.*

■ *Faros Bikes :* passer devant Tourist Market, c'est au bout sur la gauche. ☎ 22-85-07-16-30. Pour ceux qui ne pourraient pas s'en passer, location de scooters.

## Où dormir ? Où manger ?

De plus en plus d'hébergement chez l'habitant, en général sommaire, en revanche, on mange très bien à Schinoussa et il y a beaucoup de bons restaurants.

## À Chora (Χωρα)

🛏 *Rooms Provaloma Tholari :* juché sur une petite hauteur, sur la route de Messaria, un peu à l'écart du centre. ☎ 22-85-07-19-36 ; en hiver à Athènes, ☎ 21-09-92-57-96. • tholari@yahoo.gr • Doubles env 30-50 €. Chambres correctes avec très belle vue, toutes avec douche et w-c, dans une grande maison entourée d'un jardin. Également des studios au-dessus de la plage de Livadia, tout neufs et très bien tenus, avec une vue superbe.

🛏 *Iliovasiléma Hotel :* dans la rue principale, prendre à gauche devant l'église, puis à gauche de nouveau c'est tout au bout après le resto Maroussa. ☎ 22-85-07-19-48 ou, l'hiver, ☎ 21-09-96-56-31 (à Athènes). • iliovasilemahotel.gr• Avr-début oct. Doubles env 35-55 € selon saison. Également des chambres familiales pour 4 pers. Les chambres sont simples mais correctes, et certaines offrent une très belle vue sur la baie.

À l'heure du coucher de soleil, le spectacle est fabuleux depuis la belle et grande terrasse qui domine le petit port de Mersini. Gérante sympa et serviable.

🛏 *Agnadéma :* avant la sortie du village, sur la route de Messaria. ☎ 22-85-07-19-87. Tte l'année. Studios 30-50 € selon saison. Le patron a aménagé quelques studios tout équipés (AC, TV, frigo et terrasse) à l'étage de la maison. Très au calme, car un peu à l'extérieur du village.

🛏 *Anesi :* au centre du village, dans la rue principale. ☎ 22-85-07-11-80. Compter 30-50 € selon saison. • anesischinousa.gr • Petite boutique au rez-de-chaussée. Quelques chambres à louer à l'arrière dans un bâtiment qui domine la plage de Tsigouri. Chacune avec balcon, salle de bains et w-c. Bien entretenu et bon accueil.

🛏 |●| *Pension-restaurant Meltémi :* tout en haut du village, au bord de la rue principale en direction de la plage *d'Almiros.* ☎ 22-85-07-14-97 ou 40-37. ● schinousa.gr/meltemi ● Avr-oct. Selon saison, doubles 30-50 € et studios 40-60 €. Côté taverne (tlj du mat au soir), compter 14 € le repas. Internet et wifi. Les chambres sont très modestes, mais certaines ont un grand balcon avec une vue magnifique. Les studios disposent d'une kitchenette. La fille du patron est très accueillante. Mais prix un peu élevé pour la qualité. Peut être bruyant.

|●| *Kira Pothiti :* dans la rue principale, après le croisement vers Messaria. ☎ 22-85-07-11-84. Ouv avr-sept. Résa obligatoire le soir en été. Compter 12-15 €. Ouv slt le soir. Terrasse en hauteur, au-dessus de la rue, et le long de la venelle. Très bon restaurant qui offre une cuisine grecque revisitée délicieuse.

|●| *Restaurant-bar Deli :* dans la rue principale, sur la droite après le Akbar. ☎ 22-85-07-42-78. ● delirestaurant. gr ● Ouv pour le petit déj et le dîner. Résa indispensable le soir en juil-août. Compter 15-20 €. Restaurant un peu branché de Schinoussa. Très bonne cuisine créative et un peu différente. Grande

terrasse en hauteur, avec une belle vue sur Tsigouri. Au rez-de-chaussée bar avec bonne musique.

|●| ♈ *Akbar :* au centre du village. Ouv tlj 8h-15h, 18h-2h ou plus. Le lieu de rendez-vous des jeunes et il y en a beaucoup sur l'île. Petite restauration presque toute la journée, du petit déj au grignotage du midi et du soir. Après le dîner c'est bondé, d'autant que c'est au centre névralgique du village. Un lieu bien sympa, où il est agréable de se retrouver à toute heure.

|●| *Marousa's Place :* prendre la rue devant l'église, au fond à gauche, c'est dans la rue parallèle à la rue principale. ☎ 22-85-07-15-87. 📱 69-79-61-74-65. Ouv tlj, midi et soir. Compter 10-15 €. Bonne cuisine grecque classique.

|●| *Margarita :* au centre du village, dans une petite rue perpendiculaire à la rue principale, en haut d'un escalier, à droite en venant de Mersini. ☎ 22-85-07-42-78. Tlj 18h-2h. Compter env 15 €. Bar-resto servant mezze et petits plats grecs en salle ou sur une magnifique terrasse offrant un beau panorama.

## À Mersini (Μερσινη)

|●| *Mersina :* sur le port. ☎ 22-85-07-11-59 ou 21-09-85-24-32 (hors saison à Athènes). Ouv tlj midi et soir. Compter

env 12-15 €. Spécialités de poisson, poulpe et fruits de mer, souvlakia, etc.

## KOUFONISSIA (ΚΟΥΦΟΝΙΣΣΙΑ ; 84300 ; 300 hab.)

Koufonissia tire son nom des mots grecs koufos, qui veut dire « creux », et nissi (« île »). En effet, lorsqu'on arrive en bateau, on voit de loin les rochers creusés d'anfractuosités qui, autrefois, servaient de repaires aux pirates.

Il s'agit en fait de trois îlots : **Pano Koufonissi,** avec la quasi-totalité des habitants, **Kato Koufonissi** (quelques occupants en été) et **Kéros,** aujourd'hui déserte. Mais cette dernière ne l'a pas toujours été, puisqu'on a retrouvé plus d'une centaine de statues de marbre datant des IIe et IIIe millénaires av. J.-C. Les habitants voient dans les contours de Kéros le corps d'une femme couchée...

## Pano Koufonissi (Πανω Κουφονησι)

Île d'une superficie à peine supérieure à 3,5 km², très aride et plat. Les 300 habitants se consacrent à la pêche et, en hiver, à la réparation de caïques ; mais aussi, bien sûr, au tourisme, grâce aux belles plages et à leurs « piscines naturelles », d'une couleur remarquable et inoubliable.

Le développement du tourisme ces dernières années (plus important que sur les autres Petites Cyclades) a commencé à gâcher ce cadre enchanteur. En été, l'hébergement est vraiment devenu cher et il est impossible de négocier les prix. Et si on n'a pas réservé en août, on risque de se retrouver sans toit ! Pourtant, la concurrence devient rude car presque tout le monde a ses *rooms to let* désormais. Depuis la création de minicroisières d'une journée, en été à partir d'Amorgos, Naxos et Paros, c'est le débarquement sur les plages, à longueur de journée !

Le petit port est situé dans la partie sud-est de l'île. Ses côtes très découpées abritent de petites criques, où se nichent de jolies plages de sable fin et doré, mais aussi quelques grottes sous-marines qui forment des sortes de « piscines », dans le nord de l'île. Paradisiaque hors saison, car heureusement, tout n'a pas été défiguré !

## Adresses utiles

■ *Un seul **distributeur automatique de billets,** devant la poste, située à côté de l'hôtel* Kéros *: c'est, en fait, un magasin de bimbeloteries qui change aussi les chèques de voyage. En hte saison, tlj 10h-14h, 17h30-23h30.*

■ *Médecin :* ☎ 22-85-07-13-70. *Centre de santé situé derrière le bar Kalamia : lun-ven 8h30-15h30.*
■ *Police :* ☎ 22-85-07-13-75.
■ *Agence Prassinou :* ☎ 22-85-07-14-38. *Agent officiel de Blue Star Ferries.*

## Où dormir ?

### De bon marché à prix moyens

▲ *Rooms Finikas :* peu avant le camping ; un minibus vient vous prendre au port. À pied, compter un peu plus de 15 mn. ☎ 22-85-07-13-68. ● finikaskou fonisia.gr ● Mai-oct. 2 catégories : l'une avec sdb, AC, frigo et une vue extra, pour laquelle il faut compter 40-70 € selon saison. L'autre, moins confortable et moins lumineuse, reste meilleur marché. Bâtiments sans grand charme, à deux pas de la mer. Resto en self-service bien placé sur la plage. Bon accueil.

▲ *To Steki tis Marias :* en sortant du débarcadère, suivre la côte vers la gauche, quand on est dos à la mer. ☎ 22-85-07-41-28. ● stekitismarias.com ● Mai-sept. Compter 35-75 € selon saison. Wifi. Ouzeri qui loue des chambres avec vue sur une petite rade où l'on répare les bateaux de pêche. Jardin fleuri devant la maison et annexe à côté avec de jolies chambres modernes et confortables (AC, TV, frigo, balcon). Pour le reste, voir la rubrique « Où manger ? Où boire un verre ? ».

▲ *Villa Ostria :* ☎ 22-85-07-16-71. ● in fo@koufonissiatours.gr ● *Un peu excentré sur les hauteurs ; prendre la rue, tout*

à fait à droite du port (dos à la mer), dans le prolongement de la petite plage, puis monter par la rue à gauche au niveau d'Acrogiali. Minibus pour les clients. Ouv de mai à mi-oct. Doubles 35-75 € selon période, petit déj compris. Studios pour 2 pers 45-90 € et pour 4 pers 55-110 €. Wifi. Au calme et pas trop loin de la plage, 10 chambres charmantes, plus ou moins grandes, toutes avec frigo et ventilo, parfois avec balcon. Effort appréciable dans la déco. Vue sur la mer pour certaines. Également 2 studios pour 2 à 4 personnes. Très joli jardin avec snack-bar, où l'on prend le copieux petit déj. Petit musée réalisé par le propriétaire. Mieux vaut réserver.

▲ *Christina's House :* près du moulin, vers la gauche en débarquant. ☎ 22-85-07-17-36. Hors saison : ☎ 21-09-81-67-61 (à Athènes). Mai-oct. Studios 40-80 € selon saison. Ces appartements avec kitchenette, AC, TV et balcon jouissent d'une vue circulaire, à la fois sur le port (avec Kéros et, encore plus loin, Amorgos), sur Naxos et Kato Koufonissi. Un endroit agréable, tout comme l'accueil.

## Où manger ? Où boire un verre ?

|●| *Fanari :* dans la même rue que le bar Kalamia, un peu après sur la droite en

contrebas. Compter 15 €. Plats traditionnels, notamment à base de poisson, *gyros*, pizzas au feu de bois, etc. On ressort d'ici content et repu. Le jeune patron est sympa.

**|●| To Remetzo :** *un peu en dessous du moulin qui surplombe le débarcadère.* ☎ 22-85-07-42-03. *Avr-oct. Tlj midi et soir.* Compter env 15 € *(plus cher si l'on prend du poisson).* Cuisine de qualité, mais accueil assez blasé et peu attentionné.

**|●| To Steki tis Marias :** *voir « Où dormir ? ».* Compter min 15 €. *Ouzeri* familiale où il y a peu de choix : on mange ce qui se présente, plats traditionnels et pêches de la journée. Snacks le midi, glaces et pâtisseries. Salle aussi sympa que la terrasse. Chambres à louer.

**|●| Taverne Captain Nicola :** *prendre à gauche en sortant du débarcadère et c'est plus loin dans un angle à droite.* ☎ 22-85-07-16-90. *Mai-oct. Tlj dès 18h.* Prévoir env 15 €. *Mezze,* poisson et plats classiques à déguster sur une agréable terrasse à la déco marine, face à la mer.

**|●| Taverna Nikitouri :** *après la poste, continuer en direction du moulin ; autre chemin, depuis la rue commerçante, au niveau de l'agence de voyages, descen-* dre les marches vers la mer et c'est à droite. *Tlj midi et soir.* Compter 15 €. Spécialité de *melitzanodolmadès* (sorte de roulés d'aubergines à la viande). Adresse à l'ancienne, avec la mamie aux fourneaux.

**|●| Restaurant Oi Atairiasti :** *un peu sur les hauteurs, entre le resto* Remetzo *et le moulin.* ☎ 22-85-07-18-34. *Juin-fin sept, tlj dès 17h.* Compter env 20 €. Cuisine grecque modernisée et recherchée, proposant des mariages inattendus. Grande terrasse à la déco soignée et discrètement originale. Service jeune et très accueillant.

**♟ Bar Kalamia :** *dans la rue remontant face à la plage du village. À partir de juin, tlj du mat à tard le soir.* Pour prendre un verre, manger un en-cas salé ou goûter les pâtisseries... Possibilité de se connecter à Internet, pour une somme exorbitante.

**♟ Nikita's :** *en venant du débarcadère, c'est sur la gauche juste au début de la plage, en haut d'une volée de marches. Tte l'année, tlj du mat à tard dans la nuit.* La grande terrasse offre une chouette vue sur le port et la plage.

## Où se baigner ?

Il existe un *service de caïques* qui dessert, depuis le débarcadère du port, les plages de l'île et aussi Kato Koufonissi. Environ 4 départs par jour.

⌒ À partir du port, prendre la piste jusqu'à *Finikas,* jolie plage au sable doré, très fréquentée. Quelques chambres à louer et tavernes. De là, un sentier vous mène d'une plage à l'autre.

⌒ *Italida :* très agréable. Puis prenez le temps de continuer votre chemin pour arriver à la jolie plage de *Pori,* protégée par une presqu'île. Chemin faisant, beaux aperçus sur des criques. On peut aussi venir en caïque du port. En été, la plage est peuplée de campeurs. Naturistes bienvenus.

⌒ *Pissina :* on tombe dessus quand on poursuit son chemin depuis les plages. Pour les atteindre, il faut souvent escalader les rochers. Vous serez émerveillé par ces « piscines naturelles », aux eaux lisses et turquoise. Emportez vos masque et tuba, il y a plusieurs grottes sous-marines à voir... Au-dessus comme sous l'eau, c'est féerique, mais en haute saison, on n'est pas tout seul !

## Fêtes patronales

– *23 avril :* fête de la Saint-Georges. Procession le long de la plage, suivie en mer par les caïques. Repas offert à tous par un habitant de l'île, tiré au sort, selon la coutume ancestrale.
– *15 août :* à Kato Koufonissi. Départ en caïque avec les habitants du pays.

## DONOUSSA *(ΔΟΝΟΥΣΑ ; 84300 ; 150 hab.)*

🪰 Île d'environ 15 km², quasiment piétonne, isolée des autres Petites Cyclades et très calme en dehors de juillet-août. Les habitants s'adonnent à l'élevage. Pittoresque avec ses maisons, embellies de bougainvillées, ses ruelles étroites bordées de géraniums, ses collines douces, son petit port de pêche et, surtout, ses plages de sable fin. Un village, *Stavros* (port principal), et deux hameaux dans l'île : *Mersini* et *Kalotaritissa.*

⛱ Jolies *plages de Kendros,* à 15 mn à pied du port (où fleurissent chaque été les tentes et les naturistes, principalement de jeunes Grecs qui viennent se retrouver sur cette île, une des dernières des Cyclades à accueillir un public baba), de *Fykio* et de *Kalotaritissa* (voir plus loin « Randonnées pédestres »).
Depuis peu, route goudronnée pour accéder à Kalotaritissa, dans le nord-est de l'île...

## Adresses et infos utiles

– Peu de commerces (hors saison, seule une épicerie-café-*ouzeri* reste ouverte !). Une *boulangerie* (avec plein de bonnes choses), un *distributeur de billets* sur le port.
■ *Agence Sigalas :* ☎ 22-85-05-15-70. *Fermé 13h-17h30.* Billets pour le bateau de *Blue Star* et pour l'*Express Skopelitis.*
■ *Taxi :* 🖂 69-72-18-94-88. À Donoussa, on marche, mais on ne sait jamais, ça peut dépanner...

## Où dormir ? Où manger ?

🛏 *Chambres chez Spyros et Loni Skopélitis :* à Stavros, derrière la plage et le resto Apospétitis. ☎ 22-85-05-22-96. 🖂 69-45-61-34-27. ● skopelitis@gmx.net ● Tte l'année. Double env 50 € en saison. CB refusées. Chambres simples mais très bien tenues. Excellent accueil de Loni, jeune Allemande installée à l'année à Donoussa.

|●| *Corona Boréalis :* à Stavros, face à la plage. En saison slt. Repas env 10-12 €. Café tendance à l'ombre généreuse. Propose d'excellentes salades qui suffisent à un repas.

|●| *I Kori tou Mihali :* à Mersini. En saison slt. Compter env 12-15 €. Carte originale et pédagogique (c'est fou ce qu'on apprend sur la cuisine grecque en la parcourant). Belle variété de *mezze.* Poisson fumé, excellente *fava* aux câpres, *patatado* (chèvre avec des pommes de terre)... Une adresse comme on aimerait en voir plus souvent.

|●| *O Mitsos :* à Kalotaritissa. En saison slt. Repas env 12-14 €. Taverne classique, dans une maison neuve, un peu au-dessus des plages. Cuisine familiale, faite selon l'inspiration du jour.

## Randonnées pédestres

L'intérêt majeur de Donoussa, ce sont ses plages : de jolies randos permettent d'y accéder. L'accès se fait à pied ou en caïque. Prévoir provisions et eau (il y a peu d'ombre).

➤ *Mersini et les plages de Vatos et Fykio :* de Stavros, se diriger à l'est vers l'église Panagia. Après avoir dépassé l'église sur le côté gauche, vous verrez la belle plage de Kendros où, l'été, les campeurs s'agglutinent. Traverser la plage et suivre le sentier qui surplombe la mer. On retrouve la route vers *Messaria* (quatre ou cinq maisons). Après Messaria, en suivant la route, puis un sentier qui la longe, on arrive au hameau de *Mersini* avec sa providentielle source d'eau, à l'ombre d'un gros platane (Messaria-Mersini : 45 mn). Un des plus jolis endroits de l'île. Idéal pour y faire une sieste ou pour manger (un super resto : voir plus haut). À 30 mn tout en bas, plages de Vatos et de Fykio (cette dernière accessible de Stavros en caïque).

➤ *Kalotaritissa :* la plage la plus éloignée de Stavros. De Stavros, monter vers la piste creusée à flanc de colline jusqu'à trouver le col d'où l'on voit, au loin, Kaloritissa. Jolis points de vue sur le nord de l'île. Belle descente par un sentier escarpé. Compter au maximum 2h de marche l'aller. Resto à Kalotaritissa et plages (on conseille celle de Trypiti, à 10 mn de marche du hameau).

## Fête et manifestation

– *Festival :* fêtes de Donoussa, fin août en principe. Théâtre, musique...
– *Fête patronale :* le 14 sept. Repas traditionnel offert à tous (ragoût de bœuf aux pommes de terre).

## LES ÎLES DU DODÉCANÈSE

Ces îles, à l'est des Cyclades, qui s'égrènent pour la plupart le long de la côte turque jusqu'à la frôler, n'ont certainement pas la même unité que celle qui soude les Cyclades. Pas grand-chose de commun en effet, entre Rhodes, ses 110 000 habitants et son industrie touristique, et Kastelorizo, ses 300 habitants sur 9 km², à l'extrême sud-est du territoire grec. Pourtant, ces îles, riches d'histoire (qu'on pense à Patmos, à saint Jean et son Apocalypse), ont connu les vicissitudes communes aux îles grecques avec les occupations successives de pas mal d'envahisseurs. Les chevaliers de l'ordre de Saint-Jean qui retardèrent, par leur installation à Rhodes et à Kos au début du XIVe s, l'invasion ottomane.

> ### GRECS, MAIS DANS LA DOULEUR
>
> *Les habitants du Dodécanèse ont eu bien du mal à acquérir la nationalité grecque. En 1912, alors que les Turcs plient bagage, ce sont les Italiens qui s'adjugent ces îles pour les placer dans leur empire colonial. Quand l'État fasciste disparaît en 1943, les Allemands prennent le relais jusqu'à l'armistice. Mais le partage de Yalta ayant placé la Grèce dans la sphère d'influence britannique, il faudra encore attendre 1947 pour que le pays puisse enfin faire valoir ses droits... Dans le Dodécanèse, beaucoup de gens de plus de 70 ans sont donc nés italiens !*

Ceux qui savent compter en grec s'imaginent déjà que le Dodécanèse se compose de 12 îles (*dodéka* = douze) : pas de chance, il y en a en fait 14 qui ont une administration locale (une douzaine d'autres sont habitées mais sont administrativement rattachées à une île plus importante. Au total, la région compte tout de même 190 000 habitants, soit plus que les Cyclades. En se débrouillant bien, on peut encore trouver une relative tranquillité dans ce coin de l'Égée. Chaque île possède son charme propre et bien souvent des traditions qu'on ne trouve nulle part ailleurs en Grèce. Les campeurs seront déçus : en tout et pour tout, quatre campings !

# KASSOS (ΚΑΣΟΣ)

(85800)  1 100 hab.

Île calme et accueillante, où l'on rencontre peu de touristes. Les côtes étant rocheuses, il n'y a pratiquement pas de belles plages. C'est l'île d'origine de quelques armateurs, qui n'y retournent que pour l'été. C'était aussi il y a plusieurs siècles un repaire de pirates qui sillonnaient la mer Méditerranée. Pas de crainte toutefois, la plupart des habitants pratiquent aujourd'hui la pêche, et même si les plats de poisson n'y sont pas vraiment moins chers qu'ailleurs, on ne cherche pas à y truander les quelques touristes de passage sur l'île.

## UN PEU D'HISTOIRE

L'île a une histoire tragique. En juin 1824, pour se venger du rôle actif pris par les habitants de Kassos dans la révolution grecque, et en particulier leur soutien à une insurrection dans la Crète voisine, les Turcs exécutèrent tous les hommes, déportèrent femmes et enfants et arrachèrent les arbres de l'île, lui donnant pour longtemps un aspect désolé. Avant cela, l'île comptait 11 000 habitants. Les rares hommes qui échappèrent au massacre allèrent s'établir à l'ouest de la Crète, sur l'île de Gramvoussa, où ils vécurent de piraterie. Par la suite, l'île s'est repeuplée petit à petit mais, en raison du manque de travail sur place, un grand nombre d'hommes (on parle de 5 000 !) sont partis travailler en Égypte, où beaucoup ont œuvré au percement du canal de Suez, à partir de 1859. Après la nationalisation de ce même canal en 1956, pas mal d'entre eux ont acheté une maison à Kassos pour venir y passer les vacances en famille ou couler une paisible retraite.

# Arriver – Quitter

## En avion

✈ **L'aéroport :** à 10 mn à pied de la ville, en longeant la mer par la corniche qui part du petit port de Bouka.

■ **Olympic Air :** à Fry, dans la Kassos Maritime & Tourist Agency. ☎ 22-45-04-15-55. À l'aéroport : ☎ 22-45-04-14-44.

➤ Quelques vols/sem **de Rhodes** via Karpathos, mais attention aux annulations intempestives.

## En bateau

■ **Capitainerie :** ☎ 22-45-04-12-88.

➤ **De/vers Le Pirée ou Rhodes :** en saison, 4 ferries/sem. Compter 14-18h de traversée depuis le Pirée et 6h depuis Rhodes. Selon les jours, ces ferries passent par **la Crète** (Sitia, Héraklion), Anafi ou Santorin.

➤ **De/vers Karpathos :** pratique depuis Finiki (au sud-ouest de l'île). Un caïque, l'Athina (☎ 22-45-04-10-47), assure 4 liaisons/sem : en principe, aller Fry-Finiki vers 8h, retour vers 15h. Traversée : 45 mn. Sinon, par le ferry (ligne Rhodes-Le Pirée) 4 fois/sem de Pigadhia (à l'est), ainsi que de Diafani, au nord de Karpathos. Compter 1h30 de traversée de Pigadhia, 2h30-3h de Diafani.

# FRY (ΦΡΥ)

# Adresses utiles

■ **Kassos Maritime & Tourist Agency :** derrière l'hôtel Anagennissis, dans une ruelle entre le port moderne et celui de Bouka. ☎ 22-45-04-13-23.

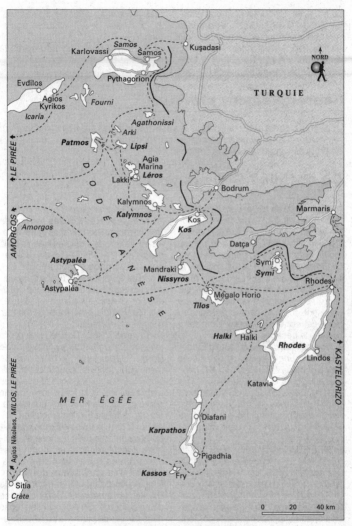

## LES ÎLES DU DODÉCANÈSE

● *kassos-island.gr* ● Concentre une bonne partie des renseignements et prestations touristiques de l'île.

✉ **Poste :** *de l'embarcadère prendre la 2ᵉ rue à gauche.*

■ **Distributeur automatique :** *en sortant du débarcadère, au départ de la route d'Emborios. Un autre à côté du resto O Milos.*

■ **Épicerie Vrettos :** *en s'enfonçant dans le village par la rue principale, odos Krisis, qui conduit à Panagia, prendre la 2ᵉ rue à droite.* ☎ 22-45-04-12-88. Fait aussi le change, point presse et vend les billets de ferries et d'avion.

■ **Taxis :** *ils attendent, soit au débarcadère, soit au départ d'odos Krisis.* 🗖 69-77-90-46-32 *et* 69-45-92-62-32. Ils ne sont que 2 sur l'île et se font plaisir : environ 15 € pour se rendre à l'autre bout de l'île. Sinon, un petit *bus* effectue (7h30-14h30) une dizaine de rondes vers 3 des villages environnants : Agia Marina, Poli, Arvanitohori.

■ *Location de scooters Oasis :* à côté d'une petite boulangerie, dans une des rues menant au petit port de Bouka. ☎ 22-54-04-17-46. Voitures également.

@ *Café Internet :* un peu après la poste. Pas très cher et rapide (ADSL).

## Renseignement pratique

L'eau courante est assez rare sur l'île et a donc un goût salé pas très agréable. Pour se désaltérer, mieux vaut acheter de l'eau en bouteille – assez chère, comme tous les produits « importés », fruits compris.

## Où dormir ? Où manger ?

▲ *Anagennissis Hotel :* principal bâtiment donnant sur le port. ☎ 22-45-04-14-95. ● kassos-island.gr ● Double standard env 50 € en hte saison, un peu moins cher sans vue sur la mer. Une chambre plus petite, avec sdb sur le palier, 30 €. Elles sont exiguës, mais propres et très ventilées. À droite de l'hôtel, en traversant la rue, il y a une pâtisserie où les *tiropitès* (chaussons au fromage) sont excellentes. On peut y prendre le petit déj.

▲ *Rooms Flisvos :* sur la route d'Emborios, dans une grande maison située face à la mer. ☎ 22-45-04-12-84. Doubles env 35-45 €. Ilias Koutlakis, un vieil homme adorable, loue des chambres grandes, aérées et (très) sommaires. Assez éloigné de la ville pour lui faire face et profiter de la proximité d'Emborios.

▲ *Blue Sky Apartments :* dans les terres, à 500 m en direction de Panagia, une grande bâtisse sur la droite. ☎ 22-54-04-10-47. ● manousos-kassos.gr ● Compter 50-80 € selon saison. 6 appartements récents, climatisés et très spacieux ; parfaits pour 4 personnes. Tenu par le propriétaire du bateau *Athina*, qui relie l'île à Karpathos.

|●| *To Koutouki tis Boukas :* du port de Bouka, monter les marches et traverser les terrasses des multiples kafénia de la place. ☎ 22-45-04-15-45. Repas env 12 €. Spiros et son épouse Evi, d'origine égyptienne, préparent une cuisine grecque solide et copieuse. Salades complètes, feta par pavés, *patatés* maison. Parfois beaucoup de monde, pour peu de places.

|●| *Taverna I Oréa Bouka :* une petite terrasse qui surplombe le port naturel de Bouka. Repas env 12-14 €. Pas de menu écrit, invite au coup d'œil en cuisine. Pas mal de poissons et quelques plats cuisinés typiques. Il arrive que le serveur, particulièrement énergique, chante et danse. Bonne ambiance.

|●| Sur le port, la taverne *Emborios* sert du poisson frais toute l'année et quelques spécialités locales, comme les *makarounès* qui y sont très bons. Accueil très chaleureux du patron. À quelques pas de là, en direction de Bouka, la taverne *O Milos* dispose d'une belle vue. On y choisit son repas dans de grands plats à la cuisine. Relativement ordinaire tout de même.

## À voir. À faire

🏃 À partir de *Fry*, c'est bus, taxi ou savates pour rejoindre les quatre autres villages de l'île : *Panagia, Poli, Arvanitohori* et *Agia Marina* (l'ancienne capitale de l'île où vit la moitié de la population).

🏖 *La crique de Khélatros :* à env 14 km de Fry, dans le sud de l'île, accessible en poursuivant la route qui mène au monastère d'Agios Giorgos. Route goudronnée agréable. C'est la plus belle plage (galets), mais aussi la plus éloignée. Pour s'y

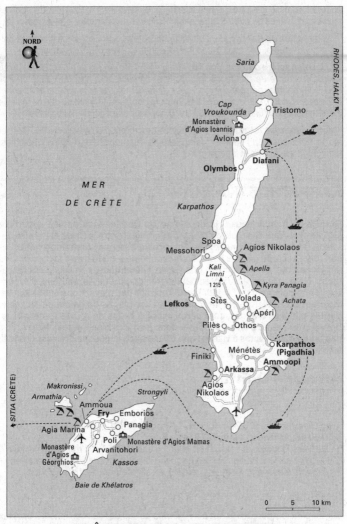

**LES ÎLES DE KASSOS ET KARPATHOS**

rendre à pied, en été, prévoir de partir très tôt le matin, avec chapeau, eau et crème solaire. Dans le même secteur, la tout aussi belle plage de *Chokhlakia* est plus difficile d'accès (se renseigner au monastère). Pour la petite crique d'*Avlaki,* prendre au niveau du monastère le sentier qui part vers l'ouest, puis « plonger » en sa direction une fois qu'elle est en vue (pas de sentier précis, mais moins de 30 mn de marche). Enfin, celle d'*Ammoua,* à 2,5 km de Fry, après l'aéroport, est souvent sale.

➢ De mi-juillet à fin août, des excursions sont organisées vers les plages de sable de l'*île d'Armathia,* située à 2 milles nautiques en face de Fry. Le bateau *Athina,* encore lui, laisse ses passagers sur cette île déserte pour la journée. Ce sont les plus belles plages du coin. S'adresser à l'épicerie ou à l'agence de voyages.

🏃 **Les grottes de Kassos,** dont on parle tant, sont soit inaccessibles comme celles de *Tylokamara,* soit sans grand intérêt comme celles d'*Hellinokamara.*

🏃🏃 **Le monastère d'Agios Mamas** (Μονή Αγιου Μαμα) **:** *situé à 8 km de Fry. Pour y aller, une route de montagne très facile et agréable, qui part du village de Poli (1h15 de montée, pénible par fort vent – se faire indiquer le raccourci qui permet d'éviter les lacets). Vue extraordinaire. Toute la population s'y rend à dos de mulet le 2 septembre pour une fête de 3 jours en l'honneur d'une icône miraculeuse.*

– **Autres grandes fêtes :** les 6 et 7 juin (commémoration du massacre de 1824), et les 14 et 15 août, en l'honneur de la *Panagia.* Au monastère d'Agios Géorghios, *panyghiria* les 23 avril et 8 septembre.

# KARPATHOS (ΚΑΡΠΑΘΟΣ)  (85700)  5 500 hab.

Grande île montagneuse, la deuxième du Dodécanèse par sa superficie (301 km$^2$) et l'une des plus lointaines de l'archipel entre la Crète et Rhodes. En raison de sa forme allongée, les distances à parcourir sont importantes, et son relief escarpé (le plus haut sommet culmine à 1 215 m) ne facilite pas les déplacements. On y découvre une Grèce authentique, conviviale et chaleureuse. L'été, elle est fréquentée par les très nombreux Karpathiens d'Amérique (principalement du Canada) ou d'Australie qui, n'ayant pas oublié leur île, assurent son développement touristique. Les plages de galets ou de sable, parfois difficiles d'accès, sont parmi les plus belles de tout le Dodécanèse. Bonnes randonnées en perspective, donc (sentiers bien balisés). Mais il n'y a pas beaucoup de sites à visiter : une bonne excuse pour se prélasser sous le soleil ?

## Arriver – Quitter

### En avion

Avec **Olympic Air :** ☎ 22-41-02-45-71 *(Rhodes)* et *801-801-01-01 (résa).*
➢ **De/vers Athènes :** 1-2 vols/j. Trajet : 1h10.
➢ **De/vers Rhodes :** 2 vols/j. (1 slt le lun), d'une durée de 40 mn. Réserver bien à l'avance en saison. Pratique si l'on ne souhaite pas attendre 3 j. le prochain ferry.
➢ **De/vers Kassos et Sitia** *(en Crète) :* 1 vol aller-retour/j. le matin (sf ven).

### En bateau

⛴ Le principal port des ferries est **Pigadhia** au sud de l'île : seulement 2 bateaux de la compagnie *Anek Lines* s'arrêtent en plus à **Diafani** au nord de l'île sur le chemin de Rhodes (lun et jeu, en principe).
➢ **De/vers Le Pirée et Rhodes :** 4 liaisons/sem. Compter 16-20h de traversée pour Le Pirée. Selon les jours, le ferry passe par Kassos, Halki, la Crète (Sitia, Héraklion), Anafi ou Santorin.

## Arrivée à l'aéroport

✈ **L'aéroport** (☎ 22-45-09-10-30) est situé à 15 km au sud de Pigadhia. Étonnamment, ni bus ni location de voitures sur place : il n'y a que les taxis qui font le trajet entre les différents villages (pour Pigadhia, compter 20 € !).

# Circuler dans l'île

🚌 **Station de bus** (plan de Pigadhia A-B2) : sur odos Oktovriou, à l'écart du centre. ☎ 22-45-02-23-38. Des bus relient Pigadhia aux villages et plages d'Apéri, Volada, Othos, Pilès, Ammoopi, Ménétès, Arkassa, Finiki, Lefkos, Messohori, Spoa, Kyria Panagia et Apella. Horaires affichés. Très peu de départs et pas forcément meilleur marché qu'un taxi à plusieurs. Attention : pas de bus le dimanche.
– **Le taxi** : station sur odos Dimokratias (plan de Pigadhia C2, 8), ainsi qu'à l'aéroport (au sud de Pigadhia). ☎ 22-45-02-27-05. Les prix sont fixes et affichés dans le taxi. Les trajets dans la partie sud de l'île sont chers (jamais moins de 10 €), et hors de prix, évidemment, pour Diafani et Olympos. À négocier. S'arranger avec d'autres touristes pour partager un taxi est la solution la plus économique.
– **La voiture ou le scooter** : la solution idéale pour parcourir l'île, les routes offrent des paysages somptueux. Faire bien attention en négociant le contrat de location. Se faire préciser le prix toutes taxes comprises (elles peuvent faire doubler le prix...), et les routes que l'on est autorisé à prendre (Olymbos n'est accessible qu'en 4x4).
– **Le bateau** : ligne tlj en été entre Pigadhia et Diafani ; compter 1h30 de trajet. Env 25 € l'aller-retour. En principe, départ vers 8h-8h30 et retour vers 16h30. Hors saison, 2 caïques/sem. Sinon, 2 bateaux d'excursion partent pour la journée à destination des plages d'Apella et Kyra Panagia (départ à 9h30, retour vers 18h).

## État des routes et essence

Karpathos possède de bonnes routes asphaltées dans le sud de l'île, ainsi que dans l'ouest, d'Arkassa à Spoa en passant par Messohori. Du côté est, en revanche, il existe encore des pistes : entre Apéri, Spoa et Olymbos. Il est facile de se rendre à la plage de Kyra Panagia, car les 5 km de descente sont asphaltés.
– **La route de Pigadhia à Olymbos** : plus de 2h de route dans la montagne pour 65 km (praticable en 4x4 seulement). Trajet qui peut être éprouvant pour les personnes sujettes au vertige, surtout quand souffle un vent épouvantable. Se renseigner avant de partir sur l'état de la route et les horaires d'ouverture (les travaux d'asphaltage avancent... lentement).
– **Attention** : seulement 4 stations-service dans l'île, toutes situées autour de Pigadhia, sur la route principale. L'essence est hors de prix et le paiement est exigé en cash.

## PIGADHIA (ΠΗΓΑΔΙΑ)

Capitale et port principal comptant 1 700 habitants. C'est autour de ce port que les « Américains », de retour sur leur île, ont construit les hôtels. Plutôt endormi pendant la journée, le port se réveille au retour des plages. Ce n'est pas spécialement paradisiaque, mais un bon point de chute pour visiter l'île ou partir en excursion.

# Adresses utiles

✉ **Poste** (plan B3) : odos Ethniki Anastassis.
■ **Banques** : 2 distributeurs de billets dans odos A. Karpathion, rue parallèle au port. Bureaux ouv ts les mat sf w-e.
■ **Police maritime** (plan D1, 3) : juste en face du débarcadère. ☎ 22-45-02-22-27. Anglais parlé.
■ **Soins médicaux** : s'adresser au dispensaire (Kendro Hygias). ☎ 22-45-02-

22-28. Dentiste : rue Dimokratias, près du port.
■ **Euromoto** (plan A2, 4) : odos 28 Oktovriou. ☎ 22-45-02-32-38. ● euromotokarpathos.com ● Location de voitures, motos et scooters. Personnel commercial mais souriant et toujours prêt à aider. Bons véhicules. On pourra laisser la voiture à l'aéroport.
■ **Rent a Car by Circle** (plan B2, 5) :

LES ÎLES DU DODÉCANÈSE

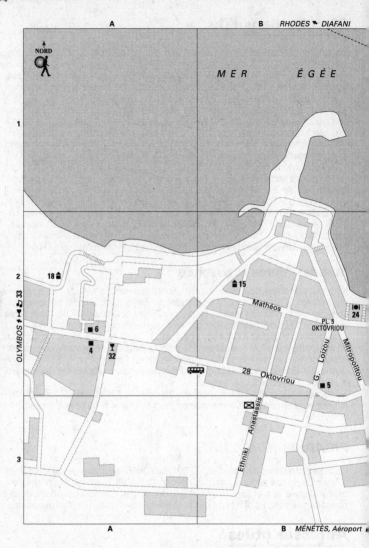

*RHODES  DIAFANI*

MER    ÉGÉE

NORD

1

2

OLYMBOS

18

33

15

Mathéos

24

PL. 5
OKTOVRIOU

6

4

32

G. Loïzou

Mitropolitou

28  Oktovriou

5

Anastássis

Ethniki

3

A                    B    *MÉNÉTÈS, Aéroport*

---

■ **Adresses utiles**

@ Internet
3 Police maritime
4 Euromoto
5 Rent a Car by Circle
6 Moto Carpathos
7 Possi Travel
8 Station de taxis

9 Laverie

🏠 **Où dormir ?**

11 Blue Sky
12 Amarylis Hotel
14 Studios Mertonas
15 Sunrise Hotel
16 Odyssey
17 Sound of the Sea

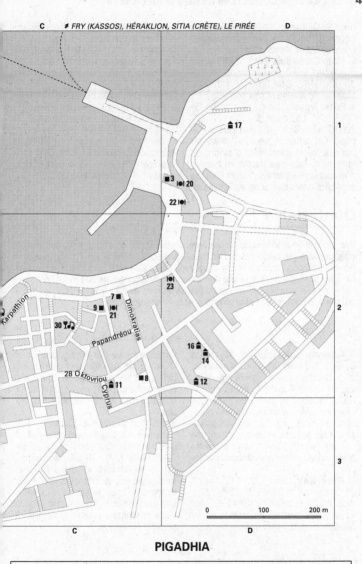

**PIGADHIA**

LES ÎLES DU DODÉCANÈSE

**18** Electra Beach Hotel

|●| **Où manger ?**

**20** Restaurant To Kyma
**21** Sokaki
**22** I Oréa Karpathos
**23** To Ellinikon
**24** Sofia's Place

🍷 ♪ ♫ **Où boire un verre ?**
**Où danser ?**

**30** Kafenéion Faros
**31** Anoi Café Bar,
Enigma Club et
The Life of Angels
**32** Edem
**33** Fever

odos 28 Oktovriou. ☎ 22-45-02-26-90. Location de voitures. Bon matériel, mais horaires assez fantaisistes.

■ *Moto Carpathos* (plan A2, **6**) : face à Euromoto, odos 28 Oktovriou. ☎ 22-45-02-23-82. Ouv 8h-14h, 17h-21h. Matériel de qualité et prix corrects.

■ *Possi Travel* (plan C2, **7**) : ☎ 22-45-02-26-27. Lun-sam 8h-13h, 17h30-20h30 ; dim 8h30-10h (kiosque sur le quai). CB refusées pour les billets de bateau. Vend des billets d'avion, de ferry, ainsi que des trajets en bateau d'excursion Karpathos-Diafani (mais ils sont plus chers que si on les achète au

bateau). Possibilité de réservations d'hôtels. Bon accueil.

■ *Laverie* (plan C2, **9**) : odos Oulof Palme, une ruelle partant du port. Lun-sam 8h30-14h, 16h30-18h30 ; dim 8h30-14h30.

@ *Internet* : salle tranquille avec plusieurs postes rapides et pas chers dans le hall du *Pavilion Hotel* (plan C2). Tlj 7h-13h, 17h30-22h. Également un *Cyber games* sur le port mais slt le soir et beaucoup plus cher. Sinon wifi dans la plupart des bars sur le port et celui sur la pl. 5 Oktovriou *(plan B-C2)*.

## Où dormir ?

Pas d'office de tourisme pour vous aider à trouver une chambre, mais des loueurs attendent à la descente des ferries (quelle que soit l'heure) et vous proposent leurs pensions. Sinon l'agence *Possi Travel* (voir plus haut) peut faire des réservations. On peut aussi passer par le site de l'association des hôteliers de l'île : ● *karpathos hotels.gr* ● De toute façon, on n'aura pas de problèmes pour trouver un lit, les hôtels ont poussé comme des champignons et sont rarement pleins.

### Bon marché

⌂ *Amarylis Hotel* (plan D2, **12**) : odos Cyprus. ☎ 22-45-02-23-75. ● *amarylis. gr* ● Studios pour 2 pers 25-40 €, apparts pour 4 pers 30-50 €. Sur les hauteurs, donc au calme, un petit hôtel très sympathique proposant des chambres récentes, spacieuses, avec cuisine, salle de bains et balcon offrant une vue sur le port. Géré par une mamie charmante. Un très bon rapport qualité-prix.

⌂ *Blue Sky* (plan C2, **11**) : odos 28 Oktovriou. ☎ 22-45-02-23-56. Studios 20-30 €, apparts 40-45 € (pour 4 pers). Très centrale dans une rue passante et bruyante, une pension

familiale tenue par Maria, une dame d'un certain âge fort sympathique et Sylvia, sa fille anglophone. Studios et appartements bien tenus, tous avec kitchenette mais à la déco vraiment démodée !

⌂ *Studios Mertonas* (plan D2, **14**) : dans une rue (sans nom) perpendiculaire à odos 28 Oktovriou. ☎ 22-45-02-26-22. 🖷 69-73-67-70-94. Doubles env 20-45 €. Chambres avec balcon-terrasse, clim' et TV mais qui auraient besoin d'un coup de jeune et d'un entretien plus sérieux. Accueil convivial de Seva et Costas, couple grec âgé de retour d'Amérique.

### Prix moyens

⌂ *Sunrise Hotel* (plan B2, **15**) : odos A. Papagou. ☎ 22-45-02-24-67. ● *hotel sunrise.eu* ● Doubles 42-66 €, AC, TV écran plat et petit déj inclus. Internet. À deux pas du port mais dans un quartier calme, surplombant la baie de Pigadhia et ses plages, bel hôtel récent offrant de vastes chambres lumineuses et impeccables, toutes avec balcon.

Accueil charmant et un très bon rapport qualité-prix. Un hôtel confortable qui a dû revoir ses tarifs à la baisse face à la concurrence des nouveaux hôtels avec piscine.

⌂ *Odyssey* (plan D2, **16**) : dans une rue sans nom perpendiculaire à odos 28 Oktovriou. ☎ 22-45-02-32-40. ● odyssey-karpathos.gr ● Studios env

55-60 €. Apparts 70 € (pour 4 pers). Dans un bâtiment un peu vieillot, chambres sans charme particulier mais propres, spacieuses et avec balcon. Accueil charmant.

## Plus chic

⛴ *Sound of the Sea* (plan D1, **17**) : à moins de 1 km à l'est du port. ☎ 22-45-02-32-40. ● apis.gr ● De fin avr à mi-oct. Studios 55-95 € pour 2-4 pers. La charmante et dynamique Hélène, canadienne francophone, est revenue sur la terre de ses parents pour diriger ce bel hôtel avec piscine, tennis et fitness. Idéalement situé en dehors de la ville (mais à 10 mn à pied), sur un promontoire surplombant la mer, ce lieu de charme est un bon choix pour qui recherche la tranquillité et une ambiance conviviale. Grands studios avec balcon, impeccables mais très sobres et vaste terrasse agréable. Beaucoup reviennent chaque année et on les comprend ! Hélène organise également des randos sur l'île, sa grande passion.

⛴ *Electra Beach Hotel* (plan A2, **18**) : à l'ouest du port, en longeant la petite plage, facilement repérable avec ses lettres EH sur son pignon. ☎ 22-45-02-25-77. ● electrabeachhotel.gr ● Chambres 75-100 € pour 2-3 pers. Internet et wifi. Hôtel familial un brin chic au bord d'une petite plage. Superbe piscine, bar cosy, salle TV et jardin ombragé. Chambres confortables et bien équipées, toutes avec balcon sur mer. Service hôtelier impeccable.

⛴ De nombreux *hôtels* pour touristes gréco-américains, hollandais et tour-opérateurs européens ont récemment été construits et peuvent avoir, à défaut de remplissage, quelques chambres tout confort à des prix intéressants. Sans charme, mais avec piscine, ils sont situés après la jetée, en bord de plage sur la route d'Olymbos ou en hauteur, après la poste.

## Où manger ?

En majorité, les restaurants et les bars se trouvent sur le front de mer, toujours très animé le soir. Ils se ressemblent un peu tous, seuls quelques-uns sortent du lot.

## Prix moyens

|●| *To Ellinikon* (plan D2, **23**) : dans odos A. Karpathion, rue parallèle au port. ☎ 22-45-02-39-32. Plats 7,50-15 €. Tapenade et pain grillé maison pour ouvrir l'appétit et donner le ton : ici, carte de spécialités parfaitement préparées. Et copieuses. Service et décoration soignés, salle aérée et agréable patio. Une des meilleures tables de l'île, certainement.

|●| *I Oréa Karpathos* (plan D1, **22**) : sur la marina. ☎ 22-45-02-25-01. Ouv mars-nov, le soir. Plats 7,50-15 €. Spécialité de la maison : la *pikilia* (mezze plus copieux permettant de goûter à toute une variété de spécialités), d'excellentes *makarounès* et des sardines marinées dans le sel et l'huile. Bonnes soupes également. Accueil agréable.

|●| *Sofia's Place* (plan B2, **24**) : au milieu du port, dans le renfoncement. ☎ 22-45-02-31-52. Repas complet env 10-15 €. Un resto qui ne désemplit pas alors que la terrasse de ses voisins est déserte ! On a testé pour savoir pourquoi : spécialité de viandes grillées, assiettes pleines et pas chères, fruits et digestif offerts, service rapide et jovial. Un succès mérité.

|●| *Sokaki* (plan C2, **21**) : odos Oulof Palme, une ruelle partant du port. ☎ 22-45-02-33-80. Compter env 15 €. Un peu moins bruyant que les restos en bordure du port mais tout aussi touristique. Bonne cuisine à prix correct, ambiance conviviale.

|●| *Restaurant To Kyma* (plan D1, **20**) : 1er resto sur le port, au niveau de l'embarcadère. ☎ 22-45-02-24-96. Avr-oct. Plats env 6-16 €, poisson au

*kilo.* Bonne cuisine mais un brin onéreuse, particulièrement pour le poisson qui fait la réputation du lieu et que l'on choisit dans une vitrine réfrigérée. Service attentionné et souriant.

## Où boire un verre ? Où danser ?

🍸 ♪ *The Life of Angels (I Zoï ton Angélon ; plan C2,* **31***) : odos A. Karpathion.* Un bon endroit pour boire un verre le soir. Belle vue sur le port depuis la terrasse. Font aussi quelques plats, mais que l'on déconseille. Musique traditionnelle le mercredi soir, et parfois le week-end.

🍸 ♪ *Anoi café bar (plan C2,* **31***) : au centre du port. Tlj jusqu'à 5h30 du mat.* Drôle d'endroit que ce petit bar du soir en surplomb du port, tellement riquiqui que l'on prend son verre et un coussin pour s'installer à l'extérieur sur une des marches. À l'étage, petite salle cosy avec canapé et balcon, et une autre salle ouverte le matin pour les petits déj (accès par odos *Karpathion*). Un lieu branché, tenu par un barman jovial qui vient faire la causette aux nouveaux venus. Vers minuit, ceux qui veulent se dégourdir les gambettes iront faire un tour sur la piste de danse de l'***Enigma Club,*** en contrebas avant de revenir à l'*Anoi* pour un *after.*

🍸 *Edem (plan A2,* **32***) : odos 28 Oktovriou. Tlj 18h-2h.* En dehors du port, le dernier lieu à la mode pour un verre nocturne dans un jardin fleuri avec plein de petits coins bordés de voilages pour se poser sur des coussins. Bonne musique et chaude ambiance certains soirs.

🍸 ♪ *Kafenéion Faros (plan C2,* **30***) : odos P. Karpathion, en haut d'escaliers partant, eux, d'odos A. Karpathion. Ouv à 17h.* Une petite terrasse blanc et bleu très agréable pour boire un *ouzo* juste avant le dîner. Vous pouvez vous essayer au backgammon ou vous laisser tenter par un petit jeu de cartes. Plus de monde en 2e partie de soirée : cocktails, musique et, parfois, danse. Ilias, le patron, est vraiment sympa.

🍸 ♪ *Fever (hors plan par A2,* **33***) : à 2 km du port sur la route partant vers le nord.* C'est la plus grande *boâte-de-d'jeunes* de Karpathos ! Pour guincher jusqu'à pas d'heure dans un décor semi-tropical.

## AMMOOPI *(ΑΜΜΟΟΠΗ)*

⌖ À 8 km au sud de Pigadhia. Succession de jolies criques où le naturisme est toléré. Nombreuses constructions récentes mais c'est vite bondé en été et les prix grimpent vite. Quelques *tavernes* le long de la plage principale. 5-6 bus font l'aller-retour de Pigadhia chaque jour de 9h30 à 18h30.

## Où dormir ?

Peu de logements bon marché dans cette station balnéaire de luxe. Les petits budgets dormiront à Pigadhia et feront l'aller-retour dans la journée en bus.

### Prix moyens

🛏 *Lakki Beach Hotel : à droite dans la descente vers le village (fléché).* ☎ 22-45-08-10-15. *Hors saison :* ☎ 21-04-11-89-23 *(à Athènes).* ● *lakkibeachhotel. gr* ● *Studios récents avec balcon* 45-65 €. Une bonne vingtaine de chambres coquettes, bien équipées : frigo, salle de bains, balcon avec vue sur la mer. Petit sentier descendant à la plage. Copieux petit déjeuner possible (en sus).

### Plus chic

🛏 *Aegean Village : face au* Lakki Beach Hotel. ☎ 22-45-08-11-94. ● *aegeanvilla* *ge.gr* ● *Doubles* 75-110 €. *Internet.* . Luxueux hôtel en surplomb de la baie et d'une belle plage quasi privée. Chambres raffinées, confortables et spacieuses en bungalow. En prime, tout ce que l'on peut attendre d'un établissement de ce genre (magnifique piscine avec bar, hall cosy, service impeccable et sans chichis...). Très apprécié par les Hollandais, *of course* !

## Où manger ?

🏠 *Calypso :* face à la plage principale. ☎ 22-45-08-10-37. Plats 7-15,50 €. Agréable terrasse circulaire joliment fleurie. Bon choix de *mezze*, poissons grillés et des classiques convaincants (*moussaka, poulpe, salades grecques...*). Une adresse sérieuse qui ne désemplit pas mais qui sait garder un accueil chaleureux.

# À faire dans les environs

⌲ À 10 km au sud, à côté de l'aéroport, *Chicken Bay,* aux eaux transparentes et peu profondes, est un bon spot pour les véliplanchistes de tous niveaux avec un vent continu dû à l'absence de relief. On ne sera pas dérangé par le trafic aérien (seulement quelques avions par jour). Location de bon matériel et cours sérieux sur place (*Pro Center Cris Schill*, 🖥 69-77-88-62-89 ; ● chris-schill.com ●). Également un bon resto de poisson (*Barba Minas,* ☎ 22-45-09-10-40) et quelques chambres à louer.

## *ARKASSA* (ΑΡΚΑΣΣΑ)

À 16 km à l'ouest de Pigadhia. Petit village typique et reposant, avec quelques tavernes sympas. Ce lieu est devenu très prisé en été et le prix d'une nuit à l'hôtel passe ainsi graduellement du simple au double entre la basse et la haute saison. Grosse affluence pour fêter *Agia Paraskevi,* le 26 juillet. Pour ceux qui arrivent en avion, venir en taxi. Ensuite, il existe plusieurs loueurs de voitures à Arkassa (dont *Sofia's Car Rental,* ☎ 22-45-06-14-65 ; ● sofiascarrentals.gr ●). Attention, prévoir de l'argent liquide, pas de distributeur.

⌲ À 10 mn à pied, superbe plage de sable fin d'*Agios Nikolaos,* avec vue sur l'île de Kassos et des couchers de soleil inoubliables... De la vague quand le vent souffle ; les locaux la considèrent comme dangereuse. Taverne sur place.

## Où dormir ?

🏠 *Eleni Studios :* à la sortie du village en direction de Finiki. ☎ 22-45-06-12-48 et, hors saison, ☎ 22-45-06-10-31. ● elenikarpathos.gr ● Avr-oct. Chambres 25-40 €, studios 30-50 €, apparts 40-60 € pour 4 pers. Pas de petit déj. Internet. Un gros coup de cœur pour ces confortables studios et appartements aménagés par Eleni autour d'une superbe piscine d'eau de mer ou en contrebas du jardin, face à la mer, offrant une troublante illusion d'immersion. Les petits budgets ne seront pas en reste avec de jolies chambres sur le toit pour profiter d'une vue grandiose à 180° et des embruns marins.

🏠 *Studios Saint-Nicolas :* en descendant vers la plage du même nom. Le proprio habite dans la maison orange avant les studios. ☎ 22-45-06-12-16. ● agiosnicolaos.net ● Mai-oct. Studios 24-38 € pour 2-3 pers, 28-48 € pour 4-5 pers. Des studios et appartements confortables en bungalow avec grande chambre, belle salle à manger et salle de bains. Bien isolés les uns des autres dans un jardin fleuri et ombragé.

🏠 *Little Paradise :* prendre la route de

la plage d'Agios Nikolaos ; c'est à 300 m de la plage. ☎ 22-45-06-12-31. ● little-paradise-arkassa.info ● Tte l'année. Compter 26-30 € pour 2 pers, petit déj compris. CB refusées. Wifi. Chambres toutes simples mais sympas avec douche et w-c. La plupart sont refaites avec un lit original. D'autres, plus grandes, peuvent recevoir 4 personnes. Pas super bien entretenu, mais c'est calme, et il y a un grand jardin à l'arrière, avec des arbres fruitiers (les clients peuvent se servir). Il est préférable de téléphoner avant pour réserver, les habitués revenant régulièrement. Location de VTT. Vassilios, jeune proprio fêtard, tient également le *Stema Bar* au village, derrière l'église, ouvert tous les soirs de mai à octobre.

🏠 *Popi's Studios :* au cœur du village, derrière le défunt hôtel Dimitrios. ☎ 22-45-06-13-12. ● popistudios.gr ● Compter 38-55 €. De grands studios modernes avec salle de bains, coin cuisine et vue sur la mer. Possibilité d'y glisser un 3e lit sans supplément. Très fleuri au printemps. Piscine. Bon accueil de Popi, institutrice de son état, qui fait volontiers visiter sa *megalo spiti*, maison traditionnelle dont elle a hérité.

## Où manger ?

🍴 *Sun Ray :* à la sortie d'Arkasa, direction Lefkos. ☎ 22-45-06-13-49. Repas pour 10 €. Petit resto de village localement réputé. Façade ressemblant à un gros gâteau à la crème avec vaste véranda toute simple. Cuisine familiale savoureuse, très bien préparée et généreusement servie. Service pas très rapide, mais tout est préparé à la commande et pas avant ! Accueil chaleureux. Un lieu authentique !

## À voir dans les environs

🏃 À 2 km au nord d'Arkassa, joli petit port de *Finiki* (d'où part le caïque faisant la traversée pour *Kassos)* et ses nombreux petits restos de poisson.

🏖 Également une petite plage de sable avec une douche, bien abritée mais pas toujours très propre.

🏠 Quelques *chambres* dans le village : se renseigner dans les restaurants du port.

🏠 *Finiki View :* au-dessus du port, sur la route Arkassa-Pilès. ☎ 22-45-06-14-00. ● finikiview.gr ● Mai-oct. Studios 40-70 € selon saison. Dominant le petit port, ensemble de studios avec cuisine et balcon et quelques appartements coquets dans un jardin fleuri en paliers. Certains possèdent un beau lit traditionnel en bois. Piscine. Très calme. Le proprio tient également un resto au port.

🏠🍴 *Restaurant Dolphin :* sur le port. Mai-oct. ☎ 22-45-06-10-60. Studios 40-60 €. Compter 10-15 € le repas. Accueillante taverne fréquentée par les pêcheurs locaux avec une belle collection de coquillages accrochés au filet sur les murs. Délicieuses petites crevettes grillées, excellents plats d'aubergines et bon choix de poissons et homards que l'on choisit en cuisine. On gardera une place pour les savoureux desserts maison de Vassilia. Pas ruineux et parts copieuses. Séduit par l'ambiance des lieux, on pourra aussi loger dans l'un des 3 studios impeccables, à l'étage. Une bonne adresse.

## LEFKOS (ΛΕΥΚΟΣ)

Très jolie crique aux eaux magnifiques et au ravissant petit port encadré par deux belles plages. Jolies balades à faire sur les hauteurs.

## Où dormir ? Où manger ?

Nombreux studios de location, on n'aura pas de mal à trouver un logement à Lefkos. On pourra aussi trouver des chambres moins chères chez les familles des pêcheurs, dans les dernières maisons du village, au bord de l'eau.

### De prix moyens à plus chic

🛏 *Studios Akrogiali :* à Potali Bay, à 300 m à gauche avant le port. ☎ 22-45-07-11-78. Mai-oct. *Studios 40-50 €.* Face à la tranquille baie de Potali et sa plage aux eaux cristallines, entre montagne et étendue désertique, de beaux studios spacieux et lumineux avec balcons fleuris. Certains possèdent un lit traditionnel en bois. À l'écart du flot touristique, une adresse que l'on se glisse dans le creux de l'oreille. Accueil affable de Michalis. Minimarket sur place.

🛏 *Sunset Studios :* en hauteur, tout au bout du village mais le couple des propriétaires est plus souvent à la petite taverne Small Paradise, *située de l'autre côté de Lefkos, en bord de route.* ☎ 22-45-07-71-17 ou 21-04-91-81-38 (hors saison). ● sunset-hotel. gr ● *D'avr à mi-nov.* Compter, en hte saison, env 45 € pour les chambres au rdc et 60 € à l'étage (10 € de moins hors saison). Studios confortables, clairs et relativement isolés des activités balnéaires de la plage. Superbe vue embrassant la baie.

🛏 ▮●▮ *Hotel Krinos :* en arrivant à Lefkos. ☎ 22-45-07-14-10. ● hotel-kri nos.com ● Mai-oct. Studios 40-50 € pour 2-3 pers. Internet. Petit hôtel chaleureux proposant de belles chambres avec salle de bains et balcon offrant une très belle vue. Toutes au même prix mais de tailles différentes, en voir plusieurs. Magnifique potager. Fait resto le soir sous la tonnelle (au menu, quand on est passés : agneau à la broche !).

▮●▮ *Le Grand Bleu :* au centre du village, sur la plage. ☎ 22-45-07-14-00. Plats 8-15 €. Bien pour un déjeuner à l'ombre. Bons *mezze,* plats classiques à tarif raisonnable. Déco soignée. Loue également des parasols et transats sur la plage en contrebas. Quelques chambres, mais chères.

▮●▮ Nombreux restos de qualité à Lefkos, *Three Dolphins* est une bonne adresse mais n'a pas de vue sur mer (face au parking). En revanche, la vue sur le port du *Captain's Home,* au bout de l'isthme, est magnifique (spécialité de poissons frais grillés). Tous deux proposent des chambres.

## Où dormir ? Où manger dans les environs ?

⚔ 🛏 ▮●▮ *Pine Tree Restaurant :* à mi-chemin entre Arkassa et Lefkos. 🖷 69-77-36-99-48. ● pinetree-karpathos.gr ● Chambres 30-35 €, studios 40-45 € et petite maison en pierre pour 5 pers 50-70 € ; en théorie, car très négociables. Nikos, lassé de la ville, a construit depuis plus de 20 ans un véritable havre de paix, pour ceux qui aiment la nature et le silence. Dans un immense jardin, où il fait pousser les légumes et les fruits qu'il sert dans son restaurant, des studios confortables en bungalow et une jolie maison en hauteur avec un authentique lit traditionnel. Également quelques chambres au-dessus du resto. À l'ombre des pins, les campeurs pour-

ront planter gratuitement leur tente (sanitaires à disposition). Bon petit déj. Le restaurant sert aussi de bonnes salades et les plats habituels (grillades), ainsi que des spécialités locales *(makarounès)* à des prix raisonnables. Un vrai petit paradis !

▮●▮ *Taverna Under the Trees :* à mi-chemin entre Arkassa et Lefkos, à proximité de l'embranchement pour Pilès et Othos. ☎ 22-45-07-14-00. Mai-oct. Plats 6-8,50 €. Taverne totalement isolée, offrant un panorama grandiose sur la mer. Une toute petite carte confectionnée à partir de produits de producteurs et pêcheurs locaux et de légumes du jardin. On se régale d'une copieuse assiette de côtelettes de mouton (4-5 pièces) pour 3 fois rien ! La salade grecque n'est pas plus chère, et quelle quantité ! Accueil authentique et chaleureux, là aussi.

# À voir

🏛 *La citerne de la cité romaine :* à droite avant Lefkos, suivre la piste sur 500 m, puis marcher 200 m.

🚶‍♂️🚶 *Messohori* (Μεσοχωρι) : village authentique accroché à la pente, tout près de la route de Lefkos à Spoa. Un vrai labyrinthe (sans voiture) de rues étroites et d'escaliers blancs. Il est possible de le rejoindre à pied. La balade commence sur les hauteurs de Lefkos, sur le site archéologique : belle randonnée balisée avec des points rouges. Compter 2h45 de marche dans des pinèdes malheureusement parties en fumée il y a quelques années. Vous y croiserez les vieilles femmes qui se rassemblent autour d'un four ancien pour cuire leur pain. On peut aussi se contenter d'admirer les maisons traditionnelles, même si elles se font de plus en rares. Quelques logements à l'entrée du village, dans sa partie haute.

|●| 🍽 *Dramountana :* difficile à trouver dans le dédale de ruelles de Messohori. Du parking, prendre vers le nord et demander l'église, le café est à côté. ☎ 22-45-07-13-73. Repas env 10 €. Accolé à la roche, ce petit café-resto est un lieu unique pour faire une pause dans ce beau village. La vue y est impressionnante et l'atmosphère apaisante. Pour se rafraîchir ou manger un morceau (petit choix à l'ardoise).

# ACHATA (ΑΧΑΤΑ) – KATO LAKO (ΚΑΤΩ ΛΑΚΟ) – KYRA PANAGIA (ΚΥΡΑ ΠΑΝΑΓΙΑ) – APELLA (ΑΠΕΛΛΑ) – AGIOS NIKOLAOS (ΑΓΙΟΣ ΝΙΚΟΛΑΟΣ)

Ce sont des plages absolument superbes, au nord de Pigadhia, mais dont l'accès est difficile pour certaines. *Kyra Panagia* et *Apella* sont les seules à être accessibles par bus de Pigadhia (en principe à 9h30 et 15h, retour vers 16h, sauf les mardi, jeudi et dimanche). On préférera louer un deux-roues ou une voiture et les parcourir toutes dans la journée. Des bateaux d'excursion s'y rendent également tous les jours. Dans tous les cas, c'est assez cher, mais cela en vaut la peine.

🏖 *Achata* est accessible par une route goudronnée en lacets depuis Apéri en traversant un paysage magnifique. Compter 15 mn pour faire les 4 km. Belle plage dans une vallée encaissée. Deux bonnes tavernes sur la plage (celle de droite est ensoleillée plus longtemps).

🏖 *La plage de Kato Lako* est accessible par une piste difficile, à prendre en 4x4 ou à faire à pied, qui démarre 1,5 km avant Kyra Panagia, sur la droite. Longue plage de galets, roches immergées et fonds marins associés. Encore assez tranquille (ni taverne ni construction), mais ça pourrait ne pas durer...

🏖 *La belle crique de Kyra Panagia,* reliée par une bonne route de 5 km environ, est plus fréquentée, voire bondée en été. Mais après 17h, elle retrouve sa quiétude. De cette plage, possibilité d'aller sur les plages voisines en bateau. Minimarket sur place.

🛏 |●| *Paradise :* au-dessus de Sofia's Taverna. ☎ et fax : 22-45-02-31-02. 📱 69-73-42-93-42. Hors saison : ☎ 22-45-03-10-99. Chambres et apparts familiaux 35-45 €. Négociables sur plusieurs nuits. À la taverne, on ne manquera pas de goûter les petits plats grecs de la patronne, Sofia Assimoglou. Vassilis, son mari, peut vous emmener à *Agios Ioannis,* une toute petite plage très peu connue, aux magnifiques fonds marins. Mais c'est la sémillante Maria, la fille, qui s'occupe des logements organisés autour d'une agréable terrasse. Son mari, quant à lui, vous proposera gracieusement d'aller à la pêche avec son bateau. Une histoire de famille au *Paradise* ! Louent également 2 appartements à *Volada.*

🛏 I●I *Studios Akropolis :* en descendant vers la plage, prendre la voie qui s'engage à droite. ☎ 22-45-03-15-03. 📱 69-77-19-28-29. Mai-oct. Chambre 65 € avec petit déj, appart 75 €. Chambres et apparts récents et chic. Vue splendide sur la plage et la petite chapelle au dôme rouge juste à ses pieds. Les propriétaires tiennent aussi une taverne.

↘ Pour rejoindre **Apella,** 2 km de route asphaltée. Apella est une crique sublime, aux eaux turquoise avec en arrière-plan la montagne. Hélas, les transats et parasols gâchent le lieu, très prisé en été. Un seul et unique restaurant (cher et pas bon) qui a également quelques chambres.

↘ Le petit port d'*Agios Nikolaos* est accessible depuis Spoa après 5 km de bonne route. Belle plage de sable gris, peu fréquentée. Pour se baigner et trouver un peu d'ombre, aller tout au bout de cette plage, sous la roche.

🛏 *Studios Agios Nikolaos :* à droite de la plage. ☎ 22-45-07-12-01. Chambres 30-40 €. Une maison simple face au microport et 4 chambres impeccables aux étages, ouvertes sur la crique et sa plage. Tenue par un jeune couple sympa avec enfants.

I●I *To Votsalo :* face à la plage. 📱 69-74-07-34-64. Unique taverne, on appréciera son poisson grillé (plus que ses plats cuisinés !). Propose un accès quotidien en caïque aux criques des environs avec pause *snorkelling.*

# À voir

🏃 En allant vers Diafani, l'*église d'Apéri* et les *tableaux naïfs de Yannis Hapsis* valent le coup d'œil.

## DIAFANI *(ΔΙΑΦΑΝΙ)*

À 1h30 de bateau de la capitale. Port encore tranquille, avec de petits hôtels et une petite plage (pas très agréable pour la baignade à cause des bateaux). Au village, voir l'église dédiée à la Vierge Marie, reconstruite il y a 300 ans sur les fondations de l'ancienne église byzantine (ouverte aux non-orthodoxes le dimanche matin, seulement pour la liturgie). Diafani est une bonne halte pour aller à Olympos, que l'on peut rejoindre en taxi ou en bus 2 fois par jour. Plusieurs bateaux font également des excursions à la journée vers les plus jolies plages du nord-est de l'île.

## Adresses et infos utiles

ATTENTION, pas de distributeur sur cette partie nord de l'île.

■ *Agence de voyages Orfanos Travel :* sur le port. ☎ 22-45-05-14-10. ● rodosnet.gr/orfanos ● Change de l'argent, contacte des loueurs de voitures et propose des excursions en caïque vers plusieurs belles plages sauvages, dont Saria, île au nord de Karpathos.

■ *L'association écologiste* **MAKS** a un petit local dans une des rues perpendiculaires au port. Ouv 9h-16h, sf w-e. Précieux pour se documenter sur la faune et la flore du nord de Karpathos et de Saria. Ressources sur l'étude et la protection du phoque *Monachus monachus.*

## Où dormir ?

### Bon marché

🛏 *Pension Delfini :* du port, prendre la rue qui monte juste avant le petit resto Gorgona, puis la 1re à droite : 2 petits dauphins en ornent l'entrée. ☎ 22-45-05-13-01. À partir de 25-30 €. 2 chambres avec w-c dans une petite maison indépendante. Il y a 5 autres chambres dans la maison principale, habitée par les propriétaires. Pension tenue par une dame à la forte personnalité et un monsieur sympathique et serviable.

🛏 *Chambres Anesis :* à droite en descendant vers le port. ☎ 22-45-05-14-15. Compter 25-30 € pour 2 pers. Chambres de différentes tailles, très propres et à prix doux. La dame qui s'en occupe, très gentille, ne parle pas l'anglais, mais sa fille l'aide à communiquer.

### Prix moyens

🛏 *Nikos Hotel :* à la sortie du village, en prenant la route goudronnée vers Olymbos. ☎ 22-45-05-12-89 ou 14-10. ● ni koshotel.gr ● Doubles env 35-40 € en juil-août, avec petit déj. Récent et propre (AC, TV), vue sur mer systématique, coin cuisine. Ambiance amicale et clientèle d'habitués. Une guide locale française, Jacqueline, y organise à l'année des randonnées dans le coin. Le proprio tient également l'agence *Orfanos Travel* sur le port.

## Où manger ?

|●| *Diafani Palace :* à 200 m de la plage, sur l'axe principal. ☎ 22-45-05-12-10. On y mange du bon poisson frais. Petite dame fort amène qui ne parle que le grec et l'italien. Également des chambres rudimentaires mais abordables (env 25 € la double).

|●| Quelques restos et tavernes sur le port, comme *Gorgona* et *Chez Michalis,* qui se font amicalement face autour de la fontaine : le premier dispense une bonne cuisine italienne, le second donne dans le grec sérieux et classique. Prix corrects, aux alentours de 10 € le repas.

|●| *Resto Anixis,* en face du ponton, juste derrière l'agence Orfanos. ☎ 22-45-05-12-26. Mai-oct. Petite adresse familiale, calme, avec les tables sous la treille. Loue également 5 chambres bon marché.

## À voir. À faire

⌖ À 40 mn à pied en longeant la mer vers le nord, jolie *plage de Vananda,* bordée de pins.

⌖ Derrière la plage, cachée dans l'espèce d'oasis qui suit le cours d'eau, une adresse séduisante : *Sia Ke Araxame.* ☎ 22-45-05-12-88. Compter 15 € pour 2 pers. Plus sérieusement camping que chambres chez l'habitant, et assez bon marché. Terrain ombragé et correct, bien qu'un peu défoncé par endroits. Taverne.

➢ *Balade de Diafani à Avlona :* par un large chemin en terre, balisé de points rouges. Au départ, aller vers l'école de Diafani ; avant d'y arriver, tourner à gauche à hauteur de la borne à incendie, passer devant une maison neuve et tourner à droite. À flanc de montagne. Compter 2h de marche (ça monte fort, prévoir des réserves d'eau). Beaucoup d'autres randonnées possibles dans cette région aux paysages de roches, de pinèdes, et de cultures : Vroukounda, Tristomo, Olymbos...

## OLYMBOS (ΟΛΥΜΒΟΣ)

À 11 km au sud-ouest de Diafani, sur le flanc ouest de l'île. Joli petit village de maisons aux fenêtres colorées, en haut de la montagne, accroché aux rocs. Malgré l'ampleur qu'y prend le pèlerinage touristique année après année, il rappelle ce que pouvait être la Grèce traditionnelle il y a 30 ans. On raconte que les habitants du village ne disent pas qu'ils sont de Karpathos, ils sont avant tout d'Olymbos. Ils gardent farouchement leurs coutumes comme celle qui consiste à transmettre les biens de père en fils et de mère en fille. Les mariages à Olymbos sont de grands moments. Préparés très longuement, ils durent 3 jours (et 3 nuits !). Le rituel a beaucoup de similitudes avec celui pratiqué en Crète. Bien sûr, tout cela est touristique et les costumes traditionnels sont surtout portés par des femmes qui tiennent des boutiques de souvenirs, mais le village est magnifique. On peut faire l'aller-retour Pigadhia-Olymbos dans la journée en voiture (4x4 indispensable, la piste est très praticable mais, en 2010, était fermée plusieurs heures par jour pendant les travaux, compter quand même 1h pour les 20 km entre Spoa et Olymbos). De très beaux panoramas, surtout quand le village, entre mer et montagne, est pris dans les nuages : on se croirait presque en Écosse !

➤ Pour aller à Olymbos, on peut aussi prendre un des bateaux d'excursion de Pigadhia jusqu'à Diafani ; de là, 10 km sur une très belle route : le ticket inclut le bus entre Diafani et Olymbos (aller-retour).

## Où dormir ? Où manger ?

Plusieurs tavernes et pensions de famille.

### Bon marché

🛏 |●| **Pension Olymbos** : dans la rue principale, quand on vient du parking. ☎ 22-45-05-10-09 et 12-52. Guère plus de 25 € la double, négociable sur plusieurs nuits. Chambres très sommaires mais rénovées à la mode traditionnelle, faïences aux murs et lit surélevé. Petit mais dépaysant. Bonne cuisine grecque (plats présentés à la fenêtre) dans une taverne assez commerciale.

|●| **Taverna O Milos** : dans un moulin restauré, en basculant du côté « mer » du village. ☎ 22-45-05-13-33. Pâques-oct. Compter 10-13 €. Toute la famille s'active dans ce petit resto-terrasse. Cuisine simple, à prix doux, qui mijote au four pendant des heures. Petits pains fourrés au fromage ou aux épinards succulents et bonnes aubergines ou tomates farcies. Très belle vue sur la mer ou la montagne, c'est au choix.

|●| **Mike's** : près du parking, à l'entrée du village. Pour un en-cas en attendant le bus. Goûter aux loukoumadès au miel et au sésame. Pas léger léger, mais délicieux.

### Prix moyens

🛏 **Aphrodite Hotel** : près des moulins restaurés. ☎ 22-45-05-13-07. ● filippas filippakis@yahoo.gr ● Laisser sa voiture au parking et téléphoner : on viendra vous chercher, vous et vos bagages. Compter à partir de 40 €. CB refusées. Juste 4 chambres pour 2 ou 3 personnes, l'une avec cuisine, toutes avec salle de bains et un à-pic vertigineux sur la mer. Vraiment impressionnant. Renseignements au resto Parthenonas, 50 m plus haut, sur la placette centrale. C'est la même famille (cuisine inégale ; on y joue parfois de la bonne musique traditionnelle).

🛏 **Astro Hotel** : en dessous de la pension Olymbos. ☎ 22-45-05-14-21. Chambres propres, avec sdb et offrant une belle vue à partir de 45 €. Accueil chaleureux. Le propriétaire conserve une pièce avec la décoration traditionnelle (nappes, faïences...). Renseignements au café-restaurant *Zefiros*, de l'autre côté du village, près des moulins restaurés, qui a la plus belle vue du village depuis sa terrasse – mais dont la cuisine est à éviter absolument.

## À voir. À faire

🚶 *Des moulins*, âgés pour certains de 350 ans, entourent le village. Par l'action du temps et un certain abandon humain, ils ne se visitent plus que leurs ailes ne tournent.

⊛ Bottes en cuir superbes, faites par les derniers *bottiers* du village, vendues au prix des *Church's* à Londres...

– Les 28 et 29 août, ne pas manquer la *fête d'Agios Ioannis de Vroukounda*, 6 km au nord d'Olympos : devant l'église troglodyte concert de *bouzouki* et de vieux instruments locaux.

➢ *Balade d'Olympos à Avlona :* très beau chemin balisé de points rouges. Il débute au bout du village d'Olympos, dans la partie basse, sous le dernier moulin (il tourne encore). Le chemin démarre donc à gauche de la petite chapelle (celle qui est le plus bas sur la colline du village). À Avlona, resto. Si l'on continue plus au nord vers Agios Ioannis à Vroukounda, compter 1h15 l'aller.

## KASTELORIZO (ΚΑΣΤΕΛΟΡΙΖΟ) (85111) 280 hab.

**En raison de son emplacement, cette île fait le désespoir des cartographes. Il est quasiment impossible de la faire figurer sur les cartes de Grèce. Et pourtant cette île a été occupée par... la France de 1915 à 1920, avant de devenir italienne en vertu du traité de Sèvres. Située entre Rhodes et Chypre, à moins de 3 km des côtes turques, c'était le point le plus à l'est de l'Union européenne jusqu'à ce que cette dernière accueille Chypre. Voilà une minuscule (9 km²), mais très belle île, avec un port en amphithéâtre : *Méghisti* (Μεγιστη). Il y a aussi un petit port annexe, *Mandraki,* qui est surplombé d'un fort franc, dont il ne reste que les tours et une partie des remparts.**
**Il y fait très chaud en été car l'île est protégée du vent par les montagnes turques.**

### UN PEU D'HISTOIRE

Tous les malheurs du monde se sont abattus sur cette île : violents tremblements de terre, bombardements meurtriers pendant la Seconde Guerre mondiale, exil collectif de la population à Chypre et en Palestine, naufrage des bateaux qui ramenaient les exilés...
En juillet 1944, un incendie prit dans un dépôt de munitions des forces britanniques et causa la destruction de la moitié des maisons et provoqua la fuite des habitants. Après avoir émigré dans le monde entier, en particulier à Alexandrie en Égypte et en Australie, les natifs y reviennent peu à peu pour passer leurs vieux jours et jouir de la vie calme de l'île. Au début du XXᵉ s, l'île comptait tout de même près de 14 000 habitants, car c'était un port important sur les routes maritimes entre l'Asie Mineure et le Proche-Orient. Aujourd'hui, elle est très peu peuplée, mais les descendants des émigrés installés en Australie forment une communauté de 30 000 membres, ces derniers étant nombreux à racheter des maisons sur l'île. Tous les matins, trois ou quatre petits bateaux emmènent les habitants de Kastelorizo faire leurs emplettes au marché de Kas, « en face », c'est-à-dire en Turquie, où tout est moins cher...

# Arriver – Quitter

## En avion

➤ Pour ceux qui sont vraiment pressés. Seulement de et vers Rhodes, liaison sur un petit Dornier (18 places) d'*Olympic Air*, en principe 1 fois/j. en été. Env 40 mn de trajet. *Rens à Rhodes*, ☎ 22-41-02-45-71 et 55 *(résas)*. *À l'aéroport de Kastelorizo :* ☎ 22-41-04-92-38. Prendre le bus qui attend à l'arrivée ou alors le taxi pour rallier Méghisti, à 4 km.

## En bateau

Difficile d'accès : seulement depuis Rhodes.
■ *Capitainerie :* ☎ 22-46-04-92-70.
➤ *De/vers Rhodes :* 2-3 ferries/sem en hte saison. Le ferry est souvent vide, mais il est subventionné ! 4-5h de traversée. En principe, 1 fois/sem (juin-sept), un catamaran dessert Kastelorizo (en 2010, c'était le lun). Trajet : 2h30 (et c'est cher). Renseignements à l'agence de voyages *Papoutsis Travel Agency* (voir « Renseignements pratiques et adresses utiles »).

# Renseignements pratiques et adresses utiles

– L'île reçoit l'*eau* potable par bateau en provenance de Rhodes, et de nombreuses maisons sont équipées de citernes de récupération d'eau de pluie. L'eau du robinet a donc un petit goût salé, pas très bon mais sans aucun danger. L'eau en bouteille est meilleure. Toutefois, la construction d'un barrage, prévue prochainement, devrait subvenir aux besoins en eau de l'île.

■ *Distributeur de billets :* à la banque sur le port.
■ *Taxi :* un seul sur l'île. L'attendre sur le port, à côté du resto Lazarakis, *et bien se faire préciser le tarif.*

■ *Papoutsis Travel Agency :* au milieu du port, sur la petite place. ☎ 22-46-07-06-30 ou 22-46-04-93-56. Billets de ferries, excursions en bateau, change et chambres à louer.

# Où dormir ? Où manger ?

## De bon marché à prix moyens

⌂ *Pension Kristallo :* dans le village, à 50 m du port. ☎ 22-46-04-92-09. Des petites chambres rudimentaires, avec sdb communes, env 25 € dans le pire des cas. Un accueil chaleureux de Kristallo et une quiétude qu'on ne peut avoir sur le port lorsque les ferries et les bateaux de croisière y déversent 300 personnes pour la pause-dîner.
⌂ *Pension Alexandra :* ☎ 22-46-04-93-48. Juil-sept. Env 40-45 € pour 2 pers. Réserver pour l'été. Chambres et studios sans vue, mais avec le charme d'une maison ancienne restaurée. Seulement 6 chambres.
|●| Quelques *restaurants* et *tavernes* proposent des salades grecques bon

marché et des spécialités d'espadon qu'on voit arriver vivants le matin sur le port. Le poisson est un chouïa moins cher que les autres îles.
|●| *Platania* (Mediterraneo) *:* sur la pl. de l'église. Midi et soir juin-sept. Compter 12-14 €. 3 cousines de Maïté vous proposeront quelques plats faits en famille, genre *moussaka* ou *pita* aux poireaux et aux oignons. Spécialité de *révithokeftédès* (*keftédès* aux pois chiches). Le lieu est charmant, surtout le soir lorsque les réverbères colorent en ocre les façades des maisons en pierre et que les chats viennent se frotter à vos jambes pour obtenir quelques miettes de votre assiette.

# À voir. À faire

➤ *Excursions :* à la *grotte Bleue (fokiali)*, qu'on peut visiter en bateau. La lumière du soleil, décomposée par l'eau, colore cette grotte d'un bleu phosphorescent. Départ du port en petite barque de 15 personnes. À ne pas manquer.
On peut aussi aller en Turquie, à la ville de *Kas*. Le caïque part du port. La traversée et le visa sont assez chers. Il faut déposer son passeport la veille, au propriétaire du bateau, pour obtenir le visa.

➤ De bonnes *balades* à faire. Se faire indiquer les sentiers par les locaux.

🏃 Sous les ruines du fort se trouve un *tombeau* sculpté dans la roche. Il date du début du Vᵉ s av. J.-C. Il est en meilleur état que le fort bâti par les chevaliers de Saint-Jean, qui a donné son nom à l'île (*Castel Rosso* : le « château rouge »).

🏃 *L'île de Rô (Pω) :* l'unique habitante de cet îlot, Despina Achaladioti, connue comme la dame de Rô, a hissé, chaque matin pendant des années, les couleurs du drapeau grec. Elle est morte en 1982, à l'âge de 92 ans. On se rend sur l'île en caïque.

# RHODES (ΡΟΔΟΣ)

110 000 hab.

Rhodes, la plus grande île du Dodécanèse, avec ses 1 398 km², est la plus éloignée du continent européen en exceptant Kastelorizo, et pourtant l'une des plus visitées (de nombreux charters assurent une forte présence touristique pendant toute la saison). Cinq mois sans pluie en été n'empêchent pas l'île de regorger d'eau. Au centre de l'île, les montagnes (le plus haut sommet, le mont Attaviros, culmine à 1 215 m) sont couvertes de forêts et sur les versants ouest, on trouve des vignobles et des cultures. Ce n'est pas le charme des petites îles grecques avec leurs maisons blanches, mais plutôt l'attrait de ces endroits qui gardent les traces d'une grande histoire.
La vieille ville médiévale, construite par les chevaliers de l'ordre de Saint-Jean, est entourée de hauts remparts. Elle est magnifique et très bien conservée, tout en étant totalement livrée à l'industrie touristique. Pour vraiment découvrir l'île, il faut s'éloigner des cités balnéaires construites aux portes de Rhodes. Les villages, à l'ouest et au sud, sont plus typiques.
C'est une île sous le vent : la côte orientale est très chaude. En revanche, la côte ouest est plus ventée, plus tempérée et donc moins fréquentée. Superbes couleurs de fin mars à mai, quand les coquelicots, les campanules et les pâquerettes recouvrent l'île...
Les plages, à défaut d'être toutes belles, sont nombreuses. En général, elles sont bien entretenues. Celles de la côte est bénéficient de douches (gratuites).
– Le camping sauvage est interdit et la police touristique veille. Les campeurs iront voir ailleurs puisqu'il n'y a plus aucun camping sur l'île.

## UN PEU D'HISTOIRE

Dès la haute Antiquité, Rhodes fut une puissance maritime régionale de première importance. Les trois cités de Lindos, Kamiros et Ialyssos (fondées, d'après la mythologie, par les petits-fils du dieu Hélios et de Rhodes, sa femme) s'allient pour constituer une fédération militaire qui domine et contrôle les routes maritimes entre Occident et Orient. À l'époque classique (Vᵉ s av. J.-C.), une ville « moderne » est créée de toutes pièces : Rhodes. La nouvelle cité, toujours plus puissante sur mer, affirme son indépendance. Elle suscite aussi les convoitises et c'est pour s'en emparer qu'un des successeurs d'Alexandre le Grand, Démé-

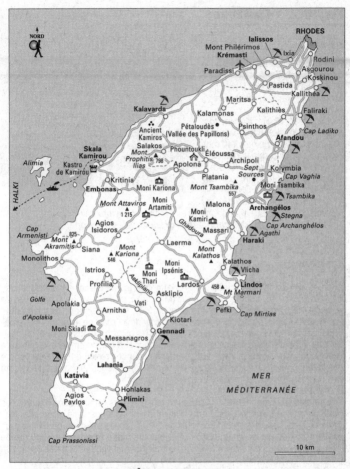

## L'ÎLE DE RHODES

trios Poliorcète, met le siège devant les murs de la cité en 305 av. J.-C., mais échoue dans son entreprise.

La position de l'île en fait un poste avancé de la chrétienté quand, aux XI^e-XII^e s, la pression ottomane se fait sentir. Rhodes est cédée par Byzance aux Génois qui s'en débarrassent en l'offrant aux hospitaliers de Saint-Jean-de-Jérusalem, chassés de Terre sainte. De 1309 à 1522, cet ordre militaro-religieux, avec à sa tête des grands maîtres de diverses nationalités, donne à Rhodes une importance particulière, mais l'étau se resserre : ce que Démétrios n'avait pas réussi, Soliman le Magnifique le fait à l'issue d'un long siège et, le 1^er janvier 1523, les 180 chevaliers survivants s'embarquent pour l'exil (ils s'installeront à Malte).

Les Turcs céderont bien Rhodes en 1912, mais les bénéficiaires en sont alors les... Italiens ! Ce n'est qu'en mars 1948 que le drapeau grec flottera sur la cité médiévale.

# Arriver – Quitter

## En avion

Réserver le plus tôt possible, la demande est forte.

➤ **De/vers Athènes :** 5 vols/j. en été (1h) par *Olympic Air* et 3 vols/j. par *Aegean Airlines*.

➤ **De/vers Kos, Karpathos, Kassos et Kastelorizo :** plusieurs vols/sem par *Olympic Air* (40 mn). À peine plus cher que le bateau.

➤ **De/vers Héraklion (Crète) :** 1 vol/j. en été (50 mn) par *Sky Express* et 1 autre par *Olympic Air*.

➤ **De/vers Thessalonique :** 1-2 vols/j. (1h15) par *Aegean Airlines* et 1 autre par *Olympic Air*.

➤ Charters au départ **des capitales et grandes villes d'Europe.**

> ### KOLOSSAL !
>
> *Le siège de Rhodes est à l'origine d'un monument dont on parle encore. Les habitants de Rhodes avaient fait ériger une gigantesque statue du dieu Hélios : le colosse de Rhodes, une des Sept Merveilles du monde, ne tiendra debout que 66 ans, terrassé par un séisme. Selon la légende, il se trouvait à l'entrée du port et laissait passer les bateaux sous ses jambes. On dit que les ruines restèrent visibles pendant neuf siècles et qu'il fallut pas moins de 900 chameaux pour les emporter en Palestine, chez un marchand de métaux...*

## En bateau

Arrivées et départs des ferries du port commercial (quai Kolona ou Konitsis) et des bateaux d'excursion du port touristique (Mandraki), tous deux à 5-10 mn à pied de la vieille ville. Pour les catamarans et hydrofoils, se renseigner ; les plus petits comme ceux de Tilos ou Symi partent de Mandraki, mais ce n'est pas systématique. Les agences de voyages n'ont pas tous les billets pour les bateaux : n'hésitez pas à rendre visite à plusieurs agences pour être sûr de prendre le bateau à l'heure qui vous arrange. Attention, certaines agences feront en sorte de vendre des billets pour hydrofoils, alors que les ferries sont beaucoup moins chers. Liste des départs (toutes compagnies) sur ● *ando.gr/eot* ●

■ *Capitainerie :* pl. Eleftherias. ☎ 22-41-02-22-20 ou 08-87-00.

➤ **De/vers Le Pirée :** ferries tlj. La plupart font plusieurs escales dans d'autres îles du Dodécanèse (*Patmos, Lipsi, Léros, Kalymnos, Kos* pour certains, *Astypaléa, Nissyros* et *Tilos* pour d'autres) ; compter de 14h à 18h de trajet. Ils partent le plus souvent en début d'ap-m ou le soir et arrivent le mat à Rhodes. Un ferry rapide (compagnie *Blue Star*) fait 3-4 fois/sem le trajet de nuit via Santorin et Kos en 13h (c'est aussi le plus cher).

➤ **De/vers Karpathos, Kassos, la Crète et Milos :** 3-4 ferries/sem. Compagnie *Anek*, rens au ☎ 22-41-02-06-25.

➤ **De/vers Kastelorizo :** 3 ferries/sem font le trajet en 4h30 (compagnie *Anes*, ● *anes.gr* ●) et 1 fois/sem, un catamaran (compagnie *Dodekanisos Seaways*, ● *12 ne.gr* ●).

➤ **Pour les îles de Kos, Kalymnos, Léros et Patmos :** ferries presque tlj.

➤ **De/vers Tilos et Nissyros (Dodécanèse) :** 4 ferries/sem (compagnie *Anes* ● *anes.gr* ●). Sinon, catamaran tlj en saison, le *Sea Star*, pour Tilos (il continue sur Nissyros parfois) ou le *Dodekanisos Express* le w-e slt, via Halki. Cher mais rapide.

➤ **De/vers Kos, Kalymnos et Léros,** et 6 j./7, **Patmos, Symi ou Lipsi :** catamarans avec *Dodekanisos Seaways*. Départ tlj à 8h30, retour en fin d'ap-m. ☎ 22-41-07-05-90. ● *12ne.gr* ●

➤ **De/vers Symi :** 1 ferry/j. en été (compagnie *Anes* ● *anes.gr* ●). Des hydrofoils également (compagnie *Dodekanisos Seaways*, ● *12ne.gr* ●). Pour ceux qui se contentent d'une courte visite, des bateaux d'excursion vous déposent tous les jours d'abord au *monastère de Panormitis,* puis au port de Symi.

## Arrivée à l'aéroport

➤ *L'aéroport Diagoras* est situé à 16 km de la ville de Rhodes. ☎ 22-41-08-87-00.
Aegean Airlines : ☎ 22-41-09-83-45. Olympic Air : ☎ 22-41-02-45-71 et 801-801-
01-01.
– Arrêt de *bus* entre le hall des arrivées et celui des départs. Ne pas se diriger vers
les cars « modernes » des hôtels. Min 1 bus ttes les 30 mn, 6h-minuit en été. Bon
marché quand on est seul : 2,10 €. À plusieurs, le *taxi* est plus pratique, surtout
quand on est chargé : environ 20 € pour le trajet. Sinon, le stop peut fonctionner...
– On peut louer une *voiture* directement dans le hall de l'aéroport (*Avis, Hertz, Budget, Europcar, National/Alamo, Sixt*...).
– *Distributeur de billets :* dans le hall d'entrée.

## Circuler dans l'île

### En bus

🚌 *Stations de bus à Rhodes-ville* (plan I, B2) : *pl. Rimini, juste à côté du nouveau
marché et une autre odos Averof.* La première dessert la côte est (compagnie KTEL,
☎ 22-41-02-77-06) ; la seconde, la côte ouest (compagnie RODA, ☎ 22-41-02-
63-00).
Demander les horaires à l'office du tourisme (ou les télécharger sur leur site ● *an
do.gr/eot* ●). Ils sont également affichés sur une guérite sur le port de Mandraki et
à chaque arrêt. Attention : les bus partent à l'heure et parfois en avance ! Fréquents selon les destinations (4h45-0h30 pour les villes proches de Rhodes), mais
l'extrême sud de l'île est peu desservi (2 bus/sem slt pour Kataviá). Bon marché
(1,60-8,50 € selon la destination).
N'oublions pas que nous sommes en Grèce et que les chauffeurs de bus sont très
souples. Ainsi, à la demande, les bus pour Lindos s'arrêtent à Faliraki, Afandou,
Kolymbia, Archangélos... Pour les autres lignes, c'est la même chose. Attention,
horaires spéciaux le week-end.

### En deux-roues et voiture

Ce ne sont pas les loueurs qui manquent dans la nouvelle ville de Rhodes. L'île fait
quelque 85 km de long et 35 km au plus large. Il est préférable de louer un moyen de
locomotion si l'on désire en faire le tour, car au sud, de Lindos, d'un côté, et d'Embonas, de l'autre, les villages sont isolés et les bus rares. Les routes de l'intérieur sont
ravissantes. Éviter de louer les petites motos japonaises, pas assez puissantes
dans les côtes. Attention tout de même aux fortes bourrasques de vent, qui risquent de déstabiliser les conducteurs inexpérimentés.

### En taxi

– *Radio-taxi :* ☎ 22-41-06-98-00 (dans Rhodes-ville) et 22-41-06-96-00 (hors Rhodes-ville). Nombreux mais assez chers. Peu ont un compteur, mais les prix sont
fixes et affichés aux arrêts ou à consulter sur leur site ● *rhodes-taxi.gr* ● ou sur celui
de l'office de tourisme ● *ando.gr/eot* ● De Rhodes les tarifs vont de 9 € pour Kallithéa à... 110 € (!) pour Prassonissi, à l'extrême sud de l'île. En outre, un supplément est demandé au départ du port (env 1 €) et de l'aéroport (2,30 €) ; ainsi que
pour les bagages de plus de 10 kg (0,35 €/bagage) et le radio-taxi (2 €). Pour les
petites distances, coût minimum de 3 €. Pour finir, le prix de la course est doublé
de minuit à 5h du mat'.

## RHODES-VILLE *(la capitale ; 85100)*

Suite à l'échec des croisades, les chevaliers de l'ordre de Saint-Jean vinrent s'installer sur l'île et firent construire la ville médiévale et les remparts. On peut faire le tour de la ville en quelques heures, mais elle est assez riche en sites pour que l'on puisse y consacrer davantage de temps. Il est interdit aux touristes de circuler en voiture dans la vieille ville.

# Adresses utiles

**𝐢** *Office de tourisme (plan I, B2) :* à l'angle des rues Makariou et Papagou, dans la ville nouvelle. ☎ 22-41-04-43-35. ● ando.gr/eot ● Lun-ven 8h-14h45. Sympathique et efficace. Aide à trouver une chambre, donne les horaires des bus, bateaux (théoriques...) et renseigne sur les activités possibles. On peut y trouver une bonne carte de la ville de Rhodes et de l'île.

**𝐢** *Office de tourisme municipal (plan I, B2) :* pl. Rimini, à proximité de l'arrêt de bus. ☎ 22-41-03-59-45. Juin-sept, lun-ven 8h30-16h, sam-dim 8h-13h et 18h-21h. Fait aussi des résas d'hôtel. Également une petite antenne à l'entrée de la vieille ville, en bas de odos Ippoton (rue des Chevaliers). Ouv lun-ven 9h-15h. Personnel accueillant et compétent.

■ *Police touristique (plan I, B2, 1) :* odos Karpathou. ☎ 22-41-02-74-23. Tlj 7h30-21h30.

✉ *Poste (plan I, B2) :* en face du port de Mandraki. Lun-ven 7h30-20h. Autre bureau dans la vieille ville (plan II, C3), face à la moquée d'Ibrahim Pacha (fermé l'ap-m).

■ *Police (plan I, B2, 2) :* odos Dodekanission. ☎ 22-41-02-38-49. Dans la ville nouvelle. Entrer dans le bâtiment avec une cour et monter les escaliers sur la droite. Lun-sam 8h-14h. Permanence 24h/24.

■ *Distributeurs de billets :* dans la vieille ville, à l'angle des rues Papanikolaou et Iroon Politehniou (nord), pl. Kostaridou (sud) et au bas d'odos Ippoton. Dans la nouvelle ville, nombreuses banques autour de la pl. Kiprou (plan I, B2) et un peu partout ailleurs.

■ *Consul honoraire de France (plan II, C2, 61) :* Mme Aliki Gauguet, auberge de France (évidemment !), odos Ippoton (rue des Chevaliers). ☎ 22-41-02-23-18 (secrétariat). Fax : 22-41-07-74-88. Lun, mer, ven 9h-12h.

■ *Contours Agency (plan I, B2, 7) :* 9, odos Ammohostou, dans une ruelle. ☎ 22-41-03-60-01 et 07. ● contours. gr ● Tlj sf dim 9h-21h. Très sérieuse agence de voyages ; demander Litsa, qui est francophone.

■ *Agence Rodos Sun Service (plan I, B2, 5) :* 14, Néa Agora (nouveau marché). ☎ 22-41-02-64-00. ● sun_serv@ otenet.gr ● Tlj sf dim 9h-21h (sam jusqu'à 15h). Agence de voyages sérieuse pour les résas de bateau et d'avion. Pratique, car juste en face du port de Mandraki. Demander Vivian, francophone. Sinon, toutes les compagnies de ferries ont leur agence devant le port commercial.

■ *Location de voitures et motos : Butterfly (plan I, B2, 6)* 26, odos Alex. Diakou. ☎ 22-41-02-13-30. ● butterfly-rentacar.eu ● Près de l'office de tourisme. Ouv tlj 7h30-22h (20h sam). Selon saison, compter env 30-50 €/j. pour une petite voiture et 15-25 €/j. pour un scooter. Engins en bon état. Bon accueil pour nos lecteurs (demander une remise pour une location de plusieurs jours).

■ *Laverie (plan II, C3, 63) :* 33, odos Platonos. ☎ 22-41-07-60-47. Lun-sam 8h-20h.

■ *Toilettes publiques (plan I, B2) :* pl. Rimini, à côté de l'office municipal de tourisme, un peu plus haut (sur Al. Papagou) et au nouveau marché (payant).

■ *Presse internationale (plan I, B2) :* face au port de Mandraki, dans le passage qui mène au nouveau marché ; odos Apellou (plan II, C3), face à la National Bank of Greece.

■ *Hôpital (hors plan I par B3) :* banlieue sud de la ville. ☎ 22-41-08-00-00 ou 166 (urgences).

@ *Cafés Internet : Mango Bar,* 3, pl. Doriéos (plan II, C3, 62). ☎ 22-41-02-48-77. Ouv jusqu'à minuit. Dans la ville nouvelle : face au Casino, **Kosmo-net Internet Café** (plan I, B1), 17, odos Papanikolaou, et **Galileo Internet** (plan I, B2), 13, odos Iroon Politechniou. Également un peu partout dans la ville nouvelle.

## Transports

– **Taxis :** à 50 m de l'arrêt de bus (plan I, B2), à la porte de la liberté (plan I, C2) et au port des ferries (plan II, C3). ☎ 22-41-02-76-66 (station de Mandraki) et 22-41-06-98-00 (radio-taxi). C'est assez cher même pour les petites distances, mais si vous êtes à plusieurs, ça peut valoir le coup.
– **Bateaux d'excursion :** départs du port de Mandraki (plan I, B-C2). Il y a un grand nombre de destinations sur l'île (Lindos...), ainsi que sur les îles avoisinantes et la Turquie. Liste complète sur le site de l'office du tourisme. Attention, se renseigner avant sur les formalités et le coût des taxes si l'on désire passer une nuit en Turquie ou dans un autre pays. Pour la Turquie, se renseigner à l'agence *Inspiration Travel* (☎ 22-41-02-42-94), 4, Akti Sachtouri, face aux grilles du port commercial. La carte d'identité suffit.

## Où dormir ?

– *La vieille ville* a longtemps été considérée par les Grecs comme le lieu d'hébergement des familles pauvres ; les prix y étaient plus bas que dans la *ville nouvelle,* mais cela change. La *ville nouvelle,* en revanche, est très bruyante et n'a aucun charme.
– Pas facile de trouver une chambre au mois d'août. L'office de tourisme peut vous aider à trouver un lit. S'il est vraiment tard, il y a toujours un hôtelier pour venir chercher les voyageurs au débarcadère.
– Hors saison, un bon nombre de pensions et d'hôtels sont fermés. Se promener dans la vieille ville en décembre ou janvier, c'est presque traverser une ville morte ! Ils ouvrent pour la plupart de la Pâque orthodoxe à fin octobre. On peut néanmoins appeler, car les hôteliers peuvent éventuellement ouvrir.

## *Dans la vieille ville*

### Bon marché

🛏 **Rodos Youth Hostel** (plan II, C3, **71**) : 12, odos Ergiou. ☎ 22-41-03-04-91. Fax : 22-41-07-58-61. Réception ouv 9h30-13h30, puis à partir de 17h30 (9h-minuit en été). Chambres de 2 ou 3 lits, avec ou sans sdb, 20-25 € ; en dortoir

---

■ **Adresses utiles**

🛈 Offices de tourisme
1 Police touristique
2 Police
5 Agence Rodos Sun Service
6 Butterfly
7 Contours Agency

🛏 **Où dormir ?**

10 Hermès Hotel

🍴 **Où manger ?**

20 Indigo

21 To Steno

🍷 🎵 **Où boire un verre ? Où sortir ?**

30 Colorado
31 Blue Lagoon

🍴 **À voir**

50 Cimetière musulman
51 Musée d'Art contemporain grec

**RHODES ET HALKI (ÎLES DU DODÉCANÈSE)**

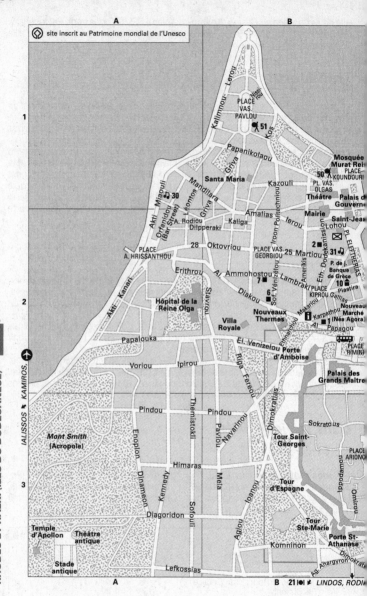

site inscrit au Patrimoine mondial de l'Unesco

IALISSOS, KAMIROS,

A          B

PLACE VAS. PAVLOU

Nissiroú Kois
Kalimnou Leroú
Griva

51

Papanikolaou

Mosquée Murat Reis
PLACE KOUNDOURI
PL. VAS. OLGAS

50

Santa Maria

Kazouli

Mandilara
Leontos
Griva

Théâtre

Palais du Gouverne

Akti Miaouli
Orfanidou (Bar Street)

30

A. Rodiou
Dilpperaki

Amalias

Mairie

Saint-Jean

PLACE A. HRISSANTHOU

Kaliga

Ieroú
Dodekanissou

Lohou

28    Oktovriou

PLACE VAS. GEORGIOU

PL. ELEFTHERIAS

25 Martiou

2    31

Amerikis

Erithrou

Al. Ammohostou

7

6

Lambraki

P. de J. Banque de Grèce

10

Plastira

Akti Kanari

Stavrou

Diakou

Sof. Venizélou

Makariou

PLACE KIPROU Gallas

Hôpital de la Reine Olga

Villa Royale

Nouveaux Thermes

Nouveau Marché (Néa Agora)

Karpathou

1

Papagou

Ermartiou

Papalouka

El. Venizelou Porte d'Amboise

PLACE RIMINI

Voriou        Ipirou

Riga Fereou

Palais des Grands Maître

Dimokratias

Pindou     Themistokli     Pindou

Mont Smith (Acropole)

Enoplion

Kennedy

Dinameon

Pavliou

Navarinou

Sokratous

PLACE ARIONO

Tour Saint-Georges

Ippodamou

Himaras

Mela

Tour d'Espagne

Diagoridon

Sofouli

Agiou

Ioanou

Tour Ste-Marie

Omirou

Temple d'Apollon

Théâtre antique

Komninon

Porte St-Athanase

Stade antique

Lefkossias

Ag. Anargyron

Dimokrati

A                    B    21    LINDOS, RODI

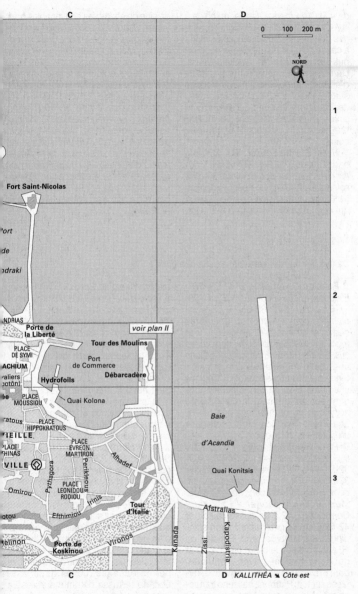

0    100    200 m

NORD

Fort Saint-Nicolas

Port

de

ndraki

NDRIAS

Porte de
la Liberté

voir plan II

Tour des Moulins

PLACE
DE SYMI

Port
de Commerce

ACHIUM

valiers
otôn)

Hydrofoils

Débarcadère

PLACE
MOUSSIOU

Quai Kolona

Baie

ratous

PLACE
HIPPOKRATOUS

d'Acandia

VIEILLE

PLACE
EVREON
MARTIRON

PLACE
HINAS

Alhadef

Quai Konitsis

VILLE

Pythagora

Periklaous

Omirou

PLACE
LEONIDOU
RODIOU

Irinis

Afstrallas

otou

Efthimiou

Tour
d'Italie

Kanada

Zissi

Kapodistria

elinon

Porte de
Koskinou

Vironos

C

D    *KALLITHÉA* ↘ *Côte est*

## RHODES – LA VILLE NOUVELLE (PLAN I)

de 4 lits 10 €/pers. Cuisine, machine à laver, cour agréable et consigne à bagages gratuite. Rez-de-chaussée à éviter à cause du bruit du retour des noctambules et des lève-tôt. Accueil sympa. Dommage que cette AJ (qui usurpe d'ailleurs l'appellation, n'ayant aucun statut officiel d'AJ) soit basique avec des lits un brin fatigués, car elle est bien située. Propose également des studios tout neufs dans une cour attenante (plus chers).

🛏 *Hotel Stathis* (plan II, B3, *72*) : 60, odos Omirou. ☎ 22-41-02-43-57. 📱 69-46-40-72-97. Avr-oct. Compter 30-35 € selon saison. Dans une petite impasse tranquille une pension destinée à ceux qui ont le porte-monnaie à sec. Une

dizaine de chambres convenables pour le prix, plutôt spacieuses et bien entretenues par Georges, d'une grande gentillesse. Mobilier sans charme et salles de bains communes mais elles sont nombreuses autour de la jolie courette.

🛏 *Pension Billy's* (plan II, C3, *73*) : 32 B, odos Perikléous. ☎ 22-41-02-37-76. Chambres avec sdb 30-40 € selon période ; prix négociables. Certaines sont de petite taille. Maison typique, peinte en jaune, avec une succession de couloirs, d'escaliers et de terrasses autour d'un patio. Pas de petit déj, mais cuisine et terrasse à disposition. Calme. Le patron, qui tient l'épicerie juste en bas, n'est pas vraiment regardant sur la propreté.

## Prix moyens

De très bonnes adresses dans cette catégorie :

🛏 *Pension Olympos* (plan II, C3, *76*) : 56, odos Agiou Fanouriou. ☎ 22-41-03-35-67. 📱 69-45-57-32-65. ● pension-olympos.com ● Mars-oct. Chambres claires et impeccables avec AC, TV et frigo, env 35-55 € ; petit déj copieux en sus. Studios 50-60 € négociables. Dans une ruelle charmante, une pension tenue par un couple aimable. Certaines chambres avec balcon, d'autres donnant sur un amusant jardin d'herbe acrylique où gambadent des nains. Également des studios tout neufs dans un bâtiment en face.

🛏 *Pink Elephant* (plan II, C3, *77*) : 9, Timakida. ☎ 22-41-02-24-69. 📱 69-32-25-66-51. L'hiver en Italie : ☎ 00-39-33-58-25-37-68. ● pinkelephantpension.com ● Rue donnant dans odos Omirou. Mars-oct (téléphoner à l'avance). Compter 32-42 € en basse saison et 42-60 € en été (prix variant selon standing des chambres). Wifi. Pension de 10 chambres où le blanc prédomine et qui sont décorées avec simplicité, dont 8 avec salle de bains privative. Terrasse sur toit. Patronne italienne francophone et très sympa, Mari, qui connaît

bien la ville et l'île. Bon petit déj (en sus).

🛏 *Isole Hotel* (plan II, C3, *79*) : 75, odos Evdohou. ☎ 22-41-02-06-82. 📱 69-38-36-22-12. ● hotelisole.com ● Mars-15 nov. Compter 43-73 € selon type de chambre (les plus chères sont en haut, avec terrasse), petit déj compris. CB refusées. Dans une ruelle calme donnant sur la bruyante rue Sokratous, petit hôtel (7 chambres) tout en bleu, bien tenu par Guido et Luisa. Excellent accueil. Certaines chambres sont un peu petites, mais cela fait partie du charme des demeures de la vieille ville.

🛏 *Niki's Hotel* (plan II, C3, *74*) : 39, odos Sofokléous. ☎ 22-41-02-51-15. ● nikis hotel.gr ● Compter 40-55 € (65 € avec balcon), petit déj inclus. Si le style de la déco est un peu daté, on apprécie en revanche le calme de ce petit hôtel tout en étages, et sa situation idéale à quelques encablures des meilleurs restos et d'un des quartiers les plus festifs. Pas le grand confort mais quand on rentre tard, c'est plaisant de ne pas avoir à se perdre dans les ruelles de la ville. Grande terrasse commune agréable avec belle vue.

## Plus chic

🛏 *Andreas Hotel* (plan II, C3, *75*) : 28 D, odos Omirou. ☎ 22-41-03-41-

56. ● hotelandreas.com ● Dans une ruelle tranquille. Tte l'année. Selon

période, 30-55 € pour les chambres les moins chères et 40-75 € pour la gamme supérieure ; pour la chambre « nuptiale », compter 80-110 €. Attention, 2 nuits min demandées. Internet et wifi. Dans un ancien harem, classé monument historique. Chambres nickel, avec salle de bains (certaines à part mais privative), AC pour la plupart, des moustiquaires colorées et une belle vue sur la vieille ville. Également des chambres pour 3 ou 4 personnes en duplex, très intéressantes pour leur excellent rapport qualité-prix. Les chambres n°s 18 et 19 ont un balcon, la n° 21 « Justine », bénéficie d'une superbe vue. Bon petit déj sur la terrasse fleurie, avec vue panoramique. Machine à laver. Les patrons, Anne-Camille et Patrick sont francophones et leur accueil est exceptionnel. Un gros coup de cœur.

**Minos Pension** (plan II, C3, **80**) : 5, odos Omirou. ☎ 22-41-03-18-13. ● minospension.com ● Mai-oct. Compter 50-70 € selon saison. Charmant hôtel entièrement refait offrant de vastes chambres modernes et lumineuses avec une vue dégagée pour la plupart. Sur le toit, la plus belle terrasse de la ville avec une vue à couper le souffle où on aura plaisir à se poser dans des canapés moelleux. Idéal également pour prendre un verre à toute heure. Accueil familial et vraiment sympa.

**Via Via** (plan II, C3, **82**) : 45, odos Pythagoras. ☎ 22-41-07-70-27. 📱 69-48-52-20-81. ● hotel-via-via.com ● L'entrée est dans la petite ruelle Lisipou. Tte l'année. Pour 2 pers, compter 30-70 € selon type de chambre et période. Séjour de 3 nuits min demandé. Une huitaine de chambres de charme dans une maison aux tons ocre du meilleur effet. La chambre « Pacha », à réserver tôt dans l'année, est posée sur le toit et possède une véranda (compter 40-80 €). Jolie déco. Béatrice, la charmante propriétaire belge, parle le français. L'atmosphère est chaleureuse et reposante. Belle terrasse.

**Spot Hotel** (plan II, C3, **83**) : 21, odos Perikléous. ☎ 22-41-03-47-37. ● spothotelrhodes.gr ● Tte l'année. Doubles 55-70 € selon saison, tarif négociable sur plusieurs jours. Internet et wifi. Bel hôtel, tout en boiserie, à la déco raffinée évoquant le vieux Rhodes. Chambres impeccablement tenues par Ilias qui se soucie du bien-être de ses hôtes. Agréable terrasse sur le toit, là encore.

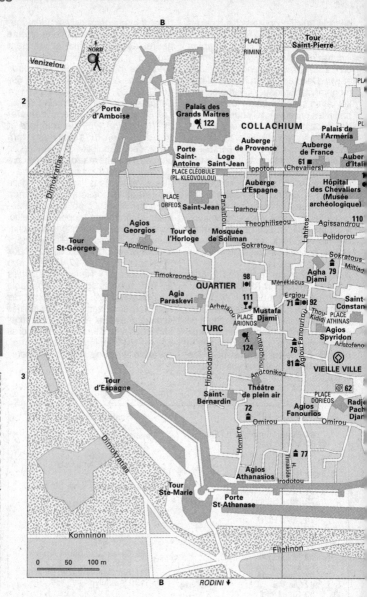

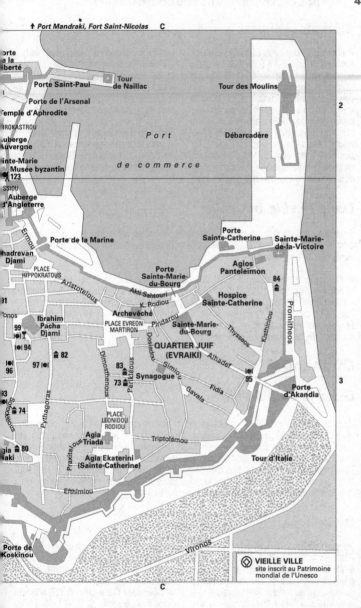

↑ *Port Mandraki, Fort Saint-Nicolas*  C

Porte
de la
liberté

Porte Saint-Paul

Tour
de Naillac

Tour des Moulins

Porte de l'Arsenal

Temple d'Aphrodite

Débarcadère

IROKASTROU

Auberge
Auvergne

Port

inte-Marie
Musée byzantin
123

de commerce

SSIOU

Auberge
d'Angleterre

Ermou

Porte de la Marine

Porte
Sainte-Catherine

Sainte-Marie-
de-la-Victoire

hadrevan
Djami

PLACE
HIPPOKRATOUS

Porte
Sainte-Marie-
du-Bourg

Agios
Panteleimon

84

Aristotelous

Akti Sahtouri

Hospice
Sainte-Catherine

K. Rodiou

Kisthiniou

Promitheos

Archevéché

Pindarou

onos

Ibrahim
Pacha
Djami

PLACE EVREON
MARTIRON

Sainte-Marie-
du-Bourg

99

Dosiadou

Thysseos

94

QUARTIER JUIF
(EVRAIKI)

Alhadef

82

97

Dimosthenous

Perikleous

83

73

Synagogue

Simiou

Gavala

Fidia

95

Porte
d'Akandia

74

Pythagoras

PLACE
LEONIDOU
RODIOU

Triptolémou

Praxitelous

gia
aki

80

Agia
Triada

Agia Ekaterini
(Sainte-Catherine)

Triptolémou

Tour d'Italie

Efthimiou

Porte de
Koskinou

Vironos

C

◎ VIEILLE VILLE
site inscrit au Patrimoine
mondial de l'Unesco

RHODES ET HALKI (ÎLES DU DODÉCANÈSE)

2

3

## RHODES – LA VIEILLE VILLE (PLAN II)

## Bien plus chic

🛏 *Cava d'Oro* (plan II, C3, **84**) : 15, odos Kisthiniou. ☎ 22-41-03-69-80. ● cava doro.com ● Compter 60-140 € selon saison. À proximité du port, dans l'un des quartiers les plus calmes de la vieille ville, un adorable petit hôtel où la vieille pierre domine. Chambres élégantes à la déco raffinée, certaines avec un lit à baldaquin. Beaucoup de confort (clim', TV, petit déj copieux...). Idéal pour une escapade en amoureux. Propose aussi des studios dans une rue perpendiculaire (voir *Casa de la Sera*, plus haut).

🛏 *Paris Hotel* (plan II, C3, **81**) : 88, odos Agiou Fanouriou. ☎ 22-41-02-63-56. ● paris-hotel-rhodes.gr ● Avr-oct. Une vingtaine de chambres récentes, propres et spacieuses 65-80 € avec petit déj ; 2 studios plus chers. Dans une demeure d'époque, chambres avec AC et petit frigo, disposées autour d'un jardin fleuri qui fait snack. Belle collection de bonsaïs et arbres taillés en taupière.

## Dans la ville nouvelle

En dehors des complexes hôteliers hyper touristiques, sans charme, certains hôtels offrent un bon rapport qualité-prix. Les voitures, les boîtes de nuit et les bars la rendent très bruyante.

🛏 *Hermès Hotel* (plan I, B2, **10**) : 5, odos N. Plastira. ☎ 22-41-02-76-77. ● hermesht@otenet.gr ● En dehors de l'agitation du centre. Compter 50-80 € pour 2 pers, avec sdb, AC et TV. À 100 m du port de Mandraki, et surtout dans une rue piétonne, donc pratique si l'on ne veut pas perdre trop de temps à chercher une chambre pour une nuit de passage. Fonctionnel mais confortable et bien entretenu. Accueil plutôt sympa.

## Où manger ?

## Dans la vieille ville

Beaucoup de propositions, mais bien peu d'établissements tiennent la route... Il y a quand même quelques bonnes tavernes excentrées, que l'on reconnaît pour être fréquentées par les Grecs, et aussi quelques restos tenus par des étrangers qui tirent leur épingle du jeu. Les restos non touristiques sont souvent fermés le midi. Pour manger sur le pouce, pas mal de *gyros*, par exemple au début d'odos Evripidou, qui prend sur la place Hippokratous *(plan II, C3)*. Dans notre sélection, nous avons écarté les restos où sévissent les rabatteurs.

### De bon marché à prix moyens

|●| *Yiannis* (plan II, C3, **91**) : 41, odos Platonos. ☎ 22-41-03-65-35. Plats 8-12 €. Une bonne taverne avec des plats copieux à prix très raisonnables. La terrasse au fond du restaurant a une jolie vue sur des ruines à ciel ouvert. Accueil sympathique du patron.

|●| *Despina's* (plan II, C3, **92**) : 41, odos Agiou Fanouriou. ☎ 22-41-07-45-40. Plats 2,20-6,50 €. Quelques tables dans une ruelle étroite pour un repas sur le pouce servi par une petite dame adorable. Tout est fait maison et on se régale de *souvlakia*, de *gyros* et du « meilleur *tzatziki* de Rhodes » (certifié par un diplôme à l'entrée).

|●| *Mandala Café* (plan II, C3, **93**) : 38, odos Sofokléous. ☎ 22-41-03-81-19. Midi et soir le w-e, à partir de 18h marven. Plats env 10 €. Dans une agréable cour fleurie et colorée, à la déco très latino, on vient autant pour déguster un cocktail les soirs de musique live que pour une copieuse assiette du jour

(choix à l'ardoise). Tenu par des Suédoises, mère et fille, qui sauront, le cas échéant, vous expliquer les origines tibétaines du mandala.

## Prix moyens

**|●| *Laganis*** (plan II, C3, 95) : 16, odos Alhadef. ☎ 22-41-03-55-71. Repas env 15 €. Au pied de la porte d'Akandia, l'une des dernières tavernes traditionnelles, agrémentée de fresques murales en relief. Un lieu apaisant, à l'écart du tumulte touristique de la vieille ville où l'on vient se régaler des classiques de la cuisine grecque servis copieusement et avec le sourire. Mention spéciale pour l'assiette de 4 viandes et le calamar farci ! Une adresse très courue des Grecs depuis de nombreuses années et on comprend pourquoi.

**|●| *Sea Star*** (plan II, C3, 96) : 24, odos Sofokléous. ☎ 22-41-02-21-17. Compter env 10-15 €. Sympathique resto en terrasse tenu par Dimitris qui cuit lui-même son poisson et son poulpe au barbecue devant vous. Laissez-vous guider par ses conseils selon l'arrivage du jour. Les prix au poids sont très raisonnables. Le *baby calamar* grillé est un régal !

**|●| *Kostas*** (plan II, C3, 97) : 62, odos Pythagoras. ☎ 22-41-02-62-17. Plats 9-16 €. Malgré l'absence de terrasse, on aime beaucoup ce petit resto familial bien connu des locaux. Il faut voir Kostas en cuisine ! Seul aux fourneaux, ce sosie de *Geppetto* cuisine à la demande, et certains soirs l'attente peut être un peu longue. Mais à l'arrivée, une cuisine goûteuse et convaincante.

## Plus chic

**|●| *Romios*** (plan II, C3, 94) : 15, odos Sofokléous. ☎ 22-41-02-55-49. Midi et soir en saison. Compter env 20 €. En salle ou sur une charmante placette sous de grands arbres, vaste choix à la carte de plats raffinés, d'inspiration gastronomique, au dressage parfait. Poulpe à l'orange à se damner, plats grecs qu'on voit rarement proposés (*bouyourdi*, *keftédès* au boulgour) ou plats plus courants (agneau *kleftiko*)... Un resto exceptionnel où l'on aura plaisir à revenir plusieurs fois. Belle carte des vins, desserts superbes, service impeccable... Incontestablement l'une des meilleures tables de la ville au rapport qualité-prix imbattable. Vous l'aurez compris, ce *Romios* est notre coup de cœur !

**|●| *Ta Kioupia*** (plan II, B3, 98) : 22, odos Ménéklaous. ☎ 22-41-03-01-92. Le soir slt. Compter env 20-25 €. CB refusées. Un resto gastronomique maintes fois récompensée à deux pas de la place Arianos. On évitera de se couper la faim avec le grand choix de *mezze* proposé sur un plateau roulant car les plats sont copieux ! Une cuisine inventive, surprenante et fine. Essayez de garder une place pour les somptueux desserts servis en petites verrines. Service impeccable et sans chichis où l'on est (bien) conseillé selon son budget. Vin excellent, même en pichet.

**|●| *Nektar & Ambrosia*** (plan II, C3, 99) : 9, odos Sofokléous. ☎ 22-41-03-03-63. Avr-nov. Tlj sf dim, le soir slt. Compter min 20-25 €. Quelques petites tables sur la rue, salle pas bien grande non plus d'où l'on voit la cuisine ouverte, bien plus grande, elle ! Dans l'assiette, plats témoignant d'une réelle recherche (notamment pour ce qui est des légumes, parents pauvres, bien souvent, de la cuisine grecque) et d'un mélange bienvenu d'influences diverses. Beau choix de vins, mais vraiment pas donnés... Une très bonne adresse, là aussi.

## Dans la ville nouvelle

C'est pire que dans la vieille ville, du moins dans tout le périmètre de la pointe nord de la ville. Les restos s'enchaînent le long des rues. Décors de néons blafards et de photos de *souvlakia* caoutchouteux expliqués en dix langues. Idéal pour s'initier au finlandais, par exemple. Si vous prenez le risque de vous y aventurer et que c'est mangeable, préférez aller dans une rue piétonne sinon ce sont les pots d'échappement qui auront raison de vous... On vous propose tout de même une adresse hors vieille ville, mais dans un quartier situé à l'opposé (voir ci-dessous). Le nouveau marché réserve également de bonnes surprises.

I●I Pour les fauchés et les amateurs de *pitès*, le ***nouveau marché*** est un paradis *(plan I, B2)*. L'ambiance y est sympa, bien que très touristique. Goûter un *ouzo* avec quelques *mezze* dans l'une des tavernes. Choisir celle où il y a le plus de vieux... *Agora* n'est pas mal et les Français y sont bien accueillis (☎ 22-41-02-22-73 ; plateau de *mezze* 3,50-7,50 €). Beaucoup d'échoppes à *gyros* un peu plus haut, odos Sof. Venizelou *(plan I, B2)*. La meilleure adresse est ***To Stéki*** *(pita 2 €, assiette de gyros 6 €)*, à l'extérieur de l'enceinte du marché (la contourner jusqu'à l'arrêt de bus).

I●I ***Indigo*** *(plan I, B2, 20)* : 105, New Market. ☎ 69-72-66-31-00. Tlj sf dim, service jusqu'à minuit. Plats 6-14 €.

Excellente surprise que ce resto de qualité proposant une cuisine soignée et originale. Essayez la surprenante côte de porc farcie. Patron charmant à l'allure d'artiste. Dessert joliment préparé... souvent offert ! Agréable terrasse aux teintes colorées, variation autour de l'indigo.

I●I ***To Steno*** *(hors plan I par B3, 21)* : 29, odos Anagyron. ☎ 22-41-03-59-14. Tte l'année. Plats 5-9 €. À une distance encore raisonnable de la vieille ville (500 m), une petite adresse de quartier vite pleine. Grecs et touristes étrangers s'y côtoient dans un petit patio fleuri. Pas de gastronomie, une cuisine simple, bonne et un service rapide. Patron affable.

## Où déguster une glace ?

♥ ***Medieval Gelateria*** *(plan II, C3, 110)* : à l'angle d'odos Apellou et d'Agissandrou. Un bon choix de parfums. Fait aussi des sandwichs à composer. Quelques sièges pour s'asseoir.

## Où boire un verre ? Où sortir ?

On trouve de nombreux bars, dans la nouvelle ville, mais aussi dans l'ancienne. Beaucoup disposent de petites pistes de danse à l'intérieur. La *Bar Street,* odos Orfanidou *(plan I, A1-2)*, avec ses verres pour presque rien, est l'endroit préféré des touristes. Dans la vieille ville, les ruelles autour de l'odos Miltiadou *(plan II, C3)* sont aussi très prisées et offrent en plus de nombreux coussins où s'asseoir pour boire un verre entre amis. Enfin, moins bruyants mais plus branchés, les bars cosy de la place Arianos méritent un détour pour un verre chic, tout comme ceux des nouveaux Thermes à la porte d'Amboise *(plan I, B2)*, avec ses jeux d'eau illuminés.

♚♪ ***Bar Café Baduz*** *(plan II, B3, 111)* : 30-32, odos Ménékléous. Un café au service féminin très agréable, face aux anciens bains turcs. Spécialités de thés glacés et de chocolats, mais le frappé est parfait aussi. Nombreux cocktails également. Plusieurs soirs par semaine en saison, de la musique live. Son voisin, le très flashy ***Delxines***, réserve aussi de bonnes surprises certains soirs.

♚♪ ***L'Aperitivo*** *(plan II, C3, 112)* : 41, odos Apellou. Sympathique cocktailsbar avec une belle programmation de musique live le mercredi et le dimanche. Excellent accueil. Bien pour commencer la soirée avant de passer dans les rues de la soif *Miltiadou* et *Evripidou* pour une ambiance des plus festive.

♚ ***Galea Café Bar*** et ***Arabic Café*** *(plan II, C3, 99)* : 10, odos Sofokléous. Le soir slt. Après un bon repas dans l'un des bons restos de cette rue, pourquoi ne pas s'offrir un verre sur une terrasse

*encoussinée* accompagné d'un nar-guilé aux saveurs orientales ? Ambiance *coool* !
– Enfin, on pourra aussi aller boire un verre à toute heure à la *Minos Pension*

*(voir « Où dormir ? »)*, et profiter de la plus belle terrasse de la ville ou au *Mandala Café (voir « Où manger ? »)*, les soirs de *music live*.

## Les boîtes

♪ *Blue Lagoon (plan I, B2, 31)* : 25, odos 25-Martiou ; près de la poste. Greek Music live *le soir à partir de 21h, puis night-club jusqu'à 2h*. Un bateau de pirate dans une piscine, de faux cocotiers, des serveurs déguisés en Jack Sparrow : c'est l'équipage du film *Pirates des Caraïbes* qui s'organise une petite teuf. Et à minuit, tout le monde à l'eau ! Vaut surtout pour sa déco.
♪ *Colorado (plan I, A1, 30)* : 57, odos Orfanidou (Bar Street). Entrée 8 €. 3 clubs en 1, pour tous publics. Un groupe chaque soir dans la 1re salle,

disco club dans la seconde et, au 2e étage, le *Heaven Bar*, avec vue sur mer. Pour celles et ceux qui veulent s'exhiber et danser sur un bar, accrochés à la barre, *Le Pacha*, à côté, vaut son pesant de cacahuètes !
♪ *Paradiso* : *à la périphérie de la ville, vers Sgourou (5 € en taxi)*. Une grosse boîte avec de la house, de la variété internationale et grecque, le tout dans un joli décor tropical avec un bassin. Pour côtoyer toute l'Europe du Nord en vacances...

# À voir

## *Dans la vieille ville*

⊙ Assez étendu et bien préservé, cette cité abritée par de puissants remparts vous plongera dans une ambiance médiévale. De nombreuses rues sont encore pavées de têtes de chat, comme autrefois. Les rues principales sont souvent enlaidies par les magasins et restaurants, mais il suffit de s'écarter un peu pour trouver de nombreuses rues calmes. C'est vraiment à voir, même en coup de vent. Balade très agréable de 14h à 17h, lorsque les touristes sont à la plage et que les commerçants font la sieste : les ruelles étroites protègent suffisamment de la chaleur, et l'on a l'impression d'avoir la ville pour soi.
– *Pour les étudiants* : pour la plupart, les musées, monuments et sites sont gratuits sur présentation de la carte d'étudiant.

🎎 *Le Musée archéologique (hôpital des chevaliers de Saint-Jean ; plan II, C2-3, 121)* : *imposant bâtiment sur la pl. Moussiou*. ☎ 22-41-36-52-56. *Lun 13h30-19h40, mar-dim 8h-19h40. Entrée : 6 € ; réducs*.
En 1522, les malades quittèrent cet hôpital, à l'architecture gothique, pour aider les 650 chevaliers, les 200 marins génois et les 6 000 habitants de l'île à combattre l'invasion du sultan Soliman Ier. Le sultan disposait d'une armée de 100 000 hommes ! Le pape eut beau exhorter les princes chrétiens à aller au secours des assiégés, ceux-ci n'en firent rien. Rhodes fut perdue au bout de six mois de siège. Les Turcs transformèrent les églises catholiques en mosquées. D'ailleurs, quelques minarets encore debout confirment que Rhodes est bien à la porte de l'Orient, et du port on aperçoit clairement la côte turque.
En haut de l'escalier sur la gauche s'ouvre la grande salle des malades ; pour éviter la contagion, les lits étaient isolés dans des alvéoles particulières, encore visibles aujourd'hui. Ensuite le réfectoire, puis les cuisines. La salle suivante contient le chef-d'œuvre du musée : l'*Aphrodite de Rhodes*. La déesse, un genou à terre, relève sa chevelure de ses mains. Au fond de la cour, salle d'exposition avec une très belle mosaïque. Avec le même billet, on peut voir également la collection de grandes jarres *(pithoi)*, dans une salle en face.

🏃 *Le palais des Grands Maîtres ou des Chevaliers* (plan II, B2, **122**) : pl. Kléovoulou. ☎ 22-41-36-52-70. Lun 13h30-19h40, mar-dim 8h-19h40. Entrée : 6 € ; réducs. Construite au XIVᵉ s, cette demeure des Grands Maîtres est devenue une forteresse. Elle fut presque entièrement reconstruite par les Italiens lors de l'occupation, pour servir de résidence à Mussolini. Les travaux furent gigantesques, et le résultat controversé. Il faut aimer le style monumental. Pas de chance pour les Italiens, la restauration s'acheva en 1940, l'Italie était déjà en guerre : Mussolini et ses copains n'en ont pas profité long-

> ### DES CHEVALIERS PAS TOUJOURS TRÈS HOSPITALIERS
>
> *De 1310 à 1523, l'ordre de Saint-Jean-de-Jérusalem a été basé à Rhodes. Créé pour venir en aide aux chrétiens d'Orient pendant les croisades, par l'établissement d'hôpitaux, mais aussi pour lutter par des moyens militaires contre les « infidèles », cet ordre est devenu une sorte d'État dans l'État, plus puissant que l'Empire byzantin finissant. Les chevaliers ont même pratiqué la piraterie au nom de Dieu, allant parfois jusqu'à attaquer d'autres bateaux chrétiens !*

temps. Les mosaïques, amenées par leurs soins de Kos et qui ornent la plupart des salles, sont magnifiques. Quelques sculptures, du mobilier massif et une salle de costumes du XVIᵉ s. Bel espace muséographique dans la cour avec une intéressante collection archéologique, de belles miniatures et poteries.

🏃 *Les remparts :* mar et sam 8h-12h. Entrée, à partir du palais des Chevaliers : 2 €. La visite est un peu chère et se termine à la porte Athanasios. On préférera faire le tour de la vieille ville par *le chemin des douves* aménagé. Au total, 2,3 km de la tour Saint-Pierre, près de la place Rimini jusqu'à la porte d'Akandia (*accès gratuit*). On pourra aussi y accéder par un petit escalier du palais des Chevaliers, de la tour d'Espagne ou de la porte de Koskinou. Une balade agréable, avec quelques espaces de verdure ombragés, pas encore envahis par les touristes. On remarquera beaucoup de boulets en pierre datant de l'attaque de Soliman le Magnifique en 1522.

🏃🏃 *La rue des Chevaliers* (odos Ippoton ; plan II, B-C2) : très jolie rue pavée de galets, qui relie la place Moussiou au palais des Grands Maîtres. Elle est bordée d'« auberges », édifices gothiques servant de résidences aux chevaliers francs. On peut y voir quatre des auberges (une pour chaque langue de l'ordre). L'auberge de France abrite l'agence consulaire française (voir « Adresses utiles ») et une salle d'expos temporaires à l'étage. L'association des Français installés à Rhodes y tient également ses permanences. *En bas, à gauche de cette même rue, au square Angy-rokastrou, vous trouverez le* **musée des Arts décoratifs**. ☎ 22-41-36-52-46. Mar-dim 8h30-14h40. Entrée : 2 €.

🏃 *Le Musée byzantin* (plan II, C2-3, **123**) : Panagia Kastrou, en face du Musée archéologique. Mar-dim 8h-14h40. Entrée : 2 €. Fermé en 2010 pour restauration de la toiture, réouverture prévu courant 2011. Belle exposition d'icônes du Vᵉ au XVIIIᵉ s dans une église médiévale, au son de chants orthodoxes.

🏃 *Les bains turcs* (plan II, B3, **124**) : pl. Arionos. Lun-ven 10h-17h, sam 8h-17h. Entrée : 5 € (massage gratuit pour les femmes, mais pourboire apprécié). Tout bon routard se doit de faire cette expérience ; les bains datent de l'époque de Soliman le Magnifique (XVIᵉ s), mais ils ont été entièrement rénovés. Les hommes et les femmes sont séparés, les premiers n'auront pas droit au massage. Pensez à prendre des sabots pour éviter les mycoses.

🏃🏃 *La rue Sokratous* (plan II, C3) : la rue commerçante de la vieille ville, avec ses bijouteries, ses fourrures et ses cuirs de mauvais goût. En remontant, au n° 76, un vieux café datant du XVIᵉ s avec une très belle devanture et ses joueurs de *tavli*. Un peu après sur la droite, la mosquée de l'Agha, particulièrement harmonieuse (ne se visite pas). Derrière, la **tour de l'Horloge** (« Roloi »), d'une hauteur de 30 m (on pourra y accéder pour 5 € avec une boisson incluse dans le café médiéval à son pied, mais c'est tout de même payer bien cher pour voir la ville derrière de petites fenêtres sales !). En continuant au delà de Sokratous vers l'est, on arrive à la place Evreon Martiron (place des Martyrs juifs), où un monument rappelle le destin de quelque 1 700 juifs déportés en 1944. On peut profiter de la visite du quartier pour passer par l'odos Simiou et jeter un œil à la Synagogue, la plus ancienne de Rhodes, où se trouve un musée *(ouv lun-ven et dim 10h-15h d'avr à oct, entrée gratuite).* ● rhodesjewishmuseum.org ●

## Dans la ville nouvelle

Quasiment rien à voir, sauf le musée d'Art contemporain. C'est uniquement une cité touristique, sans histoire et sans âme.

🕯 **Le cimetière musulman** *(plan I, B1, 50)* : attenant à la mosquée de Murat Reis, sur Giorgiou Papanikolaou. Il est abandonné. Quelques mausolées de vizirs ottomans donnent au cimetière une ambiance bizarre. Lawrence Durrell a vécu 2 ans juste à côté (villa Cléobolos).

🕯🕯🕯 **Le musée d'Art contemporain grec** *(plan I, B1, 51)* : dans la villa Nestoridis, pl. Haritou. ☎ 22-41-04-37-80. Lun-ven 9h-14h. Entrée : 3 € (inclus l'entrée dans les 2 annexes de la vieille ville). Dans une magnifique demeure (le palais Nestoridis, sur trois étages et 1 500 m$^2$ (mais on ne voit qu'un tiers de l'imposante collection Ioannou, riche de 1 000 œuvres). Il présente de nombreuses œuvres des artistes grecs majeurs du XX$^e$ s (Yannis Gaïtis, Yannis Tsarouchis, K. Maléas...). Les peintures et sculptures sont inspirées des courants majeurs de l'art à cette époque : expressionnisme, cubisme, etc. Le musée d'Art contemporain a deux annexes dans la vieille ville (mêmes horaires). Le **centre d'Art contemporain** *(179, odos Sokratous ;* ☎ *22-41-03-66-46),* propose des expos temporaires dans deux petites salles. On peut en profiter pour visiter l'église des Saints-Apôtres, à côté. La seconde annexe, bien plus vaste, est à l'étage du 2, place Symis *(plan II, C3 ;* ☎ *22-41-02-37-66),* dans un bâtiment historique devenu trop petit, ce qui a nécessité l'acquisition du palais Nestoridis.

🕯 **Les plages :** sur la côte ouest, ce sont des plages de gravier, très fréquentées. À l'est, plages de sable, moins peuplées. Douches gratuites partout.

🕯 **Le mont Smith** *(plan I, A3)* : à 3 km de la vieille ville. Entrée libre. Ce mont doit son nom à l'amiral Smith (mais localement on le connaît aussi sous le nom de mont Agiou Stéfanou). C'est de ce site, au panorama superbe, que celui-ci observait les bâtiments de la flotte ennemie. On peut y voir de nombreux vestiges archéologiques : les ruines du temple d'Apollon, un théâtre restauré et un stade assez bien conservé. C'est là que se trouvait l'acropole de la ville de Rhodes.

🕯 **Les marchés :** de nombreux marchés à l'ambiance typique et sympathique. Le jeudi matin dans la rue du Stade, et les mercredi et samedi près du cimetière. Se renseigner auprès de l'office de tourisme.

# À faire

– **Plongée sous-marine :** contacter, mai-oct, le Rhodos Diving Center, *au port de Mandraki.* ☎ *et fax : 22-41-02-02-07.* 📱 *69-44-73-57-36.* ● *rodosdiving.com* ● S'inscrire la veille et rdv à 10h le lendemain au bateau. Plonger en Grèce est agréable pour les débutants et ceux qui veulent prendre des cours.

RHODES ET HALKI (ÎLES DU DODÉCANÈSE)

# Manifestations

– Beaucoup d'***événements culturels*** pendant la saison touristique. Bien sûr, quelques concerts de musique classique, car le lieu s'y prête bien, mais aussi des concerts de rock, des expositions de peinture, des projections de films en plein air et des pièces de théâtre. Également 2 cinémas multiplex (films en v.o.). Se renseigner à l'office du tourisme et consulter le magazine gratuit de la ville, qui est en anglais.

## LA CÔTE EST DE L'ÎLE DE RHODES

🍖 ***Les thermes de Kallithéa*** : à 9 km au sud de Rhodes, sur la côte est. En saison, tlj 8h-20h. ☎ 22-41-06-56-91. ● kallitheasprings.gr ● Entrée : 3 € ; réducs ; gratuit moins de 12 ans (20h-minuit, accès gratuit à la terrasse-bar). Construits en 1929 par les Italiens, abandonnés pendant de nombreuses années, ils viennent d'être totalement restaurés. Pas vraiment d'eau dans ces thermes (à part quelques fontaines, les bassins sont vides !), mais une sorte de palais hollywoodien, érigé pour les caprices d'une star des années 1930. Assez fou, dans le plus pur style rétro. Dans la vaste rotonde centrale, exposition de photos de films tournés dans l'île. En contrebas, crique toute mignonne, mais recouverte de transats d'un bar chic. Douches sur la plage de sable plus à droite. Dommage que les bateaux d'excursion se donnent le mot pour y déverser leurs groupes.

🏖 Des *Thermes* à la plage de Faliraki, un chemin goudronné, parallèle à la route, donne accès à 4 plages superbes (d'accès gratuit, celles-là) dans des criques : ***Jordan Beach***, ***Oasis Beach***, ***Tassos Beach*** et notre préférée ***Nicolas Beach***. Sur les rochers, des transats (bien sûr !), mais un cadre superbe qui mérite une petite trempette en fin d'après-midi après une journée dans la vieille ville *(accès en 20 mn par bus, tlj 7h-minuit)*.

## *FALIRAKI* (ΦΑΛΙΡΑΚΙ ; 85100)

🏖 Grande plage et station balnéaire rempli par les tour-opérateurs. Au sud du petit port, une plage plus familiale et moins bétonnée. Plus loin, sur la pointe, une plage naturiste accessible par un chemin ou par la route. Plus au sud encore, au cap Ladiko, deux belles criques aménagées dont la plage Anthony Quinn. Camping sauvage interdit dans la pinède.

# Où dormir ? Où manger ?

🏨 |●| ***Hotel Victoria House*** : dernier hôtel de la plage, après le petit port. ☎ 22-41-08-57-19. Mai-oct. Compter 33-43 €, petit déj inclus. Petit hôtel familial tranquille en bord de plage. Chambres correctes et bien tenues avec douche. Certaines ont une jolie vue. Fait aussi *taverna*. À côté, 2 bars avec piscine bien sympas.

🏨 |●| ***Ladiko Hotel*** : dominant la baie du même nom, sur le chemin de la plage Anthony Quinn. ☎ 22-41-08-55-36. ● hotelladiko.com ● De mi-avr à sept. Studios 60-90 €, résa conseillée. Surplombant une adorable crique, un hôtel un brin chic proposant des studios impeccables et confortables dans un jardin fleuri et boisé. Resto sympa et minimarket sur place. Attire principalement des Allemands qui reviennent chaque année. Arrêt de bus juste en face.

# À faire

🚶 🚶‍♂️ **Water Park :** face à la plage principale. ☎ 22-41-08-44-03. ● water-park.gr ● Juin-août, tlj 9h30-19h (18h en mai, sept et oct). Adulte 20 € ; 15 € pour les moins de 12 ans, gratuit moins de 3 ans. Navettes gratuites depuis Rhodes et Lindos. Un parc aquatique géant avec de nombreuses attractions (une douzaine de toboggans de tous niveaux, piscine à vagues, bateau de pirates...). Buvettes et snacks sur place.

## AFANDOU (ΑΦΑΝΤΟΥ ; 85103)

Village sans particularité, à une vingtaine de kilomètres de Rhodes, sur la route de Lindos.

⌓ Grande plage agréable en face du golf, longée par une petite route. Un peu plus loin, plage plus grande encore avec quelques transats à louer.

🚶 À 5 km au sud, en direction de Lindos, une route partant à droite mène à **Efta-Pighès** (Les Sept Sources). Site touristique, mais néanmoins agréable par sa fraîcheur et sa végétation. De jolies balades dans les pinèdes des environs (ne pas y aller en sandales, ça monte !). Petit lac (malheureusement presque à sec ces derniers temps) que l'on atteint par un sentier ou, les pieds dans l'eau, par un tunnel de 186 m (claustrophobes, s'abstenir) qui part des sources. Prévoir une lampe-torche. Taverne ombragée en bordure de rivière, mais on y vient plus pour le cadre enchanteur que pour le contenu de l'assiette que viennent picorer les oiseaux. Un python et un boa constrictor dans l'aquarium de la boutique-souvenirs.

🚶 Avant d'arriver à Archangélos, sur la gauche, ne pas hésiter à monter à la chapelle de **Kyra Panagia Tsambika** (ne pas confondre avec le monastère de Tsambika, 2 km plus au sud, à droite). Bonne grimpette d'environ 300 marches à partir du parking du resto. Effort largement récompensé par un panorama unique sur la côte.

⌓ En contrebas, la plage de sable fin de **Tsambika** n'est plus la plus belle de Rhodes comme elle est annoncée. Certes, il n'y a aucune construction, mais elle est couverte de cantinas et de parasols. Un bus au départ de Rhodes va directement à la plage le matin et ramène sa cargaison de bronzés dans l'après-midi.

## ARCHANGÉLOS (ΑΡΧΑΓΓΕΛΟΣ ; 85102)

Grosse bourgade très active et peu touristique, dominée par les ruines d'un château édifié par les chevaliers de Rhodes. On peut y voir des yayadès (grands-mères) grecques au travail.

⌓ La plage la plus proche est celle de **Stegna** à 4,5 km. On l'atteint par une route en lacet assez dangereuse mais superbe. Deux belles plages de part et d'autre d'un petit port de plaisance avec ses petits bateaux et ses maisons colorées.
De Stegna, une piste part de l'extrémité sud, près du motel, et permet de gagner (à pied seulement) la plage d'Agia Agathi, puis Haraki. Suivre la piste principale et éviter de descendre vers les criques, décevantes. Compter 1h30. Partir tôt, car il n'y a pas d'ombre.

# Où dormir ? Où manger ?

🛏 **Hotel Tsambika Sun :** 35, odos Sérafi. ☎ 22-44-02-25-68. ● tsambika | sun.gr ● À 500 m du centre d'Archangélos, en direction de Lindos, sur la gauche du dernier minimarket (au bout d'un chemin). Env 35 € pour 2 pers, petit déj compris. Internet et wifi. Excentré, donc au calme. Chambres (doubles, triples ou quadruples) tout confort, dans des maisons blanches qui entourent la piscine. Toutes avec terrasse ou balcon et vue sur la montagne. Xetrichis, le patron, parle le français. Excellent accueil. Navette pour la plage de Tsambika.

🏠 *Anastasia Studios :* face à la plage de Stegna, au sud du petit port. ☎ 22-44-02-37-10. • anastasiastudios.gr • Doubles 30-38 €. Studios tout neufs, avec salle de bains, AC, cuisine, balcon et barbecue sur la terrasse commune.

Impeccable, pas cher et bon accueil.

🍴 *Taverna Tassos :* face à la plage de Stegna, juste après le port. ☎ 22-44-02-29-35. Compter moins de 10 € pour un repas. Petit resto en terrasse, fréquenté par les locaux. *Greek salade*, poulpe, poisson grillé... un bon classique et une jolie vue.

🍴 *Restaurant Mavrios :* prendre la route principale qui traverse le centre du bourg, c'est dans une rue à gauche en sens interdit. ☎ 22-44-02-24-65. Compter 9 € pour une salade et un plat. Cuisine correcte et ambiance de village. Les vieux tapent le carton en fin d'après-midi autour d'un *ouzo*. Grande terrasse ombragée.

# HARAKI *(XAPAKI)*

Ancien village de pêcheurs entre Archangélos et Lindos, au pied d'une forteresse en ruine. Jolie baie bordée de petits immeubles (un étage seulement) séparés de la plage par une promenade calme sans voitures ni motos. Nombreux studios à louer : on se demande bien où est passé le vieux port de pêche !

➤ On peut s'y faire déposer par un caïque d'excursion qui vient du port de Mandraki (Rhodes) ou par le bus qui va de Rhodes à Lindos (2 bus/j.).

⌒ Sur la gauche avant le village, un petit chemin conduit à la belle *plage* de sable d'*Agia Agathi*, propre et calme. Fréquentée le jour (transats et *cantinas,* encore !), elle est déserte la nuit (on pourra y dormir discrètement). À droite, une grande baie tranquille.

⌒ Au sud d'Haraki : une immense plage de galets s'étend jusqu'à Vlicha. Elle est accessible par quelques chemins qui partent de la grande route de Lindos et passent à travers les champs.

# À faire

➤ On peut faire une minicroisière de 3h sur un petit bateau à moteur pour gagner de sympathiques criques ou rejoindre Lindos. Demander *Captain Georges* au port : ☎ 69-38-10-16-43.

# LINDOS *(ΛΙΝΔΟΣ ; 85107)*

À 55 km de Rhodes, un site exceptionnel. Ce village tout blanc est abrité de la mer et dominé par l'acropole, sanctuaire d'Athéna Lyndia, qui occupe le plateau de l'énorme rocher-château, fortifié par les Chevaliers. Encadré au nord par une magnifique baie et au sud par la ravissante crique où débarqua saint Paul. Pas de voitures, pas de grands hôtels (il y en a bien, mais ils sont à quelques kilomètres), seulement les ânes, qui peuvent vous porter sur leur dos jusqu'au pied du château et... beaucoup de monde en été. L'architecture de ce village est très proche de celle de Chora, sur l'île de Patmos, avec les bars et les boutiques en plus. De nombreux artistes ont fait l'acquisition d'une maison dans la ville.

# Renseignements pratiques

➢ On peut y arriver en bus (1h depuis Rhodes ; 6h15-21h15), en été, ou par bateau d'excursion (renseignements sur le port de Mandraki). Au total, une quinzaine de bus. Le dernier repart à 19h15 pour Rhodes. D'autres partent vers le sud mais sont moins fréquents.

– Arriver très tôt le matin ou en fin d'après-midi, car le village devient vite infréquentable en été : noir de monde dès 11h et, de plus, il y fait une chaleur atroce. Ceux qui ont les moyens d'y loger retrouveront un peu de calme, après le départ des bus le soir.

– Les rues n'ont pas de noms. Les maisons sont uniquement numérotées en séquences.

– Il est très difficile de se garer : au choix, parking sur la route du haut ou près de la plage. Ensuite, longer la plage et remonter vers le village : les moins sportifs pourront louer un âne. On peut aussi se garer de l'autre côté, par le sud : prendre la route de Pefkos, descendre à gauche en direction de la baie de Saint-Paul et se garer au bout de la route.

# Adresses utiles

🛈 **Bureau d'informations :** situé sur la place centrale, à l'entrée du village. ☎ 22-44-03-12-27. ● lindos.gr ● En principe, tlj 10h-19h. Horaires des bus et plan de la ville.
✉ **Poste :** face au n° 239. Lun-ven

9h30-14h.
◼ Plusieurs **distributeurs de billets** dans le village.
@ **Café Internet Lindia Net :** n° 288. ● lindianet.gr ● Dans le centre. Tlj en saison 9h-21h.

# Où dormir ?

De ravissantes pensions ou chambres chez l'habitant, mais presque toutes réservées par les agences de location. En été, les prix s'alignent tous et sont plus élevés que partout ailleurs sur l'île. Difficile également de louer pour moins de trois nuits. Pour être sûr d'avoir un lit, il est préférable de réserver longtemps à l'avance. La plupart des petites pensions à l'ancienne sont dans le même quartier (facile à trouver en suivant les crottes d'âne, direction acropole), notamment aux n°s 66, 65-67 et 70. D'une maison à l'autre, on s'épie et, si vous demandez chez les uns et les autres, les prix ont toutes les chances de baisser...

🏠 **Pension Electra :** n° 66. ☎ 22-44-03-12-66 (1er avr-31 oct) et 21-20-22-83-26 (hors saison). ● electra-studios. gr ● 1re pension quand on remonte vers le village depuis la plage. Chambres env 35-50 € selon saison, AC en sus. Une dizaine de chambres de différentes tailles, avec salle de bains et terrasse, bien tenues par la sémillante Sophy. Véranda, jardin, salon, cuisine commune et réfrigérateur disponibles pour faire son petit déj... Très agréable.
🏠 **Villa Zinovia :** n° 484. ☎ 22-44-03-

19-73. ● savvingo@otenet.gr ● Au sud du village, accès par le parking dominant la baie Saint-Paul, dans une ruelle piétonne à gauche après le resto Broccolino. Chambres 35-50 € selon saison et confort. Dans un quartier résidentiel calme, à deux pas des rues touristiques, chambres simples, la plupart avec cuisine et salle de bains autour d'une courette ombragée. Belles familiales à l'étage avec balcon offrant une vue sur la baie et l'acropole. Accueil chaleureux de Zinovia, une mamie adorable et francophone.

## Où manger ? Où boire un verre ?

Aucun problème en revanche pour manger. Il y a un grand nombre de restaurants, pas tous excellents malheureusement. Pour manger sur le pouce, *souvlakia* et *gyros* près de la place principale *(To Steki tou Dimitri)*.

### Prix moyens

|●| *Palestra Taverna :* tout au bout de la plage principale. ☎ 22-44-03-14-21. Repas env 10 €. Excellente *taverna* de plage tenue par Rosanna, d'origine italienne. Un lieu convivial et tranquille, à l'écart du flot touristique. Tout y est bon, particulièrement les pâtes aux fruits de mer.

|●| *Restaurant Stefany's :* au niveau du n° 219, à proximité de la poste. ☎ 22-44-03-16-56. Midi et soir. Plats 6,50-12,50 €. Bonne cuisine (goûter l'avocat aux amandes) et la plus belle vue des restos de la ville depuis la dernière terrasse. Très touristique mais bon accueil.

|●| *Maria's Taverna :* près du n° 351 et de l'église. ☎ 22-44-43-13-75. Slt le soir. Propose 4 menus. Plats env 5-8 € et poisson 8-18 €. Pas de terrasse, mais les locaux viennent aussi y dîner. Ne pas confondre avec son voisin *Mario's*.

|♟| Il y a aussi pas mal de *bars* aménagés dans des maisons anciennes, comme le *Captain's House Bar* (à proximité de la poste) : gros murs bien épais gardant la fraîcheur, donc bien agréable pour une halte en pleine journée. Bonne musique et excellentes glaces et yaourts au miel.

### Plus chic

|●| *Restaurant Mavriko's :* sur la place à l'entrée du village. ☎ 22-44-03-12-32. Avr-nov. Plus cher que la moyenne : entrées 6,50-7,50 €, plats de viande ou poisson 10-24 €. Nombreuses spécialités, à base de produits de la mer surtout, mais la viande n'est pas oubliée. Tonnelle bien agréable. Le chef, Dimitri, a été reconnu parmi les 10 meilleurs chefs de Grèce, qu'on se le dise !

## À voir. À faire

🛖🛖🛖 *L'acropole de Lindos :* ☎ 22-44-03-12-58. On y monte facilement à pied par l'intérieur du village ou à dos d'âne (départ devant Emboriki Bank, près de la place : 5 € pour un aller). Au sommet, les vestiges de 2 civilisations se côtoient en parfaite harmonie : l'acropole et le château des Chevaliers. En saison, tlj 8h-19h40 ; hors saison, fermeture à 15h30. Entrée : 6 € ; réducs ; gratuit moins de 18 ans. Prévoir de l'eau, ça grimpe ! Lindos était l'une des trois cités qui ont dominé l'île de l'époque archaïque à l'époque classique. Le tyran « éclairé » Cléobule (VI$^e$ s av. J.-C.), qui gouverna la cité, eut l'insigne honneur d'être retenu parmi les « sept sages » de l'Antiquité. Quand Lindos perdit son rôle politique, on continua à s'y rendre pour vénérer Athéna, dont le sanctuaire monumental date de l'époque hellénistique. On en voit les ruines ainsi que les éléments d'une restauration faite en 1936-1938. Mais, les matériaux du XX$^e$ s ne valant pas ceux de l'Antiquité, on est aujourd'hui obligé de les restaurer à leur tour ! Vue superbe : on aperçoit au loin les imposantes falaises où fut tourné le film *Les Canons de Navarone*.

🛖🛖 *L'église de la Panagia :* dans le centre du village. Elle abrite de très belles fresques du XVIII$^e$ s et est recouverte d'icônes. Superbe !

⌂ Au sud de la ville, la *crique d'Agios Pavlos,* presque fermée, avec une petite chapelle. C'est là que, selon la tradition, saint Paul aurait accosté, après un naufrage. La mer y est très chaude. Beaucoup de monde, mais rien à voir avec la plage du nord. À **Psaltos,** 1,5 km plus au nord, plage tranquille dans une baie encadrée par de belles falaises devant les hôtels *Lindos Memories* et *Mitsis* (s'engager dans l'allée à droite du 2ᵉ hôtel).

## À voir. À faire dans les environs

🎋 *Lardos* (Λαρδος) : bourgade commerçante à 8 km. Plus d'une dizaine de bus tlj 6h15-21h15 (dernier retour à Rhodes à 18h45). Bon point de chute pour sillonner l'île, à condition d'être motorisé. À proximité, une plage agréable avec une taverne, dans une baie calme, sans vague.

🏠 *Studios Spanos :* de la place du village, direction Laerma et, à 150 m du panneau, c'est la 2ᵉ sur la droite. ☎ 22-44-04-43-06. • orchideen-kartierung. de/spanos/studio.html • *Studios* 22-32 € selon saison. CB refusées. Studios très simples et très propres avec balcon et AC (supplément : 7 €). Vassilios est très accueillant, il vous fera sûre-ment déguster un verre de vin blanc local à votre arrivée. Il pourra vous donner de bons tuyaux (en français), il est intarissable sur son île.

🍽 Le resto en terrasse *Roulas,* sur la place centrale du bourg (☎ 22-44-04-43-00), sert une bonne cuisine familiale *(plats de viande 7-18 €).*

⛱ À 1,5 km au sud de la ville, une autre belle plage de sable, avec taverne et paillote, **Glystra Beach** (location de canoës sur place).

➤ *Le monastère d'Ipsénis* (Μονη Υψενης) : à 4 km de Lardos, dans un beau cadre de verdure. Il existe, pour s'y rendre, des bus depuis Rhodes pour Gennadi, via Lardos (6h15-21h15, retour au plus tard à 18h30), mais n'oubliez pas de demander l'arrêt au chauffeur ! Après, il faut faire du stop ou marcher. Cerfs et daims se cachent encore dans la forêt, mais ils ne sont plus très nombreux. À 5 km de Laerma, le **monastère de Thari** (Μονη Θαρρι) et ses belles fresques du XIIᵉ s valent le détour. Au monastère, prendre en direction du « Castle » et suivre la route sur 8 km : arrivée au village d'**Asklipio** (Ασκληπειο), dominé par les ruines d'un château. Aller jeter un coup d'œil à l'*église Kimissis Theotokou,* du XIᵉ s, avec des fresques datant des XIIIᵉ et XIVᵉ s, tout à fait remarquables. Elle vaut le détour. Malheureusement, les incendies de l'été 2008 ont pas mal amoché le coin...

## LE SUD-EST DE L'ÎLE DE RHODES

## *GENNADI* (ΓΕΝΝΑΔΙ ; 85109)

Peu de touristes s'aventurent au sud de Lindos, profitez-en ! Le sud de l'île, qui n'a rien à voir avec l'ambiance de Rhodes-ville, n'est pourtant pas un désert, pas mal d'activités peuvent s'y pratiquer (équitation, rando pédestre, voile, windsurfing). Au printemps (de fin mars à début avril), les amateurs d'orchidées trouveront leur bonheur. On peut s'arrêter 11 km avant Lahania, à **Gennadi** (prononcer « Yennadi »), un village à la fois agricole et touristique, avec une grande plage (gravier) et la dernière station d'essence avant Katavia. C'est la « capitale » des 10 villages du sud de l'île. Nombreuses possibilités d'hébergement. En été, 12 bus/j. depuis Rhodes, 6h15-21h15. De Gennadi, possibilité de gagner la côte ouest (Apolakia). Sur la route, si c'est l'heure, allez casser la croûte chez **Pétrino** ou à la **taverne Pelecanos** à Vati ou encore chez **Adams** à Arnitha (un peu avant l'entrée du village).

## Où dormir ? Où manger ?

**≜ |●| Hotel Panorama :** ☎ 22-44-02-93-09. ● panoramarhodes.com ● En arrivant de Rhodes, tourner à droite après le Laundry Center (bâtiment jaune et bleu, bien visible). 20 mars-6 nov (résa ttte l'année sur le site internet). ½ pens conseillée. Doubles 30-70 € selon saison et vue. Menu 12-22 €. Salon TV satellite. Internet et wifi. Réduc de 5 % sur présentation de ce guide. Hôtel familial tenu par un couple franco-grec, Yves et Éleni. Chambres avec AC (en saison), les plus belles avec un grand balcon donnant sur la mer (une chambre familiale également qui peut accueillir jusqu'à 5 personnes). Également 5 chambres en rez-de-jardin. Ambiance sympathique. Le patron est cuisinier de formation, on ne peut que conseiller de manger au resto de l'hôtel (le soir seulement ; ouvert aux non-résidents, mais sur réservation, la veille), ce qui n'est pas si fréquent : spécialités comme la fricassée de veau, le poulet aux bamiès et de bons desserts également dont les nombreux sorbets (comme celui à l'ouzo) ou la crème brûlée au mastic de Chios. Une bonne adresse et une bonne table.

**|●| Taverne Klimis :** sur la plage en arrivant. ☎ 22-44-04-32-63. Compter env 15 €. La psarotaverna classique de bord de mer avec ses poulpes qui sèchent sur un fil. Au programme : crevettes de Symi, calamars ou plats de poisson. Service gentil, parfois un peu lent, de Yorgos et Dimitra.

## Où manger dans les environs ?

**|●| Mourella :** à Kiotari, sur la plage. ☎ 22-40-04-73-24. Avr-sept, tlj. Compter min 20-25 €. Très joli cadre pour un resto chicos proposant une cuisine méditerranéenne inspirée. Viandes et poissons marinés comptent parmi les spécialités. Excellents cocktails également.

## LAHANIA (ΛΑΧΑΝΙΑ ; 85109)

Ce village caché dans la verdure et les sources se découvre en contrebas de la route principale. Ses ruelles et son architecture méritent le détour. Pas plus de 60 habitants permanents et quelques chambres sommaires chez l'habitant (un petit hôtel était en construction en 2010). Pour s'y rendre, un bus 2 fois par semaine, en principe le mardi et jeudi (il passe par Asklipio et continue sur Katavia). Lahania accueille chaque année artistes peintres, musiciens ou céramistes qui viennent se retrouver dans une atmosphère chaleureuse.

## Où manger ?

**|●| Platanos :** dans la partie basse du village, sur la petite place à côté de l'église. ☎ 22-44-04-60-27. Plats traditionnels de taverne villageoise à prix moyens que l'on choisit en cuisine. Pas mal de monde y vient de Rhodes, le samedi soir ou le dimanche. Placette agréable avec le bruit de l'eau coulant des fontaines.

**|●| Chrissi's Taverna :** sur la grand-route qui traverse le village. ☎ 22-44-07-44-75. Le pope du village est aussi barbier, gardien de chèvres et restaurateur à ses heures ! Il fera la vaisselle pendant que sa femme vous expliquera la recette des dolmadès et autres spécialités. Décor authentique et accueil chaleureux bien qu'un peu trop appuyé, ce qui confine parfois au folklore.

## Où manger dans les environs ?

I●I *To Votsalo : taverne en bord de mer (et de route), en allant sur Plimiri.* ☎ 22-44-04-60-10. *Plats env 8-20 €.* Vue magnifique sur le large dans un joli décor (pelouse toute verte, bar en boi- serie, canapés...). Appréciable surtout pour sa vue car la cuisine est un peu chère et décevante. Prendre des plats simples (pitas, salades...).

## PLIMIRI (ΠΛΗΜΜΥΡΙ ; 85109)

Cadre de gravier, plage sans grand intérêt, déserte, très ventée. Mais on ne man- quera pas d'y venir pour manger à la *Fish Taverna.*

## Où manger ?

I●I *Plimiri Beach Fish Taverna : au bout du chemin, face à la cale et la plage.* ☎ 22-44-04-60-03. *Prix au poids, très raisonnable.* Un vrai coup de cœur pour ce resto de poisson du bout du monde. Pas de carte, on choisit en cuisine, dans la vitrine réfrigérée ou dans le vivier (magnifiques homards). Au barbecue, c'est un délice ! Tout en frais, l'accueil est excellent et il y a peu de monde ; un vrai bonheur !

## À faire

⌂ Juste au sud de la baie de Plimiri, *plage de Capo Negro* moins connue (que cela reste entre nous...). Mais elle n'est pas souvent nettoyée. On peut y accéder à partir de Plimiri en empruntant la première piste à gauche, à environ 500 m après la taverne indiquée plus haut. Cette piste longe la côte vers le sud et dessert quel- ques villas isolées. Ou alors reprendre la route nationale vers Katavia, et suivre jusqu'au bout la route de terre (bordée d'arbres sur les premiers 200 m) qui part sur la gauche, en face de la grande église catholique (en travaux), 2 km avant Katavia. C'est plus long mais plus commode.

## KATAVIA (KATTABIA ; 85109)

Petit village paumé en pleine campagne, avec sa place et ses sept cafés. En prin- cipe, un bus les mardi et jeudi. Si jamais vous tombez en panne sèche dans les environs, M. Stamatis, planteur de pastèques, se fera un plaisir d'ouvrir sa pompe à essence à toute heure (à condition toutefois qu'il soit là !).
I●I Pour manger, dans Katavia même, quatre ou cinq *tavernes* équivalentes autour de la place-carrefour.

## À voir dans les environs

🏃 De Katavia, route pour *Prassonissi* (7 km). Au bout, une petite île qui, au gré des courants et de l'ensablement, s'est parfois transformée en presqu'île.

⌂ Endroit superbe, mais plages pas toujours très propres du fait de déchets appor- tés par la mer, et pas toujours facilement fréquentables par grand vent (pour la joie des véliplanchistes et autres amateurs de glisse, qui viennent de l'Europe entière pour le spot...). Beaucoup de monde en plein mois d'août. Camping théorique ment interdit, mais on y campe quand même. Attention, la plage de Prassonissi peut se révéler dangereuse (forts courants).

⌂ I●I *Tavernes,* douches, quelques *hôtels* et *chambres à louer.*

## LE NORD DE L'ÎLE DE RHODES

🚶🚶 *Le mont Philérimos* (Φιλερημος) : à 5 km d'Ialyssos. 3 bus directs/j., 9h45-14h15, dernier retour à 15h. En saison, tlj 8h-19h40, (lun 13h-19h). De mi-sept à fin oct, tlj 8h-14h40 ; fin oct-fin avr, 8h-15h. Entrée : 3 € ; réducs. Venir tôt pour éviter les bus d'excursion. Le sommet de ce piton rocheux, qu'on appelle aussi l'acropole de Ialyssos, domine tout le nord de l'île. La vue y est superbe. Le site a été occupé dès la période mycénienne et c'est là que s'élevait Ialyssos, une des trois cités qui se partageaient l'île, avant la fondation de la ville de Rhodes. Restent les soubassements d'un temple et une fontaine. Les chevaliers de Saint-Jean ont édifié le monastère Notre-Dame, dont il demeure un cloître, restauré par les Italiens. Un des plus beaux cloîtres médiévaux que l'on connaisse avec ses superbes mosaïques. Derrière la cabane du préposé aux billets, une chapelle souterraine est ornée de fresques du XIVe s. Malheureusement, les visages des saints furent abîmés pendant l'occupation ottomane. Au sommet du mont, il y a un chemin de croix, qui permet d'atteindre la croix géante que l'on peut gravir par un petit escalier. On arrive dans le bras de la croix : vue superbe.

🚶 *The Wine Factory* : Pétaloudès, sur la route de Psinthos, juste avant la ferme aux Autruches. ☎ 22-41-08-20-41. Tlj 9h-20h (17h hors saison). Au milieu des vignes, petite exploitation viticole familiale qui produit environ 20 000 bouteilles par an. Outre la dégustation gratuite des neuf cuvées de rosé, rouge, blanc et retsina, on pourra visiter les entrepôts où se fait la vinification. Si le rouge n'est guère convaincant (mais le fils suit une formation dans le Bordelais pour l'améliorer), le blanc, au cépage *mandilaria* ou *athivi*, est d'un bon rapport qualité-prix. Accueil très sympa d'Anastasia.

🚶🚶 *Ostrich Farm and Park (la ferme aux Autruches)* : Pétaloudès, sur la route de Psinthos et de la vallée des Papillons (fléché). 🖥 69-45-32-71-42. Tte l'année. Tlj 9h-19h30. Adulte 4 €, enfant 2 €. Agréable parc animalier, tenu par une accueillante famille, regroupant quelque 200 autruches ainsi que des lamas, dromadaires, kangourous et animaux de la ferme (biquettes, ânes, moutons, poneys...). Les enfants auront plaisir à nourrir les animaux avec des grains de maïs ou à faire une balade en dromadaire. On apprendra que les autruches pondent environ 100 œufs par an de presque 2 kg chacun, permettant de faire 15 omelettes par unité ! Magasin de vente de coquilles d'œufs et snack sur place pour déguster omelettes et filets d'autruche grillée.

🚶🚶 *La vallée des Papillons* : Pétaloudès, à 25 km au sud-ouest de la capitale. ☎ 22-41-08-18-01. Accessible par une route à gauche après l'aéroport (fléché). En bus, 4 départs/j. 9h30-14h, dernier retour à 15h. Ouv 8h-19h. Entrée : 5 € en été (15 juin-30 sept), 3 € en automne et gratuit en avr. Une espèce de papillons (Euplagia quadripunctaria, pour les connaisseurs) est attirée par la sève d'un arbre assez rare de cette vallée, le *Liquidambar orientalis*, qui produit une résine quand on incise l'écorce. Ces papillons ont su s'adapter aux impératifs du tourisme, car ils ne s'y rassemblent que de mi-juin à mi-septembre. Site agréable et très beau (ruisseau, chutes d'eau), mais trop balisé à notre goût. Le site est divisé en deux parties (conserver son ticket !) ; l'entrée de la partie inférieure est en dessous de la buvette. Jolie balade jusqu'au monastère. Également un petit musée d'animaux naturalisés et des planches de papillons dans la partie basse.

## Où manger dans les environs ?

|●| *To Stolidi tis Psinthou* : à Psinthos, à env 8 km de la vallée des Papillons. ☎ 22-41-05-00-09. Sur la place du village. Compter env 10-12 €. Des 8 restos de la place, un des plus sympathi-ques. On y vient pour ses grillades (pas de poisson). Petits estomacs s'abstenir, les parts sont monstrueuses (même le café frappé est incroyable, servi dans une chope de bière d'une pinte !).

## LA CÔTE NORD-OUEST DE L'ÎLE DE RHODES

### *KALAVARDA* (ΚΑΛΑΒΑΡΔΑ ; 85106)

Passé l'aéroport et les stations balnéaires sans charme de *Paradisi, Soroni* et *Fanès,* (où la mer est très agitée et le paysage côtier gâché par une usine pétrochimique), Kalavarda, à une trentaine de kilomètres de Rhodes-ville, est un village paisible bordé de belles plages pour le surf. Il y a un bus qui dessert Rhodes 10 fois/j. (8 fois le dimanche), ce qui permet de quitter Kalavarda le matin et d'y revenir le soir. Banque et station-service sur place.

## Où dormir ? Où manger ? Où boire un verre ?

🛏 |●| *Pension-restaurant Kochyli :* sur la plage, 1ʳᵉ route à droite en entrant à Kalavarda. ☎ 22-41-04-01-28. ● nikos. georgallis@gmail.com ● Compter 40-45 € pour 2 pers, petit déj compris. Repas 10-15 €. Grande maison bleue avec vaste terrasse ombragée en bord de plage, tenue par une gentille petite dame qui ne parle pas l'anglais. Chambres à l'étage, simples mais très propres. Location et cours de catamaran et de kitesurf sur place. Fréquenté surtout par des sportifs attirés par les bonnes vagues de cette côte ouest.

🛏 |●| *Pension Krito :* à 4 km après Kalavarda, sur la route de Kamiros, en face du resto Akrogiali. ☎ 22-41-04-00-92. Grandes chambres avec sdb 38 € pour 2 pers, petit déj compris ; tarif négociable si l'on reste plusieurs nuits. Repas 8-10 € avec légumes et fruits du jardin, vin inclus. Maison sympa à 150 m de la mer, avec un grand jardin et ses poules, tenue par Katerina Papavassiliou. On peut y dîner sous une calme tonnelle.

Joli four à pain dans le jardin. On s'y sent comme chez soi.

🛏 |●| *Hôtel-restaurant Vouras :* à l'angle des routes d'Embonas et Kamiros. ☎ 22-41-04-00-03. ● vouras.de ● Tte l'année. Chambres 33-36 € sans petit déj, apparts 3-5 pers 40-50 €. Repas 15 €. CB refusées. Loc de vélos pour les résidents. Quelques tables avec des nappes à carreaux sous une tonnelle ombragée. La famille Papamichail est accueillante et vous met à l'aise. Ils sont vignerons et ne servent que des produits frais provenant de leur ferme. Fruits, légumes et vin au tonneau. Ce resto fait aussi pension proposant des chambres simples mais bien tenues. Certaines ont un coin cuisine et un balcon. Les couples avec enfants pourront loger dans une maison indépendante, en surplomb. Une bonne adresse familiale, hélas en bord de route.

🍸 Prendre l'*ouzo* dans l'un des *cafés* de la place du village, qui s'animent un peu le soir.

## À voir. À faire

🏊 Pour se baigner, prendre le chemin goudronné à gauche, à 200 m en sortant du village sur la route de Rhodes. Plage aménagée et ombragée, appréciée des surfeurs.

🚶 *Ancient Kamiros :* à 4 km de Kalavarda. Le bus s'arrête à 1 km du site. Après, ça grimpe fort. ☎ 22-41-04-00-37. Tlj 8h-19h40 (14h40 oct-avr). Entrée : 4 € ; réducs. Belle excursion dans l'une des trois premières cités de l'île. Le site permet de voir à quoi pouvait ressembler une cité grecque de la période hellénistique étagée sur une colline : quartiers publics et privés dominés par une petite acropole (temple d'Athéna Kamiras). La cité était très compacte, avec des rues assez étroites et des maisons très proches les unes des autres. Comme toujours ou presque, on peut déplorer le manque d'explication sur place.

## *KAMIROS SKALA* (ΚΑΜΕΙΡΟΣ ΣΚΑΛΑ  ; 85108)

Petit embarcadère pour l'île d'Halki, à 10 milles marins de Rhodes. Plusieurs restos en terrasse.

➤ *De/vers Halki :* 1 bateau d'excursion. 🖀 69-44-43-44-29. *Part à 10h pour un retour vers 19h. Traversée en 30 mn. Compter 12,50 €/pers. Un petit ferry fait également la liaison le w-e et en principe le mer.* 🖀 69-45-74-35-39. *Départ à 9h, retour à 17h. Compter 10 €/pers et 1h de trajet.*

|●| *Juste après Kamiros Skala, prendre dans le virage le chemin sur la droite pour la taverne Johnny's Fish.* ☎ 22-46-03-13-42. Poisson frais. Terrasse au-dessus d'une très jolie petite crique (galets) où l'on peut se baigner. Pour digérer, on pourra pousser le chemin jusqu'au *Kritinia's Castle (kastro de Kamirou),* en ruine qui surplombe la baie. Vue magnifique sur Halki, en face.

## *EMBONAS* (ΕΜΠΩΝΑΣ  ; 85108 ; 1 400 hab.)

Gros village agricole agréable, perdu dans la montagne, au pied du point culminant (1 215 m) de l'île. Pour s'y rendre, 3 bus/j. (2 slt le dim). Beaucoup de vignes. Dans le village, *petit Musée folklorique.* Une route rejoint le sommet en partant à une dizaine de kilomètres d'Embonas vers Siana. Un chemin pour randonneurs en tout genre existe déjà sur la gauche de cette route à la sortie d'Embonas. Émouvant contraste entre l'aridité éblouissante du *mont Ataviros* et la fraîche verdure des pinèdes. Peu de touristes sauf quand les cars amènent leur cargaison pour une petite visite. Pour rejoindre la côte à Kamiros, on passe par Salakos.

■ *Pour les urgences, centre de santé :* ☎ 22-46-04-12-31 ou 13-67.

## Où dormir ? Où manger ?

🏠 |●| *Ataviros Hotel :* à l'entrée du village, quand on arrive du sud-ouest. ☎ 22-46-04-12-35. ● ataviroshotel.gr ● Tte l'année. Chambres spacieuses, propres, avec sdb et kitchenette (40 €), petit déj compris. Apparts pour 4 pers, avec 2 chambres séparées et 2 sdb, 50 €. Accueil agréable et lieu calme. L'hôtel est tenu par Vassilia. Son fils, Kiriakos, n'hésitera pas à vous donner un coup de main si vous avez un problème. Agréables chambres en pierres apparentes face à une toute nouvelle piscine. On peut également y dîner.

|●| Plusieurs tavernes où les papis viennent traîner à l'heure de l'ouzo, dont *Maroulakis* (☎ 22-46-04-12-15.) et *Savvas* (☎ 22-46-04-12-10), dans le bas du village, dans la rue principale où se trouvent tous les restos. Grillades excellentes.

|●| *Taverne Bakis :* dans l'une des ruelles du village haut. ☎ 22-46-04-12-47. Repas env 10 €. Les frères Bakis font leur vin eux-mêmes, la viande est aussi maison puisque la famille Bakis tient la boucherie à côté du resto. Agréable terrasse sous la treille.

## Où dormir dans les environs ?

🏠 *Nymphi Hotel :* à Salakos (85106), au pied du mont Profitis Ilias. ☎ 22-46-02-22-06. ● nymph.gr ● Tte l'année. Mieux vaut y rester au moins 3 j. pour bénéficier des prix intéressants : 60 € la double, avec petit déj (copieux). CB refusées. Internet. Un des plus anciens hôtels de l'île. Seulement 4 chambres, sobres, hautes de plafond, au mobilier soigné. Excellent accueil, un lieu apaisant.

## À voir dans les environs

⚲ À 15 km au nord (prendre à droite au niveau du petit pont, à 9 km d'Embonas), le *mont Prophitis Ilias* et sa station estivale partiellement abandonnée au cœur d'une forêt. On se croirait dans les Alpes. Atmosphère nostalgique des Années folles, un peu dans le style de Kallithéa. Normal, les bâtiments datent aussi de la période mussolinienne. Bel endroit pour les balades.

## PLUS AU SUD

Si l'on ne va pas à Embonas, une possibilité est de continuer vers le sud. La route *Skala Kamirou-Monolithos* est sauvage. Paysages de forêts avec des échappées formidables sur les montagnes et la mer. À *Kritinia,* un peu avant le village, petit musée d'Art traditionnel. On peu consommer au café attenant, installé dans un moulin. Entre Kritinia et Siana, de jolies gorges, à gauche dans un virage. À *Siana,* belles vues sur l'intérieur de l'île, et du miel ou de l'huile à acheter. À *Monolithos,* rien à voir mais en continuant vers les plages, à 2 km, on trouve dans un site extra un véritable nid d'aigle du XVe s. Attention, la visite de ce *kastro* peut se révéler dangereuse pour les enfants. En continuant la descente sur 2,5 km, embranchement sur la gauche vers *Fourni Beach.* Après une première plage de galets, belle plage de sable à 3 km. Balade à faire jusqu'au bout du promontoire rocheux, à la recherche de petites cavités autrefois habitées (dès l'époque des persécutions contre les chrétiens).

Retour à Monolithos : en poursuivant davantage vers le sud, la route atteint *Apolakia,* village sans intérêt. Puis elle longe la mer pendant 15 km. La plage est prolongée de dunes absolument désertes. Très beaux couchers de soleil.

🍴 Sinon, prendre la route de montagne jusqu'à *Messanagros,* carrefour des routes de la péninsule (éviter celle de Katavia, il vaut mieux passer par Lahania). Village ravissant. On bascule ensuite sur la côte sud-est.

# HALKI (ΧΑΛΚΗ)

(85110)

Petite île satellite de Rhodes, mais qui présente en elle-même un grand intérêt. L'île de Halki compte moins de 300 habitants permanents alors que 3 000 personnes y vivaient à l'époque florissante des pêcheurs d'éponges. Son port a retrouvé tout son charme après une restauration intelligente des maisons (pas mal de descendants d'émigrés partis s'installer en masse en Floride reviennent au pays avec des dollars en poche). Même architecture qu'à Symi et à Kastelorizo.

## Arriver – Quitter

### En ferry

➢ On peut aussi y aller par le ferry de la ligne Rhodes-Le Pirée *(Anek Ferries)* qui passe également par Karpathos, Kassos, 2 fois/sem ou par un bateau rapide de la *Dodekanissos Seaways* (le w-e slt) qui continue sur Tilos et Nissyros et repasse en fin de journée. Enfin, le w-e (et le parfois le mer) un bateau partant de Kamiros Skala fait une excursion permettant de découvrir rapidement Halki (en principe, départ à 9h, retour à 17h). Sinon des petits bateaux d'excursion au départ de Mandraki à Rhodes-ville et un à Kamiros Skala font la navette chaque jour.

### En bus puis en bateau

➢ *De Kamiros Skala (Rhodes) :* liaison le w-e et en principe le mer. Vérifier car sujet à modifications. Départ à 9h, retour à 17h. De Rhodes-ville, un bus part le w-e à 7h30 et arrive au port 5 mn avant l'embarquement. Attention : prendre le bus de

Kritinia ou de Monolithos et non celui de Kamiros qui conduit au site archéologique et non au port. Pas de retour en bus sur Rhodes le soir.

## Adresse utile

– *Une guérite en bois,* à l'arrivée, où vous pouvez vous adresser pour demander une chambre. On téléphonera pour vous au propriétaire.

## Où dormir ?

🏠 Un hôtel, *Halki* (☎ 22-46-04-53-90 ; compter env 40 € pour une double) et quelques *pensions.*
– Les locations étant monopolisées par des agences britanniques, il est conseillé de réserver en haute saison. On peut consulter ● *greeklodgings.gr* où de nombreuses villas à louer sont proposées. On recommande plus particulièrement :
🏠 *The Captain's House : chez Christine Archer.* ☎ 22-46-04-52-01 ; hors saison à Athènes : ☎ 21-07-23-19-19.

📱 69-32-51-17-62. ● capt50@otenet. gr ● *Avr-oct.* Doubles 35-40 € selon saison. *CB refusées (un distributeur au village). Wifi.* Le *captain,* ce n'est pas le propriétaire, aujourd'hui décédé, qui était amiral, mais son grand-père, qui possédait une flotte de bateaux qui emmenaient au large les pêcheurs d'éponges. La maison tenue par la femme de cet amiral, garde le souvenir de ce marin. Salle de bains pas bien grande. On y parle le français.

## Où manger ?

🍽 2 ou 3 bonnes tavernes (*Maria* et *I Omonia tou Ouri*). Pour les glaces et les pâtisseries, on vous recommande le *café Théodosia.* Son propriétaire pourra vous renseigner sur l'île (☎ 22-46-04-52-18).

## À voir. À faire

À mi-chemin entre Rhodes et Halki, île déserte d'*Alimia* : magnifique. On peut s'y faire déposer en caïque.

🥾🥾🥾 *La traversée de l'île de Halki :* balade fantastique, de 8 km aller et évidemment autant au retour. D'abord route goudronnée, ensuite piste cimentée, puis sentier muletier de crête (vue sur la mer des deux côtés) jusqu'au *monastère* déserté *d'Agios Ioannis.* Il est fort probable que tout sera bientôt goudronné. Pas facile, ça grimpe fort. Compter 6h aller-retour. Emporter beaucoup d'eau.

🥾🥾 *Le village abandonné de Hora* (ancienne « capitale » de l'île) *: kastro* médiéval construit sur les ruines d'une acropole datant de l'Antiquité. Quelques chapelles à visiter.

# SYMI (ΣΥΜΙ)    (85600)    2 500 hab.

Symi est un village adorable, à l'architecture néoclassique à l'italienne. Construit sur le flanc d'une montagne, il semble se déverser dans les flots du port. De grands escaliers *(kali strata)* relient la partie basse, le port de *Gialos (Yalos),* à la partie haute, *Horio* (ou *Ano Symi*), la plus ancienne de l'île. Dans un dédale de petites ruelles, joli contraste entre les maisons aux tons pastel hyper soignées et les anciennes demeures en ruine. Ici, pas de vulgaires maisons

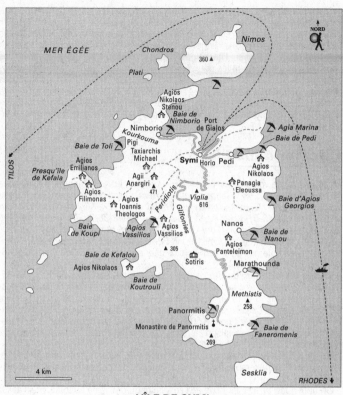

**L'ÎLE DE SYMI**

modernes : une commission archéologique contrôle tous les plans et veille à ce que le style local soit strictement respecté. Bravo ! La vie sereine du petit village est perturbée en milieu de journée par les bateaux d'excursion qui déchargent leurs occupants, en provenance de Rhodes pour la plupart. Mais dès 17h le village retrouve sa quiétude (persiste néanmoins la perturbation, plus durable mais « noble », d'un port dédié aux bateaux de plaisance, tous plus opulents que leurs voisins de mouillage). L'île peut offrir de belles promenades parmi les petits chantiers navals, les criques désertes (mais attention, les amateurs de sable seront déçus) et les chapelles éparpillées dans de beaux paysages. Un petit paradis pour les routards esthètes.

Une ombre au tableau tout de même ! En été, il fait une chaleur étouffante, et l'eau courante est comptée (pas de douche de deux heures). Attention également à votre budget qui peut se voir sérieusement entamé lors de votre séjour à Symi ! L'île a un certain standing ; la bourgeoisie rhodienne vient également y passer ses week-ends. Les prix sont donc assez élevés.

# Arriver – Quitter

## En ferry

➢ **De/vers Le Pirée :** pas de ferry direct. Se rendre à Rhodes ou à Tilos, puis prendre un autre bateau pour Symi.

➤ *De/vers Rhodes :* départ des bateaux d'excursion tlj vers 9h du port de plaisance (Mandraki, devant le nouveau marché). Les bateaux ont deux trajets, l'un direct au port de Symi (2h) et l'autre qui passe d'abord au monastère de Panormitis (3h) pour aller ensuite vers le village. Se renseigner, donc, sur le parcours du bateau.
– Si vous restez dormir sur l'île, ne prenez pas un bateau d'excursion, mais un des nombreux bateaux reliant les deux îles : le ferry *Proteus* (1h40), l'hydrofoil ou les catamarans *Symi II*, *Dodekanisos Express* et *Sea Star* (moins de 1h, nombreuses liaisons). Compagnie *Anes* : ☎ 22-41-03-77-69 (à Rhodes) ou 22-46-07-14-44 (à Symi). Horaires sur le site • anes.gr • Et compagnie *Dodekanisos Seaways* : ☎ 22-41-07-05-90 (à Rhodes) ou 22-46-07-13-07 (à Symi). • 12ne.gr • Prudent de réserver en saison.

## Circuler dans l'île

– La *location de voitures* est possible mais la route jusqu'à Panormitis ne fait que 15 km), cependant c'est la *location de scooters* qui marche le mieux. 3 loueurs se partagent le port : *Glaros* (plan Symi-ville, B1-2, **4**), 12-20 €/j. selon saison pour un 50 cc ; ☎ 22-46-07-19-26 (agence du port) ; 🖾 69-48-36-20-79 ; matériel récent. Le *Symi Rent a Car* (plan Symi-ville, A2, **7**), à côté du pont, est plus cher (env 15-20 €/j.), pour un matériel similaire ; ☎ 22-46-07-22-03. Et *Jimmy's* (plan Symi-ville, B2, **9**), à côté de l'arrêt de bus, plus cher encore (env 15-25 €/j.) ; ☎ 22-46-07-21-10.
– Un *bus* fait la navette ttes les heures entre Symi et Pédi Bay pour 1 €. 🖾 69-45-31-62-48. L'arrêt se trouve sur le port (plan Symi-ville, B2). Il fonctionne de 8h jusqu'à 23h en saison (pas de bus à 15h). Retours à la demie de chaque heure (sf 15h30). Depuis que la route pour Panormitis est en bon état, un bus va en principe jusqu'au monastère pour 3,50 €, s'y arrête 1h et revient au port (théoriquement 2 ou 3 départs/j. en saison ; à 7h45, 10h30 et 13h, mais le 2ᵉ est quelquefois supprimé). ☎ 22-46-07-13-11.
– Il y a aussi des *taxi-boats* qui font la navette avec les principales plages de l'île. Un peu cher ; par exemple, env 7 € pour Nimborio. La plupart sont ancrés dans le renfoncement du port.
– On peut aussi utiliser les *taxis* de l'île (une demi-douzaine au total), mais assez cher (compter 20 € pour Panormitis). Station (plan Symi-ville, B2, **6**) un peu avant celle du bus. Chauffeurs sympas : Georges (🖾 69-74-62-34-92) et Stamatis (🖾 69-45-22-63-48).

## SYMI-VILLE
## Adresses utiles

Pas d'office de tourisme sur l'île. Pour obtenir des renseignements, il faut s'adresser à l'une des deux agences de voyages.

✉ ▪ **Poste et police maritime** (plan B1) : sur le débarcadère, derrière la grande horloge.
▪ **Capitainerie** (Harbour Authority ; plan C2) : en face de ces derniers, sur l'autre rive. ☎ 22-46-07-12-05. Pour vérifier les horaires des bateaux.
▪ **Agences de voyages :**
– **Kalodoukas Holidays** (plan B2 et B3, **1**) : ☎ 22-46-07-10-77. • kalodoukas. gr • Tlj 9h-13h, 17h-21h (bureau princi-

pal au port) et 9h-11h slt (antenne à Horio). Ils peuvent vous trouver une chambre, vendre les billets de bateau et donner des renseignements sur l'île. Les plus professionnels.
– **Symi Tours** (plan A2, **2**) : ☎ 22-46-07-13-07. • symitours.com • Ouv tlj sf dim 9h-13h, 17h30-20h. Petits plans gratuits de la ville. Location de quelques appartements et villas, billets de bateau et d'avion. L'agence *Anes* (bateaux pour

Rhodes) est à proximité sur le port : ☎ 22-46-07-14-44.

– **Symi Visitor** (plan A2, 8) : derrière la laverie. ☎ 22-46-07-17-85. ● symivisitor.com ● Une agence de location de villas aux horaires un peu fantaisistes (mieux vaut téléphoner).

■ **Distributeur automatique** : à l'**Alpha Bank**, sur le port juste en face du quai des bateaux. Ouv lun-ven 8h-14h30. 2 autres distributeurs de part et d'autre du pont.

■ **Pharmacie** (plan B2, 3) : juste avant la station de taxis. ☎ 22-46-07-18-88. Lun-sam 9h-13h30, 17h-21h. En saison, ouv aussi dim mat. En cas d'urgence, un centre médical est situé derrière l'hôtel Kokona (plan A2).

■ ☎ 22-46-07-12-90.

■ **Stations-service** : une station à l'extrême gauche du port, au bout d'une petite route en cul-de-sac qui part au pied de la côte lorsque l'on quitte Symi. Tlj jusqu'à 21h en été. Une autre à Pedi Bay, à 3 km de là.

@ **Platia Internet Café** (plan B2) : plusieurs postes dans l'arrière-salle. Sinon un grand nombre de cafés sur le port ont le wifi. À Horio, le **Café@Glaros** (plan B3), dans la ruelle centrale après le resto Syllogos, propose également quelques postes.

■ **Laverie : Sunflower** (plan A2, 5), au centre du port, dans le renfoncement. ☎ 22-46-07-17-85. Tlj sf dim 9h-13h, 16h30-20h30.

## Où dormir ?

Attention : l'île de Symi étant chic, les prix sont déjà élevés en juillet, mais augmentent encore en août. Il est donc prudent de réserver. Quelques bonnes adresses dans le port, mais les logements les plus sympas sont à Horio.

## Au port

### Prix moyens à plus chic

⌂ **Albatros Hotel** (plan A2, 17) : dans une rue calme, perpendiculaire au port. ☎ 22-46-07-18-29 (maison) ou 17-07 (hôtel). En hiver à Athènes : ☎ 21-07-65-49-64. 📱 69-76-80-32-91. ● albatrosymi.gr ● Pâques-début nov. 5 chambres tt confort 48-60 € pour 2 pers selon saison, avec AC et petit déj. CB refusées (mais chèques français acceptés). Lectrice du Guide du routard, Fabienne a ouvert cet hôtel avec Stelios, son mari grec. Petit balcon, belle salle de bains, le tout décoré avec goût. Accueil chaleureux et familial. Fabienne gère en plus quelques villas divisées en appartements pour 55 à 125 € pour 2 personnes et d'autres familiales luxueuses.

⌂ **Hotel Kokona** (plan A2, 12) : dans une rue calme, perpendiculaire au port (même rue que l'hôtel Albatros), à côté de l'église Agios Ioannis. ☎ 22-46-07-15-49. 📱 69-37-65-90-35. ● symigreece.com/kokona.htm ● Chambres 45-60 € selon saison. 10 chambres, avec TV et petit frigo, certaines avec balcon. Lumineux et bien équipé. Bon petit déj (en supplément) servi sous la tonnelle. Le

patron vient à l'arrivée du bateau avec un chariot à bagages.

⌂ **Pension Aigli** (plan B2, 16) : dans une ruelle calme derrière la pharmacie. ☎ 22-46-07-13-92. Tte l'année. Studios 40-60 €. Dans un bâtiment ancien, jaune et ocre, studios nickel, entièrement refaits avec un agréable salon. À deux pas des restos et des cafés festifs et pourtant très calmes. Tenus par une charmante mamie francophone qui propose également un appartement sur le quai d'en face.

⌂ **Studios Farmakidis** (plan C2, 11) : continuer à marcher après l'arrêt de bus sur plus d'une centaine de mètres, c'est une maison jaune en haut de l'escalier qui part de la capitainerie. ☎ 22-46-07-19-87 (été) et 21-04-97-02-52 (hiver). Juil-août slt. 1 seule (petite) chambre 30-35 € ; studios 45-50 € pour 3-4 pers. Une adresse pour petits budgets qui veulent quand même profiter de cette charmante île. Chambre riquiqui et pas très bien tenue avec salle de bains et coin cuisine, mais dans la maison des proprios. Également 2 studios à la déco

NORD

■ **Adresses utiles**

- ■ Police maritime
- 🚌 Arrêt de bus
- **1** Kalodoukas Holidays
- **2** Symi Tours
- **3** Pharmacie
- **4** Glaros (location de scooters)
- **5** Laverie
- **6** Station de taxis
- **7** Symi Rent a Car
- **8** Symi Visitor
- **9** Jimmy's

🏠 **Où dormir ?**

- **11** Studios Farmakidis
- **12** Hotel Kokona
- **13** Fiona Hotel
- **14** Chorio Hotel Village
- **15** Villa Katerina
- **16** Pension Aigli
- **17** Albatros Hotel
- **18** Pension Eos
- **19** Hotel Taxiarchis

🍴 **Où manger ?**

- **21** Taverne Giorgos & Maria
- **22** Catherinettes
- **23** Ouzeri Dimitris
- **24** Tholos
- **25** Taverna Zoï
- **26** Restaurant Syllogos
- **27** Restaurant Mythos

🍸🎶 **Où boire un verre ? Où danser ?**

- **30** Akroyali et Katoï
- **31** Kali Strata
- **32** Tou Arvaniti
- **33** The Harani Club

🎭 **À voir**

- **41** Musée nautique
- **42** Symi Museum

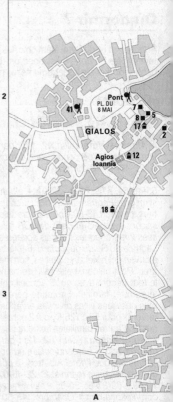

GIALOS

Pont

PL. DU 8 MAI

Agios Ioannis

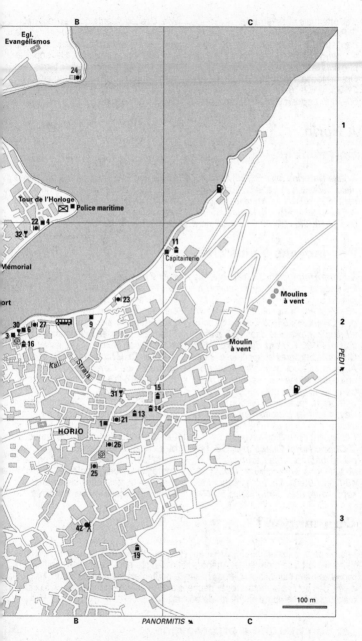

**SYMI-VILLE**

vieillotte mais avec terrasse.

🏠 **Pension Eos** (plan A3, **18**) : sur les hauteurs, à 10 mn à pied du port. Contourner l'église, prendre la 2ᵉ à gauche puis le 2ᵉ escalier à droite de l'hôtel Opera House. Tte l'année. ☎ 22-46-07-27-38. 📱 69-76-86-40-38. 2 studios 50-70 €, 1 appart 90-120 € pour 4 pers.

Wifi. Des logements colorés tout neufs à la déco bien pensée avec clim', belle cuisine, TV et surtout un balcon offrant une jolie vue sur le port. Bel appartement en duplex avec grande terrasse et studios impeccables. La jeune et charmante proprio habite dans la maison à gauche de l'escalier.

# À Horio

## Bon marché

🏠 **Villa Katerina** (plan B2, **15**) : à Horio, mais s'adresser à Katerina Tsakiris qui tient le Symi Rent a Car sur le port (plan A2, **7**). ☎ 22-46-07-18-13. 📱 69-45-13-01-12. Studios 30-40 €. Entièrement refaits en 2010 (nous ne les avons pas vus finis), 3 studios avec salle de bains, cuisine, clim' et balcon surplombant la baie de Symi.

## Prix moyens à plus chic

🏠 **Fiona Hotel** (plan B2, **13**) : prendre les escaliers et tourner à gauche au niveau de la taverne Georgios. ☎ 22-46-07-20-88. ● fionahotel.com ● Avr-oct. Chambres 55-75 € selon saison ; studios confortables dans un bâtiment voisin 75-80 €. Petit déj inclus. Wifi. Chambres propres et spacieuses avec AC et mobilier peint en bleu. Toutes ont un balcon et une vue magnifique sur la baie. Pour ceux qui ont un scooter, prendre la route en direction de Pedi Bay et tourner à droite dans le haut du village, non loin des ruines de moulins. Également accessible en bus.

🏠 **Chorio Hotel Village** (plan B2, **14**) : grand bâtiment bleu tout proche de l'hôtel Fiona, en face du moulin. ☎ 22-46-07-18-00/01. ● hotelchorio.gr ● Maisept. Chambres confortables 50-60 € pour 2 pers, avec petit déj. Wifi dans le hall. Maison et déco dans les tons jaune et bleu, senteur de lavande, jardin bien entretenu et fleuri de lauriers roses : cadre aussi chaleureux que l'accueil. Chambres simples mais sympas avec AC et balcon (sans vue particulière).

🏠 **Hotel Taxiarchis** (plan B3, **19**) : en contrebas de l'arrêt de bus de Horio. ☎ 22-46-07-20-12. ● taxiarchishotel. gr ● Ouv avr-oct. Studios 50-70 €, apparts 65-90 €. Wifi. On aime bien cet hôtel calme et coloré dans un jardin agréable avec une vue dégagée sur la belle baie de Pedi. Studios impeccables et nettoyés chaque jour avec AC, TV, salon confortable et balcon pour apprécier la vue au petit déj. Appartements en duplex tout aussi soignés. En prime, un accueil fort sympathique.

# Où manger ?

Les bateaux d'excursion déposent sur l'île leur cargaison à l'heure du déjeuner. Éviter le port à ce moment-là. Attendre la fin d'après-midi, quand les habitués ont repris en main leur village. Ne pas hésiter à goûter la spécialité de Symi : les *garidakia*, des petites crevettes roses pêchées à 40 m de profondeur avec un filet spécial et que l'on prépare en friture. Un délice.

## De bon marché à prix moyens

🍴 **Gyros Pita** : petite échoppe à deux pas du Symi Rent a Car (plan A2, **7**), près du pont. Excellent *gyros* avec une pita croustillante. Un peu petit, mais bien suffisant pour un déjeuner rapide. Autre petit resto à Horio, dans la ruelle principale, après le resto *Syllogos* (plan B3).

**I●I** *Taverna Giorgios & Maria* (plan B2-3, **21**) : sur la gauche en montant l'escalier de 397 marches, dans la partie élevée du village. ☎ 22-46-07-19-84. *Ouv midi (pour des plats légers) et soir. Entrées 7-10 €, plats 8-18 €.* Terrasse agréable avec tonnelle de vigne et belle vue. Très bonne cuisine, on peut encore choisir les plats en cuisine, dans leur marmite.

**I●I** *Ouzeri Dimitris* (plan B2, **23**) : sur le port, après la station de bus en direction de Pedi Bay. ☎ 22-46-07-22-07. *Midi et soir en saison. Plats 5-12 €, poisson au kilo.* On y mange surtout des *keftédès* à petits prix et à toutes les sauces (façon de parler : aux pois chiches, au poulpe, à la morue, etc.). Pour les autres plats, choisir directement en cuisine. Excellentes *garidakia*. Plus sympa le soir quand il n'y a plus de circulation.

**I●I** *Catherinettes* (plan B1-2, **22**) : sur le port, après le mémorial. ☎ 22-46-07-16-71. *Midi et soir. Plats 8-18 €.* Faisant de la résistance aux restos très touristiques, cette taverne familiale propose de bons *souvlakia* de poisson et une belle variété de plats grecs préparés avec soin par une dame très chaleureuse. Loue aussi des chambres, à l'étage, avec parquet à l'ancienne et beaux plafonds boisés mais sans clim' et un peu bruyants, ainsi que des apparts un peu plus loin sur le quai.

## Prix moyens

**I●I** *Tholos* (plan B1, **24**) : dernier resto à droite du port, après le petit chantier naval. ☎ 22-46-07-20-03. *Mai-oct, midi et soir. Plats 9-18 €.* Terrasse au bord de l'eau et vue superbe sur le village, à l'écart de l'activité du port. Quelques plats locaux de bon aloi et d'excellents *mezze*. Bon poisson et excellentes *garidakia*. Venir tôt pour avoir du choix. Une bonne adresse où il est préférable de réserver.

**I●I** *Syllogos* (plan B3, **26**) : en haut du village, à Horio, après Giorgios & Maria. ☎ 22-46-07-21-48. *Soir slt, jusqu'à 22h30. Bon repas pour 12-15 €.* Excelle dans les cuissons, pas toujours grecques, de viande : bon *stifado* de lapin, poulet au curry, agneau au citron... Le chef, serveur vif et enjoué, pousse régulièrement des « cocorico ! » surprenants... Large vue sur la baie de Pedi depuis la terrasse. L'un de nos restos préférés.

**I●I** *Taverna Zoï* (plan B3, **25**) : un peu plus loin que le Syllogos, *dans la même rue.* ☎ 22-46-07-25-20. *Slt le soir. Compter 8-14 € pour un plat.* Spécialité de poulet au citron. Fréquenté par les Symiotes, ce qui est bon signe. Belle terrasse sur le toit.

## Plus chic

**I●I** *Mythos* (plan B2, **27**) : ☎ 22-46-07-14-88. *Compter 25-30 € le repas.* Quelques tables élégamment dressées sur le port et jolie salle cosy et fraîche avec de belles nappes blanches, poissons et mets de mer raffinés pour des prix plutôt abordables. Le midi, le chef vient en personne vous présenter l'ardoise et vous mettre l'eau à la bouche. Une petite brise fraîche, une atmosphère romantique... À ne pas confondre avec le *Mythos Restaurant*, situé 50 m plus loin, à l'étage : même chef, mais carte plus vaste, et standing nettement plus classe.

# Où boire un verre ? Où danser ?

**Y** *Tou Arvaniti* (plan B2, **32**) : situé sur le port, côté droit, après le mémorial. *Wifi.* Sous une pergola basse mais feuillue, petit café sympa, frais et pas très cher tenu par Andréa. Un point stratégique pour observer les énormes yachts et voiliers de luxe, et leur étonnante population.

**Akroyali** et **Katoï** (plan B2, 30) : sur le port, en allant vers la station-service. 2 petits bars en terrasse au centre du port, où les jeunes locaux se mélangent aux touristes chaque soir pour se rencontrer autour de bières fraîches. Une institution à Symi !

**Kali Strata** (plan B2, 31) : petit bar en terrasse un peu en dessous de Horio, avant la taverne Giorgios & Maria. Assez cher. Du nom de l'escalier de 397 marches qui sépare les deux quartiers de Symi. Quelques tables au milieu des marches. Superbe vue sur la baie : idéal pour l'apéro en attendant que le soleil se couche, mais le prix des consos est exorbitant ! On pourra pousser un peu plus haut dans la ruelle pour trouver 2 cafés sans nom sous une treille à l'accueil authentique et à petits prix.

♪ Les quelques pas de danse se font à la boîte **The Harani Club** (plan A2, 33). Café la journée sur la placette, pub le soir et boîte vers minuit. Beaucoup de monde à toute heure.

## À voir. À faire

La plupart des vacanciers restent à Gialos ou se rendent aux criques les plus proches par la voie maritime. Il suffit donc de s'éloigner un peu de ces fortes concentrations pour découvrir l'île tranquillement. L'idéal pour visiter **Horio,** la partie haute du village, est d'attendre 17h que la température soit un peu redescendue et que les rues se soient vidées. Horio est un dédale de ruelles, où les maisons chic et restaurées côtoient de grandes demeures néoclassiques à l'abandon.

Voir l'**église de la Panagia,** en haut du village. Visiter aussi celle d'**Agios Athanassios.** C'est en face que se déroule, le 2 mai, la fête païenne du Koukouma : toutes les filles célibataires de l'île déposent une bague dans un pot, et une femme prédit le nom du futur mari en associant au hasard un nom masculin à chaque bague. Un gâteau très salé est ensuite partagé, afin de faire boire tout le monde avant le bal...

**Symi Museum** (plan B3, 42) : en haut du village, à Horio. Suivre le fléchage dans le labyrinthe de ruelles. ☎ 22-46-07-11-14. Tlj sf lun 8h-14h30. Entrée : 2 €. Dans une demeure datant de 1875. Intéressante partie archéologique dans l'une des 5 salles où l'on pourra apprécier des fragments de marbre funéraire du Ier s, une collection de pièces de monnaies et quelques céramiques et faïences. Les autres salles présentent des objets usuels de l'île en suivant sa chronologie historique : statues, icônes et accessoires religieux du XVIIe s, costumes traditionnels de fêtes du XVIIIe s, instruments de musique, mobilier et une cuisine du siècle dernier laissée dans son jus.

– L'île de Symi, comme celle de Kalymnos, fut un important centre de pêcheurs d'éponges. Il y en a eu jusqu'à 2 650 (à une époque où l'île comptait 22 000 habitants) ! Le **Musée nautique** (plan A2, 41) permet de se faire une petite idée de cette époque (en saison 10h-15h, entrée : 1,50 €). Une seule pièce où se concentrent photos, témoignages, outils et accessoires marins ainsi que divers objets (dont une machine à faire de l'air pour scaphandrier utilisée en 1863). Assez confidentiel et sans grand intérêt. Sur le port, on peut voir quelques boutiques essayer de vendre des éponges avec acharnement. Quoi qu'on dise aux touristes, il n'y en a presque plus dans les eaux du Dodécanèse (voir les explications dans le chapitre sur Kalymnos). Les nombreuses éponges que l'on voit viennent d'Amérique.

– Chaque été, début juil-fin août, un **festival** est organisé. ☎ 22-46-07-24-44. Riche programmation, surtout en août : musique, théâtre, expositions. De quoi occuper les chaudes nuits d'été (sur place, renseignements à la mairie ou sur le site ● symi festival.com ●). Manifestations à 21h, en principe, mais avec la crise les budgets se réduisent et le festival est en perte de vitesse.

# À voir. À faire dans les environs

⌂ Pas de plage près du village, mais de petites *criques* désertes à 20 mn à pied après le restaurant *Tholos* en allant vers Nimborio : pas faciles d'accès, mais possibilité de faire du naturisme, caché dans les rochers.

⌂ La petite plage de **Nimborio**, à 4 km à l'ouest du port, est la plus proche de Symi-ville. Accessible à pied par une route goudronnée sans grand intérêt, on préférera y aller en scooter ou en *taxi-boat (départs à 10h, 11h et 12h, retour à 16h et 18h ; 7 €/pers, gratuit moins de 12 ans)*. La taverne *Metapontis* propose de bons petits plats, les pieds dans l'eau.

🛏 **Pension Chrisanthi :** *sur le bord du chemin à gauche de la taverne.* ☎ 22-46-07-12-09. 📱 69-48-84-57-72. ● *chry sahouse@yahoo.gr* ● *Studios 30-40 €, apparts pour 4 pers 60-90 €. Dans* | 2 petites maisons neuves, studios et apparts impeccables avec terrasse. Accueil chaleureux de Georgios Haskas.

⌂ La plage de **Pedi Bay**, à 5 km à l'est du port, accessible par un bus toutes les heures, est agréable également. Quelques studios et villas. Un petit *taxi-boat* fait la liaison en permanence avec les plages d'*Agios Nikolaos* et d'*Agia Marina* jusqu'à 18h *(compter 5-6 €)*.

🍴 **Taverna Tolis :** *face à la petite jetée, à gauche de l'arrêt de bus.* ☎ 22-46-07-16-01. *Plats 5-10 €.* Au bout de la plage, entourée de petits bateaux de pêche, | agréable terrasse ombragée pour un repas convaincant de crevettes, *poulpes* et autres *keftédès.* Un lieu tranquille tenu par une famille très accueillante.

⌂ Un *taxi-boat* propose des allers-retours quotidiens **vers les plages de l'est de l'île.** La très huppée *Agia Marina*, celles plus tranquilles des baies d'*Agios Georgios* (seulement accessible en bateau), de *Nanou* et de *Marathounda* sont les plus belles. *Compter 8,50-13 € selon la plage, réducs (départ chaque heure 10h-13h, retour 16h-18h)*. Bonne taverne à *Marathounda*.

➢ Deux vieux gréements, **le Triton et le Poséidon,** proposent quotidiennement des **excursions** à la journée avec arrêt au *monastère de Panormitis* et plusieurs pauses-baignade à l'est et au sud de l'île dont une sympa à *Sesklia*. Départ à 10h30 pour un retour vers 17h30. Compter 25-40 €/pers selon le nombre d'étapes, copieux *(et bon)* barbecue inclus. Proposent également une excursion à *Datça*, près de *Marmaris*, en Turquie, généralement le samedi.

🚶 **Le monastère de Panormitis** (Μονη Πανορμιτη) : *dans le sud de l'île, à 15 km du port. Ouv tte la journée en saison (ferme à 15h hors saison).* Bâtiment datant du XVIIIe s comprenant une église avec une iconostase de bois sculpté et une très belle icône en or blanc. On raconte qu'une paysanne déterra un jour l'icône miraculeuse de l'archange Michel et la rapporta chez elle. Le lendemain, l'icône avait disparu et la paysanne la retrouva là où elle l'avait extraite de terre. Elle la reprit et... rebelote ! On décida alors de bâtir à cet endroit une chapelle, embryon du futur monastère. Deux petits musées *(☎ 22-46-07-15-81 ; billet unique 2 €)* abritent en outre une icône russe venue d'Odessa et des manuscrits très rares. Il y a aussi une taverne, à droite de l'entrée du monastère, sous les arbres. Énormément de monde en saison (la plupart des visiteurs viennent de Rhodes en bateaux d'excursion). Possibilité de logement sur place pour les pèlerins. Du monastère, on pourra rejoindre la belle plage sauvage de *Faneromenis* à environ 4 km (pas de taverne sur place).

➢ L'île est un lieu idéal pour faire de belles **balades.** On conseille l'achat de *Walks in Symi*, 20 balades bien décrites dans l'île (brochure vendue 5 € à l'agence *Symi*

*Visitor* ou chez les marchands de journaux). Les marcheurs peuvent accéder à certaines criques à pied, notamment celles d'**Agios Nikolaos** en passant par **Pedi Bay** et d'**Agia Marina,** en face, à l'extrême nord-est. Nombreux sentiers, mais on peut facilement se perdre.

À l'ouest, la baie de **Toli** est superbe en fin d'après-midi quand le soleil décline, on y trouve en outre une bonne taverne.

L'île est parsemée de *64 chapelles*. Une très belle balade vers la **presqu'île de Kefala** (à l'ouest) permet d'en visiter cinq : partir de Gialos en visant à l'est le monastère de Taxiarques. On continue par une piste jusqu'à *Agii Anargiri*, puis, par un sentier, après un petit col, on passe à *Agios Ioannis Theologos*. Le sentier, en légère courbe, atteint *Agios Filimonas* et l'on parvient enfin à la presqu'île à **Agios Emilianos**. Magnifique balade de 6h aller et retour.

Autre balade sympa (à faire à pied seulement), celle qui vous emmène jusqu'à *Agios Vassilios,* une petite chapelle face à la mer. Prévoir au minimum 2h (aller-retour) à partir de l'endroit où la route laisse la place au sentier, sans compter la pause baignade (la plage est sous la chapelle).

# TILOS (ΤΗΛΟΣ)　　　　　(85002)　　　　300 hab.

Petite île (63 km²) sauvage et rocailleuse, située au nord-ouest de Rhodes. Jadis peuplée, comme en témoignent les innombrables terrasses qui se dessinent sur les hauteurs, Tilos ne compte plus que 300 habitants, répartis pour l'essentiel entre *Livadia* (le port, qui continue à se développer) et *Mégalo Horio*, la « capitale », dans les terres, qui végète. Plus d'éléphants nains depuis 7 000 ans av. J.-C., ni de retraités romains (sous l'empire, l'île a été un lieu de retraite pour légionnaires méritants), mais on croise, en revanche, plus d'un Grec retraité rentré d'Australie ou des États-Unis. L'absence de grosses foules estivales donne à Tilos un étrange, quoique finalement très insulaire parfum de solitude. Une vingtaine de plages et criques désertes, de galets ou de sable, accessibles pour la plupart à pied (trois seulement le sont par la route). Plusieurs randonnées et balades sympas, donc (se procurer l'excellente carte en vente dans les commerces de l'île, qui permet de partir sur les sentiers sans risque de s'égarer). À noter, l'existence d'un parc naturel permettant une sensibilisation de la population (et des visiteurs) aux questions d'écologie. L'île est fréquentée par de nombreuses espèces d'oiseaux, dont les rares goélands d'Audoin et faucons d'Éléonore. Et une autre, plus fréquente, qui pullule sur les quais à l'arrivée des bateaux : les hôteliers démarcheurs zélés.

## Arriver – Quitter

### En ferry

■ *Capitainerie :* ☎ 22-46-04-43-50.

➢ *De/vers Le Pirée et de/vers Rhodes :* 2 ferries/sem depuis Le Pirée (16h de voyage) avec la compagnie *Blue Star,* via Paros, Naxos, Kalymnos, Kos et Nissyros, voire Astypaléa. L'été, liaisons tlj avec Rhodes : compter de 1h20 à 3h30 de trajet selon le bateau (certains font escale à Halki ou Symi), notamment par le ferry *Proteus* (compagnie *Anes*), le catamaran *Sea Star,* ou celui de *Dodekanisos Express* (le w-e).

➢ *De/vers Kos et Nissyros (certains passent par **Kalymnos**) :* 2 ferries/sem de la compagnie *Anes* et autant de *Blue Star* (l'un d'eux passe en plus par **Astypaléa**), et le catamaran *Dodekanisos Express* (le w-e).

➢ Également un bateau d'excursion certains jours pour **Nissyros** et **Symi**. Départ à 10h, pour un retour vers 17h (☎ 69-39-10-65-27).

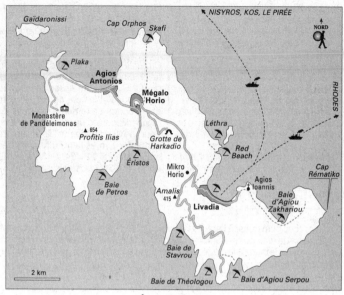

**L'ÎLE DE TILOS**

## Circuler dans l'île

– **Un bus** relie le port de Livadia à Mégalo Horio ttes les 2-3h en sem et poursuit jusqu'aux plages d'Éristos et d'Agios Antonios. Moins fréquent le dim, horaires légèrement différents et, à 11h, départ de Livadia pour le monastère d'*Agios Pandéleimonas*. Arriver tôt pour avoir une place assise. Horaires affichés dans tous les restos et hôtels.
– Ne pas trop compter sur le **stop,** car il y a peu de circulation.
– **Taxis :** 2 véhicules pour tte l'île, ceux de **Taxi Nikos** (☎ *69-44-98-17-27)* à côté de l'église de Livadia.
– **Location de scooters : Tilos Travel** face au débarcadère, agence tenue par un Anglais plutôt sympa, loue des 50 cc bien entretenus, ainsi que des VTT. Attention, l'unique station-service de l'île se trouve entre Livadia et Mégalo Horio et elle ferme l'après-midi à 14h !

## LIVADIA *(ΛΙΒΑΔΙΑ)*

C'est là que toute la vie de l'île, ou presque, se concentre !

## Adresses utiles

– Pas d'office de tourisme. Juste une guérite qui ouvre à l'arrivée des bateaux et un grand panneau avec les hôtels de l'île classés par catégories.

✉ **Poste :** *sur le square, lun-ven 7h30-14h. Les supermarchés vendent aussi des timbres.*

▮ *Agences de voyages et location de voitures : sur le port,* 2 agences vendent des tickets pour toutes les compagnies de bateaux et louent des voitures (peu utile, vu la taille de l'île) : **Stefanakis** (☎ 22-46-04-43-10 ; ● tilos-travel.com ●) et **Tilos Travel** (☎ 22-46-04-42-94 ; ● tilostravel.co.uk ● ; 8h-13h, 16h-20h).

■ **Distributeur :** seul distributeur de billets, à proximité du square principal, dans une rue parallèle au front de mer.

■ **Internet :** dans la rue reliant le square à la plage. Tlj 10h-minuit. Une dizaine de postes rapides fonctionnant avec des pièces. Compter 1 € les 20 mn.

■ **Médecin :** Dr Tassos Aliferis. ▯ 69-44-88-78-69. Dispensaire, à côté de l'hôtel Irini, ouv 9h-13h30. ☎ 22-46-04-41-71. ▯ 69-72-50-64-21.

■ **Tilos Information Centre :** entre le resto Irina et l'église, au commencement de la plage. ☎ 22-46-07-08-83. Ouv 8h30-14h30. Centre de documentation du parc naturel de Tilos et local de l'ONG Tilos Park Association. Expo sur la faune et la flore de l'île et vente d'une bonne carte des 9 chemins de randonnées avec un descriptif précis. Pour une visite guidée de l'île, on pourra contacter Lyn et Iain Fulton, guides naturalistes (☎ 22-46-04-41-28 ; ▯ 69-49-05-45-93 ; ● tilostrails.com ●).

## Où dormir ?

On vient vous démarcher à l'arrivée du bateau avec photos à l'appui (évidemment, les photos et la réalité des chambres ne collent pas toujours). Vaste choix de chambres et studios le long de la plage. Éviter de boire l'eau du robinet (ailleurs dans l'île, pas de problème).

### Bon marché

🛏 **Stéfanakis Villas :** au-dessus de l'agence du même nom, sur le port. ☎ 22-46-04-43-60/10. ● tilos-travel.com ● Doubles env 35-40 €. Récents et propres, assiettes en faïence aux murs, les chambres avec un petit balcon donnent sur le port ou sur le square. Idéal pour profiter de l'agitation matinale et nocturne. Propose aussi des villas toutes neuves, à l'autre bout de la baie, sur les hauteurs, avec location de voiture comprise. Catégorie plus chic (compter 85-95 €).

### De prix moyens à plus chic

🛏 **Studios Savvena :** au milieu de la plage. ☎ 22-46-04-41-05. ▯ 69-73-84-64-89. ● gsavvenas@yahoo.gr ● Studios 30-50 €, apparts 50-70 € (tarifs facilement négociables). Tenu par un couple âgé très chaleureux, des logements confortables, spacieux, avec AC, TV, grande salle de bains et balcon donnant sur la plage. Très bien situé, un bon choix pour les familles, d'autant que la location des transats est incluse dans le prix.

🛏 **Irini Hotel :** à 300 m du port, un peu en retrait du bord de mer. ☎ 22-46-04-42-93. ▯ 69-78-11-77-40. ● tilosholidays.gr ● Avr-oct. Pour 2 pers, 40-55 € selon saison, petit déj compris. CB refusées. Chambres doubles assez petites avec salle de bains, frigo et minibar, terrasse et ventilateur. Magnifique jardin fleuri. Belle piscine. Accueil « commercial » d'Ilias, qui possède également Ilidi Rocks, un complexe de studios et appartements plus luxueux (60-100 € pour 2 pers), construit à gauche du débarcadère.

🛏 **Studios Tilos Travel :** face au débarcadère. ☎ 22-46-04-42-94. ● tilostravel.co.uk ● Avr-oct. Studios et apparts 40-60 €. Au-dessus de l'agence de voyages et de location de voitures du même nom, d'agréables studios et appartements récents et bien entretenus, certains en duplex. Tous donnent sur le port très calme. Excellent accueil en anglais.

🛏 **Hotel Eleni :** au milieu de la plage, à 300 m du port, après les Studios Savvena. ☎ 22-46-04-40-62. ● eleniho teltilos.gr ● Chambres 45-80 €, petit déj inclus. Un hôtel confortable et très bien équipé, un brin chic, tenu par Michalis, une personnalité de l'île qu'il connaît sur le bout des doigts. Chambres impeccables et spacieuses avec TV écran plat, balcon et transats à dispo sur la plage. Les plus sympas sont celles situées dans le bâtiment principal face à la mer. Copieux petit déj avec salade de fruits frais, différente chaque jour. Michalis vient chercher vos bagages à l'arrivée du bateau.

🛏 *Faros Hotel :* un peu après le Marina Beach. ☎ 22-46-04-40-68. ● dimkouk@ otenet.gr ● Avr-oct. Doubles 38-55 €, ajouter env 10 € pour le petit déj. Internet. Sur résa, on pourra venir vous prendre à l'arrivée du bateau. Chambres neuves, spacieuses (disposant toutes de 3 lits) à la déco agréable et avec une jolie vue sur la baie. Bon accueil de la famille Koukakis qui refuse de travailler avec les tour-opérateurs.

🛏 *Marina Beach :* ☎ 22-46-04-40-64. ● tilosmarinabeachhotel.gr ● Avr-oct. Doubles 45-60 € selon saison, petit déj compris. Internet. Belles chambres colorées et soignées, toutes avec balcon sur mer. Agréable terrasse fleurie et ombragée. Accueil tout à fait charmant de Maria.

## Où manger ?

🍽 *Irina :* en bordure de plage, à 200 m du port. Compter 10 € le repas. C'est le plus vieux restaurant de Tilos. Pas de la grande cuisine, mais copieux et bon rapport qualité-prix. La spécialité de la maison : de la chèvre sauce citron...

🍽 *To Armenon :* en bordure de plage, au milieu de la baie. ☎ 22-46-04-41-34. Repas complet 15 €. Excellentes fritures de feta et d'aubergine *(saganaki)*, moussaka en terrine, viandes citronnées... Les classiques de la cuisine grecque sont bien exécutés et la carte traduit une certaine prétention « internationaliste » du chef... Assez fréquenté le midi.

🍽 ♪ *Restaurant du Faros Hotel :* tout au bout de la baie. ☎ 22-46-04-40-68. Avr-oct. Plats grillés au barbecue 8-12 €. Qu'il est agréable de dîner (ou simplement boire un verre) sur cette superbe terrasse fleurie avec en panorama toute la baie de Livadia ! C'est d'ici que l'on pourra également le mieux apprécier le coucher de soleil et profiter au maximum de ses derniers rayons. Tous les jeudis soir, des musiciens anglais se donnent rendez-vous pour un concert live de bonne tenue (jazz, blues, rock selon les soirs). Même le perroquet de l'hôtel chante !

🍽 *Michalis :* dans une ruelle allant vers l'église. ☎ 22-46-04-40-68. Repas complet env 15 €. Agréable taverne familiale en terrasse ombragée, joliment éclairée le soir pour une cuisine grecque très classique et particulièrement courue pour son ragoût de chèvre au citron. Bon choix de viandes au grill également. Très touristique !

🍽 *Omonia :* sur le square, près de la poste. ☎ 22-46-04-42-87. Taverne-snack grecque typique à l'ombre des grands arbres de la place. Bons *mezze.* Prix corrects et ambiance agréable. Fait aussi des petits déj pour ceux qui auraient la flemme de faire les courses.

## Où boire un verre ?

🍸 *Café Giorgios :* maison en pierre en face de la place principale. Très agréable pour boire un *frappé* en sentant un peu l'ambiance locale. En soirée, pour croiser la jeunesse tilienne, on peut se diriger vers le *Café Ino,* sur le front de mer. Si la musique de variété occidentale, tout comme les variantes de *syrtaki,* vous irritent les tympans, allez plutôt, non loin de là, au *Mikro Café.* Ambiance rock, au bord de la plage.

🍸 *Paralia Café Bar :* au centre de la plage, juste avant l'Hotel Eleni. ☎ 22-46-04-44-42. Le soir slt. Notre café-bar préféré à Livadia. En terrasse, sur la plage, sur un petit ponton charmant ou dans une délicieuse barque aménagée (!), un lieu calme et vraiment accueillant pour un cocktail au son d'une musique d'ambiance bien choisie. Clientèle d'autochtones habitués et très *coooool.*

# À voir dans les environs

🍖 **Mikro Horio** (Μικρο Χωριο) : à 2 km de Livadia, à gauche avant la station-service. Faisable à pied mais pas en plein midi ! Village abandonné et ancienne capitale de Tilos. Les chèvres sont les seules locataires de ce village, fondé par les chevaliers de Saint-Jean au XVᵉ s et qui a compté 1 000 habitants, mais qui fut abandonné dans les années 1960 par manque d'eau. On peut encore y voir de beaux frontons de maisons, des fours à pain, puits et autres cheminées, deux églises bien entretenues. Une poignée de maisons sont rénovées.
On déconseille aux curieux de continuer la route pour atteindre le sommet du mont Amalis, culminant à 415 m, où sont installées les antennes relais. Cette route de 4 km en lacets est abrupte, dangereuse et il est difficile de s'y croiser.

◿ **La plage Rouge :** petite plage dans une crique de rochers et sable rouge au nord-ouest de Livadia, accessible en moins de 30 mn par un chemin côtier. Celle de **Théologou,** au sud, est plus difficile à atteindre et nécessite 1h30 de marche par un bon chemin dans les collines (prévoir de l'eau et partir tôt !).

## MÉGALO HORIO (ΜΕΓΑΛΟ ΧΩΡΙΟ)

Village à peine plus grand que Livadia, à 6 km du port. Peu à voir, si ce n'est, pour les plus courageux de nos lecteurs, la forteresse, malheureusement en piteux état (mais éclairée la nuit, tout comme le chemin abrupte qui y mène depuis le château d'eau, en haut du village – compter 30 minutes en suant à grosses gouttes). Visite possible de l'église du village et, plus simplement, balade pas désagréable dans ses ruelles escarpées, entre ruines et maisons retapées.

Également un petit *musée* local (ouvert en principe jusqu'à 14h30) avec des ossements et défenses d'éléphants nains trouvés dans les grottes d'*Harkadio*. Vicky, une dame très gentille, vous expliquera leur destin. Prendre à droite en sortant du « tunnel » de lauriers-roses mais son déménagement est en projet pour une installation de l'autre côté de la vallée, à droite de l'entrée des grottes. Ces

### CIMETIÈRE D'ÉLÉPHANTS

*Il semble bien que ces éléphants soient arrivés à Tilos à la nage (!) et soient devenus nains par manque de variété dans leur alimentation et par consanguinité. Leur mort serait due à une éruption volcanique à la suite de laquelle ils auraient été coincés dans une grotte.*

grottes ont connu, toutes proportions gardées, le syndrome de Lascaux : grosse infrastructure pour accueillir les touristes, puis abandon des visites par peur de les abîmer. Elles ne sont désormais ouvertes que pour les étudiants et les chercheurs.

# Où dormir ? Où manger ?

🛏 Quelques **chambres chez l'habitant** et une très bonne **pension, chez Nikos Miliou** : dans le centre du village, à gauche avant le « tunnel » de lauriers-roses, quand on prend le sens giratoire. ☎ 22-46-04-42-04. Compter 30-45 € pour un studio et 45-60 € pour un spacieux appart. Pas dégressif, et pas très enclin à accepter les séjours trop courts en saison. Dans un jardin calme et fleuri, des chambres et apparts bien tenus et

très soignés par le chaleureux Nikos, qui, en outre, parle bien le français.
🍽 Une taverne également : **To Kastro,** en remontant vers le haut du village. ☎ 22-46-04-42-32. Plats de chèvre à partir de 7,50 €. Malgré un accueil un brin bourru, cette taverne vaut le détour pour la fraîcheur et la qualité de sa viande. Belle vue sur la montagne de la terrasse.

## AGIOS ANTONIOS (ΑΓΙΟΣ ΑΝΤΩΝΙΟΣ)

Son intérêt principal est une bonne *taverne* (**Delfini**, ☎ 22-46-04-42-52.) au bout du port, avec quelques tables au bord de l'eau, sous les tamaris. Cuisine familiale, quelques plats préparés avec amour par Anna *(moussaka, dolmadès, petites crevettes grillées et poissons du jour vendus au kilo)*. Très bon marché, surtout pour les poissons et homards.

# À voir. À faire dans les environs

🚶🚶 **Le monastère d'Agios Pandéleimonas** (Μονη Αγιου Παντελειμονα) **:** à 4 km de Mégalo Horio, prendre la route côtière à gauche sur 5 km avant la descente vers la plage de Plaka. Pas de bus sf dim à 11h : départ de Livadia, 1h sur place et retour au port pour env 4 €. Ouv tlj. S'il est là, demander les clés au Papas Manolis. Monastère du saint patron de Tilos construit au XV<sup>e</sup> s, qui a abrité jusqu'à 40 moines. Hormis le pope qui vient quelques heures par jour, il est aujourd'hui désert. Un monastère sur un promontoire rocheux offrant une vue vertigineuse que l'on apprécie particulièrement de la terrasse du toit. Quand le pope est là, on peut admirer les belles fresques murales et icônes de la chapelle, et profiter du jardin ombragé, où l'on peut également se rafraîchir et même se restaurer le dimanche et les jours de fête. Quelques chambres rudimentaires pour les pèlerins qui désirent faire une retraite. L'église est encore utilisée pour des baptêmes. Grande fête de 3 jours les 25, 26 et 27 juillet.

⌂ **La plage de Plaka :** jolie plage de galets au nord-ouest, où l'on peut discrètement planter sa tente sous les tamaris. Le lieu est désert, pas de taverne ni d'accès en bus (se faire déposer à la fourche sur la route d'*Agios Antonios* et marcher 2 km).

## ÉRISTOS (ΕΡΙΣΤΟΣ)

⌂ Grande plage de sable et galets au sud-ouest de Tilos, aménagée avec quelques transats et parasols. Sur la moitié gauche, beaucoup de tentes sous les tamaris, et pour cause : le camping sauvage y est autorisé. Sanitaires en retrait de la plage. Tout à gauche, partie naturiste. L'arrêt de bus est au centre de la plage.

# Où dormir ? Où manger ?

🛏 🍴 **Hotel-appartements Eristos Beach :** ☎ 22-46-04-40-25. ● eristo beachhotel@mail.gr ● Avr-oct. Env 30-50 € pour une grande chambre avec coin cuisine, belle sdb et terrasse. Compter 50-70 € pour un appart de 4 pers. Plats env 7 €. Internet. Ensemble de studios nickel et bien équipés dans un jardin fleuri, face à la plage, et d'appartements très spacieux à l'étage de l'hôtel, dotés de terrasses toutes aussi gigantesques donnant sur une piscine à la forme délirante. Occupés essentiellement par des Allemands. Le proprio, sans doute pris d'un vent de folie mégalomaniaque, a fait construire cet énorme bâtiment tout blanc avec rotonde et grande verrière dans un style hollywoodien ! Pas vilain, juste surprenant dans un coin aussi désert...

🛏 🍴 **En Plo :** prendre un chemin à gauche de l'arrêt de bus sur 100 m. ☎ 22-42-04-41-76. ● t1980@otenet.gr ● Avr-oct. Studios 40-60 €, apparts 60-80 €. Resto midi et soir. Honnête taverne dans un agréable jardin offrant un bon rapport qualité-quantité-prix. Logements tout neufs, confortables et très colorés mais moins amusants que ceux de l'adresse précédente pour le même prix. Minimarket sur place, bien pratique pour les campeurs.

# NISSYROS (ΝΙΣΥΡΟΣ)  (85303)  900 hab.

Une petite île volcanique (41 km²) où les touristes, par dizaines de milliers chaque année, ne viennent voir que le volcan, puis repartent d'où ils venaient (c'est-à-dire Kos, en face), effrayés par le monstre qui ronfle. Conclusion : après 16h, on est tranquille. Et l'on peut profiter de l'adorable petit port de Mandraki, avec ses balcons à la vénitienne et ses maisons blanches, bleues ou vertes, posées comme des cubes à travers un dédale de ruelles. Les petits villages à l'intérieur de l'île sont à découvrir. Authentique, cette petite île tranquille vous offrira l'occasion de vous sentir seul au monde, enfin presque... Farniente sur les plages désertes en perspective... D'ailleurs ici, et peut-être plus qu'ailleurs, la sieste est de rigueur : jusqu'à 17h, c'est une opération ville morte. Adoptez leur rythme et si vous arrivez à ce moment-là, le plus simple est d'attendre sous les paillotes de la plage de Mandraki la réouverture des hôtels et restaurants en buvant une *kané-lada* (boisson à base de cannelle) ou une *soumada* (boisson sucrée à base d'amandes).

## Arriver – Quitter

### En ferry ou en bateau rapide

➢ *De/vers Rhodes :* 2 ferries/sem via Symi et Tilos. Trajet : 3h à 6h selon le nombre d'arrêts. Des catamarans également *(Dodekanissos Express)* via Halki.

➢ *De/vers Kos :* 6 ferries/sem avec le *Panagia Spiliani.* 1h à 1h30 de trajet. Départ de Kardaména et certains jours, de Kos-ville. Également des bateaux d'excursion (aller et retour dans la journée). Certains partent aussi de *Kardaména,* de *Kéfalos* (dans le sud de l'île de Kos).

➢ *De/vers Le Pirée :* 2 liaisons/sem, via Kalymnos et Kos. Le plus sûr est de prendre un bateau pour Kos. Là-bas, les ferries sont plus fréquents pour cette destination. En 2010, 2 ferries/sem Le Pirée-Rhodes *(Blue Star Ferries)* desservaient Nissyros, via Astypaléa, Kalymnos, Kos et Nissyros.

– Vérifier les horaires auprès de la **police maritime,** en face du débarcadère. ☎ 22-42-03-12-22.

## Circuler dans l'île

– *Location de voitures : Manos K. Rent a Car* sur le port et à la station-service. ☎ 22-42-03-10-29. Sérieux. Loue également motos et scooters. On peut recommander *Yannis* à côté de la banque. ☎ 22-42-03-17-50 ainsi que l'agence Diakho-mihalis (voir plus bas), Également des loueurs à Pali et à Nikia. Une seule pompe à essence, située 1,5 km après la sortie de Mandraki en direction de Pali, ouv 9h-14h, 16h-21h en été. Attention, les routes de l'île sont très sinueuses.

– *Bus* à raison de 5/j. en été. Il dessert Pali, Emborio puis Nikia. Départs du débarcadère.

– *Il y a peu de taxis.* Il est donc préférable de réserver en cas de nécessité. ☎ 22-42-03-14-60. ▯ 69-45-63-97-23.

## MANDRAKI *(ΜΑΝΔΡΑΚΙ ; 650 hab.)*

La petite ville s'étire entre le port à l'est et le rocher du fort vénitien avec le *monastère de Panagia Spiliani.* Entre les deux, des ruelles sinueuses et pittoresques. Mais

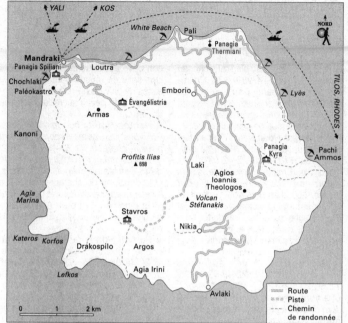

**L'ÎLE DE NISSYROS**

le véritable centre du village se trouve plus haut. Il faut monter en direction du monastère et ne pas hésiter à se perdre, c'est le seul moyen de découvrir le village et de tomber sur des scènes de vie insolites.

## Adresses utiles

■ *Agences de voyages : Enétikon,* à 50 m du débarcadère en direction du centre. ☎ 22-42-03-11-80. Fax : 22-42-03-31-68. *Ouv en saison 9h30-13h, 18h-21h.* Michelle, une sympathique Anglaise vend des billets de bus, de bateau et peut vous trouver une chambre. Elle organise aussi des excursions en bateau ou au volcan et peut vous donner tous les renseignements que vous désirez. Également, l'agence *Diakomikhalis :* ☎ 22-42-03-14-59. ● nisdiako@otenet.gr ● *Ouv tte l'année.* De la banque prendre à droite et, dans la rue principale, à droite encore. En plus, des prestations classiques, loue des voitures.

⊠ *Poste :* du port, se diriger vers le centre ; face à la banque, prendre à gauche. ☎ 22-42-03-12-49. Possibilité d'envoyer des fax.
■ *Banque :* direction centre du village. ☎ 22-42-04-89-00. Lun-ven 9h-14h. Possibilité de retirer de l'argent au guichet avec sa carte de paiement. Sinon, distributeur sur le port.
■ *Centre médical :* 50 m après la poste, sur la gauche. ☎ 22-42-03-12-17. Ouv 9h-13h. Pour les urgences : ☐ 69-77-98-73-31.
@ *Café Internet :* dans le bar *Proveza,* sur le bord de mer animé. Bonne connexion et pas mal de postes. Wifi également.

## Où dormir ?

### De bon marché à prix moyens

🛏 **Nissyros Hotel :** *au pied du rocher du monastère.* 69-74-98-47-39. *Chambre env 35 €. Tranquille et propre. En plein cœur de Mandraki, contrairement à la plupart des autres adresses. L'accueil manque de chaleur toutefois.*

🛏 **Romantzo Rooms :** *en descendant du bateau, remonter la 1re rue à gauche ; c'est à 100 m.* ☎ 22-42-03-13-40. ● nissyros-romantzo.gr ● *En hte saison, selon emplacement 35-50 € pour 2 pers. Les chambres sont propres et rénovées : coin cuisine, ventilation et grande salle de bains. Grande terrasse au-dessus de la taverne. Possibilité de petit déj. Également des studios pour 2 à 4 personnes. Accueillant.*

🛏 **Polyvotis :** *un peu après les* Romantzo Rooms. ☎ 22-42-03-10-11/ 12. Fax : 22-42-03-16-21. *Mai-oct. Chambre avec sdb env 46 € en hte saison. Prix corrects car c'est l'hôtel de la municipalité* (dimotikos xénonas). *Construction et décoration vieillottes. Bal-*
con privé avec vue directe sur le port. Une salle de muscu pour éliminer les excès de *baklavas*. Pratique pour prendre son petit déj en surveillant l'arrivée du ferry.

🛏 **Haritos Hotel :** *non loin de l'hôtel* Polyvotis, *juste après l'embranchement pour le château.* ☎ 22-42-03-13-22. ● haritoshotel.gr ● *Tte l'année. À partir de 45 € en hte saison, petit déj compris. Une douzaine de chambres pour 2 à 4 personnes. Belle vue sur le port, la mer et la piscine de l'hôtel. AC, TV. Pas moche, mais plutôt petit. Entretien très moyen.*

🛏 **Porfyris Hotel :** *dans les hauteurs du village, peu après la place principale.* ☎ 22-42-03-13-76. ● diethnes@otenet. gr ● *Tte l'année. Compter 45-60 €, petit déj compris. Moderne, chambres grandes et bien équipées et piscine d'eau de mer. AC, TV. Pour routards désirant un peu de confort sans trop dépenser.*

## Où manger ?

Il y a deux cadres et deux styles de restaurants : ceux du bord de mer, où vous pourrez déguster quelques poissons et ceux du centre, où les plats sont plutôt des *mezze*. Quelques spécialités à goûter, comme la *pitia* (galette de pois chiches) ou la *myzithra* (fromage de chèvre)

🍴 **En Taxei** (prononcer N'Daxi) : *en allant du débarcadère vers le centre, sur la gauche. Mai-oct. Fermé 16h-19h. Bons sandwichs copieux et pas chers.*

🍴 **Taverna Panorama :** *pas loin de l'hôtel* Porfyris *en remontant (voir « Où dormir ? »).* ☎ 22-42-03-11-85. *Tte l'année. Compter env 10 € le repas. Pas vraiment de panorama, mais une bonne cuisine familiale. Le resto ne paie pas de mine, mais les produits sont frais et de qualité. Demandez les prix, car ils ne sont pas affichés.*

🍴 **Restaurant Ilikiomeni Irini :** *à l'ombre des caoutchoucs géants de la place principale, au cœur du village.* ☎ 22-42-03-13-65. *Env 10 € le repas.*
Souvent envahi par les touristes de passage le midi. Endroit agréable le soir, peut-être parce que le moins clinquant de la place. Cuisine honnête, sans plus. Accueil très sympa.

🍴 **Kléanthis :** *sur le front de mer, à côté de* Ta Liotridia. *Bon resto de poisson, de la friture bon marché au poisson grillé en passant par la morue fraîche à la* skordalia.

🍴 **Chochlaki :** *sur le front de mer, après* Kléanthis. 69-45-87-61-12. *Ouv mai-oct. Env 15-18 € le repas. Plats assez originaux pour l'île (saucisse de Trikala, cochon à l'orange, la patronne venant du nord de la Grèce), et les classiques insulaires (poulpes, etc.).*

# Où dormir ? Où manger dans les environs ?

🛏 |●| Au petit port de Pali, hormis quelques plaisanciers, pas grand monde le soir. Quelques **chambres à louer** tout de même. Les frères *Mammis*, notamment, proposent 12 studios récents et confortables, qui peuvent loger 3 personnes sans difficulté. *Situés à l'entrée du village.* ☎ 22-42-03-14-53. ● mammis.com ● *Ils culminent à 80 € en août.* Il y a aussi quelques *tavernes* qui offrent du bon poisson frais. *Astradeni Place,* par exemple, qui sert avec simplicité et assurance ce que vient de rapporter le bateau familial. On peut prendre un apéro au *Captain's House Coffee Bar* voisin. Patron sympa à l'éternelle casquette de marin. En revanche, resto devenu cher et assez imprévisible.

|●| **To Balkoni (chez Katina) :** sur la place principale d'Emborio. ☎ 22-42-03-15-09. Mérite bien son nom, avec sa terrasse surplombant la vallée des volcans. Très simple, *pitia,* grillades, porcelet farci, *skordalia* aux amandes (une spécialité), le tout à des prix tout à fait raisonnables. En face, l'encore plus charmante taverne *Apiria* (☎ 22-42-03-13-77). *Mezzedès* variés, *dolmadakia,* pain complet maison et *peponi* offert en dessert. Cuisine excellente, et repas pour 10 € environ. Accueil confondant de gentillesse de Triandaphyllos, par ailleurs apiculteur. Depuis l'étage de cette maison traditionnelle fraîche et joliment aménagée, vue sur la mer.

# Où boire un verre ? Où déguster une glace ?

🍷 🍦 *Ta Liotridia :* une maison tout en pierre sur le front de mer. ☎ 22-42-03-15-80. ● nisyros-taliotridia.gr ● On pourrait venir rien que pour le cadre, mais comme on est gourmand, on en profite pour déguster leurs délicieuses glaces.

Pour vous mettre dans l'ambiance : voûtes, pierres apparentes, lumière tamisée, anciennes presses à olives... C'est superbe. 2 chambres somptueuses (et chères) à l'étage pour les routards en lune de miel.

# À voir. À faire sur l'île

🎥 **Musée archéologique :** *Mandraki, dans la rue principale. Ouv mar-dim 8h-15h. Gratuit.* Tout nouveau tout neuf : ce petit musée, attendu depuis des années, a ouvert en mai 2009. On y voit, entre autres, de la céramique archaïque et des tombes, dans des *pithoi,* reconstituées avec leur matériel. Présentation très didactique.

🎥 **Le volcan** (Το Ηφαιστειο) **:** vu d'en haut, cela ressemble à une vulgaire carrière en chantier dans une vallée entourée de montagnes. Mais la descente amorcée, l'odeur tenace du soufre finit par nous rassurer : on n'a pas fait le voyage pour rien. Au fond du cratère principal *(Stéfanos),* on a l'impression d'être sur une Cocotte-Minute. Les pierres sont chaudes, et des trous gros comme le poing laissent échapper des nuages de soufre. Éviter d'y mettre les mains (c'est brûlant) ; apporter plutôt un œuf que l'on peut casser et voir frire. Boudés par les touristes pressés de retrouver, après tant d'émotions, l'univers rassurant de leur bus, les autres petits cratères de droite méritent le détour. On peut, en prenant garde de ne pas tomber dans les cratères, tenir en main quelques pierres chaudes, recouvertes de cristaux de soufre.

La visite du volcan est plus agréable tôt le matin (vers 8h) ou en fin d'après-midi. Il fait moins chaud et les visiteurs ne sont pas encore là ou déjà repartis, on est seul face au démon de l'île. Si on arrive très tôt, ou après 18h, on ne paie pas, semble-t-il, le petit droit d'entrée (2 €).

Pour les détails pratiques : les bus partent du débarcadère de Mandraki, à l'arrivée des bateaux touristiques. Acheter les billets sans tarder car les guides louent des bus entiers pour leurs groupes (éviter ces formules organisées qui s'exécutent au pas de course et ignorent la plupart des cratères). Les marcheurs audacieux peuvent y aller à pied, mais le chemin est long (10 km de montée puis 5 km de descente, rien que pour l'aller) et le soleil tape fort. On vous conseille plutôt le deux-roues qui reste la solution la plus agréable. La route qui y mène est magnifique. Dans tous les cas, il faut de bonnes chaussures (évitez les sandales en plastique pour ne pas revenir pieds nus) et une bouteille d'eau. La *caldeira* peut aussi être très ventée. Sur place, petit café.

¶ *Le monastère de Panagia Thermiani* (Μονη Παναγιας Θερμιανης) : à **Pali.** Minuscule, juste derrière l'immense bâtisse à la Ceaucescu (à l'abandon). Fronton surmonté d'une croix et d'une cloche. Si l'entrée est fermée, demandez à la dame de la maison voisine de vous ouvrir. Petite chapelle en contrebas.

¶ *Paléokastro* (Παλαιοκαστρο) : *depuis le port (4 km), remonter et tourner à droite en suivant la direction « Kastro ».* Ou à pied en 15 mn depuis Mandraki. Ruines qui datent de la période hellénistique et dominent Mandraki. Blocs de murs en pierre de lave. Très imposant.

¶ *Emborio* (Εμπορειο) : adorable village entre mer et volcan, qui se repeuple petit à petit. Déambuler dans ses ruelles quasi désertées, parmi ses nombreuses maisons abandonnées, donnant ici sur le volcan, là sur la mer. En arrivant au village, sur la droite, un sauna naturel dans la roche. Preuve qu'à Nissyros, le volcan n'est jamais bien loin.

¶¶ *Nikia* (Νικια) : très beau village tout blanc, un peu plus vivant qu'Emborio. Beaucoup d'habitants ayant émigré vers le Brésil, l'Australie ou les États-Unis y reviennent l'été. Jolie place centrale avec église, pavage de galets noirs et blancs et *kaféni*a. Très jolies vues sur le volcan (suivez les panneaux). D'ailleurs, un intéressant petit musée a ouvert, dans l'ancienne école : il est consacré au volcanisme en mer Égée et en particulier au volcan de Nissyros *(entrée : 4 €).* Vue plongeante sur l'île voisine de Tilos, également. Belle balade sur un chemin de crête au départ du volcan (suivre la direction du monastère de Stavros) jusqu'à Mandraki.

¶ *Avlaki* (Αvλακι) : hameau abandonné à l'extrémité sud de Nissyros, au bout d'une route défoncée par endroits. Quelques maisons effondrées, avec un petit port ravagé et battu par les vagues, tout ça en pierre noire volcanique. Baignade possible dans un bassin abrité des courants. C'est beau et sauvage.

¶¶ *Les monastères : Spiliani* est fêté par un pèlerinage la nuit précédant le 15 août. Des soupes sont offertes par les popes, et la musique égaie la soirée. C'est la fête au village ! Ceux d'*Évangélistria* et de *Panagia Kyra* ne valent pas forcément le détour, car ils sont fermés.

⌂ Les belles *plages* ne sont pas la richesse de l'île, mais il y a quelques endroits pas désagréables. La *plage de Lyès,* au sable noir, accueille parfois des vaches. Aller un peu plus loin, à Pachi Ammos, à l'endroit où la piste de sable se transforme en chemin de randonnée. Idéal pour le naturisme : peu de monde... Dans le coin, un seul bar, l'*Oasis*, qui fait snack (omelettes, frites) dans la journée, seulement en juillet-août. Enfin, la plage de **Mandraki**, très volcanique, qu'on découvre en contournant par le front de mer le rocher du monastère.

¶ En face de Mandraki se trouve l'*îlot de Yali* (Γvαλι). C'est une carrière d'extraction de pierre ponce et d'obsidienne. En une cinquantaine d'années d'activité, un tiers de l'île est parti en fumée, plutôt en poussière... De nombreux habitants y travaillent, mais il est difficile d'accéder à sa belle plage de sable blanc. Se renseigner auprès de l'agence *Enétikon*. Prévoir de quoi se protéger, il n'y a pas un pet d'ombre sur place.

# ASTYPALÉA (ΑΣΤΥΠΑΛΑΙΑ) (85900) 1 100 hab.

La plus à l'ouest des îles du Dodécanèse, Astypaléa moyennement montagneuse est, paradoxalement, par endroits très fertile. Sa forme rappelle celle
d'un papillon, avec un isthme dont la largeur ne dépasse pas 100 m. Sa capitale, la ville d'*Astypaléa* (ou *Chora*), est une très belle cité égéenne aux maisons blanches, surplombée par une remarquable forteresse vénitienne.
Le *meltémi* y souffle fort en juillet et surtout en août, quand la quiétude et
l'atmosphère amicale qui règnent sur l'île sont quelque peu perturbées par le
flot touristique (ne pas compter trouver une chambre du 20 juillet au 20 août si
vous n'avez pas réservé). L'île compte 1 100 habitants et, dit-on, 365 églises et
chapelles... lesquelles ont le mérite de baliser les cartes : deux bons tiers de
l'île sont quasi vierges, accessibles seulement par pistes ou caïques !
Pas de club de plongée : dommage, car on a découvert, en juillet 2000, à proximité de l'île, 35 000 pièces datant du III$^e$ s de notre ère, probablement destinées à payer des légionnaires romains !... C'est un pêcheur d'éponges, Christos Galouzis, qui a repéré le trésor, à 47 m de fond.

## Arriver – Quitter

### En avion

✈ *L'aéroport est à 9 km de Chora, tout près de Maltézana.* ☎ 22-43-06-15-88.
➤ *De/vers Athènes :* en principe, 4-5 vols/sem, assurés par *Olympic Air*. Également quelques vols sur la ligne Rhodes-Kos-Léros.

### En bateau

Les ferries arrivent à Agios Andreas, port récemment construit (au milieu de rien) à
7 km de Chora. Des bus attendent à l'arrivée, souvent nocturne, des ferries. *Se
renseigner auprès de la police maritime, située sur le port de Chora :* ☎ 22-43-06-
12-08.
➤ *De/vers Le Pirée :* 4 ferries/sem en saison, des compagnies *Blue Star Ferries*.
Compter 10-13h de trajet ; les ferries passent par les Cyclades (Naxos, Paros voire
Amorgos, parfois aussi par Donoussa dans les Petites Cyclades).
➤ *De/vers Rhodes :* 2-3 départs/sem, pas forcément directs. 8 à 9h de trajet via
*Symi, Kos* et *Kalymnos.*

## Circuler dans l'île

– En saison (juil-août slt), un *bus* relie les villages qui se trouvent entre Livadi et
Shinondas, un peu après Maltézana. 4-5/j. slt. Quelques *taxis* sur le même itinéraire (station sur le port de Chora).
– Sinon, marche ou scooter de location *(demander à Péra Gialos, un peu en retrait
de la plage, chez Vergouli,* ☎ 22-43-06-13-51, *tte l'année, ou sur le port chez
Manolis Lakis,* ☎ 22-43-06-12-63). Les mêmes louent également des voitures.
On peut également louer chez *Tomaso,* sur le port à Péra Gialos (☎ 22-43-06-10-
00). Un peu plus cher que les deux précédents mais au moins tout se fait dans les
règles de l'art. Attention, seulement 2 stations-service, toutes deux à Péra Gialos :
l'une dans la rue descendant vers le port, l'autre à la sortie de la ville, direction
Maltézana.

## CHORA (ΧΩΡΑ) – LIVADI (ΛΕΙΒΑΔΙ)

Ville principale de l'île, construite autour d'un promontoire spectaculaire. L'essentiel de l'activité s'organise autour de trois « quartiers ». Péra Gialos est celui du port (désormais très calme, puisque jugé trop étroit et dangereux pour les ferries) et de sa petite plage : on y trouve le gros des tavernes et hôtels. Chora au sens propre correspond à la partie haute de la ville, la plus ancienne et typique. On atteint par de bien raides ruelles en escaliers les moulins de la place principale, animée jusqu'à tard le soir. Il va sans dire que l'effort mérite d'être poursuivi jusqu'au *kastro*...
Enfin, la plaine fertile de Livadi, distante de Chora d'un gros kilomètre (largement faisable à pied : rester sur la route côtière), et sa station balnéaire. Longue plage de galets, bordée de tamaris et de bars plus ou moins *lounge*. Ambiance plutôt familiale, et quelques criques à proximité pour plus de tranquillité.

## Adresses utiles

🛈 *Bureau municipal d'informations touristiques :* dans l'un des moulins de la place centrale de Chora. ☎ 22-43-06-14-12. Tlj 10h-14h, 18h-22h. Accueil sympa, mais informations limitées.
■ Il y a un *distributeur de billets* devant la banque Emboriki, *sur le port.* C'est le seul sur l'île, et il connaît parfois la panne !
■ 2 *agences* slt pour les billets d'avion et de bateau : *Astypaléa Tours,* qui représente Olympic Air, *dans la rue en sens interdit perpendiculaire au port* (☎ 22-43-06-15-71 ; fax : 22-43-06-13-

28) ; l'autre, *Paradise Travel,* sur le port, à 100 m du débarcadère, à l'hôtel Paradissos (☎ 22-43-06-12-56 ou 24).
✉ *Poste :* sur la place des moulins.
■ *Centre de soins :* en quittant la place en direction du kastro, sur la droite. ☎ 22-43-06-12-22.
■ *Pharmacie :* à Péra Gialos, au-dessus de la station-service. ☎ 22-43-06-14-44.
@ *Internet-café « Click » :* tout près des moulins. Bon matériel, mais connexion un peu chère.

## Où dormir ? Où manger ? Où boire un verre ?

🛏 *Paradissos Hotel :* 24, odos M. Karagéorgi. ☎ 22-43-06-12-24. ● astypalea-paradissos.com ● Bien situé sur le port (demander une chambre avec vue sur la mer). Avr-oct. Doubles 40-80 €. Chambres récemment rénovées, grandes et lumineuses. Impeccable. Patron sympa. Un peu bruyant à cause de la proximité des tavernes.
🛏 I●I *Akti :* à Péra Gialos, en face du débarcadère. ☎ 22-43-06-11-14. Mai-oct. Cuisine traditionnelle et bon vin. Magnifiques petites terrasses pour voir le coucher de soleil sur le *kastro*, de l'autre côté de la baie. Loue également de jolis studios pour 2 à 4 personnes (● aktirooms.gr ● ; 25-85 € selon saison et orientation).
I●I *Maïstrali :* derrière l'hôtel Paradissos. ☎ 22-43-06-16-91. Tte l'année, midi et soir. Compter 15 €. Bons plats bien préparés et les légumes sont

garantis du jardin (*moussaka* maison réputée). Également des locations.
I●I *Aitherio :* en face de Maïstrali. ☎ 22-43-06-14-19. Repas 12-13 €. Cuisine grecque classique et bien présentée. Nappes en tissu, tapenade cadeau, service sympa.
I●I 🍷 *Bar Toxotis :* sur le port, la vieille enseigne (et ses vieux habitués). Bons *mezze* (uniquement en saison). Petite terrasse sur le toit.
🍷 *Kafenio I Mili :* après le centre de soins, sur la gauche. Quelques trognes du coin, et une agréable petite terrasse. Café frappé par cher du tout.
I●I Pour manger sur le pouce, on trouve plusieurs pâtisseries et *psistaria* autour de la place des moulins : surtout éviter les feuilletés pas bons du *zacharoplastio* qui fait face à la poste, et la viande à gyros d'*Agoni Grammi*.

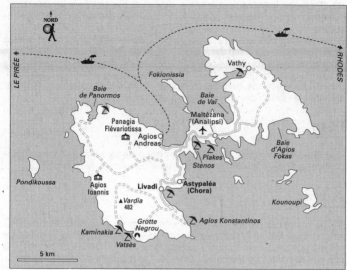

**L'ÎLE D'ASTYPALÉA**

# Où dormir ? Où manger dans les environs ?

⚊ |●| *Camping Astypaléa :* à 2,5 km du port, sur la route de Maltézana. ☎ 22-43-06-19-00. ● astypalaia.com ● *Bon marché (env 15 € pour 2 pers).* Une centaine d'emplacements. Miniself (vraiment mini !), resto, bar et plage à 30 m. Très bien équipé (sanitaires tout récents). De l'espace, et des bambous pour compléter l'ombre des oliviers. Tentes à louer. Bon resto. Un minibus fait le transfert entre le port et le camping.

⚐ *Anixi Rooms :* sur la route intérieure qui mène de Chora à la plage de Livadi, à 300 m du bord de mer. ☎ 22-43-06-12-69 ou 14-60. ● anixistudios@hotmail.com ● *Avr-fin oct.* Hors saison, possibilité de dormir dans la maison principale. *Compter 30-50 € pour 2 selon saison.* Internet et wifi. CB refusées. Une vingtaine de chambres propres, avec ou sans salle de bains, certaines avec cuisine. Réfrigérateur, coin cuisine commun et jolie tonnelle. Possibilité de prendre son petit déj. Nikolas, un bon vivant, a vécu 15 ans en Australie avant de revenir dans son île. Il peut venir vous prendre au port avec son minibus

(sinon, arrêt de bus devant la maison). Adresse un peu vieillotte, mais calme et chaleureuse.

⚐ *Studios Filoxenia :* à 200 m de la plage de Livadi, par le canal (un peu avant Anixi Rooms). ☎ 22-43-06-16-56/50 ; hors saison, ☎ 21-04-52-63-11. ● linahatzi@hotmail.com ● *Compter 30-70 € (tarifs négociables).* Derrière de hauts murs pas très engageants, un beau jardin et de grands et confortables studios, avec terrasse. Très bon accueil.

⚐ *Studios Maganas :* sur la plage de Livadi. ☎ 22-43-06-14-68. ● maganas. astypalea@hotmail.com ● *Mai-oct. Doubles env 25-75 € selon saison.* Petit complexe de construction récente, bien situé. AC, cuisine, TV satellite. Demander de préférence à être à l'étage, c'est plus grand et plus calme. La famille a aussi un restaurant (*Kalamida*).

⚐ |●| *To Gerani :* à Livadi, au début du canal. ☎ 22-43-06-14-84. ● gerani72@ hotmail.com ● *Midi et soir. Repas 10-12 €.* Très bonne table, des spécialités grecques (originales *pitès* aux légumes) au poisson, pas excessivement cher. Confortables chambres à louer

(40-75 €), avec kitchenette et AC. Terrasses au rez-de-chaussée, sans vue aucune.

**|●| *Barabrossa* :** *à Chora, au bout de la ligne des moulins et au pied des ruelles montant vers le kastro.* ☎ 22-43-06-15-77. *Tte l'année. Repas env 15-20 €.* Bonne cuisine familiale, avec des plats préparés, de la viande, et surtout du poisson, mis en valeur par une utilisation experte des herbes aromatiques de l'île.

**|●| *Café-ouzeri* :** *sur la plage de Livadi, les pieds dans l'eau, à côté des Studios Maganas.* ☎ 22-43-06-15-21. *On y mange bien pour 10-12 €.* Spécialités : le poulpe et le calamar. Sympa et accueillant.

## Fête

– *Le 15 août :* grande fête de 3 jours pour célébrer la dormition de la Vierge (église de *Panagia Portaïtissa,* derrière le *kastro,* en le contournant par la droite).

## À voir

🎣🎣 *Le kastro :* en haut de Chora (attention aux zones dangereuses, bien délimitées). Château bâti en 1413 par les Vénitiens en vue de repeupler une île mise à sac par les raids turcs. Pas seulement défensif (on s'y abrita ensuite des pirates), il fut une véritable cité, très densément peuplée. Les menaces extérieures s'amenuisant, on quitta progressivement ses murs, mais il serait encore probablement intact si un tremblement de terre ne l'avait bien amoché en 1956.

🎣 *Musée archéologique :* en retrait du port, en face du loueur Vergouli. ☎ 22-43-06-15-00. *Ouv mar-dim 8h30-15h et en saison 10h-13h, 18h30-21h30. Entrée libre.* De belles poteries, quelques stèles et minibustes en marbre, et le contenu de tombes mycéniennes.

## À voir dans les environs

🎣 *Le monastère de Flévariotissa* (Μονη Παναγιας Φλεβαριωτισσας) *:* à 6 km de Chora. Perdu au beau milieu de la partie ouest de l'île et plutôt mal indiqué, piste caillouteuse pas évidente à faire en scooter. Pas tout le temps ouvert, il faut avoir la chance de tomber sur le couple de bergers (ou leur fille) qui garde les clés. Deux églises, l'une très ancienne, genre troglodytique. Belle iconostase en bois.

🏊 *Au sud de Livadi,* **Agios Konstantinos** (Αγιος Κονσταντινος), *accessible en deux-roues.* Taverne en été. À éviter quand il vente fort. La piste qui part de Livadi mène aussi vers les plages de *Kaminakia* et *Vatsès.* Cette dernière vaut le détour pour la grotte de *Negrou* (Νεγρου), et ses impressionnantes stalactites. Un pirate algérien y cacha ses trésors (les fouilles du site restant à faire, la légende veut qu'ils y soient toujours) ; la minorité catholique de l'île s'y abrita elle pour son culte... Kaminakia mérite aussi le déplacement pour sa taverne *Sti Linda (Chez Linda ; ouv juil-fin sept ; env 15 €).* Production locale (Linda a ses troupeaux, fait ses fromages, son miel et son grand jardin fournit abondamment).

🏊 *Sur la route de Maltézana,* au niveau de l'isthme, quelques plages : d'abord **Stenos** (Στενος), idéale pour barboter, mais très fréquentée (snack-bar l'été) et en bord de route ; puis les deux criques splendides de **Plakes** (Πλακες) séparées par des rochers plats où l'on dore volontiers nu. Eau particulièrement calme et limpide, et fonds poissonneux.

🎣 *Maltézana* (Μαλτεζανα) *:* un petit port à 9 km de Chora, où il faut aller vers 7h-9h, au moment du retour des pêcheurs. Ils vendent poissons et langoustes à des prix intéressants.

Une curiosité : une stèle, au bout de l'anse de Maltézana, commémore un combat naval (1827) où se sont illustrés des marins français, Bisson et Tremintin (ce dernier originaire de l'île de Batz, Finistère). Pour la petite histoire, les Français firent sauter leur navire pour éviter de tomber aux mains des pirates. Voir aussi les bains romains (mais les mosaïques sont protégées des regards) et deux églises très anciennes, *Agia Varvara* et *Korékli* (mosaïques).

KOS (ÎLES DU DODÉCANÈSE)

â Nombreuses **chambres** à louer, par exemple chez **Ilias Kallis** (☎ 22-43-06-14-46) qui fait aussi resto (à l'extrême gauche de la baie).
|●| **Restaurant Ovélix :** *à 100 m sur la gauche, en remontant la route face à la jetée.* ☎ 22-43-06-12-60. *Slt le soir. Compter 10-15 €.* De nombreux Grecs y dégustent des *revithia kokkinista* (pois chiches en sauce) ou des *tiganopsoma* (tourtes au fromage). Le soir, poisson au barbecue (la taverne est réputée être la meilleure de l'île pour le poisson) et langoustes bon marché (sur résa). Studios à louer.

🏃 **Vathy** (Βαθυ) : *petit village à une vingtaine de km de Chora, situé tout au fond d'une baie fermée.* Plutôt que de prendre la piste, il est possible d'y aller en caïque : se renseigner à Maltézana. Jolies plages dans le coin et grottes de *Drakospilia* (demander Alexis pour faire la visite en bateau).

# KOS (ΚΩΣ)

(85300)  26 300 hab.

« Si mes parents savaient ! » Cette phrase, on l'entend toute la journée. Et effectivement, si leurs parents savaient...
Des charters entiers de jeunes Européens du Nord envahissent chaque été la ville pour la transformer en boîte géante. Des milliers de jeunes, des dizaines de bars et de boîtes de nuit...
La ville de Kos, malgré le tourisme nocturne, mérite quand même d'être vue : le port, dont le château des chevaliers de Rhodes assurait la défense, est beau. Les sites antiques s'insèrent naturellement dans la ville, animée et agréable à visiter. On déplore toutefois que la moindre parcelle de l'île soit exploitée en faveur du tourisme : les nombreuses plages sont bondées et occupées par des centaines de transats et de parasols multicolores certainement plantés par des daltoniens. Il devient quasiment impossible de trouver un coin tranquille, et c'est bien dommage. C'est un peu mieux dans le sud de l'île, mais le béton gagne peu à peu du terrain. Certains trouveront Kos totalement surfaite et artificielle, inintéressante même pour ce qui est des paysages, mais tout dépend de ce que vous attendez de vos vacances...
On conseille donc aux « vieux » de venir y séjourner hors saison et de s'éloigner au maximum de la capitale. Les jeunes, eux, ont tout intérêt à bien se couvrir (le soleil tape en été), à réviser leur anglais (très peu de Français mais beaucoup de Suédois) et à prévoir... le citrate de bétaïne pour se remettre du mal de crâne.

## Arriver – Quitter

### En avion

➢ **De/vers Athènes :** 4-5 vols/j. (*Olympic Air* et *Aegean Airlines*). Durée : 55 mn.
➢ Et de nombreux charters, reliant essentiellement l'**Europe du Nord** et **Kos.**
– À l'arrivée à l'aéroport, situé près d'Andimachia, à 26 km de Kos-ville, il y a le seulement le taxi *(compter env 27 €).*

– *Rens :* ☎ 22-42-05-12-99 *(agence* OA *de l'aéroport)* et ☎ 22-42-05-16-56 (Aegean Airlines). *Résas :* ☎ 22-42-02-83-30 (Olympic Air) et ☎ 22-42-05-15-64 (Aegean Airlines).

## En bateau

➢ *De/vers Le Pirée :* env 3 départs/j. Compter 14h de bateau. Un bateau plus rapide de la compagnie *Blue Star* dessert également l'île, plusieurs fois/sem (compter 9-10h).

➢ *De/vers Rhodes, Kalymnos, Léros, Patmos et Samos :* liaisons tlj en ferry ou hydrofoil. Peu de liaisons pour *Nissyros* et *Symi.*

➢ *De/vers Nissyros :* liaison presque tlj par les bateaux d'excursion. Également, 6 fois/sem une liaison par bateau *Panagia Spiliani,* le plus souvent au départ de Kardaména.

➢ *De/vers Bodrum (Turquie) :* ouv fin mai-fin oct, départ à 9h, retour à 16h. Passeport à faire contrôler à la capitainerie, à l'embarcadère.

# Circuler dans l'île

🚌 *Arrêts de bus :* sur le port (plan Kos-ville, B3, **1**) pour les bus municipaux, qui sillonnent la ville et les environs (☎ 22-42-02-62-76). À l'angle des rues Pissandrou et Metsovou (plan Kos-ville, B3-4, **2**) pour les bus KTEL, qui desservent les villages de l'île (☎ 22-42-02-22-92).

➢ *Pour Tigaki et Marmari :* 9h-23h (18h dim).

➢ *Pour Mastichari, Kéfalos et Kardaména :* 7 départs/j., 9h-21h (3 départs dim à 9h, 13h et 17h).

➢ *Pour Zia :* 7h-13h (pas de départ dim).
Un petit train « bleu » relie Kos, tlj sf lun, (à côté du débarcadère) à l'Asklépion. 1er départ à 10h, dernier départ à 18h (dim départs à 8h, 9h40, 10h40 et 16h15) : 5 € l'aller-retour ; réducs. Ne pas confondre avec le petit train « vert » qui reste en ville (ttes les 30 mn, 10h-14h, avec un guide et 18h-22h avec musique ambiante), trajet env 20 mn. 5 € l'aller-retour ; réducs.

– *Location de motos, scooters et vélos :* nombreux loueurs, pour la plupart sur l'av. V. Georgiou et à la hauteur de la marina dans la rue Harmilou, le tout sur la gauche, vers le sud, quand on vient du débarcadère. Permis de conduire voiture obligatoire. Certains loueurs passent outre, car les touristes de Kos sont jeunes. À vos risques et périls...

– *Location de voitures :* attention, elles ne sont pas toujours en bon état. Cependant, *Autoway,* 14, av. V. Georgiou, propose de bonnes voitures, relativement récentes. ☎ 22-42-02-53-26. ● autowaykos.gr ●

– *Taxis :* stations à l'aéroport, ainsi qu'à akti Koundouriotou (plan Kos-ville, B3), juste devant l'arbre d'Hippocrate. ☎ 22-42-02-27-77, 33-33 et 16-66.

## KOS-VILLE *(ΚΩΣ)*

Une véritable ville, avec ses avantages (visite, loisirs et restauration) et ses inconvénients (bruit, danger des routes, beaucoup de monde). Les jeunes, avides de bars et boîtes de nuit, se poseront dans le centre, tandis que les autres générations auront tout intérêt à s'en éloigner un peu pour ne pas avoir à supporter le bruit incessant.
Pendant la journée, la visite de nombreux sites et musées offre une bonne alternative à la plage. Le soir, il est très agréable de se balader le long du port et de monter dans le quartier piéton. Pour ceux qui voudraient tout connaître de l'île ou qui comptent y séjourner longtemps, se procurer le magazine *Where & How in Kos* : en anglais, suédois et allemand, pour tout savoir des soirées et autres fêtes locales.

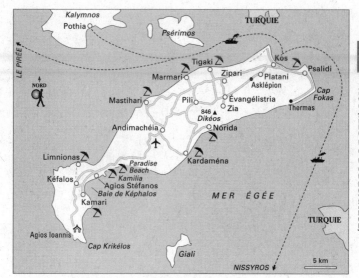

**L'ÎLE DE KOS**

## Adresses utiles

🛈 *Office de tourisme municipal* (plan B3) : 7, odos Koundouriotou, à droite du château des chevaliers de Saint-Jean, quand on est dos à la mer. ☎ 22-42-02-44-60 ou 87-24. ● kosinfo.gr ● Tte l'année lun-ven théoriquement, 7h30-15h ; fermé sam-dim. Peut fournir les horaires de bateaux et de bus, une carte de la ville, et aider à trouver une chambre. Français parlé. Samedi et dimanche, aller à la station centrale des bus municipaux, 1, odos V. Georgiou, au petit kiosque où ils donnent essentiellement des plans !

✉ *Poste* (plan B3) : odos V. Pavlou. Lun-ven 7h30-14h.

◼ *Banque* : plusieurs distributeurs de billets. Pl. Kazouli (plan B3), 5, akti Koundouriotou (plan B3) et odos Ioannidi (plan B3).

◼ *Police et police touristique* (plan B3, 3) : dans le grand bâtiment de style italien derrière l'arbre d'Hippocrate. ☎ 22-42-02-22-22 et 22-42-02-24-44 (police touristique). Pas toujours très accueillants !

◼ *Police maritime* (plan B3, 4) : sur le port, au niveau des bateaux d'excur-sion. ☎ 22-42-02-65-94.

◼ *Hôpital* (plan B3, 5) : 32, odos Hippocratous. ☎ 22-42-02-23-00.

◼ *Presse internationale* : sur la pl. Kazouli (plan B3) et à côté de la station centrale des bus municipaux, sur V. Georgiou.

◼ *Kendriko Blue Star Ferry* (plan B3) : odos Koundouriotou. À droite de l'office de tourisme. Bien entendu tous les longs trajets en bateau, mais aussi de nombreuses excursions dans les îles voisines sont en vente ici. Également de nombreuses petites agences sur le port et au début d'odos V. Pavlou, près du port (plan B3).

@ *Café Internet Del Mare* (plan A-B3 1) : 4 a, odos Megalou Alexandrou. Une petite dizaine d'ordinateurs dans une salle où il fait vite très chaud. Malin, impossible de repartir sans boire un verre au bar !

@ *Internet Café Factori* (plan A3, 2) : 76, odos Megalou Alexandrou. ☎ 22-42-02-56-44. ● factor.i.kos@gmail.com ● Une bonne vingtaine d'ordinateurs dans une immense salle, bien mieux ventilée que le précédent !

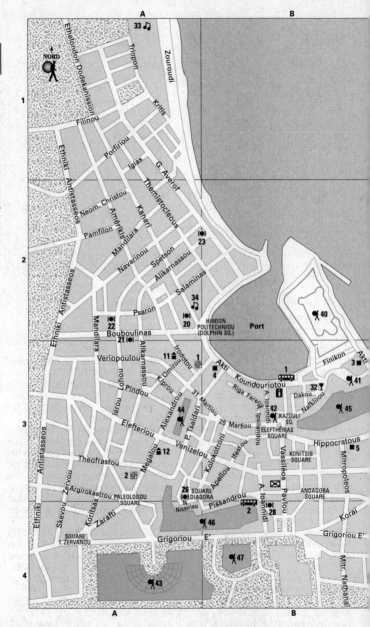

■ **Adresses utiles**

- **i** Office de tourisme
- 1 Arrêt des bus municipaux
- 2 Arrêt des bus KTEL
- @ 1 Café Internet Del Mare
- @ 2 Internet Café Factori
- 3 Police et police touristique
- 4 Police maritime
- 5 Hôpital

🛏 **Où dormir ?**

- 11 Pension Alexis
- 12 Chambres chez Alexis Androulis
- 13 Afendoulis Hotel
- 14 Thomas Hotel

🍴 **Où manger ?**

- 20 To Konaki
- 21 Christiania
- 22 O Lambros
- 23 O Nikos O Psaras
- 26 Anatolia Hamam
- 28 Olympiada

🍸🎵 **Kos by night**

- 32 Club Hamam
- 33 Tropical Island Club et Club Heaven
- 34 Fashion Club

🍴 **À voir**

- 40 Château des chevaliers de Saint-Jean
- 41 Arbre d'Hippocrate
- 42 Musée archéologique
- 43 Odéon
- 44 Stade
- 45 Agora
- 46 Acropole
- 47 Maison romaine

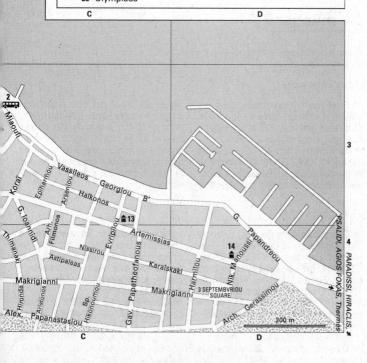

**KOS-VILLE**

# Où dormir ?

## Prix moyens

🛏 *Pension Alexis* (plan A3, 11) : 9, odos Irodotou, à l'intersection d'Omirou. ☎ 22-42-02-87-98. • pensionalexis. com • Chambres avec sdb commune 30-48 € selon taille et période, on peut négocier moins cher en très basse saison. Petit déj en plus (5 €). Une pension calme dans une maison moins laide que les autres. Confort minimal (mais une rénovation était annoncée pour 2011). Petit déj sur la terrasse. Accueil agréable de Sonia, l'âme de la maison.

🛏 *Chambres chez Alexis Androulis* (plan A3, 12) : 19, odos M. Alexandrou. ☎ 22-42-02-60-22. 📱 69-48-10-39-61. Env 35 € la chambre. Une poignée de chambres simples, avec un petit frigo et salle de bains commune. Très central et calme.

🛏 *Afendoulis Hotel* (plan C3, 13) : 1, odos Evripilou. ☎ 22-42-02-53-21 ou 57-97. • afendoulishotel.com • Chambres avec ou sans balcon 30-50 € ; très bon petit déj en sus (5 €). Hôtel propre et confortable, dans une rue calme, proche du centre, mais à l'écart du bruit. Les chambres sont spacieuses et le patron, Alexis Zikos, se met en quatre pour ses clients.

🛏 *Thomas Hotel* (plan D4, 14) : odos Artemissias, à l'angle d'odos Manoussi. ☎ 22-42-02-46-46. • hit360.com/thomashotel.gr • Tte l'année. Doubles env 40 €, petit déj compris. Petit hôtel familial de 25 chambres, très classiques avec TV, AC et petit frigo. Dans le même quartier que le précédent, donc au calme. Petit déj-buffet. Bon accueil.

# Où manger ?

Éviter les établissements situés trop près du port.

## Bon marché

🍽 *Fast-foods :* nombreux dans les rues du centre qui partent du port. Ils proposent des *souvlakia* et *pitas-gyros* pour pas cher (compter 2-5 €).

🍽 *To Konaki* (plan A2, 20) : 1, odos Kanari. ☎ 22-42-02-28-21. Près de la pl. des Dauphins, un populaire psitopolio (comprendre qu'on y grille de la viande slt). Gyros pas cher, à partir de 2 € et bonnes grillades à partir de 6 €, maxi 9-10 €. La viande est extrafraîche, car le patron a aussi une boucherie. Ressemble plus à un fast-food qu'à un restaurant. Quelques tables sur le trottoir. Bruyant, car rue très passante.

## Prix moyens

🍽 *Olympiada* (plan B4, 28) : à l'angle des rues Pavlou et Cleopatras, à deux pas de l'arrêt de bus KTEL. ☎ 22-42-02-30-31. Un peu excentré, donc au calme. Fermé déc-janv. Repas env 10-15 €. Une nourriture de qualité (plats préparés) et des plats de viande copieux pour un prix très raisonnable. Sans prétention, mais on y mange d'excellentes spécialités grecques.

🍽 *O Lambros* (plan A2, 22) : à l'angle de Psaron et Lohou. ☎ 22-42-02-88-08. Excellentes grillades 10-15 €. Service 12h-16h, 18h30-minuit. Le cuisinier est également boucher. Sa spécialité : le chateaubriand (à commander pour 2 personnes). Si on arrive assez tôt, on le verra officier avec ses côtelettes et brochettes au barbecue. Miam ! Resto pour carnivores seulement.

🍽 *Christiana* (plan A2-3, 21) : 21, Bouboulinas. ☎ 22-42-02-43-94. Repas env 10-13 €. Ouv 10h-15h, 18h-minuit. Cuisine variée, bons plats grecs copieux et soigneusement mitonnés. Beaucoup de Grecs le soir, c'est un signe qui ne trompe pas, surtout dans un lieu aussi touristique que Kos-ville.

## Plus chic

|●| **O Nikos O Psaras** (plan A-B2, **23**) : 21, odos G. Averof. ☎ 22-42-02-30-98. Tte l'année (fermé slt le lun en été ; en hiver lun-mar). Compter min 15-25 €. Dans la partie « chaude » de la ville, une taverne pour les amateurs de poisson. Poisson assez cher au kilo mais la taverne propose également des plats abordables. Et, en prime, de la bonne musique grecque.

|●| **Anatolia Hamam** (Hammam oriental ; plan A3, **26**) : sq. Diagora, entrée sur la rue Nikita Nissiriou. ☎ 22-42-02-14-

44. Mai-oct, midi et soir. Compter 25-30 € le repas. Dans un ancien hammam privé et joliment décoré, qui date de l'occupation turque. La terrasse surplombe le terrain des ruines de l'acropole. Enfin de la gastronomie grecque et le grand jeu du service à la française. On y sert de bons plats copieux qui changent des éternels souvlakia et autres tomates farcies. Belle carte des vins. Une telle effusion des sens a un prix, mais on peut bien se faire plaisir de temps en temps !

## Où manger dans les environs ?

|●| **O Arap Memis** : à Platani. En plein centre. Compter env 10-12 €. Une taverne tenue, comme la plupart des tavernes de Platani, par une famille turque. Bonne spécialités comme l'adana kebab ou le yaourtlou, qui se sont très

bien intégrés en Grèce, la nombreuse clientèle grecque en témoigne. En sortant, s'il vous reste un peu de place, faites un détour par la pâtisserie d'en face (Paradossi), qui propose pas mal de pâtisseries orientales.

## Kos *by night*

Inutile de raconter que c'est pour vous reposer sous l'arbre d'Hippocrate que vous allez à Kos. Dans cette île, on ne ferme pas l'œil. Des milliers d'hétéros postpubères (17 à 23 ans) envahissent chaque été ce paradis pour noctambules. Un nombre hallucinant de bars et de **boîtes de nuit** dans lesquels les bookers de mode viennent faire leur marché de Scandinaves. Cela dit, en dehors de la haute saison, c'est beaucoup plus calme.

### Hors circuit

🍷 **Milo's** (hors plan par A1) : prendre la route de Lambi ; après le grand carrefour des platanes, continuer un petit moment et prendre une rue sur la droite (indiqué) ; poursuivre sur 300 m et prendre à gauche jusqu'au bord de plage. Vieux moulin rénové avec des dizaines de tables dehors et sur la plage. Grecs et touristes scandinaves se mélangent gentiment au son de tubes grecs et internationaux. Ambiance bon enfant et

clientèle familiale et plutôt branchée.

🍷 **Club Hamam** (plan B3, **32**) : en face de la station de taxis et de l'arbre d'Hippocrate. Ouv slt le soir. Un des rares endroits calmes à deux pas de la bar street, d'ailleurs la clientèle y est un peu plus âgée. Agréable terrasse devant laquelle jouent souvent des groupes. Autour de minuit, un DJ commence à mixer à l'intérieur des anciens bains turcs.

### Une soirée très particulière

Si vous avez des rhumatismes et si vous n'avez plus l'âge de vous exploser les neurones à l'absinthe, ce programme n'est pas vraiment pour vous... Bien entendu, le programme ci-dessous vaut pour les mois de juillet et (surtout) août. Le reste du temps, c'est beaucoup plus calme.

1) De retour de la plage, on commence à boire pendant la douche. Les colocataires feront un *sitting* à tour de rôle sur le balcon, un verre à la main, pour inviter les bandes qui passent en dessous. Sympa pour des rencontres. Les concitoyens sont faciles à trouver : tout le monde met le drapeau de son pays à son balcon. Une fois que l'*ouzo* a tapé sur le système (22h), direction la *bar street*.

2) *La rue des bars ou bar street* (plan B3) : ce sont des dizaines de bars concentrés sur plusieurs rues, entre la place des taxis et le square Eleftherias. Les jeunes s'amassent en terrasse et dansent, ou plutôt se déchaînent, sur les minipistes intérieures. Tous les styles de musique (*jungle, hardcore,* pop...) et tous les décors possibles (saloon, bateau...). Impossible de ne pas trouver un bar à son goût, mais difficile de trouver une place assise. Vers minuit-1h, on passe aux choses sérieuses.

3) Pour se rendre au quartier des *boîtes de nuit* et des grands bars (au bout de la rue G. Averof ; *plan A1*), taxi, ou pour les fauchés et les sportifs, le trajet se fait le plus souvent à pied (allons, ce n'est pas si loin). Là, quelques verres pour se remettre, et c'est l'entrée en boîte. Beaucoup de choix là aussi. Les plus prisées sont sur odos Zouroudi (plan A1, 33), le *Tropical Island Club,* avec sa piscine, et le *Club Heaven,* bondé dès 17h où le top est de passer directement de la plage au bar pour s'échauffer pour le soir en dansant, toujours en maillot de bain ! Beaucoup de succès également pour le *Fashion Club* (plan A2, 34), assez hype. Des hôtes et hôtesses offrent des entrées gratuites quand vous êtes devant les bars, mais on doit arriver avant 1h pour en profiter. Pour les tardifs, l'entrée est payante et comprend un verre.

## À voir

🏰🏰 *Le château des chevaliers de Saint-Jean* (plan B2, 40) : entrée près de l'arbre d'Hippocrate. *Ouv mar-dim 8h-20h (dernière entrée à 19h30), lun 13h30-20h. Entrée : 3 €.* Imposante forteresse médiévale visible du port, renforcée au fur et à mesure des attaques turques, comme en témoignent les deux enceintes des XIVe et XVe s. Très beau panorama.

🏛 *L'arbre d'Hippocrate* (plan B3, 41) : juste derrière la station de taxis. Kos est l'île de naissance d'Hippocrate, père de la médecine. La croyance populaire dit que c'est sous cet arbre, un platane, qu'il aurait enseigné, mais celui-ci n'a en vérité pas plus de 500 ans. C'est quand même un des plus vieux d'Europe. Son tronc, plus que torturé, totalement creux et soutenu de partout par des armatures en métal, ne fait pas moins de 12 m de circonférence. Non loin de ce vénérable platane, une vieille mosquée désaffectée du XVIIIe s est squattée par des commerces...

🏛 *Le Musée archéologique* (plan B3, 42) : sq. Eleftherias, dans un grand bâtiment en pierre jaune, en face de la galerie marchande. ☎ 22-42-02-83-26. *Mar-dim 8h-20h (dernière entrée 19h30), lun 13h30-20h. Entrée : 3 €.* Petit musée abritant les découvertes effectuées dans l'île. Pas grand-chose d'extra, à part la superbe mosaïque de l'entrée, et de nombreuses statues (dont, évidemment, celle d'Hippocrate).

🏛 *Les ruines :* nombreuses et parsemées dans la ville. Odéon (plan A4, 43), stade (plan A3, 44) quelque peu envahi par la végétation, ancienne agora (plan B3, 45) et acropole (plan A-B4, 46). Superbe site en face de l'odéon, coupé par deux rues du IIIe s, autour desquelles on retrouve les vestiges romains et paléochrétiens. Tout au fond, belle et grande mosaïque représentant un combat entre des hommes et des animaux. Entrée libre. Y aller en fin de journée, quand la foule et le soleil s'en sont allés ou tôt le matin.

🏛 Un peu plus loin, intéressante *maison romaine* (casa romana ; plan B4, 47 ; ouv tlj sf lun 8h-20h, dernière entrée à 19h30). Du IIe s, bâtie sur les murs d'une maison de l'époque hellénistique découverte et reconstruite par les Italiens après le tremblement de terre de 1933.

# À faire

La ville de Kos a plein de gentilles activités pour les gentils touristes. La liste complète et les adresses sont disponibles à l'office de tourisme.

– Pour faire une pause dans la folie, il y a le **cinéma Orphéas** en plein air, *(10, odos V. Georgiou.* ☎ *22-42-02-57-13).*

– Sur beaucoup de plages, possibilité de **louer des scooters de mer,** des windsurfs et de faire du ski nautique.

– On peut **louer des bateaux** pour faire un tour sur les autres îles.

– *Les amateurs d'***équitation** iront au trot enlevé au Alfa-Horse, *vers Paléo Pili.* ☎ *22-42-04-19-08.* 🗌 *69-46-97-74-60 ou 69-46-72-25-71.* ● *alfa-horse.com* ● *Ouv 8h-12h30, 16h30-19h.* Entre Kos et Mastihari, prendre à gauche à la hauteur de Marmari en direction de Pili. Après quelques centaines de mètres, juste avant un petit pont, prendre à gauche direction Amaniou, Palio Pili. Arrivé à l'église d'Amaniou, prendre à gauche vers Asfendiou-Zia, après 100 m, c'est indiqué sur la droite. Géré par des Allemands. Prendre rendez-vous.

– *Et chaque année, un grand* **festival de musique, théâtre et danse** en juil-août) *Rens au centre culturel municipal, 3, odos V. Georgiou (horaires d'ouverture assez aléatoires).*

– *Bateaux d'excursion :* de nombreux bateaux font des excursions sur les îles avoisinantes, *Kalymnos, Léros, Patmos, Lipsi, Nissyros, Rhodes,* et la *Turquie* (attention aux taxes et passeport obligatoire). Départs des bateaux du port. On peut y faire son « lèche-bateaux » tous les soirs en se promenant. Ils sont tous éclairés et de belles hôtesses suédoises expliquent les trajets. Bon point de départ pour visiter le Dodécanèse.

# À voir dans les environs

🎐 **Platani** *(Πλατανι) : juste à l'entrée du village (à 3 km de Kos).* Les amateurs de vieilles pierres pourront faire un tour au *cimetière turc.* Des stèles ornées d'un turban de pierre. Atmosphère particulière.

🎐 **Altis Hippocrate :** *à 4 km de Kos, sur la route de l'Asklépion.* On peut y aller avec le bus qui va de Kos à l'Asklépion via Platani ou avec le « petit train bleu ». On y accède par un chemin à gauche,

> **CAFÉ TURC**
>
> *Le village de Platani, à proximité de Kos-ville, possède la particularité d'être en partie habité par une petite communauté turque, qui n'a pas participé aux échanges de populations entre la Grèce et la Turquie après 1922. Plusieurs restaurants proposent une (bonne) nourriture appréciée des locaux. Les Grecs y vont donc manger turc et pas manger du Turc !*

env 500 m avant l'entrée de l'Asklépion. Grand jardin sur les hauteurs, inauguré en 2008 et dédié à Hippocrate. Il faut encore laisser à toute cette nature le temps de pousser un peu, mais le panorama sur Kos-ville et la Turquie y est superbe. Petite balade bucolique à faire tôt le matin ou quand le soleil décline.

🎐🎐 **L'Asklépion** *(Ασκληπειο) : à 4 km de Kos, après Platani.* ☎ *22-42-02-87-63. Bus depuis Kos via Platani. Mar-dim 8h-20h, dernière entrée à 19h30, (lun 13h30-20h dernière entrée à 19h30). Entrée : 4 € ; réducs.* Consacré à *Asklépios* (Esculape), ce sanctuaire recevait dans l'Antiquité des malades de la Grèce entière. Visite intéressante des quatre terrasses dominant majestueusement la plaine de Kos. La première rassemblait les bains, la deuxième servait aux jeux et à l'hébergement des prêtres, la troisième était réservée aux cultes, sur la dernière se trouvaient l'hôpital et le temple d'*Asklépios*. Les ruines permettent de bien se rendre compte de l'importance passée du site. Tous les jours à midi, le rituel du serment d'Hippocrate y est mis en scène. Une visite à ne pas manquer.

🍴 **Thermas** : à env 6 km au sud de la ville de Kos. Prendre la route de Psalidi, puis continuer au-delà du Cap Fokas par la route côtière, très exposée aux vents (en scooter faire attention aux rafales), mais bien asphaltée et superbe pour ses points de vue. Descendre le chemin de terre (indiqué) sur env 600 m le long de la mer et de la falaise, c'est tout au bout. Également le bus n° 5 ttes les heures, aller jusqu'au terminus. Là, une source d'eau chaude sulfureuse se déverse dans la mer... cadeau naturel. On peut voir les bouillons, signe que l'eau est bien chaude, mais elle est tempérée par l'eau de la mer. De nombreux baigneurs barbotent dans un bassin d'une dizaine de mètre de diamètre. Un conseil : pour en profiter tranquillement, il faut y aller tôt le matin... quand tous les fêtards dorment encore.

## LA MONTAGNE DE L'ÎLE DE KOS

🍴🏔 **Zia** (Ζια) : après Zipari, à 9 km de Kos, route en lacet vers ce village de montagne. Un peu attrape-touriste si l'on se contente des boutiques de la rue principale et de la dizaine de restos qui s'égrènent le long de cette même rue. Ne pas hésiter à monter (et ça grimpe dur) dans les ruelles pour voir un peu le « vrai » village, tout à fait charmant. De toute façon, vous ne serez pas seul. Si vous avez le temps, promenades dans la forêt, parmi les tortues et les faucons (suivez le panneau) ou rando vers le sommet de l'île, le mont Dikéos (le sentier commence à la hauteur de la taverne *Zia*) : compter 2h15 jusqu'à la chapelle, par un sentier bien balisé qui succède à une piste. Au sommet, splendide vue sur les deux côtés de l'île, et au large... la Turquie.

🍴 **Taverne Zia, chez Yannis et Kostas** : prendre la rue qui monte sur la gauche quand on arrive de l'Askiplio, c'est tout en haut et tout au bout, mais ça se mérite. Compter env 10-12 €. Adorable petite taverne avec sa jolie terrasse sous la treille, tables et chaises peintes en blanc et bleu, c'est mignon comme tout. Plats simples et appétissants. Vue plongeante sur le village. Bon accueil et musique grecque pour l'ambiance. Un petit havre de paix.

🍴 Sinon, en passant par Lagoudi, on peut rejoindre *Pili*. **Paléo Pili** (le vieux Pili) se trouve à 4 km. Cadre magnifique : dans la fraîcheur des pins, les ruines d'un château byzantin se fondent dans la montagne. À partir du réservoir, suivez le sentier-escalier de pierre marqué par des flèches bleues pour vous balader dans le village en ruine. À l'intérieur de celui-ci, les *chapelles Andonios* et *Taxiarchès*. Et l'*église d'Ypapandi* qui abrite des fresques du XIVe s. Pour les plus courageux, l'ascension du château (dont il ne reste pas grand-chose) est sympa : au niveau de la maison avec trois dômes, prendre à gauche un petit sentier pas très bien marqué mais qui monte jusqu'à la forteresse : de là-haut, vue splendide.

🍴 À 4 km au sud d'Andimachia, à 25 km de Kos, une route mène à une belle *citadelle vénitienne*.

## LES PLAGES DE L'ÎLE DE KOS

L'île a connu un essor touristique considérable, que les petits ports auparavant paisibles ont mal supporté. Vous avez le choix entre des plages superbes mais bondées et de grandes plages désertes mais sales !

⌐ À l'ouest, route de bord de mer très agréable depuis Kos jusqu'aux plages de *Tigaki* et ses marais salants (12 km) et *Mastihari* (30 km). Lieux très prisés, car ce sont, à l'origine et hors saison, d'immenses plages de sable fin et blanc, mais très exposées aux vents. À *Tigaki,* plage pas agréable du tout, avec de gros complexes hôteliers, des restos et des boutiques alignés. *Marmari* ne présente aucun intérêt si ce n'est d'attirer les fanas de planche à voile : le vent souffle régulièrement de juin à septembre. *Kardaména,* sur la côte est, s'est transformé en quelques années en ville champignon essentiellement fréquentée par les touristes anglais et scandinaves.

△ Sur la côte ouest, notre préférée reste *Mastihari* qui, malgré un certain nombre de transats, a gardé un peu de son authenticité. Quelques balades tranquilles le long de la plage, en allant vers l'ouest ou elle redevient presque sauvage (plus de transats et parasols). De plus le village a gardé un certain charme que tous les autres villages de bord de mer on perdu depuis fort longtemps.

△ À l'est, les plages sont à l'abri du vent, et de ce fait attirent le plus grand nombre. La plage de *Polémi,* un peu avant Paradise en allant vers le sud, connue aussi sous le nom de **Magic Beach,** est très belle, pour nous la plus belle, et beaucoup moins fréquentée que les autres. Son extrémité nord étant réservée aux naturistes, cela repousse peut-être quelques hésitants et tant mieux pour les autres. Quelques inévitables chaises longues et parasols, avec coupe-vent, ce qui est très agréable quand il souffle... La plage immense, encore presque sauvage en allant vers le nord. Une minuscule cabane fait office de buvette, bien pratique si on a oublié d'apporter de l'eau !
**Paradise Beach,** dite l'une des plus belles plages de l'île, se trouve 5 km avant Kéfalos. Belle mais vite bondée, elle est occupée en totalité par des parasols et transats à touche-touche, loués au prix fort. Vers le nord de la plage, c'est la même chose ! En continuant vers le sud, entre **Paradise** et **Agios Stéfanos** (beau site pour la planche à voile), la plage de **Kamilia** est une jolie petite crique de sable, avec quelques parasols et transats, mais pour l'instant encore peu fréquentée.

△ Au niveau de Paradise Beach, mais sur la côte ouest, on trouve des **plages** très peu fréquentées mais malheureusement pas toujours très propres. Pour y arriver prenez les petits chemins de terre. Très éloignées aux vents, mais ça fait du bien d'être un peu seul, non ? Compter quand même 5,5 km de piste à partir du resto-station-service, à droite sur la route (sens Kos-Kéfalos).

△ Versant nord, jolie plage de **Limnionas.**

△ **Kéfalos** a également sa plage et son port, **Kamari,** et son urbanisation non contrôlée. Dans la descente vers Kamari, on voit le bâtiment cubique du *Club Med,* à gauche, inoccupé depuis plus de trois ans ! Au-delà de Kéfalos, chapelle d'Agios Ioannis, gardée par les chèvres, d'où la vue est splendide (accès par la route).

## Où dormir ? Où manger ?

🛏 |♦| *Panorama Studios :* à Mastihari, au-dessus de la plage derrière le restaurant Tasty Palace. ☎ 22-42-05-90-19. 📱 69-44-59-80-26. ● kospanorama.eu ● *Studios et apparts 45-90 € selon taille, saison et nombre de pers. Pour un repas, compter 12-15 €.* Studios et 2 appartements pour 5-6 personnes quasiment sur la plage. Tous sont équipés de kitchenette, salle de douche, w-c, AC, TV et balcon. Ceux au-dessus du restaurant ont été totalement refaits en 2009, déco soignée. Préférer ceux avec la vue sur la mer. Excellent accueil de la fille des proprios, qui tient le resto *Palatino* et parle un anglais impeccable (et pour cause : elle a vécu à New York jusqu'à l'âge de 21 ans !). Le restaurant est également très bon, quelques plats qui changent un peu de la norme grecque.

🛏 *Sea Side Apartments :* à Tigaki, au rond-point principal, prendre la 1ʳᵉ à gauche en arrivant de Kos ; c'est à

300 m, à côté du petit supermarché Alykès. ☎ 22-42-06-95-77. 📱 69-76-47-92-93. *Résa nécessaire pour l'été. 8 studios, env 350 €/sem pour 2 pers, dans un secteur calme de Tigaki. Compter 40 € de plus par enfant. Vue sur la mer et le marais. Coin cuisine avec frigo, vaisselle, plaques de cuisson. Salle de bains. 2 lits adultes et on peut ajouter 2 lits enfants. Ménage régulier.* Petit supermarché et resto. Plage juste devant, 100 m à faire pour arriver jusqu'à l'eau !

🏠 *To Kyma (The Wave) :* à Mastihari, dans la rue parallèle à la plage, à l'opposé du port. ☎ 22-42-05-90-45. ● kyma.kosweb.com ● *À partir de 40 € pour une chambre confortable avec balcon ; tarif à négocier pour plusieurs jours.* Petit hôtel d'une douzaine de chambres. Si l'on s'y prend bien, vue sur la mer pour le même prix. Cuisine collective pour faire sa popote. La maîtresse de maison, très dynamique, vous reçoit avec le sourire.

🏠 *Villa Kos :* à Mastihari, chez Léonidas et Blandine Stephanidis. À 2 km à la sortie du village, en allant vers la grande route de Kos-ville. Au-dessus de l'hôtel Horizon Beach Resort. ☎ 22-42-05-91-67. 📱 69-78-01-21-53 ou 69-34-04-28-78. ● villakos.com ● *5 villas récentes à louer, 490-875 €/sem pour 5 pers (4 adultes et 1 enfant).* Toutes très bien équipées, lumineuses avec vue sur la mer. Également des villas pour 8 personnes. Plage à 5 mn à pied. Ce couple franco-grec vous réserve un super accueil avec tout un tas d'infos pour réussir votre séjour à Kos. Barbecue d'accueil le jour de votre arrivée et petit cadeau au départ... Sur demande, Léonidas peut acheter pour vous du poisson frais auprès des pêcheurs. On peut également venir vous chercher à votre arrivée sur l'île.

🏠 *Panorama Studios :* à Agios Stéphanos. ☎ 22-42-07-19-24. 📱 69-45-59-41-67. ● panorama-kefalos.gr ● *Prendre un chemin sur la gauche avant de descendre sur Kamari (après la route de Kamila Beach et avant le Club Med) ; de là, vue imprenable sur la baie de Kéfalos. Compter 45-60 € avec petit déj, pour des studios bien orientés, avec terrasse, sdb et coin cuisine.* Vue pour la plupart. Accueil agréable et lieu très calme.

# KALYMNOS (ΚΑΛΥΜΝΟΣ) (85200) 16 000 hab.

Cette île, autrefois nommée Kalydna, a, comme les autres îles du coin, appartenu aux chevaliers basés à Rhodes. Mais elle doit surtout sa renommée aux pêcheurs et à leurs éponges, connus à travers le monde. Une histoire tragique car, si quelques-uns ont pu s'enrichir, beaucoup, à cause d'une totale méconnaissance des risques encourus, y ont laissé leur peau ou leur santé (10 000 morts dans toute l'Égée de 1886 à 1910 et le double d'infirmes, à cause des accidents de plongée...). Il y a une cinquantaine d'années, les Kalymniotes possédaient encore une flotte de 250 bateaux pour la seule pêche d'éponges. Mais comme il n'y a plus d'éponges en Grèce depuis pas mal d'années (une maladie les a affectées en 1986, puis de nouveau en 1999), les pêcheurs partent au printemps les cueillir sur les côtes de la partie sud de la Méditerranée ou même s'exilent à Cuba ou en Floride (forte communauté de Kalymniotes à Tarpon Springs).

Le tourisme connaît, essentiellement dans une partie de l'île, un essor important. Mais comme celle-ci ne vit pas exclusivement de celui-là, on peut y trouver de petits villages authentiques, comme celui de Vathy, vraiment charmant, caché dans une vallée plantée de mandariniers, avec son petit port naturel et ses barques de pêcheurs. On peut aussi acheter de l'origan, plus connu localement sous le nom de *sribi*, et du miel de thym. Quelques spécialités à découvrir, comme les fruits de mer *(fouskès)* et les boulettes au poulpe *(khtapodokeftédès)*, ainsi que le *mououri* (de l'agneau longuement cuit, servi avec du riz).

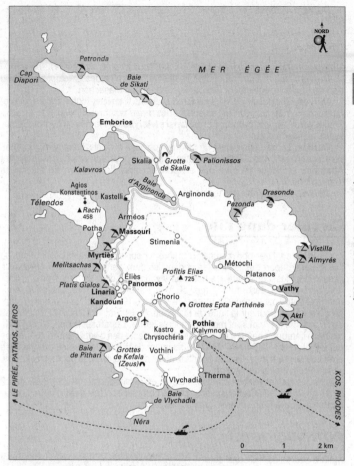

**L'ÎLE DE KALYMNOS**

De belles balades à pied, de belles plages et des sites à visiter... mais aussi beaucoup de touristes et beaucoup d'activités bruyantes (en particulier les scooters, à croire que chaque habitant de l'île a choisi ce moyen de locomotion !).

## AVERTISSEMENT

– L'île ne possédant pas beaucoup de sources, l'*eau* courante est dessalée. Elle n'est pas dangereuse à la consommation, mais n'a pas bon goût.

# Arriver – Quitter

## En avion

L'aéroport se trouve à 6 km de Pothia.

➤ *De/vers Athènes :* en principe, 5 vols/sem avec *Olympic Air.* ☎ 22-43-06-16-65/71.

## En bateau

■ *Capitainerie :* dans le grand bâtiment au début du quai. ☎ 22-43-02-93-04.
➤ *De/vers Kos :* ferries ou hydrofoils tlj en été. En plus des bateaux partant du port de Kos-ville, également des bateaux partant de Mastichari.
➤ *De/vers Rhodes et de/vers Le Pirée :* liaisons tlj en ferry (compagnies *Anek* et *Blue Star Ferries*) ou hydrofoil en été. Ferries moins nombreux l'hiver.
➤ *De/vers Patmos, Samos, Léros, Lipsi et Astypaléa :* ferries ou hydrofoils plusieurs fois/sem en été.
➤ *De/vers Léros :* également un caïque « postal » qui part 3 fois/sem (lun, mer, ven) du port de Myrtiès. Peu de touristes pour un voyage remuant mais magnifique. Attention, le caïque n'arrive pas au port principal de Léros, mais au sud, à Xirokambos.
➤ *De/vers Astypaléa :* des ferries slt.

# Circuler dans l'île

🚌 *Bus :* ils sont très bon marché et nombreux pour les principales destinations de l'île. En été, départ ttes les heures et dans les deux sens entre Pothia et Kastelli, desservant Massouri-Myrtiès, 9 bus pour Vlychadia, 4 pour Vathy et 4 pour Emborios. Un bus relie, désormais, 2 fois/j. Pothia, Panormos, Myrtiès, Massouri, Arginonda et Vathy par la nouvelle route (1 le mat vers 10h-11h et 1 le soir dans l'autre sens vers 17h). Sauf sur la ligne de Massouri, où ils circulent jusqu'à 22h env, les bus s'arrêtent à 17h et sont moins fréquents le w-e. Départ sur le port, à côté de la mairie, à l'embranchement de la route d'Eliès. Vente des billets dans le commerce qui fait l'angle. ☎ 22-40-35-17-60. Également dans les commerces proches des arrêts ou des terminus. Gratuit pour les moins de 5 ans et réduc pour les 5-12 ans. Hors saison, moins de départs.
– *Taxis :* ils sont assez bon marché, mais le soir, le tarif double. ☎ 22-43-02-42-22 et 22-43-05-03-00. Il est aussi possible de partager son taxi avec d'autres occupants (taxi-bus). Bien se renseigner sur les tarifs.

# POTHIA *(ΠΟΘΙΑ)*

Malgré ses jolies maisons colorées (symbole de la résistance lors de l'occupation italienne), le port de Pothia ne vit pas que du tourisme : c'est un centre commercial important, qui concentre 12 000 des 16 000 habitants de l'île, avec la circulation et le vacarme qui en découlent. Il est beaucoup plus agréable (mais plus cher...) de dormir dans les environs de Platis-Gialos ou de Massouri-Myrtiès, à 15 mn en bus ou en taxi collectif.

### DE LA DYNAMITE !

*Une curieuse coutume a cours à Pothia à l'occasion de Pâques : les jeunes s'amusent à faire sauter des pans de montagnes à coup de dynamite ! Un peu risqué (il y a déjà eu des morts dans l'exercice de ce sport un peu particulier), guère écologique et pas très agréable pour les oreilles... On voit que la mer Égée, ce n'est vraiment pas le Pacifique...*

En mars 2000 a été découvert un très important site de statues vieilles de plus de 2 600 ans, enterrées, puis oubliées depuis le IVe s de notre ère. Cet événement a secoué la communauté des archéologues et des fonds ont été débloqués pour construire un nouveau musée archéologique, à quelques mètres de l'ancien.

# Adresses utiles

🛈 *Office de tourisme :* sur le port, dans un minuscule kiosque sur le remblai qui s'avance sur l'eau. ☎ et fax : 22-43-05-08-79. En principe ouv mai-oct, lun-ven 9h-21h. En réalité, ouv beaucoup moins souvent. Pas énormément d'infos… Horaires des bus de l'île et des bateaux et un peu de doc. Consulter : ● kalymnos-isl.gr/fr/ ●

✉ *Poste :* quand on est à la station de taxis de platia Kyprou, prendre la rue de gauche sur 150 m en direction du nord. ☎ 22-43-02-83-40. Et tout près du port, au fond d'une toute petite impasse, agence postale (juste pour les timbres) dans le Super Market Marinos.

■ *Banques :* sur le port, de part et d'autre de la maison communale avec les colonnes. Avec distributeurs de billets.

■ *Police :* juste avant la poste. ☎ 22-43-02-93-01 ou 21-00.

■ *Police maritime :* bâtiment qui se trouve à l'entrée du débarcadère. ☎ 22-43-02-93-04.

■ *Hôpital :* ☎ 22-43-02-30-25 ou 22-43-02-88-51 (urgences). À la sortie de Pothia, sur la droite, en direction de Chorio.

■ *Station de taxis :* platia Kyprou, avant la poste. ☎ 22-43-05-03-00.

■ *Agence Magos :* sur le port, tout près du débarcadère sur la droite. ☎ 22-43-02-87-77 ou 22-43-05-07-77. Représentant, entre autres, de la compagnie *Blue Star Ferries.*

■ *Location de voitures :* en plein centre, derrière la place où sont la plupart des cafés face au port : *Spiros Kipréos,* ☎ 22-43-05-17-70 ou 14-70, presque en face du débarcadère (ouv 9h-13h30, 17h-19h30). Et *Avis,* ☎ 22-43-02-89-90 (à Pothia) et 22-43-04-74-30 (à Massouri).

■ *Location de scooters :* beaucoup plus pratiques et abordables que les voitures (12-15 €/j. selon taille). *Rentco,* ☎ 22-43-02-30-06. Un peu en retrait du port, sur la gauche, dans une petite rue qui monte dans l'angle, après l'hôtel Arkhontiko. Scooters en bon état. Port du casque obligatoire pour le conducteur, contrôles de police fréquents.

@ *Internet Café Heaven :* sur le port à droite de l'hôtel Arkhontiko. Compter 3 €/h. Une dizaine d'ordinateurs. Dans la ville de Pothia, on trouve le wifi gratuit partout, il suffit d'avoir son ordinateur !

# Où dormir ?

## Bon marché

🛏 Même à une heure tardive, quelques irréductibles mamies vous attendront à la descente du ferry pour vous proposer des *chambres chez l'habitant.*

🛏 *Greek House* (Elliniko Spiti) : ☎ 22-43-02-95-59 ou 37-52. Studios rénovés dans 2 demeures cachées dans des ruelles derrière la place principale. Impossible de trouver seul, se faire accompagner par le proprio, qui tient le kaféneion Ta Aderfia sur le port, près de la police maritime, ou par sa femme, qui vient à l'arrivée des bateaux. Compter 30-40 €, avec cuisine, frigo, vaisselle, sdb et, pour certains, la chambre en mezzanine ou l'AC (supplément). Tenu par un couple charmant. Malheureusement, le coin est bruyant.

🛏 *Pension Niki :* à l'écart du port, par la rue qui monte en sens inverse de la circulation des voitures, vers Chorio. ☎ 22-43-04-81-35 ou 22-43-02-85-28. Chambres et studios 30-50 € selon taille et saison, petit déj en sus (5 €). Dans une maison récente d'un étage, plusieurs chambres et studios à louer. Très simple mais très bien entretenus, avec le confort nécessaire frigo, salle de douche, w-c, AC, balcon pour certaine et kitchenette pour les studios. Petit déj pas terrible, mieux vaut le prendre à l'extérieur. Pas idéal pour une semaine de vacances, mais parfait pour 1 ou 2 nuits à Pothia.

**KALYMNOS (ÎLES DU DODÉCANÈSE)**

## Prix moyens

🛏 *Panorama Hotel* : quartier Ammoudara. Au-dessus du port. ☎ et fax : 22-43-02-31-38. • panorama-kalymnos. gr • Tte l'année. Compter env 35-40 € en juil-août, sans petit déj. Petit hôtel de 13 chambres, récemment rénové. Les chambres, toutes avec vue, sont petites, un peu dépouillées, mais très propres. TV, AC, frigo et balcon dans chaque chambre.

## Plus chic

🛏 *Villa Melina* : dans le quartier du musée (suivre les flèches y menant). ☎ 22-43-02-26-82. • villa-melina. com • Tte l'année. Compter env 45-65 € selon saison pour 2 pers, petit déj-buffet compris ; appart de 4 pers env 85 €. CB refusées. Une très belle villa du début du XXᵉ s, avec 10 chambres, 4 studios et appartements. Pour ceux qui aiment le charme un peu désuet des parquets qui craquent, des salles de bains à l'ancienne. AC en supplément. Belle piscine. À l'arrière, répartis dans 3 petites maisons, appartements modernes avec cuisine.

## Où manger ? Où boire un verre ?

🍴 Pour les fauchés, les *fast-foods* du port font de très bonnes *pitès*, comme celui juste derrière le Musée maritime, à droite de *Kafenès*.

🍴 *Xefteris* : à droite de la basilique, en tournant le dos à la mer, prendre une petite rue à droite, puis la 1ʳᵉ à gauche. ☎ 22-43-02-86-42. Bonne petite cuisine familiale (le patron est le gendre des proprios de l'hôtel *Panorama*), servie au fond d'une grande cour ombragée. On va choisir ses plats en cuisine, à l'ancienne, directement dans les casseroles. Une très bonne cuisine familiale et authentique.

🍴 *Kafenès* : sur le port, juste avant d'arriver au Musée maritime. ☎ 22-43-02-87-27. Compter 12-18 €. Une terrasse qui s'agrandit le soir, au fur et à mesure de l'arrivée des clients. Excellents beignets de poisson et légumes.

Service agréable. Musique grecque un peu forte, mais au moins, elle couvre le bruit des voitures qui ne cesse de passer sur le port !

🍴 *Taverna O Milos* : derrière la police maritime, face au débarcadère. ☎ 22-43-02-92-39. Comptez 10-20 € selon votre appétit. Grande salle. Cuisine correcte et bon marché. Terrasse couverte agréable. Spécialité de purée d'ail et de boulettes de poulpe. Pour la vue, par contre… c'est le quai du débarcadère !

🍷 Aller boire un *ouzo* et grignoter des *mezze* dans la *salle communale* ornée de grandes colonnes de marbre qui se trouve sur le port. On l'appelle localement *I Moussès* (Les Muses). Les anciens y passent leurs journées. Typique, jeter au moins un œil. Inutile de dire qu'il faut au moins parler deux mots de grec pour y être servi… comme un roi.

## Où déguster une bonne pâtisserie ?

🍴 *Zacharoplastio O Michalaras* : sur le port, un peu à gauche de l'hôtel *Archontiko*. De bonnes pâtisseries grecques, genre *baklava* et une spécialité locale, le *kobehaï*, pas mal du tout. Quelques tables en terrasse, pour boire un verre en dégustant une pâtisserie.

## À voir. À faire

🪸 On peut visiter quelques *ateliers de traitement d'éponges* sur les quais de Pothia aux alentours du débarcadère, ainsi qu'au bout du quai en direction de Vathy. Les pêcheurs de l'île partaient tous à Pâques sur les côtes d'Afrique du Nord pour la cueillette. À cette occasion, les jeunes lançaient des explosifs au-dessus de Pothia, provoquant de plus ou moins gros dégâts dans les parois rocheuses autour de la ville. Mais le métier, qui a coûté des centaines de vies humaines, a commencé à changer quand l'éponge synthétique a été inventée, dans les années 1950 : du jour au lendemain, le prix d'une éponge a été divisé par six. Puis des maladies les ont affectées, à la suite de la diffusion d'un courant chaud en 1986, et on doit désormais en importer pour les traiter dans les ateliers locaux et les vendre aux touristes. Il faut savoir que les éponges jaune clair présentent cette couleur du fait d'un traitement à l'acide et sont donc beaucoup moins solides que les brunes, qui, elles, sont dans leur état originel. Un truc pour vérifier la qualité : prendre une éponge mouillée, la serrer fort et relâcher. Si elle reprend rapidement sa forme d'origine, c'est bon. En principe également, plus les trous sont petits, mieux c'est. Bien marchander.

*Le Musée archéologique :* du port, prendre la rue qui va vers Chorio, dans le sens de la circulation, puis après env 800 m, le musée est indiqué sur la droite ; suivre les panneaux dans le dédale des ruelles. Ouv tlj 8h30-15h, sf lun et j. fériés. ☎ 22-43-02-31-13. Entrée gratuite. Installé dans un ancien bâtiment néoclassique, dont la rénovation est une belle réussite architecturale. L'intérieur, très moderne, est également très réussi. Au rez-de-chaussée, de superbes statues trouvées de 1970 à 2001, au fond de la mer Égée. Magnifique Apollon, tenant probablement une lyre, aujourd'hui disparue. Admirer la statue 17, et la finesse de sa musculature. Au fond Asklépios, qui doit mesurer pas loin de 3 m, imposant et placide, dont le torse a été trouvé en 1970 et le reste en 2001 ! Au 1er étage, antiquités byzantines, bijoux, poteries, amphores et pièces de monnaie. Dans l'autre salle du rez-de-chaussée, ne pas manquer les bijoux en feuille d'or, superbes. Cette tête d'homme, dont les yeux sont absolument étonnants, a été trouvée entre Kalymnos et Psérimos, par hasard, par un pêcheur en 1997. Et enfin, au beau milieu, le clou, une incroyable statue de femme (rare, à l'époque on ne trouvait que des statues d'hommes) en bronze quasi intacte ! Découverte elle aussi par hasard par un pêcheur entre Kalymnos et Pserimos en 1994.

*La Maison Nicolas Vouvali :* derrière le Musée archéologique. On visite les 2 en même temps, mêmes horaires. Construite vers le milieu du XIXe s et restaurée en 1984. Maison de style néoclassique sur trois étages, très caractéristique du style architectural des maisons de Kalymnos à l'époque. Nicolas Vouvali était le plus riche et le plus entreprenant des négociants en éponges au XIXe s. Grâce aux dons qu'il a faits, il a été nommé « grand bienfaiteur de la Patrie » en 1909. On visite trois pièces de sa maison, restées en l'état et transformées en musée en 1982. Le bureau, et la salle à manger, au rez-de-chaussée. À l'étage, le salon. Exposition hétéroclite de meubles d'époque, portraits de famille, photos etc.

*Le Musée maritime :* à l'arrière de la grosse maison en pierre devant la grosse coupole en argent d'Agios Christos, sur le port. ☎ 22-43-06-15-00. En principe, mar-ven 9h-13h, w-e 10h-12h30. Gratuit. Photos de Kalymnos à la grande époque des pêcheurs d'éponges, documents sur les maladies contractées par les pêcheurs, scaphandres... Étonnant. Une autre partie du musée est consacrée à une exposition de costumes et broderies.

➢ De nombreuses *excursions en bateau* (Lipsi, Patmos, les grottes de Kéfala ou l'île de Néra...) sont proposées par les agences de voyages. Départs de Pothia ou Myrtiès.

– Des cours de *plongée sous-marine* sont organisés par le Kalymnos Diving Center qui se trouve dans l'hôtel Eliès, à Panormos, près du rond-point. ☎ 22-43-04-78-90. 📱 69-38-68-36-53. ● hotelelies.gr ● Instructrice finlandaise polyglotte. À Pothia, sur le port, près de l'Olympic Hotel, l'agence Kalymna Yachting Club propose, outre des excursions de plongée sous-marine, la location de voiliers et de yachts (☎ 22-43-02-40-83 et 93-84 ; 📱 69-44-29-59-85 ; ● kalymna-yachting.gr ●).

– Pour ceux qui voudraient faire de l'*escalade,* l'île, devenue une des cinq grandes destinations majeures des grimpeurs, offre de très beaux sites, adaptés à tous les niveaux. Une cinquantaine de falaises équipées, ce qui fait de l'île un petit paradis pour les amateurs d'escalade. Contacter *Aris Théodoropoulos,* guide professionnel ☎ 69-44-50-52-79 ; ● kalymnos-isl.gr/portal/en/climb ●). On peut aussi contacter la *Municipal Athletic Association,* qui a un petit bureau (*Climbing Info Desk*), (☎ 22-43-05-16-01 ; ● mao@klm. forthnet.gr ●). Également *Climbers' Nest*, à Arméos, petite boutique-bureau sur le bord de la route à droite en allant vers Kastelli (☎ 22-43-04-85-81 ; ☎ 69-38-17-33-83 ; ● climbers-nest.com ●). La boutique vend, évidemment, du matériel pour l'escalade.

➤ Possibilité d'effectuer de très belles *randonnées pédestres* autour de l'île. Bon moyen de se promener en visitant quelques sites. Prévoir de bonnes chaussures et beaucoup d'eau.

– *Cinéma :* au ciné *Oasis*, face au port, un peu en retrait. En plein air, seulement l'été. Deux séances par soir. Films en anglais sous-titrés en grec.

# À voir dans les proches environs

🔾🔾 *Les ruines du château byzantin de Chora* (Péra Kastro) *:* au-dessus de Chorio, au nord-ouest de la ville. Pour y accéder, prendre le bus pour Chorio, puis emprunter, dans le coin de la mairie, les petites ruelles qui mènent aux 216 marches à gravir. Entrée libre. À l'intérieur des remparts qui abritaient toute une ville, des efforts ont été faits pour la rénovation. Neuf petites chapelles ont été reconstruites et les fresques ont été rénovées. Vue sur tout Pothia et atmosphère paisible de la colline. À faire tôt le matin, pour éviter l'insolation.

🔾 *Kastro Chrysochéria :* route de Vlychadia, à l'ouest de Pothia, sur les hauteurs. L'autre forteresse médiévale de l'île. Là-haut, deux petites chapelles (fermées) et vue magnifique sur la « capitale ».

🔾 On peut aussi visiter les ruines de l'*ancienne acropole* de Pothia. Elles ne sont pas très loin de Chorio, au lieu-dit Dhamos. Il ne reste que quelques traces de l'ancienne ville. On y a trouvé des poteries et des inscriptions. Des tombes sculptées ont également été découvertes.

🔾 *Therma :* à 700 m du bout du port (côté sud). Une petite plage avec un café-resto et, juste derrière, une crique (galets) avec une immense taverne et des échelles qui descendent directement dans la mer pour le bain.

🔾🔾 *Vlychadia :* à 5,5 km de Pothia. Même si on ne plonge pas, mérite le déplacement pour son Sea World Museum, très artisanal. ☎ 22-43-05-06-62. En saison, 9h-21h (dim 10h-21h slt) ; en hiver, 10h-16h. Entrée : 2,50 €. Créé par la famille Valsamidis, un musée pour le moins hétéroclite, avec de nombreux spécimens de poissons et coquillages. La salle sur les pêcheurs d'éponges témoigne de la période héroïque de cette activité.

🔾 À l'arrivée à Vlychadia, la première petite plage de galets mérite une baignade tellement l'eau y est translucide ! En revanche, l'autre plage côté musée, bien que ce soit une plage de sable, est beaucoup moins agréable et bondée !

|●| Sympathique petite *taverne* (la dernière à gauche en arrivant sur la 1ʳᵉ plage) dont la terrasse donne directement sur la plage. Carte réduite, mais bonnes salades et poissons (*compter 10-12 €*).

## *PANORMOS* (ΠΑΝΟΡΜΟΣ) *– KANDOUNI* (ΚΑΝΤΟΥΝΙ) *– LINARIA* (ΛΙΝΑΡΙΑ)

Panormos est une agglomération sans attrait particulier, prolongement de Pothia, organisée autour d'un rond-point distribuant les routes vers les plages. À noter quand même, juste avant d'arriver à Panormos, les ruines (une abside et guère plus) de la *basilique du Christ de Jérusalem,* édifiée par un empereur byzantin réfugié sur l'île pendant une tempête. Kandouni et Linaria sont les plages du village de Panormos, avant Massouri-Myrtiès. Beaucoup de maisons construites autour et quelques hôtels et restaurants font de ce lieu le second pôle attractif pour les touristes. Étrangement, il n'y a pas beaucoup de chambres bien situées. Les bars de bord de mer, très agréables, offrent de romantiques balades au clair de lune. Un des meilleurs endroits pour admirer le coucher de soleil. Beaucoup moins bruyant et dangereux que Massouri-Myrtiès, car les routes sont moins passantes.

## Où dormir ?

■ *Studios Liogerma :* à Kandouni, sur la plage, à 50 m de l'arrêt de bus. ☎ 22-43-04-71-22 ou 79-22 ou 21-06-92-89-09 (à Athènes hors saison). Fax : 22-43-05-13-49. Ouv juin-sept. Compter 40-55 € le studio, selon saison. Liogerma est le nom poétique du coucher de soleil en grec, cela donne un indice sur la situation du lieu. 10 studios à louer, pour 2 personnes, tout confort avec grande chambre, salle de bains, coin cuisine équipée et balcon (5 avec AC et 5 avec ventilos). Possibilité d'ajouter 1 ou 2 lits d'appoints. Propreté et déco soignée pour l'ensemble, le tout orienté vers le sud, au milieu d'un grand jardin arboré et fleuri, par lequel on accède directement à la plage de sable fin ! La maîtresse des lieux, Niki Koletti, est très accueillante. Ex-professeur de français à l'institut français d'Athènes, elle parle un français parfait...

■ *Eliès Hotel :* à Panormos, juste après le rond-point, direction Kandouni. ☎ 22-43-04-78-90. • hotelelies.gr • Mai-fin oct. Doubles 60-90 € selon saison, petit déj inclus. Sur 2 niveaux, construit dans un style cycladique.

Chambres simples, très correctes. Pas de vue, mais tranquille. L'agence de voyages *Aquanet* est située dans les mêmes locaux, ainsi que le centre de plongée, Kalymnos Diving Center (voir rubrique « À faire » à Pothia).

■ *Pension Plati-Gialos :* en haut de la colline, sur la route à virages qui mène à Plati-Gialos. ☎ 22-43-04-70-29. Tte l'année. Studios avec sdb, balcon avec belle vue sur la mer et la montagne env 40-50 € selon saison, petit déj compris. Terrasse très agréable pour le petit déjeuner ou l'*ouzo* de fin de journée. La propriétaire, Anna Vavoula, qui a vécu à Martigues, parle parfaitement le français.

■ *Climbing House, chez Stéfanos Gérakios :* à Kandouni, à 200 bons mètres de la plage. • kalymnos-stefanos. gr • Pour 2 pers, à partir de 30 €. Une adresse bien connue des amateurs d'escalade, mais ouverte à tous. Studios et appartements récents et bien équipés. AC en supplément. Cuisine commune (pour les studios). Location de deux et quatre-roues. Excellent accueil familial.

## Où manger ? Où boire un verre ?

|●| *To Steki tis Fanis :* à Linaria, un peu à l'écart, sur les hauteurs. Indiqué sur la droite dans la descente vers la plage, dans une belle maison blanche à colonnes. ☎ 22-43-04-73-17. Mai-oct, slt le soir. Repas 15-18 €. Une cuisine familiale proposant 2 plats du jour et des mezze dans une ambiance conviviale : les patrons servent tout aussi bien leurs amis grecs que les autres clients. Belle vue de la terrasse sur la mer en contrebas.

*KALYMNOS (ÎLES DU DODÉCANÈSE)*

♚ Pour les noctambules et ceux qui désirent boire un verre : à Linaria (derrière le rocher, côté Kandouni Beach), plusieurs cafés-bars de nuit avec musique, découvrir le sympathique **Rock and Blues Bar,** où l'on peut danser dans un beau décor de bois. Pas loin et plus calme, le **Domus** (☎ 22-43-04-79-59) est également bien sympa avec sa terrasse sur le toit (c'est également un resto tout à fait correct, ouvert le soir).

⌂ Sur la côte ouest, quand la plage de *Kandouni* est vraiment trop bondée, rejoindre le sable sombre de **Platis Gialos,** embranchement sur la droite à partir de Panormos quand on vient de Myrtiès, avec parasols et chaises longues. Au bout, la **taverne Platy Gialos** (☎ 22-43-04-73-80), avec sa terrasse au-dessus du sable, est bien sympa pour grignoter ou boire un verre aux heures trop chaudes. Pour ceux qui apprécient les parasols et transats, il y a aussi celle de *Melitsachas.*

# MASSOURI-MYRTIÈS *(ΜΑΣΟΥΡΙ-ΜΥΡΤΙΕΣ)*

Dans l'ouest de l'île, à 8 km de la capitale. La construction effrénée d'hôtels et de pensions modernes le long de la route a fini par relier ces deux villages hyper touristiques... Quand on pense que 20 familles à peine y habitent toute l'année ! La vue est splendide. La montagne se jette dans la mer devant l'imposant piton de Télendos. Magnifique coucher de soleil. Malheureusement, toute la vie de ces villages est organisée de part et d'autre de la route qui longe le bord de mer, ce qui rend les déplacements à pied assez dangereux avec de jeunes enfants. Attention, la route, qui comporte de nombreux virages, est en sens unique : pour aller à Massouri-Myrtiès, on monte assez haut à flanc de montagne avant de descendre et de tourner dans un virage en épingle à cheveux pour revenir sur le secteur touristique.

⌂ Les plages sont très fréquentées, aménagées de transats, parasols et tavernes tout le long ou presque.

➤ Du petit quai de Myrtiès, départ des caïques pour *Télendos* (ttes les 30 mn 8h-minuit ; 15 mn de traversée) et pour *Léros* (1 fois/j. ; 1h de voyage).

## Adresses utiles

🚌 **Arrêts de bus :** au sq. de Myrtiès et à celui de Massouri.

■ **Stations de taxis :** au sq. de Myrtiès et à celui de Massouri. ☎ 22-43-05-03-00.

■ **Best Moto Scooter Rental :** à Massouri, même bâtiment que les Studios Tatsis. ☎ 22-43-04-87-24. 📱 69-36-37-62-40. ● bike-rental.gr ● Ouv 8h-13h, 17h-21h. Scooters à louer, bien évidemment et en bon état ! Mais en plus, Éric se fera un plaisir de vous guider et si l'expérience vous tente, il organise des tours de l'île en scooter. Se renseigner sur place. Il est conseillé de réserver son scooter à l'avance, surtout en août !

@ **Cafés Internet :** vous pourrez en trouver tout au long de la route à des prix et pour des services similaires.

## Où dormir ?

🛏 **Studios Tatsis :** à Massouri, sur la droite avant l'arrêt de bus, en venant de Myrtiès et sous les rochers. ☎ 22-43-04-78-87. 📱 69-44-57-49-89. ● kalymnos-isl.gr ● Env 40 € pour 2 pers et 60 € pour 4 pers. Des studios climatisés spacieux, récemment rénovés, avec de petites cuisines séparées des chambres. Plusieurs tailles : 1 ou 2 chambres, avec ou sans salon. Terrasse avec une belle vue sur Télendos. Très propre. Le propriétaire, très sympa, se met en quatre pour le bonheur de ses locataires. Et, détail non négligeable, la plage est à 50 m (accès direct de l'autre côté de la route). Le meilleur rapport qualité-

prix du coin. Petit supermarché juste à côté.

## Où manger ?

Dans la ville, pas d'*ouzeri* typique, seulement des restos pour vacanciers. On a tout intérêt à faire quelques centaines de mètres en direction du nord ou du sud pour trouver de meilleures adresses.

I●I À l'extrémité de Myrtiès, sur le port de Melitsachas, à l'écart de la concentration touristique, 3 *tavernes de poisson.*

I●I *Aegean Tavern* : à Massouri. C'est la dernière taverne au-dessus de la plage, en allant vers Myrtiès, sur la droite. Compter 12-25 €. *Ouv midi et soir.* Maria et George se sont installés là, après 18 ans passés à Myrtiès. Ils concoctent une cuisine de bonne qualité. Spécialité de calamars frits, salade *kalymniote* et autres boulettes de poulpe... On opte soit pour la grande

terrasse avec vue sublime sur la mer et Télendos, balayée par les vents d'ouest, soit pour la charmante petite terrasse, sans vue, côté rue, mais à l'abri du vent !

I●I *Tsopanakos* : à Arméos, au calme, à l'écart de l'agitation. ☎ 22-43-04-79-29. *Tte l'année. Repas 13-15 €.* Belle terrasse avec vue splendide (et salle avec cheminée pour les longues soirées d'hiver). Bonne cuisine traditionnelle à partir des produits de l'exploitation familiale. Fromages maison. Le patron, Manolis, a vécu à Lyon et parle le français.

## Où boire un verre ?

🍷 Les buveurs pourront choisir un *bar* le long de la route de Massouri-Myrtiès. Du choix pour chaque humeur. Sachant

que plus on avance vers le nord, plus l'ambiance est jeune et musicale.

## *TÉLENDOS* (*ΤΕΛΕΝΔΟΣ*)

Cette île encore sauvage fut séparée de Kalymnos par un terrible tremblement de terre, en 535 de notre ère. Petit village de pêcheurs (environ 50 habitants) au pied d'un sommet de 458 m, avec de nombreuses plages tout autour de l'îlot : recommandé pour ceux qui sont en mal de solitude, car une fois la nuit tombée, il n'y a plus grand-chose à faire. Depuis la route de Pothia, lorsqu'on descend sur Myrtiès, il est possible d'apercevoir dans les roches du site de Télendos le visage de la princesse Pothia. Assez facile au coucher du soleil, sinon, bon courage !

➤ Un caïque fait le trajet du quai de Myrtiès ttes les 30 mn, 8h-minuit, pour pas cher. Il n'y a que 900 m à traverser.

## Où dormir ? Où manger ?

### De bon marché à prix moyens

🛏 I●I Plusieurs *tavernes* et petites *pensions* sur le front de mer, aux prix similaires. Assez bon marché mais souvent complet en saison.

🛏 *Zorbas* : sur le port, au bout à gauche quand on tourne le dos à Kalymnos. ☎ 22-43-04-86-00. *Env 25-30 €,* petit

*déj compris.* Chambres rudimentaires, mais à ce prix, on ne peut pas être trop exigeant.

🛏 I●I *Uncle George (Barba Yorgos)* : en face du débarcadère. ☎ 22-43-04-75-02. Toujours plein en été, pensez à réserver. Grande taverne à prix moyens.

*Chambres et studios avec cuisine et sdb refaits à neuf, 40 €. De bonnes spécialités et un excellent accueil. Rita, la sœur de George, qui tient également un resto,* loue aussi 3 chambres au-dessus du resto et quelques studios un peu plus loin sur la droite. ☎ 22-43-04-79-14.

### Prix moyens

🛏 ***Porto Potha Hotel :*** *suivre le sentier de bord de mer vers le nord.* ☎ 22-43-04-73-21. ● *telendoshotel.gr* ● *Double env 45 € en hte saison, petit déj compris.* Dans un autre bâtiment, des studios avec mini-frigo et plaques électriques. Piscine à l'eau de mer en contrebas. Fait resto le soir.

# À voir. À faire

🏛 On peut visiter les ruines romaines et grecques, celles du ***monastère d'Agios Vassilios,*** ainsi que les ruines de la ***forteresse médiévale d'Agios Konstantinos.***

🏖 Rien de très extraordinaire (galets pour tout le monde). Deux ***plages*** aménagées dans les rochers juste après l'hôtel *Porto Potha.* Sur celle tout au bout, *Paradise,* il est possible de faire du naturisme. Une autre face au large, *Chohlakas,* très jolie, recouverte de galets, devient peu fréquentable dès que le vent d'ouest souffle. On peut, une fois franchi le col pour se rendre à Chohlakas, obliquer vers le sud et dépasser le bois de pins. On passe alors devant des nécropoles paléochrétiennes et, au fond, une petite plage abritée vous attend.

# *EMBORIOS (ΕΜΠΟΡΕΙΟΣ)*

À l'extrême nord de l'île, le petit village de pêcheurs reçoit avec simplicité les vacanciers avides de sérénité. Des tavernes le long de la plage et quelques chambres, le tout dans une douceur de vivre bien paisible. On y accède par une route de corniche fort belle, bordée de magnifiques lauriers, qui passe par la jolie *plage d'Arginonda* et à Skalia, où l'on vous vantera peut-être les grottes (attention, danger, la descente est très raide et pas sécurisée). Les nombreuses ruches installées à flanc de colline produisent le délicieux miel au thym que l'on trouve dans l'île (petite boutique à l'entrée d'Emborios, sur la droite).

# Où dormir ? Où manger ?

🛏 🍴 ***Pension-taverne Harry's :*** *juste à l'entrée du village.* ☎ 22-43-04-00-62 ; *hors saison :* ☎ 22-43-02-90-50. ● *harrys-paradise.gr* ● *6 studios très confortables, env 40-70 € selon taille et saison. Également un appart et une petite maison à louer. Harry's Paradise, le resto, est très bon (compter 12-18 €).* On est servi dans la quiétude d'un jardin fleuri, à l'ombre des oliviers, lauriers, palmiers et figuiers, où les cigales s'en donnent à cœur joie (elles ne chantent pas... elles hurlent littéralement). Idéal pour routard désirant un peu de calme. Une très bonne adresse.

# Où manger dans les environs ?

🍴 ***Akrogiali :*** *à l'entrée d'Arginonda, sur la gauche.* ☎ 22-43-04-00-22. *Une adresse typiquement routarde, tenue par un couple de Grecs d'un certain* âge, adorables. Bon choix de salades et entrées (goûter le *kopanisti,* fromage au lait des chèvres du village), des viandes copieusement servies pour 6 €.

Tout cela se passe sur une grande terrasse posée sur la baie d'Arginonda, au-dessus d'une petite plage ravissante, aux eaux translucides où faire la sieste après tant d'émotions. Accueil familial et convivial.

## Les plages dans le coin

⌂ On peut aussi s'arrêter juste avant Emborios, à la baie de **Kalamiès,** jolie petite plage de sable et de galets, avec petite taverne. Depuis peu, une route asphaltée, que l'on prend à la hauteur de la petite chapelle, entre Skalia et Emborios, sur la droite en venant de Skalia, permet de rejoindre aisément la belle plage de **Palionissos,** abritée des vents et à l'écart de tout. Sur place, une taverne, tenue par le sympathique et polyglotte Nikolas, qui saura vous donner plein de tuyaux sur son île.

## VATHY (ΒΑΘΥ)

Splendide vallée de mandariniers et autres agrumes à 12 km de Pothia. Grâce à une superbe route asphaltée, elle n'est plus aussi difficile d'accès ni isolée que par le passé. Heureusement, elle reste toujours aussi peu fréquentée et, pour l'instant, la tranquillité et le charme de la vallée tranchent avec le reste de l'île. On peut désormais y accéder également par la route qui va d'Arginonda à Vathy, traversant l'île et qui permet également de rejoindre Emborios de Vathy sans faire tout le tour de l'île. Très pratique, mais espérons que cela ne nuise pas à ce petit coin tranquille. Pas de plage, mais baignades possibles au fond du fjord (attention aux oursins !), dans la piscine naturelle du port de Rina, encadrée par de vieilles pierres (deux basiliques paléochrétiennes, Anastassis et Agia Irini). Des *taxi-boats* depuis Vathy conduisent aux plages alentour de *Palionissos, Pezonda, Kambi, Drasonda* et *Almyrès,* inaccessibles en véhicule. Sinon, sur la route de Pothia à Vathy, agréable plage d'*Akti* (avec une taverne).

## Où dormir ? Où manger ?

▲ **Pension Manolis :** *maison blanc et bleu au-dessus du port.* ☎ 22-43-03-13-00.🗐 69-46-82-78-39. ● *pension-manolis.de* ● *Compter env 30-45 € pour des chambres bien équipées, avec un bout de terrasse et la vue sur le port. Cuisine à disposition.* Souvent complet mais très calme. Manolis, chauffeur de taxi, capitaine de bateau et guide occasionnel, très sympa, est aux petits soins pour ses clients et fait pousser pour eux des figues et des raisins dans son jardin fleuri. Il organise aussi des excursions à bord de son bateau...

▲ |●| **Hôtel-restaurant Galini :** *belle maison en pierre sur le port.* ☎ 22-43-03-12-41. ● *http://galinihotelvathikalymnou.com* ● *Chambres très simples mais propres, env 25-30 €,* petit déj inclus. Toutes les chambres ont frigo, salle de bains et AC. Au resto, cuisine correcte (compter 10-12 €). Service un peu blasé, mais pas désagréable. Le patron peut vous emmener sur les plages accessibles uniquement par la mer, avec son bateau.

# LÉROS (ΛΕΡΟΣ)    (85400)    8 000 hab.

Longtemps considérée comme l'île « noire » de la Grèce (on y a déporté les prisonniers politiques pendant la guerre civile et la dictature des colonels), Léros a fait à nouveau parler d'elle il y a quelques années à propos de son institution psychiatrique, où les internés n'étaient pas traités comme il le fallait. Depuis ce scandale, des psychiatres européens sont venus mettre de l'ordre et ont fait du très bon travail, aussi bien du point de vue médical que du point de vue de l'environnement. Mais la fermeture de cette institution (400 malades et 600 soignants) est programmée, ce qui fait peser de lourdes menaces, depuis de nombreuses années, sur l'activité de l'île. Ce n'est pas la plus belle île du Dodécanèse, mais on y trouve le

> **LA DER DES DERS**
>
> *La bataille de Léros, en novembre 1943, fut un terrible combat qui permit aux Allemands de reprendre une île où les forces britanniques s'étaient installées à la suite de la capitulation des Italiens. Les historiens disent que ce fut le dernier grand succès de l'armée nazie, ainsi que la dernière défaite des Britanniques. C'est cette bataille qui a inspiré le livre (et donc le film)* Les Canons de Navarone, *tourné en partie à Rhodes.*

charme de l'authenticité et une chaleur humaine qui font à présent parfois défaut dans les autres. On la visite assez rapidement (53 km²) : quelques sites remarquables, des criques sympathiques, de bons restaurants de bord de mer et une vie nocturne conviviale où il est agréable de voir se fréquenter les Grecs et les étrangers (pas mal d'expatriés dont de nombreux Italiens).

# Arriver – Quitter

## En avion

✈ *L'aéroport se trouve à Parthéni (8 km d'Agia Marina), dans le nord de l'île.* Un bus fait le trajet vers le sud de l'île. Il y a aussi des taxis.
➤ *De/vers Athènes :* 1 vol/j. Réserver bien à l'avance.
➤ *De/vers Rhodes, via Kos ou Astypaléa :* 2 vols/sem, en principe.

## En bateau

🚢 Il y a **deux ports** où arrivent les bateaux touristiques. Celui de *Lakki* (pour les gros ferries) et celui d'*Agia Marina*. Différentes agences selon les compagnies :

■ *Aegean Travel, Nicolas Kastis :* agence au début de la rue qui va vers *Platanos* en partant du port, en face de la station de taxis. Ouv 9h-14h (12h30 dim), 18h-20h. ☎ 22-47-02-60-00 (à *Lakki*) et ☎ 22-47-02-24-70 (à *Agia Marina*). Compagnie *Blue Star Ferries*, et billets pour les hydrofoils. Petit bureau *Aegean Travel* également à l'entrée de l'embarcadère de Lakki, ouvert aux arrivées et départs de bateaux.
■ *Anek Lines :* Leros Travel. ☎ 22-47-02-41-11 (Platanos) et 22-47-02-21-54 (Lakki). Petit bureau également à l'embarcadère face à *Aegean*, même fonctionnement pour l'ouverture.

➤ *De/vers Le Pirée, via Patmos :* 1 ferry/j. en été. Prévoir 10 ou 11h de voyage, avec une arrivée à Léros en pleine nuit. Plus rapide (env 8h) par le ferry de *Blue Star*, mais plus cher aussi (toutefois, il ne s'arrête à Léros que 2 fois/sem).
➤ *De/vers les îles de Kos, Kalymnos, Rhodes, Samos et Lipsi :* au moins 1 liaison/j. en ferry, hydrofoil ou bateau d'excursion en été.
➤ *De/vers Kalymnos :* un petit bateau postal fait le trajet 3 fois/sem (lun, mer et ven). Il part du port de Myrtiès et accoste à Xirokambos, au sud de l'île, vers 7h30 et repart vers 13h (se renseigner sur place les horaires peuvent changer). Pas grand monde pour ce voyage superbe, mais à éviter si l'on a facilement le mal de mer. Une fois à Xirokambos, le taxi est le meilleur moyen de rejoindre la capitale (Platanos), à env 7 km.

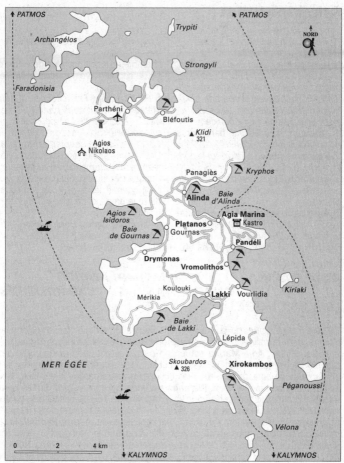

L'ÎLE DE LÉROS

## Circuler dans l'île

– **Taxis :** station à l'aéroport (Parthéni) ainsi qu'aux 2 ports (Lakki et Agia Marina). ☎ 22-47-02-25-50 à Lakki, 22-47-02-33-40 à Agia Marina et 22-47-02-30-70 à Platanos. Les distances ne sont pas grandes, les prix des trajets sont parfois exagérés, demander à ce que le compteur fonctionne.

– Le plus simple pour se déplacer sur cette île est le **scooter.** La location y est assez peu chère. Il est aussi possible de louer une **voiture.** Dans tous les cas, un moyen personnel de locomotion est plus pratique car, si les distances sont courtes, chaque lieu a sa spécificité (les bars, les restaurants ou les plages). Attention, la circulation sur l'île est dense et les routes sont très étroites (sauf à Lakki).

## Adresses utiles

✉ *Poste :* à Agia Marina et à Lakki.

■ *Distributeurs de billets :* deux sur le port d'Agia Marina, un à l'embarcadère, un autre à Platanos au niveau du rond-point. Les autres machines, en nombre suffisant, se trouvent au port de Lakki, avant d'arriver à l'embarcadère. Si vraiment on est en panne de liquide.

■ *Police :* à Agia Marina, dans la rue parallèle à la mer. ☎ 22-47-02-22-22.

■ *Police maritime :* à Lakki, sur le port. ☎ 22-47-02-22-24.

■ *Hôpital :* à Lakki, prendre à droite en arrivant au 1er rond-point. ☎ 22-47-02-32-51.

■ *Agence de voyages Martemis Travel :* à Agia Marina, au début de la route d'Alinda. ☎ 22-47-02-58-18. Lun-sam 9h-14h, 17h-21h ; dim 11h-14h.

L'agence vend les billets de bateau (ferries, excursions...) et peut trouver des chambres à louer. Location de voitures ou de scooters (voir adresse suivante, mêmes locaux).

■ *FF Motorent Francescos :* à Agia Marina, au début de la route d'Alinda. ☎ 22-47-02-52-35. Loc peu onéreuse de scooters ou motos : compter 12-14 € pour un scooter, selon taille. Deux-roues en bon état de fonctionnement et visiblement bien entretenus. Accueil très chaleureux de Nikos, qui peut donner des tuyaux sur son île, et de sa femme, hollandaise qui parle très bien l'anglais.

@ *Internet Café : Enallaktikon,* voir « Où boire un verre ? Où danser ? » ci-dessous. Pas bien cher.

## AGIA MARINA (ΑΓΙΑ ΜΑΡΙΝΑ) – PLATANOS (ΠΛΑΤΑΝΟΣ) – PANDÉLI (ΠΑΝΤΕΛΙ) – VROMOLITHOS (ΒΡΩΜΟΛΙΘΟΣ)

Ce sont quatre villages qui se sont étendus jusqu'à former une grosse agglomération autour de la colline où est perchée la forteresse byzantine. Chacun de ces lieux a sa spécificité : *Agia Marina* est le port où accostent une grande partie des bateaux touristiques et commerciaux. Il est entouré de bars et de restaurants. Très agréable de se balader dans les rues intérieures (murs passés à la chaux, bleu éclatant des portes et volets). *Platanos* est le centre administratif, où les vieux dégustent leur *ouzo* sur la place publique, très vivante. Ne pas hésiter à se perdre dans les ruelles de Platanos, à pied, pour découvrir des lieux charmants ! La route qui traverse le village est très étroite et il est impossible de se garer. *Pandéli* est un petit port de pêche, plus abrité qu'Agia Marina quand le vent souffle, avec ses restaurants de poisson. Jolie petite plage mais très aménagée tout le long. Non loin (on peut y aller à pied par des escaliers), à *Vromolithos,* se trouve la plage de la ville surplombée par des tavernes.

## Où dormir ?

Il y a peu de chambres à louer dans les villages d'Agia Marina et de Platanos, bruyants à cause des bars et des restaurants. Il est plus agréable de séjourner dans les villages de Pandéli et de Vromolithos.

🛏 *Rodon Hotel :* à Spilia, sur les hauteurs de Vromolithos, 4, odos Markopoulou, à côté du Mezzedopolio Dimitris *(voir « Où manger ? »)* et même propriétaire. ☎ 22-47-02-20-75. Fax : 22-47-02-25-05. Chambres avec sdb 50-70 € en été ; tarif à négocier sur plusieurs jours. Petit déj copieux. Demandez une chambre avec vue (superbe) sur la mer, kitchenette pour certaine, cuisine commune où l'on peut se faire à manger, pour les autres. 3 appartements pour 3 ou 4 également. Bon accueil.

🛏 *Pension Margarita :* au bas de Vromolithos, dans une rue parallèle à la

**LÉROS ET LIPSI (ÎLES DU DODÉCANÈSE)**

*plage.* ☎ 22-47-02-28-89. *À partir de 35-60 € pour 2 pers selon taille.* Une petite chambre douillette avec salle de bains, dans une sympathique pension familiale, et 2 appartements pouvant accueillir jusqu'à 4 personnes. Possibilité de prendre le petit déj sur la terrasse avec vue sur la mer. Cuisine commune sommairement équipée. Plage juste en dessous de la pension.

🏠 *Panteli Beach Studios & Apartements : face à la plage de Pandéli.* ☎ 22-47-02-64-00. 📱 69-72-60-00-35.

● *panteli-beach.gr* ● *Tte l'année. Compter, pour 2 pers, 60-75 € selon saison ; apparts 4-5 pers 80-100 €. Wifi.* Une quinzaine de studios tout neufs, installés en U, face à la plage de Pandéli. Seulement la rue à traverser pour plonger. Tous très bien décorés, avec goût et hyper bien équipés. Kitchenette, AC, et jolie salle de douche. Proposent également des locations de vélos, scooters et voitures sur place. À l'entrée, petit bar, le *Sorokos*, qui propose une petite restauration.

# Où manger ?

🍽 *Taverna Neromylos* (Le Moulin) *: à la sortie d'Agia Marina, direction Alinda, indiqué sur la droite.* ☎ 22-47-02-48-94. *Mars-oct, midi et soir. Repas 12-18 €. Résa conseillée le soir.* Situation exceptionnelle, au bord d'une piscine naturelle, alimentée par le ressac et à côté du moulin. Vues superbes sur la forteresse et le port d'Agia Marina. Bons *mezze* et plats grecs (poisson ou plats préparés à l'huile) à prix moyens. Depuis que Marcello est aux fourneaux, la cuisine a pris des tonalités italiennes, ce qui ne gâche rien.

🍽 *Taverna Psaropoula : sur le petit port de Pandéli, juste à gauche en arrivant à la plage.* ☎ 22-47-02-52-00. *Tte l'année, midi et soir. Compter 12-15 € si vous vous contentez de plats simples. Avec du poisson, prévoir le double. Wifi.* Un des meilleurs restaurants de poisson et de spécialités grecques de l'île (beaucoup de choix). Terrasse au ras des flots. Accueil très sympa.

🍽 *Kafeneio : à Pandéli, dans la rue derrière Psaropoula, premier angle à gauche. Repas 10-15 €.* Petit café-bar assez typique, et moins touristique, où

l'on déjeune sous une charmante tonnelle ombragée de feuillage. Cuisine locale simple et bonne. En continuant tout droit dans la rue, à la hauteur de Patiménos, sur la droite, une taverne sympa sous une paillote directement sur le sable. C'est le rendez-vous des « voileux ».

🍽 *Mezzedopolio Dimitris : sur les hauteurs de Vromolithos, dominant la mer.* ☎ 22-47-02-20-75. Voici un resto sympa, avec quelques tables sur une terrasse en plein soleil et une grande salle terrasse ouverte par des baies vitrées, le tout à flanc de rocher, d'où l'on voit les côtes de la Turquie. Large choix de *mezze* pour tous les budgets. Bon accueil du patron qui parle parfaitement l'anglais.

🍽 *Pigadi : à Vromolithos, dans la rue parallèle à la plage, en allant vers Lakki ; dans un angle sur la gauche.* ☎ 22-47-02-50-46. *Repas 12-15 €.* Dans une petite cour intérieure à l'ombre des feuillages, bien agréable aux heures « chaudes ». Petits déjeuners et bonne cuisine grecque. Service prévenant. De plus le patron est un fan de Goran Bregovic, que vous pourrez entendre en sourdine.

# Où manger une pâtisserie ?

🍽 *Pâtisserie To Paradosiako : sur le port d'Agia. Ouv 7h30-1h !* Installée dans une tour carrée, qui fait office de « rond-point ». On y va pour sa spécia-

lité, la *patsavoropita*, un gâteau au yaourt imbibé de sirop, mais aussi pour toutes les autres gourmandises.

# Où boire un verre ? Où danser ?

Les amateurs de soirées conviviales peuvent passer de bons moments dans des lieux à taille humaine où il est encore possible de rencontrer des personnes autres que des touristes en vacances.

**Café-bar Remezzo :** *sur le port, en retrait derrière la pâtisserie.* Typique pour boire un *ouzo* avec les vieux Grecs (et les Grecs moins vieux) installés en terrasse. Quelques tables au bord de l'eau.

**Night-club Apothiki** *(New Face) : juste en face du débarcadère d'Agia Marina.* De la musique grecque et internationale sur laquelle dansent les 18-25 ans. Messieurs les routards esseulés, inutile de vous mettre dans tous vos états, les grands frères surveillent. En revanche, les routardes sont des mets rares et fort prisés qui déchaînent les masses (alors gare à vous, mesdames...).

**Bar Faros :** *au bout du port d'Agia Marina, à l'extrémité gauche en arrivant à l'embarcadère. Ouv le soir slt.* Juste sous le phare, un superbe bar dans une grotte et sur une terrasse qui surplombe la mer. On y danse sur des musiques anglo-saxonnes ou grecques. Le cadre vaut le détour et même un petit verre. Plus calme que les bars du port.

**Cafe del Mar :** *à Vromolithos, descendre le chemin de terre à gauche avant la* taverna Paradissos. ☎ 22-47-02-17-66. • leroscafedelmar.com • *Ouv quasiment 24h/24.* Bar, piste de danse, plage privée et vue paradisiaque. On prend un snack à 15h, un saut sur la plage et on remonte aux douze coups de minuit pour se déchaîner sur la piste de danse. Folie en plein air avec vue sur la mer : romantique à souhait. Il n'est pas interdit de faire un somme sur la plage quand la soirée se termine un peu tôt le matin. On ne paie pas l'entrée et petits et grands sont conviés... Une tolérance très agréable. Sous le *Cafedelmar,* directement sur la plage installé dans la roche, un minuscule bar de plage qui loue également des kayaks, pour ceux qui voudraient activer la digestion !

**@ Enallaktiko** *(Internet Café) : sur le port d'Agia Marina.* ☎ 22-47-02-57-46. Outre Internet, il y a billards, jeux vidéo et une agréable terrasse. Déco intérieure très actuelle. Clientèle jeune.

**Kultural & Exhibition Center « Kastis Fourmill » :** *au bout du port d'Agia Marina, à l'extrémité gauche en arrivant à l'embarcadère, juste avant le bar Faros.* Un centre culturel s'est installé dans un grand bâtiment ancien, récemment rénové. Expositions permanente et temporaires (se renseigner sur place). Machines agricoles en bois, anciennes, exposées en terrasse. Également un bar, sur cette grande terrasse habillée de parasols blancs immenses, de sièges en bois avec des cousins et tables basses. Quelques tables au bord de l'eau, sous les tamaris. Restauration simple, sandwich, crêpes, pizzas et spécial petit déj. Mais on vient ici surtout pour siroter un cocktail en début de soirée !

# À voir. À faire

Au sommet de la colline Pitiki, la **forteresse byzantine** qui surplombe la capitale de l'île, Platanos. Elle est accessible à pied par 260 marches, fraîchement restaurées (au départ d'Agia Marina ou de Platanos) ou par la route, depuis Pandéli (la route passe par les six moulins). Le panorama du site est fantastique, surtout en fin de journée, quand le soleil laisse la place à la lune.
Dans l'enceinte de la forteresse se trouve le monastère Panagia tis Kyras qui est transformé en musée de reliques religieuses *(tlj 8h-12h30, plus 15h-19h mer, sam et dim ; entrée payante).*

⚲ **Le Musée archéologique :** à Agia Marina, à côté de l'école élémentaire. *Mar-dim 8h-14h30. Entrée libre.* Petit musée où les découvertes archéologiques faites dans l'île sont bien mises en valeur. Stèles gravées, amphores, masques de terre cuite.

➢ **Sorties en mer sur le « Barbarossa » :** un beau bateau en bois, basé à Agia Marina, qui sort tlj en juil-août en direction des petites îles voisines (Arki, Tiganakia, Aspronisia, Marathi, Krifos et Archángelos). ☐ 69-78-04-87-15, ou 69-81-59-25-01. ● barbarossa-leros.gr ● Compter 25 €/pers ; réducs. Départ vers 11h et retour vers 19h.

> ### « PARCE QUE JE LE VAUX BIEN »
>
> *En 79 av. J.-C., Jules César se fit enlever par des pirates au large de Léros. La rançon fut fixée à 20 talents d'or. Le personnage, qui n'avait pas la modestie parmi ses vertus cardinales, réévalua lui-même la rançon à 50 talents d'or... Elle fut payée, après quoi César engagea des mercenaires qui exécutèrent illico les pirates qui avaient osé s'en prendre à son auguste personne...*

– De nombreuses **fêtes** sont organisées pendant l'été. Les plus intéressantes ont lieu le 16 juillet au village d'Agia Marina et le 15 août dans la forteresse byzantine.

## ALINDA (ΑΛΙΝΤΑ)

À 3 km au nord de Platanos. C'est tout au long de cette plage qu'a été construite une partie des hôtels touristiques de l'île. C'est même devenu « la Croisette » de l'île : la bande de plage coincée par une route passante n'a rien d'agréable, mais les hôtels ont une belle vue sur la baie, et les tarifs suivent... Quelques bars de plage sont souvent animés le soir.

# Où dormir ?

🛏 **Archontiko Angélou :** un peu en retrait dans les terres, prendre la 1re rue à gauche env 150 m après la tour Beléni, puis tout droit sur env 250 m. ☎ 22-47-02-27-49. ☐ 69-44-90-81-82. ● hotel-angelou-leros.com ● Tte l'année (oct-mai, ne pas arriver à l'improviste). Compter env 80-130 € pour 2 pers, petit déj compris (plus cher pour une suite). Wifi. Entourée par un jardin planté d'agrumes, une belle maison de la fin du XIXe s qui propose 8 chambres à l'ancienne. Très belle déco. Il faut aimer le rustique et les planchers qui craquent, ce qui a indéniablement son charme. Très calme. Bon petit déj et excellent accueil.

# Où manger ?

|●| **Restaurant Alinda :** devant l'hôtel Alinda. ☎ 22-47-02-32-66. *Mai-sept. Prévoir env 12-15 €.* Grande terrasse en bord de route où l'on se fait servir de bonnes spécialités, à des prix un peu plus élevés que la moyenne mais avec une assurance de qualité. Service un peu lent, mais agréable. Au bar, petite restauration rapide le midi.

# À voir dans les environs

⌓ La plage d'Alinda n'incitant pas aux bains de soleil, continuez plutôt en direction de **Panagiès,** très aménagée également (chaises longues, parasols et deux tavernes), parfois moins bondée.

🍴 **La tour de Belléni (Musée historique et folklorique) :** *au bord de la plage d'Alinda. Mar-sam 9h30-12h30, 18h30-21h. Entrée : 3 €.* Musée qui expose des vêtements typiques, des objets et du mobilier qui retracent l'historique de l'île. C'est un médecin qui a rassemblé ces pièces et en a fait don au musée. Malheureusement la plupart des explications sont en grec.

🍴 **Le cimetière de guerre anglais :** *en arrivant à Alinda.* À l'automne 1943, une fois l'armistice signé avec les Italiens, les Allemands lancèrent une terrible contre-attaque sur Samos, Kos puis, en novembre, sur Léros. Après quatre jours de résistance, les forces anglaises se rendirent. Plus de 180 soldats reposent dans ce cimetière.

🍴🍴 **Agios Isidoros :** *sur la route de l'aéroport, après Sikéa.* C'est l'église que l'on voit sur la moitié des cartes postales de l'île : construite sur un rocher, elle n'est reliée au rivage que par un fil d'Ariane de 1 m de large.

🍴 **Bléfoutis :** hameau à l'est de l'aéroport avec un bon resto, typique à l'ancienne (*I Théa Artemis*) et sa grande terrasse à l'ombre, face à la mer. Charmante baie avec les bateaux au mouillage. La plage de sable et galets n'est pas désagréable, mais en poursuivant plus loin, après le hameau, petites criques rocheuses facilement accessibles (prendre la piste et chercher un coin dans les rochers).

## DRYMONAS *(ΔΡΥΜΩΝΑΣ)*

Petit village à l'ouest de l'île, très tranquille. Plage, tavernes à proximité.

🛏 **Psilalonia :** *chambres d'hôtes chez Laure et Jacques.* ☎ 22-47-02-52-83. 🖷 69-45-35-23-38. ● *psilalonia.com* ● À 300 m de la mer. Ouv presque tte l'année. Pour 2 pers, 68 €, délicieux petit déj compris. CB refusées. Wifi. À l'extrémité du village, à mi-hauteur d'une colline, dans une ancienne ferme joliment rénovée, 3 belles chambres avec salle de bains et terrasse (vue imprenable) décorées avec goût. Excellent accueil de Laure et Jacques, installés sur l'île depuis quelques années et connaisseurs de ses moindres recoins.

Si l'inconnu vous tente, Hippolyte, le fils de la maison, vous fera découvrir son petit secret sur les îlets en contrebas ! Incontestablement notre meilleure adresse sur l'île. En revanche, pensez à réserver à l'avance !

🍴 **Ouzeria Sotos :** *à la limite entre Gournas et Drymonas.* ☎ 22-47-02-45-46. Tlj mai-oct. Repas 10-15 €. Tables au bord de l'eau, avec les barques de pêcheurs amarrées dans ce minuscule petit port naturel très charmant. Poisson et fruits de mer uniquement.

## LAKKI *(ΛΑΚΚΙ)*

Ce magnifique port naturel, un des plus grands de Méditerranée orientale (400 m d'ouverture), servit de base navale aux Italiens pendant la Seconde Guerre mondiale. Ils construisirent cette ville aux énormes bâtiments entrecoupés d'avenues anti-émeutes. On aime ou on n'aime pas ce décor de cinéma, assez kitsch. Les routards passionnés d'architecture Art déco, ceux qui aiment les formes arrondies (celles des rotondes, des carrefours qui, ici, ne sont pas à angle droit, ou celles de ce cinéma en plein air) apprécieront cette petite ville boisée (pins, tamaris, eucalyptus, palmiers...). Il y a eu jusqu'à 20 000 militaires à Lakki... On y assemblait des hydravions et les Italiens, craignant les attaques sous-marines, avaient protégé la baie par un immense filet de protection ! Aujourd'hui, bon nombre des bâtiments sont déserts, les autres sont occupés par des écoles ou des hôpitaux. Toutefois un programme de rénovation est en route... Certains bâtiments, comme l'énorme cinéma-théâtre, ont été restaurés ou sont en passe de l'être, comme son voisin, un hôtel.

⚠ Quelques plages sympas au-delà de Lakki, à **Koulouki** et **Mérikia.** On peut continuer par la piste jusqu'à Katsouni et dénicher une petite crique tranquille, par une piste à prendre après l'ensemble de bâtiments désaffectés.

## Où dormir ? Où manger ?

Cette ville n'est plus qu'un lieu de passage pour les visiteurs. On déconseille d'y établir son point de chute. Deux adresses en dépannage :

🏠 **Hotel Mira-Mare :** dans la 3ᵉ rue parallèle au port. ☎ 22-47-02-24-69 ou 20-53. ● lerhoshotelmiramare.co. uk ● Doubles 40-50 € sans petit déj. Petit hôtel familial dans un grand bâtiment un peu kitsch qui ressemble à un gros gâteau. 20 chambres simples avec salle de douche, w-c, frigo et balcon. Celles avec vue sur la mer ont évidemment plus d'attrait. Un minibus appartenant à l'hôtel fait les transferts aéroport et port. Idéal pour prendre un ferry le lendemain, pas pour la totalité du séjour.

🍴 Pour un en-cas avant l'embarquement, plusieurs **fast-foods** à la grecque (psitopolia) proposent de petits souvlakia et des gyros. Celui situé en face de Petrino (voir ci-dessous) propose aussi du kokorestsi (abats à la broche).

🍴 **To Petrino :** au centre de Lakki, à côté de la poste. ☎ 22-47-02-48-07. Tte l'année, slt le soir. Prévoir env 15-25 €. Cuisine traditionnelle mais aussi ouverte à d'autres influences (le patron a voyagé et vécu en Belgique). Plats de viande principalement, bien cuisinés, comme le filet mignon (dont le nom sur la carte est « bon filet » !) qui fait un malheur auprès de la clientèle grecque. Bon accueil et une bonne adresse sur l'île.

🍴 **Ouzeri Koulouki :** à quelques mètres de l'embarcadère, sur la petite plage de Koulouki. ☎ 22-47-02-55-80. Un endroit agréable pour attendre les bateaux vers les îles en grignotant des mezze, à l'ombre des eucalyptus.

## À faire

– Conquise par les troupes italiennes en 1912, Léros devint une gigantesque base navale, en partie détruite pendant les bombardements de la Seconde Guerre mondiale. Les férus d'architecture et d'histoire pourront admirer les bâtiments de la ville. On peut aussi faire un tour dans les anciens dépôts de munitions et les tunnels creusés dans les montagnes après Koulouki (se munir de lampes de poche).

🎖 **War Museum-Tunnel :** ☎ 22-47-02-21-09. Ouv 9h30-13h30. Entrée 3 € ; réducs. Ce « musée-tunnel » a été aménagé dans un des anciens dépôts de munitions. Visite instructive pour mieux comprendre les batailles historiques, dont Lakki et les environs furent le théâtre, à l'automne 1943. Amusant ce coffre-fort en excellent état, appelé « italian scafe » mais fabriqué à Amiens par la Sᵗᵉ Arnaud. Le plus intéressant de la visite reste le film historique diffusé à la fin.

## XIROKAMBOS (ΞΗΡΟΚΑΜΡΟΣ)

Petit village agricole à 5 km au sud de Lakki. Rustique et vraiment calme.

⚠ La plage n'est pas très belle, mais plutôt agréable avec de jeunes enfants. En marchant un peu à l'ouest de Xirokambos, on trouve quelques criques agréables et désertes. Voir, au départ de la piste qui part direction sud-est, l'église appelée Notre-Dame-des-Crabes. Des rochers accueillants dans le coin.

🍴 **Aloni :** sur la plage de Xirokambos. ☎ 22-47-02-60-48. Compter 12-15 €, un peu plus cher pour certains poissons. Taverne qui donne directement sur la plage. Cuisine familiale et produits frais, tous les légumes viennent de leur jardin ! Excellents beignets de poulpe et de légumes. Cuisine grecque de bonne qualité. Accueil sympathique et prix pratiqués raisonnables. Une bonne adresse.

# LIPSI (ΛΕΙΨΟΙ)   (85001)   600 hab.

Longtemps on affirma que le marin Ulysse aurait rencontré la belle Calypso sur cette île. À défaut de nymphe, les routards pourront profiter d'un site magnifique et calme, où les voitures sont assez rares. Une belle île, authentique, où il est agréable de se laisser vivre. Mais cela pourrait ne pas durer éternellement car on y construit à tout-va...

L'île est connue pour son vin. Pendant l'occupation italienne, on y a produit jusqu'à 300 litres par an, qui partaient directement au Vatican, non pour consommation mais pour la... communion !

## Arriver – Quitter

### En bateau

■ *Capitainerie :* ☎ 22-47-04-11-33.
➤ *De/vers Le Pirée :* 1 ferry/sem et c'est tout, le *Ierapetra (compagnie Anek).* 11-17h de traversée selon le nombre d'escales. Le mieux est de gagner Patmos (nombreuses liaisons en hydrofoil) d'où les liaisons régulières sont plus nombreuses.
➤ *De/vers Patmos ou Léros :* en été, nombreuses liaisons tlj en hydrofoil ou en catamaran avec le *Patmos Star* ou le *Dodekanisos Pride.* Compter 20 mn de traversée slt.
➤ *De/vers Rhodes :* tlj (sf lun ou mar), via Kalymnos et Kos.
➤ *De/vers Samos :* 1 j./2, via Arki et Agathonisi.

## Circuler dans l'île

Pas de voitures de location sur l'île. Il faut donc louer un **scooter** si l'on désire être motorisé. Mais seulement deux loueurs, un au resto *Porto,* un peu au-dessus du port en arrivant de l'embarcadère à droite ; l'autre, à l'autre bout, sous l'église. Attention, très peu de scooters, donc difficile d'en trouver en août. Sinon, prendre le **minibus** qui fait des trajets dans toute l'île. Départ toutes les heures devant le poste de police, de 10h30 à 17h50. Les marcheurs pourront accéder aux plages par les routes et les sentiers. Il faut compter 1h pour aller à la plage de Platis Gialos. Les **taxis** (bon marché) peuvent aussi faire le trajet (attention, ils roulent comme des dingues !).

### LIEN DOU

## Adresses utiles

■ *Achat et réservation des billets de bateaux :* petit bureau au débarcadère. ☎ 22-47-04-12-50. Ouv slt 1h avt arrivées et départs. Accueil en français.
✉ *Poste :* sur la pl. de l'Église. Lun-ven 7h30-14h. On peut y changer les chèques de voyage.
■ *Attention :* un seul **distributeur de billets** sur l'île, sur le port à droite avant l'escalier qui monte vers l'église ; pen-

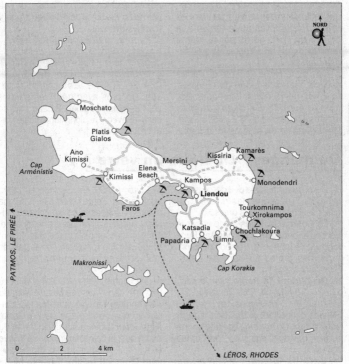

**L'ÎLE DE LIPSI**

ser à retirer sur une autre île, car celui-ci peut se trouver vide...

■ *Poste de police :* sur le port, à gauche des escaliers montant au village. ☎ 22-47-04-12-22.

■ *Western Union Money Transfert :* petit bureau dans la rue à gauche en arrivant sur la place de l'église.

@ *O Kabos :* à 50 m du débarcadère. ☎ 22-47-04-11-07. Immense bar avec baby-foot, billard et Internet. Connexion très bon marché, ils facturent au temps réellement passé !

## Où dormir ?

Les chambres poussent un peu partout, mais l'hébergement est assez cher par rapport aux îles voisines et il est souhaitable de réserver pour les mois de juillet et août.

⋊ Possibilité de faire du *camping sauvage* près des plages à Katsadia (taverne avec douche) et à Platis Gialos (taverne avec w-c et lavabo, pas de douche).

🛏 *Studios Sophie :* au-dessus de l'hôtel Aphrodite. ☎ 22-47-04-13-16. Compter 30-50 € pour 2 selon saison.

Même propriétaire que le *Café du Moulin.* Studios tout confort avec kitchenette, salle de douche et petite terrasse avec vue imprenable. Déco simple, mais bien entretenu.

🛏 *Kalypso Hotel :* sur le port. ☎ 22-47-04-14-20. ● lipsihotels.gr ● Chambres avec sdb très simples, mais correctes

**LÉROS ET LIPSI (ÎLES DU DODÉCANÈSE)**

*30-50 € sans le petit déj.* Le resto en dessous est un peu bruyant pendant les repas. Préférer les appartements, à 500 m du port, gérés par la même famille, un poil plus chers, mais nettement mieux.

▲ *Aphrodite Hotel : à 5 mn du débarcadère, face à la plage de Liendou.* ☎ 22-47-04-10-00. ● hotel-aphroditi. com ● *Avr-oct. De beaux studios récents à partir de 55-70 € selon saison.* Une vingtaine de studios et apparte-ments très bien équipés, à flanc de colline, avec vue sur la petite plage de Lientou en contrebas.

▲ *Panorama Studios : chez Maria Isihou-Matsouri, à 50 m au-dessus du débarcadère.* ☎ 22-47-04-12-35/79. 📱 *69-34-74-43-83. Ouv tte l'année. Compter 30-50 € selon confort et saison.* Décorés avec goût, les studios sont très bien équipés. 2 bâtiments en escalier avec vue plongeante sur le port et toute la baie.

## Où manger ? Où boire un verre ?

I●I Deux *ouzeria* sur la deuxième partie du port. Y déguster des *mezze* délicieux avec les pêcheurs grecs.

I●I De nombreux restos sympas sur le port. Aller *chez Yannis, Taverne Théologos,* on y mange du très bon poisson, quelques tables au bord de l'eau. Sympa et assez typique.

I●I *Restaurant To Pefko : sur le port.* ☎ 22-47-04-14-04. 📱 *69-76-39-04-25. Ouv mai-fin sept. Repas env 15-20 €.* Service accueillant et très bon rapport qualité-prix. On y mange une très bonne cuisine grecque. Vue sur le port et les bateaux.

I●I *Café du Moulin : sur la pl. de l'Église.* ☎ 22-47-04-13-16. Assez touristique et francophone : toute la famille de Yotis parle le français.

I●I 🍸 *Katoadia Dilaila : sur la plage de Katsadia, tout au bout.* ☎ 22-47-04-10-41. *Ouv 10h30-4h. Service au resto jusqu'à 22h.* Petite taverne bien sympa avec ses chaises en bois et tables colorées. Installée à l'ombre d'une tonnelle, juste au-dessus de la plage, bénéficiant d'une jolie vue sur la baie. Tenue par des jeunes, elle se transforme en bar de nuit à partir de 22h.

🍸 Les noctambules peuvent aller boire un verre dans l'un des *bars* le long du port comme *The Rock* et finir leur soirée au bar de la plage de Papadria, *Katoadia Dilaila,* ouvert jusqu'à 4h du matin ou à la disco *Amin,* qui se trouve à l'extrémité du port vers la droite, derrière un grand bâtiment blanc. Musiques éclectiques.

I●I *Boulangerie Kairis : à côté de la police. Ouv tte la journée et tard le soir.* Bon pain et pâtisseries. On peut grignoter en terrasse et boire un verre.

## À voir. À faire

⌂ Les *plages* qui manquent pas sur cette magnifique île. Pour info : *Liendou* est la plus proche, mais elle est bondée. La plage de *Platis Gialos* est la plus belle, et les naturistes pourront prendre l'air à celle de *Monodendri,* sans oublier les petites plages plus familiales mais très agréables de *Katsadia, Papadria* et *Chochlakoura.*

➢ *Randonnées pédestres :* les marcheurs prendront sûrement beaucoup de plaisir à arpenter cette île. De nombreux Anglais y viennent dans ce but. Un feuillet très bien fait, avec plusieurs niveaux de difficultés et durées de randonnées, est disponible dans les agences de voyages.

➢ Sur le port, *bateaux d'excursion* à départs réguliers autour de Lipsi ou à destination des îles alentour. S'adresser à l'agence *Renas* (voir rubrique « Adresses utiles »). Demander aussi aux petits bateaux de pêcheurs amarrés près du débarcadère, qui organisent également des sorties en mer.

🚶 Dans l'*église Panagia tou Charou* du village (théoriquement ouverte le matin), on peut admirer une icône de Marie portant le Christ crucifié (unique). Au XVIIᵉ s, une vierge y accrocha des fleurs qui, chaque année à la même période, reprennent miraculeusement vie. Un pèlerinage est organisé pendant 3 jours à partir du 22 août et se termine par une fête du village. De nombreux musiciens viennent jouer. On peut voir une urne avec les ossements des cinq martyrs retrouvés à Lipsi (1558-1635) qui ont été décapités par les Turcs.

🏛 Un petit *musée,* juste à côté de l'église *(ouv tlj 9h-14h30 ; entrée libre),* contient quelques marbres, amphores et vieux manuscrits retrouvés au fil des années sur l'île. Ouvert selon des horaires extrêmement fantaisistes !

🏛 Les marcheurs pourront aller voir, au-dessus de la plage de Kimissi, le *paradis* que s'est construit l'ermite Philippos. Une petite maison avec une église, un jardin et même sa future tombe. Mais trop vieux, il a reconstruit le même paradis en plus petit près de la plage. Il est mort en 2002. Ceux qui ne désirent pas marcher peuvent faire le trajet avec le bateau *Dimitrios.*

– Chaque année vers le 10 août, grande *fête du Vin* pendant laquelle de nombreux musiciens viennent égayer le village pendant trois jours. Le breuvage dionysiaque est offert... Avis aux amateurs !

## Au nord

🏛 Au nord de Lipsi, l'*îlot de Marathi* (où, l'hiver, demeurent trois frères !) et la petite *île d'Arki* avec une cinquantaine d'habitants. Quelques chambres et tavernes, en particulier *Pandelis* (hôtel et resto, ouvert de juin à octobre, incontournable à Marathi). On y rencontre des VIP grecs et des voileux. Accès également depuis Patmos.

# PATMOS (ΠΑΤΜΟΣ)　　(85500)　　2 800 hab.

Dominée par les maisons blanches de Chora qui entourent le monastère de Saint-Jean-le-Théologue, l'île est classée Monument historique depuis 1946 et le Parlement grec l'a proclamée « île sacrée » en 1981. En 1999, l'Unesco l'a inscrite au Patrimoine de l'humanité, du moins le centre historique de Chora. Prenez le temps de vous balader dans le dédale des ruelles de Chora, superbe. C'est non loin de là, dans une grotte, que fut écrite *L'Apocalypse* de saint Jean. Les habitants prétendent qu'il y a autant d'églises sur cette île que de jours dans l'année. L'île est donc tournée vers ces lieux saints qui attirent de nombreux pèlerins ou des foules de visiteurs. Le soir même, beaucoup ont déjà quitté l'île sacrée pour d'autres lieux. Ceux qui restent prennent leurs quartiers au village de Skala. Construit autour du port, il regorge de restaurants, d'hôtels, de magasins et boîtes de nuit. Les autres villages sont moins touristiques et les popes du monastère veillent à ce que l'île ne devienne pas un lieu de perdition ! Longue de 25 km et d'une superficie de 34 km², l'île est petite, facile à parcourir à pied ou en scooter. De belles plages, certainement les plus belles du Dodécanèse, dont certaines où le naturisme est toléré. Beaucoup de Français y viennent régulièrement en vacances et nombre d'entre eux ont une résidence secondaire sur l'île.

## Arriver – Quitter

### En avion

– Pas d'aéroport sur l'île. Les aéroports internationaux les plus proches sont *Kos* et *Samos.* Celui de *Léros* n'accueille que des vols intérieurs.

### En bateau

⚓ On arrive à **Skala,** unique port de l'île.
■ **Police maritime :** ☎ 22-47-03-12-31.
➢ **De/vers Le Pirée :** en principe, en été, liaison tlj en ferry. Compter 8 à 10h de bateau. Le plus rapide est le ferry de *Blue Star Ferries* (2 fois/sem).
➢ **De/vers Kalymnos** (2h30), **Kos** (4h), **Léros** (1h30) **et Rhodes** (9h) **:** ferries tlj.
➢ **De/vers Samos :** plusieurs liaisons/sem en ferry, via Arki et Agathonissi. En été, jusqu'à mi-oct, 1 hydrofoil tlj dans chaque sens.
➢ **D'Icaria :** plusieurs liaisons/sem.
➢ **De/vers les îles du Dodécanèse :** liaisons fréquentes en saison en hydrofoil. Le *Dodekanisos Pride* part en principe, de mi-mai à mi-oct, tôt le matin et dessert Lipsi, Léros, Kalymnos, Kos, Symi et Rhodes. À vérifier sur le site ● *12ne.gr* ● Un autre bateau de la même compagnie part de Rhodes le mat (sf lun ou mar) et arrive à Patmos vers 13h, avant de redescendre sur Rhodes. Les mêmes îles sont desservies, sauf Lipsi et Symi. Liaisons également avec Lipsi tlj (avec arrêt certains jours à Léros) en hydrofoil avec le *Patmos Star.*

## Circuler dans l'île

– **Bateaux :** départs plusieurs fois/j. de caïques vers les plages d'Agriolivado, Kambos, Lambi, Psili Ammos, ainsi que pour les îles de Lipsi, Marathi et Arki. Assez bon marché et pratique mais départs susceptibles d'être annulés à défaut de clients ou quand la mer est trop agitée. Certains bateaux se louent à la journée : là, c'est bien plus cher...
🚌 **Patmos Bus :** ☎ 22-47-03-16-66. En été : de Skala, une dizaine de bus/j. pour Chora, env ttes les 1h à 2h, 7h40-21h30 (8h-21h45 dans le sens inverse). Entre Grikos et Skala, 8 bus/j. et 5 liaisons entre Grikos et Chora. De Skala à Kambos au nord, 2 bus le mat et 2 l'ap-m (même chose en sens inverse). Également 1 bus le mat et 1 autre l'ap-m pour la plage de Lambi. Circuler en bus est facile tant pour visiter le monastère que pour découvrir les plages ; les distances sont courtes et les routes sont bonnes.
– **Taxis** *(plan A1)* **:** *à côté de la place principale de Skala (impossible de les louper tellement il y en a pour une si petite île !).* ☎ 22-47-03-12-25. Bon marché.
– Location de **voitures** et **scooters** à plusieurs endroits (comparer les prix !).

## SKALA (ΣΚΑΛΑ)

C'est le seul port de l'île, et donc le centre économique, touristique et maritime. Les nombreux magasins et hôtels ont terni un peu le charme du port en le transformant en village assez touristique, mais il reste quand même agréable. C'est le pivot de la vie locale et un endroit pratique pour rayonner dans l'île.

## Adresses utiles

🏛 **Office de tourisme** *(plan A1)* **:** *face au débarcadère.* ☎ 22-47-03-16-66. *Ouv en saison de façon très fantaisiste. Pas mal de documentation sur l'île.*
✉ **Poste** *(plan A1)* : *sur la place principale.*
@ **Internet :** au *Blue Bay Hotel (hors plan par B1-2, 18), à 10 mn à pied du centre, sur la route de Grikos. Ouv* 9h-14h, 17h-20h. ☎ 22-47-03-11-65. *Petit bar Internet sympa au rez-de-chaussée de l'hôtel, accessible à tous. Assez cher (1 € les 15 mn).*
@ **Dodoni Gelateria Internet Café** *(plan A1, 5) : sur la rue qui va vers le resto* Cactus. ☎ 22-47-03-22-02. *En saison* 9h-22h. 2 € *les 30 mn, min 1 €.* Également *Millenium, à côté de l'Art Café,*

site inscrit au Patrimoine mondial de l'Unesco

**L'ÎLE DE PATMOS**

mais beaucoup plus cher, boisson offerte à partir de 1h de connexion !

■ *Distributeurs automatiques de billets :* face au débarcadère sur la droite, Emporiki Bank et à l'angle de la rue principale sur la place, Bank of Greece.

■ *Police maritime (plan B1, 2) :* sur le quai du débarcadère. ☎ 22-47-03-41-34.

■ *Agences de voyages : Apollon Travel (compagnies* Blue Star Ferries et Anek Lines*), sur le port.* ☎ 22-47-03-13-24 ou 13-56 ou 17-24. ● apollon@12 net.gr ● Et juste à côté, **Astoria Travel,**

☎ 22-47-03-12-05 ; ● astoriatravel. com ● *(ferry* Anek Lines *et hydrofoil* Dodekanissos Express*).*

■ *Police et police touristique (plan A1) :* en face du débarcadère, au 1er étage. ☎ 22-47-03-13-03.

■ *Presse internationale (plan A1, 4) :* sur la place. Journaux étrangers et livres. Boutique bien approvisionnée.

■ *Hôpital :* ☎ 22-47-03-12-11. Entre Skala et Chora.

■ *Association des propriétaires de chambres à louer :* pas de bureau, il faut appeler le ☎ 22-47-03-15-41.

## Où dormir ?

À l'arrivée du bateau, on vous proposera des chambres chez l'habitant (qualité et prix très variables) même à des heures... plus très orthodoxes.

PATMOS (ÎLES DU DODÉCANÈSE)

## Camping

⚶ *Camping Stéfanos (hors plan par A1) :* à 1,5 km de Skala, dans la baie de Méloi. ☎ 22-47-03-18-21. De mi-mai à mi-oct. Compter env 16 € pour 2 pers avec tente ou 18 € sans. Le seul camping de l'île. Plus de 70 emplacements. Certains sont pratiquement encerclés de hauts bambous, formant ainsi un dédale de petits coins intimes, jolis et bien sympas. Patrons très avenants. Petite épicerie et bonne taverne offrant des plats à petits prix à déguster à l'ombre de la terrasse. On peut y louer quelques tentes. Plage à 50 m mais attention aux oursins. Un minibus rouge assure des navettes entre le port de Skala et le camping.

## De prix moyens à plus chic

Variations de prix importantes selon la saison...

🛏 *Hotel Villa Zacharo (plan B2, 11) :* situé à 100 m du port, dans la rue qui va vers Chora. ☎ 22-47-03-15-29. 📱 69-44-50-61-08. • villa-zacharo.gr • Doubles 40-60 € selon saison ; petit déj 5 €/pers. Accueil charmant dans cette petite pension par le propriétaire (Zacharo Koutlakis), qui parle bien l'anglais, et sa femme adorable. Chambres confortables, avec AC, celles donnant sur la route étant toutefois un peu bruyantes, préférer une des 3 sur l'arrière. Pour le petit déj, buffet copieux. On vient vous chercher au port à l'arrivée et on vous y ramène au retour. Zacharo connaît bien l'histoire de son île et peut vous la faire découvrir.

🛏 *Pension Maria Paschalidis (plan B2, 12) :* route de Chora. ☎ 22-47-03-21-52 ou 13-47. À 200 m du port, en face du terrain de foot. Fermé en hiver. Résa impérative en hte saison. Compter env 50 € pour 2 pers en juil-août et moitié prix les autres mois. Pension agréable, propre et spacieuse. Le mari parle un peu le français. Joli jardin.

🛏 *Antonias Apartements (hors plan par A1) :* à Skala direction Meloi, juste après le port de plaisance. ☎ 22-47-03-40-04. Ou accueil, rens et résas auprès de l'hôtel Hellinis (juste à côté, même famille) ☎ 22-47-03-12-75 ou 40-04. • patmoshotelhellinis.gr • Doubles avec AC 40-80 € selon saison. L'hôtel est dirigé par le père, et la fille s'occupe des appartements et studios. Studios et appartements tout neufs avec terrasse, confortables et calmes. La plupart ont une vue panoramique sur le port et le monastère. Le ménage est fait tous les jours. Studios plus petits à l'arrière avec terrasse, moins chers. L'hôtel propose également des chambres simples et impeccable avec vue sur le port. Excellent accueil pour cette adresse un peu en retrait donc moins bruyante !

🛏 *Sidney (hors plan par A1, 15) :* dans la même rue que la Villa Knossos, un peu plus haut. ☎ 22-47-03-16-89. Doubles env 25-45 € selon saison. Petite pension familiale (à l'ancienne), bien tranquille. Les chambres sont très simples, avec un balcon, un frigo et une minisalle de bains. Tout est très propre. Accueil aimable par une dame âgée qui parle peu l'anglais.

🛏 *Pension Avgérinos (hors plan par A1, 16) :* monter l'escalier en face du Sidney et continuer tout droit, la pension se trouve à un angle de rue, un peu en hauteur. ☎ 22-47-03-21-18. 📱 69-74-10-88-81. • avgerinospansion@patmos.eu • Avr-oct. Compter max 50 € pour 2 pers en août, moins cher hors saison. CB refusées. Quelques jolies chambres à louer, dans la maison d'un jeune couple accueillant. Toutes disposent d'une salle de bains, d'un frigo d'un petit balcon et d'une jolie vue. Bien entretenu.

🛏 *Galini Hotel (plan A2, 14) :* en plein centre, suivre la rue de l'hôtel Rex. ☎ 22-47-03-12-40. • galinipatmos.gr • Avr-oct. Doubles 40-70 € selon saison. Hôtel accueillant niché au bout d'une petite ruelle fleurie. Tranquille, comme l'indique la traduction de son nom. Une dizaine de belles chambres spacieuses avec salle de bains, certaines ont une baignoire et un balcon avec vue sur les

# PLANS ET CARTES
# EN COULEURS

**SOMMAIRE**

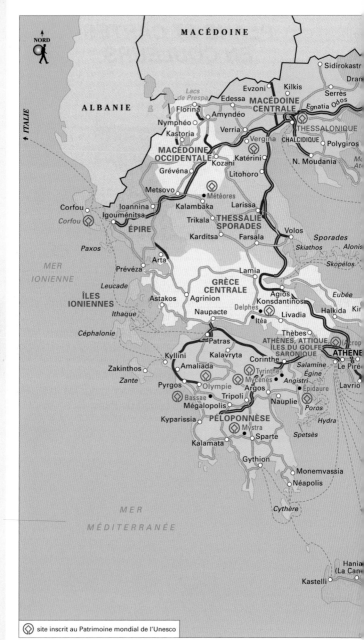

LA GRÈCE

site inscrit au Patrimoine mondial de l'Unesco

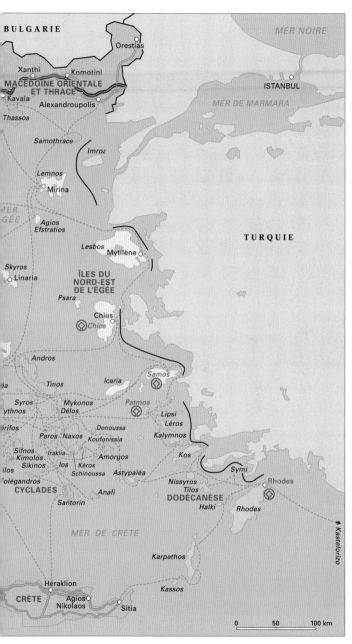

LA GRÈCE

# LES RÉSEAUX AÉRIEN ET FERROVIAIRE DE LA GRÈCE

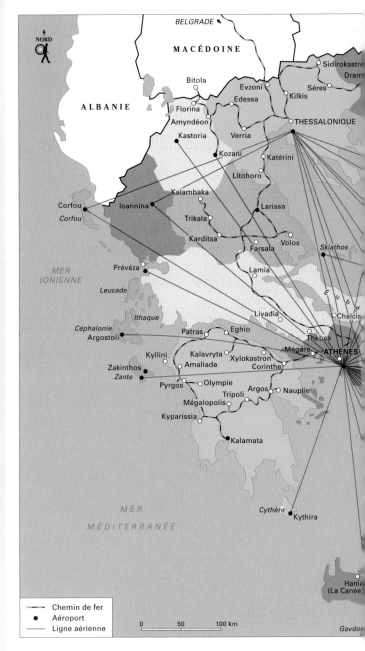

BELGRADE

MACÉDOINE

ALBANIE

Sidirokastre
Dram
Bitola
Evzoni
Séres
Kilkis
Edessa
Florina
THESSALONIQUE
Amyndéon
Verria
Kastoria
Kozani
Katérini
Litohoro
Corfou
Ioannina
Kalambaka
Larissa
Corfou
Trikala
Volos
Karditsa
Farsala
Skiathos
Prévéza
Lamia
MER
IONIENNE
Leucade
Eubée
Ithaque
Livadia
Chalcis
Céphalonie
Patras
Eghio
Thèbes
Argostoli
Kyllini
Kalavryta
Xylokastron
Mégare
ATHÈNES
Amaliada
Corinthe
Zakinthos
Pyrgos
Olympie
Argos
Nauplie
Zante
Tripoli
Mégalopolis
Kyparissia
Kalamata

MER
MÉDITERRANÉE
Cythère
Kythira

Hania
(La Canée)

Gavdos

Chemin de fer
● Aéroport
Ligne aérienne

0     50     100 km

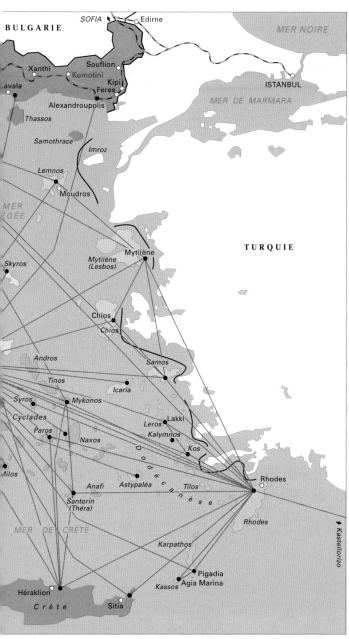

LES RÉSEAUX AÉRIEN ET FERROVIAIRE DE LA GRÈCE

ATHÈNES – PLAN D'ENSEMBLE

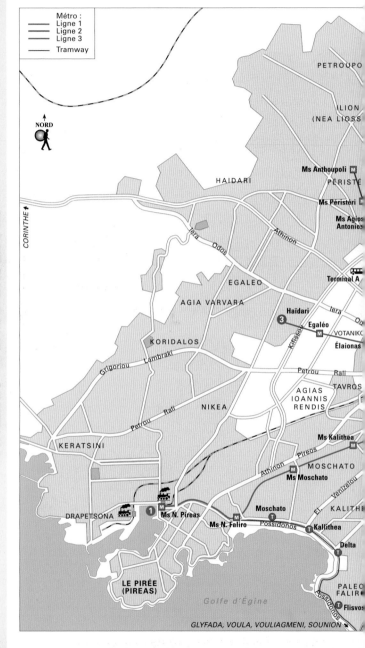

**ATHÈNES – PLAN D'ENSEMBLE**

ATHÈNES – PLAN I

■ **Adresses utiles**

- 🛈 Office de tourisme
- 3 Hôpital public Evangelismos
- 4 Capital Rent a Car
- 5 Avanti Rent a Car
- 6 Motorent

⚑ **Où dormir ?**

- 30 Youth Hostel Victor Hugo
- 31 Hostel Aphrodite
- 33 Athens Backpackers
- 36 Filo-Xénia Hotel
- 37 City Plaza Hotel
- 43 Orion et Dryadès Hotels
- 45 Best Western Museum Hotel
- 47 Marble House Pension
- 48 Parthenon Hotel
- 49 Art Gallery Hotel
- 50 Philippos Hotel
- 51 Youth Hostel Pangrati
- 52 Nicola Hotel
- 53 Chambres d'hôtes
     chez Françoise Roux

|●| **Où manger ?**

- 91 To Stéki tou Ilia
- 92 Philistron
- 96 Ama Lachi
- 97 Psistaria Vergina et Taverna Rozalia
- 98 Yiantès
- 99 Barba Yannis
- 100 Kallisti Gefsis
- 101 Sardellès
- 102 Vyrinis
- 103 Alégro

☕♥ **Où manger une bonne pâtisserie ?**
**Où déguster une glace ?**

- 181 Dodoni

🍹♫ **Où boire un verre ? Où danser ?**

- 150 Stavlos
- 151 Lamda Club
- 152 Granazi

★ **À voir**

- 201 Cimetière du Céramique
- 202 Stade olympique des Jeux de 1896
- 203 Musée archéologique national
- 204 Musée de la Poterie traditionnelle
- 205 Musée Maria-Callas
- 206 Musée Bénaki (annexe)
- 208 Musée Herakleidon
- 209 Musée de l'Acropole

ATHÈNES – PLAN I

ATHÈNES – PLAN II

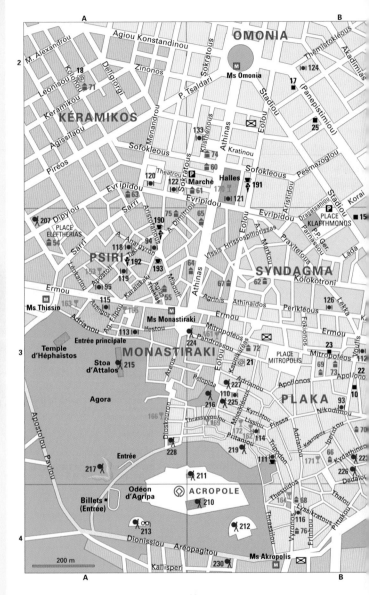

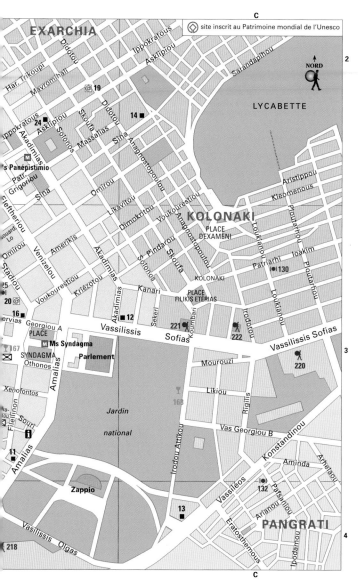

ATHÈNES – PLAN II

**ATHÈNES – REPORTS DU PLAN II**

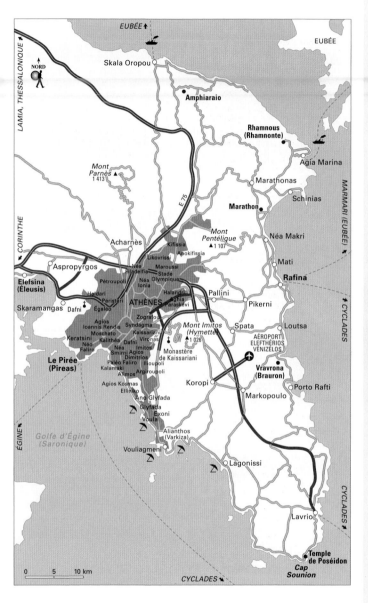

**LES ENVIRONS D'ATHÈNES**

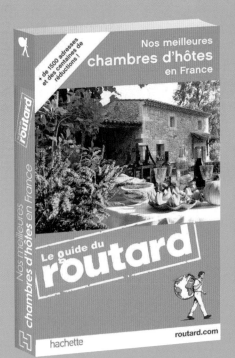

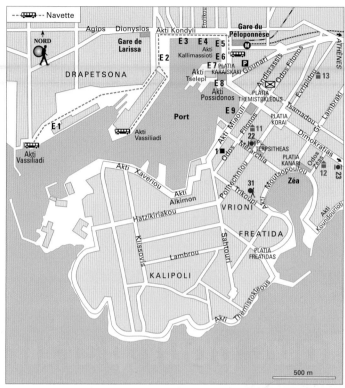

# EMBARQUEMENT POUR LES ÎLES AU DÉPART DU PIRÉE

| ■ | **Adresse utile** | |◉| | **Où manger ?** |
|---|---|---|---|
| | 1 Presse internationale | | 22 Café-restaurant + Ousia |
| | | | 23 Restos de poisson de la |
| | | | marina Microlimano |
| ≜ | **Où dormir ?** | | |
| | 11 Piraeus Dream City Hotel | ✵ | **À voir** |
| | 12 Lilia Hotel | | |
| | 13 Hotel Anemoni | | 31 Musée archéologique |

# Tout pour partir*

*bons plans, concours, forums,
magazine et des voyages à prix routard.

> www.routard.com

**routard** *.com*

Chacun
sa route

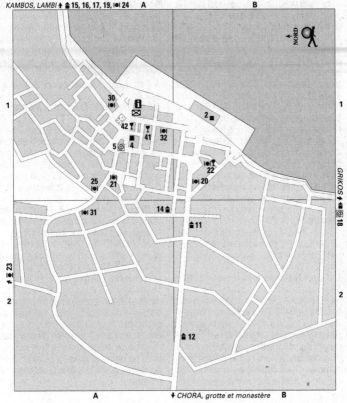

KAMBOS, LAMBI ↑ ⌂ 15, 16, 17, 19, |●| 24  A       B

PATMOS (ÎLES DU DODÉCANÈSE)

GRIKOS ↑ ⌂|●| @ 18

↓ CHORA, grotte et monastère   B

**SKALA**

■ **Adresses utiles**

🛈 Office de tourisme
2 Police maritime
4 Presse internationale
@5 Dodoni Gelateria Internet Café
@18 Blue Bay Hotel

⌂ **Où dormir ?**

11 Hotel Villa Zacharo
12 Pension Maria Paschalidis
14 Galini Hotel
15 Sidney
16 Pension Avgérinos
17 Villa Knossos
18 Blue Bay Hotel
19 Asteri Hotel

|●| **Où manger ?**

20 Ouzeri Chiliomodi
21 The Garden
22 Koukoumavla
23 Cactus
24 To Kyma
25 Taverna Loukas

|●| **Où déguster une pâtisserie ?**

30 Boulangerie-pâtisserie Koumanis
31 Boulangerie Kamitsis
32 Christodoulos

🍸 **Où boire un verre ?**

41 Art Café
42 Houston

toits de la ville. Salle de petit déj dans le patio fleuri, à l'arrière, charmant.

🛏 *Villa Knossos* (hors plan par A1, **17**) : sur la route de Lambi ; après la centrale électrique, prendre le chemin à gauche, c'est à 100 m. ☎ 22-47-03-21-89. ● vil laknossos.com ● Avr-oct (et tte l'année pour les studios). En été, compter env 70 € pour 2 pers ; hors saison, à partir de 35 € sans le petit déj. Belles chambres confortables et de bonne taille (chose rare !) avec salle de bains, frigo, AC et petit balcon. Également 2 studios. Superbe jardin à la végétation exubérante. Excellent accueil. Dans un autre édifice à l'arrière, qui appartient au père de la propriétaire, des chambres et des appartements avec AC, qui sont encore d'un bon rapport qualité-prix (**Australis**, ☎ 22-47-03-15-76, 🖥 69-77-27-22-74 ; grandes chambres 35-80 € pour 2 pers selon saison et vue, petit déj compris ; studios 50-200 € pour 2-6 pers).

🛏 *Asteri Hotel* (hors plan par A1, **19**) : au-dessus de la baie de Mérikas, tourner à gauche avant la station-service. ☎ 22-47-03-24-65. ● asteripatmos.gr ● Avr-oct. Doubles 40-80 € selon saison, petit déj compris. Internet et wifi. Également des chambres « supérieures » plus chères. Dans un beau bâtiment au sommet d'une colline, agrémenté d'un joli jardin, dont le patron est, à juste titre, très fier, une trentaine de chambres de tailles diverses, avec salle de bains. Toutes ont frigo et téléphone, l'AC ou un ventilateur. Le rapport qualité-prix devient intéressant hors mois d'août. Jolie terrasse où prendre le petit déj. Petite plage pelée à proximité.

🛏 *Fotini Aspri Apartments* (hors plan par A1) : sur la plage d'Aspri, à env 1,5 km de Skala. Derrière le restaurant To Kima. ☎ 22-47-03-17-77. 🖥 69-74-23-14-44. Compter 55-65 € pour 3 pers selon saison. Plusieurs studios en rez-de-jardin. Aménagement simple, mais tout confort (télé, kitchenette, salle de bains et AC) pour ces 6 studios, possédant chacun une petite terrasse, le tout à 10 m de la plage.

🛏 *Remvi* (hors plan par A1) : sur la plage d'Aspri, à env 1,5 km de Skala. Derrière le restaurant To Kyma, à côté du précédent. 🖥 69-45-49-37-96. ● patmosrem vi.gr ● Mars-oct. Compter, pour 2-3 pers, 50-100 € selon saison. CB refusées. Remise de 10 % sur présentation de ce guide. Studios tout neufs à l'étage d'un petit bâtiment, avec balcon et vue sur la mer ; terrasse de plain-pied pour ceux du rez-de-chaussée. Le tout très bien aménagé au milieu d'un grand jardin ou les plantations ne demandent qu'à grandir ! Bon accueil de Sofia Tsapara, professeur de français.

## Chic

🛏 *Blue Bay Hotel* (hors plan par B1-2, **18**) : à 10 mn à pied du centre, sur la route de Grikos. ☎ 22-47-03-11-65. ● bluebaypatmos.gr ● Bien situé, face à la mer. Avr-oct. Doubles 86-116 €, petit déj compris. Internet et wifi. Réduc de 10 % sur présentation de ce guide, sf août (à mentionner lors de la résa). Chambres assez petites mais agréables, avec un minibalcon, AC et frigo. Mais le plus chouette reste la terrasse où l'on prend le petit déj-buffet, avec la super vue sur la mer à 10 m. En face de l'hôtel, un discret petit sentier mène à un endroit parfait pour piquer une tête dans la mer.

🛏 *Le Balcon* : à 1 km au sud, sur la route de Grikos. ☎ 22-47-03-27-13. 🖥 69-44-94-36-22. Hors saison (en Suisse) : ☎ 00-41-22-797-16-18. ● lebalcon. gr ● Avr-oct. Pour 2 pers, compter 60-125 € (studios) et 90-190 € (suites) selon saison. Par pers supplémentaire, ajouter 20 €. Un séjour de 1 sem est demandé sf hors saison. Wifi. Un petit ensemble récent d'une dizaine de studios et d'appartements, extrêmement bien conçus. Tous différents, ils ont une décoration très soignée, de très bon goût et originale. D'un excellent niveau de confort, bien entendu. Sans oublier que leur conception, bien réfléchie, offre à chacun une vue à couper le souffle, à 190° ou presque ! Grande terrasse commune pour les hôtes, et superbe jardin fleuri. L'hiver, les propriétaires vivent en Suisse, ce qui explique leur français parfait.

# Où manger ?

## De bon marché à prix moyens

**❙◉❙** *Ouzeri Chiliomodi* (plan B1, *20*) : au début de la rue qui mène à Chora, petite ruelle à gauche. ☎ 22-47-03-40-80. Ouv 16h-minuit. Repas 10-15 €. Dans la plus pure tradition. Carte sans trop de choix et service sans fioritures, mais l'endroit est connu pour ses bons *mezze* de poisson et crustacés. Le poulpe est excellent et plutôt moins cher qu'ailleurs. Tables dehors, au calme, dans la ruelle. Bonne ambiance.

**❙◉❙ ♟** *Koukoumavla* (plan B1, *22*) : à deux pas du Chiliomodi. ☎ 22-47-03-23-25. Midi et soir en saison. Tlj sf mer. Repas 12-14 €. Une petite adresse tenue par un couple italo-grec sympathique. Une salle colorée ou quelques tables sur la ruelle, et dans une petite cour, pour grignoter le plat du jour ou de bons sandwichs, faits maison et non standardisés. Et aussi de vrais cafés, pour ceux qui se lasseraient des frappés et des cafés grecs, parfaits pour accompagner un petit dessert. À l'intérieur, expo de tout l'Art & Craft conçu par la maîtresse des lieux. T-shirts customisés sympas.

**❙◉❙** *The Garden* (plan A1, *21*) : à Skala. ☎ 22-47-03-18-84 ou 12-79. Repas 10-12 €. Petit resto à l'accueil familial. Fruits et légumes d'une grande fraîcheur qui proviennent exclusivement du jardin du grand-père. Portions généreuses et prix abordables (sauf pour le poisson !). Bon *mezze* et brochettes à déguster sur la grande terrasse en face du resto. Gare aux moustiques !

**❙◉❙** *Taverna Loukas* (plan A1, *25*) : à Skala. Tout au bout de la rue qui mène à Hohlaka Beach, à droite avant le terrain vague. Compter 10-15 €. Les grillades, très bonnes, sont la spécialité du chef. Sinon plats grecs classiques, mais bons.

## De prix moyens à plus chic

**❙◉❙** *Cactus* (hors plan par A2, *23*) : ☎ 22-47-03-30-59. Pour y aller, de la place centrale (là où se trouve la poste), tourner le dos à la mer et suivre la rue piétonne toujours tout droit. Au bout de 600 m, vous arrivez... à la mer ! De mi-mai à mi-oct, le soir slt. Fermé mer sf en juil-août. Repas env 15-25 €. La terrasse de ce resto italien s'avère incontournable pour boire l'apéro en admirant le coucher de soleil. Difficile de résister ensuite à la carte italienne, enjôleuse et originale, qui volette du *prosciuto* aux tagliatelles, en passant par le *risotto*. Délicieux. Cadre charmant et ambiance cool.

**❙◉❙** *To Kyma* (hors plan par A1, *24*) : à Aspri. ☎ 22-47-03-11-92. Aspri est à 1,5 km de Skala (prendre la route de Meloi et tourner à droite à l'intersection, juste avant Meloi). Juin-sept, le soir slt. Compter env 15-20 €. Psarotaverna classique (rien d'autre que du poisson à la carte et assez cher). La terrasse, au ras des flots, avec le monastère à l'arrière-plan, permet de contempler les poissons qui font des sauts (s'ils savaient ce qu'il y a dans l'assiette...). Cadre très bucolique. On va faire peser son poisson (pêche du jour). Avant votre poisson, laissez-vous tenter par la salade traditionnelle kalymniote *mourmyzeli*.

# Où déguster une pâtisserie ?

**❙◉❙** Pas question de quitter l'île sans avoir goûté à une des spécialités propres à Patmos, la *pouggia* ou la *tyropita* locale – sensiblement différente de la *tyropita* classique – à la **boulangerie-pâtisserie Koumanis** (plan A1, *30*) à 10 m de la place ; ou à la **boulangerie Kamitsis** (plan A2, *31*) qui est meilleur marché que la précédente.

**❙◉❙** Pour déguster un excellent *baklava*, on peut aussi se rendre chez *Christodoulos* (plan A1, *32*), la bonne pâtisserie sur le port, derrière le square, sous l'*Art Café*, où les prix sont très corrects. (☎ 22-47-04-11-50).

# Où boire un verre ? Où écouter de la musique ?

**Art Café** (plan A1, **41**) : en haut d'un escalier juste derrière l'arrêt de bus. ☎ 22-47-03-30-92. Ouv à partir de 18h30. Des œuvres exposées par un patron cool et souriant, une clientèle bronzée plutôt dorée. Terrasse sur le toit. Chérot.

**Houston** (plan A1, **42**) : sur la place de Skala. Si vous recherchez de l'authentique, c'est ici. Terrasse verte, intérieur rose. Le rendez-vous des Grecs, de l'ancienne génération, qui se retrouve pour l'ouzo.

**Anemos** (hors plan par A1) : à la sortie de Skala en direction de Kambos. Ouv à partir de 21h. Bar à bière et musique très animé et sympa le soir pour boire un verre en écoutant de la musique. Grand patio tout de blanc vêtu à ciel ouvert. Déco sobre mais de bon goût.

# Les plages au nord de Skala

**Agriolivadi** (Αγριολιβάδι) : à 3 km de Skala. Plage avec transats et parasols (payants) et ce qui pourrait ressembler à du sable.

|●| Un resto tout à fait correct pour un resto de plage (Agriolivadi), et juste à côté, un bar de plage un peu branché, avec de la musique, mais raisonnable pour les tympans.

|●| **Glavos** : au-dessus de la plage d'Agriolivadi. Grande taverne avec une immense terrasse suspendue au-dessus de la mer, qui offre une vue sublime. Spécialités grecques et bons poissons.

**Kambos** (Καμπος) : à 5 km de Skala. Plage bien protégée et idéale pour les enfants. Transats et parasols à louer. Excellente taverne-ouzeri Agnanti (la première en arrivant), tables sur le sable bien agréable.

➤ De Kambos, prendre la route en direction de Geranou. Tout au long de cette jolie route, superbes criques, plus ou moins ombragées, qui incitent à la baignade.

**Vagia** (Βαγεια) : entre Kambos et Livadi. Adorable petite plage de galets aux eaux turquoise, abritée du vent par une haie de bambous. Sur la droite, deux petites criques au milieu des rochers, accessible facilement. Idéales pour nager avec masque et tuba, gare aux oursins !

**Chrisoula Alexandri** : juste avant d'arriver à Vagia, en haut de la montée sur la gauche, à 150 m de la plage. ☎ 22-47-03-22-59. ▯ 69-72-17-23-81. ● chrisoula.patmos.eu ● Compter 45-75 € pour 2 pers selon saison. CB refusées. Une poignée de studios très bien équipés, kitchenette, salle de bains, w-c, terrasse et AC. Dans une jolie maison récente, avec vue sur la mer, au-dessus de la petite plage de Vagia. Ménage fait tous les jours. Excellent accueil de la propriétaire. Sa fille, qui gère le camping, loue également de beaux studios dominants la baie de Meloi.

|●| **Café Vagia** : juste avant la descente vers la plage, sur la gauche. ☎ 22-47-03-16-58. Compter 5-10 €. Petit snack proposant salades, omelettes et surtout d'excellents gâteaux maison. Jolie terrasse paisible avec la vue sur la mer qui procure un vrai moment de détente. Loue également quelques studios pas chers juste à côté.

**La plage de Livadi** (Λιβαδι), forme une jolie baie protégée par les îlots qui la ferment. Eaux turquoise et baignade agréable idéale pour les jeunes enfants, la mer y est plate et calme, un vrai bassin naturel. Taverne sympathique en surplomb de la plage, à gauche en arrivant. Avec un moyen de locomotion, on pourra pousser jusqu'à **Geranou Bay**, à la pointe est de l'île. Descendre à droite, juste avant Géranou, parking pour les voitures et petite marche de 10-15 mn par un petit sentier. Les scooters peuvent s'avancer plus bas, à proximité des criques, mais peu de place pour se garer.

⌇ *Lambi* (*Λαμπη*) : *à une dizaine de km de Skala, tout au nord de l'île.* Une jolie plage de galets nichée dans une petite baie, très exposée au vent, donc quand le *meltémi* souffle... la mer est assez agitée, à éviter avec les jeunes enfants ces jours-là. Transats et parasols loués par les deux tavernes de la plage. En principe, un bus le matin et un autre l'après-midi à partir de Skala, sinon prendre celui de Kambos (fréquent) et compter 30 mn de marche.

|●| *Taverna Lambi :* ☎ 22-47-03-14-90. *Pâques-oct, midi et soir.* Compter 15-20 € *pour une entrée et un plat de viande.* Face à la mer, une terrasse avec quelques petites tables au milieu des galets, les pieds dans l'eau. Poisson frais extra (passer la commande avant le repas). Goûter le *saganaki (fromage)* flambé au *tsipouro.* Cuisine exclusivement faite au barbecue.
|●| *Dolphin Beach Bar :* ☎ 22-47-03- 19-51 ou 17-78 ou 22-82. ▯ 69-77-57-22-33. *Compter 15-20 €.* Directement sur les galets, les pieds dans l'eau. Un peu cher, mais les poissons y sont délicieux. Également quelques studios à louer sur place. Organisent aussi des excursions sur le *Lampi II,* bateau rapide ancré au port de Skala, à la journée pour une balade dans les îles voisines (mardi, jeudi et samedi).

# CHORA (*XΩPA*)

◉ C'est au XIe s que Christodule fit construire le monastère en l'honneur de saint Jean le Théologue. De nombreuses maisons d'une blancheur éblouissante s'érigèrent tout autour. Les habitants de l'île qui travaillaient à Skala s'y réfugiaient le soir pour se protéger des invasions. Les ruelles, escaliers et couloirs forment un véritable labyrinthe de style médiéval, que certaines personnes renommées ont choisi comme lieu de vacances ; on les comprend aisément quand on visite ce site merveilleux. Ne pas hésiter à se perdre dans ce dédale de ruelles et escaliers, à la blancheur éblouissante, vous ne serez pas déçu. Assez peu de commerces.

➤ *Pour y accéder :* une route aménagée de nombreux points de vue que l'on peut parcourir à pied, en bus ou en taxi. Sinon, prendre la vieille route pavée *(kaldérimi)* qui sert aux pèlerins. Le trajet (4 km) peut s'avérer pénible pour ceux qui ne sont pas adeptes de la marche, mais il est sublime. À mi-chemin se trouve la grotte de l'Apocalypse (les bus s'y arrêtent). Pour un chouette point de vue sur Chora, on conseille de sortir du village par la route qui mène à Grikos. À 400 m, au pied des trois moulins, jolie vue sur le monastère et le village.

## Où dormir ? Où manger ? Où boire un verre ?

Peu de choix de logement à Chora.

🛏 *Marousso Kouva :* *tout près de la place.* ☎ 22-47-03-10-26. ▯ 69-76-64-45-66. Prendre à droite devant Vagelis, puis 1re à gauche, 1re à droite, c'est à 100 m sur la gauche (demander au resto Vagélis de vous indiquer). 2 doubles env 30-35 € hors saison et 40-50 € en été ; pas de petit déj. Salle de bains et cuisine communes. Grande terrasse avec une superbe vue sur le village. Tenu par un couple avenant, ne parlant que le grec. Propreté impeccable. Une bonne adresse.

🛏 *Georgia Triantafilou :* *un peu plus loin, après Marousso Kouva,* prendre la 1re ruelle à gauche et descendre l'escalier sur la gauche (pancarte au-dessus de la porte). ☎ et fax : 22-47-03-19-63. ▯ 69-75-73-63-45. Compter 40-60 € *pour 2 pers selon saison.* Petite pension familiale tenue par une dame très accueillante, qui est la sœur de la propriétaire de l'adresse précédente. 4 chambres doubles qui se partagent une salle de bains et une grande cuisine ; et un studio totalement indépendant, avec grande cuisine, salle de bains et courette privée, agréable et fleurie. Une grande terrasse commune pour prendre ses repas à l'ombre d'une jolie tonnelle fleurie et une climatisation naturelle très agréable. Propre et tranquille.

|●| *Johnny Balcony* : sur la gauche dans la rue qui monte au monastère. ☎ 22-47-03-21-15. *Repas env 10-12 €.* Carte courte mais bonne cuisine. Terrasse extérieure qui offre une vue sublime sur Skala et la baie, au choix en plein soleil ou à l'ombre.

|●| *Vagelis* : sur une sorte de petite place. Après le monastère, passer une 1re petite place, ensuite c'est indiqué. ☎ 22-47-03-19-67. *Pâques-oct, 18h-minuit.* Compter env 10-12 € pour une entrée et un plat. Petite terrasse sur la place, à l'arrière dans le jardin ou à l'étage. Le patron parle un peu le fran-

çais et prendra plaisir à se remémorer ses leçons pour prendre la commande. Honnête rapport qualité-prix.

|●| *Thomasi's Café* : sur la place également. *Ouv tte la journée.* Minuscule petit bar, sympa pour boire un verre ou grignoter quand tout est fermé dans la journée.

|●| *Panthéon* : sur la gauche en montant vers le monastère, à l'entrée de Chora. ☎ 22-47-03-12-26. *Repas env 10-12 €.* Authentique et adorable petite taverne. Petite terrasse sur la rue et 2 petites salles à l'intérieur avec une très belle vue sur Skala et la baie. Sous le regard de la « Yaya » (la grand-mère), on déguste un excellent tarama, des boulettes de poulpe et des calamars frits arrosés de retsina glacé. Très pittoresque.

🍷 *Café-bar Stoa* : sur la même place que le Vagelis. *Ouv le soir slt à partir de 19h.* Belle salle sombre tout en voûte, décorée avec goût. Il y fait frais et les sandwichs sont corrects. Également des tables en terrasse sur la place.

# À voir. À faire

🚶🚶🚶 *La grotte de l'Apocalypse* : entre Skala et Chora. *Dim, mar et jeu 8h30-13h30, 16h-18h ; les autres jours, slt le mat. Entrée gratuite.* C'est en ce lieu que saint Jean aurait écrit, sous la dictée de Dieu, l'Apocalypse (en 95 de notre ère). Les shorts et décolletés sont interdits, mais il est possible de se faire prêter jupes et pantalons.

🚶🚶🚶 *Le monastère de Saint-Jean* : ☎ 22-47-03-13-98 ou 12-23. *Ouv lun, mer, ven et sam 8h-13h30 ; dim-mar et jeu,*

| TOUT CE QUE VOUS AVEZ TOUJOURS VOULU SAVOIR... |
|---|
| *Apocalypse ne signifie nullement catastrophe ou fin du monde, mais révélation ou plus exactement encore l'action de découvrir ce qui est caché. Somme toute, Jean n'a fait que porter à la connaissance de tous ce qui lui passait par la tête... Cela dit, vu les visions qu'il raconte, pas étonnant que le mot ait pris le sens que nous lui connaissons aujourd'hui... !* |

*8h-13h30 et 16h-18h. Entrée libre, sauf pour le trésor, 6 € (cher !).* Fondé en 1088, il a conservé son caractère de forteresse médiévale. Un conseil, y aller tôt le matin, à partir de 11h, c'est envahi par les groupes ! On y voit l'église (contenant de superbes fresques du XVIIe s, des reliques comme la tête de saint Thomas) et le *musée*, ou salle des trésors avec toute une profusion d'icônes de l'école crétoise et des documents précieux, dont des parchemins très anciens, comme ce fragment de l'Évangile selon saint Marc, sur un parchemin pourpre. Étonnant aussi, le chryso-bulle sur lequel est noté l'acte de donation de Patmos par l'empereur Alexis Ier à Christodule (1088). Près de la sortie, une œuvre du Gréco (*Le Christ mené à la Crucifixion*, noter son air à la fois résigné et confiant). Pour ceux qui désirent visiter le lieu avec des informations précises, l'achat d'un guide est intéressant. Tenue correcte exigée ; des vêtements sont disponibles pour se couvrir.

🎬🎬 Ne pas rater le **monastère de Zoodochos Pigis** (*en principe 8h-12h, 17h-19h, sf sam ap-m*). Côté nord-ouest du village, indiqué par un parcours fléché, c'est un monastère de moniales, dans lequel se trouvent l'*église de Zoodochou Pigis* et celle de *Saint-Jean-le-Théologue* (*très beaux offices orthodoxes chantés en général le jeudi à 17h ; rens au* ☎ 22-47-03-19-91). Promenades superbes au nord-ouest du village en descendant vers les plages d'Ormos Kipon.

🎬 **Nikolaidis Mansion :** *en direction du resto Vagélis, un peu plus loin dans la rue, au lieu de tourner à droite vers la place. Ouv mar-dim, 11h-14h. Entrée gratuite.* Superbe maison bourgeoise du XVIIIᵉ s, admirablement restaurée, dans le cadre du classement du centre historique de Chora, au Patrimoine mondial de l'Unesco.

🎬 Balade sympa dans les **ruelles tortueuses** de Chora. À éviter en plein midi. En revanche, à la fermeture des portes du monastère, la ville tombe en complète léthargie. Commerces, cafés et restos, tout s'arrête pour la sacro-sainte sieste. Bref, le moment idéal pour profiter de la cité.

🎬 **Simadiri :** *indiqué à partir de la place de la mairie, après Zoodohos Pigis. Ouv 9h-13h30, 17h-19h30. Entrée : 3 €.* L'une des plus anciennes maisons de Patmos (1625). Une maison de maître meublée et restée en l'état. L'une des héritières vous fait la visite, dans un anglais très léger ! Plus de huit générations sont nées ici. Meubles, tableau, objets, mise en scène des pièces et photographies. Il y a même un portrait de Marie-Antoinette. Dans la grande entrée, admirez la roulette d'un ancêtre dentiste il y a plus de 100 ans ! À faire peur...

## Au sud de Chora

🎬🎬🎬 Pour un très beau panorama sur Chora et le sud, monter au **mont du Profitis Ilias.** En allant vers Kouvari, prendre la route qui monte raide à droite. Quand il y a du vent, ça souffle très fort là-haut ! À la montée, comme à la descente, le panorama est grandiose, mais il ne faut pas avoir le vertige. Au sommet, la chapelle, visible de partout !

# Les plages au sud de Skala et Chora

🔺 **Sapsila Bay :** pas terrible pour se baigner, mais le site est joli. En continuant après les studios *Mathios,* prendre à gauche à l'entrée du monastère, puis à droite au bout du grand mur, prendre l'escalier qui descend vers la mer. Là une minuscule petite plage charmante et tranquille, au pied du monastère. Évitez les maillots trop échancrés et le topless, afin de ne pas choquer nos moines à la retraite !

🏠 **Studios Mathios :** *entre la route et la mer.* ☎ 22-47-03-25-83. ● *mathiosapart ments.gr* ● *Compter 50-70 € pour 2 pers et 60-90 € pour 4. CB refusées. Internet et wifi. 10 % de remise sur présentation de ce guide, sf juil-août.* Petit ensemble de studios et appartements récents, entourés d'un jardin très bien entretenu, avec des petits coins pour se poser, à l'ombre, autour d'une table. Les chambres et appartements sont répartis en plusieurs bâtiments avec une ter-rasse indépendante. Le tout décoré avec beaucoup de soins et de goût. Lits traditionnels grecs dans toutes les chambres. Cuisine très bien équipée, salle de bains, w-c et AC. Draps et serviettes changés tous les jours. Confortable et très calme (c'est à côté d'un centre de retraite pour moines orthodoxes !). Très bon accueil de Giacoumina. Mer à 50 m seulement. Ils ont une petite maison indépendante, juste en face, à louer également (80-150 €).

🎬🎬 Le **monastère** se visite tlj, sf mer-ven, 8h-12h,16h-19h. Bien entendu, une tenue correcte est exigée. Impressionnante bâtisse, que cette construction moderne, respectueuse des formes anciennes des monastères. Mais celui-ci, a, en plus, la particularité d'être posé, quasiment les pieds dans l'eau, dans un cadre idyllique qui force la réflexion et le recueillement.

🛥 *Grikos* est une plage à 4,5 km de Skala, plutôt familiale et tranquille, quelques chaises longues mais pas plus. Mais... gare aux oursins ! Beaucoup de logements neufs et sans charme.

🛏 |●| *Studios Flisvos :* à l'extrême droite de la plage de Grikos en allant vers Petra, un peu en hauteur avec vue sur tte la baie. ☎ 22-47-03-13-80 ou 24-03. Hors saison, ☎ 22-47-03-21-90. ● flisvos.gr ● Avr-oct. Studios pour 2-3 pers, climatisés, avec sdb et cuisine, env 70 € pour 2 pers en hte saison. Dans un environnement très calme, avec terrasse et vue sur la mer pour certains. Plage à 150 m. Également quelques chambres au-dessus du resto, vue directe sur la mer, juste de l'autre côté de la rue, mais réservées d'une année sur l'autre en juillet-août ! Le resto est tout à fait recommandable (cuisine familiale), avec sa grande terrasse couverte (compter 8-12 € pour un plat).

🛏 *Studios Apolafsis :* dans le village au-dessus de la plage. ☎ 22-47-03-25-40 ou 19-61. Hors saison, ☎ 22-47-03-17-64. ● apolafsis.gr ● Un poil plus cher. Studios ou apparts 50-80 € pour 2 pers. Dans un beau bâtiment tout neuf, tout confort. Très belle vue depuis les balcons.

🛏 *Oasis :* sur la plage de Grikos. ☎ 22-47-03-18-47. Petite ouzeri les pieds dans le sable, pour une petite pause. Tables directement sur le sable, à l'ombre des arbres, ou sur la terrasse au-dessus.

🛥 Après Grikos, longer la plage de *Plaki.* Belles grottes naturelles dans le rocher de la presqu'île.

🍴 *Ktima Petra :* sur la plage de Plaki, en allant vers Petra, juste après Flisvos. ☎ 22-47-03-32-07. Petite taverne en retrait de la plage, ou l'on mange de bonnes spécialités grecques.

🛥 Au sud de Grikos, avant Diakofti, *Petra Bay* (plage de galets) recèle également de petites criques, en continuant sur la piste (elle passe juste au-dessus)... et ces criques sont le paradis des naturistes. Relativement abritées du vent et l'eau y est superbe. Sur Petra Bay elle même, matelas et parasols, ambiance *nice people.*

🛥 *Psili Ammos,* à 15 km au sud de Skala, est considérée à juste titre comme la plus belle de l'île, c'est la seule qui possède du sable fin. En arrivant à *Diakofti,* prendre à droite et longer la baie de *Stavros.* Tout au bout, la petite taverne *Diafkofti,* offre une bonne carte, courte, avec les classiques grecs, simples, mais bons (compter 10 €). Après la taverne, on peut continuer en deux-roues une centaine de mètres jusqu'à un parking. Ensuite, pour gagner la plage, compter 30 mn de marche en plein « cagnard » ; pas une once d'ombre, pensez à prendre de l'eau ! Malheureusement, de plus en plus de monde, car des *taxi-boats* la desservent tous les jours. On peut y aller en caïque à partir de Skala (départ le matin et retour l'après-midi). Une taverne les pieds dans le sable avec terrasse ombragée où manger et boire (carte on ne peut plus basique, mais bon ragoût de chèvre et ce n'est pas cher). Sur une partie de la plage, le nudisme est toléré.

## Fêtes

L'île étant un lieu sacré, les fêtes religieuses ont une grande importance. Certaines, non religieuses, ont lieu pendant la saison touristique. Se renseigner à l'office de tourisme.

– *La Semaine sainte* et particulièrement le *jeudi saint* avec la cérémonie du *Niptère (Niptiras),* où 12 moines du monastère représentent les apôtres du Christ se font laver les pieds sur la place de la mairie : messes et processions s'étalent sur la

semaine qui, se terminant par le repas pascal, clôt la période du jeûne. On sert à cette occasion la *maghiritsa* : soupe à base d'intestins d'agneau.
– *La fête de Saint-Pandéléimon* : *le 27 juil.* Célébrée sur l'*îlot Chiliomodi*. De nombreux pèlerins s'y déplacent.
– *La fête de la Transfiguration* : *le 6 août.* La veille, au village de Kambos, des musiciens chauffent la place principale et les tenanciers des *ouzeria* offrent des *mezze.* Messe célébrée par les moines et le supérieur du monastère.
– *Le 15 août :* la Sainte Vierge est célébrée dans toute la Grèce. La veille, une grande fête est organisée à Kambos. Procession au monastère de Zoodohos Pigis.

# LES ÎLES DE L'EST ET DU NORD DE LA MER ÉGÉE

## SAMOS (ΣΑΜΟΣ)

33 800 hab.

Ⓧ Parmi les îles de la mer Égée, Samos est l'île grecque la plus proche de la Turquie, séparée de celle-ci par le détroit de Mykali, dont la largeur n'est que de 1,2 km. Montagneuse et accidentée, elle possède deux des plus hauts sommets des îles Égéennes, le *mont Kerkis* (1 440 m) et le *mont Karvounis* (1 140 m). Malgré de nombreux incendies (dont le dernier durant l'été 2010), les paysages restent verts (forêts de chênes, eucalyptus) et les randonneurs s'y plairont, à condition toutefois d'éviter la chaleur des mois estivaux. L'île possède d'importants sites archéologiques, dont deux (le tunnel d'Efpalinos et le sanctuaire d'Héra) sont inscrits au Patrimoine mondial de l'Unesco.

Avec un aéroport international qui reçoit les charters en cascade, Samos est devenue une destination touristique importante. Beaucoup de monde sur les plages de galets et les quelques plages de sable fin concentrées au sud et sud-ouest de l'île. Cependant, en prenant des sentiers dans le maquis, on accède à des criques sauvages et désertes bien sympathiques.

Le soleil et les pluies sont bénéfiques à la viticulture. Le muscat de Samos est mondialement connu. On peut le déguster en apéritif ou en dessert, et il est meilleur sur place que celui qu'on trouve chez nous, parfois coupé d'eau !

### UN PEU D'HISTOIRE

Les anciens l'avaient surnommée *Dryoussa* (« riche en chênes »), *Kyparissia* (« riche en cyprès ») et même *Anthemoussa* (« la fleurie »).

Selon la mythologie grecque, Dionysos, le dieu du Vin et de la Vigne, enseigna les secrets de la viticulture aux habitants de Samos pour les remercier d'avoir tué les Amazones. La déesse Héra, sœur et femme de Zeus, y aurait vu le jour, ainsi que (ça, c'est certain) l'astronome Aristarque (320-230 av. J.-C.). Celui-ci aurait eu l'intuition que la Terre tournait autour du Soleil, bien avant Copernic. Autant dire que tout le monde, à l'époque, rejeta cette géniale intuition. Né à Samos également, le philosophe Épicure (341-270 av. J.-C.), dont on réduit souvent la pensée à une simple jouissance sensuelle de la vie, alors qu'il plaçait le plaisir de l'esprit au-dessus de tout, accompagné bien sûr d'une pratique raisonnable de la vertu.

Mais le plus célèbre des Samiotes est Pythagore (581-497 av. J.-C.). Cet illustre philosophe et mathématicien reste l'inventeur de la table de multiplication et du fameux théorème (de Pythagore), même si certains spécialistes considèrent que les Mésopotamiens l'avaient déjà élaboré avant lui. Ce grand savant fut également le chef d'une communauté politique et religieuse. Il aurait eu un don de réminiscence lui permettant de se souvenir de ses vies antérieures et croyait à la réincarnation des âmes dans des corps d'animaux. Un rationaliste préoccupé de mystique : voilà résumé Pythagore. Au VIe s av. J.-C., Samos connut une sorte d'âge d'or, sous le règne du tyran Polycrate, pour la grande valeur de ses artistes et de ses scientifiques, mais aussi pour son faste et la vie de plaisir qu'on y menait.

## Arriver – Quitter

### En avion

✈ *L'aéroport* se trouve au sud-est de l'île, à 2 km de Pythagorio. ☎ 22-73-06-12-19.
➢ Nombreux *vols internationaux (charters)*, sauf depuis la France !
➢ *De/vers Athènes* (*Olympic Air* et *Aegean Airlines*) : 3-5 vols/j.
➢ *De/vers Thessalonique, Lesbos, Chios ou Rhodes* (*Olympic Air*) : 1-2 vols/sem.
■ Agence *Aegean Airlines* : ☎ 22-73-06-27-90.
➢ Liaison entre Samos et la Crète (compagnie *Sky Express*).

### En bateau

⛴ *Les deux ports principaux* de l'île sont ceux de *Samos-ville* (ou *Vathy*) au nord-est et de *Karlovassi* au nord-ouest. Faire attention à son port d'arrivée et de départ. La traversée entre ces 2 ports dure 1h. Le *troisième port* de l'île est celui de *Pythagorio* (au sud-est), qui assure surtout en hydrofoils ou catamarans les liaisons avec Patmos.
➢ *De/vers Le Pirée :* départs quotidiens, le plus souvent l'ap-m ou en soirée. Traversée : 8h à 10h du Pirée selon le port d'arrivée et les escales. Pour le retour, penser à vérifier que votre bateau part bien du port qu'on vous a indiqué. Liaison avec le Nissos Mykonos de la compagnie *Aigaion Pelagos Sealines*. Il dessert sur ce trajet Syros ou Mykonos ainsi qu'Ikaria.
➢ *De/vers Chios :* 2-3 ferries/sem. Traversée : env 4h.
➢ *De/vers Patmos :* 1 liaison/j. en hydrofoil (1h) de début juin à mi-oct (cher).
➢ *De/vers Rhodes :* en saison 1 à 2 bateaux/sem (ferry classique de la compagnie *Blue Star* – ligne Thessalonique-Rhodes). Si l'on est pressé, gagner Patmos ou Kos et, de ces îles, continuer sur Rhodes par le catamaran quotidien.

À partir de Samos, on peut aussi faire des excursions et des visites :
➢ *Des excursions* sont proposées depuis Samos sur *Samiopoula* (îlot près de Samos) et *Fourni* (pour ces deux îles, départs d'Ormos Marathokambos), *Patmos* et *Kalymnos,* ou encore un programme turc avec *Kuşadasi* et la visite du site d'*Éphèse.*
➢ *Pour la Turquie (Kuşadasi) :* départs 6 j./sem de Samos-ville. La traversée dure 1h30. Attention ! C'est cher du fait des taxes portuaires à payer dans chaque port (grec et turc). Prévoir 50 € env l'aller-retour. Il faut de plus faire enregistrer son passeport la veille dans l'agence de voyages, pour les questions de passage de frontière.

## Circuler dans l'île

Deux routes principales parcourent l'île, un axe côtier reliant Pythagorio à Samos-ville et à Karlovassi, et un axe montagneux reliant Karlovassi à Pythagorio par le sud. Les routes sont toutes récentes (merci l'Union européenne) mais se détériorent chaque année quand il pleut. Vigilance donc, notamment si vous empruntez la route de montagne entre Karlovassi et Pythagorio. Grand nombre de stations-service, sur quasiment toute l'île (se méfier tout de même dans le Sud-Ouest).

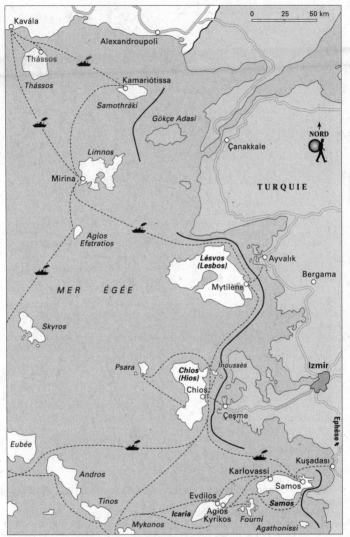

## LES ÎLES DE L'EST ET DU NORD DE LA MER ÉGÉE

L'île est inégalement desservie par les **bus.** À Vathy, le bureau *KTEL* se trouve sur odos Ioannou Lekati, près de la poste. Départs depuis une rue parallèle au port, odos Kanari (à 300 m de la place principale). ☎ *22-73-02-72-62.* Les horaires d'été commencent fin mai et s'achèvent en septembre. Ils sont affichés au bureau de vente. Moins de bus le samedi et relâche le dimanche. Hors saison, fréquences moindres.

➢ **De/vers Kokkari :** 6-8 départs/j.
➢ **De/vers Karlovassi :** 5-6 départs/j.

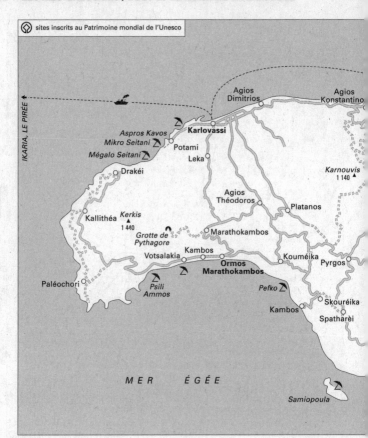

➢ **De/vers Pythagorio :** 7-10 départs/j.
➢ **De/vers Vourliotès :** 3 départs/sem.
➢ **De/vers Marathokambos, Ormos Marathokambos et Votsalakia :** 3 départs/j.
➢ **De/vers Héraion :** 3-4 départs/j.
➢ **De/vers Kallithéa et Drakei :** 1-2 départs/sem slt, le lun.

## SAMOS-VILLE *(VATHY ; ΒΑΘΥ ; 83100 ; 6 275 hab.)*

Capitale de l'île, appelée *Vathy* (« le profond ») par les autochtones. Port et ville bouillonnante d'activité. Allez vous balader dans la ville haute, Ano Vathy, à travers les ruelles du vieux quartier, et ne ratez pas la visite du Musée archéologique. Il peut être intéressant de loger à Vathy, que ce soit pour découvrir l'est de l'île, dont tous les points sont rapidement accessibles en voiture, par nécessité pratique, quand on a un bateau à prendre tôt le matin, ou par défaut : les chambres sont bien plus chères à Pythagorio et assez peu nombreuses à Karlovassi.

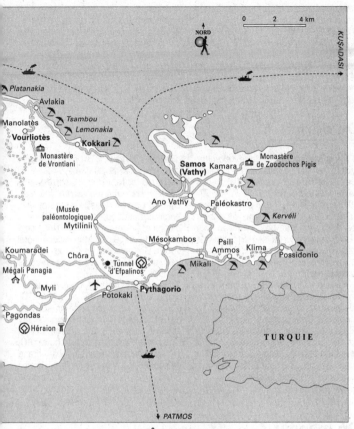

**L'ÎLE DE SAMOS**

# Adresses utiles

**▪ *Office de tourisme :*** *107, Themisto-kli Sofouli (sur le port, à droite depuis le débarcadère).* ☎ *22-73-02-85-82. Sur le port. Fermé le w-e. Sérieux.*

**✉ *Poste :*** *odos Ioannou Lekati, rue perpendiculaire au port, à côté du bureau des bus.*

**▪ *Police touristique :*** ☎ *22-73-08-10-00.*

**▪ *Hôpital :*** *sur la route de gauche en sortant du débarcadère.* ☎ *22-73-02-31-00.*

**▪ *Agent consulaire de France :*** *avocate Maria-Ioanna Efstathiou, 50, odos* Lykourgou Logotheti (derrière l'hôtel Aeolis). ☎ 22-73-02-77-93. Lun-ven.

**▪ *Association des loueurs de chambres :*** *16, odos Gymn. Katevaini.* ☎ *22-73-02-30-55. ● samosrooms.gr ●*

**▪ *Distributeurs automatiques de billets :*** *plusieurs sur le port, après la pl. Pythagoras.*

@ Sur odos Sofouli (au niveau des banques), choix plutôt maigre entre les services sans charme d'un loueur de DVD et le réseau wifi (avec un ordinateur à disposition) d'un bar voisin, le ***Beer Garden.*** Sinon, quelques postes au *café du Musée archéologique,* dans le jardin municipal *(ouv 7h-minuit ; plus cher).*

■ *Location de voitures chez Alamo :* 24, odos Kanari. ☎ 22-73-02-44-67. *Près de l'arrêt de bus.* Compagnie sérieuse et efficace. Voitures, scooters et motos en très bon état. Ne pas hésiter à négocier les prix pour la location d'une voiture à partir de 3 jours. Agences à Pythagorio et à Kokkari également.

■ *Taxis :* un peu après pl. Pythagoras, sur le front de mer. ☎ 22-73-02-84-04. Bon marché. Il est préférable de négocier le prix de la course au départ, afin d'éviter les mauvaises surprises. Demander au chauffeur de brancher son compteur.

## Où dormir ?

🛏 *Pension Trova :* 26, odos Kalomiris. À deux pas du débarcadère (monter la rue Thisséos, juste après le vieux palais de justice catholique). ☎ 22-73-02-77-59. Compter env 30 € pour 2 pers. CB refusées. Pension familiale agréable, avec des chambres ventilées pour 2 ou 3 personnes qui se partagent les salles de bains bien propres. Quelques-unes ont une terrasse. Accueil très aimable de Maria.

🛏 *Pension Dreams :* 9, odos Aréos. Proche du port (dans une rue perpendiculaire au front de mer commençant à l'angle du Café Europe). ☎ 22-73-02-43-50. Tte l'année. Compter 35-45 € la double. Une demi-douzaine de chambres bien tenues, avec AC, frigo et vue sur la mer pour certaines. Accueil francophone de Kostas, le patron.

🛏 *Pythagoras Hotel :* 12, odos Kalistratou. Du port, remonter sur 600 m en direction du nord : c'est à gauche juste après l'hôpital. ☎ 22-73-02-84-22. • pythagoras-hotel.com • Compter env 30-40 € la double en saison. Internet. Chambres ventilées, assez simples, presque austères, mais la moitié avec balcon et (belle) vue sur mer. Donne sur une petite plage partagée avec un hôtel voisin. Bon accueil. Le patron, Stélios, très serviable, peut venir vous chercher au port.

🛏 *Paradise Hotel :* 21, odos Kanari, au niveau de la station des bus. ☎ 22-73-02-39-11. • samosparadise.gr • Ouv de mi-avr à sept ou oct. Doubles env 40-50 €, petit déj inclus. Internet et wifi. Chambres classiques de gros hôtel : AC, TV, salle de bains avec baignoire, grand balcon. Parfois, vue (minimale) sur la mer. Étonnante oasis de verdure dans un quartier par ailleurs sans attraits (garages, concessionnaires auto...). Piscine.

## Où manger ?

🍴 *Restaurant Perasma :* dans une rue qui donne sur la pl. Agiou Nikolaou. ☎ 22-73-02-27-63. Prévoir env 10-12 €/pers. Tables à même la ruelle, sous un toit de verdure. Bonne cuisine traditionnelle avec des plats comme l'*imam baildi*. Accueil fort chaleureux et repas bon marché.

🍴 *Artémis :* à 100 m du débarcadère, vers le nord (en face d'un jardin d'enfants). ☎ 22-73-02-36-39. Tte l'année ; fermé dim soir. Repas 12-14 €. Entrées copieuses, bons *mezze* (saucisses de pays, notamment). Idéal pour un déjeuner pas trop lourd, mais consistant.

🍴 *Restaurant The Steps (Ta Skalopatia) :* odos Pavlou Koundourioti, parallèle au port, qu'on atteint en contournant sur sa gauche l'imposante église catholique romaine. En haut d'un bel escalier abrupt. ☎ 22-73-02-86-49. Slt le soir. Résa conseillée en fin de sem. Compter env 6-8 € le plat. Grande salle-terrasse couverte dominant la baie. Bonne cuisine et service soigné. Très fréquenté, mais quelle vue !

🍴 *The Garden :* odos Kalomiris (parallèle au front de mer), entre le resto Perasma et la pension Trova. ☎ 22-73-02-40-33. Repas env 12 €. Plats typiquement grecs, servis dans une cour protégée par une treille de verdure. Un endroit apprécié par les touristes de passage. Musique certains soirs.

🍴 *I Nostimiès tis Ouranias :* en plein

*Ano Vathy, une centaine de mètres en dessous de la place du village, à côté de l'école (pas d'enseigne, mais une cabine téléphonique jaune en guise de repère).* ☎ *22-73-02-24-88. Tte l'année, slt le soir en été. Fermé dim hors saison.* Compter 12-15 €/pers. Les Saveurs d'Ourania (c'est la traduction en v.f.) méritent la petite marche nécessaire pour monter à Ano Vathy. Parmi les plats, aubergine à l'ail et à la feta, poulpe au vin, et de bons petits *mezze*. Terrasse joliment fleurie. Très familial.

## Où boire un verre ? Où déguster une glace ?

🍸 *Café du Musée archéologique :* autour de la fontaine du jardin municipal. ☎ 22-73-02-70-98. Place très arborée et plutôt calme.
🍸 *Dodoni :* 25, odos Themistokli

Sofouli. ☎ 22-73-02-35-01. Non loin du débarcadère, à côté du palais de justice. Un large choix de parfums (une quarantaine). Accessoirement, terrasse de café.

## À voir

🏛🏛 *Le Musée archéologique : réparti dans 2 bâtiments, derrière le jardin municipal.* ☎ 22-73-02-74-69. Mar-dim 8h30-15h. Entrée : 3 € ; réducs. L'un des plus importants musées archéologiques du pays. Panneaux explicatifs détaillés en trois langues (grec, anglais et allemand). Dans le nouveau bâtiment, on peut voir le colossal *kouros* (jeune garçon) de marbre, haut de 4,75 m. Il a été trouvé en trois parties, à quelques années d'intervalle ! Nombreuses autres statues trouvées sur l'île, et notamment sur le site d'Héraion, comme cette magnifique *korê* (dont une quasi-jumelle est visible au Louvre). À voir aussi, dans l'ancien bâtiment, à l'étage, toute la série des chaudrons décorés de têtes effrayantes de griffons : chaque chaudron, posé sur un trépied, compte six têtes de griffons gueule ouverte. Collection unique : en dehors de Samos, les archéologues n'en ont pas retrouvé beaucoup en Grèce. D'autres jolies pièces dans les vitrines comme ces figurines en ivoire représentant Persée et Méduse. Une visite indispensable, complémentaire de celle de l'Héraion, dont l'histoire est mieux racontée au musée que sur le site.

🏛 *Le musée des Vins de Samos : tout au bout de la baie, vers le port de commerce, en direction de Kokkari (quartier de Malagari). Grand bâtiment de pierre jouxtant les usines.* ☎ 22-73-08-75-51. Tlj (sf dim) 8h-19h30. Entrée : 2 €. Histoire des vins locaux, explication des processus de production. Dégustations.

🏛 *Ano Vathy* (Ανω Βαθν) *: par la route, à 1,5 km du centre-ville, en direction de Pythagorio. On n'y circule pas en voiture, mais on peut s'en approcher. La partie la plus intéressante à visiter étant celle qui est la plus éloignée de Samos-ville, on conseille de quitter cette dernière par la route qui part du bas et monte rapidement : la quitter sur la gauche dans un virage en épingle à cheveux et se garer au parking en bout de route.* Quartier à l'origine de la capitale, il a su garder son aspect villageois. Dans ses ruelles étroites, de belles et anciennes maisons à encorbellement. On s'y perd presque à coup sûr, mais c'est plaisant. Quelques cafés et commerces à l'ancienne, ainsi qu'un bon resto (voir plus haut : « Où manger ? »).

## À voir dans les environs

➢ De Samos, suivre la *route du monastère Zoodochos Pigis* (vers l'est). Le paysage est exceptionnel. Il offre des vues merveilleuses sur une côte parsemée de baies émeraude et révèle clairement la proximité avec la Turquie. Profitez de votre sortie pour visiter le monastère *(tlj sf ven 10h-13h30, 18h-20h).*

▷ **Les plages :** en allant vers Pythagorio, prendre les directions de **Kervéli** (7 km) et de **Possidonio** (12 km), deux petites plages propices à la baignade. La plage de **Klima** (galets) est assez sympa aussi et offre plus de place que celle de Possidonio. Taverne de poisson *(Kandouna)* avec une grande terrasse sur les rochers.

▷ Sur la route de Pythagorio au sud, suivre la direction de **Psili Ammos** (9 km). Accessible par les bus en haute saison (sous le nom de *Mykali,* nom du détroit). Plages de sable fin ou de galets, ombragées mais très fréquentées (plusieurs hôtels), bien moins tranquilles que Posidonio ou Kervéli. C'est le point le plus proche de la Turquie (1,2 km). Il est aussi possible de passer de Possidonio à Psili Ammos par une piste de 6 km.

## KOKKARI *(KOKKAPI ; 83100 ; 975 hab.)*

Sur la route côtière du nord, à 10 km de Samos-ville et en direction de Karlovassi. Cet ancien petit village de pêcheurs aux maisons blanches s'est consacré avec succès au tourisme jusqu'à devenir le 3e centre balnéaire de l'île. Le village, aux ruelles étroites et sinueuses, a de moins en moins de charme, même si le front de mer a un air cycladique. Très nombreux restaurants et bars en bordure de mer. Plages à la sortie du village ou bien près du rocher de Kokkari. Population dense en été : se garer plutôt en dehors du centre, dans les parkings consacrés.

## Adresse utile

🖪 Dans la rue principale, en arrivant de Samos-ville, un **office de tourisme municipal** (sur la gauche). Quelques mètres plus loin, une agence de voyages également compétente.

## Où dormir ? Où manger ?

Un grand nombre de loueurs de chambres se livrent, autour du petit port de pêche, une concurrence effrénée. Leurs confrères restaurateurs, eux, se disputent le reste du front de mer.

🛏 **Angela :** dans le petit groupe de maisons situé à l'extrémité du petit port, sous le rocher. ☎ 22-73-09-20-52. Compter env 50 € pour 2 pers en été. Chambres ou appartements avec salle de bains. Moderne et très propre. Se trouve au bord de l'eau, dans une partie plutôt calme. La vue sur la baie de Vathy est splendide.

🛏 **Lemon House :** dans la rue qui descend en venant de Samos, sur la droite après l'école. ☎ 22-73-09-24-41. • le mon-house.gr • Selon saison, prévoir env 38-48 € en chambre (sans petit déj) ou 40-50 € en studio, et 60-80 € pour un appart (3-4 pers) ; prix incluant la réduc offerte sur présentation de ce guide. CB refusées. Wifi. Une quinzaine de très jolies chambres avec balcon, AC et salle de bains. Propre et agréable. Grande cour plantée de 2 citronniers (d'où le nom !). Accueil sympa. On y parle le français (le propriétaire, Stamatis Kipreou, est polyglotte).

🍴 **Marina :** à la sortie de Kokkari, à 500 m, dans un virage (direction Karlovassi). ☎ 22-73-09-26-92. Tte l'année (hors saison, slt le w-e, dès ven soir). Repas env 12-15 €. Terrasse devant une pelouse bien entretenue, avec quelques jeux pour occuper les enfants. Belle carte qui ne propose que des bonnes choses (on fait sur place jusqu'au pain) : keftédès, soutzoukakia, etc. Patronne attentionnée.

# À voir. À faire dans les environs

⌂ Plusieurs jolies *plages* de galets entre Kokkari et Agios Konstantinos. À quelques kilomètres de Kokkari, en direction de Karlovassi. Desservies de 8h à 20h en saison, par les bus locaux *KTEL* : demander au chauffeur de s'arrêter aux plages de **Lemonakia, Tsambou.** Les plus jolies plages sont peut-être **Avlakia** ou **Tsamadou,** ce qui signifie « ricochet » en grec, nom dû aux galets plats et colorés qui se prêtent tout à fait à ce genre d'activité. La plupart sont aménagées, avec des transats, des parasols et des tavernes, parfois même un parking payant. À Tsamadou on peut encore (jusqu'à quand ?) éviter parasols et transats payants.

🍴 Un peu avant Agios Konstantinos, prendre la direction de Manolatès. La **vallée des Rossignols** (on les entend chanter très tôt le matin) qui y mène est très agréable et invite volontiers à la balade en raison de sa végétation dense (fruits de toutes sortes) et de ses nombreuses sources de montagne. On peut, par exemple, rejoindre par des sentiers bien balisés le village perché de **Manolatès** (Μανωλατες), propret et fleuri, aux étroites ruelles très pentues s'étalant sur le flanc de la montagne. L'un des plus jolis de l'île. Accès en voiture également (se garer au parking). Vue panoramique très étendue depuis les hauteurs. Possibilités intéressantes de randos depuis Manolatès (sentiers pour Stravinidès et Vourliotès).

🍴 Plusieurs **tavernes** dans ce village. La plupart des touristes montent manger au resto *Loukas,* le plus haut du village, plus pour la vue depuis la terrasse (incomparable) que pour le contenu de l'assiette (parce que là...). Mieux vaut s'asseoir, un peu plus bas, aux petites tables du *3A,* restaurant familial à la fréquentation bien plus justifiée (☎ 22-73-09-44-72 ; *repas env 10 €*). Excellent agneau rôti, bons *keftédès*, et politique très honnête : eau servie d'office en carafe, pain et couverts non facturés. Si le petit coin de ruelle sur lequel il s'étend s'avère trop peuplé, s'orienter vers le **Despina,** situé un peu plus haut, dans un ancien lavoir. Là aussi, cuisine originale et prix corrects. Attention, fin de service à 22h.

🍴 **Agios Konstantinos** (Αγιος Κωνσταντινος) : à 10 km de Kokkari. C'est un des villages les plus fleuris de l'île. Halte très agréable pour déjeuner ou dîner au calme. Nombreux restaurants et tavernes sur le port.

## **VOURLIOTÈS** (ΒΟΥΡΛΙΩΤΕΣ ; 83200 ; 750 hab.)

À 5 km d'Avlakia, vers l'intérieur de l'île (très jolie route « virageuse »). Sur le chemin, si vous avez le temps, faites un petit détour par la fontaine *Pnaka* (le resto du même nom est réputé). Superbe petit village perché sur l'un des flancs du mont Karvouni, avec sa place typique presque totalement occupée par quatre tavernes, où la vie villageoise « à la grecque » reste omniprésente, même si de nombreux touristes viennent y déjeuner (place beaucoup plus agréable le soir). Maisons anciennes à encorbellement bien conservées.

## Où dormir ? Où manger ?

🏠 **Pension Mary's House :** à 5 mn à pied de la place, en contrebas (bien indiqué). ☎ 22-73-09-32-91. ● marys-house-samos.com ● En été, compter, selon type de studio, env 40-50 € pour 2 pers ; réduc à partir de plusieurs nuits. Même si vous ne désirez pas y loger, suivez le jeu de piste fléché dans le village, la balade en vaut la peine. Cette maisonnette ravira les amateurs de tranquillité et de nature. Les chambres sont simples et mignonnes, avec salle de bains. Préférer celles qui ont un balcon, car la vue est jolie. Accueil chaleureux.

|●| *Chez Eléni et Diamandis :* sur la place principale (au fond à gauche, reconnaissable à ses tables vert pomme). ☎ 22-73-09-32-98. Quelques tables en terrasse, idéales pour s'imprégner du charme de la superbe petite place. Carte appétissante de plats typiquement samiotes, la plupart préparés à l'instant. Goûtez aux petits triangles au potiron, aux épinards ou au fromage, accompagnés d'un épatant rosé local : délicieux ! On y parle le français (Eléni est née au Zaïre). Une belle petite adresse. Excellent accueil.

|●| *Galazio Pighadi :* juste après la petite place. ☎ 22-73-09-34-80. Avr-oct. Compter env 12 € le repas. Le patron, très sympa, explique ses plats, comment il les prépare, montre ses épices... Spécialités, entre autres, de betteraves du jardin préparées avec son vinaigre maison et sa purée d'ail (*skordalia*) savoureuse ou les chaussons à la courge. Le kebab aux 3 viandes est également une bonne option.

## KARLOVASSI *(ΚΑΡΛΟΒΑΣΙ ; 83200 ; 5 900 hab.)*

Deuxième ville de l'île, au nord-ouest, à 35 km de Vathy, Karlovassi s'étale sur plusieurs kilomètres et regroupe cinq quartiers plus ou moins liés : le port *(Limani)*, le vieux Karlovassi *(Paléo-K)*, le moyen Karlovassi *(Messéo-K)*, le centre-ville *(Néo-K)* et enfin la baie de Karlovassi *(Ormos)*, à l'entrée de la ville.

Petite ville universitaire, Karlovassi n'a rien d'exceptionnel, mais c'est le point de départ de nombreuses randonnées pour le plus vaste espace naturel protégé de l'île, reliant le nord-ouest au sud-ouest. À voir, à Ormos, face à la mer, tout un quartier d'anciennes tanneries, superbes bâtiments en pierre de taille en ruine. Ces tanneries contribuèrent à la prospérité de Karlovassi avant la Seconde Guerre mondiale. Un musée qui leur est consacré a ouvert.

## Adresses utiles

■ *Agence de voyages Orama Travel :* sur la pl. de Messéa-Karlovassi. ☎ 22-73-03-29-28 ou 22-55. ● orama_vm@ otenet.gr ● Lun-sam 9h-14h, 18h-21h. Virginie Masson, une Française très sympa mariée à un Grec, vous donnera tous les renseignements souhaités. Un bon plan de l'agglomération est édité par la municipalité.

✉ *Poste :* odos Gorgyra, en face du supermarché Hatzikosta. Lun-ven 7h30-14h.

■ *Police :* odos Gorgyra. ☎ 22-73-03-24-44.

■ *Centre médical :* dans le centre-ville, à Pefkakia, juste en face d'une branche de l'université. ☎ 22-73-03-22-22. Ouv 24h/24. Rattaché à l'hôpital de Samos-ville : plutôt pour les urgences et les premiers soins.

■ *Suncar :* en plus des agences internationales, 2 agences de loc de voitures, l'une située juste à l'entrée du centre-ville, l'autre juste avant le port. ☎ 22-73-03-05-30. Prix raisonnables et grande serviabilité. *Suncar* étant également concessionnaire, les véhicules sont en bon état.

▣ *Arrêt de bus :* arrêt principal à Pefkakia (en face du centre médical). Des liaisons avec le reste de l'île. Les horaires y sont affichés.

■ *Taxis :* sur la place du centre-ville. ☎ 22-73-03-07-77.

## Transports

▣ *Bus local :* du port de Karlovassi au centre, 15 départs. En été, navette entre le centre-ville et la plage de Potami (5 allers-retours/j.).

# Où dormir ? Où manger ?

Il vaut mieux louer une **chambre chez l'habitant** ou un **studio** plutôt que d'aller à l'hôtel, plus cher.

**Chambres Pheloukatzis :** *par un très étroit passage fleuri qui donne sur odos Kanari, la principale rue du port de Karlovassi.* ☎ 22-73-03-53-18. 69-81-38-90-28. *Au plus fort de l'été, env 30 € pour 2 pers ; réduc hors saison et tarifs négociables pour un séjour de plus de 10 j. CB refusées. Chambres simples, propres, avec salle de bains, frigo, et petit balcon. Patronne très hospitalière (est allée jusqu'à louer sa propre chambre !).*

**Hotel Astir :** *dans le quartier de Messéo, entre le port et le centre-ville, situé dans un jardin un peu jeune, mais calme.* ☎ 22-73-03-31-50. • astirofsamos. com • *Avr-oct. Selon saison, compter env 35-50 € pour 2 pers. CB refusées. Wifi. Réduc possible sur présentation de* ce guide. *Chambres rénovées avec vue sur la mer ou sur la montagne, bon marché. Moquette au sol (ça date un peu), balcons spacieux. Petit frigo, AC. Très bon accueil et flexibilité quant aux horaires du petit déj. Grande piscine (en plein soleil).*

**Tavernes et restaurants :** *sur le port de Karlovassi, lieu de rendez-vous nocturne mais devenu plus touristique et impersonnel ces derniers temps, ou bien sur la place de Messéo-Karlovassi, où de nombreux autochtones se retrouvent autour d'un verre d'ouzo ou de retsina. 3 tavernes, toutes aussi recommandables les unes que les autres, se partagent la place du 8-Mai-1821 ! Vraie ambiance de village.*

# Où manger dans les environs ?

**Taverne Sunset :** *à l'entrée de Potami, 2 km à l'ouest du port de Karlovassi.* ☎ 22-73-03-44-52. *Ouv midi et soir (jusqu'à 22h). Bonne cuisine locale, à des prix moyens. Poisson frais que l'on va choisir en cuisine et dont le prix est proportionnel au poids. Très bonnes côtelettes ou brochettes de porc, provenant d'un élevage local. Les calamars et poulpes (khtapodia) au vin sont à essayer également. Beaucoup de monde à midi. Un peu plus loin, départ du sentier pour les chutes d'eau de Potami.*

**Hippy's :** *à Potami ; du Sunset, descendre vers la plage en traversant les potagers.* ☎ 22-73-03-37-96. *De mi-mai à fin sept. Repas env 15 €. Légumes et fruits locaux cuisinés en très bonnes salades, originales. Cuisine* grecque ordinaire aussi. Pain maison. *Pas forcément donné, mais de quoi se ravitailler en verdure. Terrasse bien ombragée. Côté plage, l'établissement (gay friendly au passage) fait beach bar.*

**Psaradès :** *à Agios Nikolaos, à 6 km de Karlovassi, direction Samosville.* ☎ 22-73-03-24-89. *Continuer la petite route pour Agios Nikolaos jusqu'à la mer, puis prendre un sentier de bord de mer, dans les rochers, jusqu'à la pointe. Avr-oct, midi et soir. Repas 15-20 €. La terrasse est au ras des flots et le coucher de soleil absolument imparable : idéal pour un dîner en tête-à-tête. Dans l'assiette, tous les produits de la mer semblent vouloir se bousculer : il faudra faire un choix ! Une adresse rare où les clients se bousculent aussi : réserver.*

# Où boire un verre ? Où sortir ?

Les bars se trouvent pour la plupart au port de Karlovassi. *Le Garage* est un bar rock, au bon programme musical (ouvre en soirée). Essayez aussi, en journée, le **Beachfront Café,** en bordure de plage, à 200 m du port.

♪ ♫ À ne pas rater, le dimanche soir en été, la soirée grecque de l'**hôtel**

*Anéma,* fréquentée surtout par les Grecs mais ouverte à tout le monde, où musique live et ambiance sont garan-ties. Pour les boîtes de nuit, essayez le *Pop Corn* (clientèle ado et musique techno), au port.

# À voir. À faire

– Les deux mois d'été, un *festival de musique et de théâtre* est organisé. Presque quotidiens, les spectacles débutent à 21h, dans différents lieux de la ville (assez souvent dans la cour de l'école, imposant édifice situé au commencement d'odos Gorgyra, à deux pas de la place de l'hôtel de ville), ou dans les villages alentour.

%% *Le musée d'Arts et Traditions populaires :* odos Vergi, au centre-ville, sur une place 200 m au-dessus de la mairie. Lun-sam 9h-13h. Entrée libre. Collections intéressantes, qui renseignent sur la vie samiote pendant la période de l'hégémonie.

% *La coopérative viticole de Samos* (EOS) : 200 m avant le port en arrivant de Samos-ville. Lun-ven 9h-14h. Visite libre et salle de dégustation où l'on découvre les différents muscats de Samos. Vente, aussi.

% *Le « Petit Paris » :* du port, prendre l'embranchement indiqué pour Paléo-Karlovassi (4 bus/j. depuis Karlovassi-centre). Baptisé ainsi à cause de l'église de la Sainte-Trinité qui surplombe le port (Montmartre ? Notre-Dame de Paris ?) et de laquelle on a un beau panorama, ce quartier traditionnel invite à une petite promenade.

% *Les chutes d'eau de Potami :* du port, on accède à la plage de Potami (2 km). Compter une petite demi-heure. Avant d'atteindre l'extrémité de cette plage, prendre sur la gauche un chemin menant d'abord à l'église de la Métamorphose, la plus ancienne de l'île. Puis continuer le long des rives d'un fleuve. Ne pas prendre les marches abruptes qui sont proches de la chute. Il faut finalement pénétrer dans le fleuve pour découvrir les chutes d'eau. Les randonneurs pourront continuer après Potami (Drakéi est à 3h de marche).

⌂ *Seitani :* après Potami se trouvent deux très belles plages, *Mikro* et *Mégalo Seitani.* La première, accessible en véhicule par une piste correcte (à pied, compter 40 mn), est comme taillée dans la falaise : beaucoup d'ombre, donc, et une forte exposition aux courants. Plus éloignée et pareillement sauvage, la seconde, accessible seulement à pied (1h30) ou en caïque (sur le port de Karlovassi, demander à Alekos, à côté du Royal Café : départs, en hte saison, à 9h et/ou 11h), peut mériter une demi-journée d'excursion. Les phoques méditerranéens *Monachus monachus* les fréquentent.

## LE SUD-OUEST DE L'ÎLE

# ORMOS MARATHOKAMBOS
(*ΟΡΜΟΣ ΜΑΡΑΘΟΚΑΜΠΟΣ* ; 83102 ; 1 950 hab.)

La porte de l'ouest de l'île. On s'y rend de Vathy en longeant la côte nord jusqu'à Karlovassi puis en coupant à travers l'île par une voie rapide, ou bien de Pythagorio, par des routes inégales qui traversent le centre de l'île. C'est un petit village de pêcheurs, avec un joli port, quand même enlaidi par la grande jetée qu'on a construite et une grande plage de galets. Peinard, avec juste quelques tavernes dont les terrasses font face à la mer. Poisson frais. Mais c'est encore plus sympa de pousser vers l'ouest, vers Kambos et Votsalakia (on passe de l'un à l'autre sans s'en rendre compte). Détour également possible vers les hauteurs, à Marathokambos, grosse bourgade agricole, à côté de laquelle des éoliennes ont été implantées.

⌂ À 2 km, les plages de sable fin de *Kambos* (2 bus/j. depuis *Karlovassi*). Beaucoup d'infrastructures touristiques s'y sont développées.

## Où dormir ? Où manger dans les environs ?

|○| 🛏 *Loukoulos :* à la sortie de Votsalakia (en direction de Psili Ammos). ☎ 22-73-03-71-47. De mai à mi-oct, midi et soir. Prévoir env 11-15 €. CB refusées. Un cadre enchanteur : de l'espace, de petites terrasses de pelouse, de l'ombre (beaux acacias de Constantinople), tout cela avec vue superbe sur la mer, que demander de plus ? Si, tout de même : l'assiette. Là aussi, de belles surprises : cuisine goûteuse et originale, tout en étant à base de produits très simples ; plats et pâtisseries préparés dans le four à bois par le patron, Yorgos Kiloudikidis, une personnalité. Propose également des maisonnettes traditionnelles (pour 4 pers, env 40-45 €) très agréables. Murs peints à la chaux, mobilier en bois ancien, balcon sur le toit, aération naturelle. Excellent accueil, familial. Une adresse rare.

🛏 *Studios Oceanis :* à Ormos Marathokambos, à 300 m du port. ● studios-oceanis.gr ● ☎ 22-73-03-73-33. À Athènes l'hiver : ☎ 21-09-34-47-06. Sur les hauteurs. Mi-mai à fin sept. Compter 23-32 € pour un studio et 34-45 € pour un appart avec 2 chambres (tarif comprenant la réduc offerte sur présentation de ce guide). Internet et wifi. Des studios récents et plutôt spacieux, bien équipés, un peu sur les hauteurs du village. AC, TV, cuisine, grands balcons avec vue. Commerces et plage à proximité.

🛏 *Studios et appartements Villa Flora :* à la sortie de Votsalakia, au-dessus du Loukoulos. ☎ 22-73-03-74-34. ● villa-flora.gr ● Mai-oct. En été, studio pour 2 pers 45-50 € et appart 4 pers 68 €. Négociable à partir de plusieurs jours ou hors saison. Petite affaire tenue par l'aînée de la petite famille du Loukoulos. Grands studios récents et très équipés, sans être luxueux, pour 2 à 4 personnes. Petite plage peinarde tout à côté.

🛏 |○| *Hôtel et taverne Chryssopétro :* à l'entrée de Kambos. ☎ 22-73-03-72-48. ● chrisopetro_samos@yahoo.gr ● Mars-oct. Doubles env 30-40 €. Belles chambres avec salle de bains ; préférer, évidemment, celles donnant sur la mer, sous le restaurant (le bâtiment de l'autre côté de la route est plutôt impersonnel). Le resto s'allonge d'une belle terrasse surplombant la mer. Bon rapport qualité-prix. Accueil chaleureux et cuisine savoureuse. Petites criques à proximité. Les mêmes proprios possèdent aussi l'hôtel *Thalina*, pas loin (☎ 22-73-03-13-04).

## À faire

➤ D'Ormos Marathokambos, prendre la route vers l'est en direction de *Kouméika*. De ce village jusqu'à *Skouréika* se trouve une multitude de chemins menant à des baies ou criques, peu fréquentées, voire quasiment désertes, notamment la **baie de Pefko**. Un peu plus loin, grande et belle plage, très sauvage (quelques dunes), de *Psili Ammos*. Pistes difficiles, la moto ou la jeep sont recommandées.

➤ De *Marathokambos*, suivre la piste en direction de la **grotte de Pythagore** (à 5 km). Celle-ci se trouve au pied du mont Kerkis, au-dessus de Votsalakia. Pas très difficile d'accès, elle mérite le déplacement avec l'église de Notre-Dame-aux-Quarante-Marches, dont le site est à couper le souffle (les 40 marches, taillées dans la roche, ne constituent que la fin de l'ascension). Pythagore, opposé au tyran Polycrate, se serait réfugié là avant d'embarquer pour l'exil vers l'Italie du Sud.

➤ Depuis la route de Karlovassi, montée en lacet vers le village de crête de **Platanos**. Place centrale très animée (trois tavernes), agréable climat d'altitude (frais le soir). Et surtout, point de vue grandiose à la fois sur la face nord de l'île (Karlovassi), sur son côté sud (Ormos Marathokambos), et sur l'archipel de Fourni.

SAMOS (ÎLES EST ET NORD – MER ÉGÉE)

➢ **Excursion vers Kallithéa** (Καλλιθεα) **et Drakéi** (Δρακαιοι) : si vous êtes motorisé, n'hésitez pas à partir à la découverte d'un des coins les plus sauvages de l'île, à l'ouest de Kambos et Votsalakia. Après la plage de Psili Ammos (4 km de sable fin, locations), une pancarte attirera peut-être votre attention : un resto fait sa pub en s'annonçant comme « The taverna at the end of the world ». Bon, n'exagérons rien, c'est à 3 km de piste. Sympa mais vraiment isolé et assez loin de la mer. Quelques jolies criques : le problème, c'est d'y accéder, la piste passant très haut. Mais pour les points de vue, ça vaut le coup. Si l'on reprend la route, on s'éloigne vite de la mer : pour la rejoindre, 4x4 ou moto préférables : on arrive à trouver des criques désertes sous Paléochori. En direction du nord, paysages magnifiques vers Kallithéa. Dans la forêt au-dessus du village, jolie grotte avec une petite église (*Panagia Makrini,* autrement dit la Vierge lointaine). Pas facile à trouver, se renseigner sur place. La route principale, toujours au milieu des pins, continue vers Drakéi, où elle s'arrête. Là, 110 habitants paisibles et trois ou quatre cafés-tavernes vous accueillent. Un petit chantier naval à l'entrée du village, pourtant à plusieurs kilomètres de la mer ! Compter 18 km de Psili Ammos à Drakéi. Les amateurs de piste, motorisés comme il faut, peuvent revenir par un itinéraire « parallèle » qui passe plus bas, par Agios Isidoros. Ça rallonge de quelques kilomètres, mais c'est sympa.

◉ **O Kostas :** à Drakéi, dans la rue principale. *Ouv midi et soir. Repas env 10-12 €.* Autre taverne se targuant d'être « at the end of the world ». Plus d'humilité en ce qui concerne la carte, essentiellement établie à partir de produits locaux. Goûter, par exemple, les savoureux *kolokitholoulouda* (beignets de fleurs de courgette). Service bavard mais sympa, et rapide. Jolie vue depuis la terrasse.
– D'autres tavernes à Drakéi : surtout, éviter le *Spring,* tenu par le pope du coin (à l'entrée du village).

## LE SUD-EST DE L'ÎLE

# PYTHAGORIO (ΠΥΘΑΓΟΡΕΙΟ ; 83103 ; 1 650 hab.)

Capitale originelle de l'île, connue jusqu'en 1955 sous le nom de Tigani (« la poêle », c'est dire s'il y fait chaud...) et rebaptisée en hommage à Pythagore. Bâtie sur le site antique de la ville, elle possède de nombreux lieux archéologiques. Aujourd'hui, Pythagorio est une ville touristique importante et le premier site balnéaire de l'île. On s'y arrête aussi pour les départs vers les îles du Dodécanèse. La rue Lykourgou Logothéti, menant au port, est l'axe commercial principal de la ville. Se méfier du stationnement interdit dans cette rue et au port (nombreuses amendes), mieux vaut se diriger vers les parkings périphériques, pas forcément payants. Pour les non-motorisés, des bus font régulièrement la navette depuis Samos-ville.

## Adresses utiles

🛈 **Office de tourisme :** 13, odos Lykourgou, sur la gauche quand on monte du port. ☎ 22-73-06-13-89. En principe, mai-oct, tlj 8h-21h30. Petit kiosque où l'on peut obtenir un plan de la ville avec la liste de tous les loueurs de la ville.
✉ **Poste :** odos Despoti Kyrilou, parallèle à Lykourgou.
▪ **Banques :** plusieurs dans odos Lykourgou, avec distributeurs automatiques.

▪ **Police touristique :** *près de la station de bus, au départ de la route de Samos-ville.* ☎ 22-73-06-11-00.
▪ **Police maritime :** *sur le port.* ☎ 22-73-06-12-25.
🚌 **Arrêt de bus :** *au niveau de l'intersection d'odos Lykourgou et Polykrati.*
▪ **Taxis :** *odos Lykourgou, juste avant d'atteindre le port.* ☎ 22-73-06-14-40.
@ **Pythagoras Café :** *sur le port, du côté droit en débouchant d'odos Lykourgou.*

# Où dormir ? Où manger ?

Pas moins de 60 hôtels ou pensions dans le centre-ville. Les hôteliers profitent de l'affluence pour louer leurs chambres à des prix élevés, surtout en août.

🛏 *Pension Lambis : odos Iras, ruelle perpendiculaire au port, entre la pl. Irinis et la plage.* ☎ 22-73-06-13-96. *Doubles env 35-40 €.* 6 chambres doubles assez petites et rustiques en retrait de l'agitation du port. Salle de bains, frigo, petit ventilo. Propre. Accueil amusant du moustachu Stelios Mouzakis, qui se préoccupe vraiment de ses clients et de la qualité de leur séjour.

🛏 *Samaina Hotel : en haut d'une ruelle qui grimpe ferme vers les hauteurs du village.* ☎ 22-73-06-10-24. ● *samaina.gr* ● *De mi-avr à fin oct. Doubles 58-80 €, petit déj compris. CB refusées. Internet et wifi.* Chambres coquettes avec salle de bains, ventilo, AC, petit réfrigérateur, balcon ou terrasse avec jolie vue. Calme tout en étant central. Excellent accueil des propriétaires (qui parlent l'anglais). Une adresse agréable.

🍴 *Restaurant Elia : pl. Tiganion, à l'extrémité du port, vers la plage.* ☎ 22-73-06-14-36. *Avr-oct. Repas 13-15 €.* Dans la grande confusion des terrasses du port, cette bonne table se détache. De nombreuses salades, plus ou moins originales, toujours réussies, et bonne moussaka aromatisée à l'estragon, entre autres.

🍴 Pas loin derrière, rue Mélissou, la taverne *Dolichi (slt le soir)* est réputée pour ses pâtes. Prix sensiblement supérieurs aux autres tavernes.

# Où manger dans les environs ?

🍴 *Restaurant Antonis : à Chora, à quelques km de Pythagorio ; s'engager sur la route de Pyrgos, et après 150 m, prendre à droite.* Discrètement perché au bout d'une rue pentue, avec une jolie terrasse blottie à l'ombre d'un pin et définitivement adoptée par les matous nonchalants du quartier, ce resto traditionnel est notre adresse préférée dans le coin. Une carte enfin différente de celles des restos touristiques de la côte, offrant une excellente cuisine familiale. Des produits frais concoctés en plats délicieux à s'en pourlécher les babines : tendres viandes grillées, calamars farcis, légumes braisés ; même le pain est savoureux. De plus, l'accueil est charmant et les prix sont très sages.

# Où boire un verre ? Où danser ?

🍸 Pour les assoiffés, les *bars* du port proposent des cocktails hallucinants. Il faut être 6 pour en boire certains !

🎵 Pour finir la nuit et préparer sa sieste sur la plage, on peut aller danser au *Bocca* (périphérie de la ville).

# À voir. À faire

🏛 *L'église de la Transfiguration-du-Sauveur et le château de Logothétis :* en haut de la colline. *Ouv 10h-13h, 17h-20h.* On ne visite que les extérieurs du château (jolie vue). Ils rappellent la vaillance des Samiens contre le joug turc en 1824. Juste en dessous, site archéologique (basilique paléochrétienne). Fête populaire locale le 6 août en commémoration. Très jolie plage juste en dessous.

# À voir dans les environs

🚶 ⓧ *Le tunnel d'Efpalinos :* ☎ 22-73-06-14-00. À 1 km de Pythagorio (en allant vers Samos, prendre une route sur la gauche). *Mar-dim 8h45-14h45. Entrée : 4 € ;*

réducs. Billet groupé avec l'Héraion : 6 € ; réducs. Date de Polycrate (524 av. J.-C.) et constitue une des premières œuvres hydrauliques de l'Antiquité (et l'un des plus vieux aqueducs souterrains du monde, très exactement le second plus ancien à avoir été creusé par deux équipes parties chacune de leur côté). D'une longueur de 1,036 km, il alimentait la ville en eau. Le tunnel n'est pas entièrement praticable et certaines parties restent interdites au public. Claustrophobes, s'abstenir ! De plus, les armoires à glace ne passeront pas... Il se trouve près d'un théâtre antique et de la chapelle Panagia Spiliani (elle aussi ancrée dans la roche).

🚶🚶 ⊙ **Héraion** (Ηραιο, prononcer « Iréo ») : à 6 km à l'ouest de Pythagorio, un peu après l'aéroport (en venant de Samos-ville). Plusieurs bus/j. de Samos. ☎ 22-73-09-52-77. Tlj sf lun 8h-14h30. Entrée : 3 € ; réducs. Billet groupé avec le tunnel d'Efpalinos : 6 € ; réducs. Sanctuaire de la déesse Héra, qui serait née à Samos sur les rives du fleuve Imvrassos. Les premières fouilles ont été menées en 1702 par un grand voyageur français, Pitton de Tournefort. Il ne reste pas grand-chose du site, mais cela donne quand même une idée de l'ampleur de la construction. Il était le plus important des sanctuaires dédiés à Héra. Plan intéressant des différentes étapes de construction à l'entrée.

🚶 **Le musée du Folklore :** situé dans les rues factices de l'hôtel-village Doryssa Seaside Resort, près du lac Glifada, à la sortie ouest de Pythagorio. ☎ 22-73-06-22-86. Mai-oct, tlj sf lun 10h-13h. Entrée : 1,50 €. Consacré aux vieux métiers. De nombreux habits traditionnels également. Intéressant.

🚶🚶🚶 **Le Musée paléontologique de Mytilinii :** à quelques km de Chora, sur la route qui mène à Vathy. ☎ 22-73-05-20-55. Avr-fin oct, lun-sam 9h-15h, dim 10h-15h. Entrée : 3 € ; réducs. Nombreux minéraux, fossiles (datant de 3,5 à 7 millions d'années) et mammifères naturalisés. Le machairodon, si vous ne le saviez pas, a vécu à Samos en d'autres temps et il n'était pas seul. Au sous-sol, musée folklorique, avec une petite expo sur la vie rurale (voir la chaise percée !).

🚶 En reprenant, direction Pyrgos, la route montagneuse du centre, après Koumaradei, on peut visiter le **monastère de Mégali Panagia** (tlj sf mar 10h-13h, 17h30-22h). Quelques fresques et une belle iconostase en bois.

# ICARIA (IKAPIA)

9 000 hab.

Selon la légende, c'est au large d'Icaria que se serait noyé Icare. Ivre de pouvoir voler, il s'approcha trop près du Soleil et la cire de ses ailes fondit. Icaria est une petite île montagneuse (avec des sommets à plus de 1 000 m) traversée par de profonds canyons et boisée par endroits, abritant pinèdes, oliviers et arbres fruitiers. Son vin fut autrefois chanté par Homère. Sur la côte sud, la montagne plonge directement dans la mer, dessinant une côte escarpée et rocheuse qui laisse peu de place aux plages, hormis quelques belles criques que l'on peut atteindre en caïque. Au nord, entre Karavostamo et Armenistis, on trouve de superbes plages de sable fin.
La population est accueillante. Icaria reste cependant un souvenir douloureux pour certains, car de nombreux communistes y furent exilés durant la dictature militaire.
L'île est restée à l'écart des grands flux touristiques, et ceux qui ont connu la Grèce il y a une vingtaine d'années disent y retrouver un peu de l'atmosphère de l'époque. Voici donc une petite escale qui plaira à ceux qui sont lassés des foules.
– Pour s'informer sur tout ce que l'île propose, consulter ● island-ikaria.com ● ou ● ikaria.gr ●

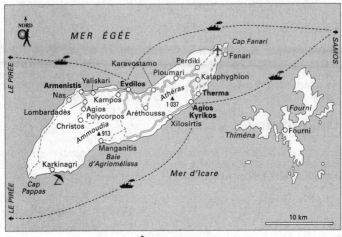

**L'ÎLE D'ICARIA**

# Arriver – Quitter

## En avion

✈ *L'aéroport* d'Icaria se trouve à l'extrémité est de l'île, à Fanari. ☎ 22-75-02-38-88. À l'arrivée de chaque avion, il y a un bus pour Agios Kyrikos.
➤ *De/vers Athènes :* 5-6 vols/sem. Trajet : 50 mn.

## En bateau

➤ *De/vers Le Pirée :* certains des bateaux se rendant à Samos s'arrêtent à Icaria presque tlj, soit à Evdilos (côte nord), soit à Agios Kyrikos (côte sud). Compter 6h40 selon les escales. Le *Nissos Mykonos (Aigaion Pelagos Sealines),* dessert en principe Evdilos (ligne Le Pirée-Samos via Syros voire Mykonos)
– Capitainerie d'Agios Kyrikos : ☎ 22-75-02-22-07 ; à Evdilos : ☎ 22-75-03-10-07.
➤ *Pour Samos :* compter env 3h de trajet en ferry.
➤ En été, hydrofoils de et vers *Samos* (Agios Kyrikos-Pythagorio et Evdilos-Karavostassi), *Fourni* et *Patmos.*

# Circuler dans l'île

➤ 2 *bus*/j. relient *Agios Kyrikos* à *Armenistis.*
➤ 1 *bus* relie la côte nord à la côte sud (d'Agios Kyrikos à Evdilos), à travers de magnifiques paysages de montagne, en particulier à *Ploumari*. Vous pouvez aussi effectuer ce trajet en scooter : superbe et vraiment impressionnant !
– *Location de scooters* à Agios Kyrikos, Evdilos et Arménistis.
– *Location de voitures* à Evdilos et Arménistis. Par exemple : *Aventura Car Rentals (à Evdilos, mais a aussi un bureau à Armenisitis).* ☎ 22-75-03-11-40 (Evdilos) et 22-75-07-11-17 (Armenistis).
– Et évidemment, des *taxis.*

## LA CÔTE NORD DE L'ÎLE D'ICARIA

### *EVDILOS* *(ΕΥΔΗΛΟΣ ; 83302)*

⚲ Deuxième port de l'île, Evdilos est un gros bourg en principe tranquille, surtout fréquenté en raison de la proximité des plus belles plages de l'île. La principale station balnéaire de l'île est *Arménistis,* avec ses magnifiques plages de sable fin. Belles plages à l'est, moins fréquentées *(Yaliskari)* ou à l'ouest *(Nas)* avec des ruines de sanctuaires et d'un temple d'Artémis. Par endroits, l'eau est transparente et turquoise.

## Où dormir ?

Le camping sauvage est en principe interdit. Nombreuses *chambres chez l'habitant,* pas toujours aisées à trouver et assez chères. Les hôtels en août sont souvent complets. Beaucoup de touristes grecs.

🛏 *Rooms Spanos :* à Evdilos. ☎ 22-75-03-12-20. *Doubles env 30-40 € ; réduc à partir de plusieurs jours ou hors saison.* Les chambres sont sobres, toutes avec salle de bains. Propreté relative et assez bruyant.

## Où manger ?

🍴 *Popi :* à Fytéma (1 km à l'ouest du port). ☎ 22-75-03-19-28. *Pâques-sept, midi et soir. Repas env 12-14 €.* Cadre agréable avec vue sur mer. Cuisine traditionnelle : produits locaux, souvent du jardin familial, *pita* maison, chèvre sauvage au four

### *ARMENISTIS* *(ΑΡΜΕΝΙΣΤΗΣ ; 83301)*

Village de pêcheurs qui ne compte pas plus de 70 habitants l'hiver, mais qui s'est développé dans des proportions encore raisonnables, pour accueillir nombre d'estivants. À proximité, Nas et son espace Natura 2000 (autour de la rivière).

## Où dormir ? Où manger ?

🛏 *Pension Astachi :* dans Armenistis même, un peu en hauteur. ☎ 22-75-07-13-18 ; hors saison, à Athènes : ☎ 21-04-51-56-30. ● ikaria.gr ● *Mai-oct. Compter 45-50 € en hte saison.* Une douzaine de chambres, très propres, la plupart avec balcon (vue sur mer) et frigo. Jardin sympa pour le petit déj.
🛏 *Studios Orthostates :* entre Armenistis et Nas. ☎ 22-75-04-10-58. 🖳 69-78-29-72-22. ● orthostates@yahoo.gr ● *Env 40-50 € pour 2 pers.* Petit ensemble de studios climatisés, face à la mer. On est aux premières loges pour le coucher de soleil. Bon accueil des propriétaires.
🍴 *Naïadès :* à Nas. ☎ 22-75-07-14-88. *Repas 10-15 €.* Une adresse familiale, mettant en avant les produits locaux et en particulier ceux de leur jardin. Parmi les plats, le *soufiko* (sorte de briam), ou les courgettes farcies, sauce œuf et citron. Très joli coucher de soleil.

## LA CÔTE SUD DE L'ÎLE D'ICARIA

### *AGIOS KYRIKOS* *(ΑΓΙΟΣ ΚΗΡΥΚΟΣ ; 83300 ; 2 400 hab.)*

Capitale et premier port de l'île, Agios Kyrikos est une bourgade tranquille et agréable. Pas d'office de tourisme, mais quelques agences pourront vous renseigner.

L'établissement thermal se trouve près du port. L'eau est réputée très efficace pour les affections cutanées et les problèmes d'articulation. Ne vous attendez pas au grand luxe, les installations sont rustiques et sommaires.

## Où dormir ? Où manger ?

🏠 **Akti Hotel :** à gauche du port quand on regarde la mer. ☎ 22-75-02-39-05. ● pensionakti.gr ● Tte l'année. Doubles env 35-60 € selon confort et saison. Wifi. Remise de 10 % pour 3 nuits min. Une grosse maison familiale, perchée

sur un rocher. Les chambres sont simples et propres. Terrasse commune avec chouette vue sur la mer.
🍴 **Restos** et **cafés** populaires, notamment vers le poissonnier.

## THERMA (ΘΕΡΜΑ ; 83300)

Gros village situé à 2 km d'Agios Kyrikos. Petit bateau toutes les demi-heures entre Agios Kyrikos et Therma. Therma est surtout connu pour ses sources d'eau chaude. En face du port se trouve le bâtiment avec les baignoires, et à deux pas de là on peut aller au hammam dans une grotte naturelle. Le tout est rudimentaire. À quelques minutes de marche au-delà de la pension *Agriolykos,* il y a des sources d'eau chaude dans la mer (faites-vous indiquer le chemin).

## Où dormir ?

🏠 **Agriolykos Pension :** ☎ 22-75-02-23-83. Hors saison : ☎ 21-06-64-24-41 (à Athènes). ● agriolykos.gr ● Dos à l'embarcadère, vous voyez la petite pension perchée en haut de la falaise sur la droite. Pour y aller, traversez la longue terrasse de la taverne et gravissez l'escalier blanc. De juin à mi-oct. Compter env 45-70 € pour 2 pers selon saison. Oui, les chambres sont très petites, avec AC, avec une salle de bains si exiguë qu'on peut en même temps se doucher et se brosser les dents tout en étant assis sur les toilettes ! Ce que l'on paie donc relative-

ment cher, c'est la situation exceptionnelle : les chambrettes donnent sur une grande et magnifique terrasse parsemée de fleurs et d'arbres, avec quelques petites tables pour prendre le petit déj face à la mer, et des transats de-ci de-là pour méditer le soir le nez dans les étoiles. Sublime. L'heureuse propriétaire des lieux, Voula, originaire de l'île, parle le français. Il ne vous reste donc plus qu'à tester vos capacités de négociation avec cette femme d'affaires dynamique (elle a également une agence de voyages). Sinon, plusieurs autres pensions dans le village.

# CHIOS (ΧΙΟΣ)                    52 500 hab.

Cette île, située à 8 km seulement du rivage turc, aurait vu naître Homère. Elle est aussi tristement célèbre pour les événements qui ont inspiré le poème de Victor Hugo, *L'Enfant grec* (dans le recueil *Les Orientales,* 1829) et le tableau de Delacroix, *Scènes des massacres de Chio,* exposé au Salon de 1824. En avril 1822, les Turcs s'étaient livrés à de véritables massacres qui mobilisèrent les intellectuels européens (les Philhellènes) en faveur des Grecs. En 1881, un terrible séisme fit de nombreux dégâts.
En grec, l'île se nomme « Hios », avec ce « h » aspiré si difficile à prononcer. En français, on a pris l'habitude d'écrire « Chios » (au XIXe s, on écrivait « Scios »). C'est une île aux nombreuses facettes. Assez grande, avec 842 km², monta-

gneuse (deux sommets à 1 186 et 1 297 m), elle est connue pour être la patrie de nombreuses familles d'armateurs (Karas, Livanos, Chandris), mais on y respire aussi la Grèce d'autrefois, notamment dans les villages du nord de l'île.

L'île offre de magnifiques paysages, incroyablement variés, et de nombreuses plages. Elle est réputée pour sa production de mastic. En raison de cette richesse, l'île a été l'objet de nombreuses convoitises : Vénitiens et Génois se la disputèrent. On raconte qu'un certain Christophe Colomb y vint afin de prendre des conseils de navigation auprès des marins. Rien que ça ! Certains soutiennent même qu'il est né à Chios (il y en a bien d'autres qui disent qu'il est né en Corse !). Sous la domination turque, à partir de 1566, l'île bénéficia d'un certain nombre de privilèges, le mastic étant consommé dans les harems du sultan.

Aux mois de mars-avril, les tulipes sauvages recouvrent d'un tapis rouge tout le sud de l'île. Chios est l'île idéale pour qui veut varier les plaisirs entre balades, visites et baignades. Le tourisme est localisé autour de la capitale, et l'on y rencontre plus de Grecs que de touristes.

# Arriver – Quitter

## En avion

✈ *L'aéroport* est à 2 km à l'ouest de Chios. ☎ 22-71-02-26-12. Bus pour Karfas, ou dans l'autre sens vers la capitale. On peut aussi prendre un taxi pour une somme modique, surtout si on le partage avec d'autres personnes.

➤ Plusieurs vols directs/j. de/vers *Athènes* (55 mn) et 2 vols/sem de/vers *Thessalonique* (2h, via Lesbos). Également des vols de/vers *Samos* et *Rhodes.* Rens auprès d'*Olympic Air* (☎ 22-71-04-45-15) et d'*Aegean Airlines* (☎ 22-71-08-10-51).

## En bateau

■ *Capitainerie :* ☎ 22-71-04-44-33/34.

➤ *De/vers Le Pirée :* ferry de la ligne Le Pirée-Chios-Lesbos ts les soirs de l'année ; départ du Pirée vers 18h-23h selon les jours et les périodes. Trajet : 8h30. Si l'on part tôt, prévoir qu'on arrive en pleine nuit, vers 2h30-3h du mat ! Il existe aussi un ferry nouvelle génération, plus rapide (*Nissos Chios* de la compagnie *Hellenic Seaways*), qui effectue le même trajet en 6h30, tlj en saison et 6 fois/sem hors saison. Certains départs se font de *Lavrio* (port d'Attique à une soixantaine de kilomètres au sud-est d'Athènes) à destination de *Liménas*, le port de Mesta. En principe, 3 allers-retours/sem (compagnie *Nel*). Le bateau passe par Psara et arrive à Mesta 5h15 après son départ de Lavrio.

➤ *De/vers Lesbos :* départ d'un ferry tlj, souvent tôt le mat. Trajet : 4h.

➤ *De/vers Thessalonique (via Lesbos) et Rhodes (via Samos, Kos, Kalymnos :* 2 ferries/sem en été. Le plus rapide était, en 2010, la nouvelle liaison proposée par *Blue Star Ferries* (13h pour Thessalonique, 12h pour Rhodes).

➤ *De/vers l'île de Psara :* plusieurs liaisons/sem (certains départs se font de Liménas, le port de Mesta).

➤ *De/vers Inoussès (Oinoussès) :* 1 bateau/j. L'agence *Hatzelenis* propose des excursions à la journée.

➤ *Pour la Turquie :* la traversée est moins chère que de Samos. Compter env 20 € l'aller simple et 30 € l'aller-retour. Le bateau arrive à *Çesme,* pas très loin d'Izmir. Départ tlj et retour le même jour. Se renseigner auprès de l'agence *Hatzelenis.*

**L'ÎLE DE CHIOS**

## Circuler dans l'île

**Arrêts de bus – Chios-ville :**

– *Bus bleus* (intérieur de la ville et environs proches) : *station rue Dimokratias, à droite du jardin public.* ☎ 22-71-02-20-79. Départs dès 6h30. Horaires affichés. Évitez de prendre votre ticket dans le bus, c'est plus cher, achetez-le plutôt dans le bureau. Pour aller à Karfas, prendre un bus bleu.

– *Bus verts* (intervillages) : *station KTEL odos Egéou, tout près de l'agence* Hatzelenis *(les bus stationnent derrière, odos Ladis).* ☎ 22-71-02-75-07. Les villages de l'île sont relativement bien desservis du 15 juin au 15 sept, mais il y a moins de bus hors saison. Bus vers les plages du Sud (*Emborios* et *Komi*, 3/j.), les villages du Sud (*Pyrghi, Mesta, Armolia*, 5-6 départs/j., dès 5h30 env) et vers la côte ouest (3 départs/j. pour *Lithi*, 2 départs 2 fois/sem pour *Volissos*). Attention, moins de départs sam et encore moins dim.

– *Excursions en bus publics :* formules intéressantes d'excursions organisées en été par les bus publics. Départs d'odos Ladis, sous la pancarte des bus verts.

– *Taxis :* ☎ 22-71-04-11-11. Bon marché, mais il est préférable de se renseigner sur le prix (tarifs affichés à la station) pour éviter les mauvaises surprises. Le compteur est obligatoire. Stations en bas de Polytechniou, à gauche du jardin public, et à l'intersection d'odos Vénizélou et Koundouriotou.

– Possibilité de louer *voitures* et *deux-roues.* L'agence *Aegean Spirit,* située sous les *Chios Rooms,* sur le port est recommandable. ☎ 22-71-04-12-77. Beaucoup de stations-service dans l'est et le sud de l'île, franchement moins dans le nord-ouest.

## CHIOS-VILLE *(82100 ; 21 500 hab.)*

La capitale, sans grand charme depuis le pont des bateaux, a des allures de petite ville de province. À l'image de l'île, elle a plusieurs facettes : le port et ses nombreux bars modernes qui grouillent de jeunes, le jardin public où les femmes refont le monde, sous l'œil de leurs maris qui dégustent des *mezze* dans les *ouzeria,* et les rues commerçantes, qui ont peu à envier aux magasins français. La logique d'ouverture des commerces est particulière : uniquement le matin (jusqu'à 14h) et, l'été, deux soirs : les mardi et vendredi, de 18h à 21h. Pour les commerces alimentaires : tous les matins et après-midi sauf samedi après-midi.

## Adresses utiles

■ *Agence touristique Hatzelenis Tours :* 2, léoforos Aigaiou, juste en face du débarcadère des ferries, là où le port dessine un angle droit. ☎ 22-71-02-67-43, 22-71-03-22-35 ou 22-71-02-00-02. ● mano2@otenet.gr ● info chios.com ● Tlj 7h-14h, 17h-21h ; ouv aussi à chaque arrivée de ferry, même à 4h du mat. Margaret, française, mariée à un Grec, tient cette agence depuis de nombreuses années. Elle peut fournir renseignements, chambres, change, location de voitures, vente de billets d'avion. Vente des tickets des bateaux de toutes les compagnies et billets pour la Turquie. Et même si vous n'avez besoin de rien, allez leur dire un petit bonjour car Margaret et Tassos sont

vraiment très sympas, et Margaret est toujours contente de pouvoir tailler une petite bavette en français.

▯ *Bureau d'informations touristiques de la municipalité :* 11, odos Kanari. ☎ 22-71-04-43-89/44. ● info chio@otenet.gr ● Entre le front de mer et la pl. Vounaki. Avr-oct, tlj 7h-14h30, 18h-21h30 ; hors saison, lun-sam 7h-15h. On y trouve pas mal de bonnes infos sur l'île (dont la brochure de l'association des loueurs de chambres et d'appartements).

✉ *Poste :* odos Kondoléondos, côté sud du jardin public, à côté du gros bâtiment du centre culturel. Lun-ven 7h30-14h.

■ *Banques :* lun-ven 8h-13h. Plusieurs

dans la ville de Chios, avec distributeur automatique ; elles deviennent plus rares quand on s'en éloigne.

■ *Police maritime :* à la pointe du port, côté Kastro. ☎ 22-71-04-44-33 ou 34.

■ *Agent consulaire de France :* Mme Isabelle Kergoat-Georgiopoulos, 42, odos Rodokanaki. ☎ 22-71-04-42-87.

■ *Hôpital :* au nord de Chios-ville sur la route de Vrondados, à 5 mn en voiture. ☎ 22-71-04-43-02. Premiers secours : ☎ 166.

@ *On Line Internet Café :* 91, odos Vénizélou, 2e rue parallèle au port. ☎ 22-71-08-11-39. Tranquille et pas cher.

## Où dormir ?

On ne conseille pas vraiment d'établir son point de chute dans la ville de Chios. Elle est bruyante. Le jour, à cause des nombreuses voitures, et la nuit avec l'animation des bars du front de mer. Il vaut mieux s'en éloigner de quelques kilomètres pour être tranquille et se rapprocher des plages. En cas d'arrivée tardive, on peut prendre une chambre chez l'un des hôteliers qui attendent les touristes à la sortie du ferry. Les adresses suivantes se trouvent toutes à proximité du port, autour de l'angle opposé à celui du débarcadère (5 mn à pied).

■ *Chios Rooms :* 110, Egéou (angle de odos Kokkali), sur le port. ☎ 22-71-02-01-98. ● chiosrooms.gr ● *Double env 35 €. CB refusées. Wifi.* Dans une belle bâtisse ancienne, une dizaine de chambres fraîches et spacieuses, avec vue sur le port. Quelques-unes avec balcon. Sur place, demander à Margaret, de l'agence touristique *Hatzelenis,* de vous mettre en contact avec Dina et son compagnon néo-zélandais, Don. Réserver est encore plus prudent. Idéal pour routard désirant sortir le soir ou devant passer une nuit avant d'embarquer dans le ferry du matin. Mais vu la situation, certaines chambres sont très bruyantes (enfilement de bars sur Egéou). Excellent accueil.

■ *Rooms Alex :* 29, odos Livanou. ☎ 22-71-02-60-54. ● roomsalex@ch. net.gr ● *Double env 40 €. CB refusées.* Ici, on est vraiment chez l'habitant. Sculptures en coquillages, moulin multicolore et chaises en plastique de nos cantines d'enfant. Un kitsch absolu. Les chambres sont exiguës et l'on partage la salle de bains avec les autres occupants. Mais ce sont parmi les dernières *rooms to let* encore chez l'habitant. Les

personnes soucieuses de leur confort iront voir ailleurs. Si l'on désire l'indépendance, il y a 2 chambres avec salle de bains privée et accessible par l'extérieur. Plusieurs parties communes, dont une terrasse sympa, bordélique à souhait. Alex, sympathique comme tout, se fait un plaisir de venir chercher ses locataires à la descente du ferry, même à l'heure de la sacro-sainte sieste.

■ *Phaedra* (Fedra) : 13, odos Mihail Livanou. ☎ 22-71-04-11-29. Fax : ☎ 22-71-04-11-28. *Central, à quelques mètres du port. Tte l'année. Doubles env 40-60 € selon saison. CB refusées.* Dans une demeure bâtie en 1830, un petit hôtel qui a réussi à garder son âme. Ici, pas de clonage, mais une dizaine de chambres bien distinctes. Quelques meubles anciens, de vieux miroirs et de petits secrétaires branlants contribuent au charme des chambrettes, toutes équipées d'une salle de bains (parfois très kitsch !), de la TV et de l'AC ainsi que d'un petit frigo. Les couche-tôt n'apprécieront peut-être pas le bruit de fond du – pourtant chouette – bar du bas.

## Où dormir dans les proches environs ?

■ *Archodico Pansion :* à Kambos (à 7 km du centre de Chios) ; prendre la

route de Pyrghi, et, 200 m après la 3e station-service, s'engager à gauche dans odos Vitiadou. ☎ 22-71-03-16-53. 📱 69-44-19-43-78. ● arhodico.net.gr ● Tte l'année. Pour 2 pers, compter 75 € en été, petit déj compris. CB refusées. 10 chambres dans une belle demeure entourée de vergers d'agrumes (le propriétaire les exploite). Les chambres sont spacieuses et les petits déj, avec les confitures maison, succulents ! Excellent accueil de Kostas.

## Où manger ?

Il existe une véritable gastronomie locale. C'est une île où l'on mange bien si l'on prend un peu de « risques » (comprendre qu'il faut sortir du cercle salade grecque-*souvlaki*). Attention, les bons restaurants de la ville sont souvent fermés à midi, car les Grecs travaillent et les touristes sont à la plage. Beaucoup de restos sont aussi fermés le dimanche soir. On aime également beaucoup les *glyka* (sucreries) : le *mastiha*, à base de mastic (évidemment !), et l'*ypovrichio*, sucrerie à la vanille qui se déguste dans une cuillère qu'on laisse tremper dans l'eau. Les adeptes de sucreries peuvent faire une razzia dans les nombreuses pâtisseries de la ville et tester la confiture de rose, d'aubergine ou de pistache. Pour se rafraîchir, goûter à la *mandarinada Kambos* (du nom de sa localité de production), et au *Mast*, boisson gazeuse parfumée au mastic.

### Très bon marché

|●| Bons petits **souvlakia** et **gyros** dans une échoppe sans nom située 20 m après l'arrêt des bus bleus (ceux de l'agglomération), à droite du jardin public. Seulement le soir. Bons *souvlakia* également chez **Emilio** (85, odos Vénizélou, la 2ᵉ rue parallèle au port, à l'angle de Néofitou Vamva ; slt le midi, ferme à 15h). Un grand nombre de **boulangeries-pâtisseries** aussi. Les *bougatsès* de l'établissement **Bougatsa** (situé entre le port et les jardins au 11, odos Vénizélou) sont délicieux mais chers.

### Bon marché

|●| **Ouzeri Theodosiou** : odos Néorion. Sur le port, juste à droite du débarcadère, sous l'enseigne Aegean Sea Rooms. Slt le soir (fermé dim). Repas env 10 €. En plein dans l'ambiance du port, les ferries accostent juste un peu plus loin. On y mange parmi les meilleurs *mezze* de l'île. Les feuilles de vigne fraîches du matin sont un régal. Goûter aussi aux crevettes frites aux oignons. C'est typique et pas trop cher.
|●| **Vyzantio** : dans le quartier du marché, à l'angle des rues Roïdou et Ralli. ☎ 22-71-04-10-35. Fermé dim. Repas env 10 €. Le resto classique dont un des principaux mérites est d'être ouvert également le midi. Plats préparés, service rapide. Pas de terrasse, grande salle ventilée. Fréquenté par les Grecs.
|●| **Taverne Hotzas** : 3, odos Georgiou Kondyli. ☎ 22-71-04-27-87. Bonne balade à travers les ruelles du port pour y aller (l'endroit est quelque peu excentré : du port prendre odos Aplotarias puis odos Tsouri et c'est à droite). Slt le soir, tte l'année. Repas 10-15 €. Belle taverne traditionnelle (et très ancienne) où les familles se retrouvent pour déguster de bons plats typiques. Les tables sont éparpillées dans une cour intérieure très tranquille et agréable. Aubergines au four, beignets d'épinards, moussaka végétarienne, tout est goûteux et bien frais. Ambiance décontractée.

## Où déguster une glace ? Où boire un verre ? Où sortir ?

🍦 **Kronos** : odos Argenti, celle de la bibliothèque. Bonnes glaces. Nombreux parfums, dont des sorbets à la mandarine locale.

🍸 🎵 Il y en a vraiment pour tous les goûts. Les **bars** se trouvent principalement sur le port et ont tous une piste de danse. Ils sont fréquentés par les 500 étudiants de l'université de Chios, ainsi que par les nombreux jeunes qui font leur service militaire sur l'île. En été, des Grecs du continent et quelques étrangers grossissent les rangs des noctambules.

∞ **Soirées grecques** : au **Harama,** sur la route de Karfas, entre l'aéroport et l'usine électrique. Public grec en majorité, mais c'est bien sûr ouvert à tout le monde. Public jeune, bonne ambiance. – Pour passer une soirée plus tranquille, il y a un **cinéma** en plein air dans le jardin public, derrière la grande palissade en bois. Première séance à 21h. Ambiance *Cinéma Paradiso* : les familles s'installent autour des tables et dégustent des glaces en regardant les films (américains et français... eh, oui !) en version originale. Très sympa.

## À voir

🎥🎥 **Le Musée archéologique :** 10, odos Michalon, au sud du port. ☎ 22-71-04-42-39. Mar-dim 8h30-15h. Entrée : 2 €. Vraiment intéressant avec les nombreuses explications proposées. Exposition de céramiques, bronzes et sculptures découverts notamment dans la grotte d'Agio Gala (Néolithique) et sur les sites d'Emborios et Dotia (époque mycénienne). Voir également les belles amphores, les têtes de griffons ainsi que des feuilles d'or datant de la période hellénistique ou les petites statues dédiées à Cybèle. Enfin, des trouvailles de Chios-ville même, stèles et décrets en marbre. Ne pas manquer non plus les chapiteaux de colonnes ioniques et leurs bases en pattes de lion provenant du site de Fana.

🎥🎥 **Le Musée folklorique** (musée Argenti) : 3, odos Korai. ☎ 22-71-04-42-46. Lun-ven 8h-14h (16h-19h mar et 17h-19h30 ven), sam 8h-13h30. Entrée : 2 €. Dans la bibliothèque municipale Korai, l'une des plus grandes de Grèce (manuscrits et livres rares que l'on peut consulter sur place). Le Musée folklorique expose à l'étage la collection de la famille Argenti. Peintures historiques dont une copie des *Scènes du massacre de Chio* de Delacroix (et de nombreux tableaux s'en inspirant), costumes traditionnels de l'île, objets d'art populaire. Mannequins en costumes, figurines, croquis : difficile de ne plus savoir après cela à quoi pouvaient ressembler les *Chiotes* des siècles passés.

🎥 **Le musée de la Marine :** 20, odos Stéfanou Tsouri. ☎ 22-71-04-41-39. Lun-sam 10h-14h. Entrée libre. Un petit groupe d'armateurs de l'île rêvait depuis longtemps de mettre sur pied un musée qui illustre l'esprit et l'histoire de la marine marchande grecque contemporaine. Ce rêve s'est fait réalité dans une belle bâtisse de style néoclassique. Belle collection de maquettes (flotte internationale, de différentes époques) et de toiles de bateaux. Un épais livret en français détaillant l'histoire et les caractéristiques de chaque pièce est prêté à l'entrée.

🎥 **Le Musée byzantin :** dans la mosquée Medjité, pl. Vounakiou. ☎ 22-71-02-68-66. En été, mar-dim 8h30-15h. Entrée : 2 €. Belle collection de reliefs paléochrétiens, byzantins et postbyzantins.

🎥 **Le quartier du kastro :** peu après la grande porte, sur la droite, voir le palais Gustiniani où sont organisées des expos temporaires (billet groupé avec le *Musée archéologique* : 3 € ; réducs). Mêmes horaires que le *Musée archéologique*. Ancien centre de la ville, construit fin X[e] s par les Byzantins. Un peu plus loin, petit cimetière turc. Visites gratuites organisées, l'été, chaque vendredi à 19h (rendez-vous donné à l'entrée de la forteresse).

## À voir. À faire dans les proches environs

🎥 Il ne faut pas manquer une belle balade dans l'étendue verte de **Kambos** (Καμπος), qui s'étale au sud de la ville de Chios (à peu près 7 km du nord au sud sur

ICARIA ET CHIOS (ÎLES EST ET NORD – MER ÉGÉE)

3 km d'ouest en est). On y accède soit en suivant la route qui mène aux villages du mastic (odos Ralli, direction Pyrghi), soit par la mer, direction aéroport puis à droite. Les Génois y ont bâti leurs maisons dès le XIVᵉ s. Les aristocrates de l'île en firent leurs demeures plus tard. Un énorme quartier de villas (on en compte dans les 200) dont de nombreuses sont aujourd'hui en ruine, planté de milliers de citronniers, mandariniers ou orangers (au printemps, en particulier, c'est magique pour les narines !). L'unité architecturale est remarquable : la plupart des demeures sont faites en grès de Thymiana (un village voisin) qui depuis des siècles est utilisé par les architectes de l'île. Malgré de hauts murs de pierre, il est possible de faire le curieux à travers les grilles des maisons et de rêver un peu. Quelques-unes de ces vénérables demeures sont de véritables petits hôtels de charme. Difficile néanmoins de s'y retrouver dans ce dédale : la carte de l'île éditée par *Anavasi* lui consacre un plan détaillé. Existe aussi un livret *Cultural routes in the Kampos of Chios,* avec schéma et historique de chaque demeure. Sinon, profiter des visites gratuites du lundi soir *(slt l'été)* ; point de rendez-vous à 19h à l'église de la Panagia Kokorovilia.

🎒 *Citrus Memories :* 9-11, odos Argenti. ☎ 22-71-03-15-13. • citrus-chios.gr • Ouv mar-dim 10h-14h, 18h-21h30 (hors saison, mar-dim 10h-14h, ven-dim 17h-20h30). Entrée libre. Musée retraçant l'histoire de la culture des agrumes dans le Kambos. En sortant, vous serez incollable sur la grande famille des citrus. ⏹️ 🌿 Café et atelier-boutique (où l'on confectionne devant vous d'excellentes choses, genre loukoums).

🎒 *La basilique paléochrétienne de Saint-Isidore :* à 1,5 km du port de Chios vers le nord, près de l'hôpital. Fermée en raison de fouilles lors de notre dernier passage (renseignez-vous). Mosaïques des Vᵉ-VIIᵉ s.

# Les fêtes

Pendant l'été, de nombreux villages font des fêtes le soir. Les plus intéressantes sont :
– *Agia Markella :* le 22 juil, près de Volissos.
– *Agia Paraskévi :* le 26 juil, au village de Kalamoti.
– *Agios Pandéleimon :* le 27 juil, à Volissos.
– *La fête de la Vierge :* les 15, 16 et 23 août, partout.
Dans les autres villages, demander dans les tavernes quand a lieu le *panyghiri*. Il y a aussi des mariages et baptêmes où sont conviées toutes les personnes présentes. De bons moyens de se lier avec les autochtones et de passer des moments inoubliables.

## L'OUEST ET LE NORD-OUEST DE L'ÎLE DE CHIOS

Pour gagner la côte ouest, deux possibilités : la route qui traverse l'île au départ de Chios-ville et passe par les monastères ou une route plus au nord au départ de Vrondados (au nord de Chios-ville). Intéressant de prendre la première à l'aller et la seconde au retour, pour bénéficier de la très belle vue sur Vrondados et Chios-ville.

🎒🎒 *Le monastère d'Agios Markos* (Μονή Αγίου Μαρκου) *:* peu avant Néa Moni, suivre un chemin sur la gauche qui monte sur 1 km. Fermé pour la sieste, 13h30-16h30. Très beau bâtiment blanc, jaune et bleu, qui vaut l'escapade. Un gardien ouvre les portes de l'église afin de faire admirer les nombreuses icônes. Des vêtements sont prévus à l'entrée pour se couvrir. Magnifique panorama sur Inoussès, la côte turque, et même Samos et Icaria.

🎒🎒 ⓧ *Le monastère de Néa Moni* (Νεα Μονη) *:* à 12 km à l'ouest de Chios. Ouv de l'aube au coucher du soleil (sf 13h-16h) en saison (8h30-15h en hiver). C'est l'un des plus importants monuments byzantins de Grèce, au même titre que (environs de Delphes) Ossios Loukas. De style byzantin sévère, il rappelle aussi certains monastères du mont Athos. L'église abrite de très belles mosaïques à fond d'or. Les artistes qui ont travaillé là étaient de la même école que ceux qui ont œuvré à Sainte-Sophie. Des capes sont disponibles à l'entrée pour se couvrir. Il y a aussi un petit *musée* qui est payant *(2 € ; théoriquement, ouv mar-dim 8h-13h).* Dans la chapelle de l'entrée, collections de crânes qui rappellent le massacre de 1822 (des milliers de personnes, moines et réfugiés, furent tuées dans le monastère).

🎥 *Avgonyma (Αυγονημα) : quelques km à l'ouest de Néa Moni.* Village médiéval austère, dont les maisons-cubes ne respirent pas la joie de vivre. On peut même ressentir ici, malgré la beauté générale du lieu, comme un sentiment d'oppression. Resto correct *(O Pyrgos)* sur la place.

🎥🎥 *Anavatos (Αναβατος) : à 5 km d'Avgonyma, vers le nord.* Village médiéval fortifié en ruine, perché sur son éperon rocheux. L'arrivée sur le village est magnifique. En 1822, lorsque les Turcs pénétrèrent dans le village, les habitants se jetèrent du haut du *kastro* (en restauration : de nombreux panneaux incitent à la prudence). Les derniers occupants d'Anavatos (une quinzaine) sont leurs descendants (mais eux préfèrent vivre dans les maisons du bas, au cas où !). En bas, petit resto-café où l'on peut casser la croûte. Visite guidée gratuite les mardis d'été, à 19h.

⌔ La route principale, que l'on reprend à Avgonyma, devient côtière et continue en direction de Volissos. Elle est bordée de sublimes *plages,* toutes accessibles par des petites pistes. La première, *Elinda,* tentante depuis la route, est malheureusement infestée d'abeilles (très nombreuses sur cette côte et particulièrement pénibles : elles se ruent sur les baigneurs pour s'abreuver !). Un peu plus loin, les plages de *Tigani* et *Makria Ammos,* abritées et propres, sont un peu plus agréables. On y campe (discrètement). Fonds limpides.

🎥 *Sidirounda (Σιδηρουντα) : 10 km avant Volissos.* Village juché face à la mer. Là encore, constructions tout en pierres, mais un peu plus d'âmes. Rien d'extraordinaire à voir, mais des ruelles assez sympas qui méritent la balade. Vue très attirante sur la plage de *Papalia* et ses petits îlots. À l'entrée du village, un petit café-taverne, *Vigla* (☎ 22-74-02-11-11). Patrons joviaux et causants.

## VOLISSOS *(ΒΟΛΙΣΣΟΣ ; 82103)*

C'est le village principal au nord-ouest de l'île, que surplombe un château médiéval. Très agréable et bien situé. On monte à pied à travers les ruelles. Il y a des *chambres à louer* et des *tavernes.* Poste, distributeur de billets et magasins également.

⌔ Peu avant Volissos, à 1 km de Chori, belle route vers la jolie plage de sable d'*Ormos Volissos* qui s'étend sur 4 km. Pas loin non plus, le port de Limnia et les plages de Limnos, où l'on trouve l'essentiel des tavernes et hébergements sympas.

## Où dormir ? Où manger dans les environs ?

Attention, les 21 et 22 juillet, il faut absolument réserver : énorme fête d'Agia Markella.

🏠 *Studios Marvina :* à Limnia, sur la butte entre le port et la plage d'Ormos Volissos. ☎ 22-74-02-13-35. Hors saison : ☎ 21-09-65-66-67 (à Athènes). ● chios-marvina.com ● Avr-oct. Compter env 40-70 € pour 2 pers. CB refusées. Jolis studios pour 2 à 4 person-

nes. Terrasse, coin cuisine et salle de bains. Certains ont une mezzanine et tous ont l'AC. Très calme. À 2 mn à pied, jolie plage peinarde.
🏠 *Spiti Limnos :* rens à Chios-ville, à l'agence Hatzelenis. ☎ 22-71-02-67-43. ● mano2@otenet.gr ● À 250 m de la

ICARIA ET CHIOS (ÎLES EST ET NORD – MER ÉGÉE)

*plage, dans une orangeraie. En saison (juin-sept) pour la maison, 800-1 700 € la sem (en juil-août, loc min 2 sem). Hors saison, les propriétaires la louent en studios 45 € la nuit.* Maison ancienne restaurée qui peut facilement accueillir 2 ou 3 familles (une bonne douzaine de couchages sur 2 niveaux). Bon équipement. Idéal pour un séjour tranquille. Tavernes à proximité.

|●| *O Zikos : sur le port de Limnia.* ☎ *22-74-02-20-40. Mai-oct, midi et soir. Repas env 12-15 €.* Grand choix de poissons (assez chers), crevettes sous différentes formes (bouillies, frites, *saganaki*). Service pas toujours agréable, et facturation du pain à surveiller. Néanmoins, bonne cuisine de *psarotaverna*.

|●| *Resto Akrogiali : à Limnos.* ☎ *22-74-02-17-77.* Bonnes entrées de *tzatziki* et beignets d'épinards. Poulpe et savoureuses grillades (env 7 €). Bon resto, avec une grande terrasse aérée, un peu en retrait de la mer. Décontracté, à l'image de Limnos. Bon marché.

## AGIO GALA *(ΑΓΙΟ ΓΑΛΑ ; 82103)*

Petit village tout au nord, sur les pentes du mont Amani (809 m). Maisons basses aux murs blancs, absence de commerce, population âgée terriblement sympathique et souriante : Agio Gala dégage une sérénité quasi montagnarde. Tout à son extrémité, la descente du large escalier mène à une église consacrée à la Vierge ; 10 m plus bas, très jolie *grotte* à explorer sans grandes difficultés techniques (la visite est a priori gratuite, guidée par un monsieur très gentil, Léonis Christos Pitama : demander dans le village s'il n'est pas sur place ; sinon, 📱 *69-77-70-51-63*). À l'intérieur, une toute petite chapelle. Prévoir quand même une lampe de poche. Chauves-souris à volonté.

➤ En poursuivant vers le nord, des villages toujours plus épars et déserts et une entrée progressive dans une pinède inespérée. À partir d'Egrigoros, changement de versant et de décor : la vue sur Lesbos est remplacée par un étalage de plans contrastés : au premier la verdure environnante, au deuxième le plateau pelé du mont Tsombos (et ses éoliennes), et au troisième l'aride sommet de l'île, au mont Péliméo (1 293 m). De Kéramos, descente rapide vers la baie d'*Agiasmata* (Αγιασματα). Ultime changement d'atmosphère dans cette station balnéaire surréaliste. Côte et rochers torturés par le *meltémi*, plage de gros galets noirs, ruines éparpillées ; et puis, au centre de l'anse, une longue allée, flambant neuve et bordée de fleurs, mène à d'imposantes infrastructures thermales qui semblent péricliter. Stigmates d'une pénible tentative d'exploitation touristique, un café, une taverne (au service minimal), et quelques chambres à louer. Lieu indéniablement tranquille, mais plutôt triste.

🛏 *O Kir Yiannis : sur la droite de l'allée des thermes d'Agiasmata.* ☎ *22-74-02-10-65. Hors saison,* ☎ *22-74-02-18-94.* *Env 35 € la double.* Chambres impeccables avec salle de bains, véritable coin cuisine et TV. Accueil un peu rude.

➤ On en revient en reprenant, au-dessus de Kéramos, la direction de Néa Potamia. Jolie route de crête. La boucle se complète par une vue plongeante sur la plantation d'oliviers qui précède Volissos. Pour retourner vers Chios-ville, prendre la *route de Katavassi vers Vrondados.* On passe entre les monts Oros et Marathovounos. Les amoureux de la nature seront comblés. Superbes paysages qui varient tous les kilomètres. Troupeaux de chèvres, de vaches et des soldats sur le bord de la route. Compter 1h de trajet. Prévoir de l'eau et de l'essence en réserve, car il n'y a aucune station-service en chemin.

## LE NORD-EST DE L'ÎLE DE CHIOS

Depuis Chios, la route longe la mer jusqu'à **Vrondados** et **Daskalopétra,** où la montagne, très sèche, est impressionnante. Homère est censé avoir enseigné à

Daskalopétra. Magnifique monastère de *Myrtidiotissa* surplombant la mer. La route continue vers le port de **Pandoukios**, calme, avec une excellente taverne les pieds dans l'eau *(ouv midi et soir, ☎ 22-71-07-42-62)*. **Langada**, le port suivant, est plus joli. Nombreux bars et cafés. On quitte ensuite la mer pour la retrouver à **Marmaro**, autre port presque fermé, venté et ne dégageant pas beaucoup de chaleur. Est-ce à cause de toutes ces statues sévères qui s'égrènent le long du front de mer ? On est dans le coin des armateurs, dont beaucoup sont originaires de **Kardamyla**, le village dans les terres sur les hauteurs. Si vous êtes à Marmaro à l'heure du repas, faites un tour chez *Barbayiannis* (portions énormes de calamars). De Marmaro, on peut continuer jusqu'à **Nagos**, par une petite route (étroite) qui livre de magnifiques points de vue. Les villages suivants sont encore différents et donnent une idée de la variété de Chios : les versants redeviennent boisés. Ensuite, c'est le (grand) nord, on se sent très loin de Chios-ville. Pour ceux qui voudraient rejoindre la côte nord-ouest, attention, c'est très loin et la route ne permet pas de passer près des côtes (faire le plein avant de se lancer).

## LE SUD DE L'ÎLE DE CHIOS

### KARFAS *(ΚΑΡΦΑΣ ; 82100)*

Petite station balnéaire à 6 km de Chios. Quelques hôtels et une belle plage y attirent les vacanciers qui fuient la capitale pour un peu plus de calme : raté, du moins pour ce qui est du centre (grosse concentration de bars à musique). La plage est couverte de beau sable fin, mais aussi très peuplée. On peut louer un scooter des mers, jouer au volley et y faire de la planche à voile. Pas du tout typique mais central si l'on désire visiter l'île.

➢ Liaison régulière de bus en partant de Chios.

## Où dormir ?

ATTENTION ! Des accords sont passés entre des hôteliers de Karfas et certains chauffeurs de taxi afin qu'ils amènent les touristes de Chios directement chez eux. Ne pas écouter les chauffeurs qui essaient de détourner les destinations afin d'empocher une commission. Faire attention aussi au prix de la course. Demander de mettre le compteur. La meilleure solution reste donc le bus.

🛏 **Spiti Anatoli :** à l'entrée de Karfas, prendre sur la gauche le chemin pour Ocean Mou. ☎ 22-71-02-00-02 ou 22-71-03-22-35. • mano2@otenet.gr • 3 apparts pour 4-7 pers. En juil-août, loc à la sem slt (compter jusqu'à 950 € pour 4-7 pers). 2 studios pour 2-3 pers avec coin cuisine à partir de 35 €. Dans la maison de Margaret (agence *Hatzelenis* à Chios), les pieds dans l'eau. Agréables appartements meublés, tout indiqués pour des familles avec enfants. Calme et à l'écart des tavernes. Excellent point de chute pour visiter l'île.

🛏 **Marko's Place :** à l'autre bout de l'anse, prendre la route qui monte peu après l'office de tourisme (maisonnette rose), puis le 2e chemin vers la droite. ☎ 22-71-03-19-90. • marcos-place.

gr • Fin avr-fin oct. Compter env 35 € pour 2 pers. Loc min 3 j. Marko a aménagé le monastère de Yiorgos en pension. On dort dans les minuscules cellules des moines, réparties dans 7 petits bâtiments séparés, et les douches sont communes. Au réveil, on peut déguster un bon petit déj sous les arbres des terrasses, avec en fond musical une liturgie orthodoxe. Cuisine accessible hors saison. Salle de yoga. Un peu chérot peut-être si l'on considère que les cellules sont étriquées et les douches communes. Certains adorent, car l'endroit est très joli et c'est un paradis pour qui aime le calme, D'autres trouvent l'ambiance plutôt *new age* et assez irritante. À vous de voir !

🛏 **Spiti Elaionas :** mêmes coordonnées que Spiti Anatoli. *Hors saison, 2 studios 35 €.* En été, se loue tout entière *(capacité 6-8 pers) 1 200 €/sem.* Jolie maison ancienne récemment rénovée, sur les hauteurs de Karfas (au-dessus de *Marko's Place*). Au frais. Surprenante sensation d'isolement.

## Où manger ?

Globalement, on ne mange pas très bien à Karfas.

**|●| Karatzas :** *dans le centre, sur le front de mer.* ☎ 22-71-03-12-21. *Midi et soir, tte l'année.* Env 12-15 €/pers. Une adresse typique de pôle touristique. Immense terrasse et vague ambiance de cantine. Les locaux y viennent pour les sardines grillées et les *horta* (légumes verts).

## Où manger dans les environs ?

**|●| Pinaléon :** *à 3 km de Karfas, petit passage entre les maisons 100 m avant la chapelle Agia Ermioni.* ☎ 22-71-03-13-55. *Fin mai-sept, midi et soir, mais ambiance slt le soir.* On y mange du bon poisson sur une terrasse en avancée sur la mer. Les enfants peuvent se baigner à quelques mètres sous les yeux des parents. Le lieu est très agréable. Les prix sont modestes si l'on ne fait pas une orgie de poisson.

**|●| To Talimi :** *dans le centre de Thymiana, à 3 km à l'ouest de Karfas (et tout près de l'extrémité de Kambos).* ☎ 22-71-03-29-40. *Compter dans les 10 €/pers.* Taverne familiale très populaire, sous une grande terrasse éclairée au néon. Plats classiques, *soupiès* (seiches) sauce au vin, viandes bien préparées (*youvetsi* très réussi). Copieux. Excellent accueil de Maria et Yannis.

## Où sortir ?

**∞| Soirées grecques :** *à l'hôtel Golden Sand, le jeudi, l'été.* Compter env 20 € avec le dîner-buffet. Des soirées sympas, en costumes folkloriques.

## LES VILLAGES DU MASTIC *(MASTICHOCHORIA ; ΜΑΣΤΙΧΟΧΩΡΙΑ)* : PYRGHI *(ΠΥΡΓΙ)* – MESTA *(ΜΕΣΤΑ)* – OLYMBI *(ΟΛΥΜΠΟΙ ; 82102)*

🎎 **Les villages médiévaux fortifiés d'Armolia, Pyrghi, Olymbi, Mesta et Vessa** sont de beaux exemples d'architecture défensive, remontant au Moyen Âge : ils sont tous construits autour d'une tour de garde qui se trouve au centre du village. Dès l'occupation génoise, puis à l'époque ottomane, l'exploitation du mastic a constitué la principale richesse de cette partie de l'île, attirant les convoitises. La partie sud de l'île est en effet caractérisée par le *Pistacia lentiscus*, ou lentisque, arbre de la famille du pistachier, qui produit une sorte de gomme aromatique, le mastic (utilisé dans la fabrication des dentifrices, vernis, médicaments, etc.). En été, les villages embaument le lentisque. Les villages producteurs *(mastichochoria)* se sont rassemblés en association, pour promouvoir leur récolte. Ces 21 villages sont délimités par des panneaux annonçant leur production. On peut se balader entre les arbres (reconnaissables aux tapis de craie qui les entourent) et ramasser quelques bouts de mastic pour les mâcher. Attention, il faut en prendre de très durs (c'est-à-dire déjà tombés) pour éviter qu'ils ne collent aux dents. Les moins téméraires peuvent en acheter sous différentes formes et même aromatisés. On trouve d'ailleurs un grand nombre de produits à base de mastic en vente à Chios-ville, dans la *Mastiha Shop,* sur le port (il existe deux boutiques similaires à Athènes, l'une dans le centre-ville, l'autre à l'aéroport !).

Parmi ces 21 villages, trois ou quatre méritent plus particulièrement une visite. Bon réseau routier dans l'ensemble.

🏃🏃🏃 **Pyrghi :** superbe village aux ruelles étroites (et fraîches !). À l'origine, le mur extérieur de ce village-forteresse ne comportait aucune ouverture ni fenêtre, les petites maisons serrées les unes

---

**ARBRE À LA GOMME**

*Chios est le seul endroit au monde (et encore, il n'y a qu'une petite partie de l'île concernée par le phénomène) où le lentisque produit ce « mastic » qu'on appelle aussi les « larmes » du lentis-que : on pratique des incisions sur les troncs, de juillet à septembre, et l'on récupère ensuite la gomme, dont on tire de nombreux usages. Pourtant cet arbre est présent dans toute la Méditerranée et au-delà (du Maroc à la Syrie).*

---

contre les autres formant ainsi un mur continu. De très nombreuses maisons sont recouvertes de *xysta* (littéralement « grattages »). Dans *L'Été grec,* Jacques Lacarrière a ainsi décrit la technique utilisée, unique en Grèce : « Quand les pierres d'une façade sont montées, on les revêt d'un premier enduit à prise rapide et en couleur qu'on laisse sécher, sur lequel on passe un deuxième enduit, à prise lente. Puis, avant que cet enduit ne sèche, on le gratte ici et là pour laisser apparaître l'enduit coloré du dessous. » Certaines maisons sont vraiment surchargées : motifs géométriques, motifs floraux, des animaux parfois et ce, jusque sous les balcons ! Au bout d'un moment, ces façades commencent à être un peu lassantes pour l'œil. À noter que les émigrés de Pyrghi à Athènes ou à New York reproduisent la même technique !

À voir, l'*église des Agii Apostoli* en dessous de la place : superbe église byzantine avec des fresques des XIIᵉ et XVIIᵉ s *(tlj sf lun et dim 8h-14h30).*

🛏 **To Poundi :** *25, odos Psychari.* ☎ 22-71-07-27-39. ● chioshotel-pounti.gr ● *À proximité de la place principale (monter l'étroite ruelle derrière l'église, sur le côté droit de celle-ci). Env 60-70 € la double.* Un minuscule hôtel (2 chambres), tout en coins et recoins (avec des enfants, s'abstenir !). Original, peut-être pas très fonctionnel, mais un de ces charmes ! Excellent accueil.

🍴 🍷 Plusieurs *cafés* (terrasses très animées et surtout peuplées d'hommes) sur la place principale. Pas vraiment de taverne, mais on peut manger un sandwich ou un petit *souvlaki.*

## À voir. À faire dans les environs

🚶 **Emborios** *(Εμποριος) :* de Pyrghi, descendre un peu plus au sud (5 km), à ce petit port naturel presque fermé. On y a découvert un temple très ancien (période néolithique) dans une acropole dominant la mer ; accès par une petite route environ 1 km avant Emborios *(ouv tlj sf lun 8h-15h).* Attention, pas d'ombre...

🍴 **To Ifaistio** (Le Volcan). Décor agréable (la terrasse est bordée d'une collection de portes et fenêtres) et service gentil, sans oublier les bonnes choses dans l'assiette. Des possibilités de logement.

🏖 Un peu plus loin, au bout de la route, **Mavra Volia** (ou *Mavros Yalos*), avec une jolie plage de galets noirs. Accès bien aménagé. En marchant un peu, on accède facilement à une seconde plage (naturisme possible en s'éloignant) sous des falaises jaune-orange.

🏖 **Vroulidia** *(Βρουλιδια) :* autre plage qui mérite le détour dans le secteur. Environ 800 m avant d'arriver à Emborios, prendre à droite et 4 km plus loin, arrivée sur un petit parking surplombant la mer. Petit resto, à côté du parking, tenu par une Grecque polyglotte. La plage, une des plus belles de l'île, est en dessous (accès par escaliers). Assez petite, éviter les heures de haute fréquentation. Magnifiques falaises blanches.

◸ **Fana** (*Φανα*) **:** à 6,5 km de Pyrghi (dont 2 km de piste à la fin). Belle baie bien fermée et tranquille quand ça souffle fort. Juste avant d'arriver, jeter un coup d'œil aux ruines du temple d'Apollon Fanaios, au niveau de la chapelle blanche.

🍴🍴 **Olymbi :** bourg agricole très rustique. On y croise de nombreux ânes et quelques habitants. Il est bien moins touristique que Mesta et Pyrghi, mais il est vrai qu'il a sans doute moins de cachet, peut-être parce qu'il n'a pas été restauré comme Mesta ni décoré comme Pyrghi. Les maisons qui forment le mur d'enceinte ont quand même une certaine allure. Au centre, place curieuse occupée par une tour centrale où les villageois venaient se réfugier en cas d'attaque de pirates. Un café et quelques *tavernes* un peu excentrées. Visites gratuites à 19h le mercredi, en été (rendez-vous à l'entrée principale).

🍴🍴🍴 **Mesta :** impressionnant village médiéval, un village-musée retapé aux frais de l'État dans les années 1980. On se rend bien compte qu'un architecte unique a œuvré : unité de style incontestable, manque même peut-être un peu de fantaisie. Dommage que les câbles électriques n'aient pas été enterrés quand même... C'est en ces lieux que l'on comprend la chance de Thésée d'avoir eu le fil d'Ariane, car c'est un véritable labyrinthe. Toutes les petites ruelles se ressemblent et mènent au centre du village. Les maisons sont collées les unes aux autres si étroitement qu'il n'y a que quatre entrées possibles dans le village (et encore, trois d'entre elles sont relativement récentes). Certaines rues sont couvertes d'arches. À voir dans une ruelle à quelques pas de la place : l'*église Palaios Taxiarchis,* c'est le plus ancien monument du village (souvent fermé). L'intérieur renferme une belle iconostase sculptée sur bois. Pour se renseigner sur la région et tout ce qu'elle offre comme activités écotouristiques, passer à l'agence *Masticulture,* où un jeune couple sympathique, Roula et Vassilis, fourmille d'idées pour faire connaître la région. Sur la place. ☎ 22-71-07-60-84. • masticulture.com • Organise, entre autres, une fois par semaine, un « Mastic tour » (à pied, 15 € pique-nique inclus) dans les environs, pour découvrir les activités des producteurs de mastic.

Si vraiment on ne trouve plus la sortie du village, il est possible d'y dormir ! Le choix ne manque pas.

🏠 **Rooms Dimitri** (*chez M. Pippidis*) **:** *sur la place, à côté de la taverne.* ☎ 22-71-07-60-29. • *pippidisd@yahoo.gr* • Compter env 40 € pour 2 pers et 60 € pour 4. Dans l'une des maisonnettes du village, un studio que l'on peut louer pour 2 ou 4 personnes, avec 2 chambres et 1 cuisine. Croquignolet et tout propre.

🏠 **Rooms Anna Floradis :** *à deux pas de la place.* ☎ 22-71-07-64-55. *Hors saison :* ☎ 22-71-02-88-91. 📱 69-72-49-07-07. • *floradi.gr* • Tte l'année. Prévoir env 48-58 € pour 2 pers. Internet. Remise de 5 % sur présentation de ce guide, slt en basse et moyenne saison. Studios propres et frais, tout de pierre, pour 2 ou 4 personnes. Excellent accueil, et Anna parle le français. Préférer les studios situés dans le village même.

🍽 **Medieval Castle Suites :** *dans le village (réception près de l'église).* ☎ 22-71-07-63-45. • *mcsuites.gr* • Tte l'année. Pour 2 pers, env 105-135 € selon saison, petit déj compris. Magnifiques chambres, naturellement fraîches, car à l'abri de la chaleur dans de vieux murs épais, à l'équipement ultramoderne (TV, lecteur DVD, et PC dans chaque chambre !). Original : les chambres et appartements étant dispersés dans le village, le petit déj se prend, au choix, dans un des 4 cafés collaborant avec l'hôtel.

🍽 **O Messaionas :** *sur la place principale.* ☎ 22-71-07-60-65. Compter env 10-15 €/pers. Goûter les *khorto keftédès* et la salade de tomates au *kritamo* (algue locale marinée dans le vinaigre, genre salicornes). Sert aussi un bon petit vin rouge très doux. La moitié de la place est dévolue à un café (même maison).

## LE SUD-OUEST DE L'ÎLE DE CHIOS

➢ Le port de Mesta, **Limenas** (Λιμνας), est au départ d'une route qui remonte la côte ouest, parsemée de magnifiques plages. Sans intérêt en lui-même, mais une bonne *psarotaverna* et le voisinage des spectaculaires criques jumelles *Didimès*, en face de l'archipel d'Agios Stephanos.

|●| **O Sergis :** *sur le port.* ☎ 22-71-07-63-66. *Repas complet pour 8-12 € et davantage pour du poisson. Ouv midi et soir.* Taverne de poisson proposant également des plats classiques (gare au *tzadziki*, fortement aillé) et terrasse typique, au bord des flots. Bonnes *domatokeftédès*.

△ **Agia Irini** (Αγια Ειρηνη) **:** charmante petite crique encaissée aux eaux bleues, toute tranquille. Pas de logement à l'exception d'une discrète taverne, et deux petits ports. Un endroit superbe pour une petite pause, avec ce petit plus indéfinissable qui donne tout simplement envie d'y rester.

|●| Une petite **taverne** (sans nom ni téléphone) avec une grande terrasse et des tables à 5 m de l'eau, fréquentée par des habitués du coin, quelques familles et des jeunes. Jolie carte qui propose des salades fraîches, quelques plats de pâtes. Les spécialités du chef sont les crevettes et le poisson frais, le tout à des prix très corrects.

🎭 **Vessa :** magnifique village à mi-chemin entre Agia Irini et Lithi, resté en grande partie dans son jus. Nombreuses maisons à restaurer et un charme indéniable.

△ **Lithi** (Λιθι) **:** en contrebas du village, une jolie plage de sable (avec douche) très populaire fréquentée par les familles. Beaucoup de restos de poisson. Ici, une spécialité qui attire jusqu'aux Turcs (c'est tout dire !) : la langouste. Cela dit, même si elle n'atteint pas les prix français, ça reste encore chérot.

|●| **To Kyma :** *psarotaverna face à la plage.* ☎ 22-71-07-31-83. *Compter 10-15 € (langouste plus chère, évidemment).* Poisson frais garanti. Quelques plats de viande également (*biftekia*, petits *souvlakia*). Terrasse proprette où l'on vient se restaurer en famille et en maillot de bain, dans une ambiance décontractée.
|●| Au bout de la plage, **Ta Tria Adelfia** a également bonne réputation. Calamars et rougets frais, à des prix pas excessifs.

## L'ÎLE DE PSARA (ΨΑΡΑ ; 82104)

À l'ouest de Chios, deux petites îles : **Antipsara** et **Psara,** à 3h de bateau depuis Chios-ville. Psara est habitée par moins de 500 habitants, surtout des bergers et des pêcheurs. L'île a connu une histoire tragique pendant la guerre d'indépendance. Les Psariotes avaient réussi à faire de leur flotte la troisième par le nombre, derrière Hydra et Spetsès. Quand la révolution grecque éclata en 1821, ils se mirent sans hésitation au service de la lutte pour l'indépendance. Ils utilisaient même des bateaux kamikazes qui, bourrés d'explosifs, s'approchaient des navires turcs pour les faire sauter. Les Ottomans, face aux pertes subies, décidèrent d'en finir. En juin 1824, la population, près de 30 000 personnes, dont 7 000 locaux, le reste étant des réfugiés, fut massacrée en quelques heures par une troupe de 17 000 soldats turcs débarqués de pas moins de 180 vaisseaux. Deux cents personnes réussirent à quitter Psara, laissant l'île déserte pendant une trentaine d'années. Le reste de la population fut massacré sur place ou vendu sur les marchés d'esclaves.
Aujourd'hui, c'est un havre de paix pour les solitaires. Quelques *tavernes* avec du bon poisson. Attention toutefois aux prix des restaurants, des services et des den-

rées alimentaires, qui ont tendance à s'envoler dès l'arrivée des touristes. Plusieurs bateaux par semaine, de Chios-ville ou de Liménas, le port de Mesta. Compter 3h30 de trajet à l'aller et autant au retour de Chios, et moitié moins de Liménas. Également, de juin à septembre, des excursions à la journée depuis Limenas (renseignements à l'agence *Masticulture* de Mesta).

🛌 **Ta Psara :** à l'extrémité du village. ☎ 22-74-06-11-80. Compter env 35- | 70 €. Studios très confortables donnant sur un jardin calme.

# LESBOS (ΛΕΣΒΟΣ)
90 000 hab.

Troisième île grecque par sa superficie (1 630 km$^2$ ; après la Crète et l'Eubée). Les Grecs prononcent « Lesvos » et l'appellent aussi « Mytilini » (Μυτιλήνη, Mytilène en v.f.). Cette île est dans sa plus grande partie verdoyante : plus de 11 millions d'oliviers sur 450 km$^2$ (soit 126 oliviers par habitant !), des pins et des platanes. Seul l'extrême ouest est sec, mais les paysages sont remarquables. L'île est percée de deux vastes échancrures – les golfes de Yéra et Kalloni – et ourlée de belles plages et de criques transparentes. Vous y trouverez une centaine de petits villages typiques et rustiques aux maisons pistache, amande, turquoise, jaune paille, des hameaux tout blancs aux tuiles orangées, ainsi que de magnifiques demeures de style ottoman dans des jardins embrassant l'Orient. Mais rien des stéréotypes de la Grèce insulaire avec ses maisons blanc et bleu et ses moulins haut perchés. En revanche, dans cette île qui a connu un passé industriel, vous verrez de nombreuses usines (savonneries, huileries), qui semblent souvent en ruine alors qu'elles sont toujours en activité. On remarque aussi l'influence que l'Empire ottoman a eue sur cette île qu'il occupa de 1462 à 1912 (quelques minarets subsistent).

Lesbos fut la patrie du philosophe et tyran Pittakos (tyran peut-être, mais au sens grec, ce qui lui valut d'être catalogué parmi les Sept Sages), des poètes Ésope et Alcée et, plus récemment, d'Odysséas Elytis, Prix Nobel de littérature (né en Crète mais d'une famille originaire de Lesbos). Angélique Ionatos, chanteuse installée en France, a ses racines dans l'île. Lesbos est aussi réputée pour être la patrie de la plus célèbre poétesse grecque : Sappho (VII$^e$ s av. J.-C.). Celle-ci exerça un charme esthétique et surtout un ascendant érotique et spirituel sur les jeunes filles (et les jeunes gens) dont l'éducation lui était confiée. Cela a donné l'amour lesbien ou le saphisme.

### DEUX POUR LE PRIX D'UN !

*Le fameux Barberousse, dont le seul nom suffisait à terroriser les populations de l'ensemble du Bassin méditerranéen au XVI$^e$ s, était originaire de Lesbos. En réalité, il ne s'agissait pas d'un homme mais de deux frères, nés de parents chrétiens et convertis à l'islam : l'aîné, Aroudj, redoutable corsaire, se faisait appeler Baba Arudj. Il était roux, barbu, le surnom fut vite trouvé. Il mourut lors d'une bataille : son frère Hayredin, lui aussi corsaire, reprit le même costume et le même surnom, avec plus de bonheur puisqu'il devint pacha, grand amiral de la flotte ottomane, et mourut dans son lit.*

L'île est d'ailleurs un lieu de rendez-vous international pour de nombreuses lesbiennes qui se retrouvent surtout à Skala Éressos.

Lesbos est aussi connue pour son huile d'olive (20 000 t produites chaque année) et son *ouzo* (spécialement celui de Plomari), considérés parmi les meilleurs de Grèce. Des sentiers de randonnées ont été aménagés dans les oliveraies (se procurer la brochure *The Olive Paths* qui donne des indications très générales sur les parcours). Penser à se munir d'une bonne carte.

Étant donné sa superficie et les communications routières relativement lentes – par exemple, du sud *(Mytilène)* au nord de l'île *(Molyvos)* : 1h30 par la route –, Lesbos nécessite plus que 2 ou 3 jours d'escale. La meilleure solution est de louer une bonne *voiture*. Mais faire attention aux mauvaises routes (si beaucoup sont goudronnées, il en reste quelques-unes que les cailloux et les ravins rendent dangereuses).

## Arriver – Quitter

### En avion

→ *L'aéroport Odysséas Elytis se trouve à 8 km au sud de Mytilène.* ☎ 22-51-06-14-90 et 15-90. Peu de bus mais des taxis (assez bon marché).

➢ *De/vers Athènes :* 6-7 vols/j. (45 mn) avec *Olympic Air* (☎ 22-51-02-25-10) ou *Aegean Airlines* (☎ 22-51-06-11-20).

➢ *De/vers Thessalonique :* 5 vols/sem, directs ou via Limnos (1h10 ou 1h50).

➢ *De/vers Chios et Limnos :* 2 vols/sem.

➢ *De/vers Rhodes :* 5 vols/sem.

➢ Et des liaisons par vols charters directs en été avec quelques *villes d'Europe (Londres, Manchester, Bruxelles, Zurich).*

### En bateau

■ *Capitainerie de Mytilène :* ☎ 22-51-02-03-20.

➢ *Du Pirée :* départs tlj en fin d'ap-m et en début de soirée. Compter 12 à 14h de traversée en ferry traditionnel. La compagnie *Hellenic Seaways* a mis en service un ferry rapide, le *Nissos Chios* ; n'hésitez pas si vous pouvez le prendre : plus cher, mais traversée agréable. Compter 8h30. En principe, 6-7 trajets/sem. *Pour Le Pirée :* départs tlj, en général vers 18h-19h. Le *Nissos Chios* part plus tard et arrive le matin au Pirée. Horaires différents le w-e.

➢ *De/vers Chios et Limnos :* ferries tlj.

➢ *De/vers Thessalonique :* plusieurs ferries/sem.

➢ *De/vers les villes turques de Ayvalık et Foça :* plusieurs ferries/sem. La deuxième destination est la moins chère d'accès (env 15 €).

## Circuler dans l'île

▭ *Station des bus interurbains :* à côté de la pl. Irini, à gauche du centre-ville de Mytilène quand on a le dos à la mer. ☎ 22-51-02-88-73. Davantage de bus en été, mais il n'est pas très facile, vu les distances et l'organisation des transports, de rayonner dans l'île.

➢ *De/vers Pétra et Molyvos :* 4-5 bus/j. en sem, 3-4 le w-e.

➢ *De/vers Éressos et Sigri :* 1-2 bus/j.

➢ *De/vers Kalloni :* 4-5 bus/j. en sem, 3-4 le w-e.

➢ *De/vers Polichnitos et Vatéra :* 2-4 bus/j.

➢ *De/vers Plomari :* 3-5 bus/j.

➢ *De/vers Agiassos :* 3-6 bus/j. en sem, 2-4 le w-e.

▭ *Pour les bus de ville, la station se trouve sur le port, devant la statue de Sappho (Mytilène).* ☎ 22-51-02-85-34. Pour aller à *Varia,* prendre la ligne pour Agia Marina (1 bus/h en journée).

– **Taxis :** ☎ 22-51-02-35-00 ou 29-19. Des taxis, sur le débarcadère, attendent l'arrivée des ferries. Les stations principales se trouvent pl. Sappho et odos Kavetsou (le long des jardins). Les trajets pour le reste de l'île grimpent assez vite (env 30 € pour Kalloni).

– Quelques **loueurs de voitures,** aussi. Se méfier de la conduite des Lesbiens. La voiture est néanmoins quasi indispensable à une visite complète de l'île. Des stations-service en pagaille.

– Enfin, pour rejoindre la région de Plomari en évitant le détour du golfe de Yéra, un bateau fait la **navette entre Skala Loutron et Pérama.** Scooters acceptés mais pas les voitures. Un bateau ttes les 90 mn en journée, 7h-19h. Moins le w-e. Env 2 €.

**L'ÎLE DE LESBOS**

## *MYTILÈNE* (ΜΥΤΙΛΗΝΗ ; 81100)

Le chef-lieu de l'île, avec 25 000 habitants, est une ville aux belles maisons patriciennes d'architectures diverses (bavaroise, provençale ou néoclassique), très colorées. Cité charmeuse avec ses places ombragées, ses parcs et son port sympathique. Le centre-ville, bruyant et très vivant, est imprégné d'une ambiance un peu orientale avec ses étals et ses crieurs. Ne manquez pas de vous balader le matin d'un bout à l'autre de la rue Ermou, presque piétonne (seulement autorisée aux scooters), envahie par les vendeurs ambulants et les *mammas* qui font leurs courses. On y trouve les poissonneries, des magasins d'alimentation, de fringues et de n'importe quoi. À l'extrémité nord d'Ermou, de l'autre côté du *kastro* médiéval, un second port plus paisible où l'on mène une existence tranquille. Mytilène semble savoir se passer du tourisme. Si bien que cette activité peut paraître un peu molle, voire endormie (musées peu fréquentés, tavernes en petit nombre).

## Adresses utiles

🖪 *Informations touristiques :* sur le front de mer, pl. Sappho, un bureau d'information en saison. ☎ 22-51-04-41-65. Lun-ven 8h30-14h (et 17h-19h mar et jeu-ven), sam 10h-13h. Sinon, la *Direction régionale du tourisme* peut aussi informer les touristes : 6, odos Aristarchou (rue qui monte derrière la police touristique). ☎ 22-51-04-25-11. ● pvadtour@otenet.gr ● Lun-ven 9h-13h.

✉ *Poste :* odos Vournazon. Lun-ven 7h30-14h.

■ *Banques :* distributeurs sur le port.

■ *Police touristique :* dans le grand bâtiment à l'entrée de l'embarcadère (entrée par l'arrière). ☎ 22-51-02-27-76.

■ *Police maritime :* sur le quai des ferries. ☎ 22-51-02-88-88.

■ *Agent consulaire de France :* Mme Marie-José Vassilikos. ☎ 22-54-05-13-28 (à Limnos). 🖷 69-72-23-39-03.

■ *Hôpital :* odos P. Vostani (à 1,5 km du centre, au début de la route d'Halika). ☎ 22-51-04-37-77.

@ *Plusieurs cybercafés* similaires (vastes repaires de joueurs), se trouvent odos Komninaki, parallèle au port.

## Où dormir ?

Mytilène n'est pas le meilleur endroit pour se loger : la circulation y est dense et certaines rues sont excessivement bruyantes. En cas d'arrivée tardive, la meilleure solution est de prendre une des chambres que proposent les hôteliers à la descente du ferry. Peu de chance pour que ce soit un palace. Très facile de marchander.

### Bon marché

🛏 *Salina's Garden* et *Pension Thalia :* 1, odos Kinikiou. ☎ 22-51-02-46-40. Du port principal, remonter odos Ermou et c'est dans une ruelle qui part d'odos Adramitiou (quartier du vieux marché), reconnaissable à la grande mosquée (Yeni Djami) en ruine. Doubles sans sdb env 35 € et avec sdb env 40 €. Différentes capacités d'accueil. Il y a même un studio avec une grande cuisine et un sympathique balcon. Propreté parfois relative. Accueil très chaleureux. Calme.

### Prix moyens

🛏 *Pension New Life :* 7, odos Olimpou, une petite impasse qui prend au 89, odos Ermou. ☎ 22-51-04-34-00. ● new-life.gr ● À deux pas du centre et du port. Tte l'année. Compter 40-60 € pour 2 pers en août. Une demeure ottomane de rêve pour les grands romantiques, déco bordeaux et marbre blanc, très début XX<sup>e</sup> s. Chambres spacieuses pour 2 ou 3 personnes, avec salle de bains et clim' ; coin cuisine commun. Si c'est complet, peut-être vous dirigera-t-on vers la pension *Panorea* (21, odos Komniaki) : à éviter.

### Plus chic

🛏 *Alkaios Rooms :* 16 et 32, odos Alkaiou. ☎ 22-51-04-77-37. ● alkaios rooms.gr ● Du port (quai Koundourioti), remonter odos Alkaiou. Tte l'année.

Doubles env 45-55 €. CB refusées. Wifi. Dans une villa ancienne qui a gardé du caractère, avec un jardin d'orangers et de citronniers, des chambres sobres et agréables. Les propriétaires possèdent également les *Iren Rooms,* de l'autre côté du port.

🛏 **Lesvion Hotel :** 27, odos Koundouriotou. ☎ 22-51-02-81-77. ● lesvion. gr ● Sur le port. Tte l'année. Doubles env 70-84 € (avec ou sans petit déj). Hôtel de bon standing, on ne peut plus central. Un peu bruyant puisque sur la route qui longe le port.

## Où dormir dans les environs ?

🛏 **Votsala Hotel :** à Thermi, à 11 km au nord de Mytilène. ☎ 22-51-07-12-31. Hors saison, ☎ 21-09-33-88-87. ● vot salahotel.com ● Avr-oct. Pour une double, compter 58-95 €, petit déj compris (tarifs valables sur présentation de ce guide ou en cas de résa sur Internet). 48-83 € pour les chambres les moins chères donnant sur le jardin et les plus chères sur la mer. Wifi. Un chouette hôtel pour des vacances peinardes. Chambres colorées avec frigo et terrasse (vue sur mer ou jardin), dans 4 bâtiments massifs dispersés dans un jardin. Accès direct à la mer. Coin tranquille. On y mange bien aussi (Daphné,

la femme du patron, est une bonne cuisinière, elle donne des cours). Excellent accueil de toute la famille Troumbounis qui tient à faire de son hôtel un lieu convivial. Randos à thème (archéologie, par exemple) organisées par le patron autour de Thermi : fan d'archéologie, il est servi puisqu'une équipe d'archéologues britanniques a fouillé 40 000 m$^2$ de terrain, juste à côté de l'hôtel (le site est désormais ouvert au public de 8h30 à 15h sauf lundi). Également une pension, à 5 mn de l'hôtel, pour les séminaires de yoga, troupes de théâtre, etc. Une bonne adresse.

## Où manger ?

Pour manger sur le pouce, quelques échoppes à *souvlakia* et à *gyros* sur odos Ermou. Les préférer aux établissements flashy comme *Agia Paraskévi,* sur odos Vournazon (la rue de la poste), chers et passables.

### Prix moyens

🍴 **Ouzeri Kalderimi :** 2, odos Thassou. ☎ 22-51-04-65-77. Près du marché, tout près du port, dans une petite ruelle qui donne sur Ermou. Tte l'année, tlj sf dim soir. Compter env 12 €. Dès le matin, la terrasse de cette taverne traditionnelle ne désemplit pas. Idéal pour une petite pause à la mi-journée, sous la fraîcheur d'une épaisse treille. Petits plats courants, bons et pas chers (grande variété de *mezze* pour accompagner l'*ouzo*).
🍴 **Averof :** sur le port et 52, odos Ermou. ☎ 22-51-02-21-80. Tte l'année, sf 1 dim sur 2. Fin de service à 22h30. Compter env 12-15 €. Cette belle taverne classique, qui fonctionne depuis 1925, traverse carrément tout le pâté de maisons. On peut y aller à toute

heure, dès le matin, pour savourer un café frappé et observer l'animation de la rue Ermou. Bonne cuisine grecque, principalement des plats « à la casserole », prêts à être servis. Goûter la soupe au citron avec des boulettes de viande ou les *soutzoukakia* à la smyrniote. Agréable.
🍴 **Ouzeri Ermis :** quartier d'Epano Skala ; au bout de la rue Ermou, en allant à l'opposé du port principal, sur la placette avant d'arriver à la mer. ☎ 22-51-02-62-32. Tlj. Prévoir env 12-15 €. Un beau vieux café typique, datant de 1800 et sauvé par son excentricité. Les Grecs boivent leur *ouzo* sous les vieilles photos de famille pendant que d'autres avalent quelques *mezze*. Terrasse agréable sous la vigne. Bien demander les prix

avant de commander. Délicieux beignets de *kolokythakia louloudia* (fleurs

de courgette), excellente *fava* et nombreux *mezze* tout aussi bons.

## Où boire un verre ?

**Y** *Cafétéria du parc municipal* (*dimotikos kipos*) : *derrière la mairie, près de
la gare des bus*. Astucieusement placée
pour échapper un peu au bruit du centre et prendre le frais dans la verdure.
**Y** *Mouziko Kafénio* : *près de la
pl. Sappho, à l'angle d'odos Dimitriou
Vernardaki et Komninaki*. Tout petit café,
joliment décoré (imaginaire jazz, musiques du monde). Très bonne ambiance.
Deux petites tables sur le trottoir, pour

boire un verre en savourant les pâtisseries et crèmes du *galaktopolio* voisin
(chez **Gramini**, ouvert matin et soir).
**Y** **To Navagio** : *le long du port, derrière
la statue de Sappho. Hors saison slt
le w-e*. Belle taverne qui fait bar et resto
(nettement plus cher que les adresses
sélectionnées plus haut). Terrasse
agréable. Petits déj, sandwichs et salades, gâteaux maison, cafés, desserts et
cocktails.

## À voir

**ॐॐ** *Le Musée archéologique* : *en 2 lieux, tout près du port : sur odos Ephtalioti
(ancien musée), et tout en haut de la rue du 8-Novembre (nouveau musée)*. ☎ 22-
51-04-02-23. *Mar-dim 8h30-15h. Entrée : 3 € ; réducs*. L'ancien musée ne rassem-
ble plus que les trouvailles de la région de Thermi. Le nouveau bâtiment, à l'agréable muséographie, très pédagogique est principalement consacré à de belles
mosaïques retrouvées dans trois maisons datant de l'époque hellénistique et bien
mises en valeur (le musée est construit sur leur emplacement originel). Également
amphores, figurines et bijoux des périodes préhistorique, classique et romaine.
Documentation papier faiblarde, tout de même.

**ॐ** *Le kastro* : *au nord du port. Mar-dim 8h30-15h (en été 8h30-20h). Entrée : 2 €*.
Érigé sur des ruines antiques dont il reste des fragments, il est immense. C'est la
famille génoise Gateluzzi qui a administré l'île de 1355 à 1462 et a étendu les fortifications. Tour de la Reine (avec des reliefs antiques recyclés), école religieuse turque, portiques, armoiries, citernes, et caserne dans les souterrains, etc. Belle vue.
On peut en faire le tour en voiture ou à pied, en bord de mer. D'innombrables entrées
dans l'eau, et autant de baigneurs ravis (malgré la proximité des ferries).

**ॐ** *Le musée d'Arts populaires* : ☎ 22-51-04-25-11. *Dans l'ancienne capitainerie
du port, au-dessus du bureau d'informations touristiques ; entrée par l'escalier de
droite. Lun-sam 9h-13h*. Broderies, poteries, costumes dans deux pièces assez
médiocrement aménagées, il faut bien le dire.

**ॐ** *L'église Agios Thérapon* : *odos Agios Thérapondos*. C'est l'église dont on voit
la haute coupole. Buste et reliques du métropolite Ignace de Hongrie-Valachie, qui
joua un rôle important dans le nationalisme grec. Juste en face, le **Musée byzantin** : ☎ 22-51-02-89-16. *Mai-oct, lun-sam 9h-13h. Entrée : 2 €*. De très belles icônes des XIVe et XVIIIe s. Objets de culte, boiseries gravées et peintes.

**ॐ** *La métropole Agios Athanassios* : *odos Mitropoléos*. La cathédrale (fin XVIe-
début XVIIe s) abrite les reliques de saint Théodore, pendu en 1795 par les Turcs
parce qu'il refusa de se convertir à l'islam. Autel de bois sculpté et coupole gothique.

**ॐ** *Le théâtre de la période hellénistique* : *au nord-ouest, dans le faubourg d'Agia
Kiriaki*. Il aurait eu une capacité d'accueil de 15 000 personnes. Une partie de
l'amphithéâtre et de l'orchestre circulaire a été conservée.

# À voir dans les environs

🖤🖤🖤 *Le musée Théophilos :* à *Varia,* village natal du peintre, 3 km au sud du centre (bien indiqué depuis le front de mer). Bus fréquents du port de Mytilène. ☎ 22-51-04-16-44. *Mai-sept, mar-dim 10h-17h. Entrée : 2 €.* Théophilos est un peintre naïf, le Douanier Rousseau grec, né et mort à Lesbos (1873-1934), bien qu'il ait pas mal bourlingué (on peut voir également certaines de ses œuvres à Volos et à Athènes). Pour donner une idée de son importance, sachez seulement qu'il a eu les honneurs d'une expo au Louvre en 1961. Inspiré notamment par des paysages et scènes de son île, ainsi que par l'histoire de la Grèce moderne.

🖤🖤🖤 *Le musée-bibliothèque Tériade :* à côté du précédent. ☎ 22-51-02-33-72. *Mar-dim 10h-17h. Entrée : 2 € ; réducs.* Abrite les œuvres réunies par Stratis Eleftheriadis (le vrai nom de Tériade), qui vécut longtemps à Paris, et joua un grand rôle dans la promotion et l'édition du livre d'art. La collection privée de Tériade n'était pas mal du tout (lithographies originales de Matisse, Miró, Chagall, Léger, Rouault, entre autres ; également des eaux-fortes). Des dessins de Picasso et, dans l'entrée et l'escalier, des tableaux de Théophilos. Vraiment intéressant.

– Sur toute l'île, de nombreuses *sources thermales* : les routards rhumatisants ou épicuriens auront le choix. Celles du *golfe de Géra* à Therma (39,7 °C, bonnes pour les rhumatismes), de Polichnitos, au nord de Vatera (76 °C, l'une des plus chaudes d'Europe, soignant les mêmes affections), d'*Agiou Ioanni Lisvoriou* à proximité de Polichnitos (69 °C et son eau chlorée), d'*Eftalou* près de Molyvos (43,6-46,5 °C, qui est radioactive) et de *Thermi* (49,9 °C, ferrugineuse).

# Fêtes et manifestations

– En été, la ville organise de nombreux *spectacles* : concerts de musique classique et moderne, pièces de théâtre ; expositions de peinture, etc. Le programme est disponible à l'office de tourisme ou au centre culturel.
– Moins culturelle est la *fête de l'ouzo,* début août.

## LE NORD DE L'ÎLE

## *MANDAMADOS* (ΜΑΝΤΑΜΑΔΟΣ ; 81104)

Petit village du nord-est de l'île. Les vieux passent leurs journées dans les cafés à boire de l'*ouzo* et à regarder les touristes qui se sont égarés jusqu'à leur village. Quelques magasins de poteries.

🖤 *L'église des Taxiarques :* sublime église byzantine peinte en rouge sang et recouverte d'une verdure qui lui donne fière allure. À l'intérieur, l'icône (vénérée) de l'*archange saint Michel* aurait été faite avec de la boue et du sang des moines massacrés par les pirates. Très belle iconostase de fer forgé. Grande fête, environ 15 jours après Pâques, où l'on égorge un taureau, coutume qui remonterait aux premiers temps de la chrétienté.

➤ Très jolie route jusqu'à Molyvos. Faire très attention car de nombreux graviers rendent la route dangereuse. Quelques *restos* avec une très belle vue.

## *MOLYVOS* (ΜΟΛΥΒΟΣ ; MITHYMNA – ΜΗΘΥΜΝΑ ; 81108)

C'est le centre touristique et artistique du nord de l'île, patrie de plusieurs écrivains grecs. Magnifique petite bourgade surplombée par un *kastro* byzantin. Dans les années 1960, un riche mécène, Michalis Goutos, a fait rénover le village afin de l'exploiter touristiquement ensuite. Il faut dire que la rénovation a été une réussite. De belles maisons en pierre de taille, des ruelles piétonnes ombragées par de la verdure et des escaliers accrochés à la citadelle. On peut encore y voir des ânes et des *yayadès* (grand-mères) en fichu noir. Plein de chouettes petits bars et restos discrets. C'est néanmoins touristique, et beaucoup d'Anglais y passent chaque année leurs vacances. Le petit port, un peu éloigné du village, est très sympathique.

## Adresses utiles

🛈 *Office de tourisme :* à l'entrée du village, à 50 m de l'arrêt de bus, dans une petite maison. ☎ 22-53-07-13-47. En saison, tlj 10h-15h et 16h-21h (le dim slt 10h-14h). Liste des chambres à louer. Bon plan de la ville.

✉ *Poste :* dans la rue piétonne qui monte vers le château (odos Kastron). Lun-ven 7h30-14h.

🚌 *Arrêt de bus :* juste à l'entrée du village. Horaires disponibles à l'office de tourisme. Les bus de la ligne Anaxos-Petra-Molyvos-Eftalou circulent de 9h à 22h environ.

■ *Station de taxis :* avant l'arrêt de bus, là où la route part pour Eftalou. ☎ 22-53-07-14-80.

■ *Location de voitures : Pink Panther,* dans la descente entre le village et le port. ☎ 22-53-07-16-81. Buggies et petites voitures en bon état.

■ *Location de scooters et motos :* dans la rue à gauche avant l'office de tourisme. **Moto George** (☎ 22-53-07-10-72) et **Kosmos** sont bien.

@ *Café Internet Centraal :* en arrivant sur le port. ☎ 22-53-07-22-55.

## Où dormir ?

### Camping

⛺ *Camping Mithymna :* à 1,5 km de Molyvos, par la route d'Eftalou, à droite avant que celle-ci ne redescende. ☎ 22-53-07-11-69 ou 10-79. ● molivos-camping.com ● Accessible en marchant, en taxi ou en bus. Mai-fin oct. Prévoir env 15 € pour 2 pers avec tente.

Si personne n'est présent à l'accueil, il faut s'installer et quelqu'un passera le soir ou le lendemain. Le terrain est agréable et ombragé, mais les douches et sanitaires ne sont pas toujours très propres. Une petite épicerie pour dépanner.

### Bon marché

🛏 Pour ceux que grimper ne rebute pas, possibilité de loger *chez l'habitant* dans le village, sur les hauteurs, près du kastro. Il y a des *rooms to let* dans de jolis jardinets. Négocier les prix.

🛏 *Chambre chez Eva Trauman (Evas' Garden) :* au-dessus de Villa Iris (voir « Plus chic »), la maison au portail bleu. 📱 69-38-64-88-12. ● wandern@otenet. gr ● Tte l'année. Compter env 25-30 € pour 2 pers. CB refusées. Internet. Chez l'habitant, dans une maison aux pierres apparentes similaire à celle de l'adresse voisine. 2 lits simples, salle de bain, frigo, nécessaire de cuisine dans le couloir. Jardin bien vert. Accueil dynamique et complice d'Eva, qui organise des randos.

🛏 *Pension Costas & Eleftheria Fouska :* dans le centre du village (monter les marches après le Betty's Restaurant). ☎ 22-53-07-12-67 ou 21-09-52-75-28 (à Athènes). En été, compter env 35 € pour 2 pers, petit déj compris. Une maison familiale toute tranquille et bien située. On passe par la salle à manger avec cadre de famille, vaisselle, étoffes, etc. Chambres simples et proprettes ; salle de bains commune. La n° 6 offre une jolie vue sur la mer. Possibilité de cuisiner. Terrasse. Une chouette petite adresse.

## Prix moyens

⌂ **Marina's House** (chez Kostas Dimou) : à 50 m du port, dans la rue qui descend du village. ☎ 22-53-07-14-70. • dimouks@yahoo.gr • Tte l'année. Env 30-40 € pour 2 pers. Wifi. Belle maison en pierre qui propose 4 chambres avec AC, vue sur la mer, salle de bains et frigo ainsi que 3 autres chambres avec ventilo. Petite terrasse commune. Vue sur la mer malheureusement gâchée par les câbles électriques.

⌂ **Nassos Guest House** : en montant vers partie haute du village. ☎ 22-53-07-14-32. • nassosguesthouse.com • Tte l'année. Doubles 25-30 € selon période et studios 30-35 €. Wifi. Cette belle maison de famille (la seule maison bleue sur la colline), très fréquentée par les routards anglophones, propose de jolies chambres avec salle de bains commune. Possibilité de préparer son petit déj (cuisine équipée à partager). Également des studios et 3 appartements. Bibliothèque, petit lavoir. Accueil sympa.

## Plus chic

⌂ **Villa Iris** : ☎ 22-53-67-19-33. • villairis.com • Juste avant l'office de tourisme, prendre à droite la route du château ; 200 m plus loin, au carrefour, prendre la 2e à gauche : c'est dans la montée, à gauche. Avr-oct. Compter env 60-80 € pour 2 pers selon saison. Dans une belle maison en pierre, chambres avec terrasse agréables et très propres, AC, TV. Calme. Bon petit déj. Excellent accueil de Voula.

⌂ ⦿ **Hotel Olive Press** : sur la plage. ☎ 22-53-07-12-05. • olivepress-hotel. com • Mai-oct. Doubles 80-100 €, petit déj compris ; plus cher si vous optez pour le petit déj-buffet. Bel hôtel aménagé dans les murs d'une ancienne fabrique d'huile d'olive et de savon, vous le repérerez d'ailleurs facilement, avec sa haute cheminée qui se dresse encore fièrement. Réservez les chambres qui donnent sur la mer ; quand on ouvre la fenêtre, on est vraiment à deux pas de l'eau ! AC et TV. Également 12 studios. Étroite plage de Molyvos au pied de l'hôtel.

# Où manger ?

⦿ **Betty's Restaurant** : odos Agoras, la rue piétonne la plus commerçante. ☎ 22-53-07-14-21. Avr-oct. Compter env 10-12 €. Dans une maison construite par un pacha en 1880 et joliment réhabilitée après des décennies d'abandon. On mange en bord de rue ou en terrasse, et la propriétaire invite volontiers en cuisine. Très belle carte avec un large choix de spécialités à prix encore raisonnables.

⦿ **The Octapus** (To Chtapodi) : à l'angle du port. ☎ 22-53-07-13-17. Ouv 15 avr-15 oct. Tlj midi et soir. Env 12-15 €/pers. Excellente psarotaverna à des prix tout à fait abordables. Poissons d'une grande fraîcheur, et, inévitablement, du très bon poulpe (chtapodi). Bons mezze également. Cuisine conséquente et plutôt raffinée. Service rapide. Ambiance tranquille dans ce petit port de pêche.

⦿ On peut également recommander, sur le port, **Once Upon Time in Molyvo**. Très bon accueil de Kostas et Penny qui, après avoir exercé leurs talents à Athènes, sont venus ouvrir ce resto (ouv slt le soir).

# Où boire un verre ?

⦿ 🍸 **Balkonaki** : odos Agoras. Ouv du mat au soir. Très bon choix de pâtisseries grecques. De la minuscule terrasse, magnifique vue.

🍸 **Congas** : en bord de plage. Les pieds dans l'eau et une décoration de bois et de palmiers. Beaucoup de jeunes et bonne ambiance. Très agréable.

# À voir. À faire

🚶🚶 **Le kastro :** *accessible par la route ou en marchant à travers le village (ça grimpe !).* ☎ 22-53-07-18-03. *En principe, mar-dim 8h-19h30 en saison. Entrée :* 2 €. *Rénové (discrètement) en 2007. Forteresse d'origine byzantine, occupée par les Génois, et préservée par les Turcs dans une optique stratégique. Beau panorama. Parfois des spectacles le soir, se renseigner à l'office de tourisme.*

🚶 **Le Musée archéologique :** *en dessous de la mairie.* ☎ 22-53-07-10-59. *Amphores, poteries, pièces de monnaie. Quelques photos intéressantes des années de révolte contre les Turcs et de la libération.*

🚶 **La basilique des Taxiarques** (1795) **et l'église Agios Panteleimon** (1844) : *dans le village. À voir pour leurs icônes.*

– **Cinéma en plein air :** *à l'entrée du village, face à la route qui part vers Eftalou. Juil-sept. Films en v.o., sous-titrés en grec.*

⌂ **La plage de Molyvos :** *mince bande de galets sombres avec quelques arbres, des transats à louer, des douches et des toilettes. Propre.*

➤ Possibilité d'**excursions en bateau** à *Skala Sikaminias,* joli petit port. On peut aussi aller au *village de Vafios* à dos d'âne avec *DonkeyTrek* (☎ 69-46-47-78-58). Deux départs par jour du camping.

# À voir dans les environs

⌂ **Eftalou :** plage de sable et galets, à 4 km de Molyvos. Vue sur la côte turque (l'écrivain Ilias Vénézis, chassé d'Asie Mineure après 1922, s'était installé ici pour garder un œil sur sa « patrie »). À 200 m de l'arrêt du bus, sources d'eau chaude (46,5 °C) ; hammam. ☎ 22-53-07-12-45. *Accès payant.*

🍴 **Taverne I Eftalou :** *à l'arrêt de bus.* ☎ 22-53-07-10-49. *Tlj, midi et soir. Dans un jardin romantique et sauvage à* la fois. Petits poissons frits et moineaux familiers picorant sur les tables.

🚶🚶 **Skala Sykaminias :** *à 10 km de Molyvos, par la côte (après Eftalou, mauvaise piste).* Un port de poche avec une chapelle plantée sur un rocher. Le drapeau grec flotte vaillamment (en face, ce sont les côtes turques). Quelques bonnes tavernes. Par l'intérieur des terres, c'est plus long, mais bien balisé : on passe par *Vafios,* village connu pour ses bonnes tavernes, et par *Sykaminia* (statue du grand écrivain Stratis Myrivilis, natif du coin, et petit Musée folklorique).

🍴 **Taverna Anemoessa :** *sur le port, la taverne la plus proche de la chapelle.* ☎ 22-53-05-53-60. *Avr-oct, midi et soir. Compter env 10 € (le double pour un* repas de poisson). Belle terrasse au bord de l'eau et une salle en pierres apparentes pour l'hiver. Excellente cuisine, service efficace.

# PÉTRA (ΠΕΤΡΑ ; 81109)

Petit village de bord de mer, à 5 km au sud de Molyvos. Très touristique en saison. Le centre est presque entièrement piéton. De belles maisons ottomanes de toutes les couleurs dans des jardins romantiques et autour de sympathiques places ombragées. Pétra est dominé par un gros rocher (*pétra* signifie « rocher ») que l'on atteint en escaladant ses 114 marches. Au sommet se trouve la chapelle de la Vierge-au-Doux-Baiser (Glykophiloussa).

⌒ Longue *plage* de sable noir. De nombreuses tavernes et boutiques procurent un peu d'animation au retour des plages. La route qui longe le village est malheureusement bruyante et un peu dangereuse.

## Adresses utiles

■ *Sur le bord de mer, près de la pl. Ioanni Petridi, un office de tourisme incompétent. S'adresser plutôt à **Nirvana Travel**, quelques mètres plus loin :* ☎ 22-53-04-19-91. ▯ 69-44-53-68-81. ● lesbosisland.gr ● Tlj sf lun. Une bonne agence de voyages qui propose des locations. Bon accueil de l'énergique Rebecca Michaelidès.

⊠ *Poste : dans une rue qui donne sur la place.*
■ *Médecin : sur le front de mer.* ☎ 22-53-04-24-11.
⛍ *Arrêt de bus : sur la place principale, là où flotte le drapeau grec.*
■ *Station de taxis : sur la place principale et un peu plus au nord du front de mer.* ☎ 22-53-04-20-22.

## Où dormir ?

### Bon marché

🛏 *Coopérative agrotouristique des femmes de Pétra : sur la place principale, 1ʳᵉ rue à droite, 1ʳᵉ porte à droite, 1ᵉʳ étage.* ☎ 22-53-04-12-38. ● lesvos-travel.com/womens-cooperative ● Pour 2 pers, chambre env 30 €, studio env 50 €. Apolitique et créée en 1983 par le ministère grec pour l'Égalité des sexes, l'association regroupe une trentaine de femmes qui offrent des chambres réparties dans le village. Une initiative intéressante. À louer également, des studios pour 3 ou 4 personnes et des maisons pour 6 personnes. Un brin moins cher hors saison. En outre, ces femmes ont un restaurant (voir « Où manger ? ») et peuvent organiser des excursions ou donner des renseignements sur l'île.

### Prix moyens

🛏 *Villa Katerina : dans la rue Sampfous, derrière le gros rocher, sous un grand platane (pas d'enseigne).* ☎ 22-53-04-10-24. Compter env 35-40 € pour 2 pers ; réduc à partir de plusieurs jours. En plein centre et dans une rue tranquille, une maison familiale aux volets rouges, précédée d'un jardinet. 5 chambres de bonne taille, avec salle de bains et petit balcon. Réchaud et maigre matériel de cuisine. Un peu vieillot, mais sympa.

🛏 *Studios Anaïs :* ☎ et fax : 22-53-04-14-41. Du bord de mer (au sud de la place), s'engager, juste avant le resto Breeze, dans la rue qui part sous le petit pont : c'est à 50 m. Pour 2 pers, compter env 45 € ; moins cher si vous restez plusieurs jours. Ministudios avec salle de bains et petit coin cuisine avec réchaud et frigo. Balcon. Pratique et calme. Quelques autres du même genre dans la rue.

### Plus chic

🛏 *Panorama Hotel : au bout de la baie, en direction de Molyvos, à 200 m de la plage, en retrait.* ☎ 22-53-04-15-43 et 19-19. ● panoramahotel-lesvos.com ● De mi-avr à mi-oct. Compter 50-90 € selon saison, petit déj compris. CB refusées. Internet et wifi. Hôtel composé de plusieurs bungalows étagés sur la colline. Une quarantaine de chambres, toutes avec AC. Très tranquille. Grande terrasse. Frigo à la demande (supplément). Piscine, bar et resto. Bon accueil de la famille qui gère ce bel hôtel qui porte bien son nom.

# Où manger ?

Pour manger sur le pouce, sur le front de mer, à côté du terrain de foot, une boutique à *souvlaki* et à *gyros,* à emporter ou à manger sur place.

|●| **Restaurant de la coopérative agrotouristique des femmes de Pétra :** voir « Où dormir ? ». Pâques-oct, midi et soir. Repas env 12-15 €. 2 tables sur les minibalcons du 1ᵉʳ étage, qui donnent sur la place. C'est bon, sympa et bon marché. Ah, leurs *mezze* ! Et, bien entendu, une foultitude de petits plats goûteux. Belle musique grecque. Notre coup de cœur.

|●| **O Rigas :** *odos Agia Marina ; à 50 m de l'hôtel* Théophilos. ☎ 22-53-04-14-05. *Dans une petite cour ou, mieux encore, installé sur le toit. Slt le soir. Repas env 10 €. Dans cette taverne, la plus ancienne de Pétra, on mange grec, mais l'accueil peut être francophone (Kyra Maria a vécu pas mal d'années du côté de Bordeaux). Choisir à la cuisine en bas.*

|●| **To Tychero Petalo :** *face à la plage, entre les 2 parkings. Reconnaissable à son enseigne, un fer à cheval. Compter env 12 €. Chaises en bois et nappes de couleur. Cuisine grecque. Copieux, voire parfois un peu lourd.*

# Où boire un verre ?

**♈ To Stéki tis Babas :** *sur la place principale.* Petits déj et, de manière générale, café plus calme que les voisins de la place.

**♈ Bar Tree House :** *entrée un peu après la coopérative agrotouristique des femmes de Pétra.* Cela n'a rien de typique et la déco est plutôt moyenne. Ce bar s'est spécialisé dans la retransmission des matchs de foot. Beaucoup d'ambiance, surtout quand il y a une équipe anglaise en jeu (les Anglais sont nombreux dans la région).

# À voir. À faire

**🕯 L'église Agios Nikolaos :** *à 50 m de la mer, juste après la poste.* Belles fresques (dont une pendaison de Judas très rare) datant de trois périodes, du XVIᵉ s à 1721.

**🕯 La maison Vareltzidéna :** *odos Samphous. Mar-dim 8h-15h. Entrée : 2 €.* Magnifique maison de maître *(archondiko)* du XVIIIᵉ s aménagée en petit musée. Le style architectural combine les influences turques et de la Grèce du Nord.

**🕯 Le rocher et la chapelle de la Vierge-au-Doux-Baiser :** les nombreuses marches (114 !) mènent à la petite église de Glykofiloussa, où l'on peut voir une belle iconostase de bois sculpté et une icône en argent de la Vierge.

**⌂ Une *plage*** de 2 km de sable gris avec douches et chaises longues à louer, le long d'une petite route.

## L'OUEST DE L'ÎLE

Le paysage, à l'ouest de Pétra, change vite : après Skoutaros, on entre dans la partie volcanique de l'île. Les amateurs de vin feront un détour par **Hidira** : un jeune viticulteur (francophone), Ioannis Lambrou, fait visiter son exploitation, unique sur l'île, et renouant avec une tradition ancienne (les vins de Lesbos, à l'époque ottomane, étaient servis jusqu'au harem du sultan). *Méthymnéos : dans le* *centre du village.* ☎ *22-53-05-15-18.* ● *methymneos.gr* ● *1er juil-30 sept, visites gratuites 9h-18h.* Très intéressant et, ce qui ne gâte rien, le vin (biologique) se laisse tout à fait boire, avec modération. En repartant vers Sigri, de magnifiques paysages avant Antissa (gorges de Voulgari). Détour possible par la plage de Kambos, près de Gavathas. Puis les paysages sont de plus en plus pelés : il n'y a plus guère que les éoliennes à pousser ! Dominant la région, avant la descente sur Sigri, un monastère magnifiquement perché sur un cône d'origine volcanique (le mont Ordymnos).

## SIGRI *(ΣΙΓΡΙ ; 81112)*

Petit village de pêcheurs très tranquille, à la pointe ouest de l'île. *Kastro* byzantin. À sa gauche, de petites criques, puis une belle et tranquille plage de sable. Église *Agia Triada,* simple et mignonnette. Un peu au-dessus du port, bon petit resto familial *(Kavalouros, tlj midi et soir).* Chambres et studios bien équipés à louer chez *Alkyoni (entre la plage et la route du musée.* ☎ *22-53-05-42-60. 35-45 € pour 2-4 pers).*

# À voir dans les environs

🏛🏛 *La forêt pétrifiée :* à 6 km de Sigri en arrivant de Mytilène. ● *petrifiedforest.gr* ● *Juin-sept 8h30-19h (horaires restreints hors saison), à visiter tôt le mat de préférence (pas d'ombre). Entrée : 2 €.* Estimée à 20 millions d'années, elle a été déclarée parc géologique par l'Unesco. À cette lointaine époque, une forêt subtropicale recouvrait l'île. Aujourd'hui, sur 29 ha, on peut voir des dizaines de troncs fossilisés, couchés ou debout. Un joli parcours.

🏛🏛 *Le musée d'Histoire naturelle de la forêt pétrifiée :* à Sigri, sur la route contournant le village, tout près du centre. ☎ *22-53-05-44-34. Tlj en été 9h-20h ; hors saison 8h30-16h30 (17h le w-e). Entrée : 5 € ; réducs.* Très bien conçu et complémentaire de la visite du site, ce musée apprend beaucoup de choses sur les phénomènes géologiques en général. Brève et complète introduction orale (dans un anglais limpide). Quelques parcs, autour du musée, exposent souches et fossiles.

⌂ *La plage de Fanéroméni :* plage à 3,5 km au nord de Sigri. Petite chapelle troglodyte et café.

## SKALA ÉRESSOS *(ΣΚΑΛΑ ΕΡΕΣΣΟΣ ; 81105)*

À une trentaine de kilomètres de Sigri par la route (ne pas compter gagner du temps par la piste qui longe en partie la mer, elle est mauvaise). Skala Éressos, le lieu de naissance de Sappho, est aujourd'hui très clairement un des grands rendez-vous internationaux des lesbiennes *(Women Festival* sur 2 semaines en septembre chaque année). Les admiratrices de Sappho composent une bonne partie du public, mais les familles grecques sont aussi nombreuses l'été : la proportion d'hôtels et lieux de résidence strictement réservés aux femmes diminue. Le village n'a rien d'extraordinaire *(Éressos,* 4 km plus haut, est bien plus intéressant), mais on peut jeter un coup d'œil à la grande mosaïque d'époque byzantine, avec des paons, à voir derrière la basilique Saint-Andréas.

➢ De Mytilène, 1 bus/j. (vers 6h). Retour en fin de matinée.

⌂ Skala Éressos est bordé par une longue *plage* de sable (4 km) dont l'extrémité nord, naturiste, est connue sous le nom de « plage des femmes ».

## Adresse utile

■ *Agence Sappho Travel :* au carrefour à l'entrée du village. ☎ 22-53-05-21-40. ● lesvos.co.uk ● Tte l'année. Agence dynamique qui draine une grande partie des touristes anglophones. Réservation de logements, de billets d'avion et de bateaux, excursions dans l'île (certains groupes sont seulement réservés aux femmes), change de chèques de voyage et tout autre renseignement. Organisent aussi des taxis groupés pour se rendre à l'aéroport. Sympa et efficace.

## Où dormir ?

### Prix moyens

🛏 *Pension Karydia :* près du pont, à 700 m du village, dans les terres. ☎ 22-53-05-31-68. 📱 69-78-14-81-05. Parking à l'intérieur. Compter env 40 € pour 2 pers (négociable). Chambres fraîches et mignonnes, avec salle de bains. Jolis tissus et meubles clairs. Petit balcon. Un studio avec coin cuisine, un brin plus cher. Calme et aéré.

### Plus chic

🛏 |●| *Sappho Hotel :* sur le front de mer. ☎ 22-53-05-32-33. ● sappho-hotel.com ● Mai-fin oct. Doubles 40-60 € selon saison. Hôtel tout joli, sur le front de mer, aux chambres douillettes et spacieuses, décorées avec goût. Toutes ont une salle de bains privée. Si votre budget le permet, préférez évidemment celles donnant sur la mer. Snack-bar au rez-de-chaussée.

🛏 *Galini Hotel :* à 100 m de la plage, facile à trouver depuis le parking. ☎ 22-53-05-31-38. ● hotelgalini-lesvos.gr ● Ouv fin avr-15 oct. Doubles 50-75 € selon saison et type de chambre. Wifi. Hôtel agréable, offrant une vingtaine de chambres avec salle de bains, AC, TV et frigo. Petit balcon et terrasse sympa pour prendre le petit déj (en supplément). Central tout en étant calme.

## Où manger ?

Le bord de mer regorge de restos plus ou moins branchés. On a préféré les adresses suivantes qui ne cherchent pas à suivre les modes :

|●| *Éressos Palace :* en retrait de la plage, au niveau du poste du surveillant de baignade. ☎ 22-53-05-38-58. Ouv Pâques-oct, midi et soir. Repas env 12 €. Le lieu n'a vraiment, mais alors vraiment rien d'un palace et ce nom le desservirait plutôt. Une vaste terrasse avec des chaises en paille, un large choix de plats à prix modiques et aux fourneaux, Mme Stavroula. Poisson pas trop cher.

|●| *Adonis :* sur la plage (côté droit en arrivant du village sur le front de mer). Mars-oct. Midi et soir. Compter min 15 €. Le classique resto de plage. Plus cher que le précédent, mais de bons plats qui valent bien les quelques euros de plus. Spécialités de poisson et de fruits de mer.

## À voir dans les environs

🍴 *Éressos :* à 4 km dans les terres. Joli village agricole avec de nombreuses maisons anciennes en pierre.

⚐ Pour revenir vers l'est de l'île, possibilité de rejoindre Kalloni par la route de Messotopos et Agra. Plus rapide que la remontée vers Antissa, elle traverse une succession de pics rocailleux assez grandioses. À Messotopos, prendre à droite pour accéder, après 7 km de route, puis de piste correcte, à l'immense plage de sable de **Chroussos.** Camping sauvage pratiqué. Au bout de l'anse un peu dans les terres, une petite taverne (*Chroussos*).

## KALLONI *(ΚΑΛΛΟΝΗ ; 91107 ; 1 600 hab.)*

À 40 km de Mytilène. Nœud routier, petit centre commercial, et grande capitale de la sardine. Ruines antiques et byzantines dans les environs (au sud de la ville notamment). Beaucoup d'ornithologues viennent dans le coin au printemps et à l'automne (cf. « À voir. À faire dans les environs »). À 4 km au sud se trouve le petit port de **Skala Kallonis,** station balnéaire prisée des charters d'Allemands et de Hollandais en séjour organisé. Mal desservi par les bus locaux (ils s'arrêtent à Kalloni). Les adresses que nous conseillons y sont toutes situées.

## Où dormir ? Où manger ?

🛏 **Studios Vicky :** ☎ 22-53-02-26-53. 📱 69-46-50-13-70. ● vickystudios.gr ● *Depuis la place principale de Skala Kallonis, prendre la route qui s'enfonce dans les terres : c'est à 400 m. Env 35-50 € pour 2 pers.* 6 grands studios, récents et bien équipés pour 2 à 3 personnes. AC, cuisine. Bon rapport qualité-prix. À ne pas confondre avec les *Vicky Rooms* (plus coquettes, mais plus chères), situées du côté des hôtels.

🛏 **Malemi Hotel :** *à 500 m de la mer, dans le quartier des hôtels.* ☎ 22-53-02-25-94. ● malemi.com ● *Ouv 20 mars-15 oct. Doubles 50-70 € selon saison, petit déj compris (tarifs incluant une réduc de 7 % sur présentation de ce guide). Internet et wifi.* Un bon petit hôtel niché dans un environnement très agréable. Chambres claires et spacieuses. Piscine, sauna, Jacuzzi (payant), tennis et restaurant. Bon petit déj-buffet. Excellent accueil de la famille Kapsalis, très dynamique.

🍽 **Ambrosia :** *à 100 m de la place, en s'enfonçant dans le village.* ☎ 22-53-02-39-55. *Slt le soir. Env 10 €/pers.* Très bon resto à la terrasse chaque soir bondée. Goûter les *melitzanosoutzoukakia*, roulés d'aubergine au jambon et fromage. Légumes (les Grecs raffolent des légumes verts de la *horta*) et riz pour échapper aux sempiternelles *patatès.* Bonne *rétsina* locale. Tenu par une petite famille par la force des choses speedee, mais souriante. Vraiment pas cher, qui plus est.

🍽 **Psarotaverna O Mimis :** *sur la place.* ☎ 22-53-02-21-13. *Tte l'année. Repas 13-20 €.* Resto populaire pas trop cher. Le poisson est au tarif syndical, mais les portions de sardines sont bon marché et les allergiques au poisson trouveront leur bonheur avec les grillades au charbon de bois.

## À voir. À faire dans les environs

⚐ **Skala Kallonis :** longue plage de sable, assez fréquentée au niveau des hôtels. Un peu d'ombre. La mer, qui comme partout ailleurs dans ce golfe ressemble à un lac, peut plaire aux enfants : faible dénivelée, eau chaude, absence de vagues.

🎎 **Le monastère Agios Limonos** *(XVIe s) :* à 5 km au nord de Kalloni. ☎ 22-53-02-22-89. *Ni short ni décolleté.* L'église principale n'est pas accessible à la gent féminine (un comble sur l'île de Sappho !). Bibliothèque de 5 000 livres, certains datant du XVe s, musée (belles icônes, manuscrits, broderies, bijoux, vaisselle) et chapelle. Il y a encore actuellement cinq moines dans ce vaste monastère qui fut un bastion de résistance à l'occupant turc.

🍴 *Le musée de l'Huilerie industrielle :* à Agia Paraskevi, 7 km à l'est de Kalloni, sur le site de l'ancienne huilerie communale. ☎ 22-53-03-23-00. Tlj (sf mar) 10h-18h (17h de mi-oct à fév). Entrée : 3 €. Comme tous les musées de l'île, très bien mis en valeur. Exposition de nombreuses machines (pompes, séparateurs, presses) et explication des processus de fabrication. Par les fenêtres des entrepôts, historique complet de l'industrie lesbienne, de ses implications culturelles et sociales. Part belle est faite à l'audiovisuel, dans un esprit pédagogique et ludique.

🍴 *Les marais salants :* à l'est de Kalloni, entre la route et la mer. Espace Natura 2000. Les ornithologues viennent ici en masse au printemps et à l'automne pour observer les nombreux oiseaux, dont de nombreuses espèces migratrices, qui font un petit séjour dans le secteur.

## LE SUD DE L'ÎLE

Entre les golfes de Kalloni et de Yéra, une région tranquille propre à la marche : autour du mont Olympos, petits villages paisibles où il fait bon s'arrêter manger (comme à Karyonas et Miliès). Moins paisible mais à voir absolument, le superbe village d'**Agiassos,** qu'on atteint en quittant la route de Vatéra. Grosse bourgade aux rues couvertes d'immenses treilles, aux maisons hautes et aux cafés remplis de vieillards attablés. Quelques rues très commerçantes, de nombreux restos, mais pas véritablement d'endroit où loger. S'avère surtout un bon point de départ pour des randonnées (carte du coin sur la place du village).

Au bord du golfe de Yéra, collines plantées d'oliviers et petites criques avec barques de pêcheurs blanc et bleu. À savoir : à Pérama, un petit bateau, permet de rejoindre la côte en face et de s'épargner pas mal de kilomètres (voir « Circuler dans l'île »).

## PLOMARI (*ΠΛΩΜΑΡΙ* ; 81200 ; 3 500 hab.)

À 40 km de Mytilène. La capitale de l'*ouzo* et la deuxième agglomération de l'île, très vivante. Habitat groupé sur la colline, avec plusieurs rangées de rues étagées. Mélange de maisons traditionnelles (certaines carrément en ruine) et de constructions modernes. Ne pas hésiter à s'engager dans le village, derrière la place principale : rues pavées et ombragées par des platanes chenus. Quelques vieux cafés comme on en voit de moins en moins. Sur la mer, deux cheminées d'usine qui ne font plus qu'accueillir des nids de cigognes. La plupart des touristes sont logés un peu plus à l'est, à Agios Isidoros. De petits bateaux proposent des sorties vers les plages d'Agios Ermogenis et de Tarti, voire jusqu'à Vatéra. Visite possible de l'usine d'*ouzo Barbayanni,* à la sortie de Plomari, direction Agios Isidoros.

## Où dormir ?

🛏 *Pension Leda :* tout au bout du port, au centre du village (bien indiqué). ☎ 22-52-03-25-07. ● leda.gr ● Au fond d'une impasse derrière la pl. Benjamin (bien indiqué). Avr-oct. Doubles env 30 €. CB refusées. Wifi. En fait, 2 maisons très proches l'une de l'autre qui proposent une douzaine de chambres, toutes différentes mais de caractère (toutes deux sont des maisons « patriciennes » ayant appartenu à des patrons de savonnerie). Literie en revan-che très moyenne. Petit déj sur une terrasse très sympathique. Le proprio propose la visite de son oliveraie bio.

🛏 *Chez Nick :* en arrivant à Plomari, le long de la route principale, sur la gauche. ☎ 22-52-03-10-51. Compter dans les 40-50 € pour 2 pers. Chambres simples mais agréables, avec ventilo et frigo. Studios un peu plus grands, avec AC et coin cuisine. Donnent sur une terrasse intérieure ombragée. Accueil très agréable.

## Où manger ?

|●| **Berdema :** sur le port. ☎ 22-53-03-14-66. Midi et soir. Congés : nov-déc. Prévoir env 13-15 €. Grande terrasse aérée où tous les classiques de la cuisine grecque sont proposés. En particulier les plats au four ou préparés à l'huile qui sont excellents. On mange comme un pacha ; normal, la patronne se prénomme Soultana. Service rapide et efficace.

|●| **Blue Sea :** 2 km après Agios Isido-ros, sur la petite route côtière (direction d'Agia Varvara). ☎ 22-52-03-28-34. Repas env 10-12 €. Sur une grande terrasse face à la mer, cette excellente taverne sert principalement du poisson, à des prix plutôt bas. Également des mezze, parmi lesquels une rareté (relative) : les bourekakia, sortes de friands au fromage et au jambon. Service familial très attentionné.

## À voir dans les environs

🎣 **Melinda :** à 6 km à l'ouest de Plomari. Petit village avec une plage de galets. De Melinda, une route monte dans l'arrière-pays. On peut gagner Vatéra, mais il faut subir quelques kilomètres de piste, entre Ambéliko et Stavros.

### VATÉRA (BATEPA ; 81300)

À 53 km de Mytilène. Station balnéaire assez étendue, mais sur beaucoup d'espace, donc on ne s'entasse pas trop, sauf en août. Hôtels et locations sur 2 km en bord de plage, dans une ambiance bon enfant, loin des usines à touristes que sont devenues pas mal de stations balnéaires en Grèce. Nombreux restos. Un des meilleurs se trouve tout au bout de la baie, à Agios Fokas (voiture nécessaire, c'est à 2 km).

## Où dormir ?

🛏 **Alkyoni Studios :** ☎ 22-52-06-18-61. 📱 69-44-47-30-12. ● alkionistudios. com ● Quand on arrive sur le front de mer, prendre à gauche (puis suivre un chemin indiquant l'ex-camping Dionisos). Env 40-50 € pour 2 pers. Dans une maison récente mais sans cachet, des chambres grandes et propres. Salle de bains, AC, coin cuisine. Au sous-sol, une double plus petite mais correcte est à louer à 25 €. À 150 m de la plage.

Pour plus d'informations : Tél. : 01 44 63 51 00*
Fax : 01 42 80 41 57- www.avi-international.com

# routard assurance
## Voyage de moins de 8 semaines
## en Union Européenne

AVI INTERNATIONAL
L'Assurance Voyage

| RÉSUMÉ DES GARANTIES* | MONTANT MAXIMUM DES GARANTIES |
|---|---|
| FRAIS MÉDICAUX MONDE SAUF EUROPE (pharmacie, médecin, hôpital) | 100 000 € sans franchise |
| RÉÉDUCATION / KINÉSITHERAPIE / CHIROPRACTIE | Prescrite par un médecin suite à un accident |
| FRAIS DENTAIRES D'URGENCE | 75 € |
| FRAIS DE PROTHÈSE DENTAIRE | 500 € par dent en cas d'accident caractérisé |
| FRAIS D'OPTIQUE | 400 € en cas d'accident caractérisé |
| FRAIS DE TRANSPORT | |
| Rapatriement médical et transport du corps | Frais illimités |
| Visite d'un parent si l'assuré est hospitalisé plus de 5 jours | 2 000 € |
| CAPITAL DÉCÈS | 15 000 € |
| CAPITAL INVALIDITÉ À LA SUITE D'UN ACCIDENT** | |
| Permanente totale | 75 000 € |
| Permanente Partielle (application directe du %) | De 1 % à 99 % |
| BILLET DE RETOUR | |
| En cas de décès accidentel ou risque de décès d'un parent proche (conjoint, enfant, père, mère, frère, sœur) | Frais nécessaires et raisonnables |
| ASSURANCE RESPONSABILITÉ CIVILE VIE PRIVÉE | |
| Dommages corporels garantis à 100 % y compris honoraires d'avocats et assistance juridique accidents | 750 000 € |
| Dommages matériels garantis à 100 % y compris honoraires d'avocats et assistance juridique accidents | 450 000 € |
| Dommages aux biens confiés | 1 500 € |
| AGRESSION (déposer une plainte à la police dans les 24 h) | Inclus dans les frais médicaux |
| PRÉJUDICE MORAL ESTHÉTIQUE (inclus dans le capital invalidité) | 15 000 € |
| FRAIS DE RECHERCHE ET DE SAUVETAGE | 2 000 € |
| TRANSMISSION DE MESSAGES URGENTS | Mise à disposition |
| AVANCE D'ARGENT (en cas de vol de vos moyens de paiement) | 1 000 € |
| CAUTION PÉNALE | 7 500 € |
| ASSURANCE BAGAGES | 2 000 € (limite par article de 300 €)*** |

\* Nous vous invitons préalablement à souscription à prendre connaissance de l'ensemble des Conditions générales sur www.avi-international.com ou par téléphone au 01 44 63 51 00 (coût d'un appel local).
\*\* 15 000 euros pour les plus de 60 ans.
\*\*\* Les objets de valeur, bijoux, appareils électroniques, photo, ciné, radio, cassettes, instruments de musique, jeux et matériel de sport, embarcations sont assurés ensemble jusqu'à 300 €. Vos achats à l'étranger, souvenirs, petits cadeaux, etc. Sont assurés ensemble jusqu'à 300 €.

---

### PRINCIPALES EXCLUSIONS* (commune à tous les contrats d'assurance voyage)

- Les conséquences d'évènements catastrophiques et d'actes de guerre,
- Les conséquences de faits volontaires d'une personne assurée,
- Les conséquences d'événements antérieurs à l'assurance,
- Les dommages matériels causés par une activité professionnelle,
- Les dommages causés ou subis par les véhicules que vous utilisez,
- Les accidents de travail et de stages en entreprise (sauf avec l'Option Risques Graves),
- L'usage d'un véhicule à moteur à deux roues et les sports dangereux : surf, planche à voile, rafting, escalade, plongée sous-marine, (sauf avec l'Option Risques Graves).

---

**Devoir de conseil :** AVI International - S.A.S. de courtage d'assurances au capital de 100 000 euros - Siège social : 30, rue de Mogador, 75009 Paris - RCS Paris 323 234 575 - N° ORIAS 07 000 002 (www.orias.fr) - Le nom des entreprises avec lesquelles AVI International travaille peut vous être communiqué à votre demande. AVI International est soumise à l'Autorité de Contrôle Prudentiel (ACP) 61 rue Taitbout 75436 Paris Cedex 09. En vue du traitement d'éventuels différends, vous pouvez formuler une réclamation par courrier simple à AVI International et si le conflit persiste auprès de l'ACP.
Vos besoins sont de bénéficier d'une assurance voyage. Nous vous conseillons l'adhésion aux contrats d'assurances collectifs à adhésion facultative n° FR32/332.335 ou n° FR32/335.370 souscrits par l'association ISTEC auprès de ACE EUROPEAN GROUP Direction Générale pour la France de la société de droit anglais - ACE EUROPEAN GROUP LTD - Société au capital de 544 741 144 £ - RCS Nanterre B N°450327374 - Le Colisée - 8 avenue de l'Arche - 92419 Courbevoie Cedex.

## TARIFS FAMILLE sur www.avi-international.com

Pour plus d'informations : Tél. : 01 44 63 51 00*
Fax : 01 42 80 41 57- www.avi-international.com

# routard assurance
Voyage de moins de 8 semaines
en Union Européenne

## BULLETIN D'ADHÉSION

❏ M.   ❏ Mme   ❏ Mlle

Nom : |___|___|___|___|___|___|___|___|___|___|___|___|___|___|___|___|___|___|___|___|___|___|___|___|___|

Prénom : |___|___|___|___|___|___|___|___|___|___|___|___|___|___|___|___|___|___|___|___|___|___|___|

Date de naissance : |___|___| / |___|___| / |___|___|___|___|

Adresse de résidence : |___|___|___|___|___|___|___|___|___|___|___|___|___|___|___|___|___|___|___|___|___|___|___|___|

|___|___|___|___|___|___|___|___|___|___|___|___|___|___|___|___|___|___|___|___|___|___|___|___|___|

Code Postal : |___|___|___|___|___|

Ville : |___|___|___|___|___|___|___|___|___|___|___|___|___|___|___|___|___|___|___|___|___|___|___|

Pays : |___|___|___|___|___|___|___|___|___|___|___|___|___|___|___|___|___|___|___|___|___|___|

Nationalité : |___|___|___|___|___|___|___|___|___|___|___|___|___|___|___|___|___|___|___|___|___|

Tél. : |_____| Portable : |_____|

Email : |_____|@|_____|

Pays de départ : |___|___|___|___|___|___|___|___|___|___|___|___|___|___|___|___|___|___|___|

Pays de destination principale : |___|___|___|___|___|___|___|___|___|___|___|___|___|___|___|___|___|

Date de départ : |___|___| / |___|___| / |___|___|___|___|

Date du début de l'assurance : |___|___| / |___|___| / |___|___|___|___|

Date de fin de l'assurance : |___|___| / |___|___| / |___|___|___|___| = |___|___| semaines

(Calculer exactement votre tarif en semaine selon la durée de votre voyage : 7 jours du calendrier = 1 semaine)

## COTISATION FORFAITAIRE (Tarifs valable jusqu'au 31/03/2012)

| | | | |
|---|---|---|---|
| ❏ De 0 à 2 ans inclus | 25 € TTC x |___| semaines | = |___|___|___| € TTC |
| ❏ De 3 à 50 ans inclus | 17 € TTC x |___| semaines | = |___|___|___| € TTC |
| ❏ De 51 à 60 ans inclus | 25 € TTC x |___| semaines | = |___|___|___| € TTC |
| ❏ De 61 à 75 ans inclus (sénior) | 30 € TTC x |___| semaines | = |___|___|___| € TTC |

ou
❏ OPTION Risques graves**   6 € TTC x |___| semaines = |___|___|___| € TTC
❏ OPTION Plongée***   10 € TTC x |___| semaines = |___|___|___| € TTC

**TOTAL À PAYER = |___|___|___|___| € TTC**

## PAIEMENT

❏ Carte Bancaire (Visa / Eurocard / Mastercard / American Express)   Expire le |___|___| / |___|___|

N° |___|___|___|___|___|___|___|___|___|___|___|___|___|___|___|___|   Cryptogramme |___|___|___|___|

❏ Chèque (sans frais en France) à l'ordre d'AVI International à envoyer au 28, rue de Mogador 75009 Paris

❏ Je reconnais avoir pris connaissance et accepté l'ensemble des dispositions contenues dans les conditions générales Pass'port Sécurité Routard Assurance ou Séniors, avec lesquelles ce document forme un tout indivisible.
❏ Je déclare être en bonne santé et savoir que toutes les conséquences de maladies et accidents antérieurs à ma date d'assurance ci-dessus, ne sont pas assurés, ni toutes les suites et conséquences de la contamination par des MST, le virus HIV ou l'hépatite C. Je certifie ne pas prévoir de traitement à l'étranger et ne pas voyager pour des raisons médicales.
❏ Je dispose d'un droit d'accès, de modification, de rectification et de suppression des informations me concernant figurant dans les fichiers d'AVI International dans les conditions prévues par la loi n° 78-17 du 6 janvier 1978 modifiée en contactant AVI International par courrier ou mail. Je reconnais que ces informations sont destinées à l'assureur, à AVI et à leurs partenaires pour les besoins de la gestion du contrat.

Date : |___|___| / |___|___| / |___|___|___|___|          SIGNATURE :

* Coût d'un appel local.
** Extension de vos garanties aux conséquences d'un accident dont vous êtes victime, du fait de l'usage d'un véhicule à moteur à deux roues, de sports dangereux (surf, planche à voile, rafting, escalade, plongée sous-marine jusqu'à 20 m), d'une activité manuelle, stage en entreprise ou en laboratoire (Accident du travail).
*** Extension plongée jusqu'à 45 m, médecine hyperbare incluse.

# INDEX GÉNÉRAL

Attention, la Crète fait l'objet d'un guide à part et les îles Ioniennes sont traitées dans le guide *Grèce continentale*.

# B-C

# D-E

# F-G

# H

# L

# M

# N-O

# P

# R-S

# T

# V-X-Y-Z

# OÙ TROUVER LES CARTES ET LES PLANS ?

## Les **Routards** parlent aux **Routards**

Faites-nous part de vos expériences, de vos découvertes, de vos tuyaux.
Indiquez-nous les renseignements périmés. Aidez-nous à remettre l'ouvrage à jour.
Faites profiter les autres de vos adresses nouvelles, combines géniales... On adresse
un exemplaire gratuit de la prochaine édition à ceux qui nous envoient les lettres les
meilleures, pour la qualité et la pertinence des informations. Quelques conseils cependant :
– Envoyez-nous votre courrier le plus tôt possible afin que l'on puisse insérer vos
tuyaux sur la prochaine édition.
– N'oubliez pas de préciser l'ouvrage que vous désirez recevoir.
– Vérifiez que vos remarques concernent l'édition en cours et notez les pages du
guide concernées par vos observations.
– Quand vous indiquez des hôtels ou des restaurants, pensez à signaler leur adresse
précise et, pour les grandes villes, les moyens de transport pour y aller. Si vous le
pouvez, joignez la carte de visite de l'hôtel ou du resto décrit.
– N'écrivez si possible que d'un côté de la lettre (et non recto verso).
– Bien sûr, on s'arrache moins les yeux sur les lettres dactylographiées ou correctement écrites !
En tout état de cause, merci pour vos nombreuses lettres.

### Les Routards parlent aux Routards :
### 122, rue du Moulin-des-Prés, 75013 Paris

**e-mail : guide@routard.com**
**Internet : routard.com**

---

## Le Trophée du voyage humanitaire ROUTARD.COM
## s'associe à VOYAGES-SNCF.COM

Ils ont aidé à la création d'un poste de santé autonome au Sénégal, à la reconstruction
d'un orphelinat à Madagascar... Et vous ?
Envie de soutenir un projet qui favorise la solidarité entre les hommes ? Le Trophée du
Voyage Humanitaire Routard.com est là pour vous ! Que votre projet concerne le
domaine culturel, artisanal, écologique, pédagogique, en France ou à l'étranger, le
*Guide du routard* et Voyages-sncf.com soutiennent vos initiatives et vous aident à les
réaliser ! Si vous aussi vous voulez faire avancer le monde, inscrivez-vous sur
● *routard.com/trophee* ● ou sur ● *tropheesdutourismeresponsable.com* ●

---

## **Routard Assurance** *2011*

Routard Assurance et Routard Assurance Famille, c'est l'Assurance Voyage Intégrale.
Dépenses de santé et frais d'hôpital pris en charge directement sans franchise jusqu'à
300 000 € + caution + défense pénale + responsabilité civile + tous risques bagages et
photos. Assurance personnelle accidents : 75 000 €. Très complet ! Tarif à la semaine
pour plus de souplesse. Tableau des garanties et bulletin d'inscription à la fin de chaque *Guide du routard* étranger. Pour les départs en famille (4 à 7 personnes), demandez le bulletin d'inscription famille. Pour les longs séjours, contrat Plan Marco Polo
« spécial famille » à partir de 4 personnes. Pour un voyage éclair de 3 à 8 jours dans
une ville d'Europe, bulletin d'inscription adapté dans les guides villes avec des garanties allégées et un tarif « light ». Également un nouveau contrat Seniors pour les courts
et longs séjours. Si votre départ est très proche, vous pouvez vous assurer par fax :
01-42-80-41-57, en indiquant le numéro de votre carte de paiement. Pour en savoir
plus : ☎ 01-44-63-51-00 ou ● *avi-international.com* ●

Photocomposé par MCP - Groupe Jouve
Imprimé en Italie par Rotolito
Dépôt légal : février 2011
Collection n° 13 - Édition n° 01
24/5049/2
I.S.B.N. 978-2-01-245049-3